Margarete Grandner

KOOPERATIVE GEWERKSCHAFTSPOLITIK IN DER KRIEGSWIRTSCHAFT

VERÖFFENTLICHUNGEN
DER KOMMISSION FÜR NEUERE GESCHICHTE ÖSTERREICHS
BAND 82

DIE KOMMISSION
FÜR NEUERE GESCHICHTE ÖSTERREICHS

Vorsitzender: Univ.-Prof. Dr. Fritz Fellner
Stellvertretender Vorsitzender: Univ.-Prof. Dr. Gerald Stourzh
Mitglieder:
Hofrat Dr. Richard Blaas
Univ.-Prof. Dr. Moritz Csáky
Hofrat Univ.-Prof. Dr. Walter Goldinger †
Univ.-Prof. Dr. Wolfgang Häusler
Univ.-Prof. Dr. Grete Klingenstein
Univ.-Prof. Dr. Herbert Knittler
Gen.-Dir. Hofrat Dr. Rudolf Neck
Gen.-Dir. Hofrat Dr. Kurt Peball
Univ.-Prof. Dr. Richard Plaschka
Univ.-Prof. Dr. Josef Riedmann
Univ.-Prof. Mag. Dr. Helmut Rumpler
em. Univ.-Prof. Dr. Hans Wagner †
em. Univ.-Prof. Dr. Adam Wandruszka
Univ.-Prof. Dr. Ernst Wangermann
Univ.-Prof. Dr. Erika Weinzierl
em. Univ.-Prof. Dr. Hermann Wiesflecker
Univ.-Prof. Dr. Herwig Wolfram
em. Univ.-Prof. Dr. Erich Zöllner
Sekretär: Mag. Franz Adlgasser

Die in den Veröffentlichungen der Kommission für Neuere Geschichte Österreichs gemachten Aussagen sind die der jeweiligen Verfasser, nicht die der Kommission.

Margarete Grandner

KOOPERATIVE GEWERKSCHAFTSPOLITIK IN DER KRIEGSWIRTSCHAFT

Die freien Gewerkschaften Österreichs
im ersten Weltkrieg

BÖHLAU VERLAG WIEN · KÖLN · WEIMAR

Gedruckt mit Unterstützung durch den
Fonds zur Förderung der wissenschaftlichen Forschung und den
Österreichischen Gewerkschaftsbund

CIP-Kurztitelaufnahme der Deutschen Bibliothek

Grandner, Margarete:
Kooperative Gewerkschaftspolitik in der Kriegswirtschaft :
die freien Gewerkschaften Österreichs im ersten Weltkrieg /
Margarete Grandner. - Wien ; Köln ; Weimar : Böhlau, 1992
(Veröffentlichungen der Kommission für Neuere Geschichte Österreichs ; Bd. 82)
ISBN 3-205-05411-3
NE: Kommission für Neuere Geschichte Österreichs: Veröffentlichungen der Kommission . . .

ISBN 3-205-05411-3

Das Werk ist urheberrechtlich geschützt.
Die dadurch begründeten Rechte, insbesondere die der Übersetzung,
des Nachdruckes, der Entnahme von Abbildungen,
der Funksendung, der Wiedergabe auf photomechanischem oder ähnlichem Wege
und der Speicherung in Datenverarbeitungsanlagen, bleiben,
auch bei nur auszugsweiser Verwertung, vorbehalten.

Copyright 1992 by Böhlau Verlag Gesellschaft m. b. H. und Co. KG.,
Wien · Köln · Weimar

Satz: KlossSatz, A-1100 Wien
Druck: Manz, A-1050 Wien

Inhaltsverzeichnis

1. Vorbemerkung: Die Entwicklung der sozialdemokratischen Gewerkschaften in Österreich bis 1914 ... 7
   1.1. Zentralisierungsbestrebungen der Gewerkschaftsbewegung in den 1890er Jahren 7
   1.2. Wirtschaftliche Entwicklung und Aufbau der Organisation bis 1914 12
   1.3. Unternehmerverbände und konkurrierende Arbeiterorganisationen 17
   1.3.1. Unternehmerverbände 17
   1.3.2. Christliche und nationale Gewerkschaften 19
   1.3.3. Die nationale Spaltung der sozialdemokratischen Gewerkschaften 20
   1.4. Aktivitäten und Erfahrungen der Gewerkschaftsbewegung 22
   1.4.1. Kollektivverträge 22
   1.4.2. Parlament und staatliche Verwaltung 24
   1.5. Die Lage der freien Gewerkschaften vor Kriegsausbruch 29
2. Kriegsvorbereitungen und Arbeiterbewegung 37
   2.1. Ausnahmsgesetze 37
   2.2. Das Kriegsleistungsgesetz 38
   2.2.1. Vorläufer 38
   2.2.2. Die Redaktion des Gesetzes von 1912 39
   2.2.3. Das Kriegsleistungsgesetz im Parlament 44
   2.2.3.1. Die Verhandlungen im Justizausschuß 45
   2.2.3.2. Der Beschluß des Kriegsleistungsgesetzes im Reichsrat 50
   2.2.4. Die Auswirkungen des Kriegsleistungsgesetzes auf die Arbeiterschaft 51
   2.3. Weitere Vorbereitungen der österreichischen Verwaltungsbehörden auf den Krieg ... 55
   2.4. Die Stellung der österreichischen Arbeiterbewegung zum Krieg 57
3. Der Kriegsausbruch 59
   3.1. Die wirtschaftlichen Probleme bei Kriegsausbruch 59
   3.1.1. Maßnahmen gegen die Wirtschaftskrise bei Kriegsausbruch 62
   3.1.1.1. Arbeitsbeschaffungsprojekte 66
   3.1.1.1.1. Die militärischen Schanzbauten 67
   3.1.1.2. Arbeitsvermittlung und paritätischer Arbeitsnachweis 69
   3.2. Die Gewerkschaften bei Kriegsausbruch 74
   3.2.1. Die Situation der gewerkschaftlichen Organisationen 74
   3.2.2. Die Reaktionen der Gewerkschaften auf den Kriegsausbruch 75
   3.2.3. Die Kooperationsbereitschaft der Gewerkschaften in der Wirtschaftskrise bei Kriegsausbruch 77
4. Die ersten Kriegsmonate 81
   4.1. Die wirtschaftliche Umstellungsphase 81
   4.1.1. Maßnahmen gegen Mangel und Teuerung 84
   4.1.1.1. Die kriegswirtschaftliche Ermächtigungsverordnung 85
   4.1.1.2. Die Anfänge der Bewirtschaftung in Industrie und Landwirtschaft 87
   4.1.2. Arbeitslosenunterstützung für die Angestellten 90
   4.1.3. Die Kriegsindustrie 93
   4.1.3.1. Die Arbeitsverhältnisse in der Kriegsindustrie 96
   4.2. Die Gewerkschaften in den ersten Kriegsmonaten 99
   4.2.1. Die Lage der Organisationen Ende 1914 99
   4.2.2. Die Gewerkschaften in der Aufbauphase der Kriegswirtschaft 102
   4.2.2.1. Gewerkschaften, Reallöhne und Teuerung 102
   4.2.2.1.1. Die sozialdemokratische Partei im Kampf gegen die Folgen der Kriegswirtschaft 105
   4.2.2.2. Die Gewerkschaften und die Verhältnisse in der Kriegsindustrie 107
   4.2.3. Die Resignation der Gewerkschaften während der ersten Kriegsmonate 108
5. Die Periode vom Frühjahr 1915 bis zum Herbst 1916 113
   5.1. Die Entwicklung der kriegswirtschaftlichen Hochkonjunktur und ihre Grenzen ... 113
   5.1.1. Maßnahmen gegen Krieg und Teuerung 118
   5.1.1.1. Die Organisation der Rohstoffwirtschaft und der Industrie 119
   5.1.1.2. Die Textilindustrie 1915 und 1916: Produktionseinschränkungen und Arbeitslosenunterstützung 123
   5.1.1.3. Die Organisation des Lebensmittelsektors 131
   5.1.1.3.1. Die Lebensmittelbewirtschaftung 1915 und 1916 am Beispiel des Getreides 135
   5.1.1.3.2. Die Versorgung der Industriearbeiterschaft mit Lebensmitteln 140
   5.1.2. Arbeitermangel und Arbeiterbeschaffung in der Kriegsindustrie 145
   5.1.2.1. Die Arbeitsverhältnisse in der Kriegsindustrie 153
   5.1.2.2. Die Beschwerdestelle für die Kriegsleistungsbetriebe Niederösterreichs . 158

5.1.3.	Vorbereitungen auf die Friedenswirtschaft	173
5.1.3.1.	Die Arbeitsvermittlung an Invalide	175
5.2.	Die Gewerkschaften in den Kriegsjahren 1915 und 1916	182
5.2.1.	Die Entwicklung der Organisationen 1915 und 1916	182
5.2.2.	Die Gewerkschaften in der Kriegswirtschaft 1915 und 1916	187
5.2.2.1.	Die Lohnpolitik der Gewerkschaften in der Hochkonjunktur	187
5.2.2.1.1.	Die Lohnbewegungen in der Wiener Metallindustrie	192
5.2.2.1.2.	Die gewerkschaftlichen Reaktionen auf die Verknappung der Güter	197
5.2.2.2.	Die freien Gewerkschaften und die Verhältnisse in der Kriegsindustrie	199
5.2.2.2.1.	Kriegsleistungsgesetz und Beschwerdestelle	199
5.2.2.2.2.	Die Gewerkschaften und die Frauenarbeit in der Kriegsindustrie	203
5.2.3.	Die Gewerkschaften und die Probleme der zukünftigen Friedenswirtschaft	206
5.2.3.1.	Die Gewerkschaften und die Invaliden	210
5.2.4.	Die Gewerkschaften als loyale Interessenvertretung der Arbeiter während der Jahre 1915 und 1916	212
6.	**Der Zeitraum vom Herbst 1916 bis zum Sommer 1918**	219
6.1.	Der Niedergang der Kriegswirtschaft	219
6.1.1.	Der Kampf gegen die Erschöpfung der Ressourcen	226
6.1.1.1.	Rohstoffbeschaffung und Organisierung der Industrie	227
6.1.1.2.	Die Kohlenkrise: Produktionseinschränkungen und Arbeitslosigkeit in der Rüstungsindustrie	232
6.1.1.3.	Die Lebensmittelversorgung	243
6.1.1.3.1.	Die Getreidebewirtschaftung	249
6.1.1.4.	Die Teuerung	252
6.1.1.4.1.	Die Hilfsaktion für die Mindestbemittelten	255
6.1.1.4.2.	Der Mieterschutz	257
6.1.2.	Die Arbeitsverhältnisse in der Kriegsindustrie	265
6.1.2.1.	Die Beschwerdekommissionen	271
6.1.2.1.1.	Die Tätigkeit der Beschwerdekommissionen in den Jahren 1917 und 1918	286
6.1.2.1.2.	Die Beschwerdekommissionen und die Reform des bürgerlichen Rechts	300
6.1.3.	Übergangs- und Friedensvorbereitungen	308
6.1.3.1.	Das Parlament	311
6.1.3.2.	Das Generalkommissariat für Kriegs- und Übergangswirtschaft	315
6.1.3.2.1.	Die Beratungen über das Heimarbeitsgesetz im Generalkommissariat für Kriegs- und Übergangswirtschaft	321
6.1.3.2.2.	Die Diskussion um die Arbeitsvermittlung	326
6.2.	Die Gewerkschaften zwischen Herbst 1916 und Sommer 1918	333
6.2.1.	Die Lage der Organisationen 1917 und 1918	333
6.2.2.	Die Gewerkschaften in der Kriegswirtschaft 1917 und 1918	343
6.2.2.1.	Streiks und gewerkschaftliche Lohnpolitik in der Produktionskrise	343
6.2.2.1.1.	Die Arbeitskämpfe der Wiener Metallarbeiter 1917 und 1918	349
6.2.2.1.2.	Die Aktivitäten der Angestelltengewerkschaften	368
6.2.2.2.	Die Gewerkschaften und die drohende Versorgungskatastrophe	375
6.2.2.3.	Die Gewerkschaften und die Arbeitsverhältnisse in der Kriegsindustrie	379
6.2.2.4.	Die Gewerkschaften und die neuen Arbeiterschichten in der Industrie	385
6.2.3.	Die Gewerkschaften und die Sozialpolitik der Übergangs- und Friedenszeit	389
6.2.4.	Die freien Gewerkschaften zwischen Loyalität und Konflikt	394
7.	**Herbst 1918**	407
7.1.	Der Zusammenbruch der Kriegswirtschaft	407
7.1.1.	Das Ende der Kriegsindustrie	410
7.2.	Die freien Gewerkschaften bei Kriegsende	421
7.2.1.	Die Lage der Organisationen	421
7.2.2.	Die freien Gewerkschaften im Zusammenbruch der Kriegswirtschaft	424
7.2.3.	Die freien Gewerkschaften zwischen Konfrontation und Mitverantwortung	430
8.	**Zusammenfassung und Ausblick**	437

Anhang: Übersicht zum Werdegang der Kaiserlichen Verordnung vom 18. März 1917 443
Bibliographie 448
Abkürzungsverzeichnis 459
Personenindex 461
Ortsindex 464

1. Vorbemerkung: Die Entwicklung der sozialdemokratischen Gewerkschaften in Österreich bis 1914

1.1. Zentralisationsbestrebungen der Gewerkschaftsbewegung in den 1890er Jahren

Als 1870 der österreichischen Arbeiterschaft endlich das Koalitionsrecht zugestanden wurde, war damit eine wichtige Voraussetzung für gewerkschaftliche Tätigkeit erfüllt; erst die Möglichkeit zu streiken, verlieh den Forderungen der Arbeiterschaft den wirtschaftlich überlegenen Unternehmern gegenüber den nötigen Nachdruck. Dennoch war noch zwanzig Jahre lang kaum ein Fortschritt der Gewerkschaftsbewegung zu verzeichnen. Die heftigen Fehden zwischen dem radikalen und dem gemäßigten Flügel der Arbeiterbewegung behinderten die gewerkschaftliche Arbeit, da auch deren Basis, Ziel und Vorgangsweise umstritten waren. Die Staatsverwaltung zerschlug 1884 mit der Verhängung des Ausnahmezustandes über die Gerichtssprengel Wien, Korneuburg und Wiener Neustadt bedeutende Ansätze und unterband mit einer restriktiven Interpretation des Vereins- und Versammlungsrechtes die für eine erfolgversprechende Gewerkschaftsarbeit notwendige überregionale Organisation.

Erst die Einigung der Radikalen und der Gemäßigten auf ein gemeinsames Programm in Hainfeld 1888/89 brachte die Wende. Die Staatsverwaltung versuchte nun, den Erfolgen der geeinten sozialdemokratischen Partei durch eine Befriedung der Arbeiterschaft aktiv gegenzusteuern.[1] Der Ausnahmezustand fiel im Juni 1891. Im selben Jahr wurde von der Regierung Taaffe ein Gesetzentwurf über „Betriebsräte"[2] vorgelegt. 1892 und 1893 befaßten sich mehrere Enqueten dann mit Fragen der Regelung des Verhältnisses zwischen Unternehmern und Arbeitern[3] und mit der Ausgestaltung des Arbeiterschutzes.[4] Gewerkschaftskongresse wurden zugelassen und schließlich Reichsvereine,

---

1 Sozialpolitische Gesetze hatte es auch schon in den 1880er Jahren unter der Regierung Taaffe gegeben, die aber zu jener Zeit mit der Unterdrückung der politischen Emanzipation der Arbeiterschaft einhergingen. Vgl. Herbert *Matis*, Österreichs Wirtschaft 1848–1913. Konjunkturelle Dynamik und gesellschaftlicher Wandel im Zeitalter Franz Josephs I. (Berlin 1972) 361. Kurt Ebert schätzt die Taaffesche Sozialgesetzgebung als Vorbereitung einer politischen Emanzipation der Arbeiterschaft ein. Vgl. Kurt *Ebert*, Die Anfänge der modernen Sozialpolitik in Österreich. Die Taaffesche Sozialgesetzgebung für die Arbeiter im Rahmen der Gewerbeordnungsreform (1879–1885) (Wien 1975) besonders 254.
2 Vgl. Hans *Hautmann* und Rudolf *Kropf*, Die österreichische Arbeiterbewegung vom Vormärz bis 1945. Sozialökonomische Ursprünge ihrer Ideologie und Politik (Wien 1974) 93. Vgl. auch 191 und 979 der Beilagen zu den StPrAH XI, 2. und 12. Bd.
3 Vgl. Ergebnisse der von dem Gewerbeausschusse des österreichischen Abgeordnetenhauses veranstalteten mündlichen und schriftlichen Enquete über den Gesetzentwurf, betreffend die Einführung von Einrichtungen zur Förderung des Einvernehmens zwischen den Gewerbsunternehmern und ihren Arbeitern. Zusammengestellt vom Berichterstatter Dr. *Baernreither* (Wien 1893).
4 Vgl. Stenographisches Protokoll der Gewerbeenquete im österreichischen Abgeordnetenhause sammt geschichtlicher Einleitung und Anhang. Zusammengestellt von den Referenten Abgeordneten Dr. Alfred *Ebenhoch* und Abgeordneten Engelbert *Pernerstorfer* (Wien 1893).

also Spitzenorganisationen, die die lokalen Vereine einer Branche zusammenfassen sollten, konzessioniert. So gelang zum Beispiel den Metallarbeitervereinen Ende 1890 in Brünn die Einigung in einem Reichsverein.[5] Auch Versuche, eine Dachorganisation zwecks Zusammenfassung der Tätigkeit der neugegründeten zentralen Berufsgewerkschaften zu schaffen, waren zu verzeichnen.[6] Vorläufiger Endpunkt dieser Entwicklung war die Einberufung eines Allgemeinen Gewerkschaftskongresses vom 24. bis zum 27. 12. 1893. Als Motiv für die Zulassung dieser Entwicklung nannte ein Vertreter des Innenministeriums, „daß die allgemeinen Gewerkschaftskongresse sich im Gegensatz zu der sozialdemokratischen Partei mit der Ausbildung der Organisation zum Zwecke der Arbeitsbeschaffung, der Verbesserung der Existenz der Arbeiter befassen wollen, wodurch eine Ableitung von einem agitatorischen Treiben zu anderen Zwecken erreicht würde, was als politisch günstig betrachtet werden müsse."[7]

Das Innenministerium ordnete damals der Gewerkschaftsbewegung eine Palliativ-, keine gesellschaftsverändernde Funktion zu. Diese Einschätzung mag vielleicht verwundern, denn auf dem Allgemeinen Kongreß wurde unter anderen vom späteren Sekretär der Gewerkschaftskommission, Anton Hueber, die radikale Forderung erhoben, mit Hilfe des Generalstreiks Wahlrecht und Achtstundentag durchzusetzen.[8] Wie die zitierte Äußerung aber zeigt, kalkulierten die Behörden mit den tatsächlichen Aktionsmöglichkeiten von Gewerkschaften, eben regelnd auf dem Arbeitsmarkt und in die Reproduktion der Arbeiter einzugreifen, und erwarteten von dieser Tätigkeit trotz radikaler Parolen eine besänftigende Wirkung.

Auf dem Allgemeinen Kongreß Ende 1893 wurde auch die Provisorische Gewerkschaftskommission, die den Kongreß einberufen hatte, als ständiges Gremium institutionalisiert. Ziel war die Schaffung einer schlagkräftigen Gesamtorganisation durch die Zentralisierung des Entscheidungsprozesses in der Reichskommission, die aus den Vertretern der vierzehn zu bildenden Industriegruppengewerkschaften plus vier Repräsentanten der nicht-deutschsprachigen Landesorganisation bestehen sollte.[9] Diesen Absichten war allerdings nur teilweise Erfolg beschieden. Erstens konnte das Industriegruppenprinzip nur in den Unionen der Textil- bzw. der Bergarbeiter realisiert werden, die alle Arbeiter ihrer Branchen organisieren wollten; in anderen Wirtschaftszweigen zerfielen zustandegekommene Unionen wieder, da einzelne Arbeitergruppen ihre Interessen nicht angemessen vertreten fanden.[10] Vorherrschender Organisationstyp blieb bis zum Krieg die an der Facharbeit orientierte Berufsgewerkschaft. Um die dadurch bewirkte organisatorische Zersplitterung wenigstens auf unterster Ebene aufzuheben, wurden seit 1907 betriebliche Zusammenschlüsse als „höhere Organisationsform" propagiert.[11] Zwei-

---

5 Vgl. Der Aufstieg. 75 Jahre Gewerkschaft der Metall- und Bergarbeiter Österreichs (o. O., o. J.) 32.
6 Vgl. Ludwig *Brügel*, Geschichte der österreichischen Sozialdemokratie, Bd. 4 (Wien 1923) 174.
7 Zitiert nach: *Brügel*, Sozialdemokratie 4, 233–234.
8 Vgl. ebd. S. 232.
9 Bericht der Reichskommission der Gewerkschaften Österreichs an den Siebenten ordentlichen Kongreß der Gewerkschaften in Österreich und Beiträge zu der Geschichte der österreichischen Gewerkschaftsbewegung vom Jahre 1890 bis zum Jahre 1912 (Wien 1913) 109.
10 Fritz *Klenner*, Die österreichischen Gewerkschaften. Vergangenheit und Gegenwartsprobleme, 1. Bd. (Wien 1951) 268–269.
11 Bericht der Reichskommission, S. 113.

tens gelang es nicht, die Handlungsfreiheit der einzelnen angeschlossenen Organisationen zugunsten der Reichskommission entscheidend zu beschränken. Die wichtigsten Entscheidungsträger für die Politik der freien Gewerkschaften blieben die Vorstände der einzelnen, sehr verschieden starken Verbände.[12]

Die Tatsache, daß der Aufbau der freien Gewerkschaftsorganisation in Österreich erst möglich wurde nach und durch die Einigung der politischen Partei, hatte großen Einfluß auf das Selbstverständnis der Gewerkschaften und auf das Verhältnis zwischen Partei und Gewerkschaft. Vor allem die Gewerkschaftskommission, die die Spitzenfunktionäre der größeren zentralen Verbände vereinte, stand in einem Nahverhältnis zu den höchsten Parteigremien. Die Gewerkschaftsbewegung war von Anfang an prominent in der sozialdemokratischen Partei vertreten, und zwar durch Karl Höger aus der Organisation der Buchdrucker, der schon am 2. Parteitag 1891 über die Gewerkschaften referierte. Ihr damaliger Stand stellte nach Högers Ansicht nur einen Anfang dar, denn für die Zukunft sei „die Verstaatlichung der gesamten Arbeit überhaupt ... die Losung."[13] Auf dem Allgemeinen Gewerkschaftskongreß zu Weihnachten 1893 wurde dann auch über das Verhältnis zwischen Gewerkschaften und sozialdemokratischer Partei diskutiert. Grundlegend für die Beziehungen war die Trennung von wirtschaftlichem und politischem Kampf, in Anlehnung an die staatlich aufgezwungene Unterscheidung zwischen politischen und gewöhnlichen Vereinen.[14] Die Gewerkschaften sollten die wirtschaftliche Besserstellung der Arbeiterschaft anstreben – im Rahmen der Möglichkeiten der bestehenden Verhältnisse. Diese letzte Implikation der Trennung von ökonomischer und politischer Emanzipation wurde zwar von der Staatsverwaltung geschätzt, aber von den Funktionären der Partei oder der Gewerkschaften kaum artikuliert. Sie versuchten stets, das Verhältnis als eines der Interdependenz oder der Ergänzung darzustellen. „Sie [die gewerkschaftliche Organisation] muß die *Vorarbeit für die politische Organisation* leisten. Aus den Kaders der Gewerkschaften werden die eigentlichen Kämpfer der revolutionären sozialdemokratischen Bewegung hervorgehen."[15] Aus der Gewerkschaft als Erziehungsinstitution für die Partei wurde bald, auch im Sprachgebrauch der Funktionäre, eine der politischen Partei gleichgestellte Organisation. „Die drei Armeen"[16] der Arbeiterbewegung (zu Partei und Gewerkschaften kamen im ersten Jahrzehnt des 20. Jahrhunderts noch die Konsumgenossenschaften) sollten nebeneinander für die Befreiung des Proletariats kämpfen.

Die Beziehungen zwischen Partei und Gewerkschaften sollten über die Mitglieder der Organisationen vermittelt werden. So forderte der Gewerkschaftskongreß 1893: „Jeder

---

12 Franz *Traxler*, Funktion und Organisationsstruktur der österreichischen Gewerkschaften. Entwicklung und Determinanten (Diss. WU Wien 1978) 120–122 und 142–146. Vgl. dazu auch Heinz *Renner*, Die Reichsgewerkschaftskommission der freien Gewerkschaften Österreichs (1893–1913) – ein zentralistisches Machtinstrument? In: Politik und Gesellschaft im alten und neuen Österreich. Festschrift für Rudolf Neck zum 60. Geburtstag. Hrsg. Isabella *Ackerl*, Walter *Hummelberger* und Hans *Mommsen*, 1. Bd. (Wien 1981) 255–263.
13 Vgl. *Brügel*, Sozialdemokratie 4, 164.
14 Vgl. ebd., S. 230–231 (Reumann).
15 Ebd., S. 231 (Höger) (Hervorhebung im Original).
16 DG 26/1914, S. 287.

Arbeiter, der sich als Genosse bekennt, muß auch Mitglied der Gewerkschaft seiner Branche sein."[17] Der Parteitag 1894, als zuständiges Gremium zum Beschluß über diesen Antrag, schwächte die Forderung ab und beschloß: „Es wird den Parteiangehörigen empfohlen, der Organisation ihrer Branchen respektive einem Bildungs- oder politischen Verein anzugehören."[18] Diese Vorstellungen und Pläne, durch die gleichzeitige Mitgliedschaft die organisatorische Trennung von politischer und wirtschaftlicher Bewegung aufzuheben, erfüllten sich nicht. Allerdings blieben nicht die Parteimitglieder den Gewerkschaften fern, sondern umgekehrt. Verschiedene Berufsgruppen, unter ihnen auch Angestellte, in denen die gewerkschaftliche Organisation im Laufe der Zeit bis zum Krieg Fuß gefaßt hatte, standen der politischen Bewegung kritisch gegenüber. Am ehesten entsprachen noch die gewerkschaftlichen Kernschichten, die Facharbeiterschaft aus kleinen und mittelgroßen Betrieben, den Vorstellungen, wie die Wiener Metallarbeiter und Buchdrucker.[19]

Die große Diskrepanz zwischen den Mitgliederzahlen der Partei und denen der freien Gewerkschaften – letztere zählten Ende 1911 421.905, erstere Ende Juni 1912 nur 145.524 Mitglieder[20] – hatte aber viele Gründe. Zu bedenken ist zum Beispiel die hohe Abhängigkeit der ungelernten Hilfsarbeiter von der Wohlmeinung ihrer Arbeitgeber. Während die Mitgliedschaft bei der Gewerkschaft noch hingenommen wurde – die Unternehmer schlossen ja auch zunehmend Kollektivverträge mit den Gewerkschaften als Tarifpartnern ab – hätte ein aktives Auftreten für politische Ziele die Entlassung bedeutet. Ein Teil der Differenz der Mitgliederzahlen erklärt sich weiters aus der Gesetzeslage, wonach Frauen politischen Vereinen, also der sozialdemokratischen Partei, nicht angehören durften.[21] Es ist jedoch kaum anzunehmen, daß ohne dieses Verbot die Situation wesentlich anders gewesen wäre, befanden sich die Frauen als Hilfsarbeiter und Mitverdiener doch in einer besonders schwachen Position am Arbeitsmarkt. Das oben angeführte Motiv traf auf sie also in hohem Maße zu.

Ein im Laufe der Entwicklung an Bedeutung zunehmender Grund für die wesentlich höhere Beteiligung der Arbeiter an gewerkschaftlicher als an politischer Arbeit sind die Sozialleistungen der Gewerkschaften an ihre Mitglieder. Die Aussicht, sich durch Mitgliedschaft in einem Berufsverein gegen Not im Falle von Arbeitslosigkeit, Krankheit, Unfall usw. absichern zu können, dürfte wesentlich größere Anziehungskraft ausgeübt haben als die theoretische Forderung, durch Gewerkschaftsarbeit die Emanzipation des Proletariats auf wirtschaftlichem Gebiet voranzutreiben. Politische Agitation lag diesen Mitgliedern noch viel ferner.

Die Tendenz, Gewerkschaften als bloße Unterstützungsvereine zu betrachten, wurde auch durch die Politik der Berufsorganisationen selbst gefördert. Mit der strengen

---

17 *Brügel,* Sozialdemokratie 4, 231.
18 Ebd., S. 232.
19 Vgl. DG 26/1914, S. 286–287.
20 DG 11/1912, S. 229 und DG 21/1912, S. 438. In Wien war das Verhältnis Ende 1913: 156.367 (19.417 Frauen) gewerkschaftlich und ca. 34.000 politisch Organisierte. Vgl. DG 25/1914, S. 243 und DG 26/1914, S. 287.
21 Gesetz vom 15. 11. 1867, RGBl. Nr. 134, § 30. Den freien Gewerkschaften gehörten Ende 1911 47.991 weibliche Mitglieder an. Vgl. DG 11/1912, S. 229.

Beschränkung auf die Erringung einer wirtschaftlichen Besserstellung der Arbeiterschaft akzeptierten die Gewerkschaften stets die vorgegebenen Grenzen des bestehenden Wirtschafts- und politischen Systems, und ihrer Aktivität ging so in hohem Maße das politische und emanzipatorische Bewußtsein verloren. Gleichzeitig aber benötigten die Gewerkschaften politischen Druck gegen die Unternehmer, um ihre Mitglieder durch angemessene Erfolge in Form von Lohnabschlüssen zufriedenstellen zu können. Die Kluft zwischen Partei- und Gewerkschaftsmitgliedszahlen konnte in dieser Hinsicht eine Warnung davor sein, daß die Gewerkschaften Gefahr liefen, ins (scheinbar) völlig unpolitische Abseits gedrängt zu werden, was Auswirkungen für ihre eigene Existenz und auf die gesamte Arbeiterbewegung haben mußte. So meinte Julius Deutsch später, daß „die Gewerkschaften ihre eigenen Interessen [verfolgen], indem sie mithelfen, eine starke politische Organisation des klassenbewußten Proletariats zu schaffen."[22]

Waren die Schwierigkeiten zwischen Partei und Gewerkschaft in Bezug auf die Mitglieder anfänglich kaum erwartet worden, so verschwanden jene Streitpunkte, die zu Beginn in den 1890er Jahren zwischen obersten Parteigremien und den Spitzenfunktionären der Gewerkschaften bestanden hatten, sehr rasch. Charakteristisch erscheint für dieses Phänomen schon die Vorgangsweise maßgeblicher Gewerkschafter am ersten Kongreß. Trotz der radikalen Generalstreikforderung, die ganz klar gegen die Taktik der Partei lief, beschloß der Kongreß zum Abschluß: „Um allen Mißhelligkeiten zuvorzukommen, erklärt der Kongreß, mit der Taktik der Sozialdemokraten einverstanden zu sein."[23]

In den Gremien der deutschen Sozialdemokratie in Österreich waren auch vom Bestehen solcher Organe an aktive Gewerkschafter vertreten. Schon der ersten, am Parteitag von 1892 gewählten Parteileitung gehörten der bereits erwähnte Karl Höger und Anton Schrammel aus der Organisation der Chemiearbeiter an.[24] Diese persönliche Verflechtung auf den obersten Ebenen der Organisationen wurde im Laufe der Zeit noch stärker. Später stellten die Gewerkschafter auch einen Teil der sozialdemokratischen Mandatare im Abgeordnetenhaus. Anton Schrammel wurde schon 1897 gewählt.[25] Dem ersten aufgrund des allgemeinen Männerwahlrechts gewählten Parlament gehörten dann zum Beispiel Heinrich Beer aus dem Metallarbeiterverband, Ferdinand Hanusch, der Sekretär der Textilarbeiterunion, Johann Smitka aus der Organisation der Schneider und einer der Begründer der Gewerkschaftskommission oder Josef Tomschik und Rudolf Müller aus der Eisenbahnerbewegung an.[26] Interessant erscheint in diesem Zusammenhang, daß Anton Hueber selbst, der die Politik der Gewerkschaftskommission persönlich am meisten beeinflußte, erst nach dem Umsturz im Februar 1919 in die Konstituierende Nationalversammlung einzog.[27]

---

22 DG 26/1914, S. 288.
23 *Brügel*, Sozialdemokratie 4, 232.
24 Vgl. ebd., S. 173.
25 Ebd., S. 308, Fußnote.
26 Vgl. Julius *Deutsch*, Geschichte der österreichischen Gewerkschaftsbewegung, Bd. 1 (Wien 1929) 436.
27 Vgl. Fritz *Klenner*, Anton Hueber. In: Karl *Ziak*, Von unten auf. Der Aufstieg vom Sklaven zum freien Arbeiter (Wien o.J.) 8. Ein möglicher Grund könnte die häufige Opposition Huebers gegen

Die enge Einbeziehung der Gewerkschaften in die Arbeit der sozialdemokratischen Partei über viele ihrer obersten Funktionäre verhinderte bis zum Krieg fast alle Streitigkeiten zwischen den Organisationen und hatte gewichtige Folgen für die Partei. Die Gewerkschaftsvertreter sahen in ihrer Parteiarbeit hauptsächlich gewerkschaftliche Ziele vor sich und förderten dadurch in starkem Maße die ohnehin in der Partei vorhandenen Ansätze, sich bloß von pragmatischen Kalkülen leiten zu lassen.

1.2. Wirtschaftliche Entwicklung und Ausbau der Organisation bis 1914

Die erfolgreichen Zentralisationsbestrebungen der Gewerkschaften Anfang der 1890er Jahre fielen in die Zeit der letzten Spätfolgen der schweren ökonomischen Krise, der seit 1873 geherrscht hatte. Die ersten Erfahrungen machte die junge Bewegung also in einer Periode, die von einer deutlichen Besserung der wirtschaftlichen Lage gekennzeichnet war. Dieser konjunkturelle Anstieg nach der großen Depression begann 1896, initiiert durch Investitionstätigkeit der Banken, rege kommunale Bautätigkeit und Rüstungsaufträge.[28] Die Konjunktur erreichte 1898 bis 1900 den Höhepunkt, dann setzte von der Schwerindustrie ausgehend, wieder ein Abschwung ein, doch dauerte die Krise diesmal nur bis 1904 an.[29]

Die einzelnen Gewerkschaften nutzten die für sie günstige Zeit der Prosperität ab 1896 zu weiteren Zusammenschlüssen und zum Ausbau ihrer Organisationen auf lokaler Ebene. Die Zahl der Zentralvereine erreichte 1903 einen Höchststand. Die Anzahl der Lokalvereine stieg langsamer, weil ja viele in den bestehenden und neugeschaffenen Zentralorganisationen aufgingen. Der Bestand der Ortsgruppen stieg anfangs wohl fast ebenso stark wie jener an Zentralverbänden, doch zeigten sich die örtlichen Organisationen stärker von der Wirtschaftslage abhängig als die größeren Verbände. Verlor bei einer Rezession ein Zentralverband auch viele Mitglieder, so blieb er doch bestehen, während viele seiner Ortsgruppen gleichzeitig aus Mitgliedermangel zu existieren aufhörten. Trotz fortschreitender Zunahme der Zentralverbände gingen daher 1901 nach Überschreitung des Konjunkturhöhepunktes einige wenige Ortsgruppen verloren. Daß dieser Verlust tatsächlich auf die wirtschaftliche Situation und nicht auf organisatorische Umbildungen zurückzuführen ist, zeigen die Mitgliederzahlen, die nach steilem Anstieg 1901 eine

---

Victor Adler sein. Neben der Meinungsverschiedenheit bezüglich des Generalstreiks sticht hiebei die Differenz zwischen beiden in der Frage der nationalen Politik hervor. Huebers Politik war Victor Adler zu zentralistisch. Auch jener Brief Victor Adlers an Hueber aus dem Jahre 1909 mit der bekannten Apostrophierung von Partei und Gewerkschaften als siamesischen Zwillingen bezog sich auf dieses Problem. Vgl. *Brügel*, Sozialdemokratie 4, 229. Der Brief liegt im Adler-Archiv, AdSP, Mappe 122: Hueber, Anton, Briefwechsel mit Victor Adler.

28 Vgl. *Matis*, Österreichs Wirtschaft 1848–1913, S. 329 und 340.
29 Vgl. ebd., S. 432 und Emil *Brezigar*, Die wirtschaftlichen Konjunktur- und Depressionswellen in Österreich seit dem Jahre 1896. In: Zeitschrift für Volkswirtschaft, Sozialpolitik und Verwaltung 23 (1914) 3.

kleine Einbuße aufwiesen, wobei außerdem der Rückgang bei den Frauen, die bei Krisenzeichen als erste entlassen wurden, sogar absolut höher war als bei den Männern.

Nach der Überwindung des Rückfalls in den ersten beiden Jahren des Jahrhunderts besaß das Gewerkschaftswesen sozialdemokratischer Prägung trotz widriger Wirtschaftslage bereits genug Attraktivität, um, wenn auch durch die bis 1904 schlechte Arbeitsmarktlage verlangsamt, dennoch zu wachsen. Erfolgreiche Verhandlungen und Streiks, die mit Zustimmung der Gewerkschaftskommission durchgeführt wurden und so die gesammelten Erfahrungen aus bisherigen Arbeitskämpfen nützen konnten,[30] machten die Gewerkschaften für die Arbeiter attraktiv.

In den folgenden Jahren erlebte die österreichische Gewerkschaftsbewegung einen Aufschwung, wie er in der Zeit der Monarchie nicht mehr wiederholt werden sollte. Hinter dieser Prosperität standen eine günstige internationale Wirtschaftslage, die ab 1905 auch in Österreich wirksam wurde,[31] und Erfolge der Gewerkschaftsarbeit nicht nur bei Lohnverhandlungen sondern auch im Bezug auf das allgemeine Wahlrecht. 1907 erreichten die freien Gewerkschaften den höchsten Mitgliederstand und die größte Zahl an männlichen Mitgliedern im Rahmen Österreich-Ungarns, während die Frauen 1918 mehr als doppelt so stark als 1907 in den freigewerkschaftlichen Organisationen vertreten sein sollten. Ihr Anteil an allen Gewerkschaftsmitgliedern betrug 1907 9,26%, 1918 aber 25,64%,[32] was auf den tiefgreifenden Wandel in der Geschlechtsstruktur der österreichischen Arbeiterschaft während dieses Zeitraumes, vor allem aber dann im Krieg, verweist.[33]

Der Aufbau des Organisationsnetzes war 1907/08 so gut wie abgeschlossen, und auch die finanzielle Lage der Gewerkschaften entwickelte sich günstig im Zeitraum von 1904 bis Ende 1907, sodaß diese insgesamt auch in dieser Hinsicht konsolidiert erschienen. Um diese Situation zu erhalten und mehr Einfluß auf die Arbeitskämpfe zu gewinnen, wurde auf dem fünften ordentlichen Kongreß im Jahre 1907 ein Solidaritätsfonds gegründet.[34] Jedes Mitglied einer der zentralen Kommission angeschlossenen Gewerkschaft zahlte 60 h in diesen Fonds, der nur für Abwehrkämpfe verwendet werden durfte. Diese Maßnahme sollte der Gefahr vorbeugen, daß die Unternehmer zu erwartende Depressionsphasen nützen würden, um den Gewerkschaften verlustreiche Kämpfe aufzuzwingen und deren finanzielle Grundlagen wieder zu erschüttern. Wie berechtigt diese Vorsichtsmaßnahme war, zeigt die Tatsache, daß die Hochkonjunktur schon im Dezember 1907[35] abzubröckeln begann und 1908/09 weltweit durch eine Flaute abgelöst wurde.

---

30 Vgl. Dagmar *Pfatschbacher*, Die Gewerkschaften in der österreichischen Wirtschaft (Diss. Univ. Graz 1972) 31–32.
31 Vgl. *Brezigar*, Konjunktur- und Depressionswellen, S. 3.
32 DG 31/1919, S. 164.
33 Zwischen den Volkszählungen von 1900 und 1910 wuchs die Zahl der Arbeiterinnen in Industrie, Gewerbe, Handel und Verkehr um 37%, die der Arbeiter nur um 23%. Die Zusammensetzung der Arbeiterschaft dieser Sektoren war 1900 78,76% Männer und 21,24% Frauen; 1910 76,93% Männer und 23,07% Frauen. Vgl. Österreichische Statistik, N.F., 3. Bd., 1. Heft (Wien 1916) 62. Zur Entwicklung im Krieg vgl. Emmy *Freundlich*, Die industrielle Arbeit der Frau im Kriege (Wien/Leipzig 1918) 5 und 10–11.
34 Vgl. *Klenner*, Gewerkschaften 1, 308.
35 Vgl. DG 6/1913, S. 67. „Wirtschaftliche Rundschau", verfaßt von Otto Bauer.

In Österreich wurde diese internationale ökonomische Krise durch die außenpolitischen Aktivitäten der Habsburgermonarchie noch verschärft.

Die Jahre 1908 bis 1910 haben in der Organisationsentwicklung der freien Gewerkschaften in Österreich eine Sonderstellung. In dieser Zeit vollzog sich der Großteil der Spaltungen der Zentralverbände in sogenannte zentralistische und tschechisch autonomistische. Die Wiener Gewerkschaftskommission verlor dadurch in diesen drei Jahren etwa 100.000 Mitglieder, das heißt, 1/5 des Bestandes von 1907. In Böhmen allein gingen mehr als 80.000 Mitglieder verloren. Die Verluste in den Kronländern Böhmen, Mähren, Schlesien und Niederösterreich (ohne Wien) machten 120.000 Mitglieder aus, während schon ab 1909 die Bewegung in Wien wieder außerordentlich große Fortschritte machte.[36]

Diese nach nationalen Gebieten unterschiedliche Entwicklung deutet darauf hin, daß die Wirtschaftskrise jener Periode nur wenig Einfluß auf den Mitgliederstand hatte. Diesen Schluß legt auch die Tatsache nahe, daß die Verluste bei den Frauen unterdurchschnittlich waren, beziehungsweise 1910, als insgesamt noch ein Abgang registriert wurde, die Zahl der weiblichen Mitglieder bereits wieder zunahm. Der Grund für die Immunität des Mitgliederstandes gegen die ökonomische Krise war die große finanzielle Leistungsfähigkeit der Gewerkschaften. Die Unterstützungseinrichtungen machten sie attraktiv, auch wenn Lohnbewegungen nicht erfolgversprechend waren. So zahlten die freien Gewerkschaften 1908 und 1909 sowohl absolut als auch auf die Zahl der Mitglieder umgelegt die höchsten Summen an Arbeitslosenunterstützung seit ihrem Bestehen.

Folge der hohen Ausgaben war eine starke Verminderung des Einnahmenüberschusses und in der Folge ein langsameres Wachstum des Gesamtvermögens. Um diesen Trend zu wenden, änderten die Gewerkschaften ihre Finanzpolitik in einer Art, die auch später im Weltkrieg angewandt wurde. Zunächst erfolgte 1909 eine Einschränkung des Verwaltungsaufwandes und jener Kosten, die den Gewerkschaften durch Wendung an die Öffentlichkeit, also durch Presse, durch Agitation etc. entstanden, sodaß trotz noch immer steigender Unterstützungsausgaben die Gesamtausgaben absolut fielen. Nächster Schritt war dann die Drosselung des Unterstützungswesens 1910 und 1911. Daß es gelang, in der Situation 1908 bis 1910 finanzielle Verluste zu vermeiden, war den erfolgreichen Bemühungen der Verbände zu verdanken, die Ausgaben so schnell wie möglich den durch geschrumpfte Mitgliederzahlen gesunkenen Einnahmen wieder anzupassen. Bei längerer Dauer der Krise wären allerdings Vermögensverluste kaum vermeidbar gewesen, sofern die Gewerkschaften ihre Unterstützungsleistungen als Anreiz auf die Mitgliedschaft weiterhin aufrechterhalten hätten.

Die zweite allgemeine wirtschaftliche Depression des Jahrhunderts konnte in den Jahren 1910/11 überwunden werden, und überall sah man, wie aus Nordmähren und Schlesien gemeldet wurde, „mächtige industrielle Rüstungen zum Empfang der sich nähernden Hochkonjunktur."[37] 1912 war dann auch ein Jahr guten Geschäftsganges bis in den Spätsommer, als die österreichisch-ungarische Wirtschaft im Gegensatz zu der anderer europäischer Staaten erneut in eine Krise geriet.

---

36 Vgl. DG 11/1912, S. 231.
37 DG 5/1912, S. 123.

Die Krise wurde durch eine Restriktion der Kreditvergabe durch die österreichischen Banken hervorgerufen und durch die Kriegsgefahr infolge des Konfliktes am Balkan ab Herbst 1912 verstärkt.[38] Am Beginn stand der Entschluß der Banken, 1912 das Kreditvolumen zu vermindern, da sie Verluste durch uneinbringliche Schulden befürchteten.[39] Die Arbeitsmarktstatistik zeigt, daß in der Folge zuerst der Handel, dann die Konsumgüterindustrie und zuletzt der Produktionsgütersektor in Schwierigkeiten kamen.[40] Der Kriegsausbruch am Balkan verschärfte die Lage im Herbst 1912 durch Exportprobleme und eine weitere Anspannung des Geldmarktes, da der Staat für die Teilmobilisierung des Heeres große Summen benötigte, viele Sparer aber gleichzeitig wegen der unsicheren Lage den Instituten ihre Einlagen entzogen.

Besonders schlimm war die Textilindustrie betroffen, wo 1913 zahlreiche Betriebe Arbeiter entließen und Kurzarbeit einführten.[41] Auch das Baugewerbe, dessen Auftragslage stark von den Verhältnissen im Kreditwesen abhängt, wurde nach Ende der Bausaison 1912 besonders schwer in Mitleidenschaft gezogen. Während des Jahres 1912 waren in Wien etwa 15.000 Maurer beschäftigt, 1913 waren es nur circa 5000.[42] Der Kriegsausbruch am Balkan brachte zwar durch Rüstungsaufträge für wenige Erwerbszweige wie den Kohlenbergbau und die Waffenindustrie einen Aufschwung,[43] aber schon in der Eisenindustrie kam es zu Betriebseinschränkungen. Alpine Donawitz entließ 1913 1000 Metallarbeiter.[44] Die große Arbeitslosigkeit und die andauernde Teuerung führten schließlich zu einem starken Rückgang der inländischen Konsumnachfrage, sodaß 1913 von einer „Krise des Massenkonsums" gesprochen werden kann.[45]

Erst zu Beginn des Jahres 1914 zeigten sich Anzeichen einer Besserung. Die Beendigung des Balkankrieges, die Herabsetzung des Zinsfußes und eine noch immer günstige internationale Konjunktur ließen eine Erholung der österreichischen Wirtschaft erwarten. Tatsächlich gab es auch in einigen Branchen eine Aufwärtsentwicklung; der Eisenabsatz stieg und es wurde mehr gebaut.[46] Andere Wirtschaftszweige litten aber weiterhin an den Folgen der Depression, bis der Ausbruch des Weltkrieges in allen Branchen einen neuerlichen, plötzlichen Abbruch des Geschäftes verursachte.

Der wirtschaftliche Aufschwung 1911 bis 1912 ermöglichte es den Gewerkschaften, die Verluste, die durch die nationale Sprengung verursacht worden waren, wieder wettzumachen. Zwar konnte der Mitgliederstand von 1907 nicht wieder erreicht werden, aber in finanzieller Hinsicht gelangen große Fortschritte. Die Mitgliederzunahmen

---

38 Vgl. Ludwig von *Mises,* Die Störungen im Wirtschaftsleben der österreichisch-ungarischen Monarchie während der Jahre 1912/13. In: Archiv für Sozialwissenschaft und Sozialpolitik 39 (1915) 175. Zu einem ähnlichen Schluß kam schließlich auch Otto Bauer, nachdem er zunächst nur die Außenpolitik für die Krise verantwortlich gemacht hatte. Vgl. DG 6/1913, S. 67 und DG 41/1913, S. 416.
39 Vgl. *Mises,* Störungen, S. 164.
40 Vgl. DG 41/1913, S. 415.
41 Vgl. DG 4/1914, S. 37.
42 Vgl. DG 5/1914, S. 51.
43 Vgl. DG 3/1913, S. 20; DG 7/1914, S. 77 und DG 8/1913, S. 109.
44 Vgl. DG 9/1914, S. 115.
45 Bericht über die wirtschaftliche Lage Österreichs in den Jahren 1912/13 (Wien 1914) 8.
46 Vgl. DG 6/1915, S. 41 und DG 8/1915, S. 58.

waren, verglichen mit jenen der Hochkonjunktur 1904 bis 1907, als bis zu 70% (1905) verzeichnet werden konnten, klein. Damals waren besonders die Mitgliederzahlen in Böhmen in die Höhe geschnellt, während sie in diesem Kronland jetzt nach dem Ausscheiden der Separatisten auf niedrigerem Niveau stagnierten. Infolge der innerorganisatorischen Krise hatte sich das Schwergewicht der Mitglieder noch stärker auf die Hauptstadt und ihr Umland verlagert. Die freien Gewerkschaften zählten 1907 ein Viertel ihrer Mitglieder in Wien, 1913 aber über 37%, in Wien und Niederösterreich zusammen mehr als 46%.[47] Die Zahl der weiblichen Mitglieder nahm auch in dieser Aufschwungphase relativ stärker zu als die Gesamtzahl.

Im Hinblick auf die finanzielle Situation der Gewerkschaften gelang es, durch die rigorose Ausgabendrosselung 1910 und die ab 1911 wieder stark ansteigenden Einnahmen, die Gefahr von Verlusten zu bannen und das Vermögen aufzustocken. Der Einnahmen-Ausgaben-Saldo lag aber 1911/12 bei nur circa 8,5% der Einnahmen, da die Ausgaben für die Unterstützungen bei Krankheit und Invalidität auch in den Prosperitätsphasen weiter anstiegen.

Die wirtschaftliche Krise 1912/13 machte dann die Erfolge zunichte und machte auf die Gefahren auch für den Bestand der Organisationen aufmerksam. Die Mitgliederzahlen gingen noch im zweiten Halbjahr 1912 zurück, nachdem bis zum Sommer etwa 30.000 neue Mitglieder gegenüber Ende 1911 gewonnen werden konnten.[48] Wie bereits in der Krise 1908/09 fiel 1913 die Mitgliederzahl nur geringfügig. Ein Teil der Verluste war außerdem auf den Ausschluß der Tabakarbeiterorganisation aus der zentralistischen Gewerkschaftskommission zurückzuführen; auch der überproportionale Verlust an weiblichen Mitgliedern lag am Ausscheiden der überwiegend weiblichen Tabakarbeitergewerkschaft.

Dem minimalen Mitgliederschwund standen jedoch gefährliche finanzielle Schäden gegenüber. Die Einnahmen waren zwar außerordentlich hoch, deckten aber dennoch nicht einmal die laufenden Verbandsausgaben; der Saldo war erstmals seit Bestand der Gewerkschaftskommission negativ, wenn auch mit 21.776 K bei über 10 Mio K Einnahmen in nur geringem Maße. Ausgabensteigerungen in allen Unterstützungszweigen – die Zahlungen an arbeitslose Mitglieder stiegen 1912 um 57% an – waren die Ursache dafür. Der größere Rest der Vermögensverluste von 329.000 K ging zulasten der Streik- bzw. Widerstandsfonds des Verbandes der Vereine der Buchdrucker und Schriftgießer, der Ende 1913 eine allgemeine Aussperrung zu verkraften hatte.[49]

Die Situation des Jahres 1913 dürfte im großen und ganzen auch im ersten Halbjahr 1914 angedauert haben; darauf deuten die wenigen vorhandenen Daten über stagnierende Mitgliederzahlen.[50] Ebensowenig dürfte sich in Anbetracht der Arbeitsmarktsituation die Vermögenslage der Verbände gebessert haben. Stagnation der Mitgliederzahlen und geschwächte Finanzen kennzeichnen somit die ungünstige Situation der Gewerkschaften, als im August 1914 der Weltkrieg begann.

---

47 Vgl. DG 11/1912, S. 231.
48 Vgl. DG 25/1913, S. 245.
49 Vgl. DG 25/1913 und DG 25/1914.
50 Vgl. DG 8/1915, S. 58 und Vorwärts 45/1914, S. 253.

Mitgliederzahlen in den freien Gewerkschaften bis 1913[51]

	gesamt	Männer	Frauen
1892	46.606	44.390	2.216
1901	119.050	113.672	5.378
1905	223.099	197.697	28.402
1907 (a)	501.094	454.693	46.401
1910	400.565	357.958	42.607
1912	428.363	377.947	50.416
1913	415.195	372.216	42.979

(a) bis 1907 einschließlich der tschechoslawischen Vereine.

1.3. Unternehmerverbände und konkurrierende Arbeiterorganisationen

Die Entwicklung der freien Gewerkschaftsbewegung wurde nicht nur durch die jeweiligen ökonomischen Rahmenbedingungen beeinflußt, sondern auch durch die Macht ihrer Gegner und Konkurrenten. Die Unternehmer versuchten mit wachsendem Erfolg ihre Widerstandskraft gegen die erstarkenden Gewerkschaften durch Zusammenschluß in Verbänden zu erhöhen. Dem Ziel einer einheitlichen und dadurch schlagkräftigen Organisierung der Arbeiter stand deren politische und nationale Fraktionierung entgegen. Im letzten Jahrzehnt vor dem ersten Weltkrieg verzeichneten die Unternehmerverbände eine bedeutende Stärkung ihrer Position, und den christlichen, deutschnationalen und tschechischnationalen Arbeitervereinen gelang – zwar verspätet – in dieser Periode die organisatorische Zentralisierung, die auch hier Voraussetzung erfolgreicher Aktionen war.

1.3.1. Unternehmerverbände

Durch die straffere Organisation und die Solidarität unter den Arbeitern wurden die Vorteile, die die Unternehmer aus ihrer stärkeren Position am Arbeitsmarkt zogen, abgeschwächt. Einzelnen Unternehmern oder kleinen Gruppen standen Gewerkschaften gegenüber, die durch finanzielle Mittel und Einfluß auf das Arbeiterangebot die Schwäche des einzelnen Arbeiters im Kollektiv verminderten. Die Unternehmerschaft reagierte auf die erfolgreiche Agitation der Gewerkschaften unter den Arbeitern mit dem Zusammenschluß ihrerseits in Vereinen, um bei Arbeitskämpfen oder Forderungen an die staatliche Verwaltung gemeinsam vorgehen zu können. Die Konkurrenz untereinander sollte zugunsten des gemeinsamen Vorteils zurückgedrängt werden, wobei die Durchsetzung der Vereinsbeschlüsse ein großes Problem darstellen konnte, wenn Maßnahmen des Vereins für einzelne Mitglieder Nachteile mit sich brachten.

---

51 Vgl. DG 25/1914, S. 242.

Zum einen gab es territoriale Organisationen, das heißt, Unternehmer verschiedener Wirtschaftszweige eines Gebietes schlossen sich zusammen, zum anderen Branchenorganisationen, die sich auf die gesamte Monarchie erstreckten oder auch nur auf den Hauptstandort einer Branche. Die Großindustrie hatte Fachvereine und war im 1875 gegründeten Klub der Industriellen organisiert, mittlere Industrieunternehmen im Zentralverband der Industrie Österreichs oder im Bund österreichischer Industrieller zusammengeschlossen, die seit 1892 bzw. 1897 existierten.[52] 1903 wurde dann eine Koordinationsstelle, der Ständige Ausschuß, durch die drei genannten Verbände geschaffen. Daneben entstand 1906 die Hauptstelle industrieller Arbeitgeberorganisationen, der neben großen Einzelfirmen Vereinigungen von Unternehmern angehörten, insbesondere der Bund österreichischer Industrieller. Diese Hauptstelle zählte 1913 3846 Mitgliedsfirmen, in denen 722.500 Arbeiter beschäftigt waren.[53] Die Zusammenfassung der industriellen Interessenvertretung in einer einheitlichen Zentralorganisation gelang wegen zahlreicher Differenzen zwischen den Verbänden, wie 1913 um die Streikversicherung des Bundes,[54] erst im Februar 1918, als alle drei großen Unternehmerorganisationen im Reichsverband der österreichischen Industrie aufgingen.[55] Die zentralen Unternehmervereinigungen koordinierten Aktionen, vor allem bei Streiks und Aussperrungen, und versuchten Einfluß auf die staatliche Wirtschafts- und Sozialpolitik auszuüben. Viele Verbände unterhielten auch Arbeitsnachweise, um den Gewerkschaften die Facharbeitervermittlung und damit eines ihrer wichtigen Machtinstrumente streitig zu machen. Diese Absicht konnte zwar vor dem Krieg nicht voll realisiert werden, die Gewerkschaften hatten aber Mühe, den Anschlag auf ihre Domäne abzuwehren, und die Unhaltbarkeit ihrer Position war bereits abzusehen.

Die Zentralisierungsbestrebungen in den Unternehmerorganisationen anfangs des 20. Jahrhunderts waren von einer zunehmend offensiveren Politik begleitet, deren Ziel die neuerliche Schwächung der Arbeiterbewegung und die Rücknahme ihrer Errungenschaften war. Die Stoßrichtung der Unternehmerpolitik zeigte sich vor allem an den von der Hauptstelle ausgehenden Bemühungen, Ablauf und Erneuerung von Tarifverträgen in den verschiedenen Branchen zu koordinieren und damit die Gewerkschaften auf breiter Front herauszufordern.

Zu diesem Konzept gehörte auch die Organisierung der Gewerbetreibenden und Handwerksmeister. Mit Hilfe der Hauptstelle industrieller Arbeitgeberverbände gründete der Niederösterreichische Gewerbeverein 1908 den Österreichischen Arbeitgeber-Hauptverband,[56] der 1913 ungefähr 4000 Mitglieder mit circa 47.000 Beschäftigten

---

52 Vgl. Compass. Finanzielles Jahrbuch für Österreich-Ungarn 1915, III. Bd. (Wien 1914) 598 und 603 und Theodor *Faulhaber*, Die Vereinigung österreichischer Industrieller (Wien 1980) 12–14.
53 Vgl. Peter G. *Fischer*, Freie und genossenschaftliche Interessenvertretungen der gewerblichen Wirtschaft in Österreich vom Vormärz bis zum „Ständestaat". In: Zur Geschichte der Handelskammerorganisation (= Schriften der Bundeskammer der gewerblichen Wirtschaft 37, Wien 1978) 13–15 und DG 6/1914, S. 62.
54 Vgl. Sozialpolitische Chronik: Die Unternehmerorganisationen, Österreich. In: Archiv für Sozialwissenschaft und Sozialpolitik 39 (1915) 341.
55 Vgl. DG 10/1918, S. 45 und DI 6/7/1918.
56 Vgl. *Fischer*, Interessenvertretungen, S. 18.

umfaßte.⁵⁷ Im Gegensatz zu den Organisationen der Industriellen scheinen jedoch jene der kleinen Unternehmer nicht sehr effizient gewesen zu sein. „[D]ie innere Konstitution der Verbände, die geringen Beiträge der Mitglieder, ... und, soweit man annehmen muß, der völlige Mangel größerer Mittel für die Lohnbewegungen", drängten einen zeitgenössischen Beobachter zu dem Schluß, „daß die gewerbliche Arbeitgeberorganisation bisher in einen (sic!) Kampf mit den Gewerkschaften, besonders bei guter Konjunktur, noch der schwächere Teil ist."⁵⁸

1.3.2. Christliche und nationale Gewerkschaften

Die christlichen Gewerkschaften waren neben den sozialdemokratischen Arbeiterorganisationen die einzigen, die die Erfassung möglichst aller Arbeiter in der österreichisch-ungarischen Monarchie zum Ziele hatten. Sie traten bewußt als Konkurrenz und Alternative zu den freien Gewerkschaften auf und versuchten, der christlich-sozialen Partei nahestehend, Arbeiter im Sinne dieser Partei zu beeinflussen und sie dadurch der Sphäre der Sozialdemokratie zu entziehen. Die christlichen Gewerkschaften bemühten sich auch, sich durch besonderen Patriorismus und Loyalität mit dem Kaiserhaus gegenüber den „vaterlandslosen" Sozialdemokraten zu profilieren. Die Erfolge waren verhältnismäßig gering, und erst spät, 1909, gelang die innerorganisatorische Festigung.⁵⁹ Die christlichen Organisationen konzentrierten sich in bestimmten Branchen und Industrieorten. Auffallend hoch war der Anteil der Frauen in den der Zentralkommission der christlichen Gewerkschaften angeschlossenen Verbänden; Anfang 1914 waren 27,2% der Mitglieder Frauen, im Krieg wuchs der Anteil auf fast die Hälfte.⁶⁰

Wie die freien litten auch die christlichen Gewerkschaften an nationalem Streit. Die nationale Aufsplitterung der Vereine konnte auch durch die späte Zentralisation nicht überwunden werden. Eine Besonderheit stellt aber die Bedrohung der christlichen Arbeiterbewegung durch deutschnationale Tendenzen dar, die knapp vor Kriegsausbruch zur Vernichtung der christlichen Eisenbahnerorganisation führte.⁶¹

Was die Mitgliederzahlen betrifft, zeigte sich bei den christlichen Vereinen eine noch stärkere Abhängigkeit von der wirtschaftlichen Konjunktur als bei der wesentlich größeren sozialdemokratischen Organisation. Die hohe Zunahme 1910 um mehr als 50% ist als Folge der organisatorischen Erfassung von Vereinen durch die Zentrale anzusehen.

*Mitgliederzahlen in den christlichen Gewerkschaften*⁶²

1906	18.164	1909	30.072	1912	44.603
1907	27.018	1910	46.533	1913	37.237
1908	35.610	1911	45.323		

---

57 Vgl. DG 6/1914, S. 62.
58 Sozialpolitische Chronik: Die Unternehmerorganisationen, S. 343.
59 Vgl. Franz *Hemala,* Geschichte der Gewerkschaften (Wien 1922) 126.
60 Vgl. ebd., S. 131.
61 Vgl. ebd., S. 132.
62 Vgl. ebd., S. 141.

Die nationalen Gewerkschaften hatten jeweils nur ihre nationale Gruppe unter den Arbeitern im Auge. Die deutschnationalen Gewerkschaften stellten sich dabei die eher defensive Aufgabe, deutsche Arbeitsplätze vor der Usurpation durch meist tschechische Arbeiter zu schützen, während die tschechischnationalen der tschechischen Arbeiterschaft in eine bessere Lage gegenüber der deutschen verhelfen wollten.Die Betonung des nationalen Standpunktes verschaffte diesen Arbeitervereinigungen von vornherein eine gemeinsame Basis mit bürgerlichen Parteien, die die Festigung der deutschen Vorherrschaft beziehungsweise die Emanzipation der tschechischen Nation betreiben. Spezifische Interessen der Arbeiter kamen für diese Vereinigungen erst nach den nationalen. Ihre Aufgabe, die Situation der Arbeiter zu verbessern, sahen etwa die deutschnationalen Gewerkschaften als Beitrag zur Erreichung einer möglichst reibungsfreien, deutschdominierten Gesellschaft in Österreich. „Die deutschnationalen Gewerkschaften stehen durchaus auf dem Boden der bestehenden Wirtschaftsordnung und streben deren Verbesserung im Wege einer vernünftigen Sozialreform an."[63] Die Volkswirtschaft schädigende Auseinandersetzungen sollten vermieden werden, etwa durch Schlichtung von Streit durch Einigungsämter.[64]

Es erscheint schwierig, die zahlenmäßige Stärke der nationalgesinnten Gewerkschaften anzugeben; veröffentlicht wurden jeweils sehr hohe Mitgliedszahlen, deren Richtigkeit jedoch zweifelhaft erscheint. Die deutschnationalen Arbeitnehmervereine wiesen für 1912 fast 80.000 Mitglieder aus, die tschechischnationalen 72076.[65] Auch wenn diese Mitgliedszahlen der nationalen Arbeitervereine korrekt sein sollten, bleibt fraglich, wieviele der Mitglieder in tatsächlich gewerkschaftlichen Organisationen standen und nicht in solchen, die zwar Arbeitnehmer aufnahmen aber ausschließlich nationale Ziele verfolgten.

Die Arbeitervereine beider nationalen Richtungen besaßen zentrale Organisationen. Die Zentralstelle der tschechischnationalen Vereine war der Česká obec dělnická,[66] die der deutschnationalen die Zentralkommission deutscher Arbeitnehmerverbände Österreichs, die erst 1908 nach langen Auseinandersetzungen zwischen der Alldeutschen und der Deutschen Arbeiterpartei zustande kam.[67]

1.3.3. Die nationale Spaltung der sozialdemokratischen Gewerkschaften

Zentrifugale Tendenzen aus nationalen Gründen machten sich in der seit 1893 zentralistisch organisierten sozialdemokratischen Gewerkschaftsbewegung von Anfang an bemerkbar. Die meisten Berufsverbände und vor allem die Gewerkschaftskommission hatten ihren Sitz in Wien und orientierten sich an der deutschsprachigen Arbeiterschaft der Hauptstadt und ihrer Umgebung. Sicherlich waren die meist in kleinen oder mittelgroßen Gewerbebetrieben dieser Gegend beschäftigten Arbeiter die aufgeklärtesten

---

63 Hans *Krebs,* Katechismus der deutschen Arbeiterbewegung Österreichs (Leipzig 1917) 23.
64 Vgl. Leo *Haubenberger,* Der Werdegang der nationalen Gewerkschaften (Wien 1932) 7.
65 Vgl. DG 35/1913, S. 361–362; DG 21/1914, S. 213–214 und Soziale Rundschau 1915, 3/1, S. 9.
66 Vgl. DG 21/1914, S. 213.
67 Vgl. *Haubenberger,* Werdegang, S. 5–6 und 48.

und am dichtesten organisierten in der ganzen Monarchie. Ihre Interessen deckten sich jedoch nicht mit jenen der wachsenden großindustriellen Arbeiterschaft in Böhmen, Mähren und Schlesien, sodaß die slawische Arbeiterschaft jener Länder ihre Interessen durch die in Wien zentrierte Bewegung zu wenig gewahrt sah.[68]

Schon ab 1894 gab es Versuche, eine eigenständige tschechische sozialdemokratische Gewerkschaftsbewegung zu etablieren und eine Stärkung des Zentralismus zu verhindern. Die Tschechen verlangten auf dem Gewerkschaftskongreß 1896 die Teilung der einheitlichen Kommission in autonome nationale Teilorganisationen.[69] Im Metallarbeiterverband vereitelte 1895 die tschechische Fraktion eine finanzielle Stärkung der Zentralorganisation.[70] 1897 wurde dann tatsächlich eine tschechische Gewerkschaftskommission mit Sitz in Prag gegründet, die aber von der Wiener Organisation nicht anerkannt wurde. Gerade die Anstrengungen um eine straffere Organisation, in der die zentrale Kommission die führende Rolle zu spielen gehabt hätte, mußten den Autonomiebestrebungen der Tschechen zuwiderlaufen. Insbesondere Anton Hueber als radikaler Verfechter des Zentralismus in den Gewerkschaften galt den tschechischen Vereinen als gewaltsamer „Germanisator".[71] Nachdem es 1903/04 beinahe zu einer Wiedervereinigung gekommen war,[72] verschärften sich die Reibereien wieder, als die Autonomiebestrebungen der Tschechen 1905 auch international auf Betreiben der Zentralisten verurteilt wurden.[73]

In den Jahren 1908 und 1909 kam es schließlich zum großen Zerwürfnis. Die meisten Zentralverbände zerfielen in nationale Verbände, und die beiden Gruppen verwandten etliche Energie an die gegenseitige Verunglimpfung und Bekämpfung. Die Zentralorganisation verlor im Zuge der Spaltung viele Mitglieder, die bei weitem nicht alle in die tschechischen Organisationen der Prager Kommission eintraten.

1911 war der Trennungsprozeß im wesentlichen abgeschlossen. Lediglich die Eisenbahnergewerkschaft spaltete sich noch 1912,[74] und die Organisation der Tabakarbeiter wurde noch im September 1913 aus der zentralistischen Gewerkschaftskommission ausgeschlossen, als sie eine ihrer Ortsgruppen bei der Prager Kommission anmeldete.[75]

---

68 Vgl. *N.N.*, Die Entwicklung des österreichischen Gewerkschaftskonflikts bis zum Internationalen Sozialistenkongreß 1910 in Kopenhagen. In: Helmut *Konrad*, Nationalismus und Internationalismus. Die österreichische Arbeiterbewegung vor dem Ersten Weltkrieg (= Materialien zur Arbeiterbewegung 4, Wien 1976) 108–109 und 125.
69 Vgl. Ludwig *Brügel*, Geschichte der österreichischen Sozialdemokratie, Bd. 5 (Wien 1925) 80.
70 Vgl. Der Aufstieg, S. 42.
71 *Brügel*, Sozialdemokratie 5, S. 80–81 und *N.N.*, Gewerkschaftskonflikt, der Hueber einen Großteil der Verantwortung für die Geschehnisse zuweist.
72 Vgl. *N.N.*, Gewerkschaftskonflikt, S. 130–131.
73 Vgl. *Brügel*, Sozialdemokratie 5, S. 80–81 und Raimund *Löw*, Der Zerfall der „Kleinen Internationale". Nationalitätenkonflikt in der Arbeiterbewegung des alten Österreich (1889–1914) (= Materialien zur Arbeiterbewegung 34, Wien 1984) 67ff.
74 Vgl. DG 25/1913, S. 245.
75 Vgl. DG 36/1913, S. 376. Die Tabakarbeiterorganisation wurde von der zentralistischen Kommission erst im September 1918 wieder aufgenommen. Vgl. DG 41/1918, S. 240.

*Die autonomen tschechischen, von den Zentralisten als separatistische bezeichneten[76]
Organisationen zählten*

1906	34.147	1910	rund 75.000
1907	37.423	1911	rund 85.000 und
1908	35.052	1912	rund 100.000 Mitglieder.[77]

1.4. Aktivitäten und Erfahrungen der Gewerkschaftsbewegung

1.4.1. Kollektivverträge[78]

Mit der Festigung der Organisationen setzte sich bei den sozialdemokratischen Gewerkschaftsfunktionären bald die Ansicht durch, daß die Regelung des Arbeitsverhältnisses auf der Basis individueller Verträge zwischen dem einzelnen Unternehmer und dem einzelnen Arbeiter unhaltbar war. Um die Einhaltung der Verträge zu gewährleisten, mußten die Gewerkschaften ständig kampfbereit sein, Streiks konnten bereits errungene Positionen gefährden. Besonders hinderlich war der individuelle Arbeitsvertrag aber für das Gewerkschaftswesen, weil dadurch die Bedingungen selbst im selben Betrieb unterschiedlich waren, und auf diese Weise die Konkurrenz unter den Arbeitern verstärkt wurde. Die freien Gewerkschaften strebten daher eine kollektive Regelung der Arbeitsverhältnisse an und faßten auf ihrem vierten Kongreß 1903 einen entsprechenden Beschluß.

Kollektivverträge sollten auf bestimmte Dauer die durch einen Streik erreichten oder friedlich ausgehandelten Lohn- und Arbeitsverhältnisse für einen möglichst großen Kreis von Beschäftigten einer Branche festsetzen. Die vereinbarte Laufzeit eines solchen Vertrages war in der Frühzeit des Tarifvertragswesens meist wesentlich länger als die heute übliche einjährige Frist, vermutlich weil es Ende des 19. Jahrhunderts keine Inflationserfahrungen gab. Die Frist bis zum Ablauf des Vertrages sollte der betreffenden Fachgewerkschaft Zeit zur Regeneration ihrer Streikfonds geben, um bei Erneuerung des Vertrags eine möglichst starke Verhandlungsposition einnehmen zu können. Die Einhaltung des Vertrages sollte durch den Umstand gesichert werden, daß nun nicht mehr der einzelne Arbeiter mit dem ihm wirtschaftlich überlegenen Unternehmer kontrahierte sondern die Vereinigung vieler Arbeiter mit Geld und Machtmitteln. Die weitergehenden Bestrebungen der Gewerkschaften, für ganze Branchen einheitliche Regelungen zu treffen,

---

76 Vgl. *N.N.*, Gewerkschaftskonflikt, S. 106.
77 DG 25/1913, S. 247–248.
78 Zur Entwicklung des Kollektivvertragswesens in Österreich vgl.Gerhard *Ungersböck*, Vom „freien" zum kollektiven Arbeitsvertrag. Die Entwicklung des Arbeitsvertragsrechts und der Kollektivverträge in Österreich bis 1919 (Diss. Univ. Wien 1982) und Michael *Mesch*, Arbeiterexistenz in der Spätgründerzeit. Gewerkschaften und Lohnentwicklung in Österreich 1890–1914 (= Materialien zur Arbeiterbewegung 33, Wien 1984) bes. 84–120.

setzten allerdings die Existenz von Vereinigungen auch auf Seite der Unternehmer voraus, die Verstöße ihrer Mitglieder gegen die Vertragsdisziplin sanktionieren konnten.

Die Unternehmer entschlossen sich trotz der klaren Vorteile, die ihnen aus einem Kollektivvertrag erwuchsen, nur zögernd zu Abschlüssen. Nur außerordentlich starken Arbeitergruppen gelang es zu dieser Zeit, umfassende Regelungen durchzusetzen. Die Macht solcher Arbeiter lag in ihrer hohen Qualifikation, wie etwa bei den Buchdruckern, die schon 1896 einen im ganzen Reich geltenden Tarif erreichten, oder in der lokalen Konzentration ihrer Organisationen, die den örtlichen Arbeitsmarkt daher beeinflussen konnten. Dieser Sachverhalt lag vielen Wiener Verträgen zugrunde. Unternehmer in sehr starken Positionen, wie zum Beispiel die Leitung des Witkowitzer Hüttenwerkes, hatten es bis weit in die Kriegszeit hinein nicht nötig, mit Gewerkschaftsvertretern auch nur zu reden.[79] Der niedrige Organisationsgrad der Arbeiter und wohl auch die Ausnützung nationaler Differenzen durch die Beschäftigungspolitik des Unternehmens nahmen den Gewerkschaften jede Chance, in diesem Betrieb Erfolge zu erzielen.

Im Wirtschaftsaufschwung nach 1904 gelangen dann den diversen Berufsgewerkschaften wesentlich mehr Abschlüsse. Die Erklärung dafür liegt in dem zwei Jahre zuvor gefaßten Beschluß des Gewerkschaftskongresses, diesen Weg der Regulierung der Arbeitsverhältnisse zu forcieren, vor allem aber in der wachsenden Bereitschaft der Unternehmerschaft Kollektivverträge zu akzeptieren statt durch Streiks die Gewinnaussichten zu schmälern. Das Kollektivvertragswesen fand ab 1905 immer mehr Verbreitung, bis es 1913 in eine Krise geriet.[80] Die Zwangsgenossenschaften im Gewerbe erhielten 1907 sogar durch Gesetz die Möglichkeit, verbindliche kollektive Arbeitsverträge durch die Genossenschaftsversammlung im Einvernehmen mit der Gehilfenversammlung beschließen zu lassen.[81]

Diese gesetzgeberische Aktion verweist auf eine bedeutende Auswirkung des Kollektivvertragswesens. Es zeigte sich nämlich, daß durch die von Gewerkschaften einerseits und einem Unternehmer bzw. einer Unternehmerorganisation andererseits abgeschlossenen Verträge der Arbeitsfrieden tatsächlich leichter zu erhalten war.[82] Beide Parteien konnten längerfristige Strategien anwenden, in denen Streiks oder Aussperrungen weniger Gewicht hatten als bei spontan ausbrechenden Bewegungen. „Diese Entwicklung vom planlosen, meist nur von Organisations- und Agitationsbedürfnissen abhängigen Streik zum Lohntarifvertrage, der aus seinem Vorgänger entsteht und bei dessen Schaffung bereits an seinen Nachfolger gedacht wird",[83] hatte eine äußerst nachhaltige Wirkung auf die Entwicklungsrichtung der freien Gewerkschaftsbewegung. „Nichts hat ... in solch starkem Maße zur Aushöhlung des Klassenkampfgedankens beigetragen, wie das allmähliche Aufkommen des Tarifvertragswesens."[84] Zwar kam es noch sehr häufig

---

79 Vgl. DG 31/1917, S. 165.
80 Vgl. Die collectiven Arbeits- und Lohnverträge in Österreich. Abschlüsse, Erneuerungen und Verlängerungen in den Jahren 1914, 1915 und 1916 (Wien 1917) IX.
81 Gesetz vom 5. 2. 1907, RGBl. Nr. 26, § 114b.
82 Vgl. 30 Jahre Wiener Industriellen-Verband. 1906–1936 (Wien o. J.) 15.
83 DG 36/1918, S. 213.
84 Karl *Kührer*, Die Wandlungen des gewerkschaftlichen Charakters in Österreich und Deutschland unter Berücksichtigung der gewerkschaftlichen und außergewerkschaftlichen Theorie (Diss. Univ. Graz 1965) 34.

zu heftigen Kämpfen, ehe ein Vertrag abgeschlossen werden konnte, doch wurden Streiks immer mehr zum bloß taktisch als Drohung eingesetzten „letzten" Mittel. Außerdem wurde durch die Verträge manchmal ein Schiedsgericht eingerichtet, das eventuell auftretende Differenzen bei der Interpretation des Vertrages schlichten sollte und paritätisch mit Arbeitern und Unternehmern besetzt war. Auch kam es vor, daß zur Schlichtung von Streitigkeiten bei Abschluß eines Vertrages „neutrale" Schiedsrichter zugezogen wurden, mit Vorliebe Vertreter des Handelsministeriums.[85]

Die staatlichen Stellen begrüßten die kollektivvertraglichen Regelungen, die ja zumindest in ihrer Wirkung den in den 1890er Jahren gescheiterten eigenen Bestrebungen entsprachen. Deren Ziel war es gewesen, den Produktionsfrieden zu sichern, die Arbeiterschaft vor Pauperisierung durch Einzelinteressen zum Schaden der gesamten Volkswirtschaft zu schützen und nicht zuletzt das Wachstum radikaler, sozialistischer Ideologie zu verhindern. Auch die Kollektivverträge erfüllten diese Funktionen. Sie drängten Streiks, vor allem spontane, und Aussperrungen zurück, zwangen die einzelnen Unternehmer tendenziell, allgemeine Lohnstandards zu akzeptieren und waren einerseits Ausdruck, andererseits Fortführung des Gedankens einer kontinuierlichen, schrittweisen Verbesserung der Lage der Arbeiterschaft und somit radikalen Ideen entgegengesetzt.

Im Zusammenhang mit den Kollektivverträgen wurden die Gewerkschaften als legitime Repräsentanten der Arbeiter erstmals von den Unternehmern – und indirekt auch vom Staat – anerkannt. Auch die Beziehungen zwischen den Arbeitern selbst und ihren Organisationen veränderten sich durch die neue Regelung der Arbeitsverhältnisse. Die von der Gewerkschaft organisierten Streiks waren letzten Endes immer noch Sache der Arbeiter selbst gewesen, der Abschluß eines Kollektivvertrags jedoch kam außerhalb deren Wirkungsbereiches zustande und betraf sie nur passiv. Zwischen den kontrahierenden Funktionären und den Mitgliedern bildete sich eine Kluft. Die Mitglieder konnten die Aktivitäten ihrer Organisation kaum beeinflussen, da der Willensbildungsprozeß innerhalb der Gewerkschaften wenig demokratisch war und ständig in zentralistischem Sinn verändert wurde,[86] – es sei denn durch Beendigung ihrer Mitgliedschaft. Daß diese Möglichkeit der Kontrolle der Politik keine Rolle spielte, liegt zum Teil daran, daß die Gewerkschaften gleichzeitig beachtliche Erfolge für ihre Mitglieder aufweisen konnten. Zum Teil, allerdings, wandelte sich einfach die Funktion der Gewerkschaften. Aus der Arbeitskampforganisation wurde eine versicherungsähnliche Institution.

1.4.2. Parlament und staatliche Verwaltung

Wie weit die Gewerkschaften mit Hilfe der Kollektivverträge höhere Löhne, verkürzte Arbeitszeit, Arbeitspausen etc. durchsetzen konnten, war von ihrer Macht abhängig, dokumentiert durch Zahl und Disziplin der Mitglieder und durch ihr Vermögen, und von der Marktlage, in der sie den Vertrag abschließen wollten oder mußten. Auch die Erhaltung aller Errungenschaften hing von diesen Voraussetzungen ab. Zwar gelang es

---

85 Vgl. z. B. Soziale Rundschau 1914, 1/2, S. 80.
86 Vgl. *Traxler,* Funktion und Organisationsstruktur, S. 137ff.

Gewerkschaften dicht organisierter Facharbeiter, Verbesserungen zu erlangen. Für andere Gruppen, wie die Arbeiterschaft im Kleingewerbe und in Industriezweigen, wo Hilfs- und Frauenarbeit dominierten, gab es kaum sozialpolitischen Fortschritt. In der Zeit vor dem ersten Weltkrieg, als große technische Neuerungen in der Produktion abzusehen waren, vergrößerte sich zudem die Gefahr, daß durch die Innovationen Facharbeit entwertet und die damit verbundenen Privilegien verloren gehen würden.

Die Gewerkschaften traten aus diesen Gründen vehement für eine autoritative Regelung gewisser grundlegender Fragen des Arbeitsverhältnisses ein. Sozialpolitische Gesetze sollten vom Parlament beschlossen und mit staatlichen Machtmitteln durchgesetzt werden. Da ein Abgeordnetenhaus des allgemeinen Wahlrechts sich eher mit den Arbeiterfragen auseinandersetzen würde als ein Privilegienparlament, waren die Gewerkschaften radikale Verfechter einer Wahlrechtsreform. Sie fanden sich sowohl vor 1896 als auch vor 1907 sogar schneller als die sozialdemokratische Partei bereit, den Ernst des Anliegens durch einen Generalstreik zu unterstreichen.[87]

Die Erwartungen der Gewerkschaftsbewegung in Bezug auf das Abgeordnetenhaus des allgemeinen Wahlrechts betrafen in erster Linie die Lösung von Problemen, die die Arbeiterschaft in ihrer Gesamtheit in besonderem Maße berührten. Das wichtigste dieser Probleme war die Arbeitszeit. Zwar konnte der gesetzlich für Fabriksbetriebe geltende elfstündige Maximalarbeitstag in vielen Fällen durch kollektivvertragliche Regelungen verkürzt werden, aber diese Verbesserung der Arbeitsbedingungen war weder allgemein noch gesichert. Insbesondere in den kontinuierlichen Betrieben, wo nur entweder Zwölfstunden- oder Achtstundenschichten denkbar waren, genossen die Arbeiter nicht einmal die gesetzlichen Beschränkungen der Arbeitsdauer. 1907 arbeiteten noch 88% der Beschäftigten in kontinuierlichen Betrieben in Zwölfstundenschichten.[88] Die Forderung des achtstündigen Maximalarbeitstages, von der ja die radikal gewerkschaftlichen Vertreter der Arbeiterbewegung in den 1890er Jahren ihr Eintreten für den Kampf um das allgemeine Wahlrecht überhaupt abhängig gemacht hatten, erwies sich also auch noch nach 1907 für eine bedeutend erstarkte Gewerkschaftsbewegung als gültig.

Neben dieser Hauptforderung lag den Gewerkschaften auch an der Regelung der Arbeitsverhältnisse gewisser Gruppen, die die bestehende Struktur der Arbeiterschaft in Frage zu stellen drohten. Hier handelte es sich vor allem um die Frauen, deren Beschäftigung stark zunahm. Die Ersetzung von Facharbeit durch mechanische Tätigkeiten an Maschinen und die wesentlich niedrigeren Frauenlöhne gefährdeten sowohl die Position der Facharbeiter als auch das Lohnniveau insgesamt. Die gewerkschaftliche Organisation der Arbeiterinnen machte zwar große Fortschritte, doch war erstens die absolute Zahl der organisierten Frauen zu gering und zweitens konnten auch die Gewerkschaften nichts Entscheidendes gegen die einerseits aus der unqualifizierten Arbeit, andererseits aus der spezifischen Einstufung der Frauenarbeit entspringende Lohndiskriminierung tun. Es sollte daher die Frauenarbeit durch gesetzliche Maßnahmen eingeschränkt und dadurch ihre Konkurrenz, wenn sie schon unvermeidlich war, auf gewisse Gebiete reduziert werden.

---

87 Vgl. *Brügel*, Sozialdemokratie 4, 232 und 271. Vgl. *Klenner*, Gewerkschaften 1, 306.
88 Vgl. *Klenner*, Gewerkschaften 1, 306.

Zu den Forderungen der Gewerkschaften gehörten außerdem eine Begrenzung der Arbeitszeit der Jugendlichen, ein wirksames Verbot der Kinderarbeit und eine gesetzliche Regelung der Verhältnisse in der Heimarbeit, die bislang von jeglichem sozialpolitischen Fortschritt unberührt geblieben war. Ein Problem eigner Art stellten schließlich die Institute des Arbeitsbuches und der doppelten Bestrafung des Arbeiters bei Kontraktbruch dar. Die Arbeiterbewegung sah in diesen Bestimmungen eine Bedrohung des Koalitionsrechtes und eine Verletzung des Gleichheitsgrundsatzes. Da diese Bestimmungen gesetzlich verankert und zwingendes Recht waren,[89] konnte deren Beseitigung nur durch das Parlament erfolgen.

Die zweite Gruppe von Gründen, die die Gewerkschaften zu engagierten Kämpfern um das allgemeine Wahlrecht werden ließ, betrafen nicht das Arbeitsverhältnis direkt, sondern die soziale Absicherung der Arbeiter bei Krankheit, nach einem Unfall, bei Invalidität, im Alter und bei Arbeitslosigkeit. Das schon existierende System von Versicherungen für einige dieser Fälle war auf bestimmte Gruppen von Arbeitern beschränkt.[90] Heimarbeiter etwa waren weder unfall- noch krankenversichert wie die gewerblichen Arbeiter; Bergarbeiter waren bei Krankheit auf ihre Bruderladen angewiesen, die nur unzulängliche Leistungen boten. Darüberhinaus gehörten Unterstützungen im Krankheitsfall zu den herkömmlichen Funktionen der Berufsorganisationen der Arbeiter, und die relativ hohe Belastung der Gewerkschaftsfinanzen – 11,4% der Gesamtausgaben (ohne Streikgelder) im Durchschnitt des Jahrzehnts vor dem Krieg[91] – verstärkte das Interesse der Gewerkschaften am Ausbau auch dieses Zweiges der Sozialversicherung.

Ein besonders dringliches Anliegen der österreichischen Arbeiterschaft war die Einführung einer Versicherung für die Fälle dauernder Arbeitsunfähigkeit und der Versorgung der Hinterbliebenen eines verstorbenen Arbeiters. Ohne solche Einrichtungen waren Alte und Invalide, Witwen und Waisen auf das Wohlwollen der Angehörigen angewiesen oder, was oft genug der Fall war, der völligen Verelendung preisgegeben. Selbständige Vorsorge des einzelnen oder der einzelnen Familie für solche Situationen durch Sparen war bei Löhnen nahe dem Subsistenzniveau ausgeschlossen. Auch die Gewerkschaften waren in solchen Fällen wegen des hohen finanziellen Risikos sehr vorsichtig. Nur ganz wenige Fachgewerkschaften, und zwar durchwegs solche mit hohem Vermögensstand und hohem Vermögen pro Kopf,[92] zahlten Invalidenunterstützung. Unterstützung in Sterbefällen wurde öfter gewährt, doch erst nach sehr langen Anwartszeiten und immer in einmaligen Abfindungen. Altersversorgung der Arbeiter war den Gewerkschaften finanztechnisch völlig unmöglich, da sie weder die für eine Pensionsversicherung nötige große Zahl an Versicherten, noch die gesicherte Kontinuität der Einzahlungen aufweisen konnten.

Einen Fall eigener Art stellte endlich die Arbeitslosenversicherung dar. Die Gewerkschaften waren in den 1890er Jahren gegen eine staatliche Regelung, weil sie dadurch ihre

---

89 Gesetz vom 8. 3. 1885, RGBl. Nr. 22, §§ 79, 80a bis 80i, 81 und 85.
90 Vgl. Gesetz vom 30. 3. 1888, RGBl. Nr. 33 (Krankenversicherung) und Gesetz vom 28. 12. 1887, RGBl. Nr. 1 ex 1888 (Unfallversicherung).
91 DG 25/1914, S. 242, 244–245.
92 Vgl. DG 11/1912, S. 234, 270–281.

eigene Position und Schlagkraft bedroht sahen. Wie der Reiseunterstützung, die die lokale Mobilität der Arbeiter erhöhen sollte, und der Notfallsbeihilfe für gemaßregelte Arbeiter schrieben die Gewerkschaften der Arbeitslosenunterstützung durch die Organisationen „Kampfescharakter" zu[93] und befürchteten, daß staatliche Hilfe für erwerbslose Arbeiter zur Förderung von Streikbruch und Lohndruck benützt werden könnte und schließlich zur Verdrängung der Gewerkschaften aus ihren Funktionen am Arbeitsmarkt.[94] Außerdem hätte eine staatliche Arbeitslosenunterstützung auch staatliche Arbeitsvermittlung mit sich gebracht, was die Gewerkschaften aus ähnlichen Gründen ablehnten.[95]

Erst der Konjunktureinbruch zu Beginn des 20. Jahrhunderts leitete einen Meinungswandel in diesen Fragen ein. Die Gewerkschaften mußten erkennen, daß die großen Summen, die sie bei Wirtschaftskrisen an die Arbeitslosen zu zahlen hatten, eine ernstliche Bedrohung ihres Bestandes darstellten, wenn auch das volle Ausmaß dieser Gefahr erst bei Kriegsausbruch sichtbar wurde. Im ersten Jahrzehnt des 20. Jahrhunderts betrug der Anteil der Arbeitslosenbeihilfen an den Gesamtausgaben durchschnittlich 39,6%.[96] Die Gewerkschaften revidierten in der Folge allmählich ihren Standpunkt. Schon 1900 hatten sie die Ablehnung öffentlicher Arbeitsvermittlung aufgegeben, sofern diese Stellen nur paritätisch mit Arbeiter- und Unternehmervertretern und Vertretern der Trägerorganisation besetzte Überwachungskommissionen aufwiesen.[97] Die Forderung nach Arbeitslosenfürsorge durch die öffentliche Hand wurde aber erst in der Zeit der neuerlichen Wirtschaftskrise 1912/13 gestellt und zwar sowohl an die Adresse der Gemeinden als auch an die des Staates.

Im Falle der Arbeitslosenfürsorge hatte erst das bereits etablierte Abgeordnetenhaus des allgemeinen Männerwahlrechts zur Erwartung der Regelung des Problems geführt und nicht, wie bei den zuvor besprochenen Problemen, die Erwartung zur umso dringlicheren Forderung nach Ausdehnung des Wahlrechts. Erst die große Zahl von Arbeitervertretern im Parlament schien den Gewerkschaften ausreichend zu garantieren, daß öffentliche Hilfe für Arbeitslose nicht zu ihren Ungunsten benützt würde.[98] Außerdem propagierten die Gewerkschaften bevorzugt das sogenannte Genter System, das ihre eigene Stellung indirekt sogar gefestigt hätte. Die einzelnen Gemeinden beziehungsweise der Staat sollten jenen Arbeitern, die Arbeitslosenunterstützung von ihren Berufsvereinen erhielten, einen Zuschuß gewähren. Nicht organisierte Arbeiter sollten die Möglichkeit haben, eine eigene Versicherung abzuschließen, um in den Genuß des Zuschusses aus öffentlicher Hand zu gelangen. Die Gesetzesinitiative mehrerer sozialdemokratischer Abgeordneter Ende 1913 aber sah eine solche Ersatzmöglichkeit gar nicht vor und machte auch noch den Anspruch auf den Staatszuschuß von Anträgen durch den Berufsverein abhängig.[99]

---

[93] Ebd., S. 227.
[94] Vgl. *Pfatschbacher*, Gewerkschaften, S. 43–46.
[95] Vgl. Bericht der Reichskommission, S. 119.
[96] DG 31/1919, S. 167.
[97] Vgl. *Pfatschbacher*, Gewerkschaften, S. 44, auch Fußnote 2.
[98] Vgl. ebd., S. 48.
[99] Vgl. DG 49/1913, S. 473–474 und 2101 der Beilagen zu den StPrAH XXI, 11. Bd., hier bes. Artikel V.

Der Wunsch der österreichischen Arbeiterbewegung, daß der Staat die Unterstützung der Arbeitslosen übernehmen sollte, ging in der Zeit der Monarchie nicht in Erfüllung. Trotz recht knapper Stimmenverhältnisse in dieser Frage im Abgeordnetenhaus, wie eine Abstimmung bezüglich finanzieller Mittel für Arbeitslosenfürsorge im Budgetausschuß zeigte,[100] erscheint es äußerst zweifelhaft, daß die Beratungen zu einem positiven Ergebnis geführt hätten, wenn das Parlament im März 1914 nicht vertagt worden wäre. Die Sozialdemokraten kamen mit ihrer Argumentation, wonach der Staat wenigstens für jene zu sorgen verpflichtet sei, die infolge politischer Entscheidungen und Ereignisse ihre Arbeit verloren hatten,[101] nicht durch. Sowohl die kompetenten staatlichen Stellen, vor allem das Ministerium des Inneren, als auch die Unternehmerschaft verweigerten aus prinzipiellen Gründen die Zustimmung zur staatlichen Arbeitslosenfürsorge. Beide hielten die Arbeitslosenunterstützung für schädlich, da die Geldzahlungen die Arbeitslosen von intensiver Suche nach neuen Erwerbsmöglichkeiten und Anpassung ihrer Lohnwünsche abhalten würden. Nur den „deroutierenden Wirkungen" der Arbeitslosigkeit sollte nach Meinung der Unternehmer gegebenenfalls durch die Vergabe von Notstandsarbeiten vorgebeugt werden.[102]

Mit der Forderung nach kommunaler Arbeitslosenfürsorge hatten die Gewerkschaften zwar etwas mehr Erfolg, doch blieb die Situation unbefriedigend, da gerade die größten und wichtigsten Gemeinden nicht zu Aktionen zu bewegen waren. Trotz des noch nicht demokratisierten Gemeindewahlrechts konnten die Sozialdemokraten in Graz, Laibach, Liesing, Atzgersdorf und Proßnitz eine Unterstützung der Arbeitslosen nach dem Genter System durchsetzen.[103] Der Wiener Bürgermeister hingegen vertrat den Standpunkt, daß nicht die Stadt sondern der Staat in dieser Sache zuständig sei.[104] In Brünn, das die Einführung des Genter Systems plante, stellten sich wichtige Unternehmergruppen dagegen. Ihrer Ansicht nach war es „eine selbstverständliche Forderung, daß sich der sozialpolitische Fortschritt der wirtschaftlichen Entwicklung anpasse und nicht in einer Zeit tiefster wirtschaftlicher Depression grundlegende sozialpolitische Probleme aufgerollt werden."[105]

Die gewerkschaftliche Forderung nach Ausbau und Verbesserung der Sozialversicherung wurde wohl vom Parlament aufgenommen, doch wurde ein entsprechender Gesetzesentwurf vom Sozialversicherungsausschuß erst am 8. Juli 1914 verabschiedet, lange nachdem das Plenum des Abgeordnetenhauses vertagt worden war.[106]

Von den gewerkschaftlichen Forderungen wurden im österreichischen Parlament vor dem ersten Weltkrieg nur jene verwirklicht, hinter denen internationaler Druck stand.[107]

---

100 Vgl. DG 5/1914, S. 45. Vgl. dazu auch die bei *Löw,* Der Zerfall, S. 307–310 abgedruckte Stellungnahme aus „Der cechoslavische Sozialdemokrat" 12/1913, S. 96–99.
101 Vgl. Soziale Rundschau 1914, I/3, S. 116–117 (Reumann im volkswirtschaftlichen Ausschuß des Abgeordnetenhauses).
102 Vgl. Protokoll der siebenten ordentlichen Generalversammlung der Hauptstelle industrieller Arbeitgeber-Organisationen (Wien 1914) 101. Vgl. auch Soziale Rundschau 1914, I/8/9, S. 336 (Erlaß des MdI, Z. 35836/1914).
103 Vgl. DG 18/1914, S. 185.
104 Vgl. DG 52/1913, S. 498.
105 Bericht des Vereines der Wollindustriellen Mährens in Brünn (Brünn 1914) 31.
106 Vgl. Soziale Rundschau 1914, I/7, S. 322.
107 Vgl. *Deutsch,* Gewerkschaftsbewegung 1, 449.

Diese betrafen den Schutz der Gesundheit der arbeitenden Frauen. Die Arbeitszeit wurde nicht verkürzt und das Arbeitsbuch nicht abgeschafft. Sozial fortschrittliche Gesetze erreichten in dieser Periode lediglich die Angestellten,[108] was aber weniger auf gewerkschaftlichen Druck als auf die Mittelstandspolitik der bürgerlichen Parteien zurückzuführen war.

Die Erwartungen, die die Gewerkschaften in die Tätigkeit des Parlaments gesetzt hatten, wurden also zum größten Teil enttäuscht.[109] Von 1907 bis 1914 gelang es den sozialdemokratischen Abgeordneten nicht, aus eigener Kraft auch nur eines der großen sozialpolitischen Anliegen zu erledigen, deren Durchsetzung das allgemeine Wahlrecht für die Gewerkschaften und vor allem für deren Mitglieder erstrebenswert gemacht hatte. Die Orientierung der Führung am Parlament wurde daher zunehmend kritikanfälliger. Dennoch konnte die Gewerkschaftsbürokratie gerade in den Krisenjahren unmittelbar vor dem Krieg bei miserablen wirtschaftlichen Aussichten und einer sehr verschärften Politik der Unternehmer gegenüber den Bestrebungen der Arbeiterschaft nur von staatlichen Regelungen Fortschritte erhoffen. Da das Parlament in dieser Hinsicht seine Funktionen offensichtlich zu erfüllen nicht imstande war, wandten sich gewerkschaftliche Forderungen immer häufiger an die staatliche Bürokratie, der die Gewerkschaftsführung trotz aller gegenteiligen Äußerungen die Funktion einer über den Parteien stehenden neutralen Instanz zuschrieb.

1.5. Die Lage der freien Gewerkschaften vor Kriegsausbruch

Nach dem ersten Jahrzehnt des 20. Jahrhunderts ist eine Zäsur in der Entwicklung der österreichischen freien Gewerkschaften festzustellen. Bis etwa 1910 war es gelungen, eine insgesamt finanziell und im Hinblick auf die Mitgliederzahlen gefestigte Organisation zu schaffen, die auch die Krise 1908/09 ohne großen Schaden überdauerte. Auch der Rahmen gewerkschaftlicher Aktivitäten und deren Hauptakzente waren bis dahin festgelegt. Die sozialdemokratischen Gewerkschaften anerkannten das politische und wirtschaftliche System Österreich-Ungarns und bemühten sich, in diesen vorgegebenen Grenzen Fortschritte für die Arbeiterschaft zu erzielen. Umgekehrt hatte sich auch der Staat mit der Existenz der Gewerkschaften abgefunden und sogar begonnen, sie als legitime Vertretung der Arbeiterbevölkerung anzusehen. Nach der Auflösung der Eisenbahnerorganisation im März 1897[110] war es zu keiner Verfolgung größeren Maßes der

---

108 Vor allem: Gesetz vom 16. 1. 1910, RGBl. Nr. 20 (Handlungsgehilfengesetz).
109 Zu den Hintergründen des sozialpolitischen Stillstandes vgl. Everhard *Holtmann*, Arbeiterbewegung, Staat und Sozialpolitik in der Spätzeit der Habsburgermonarchie. Strukturelle Bedingungen österreichischer Sozialgesetzgebung zwischen 1890 und 1914. In: Politik und Gesellschaft im alten und neuen Österreich. Festschrift für Rudolf Neck zum 60. Geburtstag. Hrsg. Isabella *Ackerl*, Walter *Hummelberger* und Hans *Mommsen*, 1. Bd. (Wien 1981) 239–254 und Emmerich *Talos*, Staatliche Sozialpolitik in Österreich. Rekonstruktion und Analyse (Wien 1981) 94–117.
110 Vgl. *Brügel*, Sozialdemokratie 4, 301, Fußnote.

gewerkschaftlichen Organisationen mehr gekommen, sondern die Staatsverwaltung bezog immer mehr die Tätigkeit der Arbeiterbewegung in ihre sozialpolitischen Konzepte ein.[111] Das Verhältnis zwischen Unternehmern und Arbeitern hatte sich durch das Dazwischentreten der Gewerkschaften verändert. Das kollektive Auftreten der Arbeiter erlaubte den Abschluß von Verträgen, in denen auch einige sozialpolitische Forderungen verwirklicht werden konnten. Für umfassendere Regelungen und tiefgreifende Reformen, allerdings, war die Gewerkschaft auf die Hilfe des Staates angewiesen. Das Parlament des allgemeinen Männerwahlrechts sollte jenes Mittel sein, durch das die Wünsche der Arbeiterschaft an die Staatsverwaltung herangetragen wurden.

Parallel zu den erfolgreichen Bestrebungen der Gewerkschaften hatten sich aber auch ihre Position bedrohende Entwicklungen ergeben. Vor allem schwächten neue Produktionsmethoden die Stellung der Facharbeit und der Organisationsvorsprung der Arbeiter ging durch Zusammenschlüsse in der Unternehmerschaft, die dadurch ihre Macht ausbaute, verloren. Bis 1910 etwa aber hatten die widrigen Umstände noch keinen Wandel des Charakters der Gewerkschaften als autonome Organisationen der Arbeiterschaft, wie sie sich seit 1890 etabliert hatten, herbeiführen können. In den letzten Jahren vor dem Krieg, in einer neuerlichen schweren Wirtschaftskrise, kamen sie allerdings voll zum Tragen und zeigten mit großer Schärfe die prekäre Situation der traditionellen Gewerkschaftspolitik auf.

Die wirtschaftliche und politische Krise ab Herbst 1912 hatte nachhaltige Auswirkungen auf die Arbeiterschaft. Das Verhältnis zwischen Nachfrage und Angebot an Arbeitern war ab August 1913 in Industrie und Bergbau, in Handel und Verkehr und in den freien Berufen stets schlechter als im vorangegangenen Vergleichsjahr.[112] Im Juni 1914 zählte das Städtische Dienstvermittlungsamt in Wien 44,35 Stellenangebote pro hundert männlicher Arbeitssuchender.[113] Einen Hinweis auf die katastrophale Beschäftigungslage erlaubt auch die Statistik der Arbeitszeitverlängerungen, die zeigt, daß 1913 die Zahl der geleisteten Überstunden um mehr als 850.000 Stunden gegenüber 1912 zurückblieb.[114] Für viele Arbeiter war Auswanderung die einzige Möglichkeit, ihre Existenz zu sichern. Die Union der Textilarbeiter schätzte die Zahl der Emigranten allein aus ihrer Branche auf 8000 bis 10.000 für 1913.[115] Zur tristen Situation auf dem Arbeitsmarkt kam noch die Teuerung besonders der Lebensmittel und der Wohnungen, die die Lohnzuwächse der Vorjahre wieder zunichtezumachen drohten. Wie knapp auch „wirtschaftlich höherstehende Wiener Arbeiterkreise" mit ihren Einkommen kalkulieren mußten, zeigt ein Vergleich der durchschnittlichen Jahresausgaben für Nahrungsmittel, Kleidung, Wohnung, Heizung etc. mit dem Durchschnittseinkommen von zwischen 1912 und 1914 befragten Arbeiterfamilien. Der Spielraum war so eng, daß ein realer Lohnverlust durch

---

111 Vgl. *Holtmann*, Arbeiterbewegung, Staat und Sozialpolitik, S. 251.
112 Vgl. DG 41/1913, S. 415, Tabelle I.
113 Vgl. Mitteilungen der Statistischen Abteilung des Wiener Magistrates. Monatsberichte für das Jahr 1914, S. 123.
114 Vgl. Arbeitszeitverlängerungen (Überstunden) im Jahre 1914 in fabriksmäßigen Betrieben Österreichs (Wien 1916) 25.
115 Vgl. DG 2/1914, S. 14.

Verteuerung der Lebensmittel zur Verelendung selbst dieser gehobenen Facharbeiterschichten führen mußte.[116]

Für die Gewerkschaften standen allerdings nicht nur die Folgeprobleme der Wirtschaftskrise an, die sich auf die Finanzen der Verbände negativ auswirkte, sondern an erster Stelle die Verteidigung ihrer Errungenschaften gegen die Angriffe der erstarkten Unternehmerschaft. 1913 war es erstmals einigen Unternehmergruppen gelungen, die Ablauftermine der Kollektivverträge ihrer Branchen zu koordinieren. Von besonderer Bedeutung in dieser Hinsicht waren die Wiener Metallindustrie und die Baubranche samt Nebengewerben. Die Gewerkschaften hatten zwar versucht, den Widerstand finanziell in angemessener Weise vorzubereiten, doch wurde ihr Lage durch die Wirtschaftskrise dann sehr erschwert. Die erwarteten heftigen Arbeitskämpfe blieben bis auf den im Buchdruckereigewerbe aus. Dennoch wurden die Absichten der Unternehmer deutlich: sozialpolitische Forderungen der Arbeiter wie Arbeitszeitverkürzung, Akkordlohnregelung usw., stießen auf heftigen Widerstand, nur Lohnerhöhungen wurden anerkannt.

Einige Gewerkschaften, so der Metallarbeiter- und der Maurerverband, kündigten an, unter diesen Bedingungen auf einen Kollektivvertrag überhaupt verzichten zu wollen,[117] dennoch kam es in den meisten Fällen zu Abschlüssen, die die von den „erstaunlich mutigen" Gewerkschaften vorgebrachten „hohen Forderungen"[118] aber nur zum kleinsten Teil erfüllten. Gewerkschaftsfunktionäre selbst gestanden ein, daß „wenn man die Ziffern über die erreichten Lohnerhöhungen und Arbeitszeitverkürzungen analysiert, ... man das Erreichte nicht als allzu hoch einschätzen dürfen [wird]."[119] Es blieb den Gewerkschaften letzten Endes nichts anderes übrig, als sich mit minimalen oder auch nur Scheinzugeständnissen der Unternehmer zufrieden zu geben, neue Verträge zu schließen und erlittene Positionsverluste vor den Mitgliedern als unbedeutend zu kaschieren. In einem vertragslosen Zustand bei den herrschenden miserablen wirtschaftlichen Verhältnissen wäre es sonst für die Unternehmerverbände ein leichtes gewesen, die Gewerkschaften durch dauernde Lizitation zu ruinieren. Für die Arbeitgeber sicherte der Abschluß von Verträgen den Arbeitsfrieden und hohe Gewinne im erwarteten Aufschwung.

Die offensivere Vertretung der Unternehmerinteressen durch starke Organisationen und sich auch in Österreich allmählich ändernde Produktionsmethoden durch den Einsatz von Maschinen anstelle handwerklicher Facharbeit waren es, die den Kollektivvertrag als zentrales Instrument der Gewerkschaftspolitik wieder in Frage stellten. Die vom Gewerkschaftskongreß 1903 formulierte Ansicht, „dass derartige, die Lohn- und Arbeitsbedingungen für eine bestimmte Zeit regelnde Vereinbarungen der Arbeiter mit den Unternehmern als Beweis dafür zu betrachten sind, dass es den Organisationen gelungen ist, den Unternehmern die Überzeugung beizubringen, dass die Arbeiter mit ihnen als gleichberechtigte Faktoren bei der Festsetzung der Arbeitsbedingungen anerkannt wer-

---

116 Sonderheft zur „Sozialen Rundschau" 1916: Wirtschaftsrechnungen und Lebensverhältnisse von Wiener Arbeiterfamilien in den Jahren 1912 bis 1914 (Wien 1916) III, 46 und 50.
117 Vgl. DG 7/1913, S. 82–83 und DG 9/1913, S. 115.
118 Vgl. Protokoll der siebenten ordentlichen Generalversammlung der Hauptstelle, S. 7.
119 Protokoll des Siebenten ordentlichen Kongresses der Gewerkschaften Oesterreichs, S. 179 (Bericht Huebers).

den müssen"[120], erwies sich als Illusion; trotz großer Verbreitung des Tarifvertragswesens und trotz Anerkennung der Gewerkschaften als Tarifpartner war das Machtgleichgewicht keineswegs gesichert.

Wie schwierig die Lage für die Gewerkschaften war, sollen zwei Beispiele von Kollektivvertragsverhandlungen 1913/14 zeigen:

Der Vertrag zwischen dem Wiener Industriellen-Verband und der Wiener Bezirksleitung des Metallarbeiterverbandes wurde mit 1. März 1913 durch die Gewerkschaft gekündigt, um höhere Löhne zur Abdeckung der Lebensmittelteuerung und eine Verkürzung der Arbeitszeit zu fordern.[121] Die 86 betroffenen Unternehmen, die sich eigens für diese Lohnbewegung der Hauptstelle industrieller Arbeitgeber-Organisationen angeschlossen hatten, lehnten eine Arbeitszeitverkürzung ab, gestanden jedoch geringe Lohnaufbesserungen zu und wollten den Vertrag auf fünf (!) Jahre abschließen. Sie unterstrichen ihre Gegenforderungen mit der Androhung der Aussperrung der circa 9000 beteiligten Arbeiter. Dennoch kam es zu einem friedlichen Abschluß der Bewegung, was die Unternehmerseite später auf den ständigen Kontakt zwischen ihrem Verband und der Metallarbeitergewerkschaft zurückführte, der „es in vielfacher Beziehung erleichterte, die oft recht schwierigen und verwickelten Fragen bzw. Streitigkeiten aus dem Arbeitsverhältnis zu übersehen und vermittelnd einzugreifen, so daß alle unangenehmen Folgen vermieden werden konnten."[122] Der neue Vertrag brachte eine Herabsetzung der Wochenarbeitszeit von 54 auf 53 $^1/_2$ Stunden, was sicher einen Erfolg für die Gewerkschaft bedeutete, und eine geringfügige Erhöhung der Stundenlöhne. In der wichtigeren Frage der Akkordlöhne wurde aber nur bestimmt, daß „wenn ein Akkordpreis festgesetzt ist und der Arbeiter durch seinen eigenen Fleiss und seine Geschicklichkeit eine gesteigerte Arbeitsleistung erzielt *und dadurch eine größere Verdienstmöglichkeit erreicht, dieser Umstand nicht dazu benützt werden* [darf], *ihm bei gleichbleibender Arbeitsmethode seinen Akkordpreis zu reduzieren.*"[123] Mit dieser Regelung verzichtete die Gewerkschaft – zugunsten der Unternehmer – auf eine Abmachung über und damit ihren Einfluß auf die Lohnfindung bei Einführung neuer Produktionstechniken. Die Akkordpreisregelung in dieser Form schützte nur die verbleibende Facharbeit vor Lohndruck durch die neue Konkurrenz.

Der Hauptstelle gelang es, auch die kleineren Unternehmer des Wiener Metallgewerbes zu organisieren, und erreichte einen gemeinsamen Ablauftermin, den 1. 3. 1916, für die gesamte Metallbranche in Wien und Umgebung.[124]

Die ganze Größe der Gefahren für die Gewerkschaften zeigte der Arbeitskampf der Buchdrucker. Die außerordentlich wohlorganisierte und vermögende Gewerkschaft versuchte einen massiven Angriff der Unternehmer abzuwehren und erlitt dabei fast ein

---

120 Bericht der Reichskommission, S. 115.
121 Vgl. DG 5/1913, S. 52 und DG 7/1913, S. 83–84.
122 30 Jahre Wiener Industriellen-Verband. (Zitat aus dem Rechenschaftsbericht des Verbandes für 1913).
123 Vgl. DG 11/1913, S. 137 (Hervorhebung im Original).
124 Vgl. ebd., S. 137; DG 30/1913, S. 326; DG 36/1913, S. 373; Protokoll der siebenten ordentlichen Generalversammlung der Hauptstelle, S. 6 und Die collectiven Arbeits- und Lohnverträge 1914, 1915 und 1916, S. 97.

finanzielles Debakel, da der Vertrag erst nach mehrwöchigem Streik und nach einer Aussperrung zustandekam. Einer der Gründe für die scharfe Auseinandersetzung war, wie aus einem Schreiben der Hauptstelle hervorgeht, „dass die Buchdruckergehilfen mit ihren Forderungen bisher immer an der Spitze der Arbeiterschaft geschritten sind und es ihnen leider gelungen ist, den Buchdruckereien derartige Konzessionen abzuringen, die auch für die Arbeitgeber anderer Branchen von präjudizieller Bedeutung waren."[125] 1913 wurde die Vertragserneuerung im Druckereigewerbe zum Testfall für die Widerstandskraft der Berufsverbände gegen die Angriffe der Unternehmer auf die Errungenschaften der Facharbeiter. Konkret ging es den in einem Reichsverband organisierten Druckereibesitzern um die Zulassung von Akkordarbeit an den Setzmaschinen, also die Verdrängung der hochqualifizierten Setzer, und um die Brechung des Arbeitsvermittlungsmonopols der Gewerkschaft, das bei einem Organisationsgrad von 97% der in der Branche beschäftigten Facharbeiter[126] einen wesentlichen Machtfaktor darstellte. In dieselbe Richtung wiesen auch die Unternehmerforderungen nach Abschaffung der 14tägigen Kündigungsfrist, eines Privilegs der gelernten Buchdruckergehilfen, und nach Koppelung des Vertrags mit jenem der ungelernten Hilfsarbeiter. Doch auch die Forderung der Arbeiter nach Verkürzung der täglichen Arbeitszeit ließ die Unternehmer Beispielsfolgen befürchten, da sie ohne Umweg über die Wochenarbeitszeit direkt auf den achtstündigen Maximalarbeitstag, auch bei Schichtarbeit, abzielte.[127]

Nachdem die Verhandlungen gescheitert waren, trat der Großteil der Gehilfen in den Streik, wurde ausgesperrt oder kündigte, sodaß ab Mitte Dezember 1913 die meisten Buchdruckeroffizine Österreichs stillstanden. Im Laufe des Jänner nahmen dann viele Betriebe, so die der Steiermark, die Arbeit zu neuen, mit den Gehilfen vereinbarten Bedingungen wieder auf.[128] In Wien leistete die Arbeiterorganisation bis Mitte Februar Widerstand. Einer Schlichtungskommission aus Beamten des Handelsministeriums und Fachberatern aus dem Tarifamt der Buchdrucker Deutschlands war zwar bereits Ende Jänner die Regelung der Lohnfragen gelungen, aber die prinzipiellen Streitpunkte konnten erst durch Schiedsspruch des Kommissionsvorsitzenden, des späteren Sozialministers Dr. Victor Mataja, beigelegt werden. Er wies die Forderungen der Unternehmer nach Akkordarbeit an den Setzmaschinen und nach Verzicht oder Verkürzung der Kündigungsfrist wohl vorerst ab, und auch die Arbeitszeit wurde verkürzt, aber die Verkürzung für Samstag oder Zahltag festgesetzt, und die tägliche Arbeitszeit nicht neu geregelt. Eine schwere Niederlage erlitten die Gehilfen in Bezug auf ihre Arbeitsvermittlung, wo sie eine obligatorische paritätische Vermittlung nach deutschem Vorbild akzeptieren mußten.[129]

Für die Gewerkschaftsführung war der Abschluß einerseits ein Kompromiß, der die Wünsche der Arbeiter nicht voll erfüllte, andererseits aber auch ein Erfolg der Arbeiterschaft in der Verteidigung ihrer Stellung: *„Der Uebermut und die Siegeszuversicht der*

---

125 Vgl. DG 28/1913, S. 310–311.
126 Vgl. DG 5/1914, S. 54.
127 Vgl. DG 48/1913, S. 468–469 und DG 8/1914, S. 90–91.
128 Vgl. Vorwärts 4/1914, S. 71 und DG 8/1914, S. 42.
129 Vgl. DG 6/1914, S. 71 und DG 8/1914, S. 90–91. Vom HM waren außerdem Gasteiger, Lederer und Würth beteiligt.

vereinigten Unternehmerorganisationen sind an der Kraft der Arbeiterorganisation zuschanden geworden. Dieses wichtige Ergebnis des Kampfes überragt himmelhoch so manches Detail, welches in seiner Einzelheit wohl als minder schön erscheinen mag, als Teil des ganzen Ergebnisses jedoch von den moralischen und den vielen materiellen Erfolgen weitaus übertroffen wird."[130]

Otto Bauer hingegen sah den Streik und sein Ergebnis pessimistischer, nämlich als Ausdruck einer Verschiebung der Machtverhältnisse zuungunsten der Arbeiter. Die Gewerkschaften waren durch technische Umwälzungen und die damit verbundene Abwertung der qualifizierten Arbeit, die Konzentration des Kapitals in Großunternehmen und Banken, sowie die Vereinigung der Unternehmer in Verbänden in eine Abwehrposition geraten, von der aus sie mit Hilfe ihres traditionellen Instrumentariums keine Fortschritte mehr erringen konnten. „Es ergeht der Arbeiterklasse auf dem gewerkschaftlichen Kampffeld nicht anders als auf dem Boden des Parlaments."[131]

Auch die öffentliche Meinung veränderte sich in dieser Zeit zu Lasten der Arbeiterbewegung, was sich vor allem in Angriffen der Justiz- und Verwaltungsbehörden auf das Koalitionsrecht niederschlug. Streikbruch, auch gewaltsamer, wurde häufig geduldet, Streikpostenstehen aber polizeilich verfolgt, ohne daß diesen ungesetzlichen Aktivitäten untergeordneter Behörden von höherer Stelle Einhalt geboten worden wäre. Der Metallarbeiterverband versuchte in dieser Situation mit spektakulären Mitteln, die Aufmerksamkeit der Oberbehörden zu wecken, als sein Sekretär, Reichsratsabgeordneter Franz Domes, sich persönlich als Streikposten anläßlich eines Streiks im Juni 1913 in Wien verhaften ließ, um beim Innenministerium eine konkrete Beschwerde vorlegen zu können.[132] Die Angriffe auf die Gewerkschaften, die wohl auf den verstärkten Einfluß von Unternehmerkreisen auf die Bürokratie und die latente Kriegsgefahr zurückzuführen sind, wurden aber auch auf höchster Ebene aktiv fortgesetzt. Das Eisenbahnministerium urgierte ein allgemeines Verbot der Gewerkschaften der Eisenbahnbediensteten auch im Frieden.[133] Die geplante Reform des Strafgesetzes bedrohte das Koalitionsrecht der Staatsbediensteten.[134]

Die prekäre Lage ließ die freien Gewerkschaften nicht, wie Otto Bauer im „Kampf" meinte, „aus bescheidenen Instrumenten der sozialen Reform ... zu gewaltigen Hebeln der sozialen Revolution [werden]".[135] Immer deutlicher wurden vielmehr die durch die Wirtschaftsordnung vorgegebenen Grenzen der Politik der Gewerkschaften zu deren eigenem Selbstverständnis. So sollten Lohnbewegungen und Streiks nur „nach gewissenhafter und genauer Prüfung der Konjunkturverhältnisse, der finanziellen Leistungsfähigkeit der Unternehmungen und aller übrigen in Betracht kommenden Umstände und erst nach Erschöpfung aller organisatorischen Mittel inszeniert werden."[136] Fortschritte

---

130 DG 8/1914, S. 89–90 (Hervorhebung im Original).
131 Vgl. Der Kampf 6/1913/1914, S. 243.
132 Vgl. AVA, MdI, Präs. Z. 7735/1913.
133 Vgl. AVA, MdI, Präs. Z. 5384/1913.
134 Vgl. Protokoll der Verhandlungen des Parteitages der deutschen sozialdemokratischen Arbeiterpartei in Österreich. Abgehalten vom 31. Oktober bis zum 4. November 1912 (Wien 1912) 217.
135 Der Kampf 6/1913/1914, S. 248.
136 Vgl. *Klenner*, Gewerkschaften 1, 331. Resolution des 6. Gewerkschaftskongresses 1910 über die Taktik bei Lohnkämpfen.

1.5. Die Lage der freien Gewerkschaften vor Kriegsausbruch

für die Arbeiterschaft sollten in erster Linie mit Hilfe des Staates erreicht werden. Da keine große Hoffnung auf das Parlament mehr bestand, verlagerte sich das Gewerkschaftsinteresse in noch stärkerem Maß auf die staatliche Bureaukratie. Vertreter der Gewerkschaften sollten in allen einschlägigen Gremien mitarbeiten.[137] Als Symptom dieser Tendenz ist auch die besonders heftige Kritik des Gewerkschaftskongresses 1913 an der mangelnden Effizienz des Arbeitsstatistischen Amtes zu werten, dessen „Arbeitsbeirat, ungeachtet aller Bemühungen der von der Gewerkschaftskommission delegierten Mitglieder, fast jede Bedeutung für den Fortschritt der Sozialpolitik in Gesetzgebung und Verwaltung verloren habe."[138]

Innere Reorganisation und die Gewinnung weiterer Arbeiterschichten wurden nun in den Dienst dieser Strategien gestellt. „Noch ist die Zahl jener Arbeiter, die außerhalb ihrer [der Gewerkschaften] Reihen stehen, eine unendlich große und daher ihr Bemühen um das volle Recht der Arbeitenden noch vielfach gehemmt. Sie [die Gewerkschaften] haben deshalb auch noch nicht die Möglichkeit, jenen durch nichts beschränkten Einfluß auf Gesetzgebung und Staatsverwaltung auszuüben, der nötig ist, um die soziale Gesetzgebung im Sinne der arbeitenden und darum auch staatserhaltenden Klassen zu beeinflussen."[139] Die Gewerkschaften wollten ihre Interessen und Errungenschaften mit Hilfe des Staates absichern und rückten damit von der Position des autonomen Vertragspartners ab.

Die Aussichten auf einen Erfolg der gewerkschaftlichen Strategie waren schlecht, denn die österreichischen Unternehmer standen den genannten Vorstellungen zu einem großen Teil ablehnend gegenüber, und die herrschenden Umstände waren auch der als Druckmittel notwendigen eigenen Massenbasis nicht günstig. Erst im Weltkrieg, als sich die Staats- und Kriegsverwaltung der für sie allein unlösbaren Aufgabe gegenübersahen, die Arbeiterschaft für ihre Ziele einzusetzen, wurden die Gewerkschaften durch den Staat als Ordnungsfaktor anerkannt und gefördert.

---

137 Vgl. Protokoll des Siebenten ordentlichen Kongresses der Gewerkschaften Oesterreichs. Abgehalten vom 6. bis zum 10. Oktober 1913 in Wien (Wien 1913) 174.
138 DG 41/1913, S. 412.
139 DG 40/1913, S. 401.

2. Kriegsvorbereitungen und Arbeiterbewegung

2.1. Ausnahmsgesetze

Die Kriegsvorbereitungen Österreich-Ungarns betrafen in zweifacher Hinsicht die Arbeiterbewegung und die Arbeiterschaft in besonderem Maße. Der eine Teil jener Maßnahmen waren Ausnahmsgesetze und -verordnungen, die die Bewegungsfreiheit der Organisationen und die Freizügigkeit der Bevölkerung einschränkten. Grundlegende Bestimmungen dafür existierten in den Verfassungsgesetzen des Jahres 1867 und anderen Gesetzen der frühkonstitutionellen Periode. Mit Hilfe des § 14 des Staatsgrundgesetzes über die Reichsvertretung konnte das Gesamtministerium, wenn der Reichsrat nicht tagte, Anordnungen mit Gesetzeskraft, sogenannte Kaiserliche Verordnungen erlassen. Da die Einberufung des Reichsrates nach § 10 desselben Gesetzes vom Monarchen als dispositives Recht aufgefaßt wurde,[1] erwies sich der § 14 in der Vorkriegs- und Kriegszeit als geeignetes Mittel, um auf lange und unbestimmte Zeit das Abgeordnetenhaus auszuschalten.

Die Rechte des einzelnen Bürgers konnten im Ausnahmezustand aufgrund des Artikels 20 des Staatsgrundgesetzes über die allgemeinen Rechte der Staatsbürger beschnitten werden. Das Gesetz zum Schutze der persönlichen Freiheit, die Unverletzlichkeit des Hausrechtes, das Briefgeheimnis, das Vereins- und Versammlungsrecht sowie die Meinungs- und Pressefreiheit konnten damit durch Verordnung der Regierung außer Kraft gesetzt werden.[2] Weiters bestand das Notverordnungsrecht, die Geschworenengerichte durch Verordnung des Gesamtministeriums aufzuheben.[3] Die Aufhebung dieser Grundrechte bedrohte die Arbeiter und ihre Organisationen.

Zweitens erlangten die wirtschaftlichen Kriegsvorbereitungen für die Arbeiterschaft besondere Bedeutung, vor allem weil nur militärische Gesichtspunkte die Planung bestimmten.[4] Die Militärverwaltung konstruierte ein kompliziertes Liefervertragssystem, das die Aufträge auf Industrie und Gewerbe verteilen sollte, versäumte es aber, die Voraussetzungen einer reibungslosen Produktion zu sichern. Vermutlich führte die Erwartung eines nur sehr kurzen Feldzuges dazu, daß die notwendigen gesamtwirtschaftlichen Erwägungen in den Vorbereitungen nicht gebührend beachtet wurden. Dieses Versäumnis hatte gerade für die arbeitende Bevölkerung schlimme Folgen, erstens durch Unregelmäßigkeiten in der Produktion, hervorgerufen durch Rohstoffmangel, Verkehrs-

---

1 Vgl. Wilhelm *Brauneder* und Friedrich *Lachmayer*, Österreichische Verfassungsgeschichte. Einführung in Entwicklung und Strukturen (Wien 1976) 161.
2 Gesetz vom 5. 5. 1869, RGBl. Nr. 66, womit auf Grund des Artikels 20 des Staatsgrundgesetzes vom 21. December 1867, RGBl. Nr. 142, die Befugnisse der verantwortlichen Regierungsgewalt zur Verfügung zeitweiliger und örtlicher Ausnahmen von den bestehenden Gesetzen bestimmt werden, Artikel 8, 9, 10, 12, 13.
3 Gesetz vom 23. 5. 1873, RGBl. Nr. 120.
4 Vgl. Victor *Heller*, Government Price Fixing and Rationing in Austria during the War of 1914–18. A Preliminary Report Prepared for the Conference on Price Research (New York o. J.) 2–3.

stockungen und ähnliche Unzukömmlichkeiten, zweitens durch die Misere auf dem Ernährungssektor, die aus dem Fehlen jeglicher Vorsorgen auf diesem Gebiet resultierte.

Im Gegensatz dazu waren die Maßnahmen, die zur Aufrechterhaltung von Ruhe und Ordnung in Produktion und Verkehrswesen angestrebt wurden, wohlbedacht. Streikbewegungen unter den Arbeitern während der Mobilisierung und im Krieg waren zu unterdrücken. Hervorragende Bedeutung besaß in dieser Hinsicht das Kriegsleistungsgesetz,[5] das durch seine rigorosen disziplinären Bestimmungen bereits wieder in die Nähe der Ausnahmsgesetze rückte. „Das ganz Besondere und Verhängnisvolle in dieser Vorbereitung lag aber in Österreich darin, daß hier der Gedanke der Diktatur von vorneherein weit über das technische Moment der bloßen Sicherung der Mobilisierung hinausging und von Anbeginn als eine politische Maßnahme im höchsten Sinne des Wortes von den entscheidenden Faktoren nicht nur der Armee, sondern auch der Zivilregierung, der Bureaukratie, aufgefaßt wurde."[6]

2.2. Das Kriegsleistungsgesetz

2.2.1. Vorläufer

In der parlamentarischen Behandlung des Kriegsleistungsgesetzes im Dezember 1912 beklagte der sozialdemokratische Abgeordnete Dr. Renner, daß die Regierung das Gesetz gerade zu einem außenpolitisch so ungünstigen Zeitpunkt vorlegte, nachdem vierzig Jahre lang unter friedlichen Umständen in der Sache nichts geschehen sei.[7] In der Tat existierten in anderen Staaten schon seit Jahrzehnten Gesetze, die Einquartierungen, Arbeitsleistungen für die Armee und ähnliches regelten,[8] und auch in Österreich hatte das k. k. Landesverteidigungsministerium schon 1873 ein einschlägiges Gesetz geplant. Die „Leistung der Kriegsbedürfnisse", also Einquartierungen, Beistellung von Transportmitteln etc. und „deren Vergütung" sollten geregelt werden. Für die Arbeiterschaft erlangte die Materie Bedeutung, da darunter auch Dienstleistungen für Heer und Landwehr durch Zivilpersonen, vor allem durch die Beschäftigten im Transportwesen zu verstehen waren.[9] Ein Entwurf des Reichskriegsministeriums aus 1875 sah vor, Arbeitskräfte für bestimmte Dienste und außerdem in erster Linie Wehrpflichtige heranzuziehen. Zivilarbeiter sollten den ortsüblichen Lohn erhalten.[10]

Nach mehrjähriger Verzögerung wurde Anfang Mai 1878 ein Entwurf zwischen der österreichischen und der ungarischen Regierung, dem Reichskriegsministerium und dem Generalstab vereinbart, der die Kriegsleistungspflicht der Gebietskörperschaften statuier-

---

5 Gesetz vom 26. 12. 1912, RGBl. Nr. 236, betreffend die Kriegsleistungen.
6 Josef *Redlich*, Österreichische Regierung und Verwaltung im Weltkriege (Wien 1925) 91.
7 Vgl. StPrAH XXI, 5. Bd., S. 6287.
8 Vgl. 1768 der Beilagen zu den StPrAH XXI, 9. Bd., Beilage B, S. 18ff.
9 Vgl. KA, MfLV, Z. 8311/1699 II/1873 und Z. 14302/2589 II/1874.
10 Vgl. KA, MfLV, Z. 6031/1186 II/1875.

te. Die Gemeinden als unterste Ebene konnten ihrerseits zur Erfüllung der verlangten Kriegsleistungen Arbeitskräfte beistellen, und zwar Männer bis 50 Jahre. Auch an die Benutzung von Betriebsanlagen wurde bereits gedacht.[11]

Trotz dieser Einigung zwischen den kompetenten Stellen[12] vereitelten einerseits Differenzen zwischen den beiden Reichshälften, die letztlich auf die unterschiedlichen staatsrechtlichen Standpunkte zurückzuführen waren, andererseits die Unentschlossenheit in der Frage, ob die Parlamente mit dem Kriegsleistungswesen zu befassen seien, alle Versuche bis Dezember 1912, die Angelegenheit abschließend zu regeln. Für den Kriegsfall waren davor nur – auf vager rechtlicher Grundlage fußende – Notmaßnahmen vorgesehen.[13] So war in der cisleithanischen Reichshälfte nach der Annexionskrise geplant, Kriegsleistungen unter Umgehung des Parlaments aufgrund zweier Verfügungen, betreffend die „Beistellung von Kraftfahrzeugen und Fuhrwerken" bzw. betreffend die „Beistellung von Unterkünften", zu fordern. Am 28. 3. 1908 war die Allerhöchste Genehmigung erteilt worden, diese Maßnahmen im Mobilisierungszeitpunkt als Kaiserliche Verordnungen in Kraft zu setzen. Dazu sollte eine weitere Kaiserliche Verordnung über die Unterstellung der auf die Kriegsartikel nicht beeideten, in aktiver Dienstleistung stehenden Militärpersonen unter die Bestimmungen des II. Teiles des Militärstrafgesetzbuches kommen.[14] Verwaltungsintern war das Kriegsleistungswesen so geregelt, daß bis zur Ebene der Bezirksbehörden herab mittels eines Mobilisierungsoperates[15] Vorbereitungen getroffen waren, die Gemeinden und direkten Leistungsbesteller aber eben erst zum Zeitpunkt der Mobilisierung, in Ungarn durch „Regierungsverordnungen" aufgrund eines zu beschließenden oder zu erlassenden Ermächtigungsgesetzes, verpflichtet werden sollten. Die großen technischen Schwierigkeiten, die bei einer solchen Vorgangsweise zu erwarten waren, aber auch Bedenken wegen der auf diese Weise nur mangelhaft abgesicherten, massiven Eingriffe in private Rechte hielten aber stets das Interesse an einer „offiziellen", gesetzlichen Regelung wach.[16]

2.2.2. Die Redaktion des Gesetzes von 1912

Die ungarische Regierung und das Kriegsministerium arbeiteten 1912 einen Entwurf für ein Kriegsleistungsgesetz aus,[17] der die beiden in Österreich geplanten Kriegsleistungsverordnungen zum Großteil enthielt. Außerdem wurden in Ungarn ein Ausnahmsverfügungsgesetz und ein Pferdestellungsgesetz vorbereitet.

---

11 Vgl. KA, MfLV, Z. 6996/1504 II/1878 (RKM, Präs. Z. 2282/1878).
12 1878 war sogar schon der Entwurf einer Durchführungsverordnung ausgearbeitet worden; vgl. KA, MfLV, Z. 8990/1950 II/1878.
13 Vgl. Margarete *Grandner,* Das österreichische und ungarische Kriegsleistungsgesetz von 1912 und die kriegsindustriellen Arbeitsverhältnisse (unpubl. Manuskript 1987). Kurzfassung in: Bericht über den 17. österreichischen Historikertag in Eisenstadt (Wien 1989) 165-167.
14 Vgl. KA, MfLV, Präs. Z. 5923/XIV und Präs. Z. 5301/XIV/1912. Vgl. auch KaisVO vom 25. 7. 1914, RGBl. Nr. 157.
15 Vgl. *Redlich,* Regierung und Verwaltung, S. 88.
16 Vgl. z. B. KA, MKSM, ad Z. 2630/1912 und MfLV, Präs. Z. 5763/XIV/1912.
17 Vgl. KA, MKSM, ad Z. 2902/1912.

Der Chef des Generalstabes verlangte solche Maßnahmen auch in Österreich, weil die Gefahr einer Verzögerung der Mobilisierung bestand, wenn die Gemeinden und Beisteller erst dann von ihrer Kriegsleistungspflicht erfahren würden. Außerdem erschienen die Ausnahmsverfügungen in Österreich nicht ausreichend, da etwa die Verhängung des Standrechtes ohne äußere Veranlassung oder die Strafbarkeit von Streiks und Aussperrungen nicht vorgesehen waren. Das Problem waren die parlamentarischen Verhältnisse in Österreich, die keine reibungslose Verabschiedung des Gesetzes wie im ungarischen Reichstag erwarten ließen. „Eine parlamentarische Durchberatung ist mißlich, der § 14 aber ebenfalls ein nicht einwandfreies Auskunftsmittel, da seine Anwendung eine Vertagung der parl. Beratung erfordert, was inbesondere dann vermieden werden muß, wenn die Vertretungskörper entgegenkommend sind und man an sie mit Forderungen herantreten muß, zu deren Bewilligung der § 14 nicht ausreicht." Der Chef des Generalstabes schlug daher vor, Druck auf das Parlament auszuüben und „die Genehmigung durch die Vertretungskörper mit der Begründung zu erlangen, daß der Regierung hiedurch die Anwendung des § 14 erspart wird."[18]

In Cisleithanien wurden in der Folge ein Kriegsleistungs- und ein Pferdestellungsgesetz erlassen; ein Ausnahmsverfügungs- oder Ermächtigungsgesetz kam hier erst während des Krieges und beschränkt auf wirtschaftliche Belange zustande.[19]

Das österreichische Landesverteidigungsministerium, in dessen Kompetenz das Kriegsleistungsgesetz fiel, erhielt am 22. Oktober 1912 vom ungarischen Verteidigungsressort den dort erstellten Gesetzesentwurf mit der Einladung, die Materie am 28. 10. in Budapest zwischen den beiden Regierungen zu verhandeln. Dieser ungarische Entwurf, der im großen und ganzen schon dem späteren Gesetz entsprach, basierte auf der Verpflichtung der Personen und nicht der Gemeinden, die nunmehr bloß administrative Funktionen in der Aufteilung der Lasten zu erfüllen hatten. Die Kriegsleistungspflicht sollte im Falle der Mobilisierung oder der Ergänzung der Truppen auf den Kriegsstand nach „Mitteilung" durch den Landesverteidigungsminister eintreten und „in jedem Falle nur der Leistungsfähigkeit angemessen angefordert werden" können. Persönlich verpflichtet waren mit wenigen Ausnahmen alle arbeitsfähigen, im wehrpflichtigen Alter stehenden männlichen Zivilpersonen bis zum vollendeten 50. Lebensjahr. § 6 des Entwurfes statuierte die Vergütung „unter Berücksichtigung der Art der Dienst- beziehungsweise Arbeitsleistung."

Unter den Bestimmungen über die Sachleistungen sah der ungarische Entwurf die Möglichkeit einer „Überlassung" von Industriebetrieben an die Militärverwaltung vor. Den nicht zu persönlicher Dienstleistung verpflichteten Angehörigen des Personals einer solchen Anlage oder eines Transportmittels wurde der Fortbestand des üblichen Kündigungsrechts ausdrücklich garantiert.

Wie sehr die Militärverwaltung in das Leben der Zivilbevölkerung einzugreifen beabsichtigte, zeigte sich besonders deutlich an den Disziplinar- und Strafbestimmungen des Gesetzes für die persönlich verpflichteten Kriegsleister. Beim Arbeitseinsatz im Gefolge der bewaffneten Macht war bei allen Delikten Militärrecht anzuwenden; für das

---

18 Vgl. KA, MKSM, Z. 2630 und ad Z. 2630/1912.
19 KaisVO vom 10. 10. 1914, RGBl. Nr. 274.

Personal von Transportmitteln oder Betrieben unter militärischer Leitung galt es bei Verfehlungen im Dienst, und selbst Zivilpersonen, die nicht der Begleitung der bewaffneten Macht angehörten und nur zur Arbeit unter militärischer Aufsicht verpflichtet waren, hatten den Befehlen der Militärorgane unbedingt Folge zu leisten und waren „ausschließlich diesbezüglich der militärischen Straf- und Disziplinargewalt unterstellt."

Im übrigen behandelte der Gesetzesentwurf die Sachleistungen, deren Vergütung und Aufteilung. Schlußbestimmungen regelten Verfahren, Zwangsmittel, die Geltendmachung von Vergütungsansprüchen, Finanzierung und Geltungsbereich.[20]

Bei den österreichischen Behörden fand der Vorstoß der ungarischen Stellen bzw. des Generalstabs wenig Begeisterung. In einer einleitenden Erklärung zu den Beratungen in Budapest vom 28. bis zum 30. Oktober 1912 erläuterte der Sektionschef im k. k. Landesverteidigungsministerium Otto Reuter die Bedenken der österreichischen Regierung. Erstens hielte es diese in hohem Grade für inopportun, Gesetzesentwürfe vorzulegen, die als unmittelbare Kriegsvorbereitungen angesehen werden müßten. Voraussetzung dafür sei jedenfalls die Zustimmung des Außenministeriums. Zweitens sei zu fragen, ob der legislative Weg für solche Zwecke geeignet sei oder ob er diese nicht vielmehr beeinträchtige. Drittens sollte, wenn man schon ein Gesetz wolle, kein detailliertes Kriegsleistungsgesetz, sondern ein einfaches Ermächtigungsgesetz geschaffen werden. Viertens, schließlich, sei auch die Beratung der Angelegenheit streng vertraulich zu behandeln, um keinen Schaden anzurichten.[21]

Erwartungsgemäß fanden diese prinzipiellen Einwendungen keine positive Aufnahme. In den folgenden Verhandlungen über einen einheitlichen Text des Kriegsleistungsgesetzes wurden allerdings die Änderungsvorschläge, die vom österreichischen Verteidigungsressort bzw. in einer Ministerialbesprechung am 24. und 25. Oktober erarbeitet worden waren,[22] zum Großteil akzeptiert. Diese Modifikationen entsprachen einer notdürftigen Anpassung des Kriegsleistungswesens an industrielle Verhältnisse. Die Verpflichtung zu Kriegsleistungen sollte durch Verordnung des Landesverteidigungsministeriums und nicht automatisch mit einer Mobilisierung oder Ergänzung der Truppen auf den Kriegsstand in Kraft treten. Bereits in den Einleitungsparagraphen sollte – wohl auch aus taktischen Gründen – festgestellt werden, daß für Kriegsleistungen grundsätzlich eine Entschädigung gebührte. Besondere Aufmerksamkeit widmete die österreichische Regierung dem Produktionsbereich. Hier wurde neben der Überlassung von Industriebetrieben an die Heeresverwaltung nun auch die Weiterführung durch den Unternehmer im Auftrag des Militärs vorgesehen. Die arbeitsrechtlichen Bestimmungen für das Personal solcher kriegsleistungspflichtiger Unternehmen wurden in einem eigenen Paragraphen deutlich gemacht. Persönlich verpflichtete Arbeiter waren an den Betrieb gebunden, der Rest der Belegschaft konnte wie bisher kündigen. Außerdem verzichtete der österreichische Entwurf auf die Voraussetzung des wehrpflichtigen Alters für die Verpflichtbarkeit zu persönlichen Kriegsleistungen, erfaßte also auch die jugendlichen Arbeiter.

---

20 Vgl. KA, MfLV, Präs. Z. 5029/XIV/1912, mit dem ungarischen Gesetzentwurf.
21 Vgl. KA, MfLV, Präs. Z. 5763/XIV/1912, Verhandlungsprotokolle.
22 Vgl. KA, MfLV, zu Präs. Z. 5029/XIV/1912, mit dem Gesetzentwurf des MfLV und Präs. Z. 5140/XIV/1912, mit dem österreichischen Gesetzentwurf.

Mit dieser Ausrichtung des Kriegsleistungsgesetzes gewann die Frage der Entlohnung der Kriegsleister an Bedeutung. Dies war den österreichischen Behörden zumindest ansatzweise auch bewußt, dennoch wurden keine Bestimmungen zum Schutz der Lohnrechte der an die Betriebe gebundenen Arbeiter in das Gesetz aufgenommen. Der Entwurf, mit dem die österreichischen Stellen in die Budapester Verhandlungen gingen, behandelte das Problem wie die ursprüngliche Vorlage; der Vorschlag des Landesverteidigungsministeriums, generell die Zahlung ortsüblicher Löhne zu verlangen, wurde nicht aufgegriffen. In den Beratungen zerstreute dann der Vorsitzende, ein Vertreter des ungarischen Verteidigungsressorts, die Bedenken wegen der Gefahr des Lohndrucks als Folge des Kriegsleistungsgesetzes mit dem Argument, es sei ausgeschlossen, „dass ein Unternehmer zwischen den auf Grund dieses Paragraphen verpflichteten und den nicht verpflichteten Arbeitern, den Lohn betreffend, einen Unterschied machen würde, da er einerseits durch Verträge gebunden ist, andererseits befürchten müsse, dass die ungerechterweise geschädigten Arbeiter, nach dem Aufhören der Verpflichtung zu Kriegsleistungen, ihre weiteren Dienste kündigen würden." Außerdem wurde befürchtet, daß „die Arbeiter, in Anbetracht des gesetzlichen Schutzes vor einer Herabsetzung der Löhne, schon in (sic!) vorhinein eine Lohnerhöhung durchsetzen könnten." Es wurde beschlossen, die Vergütung der sonstigen persönlichen Dienstleistungen durch Verordnung festzusetzen, die erst bei der Mobilisierung verlautbart werden sollte, um Unruhe zu vermeiden.

Über das Ergebnis der Budapester Verhandlungen wurde für 28. November eine weitere Besprechung aller österreichischen Ministerien anberaumt, die aber nicht mehr stattfand. Denn schon am 27. November ersuchte Verteidigungsminister Baron Georgi den Kaiser um die Ermächtigung zur Einbringung des Gesetzentwurfes im Reichsrat.[23] Der Grund für die plötzliche Beschleunigung dürfte in der Tatsache zu suchen sein, daß die ungarische Regierung plante, den Entwurf in den nächsten Tagen im Reichstag vorzulegen[24] und in den Verhandlungen dort keine Verzögerungen mehr zu erwarten waren. In weiterer Folge sind wohl auch die Kriegsvorbereitungen im Deutschen Reich in Betracht zu ziehen.[25]

Das Kriegsleistungsgesetz wurde also nach den Budapester Verhandlungen von den österreichischen Ministerien nicht mehr diskutiert. Zum Teil dürfte deren Informationsstand sogar sehr veraltet gewesen sein, da sich etwa der Minister für öffentliche Arbeiten am 26. 11. zum österreichischen Entwurf vom 25. 10. und nicht zum vereinbarten Text äußerte.[26] Die Zustimmung der Minister zum Kriegsleistungsgesetz wurde dann auch

---

23 Vgl. KA, MfLV, Präs. Z. 5786/XIV und Präs. Z. 5923/XIV/1912.
24 Vgl. KA, MKSM, Z. 2893/1912.
25 Vgl. John C. G. *Röhl*, Die Generalprobe. Zur Geschichte und Bedeutung des „Kriegsrates" vom 8. Dezember 1912. In: Dirk *Stegmann*, Bernd-Jürgen *Wendt*, Peter-Christian *Witt* (Hrsg.), Industrielle Gesellschaft und politisches System. Beiträge zur politischen Sozialgeschichte. Festschrift für Fritz Fischer zum 70. Geburtstag (= Schriftenreihe des Forschungsinstituts der Friedrich-Ebert-Stiftung 137, Bonn 1978) 357–374.
26 Vgl. KA, MfLV, Präs. Z. 5900/XIV/1912, (MföA, Pr. Z. 3243/1912).

nicht durch einen Ministerratsbeschluß sondern durch Unterschrift der Minister unter ein Zirkular eingeholt.[27]

Parallel zu den Vorbereitungsarbeiten für das Kriegsleistungsgesetz gingen Beratungen der österreichischen Ministerien über die Ausnahmsverfügungen im Mobilisierungsfall weiter, die jenes Gesetz noch nicht einkalkulierten. Diese Verhandlungen wiesen aber deutlich auf das Motiv, das zur Ausgestaltung der Kriegsleistungswesens zu einem umfassenden Dienstpflichtgesetz führte.

Das Eisenbahnministerium hatte schon seit 1908 ein Gesetz zum Schutz gegen Störungen des Betriebes der Eisenbahnen im Krieg und im Frieden gefordert und drang in diesem Zusammenhang auf die Auflösung der bestehenden sozialdemokratischen, nationalen und christlich-sozialen Eisenbahnerorganisationen.[28] Mit den Kriegsvorbereitungen wurde das Thema wieder aktuell, insbesondere da es generell keine Handhabe gegen Streiks während der Mobilisierung gab.[29] Am 27. 11. wurden in einer interministeriellen Besprechung entsprechende Maßnahmen für den Eisenbahnverkehr beraten und erwogen, ähnliche Vorkehrungen für andere Betriebe im Krieg oder auch bei bedrohlicher Lage im Frieden zu treffen. Dabei wies der Vertreter des Ministeriums für öffentliche Arbeiten darauf hin, daß eine solche Regelung nur mittels Kaiserlicher Verordnung möglich wäre, da sie das Koalitionsrecht zunichte machen würde, und daß außerdem das Problem durch das im Entstehen begriffene Gesetz über die Kriegsleistungen aufgegriffen würde.[30]

Die Verhinderung größerer Arbeiterbewegungen, möglicherweise eines Generalstreiks, während der Mobilmachung war Motivation für die Einschaltung der die Arbeitsverpflichtung regelnden Paragraphen vier bis neun in das sonst nur „normale" Kriegsleistungen fordernde Gesetz. Die Verquickung der beiden Materien, Arbeitszwang unter Militärrecht und traditionelle Sachleistungen, half, Schwierigkeiten im Parlament aus dem Weg zu räumen. Den Vertretern der Arbeiterschaft blieb die Planung dieses Anschlages verborgen. Als am Parteitag 1912 auf Wunsch der Gewerkschaftskommission ein eigenes Referat über die Bedrohung des Koalitionsrechtes gehalten wurde, waren mit dieser Bedrohung lediglich die Angriffe der Verwaltung auf die gewerkschaftlichen Errungenschaften gemeint.[31] Einen offenen Angriff auf das Koalitionsrecht hielt man für unmöglich. „Nicht vielleicht, weil die Herren den Willen dazu nicht hätten, aber wir können beruhigt sein, die Bäume dieser Herren werden nicht in den Himmel wachsen, und ein Angriff auf das Koalitionsrecht durch ein offenes Gesetz bedeutet den *Krieg für die Arbeiterschaft auf der ganzen Linie*."[32]

Der Klub der sozialdemokratischen Abgeordneten befand sich schon seit Sommer 1912 in der unangenehmen Lage, die zahlreichen Wehrvorlagen nur sehr vorsichtig

---

27 Vgl. KA, MfLV, ad Präs. Z. 5923/XIV/1912.
28 Vgl. AVA, MdI, Präs. Z. 11282/1912, (EM, Z. 16/GP/1912) und MdI, Präs. Z. 5316/1913, (EM, Z. 5/GP/1912. Das EM wollte diese Organisationen mit insgesamt 140.000 Mitgliedern auflösen, die alle „auf den gleichen Ton gestimmt waren".) Vgl. auch AVA, MdI, Präs. Z. 5384/1912.
29 Vgl. AVA, MdI, Präs. Z. 11795/1912.
30 Vgl. AVA, MdI, Präs. Z. 11864/1912.
31 Vgl. AdSP, PrPvertr 22. 10. 1912.
32 Protokoll der Verhandlungen des Parteitages der DSAPÖ 1912 (Wien 1912) 216 (Referat Beers; Hervorhebung im Original).

bekämpfen zu können, da die Regierung mit der Vertagung des Reichsrates und mit der Anwendung des § 14 drohte.[33] Die Ausschaltung des Parlamentes hätte weitere Verzögerungen von erhofften, wichtigen Arbeitergesetzen, etwa der Sozialversicherung, bedeutet und den Sozialdemokraten das Forum ihres Kampfes gegen die Kriegshetze genommen. Unter diesen Umständen konnte die Regierung auf eine Behandlung auch des völlig überraschend dem Abgeordnetenhaus vorgelegten Kriegsleistungsgesetzes hoffen.

2.2.3. Das Kriegsleistungsgesetz im Parlament

Nach der Erteilung der Ermächtigung, den Gesetzesentwurf über die Kriegsleistungen dem Reichsrat vorzulegen, am 28. November 1912,[34] kündigte Ministerpräsident Graf Stürgkh dem Seniorenkonvent überraschend drei Militärvorlagen über Pferde- und Fuhrwerksstellung, über die Kriegsleistungen und über den Unterhalt der Angehörigen von Militärpersonen an und vereinbarte, daß die Entwürfe ohne erste Lesung den Ausschüssen zugewiesen werden würden. Die Entscheidung der Klubobmänner beruhte auf mündlichen Erläuterungen des Ministerpräsidenten und nicht auf einem Studium der Gesetzesvorlagen.[35]

Diese Überrumpelung des Seniorenkonvents wird illustriert durch das Verhalten der sozialdemokratischen Abgeordneten, die in einer Klubsitzung am Nachmittag des 28. 11. ohne Bedenken die Zustimmung ihres Obmannes Karl Seitz zum Verzicht auf die erste Lesung billigten.[36] Die Sozialdemokraten hatten durch die gleichzeitige Vorlage des Gesetzes über den Unterhalt der Angehörigen von Militärpersonen einen zusätzlichen Grund, die parlamentarische Arbeit aufrechtzuerhalten. „Die Sozialdemokraten beurteilen die Sache vor allem vom Standpunkt des Parlaments: Daß sie also durch Einspruch und die zwecklose erste Lesung der Obstruktion nicht neue Mittel an die Hand geben können." Die Senioren stimmten auch zu, das Kriegsleistungsgesetz „mit Rücksicht auf seine juristischen Bestimmungen" dem Justizausschuß und nicht wie die beiden anderen Vorlagen dem Wehrausschuß zur Beratung zuzuweisen.[37]

Im Gegensatz zum Wehrausschuß mit 52 Mitgliedern, war aber der Justizausschuß ein „kleiner" Ausschuß mit nur 26 Mitgliedern, in dem erstens somit nicht alle Vereinigungen und Klubs des Abgeordnetenhauses vertreten waren, und zweitens die zu erwartende Obstruktion einiger tschechischer Abgeordneter leichter zu überwinden war. Am folgen-

---

33 Vgl. August Karl *Rusicka,* Geschichte des Klubs der sozialdemokratischen Reichsratsabgeordneten von 1897–1918 (Diss. Univ. Wien 1953) 126. Vgl. auch AdSP, Protokoll der Sitzung der Gesamtexekutive vom 8. 10. 1912 zur Taktik in der Delegation bei den Militärforderungen: Die Partei empfahl nur geschäftsordnungsmäßige Einwendungen, aber keinen schärferen „oder gar obstruktionellen Kampf".
34 Vgl. KA, MKSM, Z. 2902/1912.
35 Vgl. StPrAH XXI, 5. Bd., S. 6122.
36 Vgl. AdSP, PrKlub 28. 11. 1912 nachmittags. Am Vormittag desselben Tages hatte der Klub die Bildung eines Komitees für Fragen des Koalitionsrechtes beschlossen! Vgl. AdSP, PrKlub 28. 11. 1912.
37 AZ 29. 11. 1912, S. 6.

den Tag, dem 29. 11., wurden die Regierungsvorlagen[38] dem Abgeordnetenhaus präsentiert und das Kriegsleistungsgesetz tatsächlich dem Justizausschuß zugewiesen,[39] der zwar schon am Vormittag getagt und die Advokatenordnung beraten hatte, aber dennoch für denselben Tag noch einmal nach Ende der Sitzung des Plenums einberufen wurde.[40] Die Zuweisung an den Justizausschuß rief dann angesichts des vorliegenden Textes Verstimmung bei vielen Abgeordneten hervor, die die Vorlage lieber im Wehrausschuß gesehen hätten.[41]

2.2.3.1. Die Verhandlungen im Justizausschuß

Als am Nachmittag des 29. 11. der Justizausschuß zusammentrat, lag nur der Text der Regierungsvorlage vor, zu dessen Studium aber auch noch kaum Zeit gewesen war. Ein Motivenbericht oder eine Regierungserklärung fehlten. Auf Antrag des Abgeordneten Renner erklärte sich der Sprecher des Landesverteidigungsministeriums bereit, bis 3. Dezember die geforderten Unterlagen vorzulegen. Die Beratungen wurden bis dahin vertagt.[42] Der Motivenbericht wurde im Landesverteidigungsministerium ausgearbeitet und am 2. 12. in einer kommissionellen Beratung, zu der Vertreter aller Ministerien geladen waren, in die endgültige Fassung gebracht.[43]

Am 3. Dezember fand vor der Ausschußsitzung wieder eine Sitzung des Seniorenkonvents statt, in der Ministerpräsident Stürgkh eine Fertigstellung des Gesetzes bis 9. des Monats verlangte. Das Kriegsleistungsgesetz stand auch für den 10. 12. im Herrenhaus schon auf der Tagesordnung.[44] Ursache der neuerlichen Beschleunigung war die prompte Erledigung des Gesetzes im ungarischen Reichstag, wo der Justizausschuß nach der Vorlage des Entwurfes im Parlament am 30. 11. mit der Beratung schon am 2. 12. zu Ende war. Das ungarische Parlament akzeptierte das Kriegsleistungsgesetz dann am 4. 12. ohne jede Debatte.[45]

In Österreich zeigte sich, daß die Mehrheit der Justizausschuß-Mitglieder die Vorlage vorerst nicht annehmen wollte. Auch regierungsfreundliche Abgeordnete lehnten den § 1, da er in der Form der Vorlage auch die Anwendbarkeit des Gesetzes in Friedenszeiten suggerierte, und den § 4, weil eine klare Unterscheidung zwischen Kriegsleistern und Kombattanten fehlte, ab. Die deutschen und polnischen Sozialdemokraten im Justizausschuß, Renner und Liebermann, hatten die Direktive, die Vorlage scharf aber sachlich zu

---

38 1728 (Stellung der Pferde und Fuhrwerke), 1729 (Unterhaltsbeitrag für Angehörige der Mobilisierten) und 1730 (Kriegsleistungen) der Beilagen zu den StPrAH XXI, 9. Bd.
39 Vgl. StPrAH XXI, 5. Bd., S. 6007 und 6023.
40 Vgl. PA, PrJA 29. 11. 1912 (10 Uhr) und Einladung zur 51. Sitzung des Justizausschusses am 29. 11. 1912, 14 Uhr, eventuell unmittelbar nach Haussitzung.
41 Vgl. StPrAH XXI, 5. Bd., S. 6123.
42 Vgl. PA, PrJA 29. 11. 1912 (51. Sitzung).
43 Vgl. KA, MfLV, Präs. Z. 6009/XIV und Präs. Z. 6295/XIV/1912. Vgl. Beilage B zu 1768 der Beilagen zu den StPrAH XXI, 9. Bd.
44 Vgl. AZ 4. 12. 1912, S. 3–4.
45 Vgl. AZ 1. 12. 1912, S. 5; 3. 12. 1912, S. 6 und 6. 12. 1912, S. 5 (Ungarischer Gesetzesartikel LXVIII von 1912).

bekämpfen und eine Festlegung der bürgerlichen Parteien abzuwarten.[46] Zu Beginn versuchte Renner allerdings, ähnlich wie der tschechische Sozialdemokrat Witt und der Abgeordnete des böhmisch-nationalsozialen Klubs Hübschmann, die später beide die Verhandlungen obstruierten, noch eine Vertagung der Beratungen zu erreichen. „Der Justizausschuß weist die unwürdige Pressung des Abgeordnetenhauses, ein Gesetz, das die Militärverwaltung vorzubereiten dreißig Friedensjahre lang Zeit hatte, binnen drei Tagen fertigzustellen, mit aller Entschiedenheit zurück und protestiert gegen die Androhung des Ministerpräsidenten, ein Gesetz das vielfache tiefgehende Abänderungen der Staatsgrundgesetze mit sich bringt, im Wege des § 14 erlassen zu wollen. Diesen ... Weg erklärt der Ausschuß für nach allen Rechtsgrundsätzen ausgeschlossen und müßte der Weg den, der ihn dennoch gehen wollte, vor den Staatsgerichtshof führen. Der Justizausschuß verlangt, daß dem Hause selbst ein eingehender Motivenbericht und die wortgetreue Übersetzung der dem ungarischen Reichstag unterbreiteten Vorlagen unterbreitet werde – der Ausschuß empfiehlt dem Abgeordnetenhaus, sich durch die Drohung mit dem § 14 nicht einschüchtern zu lassen, sondern alles daranzusetzen, um Leben und Eigentum der Staatsbürger zu schützen, sich nicht schuldig zu machen und im übrigen alle Verantwortung der Regierung zu überlassen. Der Ausschuß vertagt sohin die Verhandlung dieses Gegenstandes bis zur Vorlage der erwähnten Materialien." Dieser Antrag wurde, wie die anderen auch, nach einer weiteren scharfen Auflösungsandrohung des Ministerpräsidenten[47] mit 13 gegen 6 Stimmen klar abgelehnt.[48] Danach stellten sich die deutschen und polnischen Sozialdemokraten nicht mehr gegen die Behandlung der Vorlage.

In der daraufhin beginnenden Generaldebatte des Kriegsleistungsgesetzes kam am 3. 12. nur mehr der Berichterstatter Stölzel zu Wort, der sich hauptsächlich bemühte, den Beweis der Harmlosigkeit des Gesetzes zu liefern. „So paradox es vielleicht für die Gegner des Gesetzes klingen mag, möchte ich sogar behaupten, daß dieses Gesetz eine wesentliche Einschränkung dessen beinhaltet, was unter Umständen ohne das Gesetz von allen Staatsbürgern als durch das Recht des Notstandes im Momente der Gefahr mit vollem Recht verlangt werden kann." Kriegsleistungen seien eine Sache des Zusammengehörigkeitsgefühls wie gemeinsames Feuerlöschen durch die Gemeindebürger. „Natürlich, wenn man sich auf den Standpunkt stellt, daß der Krieg keine Gefahr für den Bürger bedeutet, wenn man sich innerhalb des Staates außerhalb der Interessen des Staates stellt, dann ist es auch nicht notwendig, in einem Kriege eine eminente Gefahr für die Bürgerschaft zu erblicken. Die Fragen, um die es sich hier handelt, kann man nur vom Standpunkte des Staatsgefühls aus betrachten."[49]

Diese gegen die Sozialdemokraten gerichtete Spitze verfehlte nicht ihre Wirkung. Nachdem der Ministerpräsident erstmals Anzeichen von Kompromißbereitschaft erkennen hatte lassen, erklärte Liebermann seine Loyalität mit dem österreichischen Staat in der Abwehr des Zarismus, und ähnlich argumentierte auch Renner im Justizausschuß:

---

46 Vgl. AdSP, PrKlub 3. 12. 1912.
47 Vgl. AZ 4. 12. 1912, S. 4.
48 Vgl. PA, PrJA 3. 12. 1912. Für den Antrag stimmten Liebermann, Renner, Witt, Ofner, Hübschmann und Kuryłowicz.
49 Beilage A zu 1768 der Beilagen zu den StPrAH XXI, 9. Bd., S. 1–2.

„Wenn wir – durch wessen Schuld immer – in einen Verteidigungskrieg gedrängt sind, so werden wir – und das haben wir und unsere Genossen in allen Ländern, auch Bebel im deutschen Reichstag, niemals im unklaren gelassen – selbstverständlich uns wehren und können nicht übersehen, daß unsere eigenen Leute am meisten bedroht sind ... Daß es den Sozialdemokraten – wenn das Unglück eines Krieges einmal da ist – einfallen könnte, den Soldaten die Möglichkeit der Verteidigung und der Ernährung zu versagen, wäre eine lächerliche Zumutung."[50] Selbst Witt verknüpfte die Ankündigung, mit allen Mitteln, also auch durch Obstruktion der Ausschußarbeit gegen das Kriegsleistungsgesetz kämpfen zu wollen, mit einer Loyalitätserklärung. „Der Standpunkt der böhmischen Sozialdemokraten richte sich nicht gegen die Existenz und das Wesen dieses Staates, sie erblicken niemals die Ziele ihrer politischen Bestrebungen außerhalb der Grenzen dieses Staates und suchen sie auch nicht dort."[51]

Am Beginn der Debatte am 4. 12. war die Regierung nicht gewillt gewesen, irgendwelche Änderungen am Text der Vorlage zuzulassen, da dieser mit dem ungarischen Gesetz übereinstimmen müsse.[52] Sie verweigerte also auch die vom Deutschen Nationalverband geforderte Befristung des Gesetzes,[53] das dadurch immer wieder der Kontrolle des Parlamentes zugeführt werden sollte. Um die Befürchtungen über die mangelnde Unterscheidung zwischen zivilen Kriegsleistern und Soldaten zu zerstreuen, legte die Regierung ein Gutachten Dr. Heinrich Lammaschs über den völkerrechtlichen Status der Kriegsleister vor, das allerdings keinen großen Erfolg hatte.[54] Weder Nationalverband noch Polenklub[55] akzeptierten die Regierungsvorlage in dieser Form, und die Regierung mußte einlenken, wollte sie das Gesetz auf parlamentarischem Wege durchbringen. Am 5. 12. teilte Ministerpräsident Stürgkh zuerst der Obmännerkonferenz, dann dem Ausschuß in einer Unterbrechung einer stundenlangen Obstruktionsrede Witts mit, daß die Regierung kleinen Änderungen zustimmte, „um die freundlich gesinnten Parteien die Stellungnahme zu erleichtern."[56]

Diese „interpretativen Ergänzungen *ad usum Hungariae*"[57] betrafen die Paragraphen 1 und 4.[58] Im § 1 sollte festgehalten werden, daß nur „auf die Dauer einer kriegerischen Bedrohung oder eines ausgebrochenen Krieges" die Forderung von Kriegsleistungen zulässig sei.

Nach § 4 sollte zum Schutz der Kriegsleister deren Einsatz nur außerhalb der Feuerlinie gestattet sein.[59] Der letzte Absatz des § 4, daß jüngere vor älteren Arbeitskräf-

---

50 Vgl. AZ 6. 12. 1912, S. 3–4 und 7. 12. 1912, S. 1: „Feinde des Zarismus". Laut AZ hatten die Äußerungen Liebermanns und Adlers[?] stürmischen Beifall der Bürgerlichen zur Folge.
51 WZ 6. 12. 1912, S. 13.
52 Vgl. Wiener Abendpost (Beilage zur WZ), 4. 12. 1912, S. 3.
53 Vgl. AZ 5. 12. 1912, S. 1–2. Auch der Bund österreichischer Industrieller wollte eine Befristung. Vgl. AZ 4. 12. 1912, S. 3.
54 Vgl. Beilage C zu 1768 der Beilagen zu den StPrAH XXI, 9. Bd. und PA, PrJA 4. 12. 1912.
55 Diese beiden Vereinigungen stellten zusammen mit den christlich-sozialen Abgeordneten, die den Entwurf vermutlich auch ohne Änderungen angenommen hätten, 13 Ausschußmitglieder.
56 Vgl. NFP 6. 12. 1912, S. 5 und AZ 6. 12. 1912, S. 4.
57 StPrAH XXI, 5. Bd., S. 6281.
58 Vgl. 1730 und 1768 der Beilagen zu den StPrAH XXI, 9. Bd.
59 Der Berichterstatter der Wehrkommission des Herrenhauses, Graf Latour, hielt diese Bestimmung im Ernstfall für nicht durchführbar. Vgl. StPrHH XXI, S. 485.

ten und alle nur zu Diensten, für die sie sich eigneten, heranzuziehen seien, wurde etwas schärfer formuliert. Weitere Wünsche der Abgeordneten würden in der Durchführungsverordnung zum Kriegsleistungsgesetz berücksichtigt werden.[60]

Die Bedrohung der Rechte der Arbeiter wurde im Anfangsstadium der Verhandlungen kaum thematisiert, und die Zugeständnisse der Regierung änderten folglich auch wenig an diesen Gefahren. Die Präzisierung des § 1 ließ noch genügend Spielraum, um das Gesetz zur Disziplinierung der Arbeiterschaft auch im Frieden anwenden zu können. So kündigte das Kriegsministerium im Mai 1913 die baldige Inkraftsetzung des Gesetzes mit der Bemerkung an: „Selbstverständlich müßte die Verpflichtung zu Kriegsleistungen ohne Rücksicht auf die voraussichtliche territoriale Beschränkung in der Inanspruchnahme der Leistungen für das ganze Gebiet der im Reichsrate vertretenen Königreiche und Länder statuiert werden."[61] Außerdem war die Beseitigung der Freizügigkeit der Arbeiter und die Einschränkung des Koalitionsrechtes unter welchen Umständen immer eine bedenkliche Sache. Dennoch begnügten sich die Sozialdemokraten mit Erklärungen des Berichterstatters Stölzel und der Regierungsvertreter.

Durch die Taktik, mit den „Mehrheitsparteien" vorerst nur gegen jene Bestimmungen des Gesetzes zu kämpfen, die auch den ansonsten regierungsfreundlichen Parteien die Annahme des Entwurfes unmöglich machten, versäumten die Sozialdemokraten die Durchsetzung ihrer eigentlichen Anliegen. Denn nach den erwähnten Konzessionen[62] der Regierung, die für die Arbeiterschaft keine echte Milderung des Gesetzes darstellten,[63] war mit Druck seitens des Nationalverbandes oder des Polenklubs nicht mehr zu rechnen. Dennoch blieben die Sozialdemokraten bei ihrer Strategie[64] und hofften auf die Spezialdebatte des Gesetzes. „Dort wird auch der Platz sein, über die spezielle Bedrückung der Arbeiterklasse zu sprechen ... Noch sind die wichtigsten Interessen gefährdet."[65]

Die Generaldebatte wurde nach weiteren Ausschußsitzungen am 6. und 10. 12. beendet und am 11. 12. die Spezialdebatte, angesicht der Obstruktion wiederum unter Auflösungsandrohungen, eröffnet. Das Gesetz wurde in vier Gruppen diskutiert, wobei Stürgkh weitere textliche Veränderungen ausschloß, sich aber bereiterklärte, über die Aufnahme der Wünsche in die Durchführungsverordnung mit den militärischen Stellen zu reden. Die erste Gruppe der Bestimmungen des Kriegsleistungsgesetzes, die §§ 1 bis

---

60 Vgl. AZ 6. 12. 1912, S. 4–5.
61 KA, MfLV, Präs. Z. 3004/XIV/1913. (KM, Abt.10, Z. 887 res/1913). Vgl. dazu auch AZ 2. 12. 1912, S. 2.
62 Josef Redlich, einer der Vertreter des Nationalverbandes im Ausschuß sah die Zugeständnisse der Regierung als persönlichen Erfolg: „Heute habe ich einen großen Triumph erlebt: die Regierung hat in den wichtigsten Punkten nachgegeben. Stürgkh leistete eine Art parlamentarischer Abbitte." Schicksalsjahre Österreichs 1908–1919. Das politische Tagebuch Josef Redlichs, 1. Bd. 1908–1914, bearb. von Fritz *Fellner* (Graz/Köln 1953) 184.
63 Vgl. dagegen: Die Tätigkeit der deutschen sozialdemokratischen Abgeordneten im österreichischen Reichsrat, 3. Heft (Wien 1913) 4.
64 Vgl. AdSP, PrKlub 6. 12. 1912.
65 AZ 7. 12. 1912, S. 3–4 (Renner).

3, wurden dann nach Ablehnung von mehr als zwanzig Abänderungsanträgen mit 13 gegen 9 Stimmen nebst einigen Resolutionen angenommen.[66]

Zu den Bestimmungen der zweiten Gruppe, deren Beratung erst in der folgenden Ausschußsitzung am 12. 12. abgeschlossen werden konnte, gab die Regierung wichtige Erklärungen ab, die sie in der späteren Durchführungsverordnung zu verarbeiten versprach. Sie versuchte damit erfolgreich, Anträge auf Zweidrittelmehrheit bei Abstimmung der Paragraphen 6 und 9 als Abänderung der Staatsgrundgesetze in Bezug auf die Freizügigkeit der Person bzw. auf den Anspruch auf den gesetzlichen Richter zu Fall zu bringen. Die Regierung versprach, das Gesetz werde in der Durchführungsverordnung eine milde Auslegung erfahren. Mit den Betrieben, deren Personal nach § 6 verpflichtet würden, sollte die Militärverwaltung Abkommen schließen, die einseitige Änderungen der Lohn-, Dienst- und Arbeitsbedingnisse verhindern und bei Mehrarbeit höhere Löhne garantieren würden. Gesetzliche Kündigungsgründe, wie etwa § 82a der Gewerbeordnung, sollten für die betroffenen Arbeiter weiterhin gelten, und bezüglich der Paragraphen 6 und 7 auch die Kompetenz der Gewerbegerichte aufrecht bleiben. § 9 des Kriegsleistungsgesetzes träfe für diese Arbeiter nicht bei den Militärdelikten zu.[67]

Die Abstimmung über dieses heikelste Kapitel des Kriegsleistungsgesetzes ging dennoch ziemlich knapp aus. § 6 wurde mit 13 gegen 11, § 9 mit 13 gegen 10 Stimmen angenommen. Dutzende Anträge zu den einzelnen Punkten wurden abgelehnt, einige Resolutionen und Minderheitsanträge an das Abgeordnetenhaus weitergeleitet.[68]

Die österreichische Sozialdemokratie war in dem Zwiespalt zwischen einem inakzeptablen Gesetz und der Aufrechterhaltung der parlamentarischen Arbeit gefangen. Sie zeigte sich offen erfreut darüber, daß die Obstruktion der Abgeordneten Witt und Hübschmann das Gesetz nicht verhindern konnte.[69] „Die Obstruktion hätte es der Regierung leichtgemacht, das Gesetz mit allen Härten ohne Einschränkungen kundzumachen und durchzuführen, *wie sie will*", argumentierte Renner.[70] Die Sozialdemokraten wollten sich jedoch „keinesfalls auf Regierungsverordnungen [verlassen], die kommende Regierungen beliebig aufheben konnten", und beharrten auf ihren Anträgen; doch war klar, daß diese wirkungslos bleiben würden. Am 12. 12. begann schließlich noch die Debatte der dritten Gruppe, die sich dank einer achtstündigen Rede Hübschmanns bis zum nächsten Morgen hinzog. Bezüglich des § 18, der auch die Überlassung von Industriebetrieben erzwingen konnte, gab es Zweifel, ob die Militärverwaltung genügend Experten zur Verfügung hätte, um diese Betriebe zu leiten. Der Regierungsvertreter zerstreute diese Bedenken durch die Versicherung, daß die direkte militärische Leitung

---

66 PA, PrJA 11. 12. 1912. Mit „nein" stimmten: Renner, Witt, der Sozialpolitiker Ofner, die Ruthenen Dnistrianskyj und Okunewskyj und die Tschechen Bukvaj, Hübschmann, Kuryłowicz und Koerner.
67 Vgl. AZ 12. 12. 1912, S. 3–4. Vgl. auch KA, MfLV, Präs. Z. 6474/XIV/1912.
68 Vgl. PA, PrJA 11. 12. und 12. 12. 1912. §-6-Nein-Stimmen: wie in Fußnote 66 plus Baljak (Slowene) und Liebermann. §-9-Nein-Stimmen: wie § 6 aber ohne Okunewskyj, der nicht mitstimmte. Vgl. auch 1768 der Beilagen zu den StPrAH XXI, 9. Bd., S. 21ff. und Zu 1768 der Beilagen zu den StPrAH XXI, 9. Bd., S. 1ff.
69 Vgl. Die Tätigkeit der deutschen sozialdemokratischen Abgeordneten 3, S. 24.
70 AZ 13. 12. 1912, S. 4 (Hervorhebung im Original).

eines Unternehmens nur selten erforderlich und die Weiterführung durch den Unternehmer die Regel sein würde.[71]

Die dritte und vierte Gruppe wurden dann mit den 13 Stimmen der Mehrheit beschlossen, und bereits zu Mittag desselben Tages lag der Ausschußbericht gedruckt vor,[72] der unter anderem die Bedenken wegen einer Verfassungsverletzung im § 9 durch den Hinweis zu entkräften meinte, daß im Gesetz eben Militärrichter als für Zivilpersonen zuständig erklärt werden.[73]

2.2.3.2. Der Beschluß des Kriegsleistungsgesetzes im Reichsrat

Am 14. Dezember bereits stand die Debatte des Kriegsleistungsgesetzes als zweiter Punkt auf der Tagesordnung des Abgeordnetenhauses,[74] konnte aber an diesem Tag wegen der Verzögerung anderer Materien noch nicht begonnen werden. In dieser Sitzung vom 14. 12. wurde den Abgeordneten die Demission des Kriegsministers Auffenberg und die Ernennung seines Nachfolgers Krobatin mitgeteilt.[75] Gleichzeitig mit dem Kriegsminister war auch der Chef des Generalstabes, Schemua, angeblich wegen Meinungsverschiedenheiten über das Ausmaß der notwendigen Kriegsvorbereitungen, zurückgetreten.[76] Ihm folgte Franz Graf Conrad von Hötzendorf.

Die zweite Lesung des Kriegsleistungsgesetzes erfolgte schießlich in einer einzigen, ungewöhnlich langen Sitzung vom 17. bis zum 19. Dezember 1912. Nach längeren Streitereien um die Rednerliste – einige tschechische Abgeordnete behaupteten, Mitglieder von Parteien, die sich bereits zur Annahme des Gesetzes entschlossen hätten, hätten sich als Redner contra die Vorlage eingetragen[77] – begann die Debatte mit den Argumenten für und gegen das Kriegsleistungsgesetz, die schon im Ausschuß vorgebracht worden waren. Sektionschef Reuter wiederholte vor dem Plenum die Regierungserklärung bezüglich des Inhalts der Durchführungsverordnung.[78]

Für die Sozialdemokraten sprachen in der Generaldebatte Dr. Karl Renner und in der Spezialdebatte, als Generalredner contra, der Gewerkschafter Ferdinand Hanusch. Renner protestierte gegen die unzumutbaren Umstände, unter denen das Gesetz vorgelegt wurde, verwies auf die schwere Beeinträchtigung der Rechte der Arbeiter, aber auch des in den Staatsgrundgesetzen verbürgten Grundrechtes der Unverletzlichkeit des Eigentums durch das Kriegsleistungsgesetz. „Wie hier mit dem Eigentum, gerade nur auf Grund eines Mehrheitsbeschlusses und einer im ganzen achttägigen Beratung umgesprungen wird, ist geradezu rührend und wenn es uns einmal einfallen sollte – falls wir einmal die Macht dazu, das heißt nur die einfache Mehrheit hätten – das ganze

---

71 Vgl. NFP 13. 12. 1912, S. 4 und AZ 14. 12. 1912, S. 4. Vgl. auch KA, MfLV, Präs. Z. 6474/XIV/1912.
72 Vgl. AZ 14. 12. 1912, S. 4 (4 Nationalverband, 4 Christlichsoziale, 4 Polenklub, plus Rumäne Isopescul-Grecul).
73 Vgl. 1768 der Beilagen zu den StPrAH XXI, 9. Bd., S. 3.
74 Vgl. StPrAH XXI, 5. Bd., S. 6238.
75 Vgl. ebd., S. 6241.
76 Vgl. DÖV 1. 3. 1912, S. 458.
77 Vgl. StPrAH XXI, 5. Bd., S. 6270ff.
78 Vgl. ebd., S. 6303–6306.

bürgerliche Eigentum aufzuheben, wir würden einfach das Kriegsleistungsgesetz anwenden, und schicken jeden Fabrikanten aus der Fabrik fort, setzen einen Korporal hin und die Expropriation der Exproprieteure vollzieht sich auf die glatteste Weise."[79]

Ferdinand Hanusch ging auf die Folgen des „ausgesprochenen Klassengesetzes" etwas genauer ein und versuchte schließlich die Taktik der Sozialdemokratie zu rechtfertigen. „Wenn wir heute auf dem Standpunkt stehen, daß noch gescheiter ist, wenn diese Vorlage – wenn wir sie auch nicht annehmen können – vom Parlament beschlossen wird, statt daß sie die Regierung mit dem § 14 macht, so geschieht es aus dem Grunde, weil wir der Regierung sogar das zutrauen, daß sie in dem Momente, wo das Parlament diese Vorlage nicht beschließt, obwohl sie verfassungsgemäß eigentlich gar nicht berechtigt wäre, diese Vorlage mit dem § 14 in die Welt zu setzen, dies trotzdem tun würde, daß sie sogar auf die alte Regierungsvorlage zurückgreifen ... und damit Millionen Proletarier um ihr Koalitionsrecht bringen könnte. Aus diesem Grunde sind wir prinzipiell Gegner dieser Vorlage, haben es aber nicht notwendig, jene Mittel anzuwenden, wie diese anderen kleinen Parteien sie angewendet haben."[80]

Das Kriegsleistungsgesetz wurde schließlich in zweiter Lesung angenommen; die dritte Lesung erfolgte in der nächsten Sitzung am 20. 12. mit 250 gegen 116 Stimmen.[81] Das Herrenhaus trat diesem Beschluß ohne vorherige Debatte einstimmig bei.[82] Der Landesverteidigungsminister stellte am 22. 12. den Antrag auf die Sanktion des Gesetzes durch den Kaiser. Die Änderungen der Paragraphen 1 und 4 gegenüber der vorsanktionierten Regierungsvorlage sollten dabei kein Hindernis darstellen, „da es sich bei diesen Änderungen lediglich um eine Interpretation des Textes des Gesetzentwurfes handelt, welche nach den Absichten der k.k. Regierung ohnedies in den Durchführungsvorschriften zum Ausdruck gelangen sollten und da *auch die kgl. ung. Regierung* sowie das *Kriegsministerium* gegen diese Ergänzungen *keine Einwendungen* erhoben haben."[83] Die Sanktion wurde am 26. 12. erteilt.

2.2.4. Die Auswirkungen des Kriegsleistungsgesetzes auf die Arbeiterschaft

In Wien protestierten sozialdemokratische Arbeiter im Dezember 1912 in mehreren Versammlungen sehr heftig gegen das Kriegsleistungsgesetz.[84] Stimmungsberichte aus den Kronländern, die in der Vorbereitung einer vom Herrenhaus angeregten Informationskampagne eingeholt wurden,[85] zeigten jedoch, daß im allgemeinen von einer Beunruhigung der Bevölkerung keine Rede sein konnte. Außer in Wien hatte die

---

79 Ebd., S. 6293.
80 Ebd., S. 6393.
81 Vgl. StPrAH XXI, 5. Bd., S. 6444.
82 Vgl. StPrHH XXI, S. 487.
83 KA, MKSM, ad Z. 3187/1912 und MfLV, Präs. Z. 6685/XIV/1912 (Hervorhebungen im Original).
84 Vgl. AZ 6. 12. 1912, S. 8.
85 Vgl. KA, MfLV, Präs. Z. 6710/XIV/1912 und StPrHH XXI, S. 487.

Beschlußfassung des Gesetzes, das so schwerwiegende Eingriffe in die Arbeitsverhältnisse vorsah, nur in Böhmen vereinzelt und kurzfristig Unruhe hervorgerufen.[86]

Das geringe Interesse in der Folgezeit zeigte sich an dem Umstand, daß von keiner Seite auf die Verlautbarung der Durchführungverordnung zum Gesetz gedrängt wurde, durch die ja einige Härten des Gesetzes beseitigt werden sollten. Regierungsintern wurde zwar in einem „Subkomitee" seit Ende Dezember 1912 darüber verhandelt, doch gelang bis Kriegsbeginn keine Einigung. Wichtiger Streitpunkt waren die Vergütungssätze, von deren Höhe das österreichische Finanzministerium seine Zustimmung abhängig machte. Als der Krieg begann, wurden in Österreich und in Ungarn nicht aufeinander abgestimmt von den beiden Verteidigungsministerien Verordnungen über die Vergütungssätze und vom Kriegsministerium in einer Weisung „Bestimmungen über die Kriegsleistungen" erlassen.[87]

Eine allgemeine Durchführungsverordnung, wie sie im Parlament versprochen worden war, fehlte weiterhin. Das Kriegsleistungsgesetz wurde aber in großem Umfang angewendet und führte durch die äußerst unklare und verwirrende Rechtslage zu Reibereien mit der Bevölkerung und besonders mit der organisierten Arbeiterschaft. Erst unter diesem Druck der Öffentlichkeit entschloß sich das Verteidigungsministerium schließlich, eigenmächtig eine allgemeine Durchführungsverordnung – Erläuterungen zu einigen besonders wichtigen Paragraphen plus zum Teil abgeänderte Vergütungssätze – zu erlassen, „da die Bevölkerung endlich Durchführungsbestimmungen erhalten mußte, eine vollständige Einigung über die beiderseitigen Differenzpunkte zum Mindesten noch wochenlange Verhandlungen erfordert hätte, endlich das österr. Finanzministerium fest auf seinem Standpunkt blieb."[88]

Allerdings enthielt diese Durchführungsverordnung nicht alle Zusagen, die im Reichsrat gemacht worden waren. Der wesentlichste Mangel betraf den § 18, wo laut Durchführungsverordnung nur bei Überlassung des Betriebes an die Militärverwaltung militärische Leiter eingesetzt und damit nur in diesem Fall der § 9, die Unterstellung der Belegschaft unter Militärdisziplin, wirksam sein sollte. Im Parlament hatte Reuter erklärt, daß, falls „der jeweilige Leiter die Beigabe eines eigenen militärischen Organes zur Aufrechterhaltung der Ordnung und Disziplin benötigen [sollte]" ein Offizier zur Erfüllung dieser Aufgaben dem Betrieb vorgesetzt würde. Obwohl diese Ankündigung im Zusammenhang mit der Übernahme von Betrieben gemacht wurde,[89] ist doch nicht klar von der Hand zu weisen, daß eine Beistellung militärischer Organe aus disziplinären Gründen auch bei Weiterführung des Betriebes durch den Unternehmer und damit die Anwendbarkeit des § 9 auf solche Fälle geplant war. Tatsächlich stellte sich das Verteidigungsministerium während des Krieges dann auf diesen Standpunkt und ver-

---

86 Vgl. KA, MfLV, Präs. Z. 1038/XIV, Präs. Z. 1225/XIV und Präs. Z. 2318/XIV/1913.
87 Vgl. KA, MfLV, ad Präs. Z. 12009/XVII/1914, Referatsbeilage 1.
88 Ebd. Vgl. auch VO des MfLV vom 14. 11. 1914, RGBl. Nr. 326, mit der *im Einverständnisse mit dem Kriegsministerium* und den übrigen beteiligten Ministerien Bestimmungen für die Durchführung des Gesetzes vom 26. Dezember 1912, RGBl. Nr. 236, betreffend die Kriegsleistungen, getroffen werden (meine Hervorhebung). Das Einverständnis mit dem KM bestand nicht. Vgl. KA, KM, Abt.10, Z. 17364 res/1914.
89 Vgl. StPrAH XXI, 5. Bd., S. 6304.

schärfte mit dieser weder im Gesetz noch in der Durchführungsverordnung verankerten Interpretation die Wirkungen des Kriegsleistungsgesetzes für die Arbeiterschaft. Die Unternehmer von Kriegsleistungsbetrieben konnten mit Hilfe der als Disziplinarorgane fungierenden militärischen Leiter die Arbeiter, die ihnen weiterhin in einem privatrechtlichen Verhältnis gegenüberstanden, noch stärker unter Druck setzen. Dabei wurde diese Regelung, wie das Ministerium begründete, getroffen, um die Übernahme von Betrieben durch die Militärverwaltung möglichst zu vermeiden und damit die Härten des Gesetzes für die Unternehmer zu mildern.[90]

Weiters präzisierte die Durchführungsverordnung, daß Männer, die mindestens 17 Jahre alt waren, persönlich kriegsleistungspflichtig waren, es sei denn, es handelt sich um jüngere Arbeiter, die in nach § 18 in Anspruch genommenen Betrieben beschäftigt waren. Bei Diensten nicht im Gefolge der bewaffneten Macht waren die Kriegsleister zwar „tunlichst dem Verwendungsorte selbst oder seiner nächsten Umgebung zu entnehmen", doch änderte dies nichts daran, daß die Militärbehörden Arbeiter nach ihrem Gutdünken aus ihren Heimatorten entfernen und in andere Betriebe versetzen konnten.

Der Durchführungsverordnung blieb auch die Lohnregelung im neugeschaffenen Zwangsarbeitsverhältnis vorbehalten. Das Fehlen von Bestimmungen zu diesem zentralen Punkt im Gesetz führte in den ersten Kriegsmonaten zu Rechtsunsicherheit über die Gültigkeit von Kollektivverträgen, was die negativen Wirkungen des Kriegsleistungswesens für die Arbeiter noch verstärkte. Die Verordnung vom November 1914 verbot dann den Unternehmern, die bestehenden Lohn-, Dienst- und Arbeitsbedingungen einseitig abzuändern und bestätigte damit die in Kraft stehenden Kollektivverträge. Darüberhinaus war, wie die Regierung 1912 versprochen hatte, vorgesehen, die Regelung der Arbeitsverhältnisse in den Kriegsleistungsbetrieben zum Gegenstand von Übereinkommen zwischen den Unternehmern einerseits und der Heeresverwaltung andererseits zu machen.[91]

Für Kriegsleister, die direkt bei einem militärischen Verband ihren Dienst leisteten, wurde die Höhe des Lohnes in der Verordnung selbst bestimmt. Die Arbeiter eines Betriebes, den das Militär zum Gebrauch übernahm, waren „in der bei dieser Anlage bisher üblichen Weise zu entlohnen", Mehrleistung war angemessen zu vergüten, ihre Rechte waren also besser gewahrt als jene der Arbeiter in den zivilen Betrieben.[92]

Laut Durchführungsverordnung hatten auch persönlich verpflichtbare Angehörige des Personals einer unter Kriegsleistungsgesetz gestellten Unternehmung das Recht, in Fällen, wo einschlägige Gesetze die fristlose Kündigung vorsahen, z. B. bei grober Mißhandlung durch einen Vorgesetzten, den Betrieb zu verlassen. Auch die Gewerbegerichte sollten, wie im Parlament versprochen, weiterhin bei Streitigkeiten aus dem Arbeitsverhältnis zuständig sein. Diese Bestimmungen gingen über das Gesetz hinaus, das selbst keine Möglichkeit zur Lösung des Arbeitsvertrages vorsah, solange ein

---

90 Vgl. KA, MfLV, Präs. Z. 4700/XVII/1915. Vgl. auch VO des MfLV vom 14. 11. 1914, RGBl. Nr. 326, Zu § 6, Abs. 1; Zu § 7, Pkt.2; Zu § 18, Pkt.2 und 3.
91 Vgl. VO des MfLV vom 14. 11. 1914, RGBl. Nr. 326, Zu § 6, Abs. 1.
92 Vgl. dazu auch Emanuel *Adler*, Das Arbeitsrecht im Kriege. In: Ferdinand *Hanusch*, Emanuel *Adler*, u.a., Die Regelung der Arbeitsverhältnisse im Kriege (Wien 1927) 60.

Arbeiter zu Kriegsleistungen herangezogen war und wurden deshalb vom Kriegsministerium abgelehnt.[93]

Die Durchführungsverordnung zu den straf- und disziplinarrechtlichen Vorschriften des Gesetzes teilte die Kriegsleister in Gruppen, die in je verschiedenem Ausmaß militärischen Gesetzen unterstanden. Personen, die persönliche Dienste bei einer militärischen Einrichtung leisteten, befanden sich in einer ähnlichen Lage wie aufgrund des Wehrgesetzes[94] oder des Landsturmgesetzes[95] verpflichtete Arbeitskräfte, ohne jedoch „Militärpersonen" zu sein; sie unterlagen folglich nicht dem II. Teil des Militärstrafgesetzbuches über die Militärdelikte. Das Personal von Verkehrsunternehmen und Kriegsleister, die unter militärischer Leitung arbeiteten, unterstanden in „disziplinärer" Hinsicht ihrem Kommandanten. In diese Kategorie fielen auch die persönlich verpflichtbaren Arbeiter in vom Militär übernommenen Betrieben. Die Verhältnisse der Arbeiter einer im Auftrag der Militärverwaltung weitergeführten Unternehmung blieben ungeregelt, da in diesem Falle eine militärische Leitung ja nicht vorgesehen war.

Insgesamt war das Recht der Arbeiter unter dem Kriegsleistungsgesetz ein schwer durchschaubares Konglomerat.[96] Fest stand aber, daß die betroffenen Arbeiter ihrer Freizügigkeit beraubt waren und daß ihr Koalitionsrecht in Anbetracht des Militärstraf- und Militärdisziplinarrechts zumindest eingeschränkt war. Der Zwang, am bisherigen Arbeitsplatz zu bleiben, bedeutete die Ausschaltung des freien Arbeitsmarktes, das heißt, die Ausschaltung der Möglichkeit für die Arbeiterschaft, unter den Bedingungen der ansonsten nicht angetasteten freien Marktwirtschaft Einfluß auf ihre eigenen Lebensbedingungen auszuüben. Für die Organisationen der Arbeiterschaft, deren Aktionsbasis der Arbeitsmarkt war, bedeutete dies die Gefahr, errungene Positionen zu verlieren oder überhaupt ausgeschaltet zu werden.

Es war also nicht, wie die Sozialdemokratie später argumentierte, nur die wenig kontrollierbare oder mißverstandene Anwendung des Kriegsleistungsgesetzes,[97] die zur Entrechtung der Arbeiterschaft führte, sondern schon das Gesetz selbst, an dem die Durchführungsverordnung nichts Wesentliches verbesserte. Es bleibt schwer verständlich, daß Sozialdemokraten und Gewerkschafter im Reichsrat nicht energischer gegen das Kriegsleistungsgesetz ankämpften; vor allem ist verwunderlich, daß sie nicht mit mehr Nachdruck auf Kompensationen, etwa in Form einer Beteiligung der Arbeiterorganisationen an der Exekution des Gesetzes drangen.[98]

Die Ursachen des Versäumnisses sind wohl in der Angst der Sozialdemokraten zu suchen, durch den bloßen Anschein von Illoyalität noch mehr als schon infolge der gewandelten politisch-wirtschaftlichen Situation in die Defensive gedrängt zu werden.

---

93 Vgl. KA, MfLV, Präs. Z. 12009/XVII/1914, aber auch Präs. Z. 6692/XIV/1912.
94 Gesetz vom 5. 7. 1912, RGBl. Nr. 128, § 7 und VO des MfLV vom 27. 7. 1912, RGBl. Nr. 153, §19.
95 Gesetz vom 6. 6. 1886, RGBl. Nr. 90, § 4 und VO des MfLV vom 20. 12. 1889, RGBl. Nr. 193, §§ 1 und 25.
96 Vgl. *Adler*, Arbeitsrecht, S. 54–60.
97 Vgl. z. B. 303 der Beilagen zu den StPrAH XXII., 2. Bd., S. 2 oder Österreichischer Metallarbeiterverband: Bericht über die Tätigkeit des Verbandes in den Verwaltungsjahren 1914–1920 (Wien 1921) 11.
98 Vgl. 1768 der Beilagen zu den StPrAH XXI, 9. Bd., S. 32.

Einen Schutz vor einer solchen Desintegration bildete das Parlament, wo die Sozialdemokratie ungeachtet ihrer Krise weiterhin ein Faktor war, der nicht einfach übergangen werden konnte. Die Erhaltung des Parlaments hatte in dieser Perspektive Vorrang gegenüber einem einzelnen arbeiterfeindlichen Gesetz, das in seiner Tragweite außerdem stark unterschätzt worden sein dürfte.

2.3. Weitere Vorbereitungen der österreichischen Verwaltungsbehörden auf den Krieg

Unter den zahlreichen Maßnahmen, die die österreichische Regierung bei Ausbruch des Krieges inkraftzusetzen plante,[99] befand sich eine Verordnung, die auf die Arbeiter ähnliche Auswirkungen hatte wie das Kriegsleistungsgesetz. Die langgehegte Absicht des Eisenbahnministeriums, den Bahnbetrieb vor Störungen durch Streik und passive Resistenz zu schützen, wurde in einer Gesetzesvorlage über die Bestrafung der Störung des öffentlichen Dienstes oder eines öffentlichen Betriebes und der Verletzung einer Lieferungspflicht verarbeitet.[100] Außer den Eisenbahnern und den öffentlich Bediensteten sollten auch die Arbeiter und Angestellten in „staatlich geschützten Unternehmungen", das sind als „für die Zwecke des Staates oder das öffentliche Wohl besonders wichtig" bezeichnete Betriebe,[101] den Strafbestimmungen unterliegen. Verboten waren Streik und passive Resistenz, Anstiftung dazu und Sabotage, sowie die Gefährdung oder Vereitelung von Lieferungen an die bewaffnete Macht. Außerdem bestimmte die Verordnung, daß diese Verbote auch auf Personen anzuwenden waren, die nach § 9 des Kriegsleistungsgesetzes der Militärgerichtsbarkeit unterlagen. Erst damit war explizit festgehalten, daß diese Arbeiter ihres Streikrechts und damit des bedeutendsten Aspektes des Koalitionsrechtes verlustig gingen.

Die Kaiserliche Verordnung selbst hatte aber in der Praxis nur für die Staatsbediensteten Bedeutung, da sowohl für die Eisenbahner als auch für die Arbeiter in wichtigen Betrieben das Kriegsleistungsgesetz umfassendere Pflichten vorsah. Im Krieg zeigte sich auch, daß die Erklärung eines Betriebes zur staatlich geschützten Unternehmung geringere Bedeutung hatte als die Stellung unter Kriegsleistungsgesetz, da die Beschaffung von Arbeitskräften und die Eindämmung der Fluktuation sich als entscheidende Probleme der Kriegswirtschaft erwiesen.

Eine Einschränkung der Freizügigkeit stellte auch die Verordnung dar, durch die die Auswanderung Wehrpflichtiger verhindert werden sollte.[102] Dieses Vorhaben war schon im Zusammenhang mit einem Skandal um „Auswanderungsgesellschaften" Ende 1913/Anfang 1914 entstanden und auch bekanntgeworden. Die Arbeiterorganisationen erhoben in diesem Falle heftigen Protest. „Die Gewerkschaft" etwa, in der das Kriegs-

---

99 Vgl. AVA, MdI, Präs. Z. 11795/1912 und KA, MfLV, Präs. Z. 7150/XIV/1913. Vgl. auch die KaisVOen und VOen, die zwischen 25. 7. und 1. 8. 1914 verlautbart wurden.
100 Vgl. AVA, MdI, Präs. Z. 1393/1913. KaisVO vom 25. 7. 1914, RGBl. Nr. 155.
101 Vgl. KaisVO vom 25. 7. 1914, RGBl. Nr. 155, § 1.
102 Vgl. KA, MfLV, Präs. Z. 6317/XIV/1913.

leistungsgesetz bis zum Krieg nicht erwähnt wurde, wies darauf hin, daß vor allem Arbeiter, die in Österreich ihren Lebensunterhalt nicht verdienen konnten, die Opfer einer Auswanderungsbeschränkung waren.[103] Die Verordnung wurde dann allerdings erst bei Kriegsbeginn erlassen,[104] als die Bewegungsfreiheit der arbeitenden Bevölkerung durch andere Maßnahmen weit krasser beschnitten war.

Die Regierung arbeitete außerdem an geheimen, der Verwaltung vorbehaltenen Richtlinien zur Vermeidung von Störungen während der Mobilisierung. Die Maßnahmen dieses „Orientierungsbehelfes über Ausnahmsverfügungen für den Kriegsfall für die im Reichsrate vertretenen Königreiche und Länder" gipfelte in der „vollkommen ungesetzliche[n] Schaffung einer völlig neuen, der Verfassung unbekannten Zentralbehörde, nämlich des Kriegs-Überwachungsamtes."[105]

Zu den Kriegsvorbereitungen, die die Arbeiterschaft und deren Organisationen in besonderem Maße trafen, ist schließlich noch die Ausschaltung des Parlaments in Cisleithanien zu zählen. Tschechische Abgeordnete, die die Wiedereinberufung des aufgelösten böhmischen Landtages forderten, verweigerten Anfang März 1914 die rasche Durchberatung von Vorlagen über die Erhöhung der Rekrutenkontingente und über neue Kredite für Militärzwecke. Ministerpräsident Graf Stürgkh, der wieder mit der Anwendung des § 14 drohte, stieß diesmal mit seinen Forderungen auf Ablehnung, worauf der Reichsrat mit 16. März 1914 vertagt wurde.[106] Die Session wurde dann, um die Immunität der Abgeordneten aufzuheben, bei Kriegsausbruch geschlossen.[107] Die nächste Session des Reichsrates begann erst mehr als drei Jahre später, am 30. Mai 1917.

Nach der Vertagung des Parlaments wurde in Österreich mit Hilfe Kaiserlicher Verordnungen regiert und den militärischen Forderungen nachgekommen. Die Rekrutenkontingente wurden erhöht, Sonderkredite bewilligt und der Ausbau des in einem Krieg am Balkan wichtigen Eisenbahnnetzes in Bosnien und der Hercegowina beschlossen.[108] Daneben betrieb die Regierung auch Sozialpolitik mit dem § 14 und setzte Gesetzesentwürfe in Kraft, die zwar das Abgeordnetenhaus schon passiert hatten, vom Herrenhaus aber wegen der Vertagung nicht mehr erledigt werden konnten. So wurde die Pensionsversicherung der Angestellten novelliert[109] und, da „angesichts der an diese Vorlage in den Kreisen der Bergarbeiterschaft geknüpften, der Verwirklichung anscheinend so nahegerückten Erwartungen ... ein weiterer Aufschub untunlich" erschien, die Unfallversicherung der Bergarbeiter[110] eingeführt. Die Regierung hatte auch vor, die Bestimmungen der Gewerbeordnung zum Arbeitsbuch im Sinne der Forderungen der Arbeiterschaft abzuändern.[111]

---

103 Vgl. DG 12/1914, S. 137–138. Allein im ersten Halbjahr 1913 waren 117.641 Österreicher in außereuropäische Länder emigriert. Aus Österreich-Ungarn kamen zwischen 1902 und 1912 mehr als zwei Millionen Menschen in die USA. Vgl. DG 11/1914, S. 132.
104 VO des MrfLV und des MrdI vom 25. 7. 1914, RGBl. Nr. 166.
105 *Redlich*, Regierung und Verwaltung, S. 94.
106 Vgl. RP 13. 3. 1914, S. 2, RP 14. 3. 1914, S. 3 und RP 17. 3. 1914, S. 1.
107 Vgl. *Brügel*, Sozialdemokratie 5, 163–165.
108 KaisVO 20. 3. 1914, RGBl. Nr. 59; KaisVO vom 22. 3. 1914, RGBl. Nr. 70 und KaisVO vom 6. 4. 1914, RGBl. Nr. 83.
109 KaisVO vom 25. 6. 1914, RGBl. Nr. 138.
110 6 der Beilagen zu den StPrAH XXII., 1. Bd., S. 8 und KaisVO vom 7. 4. 1914, RGBl. Nr. 80.
111 Vgl. DG 29/1914, S. 311–312.

Bei Kriegsausbruch verwirklichte die österreichische Regierung ihre Pläne bezüglich der Ausnahmebestimmungen und mußte dabei keine Rücksicht auf das Parlament nehmen.

2.4. Die Stellung der österreichischen Arbeiterbewegung zum Krieg

Als sich im November 1912 die Lage am Balkan zuspitzte und eine Verwicklung Österreich-Ungarns in den Krieg drohte, versuchte das Internationale Sozialistische Büro durch einen außerordentlichen Kongreß der europäischen sozialdemokratischen Parteien, den Protest der Arbeiterbewegung gegen die Kriegshetze zu demonstrieren und gleichzeitig eine Strategie zu finden, die einen Krieg verhindern konnte.[112] Die praktische Bedeutung der Bekämpfung des Krieges durch die Internationale war jedoch gering, wie das Verhalten der österreichischen Sozialdemokratie, an die sich ja der Basler Kongreß hauptsächlich gerichtet hatte, zeigte. In der Beratung des Kriegsleistungsgesetzes, die nur wenige Tage nach dem Internationalen Sozialisten- und Gewerkschaftskongreß stattfand und ohne Zweifel Bestandteil umfassender Kriegsvorbereitungen der Monarchie war, anerkannten die Sozialdemokraten die Berechtigung eines „Verteidigungskrieges" gegen den Zarismus und lieferten damit bereits damals die Rechtfertigung ihres Verhaltens beim tatsächlichen Kriegsausbruch 1914. Die sozialdemokratischen Organisationen waren nicht nur in Österreich bereits so stark in die Interessen des jeweiligen Staates eingebunden, daß die Internationale und ihre Bemühungen als realitätsferne Fiktion erscheinen.

Symptom für die Bindung der sozialdemokratischen Parteien an den Staat war nicht zuletzt die Schwierigkeit oder Unmöglichkeit, den Generalstreik als Antikriegsstrategie in der Internationale durchzusetzen. Der von Keir-Hardie und Vaillant bereits 1910 vorgelegte Antrag konnte in Basel nicht erledigt werden. Die Diskussion wurde auf den folgenden internationalen Kongreß, der im August 1914 in Wien stattfinden sollte, verschoben.[113]

Die deutsche sozialdemokratische Partei in Österreich hatte sich zu einer Ablehnung des Antrages entschlossen und begründete dies mit der Lage in Österreich, wo Kriegsleistungs-, Wehr- und Landsturmgesetze den Massenstreik im Krieg unmöglich machten. „Wenn eine Partei in Österreich in Kriegszeiten oder in Zeiten unmittelbar drohender Kriegsgefahr den Massenstreik proklamieren wollte, könnte sie *mit nicht grösserer Gefahr auch den Streik der Reservisten und die Massendesertion der Soldaten proklamieren.*" Das sei nur möglich, wenn die Bevökerung mehrheitlich die Revolution einem Krieg vorziehe. Dann aber würde die Regierung einen Krieg nicht wagen. „Der Massenstreik gegen den Krieg wird nicht notwendig sein, wenn er möglich ist." Der Beschluß, den Generalstreik als adäquates Mittel gegen den Krieg anzuerkennen, gefährde nur die Existenz der Partei und sei im Ernstfall wahrscheinlich undurchführbar.

---

112 Vgl. Georges *Haupt,* Der Kongreß fand nicht statt. Die Sozialistische Internationale 1914 (Wien/Frankfurt/Zürich 1967) 67ff.
113 Vgl. ebd., S. 30, 71 und 309.

Die Vorstellungen der österreichischen Arbeiterbewegung gingen dahin, durch präventive Maßnahmen es erst gar nicht zu einem Krieg kommen zu lassen. Mittel hiezu seien Agitation im Parlament, Arbeiterdemonstrationen und Öffentlichkeitsarbeit der Presse.[114]

Das Forum des Parlaments existierte ab März 1914 nicht mehr; die Sozialdemokratie wurde dadurch um die Basis ihrer Antikriegsstrategie gebracht. Mit dem Parlament ging nicht nur das Agitationsforum, sondern auch das wichtigste Mittel der Regierungskontrolle und eine Informationsquelle verloren. Vor dem Ausbruch des Krieges 1914 fanden keine Demonstrationen gegen die Kriegshetze wie 1912 statt, da die Parteiführung den Ernst der Lage nicht erkannte und sich nicht einmal über die Stimmung in der Bevölkerung klar war.[115] Die Presse schließlich, stellte unter den Bedingungen der Zensur kein verläßliches oder wirkungsvolles Mittel pazifistischer Propaganda dar.

Die Reaktion der Gewerkschaftsbewegung auf die Kriegsgefahr ist schwer zu fassen. Das politische Thema Krieg taucht in gewerkschaftlichen Äußerungen kaum auf. Nur in Aufrufen, wie zum 1. Mai, schloß sich die Gewerkschaftsbewegung der Partei im Kampf gegen den Krieg explizit an. In der Frage des Generalstreiks dürfte das zitierte Gutachten der deutschen Sozialdemokraten in Österreich auch die Zustimmung der Gewerkschaftskommission gehabt haben.[116]

Das Fehlen des Parlaments hatte für die Gewerkschaften viel geringere Folgen als für die Partei. In Bezug auf gewerkschaftliche Forderungen hatte es ja kaum Fortschritte durch die Volksvertretung gegeben, und überdies war die Regierung offenbar bereit, mit Hilfe des § 14 solche Anliegen selbst durchzusetzen.[117] Adressat gewerkschaftlicher Forderungen war immer weniger das Parlament, das die Erwartungen enttäuscht hatte, sondern die Bürokratie, bei der die Gewerkschaften mehr Verständnis für bevölkerungspolitische und volkswirtschaftliche Erfordernisse erwarten konnten als im Reichsrat, dessen Abgeordnetenhaus an der Grenze zur Arbeitsunfähigkeit stand und in dessen Herrenhaus Agrarier- und Unternehmerinteressen vorherrschten.

In bewußter politischer Abstinenz verhielten sich die sozialdemokratischen Gewerkschaften vor dem Kriegsausbruch 1914 passiv. Sie befaßten sich mit „Nebensächlichkeiten".[118] Die Regierung ging angesichts dieser Situation in Partei und Gewerkschaften kein innenpolitisches Risiko ein, als sie den Beschluß zum Krieg gegen Serbien faßte, und „für den Kenner der Verhältnisse bildete es keine Überraschung, daß sich die Führung der Sozialdemokratie nach der Kriegserklärung ganz hinter die Regierung stellte."[119]

---

114 Vgl. AVA, SdPst, Karton 125, Mappe: Internationales Büro, 1907–1920: Gutachten der dt. sd. Arbeiterpartei in Oesterreich über die Resolution Keir-Hardie–Vaillant (undatiert) (Hervorhebung im Original).
115 Vgl. AdSP, PrPV 23. 7. 1914.
116 Das Gutachten dürfte im Frühjahr 1914 entstanden sein, als Vaillant auf Festlegung der deutschen und österreichischen Partei in dieser Frage drängte. Vgl. *Haupt,* Kongreß, S. 134–135. Der Vorstand der deutschösterreichischen Partei beschloß am 8. 5. 1914, einen „Bericht" der Partei und der Gewerkschaftskommission an den Internationalen Kongreß vom Sekretariat der Partei im Einvernehmen mit Victor Adler und Anton Hueber abfassen zu lassen. Vgl. AdSP, PrPV 8. 5. 1914.
117 Vgl. DG 15/1914, S. 161–162. Vgl. auch DÖV 11. 7. 1914, S. 780.
118 Vgl. *Klenner,* Gewerkschaften 1, 393.
119 Franz *Brandl,* Kaiser, Politiker und Menschen. Erinnerungen eines Wiener Polizeipräsidenten (Leipzig/Wien 1936) 214.

3. Der Kriegsausbruch

3.1. Die wirtschaftlichen Probleme bei Kriegsausbruch

Österreich befand sich bei Kriegsbeginn noch im Übergangsstadium von einem Agrar- zu einem Industriestaat. 1910 waren 25,5% aller Berufstätigen in Industrie und Gewerbe beschäftigt, aber noch 58,74% in der Landwirtschaft.[1] Trotz des Übergewichtes des Agrarsektors mußten aber große Mengen an Lebensmitteln importiert werden, um die Industriezentren ausreichend versorgen zu können. Hauptbezugsquelle war Ungarn, von wo Getreide und Fleisch in großen Mengen importiert wurden und auf dessen Lieferungen insbesondere die Hauptstadt Wien angewiesen war.[2]

Auch die Rohstoffe für die Industrie mußte Österreich weitgehend im Ausland beschaffen. Eisenerz, Braunkohle, Schafwolle und einige Metalle waren im Inland in ausreichender Quantität vorhanden.[3] Sonst mußten die heimischen Vorräte durch Käufe im Ausland ergänzt werden. Besonders krass war die Importabhängigkeit bei Baumwolle[4] und einigen Buntmetallen.[5]

Die Vorbereitungen auf den Krieg in wirtschaftlicher Hinsicht blieben, da nur militärische Gesichtspunkte Beachtung fanden, äußerst mangelhaft. Es existierten kaum Daten über die Größe des Bedarfes oder über die verfügbaren Mengen an Gütern. Eine „Kommission für wirtschaftliche Mobilisierungsangelegenheiten", die schon 1912 von der Wiener Handelskammer angeregt worden war, aber erst 1914 zustandekam,[6] stellte immerhin noch vor dem Krieg die prekäre Versorgungslage Wiens fest.[7] Vorkehrungen gegen eine Nahrungsmittelknappheit wurden aber nicht getroffen. Die Probleme des Aufbaus einer besonderen Kriegsgüterindustrie und der dazu notwendigen Umstrukturierung der gesamten Volkswirtschaft wurden nicht bedacht. Ebensowenig wurde der Krieg finanziell vorbereitet. Die Österreichisch-Ungarische Bank verstärkte nicht wie die Notenbanken der anderen europäischen Staaten ihre Goldreserven, sodaß sich die Notendeckung verschlechterte. Die Monarchie war dadurch in ihrer Zahlungsfähigkeit gegenüber dem Ausland eingeschränkt,[8] was bei der Importabhängigkeit üble Folgen haben mußte. Der Grund für die mangelhafte oder fehlende Planung der Kriegswirtschaft

---

1 Vgl. Österreichische Statistik, N.F. 3/1 (Wien 1916) 13.
2 Vgl. Erika *Keil*, Das Bewirtschaftungssystem im ersten und zweiten Weltkrieg (Diss. WH Wien 1948) 21.
3 Vgl. *Heller*, Government Price Fixing, S. 1.
4 Vgl. Ernst *Hübel*, Die Arbeitsverhältnisse in der Textilindustrie. In: *Hanusch, Adler,* u.a., Arbeitsverhältnisse, S. 264.
5 Vgl. Gustav *Gratz,*Der wirtschaftliche Zusammenbruch Österreich-Ungarns. In: Gustav *Gratz* und Richard *Schüller,* Der wirtschaftliche Zusammenbruch Österreich-Ungarns. Die Tragödie der Erschöpfung (Wien 1930) 106–108.
6 Vgl. Hans *Löwenfeld-Russ,* Die Regelung der Volksernährung im Kriege (Wien 1926) 287–288.
7 Vgl. *Keil,* Bewirtschaftungssystem, S. 39.
8 Vgl. Felix *Somary,* Währungsprobleme Österreich-Ungarns (= Jahrbuch der Gesellschaft Österreichischer Volkswirte, Separatabdruck, Wien/Leipzig 1917) 4–5.

ist einerseits in der Meinung zu suchen, beim gegebenen Stand der Waffentechnik und der Machtverhältnisse sei nur ein sehr kurzer und lokal begrenzter Feldzug denkbar, andererseits in der vorherrschenden ökonomischen Lehrmeinung, daß die freie Marktwirtschaft sich auch außerordentlichen Situationen rasch anpassen könne.

Die zweite dieser Ansichten wurde schon bei Kriegsausbruch ins Wanken gebracht. Das Zusammentreffen verschiedener Umstände verursachte eine plötzliche Lähmung des gesamten Wirtschaftslebens und in der Folge eine so katastrophale Arbeitslosigkeit, daß die Regierung intervenieren mußte, um die reibungslose Generalmobilmachung zu gewährleisten.

Der Kriegszustand selbst bewirkte eine allgemeine Verunsicherung der Unternehmer, die das Risiko, Verluste zu erleiden, zu verringern suchten. Manche sperrten in der Annahme, daß die kriegerischen Verwicklungen bald wieder zu Ende sein würden, ihre Betriebe zu. Andere ergriffen Maßnahmen, um die Gefahr von Einbußen möglichst herabzusetzen. So kündigte etwa ein Unternehmen, das durch den Kriegsausbruch kaum Schaden litt, seinen Angestellten „vorsichtsweise", „um den gesetzlichen Termin nicht zu versäumen", und behielt sich vor, „die Kündigung jederzeit zurückzunehmen, wenn die wirtschaftlichen Verhältnisse derartige sein werden, daß nach Ablauf des Kündigungstermines die Firma noch in unveränderter Weise fortbesteht und das Personal noch benötigt wird."[9] Die Wiener Holzgrossisten beschlossen, Lieferungen nicht mehr zu kreditieren,[10] um bei Zahlungsunfähigkeit ihrer Schuldner nicht in Mitleidenschaft gezogen zu werden.

Solche Maßnahmen verschärften die ohnedies prekäre Lage am Geld- und Kreditmarkt.[11] Die Moratorien[12] im August führten zu Stockungen im privaten Zahlungsverkehr. Die starke Inanspruchnahme der Geldinstitute durch den Staat und durch die Sparer, die ihre Guthaben aus Angst oder für die Einrückenden zurückzogen, hatte die Folge, daß Bankkredit für die Unternehmen knapp wurde. Das Kreditvolumen wurde noch durch die Erhöhung des Bankzinsfußes von 6 auf 8%[13] weiter eingeengt. Zahlreiche Unternehmen gerieten dadurch in Liquiditätsschwierigkeiten und mußten ihren Betrieb einschränken oder stillegen.

Die Truppen- und Materialtransporte im Rahmen der Mobilisierung nahmen einen Großteil der Bahnen und der übrigen Verkehrsmittel in Beschlag, sodaß die Versorgung der Wirtschaft mit Rohstoffen und Betriebsmitteln in diesen Tagen und Wochen beinahe zum Erliegen kam und viele der betroffenen Betriebe die Produktion nicht fortsetzen konnten. Ebenso entzog die Mobilmachung der Wirtschaft zahlreiche Menschen, ohne die die Arbeit in verschiedenen Betrieben nicht aufrechterhalten werden konnte. Schließlich behinderte der Kriegszustand noch den Export und verringerte allgemein die Nachfrage nach Luxusartikeln. Die betroffenen Industrien und Gewerbe sahen also bei Kriegsausbruch einem Verlust der Absatzmärkte entgegen und schränkten ihre Produktion drastisch ein.

---

9 DÖV 5. 9. 1914, S. 940.
10 Vgl. DÖV 26. 8. 1914, S. 912.
11 Vgl. DÖV 5. 8. 1914, S. 858.
12 Vgl. KaisVOen vom 31. 7. 1914, RGBl. Nr. 193 und vom 13. 8. 1914, RGBl. Nr. 216.
13 Vgl. DÖV 5. 8. 1914, S. 860.

3.1. Die wirtschaftlichen Probleme bei Kriegsausbruch

Die Stillegungen und Einschränkungen von Betrieben erreichten sehr bald ein Ausmaß, das eine wirtschaftliche Katastrophe nicht mehr ausschloß. Betriebseinstellungen führten zum Zusammenbruch anderer, die nicht beliefert wurden oder nicht zu ihrem Geld kamen, und die Krise zog immer weitere Kreise. In Böhmen waren Mitte September 1410 Betriebe eingestellt und 3046 wesentlich eingeschränkt. In 443 Fällen waren den Betrieben unentbehrliche Arbeitskräfte entzogen worden; in 490 Fällen fehlte es an Kohle und in 863 Fällen an anderen Produktionsmitteln; 1414mal mangelte es an Geld oder Kredit; in 2618 Fällen verhinderten Verkehrsstockungen die ungestörte Weiterführung des Betriebes, und schließlich ging in 3496 Fällen die Nachfrage so sehr zurück, daß die Produktion eingestellt oder gedrosselt wurde.[14] Absatzstockungen und Rohstoffmangel brachten selbst ganz große Industrieunternehmen vorübergehend in Schwierigkeiten. Die Oesterreichische Alpine Montangesellschaft mußte in Donawitz zwei der vier Hochöfen wegen Koksmangels stillegen, die Prager Eisenindustrie-Gesellschaft reduzierte wegen fehlender Nachfrage im August ihre Produktion beträchtlich.[15]

Die daraus resultierende Arbeitslosigkeit übertraf selbst die triste Beschäftigungslage der beiden vorangegangenen Jahre um vieles. Bei Betriebssperrungen verloren ganze Belegschaften ihre Arbeit, bei eingeschränktem Geschäftsumfang wurden die überflüssigen Arbeitskräfte abgebaut. Dazu kamen noch zahlreiche unterbeschäftige Arbeiter, die nur wenige Stunden oder Tage pro Woche beschäftigt wurden, daher nur sehr verminderten Lohn bezogen und vor demselben Problem wie die Arbeitslosen standen, nämlich materieller Not schutzlos ausgeliefert zu sein.

Die Arbeitslosigkeit traf die industriellen Zentren in Niederösterreich, Böhmen, Mähren, Schlesien und Triest, aber auch das Gewerbe in eher agrarischen Gebieten. In den Industriegebieten nahm wegen der großen Zahl der Beschäftigten die Arbeitslosigkeit spektakuläre Ausmaße an. So wurde in Wien Ende August 1914 die Zahl der stellungslosen Arbeiter und Angestellten auf 150.000 geschätzt, in Böhmen Mitte September auf rund 200.000. Selbst in Nordtirol, jedoch, einem Gebiet mit eher ländlichem Charakter, gab es mehr als 5000 Arbeiter, die infolge der wirtschaftlichen Krise ihre Stellen verloren. Die kleineren gewerblichen Unternehmen konnten ja mit den Schwierigkeiten noch weniger fertig werden als größere Industriebetriebe, die über größere Ressourcen und bessere Verbindungen verfügten.

Die besondere Empfindlichkeit kleinerer Unternehmen gegenüber wirtschaftlichen Störungen gibt auch einen Hinweis auf die Gründe der großen Arbeitslosigkeit unter den Facharbeitern. In Böhmen, etwa, waren unter den 200.000 Arbeitslosen 85.000 qualifizierte Kräfte und auch in Wien waren diese in besonderem Maße betroffen. Auch Angestellte wurden in großer Zahl arbeitslos, da zum einen viele der kleinen Handelsbetriebe sperrten, zum anderen bei Betriebsreduktionen getrachtet wurde, auch den Verwaltungsaufwand einzuschränkten und die fix entlohnten, also relativ teuren Angestellten loszuwerden. In Wien waren beispielsweise ein Sechstel aller Arbeitslosen Angestellte.[16]

---

14 Vgl. AVA, HM, Präs. Z. 6139/1914.
15 Vgl. DG 35/1914, S. 354 und DB 21. 11. 1914, S. 31.
16 Vgl. AVA, HM, Präs. Z. 5436, Präs. Z. 5833 und Präs. Z. 6139/1914.

Was die Verteilung der Arbeitslosen auf die verschiedenen Branchen betrifft, so waren die Luxus- und Exportindustrien und -gewerbe am stärksten in Mitleidenschaft gezogen. Aber selbst in der für die Kriegsführung unmittelbar wichtigen Metallbranche gab es viele Arbeitslose; in Wien waren es etwa zwölf- bis dreizehntausend von insgesamt 85.000 Metallarbeitern.[17]

Die Arbeitslosigkeit begann mit der Mobilisierung, wuchs dann, obwohl sofort einige Gegenmaßnahmen ergriffen wurden, bis ungefähr Ende August kontinuierlich an, sodaß zu dieser Zeit eine regelrechte Massenarbeitslosigkeit herrschte. Danach setzte nach Regionen zeitlich verschoben, ein allmählicher, durch die Beruhigung der Lage nach der ersten Mobilisierungswelle und die steigende Arbeiternachfrage der Kriegsindustrie bedingter Rückgang ein.

3.1.1. Maßnahmen gegen die Wirtschaftskrise bei Kriegsausbruch

Die große Zahl der Betriebsschließungen und -einschränkungen und die daraus entstehende enorme Arbeitslosigkeit bereitete nicht nur der Arbeiterbewegung, die sich vor schier unlösbare Aufgaben gestellt sah, große Sorgen sondern auch der Staatsverwaltung und den Unternehmerorganisationen.

Durch die wirtschaftliche Krise drohte den Gewerkschaften ein finanzielles Debakel, da die an sie gestellten Ansprüche um Arbeitslosenbeihilfe ihre finanziellen Kräfte überstiegen. Als Abhilfe forderten die Gewerkschaften aber zunächst nicht, daß der Staat die Fürsorge übernähme, sondern verlangten Maßnahmen gegen die unnützen Betriebseinstellungen und zur Belebung der Wirtschaft, wie etwa die Geldbeschaffung für die Industrie.[18] Sie nützten nicht die günstige Situation, um die in den letzten Jahren immer dringlicher gewordene Forderung nach staatlicher Arbeitslosenfürsorge durchzusetzen, obwohl erkannt wurde, daß „die ohnehin nur allzuberechtigten Ansprüche der durch die Kriegsereignisse besonders in Mitleidenschaft gezogenen Arbeiterbevölkerung an die Staatsverwaltung noch eine erhöhte Bedeutung erfahren, welcher nicht Rechnung zu tragen, dieser nur sehr schwer möglich wäre."[19] Erst im Oktober tauchte in einer Denkschrift der sozialdemokratischen Partei die Forderung nach staatlicher Arbeitslosenunterstützung auf,[20] und auch die Gewerkschaften scheinen zu dieser Zeit wieder diese Möglichkeit erwogen zu haben.[21]

Die Besorgnis der staatlichen Verwaltung über die schwere wirtschaftliche Misere im Gefolge des Kriegsausbruches hatte zwei Gründe. Erstens stellte das ständig anschwellende Heer von Arbeitslosen einen möglichen Unruheherd dar, durch den die Mobilmachung unter Umständen gestört werden konnte. Zweitens bestand aber auch die Gefahr einer Stagnation, die dem Aufbau der Kriegsproduktion große Schwierigkeiten in den Weg legen würde. Die Regierung mußte sich daher zu einer Reihe von Maßnahmen

---

17 Vgl. DG 35/1914, S. 353.
18 Vgl. DG 33/1914, S. 344 und DG 35/1914, S. 356 (PrGK 7. und 21. 8. 1914).
19 DG 31/1914, S. 325. Aus dem Aufruf „An die gewerkschaftlichen Vertrauensmänner in Oesterreich!"
20 Vgl. AVA, MdI, Zu Präs. Z. 14810/1914, Memorandum Pkt.C,2.
21 Vgl. DG 44/1914, S. 392 (PrGK 23. 10. 1914).

entschließen. Die Maßnahmen gegen die Arbeitslosigkeit trugen zum Teil Interventionscharakter und bedeuteten ein Abgehen von der Position der selbständigen Regulierung von Angebot und Nachfrage durch den Markt. Die Bemühungen, einen Zusammenbruch der wirtschaftlichen Tätigkeit zu verhindern, hielten sich allerdings noch im Rahmen des üblichen staatlichen Wirkungskreises. Das Handelsministerium richtete an die großen Unternehmervereinigungen lediglich die Aufforderung, übereilten Betriebseinstellungen entgegenzuwirken, um die Arbeiterschaft nicht um die Verdienstmöglichkeiten zu bringen.[22] Zu drastischeren Mitteln gegen die überhandnehmenden Betriebsstillegungen, etwa in Richtung einer allgemeinen, auch die Unternehmerschaft einschließenden Arbeitspflicht, wie sie „Der oesterreichische Volkswirt" vorschlug,[23] konnte sich die Regierung nicht durchringen.

Außerdem bemühte sich die Regierung um eine möglichst rasche Beseitigung der wirtschaftshemmenden Umstände. Vor dem Abschluß der ersten Mobilisierungswelle, die das Transportwesen in Beschlag nahm, konnte hier aber nur das Problem des Geld- und Kreditmangels bearbeitet werden. Die voreilige Erhöhung des Bankzinsfußes mußte am 19. August wieder zurückgenommen werden.[24] Nach dem Beispiel des Deutschen Reiches, wo ähnlich wie 1866 und 1871, am 4. August durch Reichstagsbeschluß Kriegsdarlehenskassen errichtet worden waren, sollten Vorkehrungen gegen den Liquiditätsengpaß getroffen werden. Das österreichische Finanzministerium begann allerdings erst Anfang September auf Anregung aus Wirtschaftskreisen einen Entwurf auszuarbeiten, als die geplanten Institute angesichts der bereits erfolgten zahlreichen Betriebsschließungen infolge Geldmangels ihren Zweck nicht mehr voll erfüllen konnten.[25] Die Errichtung der Kriegsdarlehenskasse[26] wurde dennoch allgemein begrüßt; auch die Gewerkschaftskommission sah eine ihrer Forderungen erfüllt, da die Darlehenskasse geeignet sei, „der Kreditmisere zu begegnen und solcherart zur Wiederbelebung der Produktion beizutragen."[27]

Die Interessenslage der Unternehmer in Bezug auf die Wirtschaftskrise war zwiespältig. Während für den einzelnen betroffenen Unternehmer die Einschränkung oder Schließung seines Betriebes eine Maßnahme gegen erwartete Verluste bedeutete, war, insgesamt gesehen, diese Handlungsweise für die Wirtschaft und damit auch für die Unternehmer äußerst schädlich. Den Institutionen der Unternehmerschaft, wie Industriellenverbänden oder Handels- und Gewerbekammern, die solche gesamtwirtschaftliche Interessen artikulierten, bereitete daher die Krise große Sorgen und sie unternahmen auch Schritte zu ihrer Bekämpfung. Schon am 31. Juli konstituierte sich bei der Wiener Handelskammer das „Permanenzkomitee", das „eine Kooperation der großen wirtschaftlichen Vereinigungen sicherstellen, sowie eine auf Kriegsdauer permanente Stelle zur Behandlung der auftauchenden Fragen bilden"[28] sollte. In diesem Komitee waren Handel,

---

22 Vgl. DI 28/1914, S. 1.
23 Vgl. DÖV 8. 8. 1914, S. 864.
24 Vgl. DÖV 26. 8. 1914, S. 913.
25 Vgl. DÖV 12. 8. 1914, S. 870–871; DÖV 26. 9. 1914, S. 985; FA, FM, I/XIV, Z. 67275 und Z. 67285/1914.
26 KaisVO vom 19. 9. 1914, RGBl. Nr. 248.
27 DG 38/1914, S. 367.
28 AVA, HM, Präs. Z. 4029/1914.

Gewerbe und Industrie vertreten; zu den Beratungen wurden aber fallweise noch Vertreter der Regierung oder der großen Banken zugezogen. Das Permanenzkomitee beriet beispielsweise über die Probleme, die durch das Moratorium entstanden waren, über das Heereslieferungswesen oder über die Kündigung von Angestellten. Auch der erste Entwurf für die Errichtung der Kriegsdarlehenskasse dürfte dort entstanden sein.[29]

Die Unternehmerverbände forderten staatliche Notstandsarbeiten, Kredithilfe und Transportmöglichkeiten für die Industrie. Außerdem regten sie an, die Staatsverwaltung solle verstärkt Aufträge an Industrie und Gewerbe erteilen, um Sperrungen von Betrieben zu verhindern. Die drei großen Industriellenvereinigungen, Bund, Klub und Zentralverband, entschlossen sich, während der Kriegszeit zusammenzuarbeiten. In einer Kundgebung wurden die Unternehmer aufgefordert, einander gegenseitig bei Transportschwierigkeiten beizustehen und z. B. hängengebliebene Lieferungen für andere Betriebe zu verwahren.[30]

Die Arbeitslosigkeit erschien den Unternehmerverbänden vor allem deshalb gefährlich, da sie zu einer Zerrüttung des Arbeitsmarktes zu führen drohte. Sie folgten daher der Aufforderung des Handelsministeriums, beruhigend auf die Industriellen einzuwirken, um ein weiteres Anschwellen der Arbeitslosenzahl zu verhindern. Die Hauptstelle industrieller Arbeitgeberverbände gab ihren Mitgliedern die Direktiven, Entlassungen zu vermeiden, wenn dies aber nicht möglich wäre, die Arbeitslosen durch Wohlfahrtseinrichtungen zu unterstützen und sie möglichst im lokalen Kries unterzubringen, da „[ein] Abströmen der Arbeiter ... für die Zukunft außerordentliche Schwierigkeiten schaffen [würde]."[31] Die Erhaltung eines Stocks an qualifizierten und eingeschulten Arbeitern, der ja auch durch die Einberufungen zum Militär gefährdet war, bildete eine Grundvoraussetzung des Wiederanlaufens der Produktion, ein Mißlingen dieses Vorhabens konnte die Unternehmen auf Jahre hinaus schädigen.

Es war in erster Linie die Arbeitslosigkeit, die zur raschen Lösung der entstandenen Probleme drängte. Vor allem die Staatsverwaltung war daran interessiert, um die Kriegsführung nicht zu beeinträchtigen. Die große und ständig steigende Arbeitslosigkeit konnte dazu führen, daß die Arbeitslosen, die plötzlich durch den Krieg verschuldet ihre Existenzgrundlage verloren hatten, sich gegen den Krieg wandten und die Kriegshysterie zumindest in Teilen der Arbeiterschaft in Illoyalität umschlug. Das Arbeitslosenproblem forderte also rasches Handeln; es konnte nicht abgewartet werden, bis es durch die Beseitigung der wirtschaftlichen Schwierigkeiten von selbst verschwinden würde. Die Regierung entschloß sich daher im Falle der Arbeitslosigkeit unter anderen auch zu Maßnahmen, die den Rahmen der üblichen Wirtschaftspolitik sprengten. Neben der Ausschöpfung der Möglichkeiten bestehender Gesetze, die staatliche Eingriffe in den Arbeitsmarkt und die Arbeitsverhältnisse erlaubten, griff die Regierung auch zu schärferen Mitteln, wie Arbeitsbeschaffung im großen Stil und vor allem zu einer zentralisierten Arbeitsvermittlung unter staatlicher Aufsicht. Diese Maßnahmen entsprachen jedoch den von den Unternehmerorganisationen unter den gegebenen Umständen geforderten

---

29 Vgl. DI 28/1914, S. 2 und DI 29/1914, S. 2.
30 Vgl. DI 28/1914, S. 1 und 3; DI 29/1914, S. 1–2.
31 AVA, MdI, Dep.7, Z. 34992/1914.

Kriseninterventionen des Staates, um ruinöse Auswirkungen der Arbeitslosigkeit zu vermeiden.

Das Postulat, eine Unterstützung der Arbeitslosen durch Beihilfen schade der Wirtschaft, wurde allerdings von der Regierung auch jetzt nicht angetastet. Dagegen waren selbst führende Unternehmerkreise unter dem Eindruck der herrschenden Verhältnisse zu dem Schluß gekommen, daß „[bei] längerer Dauer der Betriebseinschränkung ... wohl für diese Arbeiter auch eine staatliche Fürsorge [wird] Platz greifen müssen."[32] Die Regierung fürchtete aber, da stets eine rein staatliche Arbeitslosenfürsorge gefordert wurde, um die Finanzen und die für den Aufbau der Kriegsindustrie notwendige Mobilität der Arbeiter. „Gegenüber dem Verlangen... nach Einführung einer staatlichen Unterstützung für alle Arbeitslosen schlechthin, also ohne Anlehnung an eine gewerkschaftliche oder sonst bestehende Arbeitslosen-Versicherung muß, abgesehen von der ungeheuren Rückwirkung einer solchen Maßnahme auf die Staatsfinanzen, darauf hingewiesen werden, daß eine derartige generelle Unterstützung Arbeitsloser einen starken Anreiz zur Ausdehnung und Verbreitung der Arbeitslosigkeit bilden würde."[33] Die Regierung unterstützte nur indirekt Aktionen, die in Not geratenen Arbeitslosen helfen sollten. Dafür wurde im Innenministerium ein „Zentralfonds für Ausspeisung" gebildet,[34] aus dem auch die Gewerkschaften Gelder zur Dotierung ihres eigenen Arbeitslosenunterstützungswesens erhielten.[35]

Wichtigstes Hindernis für ein stärkeres Engagement der staatlichen Verwaltung in der Wirtschaft war die drohende finanzielle Belastung. Es war daher auch immer das Finanzministerium, das unter Hinweis auf die durch den Krieg ohnehin prekäre Lage des Ärars, zu äußerster Vorsicht riet, wenn zusätzliche Belastungen des Staatshaushaltes durch Maßnahmen gegen die Arbeitslosigkeit ins Auge gefaßt wurden. Ebenso skeptisch stand es dem Wunsch der Industrie nach Vergrößerung des staatlichen Auftragsvolumens gegenüber.[36] Das Finanzressort drängte statt dessen auf die volle Ausnützung bestehender Möglichkeiten, der Arbeitslosigkeit administrativ zu steuern, und forderte etwa ein Verbot von Überstunden, um die vorhandene Arbeit auf möglichst viele aufzuteilen, oder eine Einflußnahme auf die Unternehmer kontinuierlicher Betriebe, statt zwei drei Schichten zu fahren.[37]

Die angesprochenen Ministerien kamen diesen Wünschen zwar nach – das Kriegsministerium etwa bewilligte seinen Leder- und Textillieferanten Überstunden nur in dringenden Fällen, und das Handelsministerium gab einen Erlaß heraus, der die Einstellung von mehr Arbeitern statt der Leistung von Überstunden empfahl; es ließ die Nachtarbeitsbeschränkungen für Frauen und Jugendliche durch die Gewerbeinspektoren strenger

---

32 Ebd. (Hauptstelle industrieller Arbeitgeberverbände am 6. 8. 1914).
33 AVA, MdI, Präs. Z. 16581/1914 (HM, Z. 38579/1914). Vgl. auch AVA, MdI, Präs. Z. 17285/1914 (AM, Präs. Z. 3368/1914).
34 Vgl. Denkschrift über die von der k. k. Regierung aus Anlaß des Krieges getroffenen Maßnahmen 1 (Wien 1915) 277. Vgl. auch AVA, MdI, Präs. Z. 35836/1914.
35 Vgl. AVA, MdI, Dep.7, Z. 42167 und Z. 46889/1914. Die Zentralkommission christlicher Gewerkschaften und die sozialdemokratische Gewerkschaftskommission erhielten je 10.000 K.
36 Vgl. DI 29/1914, S. 2.
37 Vgl. AVA, HM, Präs. Z. 5436/1914.

überwachen und wandte sich auch an die Industriellen, um ihnen den Dreischichtbetrieb ans Herz zu legen,[38] – aber sie konnten es angesichts der Gefährlichkeit der Lage nicht dabei bewenden lassen.

3.1.1.1. Arbeitsbeschaffungsprojekte

Die mit Wirtschaftsproblemen befaßten Ressorts entschlossen sich unter der Leitung des Ministeriums für öffentliche Arbeiten zur Vergabe von Notstandsarbeiten, um die Arbeitslosigkeit besonders in den Ballungszentren zu mildern und für die Arbeiter Verdienstmöglichkeiten zu schaffen. Die Angst vor Unruhen namentlich in Wien ließ Bedenken wegen finanzieller Schäden für kurze Zeit in den Hintergrund treten.[39] Nach Berichten aus den einzelnen Kronländern über den tatsächlichen Umfang der Arbeitslosigkeit sollten gezielt Aufträge der öffentlichen Hand vergeben werden. Das Arbeitsministerium, dem die Leitung dieser Aktion oblag, regte an, bevorzugt solche Arbeiten weiterzuführen oder auch neu zu beginnen, bei denen möglichst viele Leute beschäftigt werden konnten, also vor allem Erd- und Bauarbeiten.[40] Diese Aufforderung erging an die zentrale Staatsverwaltung, an die Kronländer und an die Gemeinden, und es wurden auch eine Reihe von Verwaltungsbauten, Erdbewegungen oder Flußregulierungsvorhaben als Hilfe gegen die Arbeitslosigkeit durchgeführt.

Die Arbeitsbeschaffung im Wege von Staatsaufträgen hatte den Vorteil, daß die Arbeitskräfte leicht wieder freigesetzt werden konnten, wenn die Wirtschaftskrise abklingen sollte. Die Projekte würden dann eben nach dem Krieg vollendet werden. Unter diesem Gesichtspunkt war die staatliche Arbeitsbeschaffung eine reine Fürsorgeaktion, die aber das Wirksamwerden von Marktmechanismen weniger als Geldunterstützungen beeinträchtigte. Die Arbeiter würden, soferne sich ihnen die Möglichkeit bot, wieder in die erlernten Berufe, wo sie bessere Verdienstmöglichkeiten erwarteten, zurückkehren. Bekämpft wurden staatliche Maßnahmen dieser Art von Seiten der Unternehmer nur dann, wenn die Arbeitsbeschaffung Auswirkungen auf das verfügbare Arbeiterangebot hatte, direkt durch Bindung der Arbeiter oder indirekt durch die Löhne. Das Innenministerium verfocht bei Kriegsbeginn eine solche Arbeiterpolitik, die tendenziell auf den Widerstand der Unternehmerkreise stoßen mußte. Es trat dafür ein, daß den bei den Notstandsbauten Beschäftigten ein Mindestlohn gezahlt würde, vor allem um das Lohnniveau der Facharbeiter nicht zu drücken.[41] Die anderen beteiligten Ministerien stellten sich aber auf den Standpunkt, daß die Arbeitsbeschaffung nur eine Verelendung der Arbeiter, solange sie am freien Markt keine Beschäftigung finden konnten, verhindern sollte, und lehnten jede weitergehende Einmischung am Arbeitsmarkt ab.[42]

---

38 Vgl. AVA, MdI, Dep.7, Z. 36872 (KM, Abt.13, Z. 5382/1914) und Z. 40596/1914. Vgl. auch Soziale Rundschau 1914, II/8/9, S. 393.
39 Vgl. AVA, HM, Präs.Z. 5436/1914.
40 Vgl. AVA, HM, Präs.Z. 4979/1914 (Erlaß des MföA, Präs.Z. 2375/1914).
41 Vgl. AVA, HM, Präs.Z. 5833/1914, Protokoll 11. 9. 1914.
42 Vgl. AVA, MdI, Dep.7, Z. 38516/1914 (MföA, Z. 52551/Xc/1914).

Während so bei der staatlichen Arbeitsbeschaffung kaum Interessenkollisionen zwischen Unternehmerschaft und staatlicher Verwaltung auftraten, da der karitative Charakter der Aktion betont wurde und diese außerdem nur kurze Zeit fortgeführt werden mußte, zeigten sich bei den militärischen Schanzbauten, die bei Kriegsausbruch in Angriff genommen wurden, deutlich die Wirkungen einer rigoroseren staatlichen Arbeitsbeschaffung und die Reaktionen darauf aus der Unternehmerschaft.

3.1.1.1.1. Die militärischen Schanzbauten

Die Militärverwaltung hatte schon seit 1904 geplant, im Mobilisierungsfall die Hauptstädte der beiden Reiche, sowie die Donaubrückenköpfe zu befestigen.[43] Dieses Vorhaben wurde 1914 auch in Angriff genommen, doch zwang der Verlauf des Krieges bald zu einer wesentlichen Erweiterung der Fortifikationsarbeiten in Wien, Tulln und Krems, da ein italienischer Angriff auf die Donaulinie und Wien befürchtet wurde, der infolge der Bindung der Streitkräfte am östlichen Kriegsschauplatz nicht zurückgeschlagen hätte werden können.[44]

Diese Projekte erforderten sofort sehr viele Arbeitskräfte und stellten so einen wichtigen Bestandteil der staatlichen Beschäftigungspolitik dar. Anfang September 1914 waren in Niederösterreich schon 12.000 Personen beschäftigt, und das war erst die Hälfte der benötigten Arbeiter.[45] Militärischerseits geplant wurde den Arbeitern ein Sold – 4 K pro Tag – gezahlt. Dagegen gab es sofort heftige Proteste von Industriellen und von Landwirten,[46] die sich über das angeblich massenhafte Abströmen der Arbeitskräfte aus Wien zu den Schanzarbeiten beschwerten. Gegen den Widerstand des Innenministeriums, das die relativ hohe Löhnung mit der Erhaltung des Lohnniveaus der Wiener Facharbeiter und mit den langen Anfahrtszeiten zu den Baustellen rechtfertigte,[47] führte das Kriegsministerium als Arbeitgeber einen „Leistungslohn" ein und betrachtete fortan die 4 K als Maximallohn.[48] Das Arbeitsministerium nahm die Beschwerden aus der Wirtschaft zum Anlaß, um darauf hinzuweisen, daß staatliche Arbeitsbeschaffung generell nur der Verhinderung der Not diene, und erschwerte die Aufnahme von Arbeitskräften, die freiwillig ihre letzte Stelle gekündigt hatten.[49]

Die Gewerkschaften begrüßten die Vergabe staatlicher Arbeiten zur Eindämmung der Arbeitslosigkeit, mußten sich aber dagegen wehren, daß diese benützt wurden, um Lohndruck auszuüben. Die Gewerkschaftskommission argumentierte damit, daß die faktischen Lohnreduktionen bewirken könnten, daß die benötigten Arbeitskräfte bald

---

43 Vgl. Erich *Hillbrand,* Der Brückenkopf Wien im Ersten Weltkrieg (= Mitteilungen des österreichischen Staatsarchivs 14, Wien 1961) 138.
44 Vgl. Protokoll der Sitzung des Gemeinsamen Ministerrates am 19. 8. 1914. In: Protokolle des Gemeinsamen Ministerrates der Österreichisch-Ungarischen Monarchie (1914–1918). Eingeleitet und zusammengestellt von Miklos *Komjáthy* (= Publikationen des Ungarischen Staatsarchivs II/10, Budapest 1966) 169.
45 Vgl. AVA, HM, Präs. Z. 5833/1914.
46 Vgl. AVA, MdI, Dep.7, Z. 36197/1914 und AVA, SdPst Karton 130, Mappe: Schanzenarbeiter 1914–1916.
47 Vgl. AVA, HM, Präs. Z. 5833/1914, Protokoll 11. 9. 1914.
48 Vgl. AVA, SdPst Karton 130: Schanzenarbeiter 1914–1916 und MdI, Dep.7, Z. 42197/1914.
49 Vgl. AVA, MdI, Dep.7, Z. 38516/1914 (MföA, Z. 52751/Xc/1914).

nicht mehr unter den Arbeitslosen auszutreiben sein würden, da die Arbeiter mit dem Regime bei den Befestigungsbauten ohnedies unzufrieden seien.[50] Eine zwangsweise Heranziehung der Arbeiter aufgrund des Kriegsleistungsgesetzes wollte die Regierung bei Kriegsausbruch noch vermeiden, „da dies bei vielen Betrieben großen Schaden verursacht" und außerdem wegen der Versorgungspflicht der Staatsverwaltung für die Familien der Kriegsleister neue finanzielle Lasten mit sich gebracht hätte.[51]

In der Umgebung Wiens herrschte bereits ab Oktober 1914 Mangel an freien Arbeitern. Die Befestigungsarbeiten liefen zu dieser Zeit aber auf vollen Touren – am Brückenkopf Wien waren etwa 28.000 Arbeiter beschäftigt –, und es mußten zunehmend Arbeitslose aus anderen Kronländern herangezogen werden, sodaß schließlich Anfang 1915 bei Wien mehr auswärtige als einheimische Arbeiter beschäftigt waren.[52] Als Fachkräfte am Arbeitsmarkt knapp zu werden begannen, ließ das Innenministerium die Berufe der bei den Schanzen Beschäftigten feststellen und plante die Ersetzung der qualifizierten Kräfte durch unqualifizierte. Tatsächlich waren Anfang 1915 von den beim Brückenkopfkommando Wien beschäftigten Arbeitern aus Wien und Niederösterreich nur knapp die Hälfte, von den auswärtigen Arbeitern nur 40% unqualifizierte Kräfte.[53]

Da der Austausch der Arbeiter nicht mit Hilfe des freien Arbeitsmarktes funktionierte, entschloß sich das Kriegsministerium, die Schanzarbeiter zuerst bei Wien unter Kriegsleistungsgesetz zu stellen,[54] um so die gewünschten Arbeitskräfte heranziehen und die Facharbeiter der Kriegsindustrie zur Verfügung stellen zu können. Die Zwangsmaßnahme kam, als bereits Arbeitermangel fühlbar wurde, den Bedürfnissen der Industrie zugute, da sie ihr die so dringend benötigten Facharbeiter zuführte. Für die beschäftigten Arbeiter brachte die Stellung unter Kriegsleistungsgesetz nur den einen Vorteil, daß ihre Angehörigen, die häufig weit entfernt wohnten, staatliche Unterstützungen erhielten. Im übrigen bewirkte die Verpflichtung die Unterwerfung unter militärische Disziplin, das heißt, eine weitere Verschärfung der ohnehin nicht guten Arbeitsbedingungen. Dennoch erklärten sich auch die sozialdemokratischen Arbeiterorganisationen mit der Anwendung des Kriegsleistungsgesetzes einverstanden. Ja, sie forderten sogar seine Ausdehnung auf die Arbeiter in Tulln und Krems, um auch für diese den staatlichen Unterhaltsbeitrag für die Familien der Mobilisierten zu erreichen.[55]

Gegen die schlechte Behandlung der Arbeiter und die schweren Strafen konnte dann nur mehr mit Hilfe von Interventionen beim Kriegsministerium vorgegangen werden. Insgesamt legte eine Klubabordnung der Sozialdemokraten fünfmal Beschwerden und Wünsche vor. Die Heeresverwaltung reagierte hin und wieder sogar positiv darauf; so wurde den Arbeitern die Möglichkeit, sich freiwillig gegen Unfall zu versichern, geboten und ihnen zu Ostern 1915 ein Heimaturlaub gewährt. Unter den Forderungen fehlte aber

---

50 Vgl. AVA, MdI, Dep.7, Z. 39904/1914.
51 Vgl. *Hillbrand*, Brückenkopf, S. 143 und Gesetz vom 26. 12. 1912, RGBl. Nr. 236, § 8, Abs. 3.
52 Vgl. AVA, MdI, Dep.7, Z. 41607/1914, Z. 2723, Z. 3425 und Z. 6533/1915.
53 Vgl. AVA, MdI, Dep.7, Z. 41397 und Z. 48060/1914; Z. 2723 und Z. 6533/1915.
54 Vgl. AVA, SdPst Karton 130, Mappe: Schanzenarbeiter 1914–1916 (KM, Abt.8, Z. 4227/1914).
55 Vgl. KA, MfLV, Dep.XVII, Z. 863/1915. Vgl. auch AVA, SdPst Karton 130, Mappe: Schanzenarbeiter 1914–1916.

jegliche Kompensation für den Verlust der Freizügigkeit und des Koalitionsrechts der Arbeiter durch die Stellung unter das Kriegsleistungsgesetz.[56]

An den militärischen Befestigungsbauten zeigten sich sowohl zu Kriegsbeginn die Grenzen der staatlichen Beschäftigungspolitik als auch später, als die Arbeitslosigkeit geschwunden war, die Ansätze der staatlichen Arbeitsmarktregulierung mit Hilfe des Kriegsleistungsgesetzes. Die Arbeit auf Staatskosten durfte nur den Zweck erfüllen, Hungerunruhen zu vermeiden; Lohnstandards, die an normale Arbeitsbedingungen erinnerten, riefen sofort den Widerstand der Unternehmerschaft hervor. Diese wehrte sich auch, solange noch ein Überangebot an Arbeitern herrschte, gegen Zwangsmaßnahmen zur Requirierung von Arbeitskräften, sie stimmte erst zu, als diese sich in ein Arbeiterbeschaffungsinstrument für die Industrie verwandelt hatten.

Die Schanzarbeiten waren schließlich im Mai 1915 im großen und ganzen abgeschlossen. Zu diesem Zeitpunkt stellte die Freisetzung einer großen Zahl von Arbeitern kein Problem mehr dar, da die Kriegsindustrie einen großen Bedarf an Arbeitskräften hatte. Die staatlichen Stellen selbst mußten also für die entlassenen Schanzarbeiter keine neuen Arbeitsplätze beschaffen.[57]

3.1.1.2. Arbeitsvermittlung und paritätischer Arbeitsnachweis

Die bedeutendste Aktion der staatlichen Verwaltung im Hinblick auf den Arbeitsmarkt war die Organisation eines zentralisierten Arbeitsvermittlungswesens. „Der Kriegsausbruch hat[te] einerseits infolge der Betriebseinschränkungen eine stetig wachsende Arbeitslosigkeit, andererseits infolge der zahlreichen Einberufungen eine Arbeiternot in gewissen Betrieben, darunter insbesondere in jenen für militärische und Approvisionierungszwecke mit sich gebracht und vor allem die Einbringung der Ernte ernstlich gefährdet."[58] Die Arbeitsvermittlung sollte zur Lösung aller dieser Probleme beitragen, indem sie die Ansammlung von Arbeitslosen insbesondere in den größeren Städten, und damit Unruhen, vermeiden und die Allokation der Arbeitskräfte in den kriegswichtigen Wirtschaftszweigen ermöglichen sollte. Dazu gehörte auch prominent die Landwirtschaft, da die Erntearbeiten im August 1914 noch in vollem Gange waren und von ihrem erfolgreichen Abschluß ja die Ernährung während des bevorstehenden Winterhalbjahres weitgehend abhängig war.

Die Dringlichkeit dieses Problems ließ das Ackerbauministerium als erstes Ressort darangehen, den Arbeitsmarkt zu organisieren. Aufgrund einer eigenen Ermächtigung erließ es am 5. August eine Verordnung,[59] durch die in den Gemeinden sogenannte Erntekommissionen errichtet wurden. Diese hatten die Aufgabe, die Durchführung der Erntearbeiten zu sichern, und konnten dazu am Ort ansässige sowie auswärtige, männliche, aber auch weibliche Arbeitskräfte zwangsweise heranziehen. Der Verpflichtung zu den landwirtschaftlichen Arbeiten konnten sich nur dafür „ungeeignete" Personen, die

---

56 Vgl. AVA, SdPst Karton 130, Mappe: Schanzenarbeiter 1914–1916.
57 Vgl. ebd. Ein kleiner Teil der Arbeiter wurde zu Erdarbeiten in den Kriegsgebieten abkommandiert.
58 AVA, MdI, Dep.7, Z. 33839/1914.
59 KaisVO vom 5. 8. 1914, RGBl. Nr. 199 und VO des AM vom 5. 8. 1914, RGBl. Nr. 200.

auf den eigenen Anwesen beschäftigten Bauern und ihr Gesinde, im Dienste der Öffentlichkeit tätige Personen sowie schließlich die Unternehmer und das Personal staatlich geschützter Betriebe entziehen. Die Verordnung ging also überaus rigoros vor. Die Verpflichtung von Frauen zur Arbeit war nicht einmal im Kriegsleistungsgesetz vorgesehen. Für die Leistungen gebührte allgemein keine Vergütung. Grundgedanke war die gegenseitige Hilfeleistung der bäuerlichen Bevölkerung; nur verpflichtete Lohnarbeiter hatten Anspruch auf Entgelt.

Die landwirtschaftliche Arbeit bot sich natürlich auch als Ventil für die große Arbeitslosigkeit in der Industrie und in den Städten an. Um dies zu erreichen, ließ das Ackerbauministerium Bezirksstellen der Erntekommissionen, die mit allseits geachteten Persönlichkeiten, nicht aber mit Unternehmern besetzt werden sollten, errichten, um eine Transferierung Arbeitsloser in größerem Rahmen zu ermöglichen. Auch die Einrichtung von Instanzen auf Landesebene wurde empfohlen.[60] Damit allein konnten allerdings die Probleme des industriellen Arbeitsmarktes nicht gelöst werden. Es ging vor allem darum, die kriegswichtigen Industrien mit Arbeitskräften zu versorgen. Auch waren bei weitem nicht alle Arbeitslosen bei der Ernte unterzubringen, und die zwangsweise Beschäftigung von Industriearbeitern in der Landwirtschaft war wegen der Gefahr des Lohndrucks bedenklich.[61] Das Innenministerium selbst, das für den industriell-gewerblichen Arbeitsmarkt zuständig war, wagte nur dann die Unterbringung von Industriearbeitern in landwirtschaftlichen Betrieben zu empfehlen, „soferne sie hiezu bereit sind."[62]

Die Organisation eines industriellen Arbeitsnachweises erforderte die Mitarbeit der Unternehmerschaft, da die geplante Umschichtung am Arbeitsmarkt zugunsten der Kriegsindustrie deren Interessen massiv berührte. Ebensowenig konnte die Regierung auf die Kooperation der Arbeiterbewegung verzichten, zumindest solange keine allgemeine Arbeitspflicht statuiert wurde. Die Gewerkschaften mußten sich bereit finden, nicht auf berufsspezifischen Privilegien oder der Angemessenheit einer Arbeit zu beharren, wenn eine Transferierung der Fach- und Hilfsarbeiter von einer arbeitslos bleibenden Branche in eine an Arbeitermangel leidende reibungslos durchgeführt werden sollte. Nicht zuletzt war die unter Zeitdruck stehende Staatsverwaltung auf die eingelebten Arbeitsnachweisinstitute der Gewerkschaften als Grundstock der eigenen Organisation angewiesen.

Für den 5. August 1914 waren die an Arbeitsmarktfragen interessierten Ministerien, Fachleute sowie Vertreter der Arbeiter- und Unternehmerorganisationen zu einer Besprechung ins Innenministerium eingeladen worden, um die Möglichkeit einer Arbeitsvermittlungsorganisation zu erörtern. Ergebnis war der Entschluß, ein zentrales Arbeitsnachweissystem für Wien und Niederösterreich nach folgenden Grundsätzen zu organisieren:

Das neue Arbeitsvermittlungswesen wurde ohne formellen Eingriff des Staates durch die interessierten Kreise selbst eingerichtet, ohne die Selbständigkeit und das Berufsgeheimnis der angeschlossenen Organisationen anzutasten. Die Zentralisierung der Arbeitsvermittlung war von vornherein auf die Zeit des Krieges und die dadurch hervorgerufe-

---

60 Vgl. AVA, MdI, Dep.7, Z. 33969/1914 (Erlaß des AM, Z. 37169/1914).
61 Vgl. DG 32/1914, S. 335–336.
62 AVA, MdI, Dep.7, Z. 34199/1914.

3.1. Die wirtschaftlichen Probleme bei Kriegsausbruch

nen außerordentlichen Verhältnisse beschränkt. Die Arbeitsvermittlung erfolgte durch die vorhandenen Institute der beteiligten Institutionen und Vereine; die Staatsverwaltung wollte aus finanziellen Gründen keinen eigenen Apparat zur Verfügung stellen. Die Aufgabe des neuen Systems schließlich bestand nur in der Koordination der einzelnen Arbeitsvermittlungsstellen, die sich verpflichteten, nicht vermittelbare Arbeiter und Arbeitsplätze weiterzuleiten.[63]

Es war zunächst geplant, das Arbeitsvermittlungsamt beim Wiener Magistrat als diese Koordinationsstelle zu benutzen. Auf Wunsch des Bürgermeisters wurde dann aber eine neue, von der Gemeinde Wien unabhängige „Zentralstelle für Arbeitsnachweis für Wien und Niederösterreich" gebildet,[64] die organisatorisch der „Kommission für soziale Fürsorge in Wien und Niederösterreich" angegliedert war.[65]

Dem Aufruf des Innenministeriums, der neugeschaffenen Organisation beizutreten, die „als das einzige Mittel angesehen werden kann, um eine übersichtliche und zweckentsprechende Verteilung der derzeit freien Arbeitskräfte auf alle im gegenwärtigen Augenblicke aufnahmsfähigen Produktionszweige sicherzustellen, dadurch einerseits der notleidenden Bevölkerung, anderseits der in tiefgehenden Interessen betroffenen Produktion wirksame Hilfe angedeihen zu lassen und die in so schweren Zeiten besonders ausschlaggebende wirtschaftliche Wehrkraft des Staates aufrechtzuerhalten", folgten sowohl Gewerkschaften als auch Arbeitgebervereine „in einmütiger Dokumentierung patriotischer und sozialer Gesinnung".[66] Die Gewerkschaftskommission erklärte en bloc den Anschluß aller Arbeitsnachweise der ihr angehörigen Zentral- und Lokalvereine.[67] Die drei zentralen Unternehmerverbände traten ebenso der Organisation sofort bei.[68] Außerdem wurde die neugeschaffene Landarbeitsorganisation einbezogen. Die Erntekommissionen und deren Bezirksstellen sollten die Arbeitsvermittlung auf dem flachen Lande besorgen, die „Zentralstelle für Arbeitsnachweis" fungierte ihrerseits auch als Landesinstanz der Erntekommissionen in Niederösterreich.[69]

Um die zum Teil stark differierenden Interessen in dieser Arbeitsvermittlungsorganisation auszugleichen, wurde der Zentralstelle als ständiges Verhandlungsgremium eine Kommission, „der die Beratung über die Durchführung der ganzen Aktion und ihre Tätigkeit betreffenden prinzipiellen Fragen zukommen soll", zur Seite gestellt. Ihr

---

63 Vgl. AVA, MdI, Dep.7, Z. 33839/1914. Vgl. auch DG 33/1914, S. 344 (PrGK 7. 8. 1914) und AVA, MdI, Dep.7, Z. 33638/1914.
64 Vgl. AVA, MdI, Dep.7, Z. 33972/1914.
65 Vgl. Kriegsfürsorge (Wien ²1914) 90–91. Weitere Sektionen der Kommission beschäftigten sich mit der Organisation von Frauenarbeit in Betrieben, wo wegen der Einberufungen Männer fehlten, mit der Zentralisation der Hilfsaktionen und der Rechtspflege für Bedürftige. Die Kommission diente auch als Auskunftsbüro für das Kriegshilfswesen.
66 AVA, MdI, Dep.7, Z. 33839 und Z. 34199/1914.
67 Vgl. AVA, MdI, Dep.7, Z. 33973/1914. Vgl. auch DG 32/1914, S. 334–335 und DG 33/1914, S. 344 (PrGK 7. 8. 1914). Am 9. August beschloß eine Konferenz von Vertretern der Zentralverbände einstimmig den Anschluß.
68 Vgl. AVA, MdI, Dep.7, Z. 33974/1914. Vgl. auch DI 28/1914, S. 2. Weitere Beitrittserklärungen: AVA, MdI, Dep.7, Z. 33971, Z. 33972, Z. 33975–Z. 33990, Z. 33992, Z. 34160, Z. 34245, Z. 34322 und Z. 34353–34358/1914.
69 Vgl. AVA, MdI, Dep.7, Z. 34158/1914, Erlaß I.

Präsidium bildeten der Minister des Innern, der Statthalter und der Landmarschall in Niederösterreich sowie der Wiener Bürgermeister.

Bei der Zusammensetzung der Kommission selbst mußte einerseits ein Gleichgewicht zwischen Unternehmer- und Arbeiterseite, ohne das die Gewerkschaften das Projekt wohl kaum akzeptiert hätten, erreicht werden, andererseits aber auch eine angemessene Vertretung der Agrarier gesichert werden, da ja die Verbindung von landwirtschaftlichem und industriellem Arbeitsmarkt ein Ziel der Organisation war. Der Innenminister berief schließlich auf Unternehmerseite vier Vertreter, die von Zentralverband, Klub, Bund und der Wiener Handelskammer zu stellen waren, plus zwei von der k. k. Landwirtschaftsgesellschaft bzw. dem Landeskulturrat zu entsendende Repräsentanten der Bauernschaft. Die Gewerkschaftskommission und die Zentralkommission christlicher Gewerkschaften konnte je zwei Vertreter delegieren, die Zentralkommission deutscher Arbeitnehmerverbände und der Wiener Gewerbegenossenschaftsverband je einen. Zu diesen zwölf Mitgliedern der Arbeiter- und der Unternehmerseite kamen noch als Fachleute Ministerialrat Dr. Walter Schiff, Dr. Felix Freiherr von Oppenheimer und der vom Reichsverband der Arbeitsvermittlungsanstalten entsandte Universitätsprofessor Dr. Karl Přibram. Zur Teilnahme an den Kommissionssitzungen wurden schließlich auch die interessierten Minister, das Arbeitsvermittlungsamt beim Wiener Magistrat und die Zentralstelle für Arbeitsnachweis selbst aufgefordert.[70]

Die Kommission konstituierte sich am 20. 8. 1914 und beschäftigte sich in den folgenden Monaten mit verschiedenen Problemen des Arbeitsmarktes. So wurden, zum Beispiel, häufig die Beschwerden der Unternehmerschaft oder der Gewerkschaften im Zusammenhang mit den Schanzarbeiten durch dieses Gremium an die Regierung herangetragen.[71]

Die im Innenministerium ausgehandelte Zentralisation des Arbeitsnachweises war auf Wien und Niederösterreich beschränkt. Der Verzicht, die Angelegenheit im Verordnungswege zu regeln, sowie alte Kompetenzstreitigkeiten – vor dem Krieg waren die Versuche, einen zentralen Arbeitsnachweis zu schaffen, stets an der Autonomie der Länder und der Gemeinden gescheitert[72] – ließen dem Innenministerium nur die Möglichkeit, den Kronländern dringend zu empfehlen, eine ähnliche Arbeitsvermittlungsorganisation wie in Niederösterreich anzustreben.[73] Die Länder kamen, sofern nicht wie in Böhmen und Galizien[74] schon Landesorganisationen bestanden, der Aufforderung nach. Es wurden dort ebenso mit Arbeitgebern und Arbeitnehmern besetzte Kommissionen eingesetzt, „so daß auch hier das Zusammenwirken der industriellen, gewerblichen und sozialistischen Arbeiterkreise unter der direkten Leitung der Regierung gewährleistet [erschien]."[75] Das Innenministerium forderte schließlich die einzelnen Landesstellen auf,

---

70 Vgl. AVA, MdI, Dep.7, Z. 33839, Z. 35035 und Z. 35410/1914.
71 Vgl. z. B. AVA, MdI, Dep.7, Z. 36197, Z. 38183, Z. 38994, Z. 38997 und Z. 39904/1914.
72 Vgl. AVA, MdI, Dep.5, Z. 24040/1917.
73 Vgl. AVA, MdI, Dep.7, Z. 34158/1914, Erlässe II und III.
74 Vgl. AVA, MdI, Dep.5, Z. 24040/1917, Beilage 1, II.
75 AVA, MdI, Dep.7, Z. 35943/1914 (Kärnten). Vgl. auch Z. 34896, Z. 35301, Z. 35489 und Z. 35501/1914. Dem Salzburger Komitee gehörte der Schriftsteller Hermann Bahr an; vgl. AVA, MdI, Präs. Z. 3004/1915.

3.1. Die wirtschaftlichen Probleme bei Kriegsausbruch

untereinander und mit der Wiener Zentrale in Verbindung zu treten. Es betonte dabei „die spezielle Bedeutung . . ., die dem glücklichen Ausbau enger Beziehungen unter den Arbeitsmärkten der einzelnen Verwaltungsgebieten (sic!) vom wirtschaftlichen und sozialen Standpunkte beizumessen ist; eine Bedeutung, die umsomehr berücksichtigt werden muß, als eine zweckentsprechende Durchführung dieser für die Kriegszeit geschaffenen Verbindung, die auch für die Wiederkehr normaler Zeiten erstrebenswerte Zentralisierung der Arbeitsvermittlung und Vereinheitlichung des Arbeitsmarktes innerhalb Oesterreichs vorzubereiten geeignet ist."[76]

Die angestrebte Vereinheitlichung des Arbeitsmarktes, der Ausgleich zwischen den regionalen Teilmärkten, erforderte erhöhte berufliche und lokale Mobilität der Arbeiterschaft. Während die berufliche Mobilität im wesentlichen eine Frage des Lohnes war und die Gewerkschaften stark berührte, konnte die lokale Beweglichkeit der Arbeiterschaft wirksam nur durch staatliche Maßnahmen erreicht werden. Die Regierung ersuchte in diesem Sinne die Bahnverwaltungen um „Fahrbegünstigungen für die Kriegszeit und zwar unter den liberalsten Bedingungen" zuerst für Niederösterreich, später für das ganze Reich.[77] Die Staatsbahnen, aber auch private Bahnen[78] gewährten daraufhin Arbeitssuchenden, die von einer dem zentralisierten, halböffentlichen Arbeitsnachweis angeschlossenen Stelle vermittelt wurden, Ermäßigungen, damit sie sich auch bei entfernt liegenden Unternehmen bewerben konnten.

Ein Arbeitsvermittlungswesen mit öffentlichem Charakter war in Österreich schon seit 1899 Gegenstand zahlreicher Diskussionen und Entwürfe gewesen.[79] Eine Realisierung war an Zuständigkeitsfragen, aber auch an den Schwierigkeiten gescheitert, Arbeiter- und Unternehmerinteressen in einer für beide Seiten tragbaren Art zu sichern. Die sozialdemokratischen Gewerkschaften hatten sich zwar 1900 offiziell bereiterklärt, öffentliche Arbeitsnachweise zu akzeptieren, soferne sie durch ein paritätisch mit Arbeitgebern und Arbeitern besetztes Komitee geleitet wurden. Für einzelne starke Gewerkschaften blieb der autonome gewerkschaftliche Arbeitsnachweis allerdings weiterhin das Ziel, wie der heftige Kampf um den des Verbandes der Buchdruckervereine 1913/14 zeigte. Insbesondere die Großunternehmer aber standen paritätischen Gremien strikt ablehnend gegenüber.

Erst die Ausnahmesituation bei Kriegsausbruch, vor allem die Gefahren massenhafter Arbeitslosigkeit, ermöglichte eine Überwindung all dieser Hindernisse. Mangels Vorbereitung mußte eine Organisation improvisiert werden, die auf Freiwilligkeit und auf der Wahrung der Selbständigkeit der beteiligten Institutionen basierte und auf diese Weise auch die so wichtigen Facharbeitsnachweise umfaßte.

Auf diesen Grundlagen konnte der zentrale Arbeitsnachweis für die Kriegszeit aber nur funktionieren, solange ein freier Arbeitsmarkt existierte und es Arbeitslose gab. Als etwa ab Anfang 1915 der Mangel an Arbeitskräften in der Kriegsindustrie akut wurde, verlor die Arbeitsvermittlungsorganisation zunehmend an Bedeutung. Aufrecht blieb nur

---

76 AVA, MdI, Dep.7, Z. 35489/1914.
77 Vgl. AVA, MdI, Dep.7, Z. 34159, Z. 34359 und Z. 36338/1914.
78 Vgl. z.B. AVA, MdI, Dep.7, Z. 34198 und Z. 34359/1914.
79 Vgl. AVA, MdI, Dep.5, Z. 24040/1917, Beilage 1, I.

die Organisation der landwirtschaftlichen Arbeitsvermittlung mit Erntekommissionen, Bezirks- und Landesstellen, da ja jedes Jahr, wie zur Zeit des Kriegsausbruches, die Ernteeinbringung und jedes Frühjahr die Anbauarbeiten gesichert werden mußten.[80] Die Funktion der Beschaffung der Industriearbeiter übernahm dagegen weitgehend das Kriegsleistungsgesetz; nur in Mähren bestanden Reste der Kriegsorganisation der Arbeitsvermittlung noch Anfang 1917.[81]

3.2. Die Gewerkschaften bei Kriegsausbruch

3.2.1. Die Situation der gewerkschaftlichen Organisationen

Der Ausbruch des Krieges bedeutete für die gewerkschaftlichen Organisationen sofort den Verlust vieler Mitglieder und Funktionäre, die einrücken mußten. Bis Ende August betraf dies schon rund 18% der männlichen Mitglieder.[82] Selbst der Wiener Metallarbeiterverband verlor beim ersten Aufgebot im August fast ein Fünftel seiner gesamten Mitglieder.[83] Die Wirtschaftskrise stellte aber eine noch größere Bedrohung für das Gewerkschaftswesen dar. Die Unterstützung von Arbeitslosen gehörte zu den wichtigsten und für die Mitglieder attraktivsten Funktionen der Gewerkschaften. Bei der herrschenden Massenarbeitslosigkeit bedrohten jedoch die Beihilfenzahlungen das finanzielle Fundament der meisten Organisationen. Gleichzeitig schrumpften ja die Einnahmen durch die Einberufungen und den Austritt zahlreicher, nicht mobilisierter Mitglieder, die unter den herrschenden Umständen das Interesse an den Gewerkschaften verloren oder die Beiträge nicht zahlen konnten. Der Wiener Metallarbeiterverband z. B. verzeichnete im August 1914 nur zwei Drittel der üblichen Einnahmen, aber doppelte Ausgaben, während die Mitgliederzahl infolge von Einberufungen und Austritten insgesamt um etwa 7500 oder 23% gegenüber Juli 1914 sank.[84]

Die bedrohliche finanzielle Entwicklung, deren Anfänge bis in das Jahr 1913 zurückgingen, machte rasche Sanierungsmaßnahmen notwendig. Schon am 4. August deutete die Gewerkschaftskommission an, daß unter Umständen das Unterstützungswesen eingeschränkt werden müßte.[85] Sie beschloß dann, den Verbandsvorständen die Direktive zu geben, daß die Gewerkschaften „haushälterisch vorgehen und ihre Einrichtungen so treffen [müssen], damit sie trotz der umfangreichen Arbeitslosigkeit die Organisation aufrechterhalten können."[86] Die meisten Verbände reduzierten tatsächlich ihre Unterstützungsleistungen. Unter den gegebenen Umständen weniger wichtig erscheinende Beihil-

---

80 Vgl. VO des AM vom 15. 2. 1915, RGBl. Nr. 38.
81 Vgl. AVA, MdI, Dep.5, Z. 2404/1917, Beilage 1, III.
82 Vgl. DG 42/1914, S. 381.
83 Vgl. ÖMA 36/1914, S. 329.
84 Vgl. ÖMA 40/1914, S. 346 und ÖMA 45/1914, S. 366.
85 Vgl. DG 31/1914, S. 326.
86 DG 35/1914, S. 356 (PrGK 14. 8. 1914).

fen, wie die Reiseunterstützung, wurden ganz eingestellt, aber auch die Arbeitslosenunterstützungen stark gekürzt. Auf Beschluß des Vorstandes des Metallarbeiterverbandes etwa wurde ab 8. August Arbeitslosenbeihilfe erst nach vierzehntägiger Wartefrist ausbezahlt, ab 30. August auch nur mehr stark gekürzt.[87] Ähnliche Maßnahmen in mehr oder minder krassem Ausmaß ergriffen fast alle Verbände.[88]

Das Ausbleiben der statutenmäßigen Beihilfen brachte aber viele Mitglieder um die letzten Mittel, mit deren Hilfe sie die Zeit der Arbeitslosigkeit zu überbrücken hofften. Auf Vorschlag Victor Adlers wurde von Parteivertretung und Gewerkschaftskommission deshalb ein Notfonds, für den freiwillige Spenden gesammelt wurden und aus dem Unterstützungen für die am schwersten Betroffenen geleistet werden sollten, gegründet.[89]

3.2.2. Die Reaktionen der Gewerkschaften auf den Kriegsausbruch

Der Ausbruch des Krieges zwischen Österreich-Ungarn und Serbien überraschte die österreichischen Gewerkschaften. Der Ernst der politischen Lage scheint ihren Spitzenfunktionären bis zuletzt entgangen zu sein. Jedenfalls verlor „Die Gewerkschaft", das Organ der Reichskommission, noch in ihrer Ausgabe vom 28. Juli, also zwei Tage nach der Verhängung des Ausnahmezustandes, kein Wort über die drohende Gefahr.[90] Nur der Metallarbeiterverband veröffentlichte einen bereits am 26. Juli verfaßten Aufruf an seine Mitglieder, der sich mit der herrschenden Situation befaßte.[91]

Vor vollendete Tatsachen gestellt paßten sich die Gewerkschaften den Bedingungen des Krieges und des Ausnahmezustandes an; Generalstreik oder andere Abwehrreaktionen kamen nicht mehr in Frage. „Die Gewerkschaft" hatte zwar noch am 28. Juli in einem Bericht über den Kongreß der reichsdeutschen Gewerkschaften gemeint, „daß man derartige Dinge wohl, wenn nötig, macht, nicht aber darüber spricht",[92] doch stellte der Kriegsausbruch offensichtlich keinen Anlaß zu Protest dar. Direkter Druck von Seiten des Staates auf die Gewerkschaften ist nicht nachweisbar.

Loyalität und die bei der Bekämpfung der Arbeitslosigkeit bewiesene Kooperationsbereitschaft finden jedoch eine Erklärung in der Ausgangslage der Gewerkschaften bei Kriegsbeginn. Die Gewerkschaften befanden sich schon seit einiger Zeit in einer schweren Krise, die sie durch eine grundsätzliche Änderung ihrer Politik zu bewältigen

---

87 Vgl. ÖMA 33/1914, S. 314 und ÖMA 35/1914, S. 321. Die Regulativänderung bevorzugte langjährige, männliche Mitglieder.
88 Vgl. DG 33/1914, S. 342–343; DG 34/1914, S. 352 und DG 35/1914, S. 355–356; Vorwärts 32/1914, S. 195.
89 Vgl. AdSP, PrPV 27. 8. 1914 und DG 36/1914, S. 357 und S. 360 (PrGK 28. 8. 1914).
90 Vgl. DG 30/1914, S. 317–324. Allerdings war die erste Auflage konfisziert worden.
91 Vgl. ÖMA 31/1914, S. 299. Dieser Aufruf stimmt in mehreren Passagen wörtlich mit dem Manifest der sozialdemokratischen Partei überein, das am 28. Juli in der AZ erschien. Vgl. *Brügel*, Sozialdemokratie 5, 173–174. Dieses Manifest war von Otto Bauer entworfen, dann noch vom Parteivorstand überarbeitet worden. Vgl. AdSP, PrPV, der GK, des niederösterreichischen Landesparteivorstandes und der Abgeordneten, die in Wien wohnen, am 27. 7. 1914.
92 DG 30/1914, S. 319.

versuchten. Die Position der autonomen Gegenmacht war in Bedrängnis geraten; als Ausweg bot sich die verstärkte Wendung an den Staat, die Institutionalisierung der gefährdeten gewerkschaftlichen Funktionen an. Der Krieg zwang nun die solchen Intentionen eher abweisend gegenüberstehende Staatsverwaltung, den Gewerkschaften bei der Organisation der Kriegswirtschaft wichtige Aufgaben zuzuweisen und schuf damit die Vorbedingungen für eine weitergehende Integration der Gewerkschaften in den Staat.

Die Haltung der Gewerkschaften bei Kriegsbeginn zeigte sich in den Aufrufen, die die einzelnen Verbände und die Reichskommission an ihre Mitglieder richteten. Die Tatsache des Krieges wurde allgemein ohne Kritik hingenommen; vereinzelt gab es auch patriotische Kundgebungen und den Krieg rechtfertigende Stellungnahmen. So heißt es in einem Aufruf des Zentralvereins der kaufmännischen Angestellten und des Gehilfenausschusses des Gremiums der Wiener Kaufmannschaft: „Heldenmütig kämpfen unsere Soldaten, erfolgreich stürmen sie vorwärts, und immer gefestigter wird unser Glaube, immer zuverlässiger unsere Hoffnung auf einen vollen Sieg der österreichischen Waffen, der zugleich ein Sieg wird der menschlichen Gesittung gegen die Unkultur, ein Sieg der Wahrheit gegen die Lüge, ein Sieg der Freiheit gegen Tyrannei und Knechtung."[93] Auf die Spitze getrieben wurden Loyalitätsbezeigungen allerdings durch Kreise innerhalb der sozialdemokratischen Partei.[94]

Die Aufrufe zeigen auch, daß die freien Gewerkschaften in Österreich trotz der Verhängung des Ausnahmezustandes nicht um ihre Existenz fürchteten. Die Mitglieder und speziell die Funktionäre wurden wohl aufgefordert, sich bei gewerkschaftlicher Betätigung streng an die gesetzlichen Bestimmungen zu halten, aber eine „beabsichtigte und aus der Verhängung des Ausnahmezustandes abzuleitende Behinderung unserer organisatorischen Tätigkeit ist schon deshalb nicht anzunehmen, weil insbesondere die Gewerkschaften in derartig ernsten Zeiten, wie es die gegenwärtigen sind, eine Reihe von Aufgaben erfüllen, die sie in nicht zu verachtendem Umfang der Staatsverwaltung abnehmen."[95]

Eine Gefährdung der Organisation durch Mitgliederverluste scheinen aber die Führungen aller Verbände von Anfang an befürchtet zu haben. Nirgends fehlte die Aufforderung, der Organisation treu zu bleiben, um in der Zeit nach dem Krieg ungeschwächt weiterarbeiten zu können. Die Arbeiter hätten die Pflicht, ihrer Gewerkschaft die Treue

---

93 ÖAZ 1914/9, S. 1. Vgl. auch Der Eisenbahner 24/1914, S. 1 und ÖMA 33/1914, S. 311.
94 Vgl. AZ 5. 8. 1914, S. 1: „Der Tag der deutschen Nation". Das Organ des Arbeitgeber-Hauptverbandes druckte diesen Artikel ab und bezeichnete ihn als eine „höchst *freudige* und *dankenswerte* Überraschung". Österreichische gewerbliche Arbeitgeber-Zeitung 32/33/1914, S. 121–122 (Hervorhebungen im Original). Weniger „patriotisch" eingestellt war die italienische sozialdemokratische Partei in Österreich (Triest). Vgl. Wilhelm *Baumann*, Krieg und Proletariat (Wien 1924) 60. Innerhalb der deutsch-österreichischen Partei gab es Kritik an der offiziellen Haltung etwa durch Friedrich und Max Adler, durch Karl Renner oder durch die „Reichenberger Linke". Vgl. Victor *Adler*, Aufsätze, Reden und Briefe 9 (Wien 1929) 111 und 118. Vgl. auch Hans *Hautmann*, Die Anfänge der linksradikalen Bewegung und der kommunistischen Partei Deutschösterreichs 1916–1919 (Diss. Univ. Wien 1968) 2.
95 DG 31/1914, S. 325.

zu halten.[96] In manchen Aufrufen wurde, wohl in Anlehnung an den Prestigezuwachs des Soldatentums, in diesem Zusammenhang an die „Männlichkeit" der Mitglieder appelliert, wie z.B. in dem der Textilarbeiterunion, in der 41% der Mitglieder Frauen waren: „[Bleibt] mutig und stark, *bleibt euch und der Organisation treu. In der Not zeigt sich der Mann.* Zeigt, daß ihr Männer seid und, soweit ihr dem „schwachen" Geschlecht angehört, dennoch tapfer sein könnt."[97]

Sofort mit Kriegsausbruch gaben die Gewerkschaften ihre wichtigste Tätigkeit, die Durchführung von Aktionen zur Besserung der Lage der Arbeiter, auf. Mit Kriegsbeginn wurden sämtliche Lohnbewegungen und Streiks abgebrochen.[98] Vereinzelt wurde diese Handlungsweise mit der Notwendigkeit zu sparen begründet;[99] ausschlaggebend aber war die Ansicht, daß im Krieg die Differenzen zwischen den sozialen Gruppen nicht ausgetragen werden könnten, sondern daß während der Bedrohung von außen eine innere Notgemeinschaft alle verbinden müßte. Dies geht auch aus dem Aufruf der Gewerkschaftskommission hervor. Während den einzelnen Verbänden die Regelung des Organisations- und Agitationswesens je nach deren Situation freigestellt wurde, forderte die Kommission allgemein die Einstellung der Konfrontationen mit der Unternehmerschaft. „Bloß bezüglich der Lohnbewegungen glauben wir unsere Ansicht dahin aussprechen zu müssen, daß die gegenwärtige Zeit für solche am allerungünstigsten ist und deshalb Einleitung und Fortführung von solchen möglichst unterlassen bleiben (sic!) soll."[100]

Schon in den ersten Stellungnahmen der Gewerkschaften zum Krieg, in den Aufrufen an ihre Mitglieder und Vertrauensleute, bekannten sich die Gewerkschaften loyal zum kriegführenden Staat, zu strenger Selbstbeschränkung und zu einer Politik des Burgfriedens.

3.2.3. Die Kooperationsbereitschaft der Gewerkschaften in der Wirtschaftskrise bei Kriegsausbruch

Das größte Problem bei Kriegsausbruch für die Gewerkschaften war ohne Zweifel die große Arbeitslosigkeit. Diese gefährdete die finanziellen Reserven und damit die Unterstützungstätigkeit, mit der die Gewerkschaften eine staatliche Funktion innezuhaben meinten. Die Arbeitslosigkeit war ein Problem, dem die Gewerkschaften ziemlich hilflos gegenüberstanden. Sie konnten sie nicht abwenden, sondern nur versuchen, eine Pauperisierung der Betroffenen zu verhindern. Nur der Buchdruckergewerkschaft gelang es autonom, mit den Buchdruckereibesitzern ein Abkommen zu schließen, daß keine

---

96 Vgl. z.B. Zeitrad 15/1914, S. 1; Der Bauarbeiter 31/1914, S. 1; Glück auf 32/1914, S. 1; Der Textilarbeiter 31/1914, S. 1; Fachzeitung der Schneider 17/1914, S. 1; Der Eisenbahner 26/1914, S. 1; ÖMA 31/1914, S. 299.
97 Der Textilarbeiter 31/1914, S. 1 (Hervorhebung im Original). Vgl. auch ÖMA 31/1914, S. 299; ÖMA 33/1914, S. 311 und ÖMA 35/1914, S. 321.
98 1914 gab es nur 271 Arbeiterbewegungen gegenüber 400 im Jahre 1913. Vgl. Bericht der k.k. Gewerbe-Inspektoren über ihre Amtstätigkeit im Jahre 1914 (Wien 1915) CLXXXII.
99 Vgl. Der Bauarbeiter 35/1914, S. 1.
100 Vgl. DG 31/1914, S. 325.

Gehilfen entlassen, dafür unter Umständen nur in Halbtagsschichten gearbeitet werden sollte.[101] Doch die Gewerkschaften reagierten nicht, wie es vor dem Krieg in vergleichbaren Situationen üblich gewesen war, mit der Forderung an die staatliche Verwaltung, die unverschuldet in Not geratene Arbeiterschaft zu unterstützen. Statt einer Arbeitslosenunterstützung verlangten sie nun Förderungsmaßnahmen für die gestörte Wirtschaft. Diese Haltung hatte größere Chancen, von der Staatsverwaltung positiv aufgenommen zu werden; gleichzeitig spiegelte sie ansatzweise schon die kooperativer Gewerkschaftspolitik zugrundeliegende Vorstellung, daß die Wahrung der Interessen der Arbeiterschaft eine Funktion „richtiger", d. h. durch die Gewerkschaften mitbestimmter Wirtschaftspolitik sei.

Die Organisation der öffentlichen Arbeitsvermittlung, wo die Gewerkschaften und die Unternehmerschaft paritätisch vertreten waren, kam außerdem der gewerkschaftlichen Zielvorstellung entgegen, ein gleichberechtigter Partner der Arbeitgeber zu sein. Der paritätische Arbeitsnachweis mit öffentlichem Charakter gab den Gewerkschaften auch tatsächlich beträchtlichen institutionalisierten Einfluß auf den Arbeitsmarkt. Der Staat mußte, wollte er nicht zu in ihrer Wirkung unsicheren Zwangsmitteln greifen, die Gewerkschaften heranziehen. Nicht nur das Unterstützungswesen machte die Gewerkschaften unter den gegebenen Umständen für den Staat wertvoll, sondern mehr noch deren relativ großer Einfluß auf die Arbeiterschaft und deren nicht zu unterschätzende Position am Facharbeitermarkt.

Die Einbeziehung der Gewerkschaften in staatliche Aktivitäten hing eng zusammen mit dem Übergreifen der Staatsverwaltung auf bisher dem Markt vorbehaltene Lebensbereiche. In den ersten Kriegstagen war diese Ausweitung der staatlichen Funktionen in erster Linie eine Präventivmaßnahme gegen bedrohliche Entwicklungen unter den arbeitslosen Massen. Als nach wenigen Wochen keine Notwendigkeit für die Regierung mehr bestand, dem Arbeitsmarkt besondere Aufmerksamkeit zu widmen, da die Arbeitslosigkeit verschwunden war und auch die Kriegsproduktion gut anzulaufen schien, verloren dementsprechend die Gewerkschaften wieder zunehmend an Wert für die Staatsverwaltung.

Die Bereitschaft der Gewerkschaftsbewegung zur Kooperation war in ihrer gesamten bisherigen Entwicklung begründet. Unmittelbarer Anlaß aber war die manifeste Gefährdung der Organisationen durch die Arbeitslosigkeit. Deren Bekämpfung lag zwar mindestens ebenso sehr im Interesse des Staates wie in dem der Arbeiterbewegung, doch nützten die Gewerkschaften diese Zwangslage der Regierung nicht zur Realisierung sozialpolitischer Forderungen. Sie stellten sich vielmehr ohne Bedingungen der Staatsverwaltung zur Verfügung.

Den Gewerkschaften wurden bei Kriegsausbruch von der Regierung erstmals öffentliche Funktionen, wenn auch in einem sehr begrenzten Bereich, übertragen. Die chaotischen Zustände gaben aber auch Anstoß zu wesentlich weitergehenden Vorstellungen von einer Einbindung der Arbeiterbewegung in die staatliche Wirtschaftstätigkeit. „Der österreichische Volkswirt" regte an, Kommissionen einzurichten, die die Wiederaufrichtung des Wirtschaftslebens leiten und in denen die Vertreter der Unternehmer und der

---

101 Vgl. Vorwärts 31/1914, S. 189.

Arbeiter gemeinsam unter Hintanstellung der jeweils eigenen Interessen das gemeinsame Ziel anstreben sollten. Für die Arbeiterschaft bedeutete dies nach Meinung des „Volkswirts" den Verzicht auf manche ihrer Rechte und Lohnkürzungen. Den Gewerkschaften wurde als Gegenleistung für den Verzicht auf die autonome Arbeiterinteressenvertretung und für die Kooperationsbereitschaft Einfluß nicht nur auf den Arbeitsmarkt sondern in weiteren ökonomischen Belangen zugestanden.[102] Die Staatsverwaltung und auch die Gewerkschaften selbst dachten zu dieser Zeit nicht an solche Möglichkeiten. Der zentralen Verwaltung erschienen die wirtschaftspolitischen Interventionen und die damit verbundene Aufwertung der Arbeiterorganisationen bei Kriegsausbruch noch als vorübergehende Erscheinung einer Ausnahmssituation. Die gewerkschaftliche Strategie, sich bedingungslos zur Verfügung zu stellen, war nicht geeignet, eine dauerhafte Integration zu sichern; die Kriegsverwaltung konnte, nachdem die akuten Probleme überwunden waren, die Arbeiterorganisationen fürs erste gefahrlos übergehen.

---

102 Vgl. DÖV 8. 8. 1914, S. 864–865 und DÖV 22. 8. 1914, S. 895–897.

4. Die ersten Kriegsmonate

4.1. Die wirtschaftliche Umstellungsphase

Die Charakteristika der Kriegswirtschaft kamen schon wenige Monate nach Kriegsausbruch voll zur Geltung. Mangel an Rohstoffen und Nahrungsmitteln, Teuerung und ständig wachsende Schwierigkeiten mit der Allokation der Arbeit kennzeichneten die wirtschaftliche Situation während der ganzen Kriegzeit. Die Knappheit bei Rohstoffen und Nahrungsmitteln resultierte aus der Importabhängigkeit Österreichs. Einfuhren aus dem feindlichen Ausland machte der Kriegszustand unmöglich. Handelsbeschränkungen aus militärischen Erwägungen verhinderten großteils die noch möglichen Importe aus neutralen Staaten.[1] Ab Oktober 1914 machten sich bereits die Auswirkungen der Blockade bemerkbar.[2] Aber selbst beim Bezug von Nahrungsmitteln aus Ungarn gab es große Schwierigkeiten. Ungarn gab stets nur ungenügende Mengen an Österreich ab und boykottierte regelmäßig Bestrebungen, eine gleichmäßige Lebensmittelversorgung der Gesamtmonarchie zu erreichen. 1914 verzeichnete Ungarn zudem eine sehr schlechte Getreideernte – sie betrug nur 73% der von 1913[3] –,und es reduzierte vor allem die Exporte nach Österreich, das 1914 ca. drei Viertel der üblichen Zufuhren aus Ungarn erhielt.[4]

In Österreich selbst fiel die Ernte nicht gut aus und ging in Galizien durch die Kriegsereignisse verloren; der Verlust betrug insgesamt mehr als 9% des Ergebnisses von 1913.[5] Gleichzeitig stieg die Nachfrage nach Getreide. Die Heeresverwaltung hatte nun fast 1,7 Millionen Mann anstatt 450.000 zu verpflegen, wobei die Soldaten mehr Brot als die Zivilbevölkerung konsumierten.[6] Selbst diese war aber in höherem Maße auf Getreideprodukte angewiesen als im Frieden, da durch die Blockade die Substitute, etwa Reis, ausblieben. Getreidekäufe im Ausland hätten die Fehlbeträge ersetzen müssen, doch wurden die Zölle nach langwierigen Verhandlungen mit den ungarischen Agrariern erst am 9. Oktober 1914 aufgehoben,[7] als die potentiellen Lieferanten Italien und vor allem Rumänien bereits Ausfuhrverbote erlassen hatten. Folge war, daß Brot und andere Getreideprodukte teuer und sehr knapp wurden. Bessere Mehlsorten z. B. waren im Dezember 1914 in Wien nicht mehr erhältlich.[8] Wie bei den Zerealien trat schon im Laufe des ersten Kriegswinters empfindlicher Mangel an Fett auf.[9]

Die Absperrung vom Ausland einerseits und die gesteigerte Nachfrage andererseits initiierten eine Preissteigerungswelle, der nicht mehr Einhalt geboten werden konnte. Der Initiator dieser Entwicklung war die Herresverwaltung, die ihre riesigen Käufe zumindest

---

1 Vgl. *Heller*, Government Price Fixing, S. 3.
2 Vgl. *Löwenfeld-Russ*, Volksernährung, S. 48.
3 Vgl. *Gratz*, Zusammenbruch, S. 42.
4 Vgl. *Löwenfeld-Russ*, Volksernährung, S. 61.
5 Vgl. *Gratz*, Zusammenbruch, S. 45.
6 Vgl. ebd., S. 151.
7 VO des FM, des HM und des AM vom 9. 10. 1914, RGBl. Nr. 270.
8 Vgl. DÖV 18. 9. 1915, S. 846.
9 Vgl. *Löwenfeld-Russ*, Volksernährung, S. 54.

am Anfang am freien Markt abwickelte.[10] Die Kosten spielten dabei offensichtlich eine untergeordnete Rolle. So setzte das Landesverteidigungsministerium am 25. Juli die Entschädigung für eine Tagesration für einen einquartierten Soldaten mit 1,79 K eindeutig überhöht fest. Die militärischen Stellen wurden sich der nachteiligen Folgen ihrer Politik nur allmählich bewußt, und erst im November wurde der Preis für dieselbe Ration auf 1,53 K, also um mehr als 14% gesenkt.[11]

Die wichtigsten Massenkonsumartikel, wie Mehl, Brot und Fleisch wurden rapide teurer. Weizen war in Wien im Dezember 1914 um 47% teurer als im Juli, in Prag um 61% und in Linz um 71%. Bei Roggen war die Preiserhöhung noch stärker.[12] Auf dem St. Marxer Viehmarkt in Wien lag im Dezember der Preis für Rinder um 16,6% und der für Schweine um 36,8% über den jeweiligen Durchschnittspreisen der letzten zwölf Monate vor Kriegsausbruch.[13]

Entwicklung der Lebenshaltungskosten (nach dem Verbrauchsschema der paritätischen Indexkommission, unter Einschluß des Mietzinses) (Juli 1914 = 1):[14]

	Teuerungs-rate	gegenüber Vormonat		Teuerungs-rate	gebenüber Vormonat
August 1914	1,05	+5%	November 1914	1,19	+3%
September 1914	1,10	+5%	Dezember 1914	1,23	+3%
Oktober 1914	1,15	+5%	Jänner 1915	1,28	+4%

Auch die Industrierohstoffe unterlagen seit Kriegsbeginn einer dauernden Teuerung. Zum einen war die Ursache die Absperrung vom Ausland, zum anderen die gesteigerte Konkurrenz um die für die Kriegsproduktion benötigten Waren. Leder, Metallwaren, Bleche und Tuche verzeichneten Preissteigerungen von bis zu 20% bis Ende 1914.[15]

Die Heeresverwaltung hatte schon vor dem Krieg Verträge mit Unternehmen und Konsortien über die Lieferung von Industriegütern abgeschlossen. Die dabei vereinbarten Preise setzten sich aus einem fixen Bestandteil für Löhne und Gewinn und einem variablen, je nach den Marktpreisen der verwendeten Rohmaterialien und Halbfabrikate zusammen. Die Preissteigerungen in der Industrie trug daher hauptsächlich das Ärar. Als sich das bestehende Liefersystem als zu schwerfällig und als zu wenig leistungsfähig erwies, bot sich Agenten und Spekulanten die Gelegenheit zu gewinnträchtigen Geschäften mit der Heeresverwaltung, was die Preise weiter in die Höhe trieb.[16] Das Chaos bei der Heeresbelieferung trieb sogar die Preise für Güter, die noch im Ausland beschafft werden konnten, infolge der großen und unkontrollierten Konkurrenz in die Höhe.[17]

---

10 Vgl. *Gratz*, Zusammenbruch, S. 43.
11 Vgl. VO des MfLV vom 25. 7. 1914, RGBl. Nr. 171 und VO des MfLV vom 14. 11. 1914, RGBl. Nr. 326, jeweils Zu 22.
12 Vgl. DÖV 18. 9. 1915, S. 846.
13 Vgl. Denkschrift 1, 316, Anlage IV (meine Berechnungen).
14 Vgl. Wilhelm *Winkler*, Die Einkommensverschiebungen in Österreich während des Weltkrieges (Wien 1930) 40.
15 Vgl. z.B. DÖV 26. 8. 1914, S. 911; DÖV 10. 10. 1914, S. 29; DÖV 5. 12. 1914, S. 162.
16 Vgl. *Heller*, Government Price Fixing, S. 4 und 6.
17 Vgl. Richard *Riedl*, Die Industrie Österreichs während des Krieges (Wien 1932) 38.

Die aus der Knappheit resultierende Teuerung der Lebensmittel brachte der Landwirtschaft außerordentliche Gewinne. Ebenso konnten die Heereslieferanten große Gewinne auf Kosten der Staatsfinanzen erzielen. Es erfolgte also schon in den ersten Kriegsmonaten eine Umverteilung zugunsten der Landwirtschaft und gewisser Industriezweige. Die Industriellen konnten auch bereits Ende November 1914 die Lage als im großen und ganzen erfreulich bezeichnen. Selbst die Preissteigerungen der Lebensmittel hatten vorerst im Wege über die Konsumzunahme der bäuerlichen Kreise positive Folgen für Industrie und Gewerbe. Der Präsident des Bundes österreichischer Industrieller, Heinrich Vetter, erklärte offen, daß die durch die „maßlose Preisbildung" für Agrarprodukte hervorgerufene Kaufkraft der landwirtschaftlichen Bevölkerung „sich von günstigem Erfolg begleitet für alle übrigen Produktionsstände erweist."[18]

Opfer der Entwicklung der Preise war neben der Staatskasse, die die unerwartet hohen Kriegskosten durch Geldpolitik zu decken suchte, vor allem die städtische und die Industriebevölkerung, die ihren Bedarf an Lebensmitteln zur Gänze am Markt decken mußte. Besonders schlimm traf die Teuerung die Lohn- oder Gehaltsabhängigen, die zuerst unter der Arbeitslosigkeit litten und später, als die Wirtschaftslage sich wieder gebessert hatte, keine den Preissteigerungen entsprechende Lohnerhöhungen erhielten, da die burgfriedliche Politik aller Gewerkschaftsgruppen keine Arbeitskämpfe erlaubte.

Die Arbeitslosigkeit ging mit dem Anlaufen der Kriegsproduktion und der Stabilisierung der inneren Verhältnisse wieder allmählich zurück. Im September nahmen die wichtigsten Bahnen geregelten Zivilgüter- und Zivilpersonenverkehr auf, und die Post arbeitete wieder einigermaßen normal. Die Geldschwierigkeiten waren durch die Einrichtung von neuen Darlehens- und Kreditkassen gemildert worden. Ende Oktober setzte die Notenbank den Bankzinsfuß um ein weiteres halbes auf 5 1/2 % herab, und auch der Abbau des allgemeinen Moratoriums ging recht zügig vonstatten. Die Nachfrage der Heeresverwaltung gab schließlich vielen Branchen neue Beschäftigung.[19]

Nach einer gewerkschaftlichen Statistik waren 1914 von 100 Mitgliedern arbeitslos:[20]

Juli	4,99	Oktober	12,29
August	18,29	November	9,22
September	17,82	Dezember	8,10

Der Rückgang der Arbeitslosigkeit setzte nicht überall gleichzeitig ein. In Wien war der Höhepunkt der Krise Mitte September bereits überschritten, in Böhmen und Mähren hingegen war die Lage Anfang Oktober teilweise noch sehr bedenklich.[21] Die wirtschaftliche Depression verschwand zuerst in den Industrien, die für den Krieg produzierten. Da aber dort infolge der Einberufungen viele Arbeiter fehlten, wie besonders beim Kohlenbergbau und in der Eisenproduktion, wurden zunehmend auch Arbeitskräfte aus anderen, von der Kriegspro-

---

18 DI 37/38/1914, S. 8. Vgl. auch *Winkler,* Einkommensverschiebungen, S. 219.
19 Vgl. z. B. DÖV 19. 9. 1914, S. 974; DÖV 31. 10. 1914, S. 77 oder DI 32/1914, S. 1.
20 Vgl. DG 31/1915, S. 212, Tabelle II und DG 32/1915, S. 216, Tabelle IV (meine Berechnungen).
21 Vgl. AVA, MdI, Dep.7, Z. 41993/1914. Vgl. auch DG 41/1914, S. 378; DG 44/1914, S. 390; DG 47/1914, S. 402–403 und DG 50/1914, S. 414–415.

duktion unberührten Branchen angezogen. Schließlich war gegen Ende 1914 die allgemeine Arbeitslosigkeit von einem latenten Arbeitermangel der Kriegsindustrie abgelöst.

Vom Sog in die Kriegsindustrie wurden nur ganz wenige Gruppen nicht erfaßt, wie die Arbeiterschaft in Gegenden, wo die Export- und Luxusindustrie konzentriert war,[22] und vor allem eine größere Anzahl von Angestellten im Handel und in der Industrie. Diese Gruppen waren und blieben arbeitslos infolge des Strukturwandels in der österreichischen Wirtschaft. Nur wenn sie sich zum Umzug in weit entfernt liegende Gebiete entschlossen oder auf ihren Status als Arbeitnehmer in gehobenen sozialen Positionen verzichteten, konnten sie in der industriellen Produktion Beschäftigung finden.

4.1.1. Maßnahmen gegen Mangel und Teuerung

Die knappe und teure Versorgung der Industrie mit Rohstoffen bzw. der Bevölkerung mit Lebensmitteln kollidierte in höchstem Maße mit dem staatlichen Interesse an einer reibungslosen Kriegsführung. Die hohen Kosten für Industriegüter gingen direkt zu Lasten der Staatsfinanzen, aber auch die Misere auf dem Nahrungsmittelsektor konnte leicht zu einer Gefahr für den Staat werden. Die Teuerung mußte für die Bevölkerung, besonders aber für die in der Kriegsproduktion beschäftigte Arbeiterschaft, in erträglichen Grenzen gehalten werden. Da bei den gegebenen Machtverhältnissen am Markt eine Umverteilung von den Gewinnen zu den Löhnen nicht erzwingbar war, wären Lohnerhöhungen zur Abgeltung der Preissteigerungen von den Unternehmern allen Abmachungen zum Trotz wiederum auf den Staat überwälzt worden. Die Regierung mußte sich daher bei Lebensmitteln, dann auch bei Industriematerialien zu Marktinterventionen entschließen.

Die Androhung von Strafen für Preistreiberei und Wucher,[23] die meist nur den Handel, nicht aber die Produzenten traf, genügte nicht. „[Jede] Enge des Marktes, die auf die Möglichkeit verzichten muß, durch eine Preissteigerung anregend auf Produktion und Vermehrung des Angebots zu wirken, [ruft] regelmäßig das Bedürfnis nach einer Bindung der Preise hervor, da sonst die unausbleibliche Monopolstellung der Verkäufer ganz außerordentliche Preissteigerungen zu erzwingen in der Lage ist."[24] Wie sich zeigte, genügte die Setzung von Höchstpreisen jedoch unter den Bedingungen der Kriegswirtschaft nicht, da diese nur dazu führten, daß sich privilegierte Käuferschichten bildeten oder daß das preisgebundene Gut einfach verschwand und nur mehr im Schwarzhandel ohne Preisbeschränkungen erhältlich war. Der kriegsbedingten Restriktion der Angebotsmengen mußten Maßnahmen folgen, die einerseits die Konkurrenz unter den Anbietern aufhoben und andererseits die Nachfrage, den Verbrauch, reglementierten.

Die Arbeiterbewegung forderte, nachdem sie auf andere Mittel gegen die Teuerung freiwillig verzichtet hatte, staatliche Maßnahmen gegen die Teuerung. In einer Denkschrift vom Oktober 1914 verlangte die sozialdemokratische Partei Höchstpreise und gewisse Verbrauchseinschränkungen für Getreideprodukte.[25] Die Gewerkschaften äußer-

---

22 Vgl. z. B. AVA, MdI, Dep. 7, Z. 11190/1915 (Glas- und Porzellanarbeiter in Nord- und Ostböhmen).
23 Vgl. KaisVO vom 1. 8. 1914, RGBl. Nr. 194, §§ 7 und 8 und KaisVO vom 12. 10. 1914, RGBl. Nr. 275.
24 Karl *Pribram*, Zur Entwicklung der Lebensmittelpreise in der Kriegszeit. In: Archiv für Sozialpolitik und Sozialwissenschaft 43 (1916/17) 774.
25 Vgl. AVA, MdI, Zu Präs. Z. 14810/1914, Memorandum Pkt. B.

ten sich hingegen zum Problem der Teuerung, das ja zugleich auch eines der Reallöhne war, bis zum Dezember 1914 so gut wie gar nicht. Selbst Unternehmerkreise forderten, obwohl sie der Teuerung ja auch gute Seiten abgewinnen konnten, schließlich eine rigorose Preispolitik der Regierung.[26] Die Preissteigerungen mußten letzten Endes Lohnkämpfe provozieren, die den Unternehmern zwar nicht viel anhaben konnten, aber doch Reibungsverluste verursacht hätten.

Die Forderungen der Arbeiterbewegung wie auch der Unternehmer richteten sich an die Staatsverwaltung, die allein auch technisch die Möglichkeit hatte, die der Teuerung zugrundeliegenden Probleme zu lösen. Es ging darum, einen von den Verkäufern dominierten Markt durch Verwaltungsmaßnahmen, die die Interessen der Konsumenten und vor allem des Staates selbst berücksichtigen, zu ersetzen. Allerdings stellte sich in der Diskussion um diese Fragen heraus, daß die österreichische Verwaltung keine gesetzlichen Grundlagen für solche Maßnahmen besaß. Anläßlich der Ausarbeitung des Kriegsleistungsgesetzes 1912 hatte die österreichische Regierung ja von der gleichzeitigen Verabschiedung eines allgemeinen Ermächtigungsgesetzes Abstand genommen.

4.1.1.1. Die kriegswirtschaftliche Ermächtigungsverordnung

Bereits Ende September 1914 war die Versorgungslage in Österreich so prekär, daß in den zuständigen Ministerien, ermutigt auch durch das deutsche Vorbild, ein Eingreifen erwogen wurde. Das Ackerbauministerium wollte eine Einschränkung der Jungviehschlachtungen verordnen, da infolge der aktuell erzielbaren Preise die Bestände dezimiert zu werden drohten, und regte außerdem die Einführung eines Kriegsbrotes aus billigeren Mehlsorten wie im Deutschen Reich an. Da zur Erlassung entsprechender Verordnungen keine gesetzliche Basis bestand, wurde eine Kaiserliche Verordnung vorbereitet, die die Regierung ermächtigen sollte, „die infolge des Kriegszustandes notwendigen Verfügungen zur Sicherung der nachhaltigen Leistungsfähigkeit der Landwirtschaft zu treffen."[27]

Anläßlich der Beratungen über die Ermächtigung kristallisierte sich aber die Notwendigkeit heraus, ein gesetzliches Fundament für staatliche Eingriffe auf ökonomischem Gebiet allgemein zu schaffen. Eine Erweiterung der Ermächtigung sollte alle möglichen Verordnungen die Landwirtschaft, die Industrie und das Gewerbe, den Handel und die Approvisionierung der Bevölkerung betreffend erlauben. Konkret waren im Bezug auf die Landwirtschaft Verordnungen zur Sicherung des Schlachtviehbestandes und zum Schutz vor unrationellem Getreideverbrauch geplant, für die Industrie Maßnahmen zur Erhaltung der Arbeitsgelegenheiten und zur Rohstoffbeschaffung, im Bezug auf das Gewerbe und den Handel Vorkehrungen zur Schonung der Mehlvorräte und schließlich direkte Approvisionierungsmaßnahmen. Außerdem sollte die Kaiserliche Verordnung auch eine Handhabe gegen die Teuerung bieten, die nach Ansicht des Innenministeriums „zu tiefgreifenden Vorkehrungen gegen die freie Preisbildung [drängte]."[28]

---

26 Vgl. DI 29/1914, S. 3 und DI 37/38/1914, S. 11.
27 AVA, MdI, Präs. Z. 13486/1914. Vgl. auch Präs. Z. 12836/1914 (AM, Z. 43663/1914).
28 AVA, MdI, Präs. Z. 13724/1914.

Eine solche auf die binnenwirtschaftlichen Probleme bezogene Ermächtigung sollte zusammen mit Notverordnungen über den Warenverkehr mit dem Ausland und über wirtschaftliche Vergeltungsmaßregeln gegen das feindliche Ausland[29] „eine ausreichende legislative Grundlage zur Abhilfe der mannigfachsten wirtschaftlichen Schädigungen bieten."[30]

Das Innenministerium dachte daran, eine „Erweiterung der Ermächtigung eventuell noch in Bezug auf die Bekämpfung der Arbeitslosigkeit in Aussicht zu nehmen, um ... arbeitslose Individuen nötigenfalls zur Arbeit verhalten zu können."[31] Es gab also schon Ende September 1914 Erwägungen einflußreicher Stellen, auch Arbeitsmarktprobleme mit Hilfe dieser Notverordnung rigoros durch staatliche Eingriffe zu bearbeiten. Wichtiger als die Bekämpfung der Arbeitslosigkeit selbst war dabei wohl bereits der als Gegenmittel vorgeschlagene Arbeitszwang. Damit hätten beliebig männliche und weibliche Arbeitskräfte aus unterbeschäftigen Industrien in die Kriegsproduktion transferiert werden können,[32] ohne Rücksicht etwa auf die Interessen der Gewerkschaften, die bei der Arbeitsvermittlung, die ähnliche Aufgaben ohne Anwendung von Zwangsmitteln erfüllen sollte, noch mitzureden hatten.

Das Innenministerium fügte einen entsprechenden Passus in den Entwurf ein, der dann auch in der vom Ministerrat am 5. Oktober 1914 genehmigten und dem Kaiser zur Sanktion vorgelegten Fassung der Ermächtigungsverordnung enthalten war. Die Bestimmung fehlte jedoch aus nicht genau eruierbaren Gründen in der verlautbarten Version, die am 10. Oktober die Zustimmung Kaiser Franz Josephs erlangte.[33] Bestimmungen, die Arbeitszwang normierten, wurden tatsächlich in den folgenden Jahren stets durch besondere Kaiserliche Verordnungen und nicht aufgrund der Ermächtigungsverordnung erlassen.

Die allgemeine Ermächtigungsverordnung steckte den Eingriffsmöglichkeiten der Regierung einen sehr weiten Rahmen. Bis zum Frühjahr 1915 wurde davon nur mäßig und in erster Linie zur Versorgung der Bevölkerung mit Nahrungsmitteln und Kohle Gebrauch gemacht.[34] Dann aber begann die Regierung die Verordnungen auch zu Interventionen zugunsten der Rohstoffbeschaffung zu nützen. Darunter waren auch etliche Verordnungen, die sowohl aufgrund der Ermächtigungsverordnung als auch aufgrund des Kriegsleistungsgesetzes ergingen.[35] Insgesamt machten die Verordnungen,

---

29 Vgl. KaisVO vom 24. 9. 1914, RGBl. Nr. 251 und KaisVO vom 16. 10. 1914, RGBl. Nr. 289.
30 AVA, MdI, Präs. Z. 13486/1914.
31 Ebd.
32 In Ungarn wurde im November 1914 eine Erweiterung des Gesetzesartikels LXXII von 1912 über die Ausnahmsverfügungen für den Kriegsfall beschlossen, durch die eine Festsetzung von Höchstpreisen für Lebensmittel und die Heranziehung jeder arbeitsfähigen Person zur Arbeit ermöglicht werden sollte. Vgl. DÖV 28. 11. 1914, S. 144 und DÖV 12. 12. 1914, S. 177.
33 Vgl. AVA, MdI, Präs. Z. 13486, Präs. Z. 13724 (Entwurf, Artikel 1, Abs. 1) und Präs. Z. 13864/1914. KaisVO vom 10. 10. 1914, RGBl. Nr. 274.
34 Vgl. z. B. VO des AM vom 14. 10. 1914, RGBl. Nr. 285 (Kälberschlachtungen); VO des HM vom 31. 10. 1914, RGBl. Nr. 301 und VOen des HM vom 28. 11. 1914, RGBl. Nr. 324, 325 (Getreide und Brot); VO des GesM vom 11. 11. 1914, RGBl. Nr. 314 (Kohle).
35 Vgl. z. B. die erste dieser VOen: VO des MfLV im Einverständnisse mit dem KM und den übrigen Ministerien vom 7. 2. 1915, RGBl. Nr. 28 (Metalle und Legierungen).

die sich auf die Kaiserliche Verordnung vom 10. 10. 1914 beriefen, bis zum 24. Juli 1917, als diese durch ein Gesetz abgelöst wurde, ungefähr ein Drittel aller während dieser Zeit erlassenen Not- und Ministerialverordnungen, Gesetze und Kundmachungen aus. Aufgrund des Ermächtigungsgesetzes vom Juli 1917 bis zum Zusammenbruch der Monarchie waren es dann beinahe die Hälfte.

4.1.1.2. Die Anfänge der Bewirtschaftung in Industrie und Landwirtschaft

Während sich die österreichische Regierung im Falle der Approvisionierung der Bevölkerung und des Schutzes der Konsumenten bald zu direkten Interventionen bereitfand, sträubte sie sich, in der Rohstoffversorgung der Kriegsindustrie ebenso vorzugehen. Sie überließ es – im Gegensatz zur deutschen Regierung – vorläufig den Industriellen, die Materialbeschaffung zu organisieren.[36] Mitbestimmend für diese Haltung dürfte die Scheu vor einem stärkeren finanziellen Engagement des Staates gewesen sein.

Schon im Oktober 1914 gründeten österreichische und ungarische Industrielle eine Aktiengesellschaft zur Beschaffung und Verwertung von Baumwolle für den Heeresbedarf, an der sich das Kriegsministerium lediglich beteiligte. In der Wollzentrale-Aktiengesellschaft und der Metallzentrale–Aktiengesellschaft, die im Oktober gegründet wurden, war keine staatliche Stelle vertreten; sie waren Gründungen großer Branchenunternehmungen unter der Führung der Creditanstalt. Die Häute- und Lederzentrale AG. kam zwar auf Veranlassung des Handelsministeriums zustande, war aber ein privates Unternehmen.[37] Alle diese Zentralen waren nach privatkapitalistischen Grundsätzen organisierte Gesellschaften, die der ganzen Kriegswirtschaft förderliche, in diesem Sinne „gemeinnützige", Politik betreiben sollten. Durch ihre große Bedeutung für die Kriegsproduktion waren die Zentralen für die Regierung unentbehrlich.

Die Bildung der Zentralen bedeutete einen Schritt zur Bewirtschaftung der verschiedenen Rohstoffe für die Industrie. Die Staatsverwaltung selbst entschloß sich wohl zur Regulierung des Nahrungsmittelmarktes, griff aber hier nicht sofort zu vergleichbaren Maßnahmen. Im Winter 1915 mußte sie aber schließlich unter dem Druck der drohenden Hungerkatastrophe an eine Bewirtschaftung des Getreides gehen und nach dem Muster der Zentralen die Kriegs-Getreide-Verkehrsanstalt einrichten.

Wie die Entstehungsgeschichte der Ermächtigungsverordnung zeigt, hatte sich die Regierung bereits im September mit Plänen zur Regulierung des Getreidehandels befaßt. Forderungen nach Preisbegrenzung und Bewirtschaftung der Zerealien wurden von verschiedenen Seiten an sie herangetragen. Die sozialdemokratische Partei und auch die Genossenschaftsbewegung hatten Denkschriften unterbreitet;[38] schließlich waren auch in Deutschland Maßnahmen zur Sicherung der Brotversorgung getroffen worden.

---

36 Vgl. *Riedl*, Industrie, S. 31–32.
37 Vgl. DÖV 10. 10. 1914, S. 30; DÖV 7. 11. 1914, S. 94 und DÖV 12. 12. 1914, S. 178.
38 Vgl. AVA, SdPst Karton 155, Mappe: Aufrufe, Eingaben: Consumverein „Vorwärts" an MP und AM am 13. 10. 1914.

4. Die ersten Kriegsmonate

Nach der Verlautbarung der Ermächtigungsverordnung erließ das Handelsministerium vorerst jedoch nur Vorschriften zur Streckung der Mehlvorräte. Die Einführung von Höchstpreisen wurde durch die dazu notwendigen Verhandlungen mit Ungarn noch verzögert. Die Streckung der Mehlvorräte durch Mischung mit billigeren Getreidesorten[39] hätte ausgereicht, die Versorgung der Bevölkerung sicherzustellen, wenn der Krieg schon bald beendet hätte werden können und Importe wieder möglich gewesen wären.[40] Unter den tatsächlichen Bedingungen versuchte die Regierung Ende November, dem drohenden Mangel durch weitere Streckungs- und Ausmahlungsvorschriften zu begegnen.[41]

Zu dieser Zeit ließ sich aber auch eine Preisregelung nicht mehr umgehen; und das Handelsministerium wies die Landesbehörden an, für ihren Wirkungskreis Großhandelshöchstpreise für Getreide festzusetzen. Für den Detailhandel konnten Maximalpreise von den Landesbehörden verordnet werden.[42] Die Mehlpreise im Großhandel waren obligatorisch durch einen festen prozentuellen Aufschlag auf die Getreidepreise zu bilden. So durfte etwa in Oberösterreich ein Meterzentner Weizen maximal 42 K kosten, in Niederösterreich 40,50 K. In Oberösterreich wurden auch die Kompetenzen zur Beschränkung der Kleinhandelspreise genützt.[43]

Dennoch wurde die Lage immer bedenklicher und erforderte immer schärfere Maßnahmen. Die Regierung mußte am 18. Jänner 1915 165 Waggon Mehl zur Ernährung der Wiener Bevölkerung zur Verfügung stellen; die niederösterreichische Statthalterei beschlagnahmte ungarischen Getreidebesitz, der bei der Donau-Dampfschiffahrts-Gesellschaft lagerte, und in Mähren wurden am 27. Jänner sämtliche Getreide- und Mehlvorräte beschlagnahmt.[44] Als schließlich in Ungarn die Vorräte zugunsten staatlicher Stellen requiriert wurden,[45] sodaß Österreich von ungarischen Zuschüben momentan abgeschnitten schien, zeigte sich in drastischer Weise, daß die getroffenen Maßnahmen nicht ausreichten. Panikkäufe machten die Preisbeschränkungen illusorisch, und es bestand die Gefahr, daß ärmere Bevölkerungsschichten von der Mehl- und Brotversorgung ausgeschlossen wurden.[46]

Diese Ereignisse zwangen schließlich die Regierung schärfer einzugreifen und, ähnlich wie in Deutschland und ansatzweise in Ungarn, eine Monopolisierung des Getreidehandels in die Wege zu leiten. Am 24. Februar 1915 wurden mit einer Kaiserlichen Verordnung[47] die in Österreich vorhandenen Vorräte unter Sperre gelegt und eine einstweilige Verbrauchsregelung verfügt, bis sich die Regierung mittels einer Vorratser-

---

39 Vgl. VO des HM vom 31. 10. 1914, RGBl. Nr. 301, § 1: Mehl zum Brotbacken durfte nur mehr zu 70% aus Weizen- oder Roggenmehl bestehen, der Rest mußte durch Gersten-, Mais-, Kartoffelwalzmehl oder Kartoffelbrei ersetzt werden.
40 Vgl. *Löwenfeld-Russ*, Volksernährung, S. 49.
41 Vgl. VO des HM vom 28. 11. 1914, RGBl. Nr. 324.
42 Vgl. VO des HM vom 28. 11. 1914, RGBl. Nr. 325. In Ungarn erschien eine analoge Verordnung. Vgl. DÖV 5. 12. 1914, S. 162.
43 Vgl Ku des k. k. Statthalters im Erzherzogtume Österreich unter der Enns vom 7. 12. 1914, LGBl. Nr. 140 und Kuen der k. k. Statthalterei im Erzherzogtume Österreich ob der Enns vom 7. 12. 1914, LGBl. Nr. 54 und vom 16. 1. 1915, LGBl. Nr. 2.
44 Vgl. DÖV 23. 1. 1915, S. 266 und DÖV 30. 1. 1915, S. 281.
45 Vgl. DÖV 6. 2. 1915, S. 296. Vgl. auch ebd., S. 291–292.
46 Vgl. *Löwenfeld-Russ*, Volksernährung, S. 50–51.
47 Vgl. KaisVO vom 21. 2. 1915, RGBl. Nr. 41.

hebung einen Überblick über die Lagerbestände verschafft hatte. Besitzer gesperrter Vorräte durften bis zur endgültigen Regelung für sich selbst und die Angehörigen ihres Haushaltes 240 g Mahlprodukte oder 300 g Getreide täglich verbrauchen. Der Handel sollte durch die Verwaltungsbehörden überwacht werden, um Hortungskäufe der Konsumenten zu verhindern. In Niederösterreich z. B. wurden die Händler angewiesen, bis zu einer definitiven Regelung wöchentlich nicht mehr als 75% des Wochendurchschnitts der in der Zeit vom 1. bis zum 15. Feber 1915 abgegebenen Menge zu verkaufen. Außerdem sollten die Vorräte noch mehr gestreckt und an jeden Kunden nur ein halbes Kilo von jeder Mehlsorte abgegeben werden. Schon wenige Tage später aber mußte diese Verordnung zurückgezogen werden, „da sich herausgestellt hat[te], daß der Zweck der Bestimmung, durch eine freiwillige Verbrauchseinschränkung den Übergang zu der bevorstehenden strengen Verbrauchsregelung weniger fühlbar zu machen, nicht erreicht wurde."[48]

So wurden bis zur endgültigen Verbrauchsregelung die Vorräte unkontrolliert geplündert. Ende März wurde generell eine Verbrauchsquote festgesetzt; sie betrug 200 g Mahlprodukte oder 280 g Brot pro Tag; nur die Selbstversorger, die in der Landwirtschaft beschäftigten Personen, durften 300 g Getreide oder daraus hergestellte Speisen verzehren.[49] Diese Rationen entsprachen mengenmäßig nur ungefähr der Hälfte des Konsums im Frieden, waren aber infolge der Streckungsvorschriften für Mehl von zum Teil sehr schlechter Qualität.[50] Zeitweise konnte z. B. in Wien im Frühjahr 1915 nur Brot mit 80% Maiszusatz hergestellt werden, da bessere Getreidesorten nicht mehr vorhanden waren.[51]

Die Durchführung der Getreidebewirtschaftung wurde der Kriegs-Getreide-Verkehrsanstalt übertragen. Sie hatte die Sperre, Vorratsaufnahme und Verteilung von Getreide und Mahlprodukten zu organisieren und war den Zentralen für industrielle Rohstoffe nachgebildet. Hier allerdings sicherte sich die Regierung einen starken Einfluß auf die Tätigkeit der Anstalt und beteiligte sich finanziell an ihr.[52]

Im März 1915 waren nur mehr spärliche Quantitäten an Getreide vorhanden, die außerdem nicht direkt zugunsten der staatlichen Anstalt beschlagnahmt wurden. Dennoch stellte die Errichtung der Kriegs-Getreide-Verkehrsanstalt einen großen Schritt in Richtung einer Organisierung der Getreidewirtschaft dar. Noch Ende November war ein Großhandelsmonopol in Regierungskreisen für undurchführbar gehalten worden.[53] Die Entwicklung der Verhältnisse, die auf eine Hungersnot in den Städten zusteuerte, und nicht zuletzt der Entschluß Ungarns, das Getreide zu bewirtschaften, wandelten diese Ansicht. Die staatliche Verwaltung mußte zur Sicherstellung der Approvisionierung bis zur nächsten Ernte die Getreidevorräte zumindest aus dem Handel ziehen und autoritativ verteilen.

Um die Legitimationsbasis für die Durchführung dieser heiklen Aufgabe zu verbreitern, übertrug die Regierung die Leitung der Kriegs-Getreide-Verkehrsanstalt Repräsen-

---

48 Vgl. VOen des k. k. Statthalters im Erzherzogtume Österreich unter der Enns vom 13. 3. 1915, Z. W-398/60, LGBl. Nr. 26 und vom 17. 3. 1915, Z. 497/75-W, LGBl. Nr. 27. Vgl. auch Erlaß des MdI, Z. 13129/1915. In: Verordnungsblatt des k. k. MdI 7/1915, S. 189.
49 Vgl. VO des GesM vom 26. 3. 1915, RGBl. Nr. 75.
50 Vgl. *Löwenfeld-Russ*, Volksernährung, S. 332.
51 Vgl. DÖV 18. 3. 1915, S. 395.
52 Vgl. VO des GesM vom 7. 2. 1915, RGBl. Nr. 17; Statut der Kriegs-Getreide-Verkehrsanstalt vom 27. 2. 1915. In: Verordnungsblatt des k. k. MdI 6/1915, S. 172. Vgl. auch *Riedl,* Industrie, S. 34–35.
53 Vgl. AVA, MdI, Präs. Z. 17285/1914 (AM, Präs. Z. 3368/1914).

tanten der verschiedenen politischen Lager und schuf außerdem einen Beirat, „der aus sachkundigen, mit den besonderen Verhältnissen in den einzelnen Königreichen und Ländern vertrauten Persönlichkeiten des wirtschaftlichen Lebens zusammengesetzt wird."[54] Auch die sozialdemokratische Partei wurde überraschend zur Teilnahme an Präsidium und Beirat eingeladen. Während Benno Karpeles, dem der Posten eines Vizepräsidenten angeboten wurde, von sich aus ablehnte, nahmen auf Beschluß des Parteivorstands Dr. Karl Renner und der steirische Sozialdemokrat Vinzenz Muchitsch die Berufung als Beiräte an,[55] obwohl dem Beirat nur „dekorativer" Charakter attestiert wurde. Der sozialdemokratischen Partei ging es darum, in den staatlichen Gremien vertreten zu sein; die Funktionslosigkeit des Beirates der Anstalt bot im übrigen eine gewisse Sicherheit vor einer allzu engen Verquickung mit den unpopulären Maßnahmen der Anstalt.

Die Vorgangsweise bei der Getreidebewirtschaftung ist beispielhaft für die Reaktion der staatlichen Verwaltung auf Teuerung und Mangel. Schwierigkeiten mit der Nahrungsmittelversorgung waren bei Kriegsbeginn nicht erwartet worden. Mit der erfolgreichen Einbringung der Ernte hielt man die Ernährung des nächsten Jahres für gesichert. Die Maßnahmen, die dann doch getroffen werden mußten, entsprangen daher keinem Konzept und kamen auch stets zu spät. Die Setzung von Höchstpreisen, als die Teuerung schon in vollem Gange war, bewirkte, daß Mehl und Brot billiger nicht mehr erhältlich war. Die Kriegs-Getreide-Verkehrsanstalt konnte im Frühjahr 1915 nur dazu dienen, den Mangel gleichmäßiger zu verteilen.

Der starke Einfluß, den Lebensmittelmangel und Teuerung auf die Stimmung der Bevölkerung ausübten, bewog die Regierung auch in der Frage der Versorgungsorganisation, Repräsentanten der verschiedenen Bevölkerungsgruppen, nicht zuletzt der Arbeiterschaft, zur Mitarbeit heranzuziehen. Sie wandte sich jedoch in diesem Falle an die sozialdemokratische Partei und nicht an die Gewerkschaften, vermutlich weil die Ernährungsprobleme eher in den Wirkungsbereich des nicht versammelten Parlaments fielen und dort die Partei als Vertreterin der Arbeiterschaft auftrat. Die Gewerkschaften befaßten sich in der ersten Kriegszeit kaum mit dem Lebensmittelproblem, obwohl die Lage schon im ersten Kriegswinter darauf hinwies, daß Teuerung und Nahrungsmittelknappheit über kurz oder lang zu einer zentralen Frage für die Arbeiterbewegung werden würden.

4.1.2. *Arbeitslosenunterstützung für die Angestellten*

Während der Massenarbeitslosigkeit bei Kriegsbeginn hatte sich die Regierung geweigert, Arbeitslosenunterstützungen zu zahlen, da sie um die Staatsfinanzen und um die Mobilität der Arbeiter fürchtete. Auch als die Arbeitslosigkeit wieder weitgehend gewichen war, blieb die Regierung prinzipiell bei ihrem Standpunkt, doch zeigte sie sich dann weniger abgeneigt, für bestimmte Berufsgruppen oder Gebiete, wo die Arbeitslosigkeit

---

54 Statut 27. 2. 1915, § 11, Abs. 1. In: Verordnungsblatt des k.k. MdI 6/1915, S. 173.
55 Vgl. AdSP, PrPV 27. 3. 1915. Präsident der Kriegs-Getreide-Verkehrsanstalt wurde Dr. Franz Ritter von Schonka (Präsident der DDSG); Vizepräsidenten: Josef Schraffl (christlich-sozialer Rrabg.), Dr. Karel Viškovský (Rrabg., Klub der böhmischen Agrarier), sowie Jonas Weil (Präsident der landwirtschaftlichen Produktenbörse). Vgl. DÖV 6. 3. 1915, S. 367.

chronischer Zustand wurde, staatliche Hilfe zu leisten.[56] Tatsächlich realisiert wurde eine Arbeitslosenunterstützung aber nur für die Angestellten, bei denen zur strukturbedingten Arbeitslosigkeit noch das starke Interesse der Unternehmerschaft trat, deren Proletarisierung zu verhindern.

Die Angestellten hatten im August kaum von den staatlichen Notstandsbauten profitiert, da sie für Erdarbeiten und ähnliche körperliche Schwerarbeit wenig geeignet waren.[57] Sie fanden später nicht so schnell wieder eine Beschäftigung wie Arbeiter, die die anlaufende Kriegsindustrie aufnahm; im Gegenteil, Angestellte wurden weiterhin gekündigt bzw. ihre Gehälter wegen Unterbeschäftigung gekürzt. Die Angestelltenschaft war für die Kriegsindustrie von untergeordnetem Wert. In einer etwas günstigeren Position befanden sich die Bank- und Versicherungsangestellten; trist war die Lage auch für die Handelsangestellten.[58] Trotz des schwachen Geschäftsganges im Handel blieben in diesem Fall sogar Interventionen[59] erfolglos, die zu Kriegsbeginn verfügte Aufhebung der Sonntagsarbeitsbeschränkung zurückzunehmen[60] und so die vorhandene Arbeit besser zu verteilen.

Unter der Angestelltenschaft herrschte also nicht nur friktionelle sondern auch strukturelle Arbeitslosigkeit, die nicht so rasch ein Ende finden würde. Dies erregte die Besorgnis „weitblickender bürgerlicher Politiker und Philantropen".[61] Der Niederösterreichische Gewerbeverein ergriff schießlich die Initiative zur Organisation einer Unterstützungsaktion in seinem Wirkungsbereich.[62] Allerdings war zunächst geplant, daß Unternehmerverbände und die kaufmännischen Genossenschaften geeignete Maßnahmen gegen eine Proletarisierung nur der höheren Angestellten durchführen sollten. Dies erwies sich jedoch ohne die Mithilfe der Angestelltenorganisationen als unmöglich. Als Bedingung für eine Kooperation forderten diese erfolgreich eine Ausdehnung der Hilfsaktion auf alle Angestellten.[63] An der „Fürsorgekommission für Angestellte in Niederösterreich" beteiligten sich Handels- und Innenministerium, die Gemeinde Wien, das Land Niederösterreich, für die Arbeitgeber die Handelskammer, die Advokatenkammer, das Gremium der Wiener Kaufmannschaft und freie Unternehmerverbände, schließlich für die Angestellten die der Sozialdemokratie nahestehenden Organisationen der Versicherungsangestellten, der Bank- und Sparkassenbeamten und Angestellten der sozialen Versicherungsinstitute, der Gehilfenausschuß des Gremiums der Wiener Kaufmannschaft sowie der deutschnationale Handlungsgehilfenverband.[64] Präsident der Kom-

---

56 Vgl. AVA, MdI, Präs.Z. 16581/1914.
57 Vgl. AVA, HM, Präs.Z. 5436/1914. Immerhin aber waren Anfang Februar 1915 unter den 12.000 auswärtigen Arbeitern am Brückenkopf Wien 113 Beamte und Buchhalter. Vgl. AVA, MdI, Dep.7, Z. 6533/1915.
58 Vgl. Ernst *Lakenbacher*, Die österreichischen Angestelltengewerkschaften. Geschichte und Gegenwart (Wien 1964) 88.
59 Vgl. ÖAZ 1914/11, S. 2.
60 Vgl. KaisVO vom 31. 7. 1914, RGBl. Nr. 183 und VO des HM vom 31. 7. 1914, RGBl. Nr. 184. Die Sonntagsruhe wurde erst mit der VO des HM vom 28. 12. 1915, RGBl. Nr. 403 wieder eingeführt.
61 ÖAZ 1914/11, S. 3. Vgl. auch AVA, MdI, Dep.7, Z. 43236/1914.
62 Vgl. AVA, MdI, Dep.7, Z. 41398/1914.
63 Vgl. ÖAZ 1914/11, S. 3.
64 Vgl. AVA, MdI, Dep.5, Z. 16052/1917.

mission war Dr. Franz Klein. Ein Arbeitsausschuß, in dem auch die Angestellten vertreten waren, entschied über Ansprüche auf Unterstützungen.[65]

Die Angestellten erhielten Beihilfen in erster Linie in Form von Geld; Zuwendungen in Naturalform waren nur ausnahmsweise vorgesehen. Die Zahlungen wurden über die Pensionsversicherung, deren Ersatzinstitute und das Gremium der Kaufmannschaft abgewickelt. Die Finanzierung erfolgte über einen Fonds, in den die beteiligten Körperschaften, auch die Staatsverwaltung, Beiträge leisteten. Anfangs war vorgesehen, daß das Innenministerium aus seinem Ausspeisungsfonds 100.000 K, die Stadt Wien 50.000 K monatlich und das Erzherzogtum Niederösterreich 10.000 K einzahlen. Die anderen Körperschaften sollten je nach Leistungsfähigkeit beitragen.[66] Das Gremium der Wiener Kaufmannschaft etwa erhöhte zu diesem Zweck die Gremialumlage.[67] Zusätzlich sollten noch Spenden von Unternehmern und Angestellten den Fonds speisen. Die sozialdemokratischen Angestelltenorganisationen forderten in diesem Sinne ihre Mitglieder auf, „aus Gründen der Solidarität und Kollegialität" zu spenden, soferne auch der jeweilige Unternehmer sich beteiligte.[68]

Die Fürsorgeaktion für die Privatangestellten begann in Niederösterreich am 1. November 1914 und wurde bis zum Kriegsende fortgesetzt. Die finanziellen Erfordernisse nahmen zwar bald stark ab, aber die Unterstützungen konnten nie ganz eingestellt werden.[69]

Beitragsperiode in 1000 K	I 720	II 330	III 230	IV 140

Auch in anderen Gebieten Österreichs wurden ähnlich wie in Niederösterreich Hilfsmaßnahmen für die stellenlosen Privatangestellten getroffen,[70] doch hatte die Aktion wegen der großen Zahl der Angestellten besondere Bedeutung für Wien.

Die Fürsorgeaktion für die stellenlosen Angestellten war ein Novum im österreichischen Arbeitslosenfürsorgewesen. Einerseits war damit für eine Gruppe der Arbeitnehmer das Vorurteil zurückgedrängt worden, direkte Geldbeihilfen wirkten sich schädlich auf den Arbeitsmarkt aus, andererseits hatte sich die Staatsverwaltung zu einem beträchtlichen Engagement, wenn auch noch immer im Rahmen einer Aktion, die von den interessierten Unternehmern getragen wurde, bereitgefunden. Ausschlaggebend war, daß es um Angestellte ging, und weder Staat noch Unternehmer Interesse an einer Veränderung der Sozialstruktur dieser Arbeitnehmergruppe hatten. Für Arbeiter, die der ökonomische Anpassungsprozeß brotlos machte, gab es auch weiterhin keine staatliche Unterstützung; die erhoffte Beispielswirkung der Angestelltenunterstützung blieb vorerst aus.[71]

---

65 Vgl. AVA, MdI, Dep.7, Z. 44235/1914.
66 Vgl. Soziale Rundschau 1915, 1/1, S. 17–19 und AVA, MdI, Dep.7, Z. 44235/1914.
67 Vgl. DÖV, 24. 10. 1914, S. 61.
68 Vgl. ÖAZ 1914/11, S. 3.
69 Vgl. AVA, SM, IV/16, Z. 8690/1918 und MdI, Dep.5, Z. 16052/1917.
70 Vgl. AVA, MdI, Dep.7, Z. 43666/1914 und auch Z. 4426/1915.
71 Vgl. DG 44/1914, S. 392 (PrGK 23. 10. 1914).

Die Sonderstellung, die den Angestellten von der Staatsverwaltung eingeräumt wurde, zeigte sich auch an den Maßnahmen, mit denen versucht wurde, Entlassungen zu verhindern. Auf Klagen aus Angestelltenkreisen, daß unter anderen auch Firmen, die bereits Heeresaufträge hatten, immer noch Angestellte entließen, schaltete sich das Innenministerium mit der Aufforderung an die militärischen Ressorts ein, solche Praktiken abzustellen. Das Kriegsministerium verpflichtete Ende November 1914 seine Lieferanten, ihren Bestand an Angestellten zahlenmäßig beizubehalten.[72] Eine Maßnahme, die so rigoros in die Dispositionsfreiheit der Unternehmer eingriff, mußte Widerstand provozieren. Die Handelskammer meldete sofort Bedenken an,[73] und viele Heereslieferanten hielten sich in der Folge nicht an die Verfügung. Regierungsintern wurde dieses Verhalten „unter den gegebenen Umständen als eine Verletzung elementarer sozialer Pflichten bezeichnet", die „auf die Stimmung in den betroffenen Kreisen nachteilig einzuwirken geeignet ist."[74] Das Innenministerium wies daraufhin die Landesbehörden an, einschlägige Beobachtungen an das Kriegsministerium zu melden, und dieses selbst ließ sich sogar von Angestelltenorganisationen Verzeichnisse von Firmen vorlegen, die Angestellte kündigten oder ungerechtfertigterweise Gehälter kürzten, um entsprechende Sanktionen, z. B. Entziehung von Aufträgen, setzen zu können.[75]

4.1.3. Die Kriegsindustrie

Der Strukturwandel, der einerseits die allgemeine Arbeitslosigkeit beendete, andererseits aber gewisse Gruppen dauernd um ihre angestammte Funktion im Wirtschaftsleben zu bringen drohte, hatte seine Ursache im riesigen Güter- und Dienstleistungsbedarf für die Kriegsführung. In den ersten Wochen betraf die Nachfrage der Heeresverwaltung nur die Produktion von eigentlichem Kriegsgerät. Die Munitionsfabriken waren schon zu dieser Zeit bis zur Grenze ihrer Leistungsfähigkeit ausgelastet.[76] Ähnlich dürfte die Situation auch in manchen Lebensmittelindustrien gewesen sein, wie das Beispiel der Hammerbrotwerke, Hanusch, Skaret und Co. zeigte. Die sozialdemokratischen Organisationen waren bereits Ende Juli 1914 der Meinung, die Stellung unter Kriegsleistungsgesetz nur durch Heereslieferungen vermeiden zu können.[77]

Die übrigen Wirtschaftszweige, selbst jene, die indirekt von Bedeutung für die Munitionserzeugung waren, gerieten ins Stocken, da allgemein die Lager voll waren. Der enorme Verschleiß änderte dies schnell; die Vorräte an Munition waren schon im Herbst 1914 erschöpft, und die Heeresverwaltung vergrößerte ihre Bestellungen beträchtlich.[78] Dazu kam der wachsende Bedarf der Armee an Kleidung, Transportmitteln, usw., der nach und nach einer ganzen Reihe von Industrien Arbeit gab.

---

72 Vgl. AVA, MdI, Dep.7, Z. 44733/1914 und Soziale Rundschau 1915, 1/1, S. 16.
73 Vgl. AVA, MdI, Dep.7, Z. 47269/1914.
74 AVA, MdI, Dep.7, Z. 21256/1915.
75 Vgl. ebd. (Vgl. auch KM Abt.13, Z. 27173/1915).
76 Vgl. z.B. DB 3. 10. 1914, S. 2 (Österreichische Waffenfabriks-Gesellschaft, Steyr).
77 Vgl. AdSP, PrPV, 30. 7. 1914.
78 Vgl. *Gratz*, Zusammenbruch, S. 109, 121 und 123.

Im Umstellungsprozeß kristallisierten sich drei Gruppen von Industrien heraus, die der Krieg in je spezifischer Weise beeinflußte.[79] In allen Arten von Kriegsausrüstungsindustrien erstens herrschte Hochkonjunktur. Die außerordentlichen Gewinnaussichten im Zusammenhang mit Heereslieferungen bewogen zweitens zahlreiche Unternehmer zu Investitionen, die erst eine Teilnahme an der Kriegsproduktion ermöglichten. Die Gewinnchancen überwogen schon in den ersten Kriegsmonaten die hohen Risken, die eine Produktionsumstellung auf Kriegsmaterial mit sich brachte; die erzielbaren Preise verkürzten die erwartete Amortisationsdauer. Den Strukturveränderungen fielen drittens einige Konsumgüterindustrien, Luxus- und Exportgüterindustrien sowie das Baugewerbe zum Opfer. Sie litten vor allem an der Vernichtung oder Zurückdrängung der privaten Nachfrage nach ihren Waren oder Leistungen durch den Krieg. Insgesamt brachte die plötzlich erzwungene Umstellung der Produktion eine enorme Kapitalverschwendung mit sich. Viele Anlagen und Maschinen mußten stillgelegt werden, während die Neuanschaffungen nur für die begrenzte Dauer des Krieges von Nutzen sein konnten.[80]

Die Umstrukturierung war im großen und ganzen nach den ersten sechs Kriegsmonaten abgeschlossen. Auch Konjunkturkennzahlen wie die Höhe des Eisenabsatzes hatten im Jänner 1915 wieder das Vorkriegsniveau erreicht.[81] Die Nachfrage konzentrierte sich auf die Heeresverwaltung, die, je länger der Krieg dauerte, immer mehr zur Kriegsführung benötigte. Vielfalt und Umfang der Heereslieferungen Anfang 1915 stellte „Der österreichische Volkswirt" so dar:

„Von den Hüttenbetrieben sind Bleihütten und Schrotfabriken mit der Herstellung von Schrapnellfüllkugeln beschäftigt, Stahl- und Eisenwerke, Nieten- und Schraubenfabriken erzeugen neben ihren normalen Artikeln, für die rege Nachfrage besteht, Geschosse, Blechwalzwerke Bleche für Konservenbüchsen, Drahtfabriken Befestigungsdrähte, Metallwerke Patronenhülsen, Kupferwarenfabriken Kessel. Hochkonjunktur haben von den metallverarbeitenden Industrien die Aluminiumwerke, Konservenbüchsenfabriken, Eisenmöbelfabriken (Feldbetten), Hufnägelfabriken, Schnallenfabriken, Schlossereien und Drehereien, Hammer- und Zeugschmieden. Maschinenfabriken liefern Munitions- und Kochkisten, Feldküchen, Motoren, Pontons, soferne sie nicht außerdem ihre normale Maschinenerzeugung für Fabriken, die selbst Heereslieferungen haben, fortsetzen können. Wagenfabriken liefern Feldküchenräder, Krankentransportwagen, Munitionswagen und Feldküchen geben auch Waggon- und Lokomotivfabriken Beschäftigung. Voll beschäftigt sind mechanische Werkstätten, optische Anstalten. In der Holz- und Schnitzwarenindustrie haben Heereslieferungen Sägewerke, Tischlereien, Kistenfabriken, Holzwarenfabriken, Leiternfabriken (Beobachtungsleitern), Hochkonjunktur haben die Ledererzeugung, die Weißgerberei (Pelzfelle) und Lederwarenfabriken (Riemenzeug, Sattel usw.). In der Textilindustrie bringt der Krieg Beschäftigung den Baumwollspinnereien und Webereien für Brotsäcke, Fußlappen, Leibbinden, Kalikos, Zelte, Verbandstoffe, den Flachsspinnereien, Schafwollfabriken, Jutespinnereien und Webereien, Kunstwollfabriken (Schießbaumwolle), Tuchfabriken, Strick- und Wirkwarenfabriken, Decken- und Kotzenfabriken und Seilereien. Tapezierer liefern Matratzen, die Bekleidungs- und Putzwaren-Industrie Wäsche, Schuhe und Heereskonfektion. Von Papierfabriken sind stark beschäftigt alle Betriebe, die Packpapier, Dachpappe und Asphalt erzeugen, ferner Kartonagefabriken für Postkartons, Patronenschachteln, Geschützverschlußdeckel usw. Bis an die Grenze der Leistungsfähigkeit

---

79 Vgl. DI 37/38/1914, S. 8.
80 Vgl. DÖV 10. 4. 1915, S. 449–450.
81 Vgl. DÖV 26. 8. 1914, S. 912 und DÖV 20. 2. 1915, S. 329.

4.1. Die wirtschaftliche Umstellungsphase

angespannt ist natürlich die ganze Industrie in Nahrungs- und Genußmitteln, als da sind Konservenfabriken, Großmühlen, Bäckereien und Brotfabriken, Teigwarenfabriken, Tabakfabriken, Sardinenfabriken, Schokolade-, Kakao- und Kanditenfabriken, Kaffeelesereien usw. Von chemischen Fabriken seien genannt Pulver-, Patronen-, Munitions- und Sprengkapsel-Fabriken, daneben aber auch Verbandstoff-, Kerzen- und Seifen-Fabriken, die Erzeugungsstätten von Salpetersäure, Salzsäure, Chlorkalk, Schwefelnatrium, Anti-Chlor, Kupfervitriol, Zinkoxyd, Gerbextrakt, Mineralölraffinerien soweit sie noch über Rohöl verfügen. Zählen wir dazu noch Gummifabriken für Pneumatiks und medizinische Artikel, so ist damit der Umfang der Beschäftigung, die der Krieg zu bieten vermag, in gröbsten Linien umschrieben."[82]

Die Probleme der Kriegsindustrie waren von Anfang an die Rohstoffknappheit und der Mangel an Arbeitskräften. Diese zweite Schwierigkeit war in den ersten Kriegswochen nur eine Frage der Allokation bei sehr großem Angebotsüberhang. Zur Lösung dieser Aufgabe war die zentralisierte Arbeitsvermittlung geschaffen worden. Die Wiederbeschäftigung der Arbeitslosen ließ auch dank des raschen Aufbaus der Kriegsproduktion nicht lange auf sich warten. Mehr noch, bereits im Frühherbst 1914 trat punktuell Mangel an Arbeitern auf,[83] da die Unternehmen durch die Einrückungen empfindliche Abgänge an Arbeitern hinnehmen mußten. So wurde z.B. ein Viertel der Belegschaft der Österreichischen Berg- und Hüttenwerke eingezogen, die Oesterreichisch Alpine Montangesellschaft verlor durch die allgemeine Mobilisierung 5000 ihrer 16.000 Arbeiter.[84] Daß die Heeresverwaltung nicht auf wirtschaftliche Erfordernisse Bedacht nahm, zeigte sich daran, daß selbst 14% der Steinkohlenarbeiter und 19% der Braunkohlenarbeiter zum Militärdienst eingezogen wurden. Als Energielieferant hatte der Kohlenbergbau die Voraussetzungen für die Produktion insgesamt zu schaffen.[85]

Die großen Aufträge an die Industrie verschärften die Konkurrenz zwischen ökonomischen und militärischen Interessen um Arbeiter bzw. Soldaten. Sehr bald waren kaum mehr Arbeiter aus den Kriegsgüter produzierenden Branchen verfügbar. Bei den Metallarbeitern lagen die Arbeitslosenzahlen ab November 1914 unter den Vergleichszahlen aus Hochkonjunkturperioden. Aber auch Arbeiter aus sachfremden Branchen suchten, wenn es ihnen möglich war, Beschäftigung in der Kriegsindustrie. Aus einem Bericht des Verbandes der Drechsler geht hervor, daß seine Mitglieder, die zu drei Vierteln aus Wien stammten, im September bereits in die ärarischen Betriebe abzuwandern begannen und bei den Schanzbauten, in Patronenfabriken oder in Bäckereien Arbeit fanden.[86] Trotz dieser Umschichtungen aber konnte der Arbeiterbedarf der Kriegsindustrien nicht befriedigt werden. Es fehlten vor allem qualifizierte Kräfte, die als Vorarbeiter den rationellen Einsatz der zum Teil berufsfremden Hilfsarbeiter im Produktionsprozeß bewerkstelligen sollten. Das Kriegsministerium ging aus diesem Grund im Dezember 1914 wieder vom Betrieb in Achtstundenschichten ab. In der privaten Industrie wurde die Arbeitszeit

---

82 DÖV 10. 4. 1915, S. 450.
83 Vgl. z.B. die Beschwerden von Wiener Unternehmern gegen die Abziehung der Arbeiter durch die Schanzbauten: AVA, MdI, Dep.7, Z. 36197/1914 oder DB 24. 10. 1914, S. 14 (Schrauben- und Schmiedewarenfabriks-A.-G. Brevillier und Co. und A.Urban und Söhne in Wien).
84 Vgl. DB 13. 3. 1915, S. 91 und DB 20. 3. 1915, S. 93.
85 Vgl. Emil *Homann-Herimberg,* Die Kohlenversorgung in Österreich während des Krieges (Wien 1925) 18.
86 Vgl. DG 4/1915, S. 25 und DG 8/1915, S. 59.

verlängert, um den Facharbeitermangel auszugleichen.[87] Tatsächlich nahm die Zahl der geleisteten Überstunden 1914 stark zu: um 123,1% gegenüber dem Krisenjahr 1913 und um 53,8% gegenüber 1912. Die Mehrarbeit betrug 1912 57,6 Stunden, 1914 aber 89,2 Stunden pro Arbeiter und entfiel vor allem auf die Maschinen- und Lederindustrie, also auf Branchen, die von der Kriegskonjunktur profitierten.[88]

4.1.3.1. Die Arbeitsverhältnisse in der Kriegsindustrie

Die Anspannung des Arbeitsmarktes stärkte kurzfristig die Position der Arbeiter und bot ihnen die Möglichkeit, Lohnerhöhungen durchzusetzen. Für Unternehmerschaft und Staatsverwaltung war der Arbeitermangel sehr ungünstig. „Einerseits wurden die Kriegsindustrien durch Lohnforderungen ihrer Arbeiter bedroht, denen sie infolge der massenhaften Einrückungen schwer einen entsprechenden Widerstand entgegensetzen konnten, deren Annahme aber eine starke Verteuerung der Produktion zur Folge gehabt hätte. Andererseits setzte eine gegenseitige Überbietung der Löhne ein, da die Industriellen in dem Bestreben, ihre Leistungsfähigkeit um jeden Preis zu erhalten oder gar zu steigern, anderen Betrieben die Arbeiter abspenstig zu machen trachteten."[89]

Die Umstellung der Wirtschaft auf die Kriegsproduktion ging vor allem deshalb so schnell vor sich, da die Unternehmer die Möglichkeit außerordentlicher Gewinne sahen. Lohnforderungen, die außer durch die erstarkte Machtposition der Arbeiter auch durch die Teuerung nahelagen, hätten die Aussichten wieder verschlechtert. Die Staatsverwaltung nahm aus Sparsamkeitsgründen gegen eine Verteuerung der Arbeit Stellung; die Überwälzung der höheren Gestehungskosten auf die Preise[90] durch die Industrie war kaum abzuwehren, da die ungeschmälerten Gewinnperspektiven als Anreiz zur Umstellung auf Kriegsproduktion von überragender Bedeutung waren. Aus denselben Gründen ging die Staatsverwaltung auch gegen die durch die Unternehmerschaft selbst induzierte Lohntreiberei vor. Die Freizügigkeit der Arbeiter, sich je nach Lohnangebot den besten Arbeitsplatz zu suchen, führte durch die scharfe Konkurrenz zu starker Fluktuation und störte den ruhigen Fortgang der Produktion und dadurch auch die nötige Sicherheit der Gewinne für die Unternehmer. Staatliche und Unternehmerinteressen stimmten also in hohem Maße überein und waren gegen den freien Arbeitsmarkt, die starke Marktposition der Arbeiterschaft und deren „Sucht, die Arbeitsplätze zu wechseln,"[91] gerichtet.

Abhilfe gegen die Bedrohung der effizienten Kriegsproduktion und der Unternehmergewinne boten die Ausnahmsgesetze und -verordnungen, allen voran das Kriegsleistungsgesetz.[92] Durch die Beseitigung des Koalitionsrechts zerstörte dieses Gesetz die

---

87 Vgl. AVA, MdI, Dep.7, Z. 47297/1914.
88 Vgl. Arbeitszeitverlängerungen (Überstunden) im Jahre 1914 in fabriksmäßigen Betrieben Österreichs (Wien 1916) 6, 15 und 25.
89 KA, MfLV, Abt. XVIIa, Z. 2669/1917 (KM, W.K., Z. 939/VIII/1917).
90 Z.B. Die Oesterreichisch Alpine Montangesellschaft erhöhte im Jänner 1915 ihre Preise prophylaktisch, da sie mit Lohnerhöhungen rechnete. Vgl. DB 20. 3. 1915, S. 95.
91 KA, MfLV, Abt. XVII, Z. 5984/1914.
92 Der Beginn der Verpflichtung zu Kriegsleistungen wurde mit der VO des MfLV vom 25. 7. 1914, RGBl. Nr. 170, verlautbart.

der Arbeiterschaft neu zugewachsene Macht. Es vernichtete die Freizügigkeit der verpflichteten Arbeiter durch den Zwang, an dem ihnen zugewiesenen Arbeitplatz zu bleiben. Nach Rechtsmeinung der Heeresverwaltung war die vom Gesetz normierte Voraussetzung der Arbeitsfähigkeit absolut aufzufassen;[93] der Verpflichtete mußte sich nicht zu der ihm zugewiesenen, bestimmten Tätigkeit eignen. Es mußte also keine Rücksicht auf die Qualifikation und den beruflichen Status der Arbeiter genommen werden. Außerdem wurde das Arbeitsverhältnis insgesamt durch das Kriegsleistungsgesetz militarisiert; zivile Arbeiterschutzgesetze verloren ihre Gültigkeit, und die Unternehmer verfügten mit der militärischen Disziplin über ein zusätzliches Druckmittel gegen die Arbeiter. Das Kriegsleistungsgesetz übertraf in seiner Durchschlagskraft selbst den durch eine Notverordnung institutionalisierten staatlichen Schutz, der – wie eine Unternehmerzeitung zutreffend bemerkte – wohl vor Streiks, nicht aber vor der Gewerbeinspektion schützte.[94] Die Unternehmer beantragten in der Folge von sich aus massenhaft die Anwendung des § 18 des Kriegsleistungsgesetzes auf ihre Betriebe.[95]

Das zuständige Landesverteidigungsministerium kam den Wünschen, die von den Unternehmern, aber auch von Seiten des Kriegsministeriums geäußert wurden, bereitwillig nach. Im November wurden beispielsweise die Munitionsfabriken unter Kriegsleistungsgesetz gestellt;[96] der Inspizierende der technischen Artillerie verlangte dies für die Wiener Lokomotivfabrik in Floridsdorf, „wenn es nicht auf dem Gebiete der Nachschaffung von Kriegsbedürfnissen geradezu zu einer Katastrophe führen soll."[97] Am 1. Februar 1915 standen 995 Betriebe unter Kriegsleistungsgesetz. Da die militärischen Betriebe direkt unter der Leitung des Kriegsministeriums standen, war eine Inanspruchnahme durch die Militärverwaltung nach § 18 des Kriegsleistungsgesetzes überflüssig. Wohl aber wurde der § 4 des Gesetzes auf die dort beschäftigen Arbeiter angewandt, um sie zum Verbleiben zu zwingen.[98]

Mit der häufigen Anwendung des Kriegsleistungsgesetzes wurden die Arbeitsverhältnisse des wichtigsten Wirtschaftsbereiches, der Kriegsindustrie, zu einer Materie der militärischen Ressorts. Die Heeresverwaltung ließ sich jedoch in der Behandlung der auftretenden Arbeitsmarktprobleme ausschließlich von militärischen Grundsätzen und Erfordernissen leiten. Dieser Umstand trägt zur Erklärung bei, warum die Anwendung des Kriegsleistungsgesetzes in den ersten Kriegsmonaten so völlig unter Ausschaltung der Interessen der Arbeiterschaft erfolgte. Die Haltung der militärischen Stellen konnte sich zwar einerseits auf den Wortlaut des Kriegsleistungsgesetzes berufen, sie stellte andererseits aber eine deutliche Abkehr von der Burgfriedensposition dar, die auch die Staatsverwaltung bei Kriegsausbruch eingenommen hatte.

---

93 Vgl. Herbert *Dölter,* Das österreichische und ungarische Kriegsleistungsgesetz samt Nebengesetzen und Durchführungsverordnungen (Graz 1918) 34–35. Vgl. zur Interpretation des Gesetzes durch das KM auch KA, MfLV, Präs. Z. 12009-XVII/1914 (KM, Abt.10, Z. 17364 res/1914, Beilage).
94 Vgl. Der Arbeitgeber 20. 12. 1914, S. 2.
95 Vgl. KA, MfLV, Abt. XVIIa, Z. 2669/1917 (KM, W.K., Z. 939/VIII/1917).
96 Vgl. Gerhard *Meißl,* Der Wandel der sozialen Beziehungen in der österreichischen Kriegsindustrie am Beispiel der k.u.k. Munitionsfabrik Wöllersdorf (Diss. Univ. Wien 1974) 57.
97 KA, MfLV, Abt. XVII, Z. 5984/1914. Vgl. auch Inspizierender der technischen Artillerie Res. Z. 1320/1914 und MfLV, Präs. Z. 11829/XVII/1914.
98 *Meißl,* Wandel, S. 5–6.

Die militärischen Stellen konnten die ausschließliche Beachtung der Unternehmerinteressen nicht lange beibehalten, da gerade dies zu einer ernstlichen Gefährdung ihrer Ziele führte. Etwa ab März 1915 mußten sie die Wünsche der Arbeiter ins Kalkül ziehen. Die zivilen Ressorts konnten allerdings ihren Einfluß auf die Kriegswirtschaft und damit auch auf die Grundlagen der weiteren ökonomischen Entwicklung erst zur Geltung bringen, als die militärisch bestimmte Politik 1917 direkt in ein Desaster zu führen drohte.[99] In den ersten Kriegsmonaten aber war die Arbeitsmarktpolitik Angelegenheit des Landesverteidigungs- beziehungsweise des Kriegsministeriums, die sich zwecks möglichst rascher und starker Produktionssteigerung ganz an den Wünschen der Industriellen orientierten.

Die ausgedehnte Anwendung des Kriegsleistungsgesetzes schob die Last der Umstrukturierung der Wirtschaft und des Aufbaus der Kriegsproduktion der Arbeiterschaft zu. Daran änderte auch die Durchführungsverordnung zum Kriegsleistungsgesetz nichts.[100] Die Gültigkeit der Arbeits- und Kollektivverträge blieb angesichts der völlig veränderten Verhältnisse und besonders der Teuerung ohne Nutzen für die Arbeiter. Nur wenige Arbeiter wagten es unter dem militärischen Regime bei Streitigkeiten aus dem Arbeitsverhältnis die Gewerbegerichte anzurufen,[101] und auch nach der Durchführungsverordnung konstituierte die Unzufriedenheit mit den Arbeitsbedingungen keinen Grund für die Kündigung durch den Arbeiter. Der rechtlich umstrittene Einsatz militärischer Leiter auch in jenen Betrieben, die vom Unternehmer selbst für die Heeresverwaltung weitergeführt wurden,[102] war in besonderem Maße ein Zeichen dafür, daß die militärischen Zentralbehörden alles dem obersten Ziel der erfolgreichen Kriegsführung unterordneten. Die militärischen Leiter hielten sich an keine Arbeiterschutzbestimmungen, verhängten für geringe Vergehen drakonische Strafen, verhinderten aber andererseits nicht, daß sich Unternehmer durch Verstöße gegen das Kriegsleistungsgesetz und die Durchführungsverordnung dazu auf Kosten der Arbeiter bereicherten, indem sie Löhne kürzten, Mehrarbeit nicht vergüteten oder auf andere Weise die Ausbeutung verschärften. Sie erschienen als obrigkeitliches Instrument zur Durchsetzung der Unternehmerinteressen.

Die Disziplinierung der Unternehmer, das Kriegsleistungsgesetz als Instrument der Unterordnung der Wirtschaft unter einen staatlicherseits vorgegebenen Zweck und nicht als Chance eigener Bereicherung aufzufassen, war nicht im Gesetz selbst geregelt, sondern sollte, auf quasi freiwilliger Basis erreicht werden. Bezeichnenderweise kam es jedoch während des ganzen Krieges nicht zum Abschluß der geplanten Übereinkommen. Die Frage des Verhältnisses von Privatwirtschaft und staatlicher Verwaltung in einer Situation, in der die Regierung auf eine funktionierende Wirtschaft angewiesen war, war ein so diffiziles Problem, daß die Beratungen nie über das Stadium der regierungsinternen Erörterungen hinauskamen. In den ersten Monaten des Krieges, als die militärischen

---

99 Vgl. Protokoll der Sitzung des Gemeinsamen Ministerrates am 24. 2. 1917. In: Protokolle des Gemeinsamen Ministerrates, S. 467–468.
100 Vgl. VO des MfLV vom 14. 11. 1914, RGBl. Nr. 326.
101 Vgl. *Adler*, Arbeitsrecht, S. 74.
102 Vgl. KA, MfLV, Abt. XVII, Z. 4700/1915 (Meinung des JM, Z. 1887/1915).

Stellen das Ziel in einem raschen Aufbau der Kriegsindustrie sahen, war das Übereinkommen noch nicht einmal Gegenstand von Beratungen. Sozialpolitische Überlegungen waren zu dieser Zeit in den Hintergrund gedrängt.

4.2. Die Gewerkschaften in den ersten Kriegsmonaten

4.2.1. Die Lage der Organisationen Ende 1914

Der Kriegszustand hatte klarerweise großen Einfluß auf die Situation der gewerkschaftlichen Organisationen und, obwohl während des größeren Teil des Jahres Frieden geherrscht hatte, zeigten sich seine Wirkungen schon im Bericht für 1914 sehr deutlich.[103] In erster Linie wirkte sich der Krieg auf den Mitgliederstand aus. Ende 1914 standen nach Schätzung der Gewerkschaftskommission 120.000 der männlichen Mitglieder unter Waffen, etwa ein Drittel der Gesamtzahl von Ende 1913. Außerdem verloren die Gewerkschaften den Großteil ihrer Mitglieder in den vom Krieg direkt betroffenen Gebieten, da die Kampfhandlungen ein Organisationsleben unmöglich machten. In Galizien und in der Bukowina, die den nordöstlichen Kriegsschauplatz bildeten, reduzierten sich Ortsgruppen und Mitgliederstand drastisch. Fast ebenso schwer traf der Krieg gegen Serbien die noch sehr schwach entwickelten Gewerkschaften in Dalmatien.

Zusätzlich zu diesen Abgängen, die einerseits die männliche Mitgliedschaft, andererseits die gesamte Organisation in den Kriegsgebieten, die allerdings alle nicht zu den gewerkschaftlichen Kerngebieten gehörten, trafen, gab es auch Verluste, die nur indirekt auf den Krieg zurückzuführen waren. Die Wirtschaftskrise zu Kriegsbeginn und dann die Umstellung auf Kriegsproduktion, der einige Gewerbe zum Opfer fielen, verursachten eine Umschichtung der Arbeiterschaft und damit auch hohe Verluste mancher Verbände. Dies traf vor allem auf die schon alte und als gefestigt geltende Organisation der Drechsler zu.

Die Abnahme der weiblichen Mitglieder dürfte auf die nur schwache Integration der Frauen im Gewerkschaftswesen zurückzuführen sein. Die weiblichen Mitglieder kehrten in der Zeit der Arbeitslosigkeit den Gewerkschaften rascher den Rücken als die Männer, die im allgemeinen nach den gewerkschaftlichen Unterstützungsreglements bevorzugt waren. Im Rückgang der Zahl der weiblichen Mitglieder kam zum Ausdruck, daß die Gewerkschaften im Krieg wesentlich an Attraktivität verloren hatten. Die spärliche Unterstützungstätigkeit auf der einen Seite und die Einstellung der Arbeitskämpfe und der Agitation auf der anderen ließen sie unnütz erscheinen. Zu einem kleineren Teil war sicherlich auch die Abnahme der Männer darauf zurückzuführen; hinzu kam noch die zunehmende Militarisierung der Arbeitsbedingungen, die gewerkschaftliche Aktivitäten unterband.

Insgesamt büßten die freien österreichischen Gewerkschaften bis Ende 1914 174.514 Mitglieder ein, das sind 42% des Standes von 1913. Der Verlust bei den Männern belief

---

103 Vgl. DG 25/1914 und DG 28/1915.

sich auf 43%, bei den Frauen auf 30%. Anders als in einer normalen Wirtschaftskrise waren durch den Kriegszustand und dessen Folgen auch große, gefestigte Verbände in hohem Grad betroffen. Im enormen Mitgliederverlust des Metallarbeiterverbandes spiegelt sich neben den Einberufungen die Anwendung des Kriegsleistungsgesetzes auf große Teile der Metallbranche. Bei den Verbänden der Bau- und der Holzarbeiter dürfte die Arbeitslosigkeit der Grund gewesen sein, die in diesen Branchen nicht von einer Wiederbelebung der privaten Wirtschaft abgelöst wurde. Die Heeresverwaltung übernahm, als im Herbst 1914 infolge des beginnenden Stellungskrieges die Holznachfrage wieder stark anstieg, die Beschaffung selbst,[104] und auch die Bautätigkeit beschränkte sich auf Projekte der Heeresverwaltung.[105] Die Arbeiter hatten dabei den Status von Soldaten und waren daher von gewerkschaftlicher Aktivität ausgeschlossen. Im Vergleich dazu geringe Verluste verzeichneten die Gewerkschaften mit hohem Anteil an Frauen an der Mitgliedschaft, wie die Textilarbeiterunion oder der Verband der Buchdruckereihilfsarbeiter. Gerade bei diesen beiden Verbänden zeigten sich jedoch klar die Folgen der weniger festen gewerkschaftlichen Bindung der Frauen, sowie die der Arbeitslosigkeit. In beiden Berufszweigen war der Verlust bei den Frauen relativ sogar höher als der bei den Männern.

Bis auf die drei kleinen Verbände der land- und forstwirtschaftlichen Arbeiter, der Krankenkassenangestellten bzw. der Sattler, Taschner und Riemer, hatten alle Gewerkschaften Verluste zu verzeichnen. Kleine Verbände gerieten dadurch oftmals in äußerste Bedrängnis. Von den 57 Zentral- und Lokalvereinen, die Ende 1914 existierten, zählten 26 weniger als 1000 und 18 weniger als 500 Mitglieder. Die vormals größte Gewerkschaft der Metallarbeiter sank zu einer nur mittelgroßen Organisation herab und wurde wieder vom Rechtsschutzverein der Eisenbahner, der ohne Arbeitslosigkeit und als Berufsvertretung einer ohnehin meist beim Staat beschäftigten Arbeitergruppe unterdurchschnittliche Verluste verzeichnete, und sogar von der Union der Textilarbeiter überflügelt.

Die Gewerkschaftsbewegung erlitt in allen Kronländern Verluste. Außer in den vom Kriegsgeschehen in Mitleidenschaft gezogenen Gebieten an den Grenzen zum feindlichen Ausland hielten sich die Verluste zwischen 35 und 50%. Erstaunlich waren die recht schweren Einbußen in Wien und im übrigen Niederösterreich angesichts der Tatsache, daß dieses Gebiet als gewerkschaftliche Kernregion anzusehen ist. Die im Vergleich dazu geringen Verluste in Böhmen bewirkten kurzfristig eine Unterbrechung des Trends zur immer stärkeren Konzentration der freien Gewerkschaften in der und um die Reichshauptstadt. In einzelnen Kronländern erschien die gewerkschaftliche Organisation überhaupt gefährdet. In Dalmatien und in der Bukowina gab es jeweils nicht einmal mehr 200 freigewerkschaftlich organisierte Arbeiter; in acht Ländern blieb die Zahl unter 5000.

Die Entwicklung des Mitgliederstands war eine ernste Bedrohung für die Leistungsfähigkeit, wenn nicht sogar für die Existenz des Gewerkschaftswesens. Weniger Mitglieder bedeuteten weniger Einnahmen und damit insgesamt einen eingeschränkten Aktionsradius. Schon 1913 hatten die Gewerkschaften finanzielle Verluste hinnehmen müssen,

---

104 Vgl. *Riedl*, Industrie, S. 210–211.
105 Vgl. DG 6/1915, S. 41.

die in schweren Arbeitskämpfen und in der Arbeitslosigkeit ihre Ursache hatten. Die wirtschaftliche Krise war auch 1914 nicht gewichen, sondern hatte durch den Kriegsausbruch eine wesentliche Verschärfung erfahren. Durch den gleichzeitig einsetzenden Mitgliederschwund gerieten die Gewerkschaften finanziell in Schwierigkeiten.[106]

Einem Rückgang der Einnahmen standen während des ganzen Jahres 1914 große, zu Kriegsbeginn aber noch enorm gesteigerte Ausgaben gegenüber. Fast ein Drittel der Gesamtausgaben entfiel dabei auf die Arbeitslosenunterstützung. Die Quote in einzelnen Verbänden lag noch höher. Der Verband der Drechsler zahlte drei Viertel aller Ausgaben für diesen Zweck, die Textilarbeiterunion 44% und selbst der Metallarbeiterverband noch 40%.

Die finanzielle Situation erschien besonders zu Kriegsbeginn prekär, und die Gewerkschaften entschlossen sich, die Ausgaben zu drosseln. Sie gingen dabei so vor, daß sie zunächst wie in der Wirtschafts- und Organisationskrise 1908 bis 1910/11 den Aufwand für Verwaltung und Öffentlichkeitsarbeit kürzten. Diese Vorgangsweise wurde auch durch die Umstände unterstützt, da die Gewerkschaften angesichts des Krieges ihre Aktivitäten sehr einschränkten, daher wenig oder keine Ausgaben für die Vorbereitung von Lohnbewegungen, für Werbung oder Agitation hatten. Die Kosten für diese Zwecke sanken um 10% gegenüber 1913. Die enorme Belastung durch die Arbeitslosenunterstützung erforderte aber zusätzliche Einsparungen, also Einschränkungen des Unterstützungswesens. Die Reise- und Krankenbeihilfen blieben weit hinter denen für 1913 zurück und nur die Notfallsunterstützung, die wohl auch als Hilfe für Arbeitslose herangezogen wurde, blieb etwa auf dem Vorjahresstand. Da auch die Arbeitslosenunterstützungen ab Spätherbst 1914 wieder stark zurückgingen, konnte diese Ausgabenpolitik ein Debakel vermeiden. Die Gesamtausgaben gingen trotz der anomal hohen Zahlungen an Arbeitslose schon 1914 ganz leicht zurück.

Der Verlust war mit 1,65 Millionen K bei Einnahmen von 8,3 Millionen K nicht so stark, daß dadurch die materielle Basis der Gewerkschaften gefährdet worden wäre. Die Gebarungsverluste schlugen nicht voll auf das Vermögen der freien Gewerkschaften durch, das sich nur um etwa eine Million K verringerte.

Schon die ersten Kriegsmonate hinterließen also deutliche Spuren im gewerkschaftlichen Organisationswesen. Mitgliederverluste und finanzielle Schwierigkeiten charakterisierten diese Periode. Die organisatorische Arbeit trat in den Hintergrund. Der Kriegsausbruch hatte Bestrebungen, die Organisationen zu straffen und Vereinigungen verwandter Vereine durchzuführen, unterbrochen, und dieser Stillstand hielt auch noch Anfang 1915 an. Neben der Dominanz unaufschiebbarer Probleme war es die Unterbrechung des statutenmäßigen Vereinslebens, das Organisationsvorhaben in den Hintergrund treten ließ. Fällige Verbandstage und Generalversammlungen, die Verbandsfusionen oder andere wichtige Fragen beschließen hätten müssen, wurden abgesagt.[107] Das Organisationsleben kam beinahe zum Erliegen. Mitgliederversammlungen wurden kaum versucht;

---

106 Vgl. z. B. die Einschätzung der finanziellen Situation der Gewerkschaften durch Gustav Stolper in: DÖV 21. 11. 1914, S. 126–127.
107 Vgl. z. B. ÖMA 32/1914, S. 309.

hingegen gab es Vorträge zum Thema Krieg. So wurde etwa in Bildungsveranstaltungen über den deutsch-französischen Krieg von 1870/71 gesprochen.[108]

Nur auf oberster Ebene und meist auf Wien beschränkt fanden gemeinsame Sitzungen von Funktionären der Verbände oder allenfalls der Betriebsvertrauensleute zu aktuellen Fragen statt.[109] Die Verbindung zwischen der Gewerkschaft und den einfachen Mitgliedern war in dieser Zeit schwer gestört, was sicherlich mit zu den starken Mitgliederverlusten beitrug.

Die organisatorische Lage der Gewerkschaften war Ende 1914 keineswegs günstig. Das größte Problem war sicherlich die starke Abnahme der Mitgliederzahlen. Dies mußte unter normalen Bedingungen unmittelbar eine Machteinbuße bedeuten. Die Gewerkschaftsbureaukratie selbst[110] und auch interessierte Beobachter[111] betonten allerdings stets die Sorge um die Finanzen. Die Finanzlage der Gewerkschaften hing eng zusammen mit der Höhe des Mitgliederstandes; die Mitgliedsbeiträge machten bei weitem den größten Teil der Einnahmen aus. Mit Hilfe finanzieller Maßnahmen allein, durch Einsparungen, Beitragserhöhungen, war das Problem nicht lösbar. Damit konnte wohl eine ausgeglichene Bilanz auf niedrigerem Niveau erreicht werden; größere Kämpfe und Aktivitäten erforderten jedoch wie die Vergangenheit gezeigt hatte, absolut hohe Summen und einen möglichst hohen Organisationsgrad.

4.2.2. *Die Gewerkschaften in der Aufbauphase der Kriegswirtschaft*

4.2.2.1. Gewerkschaften, Reallöhne und Teuerung

Den Preissteigerungen bei allen Bedarfsgegenständen, die von Anfang an die Kriegswirtschaft charakterisierten, standen im großen und ganzen stagnierende, fallweise sogar sinkende Geldlöhne und -gehälter gegenüber. Die wenigen Arbeiter, denen es gelang, die Kriegskonjunktur zu Lohnerhöhungen zu nützen, ehe das Kriegsleistungsgesetz solches verhinderte, fielen nicht ins Gewicht. Die Masse der abhängig arbeitenden Menschen erlitt schwere finanzielle Verluste. Es muß daher sehr erstaunen, daß die Gewerkschaften das Teuerungsproblem während der ersten Kriegsmonate bis weit in den Winter 1915 hinein nicht behandelten.[112] Das Absinken des Reallohnniveaus, die damit verbundene Gefahr der Verelendung weiter Arbeiter- und selbst Angestelltenkreise und die dadurch leicht erzwingbare Bereitschaft der Betroffenen, jede Arbeit anzunehmen, rührten an die Grundlagen des Gewerkschaftswesens. Die Gründe für die Abstinenz der Gewerkschaften von für sie so wichtigen Fragen dürften einerseits in ihrer burgfriedlichen Disposi-

---

108 Vgl. AVA, MdI, Präs. Z. 16282/1914. In: Rudolf *Neck*, Arbeiterschaft und Staat im Ersten Weltkrieg 1914–1918. A/I/1 (Wien 1964) 10 und DG 33/1915, S. 219.
109 Vgl. DG 2/1915, S. 6–7 und AdSP, PrPV 1. 10. 1914.
110 Vgl. DG 28/1915, S. 160.
111 Vgl. Sozialpolitische Chronik: Die Gewerkschaftsbewegung und die sozialpolitische Lage während des Krieges in Österreich Ungarn 1914/15. In: Archiv für Sozialwissenschaft und Sozialpolitik 39 (1915) 932.
112 Vgl. DG 48/1914, S. 405, wo die Lebensmittelteuerung erstmals beiläufig erwähnt wird. Erst DG 17/1915, S. 114–116 bringt eine eingehende Behandlung der Problematik.

tion, andererseits aber, von viel weitertragender Bedeutung, in dem Versagen der üblichen gewerkschaftlichen Lohnpolitik liegen.

Die seit Kriegsbeginn eingeschlagene Taktik der freien Gewerkschaften, sich aus politischen Auseinandersetzungen jeder Art herauszuhalten und statt dessen die Kriegszeit im Zusammenwirken mit den gegnerischen Organisationen überdauern zu wollen, verhinderte auch eine Diskussion der Teuerung, die der Regierung wegen ihrer Laxheit in dieser Frage und den Bauern wegen der Bewucherung der Bevölkerung schwere Vorwürfe hätte machen müssen. Wie empfindlich die staatliche Verwaltung tatsächlich auf Äußerungen dieser Art reagierte, bewiesen die Schwierigkeiten, die der sozialdemokratischen Partei beim Versuch, öffentlich gegen die Teuerung aufzutreten, bereitet wurden.[113]

In der durch den Krieg noch verstärkten Beschränkung der Gewerkschaften auf „gewerkschaftliche" Arbeit, das heißt, Einfluß auf die Lebensverhältnisse anzustreben, erschien das Teuerungsproblem als ein politisches, nicht als ein gewerkschaftliches, wenn auch Preissteigerungen und Löhne vom gewerkschaftlichen Gesichtspunkt kaum zu trennen waren. Die Löhne waren aber bei Kriegsbeginn von den Gewerkschaften selbst eingefroren worden und sollten es bis zur Wiederkehr normaler Bedingungen bleiben.

Konnte in den ersten Kriegstagen noch die wirtschaftliche Depression und die Arbeitslosigkeit als Rechtfertigung dieser Handlungsweise dienen, so waren es in den folgenden Monaten dominant burgfriedliche Motive, die Lohnkämpfe zurückdrängten. „Die Gewerkschaft" gestand dies auch ein: „Die *Arbeiter* haben angesichts des verheerenden Brandes, der gegenwärtig über die Welt braust, sofort bei dessen Beginn auf alle Lohnkämpfe und die damit zu erreichenden Verbesserungen ihrer Lebenshaltung verzichtet, bevor noch die dahin gehenden Mahnungen laut geworden waren. Man sage nicht, sie hätten aus der Not eine Tugend gemacht und ihr Verzicht sei nur die Folge ihrer... Schwäche gewesen. Wir sagten es bereits: *erschwert* wurden unleugbar eine Reihe von Lohnkämpfen, durchaus jedoch nicht *unmöglich* gemacht. Doch nicht einmal diese Erschwernis trifft für *alle* Arbeitergruppen zu. Eine ganze Reihe von solchen können wir nennen, denen der Kriegsbedarf ganz ausserordentliche Beschäftigungsmöglichkeiten schuf, bei denen unausgesetzt ein sehr empfindlicher Arbeitermangel herrscht und wo demnach die Bedingungen für einen erfolgreichen Lohnkampf so günstig sind, wie seit Jahren nicht und in Jahren nicht wieder. Trotzdem nützen die Arbeiter diese ausserordentlich günstige Situation für sich nicht aus: Sie halten sich an das zwar nicht formell ausgesprochene, wohl aber doch bestehende Übereinkommen, während des Krieges eine Aenderung der Arbeitsverhältnisse nicht zu erstreben und lieber auf Besserungen, die sie verhältnismäßig sehr leicht unter dem Druck der Sachlage erzielten könnten, zu verzichten."[114] Der „Burgfrieden" und das Bekenntnis der Gewerkschaftsführung zu ihm verhinderten so auch die Bekämpfung der Teuerung mit gewerkschaftlichen Mitteln. Selbst Kollektivverträge, die eine schon im Herbst 1914 unerträgliche Lohnregulierungen enthielten, wurden unverändert mit Zustimmung der Gewerkschaften verlängert.

---

113 Vgl. AdSP, PrPV 17. 12. 1914. Vgl. auch AVA, MdI, Präs. Z. 18290/1914.
114 DG 45/1914, S. 394 (Hervorhebungen im Original).

Neben dem Burgfrieden gab es ein zweiten Motiv für die Zurückhaltung bei Lohnbewegungen gegen die herrschende Teuerung. Mit der Untrennbarkeit von Preis- und Reallohnniveau hatten die Gewerkschaften schon während der letzten Vorkriegsjahre, als die Lebensmittel bereits ständig, wenn auch nicht mit so großer Geschwindigkeit, teurer geworden waren, unangenehme Bekanntschaft gemacht. Die Preissteigerungen hatten sie dazu gezwungen, den Lohnforderungen einen so wichtigen Platz bei Verhandlungen einzuräumen, daß die übrigen Arbeitsbedingungen zu kurz kamen. Außerdem stellte jeder Lohnzuwachs nur ein Nachholen der Preissteigerungen dar, wodurch einerseits die Kollektivverträge, die die Löhne unter Teuerungsverhältnissen auf zu lange Zeit festsetzten, problematisch wurden, andererseits keine echten Verbesserungen mehr für die Arbeiterschaft erreicht werden konnten. Es hatte aus diesen Gründen vor dem Krieg Stimmen gegeben, die dazu rieten, die Lohnfrage nicht mehr zu forcieren sondern eher etwa um Arbeitszeitverkürzungen zu kämpfen.[115]

Im Krieg vergrößerten sich dann die Schwierigkeiten der Gewerkschaften mit dem Reallohnproblem. Abgesehen von der burgfriedlichen Selbstbeschränkung machten die herrschenden Verhältnisse die Durchsetzung einer Verbesserung der Arbeitsbedingungen, die Durchsetzung grundsätzlicher Forderungen, unmöglich. Lohnerhöhungen infolge der kriegsinduzierten Inflation waren nur bei entsprechendem Druck der Gewerkschaften auf die Unternehmer und auf Kriegszeit zu erreichen, da die Unternehmer die hohen Geldlöhne nicht in ordentlichen Arbeitsverträgen festschreiben wollten. Lohnerhöhungen in Form von Kriegszulagen erschienen jedoch, wie der Fall des Lohnabkommens im Baugewerbe im Sommer 1915 deutlich erwies, der Gewerkschaftsführung gefährlich.[116] Wenn es sich auch um ein spezielles System handelte – der Abbau der Sonderzahlungen wurde an Preissenkungen bei einigen Lebensmitteln gebunden – so traf die Kritik der Gewerkschaftsführung doch auf Zulagenregelungen allgemein zu: Teuerungszulagen konnten Reallohnverlust nur nachträglich abdecken, und es mußte folglich auf eine Verbesserung der Einkommen verzichtet werden. Auch war klar, daß die Gewerkschaften in der schwierigen Verhandlungsposition in erster Linie für untere Einkommensgruppen und nicht für Spitzenverdiener Aufbesserungen erreichen konnten. Übertariflich bezahlte Arbeiter erlitten also relativ zu denen, die niedrige Löhne bezogen, finanzielle Verluste.

Solche Argumente wurden erst vorgebracht, als die einzelnen Berufsverbände Lohnbewegungen nicht mehr umgehen konnten und die praktisch einzig durchsetzbare Form der Teuerungszulagen wählten. Rückprojiziert auf das erste Kriegshalbjahr dürften aber ähnliche Überlegungen auch in den ersten Kriegsmonaten eine Rolle gespielt haben, die notwendigen Lohnbewegungen nicht durchzuführen. Die Gewerkschaftsführung ging davon aus, daß der Krieg nicht lange dauern würde und daß bis zu seinem Ende eine burgfriedliche, Konfrontationen vermeidende Politik durchhaltbar sei. Die aufgeschobenen Lohnbewegungen sollten nach Wiederkehr normaler Verhältnisse durchgeführt werden, soweit die Entwicklung des Preisniveaus dies dann noch notwendig machte.

---

115 Vgl. ÖMA 31/1914, S. 300–302.
116 Vgl. Der Bauarbeiter 32/1915, S. 1; DG 39/1915, S. 243–244 und DG 41/1915, S. 252–254.

4.2.2.1.1. Die sozialdemokratische Partei im Kampf gegen die Folgen der Kriegswirtschaft

Daß die Entwicklung der Lebensmittelpreise die Arbeiterschaft in Unruhe versetzte und dringend nach Gegenmaßnahmen verlangte, läßt sich an den Protestaktionen ablesen, zu denen sich der sozialdemokratische Parteivorstand allerdings erst im Oktober, nach Aufforderung durch einige Funktionäre, entschloß. Der Reichsratsabgeordnete für Teplitz-Schönau, Josef Seliger, meinte, die Besprechung des Problems nur innerhalb der Parteizeitungen mache unter den Arbeitern „den allerübelsten Eindruck."[117] Karl Renner entwarf daraufhin eine Denkschrift, die jedoch nicht nur die Teuerung, sondern auch die Arbeitslosenunterstützung und die Hilfe für die Kriegsopfer behandelte. Die erste Forderung der Denkschrift war die nach der Einberufung des Parlaments.[118]

Der Höhepunkt der Arbeitslosigkeit war zwar im Oktober längst überschritten, doch war nach den Erfahrungen bei Kriegsausbruch in der Demobilisierungsphase, wenn die Kriegsproduktion eingestellt würde und die heimkehrenden Soldaten wieder ins Wirtschaftsleben integriert werden mußten, mit einer neuerlichen schweren Beschäftigungskrise zu rechnen. Unter diesen Voraussetzungen forderte die sozialdemokratische Partei neben der von der Regierung ja bereits in die Wege geleiteten Ausführung fälliger Staatsbauten[119] auch eine reguläre Arbeitslosenunterstützung, die der Staat mit 500 Millionen K über Zwangsanleihen oder auf ähnliche Art finanzieren sollte. Die von der Parteivertretung ursprünglich beschlossene Forderung nach Einführung des Genter Systems kam in der Denkschrift nicht zum Ausdruck. Nach dem Genter System zahlte die öffentliche Hand einen Zuschuß zu den von den Gewerkschaften geleisteten Unterstützungen, es implizierte also die Anerkennung und eine indirekte Förderung der Gewerkschaften und war deshalb auch stets von den Arbeiterorganisationen propagiert worden. Der Grund für den erstaunlichen Verzicht dürfte darin zu suchen sein, daß ein solches gemischtes Unterstützungssystem die bedrängten gewerkschaftlichen Finanzen nicht ausreichend entlastet hätte. Auf der anderen Seite diente die mangelnde Bereitschaft der Arbeiterorganisationen, sich finanziell in der Arbeitslosenfürsorge zu engagieren, der Regierung neben anderem als Argument, die sozialdemokratische Forderung zurückzuweisen.[120]

Für eine großzügigere Unterstützung der Kriegsbetroffenen wurde die personelle Ausdehnung des Gesetzes vom 26. Dezember 1912 über die Unterhaltsbeiträge verlangt, um die Verelendung der Soldatenfamilien aufzuhalten. Die Witwen- und Waisenversorgung sollte verbessert werden und intensive Hilfe für die von den kriegerischen Ereignissen betroffenen Gebiete geleistet werden. Die Regierungsstellen standen dieser Gruppe von Wünschen wohlwollend gegenüber. Das Handelsministerium empfahl eine

---

117 Vgl. Brief Seligers an „lieben Freund" vom 12. 10. 1914. AVA, SdPst Karton 113, Mappe: Oktober 1914. Vgl. auch AdSP, PrPV 8. 10. 1914.
118 Vgl. AdSP, PrPVertr 20. 10. 1914 und AVA, MdI, Zu Präs. Z. 14810/1914 (Denkschrift der deutschen Sozialdemokraten).
119 Vgl. AVA, MdI, Präs. Z. 15854, Präs. Z. 16002, Präs. Z. 16522 und Präs. Z. 16536/1914.
120 Vgl. AVA, MdI, Präs. Z. 16582/1914 (HM, Z. 38579/1914).

„möglichst ausgiebige Berücksichtigung." Tatsächlich bekam etwa eine Kriegerwitwe in Deutschland das Vierfache an Unterstützung einer Leidensgenossin in Österreich.[121]

Das Problem der Teuerung wurde anhand der Preissteigerungen für Brot behandelt. Schon im Oktober verlangten die Sozialdemokraten eine weitgehende Bewirtschaftung; neben Backvorschriften, einem Verfütterungsverbot und einer organisierten Getreideeinfuhr verlangte die Partei auch Großhandelshöchstpreise und, obwohl interne Kritiker der Regierung mißtrauten,[122] ein staatliches Großhandelsmonopol. Das Ackerbauministerium hielt noch Ende November ein Getreidehandelsmonopol für unmöglich, im Februar 1915 mußte aber, wie erwähnt, unter dem Druck der Verhältnisse die Getreideversorgung vom Staat in die Hand genommen werden. Das Vertrauen in die staatliche Anstalt sollte durch eine Beteiligung unter anderen auch sozialdemokratischer Funktionäre hergestellt oder erleichtert werden. Auch die anderen Forderungen zur Aufrechterhaltung der Brotversorgung mußten bis auf die Organisation der Einfuhr, die sich durch die weitgehende Absperrung der Monarchie von selbst erledigte, recht bald erfüllt werden. Erste Back- und Streckungsvorschriften traten ab November 1914 in Kraft, ein Verfütterungsverbot wurde Anfang Jänner 1915 verfügt.[123]

Gleichzeitig mit den deutschen Sozialdemokraten in Österreich richtete auch die tschechoslawische Partei eine Denkschrift an die Regierung, in der aber die Forderung nach Wiedereinberufung des Parlaments fehlte. Victor Adler hatte ein gemeinsames Vorgehen mit den Separatisten angeregt, um der Aktion mehr Gewicht zu verleihen.[124]

Ebenfalls im Oktober richtete der sozialdemokratische Konsumverein „Vorwärts" eine Eingabe an den Ackerbauminister und an das Ministerratspräsidium wegen der Teuerung des Getreides und forderte Maßnahmen gegen den Wucher der Bauern, Maximalpreise auf allen Stufen und Vorratserhebung.[125]

Die unaufhörlich weiterschreitende Teuerung – im Teplitzer Industriebezirk gab es z. B. schon im Oktober 1914 Unruhen wegen der Getreidepreise[126] – zwang die sozialdemokratische Partei in den folgenden Monaten, weitere Aktionen, Versammlungen und neuerlich Interventionen bei der Regierung, ins Auge zu fassen.[127] Die geplanten Versammlungen fielen allerdings Verboten der Sicherheitspolizei zum Opfer. Die Erfahrungen, die die Behörden bei einer „im üblichen Tone einer Mäßigung" gehaltenen Veranstaltung des Vereines sozialdemokratischer Frauen und Mädchen am 14. Dezember machten, veranlaßten das Innenministerium die angekündigten Parteiversammlungen wegen der Gereiztheit der Bevölkerung zu untersagen.[128]

---

121 Vgl. ebd.
122 Vgl. AdSP, PrPvertr 20. 10. 1914.
123 VO des AM vom 5. 1. 1915, RGBl. Nr. 5.
124 Vgl. AVA, MdI, Zu Präs. Z. 14810/1914, Abschrift der Übersetzung des Promemoria der tschechoslawischen Sozialdemokraten, und AdSP, PrPV 8. 10. 1914.
125 Vgl. AVA, SdPst Karton 155, Mappe: Aufrufe, Eingaben. Vgl. auch DK 22/1914, S. 231–233 und DK 23/1914, S. 240–242.
126 Vgl. AVA, MdI, Präs. Z. 15242/1914 (HM, Z. 38472 KP/1914).
127 Vgl. AVA, AdSP, PrPV 3. 12. 1914.
128 Vgl. AVA, MdI, Präs. Z. 18100 und Präs. Z. 18290/1914. Vgl. auch AdSP, PrPV 17. 12. 1914.

Die sozialdemokratische Partei, die Konsumvereine und die Frauenorganisation beteiligten sich darüber hinaus an einer von bürgerlicher Seite in Niederösterreich gegründeten „Kriegskommission für Approvisionierungsfragen"[129] und arbeiteten in der Approvisionierungssektion der Handelspolitischen Kommission der k. k. Reichs-Haupt- und Residenzstadt Wien mit.[130]

Die regen Aktivitäten der sozialdemokratischen Partei und Genossenschaften in den Fragen der Teuerung und der Versorgung der Bevölkerung kontrastieren mit der großen Zurückhaltung der freien Gewerkschaften auf diesem Gebiet. Im Gegensatz dazu waren christliche und deutschnationale Berufsvereine z. B. in der Kriegskommission für Konsumenteninteressen vertreten.[131]

4.2.2.2. Die Gewerkschaften und die Verhältnisse in der Kriegsindustrie

Erst die praktische Anwendung des Kriegsleistungsgesetzes machte die ganze Tragweite dieses Gesetzes für die Arbeiterschaft und ihre Organisationen, die verheerenden Folgen der Aufhebung von Freizügigkeit und Koalitionsrecht und die Militarisierung der Arbeitsverhältnisse bewußt.

Die Gewerkschaften wurden durch das Kriegsleistungsgesetz ihres Einflusses auf die verpflichteten Betriebe beraubt. Die Zugehörigkeit zu einer Berufsorganisation wurde zwar durch das Kriegsleistungsgesetz formell nicht aufgehoben, doch war eine gewerkschaftliche Betätigung angesichts der Macht der militärischen Leiter illusorisch. Die Gewerkschaften waren außerstande zugunsten der unter Kriegsleistungsgesetz stehenden Arbeiter, die in weitestem Ausmaß den militärischen Vorgesetzten und den Unternehmern ausgeliefert waren, einzugreifen.

Die Gewerkschaften nahmen ihre Ausschaltung in einer Reihe der wichtigsten Industriezweige durch das Kriegsleistungsgesetz vorerst resignierend hin. Lediglich Beschwerden wegen Übertretungen dieses Gesetzes wurden bei den militärischen Behörden vorgebracht. Schließlich erwies sich auch die Hoffnung, die Durchführungsverordnung vom 14. November 1914 werde „den Bestrebungen einzelner Unternehmer, die (sic!) Zwangslage, in welcher sich die Arbeiter durch die Unterstellung des Betriebes unter das Kriegsleistungsgesetz versetzt werden, zu weitgehender Ausbeutung auszunützen, einen wirksamen Riegel" vorschieben,[132] als trügerisch. Die Durchführungsverordnung hob in keiner Weise die Entmachtung der Arbeiter auf, sodaß sich Militärs und Unternehmer weiterhin selbst über deren gesetzlich verbürgte Rechte hinwegsetzen konnten. Dennoch blieben energische Widerstandsaktionen der Organisationen auch weiterhin aus. Die Arbeiter wurden vielmehr zu Ruhe und Ordnung aufgefordert. In einer Versammlung des in erster Linie betroffenen Metallarbeiterverbandes in Wien wurde an die Vertrauensleute appelliert, „sich den jetzigen Verhältnissen so viel wie möglich

---

129 Vgl. AdSP, PrPV 7. 1. 1915. Vgl. auch Fachzeitung der Schneider 3/1915, S. 2; Die Arbeit 20. 2. 1915, S. 5 und DK 3/1915, S. 19.
130 Vgl. MdHpK 6. 3. 1915, S. 27.
131 Vgl. MdHpK 17. 2. 1915, S. 13.
132 Vgl. DG 49/1914, S. 409.

anzupassen und die harte Lage, in der sich insbesondere die Arbeiterklasse jetzt befindet, nicht durch Unbesonnenheit zu verschlechtern."[133]

Die Gewerkschaftsführung stand in der Aufbauphase der Kriegsindustrie der Agitation gegen die arbeiterfeindlichen Verhältnisse ablehnend gegenüber. Sie stellte sich dabei im wesentlichen auf den Standpunkt der Staatsverwaltung, daß Gruppeninteressen zurücktreten müßten, um die Kriegsführung zu ermöglichen. Dies wurde auch in den Anfang 1915 stattfindenden Versammlungen der lokalen Organisationen des Metallarbeiterverbandes immer wieder betont. In Steyr forderte bei einem solchen Anlaß der Verbandssekretär Franz Domes die Mitglieder wohl auf, sich von den Unternehmern nicht alles gefallen zu lassen, meinte aber, daß „[die] Waffenfabriksarbeiter ... jetzt die Pflicht [haben], für unsere im Felde gegen übermächtige Feinde kämpfenden Kollegen die nötigen Waffen zu erzeugen und jede Unterbindung dieser Tätigkeit ... unsere Brüder am Schlachtfeld [gefährdet]"[134]

Tatsächlich waren durch das Kriegsleistungsgesetz auch die Unternehmer weitestgehend vor Arbeiterforderungen sicher, und dieser Umstand mußte über kurz oder lang die Gewerkschaften zur Aufgabe der resignativen Politik bewegen. Die Teuerung, die schlechte Behandlung der Arbeiter und wohl auch die Einsicht, daß die herrschenden Verhältnisse sich nicht so bald durch das Ende des Krieges von selbst erledigen würden, führten schließlich ab März 1915 zu einem Kurswechsel in der gewerkschaftlichen Politik.

4.2.3. Die Resignation der Gewerkschaften während der ersten Kriegsmonate

Die Kooperationsbereitschaft der freien Gewerkschaften, wie sie sich in den Tagen des Kriegsausbruches erwiesen hatte, fand in der darauffolgenden Zeit kein Betätigungsfeld. Die Einrichtungen der paritätischen Arbeitsvermittlung verloren rasch an Bedeutung, und von der Bearbeitung der großen kriegswirtschaftlichen Probleme, Teuerung und Arbeitsverhältnisse in der Kriegsindustrie, waren die Arbeiterorganisationen ausgeschlossen.

Die Ursache dieser Entwicklung war, daß die Kriegsverwaltung in dieser Zeit die Industrie- und Arbeiterpolitik an sich zog und in autoritär-interventionistischer Ausrichtung fortzuführen trachtete. Die Unternehmerseite sah sich von dieser Tendenz ernstlich bedroht. Das Permanenzkomitee für Handel, Industrie und Gewerbe, das die wichtigsten Unternehmergruppierungen umfaßte, sprach deshalb Anfang Dezember beim Ministerpräsidenten vor, um die ständige Delegierung staatlicher Vertreter, vor allem des Kriegsministeriums, zu erreichen, „damit dieses Permanenzkomitee sohin tatsächlich den Anspruch erheben könne, als maßgebendes begutachtendes Organ auf Kriegszeit zu gelten."[135] Die Industriellen forderten auch einen Beirat direkt beim Kriegsministerium, um Einfluß auf Rohstoff- und Exportpolitik, sowie auf das Heereslieferungswesen zu

---

133 ÖMA 6/1915, S. 28.
134 Ebd., S. 30.
135 DI 41/1914, S. 7. Vgl. auch DI 42/1914, S. 1.

4.2. Die Gewerkschaften in den ersten Kriegsmonaten

gewinnen. Diesem Wunsch wurde durch die Konstituierung einer „Zentralevidenz für Armeelieferungen" entsprochen, in deren Kommissionen die Unternehmer als Fachleute vertreten waren.[136] Die Hauptstelle verlangte schließlich sogar, ein fünfgliedriges Industriellenkomitee beim Kriegsministerium sollte die Arbeitsverhältnisse in der Kriegsindustrie regeln und den „Lohntreibereien" ein Ende setzen. Die Kriegsverwaltung wies das Ansinnen jedoch mit dem Argument zurück, ein solches Gremium könne nichts zum besseren Funktionieren der Kriegsindustrie beitragen.[137]

Die friedliche Zurückhaltung der Gewerkschaften hingegen ließ die autoritäre Arbeiterpolitik voll wirksam werden. Die gewerkschaftlichen Interventionen beschränkten sich darauf, Mißbräuche des Kriegsleistungsgesetzes und Verletzungen des Burgfriedens durch die Unternehmer aufzuzeigen.[138] Im Gegensatz zu den Unternehmern wurde nicht versucht, Einfluß auf die durch die Ausnahmesituation geschaffenen Verhältnisse zu erlangen. Kritik an den herrschenden Verhältnissen durch die Gewerkschaften ließen sich allenfalls aus den Hinweisen der Presse auf die als viel günstiger dargestellte Lage in Deutschland herauslesen.[139]

Gleichzeitig verwahrte sich die Gewerkschaftskommission sehr entschieden gegen die aus linken Parteikreisen verlautende Kritik an der burgfriedlichen Politik. Max Adler, der sich in diesem Sinne im „Kampf" geäußert hatte, wurde Weltfremdheit und falsches Sozialismusverständnis vorgeworfen. In Vorwegnahme der bei den Streiks im letzten Kriegsjahr häufig vorgebrachten Verdächtigung, hinter den Bewegungen stünden Agenten aus dem Osten, wurde Adler der geistigen Gemeinschaft mit einem „der vielen russischen „Revolutionäre", die für die russische Revolution an den schönen Gestaden irgendeines Schweizer Sees „kämpfen" und ihre Langeweile bei dieser sehr erspriesslichen Tätigkeit sich durch die Verfassung ungezählter Artikel und Broschüren vertreiben," bezichtigt. Auf die Vorwürfe Max Adlers, besonders die Gewerkschaften bejahten, bürgerlich geworden, den Kapitalismus und auch den Krieg als Expansionsversuch des nationalen Kapitals, erwiderte „Die Gewerkschaft", „daß es unseres Wissens in gewerkschaftlichen Kreisen *niemand* gibt, der dies so selbstverständlich und vorbehaltlos annimmt. Unstreitig aber gibt es sehr viele – wir glauben sogar alle, die von dem Amte etwas verstehen, zu dem sie berufen sind – die als Voraussetzung des dauernden Erfolges der gewerkschaftlichen Tätigkeit auch die Expansionsmöglichkeit der Industrie als nötig erachten. Allerdings – wenn "die Rücksichten auf den materiellen und politischen Besitzstand des Proletariats als die ärgeren Ketten denn je zuvor erscheinen, da sie nicht nur seine Bewegungsfreiheit, sondern mehr noch seinen Geist fesseln", der wird alles, was geeignet ist, die Förderung dieses Besitzstandes zu ermöglichen, also auch die industrielle Expansionsmöglichkeit als etwas sehr Verderbliches, weil der Entwicklung zum Sozialismus Hinderndes verdammen. Wem aber dieser Besitzstand schon als *ein*

---

136 Vgl. DI 6/1915, S. 2 und DÖV 20. 2. 1915, S. 324.
137 Vgl. AVA, HM, Z. 423/1915 (KM, Z. 19913/1914).
138 Vgl. DG 45/1914, S. 393–394 und DG 46/1914, S. 397–398. Ein besonders eklatanter Fall war die Androhung der Kollektivvertragskündigung durch den Wiener Metallwarenproduzentenverband. Vgl. dazu auch AVA, MdI, Dep.7, Z. 38449 und Z. 40784/1914.
139 Vgl. DG 36/1914, S. 359; DG 37/1914, S. 363–364; DG 39/1914, S. 370; DG 48/1914, S. 407–408; DG 51/1914, S. 417–418.

Stück Sozialismus an sich, oder aber mindestens als die unerlässlichste Vorbedingung hiezu dünkt, der wird sich durchaus nicht vor dieser Expansion dreimal bekreuzigen. Wer ausgiebigen gesetzlichen Arbeiterschutz und Sicherung der Lebenshaltung des Proletariats als unbedingt nötig für den Fortschritt der Arbeiterklasse und für deren endlichen Sieg betrachtet, der muß auch wünschen, der Kapitalismus seines Landes solle sich so entwickeln, daß er dies alles auch dem Proletariat gewähren könne. (Unnötig zu sagen, daß er dies alles trotz der besten Expansionsmöglichkeit und Profitschaffung nur gewährt, wenn ihn die proletarische Kraft dazu zwingt.) Dies ist die Grundlage, auf welcher die Stellung der Gewerkschaften zur Expansionsmöglichkeit des Kapitalismus beruht."[140]

Die in dieser Antwort zum Ausdruck kommende prokapitalistische und nationalistische Haltung der Gewerkschaftsführung dürfte bei einem Teil der Mitglieder auf Befremden gestoßen sein. Darauf deutet, daß die Gewerkschaftskommission im September eine Versammlung der Wiener Vertrauensmänner zur Frage der Stellung der Sozialdemokratie zum Krieg wünschte.[141] Es begann daraufhin am 8. Oktober eine Vortrags- und Diskussionsreihe, zu der außer den Betriebsvertrauensleuten auch Vertreter der Wiener Parteiorganisation und je zwei der Zentralverbände, also die führenden Gewerkschaftsfunktionäre, geladen wurden. Das Einleitungsreferat „Internationale und Krieg" hielt Victor Adler, der sich mit der Bewilligung der Kriegskredite durch die Sozialdemokraten im deutschen Reichstag und der Frage der Stellung des Proletariats zum Krieg auseinandersetzte. Seine Stellungnahme ähnelte in vielem der späteren Replik der „Gewerkschaft" an Max Adler, war aber stark deutschnational gefärbt. „*Das Interesse des deutschen Proletariats* in Österreich und Deutschland ist sicherlich kein anderes als das des deutschen Volkes ... Das Interesse des Proletariats ist so sehr identisch mit dem des deutschen Volkes, daß unsere proletarischen Ziele gar nicht erreicht oder verfolgt werden können ohne die Kräftigung des ganzen deutschen Volkskörpers."[142] In der an Adlers Referat anschließenden Diskussion gab es heftige Angriffe; einer der Teilnehmer meinte, Adler könne seine Ausführungen nicht ernst gemeint haben.[143] Victor Adler stellte sich aber gegen die von den österreichischen Gewerkschaften freudig begrüßte zwangsweise Einführung der reichsdeutschen Arbeiterschutzgesetzgebung in Belgien durch die deutsche Besatzungsmacht.[144]

Die österreichischen Gewerkschaften konnten ihre an Selbstaufgabe grenzende Loyalität nicht lange aufrechterhalten, gerade weil Regierung und Heeresverwaltung nach Überwindung der anfänglichen Schwierigkeiten meinten, die Arbeiterinteressen auf

---

140 Vgl. DG 3/1915, S. 13–15; Zitate S. 14–15 (Hervorhebungen im Original) und Max *Adler*, Das Prinzip des Sozialismus. In: Der Kampf 1/1915, S. 1–8. Gerade die Antwort der „Gewerkschaft" auf Max Adlers Artikel erschien dem Referenten des Archivs für Sozialwissenschaft und Sozialpolitik als Beweis für die Übernahme kapitalistischer Ideologie durch die freien Gewerkschaften. Vgl. Sozialpolitische Chronik: Die Gewerkschaftsbewegung, S. 949–950.
141 Vgl. AdSP, PrPV 1. 10. 1914.
142 Vgl. Viktor *Adler*, Aufsätze, Reden und Briefe 9, S. 107 (Hervorhebung im Original).
143 Vgl. ebd., S. 110–121, besonders S. 110.
144 Vgl. ebd., S. 117–118. Vgl. auch DG 44/1914, S. 391 und den wohl als Rechtfertigung gedachten Artikel in: DG 52/1914, S. 422–423.

Kriegszeit negieren und auf die Kooperation der Arbeiterbewegung verzichten zu können. Die Rufe nach stärkerem Engagement des Staates zugunsten der Arbeiter verhallten ungehört.

Den durch die Preisinflation und die militarisierten Arbeitsverhältnisse entstehenden Druck bekamen die Berufsorganisationen zuerst zu spüren. Beschwerden und vor allem die Mitgliederverluste zwangen sie zum Handeln. Selbst wenn die Gewerkschaften, wie der Obmann des Metallarbeiterverbandes Heinrich Beer sagte, während des Krieges nur Fürsorgeorganisationen sein wollten,[145] so brauchten sie dazu die Einnahmen aus den Mitgliedsbeiträgen. Der Kampf gegen den Mitgliederschwund wurde einerseits weiterhin mit Appellen an die Treue der Arbeiter geführt. Das Organ des Metallarbeiterverbandes sprach von der Treue zur Organisation sogar als „unserer Kriegsdienstpflicht als Gewerkschafter".[146] Andererseits wurde auch der Charakter der Gewerkschaften als Kampforganisationen wieder stärker hervorgehoben, deren Schlagkraft von den finanziellen Ressourcen abhängig sei. Den Organisationen fernzubleiben wurde als egoistisches Verhalten eingestuft.[147] Die Mitgliederwerbung erforderte aber vor allem Aktivitäten gegen die triste Lage, in der sich die Arbeiterschaft befand. Der besorgniserregende Schrumpfungsprozeß der Organisationen wurde so zum ersten Anlaß für die Gewerkschaftsbureaukratie, die strenge Selbstbindung etwas zu lockern und mit erweiterten Forderungen an Regierung und Militär heranzutreten. Die führende Rolle in diesem Prozeß einer ersten Neuorientierung der gewerkschaftlichen Kriegspolitik spielte der dem Druck der Arbeiter unmittelbar ausgesetzte Metallarbeiterverband.

---

145 Heinrich *Beer,* Der Krieg und die Gewerkschaften. In: Der Kampf 11/12/1914, S. 507–508. Vgl. auch Sozialpolitische Chronik: Die Gewerkschaftsbewegung, S. 951.
146 ÖMA 7/1915, S. 31.
147 Vgl. ÖMA 2/1915, S. 7. Vgl. auch ÖMA 4/1915, S. 19–20 (Plädoyer für die Mitgliedschaft bei Gewerkschaft und Genossenschaft. Die Gewerkschaft helfe den Männern verdienen, die Genossenschaft den Frauen sparen.)

5. Die Periode vom Frühjahr 1915 bis zum Herbst 1916

5.1. Die Entwicklung der kriegswirtschaftlichen Hochkonjunktur und ihre Grenzen

Nach dem Abschluß der Umstrukturierungsphase der österreichischen Volkswirtschaft schon ungefähr ein halbes Jahr nach Kriegsausbruch konnte sich trotz aller widrigen Umstände eine aus der Nachfrage nach Kriegsbedarf gespeiste Hochkonjunktur entwickeln, die alle verfügbaren Ressourcen in Anspruch nahm.

Die Roheisenproduktion erreichte 1916 trotz stark verminderter Arbeiterzahl wieder das Niveau des Jahres 1913, die Produktion von für die Herstellung von Kriegsgerät besonders wichtigen Stahlsorten ging sogar weit darüber hinaus.[1] Die Erzeugung von Artilleriemunition stieg von 34.500 Stück im Frühsommer 1915 im Rahmen des Hindenburgprogramms auf fast 69.000 Stück täglich im Oktober 1916. Auch der Ausstoß an Gewehrmunition verdoppelte sich beinahe in diesem Zeitraum.[2] Die Kriegsindustrie war in einem solchen Grade ausgelastet, daß notwendige Instandhaltungsarbeiten und Reparaturen an Maschinen und Anlagen aus Zeit- und Arbeitermangel manchmal unterblieben.[3] Zur enormen Nachfrage der Heeresverwaltung trat schließlich, je länger der Krieg andauerte, wieder steigender ziviler Bedarf, der im Interesse der Kriegsproduktion befriedigt werden mußte. So erforderte, z.B., die Versorgung der Bevölkerung mit Lebensmitteln Investitionen in der Landwirtschaft und die Herstellung landwirtschaftlicher Maschinen.[4]

Nutznießer des Kriegswirtschaftsbooms waren die Unternehmen der einschlägigen Branchen, die hohe Umsätze und hohe Gewinne machen konnten. Die Dividenden kletterten in die Höhe, und noch besser als die Aktionäre verdienten die Führungskräfte der Gesellschaften.[5] Der Kriegswirtschaftsboom kam nicht nur den Rüstungsproduzenten sondern auch der Lebensmittelindustrie, wie Mühlen, Zucker- und Spiritusraffinerien zugute.[6] Besonderen Anteil daran hatten die Banken, die in hohem Maße mit der Industrie verquickt waren und auch selbst über verschiedene Organisationen in der Kriegswirtschaft verwurzelt waren. Die Creditanstalt als größtes österreichisches Institut stand in enger Verbindung mit wichtigen Kriegslieferungsfirmen, wie den Patronenfabriken Roth in Wien und Keller in Hirtenberg oder den Munitions- und Rüstungsbetrieben Skoda in Pilsen und Krupp in Berndorf. Sie selbst war führend an der Gründung mehrerer Zentralen beteiligt und hielt fast das gesamte Kapital der halbstaatlichen

---

1 Vgl. *Riedl,* Industrie, S. 275–276.
2 Vgl. *Gratz,* Zusammenbruch, S. 121 und 123.
3 Vgl. z.B. *Homann-Herimberg,* Kohlenversorgung, S. 24. Vgl. Bruno *Enderes,* Die österreichischen Eisenbahnen. Militärische Verkehrsprobleme Österreich-Ungarns. In: Bruno *Enderes* u.a., Das Verkehrswesen im Kriege (Wien 1931) 19–20. Vgl. *Riedl,* Industrie, S. 275.
4 Vgl. *Riedl,* Industrie, S. 277.
5 Vgl. *Winkler,* Einkommensverschiebungen, S. 219.
6 Vgl. ebd., S. 171.

Zentraleinkaufsgesellschaft.[7] Alle Banken verzeichneten unter solchen Voraussetzungen eine Ausdehnung ihrer Aktivitäten.

Situation dreier Unternehmen der Kriegswirtschaft 1915/1916:[8]

Österreichisch Alpine Montangesellschaft		Österreichische Waffenfabriksgesellschaft Steyr				Österreichische Kreditanstalt	
Fakturensumme	Dividende		Reingewinn gegenüber Vorjahr	Tantiemen gegenüber Vorjahr	Dividende	Bilanzsumme gegen Vorjahr	Dividende
1914 75,5 Mio K	11%					1914 + 15,6%	6⁷/₈%
1915 97,5 Mio K	21%	1914/5	+130%	+200%	25%	1915 + 19,0%	10%
1916 138,0 Mio K	25%	1915/6	+170%	+185%	50%	1916 + 34,6%	11¹/₄%

Die kriegswirtschaftliche Hochkonjunktur begünstigte die Großindustrie, die besser geeignet war, den Anforderungen der Heeresverwaltung zu entsprechen. Ende 1916 waren 1429 Kleinbetriebe mit weniger als 20 Beschäftigten als Kriegslieferanten tätig, 1535 Betriebe mittlerer Größe mit einem Arbeiterstand zwischen 20 und 100, und 1507 größere Unternehmen. Nach der letzten Betriebszählung von 1902 gab es in Österreich jedoch über 1,3 Millionen Klein-, 11.600 Mittel- und nur 3245 Großbetriebe in den entsprechenden Kategorien. Außerdem waren in den 1507 großen Kriegslieferungsfirmen mit mindestens 100 Arbeitern Ende 1916 mehr als 1,2 Millionen Personen beschäftigt, um etwa 280.000 mehr als 1902 in sämtlichen Betrieben dieser Größenkategorie zusammen.[9] Der Boom führte auch zu einer Expansion der Großunternehmen, oft auf Kosten kleinerer Betriebe. Er gab den Anstoß zu einer weiteren Konzentration der österreichischen Industrie mit einem noch stärkeren Engagement der Banken als bisher. Sehr viele Industrieunternehmen und Banken nahmen eine Aufstockung ihres Aktienkapitals vor, um andere Betriebe aufkaufen oder um dem gestiegenen Geschäftsumfang ein ensprechend hohes Eigenkapital entgegensetzen zu können. Industrie und Banken bildeten Konsortien zur Gründung neuer Unternehmen.[10] Die Alpine Montangesellschaft und die Prager Eisenindustriegesellschaft drängten vehement auf die seit 1913 verzögerte staatliche Bewilligung zur Fusionierung dieser beiden größten Unternehmen der Stahl- und Eisenbranche.[11] Deutliche Konzentrationstendenzen gab es schließlich auch in der Mühlenindustrie.[12]

Gefahr drohte dem kriegswirtschaftlichen Boom von Anfang an nur von der Seite des Angebots, von Seiten der Rohstoff- und zunehmend auch der Arbeitskräftebeschaffung. Je länger der Krieg dauerte und je mehr er sich ausweitete, desto schlimmer wirkte sich

---

7 Vgl. DB 1. 4. 1916, S. 119 und DB 7. 4. 1917, S. 119.
8 Vgl. DB 10. 3. 1917, S. 89–90 (Alpine); DB 23. 9. 1916, S. 282 (Steyr) und DB 7. 4. 1917, S. 117–118 (Creditanstalt).
9 Vgl. *Winkler*, Einkommensverschiebungen, S. 185.
10 Vgl. z. B. DÖV 13. 11. 1915, S. 110; DÖV 3. 6. 1916, S. 598–600; DÖV 20. 11. 1915, S. 128; DÖV 4. 12. 1915, S. 160 und DÖV 8. 7. 1916, S. 690.
11 Vgl. DÖV 15. 4. 1916, S. 477–479 und DÖV 29. 4. 1916, S. 512–515. Vgl. auch DG 19/1916, S. 113–114.
12 Vgl. DG 14/1916, S. 96. Vgl. auch DÖV 19. 2. 1916, S. 335.

5.1. Die Entwicklung der kriegswirtschaftlichen Hochkonjunktur und ihre Grenzen 115

die Abschließung vom Ausland und damit der Mangel an vielen Rohmaterialien aus. Sowohl bei Nahrungsmitteln als auch bei industriellen Rohstoffen traten zunehmend Engpässe auf.

Bei den Nahrungsmitteln kam zur Importsperre noch eine ständige Abnahme der inländischen Produktion. Der Grund hiefür war zum Teil Arbeitermangel, zum Teil aber auch eine Verweigerung der agrarischen Bevölkerung,[13] die die staatlichen Bewirtschaftungsmaßnahmen nicht akzeptierte, Vorräte verheimlichte oder die vorhandenen Kapazitäten nicht mehr voll nützte. Die Anbauflächen gingen ständig zurück; in Oberösterreich, z.B., 1914/1915 um 12,5%, in Niederösterreich 1915/1916 um 13,5%.[14] Gleichzeitig verringerten sich auch die erzielten Hektarerträge rapide.[15] Die österreichische Ernte erreichte 1915 nur knapp mehr als die Hälfte des vergangenen Jahres, 1916 waren es nur mehr 44%. Gleichzeitig wurden die Zuschüsse aus Ungarn immer geringer. Dort fiel 1915 zwar die Ernte fast normal aus, doch verringerten sich die Getreide- und Mehlexporte nach Österreich gegenüber 1914 um 54%, gegenüber dem Durchschnitt der letzten fünf Friedensjahre um fast 66%. 1916 betrugen diese Exporte nur mehr 5% der Vorkriegsmenge. Allerdings übernahm Ungarn in dieser Zeit einen größeren Teil der Heeresversorgung.[16]

Ähnlich verringerten sich auch die Mengen anderer Grundnahrungsmittel. Die Kartoffelproduktion Österreich-Ungarns schmolz von 1914 auf 1916 auf die Hälfte zusammen.[17] Die schlechten Ernteergebnisse vor allem bei Getreide beeinträchtigten die Viehfütterung und damit die Fleischversorgung. Schon im Mai 1915 sah sich die österreichische Regierung veranlaßt, den Verkauf von Fleisch und Fleischspeisen an zwei Tagen der Woche zu verbieten. In Niederösterreich z.B. wurde an Dienstagen und Freitagen kein Fleisch verkauft.[18] Auch bei den Fleischexporten zeigte sich Ungarn sehr unkooperativ. Die offenkundige Schonung der ungarischen Viehbestände veranlaßte den österreichischen Ministerpräsidenten, seinen ungarischen Amtskollegen sarkastisch darauf hinzuweisen, daß man zwar ungarische Schweine, aber nicht österreichische Menschen schlachten könne.[19] Im Juli 1916 wurde der Genuß von Fleisch auch in Privathaushalten an zwei Tagen pro Woche verboten. Im September schließlich wurden generell mit Montag, Mittwoch und Freitag drei fleischlose Tage bestimmt. An einem dieser drei Tage durfte allerdings Schaffleisch verkauft und gegessen werden.[20]

---

13 Vgl. *Gratz*, Zusammenbruch, S. 46 und 52 und Victor *Heller*, Government Protection of the Consumer in Austria 1914–1918 (New York o. J.) V.
14 Vgl. Paul A. *Söhner*, Die Anbauflächen und Erntestatistik in Österreich in den Jahren 1916 und 1917 (Wien/Leipzig 1917) 60.
15 Vgl. Die Kriegsgetreideverkehrsanstalt, ihr Aufbau und ihr Wirken (Wien 1918) 23 und Anhang, Tabelle III.
16 Vgl. *Gratz*, Zusammenbruch, S. 43–45 und *Löwenfeld-Russ*, Volksernährung, S. 61–64.
17 Vgl. *Gratz* Zusammenbruch, S. 51.
18 Vgl. VO des MrdI vom 8. 5. 1915, RGBl. Nr. 113 und VO des k. k. Statthalters im Erzherzogtume Österreich unter der Enns, LGBl. Nr. 45/1915.
19 Vgl. Brief Stürgkhs an Tisza vom 17. 12. 1915. In: *Gratz, Schüller*, Der wirtschaftliche Zusammenbruch, Anhang, S. 244.

Zu großen Schwierigkeiten kam es bald bei der Versorgung der Industriegebiete und der Großstädte mit Milch. Schon im März 1915 war in Wien die Situation so prekär, daß die Approvisionierungssektion der Handelspolitischen Kommission die Einführung von Milchkarten, also eine strenge Bewirtschaftung verlangte.[21] Die niederösterreichische Verwaltung verbot aber vorerst nur die Verschwendung von Milch durch Schlagobers- oder Eiserzeugung.[22] Ende 1915 bereits mußte die Milchversorgung zentral durch die Regierung geregelt werden. In Niederösterreich bekamen auf Grund dieser Regelung stillende Mütter und Babies im ersten Lebensjahr täglich höchstens 1 l Milch, Kleinkinder zwischen ein und zwei Jahren ³/₄ l und Kinder bis zu sechs Jahren maximal ¹/₂ l.[23] Andere Personen bekamen nur Milch, soferne nach der Beteilung der bevorzugten Gruppen noch etwas vorhanden war.[24] Im Laufe der Zeit mangelte es in den Städten und vor allem in Wien, das besonders unter dem Defizit der ungarischen Importe litt, an allen wichtigen Lebensmitteln.

Der Mangel an Rohstoffen für die industrielle Produktion wurde aus zwei Gründen größer. Erstens versiegten mit der Eskalation des Krieges auch die letzten bedeutenden Importquellen und zweitens führte die kriegswirtschaftliche Hochkonjunktur zu einer rascheren Verbrauch der Vorräte. Am frühesten stellte sich Knappheit bei jenen Gütern ein, die überwiegend aus dem Ausland bezogen werden mußten. Dazu gehörten Buntmetalle und chemische Grundstoffe für Sprengmittel, was die Munitionserzeugung schwer in Mitleidenschaft zog.[25] Der enorme Bedarf der Kriegsindustrie, insbesondere im Rahmen des Hindenburgprogrammes ab März 1916 verursachte sogar bei Eisen und Stahl Versorgungsschwierigkeiten. Die Erzförderung und die Produktion dieser Güter konnten während der ersten beiden Kriegsjahre stark vermehrt werden, und es waren sogar immer noch Einfuhren von Erz aus Schweden möglich. Dennoch reichte das Angebot nicht aus, um die Nachfrage zu befriedigen; ab Oktober 1916 mußten auch Eisen und Stahl bewirtschaftet werden.[27]

In der Situation des Mangels an allen wichtigen Gütern bei anhaltend starker Nachfrage schritt die zu Kriegsbeginn einsetzende Teuerung kräftig fort.

---

20 Vgl. VO des MrdI vom 14. 7. 1916, RGBl. Nr. 218 und VO des Leiters des MdI vom 1. 9. 1916, RGBl. Nr. 285.
21 Vgl. MdHpK 17. 4. 1915, S. 7–8. Vgl. auch DÖV 17. 4. 1915, S. 469–473.
22 Vgl. VO des k. k. Statthalters im Erzherzogtume Österreich unter der Enns vom 29. 7. 1915, LGBl. Nr. 86.
23 Vgl. VO des MrdI vom 26. 11. 1915, RGBl. Nr. 345 und VO des k. k. Statthalters im Erzherzogtume Österreich unter der Enns vom 16. 12. 1915, LGuVBl. Nr. 158.
24 Vgl. *Löwenfeld-Russ,* Volksernährung, S. 334.
25 Vgl. *Gratz,* Zusammenbruch, S. 106–108 und 119. Besonders ungünstig war infolge der Importsperre die Lage bei Textilfasern, während die Armee einen enormen Bedarf und Verschleiß an Textilien hatte. Die Einfuhren an Baumwolle gingen von über 2,2 Millionen Zentnern 1913 auf nur 34000 Zentner zurück. Die Flachs-, Hanf- und Juteimporte verringerten sich in diesem Zeitraum um fast 1,3 Millionen Zentner auf 70.000.[26]
26 Vgl. *Riedl,* Industrie, S. 62.
27 Vgl. ebd., S. 273–275 und *Gratz,* Zusammenbruch, S. 103.

5.1. Die Entwicklung der kriegswirtschaftlichen Hochkonjunktur und ihre Grenzen

Entwicklung der Lebenshaltungskosten (Juli 1914 = 1):[28]

	Teuerungsrate	gegenüber Vormonat		Teuerungsrate	gegenüber Vormonat
Februar 1915	1,33	+4%	Jänner 1916	2,21	+ 5%
März 1915	1,38	+4%	Februar 1916	2,40	+ 9%
April 1915	1,43	+4%	März 1916	2,59	+ 8%
Mai 1915	1,48	+3%	April 1916	2,78	+ 7%
Juni 1915	1,53	+3%	Mai 1916	2,97	+ 7%
Juli 1915	1,58	+3%	Juni 1916	3,17	+ 7%
August 1915	1,69	+7%	Juli 1916	3,36	+ 6%
September 1915	1,80	+7%	August 1916	3,71	+10%
Oktober 1915	1,90	+6%	September 1916	4,06	+ 9%
November 1915	2,00	+5%			
Dezember 1915	2,10	+5%			

Die Teuerung, zumindest der Konsumgüter, wies nach diesen Daten in kürzer werdenden Abständen Schübe auf, durch die die Preissteigerungen beschleunigt wurden. Bis zum Sommer 1915 stiegen die Preise im selben Tempo wie seit Kriegsausbruch. Im August 1915 erfolgte ein Schub, der die monatlichen Zuwachsraten deutlich erhöhte. Diese Phase dauerte bis Anfang 1916 an. Ab Februar 1916 war die monatliche Teuerungsrate doppelt so hoch wie im ersten Kriegsjahr. Im Sommer 1916 schließlich gab es bereits den nächsten Schub. Das Preisniveau war im September 1916 um 300% gegenüber Juli 1914 gestiegen. Die Preiserhöhungen, die die Heeresverwaltung für die Verpflegrationen der Soldaten zugestand, blieben dahinter zurück. Im Mai 1915 wurde der Rationspreis gegenüber November 1914 um ca. 24% erhöht, Ende Juni 1916 um weitere 80% auf 3,41 K.[29]

Knappheit und gesteigerte Nachfrage hatten auch bei Industrierohstoffen und -waren eine starke Teuerung zur Folge. Eine große Rolle dabei spielten die hohen Preise der noch möglichen Importe[30] und, im Zusammenhang damit, der Kursverfall der österreichischen Währung.[31]

Mangel und Teuerung stellten eine dauernde Gefahr für die Entwicklung der kriegswirtschaftlichen Hochkonjunktur dar. Die Nahrungsmittelprobleme führten zur physischen und psychischen Schwächung der Bevölkerung. Schon 1915, etwa, wirkte sich die Not bei Nahrungsmitteln in einer Zunahme der Tuberkulose unter den Frauen aus, die offensichtlich häufig zugunsten der Kinder die eigene Ernährung einschränkten.[32] Der Mangel an Industrierohstoffen gefährdete unmittelbar die Kriegsgüterproduktion, deren Teuerung zog Preissteigerungen aller Industrieprodukte nach sich, die im wesentlichen der Staat zu tragen hatte. Dies mußte auf die Dauer zu einer Zerrüttung der Staatsfinanzen führen.

---

28 Vgl. *Winkler*, Einkommensverschiebungen, S. 40–41.
29 Vgl. VO des MfLV vom 14. 5. 1915, RGBl. Nr. 117 und VO des MfLV vom 30. 6. 1916, RGBl. Nr. 203.
30 Vgl. z.B. DB 22. 9. 1917, S. 277.
31 Vgl. *Winkler*, Einkommensverschiebungen, S. 40–41.
32 Vgl. MdHpK 27. 11. 1915, S. 29–44.

Die kriegswirtschaftliche Hochkonjunktur konnte sich 1915 und 1916 trotz der beschriebenen Hemmnisse und Gefahren nur deshalb entwickeln, weil die Staatsverwaltung, deren dringendstes Interesse die zur Ermöglichung der Kriegsführung notwendige Ausweitung der Produktion war, Maßnahmen ergriff, die eine rationelle Organisation der wirtschaftlichen Kräfte herbeiführen sollten. Schließlich stellte aber trotz aller Maßnahmen die immer drastischer werdende Knappheit die Grenze dar, an die der Kriegswirtschaftsboom stieß.

In einzelnen Branchen waren diese Grenzen schon früh erreicht. Der Niedergang der Luxus- und Exportindustrien war zum Teil darauf zurückzuführen, daß die Ressourcen zu ihrer Versorgung nicht ausreichten. Der Aufschwung der Textilbranche wurde bereits 1915 unterbrochen, nachdem England am 1. Mai 1915 Baumwolle zur Bannware erklärt hatte[33] und durch die Sperrung der wichtigsten Importhäfen mit dem Kriegseintritt Italiens die Einfuhren beinahe ganz aufhörten. Gegen Ende 1916 jedoch traten die Mangelerscheinungen allgemein in den Vordergrund und setzten der Hochkonjunktur schließlich ein Ende.

5.1.1. *Maßnahmen gegen Mangel und Teuerung*

Vorbedingung für den wirtschaftlichen Aufschwung unter den Bedingungen des Krieges waren staatliche Interventionen, die trotz des Mangels an Lebensmitteln die physische Existenz der Bevölkerung gewährleisteten und der Kriegsindustrie die Rohstoffe zur Verfügung stellten. Zu weitgehenden wirtschaftlichen Eingriffen hatte sich die österreichische Regierung ja schon im ersten Kriegshalbjahr in Beziehung auf die Approvisionierung veranlaßt gesehen. Die ständige Verschärfung der Situation auf diesem Gebiet erforderte erstens eine Bewirtschaftung von immer mehr Gütern, zweitens aber auch Maßnahmen, die auf eine Neuorganisation des gesamten Versorgungswesens zielten.

Die Engpässe bei verschiedenen Rohmaterialien für die Kriegsindustrie erzwangen ab 1915 auch hier ähnliche Maßnahmen wie bei den Lebensmitteln. Die Sicherung der Kriegsproduktion ließ es nicht länger zu, die knappen kriegswichtigen Materialien dem freien Markt zu überlassen. Schließlich traten in wichtigen Branchen neben die Zentralen, die auf privatwirtschaftlicher Basis arbeiteten, staatliche Organisationen, die der Regierung direkten Einfluß auf die Industrie sicherten.

Da die staatlichen Maßnahmen die wirtschaftliche Hochkonjunktur erst ermöglichten, fanden sie weitgehend die Zustimmung der Unternehmerschaft, obwohl deren Entscheidungsfreiheit dadurch teilweise eingeschränkt war. Die außerordentlichen Verhältnisse und Anforderungen rechtfertigten selbst nach Meinung der Industriellen eine zentralistisch organisierte Wirtschaft. Im Hinblick auf die Lebensmittelversorgung forderte die Unternehmerschaft sogar von sich aus energische staatliche Schritte zur Sicherung einer ausreichenden und erschwinglichen Ernährung. Die Erhaltung der physischen Kräfte der Arbeiterschaft einerseits, die Eindämmung der unausweichlich zu Lohnbewegungen

---

33 Vgl. *Hübel*, Textilindustrie, S. 269.

führenden Teuerung andererseits waren wichtige Voraussetzungen für ein Fortdauern der für sie so günstigen Lage.

Für die Arbeiterschaft und ihre Organisationen traten die Nahrungsmittelsorgen immer stärker in den Vordergrund. Hatten die Gewerkschaften während des ersten Kriegshalbjahres noch auf einen Kampf gegen die Auswirkungen der Teuerung verzichtet, so mußten sie 1915 und 1916 einen großen Teil ihrer Energie auf Lohnbewegungen zur Erhaltung wenigstens des Subsistenzniveaus verwenden. Voraussetzung für einen Erfolg dieser Aktionen war aber, daß die Preissteigerungen nicht ganz außer Kontrolle gerieten. Die Interessenskonvergenz zwischen Arbeiterorganisationen und Staatsverwaltung zeigte sich deutlich im Falle der Textilindustrie, wo infolge des eklatanten Rohstoffmangels trotz der Hochkonjunktur wieder Betriebseinstellungen erfolgten und Arbeitslosigkeit auftrat. Nur das starke staatliche Engagement in der kriegswichtigen Branche verhinderte den völligen Zusammenbruch und machte eine Unterstützung für die beschäftigungslosen Arbeiter möglich.

5.1.1.1. Die Organisation der Rohstoffwirtschaft und der Industrie

Mangel an Rohstoffen, der zu staatlichen Interventionen Anlaß gab, trat zunächst vor allem bei Leder, Metallen und bei Textilfasern auf. Die Maßnahmen der Regierung, die Produktionsstörungen vermeiden sollten, gingen im großen und ganzen den gleichen Weg wie die auf dem Nahrungsmittelsektor. An der Organisation der Bewirtschaftung der Industriematerialien waren aber private Zentralen und auch militärische Stellen direkt beteiligt.

Die Strenge der Maßnahmen und der Umfang der Organisation wuchs auch hier mit der Zuspitzung des Mangels. Bei Leder wurde zuerst im Jänner 1915 der Handel durch ein Versteigerungsverbot eingeschränkt. Ab März mußten dann Vorräte bestimmter Art bekanntgegeben werden. Im Mai wurden erstmals Höchstpreise für Rinds- und Roßhäute festgesetzt. Schon im Juli 1915 wurde gleichzeitig mit einer Preiserhöhung bestimmt, daß die Häute ohne Rücksicht auf andere Verpflichtungen der im Jänner auf Veranlassung des Handels- und des Kriegsministeriums konstituierten Häute- und Lederzentrale A.G.[34] angeboten werden mußten. Ledererzeuger mußten ihren Bedarf unter Angabe etwaiger Heeresaufträge der Zentrale melden, die die Allokation der Häutevorräte übernahm. Anfang 1916 durften dann verschiedene Ledersorten überhaupt nur mehr für Militärlieferungsverträge verwendet, andere nicht mehr hergestellt werden. Im Sommer 1916 schließlich war Leder so knapp, daß selbst für die Lederabfälle, die bei der Erfüllung von Militäraufträgen übrig blieben, ein Anbotzwang zugunsten einer Lederbeschaffungsgesellschaft m.b.H. statuiert wurde.[35] Durch diese Regelungen wurde fast das gesamte vorhandene Leder für militärische Zwecke in Anspruch genommen; für den zivilen Bedarf blieb kaum etwas übrig, was

---

34 Vgl. DÖV 12.12.1914, S. 178 und DÖV 16.1.1915, S. 250.
35 Vgl. VO des HMr vom 20.1.1915, RGBl. Nr. 14; VO des HM vom 14.3.1915, RGBl. Nr. 53; VOen des HMr vom 26.5.1915, RGBl. Nr. 140; vom 12.7.1915, RGBl. Nr. 197 und 198; vom 5.2.1916, RGBl. Nr. 28 und 29; vom 23.6.1916, RGBl. Nr. 193.

auch an der Teuerung abzulesen war. Ein Paar Männerschuhe kostete 1916 etwa 33 mal so viel wie 1914.[36]

Die Knappheit an Buntmetallen und deren große Bedeutung für die Herstellung von Kriegsgerät und Munition machten ab Anfang 1915 rigorose Bewirtschaftungsmaßnahmen notwendig. Die Vorräte an Aluminium, Antimon, Blei, Chrom, Kupfer, Molybdän, Nickel, Vanadium, Wolfram, Zinn, später auch an Zink, sowie an bestimmten Legierungen mußten gemeldet werden und wurden für Kriegszwecke in Anspruch genommen. Für die Übernahme dieser Metalle und Legierungen wurde die k. k. Zentralrequisitionskommission aus Vertretern der interessierten Ministerien gebildet und auch Requisitionspreise festgesetzt. Die Besitzer von in Anspruch genommenen Metallvorräten mußten diese dann bis 27. März an die Kommission abliefern. Im Frühjahr 1915 wurde eine „patriotische Sammlung" veranstaltet.[37] Die staatliche Verwaltung nahm bereits am 30. März die neuentstandenen Metallager in Anspruch und erklärte gleichzeitig auch alle künftig zustandekommenden Vorräte für gesperrt. Die Inanspruchnahme wurde später auf weitere Materialien ausgedehnt und verschiedene auch requiriert.[38]

Die Aufbringung auf die beschriebene Art reichte aber nicht aus, um den Bedarf der Kriegsindustrie zu befriedigen. Es mußten auch Geräte, die aus den benötigten Metallen hergestellt waren, in Anspruch genommen werden. Ende 1915 setzte die Kriegsverwaltung fest, daß Erzeuger und Händler ein Drittel ihrer Vorräte an Geschirr, Küchengeräten, Kesseln und ähnlichem aus Kupfer, Nickel, Messing etc., Gast- und Schankbetriebe, sowie Bäckereien die Hälfte bestimmter Gegenstände abzuliefern hätten. Im Juni 1916 mußten Hersteller und Händler wiederum ein Drittel der ihnen verbliebenen Bestände abgeben. Haushaltungen, Hauseigentümer, Inhaber von Gast- und Schankbetrieben, Bäckereien und Zuckerbäckereien, Vereine, Klöster, Spitäler, Sanatorien, Erholungsheime, Bäder, Lehr- und Erziehungsanstalten, Speise- und sonstige Anstalten mußten ihren ganzen Besitz an den in Anspruch genommenen Gegenständen abliefern. Für die abzugebenden Geräte wurden nach den Vorschriften des Kriegsleistungsgesetzes Requisitionspreise kundgemacht, für den Ersatz der wertvollen Metallgegenstände durch solche aus Stahl und Blech, um die Bevölkerung und die Staatskasse vor Bewucherung zu schützen, Höchstpreise festgesetzt.[39]

---

36 Vgl. Hans *Hautmann*, Hunger ist ein schlechter Koch. Die Ernährungslage der österreichischen Arbeiter im Ersten Weltkrieg. In: Gerhard *Botz*, Hans *Hautmann*, Helmut *Konrad*, Josef *Weidenholzer* (Hrsg.), Bewegung und Klasse. Studien zur österreichischen Arbeitergeschichte (Wien/München/Zürich 1978) 673.
37 Vgl. DI 11/1915, S. 1.
38 Vgl. VOen des HM vom 7. 2. 1915, RGBl. Nr. 27; vom 29. 3. 1915, RGBl. Nr. 80; VO des MfLV vom 7. 2. 1915, RGBl. Nr. 28; vom 19. 3. 1915, RGBl. Nr. 66; Ku des MfLV vom 19. 3. 1915, RGBl. Nr. 65; VOen des MfLV vom 19. 3. 1915, RGBl. Nr. 67; vom 29. 3. 1915, RGBl. Nr. 81; vom 27. 5. 1915, RGBl. Nr. 145; vom 26. 10. 1915, RGBl. Nr. 320; vom 28. 4. 1916, RGBl. Nr. 120 und 122.
39 Vgl. VOen des MfLV vom 23. 9. 1915, RGBl. Nr. 283; vom 29. 12. 1915, RGBl. Nr. 401; vom 16. 6. 1916, RGBl. Nr. 181; Ku des MfLV vom 23. 9. 1915, RGBl. Nr. 284; VO des HMr vom 23. 9. 1915, RGBl. Nr. 285.

5.1. Die Entwicklung der kriegswirtschaftlichen Hochkonjunktur und ihre Grenzen

Die militärische Bewirtschaftung der Buntmetalle, die einerseits über die gemeinnützige, aber private Metallzentrale A. G.[40], andererseits aufgrund des Kriegsleistungsgesetzes organisiert war, ging also entschieden weiter als die bei Leder. Während dort nur ein Anbotzwang, d. h. eine Beschränkung des Handels bestand, wurden Metalle und Metallgeräte zugunsten staatlicher Stellen beschlagnahmt. Die zivile Verwaltung ging diesen Schritt bei Erdöl, bei einigen für die Landwirtschaft wichtigen Düngemitteln und bei dem zur Munitionserzeugung notwendigen Glyzerin.[41]

Anbotzwang und Beschlagnahme verschafften zentralen staatlichen Behörden die Möglichkeit, über die vorhandenen Vorräte zu disponieren und deren Allokation entsprechend den vordringlichen Erfordernissen zu verfügen. Voraussetzung für die Beteilung mit den bewirtschafteten Rohstoffen waren Aufträge der Heeresverwaltung. Dies verstärkte natürlich den Run auf Heereslieferungen, da nur auf diese Weise die gewinnträchtige Produktion aufrechterhalten werden konnte. Die zentralen Behörden waren jedoch mit der Prüfung der Ansuchen um Rohmaterialien für Heeresaufträge überlastet, sodaß bald die Vorlage irgendeiner Bestellung als Bezugsberechtigung ausreiche. Folge dieser Konstellation waren wieder Produktionsstörungen. Die Stahlwerke wiesen beispielsweise einmal einen Rückstand an unerledigten Aufträgen auf, der sich auf ihre doppelte Kapazität belief.[42]

Um den Mängeln im Lieferungswesen, zu denen außer dem Erfüllungsverzug aus den verschiedensten Gründen auch Betrügereien gehörten,[43] abzuhelfen, erließ die Regierung eine Notverordnung über die rechtliche Stellung der Militärlieferanten, die in ihrer Schärfe alle Sanktionen des bürgerlichen, aber auch des Handelsrechts weit hinter sich ließ.[44] Die Realisierung der neuen Bestimmungen fand allerdings an der Machtposition der Lieferanten gegenüber dem Staat eine eindeutige Grenze. Schon im September 1915 mußten auf Betreiben des Permanenzkomitees für Handel, Industrie und Gewerbe wichtige Teile der Notverordnung zurückgenommen werden.[45]

Der Mangel an wichtigen Rohstoffen machte schließlich eine Organisierung der betroffenen Industrien durch die staatliche Verwaltung notwendig. Die Zentralen, die nach kaufmännischen Prinzipien agierten, waren nicht geeignet, die staatlichen Zwecke zu erfüllen. Für einige Lebensmittelindustrien wurden Körperschaften ähnlich der Kriegs-Getreide-Verkehrsanstalt geschaffen, die auch als „Zentralen" bezeichnet wurden, aber unter direkter staatlicher Aufsicht standen. Sie waren entweder weisungsgebunden

---

40 Vgl. VO des MfLV vom 23. 9. 1915, RGBl. Nr. 283, § 5: Metallgeräte durften trotz Inanspruchnahme und Ablieferungszwang freihändig an die Zentrale veräußert werden.
41 Vgl. KaisVO vom 10. 8. 1915, RGBl. Nr. 239; VOen des AM vom 28. 8. 1915, RGBl. Nr. 252; vom 28. 9. 1915, RGBl. Nr. 292; VO des HM vom 23. 12. 1915, RGBl. Nr. 386.
42 Vgl. *Heller*, Government Price Fixing, S. 3 und auch S. 5.
43 Vgl. Max *Breitenstein*, Demeter *Koropatnicki*, Die Kriegsgesetze Oesterreichs 1 (Wien 1916) 833–835. (Amtliche Erläuterung zur KaisVO vom 12. 6. 1915, RGBl. Nr. 158).
44 Vgl. KaisVO vom 12. 6. 1915, RGBl. Nr. 158.
45 Vgl. DÖV 19. 6. 1915, S. 632–635; DÖV 25. 9. 1915, S. 868–869 und Zirkularverordnung des k.u.k. KM vom 4. 9. 1915, Abt.13, Z. 53150, Normalverordnungsblatt 112. In: *Breitenstein, Koropatnicki*, Kriegsgesetze 1, S. 839–842.

oder wurden durch Regierungskommissäre kontrolliert.[46] Für die an Bedeutung gewinnenden Altmaterialien, die fehlende Rohstoffe ersetzen konnten, wurden „Kommissionen" der interessierten Branchen eingesetzt, die sehr ähnlich den staatlich kontrollierten Zentralen funktionierten.[47]

Ab 1916 wurden schließlich für jene Branchen, in denen der Mangel am schlimmsten fühlbar war, Selbstverwaltungskörperschaften[48] im Rahmen der staatlichen Organisation geschaffen. Alle einschlägigen Unternehmen waren zwangsweise Mitglieder dieser „Kriegsverbände",[49] die nur Verwaltungsaufgaben hatten und die staatlichen Stellen bei ihren Versuchen, die Industrie optimal zu organisieren, unterstützen sollten. Bis zum Herbst 1916 wurden solche Kriegsverbände für die Öl- und Fettindustrie und die Preßhefeindustrie, sowie für die Textilindustrie in Wolle, Leinen und Baumwolle errichtet.[50] Diese Verbände hatten im einzelnen die Aufgaben, die Produktionsverhältnisse, bei den Textilverbänden ausdrücklich auch die Arbeitsverhältnisse,[51] in den Betrieben zu erfassen, die Rohstoffbeschaffung, die Produktion selbst und den Absatz samt Preisregelung zu organisieren und generelle Probleme des Wirtschaftszweiges durch Anträge einer Lösung näherzubringen. Ihre Tätigkeit war auch für die Zeit der Übergangswirtschaft, also bis zur Wiederkehr normaler Verhältnisse vorgesehen.

Die Kriegsverbände als Selbstverwaltungskörper der Industrie im Verband der staatlichen Verwaltung eröffneten der betroffenen Unternehmerschaft neue Einflußmöglichkeiten und sollten damit der Regierung in jenen Wirtschaftszweigen, die bereits an die ihnen durch den Rohstoffmangel gesetzten Grenzen stießen, die Kooperation der Industriellen im Krisenmanagement sichern. Es ist bemerkenswert, daß die staatliche Verwaltung noch 1916 die Frage der Arbeitsverhältnisse dieser Branchen der Unternehmerschaft allein überließ, ohne der Arbeiterschaft ein Mitspracherecht einzuräumen. Gewerkschaftliche Kreise wünschten statt dessen paritätisch besetzte Gremien zur Behandlung sozialpolitischer Fragen.[52]

Die Bedeutung der Rohstoffbewirtschaftung und der Organisation der Industrie stellte sich besonders deutlich in der Textilindustrie heraus. Dort war auch am frühesten zu beobachten, mit welchen Maßnahmen die Regierung der Krise begegnen zu können hoffte.

---

46 Vgl. VOen des HMr vom 7. 7. 1915, RGBl. Nr. 195 (Zuckerzentrale); vom 8. 11. 1915, RGBl. Nr. 331 (Spirituszentrale); vom 3. 8. 1916, RGBl. Nr. 243 (Brauerzentrale); VO des MrdI vom 18. 6. 1916, RGBl. Nr. 186 (Kaffee-Zentrale).
47 VOen des HMr vom 5. 1. 1916, RGBl. Nr. 9 (Alteisenkommission); vom 10. 7. 1916, RGBl. Nr. 215 (Altpapierkommission); vom 15. 9. 1916, RGBl. Nr. 306 (Hadernkommission).
48 Vgl. *Riedl*, Industrie, S. 64.
49 Vgl. *Heller*, Government Price Fixing, S. 9.
50 Vgl. VOen des HMr vom 8. 4. 1916, RGBl. Nr. 94 (Öl, Fett); vom 1. 8. 1916, RGBl. Nr. 239 (Preßhefe); vom 25. 4. 1916, RGBl. Nr. 113 (Wolle); vom 26. 4. 1916, RGBl. Nr. 114 (Leinen); vom 26. 8. 1916, RGBl. Nr. 273 (Baumwolle).
51 Vgl. VO des HMr vom 25. 4. 1916, RGBl. Nr. 113, § 2, lit. a und e.
52 Vgl. DG 20/1916, S. 118.

5.1.1.2. Die Textilindustrie 1915 und 1916: Produktionseinschränkungen und Arbeitslosenunterstützung

Die Rohstoffversorgung der österreichischen Textilindustrie war infolge der Importabhängigkeit und der Kriegsmaßnahmen des feindlichen Auslands von Kriegsbeginn an besonders prekär. Schon im Herbst 1914 hatten sich zwecks Beschaffung und Verteilung private Zentralen für Baumwolle und Schafwolle gebildet. Dennoch waren nie genug Rohstoffe vorhanden, um alle Kapazitäten der Branche auszulasten.[53]

1915 verschlimmerte sich die Situation zusehends, sodaß die Regierung zur Bewirtschaftung übergehen mußte. Für Schafwolle wurden zunächst Höchstpreise erlassen und eine Verpflichtung zur Anzeige der Vorräte ausgesprochen. Dann aber mußte generell ein Wollverarbeitungsverbot außer zur Erfüllung militärischer Lieferungsaufträge statuiert werden, um die Versorgung der Armee sicherzustellen.[54] Ebenso durften mit geringen Ausnahmen ab 20. September 1915 Baumwolle, sowie Baumwollgarne und -waren nur mehr für Militäraufträge verarbeitet bzw. hergestellt werden. Anfang 1916 wurden die Verwendungsbeschränkungen noch deutlich verschärft. Die Verarbeitung von Baumwolle selbst für Heereslieferungen mußte vom Kriegsministerium fallweise gestattet werden. Ab April 1916 durften Baumwolle und bestimmte daraus hergestellte Stoffe überhaupt nur mehr an die Militärverwaltung und an die Baumwollzentrale A.G. verkauft werden.[55] Schafwolle wurde Ende Mai 1916 endgültig aufgrund der kriegswirtschaftlichen Ermächtigungsverordnung und des Kriegsleistungsgesetzes für Kriegszwecke in Anspruch genommen.[56] Auch der Handel mit Flachs, dem Rohmaterial für Leinen, wurde schon im September 1915 durch Anzeigepflicht der Vorräte, Anbotzwang und Höchstpreise stark eingeschränkt. 1916 wurde die Bewirtschaftung auf Flachsprodukte, Garne etc. ausgedehnt.[57] Nach Gründung der Kriegsverbände für Woll- und die Leinenindustrie im April 1916 bzw. für die Baumwollindustrie Ende August 1916 übernahmen diese neuen Institutionen die wichtigsten Funktionen bei der Bewirtschaftung von den Zentralen.

Die Verarbeitungsbeschränkungen besonders für Baumwolle waren ein eindringliches Zeichen für das Ende der kriegswirtschaftlichen Hochkonjunktur in der Textilbranche. Nach einer langen und ausgeprägten Krise hatte der Krieg der Textilindustrie einen starken Aufschwung gebracht. Die große Nachfrage ermöglichte eine äußerst günstige Verwertung der während der Vorkriegsdepression angesammelten Lager.[58] Die Verarbeitungsbeschränkungen machten dann gegen Ende 1915 die Einstellung vieler Spinnereien, im Laufe des Jahres 1916 auch der Webereien notwendig.[59] Zum Teil konnte durch die

---

53 Vgl. *Hübel*, Textilindustrie, S. 272.
54 Vgl. VOen des HMr, des AMr, des FMr, des MrdI und des MrfLV vom 5. 5. 1915, RGBl. Nr. 109; vom 14. 5. 1915, RGBl. Nr. 121; vom 2. 6. 1915, RGBl. Nr. 150.
55 Vgl. VOen des HMr und des MrfLV vom 15. 9. 1915, RGBl. Nr. 268 und 269; vom 29. 12. 1915, RGBl. Nr. 395 und 396; VO des HMr vom 13. 4. 1916, RGBl. Nr. 100.
56 Vgl. VO des HMr vom 28. 5. 1916, RGBl. Nr. 156.
57 Vgl. VO des HMr vom 15. 9. 1915, RGBl. Nr. 267; VOen des HMr und des MrfLV vom 26. 4. 1916, RGBl. Nr. 115, 116 und 117.
58 Vgl. z.B. DB 11. 3. 1916, S. 98.
59 Vgl. z.B. DB 10. 6. 1916, S. 203 oder DB 11. 3. 1916, S. 99.

Verarbeitung von Papier oder durch die Erzeugung branchenfremder Produkte Ersatz gefunden werden.[60] In der Ertragslage der Textilunternehmen kam die Versorgungskrise dank der exorbitanten Preise erst ab 1917 voll zur Geltung.[61] Die staatlichen Maßnahmen zur Gewährleistung der Versorgung des Heeres mit Textilien hatten schwerwiegende Folgen für die betroffene Industrie. Es setzte ein Schrumpfungsprozeß der Branche ein, der einen Teil der Unternehmen von der weiteren Teilnahme an der Kriegskonjunktur ausschloß und eine große Zahl von Arbeitern freisetzte. Neben der Kürzung der Gewinne bestand die Gefahr, daß die beschäftigungslosen Arbeiter vom Sog der Kriegsindustrie erfaßt und damit hochqualifizierte Kräfte der Textilbranche verloren gehen würden. Um Schäden möglichst klein zu halten, mußten staatliche Hilfsmaßnahmen die Marktintervention begleiten. Dies geschah in Form einer Arbeitslosenunterstützung, die ein Abwandern der Arbeiter verhindern sollte und gleichzeitig die in Not geratenen Unternehmen stützte.[62] Handels- und Innenministerium als verantwortliche Zentralstellen anerkannten damit das von der Arbeiterbewegung propagierte Verschuldensprinzip, wonach der Staat für Schäden, die durch seine Eingriffe in das wirtschaftliche Geschehen entstanden, aufzukommen hatte.

Die Krise in der Textilindustrie wirkte sich ab Dezember 1915 deutlich in den Beschäftigungszahlen aus. Die Arbeitslosenquote der Textilarbeiterunion, die zwar nach Kriegsausbruch wegen des Stillstands der Produktion von Luxus- und Exportgütern nie auf das Niveau der letzten Friedensmonate zurückgegangen war, verdoppelte sich von November auf Dezember 1915 und stieg danach mit geringen Schwankungen weiter an. Ende 1916 war die Beschäftigungslage unter den freigewerkschaftlichen Textilarbeitern wieder mit der bei Kriegsbeginn vergleichbar.[63]

Diese Entwicklung war bereits bei der Erlassung der Verarbeitungs- und Veräußerungsbeschränkungen vorauszusehen gewesen. Die Textilarbeiterunion rechnete im Oktober 1915 damit, daß in der Luxusindustrie sofort 60.000 und bis Jänner 1916 in den Webereien und Spinnereien weitere 250.000 Arbeiter ihre Beschäftigung verlieren würden.[64] Den Gewerkschaften mußte eine solche Zunahme der Arbeitslosigkeit finanziell gefährlich werden. Die Ausgaben des Reichsverbandes tschechischer Textilarbeiter (Svaz Českých textilnich delniku) für Arbeitslosenunterstützungen beliefen sich z. B. schon im Oktober 1915 auf 120.000 K.[65] Die Gewerkschaften wandten sich daher sofort an die Regierung und forderten Hilfsmaßnahmen. Am 24. September 1915, wenige Tage nach Verlautbarung der Beschränkung der Baumwollverarbeitung, erschien eine Deputation der Union der Textilarbeiter im Handelsministerium und forderte, die österreichische Regierung möge sich zur finanziellen Unterstützung der Arbeitslosen bereiterklären. Sie konnte sich dabei auf das Beispiel Deutschlands berufen, wo außerdem die Arbeitszeit in der Textilindustrie auf fünf Tage pro Woche reduziert worden war.[66]

---

60 Vgl. z. B. DB 15. 9. 1917, S. 275 oder DB 3. 11. 1917, S. 20.
61 Vgl. z. B. DB 30. 11. 1918, S. 33–34.
62 Vgl. *Hübel*, Textilindustrie, S. 279.
63 Vgl. Der Textilarbeiter 38/1916, S. 1 und Der Textilarbeiter 17/1917, S. 1.
64 Vgl. AVA, HM, Z. 17914 KP/1915 und Der Textilarbeiter 43/1915, S. 1.
65 Vgl. AVA, HM, Z. 18189 KP/1915; MdI, Dep.7, Z. 67004/1915.
66 Vgl. DG 41/1915, S. 252.

5.1. Die Entwicklung der kriegswirtschaftlichen Hochkonjunktur und ihre Grenzen 125

Das Handelsministerium billigte den Wünschen der Gewerkschaftsvertreter offenbar eine gewisse Berechtigung zu, denn es arrangierte schon am 28. September eine Besprechung, an der neben Vertretern des Ressorts der Präsident des Vereines der Baumwollspinner und leitende Funktionär der Baumwollzentrale, Arthur Kuffler, und der Sekretär der Textilarbeiterunion, Ferdinand Hanusch, teilnahmen. Das Treffen brachte jedoch keine konkreten Ergebnisse.[67] Im Oktober legten dann die Textilarbeitervereinigungen der verschiedenen Richtungen Forderungskataloge, aber auch Vorschläge zur Organisation einer Hilfsaktion vor. Sie argumentierten, daß es Aufgabe des Staates sei, den Arbeitslosen zu helfen, da diese „so gut Opfer des Krieges, wie die Galizischen und alpenländischen Flüchtlinge"[68] seien. Die zentralistische sozialdemokratische Union der Textilarbeiter forderte die Bereitstellung von Staatsmitteln, deren Verteilung durch ein paritätisch mit Unternehmer- und Arbeitervertretern besetztes Komitee unter der Leitung eines Vertreters des Handelsministeriums kontrolliert werden sollte.[69] Die tschechischautonomistische Textilarbeiterorganisation verlangte staatliche Hilfe für die Arbeitslosen ähnlich den Flüchtlingsunterstützungen[70] und darüber hinaus Maßnahmen, die ein Anwachsen der Arbeitslosigkeit verhindern sollten, wie spezielle Arbeitsnachweise für die Textilbranche, um innerhalb der Industrie einen Ausgleich zwischen den mit Heeresaufträgen versehenen und den zum Stillstand gezwungenen Betrieben zu schaffen. Außerdem sollten die vorhandenen Materialien mit Rücksicht auf die Arbeiterverhältnisse auf die Unternehmen aufgeteilt werden, das heißt, nicht im Wege des Heereslieferungskonsortiums sondern nach der Größe der Betriebe. Den Arbeitslosen sollte die Suche nach einer Überbrückungsbeschäftigung durch Aushändigung des Arbeitsbuches ohne Kündigung erleichtert werden. Ein ähnliches Ziel verfolgte auch der Wunsch, arbeitslos gewordenen Frauen, die insbesondere in der Landwirtschaft nur sehr niedrige Löhne erwarten konnten, den Unterhaltsbeitrag für die Angehörigen der Mobilisierten nicht zu entziehen.[71] Der Verband christlicher Textilarbeiter schlug neben der Bereitstellung eines staatlich dotierten Fonds auch Arbeitsbeschaffung und Rohstofflenkung zur Verhinderung von Massenarbeitslosigkeit vor.[72] Schließlich urgierte auch der Reichsratsabgeordnete Karel Exner im Namen der nationalsozialen tschechischen Zentralvereinigung der Textilarbeiterschaft eine Unterstützungsaktion.[73]

Neben den Arbeitervereinigungen waren auch führende Textilindustrielle sehr an staatlichem Eingreifen interessiert. Es ging ihnen um die Erhaltung des geschulten Arbeitskräftepotentials. Die Textilindustriellen selbst waren, wie auch die Textilarbeiterunion registrierte,[74] zu Unterstützungsleistungen an ihre nicht oder unterbeschäftigten Arbeiter bereit. So zahlten die im nordböhmischen Industriellenverband organisierten

---

67 Vgl. Der Textilarbeiter 41/1915, S. 1.
68 AVA, HM, Z. 18189 KP/1915 (Reichsverband).
69 Vgl. Der Textilarbeiter 43/1915, S. 1 und AVA, HM, Z. 17914 KP/1915.
70 Vgl. AVA, MdI, Dep.7, Z. 59861/1915, Antrag II. Forderungen der Rrabg. Nemec und Hybeš, dem Obmann des Reichsverbandes.
71 Vgl. AVA, HM, Z. 18189 KP/1915; MdI, Dep.7, Z. 59861, Anträge II und IV und Z. 67004/1915.
72 Vgl. AVA, MdI, Dep.7, Z. 59861/1915, Antrag V.
73 Vgl. AVA, MdI, Dep.7, Z. 66808/1915.
74 Vgl. AVA, HM, Z. 17914 KP und auch Z. 18189 KP/1915, Pkt.4.

Textilfirmen ihren Arbeitern 1 K und für deren Kinder bis zu 1 K pro Tag. Solange das Arbeitsbuch beim Unternehmer blieb, also die Bindung an den Textilbetrieb aufrecht blieb, wurde die Beihilfe auch dann gewährt, wenn der Arbeiter aushilfsweise eine andere Beschäftigung fand.[75] Andere Unternehmer wehrten sich anfangs gegen die Einführung einer Arbeitslosenunterstützung, konnten jedoch durch den Präsidenten und den Vizepräsidenten des Verbandes der Baumwollspinner, A. Kuffler und S. M. Singer vom Nutzen einer solchen Aktion überzeugt werden.[76] Die Unternehmerschaft war sich jedoch einig, daß in Anbetracht der ungewissen Dauer des Notstandes nicht sie allein die Kosten des Unterstützungswesen tragen könne.[77] Verschiedene Gruppen wandten sich deshalb an die Staatsverwaltung um Hilfe.[78]

Konkrete Vorschläge zur Durchführung einer Arbeitslosenhilfsaktion im Sinne der Textilindustrie machte der Leiter der Baumwollzentrale Arthur Kuffler.[79] Nach seinen Vorstellungen sollte ein Fonds errichtet werden, in den die mit Heeresaufträgen beschäftigten Firmen, der Staat und eventuell die Arbeiterorganisationen Beiträge zu leisten hätten. Dieser Hilfsfonds sollte durch ein aus zehn bis zwölf Unternehmern und zwei oder drei Arbeitervertretern bestehendes Komitee verwaltet werden. Für die Behandlung von Detailfragen waren zusätzlich Unter- und Lokalausschüsse vorgesehen. Die Beihilfen sollten nach den bisher erreichten individuellen Löhnen gestaffelt sein und etwa die Höhe des Krankengeldes erreichen, daneben aber auch die Familiengröße berücksichtigen. Diese Unterstützungen waren entweder vom Unternehmer und dem Fonds im Verhältnis 2:1 oder – falls der Unternehmer außerstande oder nicht willens war zu zahlen – zur Gänze vom Hilfsfonds aufzubringen. Kuffler verlangte daneben einen internen Arbeitsnachweis für die Textilindustrie, um die qualifizierten Arbeiter in der Branche zu halten.

Die Regierung versuchte zunächst, die Folgen der Baumwollrationierung durch Verwaltungsmaßnahmen zu mildern. Das Handelsministerium, in dessen Kompetenz die Regelung von Industriefragen fiel, verfügte, daß in der Textilindustrie keine Ausnahmen vom Nachtarbeitsverbot für Frauen und Jugendliche zu gestatten seien, wie dies, um dem Arbeitsmangel der Rüstungsindustrie zu begegnen, ein Erlaß wenige Tage vor Erscheinen der Beschränkungen der Baumwollverarbeitung erlaubt hatte.[80] Das für Arbeitsmarktfragen zuständige Innenministerium forderte die Behörden der besonders stark betroffenen Kronländer Böhmen, Mähren, Niederösterreich, Schlesien und Tirol/Vorarlberg auf, durch Arbeitsbeschaffung die Not zu lindern.[81] Schließlich versuchte das Kriegsministerium, das durch die staatlichen Eingriffe praktisch eine Monopolstellung als Nachfrager

---

75 Vgl. DG 41/1915, S. 252.
76 Vgl. AVA, HM, Z. 11996/1917.
77 Vgl. DG 41/1915, S. 252.
78 Vgl. z. B. AVA, MdI, Dep.7, Z. 59861/1915 (Verband nordböhmischer Industrieller in Reichenberg, Handels- und Gewerbekammer Brünn (vgl. dazu auch Verhandlungen der Handels- und Gewerbekammer in Brünn, Geschäftsbericht, IV. Quartal 1915, S. 98)); Z. 66380/1915 (Verein der Wirkwarenfabrikanten von Teplitz und Umgebung).
79 Vgl. AVA, HM, Z. 17914 KP/1915, Beilage A. Ein anderer Vorschlag kam vom Präsidenten des Vereines der Baumwollweber Österreichs, Arthur Lemberger.
80 Vgl. AVA, HM, Z. 14428 und Z. 17820 KP/1915.
81 Vgl. AVA, MdI, Dep.7, Z. 50655/1915.

5.1. Die Entwicklung der kriegswirtschaftlichen Hochkonjunktur und ihre Grenzen

gewonnen hatte, durch rationelle Verteilung seiner Bestellungen Arbeitslosigkeit möglichst zu vermeiden und setzte zu diesem Zweck einen eigenen Arbeitsausschuß ein.[82]

Das Handelsministerium scheint, nach den Ausführungen Präsident Kufflers auf einer Unternehmerversammlung am 1. Oktober 1915, sofort zu finanziellen Leistungen bereit gewesen zu sein. Es wies auch schon in seiner Stellungnahme zum Erlaß des Innenministeriums betreffend die Arbeitsbeschaffung für die Textilarbeiter auf die Möglichkeit einer Hilfsaktion im Wege der Zentrale hin.[83] Das Handelsministerium war es schließlich auch, das Anfang November dem dafür zuständigen Ministerium für Inneres die möglichst rasche Einleitung einer Arbeitslosenunterstützungsaktion empfahl. Die bisher getroffenen Maßnahmen reichten noch nicht aus, finanzielle Hilfe von staatlicher Seite werde „kaum zu umgehen" sein.[84] Die dringliche Aufforderung war das Resultat der Eingaben der Textilarbeiterunion, vor allem aber der Kufflers, dessen Exposé schließlich vom Innenministerium als Grundlage einer Aktion akzeptiert wurde.[85]

Die Vorschläge Kufflers fanden auch die Zustimmung der Union der Textilarbeiter. In einem Brief an Arthur Kuffler meinte Ferdinand Hanusch: „Ich habe ihr Exposé gelesen und muß sagen, daß es sehr geschickt und sachlich gemacht ist . . . . Ich hätte, wenn wir unsere Eingaben nicht schon abgeschickt hätten, keine Bedenken, dasselbe zu unterschreiben. ... Ich bin aber sehr dafür, daß Ihr Exposé zur Grundlage der Verhandlungen genommen wird, da es alle Details enthält, die in der ersten Besprechung besprochen worden sind." Hanusch teilte seine Befürwortung des Exposés „bis auf einige kleine Details" auf Wunsch Kufflers auch dem Handelsministerium mit.[86]

Es erscheint auf den ersten Blick erstaunlich, daß die Gewerkschaft die Vorschläge des Präsidenten des Vereines der Baumwollspinner so bereitwillig akzeptierte. Die Union hatte in ihrer Denkschrift ein paritätisch besetztes Überwachungsgremium verlangt und erklärte nun, fünf Tage später, ihr Einverständnis mit einer von den Unternehmern majorisierten Kommission. Der Grund für den Verzicht dürfte in der zur Diskussion stehenden Finanzierungsart zu suchen sein. Angesichts der engen organisatorischen Bindung zwischen der Arbeitslosenhilfe und den betroffenen Firmen erscheint die Parität als traditionelle Forderung, die als unhaltbar nicht weiter verfolgt wurde.

Obwohl schon Anfang November zwischen Gewerkschaften, dem Unternehmerverband und dem Handelsministerium weitgehend Einigkeit über Notwendigkeit und selbst über die Prinzipien einer Hilfsaktion herrschte, verzögerte sich deren Beginn noch bis Februar 1916. Der Grund hiefür dürfte in der erwähnten Opposition eines Teiles der Unternehmer gegen eine Arbeitslosenunterstützung zu suchen sein. Darauf deuten bestimmte Formulierungen in den späteren Richtlinien für die Unterstützungsorganisation, die eher prinzipielle Bedenken[87] als finanzielle Überlegungen als die Ursache der Verschleppung nahelegen. Das Innenministerium zögerte zwar die Konkretisierung des

---

82 Vgl. AVA, HM, Z. 17914 KP/1915 (KM, Z. 12922/1915).
83 Vgl. DG 41/1915, S. 252 und AVA, HM, Z. 16468/1915.
84 Vgl. AVA, HM, Z. 17914 KP und MdI, Dep.7, Z. 59861/1915, Antrag VIII.
85 Vgl. AVA, MdI, Dep.7, Z. 59861/1915.
86 Vgl. AVA, MdI, Dep.7, Z. 777/1916, Beilage und HM, Z. 17914 KP/1915, Beilage.
87 Vgl. AVA, MdI, Dep.7, Z. 59861/1915 (Erlaß vom 7. 1. 1916). Vgl. auch DG 4/1916, S. 17.

Projektes hinaus, wandte sich aber sofort an das Finanzressort um die Bewilligung von Notstandskrediten.[88]

Die Notwendigkeit einer finanziellen staatlichen Hilfe wurde mit Beginn des Winters immer deutlicher. Das Handelsministerium wiederholte Anfang Dezember seine Aufforderung an das Innenministerium mit dem Hinweis auf den „Ernst der Lage in den bedrohten Gebieten."[89]

Ende 1915[90]	Böhmen	Mähren	Tirol/ Vorarlberg	Nieder- österreich
eingestellte Betriebe	57	4	8	2
reduzierte Betriebe	82	2	5	6

Der Großteil der Beschäftigten in der Textilindustrie waren Frauen und, infolge der Einberufungen, fast nur mehr sehr alte oder sehr junge Männer, die keine körperliche Schwerarbeit bei den Notstandsbauten oder bei der Ernte verrichten konnten. Außerdem besaßen die Arbeiter häufig kleine Anwesen und waren kaum zum Verlassen ihrer Heimatgemeinden zu bewegen. Dieser Umstand gewann angesichts der schlechten Lebensmittelversorgung noch an Gewicht. Eine Lösung des Problems war daher auch nach Meinung des böhmischen Statthalters nur durch direkte finanzielle Hilfe der Zentralregierung möglich, da sowohl die „öffentliche Mildtätigkeit" als auch die Gemeinden bereits vollkommen erschöpft waren. Für eine rasche Durchführung sprachen vor allem Sicherheitsargumente. Graf Coudenhove fürchtete eine Radikalisierung der Arbeitslosen, wenn der bevorstehende Winter die Not noch verschärfte. „Dieser Umstand erscheint umso bedenklicher, als die Textilindustrie meistens nur Zentren von vielen tausend Arbeitern bildet, in welchen die Arbeiter ... gleich eine bewegliche die öffentliche Ruhe störende und bedrohende Gassenmasse bilden."[91] Am 8. Jänner 1916 ersuchte die Statthalterei in Prag unter Betonung höchster Dringlichkeit um die Ermächtigung, sofort 200.000 K für arbeitslose Textilarbeiter verwenden zu dürfen, was das Innenministerium auf dem schnellsten Wege zu gestatten gezwungen war.[92]

Unter dem Eindruck der sich zuspitzenden Verhältnisse in einzelnen Gebieten war das Innenministerium schließlich doch zur Realisierung der projektierten Arbeitslosenunterstützung gezwungen. In den offiziellen Begründungen schloß sich die Regierung dabei der Argumentation mit dem Verschuldensprinzip an. „Da diese rund 250.000 Arbeiter und ihre Familien betreffenden Erscheinungen [d. h. Arbeitslosigkeit infolge der Baumwollverarbeitungsbeschränkungen, M.G.] unmittelbar auf die im Interesse der Kriegsführung erlassenen Anordnungen zurückzuführen sind, hat die Regierung eine Hilfsaktion eingeleitet, zu deren Durchführung sich die Unternehmerschaft im Verein mit den

---

88 Vgl. AVA, HM, Z. 20340/1915.
89 Ebd.
90 Vgl. AVA, MdI, Dep.7, Z. 10668/1916.
91 AVA, HM, Z. 20340/1915 (k.k. Statthalter in Böhmen, Z. 313802/1915).
92 Vgl. AVA, MdI, Dep.7, Z. 975/1916. Vgl. auch Z. 7545/1916.

anderen an der Erhaltung des Baumwollarbeiterstandes interessierten Faktoren mit Unterstützung der Regierung bereiterklärt hat."[93]

Das Ministerium für Inneres strebte bei der Organisation zwei wichtige Modifikationen an Präsident Kufflers Plan an; einmal sollte der Anteil der Unternehmer bzw. des Hilfsfonds an der Finanzierung nicht fix festgesetzt sondern der Hilfsfonds nur subsidiär zur Zahlung herangezogen werden. Zweitens sollte die Unternehmerkurie des Komitees stark verkleinert werden und „im Hinblicke darauf, daß die Arbeitnehmerorganisationen scheinbar zu Leistungen an den Fonds aus ihren eigenen Mitteln nicht bereit oder nicht in der Lage sind, ... die an Zahl entsprechend vermehrten Vertreter der Arbeiterschaft in demselben nur als Experten fungieren."[94] Gegen beide Pläne opponierte erfolgreich das Handelsministerium, das eine angemessene Vertretung der diversen Baumwollbranchen durch neun oder zehn Unternehmer für notwendig erachtete und die nur beratende Teilnahme der Arbeitervertreter als indiskutabel ablehnte. Nach Ansicht des Handelsministeriums mußte außerdem die Vertretung der verschiedenen politischen Richtungen in der Arbeiterschaft gewährleistet sein.[95]

Das Komitee bestand schließlich aus 10 Unternehmern und 5 Gewerkschaften, die auf Vorschlag der Baumwollzentrale zu berufen waren. Dazu kamen die Vertreter des Innen-, des Handels- und des Finanzministeriums.[96] In Bezirken mit mindestens fünf Baumwollbetrieben wurden entsprechend dem Vorschlag Kufflers Lokalausschüsse errichtet. In diesen Gremien hatten die Arbeiter nur beratende Funktion. Dennoch kam es bei der Konstituierung der Lokalausschüsse immer wieder zu schweren Auseinandersetzungen. Den lokalen Behörden war in einigen Fällen in Übereinstimmung mit den Unternehmern die Beiziehung von Arbeitervertretern unerwünscht.[97]

Arbeitslosenunterstützung gebührte den Textilarbeitern, wenn sie arbeitslos oder pro Woche weniger als 60% der Normalarbeitszeit beschäftigt waren. Die Unterstützungen sollten das Existenzminimum, das mit mindestens 60% des Lohnes angenommen wurde, sicherstellen.[98] Später setzte das Komitee weitere Bedingungen für die Unterstützungsberechtigung fest. Der Arbeiter mußte am 1. Jänner 1916 seit wenigstens sechs Monaten in dem Betrieb beschäftigt gewesen sein, oder bereits eine Beihilfe vom Unternehmer beziehen. Für die Unterstützungshöhe setzte das Komitee Untergrenzen fest: für erwachsene Männer 7,80 K pro Woche, für Frauen 6,60 K, für Jugendliche 4,80 K und für Angehörige je 1,20 K. Waren mehrere Familienmitglieder selbst anspruchsberechtigt, so wurden die Beträge für die Angehörigen nur einmal, meistens an die Frau, ausbezahlt.[99]

---

93 Denkschrift über die von der k.k.Regierung aus Anlaß des Krieges getroffenen Maßnahmen II (Wien 1916) 220. Vgl. auch AVA, MdI, Dep.7, Z. 56861/1915.
94 Vgl. AVA, MdI, Dep.7, Z. 56861/1915.
95 Vgl. ebd. (HM, Z. 21461/1915).
96 Vgl. ebd., Grundsätze; DI 8/1916, S. 2 und DG 5/1916, S. 27. Zur Besetzung des Komitees vgl. MdI, Dep.7, Z. 2389, Z. 2945 und Z. 36054/1916: Unternehmer: Brunner, Cichorius, Pollak, Jehnicka, von Neumann, Mandler, Farber, Hämmerle (später Rhomberg), Baumgärtl; Arbeiter: Krikawa (christliche Textilarbeiter), Exner (nationalsozialer Verband, Nachod), Hybeš (separatistischer Verband, Brünn), Hanusch und Hübel (Union).
97 Vgl. AVA, MdI, Dep.7, Z. 1641/1916 und z.B. Z. 35601/1916 oder MdI, Dep.5, Z. 23342/1917.
98 Vgl. AVA, MdI, Dep.7, Z. 56861/1915, Grundsätze und Z. 777/1916.
99 Vgl. AVA, MdI, Dep.7, Z. 8012, Z. 10668, Z. 20447/1916 und DI 8/1916, S. 3.

Die Unterstützungen wurden zunächst vom Unternehmer finanziert, der sich auf Anregung der Baumwollzentrale freiwillig der Aktion angeschlossen hatte, und dann zu einem bestimmten Teil aus dem Hilfsfonds refundiert. Im Februar 1916 betrug dieser Teil maximal, auch wenn der Unternehmer mehr als den Mindestbetrag von 60% des Lohnes auszahlte, ein Drittel, ab März 1916 für die Spinnereien weiterhin ein Drittel und für die Finalbetriebe die Hälfte, wobei auch Ausnahmen möglich waren. Ende April schlug das Komitee für die Spinnereien 40% vor.[100]

Die Form der Arbeitslosenunterstützung, nach der staatliche Zuschüsse in der Regel über den Unternehmer an die Arbeiter gelangten, verdeckte die Beteiligung des Staates an der Aktion. Nur wenn ein von der Krise betroffenes Unternehmen zur Teilnahme an der Hilfsaktion nicht bereit war, konnten sich die Arbeiter über die Bezirksbehörden direkt an den Fonds bei der Baumwollzentrale wenden.[101] Die Regierung umging also wohl mit Rücksicht auf die Unternehmerschaft,[102] weiterhin die Problematik der staatlichen Arbeitslosenfürsorge. „Da die Aktion – insoweit die Mitwirkung des Staates ... in Frage kommt – nicht etwa für jeden einzelnen Arbeiter, sondern für das einzelne Betriebsunternehmen einsetzt, das wieder hiedurch Verpflichtungen gegenüber seinen Arbeitern übernimmt, bildet die *Hilfsaktion für keinen der partizipierenden Teile ein Präjudiz hinsichtlich des allgemeinen Problems der Arbeitslosenunterstützung.*"[103]

Die Unterstützungsaktion für die Baumwollindustrie begann im Februar 1916 und war vorerst auf drei Monate limitiert. Für diesen Zeitraum beantragte das Innenministerium eine Summe von 1 Million K. Das Finanzressort wollte dagegen nur 300.000 K zugestehen, mußte dann aber für die erste Periode 4 Millionen K bereitstellen. Im Jahre 1916 erforderte die Aktion insgesamt 13,5 Millionen K, wovon der Staat etwa 61% trug. 1917 stieg das Gesamterfordernis auf 20,9 Millionen, der staatliche Anteil auf 77%.[104]

Zur Zeit als das Unterstützungswesen für die Baumwollarbeiter in Funktion trat, gab es infolge der Rationierungsmaßnahmen bei Schafwolle und Leinen auch in diesen Textilbranchen Arbeitslosigkeit. Es mußten daher auch hier Hilfsaktionen gestartet werden, die im Anschluß an die inzwischen errichteten Kriegsverbände der Woll- bzw. der Leinenindustrie organisiert wurden.[105] Auch für diese Aktionen wurden Komitees, sogenannte „Zentralstellen für Arbeiterfürsorge" ins Leben gerufen, in denen aber entsprechend der Größe der beiden Branchen nur sechs Unternehmer und drei Arbeiter Sitz und Stimme hatten.[106] Die Durchführung der Aktionen erfolgte zwar nach dem

---

100 Vgl. AVA, MdI, Dep.7, Z. 56861/1915, Grundsätze, Z. 8012 und Z. 20447/1916. Vgl. auch DI 8/1916, S. 3 und DG 10/1916, S. 66.
101 Vgl. AVA, MdI, Dep.7, Z. 56861/1915, Grundsätze, Pkt. 5.
102 Vgl. DG 5/1916, S. 27.
103 Vgl. MdI, Dep.7, Z. 56861/1915, Grundsätze, Pkt.1 (Hervorhebung im Original).
104 Vgl. ebd. und Bericht der Textilarbeiter Österreichs über die Tätigkeit in der siebenten Verwaltungsperiode in den Jahren 1913–1917 (Wien 1918) 4.
105 Vgl. AVA, MdI, Dep.7, Z. 643, Z. 20392, Z. 20780, Z. 29545, Z. 31965, Z. 34298, Z. 50055, Z. 55411, Z. 60205 und Z. 65448/1916 (Schafwolle); Z. 39233, Z. 45737, Z. 48596, Z. 50004, Z. 54833, Z. 59528, Z. 60574/1916 und Z. 8657/1917 (Leinen).
106 Vgl. AVA, MdI, Dep.7, Z. 50055 (Wolle) und Z. 48596/1916 (Leinen).

Vorbild der in der Baumwollindustrie, doch ergaben sich aus den spezifischen Interessen der Branchen auch Sonderregelungen, z. B. die Höhe der Leistungen.

Während Arbeitsmarktprobleme im allgemeinen in die Kompetenz des Innenministeriums fielen, war den Kriegsverbänden, die dem Handelsministerium unterstanden, ausdrücklich die soziale Fürsorge in ihrem Wirkungsbereich zugewiesen worden. Die Agenden bezüglich der Arbeitslosenfürsorge gingen in der Folge nach Streitigkeiten auf das Handelsministerium über.[107] Aus Anlaß der bevorstehenden Errichtung eines Ministeriums für soziale Fürsorge, das die einschlägigen Agenden vom Handelsministerium übernahm, wurde über eine Zusammenfassung der verschiedenen Aktionen für die Textilindustrie – 1917 kam noch die Seidenindustrie hinzu – beraten.[108] Ende 1917 und Anfang 1918 mußte das Unterstützungswesen wegen allgemeinen Mangels an Betriebsmitteln, insbesonders an Kohle, auf die gesamte Industrie ausgedehnt werden.

5.1.1.3. Die Organisation des Lebensmittelsektors

Die Sicherung der Volksernährung bereitete der österreichischen Verwaltung schon in den Jahren 1915 und 1916 weit größere Schwierigkeiten als die Organisation der Rohstoffwirtschaft. Während es im zweiten Fall im wesentlichen bis Ende 1916 um eine Steigerung der Produktion, also um eine Allokation der Materialien zugunsten der Rüstungsindustrie ging, war bei den Lebensmitteln krisenhafter Mangel die Ausgangssituation. Der Grund hiefür war die Importabhängigkeit Österreichs bei Nahrungsmitteln insbesondere von Ungarn, das trotz der Fortdauer des Krieges und der damit verbundenen Verschlechterung der Verhältnisse in der österreichischen Reichshälfte nicht zur Kooperation bereit war. Die Bewirtschaftungsmaßnahmen konnten stets nur eine die Subsistenz der Bevölkerung sichernde Verteilung unzureichender Mengen anstreben. Dies geschah durch Preisbegrenzungen, um zu verhindern, daß ärmere Bevölkerungsschichten vom Konsum ausgeschlossen würden, durch Rationierung und Handelsbeschränkungen, um den Verbrauch zu limitieren. Am rigorosesten wurde bei den Brotfrüchten, als dem wichtigsten Bestandteil der Ernährung, vorgegangen.

Der Erfolg dieser Strategie hing großteils von der Leistungsfähigkeit der heimischen Landwirtschaft ab, die aber, was Arbeitskräfte und Hilfsmittel, wie Chemikalien und Maschinen, betraf, durch die vorrangige Beteilung der Kriegsindustrie benachteiligt war.[109] Zu diesem objektiven Hindernis, das Produktionsniveau der österreichischen Landwirtschaft zu halten, kam noch die ablehnende Haltung der Bauern selbst gerade gegen die Bewirtschaftung. Die Preisbeschränkungen für ihre Waren ließen die Produktion wenig profitabel erscheinen und ließen diese noch unter die durch die objektiven Kapazitätsgrenzen ohnehin stark verminderten Mengen sinken.[110]

Außerdem unterliefen der österreichischen Verwaltung bei den Bemühungen, die Verteilung zu regeln, schwere Fehler, die wohl aus der mangelhaften Vorbereitung auf

---

107 Vgl. AVA, MdI, Dep.7, Z. 50055/1916.
108 Vgl. AVA, HM, Z. 11996/1917.
109 Vgl. *Gratz*, Zusammenbruch, S. 46–47.
110 Vgl. *Heller*, Government Price Fixing, S. 41.

diese Aufgabe resultierten. Es gab vor allem keinen geeigneten Apparat zur Exekution der Maßnahmen.[111] Schon die Schätzungen über die im Lande vorrätigen Mengen litten darunter, was wiederum die Planung sehr erschwerte. Ebenso mußte aus diesem Grund die Durchführung der Rationierung fehlerhaft bleiben. So gelang es nicht, die agrarische Bevölkerung zur Einhaltung der Vorschriften zu verhalten.[112]

Der ständig zunehmende Mangel traf somit überwiegend jene Teile der Bevölkerung, die in ihrer Versorgung vom Markt und den Zuschüben an rationierten Lebensmitteln abhängig waren, das heißt, die städtische und industrielle Bevölkerung. Auch die Teuerung traf in besonderem Maße diese Gruppen, da eine ausreichende Ernährung durch die bewirtschafteten Güter nicht möglich war und zusätzliche Lebensmittel nur sehr teuer, meist nur am Schwarzmarkt erhältlich waren. Diese Situation führte schon bald zu Störungen. Schon im April 1915 legten z. B. Bergarbeiter in der Obersteiermark, obwohl sie als beeidete Landsturmleute Militärpersonen waren, also strengste Strafen zu erwarten hatten, unter dem Druck der Teuerung und der schlechten Versorgung die Arbeit nieder.[113] Im Laufe des Jahres 1916 bedrohte die Ernährungslage bereits allgemein den störungsfreien Fortgang der Kriegsproduktion.[114]

Die Regierung war unter diesen Umständen gezwungen, die Ernährungswirtschaft straffer zu organisieren. Da nicht nur die Versorgung mit einzelnen Gütern sondern die Ernährung schlechthin gefährdet war, mußte der gesamte Lebensmittelsektor zum Gegenstand der staatlichen Politik werden.

Erster Schritt in dieser Richtung war die schärfere Kontrolle der Marktpreise. Eine Möglichkeit gegen Wucher vorzugehen hatte schon die zu Kriegsbeginn erlassene Notverordnung über die Versorgung der Bevölkerung mit unentbehrlichen Bedarfsgegenständen geboten.[115] Allerdings hatten diese Vorschriften, wie der Innenminister im Sommer 1915 beklagte, „insbesondere soweit große Ansiedlungszentren in Frage kommen", kaum Erfolg gehabt. Ein Erlaß an die politischen Landesbehörden, die nach Ansicht der Zentrale durch mangelnde Aufsicht, aber auch ungleichmäßiges Vorgehen das Mißlingen der bisherigen Bemühungen mitverschuldet hatten, sollte den „immer häufiger zutage tretenden unerhörten Preistreibereien" fast ein Jahr nach Kriegsbeginn ein Ende setzen. Der Innenminister wünschte die genaue Überwachung der Marktpreisbildung, strenge Kontrolle der untergeordneten Gemeinde- und Polizeibehörden, „um ein gleichmäßiges, energisches, verständnisvolles und sachlich richtiges Vorgehen zu erzielen", und die Aneiferung der Konsumenten, „den Behörden die Handhabe zum Einschreiten zu bieten." Außerdem sollte von den in der Gewerbeordnung bestehenden Möglichkeiten, wie dem Zwang zur Preisauszeichnung und der Strafe der Schließung von Geschäften, ausgiebig Gebrauch gemacht werden. Schließlich wurden die Landesbehörden angewiesen, Preisstatistiken anzulegen und diese wöchentlich dem Innenministerium mitzuteilen. Einen Hinweis auf die tatsächlichen Verhältnisse gibt die Aufforderung des

---

111 Vgl. *Löwenfeld-Russ*, Volksernährung, S. 81.
112 Vgl. ebd., S. 66.
113 Vgl. AVA, MdI, Präs. Z. 10351/1915.
114 Vgl. HM, Z. 17150 KP/1916 (KM, Abt. 12, Z. 103002 res/1916).
115 Vgl. KaisVO vom 1. 8. 1914, RGBl. Nr. 194.

Erlasses an die untergeordneten Stellen zu Kooperation und korrektem, gesetzmäßigem Verhalten.[116] Die Notverordnung über die Versorgung der Bevölkerung wurde im Sommer 1915 verschärft und dabei ausdrücklich Kartellwucher und der Tatbestand der absichtlichen Verringerung des Angebots an unentbehrlichen Bedarfsgegenständen mit Strafen bedroht.[117]

Die Schwierigkeiten bei der Überwachung und Regulierung der Preise veranlaßten die Regierung schließlich zur Heranziehung der Produzenten, Groß- und Detailhändler und der Konsumenten zur Beratung der Behörden. Bei allen Landesbehörden, in Konsumzentren und in Städten mit wenigstens 10.000 Einwohnern wurden „Preisprüfungskommissionen" als konsultative Organe der Landes-, bzw. Bezirks- oder Gemeindebehörden errichtet. In den zur Beratung bestimmter Themen versammelten Teilkommissionen sollten Produzenten und Händler einerseits und die Verbraucher andererseits paritätisch vertreten sein. Außerdem konnten unabhängige Experten zugezogen werden. Die Entscheidung, ob ein Preis gerechtfertigt war oder nicht, blieb aber den Behörden überlassen.[118] Die Regierung suchte mit der Einsetzung der Preisprüfungskommissionen erstmals, die Probleme des Lebensmittelmarktes von der Nachfrageseite her in den Griff zu bekommen. Die Einhaltung der Vorschriften hing aus technischen Gründen wesentlich von der Haltung der Konsumenten ab, die sich jedoch in der Zwangslage befanden, überhaupt Lebensmittel zu bekommen.[119] Eine Repräsentation der Verbraucher in diversen Gremien konnte daran nichts ändern, und die Maßnahme blieb wirkungslos.

Als sich 1916 die Versorgungslage weiter verschlechterte und auch die Rationen der bewirtschafteten Lebensmittel nicht mehr gesichert erschienen, versuchte die österreichische Regierung diesen Gefahren durch eine einheitliche Organisation des gesamten Ernährungssektors zu begegnen. Bisher hatten sich auf höchster Ebene verschiedene Stellen mit den Problemen beschäftigt: Viehzucht ressortierte zum Ackerbauministerium, die Fett- und Zuckerwirtschaft zum Handelsministerium, während der große Rest der Approvisionierungsagenden das ohnehin überlastete Innenministerium beschäftigte.[120] Im Mai 1916 wurde eine interministerielle Approvisionierungskommission der interessierten Ressorts ins Leben gerufen, ohne daß jedoch deren Kompetenzen durch das neue Kollegialorgan beschnitten worden wären. Der Kommission wurde ein „Approvisionierungsbeirat" in beratender Funktion, bestehend aus Vertretern der Landwirtschaft, des Handels und der Konsumenten angeschlossen.[121] In dem am meisten in Anspruch genommenen Innenministerium wurde dann noch, offiziell am 6. Oktober 1916, ein Ernährungsamt eingerichtet. Alle diese Konstruktionen konnten jedoch die durch die Kompetenzaufsplitterung verursachte Verzögerung ernährungspolitischer Maßnahmen nicht beseitigen.

---

116 Erlaß des MrdI vom 22. 7. 1915, Z. 39507. In: Verordnungsblatt des k. k. MdI 1915, S. 353–356.
117 Vgl. KaisVO vom 7. 8. 1915, RGBl. Nr. 228. Vgl. auch Erlaß des MrdI vom 7. 8. 1915, Z. 42627. In: Verordnungsblatt des k. k. MdI 1915, S. 452–455.
118 Vgl. Erlaß des MrdI vom 14. 11. 1915, Z. 61842. In: Verordnungsblatt des k. k. MdI 1915, S. 620–621.
119 Vgl. *Heller*, Government Price Fixing, S. 46–47.
120 Vgl. *Löwenfeld-Russ*, Volksernährung, S. 288.
121 Vgl. Denkschrift über die von der k. k.Regierung aus Anlaß des Krieges getroffenen Maßnahmen III (Wien 1917) 50–51.

Erst die Regierungsumbildung nach dem Tod Stürgkhs brachte hier eine Wende. Mit der Verordnung vom 13. November 1916 wurde ein eigenes, nur dem Ministerpräsidenten verantwortliches Amt für Volksernährung errichtet.[122] Ihm wurden alle bestehenden Institutionen der Nahrungsmittelwirtschaft, wie Zentralen, Kriegsverbände, die Kriegs-Getreide-Verkehrsanstalt, unterstellt und die Kompetenzen bezüglich der Ernährungspolitik übertragen.[123] Das Amt setzte sich aus einem Präsidenten – der erste war Oskar Kokstein[124] – zwei Vizepräsidenten und einem wenigstens siebenköpfigen Direktorium zusammen.[125] In diesem Gremium waren durch die Reichsratsabgeordneten Freißler (Deutscher Nationalverband), Fink (Christlich soziale Vereinigung) und Renner (Deutsche sozialdemokratische Partei), den Sekretär der Prager Handelskammer und späteren tschechischen Handelsminister Hotowetz, den polnischen Agrarier Ritter von Raczynski, den Textilindustriellen und Mitglied des Industrierates Ritter von Penzig-Franz, sowie schließlich den vom Kriegsministerium entsandten Oberst Wallerstorfer die Interessentenkreise der Ernährungspolitik unter gleichzeitiger Berücksichtigung der nationalen und politischen Richtungen repräsentiert. Hotowetz wurde später vom Kammersekretär Živanský abgelöst; hinzu kam noch der Großindustrielle und Ökonom Strakosch von Feldringen.[126] Durch die Heranziehung dieser „Fachleute aus dem praktischen Leben"[127] – die Direktoren hatten eine Angelobung zu leisten und konnten sogar zur Leitung von Geschäftsabteilungen herangezogen werden – versuchte die Staatsverwaltung, ihre Ernährungspolitik auf eine breitere Legitimationsbasis zu stellen und gegen Sonderinteressen zu schützen. Der Absicherung diente zusätzlich noch ein Ernährungsrat „zur Besprechung allgemeiner Fragen der Volksernährung, zur Erörterung beabsichtigter oder getroffener Anordnungen und der Art ihrer Durchführung, zur Vorbringung von Wünschen und Beschwerden, kurz als Vermittlungsorgan zwischen Amt und Bevölkerung". In ihm gingen der Approvisionierungsbeirat des Innenministeriums, der Beirat des Ackerbauministeriums für Futtermittelversorgung und der Beirat der Kriegs-Getreide-Verkehrsanstalt auf. Der Ernährungsrat war mit mindestens 40 Mitgliedern aus Landwirtschaft, Handel, Konsumentenorganisationen und Wissenschaft ein wesentlich weiteres Gremium, hatte jedoch nur beratende Funktion.[128]

Mit der Errichtung des Amtes für Volksernährung versuchte die österreichische Regierung sowohl durch Zentralisation der Behörden als auch durch die Einbindung der Interessensgruppen in verantwortlichen Positionen der hoheitlichen Verwaltung eine Wende herbeizuführen, nachdem die seit Kriegsbeginn auf dem Gebiet der Ernährungsverhältnisse getroffenen Maßnahmen nicht den erwarteten Erfolg gebracht hatten. Eine schärfere Politik hatten schon seit 1915 sowohl Konsumentengremien als auch, im

---

122 Vgl. VO des GesM vom 13. 11. 1916, RGBl. Nr. 383.
123 Vgl. Denkschrift über die von der k.k.Regierung aus Anlaß des Krieges getroffenen Maßnehmen IV (Wien 1918) 79–80.
124 Vgl. Felix *Höglinger,* Ministerpräsident Heinrich Clam-Martinic (Graz/Köln 1964) 158.
125 Vgl. Ku des MP vom 30. 11. 1916, RGBl. Nr. 402.
126 Vgl. *Löwenfeld-Russ,* Volksernährung, S. 294 und Hof- und Staatshandbuch 1918, S. 412.
127 Vgl. Denkschrift IV, S. 80.
128 Vgl. Ku des MP vom 30. 11. 1916, RGBl. Nr. 402; DK 7/1917, S. 81. Vgl. auch Protokoll der Tagungen des Ernährungsrates (Wien 1917/1918).

Hinblick auf die Lage der Industriearbeiterschaft, die großen Unternehmerverbände gefordert. Die Approvisionierungssektion der Handelspolitischen Kommission legte stets frühzeitig Vorschläge zur Lösung aufgetretener oder zu erwartender Versorgungsprobleme vor,[129] die Kriegskommission für Konsumenteninteressen wandte sich wiederholt in Eingaben, z. B. über die künftige Ernährungspolitik oder über die Wohnungsfrage nach dem Krieg, an die Verwaltung.[130] Die ständige Verschlechterung der Lage veranlaßte die Konsumentenvereinigungen schließlich zu verlangen, die Verbraucher zur Mitarbeiter bei der Konzipierung der Maßnahmen heranzuziehen, um weitere Fehlschläge zu vermeiden. Durch eine Interessenvertretung sollte der Schutz der Konsumenten nicht länger allein der unerfahrenen und fehlinformierten Bürokratie überlassen bleiben. Die Kriegskommission als repräsentatives Gremium der Wiener Konsumenten wünschte in der Kriegs-Getreide-Verkehrsanstalt vertreten zu sein und forderte die Schaffung eines ständigen Regierungsbeirates in Ernährungsfragen.[131]

Die Regierung kam diesem Verlangen mit der Gründung des Approvisionierungsbeirates und schließlich des Ernährungsrates beim Amt für Volksernährung nach. Damit war im Herbst 1916 die Approvisionierungspolitik in eine neue Phase getreten. Anlaß der Neuorientierung war das Versagen der nach Kriegsbeginn eingeschlagenen Strategie der Bewirtschaftung einzelner, besonders knapper Güter ohne ein die gesamte Versorgung umfassendes Konzept.

5.1.1.3.1. Die Lebensmittelbewirtschaftung 1915 und 1916 am Beispiel des Getreides

Die besorgniserregende Knappheit bei Getreide und Mehl hatte im Februar 1915 die Regierung zur Sperre der Vorräte und zur Errichtung der Kriegs-Getreide-Verkehrsanstalt veranlaßt. Mit dieser Regelung war die Regierung den von verschiedenen Seiten geäußerten Wünschen, die auf eine monopolistische Getreidewirtschaft hinausliefen, allerdings nur zum Teil nachgekommen. Die Vorräte waren zwar für den privaten Handel gesperrt worden, auf die Preisbildung hatte die Staatsverwaltung aber nach wie vor nur begrenzten Einfluß. Im Frühjahr 1915 war also die Forderung nach einem staatlichen Getreidemonopol weiterhin aktuell und wurde z. B. von den Unternehmerorganisationen der Industrie oder in der konstituierenden Sitzung des Beirats der Kriegs-Getreide-Verkehrsanstalt von den Sozialdemokraten vertreten.[132]

Die Regierung schloß sich im Zusammenhang mit der Vorbereitung neuer Bewirtschaftungsmaßnahmen für die Ernte 1915 den Vorschlägen schließlich an. „Nach eingehender Prüfung und nach Erwägung auch anderer Möglichkeiten der Versorgung der Bevölkerung aus der neuen Ernte ist die Regierung zum gleichen Schlusse gelangt, da nur eine einheitliche, staatlich geleitete Organisation des Verkehrs die notwendige Bürgschaft für eine Preisbildung zu geben vermag, die den Interessen der Produktion

---

129 Vgl. z. B. MdHpK 27. 3. 1915, S. 14–17 und S. 21–23.
130 Vgl. DK 11/1915, S. 105–107 und MdHpK 28. 9. 1916, S. 116–128.
131 Vgl. MdHpK 23. 1. 1916, S. 40 und MdHpK 25. 2. 1916, S. 15–18.
132 Vgl. DI 18/1915, S. 1 und AVA, HM, Z. 11570/1915.
133 Vgl. Denkschrift II, S. 54.

wie des Verbrauches Rechnung trägt."[133] Die Getreideernte des Jahres 1915 wurde „mit dem Zeitpunkte der Trennung vom Ackerboden zugunsten des Staates beschlagnahmt."[134]

Außer der Beschlagnahme, die in ihrer Wirkung kaum schärfer als die Sperre war,[135] wurde nun auch eine Verkaufspflicht an und eine Ankaufspflicht durch die Kriegs-Getreide-Verkehrsanstalt betreffend jene Getreidemengen, die den Bauern nicht zur Deckung des Eigenbedarfes zustanden, ausgesprochen. Damit war der Getreidehandel in der Kriegs-Getreide-Verkehrsanstalt monopolisiert, die autoritativ die Preise festsetzte. Das beschlagnahmte Getreide wurde durch Beauftragte der neu gegründeten Landesstellen der Kriegs-Getreide-Verkehrsanstalt aufgekauft, in Vertragsmühlen vermahlen und das Mehl zentral durch die Anstalt an die politischen Bezirke verteilt.[136]

Die Übernahmspreise der Kriegs-Getreide-Verkehrsanstalt 1915 waren sehr hoch. Grund hiefür war der Druck, den die überhöhten ungarischen Maximalpreise auf die österreichische Politik ausübten.[137] Die Kriegs-Getreide-Verkehrsanstalt verkaufte Mahlprodukte zu Fixpreisen; die Kleinverschleißpreise wurden weiterhin durch die Landesbehörden festgesetzt. Es war beabsichtigt, den Höchstpreis für Brot, der schon seit April 1915 bestand, nach der neuen Ernte mit 16. September 1915 von 5 auf 4 h pro 70 g Brot herabzusetzen. Die Ernteverhältnisse verzögerten dann aber die Preisreduktion um zwei Monate.[138]

Ende Dezember 1915 faßte der Ministerrat den Entschluß, die Abgabepreise der Kriegs-Getreide-Verkehrsanstalt drastisch zu erhöhen, was eine Anhebung der Maximalpreise im Detailhandel nach sich zog. Nicht beabsichtigt war eine Erhöhung der Brotpreise. Die eklatante Verteuerung prallte auf schärfsten Widerstand. Die Bäcker drohten mit Betriebsschließungen, sollte ihnen nicht eine höhere Spanne zum Brotpreis zugestanden werden.[139] In der sozialdemokratischen Partei wurde erwogen, die Mitarbeit im Beirat der Kriegs-Getreide-Verkehrsanstalt, der über die beabsichtigten Preiserhöhungen nicht informiert worden war, aufzukündigen, wenn die Mehlpreise nicht wiederum reduziert würden. Außerdem wurden Versammlungen abgehalten und beim Innenminister interveniert.[140] Unter dem massiven Druck, vor allem auch der Gemeinde Wien, mußten Zentral- und Landesbehörden ihre Verordnungen korrigieren. Der Preis für Brotmehl wurde wieder auf die Höhe vom Sommer 1915 zurückgeführt, die Preise für die feineren Sorten aber wurden entweder beibehalten oder nur gering ermäßigt.[141]

---

134 KaisVO vom 21. 6. 1915, RGBl. Nr. 167.
135 Vgl. Denkschrift II, S. 55. Vgl. auch KaisVOen vom 21. 2. 1915, RGBl. Nr. 41 und vom 21. 6. 1915, RGBl. Nr. 167, jeweils § 2.
136 Vgl. Statut der KGVA vom 22. 6. 1915. In: Verordnungsblatt des k. k. MdI 1915, S. 316 und *Löwenfeld-Russ,* Volksernährung, S. 340.
137 Vgl. DÖV 17. 7. 1915, S. 699. Vgl. auch AVA, HM, Z. 485 KP/1916, Protokoll der 2. Sitzung des Beirates der KGVA.
138 VOen des k. k. Staathalters im Erzherzogtume Österreich unter der Enns vom 10. 4. 1915, LGBl. Nr. 34, vom 15. 8. 1915, LGuVBl. Nr. 103 und vom 13. 9. 1915, LGuVBl. Nr. 126.
139 Vgl. DK 2/1916, S. 13.
140 Vgl. AdSP, PrPV vom 4. 1. 1916.
141 Vgl. MdHpK 23. 1. 1916, S. 7 und 37 und VO des k. k. Statthalters im Erzherzogtume Österreich unter der Enns vom 9. 1. 1916, LGuVBl. Nr. 4.

5.1. Die Entwicklung der kriegswirtschaftlichen Hochkonjunktur und ihre Grenzen

Amtliche Preise für Getreide und Mehl 1915/1916

Ernte 1915	Übernahmspreise der KGVA[142]		Verkaufspreise der KGVA[143]		Kleinverschleißpreise in Niederösterreich[144]	
	(1 mq) in K		(100 kg) in K		(1 kg) in h	
	Weizen	Roggen	Backmehl	Brotmehl	Backmehl	Brotmehl
bis 31. 7.	38	30				
1.-15. 8.	37	29				
16.-31. 8.	36		80	42	78	48
1.-15. 9.	35					
16. 9.-31. 12.		28				
1.-11. 1. 1916	34		110	47	120	53
12. 1. bis Ernte 1916			110	42	120	48

Im Winter 1916 reichten trotz der Bewirtschaftung die Getreidemengen nicht mehr aus, um den Bedarf zu decken. Es mußte, wie im vorangegangenen Jahr, das Brotgetreide mit Mais gestreckt werden. In Wien, allerdings, war dafür auch nicht genug Mais vorhanden.[145] In den letzten Monaten vor der nächsten Ernte war die Versorgung nicht mehr voll gewährleistet. Der Bewirtschaftung standen zu geringe Mengen zur Verfügung. Im Frühjahr 1916 wurde diese Tatsache auf die schlechte Ernte der vorangegangenen Saison zurückgeführt[146] und die Lösung der Probleme von einem guten Ergebnis der kommenden Ernte erwartet. Das Bewirtschaftungssystem wurde deshalb 1916 nicht wesentlich verändert.[147] Die Kriegs-Getreide-Verkehrsanstalt selbst erhielt, um den umfangreichen Aufgaben gerecht werden zu können, einen eigenen Verwaltungsapparat neben der kaufmännischen Leitung.[148] Mit der Gründung des Amtes für Volksernährung wurde die Kriegs-Getreide-Verkehrsanstalt diesem unterstellt; ihr Beirat ging im allgemeinen Ernährungsrat auf.

Der Sperre beziehungsweise der Beschlagnahme der Getreidevorräte auf der Seite der Aufbringung durch den Staat entsprachen auf der Seite des Konsums Rationierungsmaßnahmen. Die im Februar verfügte provisorische und wirkungslose Verbrauchsregelung wurde im März 1915 nach Abschluß der Vorratserhebung durch eine endgültige ersetzt. Die Aufteilung der Mengen erfolgte nicht gleichmäßig, sondern beruhte von Anfang an auf der grundsätzlichen Unterscheidung zwischen den agrarischen „Selbstversorgern" und den marktabhängigen „Nichtselbstversorgern". Von den 27,39 Millionen Zivilpersonen gehörten 36,1% der ersten und 63,9% der zweiten Gruppe an. Allerdings waren die Verhältnisse

---

142 Vgl. VO des MrdI vom 12. 7. 1915, RGBl. NR. 196.
143 Vgl. MdHpK 23. 1. 1916, S. 7.
144 Vgl. VOen des k.k. Statthalters im Erzherzogtume Österreich unter der Enns vom 18. 8.1915, LGuVBl. Nr. 111, vom 31. 12. 1915, LGuVBl. Nr. 1 ex 1916 und vom 9. 1. 1916, LGuVBl. Nr. 4.
145 Vgl. Max *Breitenstein,* Demeter *Koropatnicki,* Die Kriegsgesetze Österreichs 3 (Wien 1917) 113 und MdHpK 29. 3. 1916, S. 24–25.
146 Vgl. *Breitenstein, Koropatnicki,* Kriegsgesetze 3, S. 123, Fußnote (Amtliche Erläuterung zur Kais VO vom 11. 6. 1916, RGBl. Nr. 176).
147 Vgl. KaisVO vom 11. 6. 1916, RGBl. Nr. 176.
148 Vgl. Statut der KGVA, § 2. In: Verordnungsblatt des k.k. MdI 1916, S. 307.

in den einzelnen Kronländern sehr verschieden. In Galizien und der Bukowina bildeten die Selbstversorger die Mehrheit, während in den übrigen Gebieten die Nichtselbstversorger zum Teil stark überwogen. In Krain, im Küstenland und in Tirol lag der Anteil jener Personen, die sich selbst aus eigenen Getreidevorräten verpflegen konnten, unter 10%. Fast ebenso ungünstig war das Verhältnis in Niederösterreich und Schlesien, wo der Nichtselbstversorgeranteil bei etwa 88% bzw. 79% lag, während in den anderen stärker industrialisierten Kronländern Böhmen, Mähren und Steiermark der über den Handel zu versorgende Bevölkerungsteil ungefähr zwei Drittel der Gesamtpopulation betrug.[149]

Die Differenzierung der Bevölkerung nach ihrer Stellung in der Getreidewirtschaft implizierte bei der Durchführung der Rationierung eine Bevorzugung jener Gruppe, die früher mit dem Getreide in Berührung kam, also der Produzenten. Eine Requisition der Vorräte war nur nach Abzug des Eigenbedarfs denkbar. Trotz der jährlich kleiner werdenden Gesamtmenge an Getreide blieb die Selbstversorgerquote absolut gleich hoch, und das Defizit war allein von den Nichtselbstversorgern zu tragen.[150]

Trotz der vorhersehbaren negativen Auswirkungen einer Differenzierung der Rationen entschloß sich die Regierung dennoch zu weiteren generellen Ausnahmen. Die bei der Ernte beschäftigten Leute bekamen erhöhte Rationen, und außerdem wurde allgemein, für Landwirtschaft und Industrie gleichermaßen, eine zusätzliche Schwerarbeiterkategorie eingeführt. Besonders um den ernährungsmäßig privilegierten Status des Schwerarbeiters entspannen sich Kämpfe, in denen sich auch nicht zu Recht bestehende Ansprüche durchsetzten.[151] Die Erhöhung der Kopfquoten für die genannten Arbeitergruppen erfolgte bei Beginn der Ernte 1915 unter der Annahme, daß mit der Bewirtschaftung der neuen Vorräte ein Mangel an Brotfrüchten im kommenden Jahr ausgeschlossen sein würde. Gleichzeitig wurden 1915 auch die Selbstversorgerquoten hinaufgesetzt und erst im Jänner 1916, als längst klar war, daß mit den Vorräten das Auslangen bei weitem nicht gefunden werden konnte, wieder reduziert. Während der Einbringung der Ernte 1916 wurden dann nur mehr die Erntearbeiter begünstigt. Die Verschlechterung der Verhältnisse läßt sich auch an der schwindenden Möglichkeit ablesen, Mahlprodukte statt Kriegsbrot zu beziehen.

Getreiderationen 1915 und 1916[152]

pro Woche	Nichtselbstversorger	Selbstversorger	Erntearbeiter	Schwerarbeiter in Industrie bzw. Landwirtschaft
ab März 1915	1400 g M/1960 g B	2100 g G	–	–
Juni 1915	1400 g M/1960 g B	2800 g G/2240 g M	3500 g G	2100 g M
Jänner 1916	1400 g M/1960 g B	2100 g G	–	2100 g M
Juni 1916	1400 g M/1960 g B	2100 g G	3500 g G	2100 g M

---

149 Vgl. *Löwenfeld-Russ*, Volksernährung, S. 330, Fußnote.
150 Vgl. *Heller*, Government Price Fixing, S. 41.
151 Vgl. ebd., S. 40 und *Löwenfeld-Russ*, Volksernährung, S. 337.
152 Vgl. VO des GesM vom 23. 3. 1915, RGBl. Nr. 75; VOen des MrdI vom 28. 5. 1915, RGBl. Nr. 182; vom 15. 1. 1916, RGBl. Nr. 15 und vom 25. 6. 1916, RGBl. Nr. 196.

5.1. Die Entwicklung der kriegswirtschaftlichen Hochkonjunktur und ihre Grenzen

Die Ersetzung von Mahlprodukten durch Kriegsbrot in Niederösterreich[153]

pro Woche	Nichtselbstversorger	Industrielle Schwerarbeiter
ab März 1915	1400 g M/1960 g B	
ab Februar 1916	500 g M+1260 g B/1960 g B	1000 g M+1540 g B/2940 g B
ab Dezember 1916	500 g M+1260 g B/1960 g B	500 g M+2240 g B/2940 g B

G: Getreide; M: Mahlprodukte; B: Brot; /: oder; 1 Einheit M = $^7/_5$ B = $^5/_4$ G

Die Rationierung des Getreide-, Mehl- und Brotverbrauches sollte nach Absicht der Zentralregierung durch die Ausgabe von Karten, gegen die allein Brot oder Mehl auszugeben sei, erfolgen.[154] Die dafür zuständigen Landesbehörden führten jedoch nur in Schlesien und Niederösterreich generell für alle Gemeinden Karten ein. In Böhmen, Mähren, Steiermark, Oberösterreich, Kärnten und Tirol geschah dies nur für die größeren Orte, während die Überwachung sonst den Bezirksbehörden überlassen blieb.[155] In Wien wurden die durch die niederösterreichischen Landesbehörden ausgegebenen Karten durch 413 sogenannte Brotkommissionen, in denen meist Lehrer tätig waren, an die Konsumenten verteilt, bei der erstmaligen Ausgabe im April 1915 an 1,995.113 Personen![156]

Durch das System der Lebensmittelkarten sollte eine Versorgung aller gewährleistet werden. Vorbedingung dafür war jedoch, daß die erforderlichen Mengen auch verfügbar waren. Als im Spätwinter und im Frühjahr 1916 besonders in Wien Versorgungsmängel auftraten, erfüllten Rationierung und Lebensmittelkartensystem ihre Aufgabe nicht mehr. Um die zu geringen Quantitäten entbrannte ein Wettbewerb, in dem wiederum, wie vor Einführung der Bewirtschaftungsmaßnahmen, die ärmeren Bevölkerungsgruppen von der Versorgung ausgeschlossen zu werden drohten. Wer sich seine Mehl- oder Brotration sichern wollte, mußte sich rechtzeitig darum anstellen, während gleichzeitig die starke Konkurrenz illegale Preissteigerungen provozierte. Beide Phänomene benachteiligten in krassem Maße die Industriearbeiter, deren Zeit von der Kriegsproduktion beansprucht wurde und die finanziell nicht mit begüterten Kreisen mithalten konnten.

Zu Maßnahmen gegen diese bedrohliche Entwicklung im Frühjahr 1916 war die Kriegsverwaltung entschlossen, die die Produktion durch die neuerliche Versorgungskrise bei den Grundnahrungsmitteln gefährdet sah. Im Herbst des Jahres 1916 war dann ein Stadium erreicht, das in den Ballungszentren neben der Rationierung vorerst bei Mahlprodukten auch eine Rayonierung erforderte.[157] Die Konsumenten konnten ihre Rationen nur mehr bei bestimmten Abgabestellen erhalten, womit das Anstellen und die Gefahr, daß manche Leute leer ausgingen, vermieden wurde. Die ersten Schritte in dieser Richtung machte die Grazer Stadtverwaltung Anfang Herbst 1916 bei Brot. Wien folgte

---

153 Vgl. VOen des k.k. Statthalters im Erzherzogtume Österreich unter der Enns vom 27. 3. 1915, LGuVBl. Nr. 30; vom 3. 2. 1916, LGuVBl. Nr. 13 und vom 4. 12. 1916, LGuVBl. Nr. 186.
154 Vgl. VO des GesM vom 26. 3. 1915, RGBl. Nr. 75, §§ 4–6. Vgl. auch Durchführungserlaß des MdI vom 28. 3. 1915, Z. 13136. In: Verordnungsblatt des k.k. MdI 1915, S. 190–191.
155 Vgl. DK 8/1915, S. 77. Vgl. auch z.B. VOen des k.k. Statthalters im Erzherzogtume Österreich unter der Enns vom 27. 3. 1915, LGBl. Nr. 30 und vom 8. 5. 1915, LGBl. Nr. 44.
156 Vgl. *Löwenfeld-Russ*, Volksernährung, S. 329, auch Fußnote.
157 Vgl. ebd., S. 342–343.

nur zögernd nach, obwohl die verschiedenen Konsumentenorganisationen schon seit dem Sommer darauf gedrängt hatten. Erst ab 12. November 1916 wurde in der Hauptstadt der Bezug von Mehl an bestimmte Abgabestellen gebunden, die Rayonierung von Brot folgte hier im Februar 1917.[158]

Die Bewirtschaftungsmaßnahmen bei Brot und Mehl als den traditionell wichtigsten Nahrungsmitteln wurden mit zeitlicher Verzögerung auch auf andere unentbehrliche Lebensmittel angewandt. So konstituierte sich, z. B., im Juli 1915 eine Zuckerzentrale im Rahmen der staatlichen Verwaltung, im März 1916 wurden Zuckerkarten eingeführt.[159] Die starke Reglementierung sowohl des Handels als auch des Verbrauches konnte jedoch die Ernährung der Bevölkerung nicht gewährleisten, da nur ungenügend Mengen der bewirtschafteten Lebensmittel zur Verfügung standen.

5.1.1.3.2. Die Versorgung der Industriearbeiterschaft mit Lebensmitteln

Der neuralgische Punkt der Ernährungspolitik war die Versorgung der Industriearbeiterschaft. Unterernährung hervorgerufen durch Versorgungskrisen führte direkt zu Störungen der Kriegsproduktion. Gleichzeitig bedeutete der Reallohnverlust der Arbeiter als Folge von Teuerung und Gütermangel eine latente Bedrohung der Kriegskonjunktur aus der Sicht der Unternehmer. Die Regierungsmaßnahmen seit Kriegsbeginn auf dem Gebiet der Approvisionierung und der Bekämpfung der Preistreiberei hatten nicht nur den Zweck des Konsumentenschutzes sondern auch speziell den, wesentliche Voraussetzungen einer reibungslosen Kriegsproduktion zu schaffen. Die unbefriedigenden Ergebnisse der Ernährungspolitik wiederum waren dort am empfindlichsten fühlbar und führten zu Reaktionen zuerst der Unternehmer und schließlich auch der Militärverwaltung.

Den Anlaß zur Intervention der Unternehmerschaft bildete in erster Linie die fortschreitende Teuerung. Der Nachteil ständig wachsender Kosten überwog sehr bald den zu Kriegsanfang begrüßten Vorteil der Teuerung in Form der gesteigerten Kaufkraft der bäuerlichen Bevölkerung. Ihre Interessen verbanden daher die Unternehmer der Industrie in der Lebensmittelfrage eher mit der Arbeiterschaft als mit den Agrariern. Diese Situation veranlaßte die großen Unternehmerverbände des öfteren zu Eingaben, die ausdrücklich mit der Wahrung der Interessen der Arbeiterschaft begründet wurden. So wandte sich der Bund österreichischer Industrieller mit diesem Argument an das Innenministerium, um gegen die Mehlpreiserhöhung Anfang 1916 zu protestieren, die „die Interessen der agrarischen Kreise mehr als tunlich berücksichtigt".[160]

Die Unternehmerschaft ließ es aber nicht bei Interventionen bewenden, sondern griff, um die Versorgung ihrer Arbeiterschaft zu gewährleisten, auch zu Selbsthilfe. Als im Laufe des Jahres 1915 sich immer deutlicher herausstellte, daß die Industriearbeiter einerseits mit den rationierten Lebensmitteln nicht das Auslangen fanden, andererseits aber die Verpflegung mit nicht bewirtschafteten Lebensmitteln enorm teuer kam, be-

---

158 Vgl. MdHpK 28. 9. 1916, S. 23–27, 32 und MdHpK 9. 12. 1916, S. 36, sowie *Löwenfeld-Russ*, Volksernährung, S. 343.
159 Vgl. VOen des HMr vom 7. 7. 1915, RGBl. Nr. 195 und vom 4. 3. 1916, RGBl. Nr. 61.
160 DI 1/1916, S. 7. Vgl. auch z. B. MdHpK 27. 11. 1915, S. 22.

schlossen manche Unternehmer, solche zusätzlichen Nahrungsmittel für die Belegschaft ihrer Betriebe unter Umgehung des Detailhandels billiger zu besorgen.

Eine bedeutende Quelle für die als Ergänzung der zu geringen Rationen notwendigen Lebensmittel stellte die Ende Oktober 1915 gegründete, offiziöse Einkaufsgesellschaft m. b. H.[161] für Lebensmittel aus dem Ausland dar, die jedoch nur zum Abschluß mit gemeinnützigen Institutionen berechtigt war. Da nicht allen Unternehmen, die die Approvisionierung ihrer Arbeiter selbst in die Hand nehmen wollten, dieser Status zuerkannt wurde, gründete der Zentralverband der Industriellen die „Großeinkaufsstelle der industriellen Konsumanstalten Ges. m. b. H." als gemeinnützige Dachorganisation der bestehenden Betriebskonsumvereine und sich freiwillig anschließender Unternehmen. Die neue Organisation besorgte den Einkauf von Lebensmitteln en gros, ohne Einschaltung des privaten Handels und damit billiger als der einzelne Arbeiter, aber auch als der einzelne Unternehmer. Durch die Verpflegung im Wege der Betriebe konnten die Teuerungswirkung auf die Löhne gemildert und Lohnerhöhungen hinausgeschoben werden. Diese Vorteile ließen eine Weiterführung des Projekts auch in Friedenszeiten für die Unternehmerschaft günstig erscheinen.[162]

Trotz der energischen Schritte der Unternehmerverbände wurden jedoch die Approvisionierungsprobleme auch in der Industrie immer größer. Ein neues Stadium war im Frühjahr 1916 erreicht, als in den Zentren die Versorgung mit den bewirtschafteten Lebensmitteln zu versagen begann. Dieser Umstand bedrohte die Industrie gerade zu einer Zeit, als das Hindenburgprogramm große Leistungssteigerungen forderte. Das Anstellen der Arbeiter und vor allem der für die Rüstungsindustrie immer wichtigeren Frauen, nur um – nicht ausreichende Mengen an – Nahrungsmitteln zu bekommen, verursachte in Summe einen enormen Zeit- und Leistungsverlust. Außerdem mußte eine in diesem Maße mangelhafte Ernährung schon nach kurzer Dauer zu Einbußen der Leistungsfähigkeit führen. In dieser Lage schritt die Militärverwaltung als Hauptinteressent an einem möglichst großen Produktionsausstoß ein, um die Approvisionierungsverhältnisse der Kriegsindustrie auf neuer Basis zu organisieren.

Im Mai 1916 fand im Kriegsministerium eine Besprechung über die Verhältnisse in den Kriegsleistungsbetrieben statt, in der auf die Unhaltbarkeit der Ernährungssituation hingewiesen wurde. Aufgrund dieser Unterredung regte dann das Kriegsministerium in einem Erlaß an mehrere Militärkommanden an, zur Verbesserung der Lage Konsumvereine und Arbeitereinkaufsgesellschaften statt des Kleinhandels zur Versorgung der Kriegsleister heranzuziehen. Wo es keine solche Institutionen gab, sollte die Militärverwaltung selbst die Schaffung entsprechender Vereine fördern. Wo Produktion und Arbeitsfrieden akut gefährdet erschienen, sollte gemeinsam mit Arbeitgebern und Arbeitnehmern die Lage und mit finanzieller Unterstützung der Unternehmer Abhilfe geschaf-

---

161 Diese Einkaufsgesellschaft namens „Miles" stand in einem Naheverhältnis zum MdI. Ihre Geschäfte führte Sektionschef Dr. S. Brosche, gleichzeitig Präsident des Zentralverbandes der Industriellen. Die „Miles" wurde im Mai 1916 in ein Unternehmen auf streng gemeinnütziger Basis umgewandelt. Vgl. DÖV 30. 10. 1915, S. 79, DÖV 20. 5. 1916, S. 569 und WZ 16. 1. 1916, S. 16.
162 Vgl. DI 2–3/1916, S. 8–9. Vgl. auch *Löwenfeld-Russ*, Volksernährung, S. 350.

fen werden.¹⁶³ In der zugespitzten Situation des Jahres 1916 griff das Kriegsministerium auf die Kooperationsbereitschaft der Genossenschaften zurück.¹⁶⁴

Das Problem, das sich bei der Versorgung der Arbeiter durch die Konsumvereine stellte, war eine sichere Versorgung der neuen Vertriebsorganisation mit den notwendigen Lebensmitteln. Die Gewerkschaften waren der Ansicht, daß die Verantwortung nicht den Betrieben überlassen werden dürfte, sondern daß die Zentralregierung entsprechende Garantien leisten müsse. In Ungarn war das Problem der Approvisionierung der Kriegsleistungsbetriebe bereits in diesem Sinne gelöst worden. Dort versuchten die einzelnen Unternehmen zunächst, die Verpflegung der Arbeiterschaft in Eigenregie zu bewerkstelligen; wenn die Bemühungen nicht den gewünschten Erfolg hatten, sprang die Regierung ein. Das Kriegsministerium wollte dieses Modell auch in Österreich anwenden und plante, analog dem ungarischen Vorbild, die Errichtung einer Regierungskommission als oberster Instanz der Organisation. Das Vorhaben scheiterte jedoch an der Weigerung des Landesverteidigungsministeriums.¹⁶⁵

Im Laufe des Sommers 1916 aber begann die Situation auf dem Ernährungssektor die Loyalität der Arbeiterschaft ins Wanken zu bringen. Nachdem es drei Tage lang kein Brot, kein Mehl und keine Kartoffeln gab, brach am 14. September 1916 in der Steyrer Waffenfabrik ein Streik aus, an dem sich 6000 bis 7000 Arbeiterinnen und Arbeiter beteiligten. Die eintägige Arbeitsniederlegung verursachte einen Produktionsausfall von 4000 Gewehren und 20 Maschinengewehren. Der scharfe Protest des Kriegsministeriums blieb jedoch noch immer ohne Erfolg. „Im Hinblick darauf, daß ... Euer Exzellenz [Landesverteidigungsminister Georgi, M. G.] im vollen Einverständnis mit dem Ministerpräsidenten und dem Minister des Innern dem Vorschlage, beim Ministerium für Landesverteidigung eine Verpflegskommission für die ... Arbeiter und deren Familien aufzustellen nicht zuzustimmen in der Lage sind, bemerke ich aber, daß ich – falls durch unzureichende Vorsorgen Arbeiterausstände und Unruhen entstehen und dadurch die Erzeugung von Munition und sonstigem Kriegsmateriale verhindert werden sollte – die Verantwortung hiefür den beteiligten k.k. Ministerien überlassen muß."¹⁶⁶

Auch in Wien, wo wegen der Ballung der Kriegsindustrie Ausstände sich leicht zu unkontrollierbaren Massenbewegungen entwickeln konnten, war die Stimmung nicht günstiger. Mitte September waren hier die Militärbehörden gezwungen, Vorbereitungen zur direkten Versorgung der Kriegsleistungsbetriebe zu treffen. Ehe aber die geplanten Maßnahmen realisiert werden konnten, begann der Unmut unter den Arbeitern bereits in Aktionen umzuschlagen. Am 20. September sprachen Vertrauensmänner von zehn Wie-

---

163 Vgl. AVA, HM, Z. 17422 KP/1916 (KM, Abt.7, Z. 18188/1916).
164 Die Arbeiterkonsumvereine waren bisher nicht in die staatliche Ernährungspolitik einbezogen gewesen. Es gab vielmehr Klagen über die Benachteiligung ihrer Vertriebslokale gegenüber dem privaten Kleinhandel bei der Beteilung mit Lebensmitteln durch lokale Behörden. Vgl. DK 24/1916, S. 301, wo vom „Krämergeist der Gemeinden", die die Konsumvereine „schneiden", die Rede ist. Vgl. auch DK 7/1915, S. 61–63.
165 Vgl. AVA, HM, Z. 14535, Z. 16606 und Z. 17150 KP/1916. Der Kommission sollten Vertreter militärischer Stellen, des MdI, HM, AM, MföA, FM und der Einkaufszentralen angehören.
166 AVA, HM, Z. 17150 KP/1916 (KM, Abt.12, Z. 103002 res/1916).

ner Betrieben beim Sekretär der Gewerkschaftskommission vor „und erklärten, die Lage der Arbeiterschaft sei keinen Tag mehr haltbar, die Arbeiter ihrer Betriebe seien entschlossen, gemeinsam in der Inneren Stadt Abhilfe zu fordern." Hueber gelang es, die Deputation mit der Zusage einer weiteren, energischen Intervention zu einem Aufschub der angedrohten Demonstration zu überreden. „Die Abordnung ließ sich bis zum nächsten Tag vertrösten." Die Gewerkschaftsspitze hielt die Lebensmittelmisere im Herbst 1916, zumindest was Wien betraf, für ein bloßes Verteilungsproblem. „Obwohl die Gemeinde Wien im ganzen mit Vorräten nicht allzu sehr unterdeckt war, bewirkte die bestehende Form des Privathandels und dessen ausschließliche Beteilung mit Vorräten, daß das Vorhandene von den oberen und mittleren Schichten der Bevölkerung an sich gezogen und den arbeitenden Klassen nur ganz unzureichende Reste überlassen wurden. Insbesondere war die Arbeiterschaft in den Fabriken mit kontinuierlichem Betrieb, mit 12-Stunden- oder Überzeitarbeit, und vor allem die Frauenschaft dieser Betriebe außerstande sich anzustellen, und daher blieb dieser Volksteil durch mehrere Tage ohne die unentbehrlichsten Nahrungsmittel, selbst ohne Brot."

Am 21. September 1916 fand eine Sitzung des Beirates der Kriegs-Getreide-Verkehrsanstalt statt, in der Dr. Karl Renner auf die bedrohliche Situation verwies „und klarlegte, daß die angeblichen organisatorischen Schwierigkeiten einer Versorgung der breiten Volksmassen sich wohl überwinden ließen." Auf seine Veranlassung hin gaben auch der Wiener Sekretär des Metallarbeiterverbandes als der am meisten mit der Kriegsindustrie beschäftigten Gewerkschaftsorganisation, Wiedenhofer, und der Geschäftsführer der Großeinkaufsgesellschaft m. b. H., Kokrda, die Erklärung ab, „daß es den vereinigten gewerkschaftlichen und genossenschaftlichen Organisationen unter tätiger Mitwirkung der Fabriksleitungen nicht allzugroße Schwierigkeiten machen würde, das Verteilungsproblem zu lösen."

Die Versorgung der Arbeiter von mehr als 150 großen Betrieben samt Familien durch die erwähnten Organisationen, von denen der Kriegs-Getreide-Verkehrsanstalt Nahrungsmittel zugeteilt wurden, erschien der Gewerkschaftsführung als Beweis, „dass die Versorgung der arbeitenden Schichten mit dem Notdürftigsten keine unlösbare Aufgabe ist, sofern man sich nur entschließen will, den zeitraubenden, verteuernden, lästigen, mit sehr vielen Fährlichkeiten verbundenen Umweg einer Verteilung über Land, Gemeinde, Großhändler und Kleinverschleißer auszuschalten und sich dafür direkt auf die beteiligten und zu beteiligenden Organisationen zu stützen, auf die Betriebe und die Arbeiter, sowie auf die Berufsvereine beider". Auch die Militärverwaltung regte daraufhin eine Approvisionierung der Kriegsindustrie durch Unternehmer- und Arbeiterorganisationen als Alternative zur Versorgung durch das Militär an. Zu diesem Zweck mußte die bloß improvisierte Kooperation von Gewerkschaften, Genossenschaften und Unternehmerverbänden institutionalisiert werden. Am 30. September berieten und akzeptierten Generalsekretär Dr. Richard Soudek und Ing. Kurz für den Wiener Industriellen-Verband, Direktor Kokrda für die Großeinkaufsgesellschaft, Domes und Wiedenhofer für den Metallarbeiterverband einen von Dr. Renner als Obmann des Zentralverbandes österreichischer Konsumvereine vorgelegten Organisationsentwurf. Die Aufbauarbeit wurde einem Organisationskomitee übertragen, dem Soudek, Kurz, Domes, Wiedenhofer und Kokrda angehörten.[167]

---

167 Vgl. DG 43/1916, S. 242–243.

Es war geplant, die Rüstungsbetriebe durch neuzuerrichtende Konsumanstalten und Küchen zu organisieren. Da dies aber große Schwierigkeiten bereitete – es fehlte an geeigneten Räumlichkeiten und an Personal – wurde kurzerhand der Verteilungsapparat der Arbeitergenossenschaften und der Großeinkaufsgesellschaft industrieller Konsumanstalten herangezogen. Der Zentralverband österreichischer Konsumvereine sperrte die Aufnahme weiterer Mitglieder und widmete seinen gesamten Apparat der Versorgung der Kriegsleistungsbetriebe. Die endgültige Wiener Organisationsform war dann eine Genossenschaft mit beschränkter Haftung, der „Lebensmittelverband für die Kriegsleistungsbetriebe Wiens", deren Geschäfte durch die Großeinkaufsgesellschaft für österreichische Konsumvereine (GÖC) gemeinsam mit der Großeinkaufsgesellschaft industrieller Konsumanstalten besorgt wurde. Die Leitung lag in den Händen eines aus Vertretern der Unternehmer, Konsumenten, Gewerkschaften und des Kriegsministeriums bestehenden Komitees.[168] Der Lebensmittelverband hatte eine halbe Million Menschen, die Arbeiter der Kriegsindustrie Wiens samt ihren Angehörigen, mit den bewirtschafteten Lebensmitteln zu versorgen.

In den folgenden Monaten entstanden auch in anderen Industriegebieten dem Lebensmittelverband ähnliche Institutionen, die teils wie in Wien durch Unternehmer- und Arbeiterorganisationen, teils, z. B. in der Steiermark, auf Initiative der Landesverwaltung zustandekamen.[169]

Lebensmittelverbände für die Kriegsindustrie[170]

Niederösterreich (außer Wien): Vita (ca. 300.000 Personen)
Steiermark: Kriegsverband steierischer Konsumanstalten und Konsumvereine (ca. 300.000 Personen)
Böhmen: Landesverband der Kriegsindustrie Böhmens
Mähren: Hauptstelle industrieller Lebensmittelverbände
Schlesien: Bolwa (Bielitz) und Olwa (Oderberg)
Salzburg: Kibes (ca. 17.000 Personen)
Oberösterreich: Kibo (ca. 27.000 Personen)
Tirol: Verpflegsverband der Kriegsleistungsbetriebe Tirols
Krain: Kriegsverband krainischer Konsumanstalten und Konsumvereine

Die akute Versorgungskrise, die ab Sommer 1916 die Industriezentren bedrohte, führte somit zu einer institutionalisierten Kooperation von Unternehmer- und Arbeiterorganisationen. Das Motiv für diese Entwicklung ist nicht zuletzt in den Versuchen beider Seiten zu finden, Aktionen der Heeresverwaltung zuvorzukommen. Durch ein direktes Engagement der Heeresverwaltung wären einerseits die Arbeitsverhältnisse in noch höherem Maß militarisiert worden, andererseits hätte auch Druck auf die Preisgestaltung der Industrie ausgeübt werden können. Die Mitarbeit des Metallarbeiterverbandes im Wiener Lebensmittelverband war das erste gewerkschaftliche Engagement nennenswerten Umfangs in der Approvisionierungsfrage überhaupt.

---

168 Vgl. DK 24/1916, S. 301–302.
169 Vgl. DK 3/1917, S. 26–27.
170 Vgl. *Löwenfeld-Russ*, Volksernährung, S. 350–351.

5.1.2. Arbeitermangel und Arbeiterbeschaffung in der Kriegsindustrie

Die Kriegsindustrie als der die Hochkonjunktur tragende Wirtschaftssektor erlebte in den ersten beiden Kriegsjahren eine enorme Ausdehnung. Ihr Problem während der Jahre 1915 und 1916 war weniger der Rohstoffmangel, den die staatliche Verwaltung mit allen Mitteln hinauszögerte, sondern vielmehr die Arbeitskräftebeschaffung. Schon gegen Ende der Umstellungsphase auf die Kriegswirtschaft war in der Rüstungsindustrie hie und da Mangel insbesondere an qualifizierten Arbeitern aufgetreten. Mit der Dauer und Ausweitung des Krieges, mit der ständig steigenden Nachfrage der Heeresverwaltung und der daraus resultierenden Verstärkung und Intensivierung der Kriegsproduktion verschärfte er sich weiter. Dem erhöhten Bedarf an Arbeitern in der Hochkonjunktur stand eine krasse Verminderung des Angebots durch die Bindung einer immer größeren Zahl von Männern im wehrfähigen Alter in Heer, Landwehr und Landsturm gegenüber. Der Verpflegsstand der Armee belief sich 1915 im Durchschnitt auf 4,08, 1916 auf 4,88 Millionen Mann, wovon sich 2,38 beziehungsweise 2,88 Millionen im Feld befanden.[171]

Zunächst ging die Arbeitslosigkeit, die bei Kriegsbeginn so große Ausmaße angenommen hatte, sehr rasch zurück. Nach amtlichen Mitteilungen, die auf Berichten von Gewerkschaftsverbänden beruhen, betrug die Arbeitslosenquote im Durchschnitt der Monate 1914 8,1%, 1915 4,4% und 1916 4,1%, wobei sich 1916 die Krise der Textilindustrie bemerkbar machte. Die Arbeitslosenrate verringerte sich vom Jänner bis zum November 1915 von 8,5% auf 2,4% und stieg dann bis zum Herbst 1916 wieder auf über 4%.[172] Die Arbeitslosigkeit in den florierenden Branchen der Rüstungsindustrie sank noch weit stärker ab.

Nach einer Erhebung bei Arbeitsvermittlungsstellen entfielen auf 100 männliche Arbeitssuchende:[173]

1915				1916			
im Jan	61,9	Jul	106,2	im Jan	94,1	Jul	116,4
Feb	69,2	Aug	104,6	Feb	96,3	Aug	121,0
Mär	83,3	Sep	107,0	Mär	98,5	Sep	140,0
Apr	93,5	Okt	110,6	Apr	111,0	Okt	128,0
Mai	100,5	Nov	115,2	Mai	113,7	Nov	113,5
Jun	111,1	Dez	98,8	Jun	121,9	Dez	96,3 Stellenangebote.

Das Reservoir an männlichen Arbeitskräften war nach diesen Zahlen ab April 1915 erschöpft. Die Kriegswirtschaft befand sich zu diesem Zeitpunkt erst am Beginn der hochkonjunkturellen Phase. Während die Staatsverwaltung die Versorgung der Industrie mit Rohstoffen noch durch Interventionen auf den Gütermärkten gewährleisten konnte,

---

171 Vgl. *Gratz*, Zusammenbruch, S. 151.
172 Vgl. DG 48/1917, S. 271.
173 Soziale Rundschau 1915, III/12, S. 427; Soziale Rundschau 1916, III/7/8, S. 287 und Soziale Rundschau 1917, III/3–5, S. 113.

bereitete ihr die Arbeitskräftebeschaffung bald größere Probleme. Erstens bestanden an der arbeitsfähigen männlichen Bevölkerung die einander ausschließenden Interessen der Armee und der Industrie, und zweitens mußten am Arbeitsmarkt Maßnahmen ähnlich jenen auf den Gütermärkten auf Widerstand stoßen, da Zwang und Reglement hier für die Betroffenen keinerlei Vorteile hatten.

Eine Strategie der staatlichen Behörden, um die Arbeiternachfrage der Kriegsindustrie zu befriedigen, zielte auf die Intensivierung der Arbeit und die Erweiterung des freiwilligen Angebotes an Arbeitern. Etwa ab Beginn des Jahres 1916 jedoch rückte eine zweite Strategie, die auf die Erweiterung des Zwangsregimes setzte, stärker in den Vordergrund.

Eine Möglichkeit der gründlicheren Verwertung der Arbeitskraft bot die Verlängerung der Arbeitszeit in der Kriegsindustrie. Die Statthaltereien in Wien und Prag wandten sich schon Anfang 1915 an das Handelsministerium, da sie mit den geltenden Normen, nach denen Überstundenbewilligungen maximal für 15 Wochen pro Jahr erteilt werden konnten, das Auslangen nicht mehr fanden. Mitte März wurde der Bewilligungszeitraum erhöht.[174] Tatsächlich stieg die Zahl der Arbeitsstunden, die über die gesetzliche Höchstarbeitszeit von elf Stunden hinausgingen, um 73% gegenüber 1914 und erreichte 7,315.113 Stunden, was 665.010 Normalarbeitstagen entsprach.[175] Die Zahl der betroffenen Arbeiter, allerdings, vergrößerte sich kaum, sodaß 1915 auf einen Arbeiter durchschnittlich 150 Überstunden entfielen gegenüber 89 im vorangegangenen Jahr. Ein kleiner Teil der Arbeiter machte viel längere Zeit hindurch Überstunden. 55,6% der Mehrarbeit wurde in der metallverarbeitenden Industrie, die hauptsächlich mit Munitions- und Waffenproduktion beschäftigt war, geleistet, knapp ⁴/₅ davon in Böhmen. Die starke Inanspruchnahme durch Heeresaufträge zeigte sich auch bei der Textilindustrie mit 25,6% der Überstunden.[176] In der vom Arbeitsstatistischen Amt registrierten Mehrarbeit nicht enthalten waren jene Arbeitsstunden über die jeweilige im Arbeits- oder Kollektivvertrag festgesetzte Arbeitszeit bis zum gesetzlich garantierten elfstündigen Normalarbeitstag, sodaß die Arbeitszeitverlängerungen gegenüber der Friedenszeit insgesamt ein noch weit höheres Ausmaß erreichten.[177]

Um den Arbeitermangel zu kompensieren wurde auch eine Produktivitätssteigerung angestrebt. Der schon vor dem Krieg spürbare Trend zu Rationalisierung und Mechanisierung der Produktion wurde durch die herrschenden Verhältnisse noch verstärkt. Bereits im Bericht des Zentralgewerbeinspektors für 1915 hieß es, daß manche Industrielle versuchten, dem Arbeitermangel durch eine Vermehrung der Produktionsmittel zu begegnen.[178] 1916 hatte das Kriegsministerium vor, die Kollektivverträge generell aufzuheben, um Hemmnisse für eine weitere Intensivierung der Arbeit zu beseitigen. Zwar waren die wesentlichen Bestimmungen der Verträge über die Arbeitszeit unter dem Druck der Verhältnisse längst nicht mehr in Kraft, doch existierten noch Regelungen

---

174 Vgl. AVA, MdI, Dep.7, Z. 7071/1915 (HM, Z. 1268/1915) und *Adler,* Arbeitsrecht, S. 78.
175 Vgl. Arbeitszeitverlängerungen (Überstunden) im Jahre 1915 in fabriksmäßigen Betrieben Österreichs (Wien 1917) 28.
176 Vgl. ebd., S. 4–11.
177 Vgl. DG 42/1918, S. 237.
178 Vgl. Bericht der k.k. Gewerbeinspektoren über ihre Amtstätigkeit im Jahre 1915 (Wien 1916) CXXIX.

5.1. Die Entwicklung der kriegswirtschaftlichen Hochkonjunktur und ihre Grenzen

bezüglich der Art der zu verrichtenden Arbeit, die insbesondere für Facharbeiter große Bedeutung hatten und die nach Ansicht der Heeresverwaltung die Leistungsfähigkeit der organisierten Arbeiter einschränkten. Im Zusammenhang mit dem Plan, kriegsleistungspflichtige Dreher und andere Professionisten zur Bedienung mehrer Bänke und Maschinen zu zwingen, wurde daher die Aufhebung der Kollektivverträge insgesamt ins Auge gefaßt. Die Absicht scheiterte am Veto des Handelsministeriums, das auf die positiven Wirkungen des Tarifvertragswesens verwies und vor dem Effekt einer Abschaffung auf die künftige soziale Entwicklung warnte.[179]

Die Kriegsindustrie entzog jenen Wirtschaftszweigen, die nicht in die Kriegsproduktion eingegliedert waren, viele Arbeiter zusätzlich zu jenen, die zum Heeresdienst eingezogen wurden. Der Arbeiterbedarf der Kriegsindustrie zog dadurch einen allgemeinen Arbeitermangel in allen wichtigen Wirtschaftszweigen, vor allem auch in der Landwirtschaft nach sich. So mußten selbst im Buchdruckereigewerbe, Maschinenmeister mehrere Maschinen gegen eine entsprechende Entschädigung bedienen. Diese Regelung ging hier auf ein Übereinkommen zwischen Unternehmern und Gewerkschaft zurück.[180]

Um diesem allgemeinen Arbeitermangel zu begegnen, mußte das Angebot an Arbeitskräften erweitert, bisher nicht oder nur am Rande ins Wirtschaftsleben integrierte Gruppen dem Arbeitsmarkt zugeführt werden. Teilweise hatten die wirtschaftlichen Verhältnisse im Kriege selbst diese Wirkung. Die Teuerung zwang viele Frauen, Lohnarbeit anzunehmen, da mit den staatlichen Unterhaltsbeihilfen für die Angehörigen der Mobilisierten nicht auszukommen war. Darüber hinaus propagierte das Kriegsministerium seit Ende 1915 gezielt die Frauenarbeit. In einem Aufruf im Dezember 1915 wurde die in der Kriegsindustrie tätige Arbeiterin als „Soldat des Hinterlandes" bezeichnet, die dort die zum Heeresdienst abgezogenen Männer ersetzte.[181]

Die geschlechtliche Zusammensetzung der Arbeiterschaft änderte sich dadurch erheblich. Nach den Angaben der Wiener Bezirkskrankenkassa waren 1913 durchschnittlich 32,6% der versicherten Arbeiter weiblich. 1914 waren es schon 33,96%. Von Jänner bis Ende Dezember 1915 erhöhte sich dann der Anteil der Frauen sprunghaft von 32,08% auf 48,3%.[182] In den 1916 von den Gewerbeinspektoren inspizierten Betrieben waren 36,5% der Beschäftigten Frauen, obwohl fast keine Unternehmen der Textilbranche besucht wurden.[183] Die weiblichen Arbeitskräfte ersetzten die Männer nicht bloß bei unqualifizierten Tätigkeiten, sondern drangen auch in die bislang von den Männern vollkommen dominierten Bereiche der Facharbeit vor. Die Frauenarbeit blieb auch nicht auf als typisch weiblich angesehene Berufe in der Landwirtschaft oder in bestimmten Arten des Handwerks beschränkt, sondern erstreckte sich auch auf die Schwerindustrie und das Transportwesen. Schon 1915 wurden Frauen z. B. als Autogenschweißerinnen angestellt.

---

179 Vgl. KA, MfLV, Abt. XVIIa, Z. 150/1916 (KM, Abt.10, Z. 91456/1916) und AVA, HM, Z. 15429 KP/1916 (MdI, Z. 12946/1916).
180 Vgl. Vorwärts 42/1915, S. 165.
181 Vgl. *Adler,* Arbeitsrecht, S. 79. Vgl. auch ÖMA 7/1916, S. 42–43.
182 Vgl. *Freundlich,* Arbeit, 10–11.
183 Vgl. Bericht der k. k. Gewerbe-Inspektoren über ihre Amtstätigkeit im Jahre 1916 (Wien 1919) CV.

In den Skodawerken in Pilsen arbeiteten 5000 Frauen.[184] Insgesamt waren Ende 1916 ca. 40% der Zivilarbeiterschaft der an den Kriegslieferungen beteiligten Unternehmen weiblich.[185] Die Bahnen stellten ab 1916 Frauen als Oberbau-Arbeiterinnen, im Zugförderungs- und Werkstättendienst, in den Magazinen, als Weichenstellerinnen, Lokomotiv- und Stabilkesselheizerinnen, Pumpenwärterinnen, Türsteherinnen, Bahnsteigdienerinnen und Schaffnerinnen ein, in Funktionen, die vor dem Krieg ausschließlich Männern vorbehalten waren. Die Zahl der Frauen im Bahndienst vervierfachte sich.[186]

Trotz der starken Zunahme der Frauenarbeit war das Angebot nicht erschöpft. Auf 100 Gesuche von Frauen um Arbeit kamen erst im Sommer und im Herbst 1916 ungefähr 90 Stellenangebote.[187] Die Unternehmer zogen es vor, die eingestellten Frauen Überstunden, Zwölfstundenschichten und Nachtarbeit, die seit September 1915 wieder erlaubt war, leisten zu lassen.[188] Außerdem nahm der Anteil der sehr jungen bzw. alten Männer, die nicht der Wehrpflicht unterlagen, an der arbeitenden Bevölkerung zu.

Von 100 bei der Wiener Allgemeinen Krankenkasse Versicherten waren:[189]

	jünger als 17 Jahre	älter als 50 Jahre
1913	7,7	17,6
1915	13,8	23,5

Einen Hinweis auf den Sog, den die Kriegsindustrie auf jugendliche Arbeiter ausübte, geben auch die Lehrlingszahlen. Nach Angaben, die dem Wiener Gemeinderat vorlagen, gab es 1913 in Wien 61.588, 1915 47.740 und 1916 nur mehr 29.250 Lehrlinge.[190] Die Jugendlichen fanden in der Industrie relativ bessere Verdienstchancen vor, wenngleich ihre Löhne hinter denen der Arbeiter, die sie ersetzten, zurückblieben. Ab September 1915 durften die Jugendlichen außerdem, wie die Arbeiterinnen, wieder während der Nacht beschäftigt werden.[191] 1916 wollten Industrielle sogar Kinder unter 14 Jahren einstellen.[192]

Ein bedeutendes Reservoir an Arbeitskräften stellten die Flüchtlinge dar. Die Zahl der bis Juni 1915 aus Galizien, der Bukowina und aus dem südlichen Kriegsgebiet vertriebenen und vom Staat unterstützten Personen betrug mehr als 600.000, die zum Teil in Barackenlagern, zum größeren Teil in ausgesuchten Gemeinden untergebracht waren. Wien beherbergte in dieser Zeit ungefähr 200.000 Flüchtlinge.[193] Die Arbeitsmarktpro-

---

184 Vgl. Karl *Franta,* 50 Jahre Gewerkschaft der Bediensteten im Handel, Transport und Verkehr (Wien 1954) 125; Zeitrad 17/1915, S. 1; *Stein,* Die Lage der österreichischen Metallarbeiter, S. 249 und *Freundlich,* Arbeit, S. 16.
185 Vgl. *Winkler,* Einkommensverschiebungen, S. 185.
186 Vgl. *Enderes,* Eisenbahnen, S. 43–45.
187 Vgl. Soziale Rundschau 1917 III/3–5, S. 113. Vgl. auch *Freundlich,* Arbeit, S. 20.
188 Vgl. Gabriele *Kisslinger,* Frauenarbeit im Ersten Weltkrieg (Diplomarbeit Univ. Wien 1973) 32–33.
189 Vgl. *Winkler,* Einkommensverschiebungen, S. 32.
190 Vgl. DG 35/1917, S. 215.
191 Vgl. AVA, MdI, Dep. 20, Z. 49362/1915 (HM, Z. 14428/1915).
192 Vgl. Bericht der Gewerbe-Inspektoren 1916, S. CXX.
193 Vgl. Denkschrift I, S. 294.

bleme führten ab Sommer 1915 „zu intensiver und ökonomischer Ausnützung der unter den Flüchtlingen verfügbaren Arbeitskräfte". Durch die Arbeitsvermittlungsstellen für Arbeiten in Landwirtschaft und Kriegsindustrie angeworben wurden „rund 135000 Flüchtlinge den Interessen der Approvisionierung und der Landesverteidigung nutzbar" gemacht.[194] In den Lagern befanden sich bereits Anfang des Sommer 1916 kaum mehr arbeitsfähige Personen. „Um jedoch auch noch den letzten Rest der in den Flüchtlingslagern vorhandenen Arbeitskräfte volkswirtschaftlich zu verwerten und insbesondere den wirtschaftlichen Ansporn für die gemeindeweise verstreut untergebrachten und daher von der Arbeitsvermittlungsorganisation schwerer erfaßbaren Flüchtlinge zur Annahme regelmäßiger Arbeit zu erhöhen, wurde mit Rücksicht auf den fühlbaren Arbeitermangel die Verfügung getroffen, daß den in Arbeit stehenden Flüchtlingen nicht der ganze Arbeitslohn, sondern bloß die Hälfte desselben von der auf die betreffende Flüchtlingsfamilie entfallenden staatlichen Barunterstützung abgezogen wird."[195] Die Regierung ordnete zu dieser Zeit also bereits finanzielle Interessen der Bekämpfung des Arbeitermangels unter.

Der Versuch, möglichst alle arbeitsfähigen Personen der Produktion zuzuführen, erstreckte sich natürlich auch auf die Arbeitslosen. Schon die Einführung einer Arbeitsnachweisorganisation zu Kriegsbeginn war teilweise unter diesem Motiv erfolgt. Ab Herbst 1915 verursachte Rohstoffmangel neuerlich Arbeitslosigkeit unter den Textilarbeitern. Trotz des hohen Arbeiterbedarfes stimmte die Regierung dort aber einer Unterstützung der Textilarbeiter zu und dämpfte damit deren Mobilität. Diese Vorgangsweise war jedoch eine Ausnahme, die in den besonderen Verhältnissen der Branche begründet lag, in der Konzentration der Betriebe in bestimmten Gebieten, die eine Absiedlung der Textilarbeiter zu den Standorten der Rüstungsindustrie erfordert und die Vernichtung der Textilindustrie mit sich gebracht hätte. Trat hingegen Arbeitslosigkeit in einer Branche auf, die ihren Standort hauptsächlich in den Industriezentren hatte, so verweigerten die Zentralbehörden eine Unterstützungsaktion. Als Beispiel kann die Wiener Konfektionsindustrie dienen, die mit Verzögerung die Folgen der Textilfaserknappheit zu spüren bekam.[196]

Die Staatsverwaltung verfügte außerdem während des Krieges über einige Möglichkeiten, Personen zur Arbeit zu zwingen. Neben dem Kriegsleistungsgesetz gab es die militärischen Gesetze, in denen die Verwendung von Wehr- und Landsturmpflichtigen, die sich zum Kriegsdienst nicht eigneten, als Arbeiter vorgesehen war.[197] Die Heeresverwaltung kommandierte aber auch aktive Soldaten und Landsturmmänner zur Dienstleistung in den Betrieben ab.[198] Insgesamt arbeiteten in der Kriegsindustrie bis zu fünf in ihrem rechtlichen Status zu unterscheidende Gruppen von Arbeitern. Zu den von den Arbeitszwangnormen ausgenommenen Gruppen der Frauen und der Männer, die unter 17 bzw. über 50 Jahre alt waren, kamen zweitens die Kriegsleistungspflichtigen, drittens die Soldaten- und Landsturmarbeiter nach den militärischen Gesetzen, viertens die ohne

---

194 Denkschrift II, S. 240.
195 Denkschrift III, S. 199.
196 Vgl. AVA, HM, Z. 4259 KP/1916 (MdI, Z. 5264/1916).
197 Vgl. Gesetz vom 5. 7. 1912, RGBl. Nr. 128, § 7 und Gesetz vom 6. 6. 1886, RGBl. Nr. 90, § 4.
198 Vgl. ÖMA 8/1916, S. 49.

legale Grundlage „Kommandierten" und schließlich die von der aktiven militärischen Dienstleistung für die Arbeit in der Industrie Enthobenen.[199]

Schließlich stand der Heeresverwaltung mit den Kriegsgefangenen eine weitere Personengruppe zur Verfügung, die zur Arbeit gezwungen werden konnte. Im ersten Kriegsjahr wurden die Gefangenen hauptsächlich zu Erdbewegungen, Meliorationen und Rodungsarbeiten im Auftrag der öffentlichen Hand oder auch von privater Seite herangezogen; die Verwendung in der Landwirtschaft stieß noch auf die Ablehnung der Bauern.[200] Ab Mitte 1915 jedoch machte sich der Arbeitskräfteverlust in der Landwirtschaft schon so stark bemerkbar, daß die Kriegsgefangenen immer mehr zu einer willkommenen Hilfe wurden. Im zweiten Halbjahr 1915 waren 80.000 Kriegsgefangene in der Landwirtschaft beschäftigt; ab 1916 mußten dann andere mit Hilfe der Gefangenen betriebene Projekte zugunsten der Anbau- und Erntearbeiten zurückgestellt werden.[201]

Die zahlreichen, verschiedenen Arten der Arbeiterbeschaffung teils durch Anwerbung, teils durch Zwangsmaßnahmen verursachten eine unübersichtliche Situation am Arbeitsmarkt. Die Allokation der Arbeiter nach dem dringendsten Bedarf war so nicht zu erzielen. Um diesem Mißstand abzuhelfen errichtete die österreichische Regierung im November 1916 eine „Ministerialkommission für Arbeiterzuweisung", eine zentrale Stelle, die den allerdings nur mehr rudimentär vorhandenen Arbeitsmarkt ersetzen sollte. Nach dem Vorschlag des Innenministeriums ging es um die freien Arbeitskräfte, zunächst unter den Arbeitslosen, dann unter den Saisonarbeitern aus Galizien, den Flüchtlingen, den Internierten, den militärischen Arbeiterabteilungen und den Kriegsleistern, den Kriegsgefangenen und, schließlich, der Bevölkerung der Okkupationsgebiete in Polen und Montenegro. In wöchentlichen Beratungen unter dem Vorsitz des Kriegsministeriums sollten das Landesverteidigungs-, Handels-, Innen- und Arbeitsministerium und die für den Ausgleich des Personalbedarfs der Armee und der Industrie zuständige Kontrollkommission für Enthobene die in ihren Machtbereich fallenden freien Arbeiter der genannten Kategorien bekanntgeben. Unternehmen, die Arbeitskräfte suchten, sollten sich in Zukunft ausschließlich an die Ministerialkommission um Zuweisung wenden.[202] In der am 21. November 1916 beschlossenen Form war die Kommission dann nicht als Ersatz, sondern auf Anraten des Handelsministeriums subsidiär zum freien Arbeitsmarkt konzipiert. Das Innenministerium selbst änderte die Reihenfolge der heranzuziehenden Arbeitergruppen; auf Kriegsgefangene und Kriegsleister sollte erst zuletzt zurückgegriffen werden. Die Kommission bestand schließlich aus Vertretern der genannten Stellen und einem Gewerbeinspektor; sie tagte ab Ende 1916 jeden Dienstag.[203]

Trotz all dieser Maßnahmen besserte sich die Lage am Arbeitsmarkt kaum. Jene Bevölkerungsgruppen, in denen noch ein Arbeitskräftereservoir beträchtlichen Ausmaßes vorhanden war, in erster Linie unter den Frauen, entgingen ihrem Zugriff. Mit zunehmendem Arbeitskräftemangel machten sich daher auch Tendenzen bemerkbar, die auf

---

199 Vgl. *Meißl,* Wandel, S. 58–59.
200 Vgl. Denkschrift I, S 303–306.
201 Vgl. Denkschrift II, S. 352; Denkschrift III, S. 206 und Denkschrift IV, S. 299.
202 Vgl. AVA, MdI, Dep.7, Z. 52821, Z. 59431 und Z. 60259/1916. Vgl. auch Denkschrift IV, S. 268–269.
203 Vgl. AVA, HM, Z. 21816 KP/1916.

5.1. Die Entwicklung der kriegswirtschaftlichen Hochkonjunktur und ihre Grenzen

eine Ausdehnung des Arbeitszwanges auf einen weiteren Kreis der Zivilbevölkerung abzielten. Gerade die männlichen Arbeitskräfte zwischen 17 und 50 Jahren, die dem Kriegsleistungsgesetz unterlagen, stellten auch die Truppen: Frauen, junge und alte Männer wurden mehr und mehr die Träger der Kriegsproduktion. Diese Personen konnten ihre Arbeitsplätze ungehindert und aus welchem Grund immer wechseln und waren auch von der Militarisierung des Arbeitsverhältnisses nur am Rande betroffen. Die Regierung begann im Herbst 1915 mit Vorbereitungen, um diese Arbeiterschichten, welche erst im Zuge der Kriegswirtschaft in die Industrie gekommen waren und ein bedrohliches Störpotential der staatlichen Kriegspolitik darstellten, Zwangsmaßnahmen zu unterwerfen.

Im Innenministerium wurde im Oktober 1915 der Entwurf einer Verordnung ausgearbeitet, mit der die Bezieher der staatlichen Unterstützung, die den Familien der Mobilisierten seit 1912 zustand, zur Arbeit verpflichtet werden sollten. Diesem Vorhaben widersetzte sich das Handelsministerium aus formaljuristischen wie inhaltlichen Gründen. Diesen Bedenken schloß sich dann das Departement 7 des Innenministeriums selbst an. Es war der Ansicht, eine Verpflichtung von Personen, denen gesetzlich staatliche Beihilfen zustanden, würde als „antisozial" empfunden werden. Außerdem hielt man den Effekt einer solchen Maßnahme für gering, da die Unterstützten wegen der Teuerung ohnehin auf Nebenerwerbsarbeit angewiesen waren.[204] Trotz des Widerstands scheinen aber die kompetenten Stellen zur Durchsetzung ihrer Pläne entschlossen gewesen zu sein. Das Departement Ia des Innenministeriums stellte, offenbar in Übereinstimmung mit dem Ressortchef lapidar fest, daß „[s]ozialpolitische Rücksichten ... gegenüber der Erhaltung des Staates in den Hintergrund treten" müßten.[205] Dennoch wurde der Unterhaltsbeitrag schließlich nicht mit Arbeitszwang gekoppelt sondern die Möglichkeit eines Nebenverdienstes geschaffen, sodaß der Grund, der die Frauen angeblich von der Annahme einer Arbeit abgehalten hatte, wegfiel.[206]

Im Frühjahr 1916 gewann der Plan des Kriegsministeriums, Frauen bis zum 60. Lebensjahr und Männer zwischen 50 und 60 Jahren am Arbeitsplatzwechsel hindern zu können, an Gewicht.[207] Schon Ende 1915 war diese Forderung laut geworden, als das Kriegsministerium die Enthebungen vom Militärdienst einschränken wollte. Für die abgezogenen Männer sollten zwangsweise Frauen in den Fabriken arbeiten. Über die mangelnde Disziplin, die häufige Arbeitsverweigerung und die hohe Fluktuation der Frauen aber führten die Unternehmer ständig Klage.[208] Verschiedene Militärkommanden wiesen außerdem darauf hin, daß die Frauen wegen ihrer starken Präsenz in der Kriegsindustrie in der Lage wären, die Produktion lahmzulegen.[209]

Am 4. Mai 1915 war überdies die Landsturmpflicht erweitert worden. Bisher hatte das erste Aufgebot die 19 bis 37jährigen und das zweite die 38 bis 42jährigen Land-

---

204 Vgl. AVA, MdI, Dep.Ia, Z. 57219/1915 (HM, Z. 21127/1915 und Äußerung des MdI, Dep.7).
205 Ebd. (Gegenbemerkung des MdI, Dep.Ia).
206 Vgl. AVA, HM, Z. 14675 KP/1916 (MfLV, Abt.XVIIa, Z. 478/1916).
207 Vgl. AVA, MdI, Dep.Ia, Z. 12802/1916.
208 Vgl. KA, MfLV, Abt.XVII, Z. 2406 und Z. 2407/1916 (KM, Abt.10, Z. 120671/1915 und Abt.7, Z. 46611/1916).
209 Vgl. KA, MfLV, Abt.XVIIa, Z. 596/1916.

sturmpflichtigen umfaßt. Nun wurden diese beiden Abteilungen zu einem neuen ersten Aufgebot zusammengenommen und die untere Altersgrenze auf 18 gesenkt. Im zweiten Aufgebot dienten jetzt 43 bis 50 Jahre alte Männer.[210] Im September 1915 wurde der gesamte Landsturm eingezogen[211] und die Produktion nach Ansicht der Heeresverwaltung *„auf das schwerste gefährdet."*[212] Um einen Produktionsrückgang zu vermeiden, mußten daher mehr Leute vom Dienst in Heer, Landwehr und Landsturm wieder enthoben werden. Die Zahl der Enthobenen betrug bei Kriegsbeginn 200.000, im Oktober 1915 460.000 und stieg im darauffolgenden Jahr auf eine Million.[213]

Dies stand in krassem Widerspruch zu den Interessen der Kriegsführung. Die militärischen Ressorts warteten die Reaktionen auf den Vorschlag, Frauen und Männer bis 60 Jahre in den Betrieben zu binden, nicht tatenlos ab, sondern erreichten schon Anfang Jänner eine erweiterte Kriegsleistungspflicht der männlichen Bevölkerung.[214] Bei „außerordentlichem Bedarf" konnten nun Männer bis 55 zu persönlichen Dienstleistungen herangezogen werden. Allerdings war es dem Landesverteidigungsminister selbst vorbehalten, eine solche Verpflichtung, die ununterbrochen höchstens 6 Wochen dauern durfte, zu verfügen. Nach zweimonatiger Pause konnten die zwischen 50 und 55 Jahre alten Männer dann abermals herangezogen werden. Von noch größerer Bedeutung erscheint eine andere Bestimmung der Kaiserlichen Verordnung. Alle Kriegsleister in Industriebetrieben wurden gezwungen, „auch dann in dieser Dienstleistung zu verbleiben, wenn sie während deren Dauer die für sie bestimmte Altersgrenze über[schritten]."[215] In der Frage, wie Kriegsleister, die das Alterslimit während ihrer Dienstleistung in einem § 18-Unternehmen überschritten, zu behandeln waren, hatte das Landesverteidigungsministerium 1915 die Ansicht vertreten, daß die Freizügigkeit der Arbeiter genau mit dem Erreichen des 51. Lebensjahres wiederhergestellt sei.[216] Durch die neue Gesetzeslage mußten diese Arbeiter nun an den ihnen zugewiesenen Dienststellen bleiben, bis der Krieg zu Ende war.

Übrig blieb somit das Problem der Reglementierung der Arbeit vor allem der Frauen und dann auch jener Männer, die bereits über 55 Jahre alt waren und nie unter das Kriegsleistungsgesetz gefallen waren.

Das Kriegsministerium wünschte, daß diese beiden Personengruppen in den vom Militär übernommenen oder für die Heeresverwaltung privat weiterbetriebenen Unternehmen generell bis zum Alter von 60 Jahren festgehalten werden konnten. Das Landesverteidigungsministerium sollte dafür die gesetzliche Basis schaffen.[217] Naheliegend erschien eine entsprechende Abänderung des § 4 des Kriegsleistungsgesetzes, doch riet die ungarische Regierung davon ab. Dort hätte eine Gesetzesänderung vom Parlament, das im Gegensatz

---

210 Vgl. KaisVO vom 1. 5. 1915, RGBl. Nr. 108.
211 Vgl. *Gratz*, Zusammenbruch, S. 158. Vorher war nur der militärisch ausgebildete Teil der Landsturmpflichtigen eingezogen worden.
212 KA, MfLV, Abt. XVII, Z. 2406 und Z. 2407/1916 (KM, Abt.10, Z. 751/1916) (Hervorhebung im Original).
213 Vgl. *Gratz*, Zusammenbruch, S. 156.
214 Vgl. KaisVO vom 18. 1. 1916, RGBl. Nr. 18.
215 Ebd., § 2.
216 Vgl. KA, MfLV, Abt. XVII, Z. 7008/1915.
217 Vgl. KA, MfLV, Abt. XVII, Z. 2406 und Z. 2407/1916 (KM, Abt.10, Z. 751 und Abt.7, Z. 46611/1916).

zur österreichischen Reichshälfte in Ungarn in Funktion war, also öffentlich behandelt werden müssen, was im Ausland als „ein Zeichen der letzten Kraftentwicklung (sic!)" gewertet werden konnte. Die Ungarn schlugen statt dessen den unauffälligeren Weg von Ministerialverordnungen aufgrund der bestehenden Ermächtigungsgesetze vor.[218] Das österreichische Landesverteidigungsministerium lehnte daraufhin eine legislative Aktion ab und verwies auf die Möglichkeit aufgrund der kriegswirtschaftlichen Ermächtigungsverordnung vorzugehen.[219] Im Juli 1916 griff dann das Kriegsministerium den Hinweis auf und verlangte die Vorbereitung solcher Verordnungen, an denen auch zivile Ressorts zu beteiligen waren.[220] Die Verhandlungen zeigten deutlich die Notwendigkeit von Kompensationen für die Arbeiterschaft. Der Arbeitszwang für die weibliche Arbeiterschaft war 1916, selbst am Höhepunkt der Rüstungsanstrengungen, nicht ohne weiteres durchsetzbar. Die Kriegsverwaltung mußte in dieser Periode auf die Stimmung in der Arbeiterschaft wesentlich mehr Rücksicht nehmen als in der Anfangsphase des Krieges.

5.1.2.1. Die Arbeitsverhältnisse in der Kriegsindustrie

Die Militarisierung der Arbeitsbeziehungen und die Einbeziehung bisher industriefremder Gruppen in die Produktion veränderten die Lohnverhältnisse in der Kriegsindustrie. Die massenhafte Anstellung von Frauen ließ die Gefahr des Lohndruckes durch die traditionell unterbezahlte Frauenarbeit virulent werden. Tatsächlich verdienten Arbeiterinnen bei gleicher Leistung bis zu $^2/_3$ weniger als die Männer, die sie zu ersetzen hatten.[221] Selbst bei den Teuerungszulagen wurden die Frauen stark benachteiligt. Auch die öffentliche Hand bezahlte die weiblichen Arbeiter etwas schlechter als die Männer.[222] Die Unternehmer begründeten die niedrigen Frauenlöhne mit den fehlenden Erfahrungen über Verwendbarkeit und Leistungsfähigkeit der Arbeiterinnen,[223] aber auch damit, daß Frauen weniger zum Leben brauchten als Männer, weil sie weniger aßen und tranken und nicht rauchten.[224]

Die Forcierung der Industriearbeit der Frauen durch die Staatsverwaltung unter Beibehaltung des starken Differentials zwischen Frauen- und Männerlöhnen bedrohte die etablierte Industriearbeiterschaft mit der Senkung des allgemeinen Lohnniveaus. Der freie Metallarbeiterverband forderte aus diesem Grund im Februar 1916 den Kriegsminister auf, durch Verordnung die Gleichbehandlung der Frauen in der Kriegsindustrie sicherzustellen. „Die Heeresverwaltung kann nicht wollen, daß die von der Frau geschaffenen Arbeitswerte schlechter bezahlt werden als die des Mannes, vor allem schon deswegen nicht, weil auch der Staat nicht den geringsten Nutzen davon ziehen könnte. Die in den Fabriken herzustellenden Kriegserfordernisse würden für den Staat nicht billiger, der Mehrgewinn der Kriegsindustriellen aber sich vermehrfachen. Für Staat und Volkswirtschaft müßten dadurch die schwersten Schäden entstehen."[225]

---

218 Vgl. ebd. (k.u. MfLV, Präs.Z. 1533/20b/1916).
219 Vgl. KA, MfLV, Abt.XVII, Z. 2407/1916.
220 Vgl. KA, MfLV, Abt.XVIIa, Z. 596/1916 (KM, Abt.10, Z. 21545/1916).
221 Vgl. ÖMA 7/1916, S. 43.
222 Vgl. *Freundlich*, Arbeit, S. 37. Als eine Ausnahme wird das Hüttenwerk Donawitz genannt.
223 Vgl. ÖMA 7/1916, S. 43.
224 Vgl. *Freundlich*, Arbeit, S. 44.
225 ÖMA 7/1916, S. 43.

Die Ausweitung der Frauenarbeit brachte auch noch andere Probleme mit sich. Die starke Beanspruchung der Arbeiterinnen unter den herrschenden Verhältnissen verursachte gesundheitliche Schäden. Verschiedene Frauenorganisationen unterbreiteten Forderungen, um solche Auswirkungen möglichst gering zu halten. Nach sozialdemokratischer Vorstellung waren für Frauen nur Achtstundenschichten zulässig, Überstunden und Nachtarbeit war zu verbieten. Der gesundheitliche Zustand der Frauen sollte ständig überwacht und der Mutterschutz ausgebaut werden. Die Löhne sollten durch das Kriegsministerium nach dem Prinzip „gleicher Lohn für gleiche Leistung" autoritativ festgesetzt werden.[226]

Alle Forderungen bezüglich des Schutzes der Arbeiterinnen blieben ohne Erfolg. Die Hauptstelle industrieller Arbeitgeber-Organisationen verlangte in einer sehr umfangreichen Eingabe vehement die Ablehnung der unterbreiteten Vorschläge zur Regelung der Lohnfrage.[227] Die Unterschiede zwischen Männer- und Frauenlöhnen wurden nicht geringer. Schließlich gab es weiterhin Versuche, die Frauen auch ohne gesetzlichen Rückhalt der Disziplinargewalt des Militärs in den Kriegsleistungsbetrieben zu unterwerfen. Die Heeresverwaltung machte sich dabei die unklare Textierung des § 9 des Kriegsleistungsgesetzes zunutze und argumentierte, die Frauen seien zwar in ihrer Freizügigkeit nicht eingeschränkt, unterständen aber, solange sie freiwillig in einem Kriegsleistungsbetrieb arbeiteten, der Militärdisziplinargewalt bzw. auch dem Militärstrafgesetz.[228] Der Metallarbeiterverband hatte vergeblich die Revision dieser Rechtsmeinung verlangt,[229] die selbst in Ungarn, wo die Frauen aufgrund des Ermächtigungsgesetzes zum Verbleiben am Arbeitsplatz gezwungen werden konnten, als unzulässig galt.[230] Da sich die Arbeiterinnen den Disziplinierungsversuchen der Militärs durch Arbeitsplatzwechsel entziehen konnten, plante die Heeresverwaltung deren Einbindung in das Kriegsleistungswesen.

Disziplinäre Probleme gab es auch mit den jugendlichen Arbeitern. Obwohl die jungen Arbeiter in § 18-Betrieben generell dem Kriegsleistungsgesetz unterlagen,[231] konnten sie durch den Einsatz an lukrativeren Arbeitsplätzen ihren Platz in der Lohnhierarchie verbessern. Um unerwünschte Folgen der veränderten Einkommensverteilung zu verhindern, erwog die österreichische Regierung, nach deutschem Vorbild[232] einen Sparzwang für Jugendliche zu verfügen.[233] Dagegen war vorerst nur das Innenministerium. Es hielt eine nachträgliche Lohnreduktion angesichts der Tatsache, daß „der Arbeitslohn ... in einer gewissen Relation zu den bestehenden Teuerungsverhältnissen [steht]", für bedenklich. Eine solche Maßnahme könnte einerseits dem Lohndruck Vorschub leisten und andererseits Rückschlüsse auf das Mindestausmaß der Löhne

---

226 Vgl. AVA, SdPst Karton 129, Mappe: Frauenbewegung 1908–1917: Vorschläge der sozialdemokratischen Frauenorganisation betreffend Heranziehung der Frauen zu Kriegsdienstleistung (31. 12. 1915). Vgl. zum Standpunkt der christlichen Arbeiter Metallarbeiter-Zeitung 10/1916, S. 1–2.
227 Vgl. KA, KM, Abt.7, Z. 9635 und Z. 13991/1916, Schreiben der Hauptstelle vom 28. 2. bzw. 3. 4. 1916.
228 Vgl. KA, KM, Abt.7, Z. 15868/1915, Pkt. V. Vgl. auch MfLV, Dep. XVIIa, Z. 23340/1915.
229 Vgl. ÖMA 7/1916, S. 43.
230 Vgl. KA, KM, Abt.7, Z. 23509/1915.
231 Vgl. VO des MfLV vom 14. 11. 1914, RGBl. Nr. 326, Zu § 4, Z. 1.a).
232 Vgl. DG 23/1916, S. 132 und DG 27/1916, S. 147.
233 Vgl. AVA, HM, Z. 7442/1917, Sammelstück.

5.1. Die Entwicklung der kriegswirtschaftlichen Hochkonjunktur und ihre Grenzen 155

zulassen, was besonders wegen des starken regionalen Lohndifferentials unangenehme Folgen nach sich ziehen könnte. Um die jugendlichen Arbeiter zu disziplinieren, schlug das Innenministerium vor, deren Konsumtionsmöglichkeiten, z. B. durch das Verbot von Kinobesuchen, einzuschränken.[234] Das Handelsministerium sprach sich dagegen trotz Anerkennung der Gefahr von Lohndruck und Produktionsrückschlägen noch auf einer Ministerialkonferenz im April 1916 für die Einführung des Sparzwanges aus, da die Jugendlichen Reserven für die zu erwartende Depressionsphase anlegen müßten.[235] In den folgenden zwei Monaten änderte es jedoch unter dem Eindruck von Streiks jugendlicher Arbeiter gegen den Sparzwang in Deutschland seinen Standpunkt. „Außerdem hat[te] das Handelsministerium in vertaulichen (sic!) Besprechungen festgestellt, das (sic!) der Widerstand unserer Arbeiterorganisation gegen eine solche Maßregel nicht zu überwinden sei. Ohne Mitwirkung der Arbeiterschaft könne aber eine ersprießliche Durchführung dieser Maßnahme nicht gewärtigt werden."[236]

Dennoch wurden die Arbeiterorganisationen auf Wunsch des Finanzministeriums am 10. Juli 1916 ebenso wie Unternehmervertreter und Fachleute zu einer Enquete geladen. Sowohl die Vertreter von sozialdemokratischen und christlichen Arbeiterorganisationen als auch die der Unternehmerverbände sprachen sich gegen ein Sparzwangexperiment mit dem Argument aus, „daß heute die den Arbeitern gezahlten Löhne nur in seltenen Ausnahmsfällen jene Höhe erreichen, daß bei den gegenwärtigen Teuerungsverhältnissen noch ein Lohnrückhalt für Sparzwecke möglich wäre." Die Unternehmerseite fürchtete eine neue Welle von Lohnforderungen.[237] Ein Ersatzvorschlag, die Gewerbordnung so abzuändern, daß die Löhne der Jugendlichen zum Teil an deren Eltern auszuzahlen wären, dem die Gewerkschaften aufgeschlossener gegenüberstanden, scheiterte an den Einwänden des Innenministeriums, das eine solche Regelung für nicht praktikabel hielt.[238] Die österreichische Regierung stellte daraufhin die Versuche ein, die Löhne der jugendlichen Arbeiter, die eben wegen der besseren Verdienstmöglichkeiten in die Kriegsindustrie strömten, zu drücken.

Eine Bedrohung eigener Art für Niveau und Struktur der Industrielöhne stellten die Kommandierten, zur Dienstleistung in Industriebetrieben befohlene aktive Soldaten, dar, die nicht wie Arbeiter entlohnt wurden, sondern lediglich ihren Sold als Militärpersonen bezogen. Der Metallarbeiterverband beschwerte sich im Februar 1916 über diese durch das Wehrgesetz nur teilweise gedeckte Praxis beim Kriegsministerium. Er wies darauf hin, daß die Arbeiterbeschaffung durch das Kriegsleistungsgesetz ausreichend geregelt, die Ausschöpfung der Möglichkeiten des Wehrgesetzes dadurch überflüssig sei. „Dazu

---

234 Vgl. AVA, MdI, Dep. Ia, Z. 18006/1916 (MP, Z. 1708/1916; HM, Z. 6089/1916).
235 Vgl. AVA, MdI, Dep. Ia, Z. 20961/1916 (HM, Z. 7406 KP/1916).
236 AVA, MdI, Dep. Ia, Z. 29304/1916.
237 Vgl. AVA, MdI, Dep. Ia, Z. 29304, Z. 33350 und Z. 44705/1916 (HM, Z. 9235, Z. 12208, Z. 13273/1916). Teilnehmer an der Enquete: Singer (Bund), Grätz (Zentralverband), Ludwig (Hauptverband); Hueber, Domes, Gion (freie Gewerkschaften), Krikawa (christliche Gewerkschaften); Renner, Seitz (persönlich geladene Sozialdemokraten), V. Mataja (als Jugendschutzfachmann); Ministerialvertreter.
238 Vgl. AVA, MdI, Dep. Ia, ad Z. 29304, Z. 44705/1916 und Z. 24214/1917 (HM, Z. 13272/1916 und Z. 3360/1917).

kommt noch, daß es sich hier hauptsächlich um Privatbetriebe handelt, die bloß von der Heeresverwaltung in Anspruch genommen worden sind. Die Unternehmer dieser Betriebe würden die Früchte der Arbeit der ihnen zur Dienstleistung zugewiesenen Soldaten ruhig in Anspruch nehmen, ohne daß der Staat den geringsten Nutzen davon hätte. Die Sache stünde also so: Der Staat hätte nicht den geringsten Vorteil davon, die Arbeiter wären aufs empfindlichste geschädigt und den Gewinn hätten nur die Unternehmer." Das Kriegsministerium reagierte schließlich im Juli 1916 positiv auf die Klagen und versprach, in Zukunft die den Betrieben zugewiesenen Mannschaften von der aktiven Dienstleistung zu entheben und ortsüblich entlohnen zu lassen.[239]

Die bedeutendsten Auswirkungen für die kriegsindustriellen Arbeitsverhältnisse hatte das Kriegsleistungsgesetz. Ihm unterlag erstens der zahlenmäßig größte und für die Produktion wichtigste Teil der Arbeiterschaft. Zweitens verschaffte es der Regierung die Möglichkeit der Allokation und Disziplinierung dieser Kernschichten der Industriearbeiterschaft. Durch die Ausschaltung des freien Marktes und durch die Unterbindung von Arbeitskämpfen wurden die Lohnkosten niedrig gehalten. Die Arbeiterschaft hatte somit keine Vorteile durch die kriegswirtschaftliche Hochkonjunktur; im Gegenteil, die fortschreitende Teuerung verringerte die Reallöhne, die Ausbeutung nahm durch Intensivierung und Verlängerung der Arbeit zu.

Im ersten Kriegshalbjahr, während der wirtschaftlichen Umstellungsphase waren sozialpolitische Bedenken von militärischen Kalkülen verdrängt worden, und auch die Arbeiterorganisationen hatten zu dieser Zeit gemeint, die triste Lage als Übel von kurzer Dauer hinnehmen zu können. Dies änderte sich zu Beginn des Jahres 1915. Die Hintanstellung der Interessen der Arbeiter, schlechte Behandlung und die Kaufkrafteinbußen machten sich nach etwa sechs Monaten Krieg im Unmut der Betroffenen bemerkbar. Die Unterdrückung der Arbeiter mit Hilfe des Kriegsleistungsgesetzes durch die Unternehmer wie auch durch die Heeresverwaltung fand dort eine Grenze, wo die Leistungsbereitschaft oder die Leistungsfähigkeit der Arbeiter untergraben wurde. Die militärischen Stellen mußten im Frühjahr 1915 etwas von ihrem früheren, ausschließlich unternehmerfreundlichen Standpunkt abrücken. Um das Produktionsziel zu erreichen, wurde es notwendig, zumindest die Stimmung der kriegsindustriellen Arbeiterschaft einzukalkulieren und einen gewissen Ausgleich zwischen Unternehmer- und Arbeiterinteressen zu finden. Die unter den Arbeitern aufkommende Unruhe wurde aber nicht nur für die Kriegsproduktion sondern auch für die Arbeiterorganisationen gefährlich, die mit ihrer Burgfriedenspolitik als nicht ganz unschuldig an der Misere erschienen. Die Gewerkschaften sahen sich Anfang 1915 ebenfalls gezwungen, Modifikationen an ihrer Politik der strengen Zurückhaltung vorzunehmen.

Etwa zur selben Zeit begannen trotz Kriegsleistungsgesetz in allen Branchen Bewegungen zur Erreichung von Teuerungszulagen,[240] denen sich die Unternehmer nicht verschließen konnten. Die Heeresverwaltung selbst gewährte im Juni 1915 den Arbeitern in den

---

239 Vgl. ÖMA 8/1916, S. 49 und KA, MfLV, Abt. XVIIa, Z. 713/1916 (KM, Abt.10, Z. und zu Z. 94031/1916).
240 Vgl. z. B. DG 11/1915, S. 83 (Textilarbeiter in Jägerndorf); DG 19/1915, S. 125–126 (Schneider in Wien); ÖMA 23/1915, S. 149–150 und ÖMA 42/1915, S. 229 (gesamte Metallindustrie in Wien).

5.1. Die Entwicklung der kriegswirtschaftlichen Hochkonjunktur und ihre Grenzen

militärärarischen Betrieben Zuschüsse zum Lohn.[241] Mit der Teuerung fanden auch die Lohnbewegungen kein Ende mehr; 1916 liefen zudem zahlreiche der 1913 abgeschlossenen Tarifverträge ab, bei deren Erneuerung ebenfalls über Kriegszulagen verhandelt wurde.[242] Trotz der Zulagen und trotz längerer Arbeitszeiten sanken jedoch die Löhne im Verhältnis zu den Preisen der Bedarfsartikel weiter ab. Die Unternehmer verfügten über zu große Macht, als daß sie zu Lohnerhöhungen im Ausmaß der Teuerung gezwungen gewesen wären. Die Zulagen hatten vielmehr die Funktion, eine produktionsschädliche Verelendung der Arbeiterschaft zu verhindern. Sie orientierten sich daher auch immer weniger an der Leistung des Arbeiters als am Existenzminimum der Arbeiterfamilien. Die Löhne in der Kriegsindustrie wurden zur Alimentation der Industriebevölkerung.

Zur Verschlechterung in materieller Hinsicht kam mit der ansteigenden Kriegskonjunktur eine immer stärkere Beanspruchung, gegen die sich die Arbeiter nicht zur Wehr setzen konnten. Arbeitszeiten von 15 oder gar 18 Stunden waren in der Metallindustrie keine Seltenheit.[243] Für viele Arbeiter gab es keine Ruhetage mehr.[244] Die Überanstrengung hatte im Verein mit Unterernährung eine Zunahme der Unfälle, Krankheiten und erhöhte Sterblichkeit besonders in den Industriegebieten zur Folge.[245] Die unmittelbare Bedrohung der physischen Existenz war das Substrat für die Unzufriedenheit und Unruhe in der Arbeiterschaft. Im Mai 1916 mußte das Kriegsministerium die Wiedereinführung der Sonntagsruhe in den Produktionsbetrieben zugestehen, allerdings „unter der Voraussetzung, daß in Anerkennung dieses Entgegenkommens der Heeresverwaltung, an den Wochentagen mit umso größerem Eifer gearbeitet werden wird, ferners (sic!), daß bei einem Rückgang der Produktion, die Sonntagsarbeit wieder aufgenommen werden würde."[246] Auch mit der Organisierung der Lebensmittelversorgung im Sommer 1916 sollte dem aufkeimenden Widerstand der Arbeiter gegengesteuert werden.

Solche Maßnahmen konnten jedoch nur punktuell den übelsten Mißständen abhelfen; sie änderten nichts an den Ursachen der Misere. Das Kriegsleistungsgesetz, das eine Entrechtung der Arbeiter, eine Privilegierung der Unternehmerschaft und darüber hinaus eine die Ungleichverteilung der Macht noch verstärkende Militarisierung der Arbeitsbeziehungen herbeigeführt hatte, war in keiner Weise angetastet worden. Im Gegenteil, die kompetenten Stellen bemühten sich unter dem Eindruck des Arbeitskräftemangels zum Teil bereits erfolgreich um eine Ausdehnung der in diesem Gesetz gebotenen Möglichkeiten.

---

241 Vgl. *Meißl,* Wandel, S. 74 (KM, Abt.7, Z. 15039/1915).
242 Vgl. z.B. DG 34/1916, S. 211 (Textilarbeiter in Jägerndorf); DG 23/1916, S. 132 (Militärschneider in Wien); ÖMA 11/1916, S. 63–64 (Wiener Metallindustrie); DG 31/1916, S. 199 (Baugewerbe in Nordböhmen).
243 Vgl. *Stein,* Metallarbeiter, S. 248.
244 Vgl. KA, MfLV, Abt. XVIIa, Z. 15706/1916 (KM, Abt.7, Z. 17569/1916).
245 Vgl. Karl *Helly,* Statistik der Gesundheitsverhältnisse der Bevölkerung der Republik Österreich in und nach dem Kriege. In: Clemens *Pirquet* (Hrsg.), Volksgesundheit im Krieg 1 (Wien 1926) 36, 40. Vgl. Bericht der Gewerbe-Inspektoren 1915, S. XCVI–XCVII und Bericht der Gewerbe-Inspektoren 1916, S. XCIV–XCV. Vgl. Siegfried *Rosenfeld,* Die Gesundheitsverhältnisse der industriellen Arbeiterschaft Österreichs während des Krieges. In: *Hanusch, Adler,* Arbeitsverhältnisse, S. 419, 431.
246 KA, MfLV, Abt. XVII, Z. 15706/1916 (KM, Abt.7, Z. 17569/1916).

Es kann daher nicht verwundern, daß der Widerstand in der Arbeiterschaft weiter wuchs. Im Sommer 1916 erreichte die Unruhe einen solchen Grad, daß sich die Staatsverwaltung schließlich doch zu wesentlichen Zugeständnissen veranlaßt sah. Da das Ziel der Fortführung des Krieges nicht in Frage stand, mußte sie an die Beseitigung der kritisierten Auswirkungen des Kriegsleistungsgesetzes selbst gegen die Interessen der Unternehmer schreiten. In den Ministerien setzte sich die Ansicht durch, daß es notwendig sei, „den Personen, denen durch diese Verpflichtung [zu persönlicher Kriegsleistung, M.G.] die Freizügigkeit genommen ist, durch geeignete Maßnahmen, etwa durch Einsetzung von Lohnkommissionen, den Bezug einer angemessenen Entlohnung sicherzustellen."[247] „Diese Regelung soll[te] auch bewirken, daß die Arbeiter zufriedener seien und daß die Heeresverwaltung sie für die Dauer des Krieges besser in die Hand bekomme."[248] Diese Absichten wurden schließlich mit der Institutionalisierung entscheidungsfähiger Beschwerdekommissionen im Frühjahr 1917 verwirklicht und verweisen auf den Beginn einer neuen Phase der Arbeiterpolitik während des Krieges.

5.1.2.2. Die Beschwerdestelle für die Kriegsleistungsbetriebe Niederösterreichs

Im März 1915 legte der österreichische Metallarbeiterverband erstmals eine Dokumentation der durch das Kriegsleistungsgesetz geschaffenen Verhältnisse vor.[249] Anhand zahlreicher Beispiele wurde den Behörden demonstriert, daß die spärlichen Schutzbestimmungen im Kriegsleistungsgesetz und in der Durchführungsverordnung für die Arbeiter von wenig Nutzen waren, da sie deren Einhaltung nicht durchsetzen konnten. Die Klagen betrafen erstens Verstöße gegen die Lohnrechte der Arbeiter durch Verminderung der Akkordsätze unter den verschiedensten Vorwänden und durch die Weigerung, Überstunden oder Sonntagsarbeit besonders zu bezahlen. Der Metallarbeiterverband führte diese Verstöße gegen gesetzlich gewährleistete Rechte der Arbeiter in erster Linie darauf zurück, daß die Unternehmer die Schwächung der Arbeiterposition nützen wollten, die infolge der Modernisierung der Anlagen und der gestiegenen Produktivität höheren Nominallöhne zu reduzieren.

Zweitens kritisierte die Eingabe der Metallarbeitergewerkschaft die Planlosigkeit der Produktion in der Umstrukturierungsphase, deren Folgen die Arbeiter zu spüren bekamen; Überbeanspruchung wechselte mit unverschuldetem und unbezahltem Feiern, ohne daß sie sich als Kriegsleister eine andere Stelle suchen konnten. Ein typisches Problem der Übergangswirtschaft kam auch in einer konkreten Beschwerde gegen die Hauptstelle industrieller Arbeitgeberorganisationen zum Ausdruck, die der Fluktuation der Arbeiter in der Automobilindustrie durch eine vierwöchige Aufnahmesperre bei freiwilliger Kündigung ein Ende zu setzen versucht hatte. Zum Zeitpunkt der Eingabe war allerdings diese Beschwerde bereits gegenstandslos; das Landesverteidigungsministerium hatte mit

---

247 KA, KfLV, Dep. XVIIa, Z. 1137/1916 (MföA, Präs. Z. 1971/1916).
248 KA, MfLV, Abt. XVIIa, Z. 965/1916 (KM, Abt. 10, Z. 130135 res/1916).
249 Vgl. ÖMA 11/1915, S. 55–57. Im Laufe des Frühjahrs und Sommers 1915 wurden dann noch weitere Beschwerden vorgelegt. Vgl. AVA, SdPst Karton 130.

Hilfe des Kriegsleistungsgesetzes eine Stabilisierung der Arbeiter herbeigeführt, und zwar mit der Begründung der schwierigen Lage der Branche, die im Herbst 1914 mit Verlust gearbeitet habe.[250]

Schließlich befaßte sich die Denkschrift mit den Auswirkungen des Kriegsleistungsgesetzes für den einzelnen. Die Arbeiter waren wehrlos gegen willkürliche Versetzungen, etwa aus Wien in die Provinz, wo die Arbeitsverhältnisse schlechter und die Löhne niedriger waren. Die militärischen Behörden erfanden den Status des Kriegsdienstfreiwilligen, jener nicht kriegsleistungspflichtigen Männer, die im Betrieb, als er aufgrund des Kriegsleistungsgesetzes in Anspruch genommen worden war, geblieben waren. Die militärische Rückenstärkung erlaubte den Unternehmern eine menschenunwürdige, häufig auch produktionsstörende Behandlung der Arbeiter. Unternehmer erpreßten Zugeständnisse durch die Drohung, die Arbeiter sonst für den Frontdienst freizustellen; die militärischen Leiter verhängten für Vergehen, wie freches oder passives Benehmen, Verweigerung von Sonntagsarbeit oder eigenmächtiges Entfernen vom Arbeitsplatz Arreststrafen, oft verschärft durch Einzelhaft, Fasttage oder Verdunkelung der Zelle. Die Arbeiter in Wien mußten zur Kennzeichnung als Kriegsleister selbst in der Freizeit Armbinden tragen, während dies von der ja ebenso verpflichteten Betriebsführung nicht verlangt wurde.

Gleichzeitig mit den Vorwürfen gegen die Unternehmer und den Klagen über die mißbräuchliche Auslegung des Kriegsleistungsgesetzes erstattete die Metallarbeiterorganisation Vorschläge zur Schaffung eines Zustandes, „der den primitivsten Grundsätzen der Gerechtigkeit nahekommt und in dem die schweren Lasten, die die Arbeiter in unserer Zeit zu tragen haben, erträglich werden." Der Verband verlangte Geldstrafen gegen Unternehmer, die den wenigen Arbeiterschutzbestimmungen des Kriegsleistungsrechtes zuwiderhandelten. Die Akkordpreise sollten gemeinsam durch Unternehmer und Fabriksvertrauensleute festgesetzt werden. Weitere Forderungen waren wenigstens ein Ruhetag jede zweite Woche, Lohnfortzahlung bzw. die Möglichkeit des Arbeitsplatzwechsels bei Betriebsstockungen, Rechtsbelehrung der militärischen Stellen und der „den Betrieben zugeteilten Herren Offiziere" und deren Überwachung durch die vorgesetzten Behörden. Im Bezug auf das Strafsystem vertrat der Verband die Ansicht, daß „eine wohlwollendere Behandlung der Arbeiter, von denen exorbitante Leistungen verlangt werden, die bei den gegenwärtigen ungeheuren Lebensmittelpreisen einen fürchterlichen Kampf ums Dasein führen, ... sehr wünschenswert" sei. Der Staat selbst könne kein Interesse an der harten und ungerechten Behandlung der Arbeiter haben, weil dies nur Erbitterung erzeuge und die Produktion störe. „Sperrt man Arbeiter für Tage, Wochen, ja sogar für einen Monat ein, so entzieht man in der Zeit, in der ein furchtbarer Arbeitermangel herrscht, einen Arbeiter der für den Staat so sehr notwendigen Tätigkeit."

Kernstück der Eingabe aber war die Forderung nach Einrichtung von Gremien, in denen durch Verhandlung ein Ausgleich zwischen Arbeiter- und Unternehmerinteressen gefunden werden sollte. „Da bei dem Bestreben der Unternehmer, so wenig wie möglich

---

250 Vgl. KA, MfLV, Abt. XVII, Z. 6316/1915. Dem widerspricht die Einschätzung der Lage eines großen Unternehmens der Branche, nämlich der Wiener Automobilfabrik A.-G. vorm. Gräf & Stift A.-G.. Vgl. DB 28. 8. 1915, S. 272.

zu zahlen, und bei dem Bestreben der Arbeiter, so viel wie möglich für die Arbeit zu bekommen, Divergenzen leicht entstehen können, so wäre eine Instanz zu schaffen, die mit größter Objektivität vermittelnd eingreift und die definitive Entscheidung fällt."[251] Vorbild für eine solche Institution war ausdrücklich der „Kriegsausschuß für die Metallbetriebe Groß-Berlins", der im Zuge einer Auseinandersetzung zwischen Militärbehörden, Unternehmerorganisation und Metallarbeitergewerkschaft um die Eindämmung der starken Fluktuation der Rüstungsarbeiter im Februar 1915 entstanden war.[252] Die österreichische Metallarbeitergewerkschaft konnte sich nur auf die Tatsache berufen, daß im Deutschen Reich eine paritätische Kommission bestehend aus je drei Unternehmer- und Gewerkschaftsvertretern für den Wirkungsbereich der Kriegsindustrie bestand. Form und Funktion eines solchen Gremiums mußten in Österreich andere, den durch das Kriegsleistungsgesetz geschaffenen Verhältnissen entsprechende sein. Der Metallarbeiterverband selbst schlug die staatlich-militärische Errichtung des Gremiums vor, während in Berlin Unternehmer- und Arbeiterverband autonom den Kriegsausschuß gründeten. Die Unternehmerschaft in Österreich hatte keine Veranlassung, die Verständigung mit den Arbeiterorganisationen zu suchen. Die Notwendigkeit, die Verteidigung der Arbeiterinteressen einer staatlichen Institution anheimzustellen, fand auch deutlichen Ausdruck in der vorgeschlagenen Zusammensetzung des Gremiums. Während im Berliner Kriegsausschuß den Unternehmern der Vorsitz zugebilligt wurde und ein Vertreter der Feldzeugmeisterei bloß als Zeuge fungierte, verlangte die Metallarbeitergewerkschaft, die Leitung der Beratungen einem Vertreter des Kriegsministeriums anzuvertrauen. Damit war die Majorisierung einer der Interessengruppen möglich, und es lag nahe, daß die Heeresverwaltung als Interessentin an einem möglichst großen Output eher zugunsten der Unternehmer Partei beziehen würde.[253] Die Funktion eines österreichischen Pendants zum Berliner „Kriegsausschuß" konnte vor allem nicht in der Eindämmung der Fluktation durch die Überprüfung von Kündigungsbegehren unter Berücksichtigung von Lohnforderungen liegen. Die Forderung nach einer solchen Institution bezweckte vielmehr eine Kompensation für die Ausschaltung der Freizügigkeit und des Koalitionsrechtes auf der Grundlage der autoritären Regelung der Arbeitsverhältnisse durch das Kriegsleistungsgesetz.[254] Bezeichnenderweise schlug der Metallarbeiterverband selbst vor, die zu gründenden Gremien „Zentralbeschwerdestellen" zu nennen.[255]

Die Eingabe des Metallarbeiterverbandes forderte die staatliche Intervention zugunsten der Arbeiter; sie wandte sich nicht an die Unternehmer. Diese erfuhren nach Darstellung der Hauptstelle industrieller Arbeitgeber-Organisationen von der Existenz des Memorandums und seinem Inhalt erst durch die Publikation im Organ des Metallarbeiterverbandes und legte daraufhin Anfang April 1915 Protest ein.[256] Die Denkschrift

---

251 ÖMA 11/1915, S. 57, Ad I. Vgl. auch AVA, SdPst Karton 130, Nr. 2.
252 Vgl. Gerald D. Feldman, Armee, Industrie und Arbeiterschaft in Deutschland 1914 bis 1918 (Berlin/Bonn 1985) 77–79.
253 Vgl. KA, MfLV, Abt. XVII, Z. 6316/1915 (KM, Präs. Z. 4652/1915).
254 Vgl. KA, KM, Abt.7, Z. 26358/1915, Ausfertigung 1) An das Militärkommando Wien.
255 Vgl. ÖMA 11/1915, S. 57, Ad I.
256 Vgl. KA, KM, Abt.7, Z. 26358/1915, Hauptstelle an KM, 8. und 9. 4. 1915.

5.1. Die Entwicklung der kriegswirtschaftlichen Hochkonjunktur und ihre Grenzen 161

des Metallarbeiterverbandes gäbe die verschiedenen Vorfälle tendenziös wieder, die Vorwürfe gegen einzelne Unternehmer dürften nicht generalisiert werden.

Das Hauptaugenmerk der Hauptstelle galt den Vorschlägen der Gewerkschaft, die ein Mitspracherecht der kriegsleistungspflichtigen Arbeiter vorsahen. Die Zuziehung von Vertrauensleuten der Arbeiter bei der Akkordpreisklärung als Absicherung gegen eine versteckte Lohnreduktion wurde zum einen mit dem Argument abgewiesen, daß es die „Arbeitgeber ... niemals zulassen [werden], daß die Arbeiter auch in Friedenszeiten in ihren Verdienstmöglichkeiten gekürzt werden". Zum anderen wurde betont, daß die Löhne, soferne Kollektivverträge existierten, ohnehin mit den Gewerkschaften auszuhandeln waren. *„Für jene Betriebe, die keinen Vertrag haben, würde eine solche Vorschreibung [die Zuziehung von Vertrauensleuten bei Akkordpreisfestsetzungen, M.G.] einen direkt gesetzwidrigen Zwang auf Anerkennung der sozialdemokratischen Organisation und deren Vertrauensmänner bedeuten. Daß so etwas auch nicht in Kriegszeiten zulässig ist, ist klar. Es ist aber auch andererseits ebenso klar, daß der Metallarbeiterverband die Gelegenheit benützen will, um unter der Hand und im Bewußtsein, daß ein hohes k.u.k. Kriegsministerium das Kampfgebiet der Sozialdemokratie unmöglich so genau kennen kann, um sofort die Gegenabsichten der Sozialdemokratie zu erkennen, ein Präjudiz für die Zukunft und neues agitatorisches Gebiet für sich zu schaffen."*

Die Unternehmerorganisation ging in ihrer Argumentation mit keinem Wort auf die durch das Kriegsleistungsgesetz geschaffenen Verhältnisse ein. Sie unterstellte ein freies Spiel der Kräfte am Markt, indem sich die Arbeiterseite mit staatlicher Unterstützung Vorteile zu sichern suchte. Dies kam noch deutlicher im Fall der Beschwerdestellen zum Ausdruck. „Die Schaffung einer solchen Instanz für alle auftauchenden Fragen erscheint eben deshalb inopportun, weil es – wie gesagt – eine große Reihe von österreichischen Industriellen, namentlich Großindustriellen gibt, die es bislang vermieden haben, mit den Gewerkschaften irgendwelche Verträge zu schließen oder in Verhandlungen mit ihnen einzutreten. Hauptsächlich deshalb nicht, weil die Gewerkschaften nicht die geringste Gewähr für die Einhaltung der abgeschlossenen Vereinbarungen bieten und auch nicht bieten können. Die Verweisung von einzelnen auftauchenden Kontroversen vor die neu zu schaffende Beschwerdestelle kann daher nicht ver*allgemeinert werden. Jene Industriellen, die im Wege ihrer Arbeitgeber-Organisation mit der Gewerkschaft Verträge abgeschlossen haben, haben in ihren Verträgen durchwegs auch eine sogenannte Schiedsgerichtsklausel, so daß für die Beilegung von eventuellen Konflikten hinlänglich vorgesorgt scheint. Für alle jene Industriellen jedoch, die mit der Gewerkschaft nicht paktieren, soll auch derzeit keinerlei Zwangsmaßnahme geschaffen werden, die sie dem Judikate der von ihnen niemals anerkannten Gewerkschaft unterwerfen würde."*[257] Die Hauptstelle bekräftigte Ende Mai 1915 ihre Ablehnung damit, daß ihre Erfahrungen mit den Tarifverträgen, also mit der Anerkennung der Gewerkschaften „die denkbar entmutigendsten" seien.[258]

Interessanterweise suchte die Hauptstelle die Gründe für die neuartigen Pläne der Metallarbeitergewerkschaft, eine Art staatlicher Einigungsämter zu institutionalisieren, in

---

257 Ebd., (Hervorhebungen im Schreiben vom 8. 4. 1915).
258 Ebd., Hauptstelle an KM, 29. 5. 1915.

einer Verwischung der bisher streng durchgeführten Arbeitsteilung zwischen Gewerkschaften und sozialdemokratischer Partei.[259] Die Hauptstelle beschwerte sich also über die Unzuverlässigkeit der Gewerkschaften in ihren autonomen Funktionen, kämpfte aber noch deutlich heftiger gegen jede Einbindung der gewerkschaftlichen Arbeitervertretung in irgendwelche, mit staatlicher Autorität ausgerüstete Institutionen. „Wenn nun seitens der Sozialdemokratie eine vollständige Umwälzung aller jener Verhältnisse herbeizuführen getrachtet wird, die sich im Laufe der Jahre zwischen den Arbeitnehmer- und Arbeitgeber-Organisationen herausgebildet haben, so wird damit in erster Reihe bezweckt, durch Einbeziehung staatlicher Funktionäre in die Entscheidung von Differenzen zwischen Arbeitnehmern und Arbeitgebern einerseits die Aufrechterhaltung der Disposition und Autorität im Betriebe zu gefährden, andererseits auch jene große Reihe von industriellen Unternehmungen, die sich bisher des sozialdemokratischen Einflusses in ihren Betrieben erwehrt hat, unter ihr Diktat zu zwingen." Jeder Kontakt zwischen den Gewerkschaften und der staatlichen Verwaltung ging nach Meinung der Unternehmerorganisation zulasten der Arbeitgeberinteressen; sie zog einem solchen Zustand selbst autokratische Eingriffe der Heeresverwaltung als Garantie der Arbeiterrechte vor.[260]

Das Kriegsministerium ging hingegen auf die Beschwerden und Vorschläge des Metallarbeiterverbandes ein, obwohl es gleichzeitig weiter versuchte, den Schwierigkeiten mit den Arbeitern mit Repression beizukommen: um „Unbotmäßigkeiten, Frechheiten, Auflehnung gegen die Betriebsleiter und Meister, passive Resistenz, mutwillige Beschädigung von Arbeitsmaschinen, eigenmächtiges Verlassen der Arbeitsstätten etc." abzustellen, wurden scharfe gerichtliche Verfolgung der Täter, Lohnentzug und Einrückendmachung der Rädelsführer angeordnet.[261] Im Gegensatz dazu ließ das Kriegsministerium den Wahrheitsgehalt der vom Metallarbeiterverband erhobenen Klagen durch die militärischen Leiter genau überprüfen.[262] Den weiteren Reaktionen des Ressorts nach zu schließen, bestätigten deren Berichte die Berechtigung der Beschwerden. Auch die Verbesserungsvorschläge des Metallarbeiterverbandes wurden in einer Konferenz der militärischen Ministerien unter Zuziehung des Zentralgewerbeinspektors Ende März diskutiert und weitgehend akzeptiert.

Es bestand zunächst die Absicht, Strafsanktionen gegen eine ungesetzliche Ausnützung der Zwangslage der Arbeiter durch die Unternehmer und auch die Regelung der Ruhetage in das 1912 in Aussicht gestellte Übereinkommen zwischen Heeresverwaltung und Unternehmern einzubauen, dessen Entwicklung damit in eine neue Phase trat.[263] Das Kriegsministerium hatte bereits sporadisch die Kriegsleistungsunternehmen ausdrücklich

---

259 Vgl. ebd. Anlaß des Schreibens vom 29. 5. 1915 war die Vorsprache einiger Mitglieder des Klubs der DSAPÖ im KM am 20. 5. 1915, die die Anregung, Beschwerdestellen zu errichten, unterstützten. Die Hauptstelle sah in den „nunmehr fast zur Regel geworden[en] Interventionen *sozialdemokratischer Politiker* eine prinzipielle und materielle Gefahr". Ebd. (Hervorhebung im Schreiben).
260 Ebd. Im Schreiben vom 29. 5. 1915 wird das Kriegsleistungsgesetz erstmals erwähnt.
261 KA, KM, Abt.7, Z. 16330/1915. Der Erlaß war die Antwort auf eine Frage des Militärkommandos Graz, ob die Strafe des sechsstündigen Schließens in Spangen gegen Kriegsleister anwendbar sei (was das KM verneinte).
262 Vgl. KA, MfLV, Abt. XVII, Z. 6316/1915 (KM, Präs. Z. 4652/1915).
263 Vgl. ebd.

5.1. Die Entwicklung der kriegswirtschaftlichen Hochkonjunktur und ihre Grenzen

auf die Verpflichtung hingewiesen, gewisse Arbeitsbedingungen einzuhalten. So wurde z. B. einer Wiener Firma aufgetragen, die Arbeiter wie vor der Anwendung des Kriegsleistungsgesetzes zu entlohnen und ihnen Mehrleistungen oder Überstunden besonders zu entlohnen, was ohnehin geltendes Recht war. Außerdem wurde angeordnet, daß die dem Betrieb vom Kriegsministerium zugewiesenen Arbeiter wie die vertraglich verpflichteten Arbeiter zu entlohnen waren. Die Durchführung dieser Auflagen sollte durch die militärischen Leiter kontrolliert werden.[264]

Ein umfassendes Übereinkommen ließ jedoch auf sich warten. Obwohl in den Beratungen über die Denkschrift des Metallarbeiterverbandes das Landesverteidigungsministerium beauftragt wurde, ein „Paradigma" für das Übereinkommen zu erstellen, wurde im Kriegsministerium weiter an einem „Musterformular" gearbeitet, ohne daß sich allerdings konkrete Ergebnisse abzeichneten.[265] Das Tauziehen zwischen dem Verteidigungsministerium, das die Vorlage des Übereinkommens als „vom Standpunkte des Arbeiterschutzes dringend erwünscht" immer wieder urgierte, und dem Kriegsministerium dauerte über ein Jahr.[266] Erst im April 1916 wurde ein Entwurf der Grundsätze des Arbeiterschutzes in den Kriegsleistungsbetrieben vorgelegt. Neu hinzugekommen war nur die Bestimmung, daß „die Arbeiter ... auch dann normal weiter zu entlohnen [sind], wenn sie unverschuldet zum Aussetzen der Arbeit genötigt waren."[267] Diese Forderung der Metallarbeitergewerkschaft hatte bei den Beratungen 1915 die Unterstützung insbesondere des Zentralgewerbeinspektors gefunden. Die Grundsätze hatten jedoch keine Wirkung, da das Kriegsministerium im Mai 1916 den Entwurf des vollständigen Übereinkommens zur Begutachtung unterbreitete, in dem sowohl Bestimmungen über den Arbeiterschutz als auch über das Verhältnis zwischen Heeresverwaltung und Kriegsleistungsbetrieben enthalten waren.[268]

Betreffend die Entlohnung der Arbeiter wurden die Regelungen der Grundsätze, d. h. der gesetzlichen Bestimmungen beibehalten: vom Kriegsministerium zugewiesene Arbeiter waren wie freie Arbeiter zu entlohnen. Im Falle von Betriebsstockungen bestimmte der Übereinkommensentwurf, daß Löhne und allfällige Teuerungszulagen weiter auszu-

---

264 Vgl. KA, MfLV, Abt. XVII, Z. 5530/1915 (KM, Abt. 3, Z. 5806/1915).
265 Vgl. KA, MfLV, Abt. XVII, Z. 6316/1915 und Dep. XVIIa, Z. 22686/1915 (KM, Abt. 8, Z. 2873/1915).
266 KA, MfLV, Abt. XVII, Z. 13566/1915, Dep. XVIIa, Z. 747/1916 (KM, Abt. 8, Z,11282/1915); Dep. XVIIa, Z. 4251/1916 und Dep. XVII, Z. 11544/1916. Vgl. auch Dep. XVIIb, Z. 26161/1915. Im MfLV kommentierte ein Beamter die wiederholten Versprechungen des KM, ein Übereinkommen vorzulegen, Ende 1915 prophetisch mit der Bemerkung „nach dem Krieg".
267 KA, MfLV, Abt. XVIIb, Z. 11684/1916 (KM, Abt. 8/HB, Z. 15617/1916).
268 Vgl. KA, MfLV, Abt. XVIIa, Z. 1103/1916 (KM, Abt. 7, Z. 9848/S/1916). Zum Verhältnis zwischen Heeresverwaltung und Industrie bestimmte der Entwurf in den Punkten: 1) Kriegsleistungsbetriebe durften andere Aufträge als für das Militär nur mit Zustimmung des militärischen Leiters über schriftliche Ansuchen ausführen. 7) Wenn Aufträge nicht termingerecht erledigt wurden, waren sie an andere Betriebe abzutreten oder der Betrieb wurde erweitert. 8) Die Militärverwaltung konnte die Qualität der Produktion überwachen. 9) Deren Kontrollorgane hatten Zutritt zu Betriebs- und Lagerräumen. 11) Die Produkte waren prinzipiell zu dem Preis abzugeben, der im Jahr vor der Verpflichtung zu Kriegsleistungen durchschnittlich erzielt wurde. Außerordentliche Änderungen der Gestehungskosten durch Rohstoffpreise, Veränderung des Betriebes im Interesse der Militärverwaltung etc. durften jedoch eingerechnet werden.

zahlen waren. Wenn die Bezüge allerdings 10 K pro Tag überstiegen, so mußten sie in voller Höhe nur an Facharbeiter, die in ihrem Metier beschäftigt waren, bezahlt werden.

Mit der Regelung, daß die militärischen Leiter ermächtigt werden sollten, Entlassungen oder Kündigungen durch Zustimmung zu ermöglichen, wurden theoretisch die Prinzipien des Kriegsleistungsgesetzes durchbrochen. Da aber die Kompetenz zur Auflösung der Arbeitsverhältnisse militärischen Stellen vorbehalten war, hätte diese Bestimmung, wäre sie jemals in Kraft getreten, praktisch kaum etwas an der ersatzlosen Abschaffung der Freizügigkeit geändert. Die militärischen Leiter sollten dem Entwurf zufolge auch die Befugnis erhalten, die Arbeitszeit bis zu dem in der Gewerbeordnung festgelegten Höchstmaß von elf Stunden pro Tag auszudehnen. Damit wären die de iure in Kraft befindlichen, diesbezüglichen Bestimmungen der Arbeits- oder Kollektivverträge endgültig verdrängt worden, nachdem sie in der Realität bereits jede Bedeutung verloren hatten. Die Betrauung des militärischen Leiters allein mit wichtigen Kompetenzen deutete auf eine nachdrücklichere Betonung militärischer Interessen gegenüber den Unternehmern.

Dann waren auch Maßnahmen zum Schutz der Arbeiter vor Schädigungen, die aus den produktionstechnischen Entwicklungen in der Kriegsindustrie resultierten, geplant. Die Heeresverwaltung wollte den Unternehmern vorschreiben, qualifizierte Arbeiter regelmäßig in deren Fach einzustellen und ihnen nur im Notfall für kurze Zeit, aber unter Beibehaltung des Facharbeiterlohns, eine andere Beschäftigung zuzuweisen. Außerdem wurde versucht, den Akkordpreisreduktionen, die von den Unternehmern mit den Veränderungen der technischen Bedingungen begründet wurden und gegen die die Arbeiter keine Handhabe besaßen, einzuschreiten. „Falls die Arbeitsart durch neue Verfahren, Einführung neuer Maschinen oder Hilfsmittel u. dgl. geändert wird und der Arbeitgeber zu solchen Veränderungen bedingungslos befugt ist, hat eine Neubestimmung des Akkordlohnes zu erfolgen, wobei eine Verschlechterung der Erwerbsmöglichkeit des Arbeiters keinesfalls eintreten darf." Im Gegensatz zum Gewerkschaftsvorschlag, die Akkordpreiskalkulation der Kontrolle durch die Fabriksvertrauensleute zu unterwerfen, verhinderte der Übereinkommensentwurf, wie es die Hauptstelle gewünscht hatte, eine Einflußnahme der Arbeiter auf die Lohnfestsetzung für die Arbeit mit neuen Maschinen, neuen Methoden. Das Verbot lediglich der Schlechterstellung der Arbeiter ließ den Unternehmern den gesamten Ertragszuwachs aus der Erhöhung der Produktivität.

Schließlich wurde wohl aus militärischen und staatsfinanziellen Beweggründen beabsichtigt, den Kriegsleistungsbetrieben die bevorzugte Anstellung gewisser Personen, wie etwa der Frauen von Eingerückten oder Invalider vorzuschreiben.

Die Arbeiterschutzbestimmungen des ersten Entwurfes des Übereinkommens kompensierten insgesamt keineswegs die Schwächung der Arbeiterposition durch das Kriegsleistungsgesetz. Die Betonung und Absicherung der Befugnisse der militärischen Leiter konnte allenfalls eine produktionsstörende Ausnützung der Schwäche der Arbeiter durch die Unternehmer hintanhalten. Der Übereinkommensentwurf entsprach der Präferenz der Unternehmerschaft für hoheitliche Eingriffe in die Arbeitsverhältnisse und ging nicht in die Richtung eines institutionalisierten Ausgleichs von Arbeiter- und Unternehmerinteressen. Seine Realisierung ließ jedoch weiter auf sich warten. Das Landesverteidigungsministerium gab sein Gutachten dazu nach Anhörung der anderen interessierten Ressorts

5.1. Die Entwicklung der kriegswirtschaftlichen Hochkonjunktur und ihre Grenzen

erst im Jänner 1917 ab,[269] als die kriegsindustriellen Verhältnisse schließlich dezidiert andere Lösungen erforderten.

Während es also nicht gelang, die Arbeiterprobleme, so wie es unter dem Druck des Parlamentes 1912 geplant worden war, im Wege von Übereinkommen zwischen der Heeresverwaltung und den Industriellen zu lösen, hatte die Anregung der Metallarbeiter-Denkschrift, Beschwerdestellen zu schaffen, mehr Erfolg. Das Kriegsministerium verfolgte in dieser Angelegenheit zunächst eine ganz andere Linie als im Fall des Übereinkommens. Es akzeptierte den Vorschlag der Gewerkschaft ohne weiteres und ging auf die Einwendungen der Unternehmerschaft nicht ein. Es gab sogar Bedenken dagegen, den Vorsitz in diesen Gremien einem Vertreter der Heeresverwaltung zu übertragen, doch blieb es schließlich dabei, da ja der Metallarbeiterverband selbst dies wünschte. Hingegen verweigerte das Kriegsministerium die Zustimmung zum Vorschlag der Metallarbeitergewerkschaft, zwecks Entlastung der Beschwerdestellen kleinere Streitigkeiten der Entscheidung durch die militärischen Leiter zu überlassen.[270] Am 20. Juni 1915 ließ das Kriegsministerium dem Metallarbeiterverband eine ausführliche Beantwortung der Eingabe zukommen, in der die „Behebung von Mißständen" versprochen wurde, wie es in der Verhandlung der Denkschrift im Wege der abzuschließenden Übereinkommen vorgesehen worden war. Das Übereinkommen selbst wurde allerdings nicht erwähnt; die Unternehmer sollten von den Neuregelungen „verständigt" werden. Gleichzeitig sagte das Kriegsministerium die Schaffung von Beschwerdestellen zu, lehnte aber die von der Metallarbeiterorganisation angestrebte Vertretung der Streitparteien „grundsätzlich" ab. Die „Beschwerdestellen" sollten „in allen *Landeshauptstädten* sowie den *größeren Industrieorten*" errichtet werden und „a) aus einem Vertreter der Heeresverwaltung; b) drei Vertretern der Arbeitgeberorganisationen; c) drei Vertretern des betreffenden Arbeiterverbandes" zusammengesetzt werden. „Alle zwischen Arbeitgeber und Arbeitnehmer auftauchenden Differenzen, welche nicht durch gütliche Einigung innerhalb der beiden Parteien ausgetragen werden können, *würden bei diesen Zentralstellen zur Austragung gelangen.*" Den Beschwerden, die nur durch die Betroffenen selbst vorgebracht werden konnten, kam keine aufschiebende Wirkung zu. Die Arbeiterorganisationen sollten neben der Mitwirkung in den Gremien selbst noch das Recht erhalten, im Namen der beteiligten Arbeiter um die Intervention der Beschwerdestelle anzusuchen. Mit der Aufforderung an den Metallarbeiterverband, seine Vertreter für die Beschwerdestellen zu nominieren, wurden auch erste organisatorische Vorbereitungen getroffen.[271]

Die Unternehmerseite wurde von diesen Entscheidungen zumindest im formellen Wege nicht verständigt. Am 6. Juli beschwerte sich die Hauptstelle darüber, daß ihre Eingaben im Kriegsministerium offensichtlich nicht zur Kenntnis genommen würden, und betonte nun ihr Vorrecht, zu Fragen der Arbeitsverhältnisse gehört zu werden. Während in den Mitgliedsfirmen der Hauptstelle ungefähr 800.000 Arbeiter „organisiert

---

269 Vgl. ebd. (HM, Z. 18649/1916; MföA, Z. 77949/XVb/1916).
270 Vgl. KA, KM, Abt.7, Z. 15868/1915.
271 Vgl. ebd. und ÖMA 25/1915, S. 145–146 (Hervorhebungen im ÖMA). Der Erlaß erging mit Zustimmung des HM und des MföA. Vgl. AVA, HM, Z. 6363 KP/1915 und MföA, Z. 30836/IV/1915.

sind(!M.G.), ... hat die sozialdemokratische Organisation noch nie mehr wie (sic!) 420.000 Mitglieder gehabt."[272]

Der Vorstand des Metallarbeiterverbandes reagierte am 28. Juni 1915 auf die Aufforderung, seine Vertreter zu nominieren, und vollzog dabei von sich aus eine eigenartige Einschränkung der Zugeständnisse des Kriegsministeriums. „Nach Inhalt des Erlasses des hohen k.u.k. Kriegsministeriums wären die in Rede stehenden Beschwerdestellen nicht nur in allen Landeshauptstädten, sondern auch in den größeren Industrieorten zu errichten. Wir erlauben uns nunmehr in Vorschlag zu bringen, daß für Niederösterreich vorläufig nur eine Beschwerdestelle und zwar in Wien errichtet werde. Bei diesem Vorschlag lassen wir uns von der Erwägung leiten, daß erst Erfahrungen gesammelt werden müssen, bis man daran geht, viele Beschwerdestellen zu errichten."[273]

Gleichzeitig nominierte der Vorstand des Metallarbeiterverbandes Franz Domes, Hans Drechsler und Josef Wiedenhofer als Mitglieder und die Ersatzleute Schlesinger, Schnofl und Hofmann für Wien. Die Organisation sah sich jedoch außerstande, selbst auch die Besetzung der Beschwerdestellen in den Provinzhauptstädten vorzunehmen. „Handelt es sich uns (sic!) doch darum, ausschließlich geeignete, gewissenhafte Vertreter namhaft zu machen, die die Fähigkeit besitzen, die ihnen zuzuweisenden Aufgaben unbefangen und unparteiisch zu lösen."[274] Um solche Leute zu finden, wurde für den 4. Juli 1915 eine Reichskonferenz nach Wien einberufen, bei der die Obmänner und Sekretäre der Bezirksleitungen teilnahmeberechtigt waren.[275] Am 12. Juli konnten dann die weiteren Besetzungsvorschläge dem Kriegsministerium vorgelegt werden. Sie betrafen die Landeshauptstädte Linz, Graz, Innsbruck, Prag, Brünn und Klagenfurt. Darüber hinaus wurden anders als in Niederösterreich auch Vertreter für Beschwerdestellen in den wichtigsten Industriezentren nominiert, und zwar für Pilsen, Reichenberg, Teplitz, Mährisch-Ostrau, Bielitz und Krakau.[276]

Nach der Vorlage dieser Beisitzerlisten trat in der Angelegenheit der Beschwerdestellen ein mehrmonatiger Stillstand ein. Der Grund hiefür ist nicht klar ersichtlich, doch scheint es erst nach der prinzipiellen Zusage, Beschwerdestellen zu errichten, zu einer genaueren Abwägung der Konsequenzen gekommen zu sein. Eine beschleunigte Erledigung der Sache ließ sich jedenfalls auch durch häufige Interventionen sozialdemokratischer Politiker und Gewerkschafter nicht erreichen.[277] Die Heeresverwaltung gab als

---

272 KA; KM, Abt.7, Z. 26358/1915, Hauptstelle an KM 6. 7. 1915.
273 Ebd., Vorstand des Metallarbeiterverbandes an KM 28. 6. 1915. Vgl. auch AVA, SdPst Karton 130, (ohne Nummer).
274 Vgl. ebd.
275 Vgl. ÖMA 28/1915, S. 157–158.
276 Vgl. KA, KM, Abt.7, Z. 26358/1915, Vorstand des Metallarbeiterverbandes an KM 12. 7. 1915. Vgl. auch AVA, SdPst Karton 130, (ohne Nummer).
277 Vgl. KA, KM, Abt.7, Z. 26358/1915, Metallarbeiterverband an KMr, ohne Datum. Vgl. auch AVA, SdPst Karton 130, Nr. 18 (16. 9. 1915). Rrabg. Domes intervenierte am 21. 7., 12. 8., 25. 8., 7. 9. und am 9. 9. 1915, gemeinsam mit Seitz und Glöckel am 5. 8. 1915. Auch eine Beschwerde der GK vom August 1915 gegen den „Strafenerlaß", KM, Abt.7, Z. 16330/1915, drängte auf die Errichtung der Beschwerdestelle. Vgl. KA, KM, Abt.7, Z. 33121/1915.

Grund die Überlastung der Beamten oder auch die Abwesenheit des zuständigen Referenten an.[278]

Erst Ende Oktober realisierte das Kriegsministerium seine Zusage, allerdings in einer Art, die sich wieder der Linie einer autoritär-militärischen Regelung annäherte. Am 31. Oktober 1915 wurde das Militärkommando Wien angewiesen, eine Beschwerdestelle „vorläufig versuchsweise bis auf Widerruf und nur für den Bereich von Niederösterreich geltend" zu errichten.[279] Die Beschwerdestelle wurde nicht, wie der Metallarbeiterverband angenommen hatte,[280] durch Verordnung sondern verwaltungsintern, was einen Rückzug jederzeit offenhielt, installiert. Außerdem hatte sich das Kriegsministerium die Argumentation der Metallarbeitergewerkschaft, daß erst Erfahrungen gesammelt werden müßten, ehe man an die Errichtung vieler Stellen ginge, zueigen gemacht[281] und daraufhin den ursprünglichen Plan auf insgesamt nur eine einzige Beschwerdestelle zusammengestrichen. Für die Kronländer außer Niederösterreich rückte damit eine Änderung der Arbeitsverhältnisse unter dem Kriegsleistungsgesetz in weite Ferne.

Die Gründe, das Experiment wenigstens in Wien durchzuführen, waren „Unzukömmlichkeiten..., welche schließlich immer nur zum Nachteil einer gedeihlichen Arbeitstätigkeit führten." Nach Meinung des Kriegsministeriums „hat[te] sich einerseits eine gewisse Gereiztheit der Arbeitnehmer den Arbeitgebern gegenüber bemerkbar gemacht, andererseits [wäre] aber auch der Gedanke nicht von der Hand zu weisen, daß ein Teil der Arbeitgeber im Bewußtsein des durch die ... Verpflichtung [zum Verbleiben im Betrieb, M.G.] gegebenen Übergewichtes und des militärischen Schutzes sich zu Maßnahmen verleiten läßt, welche im Gegensatze zu berechtigten Wünschen und Forderungen der Arbeitnehmer stehen." Die Installierung einer paritätischen Beschwerdestelle bot sich als Instrument der Befriedung in mehrerer Hinsicht an. Diese erlaubte durch ihre Zusammensetzung eine unbürokratische und vor allem effektivere Behandlung der Probleme als im Wege über die ordentlichen Gerichte.[282]

Ende Oktober mußte sich das Kriegsministerium schließlich doch mit dem Widerstand aus dem Unternehmerlager auseinandersetzen. Es betonte den Ausnahmecharakter der herrschenden Arbeitsverhältnisse, der durch die Kollektivverträge nicht erfaßt sei. „Durch die Verpflichtung eines industriellen Unternehmens zur Weiterführung des Betriebes für Zwecke der Heeresverwaltung werden den Unternehmungen einerseits weitgehende Zugeständnisse und Sicherheiten eingeräumt; Beweis hiefür sind die zahllosen Ansuchen seitens der Privatindustrie – auch der kleinsten und wenigst leistungsfähigen Firmen – um Zuerkennung dieses Schutzes. – Andererseits werden die Arbeitnehmer in ihrer Freizügigkeit gehindert und sind sie verpflichtet in ihrem Dienst- und Arbeitsverhältnisse zu bleiben. – Es liegt nun auf der Hand, daß durch die Zugeständnisse auf der einen, und Einschränkungen auf der anderen Seite sich häufig Streitfälle

---

278 Vgl. AVA, SdPSt Karton 130, Nr. 18. Der Akt kam jedenfalls erst am 19. 10. 1915 ins HM. Vgl. AVA, HM, Z. 17739/1915.
279 KA, KM, Abt.7, Z. 26358/1915, 1) An das Militärkommando Wien.
280 Vgl. ebd., Metallarbeiterverband an KMr (16. 9. 1915). Der Verband wollte, daß der Erlaß KM, Abt.7, Z. 15868/1915 in eine Ministerialverordnung umgewandelt werde.
281 Vgl. ebd., 5) An das k. k. MfLV.
282 Ebd., 1) An das Militärkommando Wien.

ergeben werden, welche mit den Abmachungen und Verträgen die seinerzeit zwischen Arbeitgebern und Arbeitnehmern geschlossen wurden, nichts zu tun haben, welche aber dem Hauptzweck der Inanspruchnahme des Unternehmens, nämlich die Produktionsfähigkeit des Werkes im Heeresinteresse unter allen Umständen aufrecht zu erhalten und wenn möglich zu erhöhen, hinderlich im Wege stehen. Es ist daher die Pflicht der Heeresverwaltung diese Hindernisse möglichst rasch und zwar auf gütlichem Wege und ohne Anrufung der zuständigen Gerichtsbehörden zu beseitigen, was durch die Beschwerdestellen möglich sein wird."[283]

Dem Metallarbeiterverband wurde nur kurz die endgültige Erledigung seiner Eingabe und – ohne Begründung – mitgeteilt, daß er eines seiner Vertretungsmandate an die Zentralkommission christlicher Gewerkschaften abzutreten habe.[284] Diese hatte unter Hinweis auf mehr als 2900 kriegsleistungspflichtige Mitglieder erfolgreich um eine Beteiligung angesucht.[285]

Die Beschwerdestelle für die Kriegsleistungsbetriebe Niederösterreichs mit Sitz in Wien bestand aus dem vom Militärkommando Wien zum Vorsitzenden bestellten Obersten Cäsar von Chizzola, aus drei von der Hauptstelle delegierten Unternehmern, zwei Vertretern des Österreichischen Metallarbeiterverbandes und einem der Zentralkommission christlicher Gewerkschaften. Konkret war dies für die Unternehmer der Präsident des Wiener Industriellen-Verbandes, Ludwig Urban jun., der Präsident des Bundes österreichischer Industrieller, Heinrich Vetter, und der erste Sekretär der Hauptstelle, Dr. Max Kaiser; für den freien Metallarbeiterverband Domes und Drechsler, schließlich für die Zentralkommission christlicher Gewerkschaften der Metallarbeiterfunktionär Hans Waldsam.[286]

In der Unternehmerkurie saßen mit Urban und Vetter die Vertreter zweier Mitgliedsverbände der Hauptstelle, die schon seit Jahren mit der Gewerkschaft paktierten, während Dr. Max Kaiser als Verfasser der Schreiben an das Kriegsministerium in Angelegenheit der Beschwerdestellen als Gegner der Zusammenarbeit zwischen Gewerkschaften und Unternehmerverbänden angesehen werden mußte. Die Gewerkschaftsvertreter waren durchwegs Metallarbeiter, obwohl auf christlicher Seite der gewerkschaftlichen Dachorganisation das Recht der Delegierung zustand. Von den beteiligten Unternehmerverbänden waren Hauptstelle und Bund allgemeine Organisationen; lediglich der Wiener Industriellen-Verband stellte eine Vereinigung Metallindustrieller dar.[287] Obwohl der Wirkungskreis der Beschwerdestelle auf Niederösterreich beschränkt war, wurden auf Unternehmer- und auf Arbeiterseite Funktionäre sowohl der lokalen als auch der zentralen Organisationsebene nominiert, wodurch die Beschwerdestelle in gewissem Maße überregionale Bedeutung erlangte.

Nach den Vorstellungen des Kriegsministeriums sollten Klagen der Beschwerdestelle schriftlich vorgelegt und zunächst durch den militärischen Vorsitzenden geprüft werden,

---

283 Ebd., 2) An die Hauptstelle industrieller Arbeitgeber-Organisationen.
284 Vgl. ebd., 3) An den Österreichischen Metallarbeiterverband.
285 Vgl. ebd., 4) An die Zentralkommission christlicher Gewerkschaften. Vgl. auch ebd., Zentralkommission christlicher Gewerkschaften an KM, ohne Datum.
286 Vgl. ÖMA 52/1915, S. 274. Vgl. auch KA, KM, Abt.7, Z. 48428 und Z. 53065/1915.
287 Vgl. 30 Jahre Wiener Industriellen-Verband, S. 6.

der auch die Gegenpartei anzuhören hatte. Die Akten waren dann den Beisitzern zugänglich zu machen. Verhandlungen sollten etwa zweimal pro Woche stattfinden. Der Vorsitzende wurde angewiesen, besonderes Augenmerk unorganisierten Beschwerdeführern zu schenken. „Durch die Heranziehung von Vertretern der Arbeitnehmer Organisationen in die Beschwerdestellen werden von diesen die Interessen der organisierten Arbeiter in erster Linie und am intensivsten gewahrt werden, während zu vermuten ist, daß diese Wahrung der Interessen nichtorganisierter Arbeiter weniger intensiv stattfinden wird."[288]

Die endgültige Fassung der Geschäftsordnung wurde jedoch der Beschwerdestelle selbst überlassen.[289] In der konstituierenden Sitzung am 14. Dezember 1915 in den künftigen Amtsräumen in der Rossauer Kaserne legten die Mitglieder der Beschwerdestelle die „Prinzipien der Geschäftsführung" fest.[290] Zur Behandlung kamen danach nur Angelegenheiten, die aus der Anwendung des Kriegsleistungsgesetzes resultierten.[291] Ein Stimmrecht der Unternehmer- und Arbeitervertreter wurde militärischerseits abgelehnt; diese fungierten als Berater. Auf Vorschlag des Industriellen Urban bildete sich ein Permanenzkomitee zur Entlastung der Beschwerdestelle, dem für die Unternehmer der Generalsekretär des Wiener Industriellenverbandes, Dr. Richard Soudek, für die Arbeiter der Wiener Metallarbeitersekretär Hans Drechsler und Oberst von Chizzola angehörten.[292]

Die Aufgaben der Beschwerdestelle sollten nach der Geschäftsordnung Vermittlungsversuche zwischen den Streitparteien sein, dann die Erstellung von Gutachten an das Kriegsministerium und schließlich gegebenenfalls die Entscheidung durch den Vorsitzenden in Angelegenheiten, in denen eindeutige gesetzliche Regelungen existierten. Zur Durchsetzung solcher Beschlüsse ersuchte die Beschwerdestelle um die Kompetenz, selbst oder über die militärischen Leiter Strafen verhängen zu dürfen. Dagegen legte allerdings das Kriegsministerium sein Veto ein. „Wer über einander widerstreitende Ansprüche zu entscheiden hat, ist durch Gesetz geregelt, insbesondere durch die § 31 und 32 des KLG[293] und allgemein durch die grundlegenden Gesetze über die Befugnisse und Aufgaben der Gerichte und Verwaltungsbehörden. Es geht daher nicht an dass eine ohne gesetzliche Grundlage sich bildende Beschwerdestelle die Entscheidung von Streitfällen für sich in Anspruch nimmt."[294] Die Verleihung von Sanktionsmacht an die Beschwerdestelle schien aus denselben Gründen nicht möglich.

Nach den Vorstellungen der Heeresverwaltung war die Beschwerdestelle eine rein militärische Instanz, in der die Vertreter von Unternehmer- und Arbeiterschaft bloß die Möglichkeit hatten, ihre Argumente vorzubringen. Der militärische Vorsitzende

---

288 Vgl. KA, KM, Abt.7, Z. 26358/1915, 1) An das Militärkommando Wien.
289 Vgl. ebd.
290 Vgl. KA, KM, Abt.7, Z. 56917/1915 (Akt der Beschwerdestelle für die dem k. u. k. Militärkommando in Wien unterstellten Firmen in N.-Ö., Exh. Nr. 12/1915 an das KM, Abt.7, ad Z. 26358/1915).
291 Vgl. dagegen DG 19/1916, S. 114.
292 Vgl. KA, KM, Z. 56917/1915, Protokoll vom 14. 12. 1915.
293 Die zitierten Gesetzesstellen waren auf die in Kriegsleistungsbetrieben beschäftigten Arbeiter kaum anwendbar.
294 KA, KM, Abt.7, Z. 56917/1915.

des Gremiums war in keiner Weise gebunden, ob nun ein Konsens zwischen den beiden Parteien erzielt werden konnte oder nicht. Die Aberkennung der Entscheidungsfähigkeit, welche selbst das Militärkommando Wien befürwortet hatte, durch das Kriegsministerium verstärkte noch den Charakter der Beschwerdestelle als eines bloßen Artikulationsforums für die ihrer traditionellen Durchsetzungsformen beraubte Arbeiterschaft.

Mit dem Wirksamwerden des Verbotes, Entscheidungen zu fällen, traten auch Zweifel am Erfolg des Experimentes auf.[295] Bis dahin waren die Erfahrungen mit der Tätigkeit der Beschwerdestelle als gut eingeschätzt worden. „Die Vertreter der beiden Interessengruppen, bzw. die Streitparteien unterwerfen sich fast stets willig dem Beschlusse und es bewirken *prinzipielle* Beschlüsse zu Gunsten der Arbeiter, daß die Arbeitgeber weniger Anlaß zu solchen Einzelbeschwerden geben."[296] Die Beschwerdestelle war in ihrer Arbeit zu dem Schluß gekommen, daß viele Klagen der Arbeiter berechtigt waren; so mußte sie feststellen, daß die Freistellung von Arbeitern für den Militärdienst tatsächlich häufig nicht auf Unterbeschäftigung zurückzuführen war, sondern darauf, daß sie der Unternehmensleitung mißliebig waren.

Insgesamt erhielt die Wiener Beschwerdestelle in den ersten drei Monaten des Jahres 1916 95 Anträge, wovon sie 52 abwies und neun von den Beschwerdeführern zurückgezogen wurden. In 26 Fällen gab sie den Klagen recht und in acht Fällen kam es im Laufe der Verhandlungen zu einem Ausgleich. Die Klagen betrafen meist zu niedrige Löhne, dann aber auch Beschimpfung und Mißhandlung besonders von jugendlichen Arbeitern und die zwangsweise Zuweisung von Tätigkeiten, die Lohneinbußen mit sich brachten. Mit dem Verlust des Entscheidungsrechts verringerte sich auch die Einigungsbereitschaft, und es mußten wieder die Gerichte zur Entscheidung angerufen werden, was für viele Arbeiter nur sehr schwer oder auch gar nicht möglich war.[297]

In zwei sehr bedeutenden Fragen allerdings hatte die militärverwaltungsinterne Konstruktion der Beschwerdestelle von Anfang an zu Schwierigkeiten geführt. Einmal war das Verhältnis der militärischen Leiter, die ja großen Einfluß auf die Bewegungsmöglichkeiten der Arbeiter hatten, zur Beschwerdestelle ungeklärt; die Beschwerdestelle war auf die freiwillige Kooperationsbereitschaft der militärischen Leiter in den einzelnen Unternehmen angewiesen. Zum anderen hatte die Beschwerdestelle nicht die Möglichkeit wie ihr Berliner Vorbild, sich mit der Angemessenheit von Löhnen und Lohnwünschen zu befassen. Auch solange die Beschwerdestelle eine Entscheidungskompetenz für sich beanspruchte, konnte sie Anträge auf höhere Löhne nicht behandeln, da ja die Unternehmer keine Vorschriften verletzten, solange sie die Löhne der Kriegsleister nicht einseitig herabsetzten. Der wichtigste Konfliktstoff, die Entwertung der Reallöhne durch die Teuerung blieb außerhalb des Einflußbereiches der Beschwerdestelle.

---

295 Vgl. AVA, SdPst Karton 130, ohne Nummer: Zur rechtlichen Stellung der Arbeiter im Kriege (verfaßt Ende Oktober 1916).
296 Vgl. KA, KM, Abt.7, Z. 21715/1916, Bericht der Beschwerdestelle, ad Exh. Nr. 188/1916 an das KM, 22. 5. 1916 (Hervorhebung im Original).
297 Vgl. ebd.

Diese Situation war unbefriedigend, und die Beschwerdestelle selbst bemühte sich um mehr Einfluß. Neben der Forderung, wenigstens bei klarer Gesetzeslage Entscheidungen treffen zu können, machte sie auch den Vorschlag, eine Koordinationsinstanz der verschiedenen im Kriegsleistungswesen tätigen Behörden zu schaffen.[298] Der Metallarbeiterverband beklagte sich im September 1916 darüber, daß die Beschlüsse der Beschwerdestelle „fromme Wünsche" seien, da sich die Unternehmer nicht daran hielten. Diese Machtlosigkeit sollte seiner Meinung nach durch die Ausstattung mit Entscheidungskompetenz, Strafgewalt und dem Recht, die Löhne zu regeln, beseitigt werden.[299]

Nach der Einsetzung der Wiener Beschwerdestelle im Dezember 1915 und deren erfreulichen Ergebnissen hatte der Metallarbeiterverband schon im Jänner und im März 1916 solche Institutionen für Graz und Linz gefordert.[300] Das Kriegsministerium plante etwa ab Mai 1916 tatsächlich die Installierung von Beschwerdestellen allerdings in der Wiener Form in Graz für Steiermark und Kärnten und in Salzburg für Salzburg und Oberösterreich. „Jedenfalls muß mit allen Mitteln getrachtet werden, auch ohne Zuerkennung des Entscheidungsrechtes und ohne Schaffung einer höheren Instanz, in Hinkunft die vorkommenden Streitfälle soweit es irgend möglich, zur Austragung zu bringen, damit das KM nicht gezwungen werde, diese für Arbeitgeber und Arbeitnehmer gleich wertvollen Ausgleichsstellen, wegen nicht entsprechender Erfolge, wieder auflassen zu müssen."[301] Es war vorgesehen, die Unternehmervertreter wieder durch die Hauptstelle nominieren zu lassen, die aber auch auf Mitglieder des Verbandes der Metallwarenproduzenten zurückgreifen sollte.[302] Zu je zwei sozialdemokratischen Metallgewerkschaftern sollte in Graz ein deutschnationaler, in Salzburg ein christlicher Arbeitervertreter kommen.[303] Gleichzeitig jedoch liefen im österreichischen Landesverteidigungsministerium bereits Vorbereitungen für gesetzlich verankerte Einigungsgremien für die Kriegsindustrie, und die projektierten Beschwerdestellen kamen nicht mehr zustande.

Im September 1916 wurde schließlich noch die Vorgangsweise bei der Wiener Beschwerdestelle modifiziert. Um beim Einbringen der Klagen möglichst wenig Arbeitszeit zu verlieren – schon vorher war es üblich gewesen, minder bedeutende Fälle durch Kommissionierung an Ort und Stelle im Betrieb zu schlichten[304] – wurde angeordnet, daß die Klagen in Hinkunft durch die militärischen Leiter an die Beschwerdestelle weiterzuleiten waren. Der Metallarbeiterverband hielt diese neue Regelung für „vernünf-

---

298 Vgl. ebd.
299 Vgl. AVA, SdPst Karton 130, Nr. 77: Soziale Lage der Kriegsleister, Besserungsvorschläge, September 1916.
300 Vgl. KA, KM, Abt.7, Z. 4923 und Z. 9637/1916. Vgl. auch KA, KM, Abt.7, Z. 15210/1916.
301 Vgl. KA, KM, Abt.7, Z. 21715/1916, 8) An das Militärkommando in Wien.
302 Vgl. ebd., 3) An die Hauptstelle. Der Verband österreichischer Metallwarenproduzenten hatte sich beklagt, daß auf Unternehmerseite nur eine Organisation berücksichtigt worden sei. Der Verband meinte, auf Arbeiterseite sei H. Drechsler ein erfahrener Praktiker, während den Unternehmervertretern (besonders Soudek) diese Qualifikation fehle. Vgl. KA, KM, Abt.7, Z. 1811/1916.
303 Vgl. KA, KM, Abt.7, Z. 21715/1916, 1) und 2) An das Militärkommando Graz bzw. Innsbruck. Vgl. auch KA, KM, Abt.7, Z. 7840 und Z. 19631/1916.
304 Vgl. KA, KM, Abt.7, Z. 21715/1916, Bericht der Beschwerdestelle vom 22. 5. 1916.

tig", sie lief auf eine noch stärkere Vorzensur hinaus, da ein unmittelbar der Produktion verpflichtetes Organ allein bestimmen konnte, was die Beschwerdestelle überhaupt zu Gesicht bekam.[305]

Mit dem Entschluß des Kriegsministeriums, Beschwerdestellen zu errichten, ging die Arbeiterpolitik in Österreich formal vergleichbare Wege wie in anderen kriegsführenden Staaten auch.[306] Allerdings war diese Vorgangsweise in Österreich eine Folge der Auswirkungen des Kriegsleistungsgesetzes und nicht eine Folge der angespannten Arbeitsmarktlage selbst, die eine Koordination von Unternehmer- und Arbeiterinteressen erforderte, um die lukrative Kriegsproduktion nicht zu gefährden. Die Prinzipien des Kriegsleistungsgesetzes selbst schlossen eigentlich den Weg der einigungsamtlichen Regelung der Arbeitsbeziehungen aus. Jenes Gesetz implizierte staatlich-militärischen Interventionismus zugunsten einer Rüstungskonjunktur auf Kosten der Arbeiterschaft. Die elementaren Rechte der Arbeiter sollte der Staat in diesem Modell autoritär garantieren, in Form von Übereinkommen mit den Unternehmern. Das Versagen dieser Interessenswahrung durch die Obrigkeit erzwang dann wegen der möglichen Auswirkungen auf die Kriegsführung erst die teilweise Rücknahme der Knebelung der Arbeiterschaft. Bezeichnend für diese Entstehungsumstände war, daß sich das Kriegsministerium bei der Errichtung der Wiener Beschwerdestelle noch alle Wege offenzuhalten suchte. Dieses Gremium, das seine Existenz lediglich auf einen internen Akt der Verwaltung gründete und Anhängsel der militärischen Organisation war, mußte auch völlig dem Willen der Militärs ausgeliefert bleiben. An der Rechtlosigkeit der Arbeiter hatte sich damit nicht viel geändert, und die Verbitterung der Arbeiter über ihre Lage zwischen faktischer Ohnmacht, enormen Anforderungen und existenzgefährdender Versorgungssituation nahm durch die Untergrabung des „Ansehens des einzigen Rechtsinstitutes der Arbeiter",[307] durch die nachträglichen Einschränkungen des Aktionsradius der Beschwerdestelle noch zu. Diese Entwicklung fand schließlich einen deutlichen Ausdruck in der Radikalisierung nicht nur der Arbeiter selbst, die sich in umfangreichen Streiks äußerte, sondern auch deren Organisationen.

---

305 Vgl. AVA, SdPst Karton 130, ohne Nummer: Zur rechtlichen Stellung der Arbeiter im Kriege.
306 Außer dem Berliner Kriegsausschuß gab es auch in Italien, Frankreich und Großbritannien Beschwerdegremien. Vgl. Alberto *de Stefani*, La legislazione economica della guerra (Bari 1926); Roger *Picard*, Le mouvement syndical durant la guerre (Paris/New Haven o.J.); William *Oualid*, Charles *Picquenard*, Salaires et tarifs, conventions collectives et grèves. La politique du Ministère de l'Armement et du Ministère du Travail (Paris/New Haven o.J.); Matthew Brown *Hammond*, British labor conditions and legislation during the war (London 1919); Theodor *Plaut*, Entstehung, Wesen und Bedeutung des Whitleyism, des englischen Typs der Betriebsräte (Jena 1922). Selbst das ungarische Verteidigungsministerium errichtete mit dem Erlaß 1890/HM/Präs. 20b vom 17. 1. 1916 Beschwerdekommissionen. Diesem Ministerium war eine dem österreichischen Metallarbeiter-Memorandum vom 18. 3. 1915 ähnliche Eingabe des ungarischen Metallarbeiterverbandes zugegangen, und das KM hatte mit KA, KM, Abt.7, Z. 26358/1915, 6) An das k.u. MfLV eine Koordination der allfälligen Aktionen in beiden Staaten vorgeschlagen, die aber offensichtlich nicht zustandekam.
307 AVA, SdPst Karton 130, ohne Nummer: Zur rechtlichen Stellung der Arbeiter im Kriege.

5.1.3. Vorbereitungen auf die Friedenswirtschaft

Der unerwartet lange Krieg brachte tiefgreifende Veränderungen für die österreichische Volkswirtschaft mit sich. Die fast ausschließliche Konzentration auf den Bereich der Rüstungsproduktion, der Abbruch lebenswichtiger Handelsbeziehungen, die völlige Umgestaltung des Arbeitsmarktes machten langfristige Folgen wahrscheinlich. Mit der Erkenntnis dieser Probleme gewann die Frage der Rückführung der ökonomischen Verhältnisse auf Friedensbedingungen, die Frage der Zukunftschancen der österreichischen Wirtschaft und die Frage der künftigen Wirtschaftspolitik, große Bedeutung.

Schon im Jahre 1915, als der Höhepunkt der kriegsindustriellen Konjunktur noch nicht erreicht und das volle Ausmaß des Einflusses des Krieges auf die Wirtschaft noch nicht absehbar waren, begannen Diskussionen über die Lage nach dem Krieg und die Maßnahmen, die einen neuen Aufschwung herbeiführen sollten. Ausdruck fanden solche Überlegungen zu einem großen Teil in den Auseinandersetzungen um den Plan einer wirtschaftlichen Annäherung der Mittelmächte, wie sie Friedrich Naumann propagiert hatte.[308] Gustav Stolper veröffentlichte im „Oesterreichischen Volkswirt" „Studien zur künftigen Handelspolitik der Monarchie", in denen er sich eingehend mit den Möglichkeiten und Nachteilen eines engeren ökonomischen Zusammenschlusses zwischen Deutschland und Österreich-Ungarn befaßte.[309] Selbst die sozialdemokratische Partei und die freien Gewerkschaften beschäftigten sich eifrig mit diesem Aspekt der Friedenswirtschaft;[310] es kam in diesem Zusammenhang sogar zu gemeinsamen Beratungen mit den Spitzenfunktionären der deutschen Sozialdemokratie.[311]

Konkrete Schritte der Verwaltung zur Vorbereitung der Übergangs- und Friedenswirtschaft forderte im Oktober 1915 die österreichische Unternehmerschaft. Eine Abordnung industrieller und gewerblicher Organisationen verlangte, um den Unternehmern ein Mitspracherecht bei der Konzeption der Industrie- und Handelspolitik nach dem Kriege zu sichern, entweder die Aktivierung des seit Kriegsbeginn nicht mehr einberufenen Industrierates oder die Schaffung eines neuen, aus Unternehmern zusammengesetzten Beratungsgremiums.[312] Diese Ansicht der Unternehmerschaft, ihre Interessen – unter Betonung ihrer apolitischen Haltung – gegenüber der Staatsverwaltung zur Geltung zu bringen, stieß übrigens auf heftigen Widerspruch des angesehenen Wirtschaftspublizisten Gustav Stolper, der dem österreichischen Unternehmern rundweg die Fähigkeit absprach, Bedürfnisse des Staates und der Volkswirtschaft in ihrer Gesamtheit zu erkennen. Statt eines Unternehmerbeirates forderte Stolper ein Gremium, das die öffentliche Meinung

---

308 Friedrich *Naumann,* Mitteleuropa (Berlin 1915).
309 Vgl. DÖV 30. 10. 1915, S. 65–66; 30 Folgen bis: DÖV 13. 1. 1917, S. 241–246.
310 Vgl. AdSP, PrPV 11. 11. 1915 und PrPV und der GK 16. 11. 1915. Vgl. auch DG 49/1915, S. 283–284 und DG 50/1915, S. 287–288.
311 Vgl. AdSP, PrPV 19. 11. 1915 (mit Ebert, Scheidemann und Müller in Wien) und PrPV 4. 1. 1916. Renner war zur Vorbereitung einer Konferenz am 9. 1. 1916 über die Annäherungsfrage in Berlin. An dieser Konferenz nahmen von Gewerkschaftsseite Hanusch, Domes und Grünwald teil. Vgl. DG 3/1916, S. 16 (PrGK 7. 1. 1916). Vgl. auch DG 6/1916, S. 40 (PrGK 21. 1. 1916).
312 Vgl. DI 8/1916, S. 1.

repräsentierte und dem insbesondere auch Sozialdemokraten angehören sollten, „die über Pesönlichkeiten von eminent staatsmännischer Erfahrung verfügen". Die Unternehmerseite reagierte auf die offene Kritik mit dem Argument, die anstehenden Probleme seien ökonomischer aber nicht politischer Art; die Entscheidung „wirtschaftlich-fachliche[r] und sachliche[r] Fragen" durch ein „Sonderparlament" erschien ihnen indiskutabel.[313]

Die befaßten Ministerien jedoch gingen bei der Vorbereitung der Übergangs- und Friedenswirtschaft von Anfang an den im „Volkswirt" angesprochenen Weg, alle Interessengruppen zur Mitarbeit heranzuziehen. In die staatlichen Aktivitäten während des Krieges, die eine Lösung der Probleme, welche mit großer Sicherheit bei Kriegsende und der Wiederherstellung einer dem Friedensbedarf angepaßten Wirtschaftsstruktur auftreten würden, zum Ziel hatten, wurde daher stets auch die Arbeiterbewegung einbezogen. Dieses Gebiet bildete neben der Funktion, die Unzufriedenheit der Arbeiter unter den Kriegsbedingungen zu artikulieren und zu kanalisieren, den zweiten wichtigen Anknüpfungspunkt für die Integration der Arbeiterbewegung in staatliche Institutionen.

Nach der Bestellung des Direktors der Kreditanstalt, Dr. Alexander von Spitzmüller, zum Handelsminister im November 1915 wurden die Wünsche der Unternehmerschaft zwar aufgegriffen, doch entschloß sich die österreichische Regierung eben zur Schaffung von Beratungsorganen, in denen die verschiedenen Interessentenkreise vertreten waren. Statt eines reinen Unternehmergremiums wurden zwei Komitees, „vielleicht nicht ganz nach den Wünschen der Industrie",[314] gegründet. Das Rohstoff- und das Handelspolitische Komitee setzten sich aus 16 Mitgliedern des Industrierates, je fünf des Gewerberates und des Arbeitsbeirates sowie den ersten Sekretären der Handels- und Gewerbekammern zusammen. Beide Gremien wiesen somit zwar ein starkes Übergewicht der größeren Unternehmer auf, doch kamen daneben auch Kleingewerbe- und Arbeiterinteressen zu Wort.[315] Der sozialdemokratischen Partei erschien jedoch die Arbeiterschaft in dieser Zusammensetzung unterrepräsentiert. Sie selbst konnte insgesamt fünf Sitze besetzen,[316] verlangte aber, insbesondere wegen der offenen Ausschaltung der Reichsratsabgeordneten, mindestens zwei weitere Sitze, worauf das Handelsministerium auch einging.[317] Der staatlichen Verwaltung lag also am aktiven Engagement der Arbeiterorganisationen in den Fragen der Zukunftsgestaltung.

---

313 Vgl. DÖV 23. 10. 1915, S. 55–56. Der Artikel ist mit „st" gezeichnet. In der Replik, DI 32/1915, S. 2–3 heißt es fälschlich, der Artikel stamme von W. Federn.
314 Die Arbeit 5. 3. 1916, S. 1.
315 Vgl. DI 8/1916, S. 1.
316 Vgl. ebd., S. 1. Beer und Karpeles in beiden Komitees, Laurenz Widholz im Rohstoffkomitee. Die weiteren Arbeitsbeiratsmitglieder waren im Handelspolitischen Komitee Baernreither, Hainisch und Klein; im Rohstoffkomitee Baernreither und Spalowsky.
317 Vgl. AdSP, PrPV 9. 3. 1916; PrPV 16. 3. 1916 und PrPV 30. 3. 1916. Die Gewerkschaftskommission konnte als „ständige Experten" Renner und Hanusch in das Handelspolitische Komitee und Ellenbogen in das Rohstoffkomitee entsenden.

5.1.3.1. Die Arbeitsvermittlung an Invalide

Besonders deutlich trat die Taktik der österreichischen Regierung, möglichst alle interessierten Kreise zur Mitarbeit an der Bewältigung der ökonomischen Nachkriegsprobleme heranzuziehen, zunächst im Fall des Invalidenproblems hervor. Die Invaliden stellten in und nach dem Weltkrieg 1914 bis 1918 erstmals ein Problem von großer wirtschaftlicher Tragweite dar. Die Zahl der Menschen, die durch Verletzungen und Krankheiten behindert waren, erreichte ein nie gekanntes Ausmaß. Im Krieg von 1859 waren 26.000 Soldaten der österreichisch-ungarischen Armee verwundet worden; 1866 waren es knapp 30.000. Im ersten Weltkrieg lag die Zahl der Verwundeten nach verschiedenen Schätzungen zwischen 1,8 und 4,5 Millionen.[318] Außerdem hatte sich das Invalidenproblem durch den Einsatz eines stehenden Heeres grundlegend verändert. Während früher die meisten der Kriegsbeschädigten Berufssoldaten waren, traf die Invalidität jetzt hauptsächlich Zivilpersonen, für deren Fortkommen, wenn sie nicht mehr arbeiten konnten, mangels einer Invalidenversicherung nicht gesorgt war.[319]

Von der enormen Zahl der Verwundeten blieb ein großer Teil infolge der Verletzungen auf Dauer behindert und konnte den erlernten Berufen nicht mehr nachgehen. Die Folgen waren vorauszusehen: Verelendung der Betroffenen, aber auch schwere Schäden für die Volkswirtschaft, die dadurch zusätzlich zu etwa einer Million Gefallener[320] noch weitere Arbeitskräfte verlor. Österreichische Regierungsstellen begannen daher noch während des ersten, verlustreichen Kriegsjahres – die österreichisch-ungarischen Streitkräfte zählten in diesem Zeitraum nach vorsichtigen Schätzungen schon über 400.000 Tote und mehr als eine Million Verwundete[321] – mit intensiven Vorbereitungen, um das Invalidenproblem in den Griff zu bekommen.

Erster Schritt war, die Angelegenheit dem Kriegsministerium[322] und privaten Gesellschaften, darunter dem Roten Kreuz, aus der Hand zu nehmen und die Kompetenz der zivilen Verwaltung zu übertragen. „Maßgebend war hierfür die Erwägung, daß die Aktion nicht ausschließlich vom Standpunkte der Kriegsfürsorge beurteilt werden kann, sondern das Gebiet allgemeiner Fürsorge dadurch wesentlich berührt, daß sie über die Befriedigung unmittelbar durch den Krieg veranlaßter Gegenwartsbedürfnisse hinausgehend, im Vorblick auf die weitere Zukunft Schäden heilen oder doch mildern will, deren Folgen sich durch Jahre hindurch äußern und voraussichtlich soziale Fürsorgeeinrichtungen dauernden Charakters erfordern werden."[323]

---

318 Vgl. Bulletin der Studiengesellschaft für soziale Folgen des Krieges 2 (Kopenhagen 1916) 32 und *Gratz*, Zusammenbruch, S. 162.
319 Vgl. ÖAN 1/1915, S. 2.
320 Vgl. *Gratz*, Zusammenbruch, S. 162.
321 Vgl. Bulletin 2, S. 30.
322 Dort war z. B. im Rahmen des Kriegsfürsorgeamtes im Herbst 1914 ein Invalidenfonds gegründet worden. Vgl. Bericht über die Tätigkeit des Kriegsfürsorgeamtes während der Zeit von seiner Errichtung bis zum 31. März 1917 (Wien 1917) 38.
323 Denkschrift I, S. 255.

Die finanzielle Hilfe, die von militärischer Seite für die Invaliden vorgesehen war, reichte bei weitem nicht aus, um normal leben zu können.[324] Zu diesen Unterstützungen mußten Maßnahmen treten, die die Invaliden in die Lage versetzten, ihren Lebensunterhalt wieder aus eigener Kraft zu bestreiten.

Das Innenministerium als kompetentes Ressort sah zu diesem Zweck erstens intensive Bemühungen zur Wiederherstellung der Arbeitsfähigkeit der Kriegsverletzten durch medizinische Betreuung und technische Hilfsmittel vor. Zweitens sollten Invalide, die in ihren bisherigen Berufen nicht mehr einsetzbar waren, auf andere Tätigkeiten, zu deren Ausübung sie imstande waren, umgeschult werden.[325] Schließlich wollte das Innenministerium die Wiedereingliederung der Kriegsbeschädigten ins Berufsleben durch eine spezielle Arbeitsvermittlung erleichtern.[326] Zur Durchführung dieser Pläne wurden in den Kronländern „Landeskommissionen zur Fürsorge für heimkehrende Krieger" gebildet. Sie bestanden unter dem Vorsitz des jeweiligen Statthalters aus Vertretern der politischen Landesbehörde, vor allem auch der Sanitätsbehörde, der autonomen Landesverwaltung, der Militärverwaltung, bedeutender Orte, der Sozialversicherungsinstitute, des Roten Kreuzes, der Ärzteschaft und anderer interessierter Körperschaften und Organisationen.[327] Die Mitgliedschaft der Landeskommissionen war nicht strukturiert, sondern stellte lediglich eine Sammlung der an der Invalidenversorgung interessierten Behörden, Stellen und Personen dar.[328]

Die meisten „Landeskommissionen zur Fürsorge für heimkehrende Krieger" konstituierten sich im Laufe des März und April 1915.[329] Auch die niederösterreichische sollte ihre Tätigkeit am 10. April 1915 aufnehmen. Nach der konstituierenden Sitzung und der Vorlage eines Entwurfes einer Geschäftsordnung[330] verweigerten jedoch die Stadt Wien und der Landesausschuß von Niederösterreich, das Organ der autonomen Landesverwaltung, die Mitarbeit. Sie fürchteten vor allem finanzielle Belastungen durch die Beschlüsse der Landeskommission, an denen sie unter Umständen, weil sie im betreffenden Ausschuß nicht vertreten waren, gar nicht mitwirken konnten.[331] Darüber hinaus kritisierte die Wiener Stadtverwaltung aber auch die Organisation der Arbeitsvermittlung an Kriegsinvalide in Form eines Ausschusses innerhalb der Landeskommission, wogegen sich übrigens auch die freie Gewerkschaftskommission aussprach.[332]

---

324 Vgl. KaisVO vom 12. 6. 1915, RGBl. Nr. 161; VO des MfLV vom 12. 6. 1915, RGBl. Nr. 162 und auch VO des MfLV vom 28. 9. 1915, RGBl. Nr. 288.
325 Vgl. dazu auch KaisVO vom 29. 8. 1915, RGBl. Nr. 260 und VO des MrdI vom 6. 9. 1915, RGBl. Nr. 261.
326 Vgl. Denkschrift I, S. 256.
327 Vgl. NÖLA, Präs. Z. 901 P/XIX/1915 (MdI, Präs. Z. 3501/1915).
328 So nominierte etwa Dr. W. Exner, der als Initiator einer Aktion „Technik für Invalide" zur Mitarbeit eingeladen worden war, seinerseits zwei Mitarbeiter an seinem Projekt, die kommentarlos akzeptiert wurden. Wiener Neustadt entsandte nur den Bürgermeister-Stellvertreter Ofenböck, während St. Pölten drei Vertreter nominierte und auch unterbrachte. Vgl. NÖLA, Präs. Z. 901 P/1/XIX/1915. Laurenz Widholz als Vertreter der Wiener Genossenschaftskrankenkasse erwirkte die Zuziehung des Sozialdemokraten Dr. Leo Verkauf. Vgl. NÖLA, Präs. Z. 901 P/2/XIX/1915.
329 Vgl. z. B. NÖLA, Präs. Z. 901 P/3/XIX/1915 (Tirol); Präs. Z. 1654 P/8/XIX/1915 (Vorarlberg); Präs. Z. 1655 P/11/XIX/1915 (Krain).
330 Vgl. NÖLA, Präs. Z. 901 P/3/XIX/1915 (MdI, Präs. Z. 5425/1915), Geschäftsordnung.
331 Vgl. NÖLA, Präs. Z. 1655 P/10/XIX, P/12/XIX und P/14/XIX/1915.
332 Vgl. DG 22/1915, S. 136.

5.1. Die Entwicklung der kriegswirtschaftlichen Hochkonjunktur und ihre Grenzen 177

Die Bedenken wegen der finanziellen Folgen wurden durch die Einsetzung eines Vollzugsausschusses ausgeräumt, dem alle Beschlüsse der anderen Ausschüsse vorgelegt werden mußten und in dem die Gebietskörperschaften Sitz und Stimme hatten.[333] Zum Problem der Arbeitsvermittlung fand am 8. Mai 1915 eine Aussprache zwischen Vertretern des Innenministeriums, der Gemeinde Wien und des Landes Niederösterreich statt, in der der Wiener Bürgermeister auf die rasche Organisierung des Arbeitsnachweises für die Invaliden drängte, da die Gemeinde nicht länger Unterstützungen leisten könne. Man einigte sich schließlich auf den Vorschlag, eine „amtliche" Arbeitsvermittlungsorganisation für Kriegsinvalide zu schaffen, der auf Wunsch des Innenministeriums ein „Propagandakomitee" aus Repräsentanten der interessierten Behörden, der Unternehmer, der Arbeiterschaft, sowie vrschiedener Standesvertretungen und einschlägiger Vereine zur Seite gestellt werden sollte.[334]

Die Arbeitsvermittlung an Kriegsinvalide wurde somit aus dem Wirkungsbereich der Landeskommission für heimkehrende Krieger herausgelöst und gesondert organisiert. Die Landeskommission trat nur mehr als eine Interessentin an der Arbeitsvermittlung an Invalide in Erscheinung und war deshalb in dem als Kuratorium bezeichneten Beirat des Arbeitsnachweises vertreten.

Auf dem Gebiet des öffentlichen Arbeitsvermittlungswesens hatte es während des Krieges, im Gefolge der Massenarbeitslosigkeit im August und im September 1914, schon einige Fortschritte gegeben. Es war ein auf freiwilliger Kooperation beruhendes System der wichtigsten, existierenden Arbeitsnachweisstellen zustandegekommen. Das Innenministerium zog nun diesen bestehenden Apparat auch zur Vermittlung von Kriegsinvaliden heran und verlieh ihm in dieser Funktion amtlichen Charakter. Die diffizilen Aufgaben der Arbeitsvermittlung an Invalide, die „der opferwilligen, vom Gemeinsinn und Patriotismus getragenen Mitwirkung der Unternehmerkreise, wie jener der voll erwerbsfähigen Arbeiterschaft" bedurften und „auch besondere Bedachtnahme einerseits auf die physischen und moralischen Qualitäten der zu vermittelnden Arbeitskräfte, andererseits darauf, daß der freie Arbeitsmarkt, auf welchem die voll erwerbsfähige Bevölkerung ihre Arbeitkraft verwertet, nicht ungünstig beeinflußt werde", verlangten, erforderten eine „außerhalb der Parteien stehende Organisation".[335]

Wie bei der Kriegsorganisation der Arbeitsvermittlung 1914 ging das Innenministerium auch jetzt wieder den Weg, die Einrichtung eines eigenen Arbeitsnachweises für Invalide selbst nur für den Bereich von Niederösterreich zu veranlassen und danach die anderen Kronländer zur Nachahmung des niederösterreichischen Beispiels einzuladen.[336] Der hoheitliche Charakter der neuen Organisation wurde durch die Errichtung „amtlicher Landesstellen" erreicht, die dem jeweiligen Statthalter und damit indirekt dem Innenmi-

---

333 Vgl. NÖLA, Präs. Z. 2382 P/19/XIX/1915.
334 Vgl. NÖLA, Präs. Z. 2382 P/15/XIX/1915, Protokoll einer Besprechung am 8. 5. 1915 im Rauchsalon des Bürgermeisters (MA XI, Z. 31774/1915).
335 AVA, MdI, Dep.7, Z. 33547/1915.
336 Vgl. AVA, MdI, Dep.7, Z. 22924 und Z. 33547/1915. (LGBl. Nr. 55 von 1915 für das Erzherzogtum Österreich unter der Enns; NÖLA, Präs. Z. 2382 P/15/XIX/1915).

nister unterstanden.[337] Die Arbeitsvermittlung an Kriegsinvalide war durch ihre Institutionalisierung als „Amt" zentralistischer ausgerichtet als die in der Zeit des Kriegsausbruches geschaffene Organisation des Arbeitsnachweises, die nur über einen informellen Zusammenhalt über die Kronländergrenzen hinweg verfügte.

Die Amtliche Landesstelle für Arbeitsvermittlung an Kriegsinvalide in Niederösterreich kam nach Beratungen mit den interessierten Organisationen[338] schon Mitte Mai 1915 durch Erlaß des Innenministeriums an den Statthalter zustande. Die neue Stelle, die ja nur eine Funktionserweiterung der Zentralstelle für Arbeitsvermittlung in Wien und Niederösterreich war, besaß damit Verbindungen zu allen jenen gewerkschaftlichen und von den Unternehmerverbänden betriebenen Arbeitsnachweisen, die sich seinerzeit freiwillig der Kriegsorganisation angeschlossen hatten. Auf die Bedeutung der Kooperation zwischen der amtlichen Arbeitsvermittlung für Invalide und den gewerkschaftlichen Arbeitsnachweisen wurde auch besonders hingewiesen. Allerdings sollte die Vermittlungstätigkeit im Rahmen der amtlichen Organisation staatlichen Institutionen vorbehalten werden, nämlich in Wien dem Arbeits- und Dienstvermittlungsamt der Stadt Wien und im übrigen Niederösterreich den Bezirksarmenräten.[339] Tatsächlich wurde dann jedoch für Wien – ähnlich wie schon bei der Kriegsorganisation der Arbeitsvermittlung – ein eigenes Institut geschaffen.[340] Die Betrauung des Wiener städtischen Dienstvermittlungsamtes war auf heftige Kritik seitens der freien Gewerkschaften gestoßen.[341]

Die Amtliche Landesstelle in Niederösterreich bestand aus einem vom Innenminister berufenen Präsidenten, der eigentlichen Vermittlungsstelle, einem Bureau unter dem amtlichen Leiter der Landesstelle und dem Kuratorium.[342] Ihre Aufgaben bestanden in der Stellenvermittlung an Kriegsbeschädigte, die in Niederösterreich heimatberechtigt oder vor Kriegsausbruch wenigstens 6 Monate lang wohnhaft waren und sich entweder selbst an die Landesstelle wandten oder ihr durch andere im Fürsorgewesen für die Invaliden tätige Körperschaften zugewiesen wurden, einschließlich der Ausforschung und Reservierung geeigneter Arbeitsplätze. Durch ihre Vermittlungstätigkeit sollte ein Ausgleich zwischen den verschiedenen Bezirken und später auch zwischen den Kronländern erreicht werden. Darüber hinaus hatte die Landesstelle den Auftrag, durch eigene Aktionen, wie die Errichtung besonderer Betriebe oder die bevorzugte Beteiligung von Unternehmen, die Invalide aufnahmen, an staatlichen Aufträgen, die Beschäftigungsmöglichkeiten für die Kriegsversehrten zu erweitern. Bis zur Unterbringung an einem geeigneten Arbeitsplatz konnte die Landesstelle auch Unterstützungen an mittellose Klienten gewähren.[343]

---

337 Vgl. AVA, MdI, Dep.7, Z. 33547/1915, Dienstvorschrift der Amtlichen Landesstelle für Arbeitsvermittlung an Kriegsinvalide.
338 Vgl. DG 11/1915, S. 84 (PrGK 5. 3. 1915).
339 Vgl. AVA, MdI, Dep.7, Z. 22924/1915.
340 Vgl. AVA, MdI, Dep.7, Z. 33547/1915. Vgl. auch ÖAN 1/1915, S. 2.
341 Vgl. DG 22/1915, S. 136.
342 Vgl. AVA, MdI, Dep.7, Z. 22930 und Z. 33547/1915, Denkschrift. Präsident: Oberkurator der niederösterreichischen Landeshypothekenanstalt Leopold Steiner; Vizepräsident: Hofrat Dr. Adolf Vetter vom Gewerbeförderungsamt; Amtlicher Leiter der Landesstelle: Oberinspektionsrat Fedor Gerényi.
343 Vgl. AVA, MdI, Dep.7, Z. 33547/1915, Dienstvorschrift.

Die Einbindung der verschiedenen Interessentenkreise in die Organisation der Arbeitsvermittlung an Invalide erfolgte durch das Kuratorium, das die Propaganda für die Invalidenbeschäftigung unter der Bevölkerung und besonders unter den Unternehmern zu besorgen hatte. Außerdem aber fungierte es als Beratungsorgan der Landesstelle bei der Aufgabe, die Beschäftigungsmöglichkeiten der Invaliden zu erweitern und allgemein „bei der Lösung fachlicher (medizinischer, vertrags- und lohntechnischer, kommerzieller), mit der Beschäftigung von Kriegsinvaliden zusammenhängender Fragen". In dieses Kuratorium, das dann selbst weitere Mitglieder kooptieren konnte, berief das Innenministerium vorerst Repräsentanten der staatlichen und autonomen Verwaltung, und außerdem „Vertreter der Korporationen und Stellen sowie Privatpersonen",[344] d. h. Vertreter von Unternehmerverbänden, Gewerkschaften, Kammern, Genossenschaften, Organisationen der Landwirtschaft sowie Fachleute auf dem Gebiet der Invalidenversorgung.[345] Der Präsident der Landesstelle und dessen Stellvertreter führten auch im Kuratorium den Vorsitz.

Das Kuratorium bei der Amtlichen Landesstelle war kein paritätisch besetztes Gremium, sondern ein Sammelpunkt für alle Gruppen, die mit der Wiedereingliederung der Kriegsversehrten ins Berufsleben zu tun hatten. Neben Arbeitervertretern, gewerblichen, industriellen und landwirtschaftlichen Unternehmern, welche als Hauptinteressenten angesehen werden mußten, waren dies auch Ärzte oder Sozialökonomen.[346]

Die Behandlung der spezifischen Probleme der Invaliden im Arbeitsverhältnis blieb einem engeren „Arbeitsausschuß" des Kuratoriums vorbehalten, in dem jedoch ebensowenig ein Gleichgewicht zwischen Unternehmer- und Arbeitervertretern bestand und dem auch Experten anderer Gebiete angehörten.[347] Dennoch kam es im Rahmen der amtlichen Arbeitsvermittlung an Kriegsinvalide in den folgenden zwei Jahren zu erbitterten Auseinandersetzungen zwischen Unternehmern und Gewerkschaften um die Prinzipien der Invalidenbeschäftigung.[348] Während der Gewerkschaftsführung daran lag, durch fixe Abmachungen einerseits die Wiedereingliederung der Invaliden in den Arbeitsprozeß zu sichern, andererseits aber auch die Gefahr des Lohndruckes abzuwenden,[349] betrachteten die wichtigsten Unternehmergruppen die Beschäftigung der Kriegsversehrten nur als Ergänzung zur primären Fürsorgepflicht des Staates. *„Der Ersatz für die geminderte Arbeitskraft muß in einer entsprechenden staatlichen Versorgung bestehen. Für den verbleibenden Rest an Erwerbsfähigkeit ist die Beschaffung von Arbeitsgelegenheiten die einzig denkbare und richtige Form von Fürsorge."*[350]

---

344 Vgl. ebd., Geschäftsordnung für das Kuratorium der Amtlichen Landesstelle für Arbeitsvermittlung an Kriegsinvalide.
345 Vgl. NÖLA, Präs. Z. 2385 P/30/XIX/1915 (MdI, Z. 28599/1915). Vgl. auch DI 20/1915, S. 3.
346 Vgl. AVA, MdI, Dep.7, Z. 22924/1915, Liste der Privaten. Vgl. auch NÖLA, Präs. Z. 2101 P/6/XIX/1918. Im Juli 1918 hatte das Kuratorium 88 Mitglieder.
347 Vgl. AVA, MdI, Dep.7, Z. 33547/1915, Geschäftsordnung und DI 20/1915, S. 3.
348 Die Akten über die Vorgänge innerhalb des Kuratoriums sind leider nicht auffindbar. Es blieb deshalb unklar, welche Verhandlungs- und Entscheidungsverhältnisse zur Konfrontation zwischen Unternehmer- und Arbeitervertretern führten. Denkbar wären etwa paritätisch besetzte Unterausschüsse.
349 Vgl. DG 23/1915, S. 139–140.
350 DI 20/1915, S. 2 (Hervorhebung im Original).

Die Gewerkschaftskommission legte dem Arbeitsausschuß im Herbst 1915 auf dessen Wunsch „Grundsätze" vor, nach denen die Invalidenarbeit behandelt werden sollte. Ausgangspunkt war die Wiederaufnahme der Kriegsbeschädigten in ihrer alten Stellung, sofern sie die dafür erforderlichen Fähigkeiten nicht vollständig eingebüßt hatten. Für die aufgenommenen Invaliden sollten arbeitsrechtliche Bestimmungen, aber auch Tarifverträge wie für die gesunden Arbeiter gelten. Lohnänderungen wegen verminderter Leistungsfähigkeit bedurften, falls ein Kollektivvertrag existierte, der Zustimmung des Tarifpartners. Die Einrechnung allfälliger Renten sollte in jedem Fall verboten sein. Dieser als bindendes Übereinkommen zwischen Unternehmer- und Arbeiterschaft konzipierte Entwurf der Gewerkschaftskommission wurde von den Unternehmervertretern im Komitee strikt zurückgewiesen.[351] An einem Vorschlag des Gewerbeinspektors Tauss, der einen Kompromiß zwischen den Positionen herbeiführen wollte, brachte die Gewerkschaftskommission ihrerseits einige „Änderungen und Präzisierungen" an und akzeptierte im April 1916 mit kleinen Vorbehalten die modifizierten „Richtlinien".[352] Eine Einigung mit den Unternehmern jedoch gelang erst im Frühjahr 1917 und betraf nur unverbindliche „Richtlinien der Amtlichen Landesstelle für Arbeitsvermittlung an Kriegsinvalide bei Beschäftigung von Kriegsinvaliden Niederösterreichs in Wien".[353]

Den Arbeitgebern wurde die Wiedereinstellung ihrer verletzt aus dem Krieg heimkehrenden Arbeiter „nachdrücklichst" empfohlen, „– natürlich insoweit der Arbeitgeber Arbeitskräfte benötigt –". Auch die übrigen Bestimmungen appelierten lediglich an die „soziale Einsicht und das wirtschaftliche Interesse aller Dienst- und Arbeitgeber", die Akkordsätze für die Invaliden nicht zu reduzieren und die Entlohnung der vermindert arbeitsfähigen Personen im Einvernehmen mit den Betroffenen oder ihren Berufsorganisationen festzusetzen. Es wurde sogar ausdrücklich festgehalten, daß vollkommen arbeitsfähige Kriegsinvalide wie die anderen Arbeiter zu bezahlen waren.

Mit den Richtlinien wehrten die Unternehmer Eingriffe in ihre Dispositionsfreiheit ab. Die Beschäftigung von Kriegsinvaliden als „ein Gebot der Menschlichkeit und der pflichtgemäßen Dankabstattung an unsere Vaterlandsverteidiger ... aber auch gleichzeitig eine wirtschaftliche und soziale Frage von großer Bedeutung, da es die Aufgabe aller Wirtschaftsfaktoren ... sein muß, die – wenn auch verminderte – Arbeitskraft der Kriegsinvaliden der Produktion zuzuführen",[354] blieb allein dem Gutdünken des einzelnen Arbeitgebers vorbehalten. Doch war selbst die Befolgung dieser vagen Richtlinien zur Verhinderung der Pauperisierung der Invaliden und ihrer Familien nicht gesichert, da es sich ja bloß um einen unverbindlichen Vorschlag handelte. Die staatliche Verwaltung baute die Hoffnung, daß sich die Unternehmer daran halten würden, offensichtlich darauf, daß die Richtlinien in Verhandlungen zwischen der Gewerkschaftskommission und der Hauptstelle zustandegekommen waren,[355] also ein den Kollektivverträgen ähnliches Abkommen darstellten.

---

351 Vgl. DG 40/1915, S. 250 (PrGK 24. 9. 1915); DG 10/1917, S. 50–51, Grundsätze und DG 47/1915, S. 278 (PrGK 5. 11. 1915).
352 Vgl. DG 48/1915, S. 282 (PrGK 19. 11. 1915) und DG 20/1916, S. 120 (PrGK 28. 4. 1916).
353 Vgl. DG 10/1917, S. 51–52.
354 Ebd., S. 51, Richtlinien, Pkt. I.
355 Vgl. ÖAN 20/1917, S. 1.

5.1. Die Entwicklung der kriegswirtschaftlichen Hochkonjunktur und ihre Grenzen

Die Arbeitsvermittlung nahm ihre Tätigkeit unbeschadet des Streits um die Prinzipien der Invalidenbeschäftigung schon 1915 auf und erzielte zufriedenstellende Resultate. Die Zahl der Stellenangebote war wegen des herrschenden Arbeitermangels groß, sodaß die Arbeitssuchenden zum Großteil untergebracht werden konnten, wenn auch durchschnittlich erst nach vier bis fünf Zuweisungen die endgültige Vermittlung gelang. Im Laufe des Jahres 1917 verschlechterte sich die Situation, und die Amtliche Landesstelle sah sich zu Appellen veranlaßt, geeignete Arbeitsplätze zu schaffen.[356]

Wien	1. 7. 1915– 30. 6. 1916	1. 1. 1916– 31. 12. 1916[357]
offene Stellen	8968	12750
Stellensuchende	2693	3888
Vermittlungen	2138	2943

Ende Juni 1915 hatte das Innenministerium die Statthaltereien bzw. Landesregierungen der Kronländer außer Niederösterreichs aufgefordert, eigene amtliche Arbeitsvermittlungen für Kriegsinvalide außerhalb der Landeskommissionen zu organisieren.[358] Mitte 1916 existierten solche Stellen in Linz, Salzburg, Klagenfurt, Laibach, Innsbruck, Bregenz, Prag, Brünn, Troppau, Biała und Graz.[359] In manchen Fällen war dabei die Trennung von der Landeskommission für heimkehrende Krieger nicht so gründlich durchgeführt worden wie im Wiener Modell. Dort fungierten die Arbeitsvermittlungsausschüsse der Landeskommissionen gleichzeitig als Beiräte beim Arbeitsnachweis für Invalide.[360]

1918 wurde dann die organisatorische Trennung zwischen Arbeitsvermittlung und Fürsorgewesen vom Sozialministerium, auf das die einschlägigen Agenden übergegangen waren, allgemein wieder aufgehoben und einheitliche Stellen geschaffen.[361] Bei diesen neuen „Invalidenämtern" wurden statt der Kuratorien Arbeitsausschüsse errichtet, dem in Niederösterreich 32 Mitglieder, darunter je zwei Vertreter der freien, der christlichen und der deutschnationalen Arbeiterorganisationen angehörten.[362]

Nach 1918, als das Invalidenproblem voll zur Geltung kam, erwiesen sich die während des Krieges konzipierten Lösungsversuche sowohl in Hinblick auf die Fürsorge als auch auf die Wiedereingliederung ins Berufsleben als völlig unzureichend. Es mußten gesetzliche Maßnahmen getroffen werden,[363] die im Falle der Invalidenbeschäftigung selbst die gewerkschaftlichen „Grundsätze" von 1915 an Schärfe weit hinter sich ließen.

---

356 Vgl. ÖAN 24/1917, S. 1.
357 Vgl. ÖAN 20/1916, S. 1 und ÖAN 4/1917, S. 4.
358 Vgl. AVA, MdI, Dep.7, Z. 7228/1916.
359 Vgl. Denkschrift III, S. 177–178.
360 Vgl. AVA, MdI, Dep.7, Z. 7228/1916.
361 Vgl. ÖAN 7/1918, S. 1. Vgl. auch NÖLA, Präs.Z. 2101 P/63/XIX/1918 (SM, Z. 6544/1918).
362 Vgl. NÖLA, Präs.Z. 2101 P/64/XIX/1918.
363 Vgl. Gesetz vom 25. 4. 1919, StGBl. Nr. 245 (Invalidenentschädigungsgesetz) und Gesetz vom 1. 10. 1920, StGBl. Nr. 459 (Invalidenbeschäftigungsgesetz), besonders 1.

5.2. Die Gewerkschaften in den Kriegsjahren 1915 und 1916

5.1.2. Die Entwicklung der Organisationen 1915 und 1916

Trotz der 1915 einsetzenden und 1916 voll entfalteten wirtschaftlichen Hochkonjunktur und der damit verbundenen Anspannung des Arbeitsmarktes erlitt die freie österreichische Gewerkschaftsorganisation auch während dieser beiden Jahre, zumindest was die Mitgliederzahl betrifft, Verluste.[364] Die besonderen Umstände der Kriegswirtschaft, die einen eklatanten Machtverlust der Arbeiterschaft verursachten, verhinderten eine Stärkung der Gewerkschaften.

Der Schrumpfungsprozeß, der bei Kriegsbeginn eingesetzt hatte, setzte sich in verminderter Stärke auch 1915 fort. Die freien Gewerkschaften verloren in diesem Jahr ein weiteres Viertel ihrer Mitgliederschaft. Die Ursache dafür war, daß einerseits ein immer größerer Teil der Arbeiterschichten, in denen die freien Gewerkschaften verwurzelt waren, zum Kriegsdienst herangezogen wurde, während es andererseits nicht gelang, die bisher industriefremden Bevölkerungsgruppen, die nun massenhaft in der Kriegsproduktion Beschäftigung fanden, zu organisieren. Bis Ende 1915 waren ca. 200.000 gewerkschaftlich organisierte Arbeiter zum Militär einberufen worden, und der Verlust der Verbände an männlichen Mitgliedern betrug zu diesem Zeitpunkt 220.792. Die Abgänge konnten also nicht ersetzt werden.

Das Scheitern der Gewerkschaften, in den neuen Arbeiterschichten Fuß zu fassen, zeigte sich besonders deutlich bei den weiblichen Mitgliedern. Obwohl die industrielle Frauenarbeit stark zunahm, verringerte sich 1915 die Zahl der Frauen in den freien Organisationen um 15%. Dieser Verlust war angesichts der Tatsache, daß die Zahl der arbeitenden Frauen so groß wie noch nie war und diese an gewerkschaftlicher Betätigung weder durch Militärdienst noch durch die Stellung unter das Kriegsleistungsgesetz gehindert wurden, sicherlich noch gravierender als das Minus von 28% bei den männlichen Mitgliedern.

Die günstige Beschäftigungssituation wirkte sich auf die branchenmäßige Verteilung der Mitgliederverluste aus. Vor allem der 1914 so schwer getroffene Metallarbeiterverband, dessen potentielle Mitglieder das Gros der Rüstungsarbeiter darstellten, konnte 1915 seine Verluste relativ gering halten. Die Zahl von Neubeitritten von über 11.600 konnte zwar bereits den Verlust durch die Einberufungen ausgleichen, aber der Verband mußte vor allem durch das Kriegsleistungsgesetz bedingte Verluste hinnehmen. So wurden mehrere tausend Verbandsmitglieder aus Wien und Niederösterreich zum Dienst in Pilsen oder in Witkowitz verpflichtet, wo sie sich vielfach nicht mehr gewerkschaftlich betätigen konnten.[365] Die Organisation der Gießereiarbeiter, die Facharbeiter der Rüstungsbranche erfaßte, mußte 1915 einen sogar überdurchschnittlich starken Rückschlag hinnehmen, weil ihre Mitglieder sehr oft als Kommandierte oder vom Militärdienst Enthobene eingesetzt wurden.[366]

---

364 Vgl. DG 28/1915, DG 29/1916 und DG 34/1917 (Datenmaterial).
365 Vgl. DG 5/1916, S. 28–29.
366 Vgl. DG 4/1916, S. 22.

5.2. Die Gewerkschaften in den Kriegsjahren 1915 und 1916

Auffällig schwere Verluste hatten 1915 die mit der Baubranche in Verbindung stehenden Verbände zu verzeichnen. Auf die Organisationen der Bauarbeiter, Holzarbeiter, Steinarbeiter, Ziegelarbeiter, Zimmerer, Maler, Dachdecker und Bildhauer entfiel mehr als ein Fünftel der Verluste. Viele der kleinen Verbände, die schon bei Kriegsausbruch stark reduziert worden waren, mußten weitere schwere Abgänge hinnehmen, sodaß ihre Existenz schwer gefährdet erschien. Tatsächlich mußten dann 1916 der Schirmarbeiter-, der Kartonagearbeiter- und der Ziegelarbeiterverband wegen Mitgliedermangels aufgelöst werden. Mitgliederzunahmen wiesen 1915 nur fünf Verbände aus, doch dürften dabei zum Teil auch die als Soldaten dienenden Arbeiter mitgezählt worden sein.[367]

Insgesamt hatte sich die personelle Lage der freien Gewerkschaften 1915 verschlechtert, optimistische Aussichten[368] waren bestenfalls durch die Verlangsamung des Schrumpfungsprozesses, insbesondere in der Metallarbeitergewerkschaft, gerechtfertigt. Von den 56 berichtenden Verbänden hatten 22 eine Mitgliederzahl von weniger als 500; weitere sechs eine von nicht mehr als 1000. Ihnen standen als stärkste Organisationen nur drei mittelgroße, zwischen 20.000 und 40.000 Mitglieder zählende Verbände gegenüber.

Regional waren auch 1915 jene Gebiete am schwersten betroffen, die direkt von den kriegerischen Handlungen bedroht waren und in denen das Gewerkschaftswesen vor dem Krieg außerdem erst in Ansätzen entwickelt war. In den stärker industrialisierten Ländern Innerösterreichs lagen die Verluste 1915 knapp, in der Steiermark sogar deutlich, unter dem Durchschnitt, in Böhmen und Mähren knapp darüber. Nach einer kurzen Unterbrechung 1914 setzte sich so auch unter Kriegsbedingungen wieder der Trend zur Konzentration der freien Gewerkschaften in Wien und Niederösterreich und darüber hinaus auf dem Gebiet der späteren Republik Österreich durch. Die Ursache dieser Entwicklung war sicherlich in der nationalen Spaltung der Sozialdemokratie zu suchen und war in den letzten Friedensjahren scheinbar zum Stillstand gekommen. 1907, vor dem Zerfall der Einheitsorganisation, kamen aus den Kronländern Niederösterreich (mit Wien), Oberösterreich, Salzburg, Tirol, Vorarlberg, Kärnten und Steiermark nur 44% aller Gewerkschaftsmitglieder; 1912 bis 1914 zwischen 60 und 61%. 1915 erhöhte sich diese Zahl dann auf 63%. Die sozialdemokratischen Gewerkschaften konnten sich, auch wegen des dichteren Organisationsnetzes in den rein deutschsprachigen Industriegebieten besser halten als etwa in Böhmen.[369] In Wien und Niederösterreich, wo die Gewerkschaft in den relativ kleinen Betrieben oft schon vor vielen Jahren fest Fuß gefaßt hatte, war die Organisation, selbst wenn die Vertrauensleute fehlten, leichter aufrechtzuerhalten, als in den Großbetrieben, wo zudem die Organisation noch schwach entwickelt war.

1916 zeigten sich in der Entwicklung des Mitgliederbestandes dann erste Anzeichen einer Tendenzwende. Zwar brachte das Jahr noch kein allgemein positives Ergebnis, doch die Verluste fielen wesentlich geringer als in den vorangegangenen beiden Kriegsjahren aus. Die Wende trat im letzten Viertel des Jahres 1916 ein und wurzelte in den „vermehrten *Bestrebungen der Gewerkschaften um die Besserung der Löhne*", also in

---

367 Vgl. DG 9/1916, S. 59 (Handels- und Transportarbeiter).
368 Vgl. DG 29/1916, S. 154.
369 Vgl. z. B. DG 9/1915, S. 65 und DG 13/1916, S. 90–91.

einer Taktikänderung der Gewerkschaften.[370] Der späte Umschwung verringerte den Abgang für 1916 auf insgesamt 6%. Diese Abnahme dürfte bereits geringer gewesen sein als der Ausfall an Mitgliedern durch Einberufung zu den militärischen Verbänden.[371] Mit 166.937 Mitgliedern war der Tiefpunkt der Krise der freien Gewerkschaften erreicht.

Die noch leicht rückläufige Tendenz des Gesamtresultats wurde jedoch bereits 1916 von einer Gruppe durchbrochen: die Zahl der Frauen in den Gewerkschaften wuchs in diesem Jahr bereits leicht an. Die Zunahme der Frauenarbeit fand damit einen, wenn auch verhältnismäßig schwachen Niederschlag in der Gewerkschaftsstatistik. Der Anteil der weiblichen Mitglieder stieg von 10,4% im letzten Friedensjahr auf 16,9% Ende 1916.

Die Zunahme der Frauen lag auch dem Anwachsen der Mitgliederzahl einiger Verbände und dem relativ günstigen Ergebnis 1916 in Wien zugrunde. Die Metallarbeiterorganisation vergrößerte sich 1916 bereits um knapp 4%, obwohl bei den männlichen Mitgliedern noch ein Rückgang von fast 9% in Kauf genommen werden mußte. Die Zahl der organisierten Metallarbeiterinnen stieg von 1915 auf 1916 um 63%. In der Organisation der Handlungsgehilfen stieg die Zahl der Frauen um 58% und die Gesamtmitgliederzahl trotz Verlusten bei den Männern um 17%. 1916 gab es gegenüber 1915 mehr als fünfmal so viele Frauen unter den organisierten Krankenkassenangestellten und 44% mehr bei den Versicherungsangestellten. Auch im steirischen Landesverein der Gemeindebediensteten stieg die Zahl der Frauen um mehr als das Fünffache. Bei allen drei Angestelltenorganisationen trug diese Zunahme der weiblichen Mitglieder wesentlich zum positiven Gesamtergebnis bei. Auch bei den Organisationen der Glasarbeiter, Goldarbeiter, Handels- und Transportarbeiter und Kürschner war die 1916 erzielte Zunahme ausschließlich oder doch zum überwiegenden Teil auf die größere Zahl weiblicher Mitglieder zurückzuführen. In Wien gab es 1916 um 27% mehr organisierte Arbeiterinnen als 1915. Dort erhöhte sich die Zahl der Frauen in mehr als einem Drittel der Berufsorganisationen.

Von den 52 Organisationen, die 1916 existierten, konnten die genannten 9 bereits Zunahmen verbuchen; 7 weitere Verbände, darunter der der Eisenbahner, hatten Verluste unter 5%. Die restlichen Verbände, deren Branchen den Rohstoffmangel zu spüren bekamen und die Arbeiter an die Kriegsindustrie verloren, wiesen einen überdurchschnittlichen Rückgang auf. So verlor z.B. der Verband der Brauerei-, Mühlenarbeiter und Faßbinder 1916 fast ein Drittel der Mitglieder, als wegen der Getreidenot die Biererzeugung immer mehr eingeschränkt werden mußte.[372] Auch die Textilarbeiterunion verzeichnete durch die Arbeitslosigkeit verhältnismäßig hohe Einbußen. Einen weiteren, schweren Rückschlag erlitten wieder die Verbände der Baubranche.

Ende 1916 zählten 20 der 52 Gewerkschaften weniger als 500 und 27 weniger als 1000 Mitglieder. Der Rechtsschutzverein der Eisenbahner mit 37.747 Mitgliedern blieb, wie seit Kriegsbeginn, die stärkste Organisation. Es folgten der Metallarbeiterverband mit 29.621 und die Textilarbeitergewerkschaft mit 24.571 Mitgliedern. Der Textilarbeitergewerkschaft am nächsten kam der Handels- und Transportarbeiterverband mit nicht einmal mehr einem Drittel der Mitglieder.

---

370 DG 34/1917, S. 176 (Hervorhebung im Original).
371 Vgl. ebd., S. 176.
372 Vgl. DG 10/1917, S. 52.

Auch der beginnende Wiederaufschwung setzte den Trend hinsichtlich der regionalen Verteilung der Gewerkschaftsmitglieder fort. Die personelle Stärke der Wiener Organisation verminderte sich 1916 nur mehr unwesentlich, und auch der Verlust in Niederösterreich, in der Steiermark und in Tirol blieb unter dem Reichsdurchschnitt, während der Mitgliederstand in Böhmen und Mähren wieder um mehr als 10% schrumpfte. 1916 befanden sich fast 40% aller freigewerkschaftlich organisierten Arbeiter in Wien und 64,5% in jenen Gebieten Cisleithaniens, die später – mit Ausnahme Südtirols – zur Republik Österreich gehören sollten. Schwerste Verluste mußten weiterhin die Organisationen der Grenzländer hinnehmen.

Etwas anders als die personelle Lage der Gewerkschaften stellte sich die finanzielle dar. Der Mitgliederverlust brachte zwar einen empfindlichen Rückgang der Einnahmen mit sich, doch konnte dies durch die schon 1914 eingeschlagene restriktive Ausgabenpolitik der Gewerkschaften bei der geringen Arbeitslosigkeit ausgeglichen werden. Die Einnahmen der Gewerkschaftsverbände verringerten sich 1915 mit 40% viel stärker als 1914, als während der ersten sieben Monate ja noch Frieden geherrscht hatte. Stärker noch aber, nämlich um 50%, sanken die gewerkschaftlichen Ausgaben. Die unter dem Eindruck der Krise von 1914 ergriffenen Sparmaßnahmen kamen jetzt voll zur Geltung. Der Anteil der Unterstützungen an den Gesamtausgaben sank schlagartig von der Hälfte 1914 auf ein starkes Drittel, auf einen Stand, der selbst während der Hochkonjunktur von 1906/1907 nicht hatte erreicht werden können. Diese Einsparung ging vor allem auf Kosten der als Kampfmittel eingeschätzten Arbeitslosen- und Reiseunterstützung, welche infolge der guten Beschäftigungslage kaum in Anspruch genommen wurden. Die Arbeitslosenbeihilfen gingen 1915 auf ein Sechstel der 1914 gezahlten zurück und machten nur mehr 10% der Gesamtausgaben aus. Diese günstige Entwicklung bei den Arbeitslosenbeihilfezahlungen trat bei fast allen Verbänden ein; nur der Bauarbeiterverband, dessen neu eingeführtes Unterstützungsreglement aber erst 1915 voll wirksam werden konnte, wies eine Zunahme der Ausgaben für Arbeitslosenunterstützung aus.

Einen geringeren Rückgang zeigten die Ausgaben der Gewerkschaften für Kranken-, Invaliden- und Hinterbliebenenunterstützungen. Die Zahlungen dafür sanken um nur 27% und ihr Anteil an den Gesamtausgaben erhöhte sich deutlich. Einen verhältnismäßig geringen Rückgang wiesen schließlich die Aufwendungen für Notfälle auf, die üblicherweise zu den Kampfmitteln gezählt wurden. Die Steigerung ihres Anteils an den Gesamtausgaben von 11 auf 18% erklärt sich daraus, daß die unter diesem Titel verwendeten Gelder nicht für gemaßregelte Arbeiter, sondern eher für Kriegsfürsorgezwecke verwendet wurden.[373]

Neben Einsparungen am Unterstützungssektor gelangen den Gewerkschaften auch weitere Ausgabenkürzungen für die Verwaltung der Organisationen und die Propaganda um ca. 35%. Insgesamt reichte jedoch die Ausgabendrosselung nicht ganz aus, um einen Verlust zu vermeiden. Der Gebarungsabgang betrug allerdings nur 15.553 K oder 0,3% der Einnahmen. Auch hatten 1915 bereits die Mehrzahl der Verbände höhere Einnahmen als Ausgaben, darunter vor allem der Metallarbeiterverband. Der Verlust wirkte sich auch nicht mehr auf das Vermögen aus, das 1915 bereits wieder um 623.000 K wuchs. Die

---

373 Vgl. DG 29/1916, S. 157.

Verbesserung des Vermögensstandes, bei dessen Einschätzung allerdings die herrschende Inflation nicht übersehen werden darf, ging zum Großteil auf das Konto der Metallarbeiterorganisation, die sich damit endgültig als die reichste etablierte.

Die positive Entwicklungslinie der Finanzen setzte sich 1916, als die Verluste bei den Mitgliedern schließlich zum Stillstand kamen, fort. Zwar wirkte sich der erst spät während des Jahres einsetzende Umschwung noch nicht auf die Einnahmen aus. Diese sanken noch um fast 7%. Unter diesen Umständen sah sich der Metallarbeiterverband ab August 1916 veranlaßt, die Einnahmen durch „Extrasteuern" den Teuerungsverhältnissen anzugleichen.[374]

Ebenso wie 1915 sanken trotz verstärkter Aktivität auch 1916 die Ausgaben stärker als die Einnahmen. Sie wiesen einen Rückgang von fast 11% auf, der durch eine Halbierung der Auslagen für Reise- und Arbeitslosenunterstützung verursacht wurde. Der Anteil der Unterstützungen an den Gesamtausgaben verringerte sich dadurch, obwohl die Zahlungen für Kranke, Invalide, bei Todesfällen und für Kriegsopfer sogar absolut anstiegen, auf 35%. Die Arbeitslosenbeihilfe machte 1916 nur mehr 6% der Gesamtausgaben aus. Höhere Leistungen in beachtenswertem Ausmaß für beschäftigungslose Arbeiter erbrachte nur die Textilarbeiterunion, deren Finanzen für diesen Zweck infolge der Rohstoffkrise um 44% mehr beansprucht wurden als 1915.

Die übrigen Ausgaben der Gewerkschaften konnten 1916 um ca. 9% gesenkt werden, und der Saldo wurde erstmals im Krieg positiv. Der Überschuß war allerdings, vor allem angesichts der Geldentwertung unbedeutend. Der Vermögenszuwachs hatte ungefähr das gleiche Ausmaß wie 1915, wobei sich die Umschichtung zugunsten der Branchenorganisationen der Kriegsindustrie fortsetzte. Die laufenden gewerkschaftlichen Einnahmen und Ausgaben waren somit entsprechend der Mitgliederbewegung in den ersten zweieinhalb Kriegsjahren auf einen Stand, der dem vor dem Entwicklungsschub der Jahre 1906/1907 entsprach, zurückgefallen, während das Vermögen im wesentlichen bewahrt wurde und 1916 bereits nominell fast den Höchststand von 1912 erreichte.

Die Aktivitäten der Gewerkschaften, die während des ersten Kriegshalbjahres auf ein Mindestmaß reduziert worden waren, nahmen unter dem Eindruck der katastrophalen Entwicklung sowohl der Organisationen als auch der Arbeitsverhältnisse im Laufe des Jahres 1915 allmählich wieder zu.[375] Der Einbruch in den Mitgliederbestand der einzelnen Verbände durch die Kriegsverhältnisse erforderte dringend die Reaktivierung des zum Teil nur mehr rudimentären Organisationsgefüges, um nicht durch den desolaten Zustand der Organisationen den Mitgliederverlust noch zu verstärken. Es wurden daher die jährlichen Ortsgruppenversammlungen einberufen[376] und vereinzelt wieder Veranstaltungen auf regionaler oder zentraler Ebene durchgeführt. Im November 1916 entschloß sich endlich auch die Gewerkschaftskommission zu einer Tagung aller ihr angeschlosse-

---

374 Vgl. ÖMA 29/1916, S. 158–159 und DG 30/1916, S. 194.
375 Ähnliches gilt auch für die deutsche sozialdemokratische Partei in Österreich. Auf Drängen vor allem der deutsch-böhmischen Landesorganisation wurden am 15. und 16. 5. 1915 und vom 25. bis zum 28. 3. 1916 Reichskonferenzen veranstaltet. Vgl. AdSP, PrPV 22. 4. 1915 und PrPV 27. 1. 1916. Vgl. auch PrPV 7. 10. 1915.
376 Vgl. z. B. ÖMA, Frühjahr 1915.

nen Verbände; am 1. 11. 1916 wurde jedoch nur eine „Reichskonferenz" und nicht der fällige reguläre Gewerkschaftskongreß abgehalten.[377]

Bei den Versammlungen gelang es auch, die 1914 stornierten Bemühungen um eine Straffung der Organisationsstruktur wieder in Gang zu setzen. Innerhalb der Wiener Metallarbeiterorganisation wurden einige der zahlreichen Ortsgruppen zusammengelegt;[378] die Verbände der Brauereiarbeiter und der Mühlenarbeiter beschlossen die Fusion und legten damit den Grundstein zur Bildung einer Gewerkschaft aller Lebens- und Genußmittelarbeiter.[379]

Zu einer Revitalisierung des Organisationslebens zwangen außerdem die wenige Monate nach Kriegsbeginn unerträglich werdende Reallohnminderung und die Arbeitsverhältnisse in der Kriegsindustrie. Schon 1915 wurde in den verschiedensten Branchen versucht, Teuerungszulagen zu erreichen. 1916 wurden diese Bemühungen verstärkt. Zur Verbesserung der tristen Arbeitsbedingungen und schließlich der schlechten Versorgung griffen die Gewerkschaften zunehmend zum Mittel der Intervention bei den Behörden. Gegen Ende des Jahres 1916 gingen die freien Gewerkschaften dann von der Beschränkung auf bloßen Interventionismus ab und begannen wieder mit Agitation unter den Arbeitern. Ein Markstein in dieser Entwicklung war die Veranstaltungsserie in den ersten Novembertagen 1916, deren Abschluß und Höhepunkt der Arbeitertag war.[380]

Die Situation der gewerkschaftlichen Organisationen war auch noch Ende 1916, besonders was den Mitgliederstand betraf, nicht günstig. Zwar war die in der Zeit unmittelbar nach dem Kriegsausbruch zu verzeichnende Lähmung der gewerkschaftlichen Aktivitäten schon 1915 gewichen, doch brachten die vorerst nur vorsichtigen Versuche einer Arbeiterinteressenvertretung noch keine großen Erfolge. Die Gewerkschaften blieben insbesondere für die neuen Industriearbeiterschichten unattraktiv. Das hing auch mit der ungewöhnlichen und guten Beschäftigungslage zusammen, die dem gewerkschaftlichen Unterstützungswesen die Anziehungskraft raubte.[381] Erst die Änderung in der Politik der Gewerkschaften, die, unter anderem, in der Abhaltung des Arbeitertages zum Ausdruck kam, brachte den Umschwung, der seine Wirkung in den folgenden Jahren entfalten konnte.

5.2.2. Die Gewerkschaften in der Kriegswirtschaft 1915 und 1916

5.2.2.1. Die Lohnpolitik der Gewerkschaften in der Hochkonjunktur

Die kriegswirtschaftliche Hochkonjunktur brachte der Arbeiterschaft keinerlei Vorteile. Der herrschende Ausnahmezustand schränkte die Bewegungsfreiheit der Arbeiter soweit ein, daß sie aus den objektiv für sie günstigen ökonomischen Verhältnissen keinen Nutzen ziehen konnten. Den Gewerkschaften blieb nur die Möglichkeit, gegen die

---

377 Vgl. DG 44/1916, S. 245–246.
378 Vgl. DG 28/1915, S. 171 und DG 34/1917, S. 187.
379 Vgl. DG 47/1915, S. 278 und DG 2/1916, S. 8.
380 1. 11. 1916: Reichskonferenz der Gewerkschaften; 2.–4. 11. 1916: Reichskonferenz der sozialdemokratischen Partei; 5. 11. 1916: Arbeitertag.
381 Vgl. DÖV 5. 8. 1916, S. 745.

Begleiterscheinungen der kriegswirtschaftlichen Hochkonjunktur, gegen Teuerung und Verknappung der Vorräte, die die wehrlose Arbeiterschaft doppelt hart treffen mußten, anzukämpfen.

Im Frühling 1915 mußten die freien Gewerkschaften ihre burgfriedliche Zurückhaltung gegeüber Lohnbewegungen aufgeben. Die Dauer des Krieges machte es unmöglich, noch länger am Verzicht auf jegliche Veränderung der Arbeitsverhältnisse festzuhalten. Wesentlicher Ansatzpunkt für den Sinneswandel war das Bekanntwerden der enormen Gewinne, die den Unternehmern und Aktionären fast aller Branchen infolge der außerordentlichen ökonomischen Verhältnisse zuflossen.[382]

Bezeichnenderweise waren es einige Ortsgruppen der Textilarbeiterunion, die sich als erste um Lohnaufbesserungen bemühten. Die Lohnbewegungen begannen also in der Branche mit den absolut niedrigsten Durchschnittslöhnen, von denen die Arbeiter bei dem gestiegenen Preisniveau nicht mehr leben konnten. Die Union begründete die Bestrebungen damit, daß Lohnzulagen den an den Militärlieferungen gut verdienenden Unternehmern keine großen Opfer abverlangten, während sich die Arbeiter vor Hunger schützen mußten.[383]

Auch „Die Gewerkschaft" konnte sich im März 1915 dieser Argumentation nicht mehr ganz entziehen und mußte zugeben, daß diese nicht nur auf die Textilindustrie zutraf, „sondern auch *für alle anderen Industrien* ..., insbesondere für jene, die Kriegsartikel erzeugen!"[384] Obwohl die Gewerkschaftszentrale damit die Berechtigung der Bemühungen der einzelnen Berufsverbände um Teuerungszulagen anerkannte, war ihre Haltung zum Lohnproblem während des Krieges noch äußerst vorsichtig. Noch Anfang Februar 1915 vertrat sie in der „Gewerkschaft" den Standpunkt, einer Umverteilung zuungunsten der Arbeiter könne erst nach Beendigung des Krieges entgegengetreten werden. „So sehen wir fast bei allen Massenkonsumartikeln die Wucherabsichten ihrer Produzenten und eine sehr beklagenswerte Lauheit der Regierung in ihrer Abwehr. Insbesondere die Arbeiterklasse leidet unerträglich viel darunter. Die Familien der vielen, vielen Tausende an Arbeitern, die im Felde stehen, denen zur Erhaltung des Lebens nur der ohnehin aufs knappste bemessene Unterhaltsbeitrag zur Verfügung steht; die nicht geringere Anzahl von Arbeitern, die sich durch die schwere Zeit oft mit reduziertem Einkommen durchschlagen müssen: sie alle spüren am deutlichsten, was es heißt, für die dringendsten Lebensbedürfnisse „Kriegspreise" zu zahlen. Ein schwacher Trost in dem schweren Leiden wäre ihnen noch die Erkenntnis, daß diese Teuerung unabwendbar, weil in den erhöhten Produktionspreisen begründet ist. Doch die Tatsache, daß dem nicht so ist, sondern daß wirklich nur der Profithunger der Produzenten diese dazu veranlaßt, die durch den Krieg geschaffene Zwangslage zur erhöhten Profitschaffung auszunützen, ist es, die so unendlich verbitternd wirkt ... Und dazu kommt noch, daß die Arbeiterschaft fühlt, sie könne nicht so wie in Friedenszeiten ihre Machtmittel anwenden, um den Beutezug der Lebensmittelproduzenten in gewohnter Art zu paralysieren. Wehrlos ist sie allen Auswucherungen aus-

---

382 Vgl. z.B. DG 5/1915, S. 29 oder DG 9/1915, S. 61.
383 Vgl. DG 11/1915, S. 83.
384 Ebd., S. 83 (Hervorhebung im Original).

5.2. Die Gewerkschaften in den Kriegsjahren 1915 und 1916

geliefert und auch schutzlos, da sich die Regierung als machtlos dagegen erweist. ... *Einen* Trost nur hat die Arbeiterschaft: Auch diese schwere Kriegszeit muß einmal zu Ende gehen und dann: kommt Zeit, kommt Rat!"[385]

Die Versuche, der Teuerung durch den Kampf um Zulagen zu begegnen, setzten die Gewerkschaften ja nicht nur dem Vorwurf der Störung des Burgfriedens sondern auch dem des Vertragsbruches aus, wenn auch von gewerkschaftlicher Seite argumentiert wurde, daß „es sich ... gar nicht um eine *Abänderung*, sondern nur um eine vom eigentlichen Lohnvertrag unabhängige, *zeitlich begrenzte* (während des Kriegs und der durch ihn bewirkten Lebensmittelteuerung) Teuerungszulage handelt."[386] Die Inflation und die außerordentlich gestärkte Position der Unternehmer hatten, wenn dies die Gewerkschaften auch noch nicht wahrhaben wollten, die Krise des Kollektivvertragswesens und damit einer bedeutenden Funktion der Gewerkschaften, die sich bereits 1913 abgezeichnet hatte, wesentlich verschärft. Während die Unternehmer häufig die Verlängerung bestehender Verträge unverändert oder mit kleinen Modifikationen durchsetzen konnten,[387] blieb den Gewerkschaften nichts anderes übrig, als immer wieder um befristete Teuerungszulagen anzusuchen. So machte der Zentralverband der Baugewerbetreibenden im Sommer 1915 die Gewährung einer Zulage mit Erfolg von der Verlängerung des erst 1916 auslaufenden Vertrages im voraus bis 1918 abhängig.[388] Die Kollektivverträge entsprachen durch diese Entwicklung nicht mehr den realen Verhältnissen; die Bestimmungen über Arbeitszeit, Pausen etc. wurden mit Hilfe des Kriegsleistungsgesetzes außer Kraft gesetzt, die Lohnhöhe bestimmte sich in immer stärkerem Ausmaß durch die Zulagen.

Erst im späteren Frühjahr 1915 schwenkte unter dem Druck der Verhältnisse auch die Gewerkschaftskommission endgültig auf die „Lohnpolitik von heute" ein. „Von allen ... verschiedenartigen Zweigen der Lohnbewegungen, die sich nicht nur lediglich (sic!) auf die Lohnfrage beschränkten ..., kann unter den heutigen Verhältnissen kaum die Rede sein. So wichtig auch heute alle jene Fragen sein mögen, die sonst neben dem Lohnproblem Sinn und Inhalt der Lohnbewegung bilden, schließlich ist das krasse Mißverhältnis, in welchen die in normalen Zeiten angestrebten und errungenen Löhne zu den Lebensmittelpreisen von heute stehen, doch das Dringendste und darum auch das Streben, auf diesem Gebiet einen halbwegs annehmbaren Ausgleich zu schaffen, das Wichtigste ... Daraus erklärt es sich auch zur Genüge, daß sie Lohnerhöhungen, und zwar zumeist in der Form von *Teuerungszulagen*, zum Inhalt haben. Der unbedingt nötige Ausgleich zwischen den hohen Lebensmittelpreisen, die in der Kriegszeit entstanden sind und die die bitterste Kriegsnot bedeuten und den für normale Verhältnisse geschaffenen Löhnen soll *sofort* bewirkt und alles andere sonst nicht minder Wichtige für die spätere normale Friedenszeit zurückgestellt werden."[389]

---

385 DG 5/1915, S. 30–31 (Hervorhebung im Original).
386 DG 17/1915, S. 113 (Hervorhebungen im Original).
387 Die kollektiven Arbeits- und Lohnverträge 1914, 1915 und 1916, S. VII–VIII.
388 Vgl. Der Bauarbeiter 24/1915, S. 1 und Der Bauarbeiter 36/1915, S. 1. Vgl. auch DG 25/1915, S. 147–148.
389 DG 22/1916, S. 125 und 126 (Hervorhebungen im Original).

5. Die Periode vom Frühjahr 1915 bis zum Herbst 1916

Diese Entwicklung schlug sich auch in einer modifizierten Einstellung zum Kollektivvertrag nieder. „So muß es ... durchaus nicht als ausgemacht gelten, daß die Träger des wirtschaftlichen Abwehrkampfes(!,M.G.) der Arbeiterklasse, die Gewerkschaften, in der mit dem Kriegsende einsetzenden neuen Wirtschaftsperiode der Form, in die sie in den letzten Jahren ihren Kampf kleideten, den Lohntarifverträgen in der bisher geförderten Gestalt, die gleiche Bedeutung beilegen werden. Es ist ganz gut eine Umgestaltung des Verhältnisses zwischen Ausbeutung und Ausgebeuteten denkbar, welche die Verträge anders wie (sic!) bisher einschätzen läßt und damit die Grundlage für anders geartete Abwehrformen bildet... Immerhin scheint es uns nicht überflüssig, darauf zu verweisen, daß die bisher geförderten Tarifverträge durchaus nicht das Um und Auf des gewerkschaftlichen Kampfes bilden und daß ganz gut aus dem Chaos von heute sich wesentlich anders geartete Gebilde dieses Kampfes entwickeln können."[390]

Der Tarifvertrag, dessen Vereinbarungen von der Stärke der Kontrahenden bei seinem Abschluß abhingen und der die Arbeitsbedingungen, besonders auch die Lohnhöhe für mehrere Jahre im vorhinein festsetzte, erwies sich bei Instabilität der Preise als ungeeignetes Mittel zur Regulierung der Arbeitsverhältnisse. Die Teuerung zwang die Gewerkschaften dauernd zu Kämpfen, um die Reallöhne jeweils nachträglich dem gestiegenen Preisniveau anzupassen. Diese durch die wirtschaftlichen Verhältnisse erzwungene Taktik erschien jedoch der Gewerkschaftsführung bedenklich. Sie übte heftige Kritik an der Konzeption einer „gleitenden Lohnskala",[391] einer Vereinbarung zwischen Unternehmern und Gewerkschaften über eine quasi automatische Angleichung der Löhne an die Preise der Konsumgüter.[392] „Die schwankende Bemessung des Vertragslohnes, beeinflußt nach den Lebensmittelpreisen, müßte ... soviel Energie der Organisation in Anspruch nehmen, daß hieraus unbedingt eine Beeinträchtigung aller anderen, nicht minder wichtigen Vertragsfragen erstehen würde; ... Auch darf nicht übersehen werden, daß der Vertragslohn auf besagter Basis ... durch die Sorge um diese Anpassung durch zu sehr das Bestreben nach einer höheren Lebenshaltung in den Hintergrund drängen würde. Der stete Kampf um den der Lebensmittel*teuerung* entsprechenden Tariflohn auf Arbeiterseite würde den Kampf der Unternehmer um die Lohnerniedrigung im – heute allerdings sehr unwahrscheinlichen! – Falle der Lebensmittel*verbilligung* auslösen; eine Verschiebung des Lohnvertragskampfes, welche sicherlich nicht im Interesse der Arbeiter und in der Tendenz ihrer Bestrebungen gelegen ist. Zugleich aber auch ein Zug zur „Gleichmacherei", die bekanntlich zu den

---

390 DG 25/1916, S. 137.
391 Vgl. DG 39/1915, S. 243. „Sliding scale" bezeichnete eigentlich ein Lohnsystem englischer und amerikanischer Kohlenarbeiter, bei dem die Löhne nach dem Preis des Produkts der Branche, also dem der Kohle, variierten. Vgl. Adolf *Braun,* Lebensmittelteuerung und Gewerkschaftsbewegung. In: Der Kampf 1. 12. 1909, S. 121.
392 Ein solcher Vorschlag hatte schon 1909/1910 zu einer Kontroverse zwischen Adolf Braun einerseits und Julius Deutsch und Julius Grünwald andererseits im „Kampf" geführt. Deutsch und Grünwald nahmen dabei die nun von der „Gewerkschaft" vorgebrachten Einwände vorweg. Vgl. Adolf *Braun,* Lebensmittelteuerung, S. 117–126; Adolf *Braun,* Die Gewerkschaften und der Kampf gegen die Teuerung. In: Der Kampf 1. 2. 1910, S. 224–230; Julius *Deutsch,* Über die Grenzen gewerkschaftlicher Macht. In: Der Kampf 1. 2. 1910, S. 219–224; Julius *Grünwald,* Über unsere Kraft. In: Der Kampf 1. 4. 1910, S. 322–326.

ältesten und meist unwahren Schlagworten gegen den Tarifvertrag gehört und gegen welche sich die Gewerkschaften von jeher mit vollem Recht energisch gewehrt haben."[393]

Die Kritik der Gewerkschaften richtete sich gegen die Fesselung aller Kräfte für die Lohnverhandlungen und gegen die Konzentration aller Bemühungen auf die Minimallöhne zuungunsten der höheren Verdienstgruppen, gegen jene Erscheinungen also, die ihnen durch die Teuerung während des Krieges unweigerlich aufgezwungen wurden. Die rapiden Reallohnverluste erforderten die Aufbietung aller Kräfte zur Sicherung der Lebenshaltung gerade der niedrigeren Lohngruppen. In der Tat ging es in den Arbeitskämpfen 1915 und 1916 ausschließlich um die Löhne. Veränderungen bei anderen Arbeitsbedingungen standen angesichts der Machtverhältnisse und der Militarisierung nicht zur Diskussion. Gleichzeitig verlor die Lohnpolitik den Charakter eines Mittels zur Verbesserung der Lage der Arbeiterschaft und hatte nur mehr die Aufgabe, das „Durchhalten" zu ermöglichen. „In der Tendenz des Alimentationsprinzipes liegt die Sicherung des Existenzminimums für die gesamte Arbeiterschaft, sei es auch auf Kosten der besser qualifizierten Gruppen. Der Erfolg dieser Lohnpolitik war eine weitgehende Nivellierung der Verdienste der einzelnen Arbeiterkategorien."[394]

Allen Bedenken zum Trotz waren die Gewerkschaften ab dem Frühjahr 1915 zu Bewegungen zur Erreichung von Teuerungszulagen gezwungen. Die Preissteigerungen dauerten schon zu lange an, als daß die Gewerkschaften, die ohnehin einen beträchtlichen Teil ihrer Attraktivität eingebüßt hatten, weiter an ihrer Stillhaltetaktik festhalten hätten können. Die Unternehmer waren durch diese Bewegungen, denen unter den herrschenden Ausnahmebedingungen nicht durch Streik oder andere Kampfmittel Nachdruck verliehen werden konnte, kaum herausgefordert, gestanden aber dennoch, schon aus Produktionsinteressen meistens geringe Teuerungszulagen zu. So konnten 1915 außer den bereits genannten Textilarbeitergruppen auch andere gewerkschaftliche Organisationen Zulagen für ihre Mitglieder erlangen. Die fortschreitende Teuerung führte 1916 zu einer weiteren Zulagenrunde. Z. B. erreichten die Wiener Tischler, die mit 1. Juni 1915 eine erste Teuerungszulage bekommen hatten, bereits im Dezember 1915 und dann wieder im Juli 1916 eine Erhöhung dieser Zulagen.[395] 1916 liefen auch viele der bestehenden Tarifverträge ab, bei deren Verlängerung auch meist höhere Zulagen ausgehandelt werden konnten.

Die Teuerung zwang auch die Staatsverwaltung, die Löhne und Gehälter ihrer Bediensteten und Beamten anzuheben. Das definitiv angestellte Personal der Staatsbahnen erhielt wie das der privaten Südbahn 1915 mehrmals Gehaltszuschüsse, die Arbeiterschaft sogenannte Konjunkturzulagen. 1916 bekamen dann alle Eisenbahner fortlaufende Teuerungszulagen, die gegen Ende des Jahres verdoppelt werden mußten.[396] Die

---

393 DG 39/1915, S. 244 (Hervorhebungen im Original). Julius Grünwald war Redakteur der „Gewerkschaft".
394 Wilhelm *Kosian*, Das Realeinkommen verschiedener Berufsgruppen des Arbeiterstandes und das der öffentlichen Beamten in Österreich in der Epoche 1910–1949 (Diss. Univ. Wien 1950) 44.
395 Vgl. DG 25/1915, S. 149; DG 49/1915, S. 285 und DG 30/1916, S. 195.
396 Vgl. DG 8/1916, S. 54 und DG 12/1917, S. 70–71.

Staatsbeamten erhielten Anfang 1916 trotz der gespannten Finanzlage Zulagen zu den Gehältern.[397]

Die Teuerungszulagen, die vom Staat als Arbeitgeber gewährt wurden, zeigten von Anfang an besonders deutlich das Alimentationsprinzip. Die Höhe der Gehaltsaufbesserungen variierte mit Familienstand und der Zahl der zu versorgenden Kinder. Die Staatsangestellten erhielten zwar keine einheitliche Zulage, doch fielen die Zulagen für die Bezieher niedrigerer Behälter relativ höher aus, womit auch hier die Bedeutung der Zuschüsse als Sicherung der Existenz betont wurde. Die Teuerungszulage für die unterste Einkommensgruppe der Beamten war prozentuell doppelt so hoch wie die für die höchste, der noch eine Aufbesserung des Gehalts konzediert wurde.

Von besonderer Bedeutung für die Lohnpolitik während des Krieges waren, wie auch auf anderen Gebieten, die Aktivitäten der Metallarbeiterschaft in den Betrieben der Rüstungsindustrie. Die Metallarbeiter gaben zwar nicht als erste die absolute Stillhaltetaktik auf, da die Löhne in ihrer Branche durch die starke Facharbeiternachfrage insgesamt noch am ehesten mit den Preissteigerungen mithielten; der Entschluß der Metallarbeitergewerkschaft im Sommer 1915 aber, Teuerungszulagen zu fordern, brach endgültig das Eis der burgfriedlich eingefrorenen Löhne.[398] Danach hörten die Lohnbewegungen in den verschiedenen Branchen und Gebieten nicht mehr auf, wobei die Aktionen und Erfolge der Metallarbeiterschaft, insbesondere in Wien, immer wieder als Beispiel und Ansporn wirkten.

5.2.2.1.1. Die Lohnbewegungen in der Wiener Metallindustrie

Die Wiener Gewerkschaftsorganisation der Metallarbeiter hatte 1913 nach größeren Schwierigkeiten einen Kollektivvertrag mit den Unternehmern sowohl der größeren Industrie als auch des Gewerbes abgeschlossen, der bis 1. März 1916 in Kraft bleiben sollte. Auch der Kriegsausbruch änderte formal nichts an seiner Gültigkeit. Die Burgfriedenspolitik bedeutete das Festhalten am Status quo und den Verzicht auf mögliche und auch notwendige Arbeitskämpfe. Eine Ausnahme in dieser Hinsicht bildete nur der Versuch des Metallwarenproduzentenverbandes im Herbst 1914, ein Versagen des vertraglich eingesetzten Schiedsgerichtes zur Lösung der Vereinbarungen zu benutzen. Auch diese Affäre konnte aber schließlich durch den Spruch eines Sonderschiedsgerichtes aus Vertretern der angerufenen Zentralbehörden sowie der Unternehmer und Arbeiter friedlich beigelegt werden.[399]

In der Wiener Metallbranche galten also die vor dem Krieg festgelegten Arbeitsbedingungen.[400] Als normale Arbeitszeit, die allerdings wegen des Arbeitermangels immer weniger eingehalten wurde, galten 53 1/2 Stunden. Überstunden mußten laut Durchführungsverordnung zum Kriegsleistungsgesetz gemäß den bestehenden Vereinbarungen abgegolten werden.

---

397 Vgl. VO des FM vom 9. 2. 1916, RGBl. Nr. 33.
398 Vgl. *Deutsch*, Gewerkschaftsbewegung 2, S. 25.
399 Vgl. DG 52/1914, S. 421–422; DG 30/1915, S. 207–208; ÖMA 51/1914, S. 397–398; AVA, MdI, Dep.7, Z. 38449, Z. 40784 und Z. 45911/1914; HM, Z. 40034 und Z. 42758/1914, Z. 7117, Z. 3899, Z. 4666, Z. 5057 und Z. 8093/1915.
400 Vgl. ÖMA 12/1913, S. 6 und ÖMA 31/1913, S. 5–6.

	Überstundenzuschlag				Sonntagszuschlag	
	bis 20 h	bis 20 h 30	bis 22 h	bis 5 h	Professionisten	75%
					Regiearbeiter	50%
Industrie	25%		75%			
Gewerbe		25%	50%	75%		

Die Löhne waren nach Geschlecht, Alter und Qualifikation des Arbeiters abgestuft. In der untersten Einkommensklasse für erwachsene männliche Arbeiter war das Minimum 40 h; ein gelernter Arbeiter verdiente ab dem dritten Gehilfenjahr mindestens 52 h in der Stunde. Professionisten, wie Werkzeugdreher und -schlosser, Schnitt- und Stanzenschlosser, Spengler oder Modelltischler erreichten mehr als 60 h. Für Frauenarbeit betrug der Mindeststundenlohn zwischen 26 und 34 h. Die Stückpreise bei Akkordarbeit mußten den Stundenlohnsätzen entsprechen. Die tatsächlich gezahlten Löhne waren zum Teil bedeutend höher. So verdiente z. B. ein Dreher als Fachkraft im Juni 1914 pro Woche 40 K.[401]

Die Löhne verloren während des Krieges rasch an Kaufkraft; die Arbeiter erlitten, obwohl sie wegen der Mehrarbeit nominell mehr verdienten, reale Einkommensverluste. Auch Lohnerhöhungen, die dank der guten Konjunktur in der Branche möglich waren, änderten an diesem Bild nicht viel. Realeinkommensverluste waren nur durch enorme Überzeitarbeit zu vermeiden.

Unter diesen Umständen mußten schließlich auch in der Metallindustrie Bemühungen um eine Teuerungsabgeltung einsetzen. Der Metallarbeiterverband, der Zentralverein der Gießereiarbeiter und der Zentralverband der Maschinisten, Heizer sowie deren Berufsgenossen richteten im Juni 1915 an die Unternehmerorganisationen und an das Militärärar eine Denkschrift, in der zur Abdeckung der gestiegenen Lebensmittelpreise Zulagen und Mindestwochenverdienste verlangt wurden.[402] Während das Militärärar noch im Juni 1915 den Arbeitern in seinen Betrieben Teuerungszulagen zugestand,[403] wiesen die privaten Unternehmer die Forderungen zunächst entschieden zurück. Diese Ablehnung wurde aber von den Arbeitern nicht mehr ohne weiteres hingenommen. In einigen Betrieben gab es stürmische Auftritte, und die Gewerkschaftsorganisation mußte die Lohnbewegung zum zweiten Thema der Reichskonferenz am 4. und 5. Juli 1915 machen, welche zur Nominierung der Beschwerdestellenmitglieder einberufen worden war.[404] In den folgenden Verhandlungen konnten dann zuerst die Unternehmer der Industrie von der Notwendigkeit außerordentlicher Lohnzulagen überzeugt werden. Der Wiener Industriellenverband konzedierte ab 24. Juli 1915 Zulagen, allerdings auf der Basis des gesamten Wocheneinkommens, nicht nur des Entgelts für 53 $\frac{1}{2}$ Stunden sondern auch für Überstunden oder Sonntagsarbeit.[405]

---

401 Vgl. *Winkler*, Einkommensverschiebungen, S. 141.
402 Vgl. AVA, SdPst Karton 130: Denkschrift des Metallarbeiterverbandes an den Bund österreichischer Industrieller, 12. 6. 1915.
403 Vgl. *Meißl*, Wandel, S. 74 (KM, Abt.7, Z. 15039/1915).
404 Vgl. ÖMA 28/1915, S. 158.
405 Vgl. DG 31/1915, S. 213.

	Gewerkschaftsforderung Basis: Lohn für 53½ Stunden			Abschluß Juli 1915 Basis: Gesamtverdienst		
pro Woche	Verdienst	Zulagen	Mindesteinkommen	Verdienst	Zulagen	Zulagen
Arbeiter	bis 50 K	6 K	unter 20 J	24 K	bis 45 K	4 K	unter 18 J	1,50 K
	50–60 K	4 K	über 20 J	30 K	45–65 K	2 K	18–20 J	2 K
Arbeiterin		3 K		20 K		2 K		

Die Unternehmerorganisation faßte die angeführten Zulagensätze als maximale auf. Sie fand sich nur bereit, die Berechtigung außerordentlicher Lohnwünsche anzuerkennen; die tatsächliche Gewährung von Teuerungszulagen und deren Ausmaß blieb den einzelnen Industriellen vorbehalten. Der Wiener Industriellenverband weigerte sich auch, eine untere Grenze für das wöchentliche Arbeitseinkommen, also ein garantiertes Existenzminimum, festzusetzen.[406] Der gewerbliche Metallwarenproduzentenverband wies zu diesem Zeitpunkt jedes Ansinnen auf Veränderung der Löhne zurück. „Die Gewerkschaft" führte dieses Verhalten auf die erst kürzlich erlittene Niederlage der Unternehmerorganisation im Streit um Kollektivvertrag und Schiedsgericht zurück.[407] Erst im Herbst 1915 wurde das Anrecht auf Zulagen prinzipiell auch im Gewerbe anerkannt.

Die allgemein nur geringen und außerdem zögernden Zugeständnisse der Unternehmer hatten zur Folge, daß die Metallarbeiterschaft oft erst lange nach Abschluß der Vereinbarungen und nur sehr geringe Zulagen bekam. Aber auch in voller Höhe reichten die Zulagen nicht aus, um die Teuerung der Konsumgüter auszugleichen. Im Jänner 1916 lagen die Preise bereits um 40% höher als im Juli 1915, sodaß wieder eine Aktion notwendig wurde. Diese neue Bewegung zur Anpassung der Löhne an die Preise fiel zusammen mit der Erneuerung des Kollektivvertrages. „Das Jahr 1916 sollte bekanntlich gleich dem Jahre 1913 nach den Intentionen der Unternehmer ein Kampfjahr erster Güte werden. Die wichtigsten Verträge waren im Jahre 1913 mit dem Ablauftermin 1916 abgeschlossen worden, und wenn es auch nach vielen Bemühungen im erstgenannten Jahre gelungen war, den größten Teil der Verträge ohne Kampf unter Dach zu bringen, so klang doch damals schon aus den Anschauungen der Unternehmer der Wunsch heraus, den Ablauf der Verträge im Jahre 1916 zur großen Abrechnung mit den Gewerkschaften zu benützen ... Der Krieg hat, wie so viele andere schöne Pläne, auch diesen zunichte gemacht. Der eiserne Zwang der Verhältnisse hat auf beiden Seiten eine Verschiebung der Kampfziele und -objekte bewirkt, und was das wichtigste von diesen, die *Löhne*, betrifft, konnten die Unternehmer aller Berufe angesichts der gewaltigen Teuerung nicht ihren sonst gewohnten, absolut ablehnenden Standpunkt einnehmen, wollten sie sich nicht aller Welt gegenüber ins offene Unrecht versetzen. Anderseits hat aber diese Teuerung die Arbeiter gezwungen, lediglich *nur* (sic!) *um die Besserung der Löhne besorgt* zu sein, alle anderen Forderungen jedoch zum größten Teil zurückzustellen."[408] Eine Vertrauensmännerversammlung faßte

---

406 Vgl. ÖMA 42/1915, S. 229.
407 Vgl. DG 31/1915, S. 213–214.
408 DG 12/1916, S. 83 (Hervorhebungen im Original).

im Dezember 1915 den Beschluß, „mit Rücksicht auf die furchtbare und sich noch immer mehr steigernde Lebensmittelteuerung bei den neuen Vertragserneuerungen das ganze Schwergewicht auf die Erhöhung der Entlohnung zu legen, und alle übrigen Punkte, wie Verkürzung der Arbeitszeit etc., mit Rücksicht auf die gesteigerte rationelle Kriegsindustrie derzeit zurückzustellen."[409]

In den Tarifvertragsverhandlungen standen somit nur Forderungen zur Diskussion, deren Berechtigung nicht prinzipiell angezweifelt wurde. Die Gewerkschaften versuchten die realen Einkommensverluste zu verringern, als die bloße Existenzmöglichkeit der Arbeiterschaft bereits in Frage gestellt schien. Der Kollektivvertrag, der eine umfassende Vereinbarung über die Arbeitsbedingungen darstellen sollte, geriet unter den herrschenden Verhältnissen zur bloßen Reaktion auf die unbeeinflußbare Entwicklung der Preise. Zur Behandlung anderer Vertragspunkte, wie Arbeitszeit, Pausen, Vertrauensleute oder Akkordarbeit befand sich die Organisation in einer zu schwachen Position. Gerade bei diesen Bestimmungen hätte sie gegen die Auswirkungen des Kriegsleistungsgesetzes ankämpfen müssen.

Der Metallarbeiterverband kündigte den Kollektivvertrag nicht fristgerecht mit 1. Dezember 1915, sondern legte informell den Unternehmerorganisationen die Revisionswünsche vor. Die Gewerkschaft forderte eine Anhebung aller Mindest- und Iststundenlöhne um 10 h, der Akkordpreise um 20%, und schließlich sollten die Frauen die gleichen Löhne wie die Männer erhalten. Der Verband richtete ja ungefähr zur selben Zeit auch eine Eingabe an den Kriegsminister betreffend die Lohnrechte der Frauen in der Kriegsindustrie. Mit diesen Abänderungen sollte der Vertrag bis 1. März 1918 gelten.[410]

Die angesprochenen Unternehmerorganisationen, Bund und Wiener Industriellenverband, lehnten alle Forderungen jedoch ab. Sie wollten der Erhöhung der vertraglich fixierten Löhne nicht zustimmen, da sie mit einem raschen Preisverfall bei Kriegsende rechneten. Gegen eine Neuberechnung der Akkordpreise sprachen ihrer Meinung nach auch technische Schwierigkeiten. Gegen eine Angleichung der Frauenlöhne wurde das Fehlen an Erfahrungen über die Verwendbarkeit und Leistungsfähigkeit der Arbeiterinnen ins Treffen geführt.[411] Die Unternehmerverbände fanden sich lediglich zu einer neuen Teuerungszulage bereit; die schwache Position der kriegsleistungspflichtigen Arbeiter machte die Durchsetzung aller weitergehenden Forderungen unmöglich.

In schwierigen Verhandlungen[412] wurde nur die Erhöhung der Teuerungszulagen in der Form vom Juli 1915 erreicht. Die Unternehmer bestanden auch bei dieser Sondervereinbarung auf der verhältnismäßig kurzen Geltungsdauer von einem Jahr, um bei einer Rückentwicklung der Preise keinen Schaden zu erleiden. Allerdings verpflichteten sie sich, die neue Zulage voll an die Arbeiter in Industrie und Gewerbe auszuzahlen. Der Vertrag von 1913 selbst bestand unverändert ebenfalls bis zum 1. März 1917 weiter.[413]

---

409 ÖMA 11/1916, S. 63.
410 Vgl. ebd., S. 63–64.
411 Vgl. ebd., S. 63–64.
412 Vgl. DG 12/1916, S. 82.
413 Vgl. ÖMA 11/1916, S. 64.

Abschluß März 1916
Basis: Gesamtverdienst

pro Woche	Verdienst	Zulagen	Zulagen	
Arbeiter	bis 50 K	6 K	unter 18 J	2 K
	50–70 K	3 K	18–20 J	3 K
Arbeiterin		2,50 K		

Für die während des Krieges immer stärker zur Industriearbeit herangezogenen Gruppen, die schon bei der ersten Teuerungszulage benachteiligt waren, fiel somit auch die zweite Lohnrunde während des Krieges absolut und relativ geringer aus als für die erwachsenen Männer, die traditionell den wichtigsten Teil der Industriearbeiterschaft bildeten. Die Zulagenpolitik änderte nichts am Lohndifferential zwischen den traditionellen Kern- und den immer wichtiger werdenden Randgruppen, bewirkte aber innerhalb der ersten überproportionale Gewinne für die kleineren Lohneinkommen.

Im ganzen gesehen waren die Lohnerhöhungen bei der Verlängerung des Tarifvertrages 1916, die ja auch die Zulagen des vorangegangenen Sommers enthielten, unbefriedigend. Sie blieben im allgemeinen auch weit hinter den Forderungen des Verbandes zurück, die zwar für alle Arbeiter in der Normalarbeitszeit eine Steigerung von nur 5,40 K gebracht hätten, aber auch für die immer stärker ins Gewicht fallende Überzeitarbeit wirksam geworden wären. Das zu geringe Ausmaß der Lohnerhöhungen machte sich durch die sich beschleunigende Teuerung noch stärker bemerkbar. Die Arbeiter in der Metallindustrie konnten ihren Lebensunterhalt nur durch enorm lange Arbeitszeit oder Akkordhöchstleistungen und selbst dann nur notdürftig sichern. Die drastisch verschärfte Ausbeutung der Arbeiter, die Verschlechterung ihrer Existenzbedingungen, die durch Pannen in der Lebensmittelversorgung noch schlimmere Ausmaße annahm, mußte sich auf die physische und psychische Disposition der Betroffenen auswirken. Trotz Ausnahmezustand und Militarisierung schwanden Loyalität und Disziplin der Arbeiterschaft. Demonstrationen und Streiks waren auch in der Rüstungsindustrie und in Wien ab Herbst 1916 mit diesen Mitteln nicht mehr zu verhindern. Die Gewerkschaften, an führender Stelle der Metallarbeiterverband, modifizierten unter diesen Umständen ihre Taktik bei Lohnbewegungen. Einerseits setzten sie mehr Druck hinter die Verhandlungen,[414] andererseits verlangten sie, beispielsweise am Arbeitertag am 5. November 1916, vehement die Ersetzung der gerade in dieser Frage hilflosen Beschwerdestelle durch entscheidungsfähige Kommissionen, die den durch das Kriegsleistungsgesetz erlittenen Machtverlust kompensieren und den Arbeitern die „gebührenden Löhne" zusprechen sollten.[415]

---

414 Vgl. ÖMA 3/1917, S. 16.
415 DG 45/1916, S. 250, Resolution Domes, Pkt. 5.

Lohnentwicklung in der Wiener Metallindustrie 1914 bis Sommer 1916[416]

	Juli 1914 (= 1)	Juli 1915 (= 1,58)			März 1916 (= 2,59)		
	(a)	(d)	(e)	(f)	(d)	(e)	(f)
A)	21,40	21,40+4	16,08	75	21,40+6	10,58	49
B)	27,82	27,82+4	20,14	72	27,82+6	13,06	47
C)	18,19	18,19+2	12,78	70	18,19+2,50	7,99	44
D)	40,00	50,00+2	32,91	82	54,00+3	22,01	55

A) ungelernter Hilfsarbeiter B) gelernter Arbeiter ab dem 3. Gehilfenjahr C) angelernte Arbeiterin D) Istlohn eines Drehers. Quelle: *Winkler*, Einkommensverschiebungen, S. 141 und 145, Fn. 19.
(a) Lohn in 53 $^1/_2$ Stunden, (d) nominell in K, (e) real in K (Basis = Juli 1914), (f) Reallohn in Prozent vom Juli 1914.

5.2.2.1.2. Die gewerkschaftlichen Reaktionen auf die Verknappung der Güter

Die prekäre Versorgungssituation der österreichischen Wirtschaft, die die staatlichen Behörden zu immer rigoroseren Interventionen veranlaßte, berührte die Gewerkschaften vorerst nur im Fall der Verknappung der Wolle, die zu neuerlicher Arbeitslosigkeit in der Textilindustrie führte.

Die Erklärung der Baumwolle zur Konterbande durch Großbritannien im Frühjahr 1915 gefährdete nach Ansicht der Gewerkschaftsführung die Kriegswirtschaft nicht. Den Bewirtschaftungsmaßnahmen der Regierung auf diesem Gebiet wurde – wenigstens nach außen hin – großes Vertrauen entgegengebracht.[417] Die Unterbeschäftigung der Textilbranche, die die Organisationen selbst schwer in Mitleidenschaft ziehen mußte, erschien als unvermeidliche Folge notwendiger, staatlicher Maßnahmen. „Diese beiden Ereignisse [die Kriegserklärung Italiens und die Erklärung der Baumwolle zur Bannware durch Großbritannien, M.G.] zwangen die Regierungen der Zentralstaaten, wollten sie den für den Kriegsverlauf unerläßlichen Wollbedarf absolut sicherstellen, zu teilweise sehr einschneidenden Maßnahmen, wie Beschlagnahme von roher und verarbeiteter Wolle, weitestgehender Produktionsbeschränkung, großzügige Sammlungen alter Wollartikel u.ä.m ... Infolge dieser voraussichtlich rechtzeitig ergriffener (sic!) Maßnahmen ist nach menschlichem Ermessen wohl ein empfindlicherer Wollmangel für Kriegs- und Heereszwecke nicht zu erwarten – um so eher aber eine sehr arge Arbeitslosigkeit in der Textilindustrie mit all ihren verelendenden Wirkungen auf die Arbeiterschaft."[418] Kritik wurde also nur an jenen Auswirkungen der Krise geübt, die das eng gefaßte Gebiet gewerkschaftlichen Einflusses betrafen. Die Gewerkschaften ließen sich nicht auf eine Diskussion der Ursachen des Mangels ein, der ja nicht nur Arbeitslosigkeit in der Textilindustrie verursachte, sondern auch die Existenzmöglichkeit der Zivilbevölkerung zunehmend in Frage stellte.

Die Erhaltung der erwerbslosen Textilarbeiter war nach Ansicht der Gewerkschaften unter den gegebenen Umständen Aufgabe des Staates. Die Kooperationsbereitschaft

---

416 Die Darstellung der Lohnentwicklung stützt sich (außer unter D) auf die jeweils vereinbarten Stunden-Tariflöhne. Die Istlöhne dürften davon z.T. erheblich abgewichen sein.
417 Vgl. DG 37/1915, S. 235–236.
418 DG 41/1915, S. 251.

sowohl der Verwaltung als auch der Unternehmer in dieser Frage ermöglichte es der Gewerkschaftsführung sogar, der durch die Kriegsumstände bedingten Arbeitslosigkeit positive Aspekte abzugewinnen. „Das Problem der öffentlichen Arbeitslosigkeitsfürsorge ringt sich ... in Österreich nur außerordentlich schwer durch. Nun mußte der schreckliche Krieg kommen, um (sic!) damit es erwiesen werde, daß es auf die Dauer mit der vollständigen Ignorierung der Bedeutung dieses Problems für den Staat und die Regierung doch nicht geht. Allerdings ist's ein trauriger Ausnahmezustand, wie ihn die Menschheit hoffentlich ein zweites Mal nicht mehr erlebt, der diese Erkenntnis gezeitigt. Aber eine Ausnahme von der Regel ist *jede* Störung der ordnungsgemäßen Produktion, die die Arbeitslosigkeit schafft, jede unfreiwillige Arbeitslosigkeit an sich überhaupt. Deshalb wird die nun auch der Staatsverwaltung und den Unternehmern erkennbar gewordene Notwendigkeit der angeregten Behandlung des Arbeitslosenproblems in der Textilindustrie nicht ohne Wirkung in der Zukunft bleiben."[419]

Eine eigenartig distanzierte Haltung nahmen die freien Gewerkschaften weiterhin zur Frage der Lebensmittelversorgung ein. Nachdem dieses Problem in seinen Anfangsphasen ignoriert worden war, beschränkten sich die Gewerkschaften in der Folge auf jene Aspekte, die mit dem Arbeitsverhältnis in enger Verbindung standen, auf die durch die Teuerung verursachten Reallohnverluste.

Als Ursache der Preissteigerungen wurde das unpatriotische Verhalten der Produzenten und Händler angesehen. „Wahrlich, der Krieg ist eine glückliche, segenbringende Zeit – für alle Wucherer, die es verstehen, aus der Not des Volkes, das er mit sich bringt, die märchenhaftesten Profite herauszuschlagen. Versuchen es die Arbeiter, in einer bescheidenen Lohnerhöhung den Ersatz für all diese Wuchereien zu finden – so gelten sie als unersättlich und unpatriotisch. Anders natürlich heißt es bei den Fabrikanten und Händlern. Hier ist es eine vollkommen zulässige Ausnützung der Konjunktur, die zu bekritteln keinem honetten Menschen einfällt."[420] Die freien Gewerkschaften kritisierten die Versuche, die Situation zuungunsten der Arbeiter auszunutzen, nicht aber den „Burgfrieden" und den Krieg, die die Grundlage der verschärften Ausbeutung bildeten.

Die Tatsache, daß mit den vorhandenen Mengen an Nahrungsmitteln eine befriedigende Versorgung nicht möglich war, blieb unausgesprochen. Die freien Gewerkschaften beteiligten sich weiterhin nicht an den verschiedenen Konsumentengremien, die sich immer wieder um rechtzeitige Maßnahmen gegen Versorgungsengpässe bemühten. Auch die sozialdemokratische Partei entwickelte 1915/16 auf dem Gebiet der Approvisionierung keine stärkeren Initiativen, obwohl dies von der Basis öfters vehement gefordert wurde; der Parteivorstand hielt die aktuellen Schwierigkeiten für nicht behebbar.[421] Seine Aktivitäten beschränkten sich auf einschlägige Resolutionen auf den beiden Reichskonferenzen im Mai 1915 und im März 1916.[422] Im Gegensatz zu dieser Problemverdrän-

---

419 Ebd., S. 252 (Hervorhebung im Original).
420 DG 18/1915, S. 121.
421 Vgl. AdSP, PrPV 29. 7. 1915 und PrPV 7. 10. 1915.
422 Vgl. AdSP Protokoll der Reichskonferenz der deutschen sozialdemokratischen Arbeiterpartei in Österreich, 15. und 16. 5. 1915 und Beschlüsse der Reichskonferenz der deutschen sozialdemokratischen Arbeiterpartei in Österreich, Wien 25. bis 28. 3. 1916 (Pkt.3: Handelspolitik, Ausgleich).

gung scheint schon im Herbst 1915 von einem beträchtlichen Teil der Mitglieder die Lösung der Versorgungsprobleme nur mehr durch die Wiederherstellung friedlicher Verhältnisse erwartet worden zu sein.[423]

Nach Ansicht der Gewerkschaften beruhten die Versorgungsschwierigkeiten in erster Linie auf Schwächen der Organisation und der Verteilung, die in besonderem Maße die städtische Arbeiterbevölkerung trafen. Diese Haltung kam noch anläßlich der Gründung des Lebensmittelverbandes der Kriegsleistungsbetriebe Wiens zum Ausdruck. Die freien Gewerkschaften wünschten, daß die Übel, die der Krieg mit sich brachte, von allen Bevölkerungsteilen gleichermaßen getragen und nicht einseitig auf die Arbeiterschaft abgeschoben würden. Aktiv wurde die Gewerkschaftsführung allerdings erst, als die Zustände sich unmittelbar auf das Arbeitsverhältnis und die Arbeitsbedingungen auszuwirken begannen. Erst als die mangelhafte Versorgung mit Nahrungsmitteln zu Produktionsstörungen führte, die Arbeiter in ihrem Verdienst geschädigt wurden und Streikaktionen ankündigten, wurde sie zum Gegenstand gewerkschaftlicher Politik.[424]

5.2.2.2. Die freien Gewerkschaften und die Verhältnisse in der Kriegsindustrie

5.2.2.2.1. Kriegsleistungsgesetz und Beschwerdestelle

Es waren die immer deutlicher werdenden Auswirkungen des Kriegsleistungsgesetzes, die die freien Gewerkschaften zu Modifikationen an der zu Kriegsbeginn eingeschlagenen Politik veranlaßten. Während sich die Arbeiterorganisationen sowohl christlicher als auch deutschnationaler Richtung gerade auf diesem Gebiet jeglicher Initiative enthielten,[425] mußten die sozialdemokratischen Gewerkschaften unter dem Druck ihrer Anhängerschaft ihre Haltung modifizieren.

Die führende Rolle bei der Entwicklung der gewerkschaftlichen Kriegspolitik kam wegen der zentralen Stellung seiner Mitglieder im Rahmen der Rüstungsindustrie dem Verband der Metallarbeiter zu. Unter dem Eindruck der kompensationslosen Entrechtung der Arbeiter durch das Kriegsleistungsgesetz war diese Organisation im Frühjahr 1915 gezwungen, ihre burgfriedliche Einstellung zu revidieren. Unter den herrschenden Umständen konnte sie einer Auseinandersetzung mit den Unternehmern nicht länger aus dem Wege gehen, ohne die Loyalität ihrer Mitglieder zu verlieren. Der Metallarbeiterverband befand sich im Dilemma zwischen einer immer unzufriedener werdenden Basis und dem Gebot des Burgfriedens, der die ohnedies entrechtete Arbeiterschaft auch noch der letzten Hilfsmittel beraubte. Einen Ausweg fand die Organisation in der Wendung an die Staatsverwaltung, insbesondere auch an die militärischen Zentralstellen, um den Interessen der Arbeiter Gehör zu verschaffen. Immer neue Eingaben und häufige

---

423 Vgl. AdSP, PrPV 7. 10. 1915 und PrPV 14. 10. 1915.
424 Vgl. DG 43/1916, S. 242–243.
425 Vgl. z.B. Die christlich-soziale Arbeiterschaft und der Krieg. Forderungen und Vorschläge zu den wirtschaftlichen und politischen Fragen (Wien 1918). Die deutsche Gewerkschaft 1/1917 und Die deutsche Gewerkschaft 2/3/1917. Die christlichen und deutschnationalen Gewerkschaften beschäftigten sich zwar während des Krieges mit den Problemen der Ernährung und der Teuerung, der Löhne und der Sozialgesetzgebung, nicht aber mit jenen der Arbeitsverhältnisse.

Interventionen sollten auf die berechtigten Wünsche der Arbeiter aufmerksam machen und den Staatsapparat zum Einschreiten zu ihren Gunsten veranlassen. „Domes mit Seitz und Ellenbogen belagerten kontinuierlich das Kriegsministerium und erreichten ab und zu doch einige Erfolge."[426] Die Eingaben und Vorsprachen bezüglich der Mißstände in den Kriegsleistungsbetrieben beeinflußten die Haltung der Militärbürokratie zur Arbeiterfrage und führten schließlich auch zur Errichtung der Beschwerdestelle.

Die Argumentation des Metallarbeiterverbandes betonte die unhaltbare Lage der Arbeiterschaft, die auf ihre Kampfmittel verzichten mußte, während die Unternehmer diesen Umstand für sich ausnutzten. In dieser Situation lag es nach Ansicht der Organisation im Eigeninteresse des Staates, den hilflosen Arbeitern zum Recht zu verhelfen, da nur so einerseits der notwendige Einsatz der Arbeiter in der Produktion gesichert und andererseits eine Bereicherung der Unternehmer auf Kosten der Allgemeinheit verhindert werden könne. Um Erfolg zu haben mußte der Verband seine Taktik auch den Mitgliedern gegenüber verändern. Zur Loyalitätssicherung mußten die Eingaben und Interventionen den Arbeitern zur Kenntnis gebracht und propagandistisch verwertet werden, soweit es die Zensur erlaubte.

Die Vorgangsweise und Absichten des Metallarbeiterverbandes, wie auch die Einstellung der Staatsverwaltung zur Gewerkschaftspolitik im Krieg kamen sehr deutlich in einer Kontroverse zwischen der Organisation und der Staatspolizei zum Ausdruck, die wohl den spektakulärsten Repressionsversuch gegen eine (deutsche) Gewerkschaft während des ersten Weltkrieges darstellte.

Der österreichische Metallarbeiterverband wurde am 16. Februar 1916 über Auftrag des Innenministeriums und der niederösterreichischen Statthalterei durch die Polizeidirektion Wien wegen staatsgefährdender Aktivitäten verwarnt und mit der Auflösung bedroht. Anlaß waren Vorkommnisse bei zwei Veranstaltungen des Verbandes im Rahmen seiner Aktionen gegen die mißbräuchliche Auslegung des Kriegsleistungsgesetzes bzw. die Vorenthaltung der Teuerungszulage vom Juli 1915. Bei einer Versammlung am 9. August 1915 waren die Teilnehmer aufgefordert worden, insbesonders auch Verstöße der militärischen Leiter in den Kriegsleistungsbetrieben der Organisation zur Kenntnis zu bringen, und in einer Betriebsversammlung der Firma Weipert in Stockerau hatte angeblich der Wiener Funktionär Josef Wiedenhofer den Austritt aller Arbeiter angedroht, falls ihnen die geforderte Lohnerhöhung verweigert werde.[427] Gegen die erhobenen Vorwürfe und die angedrohten Sanktionen verwahrte sich der Metallarbeiterverband in einer durch Franz Domes persönlich dem Innenminister Hohenlohe überreichten Denkschrift,[428] die die Motive der Organisation, ihre Stillhaltepolitik im Hinblick auf die Verhältnisse in der Kriegsindustrie aufzugeben, enthüllte.[429]

Sein Recht, die Arbeiter zu Beschwerden aufzufordern, verteidigte der Metallarbeiterverband mit der Notwendigkeit, „durch vereinzelte Mißgriffe leicht zu weckende Disziplinwidrigkeiten im Keime [zu] ersticken." Er verstand sich als Ordnungsfaktor

---

426 Der Aufstieg, S. 53.
427 Vgl. AVA, MdI, Dep. 8, Z. 11256/1916, Eingabe des Metallarbeiterverbandes.
428 Vgl. DG 25/1916, S. 139.
429 Vgl. AVA, MdI, Dep. 8, Z. 11256/1916, Eingabe des Metallarbeiterverbandes.

innerhalb der Kriegsindustrie mit der Aufgabe, die Interessen der recht- und machtlosen Arbeiterschaft zu schützen, um diese von Abwehrhandlungen gegen das System der kriegsindustriellen Arbeitsbeziehungen abzuhalten. „Wir standen nun vor der schwierigen, nur mit genauer Sachkunde und Kenntnis der Psychologie des Arbeiters lösbaren Aufgabe, sowohl dem allgemeinen Interesse, als auch dem Interesse der Arbeiter zu dienen, einerseits alles hintanzuhalten, was die Produktion behindern konnte, andererseits dafür Sorge zu tragen, daß die Arbeiter in ihren Rechten nicht beeinträchtigt, daß sie insbesondere nicht im Privatinteresse irgend eines Unternehmers verkürzt werden." Der Verband versuchte den Arbeitern klarzumachen, „daß sie zunächst ihre Pflicht ruhig und beharrlich erfüllen müssen und daß es unsere [des Metallarbeiterverbandes, M. G.] Sache ist, wenn ihnen von welcher Seite immer ein Unrecht geschieht, dafür Sorge zu tragen, daß das k. u. k. Kriegsministerium Abhilfe schaffe."

Ein wesentlicher Grund zur Unzufriedenheit der Arbeiterschaft war die verschärfte Ausbeutung, die den Unternehmern aufgrund der Machtkonstellation des Kriegsleistungsgesetzes ermöglicht wurde. „Und wieder war es der jetzt verwarnte und mit der Auflösung bedrohte Metallarbeiterverband, der sich alle Mühe gab, die Arbeiter größerer Betriebe zu beruhigen, sie zur Fortsetzung ihrer für den Staat und die Gesamtheit wichtigen und dringenden Arbeiten zu veranlassen". Gleichzeitig müsse aber die Organisation hartnäckig von den zuständigen staatlichen Stellen verlangen, die Verstöße der Unternehmer gegen die Rechte der Arbeiter einzudämmen. Die Kriegsverwaltung habe seine Forderungen auch immer objektiv geprüft und Schutzmaßnahmen, wie die Durchführungsverordnung zum Kriegsleistungsgesetz, die Errichtung der Wiener Beschwerdestelle oder durch das Beispiel der militärärarischen Betriebe,[430] getroffen. Es wurde auch darauf hingewiesen, daß die Durchführungsverordnung vom 14. November 1914 die Lohnrechte der Arbeiter garantierte, sodaß die Wiedenhofer zur Last gelegte Äußerung nicht ungesetzlich war. Die Lohnforderungen der Arbeiter tangierten keine staatlichen sondern nur private Interessen. Die Gewerkschaft berief sich somit auf die Essenz des „Burgfriedens", den absoluten Vorrang staatlicher Zwecke, und behauptete, daß diese gerade durch die Vorgangsweise der Unternehmer gefährdet werden. Die ungestörte Produktion sei nur durch besonnene Vertretung der Arbeiterinteressen, wie sie der Verband pflegte, garantiert.

Diese Argumentationsweise charakterisierte schon die ersten Denkschriften über die Mißstände in der Kriegsindustrie[431] und wurde von der Gegenseite auch sofort durchschaut. Die Hauptstelle versuchte immer wieder, einem Erfolg der gewerkschaftlichen Strategie durch Betonung der Unverläßlichkeit und Disziplinlosigkeit der Arbeiterorganisationen entgegenzuwirken.[432]

Die staatlichen Stellen waren in der hochkonjunkturellen Phase 1915/16 gezwungen, den Forderungen des Metallarbeiterverbandes wenigstens ein Stück entgegenzukommen. Das Kriegsministerium entschloß sich trotz aller Unternehmerproteste zur Einführung

---

430 1916 wünschte das KM, daß die militärärarischen Betriebe in sozialpolitischer Hinsicht Musterbetriebe seien. Vgl. *Meißl*, Wandel, S. 7 (KM, Abt.10, Z. 204464 res/1916).
431 Vgl. ÖMA 11/1915, S. 55–57.
432 Vgl. KA, KM, Abt.7, Z. 26358/1915, Schreiben der Hauptstelle 8. 4., 29. 5. und 6. 7. 1915.

eines Beschwerderechtes der Arbeiter und rekurrierte sogar in seinem diesbezüglichen Informationsschreiben an die Hauptstelle ansatzweise auf die Argumentation der Gewerkschaft.[433] In der Verwarnungscausa nahm der Innenminister offensichtlich zur Kenntnis, daß die Metallarbeitergewerkschaft „rastlos bemüht [war], das soziale Niveau der Arbeiterklasse zu heben und dadurch auch mittelbar der Allgemeinheit und dem Staate [diente]"; er wurde sich bewußt, „was das heißt, einer Organisation vom Range des österreichischen Metallarbeiterverbandes mit der Auflösung zu drohen."[434] Das Ressort ließ die Verwarnung durch die Statthalterei mit der offiziellen Begründung zurückziehen, daß sich die Organisation keine weiteren Vergehen habe zuschulden kommen lassen.[435] In der internen Behandlung, allerdings, meinte das Innenministerium, die Verwarnung durch die Statthalterei sei überhaupt „auf eine vielleicht im Drange der Geschäfte unterlaufene mißverständliche Auslegung des bezogenen h. o. Erlasses zurückzuführen."[436] Als schließlich im September 1916 der frisch installierte „Inspizierende der militärischen Leiter und der Betriebe, welche für die Heeresverwaltung arbeiten", Generalmajor von Putz, forderte, den Arbeitern den Rückhalt durch ihre Organisationen zu nehmen und, obwohl selbst die Beobachtung durch das Kriegsüberwachungsamt keine Handhabe lieferte, wieder Repressionsmaßnahmen gegen den Metallarbeiterverband zu ergreifen, winkte das Innenministerium im Einverständnis mit der Kriegsverwaltung ab. „Der österr. Metallarbeiterverband ist eine weit ausgedehnte Organisation, welcher ein sehr bedeutendes Kontingent aller in der Metallindustrie beschäftigten Personen angehört. Sein Einfluß auf diese Gruppe ist ein großer. Grundsätzlich wäre daher eine Maßregelung dieses Vereines nur dann in Aussicht zu nehmen, wenn zwingende Erwägungen für eine solche sprechen, zumal eine hiedurch hervorgerufene Gärung unter den Elementen der Metallindustrie unter den jetzigen Umständen unbedingt vermieden werden muß."[437]

Die Änderung der gewerkschaftlichen Politik seit Anfang 1915 hatte also einigen Erfolg. Die staatliche und die Militärbureaukratie anerkannten die Ordnungsfunktion der Arbeiterorganisation und versuchten, deren Einflußchancen durch die Einbeziehung in die Beschwerdestelle zu nutzen und dadurch die Arbeiterschaft zu befrieden. Der Metallarbeiterverband selbst bemühte sich, seine Position in der Beschwerdestelle dadurch zu festigen, daß er seine Mitglieder in disziplinierender Absicht anwies, Klagen nicht selbständig an die Beschwerdestelle zu richten, sondern zuerst der Bezirksleitung zur Begutachtung und Formulierung vorzulegen. „Im Interesse der Achtung unserer Organisation ist es geboten, nur solche Beschwerden der Kommission vorzulegen, die auch von vornherein Aussicht haben, im Sinne der Beschwerdeführer erledigt zu werden, wobei alle unnötigen Kleinlichkeiten beiseite gelassen werden sollen."[438]

---

433 Vgl. ebd., 2) An die Hauptstelle.
434 AVA, MdI, Dep. 8, Z. 11256/1916, Eingabe des Metallarbeiterverbandes.
435 Vgl. ebd. und AVA, MdI, Dep. 8, Z. 21105/1916.
436 AVA, MdI, Dep. 8, Z. 11256/1916.
437 AVA, MdI, Dep. 8, Z. 47993/1916.
438 ÖMA 1/1916, S. 4. Vgl. auch ÖMA 25/1915, S. 146.

Voraussetzung für den Erfolg sowohl der gewerkschaftlichen als auch der staatlichen Absichten war das Funktionieren des Beschwerdewesens und dessen Erweiterung auf das gesamte Staatsgebiet. Denn nur in diesem Fall konnte es gelingen, die Arbeiter durch die Schaffung erträglicher materieller und rechtlicher Verhältnisse zu beruhigen und damit wiederum die Legitimation für eine staatliche Arbeiterpolitik unter Einbeziehung der Gewerkschaften zu liefern. Die geringen Resultate aus dem Experiment der Wiener Beschwerdestelle, während sich die Lebensbedingungen drastisch verschlechterten, konnten nicht verhindern, daß der Unmut der Arbeiter weiter zunahm und sich immer häufiger in Streiks äußerte. Die Gewerkschaften wurden im Zuge dieser Entwicklung zu einer radikaleren Vertretung der Arbeiterinteressen gedrängt, wollten sie die erreichten Positionen halten. Symptomatisch für diese neuerliche Änderung in der Gewerkschaftspolitik während des Weltkrieges, die sich ab Sommer 1916 immer deutlicher abzeichnete, war die an die staatlichen Autoritäten gerichtete Drohung, jede Verantwortung für das Verhalten der Arbeiter abzulehnen, also die Drohung mit Massenunruhen und Streiks, falls die gestellten Forderungen nicht erfüllt wurden.[439] Die Staatsverwaltung konnte zu dieser Zeit und bei der herrschenden Unzufriedenheit unter der Arbeiterschaft auf den Ordnungsfaktor Gewerkschaft nicht mehr verzichten.

5.2.2.2.2. Die Gewerkschaften und die Frauenarbeit in der Kriegsindustrie

Die massenhafte Heranziehung von Frauen, um die Rüstungsproduktion zu erweitern und die zum Heeresdienst verpflichteten Männer zu ersetzen, veränderte die Zusammensetzung der Industriearbeiterschaft in einer für die Gewerkschaften ungünstigen Weise. Die Frauen bildeten in der Mehrzahl der Organisationen schwache Minderheiten und standen den die qualifizierten, männlichen Arbeiter repräsentierenden Gewerkschaften insgesamt wenig aufgeschlossen gegenüber.

Die Führung der freien Gewerkschaften mußte sehr bald ihre Ablehnung von Frauenarbeit während des Krieges überhaupt, die unter dem Eindruck der Massenarbeitslosigkeit bei Kriegsbeginn stand,[440] aufgeben. In einem zweiten Schritt wurde die große Beschäftigung von Frauen, „die künstliche Züchtung der Frauenarbeit"[441] durch den Krieg konstatiert,[442] stellte allerdings kein aktuelles Problem dar. Der außerordentlich hohe Beschäftigungsgrad der Frauen galt als vorübergehendes Provisorium, das nach Meinung der Gewerkschaftsführung keiner besonderen Beachtung bedurfte.[443] Solange der Krieg andauerte, waren die Frauen für die Produktion unabdingbar und keine Konkurrenz für die traditionelle, männliche Arbeiterschaft. Spezifische Fragen der Frauenerwerbsarbeit gerade unter den schwierigen allgemeinen Lebensverhältnissen des Krieges blieben meist außerhalb der gewerkschaftlichen Überlegungen. Eine Ausnahme bildete hier nur der Vorstoß des Metallarbeiterverbandes mit seiner Denkschrift über die

---

439 Vgl. z. B. AVA, MdI, Präs. Z. 23074/1916 (Metallarbeiterversammlung am 27. 9. 1916 in Wien) oder AdSP, Auszug aus dem Protokoll des Arbeitertages am 5. 11. 1916.
440 Vgl. DG 33/1914, S. 341–342.
441 DG 2/1916, S. 5.
442 Vgl. DG 24/1915, S. 143–145 und DG 43/1915, S. 261–262.
443 Vgl. DG 41/1916, S. 233.

Lohnrechte der Arbeiterinnen, in der er sich auch den Forderungen von Frauenvereinen nach allgemeinen Schutzmaßnahmen anschloß.[444]

Die freien Gewerkschaften nahmen aber doch an, daß die Arbeiterinnen bei Wiederkehr normaler Verhältnisse nicht mehr vollständig aus den Positionen, in die sie jetzt einrückten, verdrängt werden könnten. Als Folgen wurden eine Behinderung des Emanzipationskampfes der Arbeiter und neue Probleme für die Gewerkschaftspolitik befürchtet. Die Gefahr drohte konkret in Gestalt des Lohndruckes durch die billigere Frauenarbeit. „Denn prinzipielle Gegner der Verwendung von Frauen in der Industrie sind die modernen Gewerkschaften selbstverständlich nicht. Wogegen sie sich nur stets zur Wehre setzen und was auch in der Zukunft ihre Gegnerschaft hervorrufen muß, ist das Streben, auf Kosten der Existenzbedingungen der Arbeiterklasse überhaupt, der Gesundheit der Proletarierfrauen im speziellen, die männliche Arbeitskraft durch die weibliche systematisch zu verdrängen. Zu den vielen ernsten Aufgaben, die in der Zukunft der Gewerkschaften harren, gehört auch die, auf diesem Gebiet das zweckentsprechende Gleichgewicht herzustellen."[445]

Die freien Gewerkschaften betrachteten die Frauenarbeit als nicht unterdrückbares, weil für das Einzelkapital rentables Phänomen, das die normale Struktur der Arbeiterschaft und, unter Umständen, auch die Volkswirtschaft stören konnte. „Alle die unleugbaren Nachteile, welche die vermehrte Frauenarbeit auch für die ungestörte Produktion mit sich bringt, werden in den Augen des nur um seinen Profit und um sonst nichts bekümmerten Unternehmers aufgehoben dadurch, daß die Frauenarbeit gegenwärtig noch *billiger* ist als die der Männer ... Diese Argumentation mag mit den wahren Interessen der Industrie im striktesten Widerspruch stehen; ihre praktische Anwendung mag die regelmäßige und zweckdienliche Produktion noch so sehr behindern, sie mag kleinzügig wie immer sein: da Großzügigkeit nie zu den Tugenden der österreichischen Industriellen gehörte und da trotz aller guten Vorsätze von einem „neuen Österreich" wohl auch nach dem Kriege sich nicht allzuviel auf diesem Gebiete ändern wird, ist mit dieser Argumentation und ihrer Anwendung für die Zukunft ... mit einiger Bestimmtheit zu rechnen."[446]

Die Aufgabe der Gewerkschaften war es, durch gesteigerte Organisierungsanstrengungen[447] die Frauen in die bestehenden Strukturen zu integrieren und ihnen keine Sonderstellung zuzugestehen. Angesichts der wachsenden Beschäftigung von Frauen wurde es für die Gewerkschaften notwendig, „sich beizeiten, um nicht unliebsame Störungen ihrer normalen, der Regelung der Arbeitsverhältnisse gewidmeten Tätigkeit zu erfahren, um die Anpassung der *vermehrten* Frauenarbeit an diese ihre Tätigkeit zu bekümmern."[448] Dieser Standpunkt, die besonderen Probleme der Arbeiterinnen den vermeintlich allgemeinen der männlichen Arbeiterschaft unterzuordnen, kam auch in der Auseinandersetzung der Gewerkschaftskommission mit dem Aufruf des Kriegsministeriums an die

---

444 Vgl. ÖMA 7/1916, S. 42–43.
445 DG 24/1915, S. 145.
446 DG 18/1916, S. 109 (Hervorhebung im Original).
447 Vgl. DG 2/1916, S. 5–7 und DG 5/1916, S. 25–27.
448 DG 18/1916, S. 109 (Hervorhebung im Original).

5.2. Die Gewerkschaften in den Kriegsjahren 1915 und 1916

Frauen, Industriearbeit anzunehmen, vom Dezember 1915 zum Ausdruck. Die Gewerkschaftsführung sprach den Frauenorganisationen, die den Erlaß wohlwollend aufgenommen, aber auch Begleitmaßnahmen verlangt hatten, das Recht und die Fähigkeit ab, zum Thema Frauenarbeit Stellung zu nehmen.[449] „Wir meinen schon, daß man über die Berufs- und Arbeitsschulung, die Leistungsfähigkeit, die Lohnfragen und ähnliches mehr der Arbeiterinnen weit eher ins reine käme, wenn man mit der zuständigen *Gewerkschaft* statt mit irgendeinem bürgerlichen Frauenverein die nötigen Beratungen pflegen würde. Schließlich handelt es sich doch bei alledem nicht um *Geschlechts-* sondern um *Arbeiter*fragen. Und da glauben wir, daß der Vertreter der Gewerkschaft des betreffenden Berufes weit eher in der Lage sein wird, zweckdienliche Vorschläge zu machen, als die Vertreterin eines aller industriellen Arbeit fernab liegenden Vereines, die als Befähigungsnachweis für ihr Amt nichts anderes beizubringen hat als die Gleichgeschlechtlichkeit mit jenen, über deren Wohl und Wehe sie nun mitberaten soll. Es könnte unseres Erachtens der Durchführung der Pläne der Heeresverwaltung nur dienlich sein, wenn diese mehr als Sache des Berufes und weniger als ein Spezifikum der Frauen, um welches sich sonst niemand zu bekümmern habe, betrachtet und behandelt werden würde."[450]

Die Sorge der Gewerkschaftsführung, durch die steigende Beschäftigung der Frauen in neue Schwierigkeiten zu kommen, hatte einen realen Hintergrund. Während z.B. nach Ausweisen von Versicherungen die Zahl der in der Wiener Großindustrie arbeitenden Frauen während des Jahres 1915 um 21,8% stieg, sank die Zahl der Frauen in den Wiener Organisationen ingesamt um 7%, und auch der Metallarbeiterverband verzeichnete eine Zunahme an weiblichen Mitgliedern von nur 14,6%.[451] Für die Gewerkschaftskommission waren die relativ geringen Organisierungserfolge unter den Frauen zwar auf zu geringe Anstrengungen der einzelnen Verbände zurückzuführen, sie weigerte sich selbst aber ebenso, der Frauenarbeit und ihrer Behandlung einen eigenen Stellenwert einzuräumen.

Forderungen Adelheid Popps in der Arbeiterzeitung nach einer regeren, auf die Arbeiterinnen abgestimmten Agitation[452] begegnete sie mit der Feststellung, die gewerkschaftlichen Bemühungen um die Frauen müßten sich streng im Rahmen der durch die langen Erfahrungen mit den Arbeitsverhältnissen der Männer gezogenen Grenzen halten. Adelheid Popps Vorstellungen wurden als „geschlechtlicher Separatismus" diffamiert.[453] „Der Lohnarbeiter wird nicht ausgebeutet als Deutscher oder als Tscheche, nicht als Christ oder Jude, aber auch nicht *als Mann* oder *als Frau*, sondern lediglich immer *nur* (sic!) *als Lohnarbeiter*."[454] Diese Einstellung, die noch dazu im wesentlichen als ein Programm für die Zukunft anzusehen war, ging an den aktuellen Problemen der Arbeiterinnen, der krassen Ausbeutung und der vielfachen Belastung, vorbei und war für

---

449 Vgl. DG 51/1915, S. 291–292. In dem Artikel finden sich auch generell frauenfeindliche Bemerkungen.
450 Ebd., S. 292 (Hervorhebungen im Original). Vgl. auch DG 34/1916, S. 209–211 und DG 35/1916, S. 213–214.
451 Vgl. DG 18/1916, S. 110; DG 28/1915, S. 171 und DG 29/1916, S. 165.
452 Vgl. AZ 20. 8. 1916, S. 2–3. Vgl. auch die Replik Huebers in der AZ 23. 8. 1916, S. 2–3.
453 Vgl. DG 35/1916, S. 213–214.

die Gewerkschaften selbst gefährlich. Denn die Frauen erwiesen sich als ein sehr unruhiges Element der kriegsindustriellen Arbeiterschaft, das die Effektivität der Gewerkschaften als Ordnungsfaktor in Frage stellen konnte.[455]

5.2.3. Die Gewerkschaften und die Probleme der zukünftigen Friedenswirtschaft

Die Dauer der außergewöhnlichen Verhältnisse veranlaßten auch die Gewerkschaften zu Überlegungen über die zukünftige Gestaltung der Organisationen und die Verhältnisse, unter denen sie nach Friedensschluß zu wirken haben würden. Diese Überlegungen betrafen während der Jahre 1915 und 1916 vor allem drei Fragenkomplexe: erstens die Wirtschaftsverfassung, zweitens die Stellung des Staates zur Arbeiterschaft und die Sozialpolitik, drittens schließlich die adäquaten organisatorischen Maßnahmen, um die Arbeiterinteressen wirksam vertreten zu können.

Die freien Gewerkschaften waren sich darüber im klaren, daß der Kapitalismus gestärkt aus dem Krieg hervorgehen würde und daß die Arbeiterklasse an Terrain verloren hatte. Sie hofften jedoch, daß die Wiederherstellung der normalen Verhältnisse dazu benützt werden würde, die österreichische Wirtschaft auf neue, entwicklungsfähige Grundlagen zu stellen.

Eine bedeutende Rolle spielte auch für die Gewerkschaften die von den verschiedensten Interessengruppierungen diskutierte Annäherung Österreich-Ungarns an das Deutsche Reich, die Fortsetzung der kriegerischen Allianz auf wirtschaftlichem Gebiet im Frieden. Prinzipiell vertraten sie die Abschaffung aller Zollschranken, unter den tatsächlich gegebenen Voraussetzungen „den goldenen Mittelweg ...", die aus der Zollfreiheit oder auch nur aus der Zollminderung erstehenden treibenden Entwicklungstendenzen der heimatlichen Industrie nicht verkümmern zu lassen, anderseits aber einzelne Industriezweige des unleugbar für eine gewisse Zeit nötigen Schutzes ihrer Entwicklung nicht zu berauben."[456] Der vorbehaltlose „Anschluß" erschien wegen des ungleichen Entwicklungsstandes der österreichischen und der deutschen Wirtschaft noch nicht möglich; er erforderte erst die „Anpassung" Österreich-Ungarns,[457] die aber für eine gedeihliche Entwicklung als notwendig erachtet wurde. „Wie immer der gegenwärtige Krieg ausgehen und das Verhältnis zu Ungarn sich gestalten mag: so wie bisher kann es nicht bleiben und wird es nicht bleiben. Die Entwicklung drängt mit Macht nach vorwärts! Die Richtung nach vorwärts aber führt zum größeren Wirtschaftsgebiet, zum größeren Absatzgebiet. Das Bedürfnis der beiden

---

454 Ebd., S. 213 (Hervorhebungen im Original).
455 Vgl. z.B. AVA, SdPst Karton 114: Parteisekretariat 1915, Mappe: April 1915: Brief Grögers an PV 17. 4. 1915 (Frauen drohten mit Demonstrationen und Krawallen, da die Partei zu wenig für die Bevölkerung tue) oder AVA, MdI, Z. 30510/1916 (auf Teuerungsdemonstrationen abzielende Agitation von Arbeiterfrauen in Leoben).
456 Vgl. DG 49/1915, S. 284.
457 DG 26/1915, S. 152. Dieser Artikel (vgl. ebd., S. 151–152) und seine Fortsetzung (vgl. DG 27/1915, S. 155–157) sind mit „K" gezeichnet und stammen meiner Meinung nach von Dr. Karl Renner. Den Ausführungen schloß sich Die Gewerkschaft in zwei eigenen Artikeln an. Vgl. DG 49/1915, S. 283–284 und DG 50/1915, S. 287–288.

5.2. Die Gewerkschaften in den Kriegsjahren 1915 und 1916

Zentralmächte und die in ihnen tätigen Wirtschaftskräfte sind so stark, daß sie auch große Hemmungen überwinden werden. Der Schutzzoll wird das größte Hindernis nicht sein; was die Landwirtschaft verwöhnt hat, darf nicht dauernd zum Lotterbett der Industrie werden. Wer daher die agrarischen Überzölle verwirft, welche die Lebensmittelteuerung mitverursachen, darf sich nicht gegen die Herabsetzung der Industriezölle wehren... Es wäre kurzsichtige Krämerpolitik, von der Expansionskraft des deutschen Kapitalismus mehr zu fürchten, als die heimische Schwäche Schaden stiftet. Es ist immerhin besser, wenn Österreich-Ungarn aus einem Menschen exportierenden Staat ein Waren exportierender Staat wird. Mit Imperialismus hat dies nichts zu tun, wohl aber liegt eine Koalition der wirtschaftlichen Kräfte Österreich-Ungarns und Deutschlands auf der Linie jener Beschlüsse, die auf allen Kongressen der Arbeiter über Handelspolitik gefaßt wurden, in der Linie ihrer Bestrebungen und ihrer Entwicklung."[458]

Die freien Gewerkschaften befürworteten also eine expansive Weiterentwicklung der österreichischen Industrie, wünschten „aus der engen, beschränkten Häuslichkeit dieses Staates herauszukommen, womit sie [die Arbeiterschaft, M.G.] auch ihre sonstigen Ziele zu fördern in die Lage käme."[459] Als Vorbedingung einer besseren Zukunft der österreichischen Volkswirtschaft wurde ein Umdenken in der Arbeiter- und Sozialpolitik betrachtet. Der Staat handle im eigenen Interesse, wenn er in der Zeit der Demobilisierung und danach stärker als bisher auf die Forderungen der Arbeiterschaft einginge. Die Kooperation der Arbeiterschaft sei für den Wiederaufbau unbedingt notwendig.[460] Außerdem wurde darauf verwiesen, daß ja auch die Pläne einer stärkeren Zusammenarbeit mit dem Deutschen Reich einen Ausbau der Sozialpolitik, insbesondere des Versicherungswesens erforderten, um für die österreichische Produktion die der deutschen analogen Grundlagen zu schaffen.[461]

Die sozialpolitischen Forderungen der Gewerkschaften bezogen sich zunächst auf die Zeit der Demobilisierung, wenn die Soldaten wieder ins Erwerbsleben integriert werden mußten. Die Erfahrungen, die sie bei Kriegsbeginn gemacht hatten, resultierten schon im September 1915 in einer an das Innenministerium gerichteten Denkschrift, in der staatliche Unterstützungen für alle jene Arbeiter, die aus dem Kriege heimkehrten und nicht sofort Beschäftigung finden konnten, verlangt wurden. Diese Denkschrift stellte die erste größere, auch an die Öffentlichkeit gerichtete Aktion der Gewerkschaftskommission nach Kriegsausbruch dar.[462] Es wurde argumentiert, daß das Ende des Krieges eine noch weit schlimmere Wirtschaftskrise als dessen Beginn mit sich bringen würde und die abgerüsteten Soldaten massenhaft arbeitslos bleiben würden. Die Folge wäre gefährliche Unruhe und Unzufriedenheit und eine alle Wiederaufbaupläne gefährdende Auswanderung von

---

458 DG 27/1915, S. 157.
459 Ebd., S. 157.
460 Vgl. DG 38/1915, S. 239.
461 Vgl. DG 50/1915, S. 287–288.
462 Vgl. DG 38/1915, S. 239–240 und dazu auch AdSP, PrPV 26. 8. 1915 sowie Bericht der Gewerkschaftskommission Deutschösterreichs an den ersten deutschösterreichischen (achten österr.) Gewerkschaftskongreß in Wien 1919. Protokoll des ersten deutschösterreichischen (achten österr.) Kongresses der Gewerkschaftskommission Deutschösterreichs. Abgehalten vom 30. November bis zum 4. Dezember 1919 in Wien (Wien o.J.) 44– 51.

Arbeitskräften. „Nicht nur das Wohl der aus dem Kriege heimkehrenden Arbeiter und ihrer Familien bedarf einer einsichtigen Behandlung dieses Problems, noch weit mehr unsere Volkswirtschaft, die in den nächsten Jahren mit zu großen Schwierigkeiten zu kämpfen haben wird, als daß es nicht die ernsteste Pflicht aller Berufenen wäre, die abwendbaren hievon auch aus dem Weg zu räumen. Und abwendbar ist jene nicht geringste Schwierigkeit, die aus der Massenarbeitslosigkeit nach dem Krieg ersteht."[463]

In engem Zusammenhang mit der Frage der Arbeitslosenfürsorge stand die Arbeitsvermittlung. Auch Unternehmerkreise beschäftigten sich ab dem Frühjahr 1916 in verstärktem Maße mit diesem Problem und sprachen sich, zum Teil vehement, gegen eine staatliche und damit paritätische Lösung aus.[464] Die freien Gewerkschaften verwiesen zwar immer noch auf die grundsätzliche Doktrin: *„der Verkauf der Ware Arbeitskraft obliegt dem Verkäufer* so wie der Verkauf jeder anderen Ware",[465] plädierten aber aus Gründen der Zweckmäßigkeit für paritätische Arbeitsnachweise. Unter den herrschenden Machtverhältnissen und vor allem, weil die Einrichtung eines öffentlichen Arbeitsnachweises intentiert wurde, war nur die Forderung nach gleichgewichtig mit Unternehmer- und Arbeitervertretern besetzten Gremien erfolgversprechend.[466]

Im Herbst 1916 formulierte schließlich die Gewerkschaftskommission einen Katalog der „Zukunftssorgen" und der sich daraus ergebenden sozialpolitischen Forderungen. Als vordringliches Problem erschien die völlige Zerrüttung des Lohn- und Preisgefüges. Die Wiederanpassung der Reallöhne an das Vorkriegsniveau lag nach Ansicht der Gewerkschaftsführung „im größten Interesse der gesamten Volkswirtschaft" und rechtfertigte umfassende Lohnbewegungen.[467] Das Lohnproblem gewann noch an Brisanz durch die Zunahme der Frauenarbeit. Die Gewerkschaftskommission wandte sich scharf gegen alle Pläne, den Wiederaufbau auf der Grundlage niedriger Lohnkosten zu bewerkstelligen, da die zu erwartenden Exportschwierigkeiten durch den heimischen Konsum wettgemacht werden müßten.[468] Ferner verlangte sie erneut eine staatliche Arbeitslosenunterstützung und die Regelung der Arbeitsvermittlung.[469] „Unseres Erachtens wird nebst dem unleugbar wichtigsten Problem: *jedem aus dem Kriege heimkehrenden Arbeiter sofort wieder Brot und Arbeit zu verschaffen,* im Interesse der Industrie und der Volkswirtschaft das nächstwichtige seine Lösung verlangen: *Auf jeden Arbeitsplatz den richtigen Arbeitsmann zu stellen.*"[470] Schließlich wurde ein zuvor überhaupt nicht berührtes Problem aufgegriffen und rasche Maßnahmen der kompetenten Stellen zu dessen Beseitigung verlangt: die Wohnungsmisere nach einer mehrjährigen Unterbrechung der Bautätigkeit und das daraus resultierende Ansteigen des Mietzinses.[471]

---

463 DG 45/1915, S. 268.
464 Vgl. Die Arbeit 21. 5. 1916, S. 1–2. Vgl. auch DI 22/1916, S. 4.
465 DG 43/1915, S. 260 (Hervorhebung im Original).
466 Vgl. DG 21/1916, S. 122.
467 Vgl. DG 40/1916, S. 229.
468 Vgl. DG 41/1916, S. 233–234.
469 Vgl. ebd., S. 234 und DG 40/1916, S. 230–231.
470 DG 40/1916, S. 231 (Hervorhebungen im Original).
471 Vgl. ebd., S. 229–230. Zu dieser Zeit plante das JM bereits eine Mieterschutzverordnung. Vgl. AVA, JM, Z. 33428/548/1916. In Ungarn erging eine Mieterschutzverordnung am 12. 11. 1916.

5.2. Die Gewerkschaften in den Kriegsjahren 1915 und 1916

Die Bewältigung der Aufgaben, die sich in der Übergangsphase vom Krieg zum Frieden stellen würden, erforderte nach Ansicht der Gewerkschaftskommission auch in Österreich eine staatliche Planungs- und Leitungsstelle, wie sie im Deutschen Reich im Herbst 1916 eingerichtet wurde.[472]

Die erwarteten Schwierigkeiten sowohl mit der erstarkten Unternehmerschaft als auch bei der Durchsetzung der sozialpolitischen Forderungen ließen innerorganisatorische Fragen akut werden.[473] Die personelle wie finanzielle Schwächung veranlaßte die Gewerkschaftskommission, den schon am Gründungskongreß 1893 gefaßten, aber wirkungslos gebliebenen Beschluß, das Industrieverbandssystem einzuführen, zu reaktivieren. Ein Zusammenschluß aller Organisationen eines Wirtschaftszweiges sollte einmal dazu beitragen, durch Straffung des Agitations- und Bildungswesens sowie des Verwaltungsapparates Geld zu sparen. Außerdem könnte dadurch eine „geistige Kraftverschwendung" verhindert werden. Bis jetzt habe zwar im allgemeinen die berufliche Fachbildung als Qualifikation für den Gewerkschaftsführer ausgereicht. „Nun gestaltet sich die praktische Gewerkschaftsarbeit aber immer komplizierter; sie wird stetig mehr zur ernsten Wissenschaft, die, je ernster sie wird, um so weniger der theoretischen Beihilfe entbehren kann. Die schönen Zeiten, da man etwa bei einer Lohnbewegung sich um nichts weiteres als um die Organisierung der in Betracht kommenden Arbeiter, wenn's gut ging, vielleicht auch noch um die momentane Konjunktur und um etwaige Maßnahmen zur Fernhaltung von Streikbrechern zu kümmern hatte, sind für immer vorbei und werden auch nie mehr wiederkehren. Der Ausbau der Unternehmerorganisationen, die Kartellierung und Vertrustung der Produktion, der stetig wachsende Weltverkehr, ... der steigende Einfluß der Arbeiterklasse auf die Gesetzgebung und Verwaltung im Staate: dies alles stellt an die Gewerkschaftsbewegung erhöhte Aufgaben, denen gerecht zu werden die bescheidenen geistigen Mittel, die vor Jahren zu ihrer Bewältigung genügten, heute lange nicht mehr ausreichen." Die „durch mancherlei Kulturhindernisse ... in ihrer Entwicklung behinderte österreichische Arbeiterklasse" verfüge aber nicht über genug qualifizierte Personen, um den Bedarf der zahlreichen Organisationen zu befriedigen.[474]

Ein weiteres Argument für die Durchsetzung der Industrieverbände waren die Organisationserfolge der Unternehmer. Diesen gelangen während des Krieges bedeutende Fortschritte in Richtung der Bildung eines einheitlichen, gesamtösterreichischen Verbandes. Auf der Delegierten-Versammlung des Zentralverbandes der Industriellen Österreichs im Mai 1916 wurde ein Komitee zur Vorbereitung eines Reichsverbandes der Industrie ins Leben gerufen,[475] das schon im Dezember desselben Jahres die Grundzüge der neuen Organisation vorlegen konnte.[476] Zwar erschienen die Koalitionsbestrebungen der Gegenpartei der Gewerkschaftsführung nicht ausschließlich negativ – für die Garan-

---

472 Vgl. DG 46/1916, S. 253–254.
473 Vgl. DG 9/1916, S. 57–59; DG 10/1916, S. 65–66 und DG 11/1916, S. 73–75.
474 DG 11/1916, S. 74 (Hervorhebung im Original).
475 Vgl. DI 17/18/1916, S. 5 und Protokoll der Delegierten-Versammlung des Zentralverbandes der Industriellen Österreichs in Wien am 15. Mai 1916 (Wien 1916) 8–12.
476 Vgl. Protokoll der Delegierten-Versammlung des Zentralverbandes der Industriellen Österreichs in Wien, am 19. Dezember 1916 (Wien 1916) 6.

tie der Kollektivverträge war „auch auf der Unternehmerseite eine Organisation nötig, die über die Lohnbewegung hinaus besteht und die Eignung besitzt, ihre Mitglieder so an die Wahrung der organisatorischen Disziplin zu gewöhnen, wie dies die Gewerkschaften mit ihren Mitgliedern tun" –, aber das einheitliche Auftreten der Unternehmer etwa einer ganzen Branche erforderte doch eine stärkere Konzentration der gewerkschaftlichen Kräfte.[477]

Allerdings blieben die Appelle der Gewerkschaftskommission beinahe ohne Erfolg. Die Vereinigungsbestrebungen blieben auf jene beschränkt, die sich bereits vor dem Krieg angebahnt hatten. Darüber hinaus gelang es gegen Ende des Jahres 1916 lediglich, ein Kartell der Organisationen der Bauwirtschaft zu gründen, dem die Verbände der Bauarbeiter, der Bildhauer und Stukkateure, der Dachdecker, der Holzarbeiter, der Maler und Anstreicher, der Metallarbeiter und der Steinarbeiter angehörten. Wo die Möglichkeit bestand, sollten auf lokaler Ebene ebenfalls Kartelle gebildet werden.[478] Für eine weiterreichende Konzentration erwies sich die „heilige Berufsautonomie"[479] als noch immer zu stark.[480]

5.2.3.1. Die Gewerkschaften und die Invaliden

Die Bewältigung des Invalidenproblems stellte die Gewerkschaften vor ein Dilemma. Während ihnen einerseits daran lag, als Interessenvertretung der Kriegsbeschädigten, deren Ausschließung aus dem Berufsleben angesichts ihrer großen Zahl unmöglich schien, zu fungieren, so stellten andererseits die Invaliden eine Konkurrenz für die voll einsatzfähigen Arbeiter dar, denen das Hauptaugenmerk der Gewerkschaftsorganisation galt.

Das Interesse der Arbeiterbewegung an einer Wiedereingliederung der Kriegsinvaliden in den Arbeitsprozeß gründete sowohl in humanitären als auch gesamtwirtschaftlichen Überlegungen. „Selbstverständlich muß der Staat für alle die, die Opfer ihrer Pflicht wurden, ihn gegen eine Welt von Feinden zu verteidigen und nunmehr als Ergebnis dieser Pflichterfüllung nicht in der früheren Art für ihre Existenz und die ihrer Angehörigen wirken können, in auskömmlichster Weise sorgen. Neben dieser materiellen Versorgung muß aber auch die gewissermaßen geistige gehen, die dem Proletarier das persönliche Ungemach, das ihn betroffen, möglichst mildern soll. Es wäre zu schrecklich, den Beschädigten es sein ganzes Leben lang fühlen zu lassen, er sei zum unbrauchbaren und unnützen Glied der menschlichen Gesellschaft geworden. Dieser demoralisierenden Gefahr mit vorbeugen zu helfen, ist ... schon im Interesse der eigenen Klasse ein Gebot der Arbeiterschaft ... Nicht ohne Interesse für die Arbeiterschaft kann auch die Frage bleiben, ob es vom Standpunkt der Volkswirtschaft gut zu heißen wäre, die materiellen

---

477 Vgl. DG 12/1916, S. 81–82.
478 Vgl. DG 48/1916, S. 264; Der Bauarbeiter 24/1916, S. 3 und Der Bauarbeiter 1/1917, S. 1.
479 Vgl. DG 10/1916, S. 65 und DG 13/1916, S. 87–88.
480 Zu den Ursachen vgl. DG 17/1916, S. 107–108 und besonders die eingehende Darstellung Stephan Hupperts „Zum Wiederaufbau". In: DG 14/1916, S. 94–95 und DG 15/1916, S. 98–99. Huppert war Mitglied der Kontrolle der GK und führender Funktionär des Brauereiarbeiterverbandes, der mit einigem Erfolg die Fusionierung der Organisationen der Lebensmittelbranche betrieb.

und geistigen Arbeitskräfte, über die die Kriegsbeschädigten unleugbar in hohem Grade noch verfügen, verkümmern zu lassen ... Unabhängig von dem vom Wechsel der Konjunktur abhängigen Bedarf an Arbeitskräften, wird der Krieg für lange Zeit hinaus so viele von diesen vernichtet haben, daß uns ein weiteres Brachliegen von solchen auch nicht im Interesse der Arbeiterschaft als begründet erscheint."[481] Zu bemerken bleibt, daß in den Jahren 1915 und 1916 für die Gewerkschaftskommission die Einführung einer Invaliditätsversicherung keine aktuelle Forderung war;[482] diese wurde erst in die beiden großen Denkschriften vom März und August 1917 aufgenommen.

Eine Konkurrenzierung der gesunden Arbeiterschaft durch die Invaliden konnte sich in Druck auf das Lohnniveau niederschlagen. Es bestand die Gefahr, daß die Unternehmer die Invaliden im Verhältnis zur Leistung unterdurchschnittlich bezahlten oder daß allein die Tatsache einer Verletzung des Arbeiters als Vorwand diente, ihn geringer zu entlohnen, obwohl er volle Leistungen erbrachte.[483] Daß solche Befürchtungen berechtigt waren, zeigen Äußerungen in dem Unternehmerblatt „Die Arbeit", das zwar nach Einschätzung der Gewerkschaftskommission keinen großen Einfluß besaß,[484] das sich aber eben aus diesem Grund viel weniger um burgfriedliche Haltung bemühte als etwa „Die Industrie", das Organ des Zentralverbandes. „Wo ... in einzelnen Fällen der Industrielle aus Patriotismus und Humanität sich vielleicht Zwang antun und Kriegskrüppel einstellen wird, von deren Leistungsfähigkeit fürs erste wenig zu erwarten ist, ... da dürfte die Praxis und die Übung mit der Zeit auch aus solchen Kriegsbeschädigten wenigstens halbwegs brauchbare Hilfskräfte formen, deren Minderwertigkeit durch einen entsprechend mäßigeren Lohn ausgeglichen wird."[485]

Es gab aber auch Schwierigkeiten mit den gesunden Arbeitern. Die Gewerkschaftsführung sah sich immer wieder zu Appellen zu Solidarität und Hilfsbereitschaft veranlaßt.[486] Da die Schwierigkeiten der Kriegsinvaliden, im früheren Beruf wieder Fuß zu fassen, immer größer wurden, je mehr körperliche Anstrengungen und Fähigkeiten dieser erforderte, so war vorauszusehen, daß viele in Berufe strömen würden, die weniger schwere physische Arbeit oder z.B. nur sitzende Tätigkeit verlangten. Ein Hauptziel solcher Tendenzen waren die Beamten- und Angestelltenberufe, in die außerdem noch Frauen aus dem Mittelstand, die den Familienerhalter im Krieg verloren hatten und sich durch Lohnarbeit erhalten mußten, drängten.[487] Die Angestelltenorganisationen wehrten sich daher besonders heftig gegen die Konkurrenz der Invaliden und zogen deren

---

481 DG 23/1915, S. 139–140.
482 Diese wurde nur beiläufig in einem Hinweis auf die deutsche Sozialgesetzgebung erwähnt. Vgl. DG 50/1915, S. 288. Wohl aber waren die Invaliditäts- und Hinterbliebenenversicherung Gegenstand der sozialdemokratischen Partei. Vgl. AdSP, Protokoll der Reichskonferenz der deutschen Sozialdemokratie in Österreich am 15. und 16. 5. 1915 und AdSP, Beschlüsse der Reichskonferenz der deutschen sozialdemokratischen Arbeiterpartei in Österreich, Wien 25. bis 28. 3. 1916.
483 Vgl. DG 23/1915, S. 140. „Die Gewerkschaft" war, was die Wiederherstellung der vollen Arbeitskraft der Invaliden durch die Medizin betrifft, recht optimistisch. Vgl. DG 45/1915, S. 268.
484 Vgl. DG 43/1915, S. 259.
485 Die Arbeit 15. 8. 1915, S. 3.
486 Vgl. z.B. DG 23/1915, S. 139; DG 10/1917, S. 50 (Grundsätze Ib) oder AVA, MdI, Präs. Z. 4093/1916.
487 Vgl. DG 46/1916, S. 255–256 und DG 47/1916, S. 258–259.

staatliche Versorgung einer Wiedereingliederung ins Berufsleben vor. „Die Angestellten wollen aus ihrem Beruf gewiß keine Zunft machen, aber andere sollen aus ihm keine Versorgungsanstalt machen. Die Invaliden- und Hinterbliebenenversicherung ist ein zu lösendes Problem; es einer Berufsschicht allein aufzuhalsen, ist ungerecht."[488]

Der Lösung der erwähnten Probleme diente auch die Mitarbeit der Gewerkschaften in den dafür geschaffenen staatlichen Institutionen. Die öffentliche, unter der Aufsicht auch der Arbeiterorganisationen stehende Arbeitsvermittlung an Invalide konnte dazu beitragen, den Kriegsbeschädigten ihren Fähigkeiten angepaßte Arbeitsplätze zu verschaffen, und hatte auch Einflußmöglichkeiten auf die Lohnsituation. Am organisatorischen Aufbau des Amtlichen Arbeitsnachweises kritisierte die Gewerkschaftskommission die Form der eigentlichen Vermittlungstätigkeit, die später ohnehin gelöste, enge Verbindung des Arbeitsnachweises mit der allgemeinen Invalidenfürsorge und die engherzigen Zuständigkeitsbestimmungen.[489] In den Auseinandersetzungen um die Richtlinien für die Tätigkeit des staatlichen Arbeitsnachweises für Invalide, also um eine Fixierung und Absicherung des Status der Invaliden innerhalb des Betriebes bzw. der Belegschaft, blieb die Gewerkschaftskommission erfolglos. Hingegen gelang es einzelnen Berufsorganisationen auf der Basis privater Verträge mit den Unternehmerverbänden, solche Vereinbarungen zu treffen.[490] Die Gewerkschaftsführung mußte feststellen, daß das „nötige Einvernehmen mit verhältnismäßig weniger Schwierigkeiten zu erzielen ist, wenn beide Teile *allein* die Verhandlungen pflegen, während anscheinend sich sehr erhebliche Hindernisse ergeben, wenn die Verhandlungen unter behördlicher Patronanz gepflogen werden."[491] Die Invalidenbeschäftigung war ein Problem von zu großer Tragweite und Risken, als daß sich die Unternehmerschaft auf generelle Richtlinien eingelassen hätte, die durch die Mitwirkung des Staates einen höheren Grad an Verbindlichkeit und Stabilität hatten als private Kontrakte.

5.2.4. Die Gewerkschaften als loyale Interessenvertretung der Arbeiter während der Jahre 1915 und 1916

Die resignative Haltung der österreichischen Gewerkschaften während der ersten Monate des ersten Weltkrieges, die auf ein bloß passives Überdauern gerichtet war, wurde mit der unerwartet langen Dauer des Krieges, mit der katastrophalen Entwicklung der Arbeits- und Reproduktionsverhältnisse zu einer Gefahr für die Existenz der Gewerkschaften selbst. Die alarmierenden Mitgliederverluste und die krassen Formen der Ausbeutung zwangen die Gewerkschaften zu einer aktiveren Politik, wollten sie nicht ihre Anziehungskraft auf die Arbeiter gänzlich verlieren. Der Umschwung in der Haltung

---

488 DG 47/1916, S. 259. Der Artikel ist mit „Ernst" gezeichnet und könnte von Ernst Lakenbacher, dem Sekretär des Vereines der Industrieangestellten, stammen.
489 Vgl. DG 22/1915, S. 136.
490 Vgl. DG 52/1915, S. 296; Vorwärts 51/1915, S. 201 (Verband der Vereine der Buchdrucker und Schriftgießer und Reichsverein der Buchdruckereibesitzer). Vgl. DG 4/1916, S. 18; Fachzeitung der Schneider 1/1916, S. 1 (Verband der Schneider und Wiener Unternehmerorganisation sowie Genossenschaftsvorstehung).
491 DG 4/1916, S. 18 (Hervorhebung im Original).

5.2. Die Gewerkschaften in den Kriegsjahren 1915 und 1916

der Gewerkschaftsorganisationen äußerte sich in der Wiederaufnahme der Lohnbewegungen und in den Versuchen vor allem des Metallarbeiterverbandes, Einfluß auf die Arbeitsverhältnisse in der Kriegsindustrie zu gewinnen.

Die Neuorientierung der Gewerkschaften begann mit einer Bewußtwerdung der eigenen Bedeutung und der der Arbeiterschaft für eine erfolgreiche Kriegführung. So veröffentlichte „Die Gewerkschaft" im Mai 1915 eine Abhandlung über „Kriegswirtschaft und Organisation", die sich zwar auf Deutschland bezog, deren Abdruck aber wohl den Zweck hatte, auch für Österreich auf die Kooperationsbereitschaft der Arbeiterorganisationen als eine Voraussetzung für den Aufbau und das Funktionieren der Kriegswirtschaft durch Unterstützungsleistungen an die Arbeiter und durch die Kooperation mit den Unternehmern hinzuweisen.[492] Der Metallarbeiterverband legitimierte die Vorlage der Denkschrift über die Arbeitslosenunterstützung nach dem Krieg durch die Gewerkschaftskommission mit der Feststellung, daß die „günstige Lage" den Arbeitern zu verdanken sei.[493]

Dem wachsenden Selbstbewußtsein der Gewerkschaften konnte nicht verborgen bleiben, daß trotz ihrer gestiegenen Bedeutung und trotz der Loyalität der Arbeiterschaft die Kriegszeit in erster Linie eine Stärkung des Kapitalismus und der Unternehmer mit sich brachte. Dies führte zu ersten kritischen Einschätzungen des „Burgfriedens". „Die so außerordentlich großen Beschwernisse und Leiden, welche die gegenwärtige Zeit über die Arbeiterschaft als Teil des Volksganzen bringt, dürfen für sie kein Hindernis sein, auch der Aufgaben und der Kämpfe *der eigenen Klasse* stets eingedenk zu bleiben. Denn eines ist sicher und tritt immer klarer zutage: Nach Wiederkehr normaler Verhältnisse wird die Arbeiterklasse ungleich schwerer als bisher um ihre Interessen sich wehren müssen und trotz „Burgfrieden", trotz „Aufhören aller Gegensätzlicheiten" und trotz dem „einigen Volk" wird ihr Streben um die fortschreitende Hebung ihrer Lebenshaltung und um die Sicherung ihrer Existenz in wesentlich verschärfter Form den Widerstand der Unternehmerklasse finden."[494] Der Metallarbeiterverband äußerte gar die Ansicht, „daß es eine viel gefährlichere und platzwidrigere Illusion gibt als die vom zusammenbrechenden Kapitalismus; das ist die vom entgegenkommenden Kapitalismus."[495]

Tatsächlich erfolgte eine Neuinterpretation des „Burgfriedens", welche einerseits eine noch stärkere Bindung der Arbeiterbewegung an den Staat implizierte, andererseits aber die bedingungslose Bereitschaft zur Wahrung des Friedens mit den Kapitalisten aufgab. Fruchtbare Kooperation zwischen Arbeiter- und Unternehmerorganisationen auf privater Basis war in Österreich ja wegen des auf dem Kriegsleistungsgesetz beruhenden, wesentlich verschärften Machtungleichgewichts kaum möglich. Zur Bildung von sogenannten „Arbeitsgemeinschaften" zwischen Unternehmerverbänden und Gewerkschaften war es hier – im Unterschied zu Deutschland[496] – nur in einem Ausnahmsfall, bezeich-

---

492 Vgl. DG 15/1915, S. 107–108 und DG 16/1915, S. 109–110. Die Abhandlung ist mit „U." gezeichnet und könnte von Paul Umbreit, einem Mitglied der deutschen Generalkommission, stammen.
493 Vgl. ÖMA 38/1915, S. 207.
494 DG 19/1915, S. 123 (Hervorhebung im Original).
495 ÖMA 37/1915, S. 202.
496 Auch dort hatten die Arbeitsgemeinschaften den Zweck, die Krise bei Kriegsbeginn zu überwinden. Vgl. DG 16/1915, S. 109. Vgl. auch Sozialpolitische Chronik: Die Gewerkschaftsbewegung 1914/1915, S. 944.

nenderweise im Baugewerbe gekommen, das sich durch den Krieg in einer Dauerkrise befand.[497] Sie sollte Aktionen zur Belebung der privaten Bauwirtschaft durchführen und die Einhaltung der Tarifverträge überwachen, um die Kaufkraft der Bevölkerung zu erhalten.[498] Die Konstituierung der Arbeitsgemeinschaft im Baugewerbe blieb jedoch ohne praktische Auswirkungen, die private Zusammenarbeit zwischen Unternehmern und Gewerkschaften funktionierte auch hier nicht, wie die Vorkommnisse anläßlich der Lohnbewegung im Sommer 1915 deutlich zeigen.[499] In den anderen Wirtschaftszweigen, insbesondere in der Kriegsindustrie, hatten die Unternehmer keine Veranlassung, das Einvernehmen mit den Arbeiterorganisationen zu suchen. Die Auftragslage war durch die Nachfrage der Heeresverwaltung bald ausgezeichnet, und die Beziehungen zur Arbeiterschaft gestalteten sich durch das Kriegsleistungsgesetz für die Unternehmer sehr günstig.

Die Gewerkschaften konnten unter diesen Umständen in direkten Verhandlungen höchstens Teuerungszulagen erreichen, die ihre Rechtfertigung in der Existenzsicherung und damit der Erhaltung der Leistungsfähigkeit der Arbeiterschaft fanden. Im übrigen blieb ihnen nichts anderes übrig, als die Durchsetzung der dringendsten Forderungen mit Hilfe des Staates anzustreben. Die Gewerkschaften verwiesen bei ihren Bemühungen stets darauf, daß sich „das staatliche Interesse ... im Kriege mit dem der Arbeiterschaft zumeist deckt".[500] Schlechte Behandlung, Rechtlosigkeit und Übervorteilung erzeuge Verbitterung, die die zur Erreichung der staatlichen Ziele notwendige Opferbereitschaft der Arbeiterschaft untergrabe.[501] Selbst der Sparzwang für jugendliche Arbeiter wurde mit der Begründung abgelehnt, daß dadurch der Anreiz zu Höchstleistungen verloren gehen könnte.[502]

Die Gewerkschaften versuchten, durch Betonung ihrer Loyalität die Interessen der Arbeiterschaft unter den herrschenden, widrigen Verhältnissen zur Geltung zu bringen. Bedeutete der Burgfrieden der ersten Kriegsmonate die unbedingte Zurückstellung der Interessen der Arbeiter, was durch die Machtverschiebungen durch das Kriegsleistungsgesetz noch verstärkt zu schweren Nachteilen für die Arbeiterschaft führen mußte, so wandelte er sich nun nach den Vorstellung der Gewerkschaften in eine Konstellation, in der Rücksichten auf die Lebensinteressen der Arbeiter für die effektive Kriegführung notwendig waren.

In diesem neuen Konzept war kein Platz für eine Opposition gegen die Ziele der Staatsverwaltung. So betonte z.B. der Metallarbeiterverband die Unparteilichkeit seiner Beschwerdestellenbeisitzer,[503] deren Aufgabe es folglich war, die Arbeitsverhältnisse in

---

497 Vgl. DG 10/1915, S. 69–70 und Der Bauarbeiter 1/1915, S. 1.
498 Vgl. Der Bauarbeiter 10/1915, S. 4. Die Arbeitsgemeinschaft wurde von der Unternehmerpresse zum Teil positiv aufgenommen (vgl. Die Arbeit 14. 3. 1915, S. 1–2: „Die Sanierung des Baugewerbes"), zum Teil aber, eben wegen des Kaufkraftarguments, scharf kritisiert (vgl. Der Arbeitgeber 15. 4. 1915, S. 2: „Eine Entgleisung").
499 Vgl. *Meißner,* Bauarbeiter, S. 347–348 und Der Bauarbeiter 24/1915, S. 1.
500 ÖMA 8/1916, S. 49.
501 Vgl. ebd., S. 49; ÖMA 7/1916, S. 43; ÖMA 11/1915, S. 55 und AVA, SdPst Karton 130, Nr. 1 und Nr. 18.
502 Vgl. DG 7/1917, S. 27.
503 Vgl. AVA, SdPst Karton 130, Vorstand des Metallarbeiterverbandes an KM, 28. 6. 1915.

der Kriegsindustrie mit dem Zweck der Produktionssteigerung zu regeln. Auf Veranlassung der Gewerkschaftskommission wurde der 1. Mai 1915 nicht durch Arbeitsruhe gefeiert.[504] Parteivertretung und Gewerkschaftskommission kamen überein, „der Arbeiterschaft Österreichs folgendes als Richtschnur zu empfehlen: ... Auf die Arbeitsruhe am ersten Mai soll in diesem Jahre *freiwillig verzichtet* werden. Wir wollen von dem durch viele Tarifverträge *geschützten Recht* und von dem durch die Übung eines Vierteljahrhunderts *geheiligten Brauch* der Arbeitsruhe nicht das kleinste Stück preisgeben. Wir wollen aber den durch den Krieg herbeigeführten Ausnahmsverhältnissen und Ausnahmsgesetzen Rechnung tragen, die eine Reihe von Verwicklungen und Schwierigkeiten herbeiführen könnten, die wir gerade jetzt vermeiden wollen ... Ebenso wollen wir in diesem Jahre *auf die üblichen Demonstrationszüge verzichten* ... Wir wollen die Maifeier diesmal auf *Maiversammlungen am Abend des ersten Mai* beschränken, die der ernsten Zeit und unserer großen Sache würdig eingerichtet und durchgeführt werden sollen ... Wir erwarten, daß die Genossen und Genossinnen allerorts verstehen und würdigen werden, daß, was wir ihnen *dringend empfehlen*, der Notwendigkeit der Anpassung an den Zwang des Tages entspricht."[505] Mit „Rücksicht auf die Sicherung der Gewerkschaften" wurden jedoch selbst die Abendversammlungen von der Partei allein veranstaltet.[506] Gegen diese Beschlüsse wurde vereinzelt Widerspruch aus den Reihen der Mitglieder laut, den die Gewerkschaftsführung durch Aufklärung zu entkräften suchte. Hingegen weigerten sich die Gewerkschaften, den Maiaufruf der italienischen Parteiorganisation in Triest, die nur auf die Demonstrationen, nicht aber auf die Arbeitsruhe verzichten wollte, mitzuunterzeichnen.[507]

Auch 1916 war der 1. Mai kein Feiertag. „[Z]um zweitenmal muß das Proletariat seinen Weltfeiertag mitten im Weltkrieg begehen. Aber auch für unsere Sache, und für sie erst recht gilt das Wort: *Wir wollen durchhalten, durchhalten trotz alledem!*"[508] Die Gewerkschaftskommission hielt es nicht für notwendig, einen den veränderten Umständen angepaßten, neuen Maiaufruf zu erlassen, sondern druckte den des Vorjahres „aus guten Gründen wörtlich" ab.[509]

Im Maiaufruf 1916 fand sich also noch keine Forderung nach der Wiederherstellung des Friedens, während innerhalb der sozialdemokratischen Partei Leopold Winarsky bereits 1915 verlangt hatte, die Feiern zum ersten Mai als Friedenskundgebungen zu gestalten,[510] und die Instruktionen des Parteivorstands Reden über die Friedensfrage vorsahen.[511] Die Gewerkschaftsführung vermied nicht nur aus Vorsicht jede Kritik am

---

504 Vgl. DG 11/1915, S. 84 (PrGK 5. 3. 1915) und AdSP, PrPV gemeinsam mit der niederösterreichischen Landesparteivertretung 8. 3. 1915.
505 DG 15/1915, S. 105, „Zur Maifeier" (Hervorhebungen im Original).
506 AdSP, PrPV gemeinsam mit der niederösterreichischen Landesparteivertretung 8. 3. 1915. Vgl. auch AVA, SdPst Karton 114, Mappe: März 1915, Aussendung vom 9. 3. 1915.
507 AdSP, PrPV 22. 4. 1915 und AVA, SdPst Karton 131, Mappe: Maifeiern 1903–1916, GK an PV 22. 4. 1915.
508 DG 16/1916, S. 101 (Hervorhebung im Original). Vgl. auch AdSP, PrPvertr 22. 3. 1916 und AVA, SdPst Karton 115, Mappe: April 1916, Aussendung vom 16. 4. 1916.
509 Vgl. DG 16/1916, S. 101. Dem Aufruf wurde diesmal wesentlich weniger Platz eingeräumt.
510 Vgl. AdSP, PrPV gemeinsam mit der niederösterreichischen Landesparteivertretung 8. 3. 1915.
511 Vgl. AVA, SdPst Karton 114, Mappe: März 1915, Aussendung vom 9. 3. 1915.

Krieg und bildete damit einen Grundpfeiler des rechten sozialdemokratischen Lagers.[512] Daran änderte sich durch die beschriebenen Veränderungen in der gewerkschaftlichen Kriegspolitik nichts.

Die Staats- und Militärverwaltung akzeptierte die Entwicklung der Gewerkschaftspolitik und honorierte die loyalen Bemühungen der Arbeiterorganisationen um eine effektive Gestaltung der Arbeits- und Produktionsverhältnisse. Dies kam besonders in der Einwilligung der Militärverwaltung in die Einrichtung von Beschwerdestellen zum Ausdruck.[513] Aber auch Verfolgungen der (deutschen[514]) Partei und Gewerkschaften wurden von den Behörden aus diesem Grund niedergeschlagen. So zog das Ministerium des Innern die Verwarnung gegen den Metallarbeiterverband zurück und anerkannte ausdrücklich dessen Bedeutung für die Kriegsindustrie. Otto Glöckel, der auf einer Ortsversammlung des Fachvereins der Handschuhmacher über die Schuld des Kapitalismus am Krieg gesprochen hatte,[515] wurde freigesprochen. Das Landesverteidigungsministerium hielt eine Verurteilung aufgrund der Anklage, daß der „Beschuldigte ... seine Anschuldigungen zu einer Zeit, zu welcher die unvermeidlichen Folgen des der Monarchie aufgezwungenen Krieges die Bevölkerung schwer belasten und vor einem Zuhörerkreis vorgebracht [habe], dessen Interessen jenen des mit so großen Opfern verteidigten Großkapitals vielfach zuwiderlaufen" und daß er „sich daher dessen bewußt sein [mußte], daß seine Ausführungen geeignet sind, bei den Zuhörern Abneigung und Haß gegen die Staatsverwaltung auszulösen",[516] für „peinlich".[517] Die staatlichen Stellen lernten die Besonnenheit der Arbeiterführer und deren beschwichtigenden Einfluß auf die kriegsindustrielle Arbeiterschaft schätzen.

Die loyale Interessenvertretung durch die Gewerkschaften scheiterte schließlich an der Unmöglichkeit, mit dieser Politik der drastischen Verschlechterung der Lebensverhältnisse Einhalt zu gebieten und die dringendsten Forderungen der Arbeiterschaft zu befriedigen. Die freiwilligen Zugeständnisse der Staatsverwaltung boten keine ausreichende Kompensation für die Rechtlosigkeit und Ohnmacht. Den Gewerkschaften drohte abermals der Einfluß auf die Arbeiterschaft zu entgleiten. Die Gefahr von massenhaften Unruhen und wilden Streiks war im Sommer 1916 nicht mehr zu verkennen. Die Gewerkschaften versuchten diese Radikalisierung der Arbeiter, die ihre eigene, vom Staat anerkannte Funktion als Ordnungsmacht in Frage stellte, durch eine kalkulierte Radikalisierung der eigenen Politik zu parieren. Sie gingen zu einer offensiveren, die

---

512 Der Sekretär der GK, Anton Hueber, verlangte, den Teilnehmerkreis für die Reichskonferenz der Partei im Mai 1915 eng zu halten, um Diskussionen, die zu einer Parteispaltung führen konnten, zu unterdrücken. Die Zulassungsbeschränkung wurde erst einen Tag vor der Reichskonferenz fallengelassen. Vgl. AdSP, PrPV 29. 4. 1915 und PrPV 14. 5. 1915.
513 Vgl. besonders KA, KM, Abt.7, Z. 26358/1915, Erlässe 1) bis 6).
514 Vgl. AVA, SdPst Karton 131, Mappe 1915: Erlaß der böhmischen Statthalterei zum 1. 5. 1915. Vgl. auch AdSP, Adler-Archiv, Mappe 185: Otto Glöckel an Victor Adler am 18. 6. 1915 über eine drohende Verurteilung: „Wenn man nicht vor einem schweren Fall von Juristendummheit steht, hat es fast den Anschein, als dürfte man ein Urteil herbeiführen wollen, das einen Beweis für „Objektivität" auch gegenüber deutschen Abgeordneten abgeben soll."
515 Vgl. AVA, MdI, Präs. Z. 11165/1915.
516 AdSP, Adler-Archiv, Mappe 185: Abschrift der Anklage gegen Otto Glöckel.
517 Vgl. AVA, MdI, Präs. Z. 14844/1915 (MfLV, Z. 6149/V/1915).

Arbeiterinteressen nicht mehr bedingungslos den staatlichen Interessen unterordnenden Haltung über und konnten ihren Forderungen durch die Drohung, ihren Einfluß auf die Disziplin der Arbeiterschaft nicht mehr geltend zu machen, Nachdruck verleihen. Anknüpfungspunkte der verschärften Gangart waren vor allem die existenzgefährdende Versorgungskrise, die Unmöglichkeit einer befriedigenden Lohnregulierung durch private Verhandlungen wie auch durch die Beschwerdestelle und schließlich die unaufschiebbare Notwendigkeit von Kompensationen für das durch den Ausnahmezustand zerstörte Koalitionsrecht.

6. Der Zeitraum vom Herbst 1916 bis zum Sommer 1918

6.1. Der Niedergang der Kriegswirtschaft

Während der letzten beiden Kriegsjahre wurde der Mangel an Industrierohstoffen und landwirtschaftlichen Produkten das Kennzeichen der Kriegswirtschaft. Obwohl die Nachfrage der Heeresverwaltung anhielt, ging die Hochkonjunktur zu Ende. Die Erschöpfung der ökonomischen Kräfte zeichnete sich trotz aller Gegenmaßnahmen ab.

Knappheitserscheinungen, wie sie bei den Textilfasern schon frühzeitig aufgetreten waren, trafen nun auf immer mehr für die Kriegsführung unentbehrliche Industriegüter zu. Von größter Bedeutung war der Verfall bei Kohle, dem wichtigsten Energieträger, wodurch die Produktion insgesamt schwer behindert wurde.[1]

Kohlenproduktion

in 1000 t	1916	1917	Rückgang gegenüber 1916	erstes Halbjahr 1918	Rückgang gegenüber erstem Halbjahr 1916
Steinkohle	17602	16729	5%	7388	16%
Braunkohle	23200	21626	7%	10330	13%

Ab Oktober 1916 verringerten sich die Importe aus Oberschlesien,[2] da Deutschland selbst an Kohleknappheit litt; ab April 1917 bekam außerdem Ungarn einen größeren Teil dieser Einfuhren. Die ungarische Quote an den Importen wurde von 24% auf ein Drittel erhöht.[3] Insgesamt standen der Industrie und den Haushalten auf dem Höhepunkt der Kriegsproduktion 10,9% weniger Kohle zur Verfügung als 1913; 1917 betrug das Defizit schon 15,5% und im ersten Halbjahr 1918 schließlich 20,4%.[4]

Zur Abnahme der geförderten Mengen kamen schwere Transportprobleme. Es fehlte an Waggons, um die Kohle aus den Abbau- in die Industriegebiete zu bringen.[5] Auf den Bahnlinien traten immer schwerere Stockungen auf, und Kohlentransporte blieben lange Zeit hängen. So lagen am 5. Februar 1917 auf der Nordbahn 30 Kohlenzüge fest, am nächsten Tag waren es bereits 40, mußten auf Nebengeleise verschoben werden und konnten erst nach wochenlangem Warten ihre Fahrt fortsetzen. Vom Sommer 1917 an wurden solche Vorkommnisse zu einer chronischen Erscheinung, Kohlenmangel und Transportschwierigkeiten verstärkten einander: 1918 kam es vor, daß Kohle für den Bahnbetrieb nicht ihren Bestimmungort erreichte,[6] im April 1918 mußte eine galizische

---

1 Vgl. DÖV 23. 2. 1918, S. 362 und DÖV 14. 9. 1918, S. 883.
2 Vgl. Denkschrift IV, S. 167.
3 Vgl. DI 28/1918, S. 2.
4 Vgl. *Homann-Herimberg*, Kohlenversorgung, S. 11.
5 Vgl. *Riedl*, Industrie, S. 278. Vgl. auch z. B. Protokoll der Delegierten-Versammlung des Zentralverbandes, 19. Dezember 1916, S. 10–11.
6 Vgl. *Enderes*, Eisenbahnen, S. 27.

Waggonfabrik wegen Kohlenmangels ihre Produktion einstellen.[7] Unter solchen Bedingungen trat erstmals im Winter 1916/17 ein Engpaß in der Versorgung mit Kohle auf. Leidtragende waren zunächst die privaten Haushalte, für die nicht mehr genug Heizmaterial vorhanden war. Im folgenden Jahr griff die Krise auf die Kriegsindustrie über, sodaß selbst Waffenfabriken wegen Kohlenmangels feiern mußten.[8] Im Sommer des Jahres 1918 trat dann noch einmal kurzfristig eine Besserung der Lage ein,[9] bevor im Herbst der Zusammenbruch offensichtlich wurde.

Die industrielle Produktion wurde auch durch die Verknappung der Rohmaterialien behindert. Die Eisenerzförderung konnte nicht auf dem Stand von 1916 gehalten werden. Sie blieb 1917 wieder um 14,4% hinter dem Ergebnis von 1913 zurück, nachdem 1916 eine Steigerung von 9,8% im Vergleich zum letzten Friedensjahr erreicht worden war. 1918 schrumpfte die Produktion auf etwa die Hälfte der von 1913 zusammen. In der Folge verminderte sich auch die Roheisenerzeugung und die Produktion der für die Rüstungsindustrie benötigten Halbfabrikate. Der Ausstoß der österreichischen Hüttenindustrie fiel von 1,72 Mio t Roheisen 1916 auf 1,45 Mio t 1917.[10] Die Österreichisch-Alpine Montan-Gesellschaft produzierte 1917 77% der Roheisen-Rekordmenge von 1916 und blieb damit 16% unter dem besten Vorkriegsergebnis von 1913. Die Produktion von Walzwaren vor allem für die Geschoßerzeugung ging um 25% zurück. 1918 betrug die Roheisenproduktion des Unternehmens die Hälfte jener von 1916 und sank gegenüber 1913 um 46%. Die Walzwarenfabrikation belief sich auf weniger als die Hälfte von 1917 und erreichte knapp mehr als ein Drittel des Rekordergebnisses von 1916.[11]

Der Rückgang der Eisenproduktion und der ab 1916 immer deutlichere Mangel an Metallen allgemein wirkte sich schließlich auf die Erzeugung von Waffen und Munition aus. Die österreichische Industrie konnte den enormen Ansprüchen, die durch das Hindenburgprogramm an sie gestellt wurde, immer weniger nachkommen. Die Heeresverwaltung beanspruchte ab März 1917 täglich mindestens 70.000 Stück Artilleriemunition, bekam aber anfangs nur 50.000 Stück geliefert. Im August 1917 sank der Ausstoß der Munitionsfabriken auf 18.570 Stück und betrug dann im ersten Halbjahr 1918 24.000 Stück. Bei Gewehrmunition war der Produktionsrückgang zwar nicht so kraß, doch blieben 1918 die erzeugten Quantitäten ebenfalls deutlich hinter den Bestellungen der Militärverwaltung zurück.[12]

Der Mangel an allen wichtigen industriellen Rohstoffen in den letzten beiden Jahren des Krieges beendete die Hochkonjunktur der Kriegswirtschaft. Die Produktion konnte trotz der weiterhin regen Nachfrage nicht mehr ausgeweitet werden, sondern mußte, insbesondere ab dem Winter 1917/1918 infolge der Krise in der Kohlenversorgung,

---

7 Vgl. J. Robert *Wegs,* Transportation: The Achilles Heel of the Habsburg War Effort. In: Robert A. Kann, Béla K. *Király,* Paula S. *Fichtner* (eds.), The Habsburg Empire in World War I. Essays on the Intellectual, Military, Political and Economic Aspects of the Habsburg War Effort (New York 1977) 127.
8 Vgl. *Gratz,* Zusammenbruch, S. 96.
9 Vgl. DB 12. 10. 1918, S. 6 und DB 5. 4. 1919, S. 101.
10 Vgl. *Riedl,* Industrie, S. 274–275.
11 Vgl. DB 10. 3. 1917, S. 89 und DB 5. 4. 1919, S. 101.
12 Vgl. *Gratz,* Zusammenbruch, S. 121 und 123.

6.1. Der Niedergang der Kriegswirtschaft

eingeschränkt werden. Die Erhöhung der Bilanzsummen war nur auf Preissteigerungen zurückzuführen. Im Vergleich zum Ergebnis von 1918 hatte die Fakturensumme 1913 der Alpinen Montan-Gesellschaft bei mehr als doppelter Produktion nur 61% betragen.[13] Ebenso war die starke Steigerung der Bruttogewinne in erster Linie eine Folge der Inflation. Die Reingewinne der Kriegsindustrieunternehmen hingegen stagnierten oder sanken 1917 auch nominell. Die Ursachen hiefür waren ein sprunghaftes Ansteigen der Lasten aufgrund der 1916 eingeführten Besteuerung der Kriegsgewinne rückwirkend seit 1914[14] und die während der letzten beiden Kriegsjahre stark steigenden Lohnkosten. Die Löhne und Teuerungszulagen, die seit dem Frühjahr 1917 meist durch die neuerrichteten Beschwerdekommissionen reguliert wurden, mußten der galoppierenden Teuerung der Lebensmittel angepaßt werden. So zahlte die Prager Eisenindustrie-Gesellschaft im Geschäftsjahr 1917/1918 ihren 16.900 Arbeitern und Angestellten 48,25 Mio K an Löhnen und Gehältern, wozu noch mehr als 12 Mio K für Teuerungszulagen und das Defizit der firmeneigenen Lebensmittel- und Kleidermagazine kamen. Im Vergleich dazu hatte die Lohn- und Gehaltsumme des Jahres 1913 für 15.300 Beschäftigte 24,75 Mio K betragen.[15] Hinzu trat 1918 eine stärkere Verschuldung der Kriegsindustrie, da die Heeresverwaltung ab Beginn dieses Jahres mit ihren Zahlungen in Rückstand geriet, die Unternehmen daher zunächst ihre Guthaben auflösen und schließlich Kredite aufnehmen mußten. Die drei großen österreichischen Montanunternehmen, die Prager Eisenindustrie-Gesellschaft, die Oesterreichisch-Alpine Montan-Gesellschaft und die Poldi-Hütte schuldeten ihrer Hausbank, der Niederösterreichischen Eskompte-Gesellschaft bei Ende des Krieges 160 Mio K.[16]

Mit den großen Kriegsgewinnen war es also 1917 vorbei.[17] Die Aktionäre mußten sich entsprechend der Entwicklung der Reingewinne und der mehr oder weniger vorsichtigen Dividendenpolitik der Gesellschaften mit stagnierenden oder sinkenden Erträgen ihrer Anlagen zufriedengeben, was bei der herrschenden Inflation jedenfalls Verlusten gegenüber der Phase der kriegswirtschaftlichen Hochkonjunktur gleichkam. Auffallend stark verminderten sich die Beträge für die Tantiemen.[18]

Weniger deutlich wirkte sich der Niedergang der Konjunktur vorerst für die Banken aus, die weiterhin vom lebhaften Kapitalmarkt profitierten, da die Industrie-Unternehmen versuchten, durch Fusionen und Käufe ihre Rohstoffbasis selbständig zu verbessern, zunehmend auch durch Transaktionen auf dem Gebiet der Holzwirtschaft.[19] Das Geschäftsergebnis der Creditanstalt selbst für das erste Halbjahr 1918 war noch recht

---

13 Vgl. DB 5. 4. 1919, S. 102.
14 Vgl. KaisVO vom 16. 4. 1916, RGBl. Nr. 103; Gesetz vom 2. 8. 1917, RGBl. Nr. 334; Gesetz vom 16. 2. 1918, RGBl. Nr. 66 und Gesetz vom 17. 4. 1918, RGBl. Nr. 160.
15 Vgl. DB 12. 10. 1918, S. 7.
16 Vgl. DB 21. 6. 1919, S. 145 und DB 5. 4. 1919, S. 103.
17 Vgl. *Winkler,* Einkommensverschiebungen, S. 219. O
18 Vgl. z.B. DB 5. 4. 1919, S. 102 (Alpine) oder DB 26. 10. 1918, S. 13 (Steyr). Der Rückgang der Tantiemen könnte darauf zurückzuführen sein, daß Zahlungen, die früher unter diesem Titel verbucht worden waren, nun dem Gehaltskonto zugeschlagen wurden und gewinnmindernd wirkten, wie dies die Creditanstalt seit 1917 praktizierte. Vgl. DB 21. 6. 1919, S. 146.
19 Vgl. z.B. DÖV 17. 3. 1917, S. 414; DÖV 15. 7. 1917, S. 574; DÖV 2. 2. 1918, S. 362 oder DÖV 23. 3. 1918, S. 436.

günstig. Trotz steigender Lasten wuchs der Reingewinn, zum größten Teil allerdings dank des Agios der Aktienemission im Februar 1918. Die Deroute der Kriegswirtschaft machte sich für die Banken erst in der allerletzten Periode des Krieges bemerkbar.

Situation dreier Unternehmen der Kriegswirtschaft 1917/1918:[20]

Österreichisch Alpine Montangesellschaft		Österreichische Waffenfabriksgesellschaft Steyr			Österreichische Kreditanstalt		
Fakturensumme	Dividende	Bruttogewinn gegenüber Vorjahr	Reingewinn gegenüber Vorjahr	Dividende	Bilanzsumme gegenüber Vorjahr	Reingewinn	Dividende
1917 138,5 MioK	13%	1916/7 +26%	+0,1%	50%	1917 +33,1%	+10,8%	12³⁄₁₆%
1918 161,0 MioK	10%	1917/8 +58%	-24%	33¹⁄₃%	1. Hj. 1918 -	+ 5,6%	0

Der Lebensmittelmangel nahm in den Jahren 1917 und 1918 katastrophale Ausmaße an. Die Getreideernte 1916 war weder in Österreich noch in Ungarn zufriedenstellend ausgefallen,[21] und die Versorgung mit Mehl und Brot verschlechterte sich zusehends. Im Mai 1917 war die Approvisionierung bereits in solchem Maß gefährdet, daß Deutschland zugunsten Österreichs auf seinen Anteil an den Getreideimporten aus dem besetzten Rumänien verzichtete.[22] Die Ernte des Sommers 1917 schien dann besser zu werden, doch blieben die Requisitionsergebnisse, besonders bei Hafer und Gerste, die zur Auffüllung der fehlenden Weizen- und Roggenmengen verwendet worden waren, hinter den Erwartungen weit zurück.[23] Der abgelieferte Hektarertrag betrug bei Hafer nur 26,8%, bei Gerste nur 49,2% und bei den Brotfrüchten insgesamt 65,8% der Vorjahresmengen.[24] In Österreich standen somit statt 5,13 Mio t in normalen Jahren 1917/1918 lediglich 1,86 Mio t Getreide zur Verfügung.[25] Tatsächlich dürfte das Ernteergebnis allerdings günstiger gewesen sein, doch widersetzte sich die bäuerliche Bevölkerung immer energischer den staatlichen Ernährungsvorschriften und den Requisitionen.[26] In Ungarn war das Ernteresultat nur wenig besser als 1916, die Exporte nach Österreich schrumpften auf 2,5% der Vorkriegsmenge zusammen.[27] Als zur Jahreswende 1917/1918 auch noch die Zufuhren aus Rumänien stockten, da die Schiffe die zugefrorene Donau nicht passieren konnten,[28] war der Zusammenbruch nahe. Der Mehl- und Brotverbrauch mußte noch weiter gedrosselt werden, was den letzten Anstoß zum großen, in Wien und Niederösterreich generalstreikartigen Arbeiterausstand gab. Der bei den Friedensverhandlungen in Brest-Litowsk weilende Außenmi-

---

20 DB 5. 4. 1919, S. 102 (Alpine); DB 26. 10. 1918, S. 13 (Steyr; 1917/18 Kapitalserhöhung durch Aufstempelung des Aktiennominales von 200 auf 300 K, die aus dem Reservefonds finanziert wurde – die Dividende blieb also bei 100 K pro Stück); DB 12. 10. 1918, S. 5 und DB 21. 6. 1919, S. 146.
21 Vgl. *Gratz*, Zusammenbruch, S. 44–45 und *Löwenfeld-Russ*, Volksernährung, S. 61.
22 Vgl. DK 2/1918, S. 13.
23 Vgl. DK 3/1918, S. 23.
24 Vgl. Die Kriegsgetreideverkehrsanstalt, Anhang, Tab. III.
25 Vgl. *Gratz*, Zusammenbruch, S. 45.
26 Vgl. DK 2/1918, S. 13.
27 Vgl. *Gratz*, Zusammenbruch, S. 44 und *Löwenfeld-Russ*, Volksernährung, S. 61.
28 Vgl. DK 3/1918, S. 24.

nister Graf Czernin meinte in einem Telegramm an Kaiser Karl vom 15. Jänner 1918: *„Die durch Frivolität und Unfähigkeit der Minister* eingetretene Situation ist furchtbar, und ich fürchte, es ist bereits zu spät, um den völligen Niederbruch, welcher in den nächsten Wochen zu erwarten ist, aufzuhalten."[29]

Die Lage verschlechterte sich in den nächsten Monaten vor allem in Wien noch weiter, da nach dem Friedensschluß an der Ostfront die Zufuhren aus den Okkupationsgebieten zum größten Teil an Deutschland gingen.[30] Im Mai 1918 schien dann der Zusammenbruch der Approvisionierung endgültig gekommen zu sein. Trotz aller Einschränkungen war der Bedarf an Brotfrüchten zu dieser Zeit nur mehr zu 40% gedeckt.[31] Selbst Ungarn verfügte nur mehr bis 1. Juni 1918 über genug Getreide, während die nächste Ernte erst für Ende Juli zu erwarten war.[32] Die österreichischen Behörden sahen sich unter diesen Umständen zu verzweifelten Rettungsmaßnahmen gezwungen. Ende April ließ der Vorsitzende des Gemeinsamen Ernährungsausschusses, Ottokar Landwehr von Pragenau, auf der Donau für Deutschland bestimmte Maisschlepper aufbringen, um Wien vor einer Hungerkatastrophe zu retten.[33] Die Regierung ersuchte vergeblich die bäuerlichen Selbstversorger, die Getreidevorräte, aus denen sie ihre Rationen bezogen, leihweise zur Verfügung zu stellen; diese sollten später aus den Importen rückerstattet werden.[34] In den Städten Niederösterreichs erging unter Zusicherung der Straffreiheit die Aufforderung, daß Personen, die Vorräte verheimlicht hatten, bis zur Einbringung der neuen Ernte auf ihre Brot- und Mehlmarken verzichten sollten.[35] Schließlich konnte in Verhandlungen mit Deutschland eine höhere Quote aus den Ostimporten für Österreich erreicht werden, und mit Hilfe dieser Zufuhren aus der Ukraine gelang es, den unmittelbar bevorstehenden Zusammenbruch der Approvisionierung noch einmal – bis Oktober 1918 – aufzuschieben.[36]

Ebenso zeigten sich immer größere Lücken in der Versorgung der Bevölkerung mit anderen wichtigen Lebensmitteln. Die Bewirtschaftung der Kartoffeln aus der Ernte 1916[37] mißlang; große Mengen verdarben durch unsachgemäße Lagerung, sodaß Anfang des Sommers 1917 Kartoffel gebietsweise als Nahrungsmittel völlig ausfielen.[38] Die Ernteergebnisse 1917 und 1918 waren dann noch schwächer als das von 1916,[39] und die Kartoffelrationen mußten sehr niedrig bemessen werden. In Wien schwankte die Quote in den letzten beiden Kriegsjahren zwischen einem $1/2$ und $1^1/_2$ kg pro Person und Woche,[40] während, zum Vergleich, die Quote in Deutschland $3^1/_2$ kg betrug.[41]

---

29 Ottokar *Czernin,* Im Weltkriege (Berlin/Wien 1919) 322 (Hervorhebung im Original).
30 Vgl. Johanna E. *Pattera,* Der Gemeinsame Ernährungsausschuß 1917–1918 (Diss. Univ. Wien 1971) 135ff.
31 Vgl. ebd., S. 194.
32 Vgl. *Gratz,* Zusammenbruch, S. 78.
33 Vgl. ebd., S. 78 und *Pattera,* Ernährungsausschuß, S. 194–198.
34 Vgl. DK 10/1918, S. 93.
35 Vgl. DK 11/1918, S. 110.
36 Vgl. *Löwenfeld-Russ,* Volksernährung, S. 69.
37 Vgl. VO des MrdI vom 4. 8. 1916, RGBl. Nr. 244.
38 Vgl. *Heller,* Government Price Fixing, S. 42 und MdHpK 30. 7. 1917, S. 15.
39 Vgl. *Gratz,* Zusammenbruch, S. 51.
40 Vgl. z.B. DÖV 7. 4. 1917, S. 473: 1/2 kg 1. bis 7. 4. 1917 und DÖV 9. 3. 1918: Herabsetzung von 11/2 kg auf 1 kg 9.–17. 3. 1918. Vgl. auch *Löwenfeld-Russ,* Volksernährung, S. 334.
41 Vgl. MdHpK 10. 6. 1918, S. 32.

Den Engpaß bei Getreide und Kartoffeln zu Beginn des Jahres 1917 versuchte man durch Fleischzubußen auszugleichen, was die Viehbestände schwer angriff.[42] Im Frühjahr 1917 wurde zwar den Landesbehörden die Möglichkeit eingeräumt, das Verbot des Fleischgenusses auf zwei Tage zu beschränken, doch mußte kurz darauf der Verbrauch mengenmäßig begrenzt werden. Pro Person durften an den Tagen, wo dies erlaubt war, maximal 15 dag Fleisch verzehrt werden.[43] Im März 1918 wurde auch der Genuß von Schaffleisch, der bisher an einem der fleischlosen Tage gestattet war, verboten.[44] Aber auch unter diesen Restriktionen reichten die Vorräte nicht aus. Im April 1917 mußten in Wien Bestellungen für eine Monatsration vier Wochen im voraus abgegeben werden, 1918 wurde der Bezug von Fleisch vielfach überhaupt unmöglich.[45] Bei den anderen wichtigen Lebensmitteln, bei Fett, Zucker, Milch, Eiern, aber auch bei Kaffee verschlechterte sich die Situation in ähnlicher Weise.[46]

Die Bevölkerung wurde auch vom Mangel der industriellen Rohstoffe und der Energieträger in Mitleidenschaft gezogen. Es fehlte an Heiz- und Beleuchtungsmaterial; Kohle, Koks, Gas, Strom und Petroleum wurden rationiert.[47] Kleider und insbesondere Schuhe wurden sehr knapp und waren nur mehr auf „Bedarfsschein" zu bekommen.[48]

Die drastische Verschlechterung der Lage war die Folge einer alle Faktoren der Volkswirtschaft ergreifenden Erschöpfung. Die außergewöhnlichen Anstrengungen der Industrie beschleunigten den Verbrauch der materiellen Ressourcen und den Kräfteverschleiß der zahlenmäßig zu geringen Arbeiterschaft. Einen zumindest ebenso großen Teil der Schuld am Verfall der Arbeitskraft trug aber die Misere der Lebensmittelversorgung, die zum Teil auf Arbeitermangel, zum Teil aber auf die erst passive, später offene Resistenz der Landwirte und die Sabotage des staatlichen Ernährungsregimes zurückzuführen war. Die triste Lage der Arbeiterschaft war immer häufiger Ursache oder zumindest Anlaß für Störungen und Streiks, durch die wiederum das Produktionsniveau sank.

Parallel zur Verringerung der Produktion und zur Entgüterung der Volkswirtschaft ging die Teuerung aller Waren. Die Inflation wirkte zusätzlich aufreizend auf die lohn- und gehaltsabhängigen Bevölkerungsklassen, bedeutete aber ebenso für den Staat eine wachsende Gefahr. Die Preise der Konsumgüter erreichten im Sommer 1918 ein Niveau, das um 1000% über dem des letzten Vorkriegsmonates lag.

---

42 Vgl. MdHpK 30. 7. 1917, S. 14–15.
43 Vgl. VOen des AfVe vom 3. 3. 1917, RGBl. Nr. 89 bzw. vom 23. 4. 1917, RGBl. Nr. 176.
44 Vgl. VO des AfVe vom 29. 3. 1918, RGBl. Nr. 122.
45 Vgl. MdHpK 30. 7. 1917, S. 63 und DK 19/1918, S. 182.
46 Vgl. z. B. DK 3/1918, S. 36: Wien 14.–20. 1. 1918 8 dag Butter oder Margarine; oder DÖV 13. 1. 1917, S. 255: ab 6. 1. 1917 in Wien 1/8 kg Kaffee pro Person statt für sechs Wochen nun für acht Wochen (ca. 2,2 g pro Tag!).
47 Vgl. VOen des MrföA vom 1. 9. 1917, RGBl. Nr. 369 bzw. RGBl. Nr. 370. Vgl. auch VOen des Statthalters im Erzherzogtume Österreich unter der Enns vom 11. 9. 1917, LGuVBl. Nr. 163 bzw. LGuVBl. Nr. 164; vom 23. 3. 1918, LGuVBl. Nr. 47 und vom 29. 4. 1918, LGuVBl. Nr. 70 (Kohle, Koks, Gas und Strom). Vgl. VOen des HMr vom 11. 12. 1916, RGBl. Nr. 411, vom 15. 4. 1917, RGBl. Nr. 171 und vom 26. 3. 1918, RGBl. Nr. 110.
48 Vgl. VOen des HMr vom 21. 9. 1917, RGBl. Nr. 383 und vom 13. 12. 1917, RGBl. Nr. 482.

6.1. Der Niedergang der Kriegswirtschaft

Entwicklung der Lebenshaltungskosten (Juli 1914 = 1):[49]

	Teuerungs-rate	gegenüber Vormonat		Teuerungs-rate	gegenüber Vormonat
Oktober 1916	4,41	+9%	September 1917	6,75	+0,3%
November 1916	4,76	+8%	Oktober 1917	6,77	+0,3%
Dezember 1916	5,10	+7%	November 1917	6,79	+0,3%
Jänner 1917	5,44	+7%	Dezember 1917	6,80	+0,1%
Februar 1917	5,65	+4%	Jänner 1918	6,82	+0,3%
März 1917	5,86	+4%	Februar 1918	7,62	+12%
April 1917	6,07	+4%	März 1918	8,42	+10%
Mai 1917	6,28	+3%	April 1918	9,22	+10%
Juni 1917	6,50	+7%	Mai 1918	10,02	+9%
Juli 1917	6,71	+3%	Juni 1918	10,82	+6%
August 1917	6,73	+0,3%	Juli 1918	11,62	+7%

Die Teuerung schritt bis Jänner 1917 mit ungefähr der gleichen Geschwindigkeit fort wie im Spätsommer 1916. Darauf folgte im Jahre 1917 eine deutliche Verlangsamung der Inflation. In dieser Entwicklung kommen die befristeten Erfolge der Teuerungsbekämpfung der österreichischen Regierung zum Ausdruck: die Erfassung von immer mehr Bedarfsartikeln durch die staatliche Preisregelung und die nicht zu unterschätzenden Auswirkungen des Mieterschutzes ab Ende Jänner 1917. Danach allerdings kam es im letzten Stadium der Verknappung zu einem sehr starken Teuerungsschub.

Wesentlich stärker stellte sich die Teuerung unter Berücksichtigung der Schwarzmarktpreise dar. Im Frühjahr 1917 wurden für 1 kg feines Mehl im Schleichhandel zwischen 10 K und 20 K verlangt, während der offizielle Preis 1,20 K und der Vorkriegspreise etwa 46 h betrug.[50] Für einen Laib Brot wurden 5 K bis 10 K gezahlt, für 1 kg Kaffee bis zu 22 K statt des Friedenspreises von 4 K. 1 kg Reis der besten Sorte, das vor dem Krieg etwa 80 h gekostet hatte, war nicht unter 17 K zu haben, der Preis stieg aber auch bis zu 30 K.[51]

Diese enormen Preissteigerungen mußten schließlich bei der Bemessung der Löhne Berücksichtigung finden. Die Lohnkosten pro Zentner Walzware der Oesterreichisch-Alpinen Montan-Gesellschaft beliefen sich 1916 auf 8,63 K, 1917 auf 18,95 K und 1918 auf 58,60 K[52] und verstärkten die Teuerung der Industriewaren während der zweiten Kriegshälfte. Während etwa der Preis für Stabeisen vor dem Krieg 16,50 K betrug, lag dieser 1916/1917 bei 40 K und im darauf folgenden Jahr wurden 68 K als amtlicher Richtpreis festgesetzt. Tatsächlich verkaufte die Prager Eisenindustrie-Gesellschaft Stabeisen zu dieser Zeit um 85 K, die Alpine Montan-Gesellschaft bei Kriegsende um 125 K.[53] Die Lohnerhöhungen, neue Steuern und Preissteigerungen bei Vorprodukten und Betriebsmitteln konnten auf die Warenpreise überwälzt werden. Die Inflation ging also

---

49 Vgl. *Winkler*, Einkommensverschiebungen, S. 41.
50 Vgl. MdHpK 30. 7. 1917, S. 62 und DK 18/1917, S. 246.
51 Vgl. MdHpK 30. 7. 1917, S. 62.
52 Vgl. DB 5. 4. 1919, S. 102.
53 Vgl. ebd., S. 102 und DB 12. 10. 1918, S. 7.

6.1.1. Der Kampf gegen die Erschöpfung der Ressourcen

Die Erhaltung der wirtschaftlichen Kraft war eine unerläßliche Vorbedingung für die Fortsetzung des Krieges. Nur wenn der Industrie genügend Rohmaterial zur Verfügung stand, konnten die Forderungen der Militärs befriedigt werden; nur wenn die Ernährung der Bevölkerung sichergestellt war, konnten weiterhin außerordentliche Leistungen erzielt werden und war schließlich staatsgefährlicher Loyalitätsverlust zu verhindern.

Die immer strengere staatliche Bewirtschaftung von immer mehr Gütern, erreichte 1917/1918 ihren Zweck nicht mehr. Der Mangel an industriellen Rohstoffen konnte durch autoritative Verteilung nicht mehr überdeckt werden und wurde zum Produktionshindernis. Die Lebensmittelversorgung, die schon in der ersten Kriegshälfte große Probleme verursacht hatte, verschlechterte sich weiter und unterschritt endlich die Schranke des Erträglichen. Die Approvisionierungssituation gab immer häufiger Anlaß zu produktionsschädigenden Ausständen und Unruhen.

Die gesetzliche Grundlage für die wirtschaftlichen Staatseingriffe bildete die unter dem Eindruck der chaotischen Zustände bei Kriegsbeginn improvisierte Ermächtigungsverordnung. Als am 30. Mai 1917 das Parlament nach dreijähriger Pause wieder in Funktion trat, mußten diesem laut Verfassung die inzwischen erlassenen Notverordnungen zur Bestätigung oder Ablehnung vorgelegt werden. Obwohl das Abgeordnetenhaus mehrheitlich mit dem wirtschaftlichen Kriegsregime nicht zufrieden war, konnte die vorgelegte Notverordnung[54] nicht einfach aufgehoben werden, sondern mußte sofort durch ein geeignetes Gesetz ersetzt werden. Andernfalls wären plötzlich alle Ministerialverordnungen, die auf der Ermächtigungsverordnung fußten, außer Kraft getreten.[55] Es blieb außerdem nichts anderes übrig, als an die Stelle des Unikums einer Ermächtigung aufgrund eines Notverordnungsparagraphen wieder ein Ermächtigungsgesetz treten zu lassen, da die parlamentarische Behandlung der jeweils anstehenden ökonomischen Probleme nicht durchführbar erschien.[56]

Das Parlament mußte der Regierung auch in Zukunft den weiten Entscheidungsspielraum lassen, den diese nach Meinung der Abgeordneten bis jetzt schlecht genützt hatte. Es ergab sich folglich die Frage der Kontrolle der Verwaltungsbehörden in den Belangen der Kriegswirtschaft. Im kriegswirtschaftlichen Ausschuß des Abgeordnetenhauses wurde der Vorschlag gemacht, die Erlassung von Verordnungen aufgrund des künftigen Gesetzes an die Genehmigung des Ausschusses selbst zu binden. Der Antrag fand jedoch nicht die Mehrheit, weil eine solche Bestimmung dem Prinzip der Gewaltenteilung zuwidergelaufen wäre. Es wurde statt dessen nur vorgesehen, die Regierung zur nach-

---

54 Vgl. 55 der Beilagen zu den StPrAH XXII, 1. Bd.
55 Vgl. 429 der Beilagen zu den StPrAH XXII, 3. Bd., S. 2 (Ausschußbericht).
56 Vgl. StPrAH XXII, 1. Bd., S. 817–818.

träglichen Vorlage ihrer Verfügungen zu verpflichten.[57] In der Plenumsdebatte wurde dann aber von einem polnischen Abgeordneten erneut der Antrag gestellt, die Regierungsverordnungen einer Genehmigungspflicht durch den kriegswirtschaftlichen Ausschuß zu unterwerfen. Dieser Antrag erhielt mit 171 zu 154 Stimmen die Mehrheit.[58] Der Beschluß des Abgeordnetenhauses wich in diesem Punkt von der Ausschußfassung des Gesetzes ab.[59] Das Herrenhaus allerdings verweigerte der Abänderung die Zustimmung, worauf auch das Abgeordnetenhaus am 14. Juli 1917 seinen Beschluß revidierte. Die Möglichkeit der Kontrolle der Verfügungen im voraus sollte laut einer, von der Regierung positiv aufgenommenen Resolution durch Fühlungnahme der Ministerien mit dem Abgeordnetenhaus in wichtigen Angelegenheiten gegeben sein.[60]

Das Gesetz,[61] das unter Zustimmung der deutschen Sozialdemokraten zustandekam,[62] trat am 27. Juli 1917 in Kraft und löste die Notverordnung vom Oktober 1914 ab. An den tatsächlichen Verhältnissen änderte sich dadurch kaum etwas. Die Regierung wurde durch die nachträgliche Vorlagepflicht der Verordnungen in ihrer Handlungsfähigkeit nicht wesentlich eingeschränkt. Ihr Wirkungskreis wurde durch das Gesetz sogar insofern erweitert, als dieses sich ausdrücklich auch auf den Wiederaufbau bezog[63] und eine besondere Befristung der Geltungsdauer der Verordnungen fehlte.[64] Die österreichischen Verwaltungsbehörden verfügten somit auch während der parlamentarischen Phase der Kriegszeit über ein Instrument, das ungehindert weitreichende Eingriffe ins Wirtschaftsleben erlaubte.

6.1.1.1. Rohstoffbeschaffung und Organisierung der Industrie

Der zunehmende Mangel an Industriegütern und Rohstoffen erforderte immer schärfere Bewirtschaftungsmaßnahmen. Durch die Rationierung verschlechterte sich einerseits die Lage der Bevölkerung und wurde andererseits die Produktion behindert. Gleichzeitig mit den Versuchen, die Situation durch rigorose Eingriffe zu retten, wurde die staatliche Organisation der Industrie und auch des Handels ausgebaut. Erzeugung und Verteilung sollten, zum Teil schon im Hinblick auf die Rekonstruktion der Friedenswirtschaft, möglichst rationell gestaltet werden.

Besonders prekär war die Versorgung der österreichischen Volkswirtschaft mit jenen Rohstoffen, deren Beschaffung schon während der ersten Kriegshälfte größere Schwierigkeiten bereitet hatte. Die zur Verfügung stehenden Mengen an Textilfasern verringerten sich weiter, und es wurden noch restriktivere Verarbeitungs- und Verwendungsvorschriften notwendig. Das Ankaufsmonopol der Militärverwaltung und der Baumwollzentrale A.G. wurde Ende 1916 auf wesentlich mehr Materialien ausge-

---

57 Vgl. 429 der Beilagen zu den StPrAH XXII, 3. Bd., S. 3–4.
58 Vgl. StPrAH XXII, 1. Bd., S. 857 (Antrag Moraczewski zu § 1, Abs. 2).
59 Vgl. 454 der Beilagen zu StPrAH XXII, 3. Bd.
60 Vgl. StPrAH XXII, 1. Bd., S. 1004–1005.
61 Gesetz vom 24. 7. 1917, RGBl. Nr. 307.
62 Vgl. StPrAH XXII, 1. Bd., S. 850–854 (Rede des Rrabg. Dr. Ellenbogen).
63 Vgl. Gesetz vom 24. 7. 1917, RGBl. Nr. 307, § 1, Abs. 1.
64 Vgl. ebd., §§ 3 und 5. Vgl. auch KaisVO vom 10. 10. 1914, RGBl. Nr. 274, Artikel 3.

dehnt;⁶⁵ bereits im Sommer dieses Jahres waren die Verarbeitungs- und Veräußerungsbeschränkungen für Garne, Web- und Wirkwaren und Wäsche weiter verschärft worden.⁶⁶ Ende Oktober 1917 ordnete der Handelsminister dann an, daß ungebrauchte Stoffe, Tisch- und Bettwäsche und Kleidungsstücke aus Baumwolle von Händlern und Produzenten mit geringen Ausnahmen an staatliche Stellen abzuliefern seien. Selbst von Privatpersonen aber durften solche Artikel, die sie für den eigenen Gebrauch besaßen, nicht „verkauft, verwendet, bearbeitet, verarbeitet oder an eine andere Stelle als an die Baumwollzentrale A.G. abgeliefert werden."⁶⁷ Ab Winter 1917 wurde die Verarbeitung von Schafwolle und anderen Tierhaaren sowie von Materialien, die in der Wollindustrie anfielen, welche bis dahin für militärische Zwecke ohne weiteres gestattet gewesen war, von der fallweisen Genehmigung des Kriegsverbandes der Wollindustrie abhängig gemacht.⁶⁸ Die beschriebenen Maßnahmen sollten der Versorgung der Armee dienen, deren Bekleidung aber besonders im Winter dennoch sehr mangelhaft war.⁶⁹

Die ausreichende Bekleidung der ärmeren Schichten der Zivilbevölkerung war unter diesen Voraussetzungen nicht mehr gesichert. Die österreichische Regierung sah sich gezwungen, zunächst den Altkleiderhandel unter Kontrolle zu bringen⁷⁰ und schließlich im September 1917 umfassende „Vorkehrungen für die Bekleidung der Bevölkerung" zu treffen.⁷¹ Im Anschluß an die bei den Textil-Zentralen bestehenden „Volksbekleidungsstellen" wurden Landesbekleidungsstellen errichtet, denen von den Behörden requirierte Textilien zugewiesen wurden und die die Versorgung der Bevölkerung mit Kleidern und Wäsche organisieren und überwachen sollten. Alle Stoffe, Kleider, Wäsche und auch alle Altwaren dieser Art waren nur mehr gegen „Bedarfsscheine" erhältlich, die von „Bedarfsprüfungsstellen" ausgegeben wurden. Mindestbemittelte Personen⁷² hatten Anspruch auf Bedarfsscheine, gegen die von eigens eingerichteten Stellen Volksbekleidungsware, d.h. die von den Behörden zur Verfügung gestellten oder requirierten Textilien, entgeltlich oder auch unentgeltlich ausgefolgt wurde. Finanziell besser gestellte Leute erhielten gegen Nachweis des Bedarfes die Berechtigung, die gewünschten Kleidungsstücke im Handel zu erwerben. Schließlich gab es noch die Möglichkeit, einen Bedarfsschein durch die Ablieferung von Altkleidern zu bekommen, gegen welchen dann neuwertige Textilien gekauft werden durften. Die strenge Regulierung des Textilwarenverkehrs betraf in erster Linie die Versorgung der unteren Bevölkerungsschichten. Deren Bekleidung unterlag mit

---

65 Vgl. VO des HMr vom 28.12.1916, RGBl. Nr. 432.
66 Vgl. VO des HMr und des MrfLV vom 31.8.1916, RGBl. Nr. 283.
67 VO des HMr vom 30.10.1917, RGBl. Nr. 418, § 1.
68 Vgl. VO des HMr und des MrfLV vom 25.2.1916, RGBl. Nr. 52 und VOen des HMr vom 28.5. 1916, RGBl. Nr. 156 bzw. vom 27.2.1917, RGBl. Nr. 80.
69 Vgl. *Gratz*, Zusammenbruch, S. 123–125.
70 Vgl. VO des HMr vom 6.6.1917, RGBl. Nr. 251.
71 Vgl. VO des HMr vom 21.9.1917, RGBl. Nr. 383 (Titel der VO).
72 Im Frühjahr 1917 führte die österreichische Regierung eine Hilfsaktion für die ärmeren Bevölkerungsschichten durch, denen Nahrungsmittel oder, wie hier, Kleidungsstücke billiger oder kostenlos zur Verfügung gestellt wurden.

ganz geringen Ausnahmen der Bedarfsscheinpflicht. Teure Stoffe oder Luxusartikel waren von der Regelung ausgenommen und verblieben im freien Handel.[73]

Eine ähnliche Entwicklung erzwang der Ledermangel bei den Schuhen. Die Bewirtschaftungsmaßnahmen für Häute und Leder wurden zunächst im Oktober 1916 verschärft und ausgedehnt. Unter anderem mußten nun Spaltleder und Spaltledersohlen, die veräußert werden sollten, der Lederbeschaffungsgesellschaft angeboten werden.[74] Ab Sommer 1917 erfaßte der Anbotszwang dann alle, nicht nur die zum Verkauf bestimmten Vorräte.[75] Für Schuhe gab es bereits im Frühjahr 1917 Preisregelungen und Erzeugungsvorschriften.[76] Ende des Jahres wurde dann die Versorgung der Bevölkerung mit Schuhen analog der mit Kleidern geregelt.[77] Schuhe waren danach mit Ausnahme von Holzschuhen und Pantoffeln, Strohschuhen etc. nur mehr auf Bedarfsschein zu erhalten. Es gab auch hier Sonderregelungen für die Versorgung der einkommensschwachen Bevölkerungsgruppen mit „Volksschuhen". Die Situation war hier schon so prekär, daß die Regierung im Oktober 1917 500.000 Paar Schuhe zur Abwendung der ärgsten Notfälle verteilen ließ.[78] Die Bewirtschaftungsmaßnahmen, die ja nicht nur die Schuhe betrafen, sondern Häute und Felle verschiedenster Art oder die für den Maschinenbetrieb benötigten Riemen, blieben erfolglos, weil der eklatante Mangel Sabotage und Schleichhandel in großem Stil provozierte. Ca. 30% des Bahnfrachtgutes verschwand während des Transportes, und im September 1918 stammte das Material, das von Wiener Schuhmachern verarbeitet wurde, zu zwei Dritteln vom schwarzen Markt und nur zu einem Drittel aus Zuweisungen durch staatliche Stellen.[79]

Ein schweres Hindernis für die Rüstungsproduktion stellte der Metallmangel dar. Trotz der oft rücksichtslosen Requisitionen konnten in der zweiten Kriegshälfte Störungen nicht mehr vermieden werden. Es fehlte vor allem an Kupfer für die Munitionserzeugung,[80] zunehmend aber auch an anderen Buntmetallen. Im Juni 1917 wurden die restlichen Vorräte an Metallgeräten bei Händlern und Erzeugern, die schon 1915 in Anspruch genommen worden waren, sowie eine beträchtliche Anzahl weiterer Gegenstände aus Kupfer oder Kupferlegierungen, Nickel und Aluminium auch aus Privatbesitz eingezogen.[81] Noch Ende 1916 waren zwecks Kupfergewinnung Dächer, Blitzableiter, Kirchenglocken[82] und Zylinder von Badeöfen requiriert worden. Zur Beschaffung von Zinn wurden Leitungsrohre, Bestandteile von Bierabfüllvorrichtungen und Sodawasser-

---

73 Vgl. z. B. Ku des HM vom 21. 9. 1917, RGBl. Nr. 384, § 1, Freiliste Z. 11: Papierersatzstoffe; Z. 1: Seidenstoffe; Z. 38: fertige Fräcke und fertige Smokings; Z. 40: Damenpelzmäntel und -jacken, Pelzmuffe und Pelzboas.
74 Vgl. VOen des HMr vom 16. 10. 1916, RGBl. Nr. 355 bis RGBl. Nr. 360.
75 Vgl. VO des Leiters des HM vom 20. 8. 1917, RGBl. Nr. 354.
76 Vgl. VOen des HMr vom 9. 3. 1917, RGBl. Nr. 94 und RGBl. Nr. 96; Kuen des HMr vom 9. 3. 1917, RGBl. Nr. 95, RGBl. Nr. 97 und RGBl. Nr. 98.
77 Vgl. VO des HMr vom 13. 12. 1917, RGBl. Nr. 482, sowie Kuen des HMr vom 13. 12. 1917, RGBl. Nr. 483 bzw. vom 5. 6. 1918, RGBl. Nr. 202.
78 Vgl. DÖV 13. 10. 1917, S. 29.
79 Vgl. *Riedl*, Industrie, S. 268.
80 Vgl. *Gratz*, Zusammenbruch, S. 108.
81 Vgl. VO des MfLV vom 25. 6. 1917, RGBl. Nr. 271.
82 Vgl. *Gratz*, Zusammenbruch, S. 107.

flaschen und selbst Orgelpfeifen in Anspruch genommen und requiriert. Ab 1917 wurden die Metalle der Platingruppe zugunsten der Kriegsverwaltung beschlagnahmt.[83] Die Knappheit erzwang schließlich den umständlichen und kostspieligen Ausbau der benötigten Metalle aus bestehenden Anlagen und Einrichtungen.[84] „Die Besitzer von Betriebs- und Industrieanlagen jeder Art [waren] verpflichtet, den Ausbau von Kupfer, Blei, Zinn und deren Legierungen und von Nickel aus Anlagen zum Zwecke der Metallbeschaffung für Kriegsbedarf ... zu bewirken oder bewirken zu lassen." Die Verpflichtung dazu trat normalerweise auf Anordnung des Ministeriums für Landesverteidigung ein, die sich auf das Gutachten einer besonderen Kommission stützte. Im Falle von elektrischen Betriebsanlagen wurden Ablieferungspflicht und -modalitäten generell geregelt.[85] Der Buntmetallmangel führte also zu Maßnahmen, die die Produktionsgrundlagen angriffen – die Ersetzung der Kupfer- durch Eisenkessel der Lokomotiven etwa verringerte deren Dampfkraft[86] – und bedeutende Auswirkungen für die Industrie nach dem Kriege hatten.

In der zweiten Kriegshälfte traten auch beim wichtigsten Grundstoff der Rüstungsproduktion, bei Eisen, immer deutlichere Zeichen einer Erschöpfung auf. Das Kriegsministerium begann intern im Oktober 1916 mit der Bewirtschaftung,[87] Ende Jänner 1917 wurde dann der „Verkehr in Eisenmaterialien" allgemein geregelt.[88] Es wurde eine aus Vertretern des Kriegs-, des Handels-, des Eisenbahn- und des Ackerbauministeriums sowie des Ministeriums für öffentliche Arbeiten bestehende „Eisenkommission" gegründet. Sie hatte die Aufgabe, die Bestellungen der Militärverwaltung oder anderer Auftraggeber für Roheisen, Halbzeug, Stab- und Formeisen, Träger und U-Eisen, Schienen samt gewalztem Zubehör, Schwellen, Walzdraht, Rohren, Grob- und Feinblechen auf Wichtigkeit und Dringlichkeit zu prüfen und die vorhandenen Vorräte dem Bedarf entsprechend auf Produktion und Handel aufzuteilen. Bei der Zuweisung der genehmigten Aufträge an die diversen Firmen wurde die Eisenkommission durch den „Werksausschuß" der Erzeugungsbetriebe beraten. Die im Februar 1917 aufgestellte Dringlichkeitsskala reservierte 90% der vorhandenen Eisenmaterialien für Heeresaufträge,[89] 10% blieben dem freien Handel vorbehalten, über den sich auch die Rüstungsbetriebe versorgen mußten, wenn die benötigte Menge einer Produktsorte unter einer bestimmten Grenze blieb.[90] Im Sommer 1917 wurden Stahlwerks- und Röhrenwalzwerkserzeugnisse sowie Stahlformguß der Verkehrsregelung durch die Eisenkommission unterworfen.[91] Trotz des strengen Regimes blieben jedoch Störungen nicht aus. Ende 1917 war nicht mehr genug Eisen und Stahl vorhanden, um alle Heereslieferungen auszuführen. Es

---

83 Vgl. VOen des MfLV vom 11. 11. 1916, RGBl. Nr. 380; vom 6. 12. 1916, RGBl. Nr. 405; vom 8. 10. 1917, RGBl. Nr. 401; vom 29. 10. 1917, RGBl. Nr. 417; vom 2. 4. 1917, RGBl. Nr. 143 bzw. vom 29. 4. 1918, RGBl. Nr. 154; sowie VO des HMr vom 2. 4. 1917, RGBl. Nr. 142.
84 Vgl. VO des MfLV vom 24. 5. 1917, RGBl. Nr. 233.
85 Vgl. VO des MfLV vom 29. 4. 1918, RGBl. Nr. 155.
86 Vgl. *Wegs,* Transportation, S. 124.
87 Vgl. *Gratz,* Zusammenbruch, S. 103.
88 Vgl. VO des HM vom 31. 1. 1917, RGBl. Nr. 43.
89 Vgl. *Gratz,* Zusammenbruch, S. 104.
90 Vgl. VO des HM vom 31. 1. 1917, RGBl. Nr. 43, § 5, Abs. 3.
91 Vgl. VO des Leiters des HM vom 9. 8. 1917, RGBl. Nr. 336.

mußten alle Bestellungen für einen Monat gesperrt werden, wodurch in der Munitionsversorgung ein Engpaß auftrat.[92]

In Anbetracht der durch Rohstoff- und Energiemangel hervorgerufenen Störungen stand das Kriegsministerium einer Konzentration der kriegswichtigen Industrien[93] zwecks Rationalisierung von Produktion und Verkehr, wie sie im Deutschen Reich ventiliert wurde,[94] aufgeschlossen gegenüber. Der Plan, zunächst die Lederindustrie neu zu organisieren,[95] der eine neue Stufe des Interventionismus darstellte, scheiterte allerdings am Widerstand der Zivilregierung. Sie befürchtete den ökonomischen Ruin des Mittelstandes und – im Anschluß an sozialdemokratische Funktionäre[96] – größte Schwierigkeiten bei der Verpflegung und Disziplinierung der entstehenden Arbeiteransammlungen.[97] Auch die Unternehmerschaft der Großindustrie sprach sich gegen die Standortkonzentration aus. Sie hielt die Kohlenversorgungsschwierigkeiten im Winter 1916/1917 in erster Linie für ein Transportproblem, das durch Requisitionen einfacher zu lösen wäre.[98]

Der Konjunkturabschwung wirkte sich für die involvierten Unternehmen durch die Unterauslastung der Kapazitäten negativ aus. Um auch unter diesen Umständen die Kooperationsbereitschaft der Industrie zu erhalten, versuchte die Regierung sie durch Selbstverwaltungskörperschaften in die staatliche Sphäre einzubinden. Das System der Wirtschaftsverbände, des behördlichen Pendants zu den privatwirtschaftlichen Zentralen, wurde stark ausgebaut. Im Herbst 1916 wurde mit dem Kriegsverband der Hanf- und Jute-Industrie der letzte Wirtschaftsverband der Textilbranche geschaffen.[99] Gleichzeitig mit der Verschärfung der Bewirtschaftungsmaßnahmen im Frühling 1917 wurden der „Wirtschaftsverband der Ledererzeuger" und der „Wirtschaftsverband der lederverarbeitenden Gewerbe" konstituiert.[100] Im Bereich der Metallbranche entstanden 1918 ebenfalls zwei Wirtschaftsverbände.[101]

Mit der Regulierung des Verkehrs in Eisenmaterialien wurde auch ein Kriegsverband der Eisengießereien gegründet,[102] dem alle einschlägigen Unternehmen und Betriebe Österreichs zwangsweise angehörten und der diese Branche mit dem Zweck der Erreichung der vorgegebenen Ziele autonom verwalten sollte. Dies wurde durch den Verbandsausschuß und die aus dessen Mitte vom Handelsminister berufene achtköpfige Verbandsleitung besorgt. Der Ausschuß bestand aus sieben Mitgliedern des Bundes

---

92 Vgl. *Gratz*, Zusammenbruch, S. 105.
93 Vgl. Peter *Hecker*, Kriegswirtschaft – Modell einer neuen Wirtschaftsverfassung? Pläne und Ziele der österreichischen Regierungen während des 1. Weltkrieges. In: Wilhelm *Brauneder*, Franz *Baltzarek* (Hrsg.), Modell einer neuen Wirtschaftsordnung. Wirtschaftsverwaltung in Österreich 1914–1918 (= Rechtshistorische Reihe 74, Frankfurt/Bern/New York/Paris 1991) 48–49.
94 Vgl. *Feldman*, Armee, S. 223–230.
95 Vgl. AVA, MdI, Dep. 5, Z. 15528 und Z. 16835/1917.
96 Vgl. AVA, MdI, Dep. 5, Z. 14134/1917 (Seitz und Domes; auch tschechische Separatisten und christliche Gewerkschaften sollen diesen Standpunkt vertreten haben).
97 Vgl. MdI, Dep. 5, Z. 15528/1917 (MP, Z. 1636/1917).
98 Vgl. DI 12/1917, S. 3–4.
99 Vgl. VO des HMr vom 21. 9. 1916, RGBl. Nr. 316.
100 Vgl. VO des HMr vom 9. 3. 1917, RGBl. Nr. 100.
101 Vgl. VOen des HMr vom 22. 7. 1918, RGBl. Nr. 263 (Metallindustrie) und RGBl. Nr. 264 (Metallwarenerzeuger).
102 Vgl. VO des HM vom 31. 1. 1917, RGBl. Nr. 44.

österreichischer Industrieller, zwei Mitgliedern des Vereins der Montan-, Eisen- und Maschinenindustriellen, je ein Mitglied entsandten der Landesverein der Maschinen-, Metallwarenfabriken und Eisengießereien Böhmens, der Verband nordböhmischer Industrieller in Reichenberg, der Zentralverband der galizischen Fabriksindustriellen, der Verband der Maschinen-, Metallwarenfabriken und Eisengießereien Mährens und Schlesiens, der Verband der Fabrikanten und Erzeuger landwirtschaftlicher Maschinen in Prag und der Verband der österreichischen Automobil-Industriellen. Sieben weitere Ausschußmitglieder ernannte der Handelsminister aus den Reihen der übrigen Branchenunternehmer. Die Verwaltung und Geschäftsführung oblag allein den Unternehmern und ihren privaten Vereinen, der Einfluß des Staates war lediglich durch kontrollierende Regierungskommissäre gegeben.

Neben den genannten Wirtschaftsverbänden gab es weitere, z. B. im Nahrungsmittelsektor oder in der Bauwirtschaft.[103] Im Zusammenhang mit der Installierung des Generalkommissariats für Kriegs- und Übergangswirtschaft wurde darüberhinaus Ende 1917 verfügt, daß einfach durch Verlautbarung im Amtsblatt zur Wiener Zeitung bestehende Körperschaften des Wirtschaftslebens mit den Aufgaben eines Kriegs- oder Wirtschaftsverbandes betraut werden konnten.[104] Der Handel, dessen Spielraum sich durch die staatliche Reglementierung vielleicht am stärksten verengte, wurde in Fach- oder Wirtschaftsausschüssen organisiert. Solche kamen 1918 z. B. für Leder, Metalle und Textilien zustande.[105]

Die Organisierung aller Kräfte vermochte jedoch nicht über die Erschöpfung der Mittel hinwegzuhelfen. Der riesige Apparat von Zentralen, Wirtschaftsverbänden, Ausschüssen und staatlichen Kommissionen konnte das wachsende Defizit an Rohstoffen nicht wegrationalisieren.

6.1.1.2. Die Kohlenkrise: Produktionseinschränkungen und Arbeitslosigkeit in der Rüstungsindustrie

Die bedeutendsten Auswirkungen unter all den Mangelerscheinungen hatte die seit Winter 1917 chronische Kohlenknappheit. Sie traf, da Kohle der wichtigste Energieträger war, die gesamte Industrie, das Transportwesen und verschlimmerte außerdem die ohnehin schwierige Lage der Zivilbevölkerung.

Die Schwierigkeiten in der Kohleversorgung zwangen die österreichische Regierung ab 1917 zu umfassenden Einsparungsmaßnahmen. Eine Kohlenversorgungskommission, der neben Vertretern der Zentralstellen auch Verbraucherrepräsentanten angehörten, hatte die Aufgabe, das zuständige Ministerium für öffentliche Arbeiten in den Fragen der Kohleneinsparung und -verteilung zu beraten und Gutachten zu erstatten. Außerdem

---

103 Vgl. z. B. VO des AMr vom 30. 9. 1916, RGBl. Nr. 340 (Kartoffeltrocknung); VO des HMr vom 6. 10. 1916, RGBl. Nr. 342 (Kartoffelstärke); VOen des HMr vom 22. 12. 1917, RGBl. Nr. 506 (Ziegelindustrie), RGBl. Nr. 507 (Zementindustrie) bzw. vom 1. 8. 1918, RGBl. Nr. 287 (Baugewerbe).
104 Vgl. VO des HMr vom 4. 12. 1917, RGBl. Nr. 471.
105 Vgl. VOen des HMr vom 29. 1. 1918, RGBl. Nr. 39 (Lederhändler), vom 7. 3. 1918, RGBl. Nr. 89 (Metallhändler) bzw. vom 16. 10. 1918, RGBl. Nr. 365 (Handel mit Geweben und Wirkwaren).

wurden staatliche Kohlenversorgungsinspektoren für die Abbaugebiete bestellt, die als Kontroll- und Exekutivorgane der Bewirtschaftung fungierten.[106] Eine Kohlenkontingentierung für die Industrie erfolgte ab 4. November 1917.[107] Zu diesen Regelungen kamen im Herbst 1917 strenge allgemeine Sparvorschriften bei Kohle, Koks und Briketts sowie bei Beleuchtung und Beheizung. Kohle wurde für private Haushalte, Anstalten und Betriebe rationiert. Die Landesbehörden konnten die Abgabe von Kohle an Karten oder Bezugsscheine binden. Ausgenommen von der neuen Organisation waren nur staatliche Einrichtungen, Energieversorgungsunternehmen und jene Fabriken, die direkt vom Arbeitsministerium beteilt wurden.[108] Die Sparmaßnahmen betrafen Kohle, Gas und Elektrizität. Die Beleuchtung von Geschäfts- und Wohnräumen mußte eingeschränkt werden, Reklamebeleuchtung wurde untersagt. Heizen war allgemein erst ab 15. Oktober 1917 und nur im unumgänglichen Ausmaß gestattet. Aus Energiesparerwägungen wurden Ladenschlußzeiten und Sperrstunden vorverlegt. Schulfeste außerhalb der Unterrichtsräume waren nach dem 15. Oktober 1917 verboten, die Hallenschwimmbäder wurden bereits am 15. September geschlossen, in Kinos, Klubs, Varietes, Bars etc. durfte nicht geheizt werden. Von diesem letzten Verbot waren nur „Theater, Konzertsäle, Stätten der Bildung und Belehrung, sowie Vereins- und Versammlungsräume" ausgenommen.[109] Die Heizperiode endete in Niederösterreich am 6. April 1918.[110]

Trotz dieser Energiesparmaßnahmen, die eine Reaktion auf die Schwierigkeiten der Versorgung der privaten Haushalte mit Kohle bereits im vorangegangenen Winter darstellten,[111] breitete sich die Versorgungskrise weiter aus und erfaßte im Winter 1917/1918 auch die Industrie. Die Allokation durch die Behörden funktionierte nicht, und selbst die wichtigsten Betriebe der Rüstungsindustrie mußten wegen Kohlemangels oft mehrere Wochen lang die Produktion einstellen. So war die Österreichische Waffenfabriksgesellschaft Steyr gezwungen, vom 20. November 1917 bis 1. Jänner 1918 zu feiern. Die Prager Eisenindustrie-Gesellschaft mußte im April 1918 ihre Betriebe sperren, weil ihr von den Behörden die Kohle aus eigener Förderung zugunsten anderer Verbraucher entzogen worden war.[112]

Der Rohstoffmangel hatte schon 1915/1916 eine große Zahl an Textilarbeitern freigesetzt, und die österreichische Zivilregierung hatte sich, vor allem um die volkswirtschaftlich bedeutende Branche nicht dem Ruin preiszugeben, veranlaßt gesehen, einer zum Großteil vom Staat getragenen Fürsorge für die Arbeitslosen zuzustimmen. Durch die lange Dauer des Krieges und die um sich greifende Verschlechterung der Versorgungslage ergaben sich dabei mehrere Schwierigkeiten: Der Charakter der Aktion als

---

106 Vgl. VO des GesM vom 11. 5. 1917, RGBl. Nr. 216; Ku des MrföA vom 11. 5. 1917, RGBl. Nr. 217 und VO des MrföA vom 11. 5. 1917, RGBl. Nr. 220.
107 Vgl. DI 2/1918, S. 7.
108 Vgl. VO des MrföA vom 1. 9. 1917, RGBl. Nr. 369. Vgl. auch z.B. VOen des Statthalters im Erzherzogtume Österreich unter der Enns vom 11. 9. 1917, LGuVBl. Nr. 163 bzw. vom 29. 4. 1918, LGuVBl. Nr. 70.
109 Vgl. VO des MrföA vom 1. 9. 1917, RGBl. Nr. 370.
110 Vgl. VO des Statthalters im Erzherzogtume Österreich unter der Enns vom 23. 3. 1918, LGuVBl. Nr. 47.
111 Vgl. *Gratz,* Zusammenbruch, S. 96.
112 Vgl. DB 26. 10. 1918, S. 13 und DB 12. 10. 1918, S. 6–7.

einer Subventionierung der Textilbranche verblaßte mit dem Ablauf von Monaten, in denen sich keine Änderung der Situation anbahnte. Die Hilfeleistung für die Industrie wurde immer mehr zu einer Arbeitslosenfürsorge,[113] während die Kriegsproduktion unter Arbeitskräftemangel litt. Außerdem wuchs mit der Dauer der Aktionen der Widerstand der Unternehmerschaft gegen die Zahlung ihres Anteils an den Unterstützungen. Die Industriellen wünschten, daß bei völligem Stillstand eines Betriebes etwa 90% der Zahlungen aus öffentlichen Mitteln refundiert würden.[114] Dies scheiterte am Widerstand der Heeresverwaltung, für die die Freisetzung der Arbeitskräfte im Vordergrund stand.[115] Eine Beendigung der Aktion kam aber ebensowenig in Frage, „weil man durch Vorenthaltung der Unterstützung einen Arbeiter nicht zwingen könne, einen Ort aufzusuchen, wo er von der Gemeinde keine Lebensmittel zugewiesen erhält".[116] Die Arbeitslosenfürsorge in der Textilindustrie mußte also infolge der Schwierigkeiten bei der Approvisionierung gegen den Willen der Militärs und obwohl auch die Unternehmer mit der Art der Abwicklung zunehmend unzufrieden waren, weitergeführt werden. Das Finanzministerium meinte, die Industrie könne den höheren Selbstbehalt durchaus aufbringen, da sie durch die höheren Preise, die sie der Heeresverwaltung verrechnete, über mehr Geld verfügte.[117]

Anläßlich der Übergabe der Agenden an das neuerrichtete Ministerium für soziale Fürsorge wurde versucht, die vier Unterstützungsaktionen in der Textilindustrie zu reformieren und zu vereinheitlichen. Zu diesem Zweck wurden am 26. und 27. Oktober 1917 im Handelsministerium Besprechungen zwischen Vertretern der beteiligten Ministerien, der Unternehmer der Baumwoll-, Schafwoll-, Leinen- und Seidenindustrie und der Textilarbeiter abgehalten. Ein Subkomitee, bestehend aus je einem Unternehmer der vier Textilbranchen, zwei sozialdemokratischen Gewerkschaften[118] und dem Hauptinitiator des Fürsorgewesen, Arthur Kuffler, erarbeitete Vorschläge.[119]

Diese Vorschläge sahen gleich hohe Refundierungssätze für alle Branchen vor, abgestuft nach dem Grad der Betriebseinschränkung, der durch einen gemeinsamen Ausschuß der Kriegsverbände zu beurteilen war. Der Anschluß an die Aktion sollte nicht länger freiwillig erfolgen, sondern für alle Textilunternehmen durch Verordnung oder die Androhung von Sanktionen verpflichtend sein, wobei die voll ausgelasteten Betriebe Beiträge in den Refundierungsfonds zu leisten hatten. Die Unterstützungssätze sollten auf 75% des Lohnes, mindestens aber 12 K pro Woche für erwachsene Arbeiter, 10 K für Frauen, 8 K für Jugendliche und 18 K für Meister erhöht werden. Die tatsächliche

---

113 Vgl. AVA, HM, Z. 11996/1917, Protokoll 26. und 27. 10. 1917, Referat Přibrams und Wortmeldung Kufflers.
114 Vgl. ebd.
115 Vgl. AVA, SM, Z. 1457/1918, Protokoll 28. 9. 1917.
116 AVA, HM, Z. 11996/1917, Protokoll 26. und 27. 10. 1917 (Kuffler).
117 Vgl. ebd.
118 Der christliche Textilarbeiterverband beschwerte sich über die Auswahl Hanuschs und Roschers: „Es muß die monarchisch und loyal gesinnte Arbeiterschaft eigentümlich berühren, wenn sie sieht, wie seitens des k.k. Handelsministeriums die umstürzlerischen Elemente – und dies sind ja die sozialdemokratischen Organisationen – in der ungeheuerlichsten Weise bevorzugt werden." Vgl. AVA, SM, Z. 1372/1918, Schreiben an das HM, 15. 11. 1917.
119 Vgl. AVA, HM, Z. 11996/1917, Anträge.

Höhe der Leistungen war nach Industriezweig, Arbeiterkategorie und lokalen Teuerungsverhältnissen zu differenzieren, worüber paritätisch besetzte Kommissionen entscheiden sollten. Die Refundierung eines Teils dieser Arbeiterunterstützungen an die Unternehmen sollte entweder an den Beitrittszwang oder an die Zahlung wenigstens der Mindestsätze gebunden werden. Bei nur teilweiser Einschränkung des Betriebes und Unterbeschäftigung der Arbeiter war außerdem geplant, den Firmen die Unterstützungsleistung nur dann aus dem Fonds zu ersetzen, wenn die normalen Löhne einschließlich der Teuerungszulagen wenigstens 40% über den Mindestbeihilfeleistungen lagen. Die Verschlechterung der Rohstoffsituation spiegelte sich in dem Antrag, die Arbeitslosenfürsorge auf alle Fälle von Betriebseinschränkungen und -schließungen wegen Materialmangels auszudehnen. Schließlich wurde erneut der Plan, paritätische Arbeitsnachweise mit der Arbeitslosenfürsorge zu koppeln, zur Diskussion gestellt.

Die Reformversuche in der Textilindustrie blieben ohne Erfolg. Sie scheiterten an der Weigerung des Finanzministeriums, den staatlichen Anteil an den Zahlungen zu erhöhen, und an der Unmöglichkeit, eine Einigung der beteiligten Textilindustriesparten über eine gemeinsame Aktion zu erzielen. Haupthindernis war die vom Kriegsverband der Baumwollindustrie geforderte Einführung von Mindestunterstützungen und damit indirekt von Mindestlöhnen, die von der Schafwoll- und Leinenindustrie abgelehnt wurden.[120] Auch der Vorschlag, eine Fürsorgeaktion für alle Arbeiter durchzuführen, die wegen der kriegsbedingten Verknappung der Rohstoffe ihre Beschäftigung verloren, führte vorerst zu keinen Ergebnissen, obwohl es auch Interpellationen im Parlament gab[121] und die Zivilverwaltung einer solchen Regelung nicht ganz abgeneigt gegenüberstand.[122]

Als der Rohmaterialmangel aber den Kernbereich der Rüstungsindustrie erfaßte, war gerade das Kriegsministerium, der Hauptgegner einer erweiterten Arbeitslosenfürsorge, zu Unterstützungsaktionen für die beschäftigungslosen kriegsleistungspflichtigen Arbeiter gezwungen. Die Anspannung des Arbeitsmarktes ließ eine Freisetzung der Arbeiter nicht zu. Mit der Entlassung der kurzfristig überschüssigen Arbeitskräfte wäre die Wiederaufnahme der Produktion bei Normalisierung der Situation in Frage gestellt gewesen.

Als daher im Winter 1916/1917 sporadisch Betriebseinschränkungen auftraten, wies die Heeresverwaltung die militärischen Leiter der Kriegsleistungsbetriebe an, keine Arbeiter und Arbeiterinnen, unter welchen Umständen immer, zu entlassen. Auch mußten den unter- oder unbeschäftigten Arbeitern die Löhne bis zu einer gewissen Höhe voll, darüber zu 75% ausbezahlt werden. Das Kriegsministerium wollte für die Hälfte der Kosten aufkommen, soferne die Produktionsstörung nicht vom Unternehmer selbst verschuldet war.[123]

Als sich herausstellte, daß die Versorgungsprobleme manchmal mehrere Wochen lang anhielten, gelangte die Heeresverwaltung zu der Auffassung, daß die Zurückhaltung der beschäftigungslosen Arbeiter in den Betrieben unter Umständen doch einer „möglichst

---

120 Vgl. AVA, HM, Z. 6043/1918.
121 Vgl. AVA, MdI, Dep.5, Z. 49724/1917 (Interpellation Palme und Genossen am 15. 7. 1917) und MdI, Dep.5, Z. 64642/1917 (Interpellation Knirsch, Fahrner und Genossen am 26. 9. 1917).
122 Vgl. ebd. (HM, Z. 1058/1917).
123 Vgl. KA, MfLV, B.K. Z. 389/1917 (KM, Abt.10, Z. 4863/1917).

großen Auswertung aller Arbeitskräfte" widersprach. Die Weisung vom Februar wurde so modifiziert, daß nun entbehrliche wehrpflichtige Arbeiter bei Produktionsstörungen bis zu zwei Wochen in andere Betriebe der Umgebung transferiert wurden; falls ein Ende der Störung nicht abzusehen war, wurden sie entweder in Sammelkaders z. B. der Landwirtschaft zur Verfügung gestellt oder einrückend gemacht. Die Stammbetriebe konnten aber ihre Arbeiter zwei Monate lang zurückfordern.)[124] Ende September 1917 wurden in Wien die Beschwerdekommissionen in diesen Vorgang eingeschaltet, um eine bessere Allokation der Arbeiter zu erreichen.[124a] Zu diesem Zeitpunkt erschien dem Kriegsministerium die Wehrpflicht als Instrument zum Ausgleich des Arbeiterbedarfs zwischen den Betrieben nicht mehr ausreichend. Am 30. September 1917 wurde bestimmt, daß schon bei einen Tag bis eine Woche dauernder Arbeitslosigkeit wehrpflichtige Mannschaften anderen Unternehmen zur Verfügung zu stellen waren. Im Falle von Störungen mit unabsehbarer Dauer aber sollte auch die rechtlich bedenkliche Entlassung von nicht wehrpflichtigen Arbeitern möglich sein. Seit der Neuregelung der kriegsindustriellen Arbeitsverhältnisse im März 1917 war die Entlassung von Arbeitskräften aus militärischen Zwecken dienenden Betrieben nur entweder im Einvernehmen zwischen Arbeiter, Unternehmer und militärischem Leiter oder durch Entscheidung der Beschwerdekommission möglich.[125] Das Kriegsministerium empfahl solche Kündigungen allerdings nur für Ausnahmefälle und stellte es den Unternehmern „*im eigensten Interesse*" frei, Vereinbarungen mit den Arbeitern zu treffen, um Entlassungen und Abziehungen zu verhindern, z. B. durch die Beschäftigung bei Reparaturarbeiten.[126] Die Produktionsstörungen durch mangelhafte Rohstoff- und Energieversorgung hatten chronischen Charakter angenommen, und die Heeresverwaltung beharrte nicht länger auf der Erhaltung des ungeschmälerten Arbeitskräftepotentials, die ihr wie auch den Unternehmern große Kosten verursachte.

Das Problem der Arbeitslosigkeit erreichte jedoch im Laufe des Monats November 1917 eine neue Dimension, als die Belieferung der Unternehmen mit Kohle in großem Umfang ins Stocken geriet. Es ging jetzt nicht mehr um den Abbau überzähliger Arbeiter, sondern es bestand die Gefahr der Auflösung der wichtigsten Betriebsstätten, die eine Wiederaufnahme der Produktion auch in kleinerem Rahmen auf jeden Fall unmöglich machte. Das Kriegsministerium revidierte unter diesen Umständen abermals seinen Standpunkt und sandte am 15. November 1917 ein Telegramm an die zuständigen Militärkommandanten und militärischen Leiter, mit dem bis auf weiteres Einrückungen und Entlassungen von Arbeitern, die für die Wiederinbetriebnahme benötigt wurden, verboten wurde. Die Kosten für die Erhaltung der beschäftigungslosen Arbeiter hatte einstweilen der Unternehmer zu tragen, doch stellte die Heeresverwaltung eine Fürsorgeaktion in Aussicht.[127] Zu deren Vorbereitung wurden gleichzeitig die Zentralbehörden für 19. November zu einer Besprechung geladen. Die Heeresverwaltung rechnete mit

---

124 Vgl. KA, MfLV, B. K. Z. 913/1917 (KM, Abt.10, Z. 217562 res/1917).
124a Vgl. KA, MfLV, B. K. Z. 1056/1917 (KM, Abt.10, Z. 202721 res/1917).
125 Vgl. KaisVO vom 18. 3. 1917, RGBl. Nr. 122, § 5 und VO des MfLV vom 19. 3. 1917, RGBl. Nr. 123, Zu § 5.
126 KA, MfLV, B. K. Z. 931/1917 (KM, Abt.10, Z. 211854 res/1917, Hervorhebung im Original).
127 Vgl. KA, MfLV, B. K. Z. 1362/1917 (KM, Abt.10 KW, Z. 7555/S1/1917, Telegramm an die Militärkommandanten etc.).

einer finanziellen Belastung von ca. 200 Mio K pro Monat.[128] Der Ministerialkonferenz lag dann ein Erlaßentwurf vor: Die durch die Kohlenkrise freigesetzten Arbeiter, die nicht bei Reparaturen oder bei Arbeiten der öffentlichen Hand beschäftigt werden konnten, sollten eine Beihilfe von 70% des Durchschnittsverdienstes erhalten, die offenbar zur Gänze zu Lasten der Heeresverwaltung ging. Außerdem war vorgesehen, die Unterstützungen nicht unter ein lokal zu bestimmendes Existenzminimum sinken zu lassen und den qualifizierten Kräften bei Aushilfstätigkeiten 70% des Facharbeiterlohnes zu garantieren. Weigerte sich ein Arbeiter, die ihm zugewiesene Ersatzarbeit zu verrichten, so sollte er den Anspruch auf Unterstützung verlieren, und nur in solchen Fällen waren dann auch Entlassung bzw. Einrückung zulässig.[129]

Die Pläne des Kriegsministerium stießen jedoch auf ernste Bedenken,[130] und der Erlaß der Heeresverwaltung, durch den die Aktion am 29. November rückwirkend mit 20. November gestartet wurde, wich deutlich vom ursprünglichen Konzept ab.[131] Es blieb zwar dabei, keine Entlassungen vorzunehmen, doch behielt sich die Heeresverwaltung die Einziehung der wehrpflichtigen Arbeiter vor. Außerdem wurde bestimmt, daß bei mehr als zweimonatigem Betriebsstillstand auch qualifizierte und sonstige für die Produktion unentbehrliche Kräfte für Ersatzarbeiten vor allem in der Landwirtschaft freizustellen waren. Diese Personen mußten in Österreich binnen drei Tagen, in Ungarn binnen einer Woche von ihren Einsatzorten zu ihrem Stammbetrieb zurückgeholt werden können. Die bedeutendste Modifikation erfuhr der Unterstützungstarif durch die Fixierung von Sokkel- und Maximalbeträgen. Basis der Beihilfe war der Durchschnittsverdienst der vergangenen vier Wochen ohne Überzeitentlohnung, jedoch einschließlich der Teuerungszulagen. Waren die Arbeiter nicht voll beschäftigt, so stand ihnen die Unterstützung stundenweise bis zur Erreichung des Lohnäquivalents für 54 Stunden nach den gleichen Prinzipien zu.

Über die Finanzierung der Aktion war es vorerst zu keiner Einigung gekommen. Das Kriegsministerium wünschte die Übernahme der Kosten durch die beiden Regierungen, deren Entscheidung aber auf sich warten ließ. Vorläufig bestimmte der Erlaß, daß die Unterstützungen zur Hälfte von der Heeresverwaltung zu zahlen waren, während die andere Hälfte von den Arbeitgebern vorzustrecken war.[132] In Verhandlungen des Handelsministeriums mit den Unternehmerverbänden wurde die von der Industrie zu finanzierende Quote auf ein Viertel, aber in keinem Fall mehr als ein Achtel jener Summe, die bei völligem Stillstand während der ganzen Aktionsdauer für Beihilfen angefallen wäre, festgesetzt.[133] Die Arbeitslosenbeihilfe während der Kohlenkrise hatte also wie die Aktion in der Textilindustrie den Charakter einer Subventionierung der Industrie, die in diesem Fall durch das Kriegsleistungsgesetz legitimiert erschien. Auch die relativ hohen

---

128 Vgl. ebd. (KM, Abt.10 KW, Z. 7555/S1/1917, Telegramm an die Zentralstellen).
129 Vgl. KA, MfLV, B.K. Z. 1245/1918 (KM, Erlaßentwurf Abt.10 KW, Z. 8050/S1/1917: „Staatliche Fürsorgeaktion zur Unterstützung der Arbeitslosen während des jetzigen Betriebsstillstandes durch Kohlennot").
130 Vgl. ebd.
131 Vgl. KA, MfLV, B.K. Z. 1362/1917 (KM, Erlaß Abt.10 KW, Z. 8050/S1/1917).
132 Vgl. ebd. (KM, Abt.10 KW, Z. 8050/S1/1917, P. 6 und 7).
133 Vgl. ebd. (KM, Abt.10 KW, Z. 10261/S1/1917; HM, Z. 39881/1917).

Unterstützungssätze erklären sich als Kompensation für die fehlende Freizügigkeit der Arbeiter.[134]

In einer ersten Übersicht über das Ausmaß der Kohlenkrise Mitte Dezember 1917 schätzte die Heeresverwaltung, daß bis Ende des Jahres 1917 mehr als 1000 Betriebe eingestellt werden müßten und dadurch ca. 250.000 Arbeiter ihre Beschäftigung verlieren würden. Das bedeutete, daß die Aktion dann pro Tag mindestens 2 Mio K kostete.[135] Da die Kohlennot zur Jahreswende noch nicht beseitigt war, mußte die Unterstützungsaktion weitergeführt werden. Das Kriegsministerium verlängerte die Geltungsdauer des Erlasses vom 29. November 1917 mit einigen Modifikationen bis 20. Jänner 1918.[136] Das Abkommen mit der Unternehmerschaft wurde in den Erlaß aufgenommen und sein Anwendungsbereich auf Fälle indirekten Kohlenmangels ausgedehnt, z. B. auf Betriebsstillegungen wegen des Zusammenbruchs der Stromversorgung, weil das Elektrizitätswerk von der Kohlenkrise betroffen war. Die Überprüfung eines solchen Sachverhalts oblag den militärischen Leitern.

Die Arbeitslosigkeit war dann nicht ganz so schlimm, wie befürchtet worden war. In der Zeit vom 10. bis zum 20. Dezember waren von den insgesamt etwa 1,17 Mio Arbeitern und Arbeiterinnen in den militärärarischen und Kriegsleistungsbetrieben ca. 75.000 infolge der Kohlennot ohne Verwendung. Das bedeutete rechnerisch eine Arbeitslosenrate von 6,4% in der gesamten Kriegsindustrie. Tatsächlich betraf die Kohlenknappheit Betriebe, die normal ca. 175.000 Arbeiter beschäftigten; darunter war interessanterweise kein einziger Wiener Großbetrieb, hingegen feierten z. B. bei Skoda in Pilsen 24.000, in der Steyrer Waffenfabrik 10.000 Arbeiter. In Budapest verzeichnete die Munitionsfabrik Manfred Weiss fast 6800 Arbeitslose, die Waggonfabrik in Györ schloß am Tag vor Weihnachten.[137] Anfang Jänner verschlimmerte sich die Lage zwar ein wenig, doch blieben die Arbeitslosenzahlen weiterhin unter den pessimistischen Erwartungen. Vom 1. bis 10. Jänner waren Betriebe mit einem normalen Arbeiterstand von 200.000 von der Krise betroffen. Etwa die Hälfte der Belegschaft dieser Unternehmen war beschäftigungslos. Das entsprach einer Arbeitslosenrate in den Kriegsleistungs- und militärärarischen Betrieben von 8,6%, wobei die Lage in Ungarn etwas günstiger war als in Österreich.[138]

Als die Kohlenkrise nach zwei Monaten noch nicht behoben war, gab die Heeresverwaltung die Hoffnung auf einen neuen Produktionsaufschwung auf. Sie begann am 20. Jänner 1918 unter Zustimmung der sozialdemokratischen Partei[139] mit einem rigorosen Arbeiterabbauprogramm unter weitgehender Ausschaltung der Beschwerdekommis-

---

134 Vgl. AVA, SM, Z. 1612/1918.
135 Vgl. KA, MfLV, B. K. Z. 1479/1917 (KM, Abt.10 KW, Zu Z. 10714/S1/1917).
136 Vgl. KA, MfLV, B. K. Z. 26/1918 (KM, Abt.10 KW, Z. 14300/S1/1918).
137 Vgl. AVA, SM, Z. 1241/1918 (Bericht des KM über die Kohlenkrise 10.–20. 12. 1917) und KA, MfLV, Abt. XVIIa, Z. 1500/1918 (KM, Abt.10, Z. 51406/1918, Beschäftigungszahlen vom 1. 11. 1917).
138 Vgl. KA, MfLV, Abt. XVIIa, Z. 1901/1918 (Zu KM, Abt.10 KW, Z. 14300/S1/1918) und MfLV, Abt. XVIIa, Z. 1500/1918 (KM, Abt.10, Z. 51406/1918, Beschäftigungszahlen vom 1. 11. 1917).
139 Vgl. AVA, SM, Z. 1507/1918 (Äußerung des Major Steiner, KM, Abt.10).

6.1. Der Niedergang der Kriegswirtschaft

sionen.[140] Um der „Forderung nach vollster Auswertung jeder Menschenkraft" nachzukommen, sollten die überzähligen Arbeiter dorthin transferiert werden, wo sie gebraucht wurden, vor allem zu den Streitkräften. Das Kriegsministerium gab die Direktive, alle auf absehbare Zeit nicht benötigten Arbeiter der Jahrgänge 1894 bis 1899, soferne sie wehr- oder landsturmpflichtig waren, zum Militärdienst heranzuziehen. Jüngere militärdienstpflichtige Männer wurden aufgefordert, freiwillig einzurücken. Bei älteren Arbeitern wurde nach der beruflichen Qualifikation differenziert. Dauernd entbehrliche Hilfsarbeiter mußten, auch wenn sie angelernt und schon einige Jahre Praxis hatten, sofort einrücken. Ihnen folgten die überzähligen qualifizierten Arbeiter, die erst während des Krieges in der jeweiligen Branche Beschäftigung gefunden hatten. Das Kriegsministerium legte nur Wert darauf, daß die Professionisten mit langjähriger Branchenerfahrung der Wirtschaft erhalten blieben und behielt sich die Entscheidung über die Einrückung in solchen Fällen selbst vor. Die Enthebungen vom Militärdienst wurden generell aufgehoben.[141] Bei allen diesen Maßnahmen war die Heeresverwaltung nicht auf die Zustimmung der Beschwerdekommissionen angewiesen, da sie, soweit das möglich war, den Status des Kriegsleisters durch den des Soldaten ersetzte. Den Beschwerdekommissionen blieb somit nur der Einfluß auf die Entlassung der Nichtwehrpflichtigen, vor allem der Frauen.[142] Nach dem 20. Jänner 1918 kamen nur mehr jene beschäftigungslosen Arbeiter und Arbeiterinnen in den Genuß der Unterstützung, die entweder Professionisten der obersten Qualifikationsstufe waren und deren Entlassung bzw. Einrückung das Kriegsministerium nicht zustimmte, oder nur vorübergehend überflüssige Kräfte, die aber gegebenenfalls jede Aushilfstätigkeit und die Eingliederung in Arbeiterpartien unter militärischer Kontrolle akzeptieren mußten.[143]

Die neue Regelung, durch die nur die Arbeiter für einen gegenüber dem Höhepunkt der Kriegswirtschaft stark reduzierten Produktionsumfang im Betrieb gehalten wurden, senkte die Kosten für die Aktion, die auch nach dem 20. Jänner fortgesetzt werden mußte, deutlich. Die Belastung durch die Arbeitslosenfürsorge machte mit 800.000 K pro Tag in den ersten beiden Monaten zwar auch nur einen Bruchteil der erwarteten Summe von 6,5 Mio K aus, sank aber durch die rigorosen Abbaumaßnahmen im Februar auf täglich 300.000 K ab.[144] Die Zahl der Arbeitslosen betrug in der zweiten Hälfte dieses Monats 36.000 und verringerte sich im April auf knapp 18.000, die täglich Kosten von ca. 140.000 K verursachten.[145] Die Weiterführung der Unterstützungsaktion nach dem 20. Jänner stieß auf Schwierigkeiten, da die Unternehmer sich weigerten, weiterhin ihre Beiträge zu leisten, doch verlängerte das Kriegsministerium im Vertrauen auf die „bekann-

---

140 Vgl. KA, MfLV, B.K. Z. 245/1918 (KM, Abt.10, Z. 2200 res/1918). Der Erlaß galt für *alle* Industrieunternehmen, nicht aber für die Eisenbahnen, die militärische Schiffahrt und den Bergbau.
141 Vgl. ebd. (KM, Abt.10, Z. 2200 res/1918). Das KM, Abt.10, hatte mit Z. 281205/1917 ein Schema entworfen, durch das die Arbeiterschaft in fünf Kategorien verschiedener Qualifikation eingeteilt wurde.
142 Vgl. KA, MfLV, B.K. Z. 245/1918 (KM, Abt.10, Z. 2200 res/1918, P. I/5k).
143 Vgl. ebd. (KM, Abt.10, Z. 2200 res/1918, P. II).
144 Vgl. AVA, SM, Z. 10600/1918, interministerielle Besprechung 15. 4. 1918.
145 Vgl. AVA, SM, Z. 11336/1918 (KM, Abt.10 KW, Z. 14300/S1/1918, 4. Bericht über die Kohlenkrise).

ten hochpatriotischen Gefühle der österr. Industrie"[146] schließlich die Geltungsdauer der betreffenden Anordnungen bis 28. Februar 1918.[147] Danach konnte für die beiden folgenden Monate wieder eine Einigung erzielt werden.[148] Die Unternehmer brachten nun ein Achtel der Unterstützungen, höchstens aber ein Sechzehntel jener Summe, die rechnerisch bei dauerndem, völligem Stillstand anfiel, auf. Anfang März wurde außerdem versucht, die Abbaumaßnahmen erst nach zwei- bis dreiwöchigem Stillstand wirksam werden zu lassen. Die Lockerung wurde jedoch bereits Anfang April wieder zurückgenommen.[149] Anspruch auf Beihilfe sollten in Zukunft nicht nur die Arbeiter in den direkt oder indirekt vom Kohlenmangel betroffenen Unternehmen haben, sondern auch jene, die ihre Beschäftigung durch die Versorgungsschwierigkeiten bei den zahlreichen staatlich bewirtschafteten Roh- und Betriebsstoffen verloren hatten. Gleichzeitig wurden die Beihilfen an die Arbeiter durch die Halbierung des Sockelbetrages z. T. verringert. Die Neuregelung hatte Nachteile für die Arbeiter der unteren Lohnklassen und war Ausdruck der Absicht, nur die hochqualifizierten Kräfte der Branche sicher zu erhalten. Den anderen Arbeitern, die für den Wiederaufbau weniger wichtig waren, wurden nur mehr Beihilfen am Existenzminimum gewährt.

Da die Kohlenkrise auch in den kommenden Sommermonaten nicht weichen würde, wurden Mitte April interministeriell Richtlinien für die Fortführung der Aktion entworfen, wenige Tage später auch mit Vertretern der Arbeiterorganisationen diskutiert.[150] Die Ausgangslage war durch die Weigerung sowohl der österreichischen als auch der ungarischen Unternehmer gekennzeichnet, in Hinkunft die Unterstützungen mitzufinanzieren. Die österreichischen Industriellen wollten außerdem den Arbeitslosen auch nicht länger die Teilnahme an betrieblichen Wohlfahrts- und Approvisionierungseinrichtungen zugestehen. Unter diesen Voraussetzungen wurde die Aktion eine rein staatliche Angelegenheit, das Kriegsministerium konnte nur versuchen, durch Appelle an die Unternehmerverbände die Industrie wenigstens zur Kooperation in Bezug auf die betrieblichen Sozialleistungen zu bewegen.[151]

Die Staatsverwaltung strebte nicht zuletzt wegen gravierender Finanzierungsprobleme eine drastische Herabsetzung der Beihilfen an. So schlug das Finanzministerium eine Angleichung an die Aktion in der Textilindustrie vor, die bei Unterstützungssätzen von 8, 10 bzw. 12 K pro Woche für Jugendliche, Frauen und Männer hielt. Dieser Plan wurde von den Arbeiterorganisationen abgelehnt, die einer Vereinheitlichung des Unterstützungswesens nur auf Grundlage höherer Beihilfen zustimmen wollten. Die Regierung erlangte aber die Zustimmung der Arbeitervertreter zu einem schrittweisen Abbau der Unterstützungssätze mit Ausnahme des Sockelbetrages ab Juni 1918. Eine Herabsetzung der Obergrenze schon im Mai auf 15 K scheiterte am Einwand der Arbeitervertreter, daß sich gerade zu dieser Zeit die Versorgungsprobleme häufen würden.[152] Die Arbeitslosigkeit war nach den

---

146 KA, MfLV, Abt. XVIIa, Z. 816/1918 (KM, Abt.10 KW, Z. 8000/S/1918).
147 Vgl. KA, MfLV, B. K. Z. 110/1918 (KM, Abt.10 KW, Z. 6522/S/1918).
148 Vgl. KA; MfLV, B. K. Z. 429/1918 (KM, Abt.10 KW, Z. 16000/S/1918).
149 Vgl. KA, MfLV, B. K. Z. 532/1918 (KM, Abt.10 KW, Zu Z. 16000/S/1918).
150 Vgl. AVA, SM, Z. 10600 und Z. 10360/1918, Einladungen.
151 Vgl. AVA, SM, Z. 10600/1918.
152 Vgl. AVA, SM, Z. 10996/1918, Zustimmung der GK am 20. 4. 1918. Vgl. auch DG 20/1918, S. 116 (PrGK 19. 4. 1918).

6.1. Der Niedergang der Kriegswirtschaft

umfassenden militärischen Direktiven vom Jänner auf 3300 Personen im Juli 1918 zurückgegangen.[153] Die Unterstützungsaktion für die wegen der Kohlenkrise beschäftigungslosen Arbeiter der Kriegsindustrie wurde vom Kriegsministerium dennoch in der Form und auf dem Niveau vom August bis 30. November 1918 verlängert; danach war die Übernahme der Angelegenheit durch die beiden Zivilregierungen geplant.[154]

Kriegsleistungsbetriebe: Arbeitslosenunterstützungen[155]

Unterstützungssätze	Entwurf November 1917	20. 11. 1917– 28. 2. 1918		1. 3. 1918– 31. 5. 1918	
Verdienst					
pro Tag	generell	bis 8 K	8–17 K	bis 4 K	4–17 K
pro Stunde	generell	bis 84 h	84–179 h	bis 42 h	42–179 h
Satz	70%	100%	75%	100%	75%
Unterstützungssätze	1. 6. 1918– 30. 6. 1918		1. 7. 1918– 31. 7. 1918		1. 8. 1918– 30. 11. 1918	
Verdienst						
pro Tag	bis 4 K	4–14 K	bis 4 K	4–13 K	bis 4 K	4–12 K
pro Stunde	bis 42 h	42–147 h	bis 42 h	42–136 h	bis 42 h	42–126 h
Satz	100%	70%	100%	65%	100%	60%

Die akute Kohlenkrise zog nicht nur die in die Militärverwaltung eingebundenen Kriegsleistungsbetriebe in Mitleidenschaft, sondern auch und in verstärktem Maße die privaten, nicht unmittelbar kriegswichtigen Unternehmen. Die Krise traf die Arbeiter dort viel schwerer, da sie ohne weiteres gekündigt werden, aber kaum eine neue Stellung finden konnten. Mit der lapidaren Bemerkung: „Die sogenannte Freizügigkeit bedeute[t] jetzt für den Arbeiter den Hungertod", charakterisierte ein Gewerkschaftsfunktionär die Lage.[156]

Die österreichische Regierung sah sich daher veranlaßt, für die Arbeiter der Privatindustrie eine Unterstützungsaktion ins Leben zu rufen, um deren Entlassung zu verhindern. Anknüpfungspunkt war das Unterstützungswesen in der Textilindustrie. In Verhandlungen des Sozialministeriums mit den Kriegsverbänden sowie mit einem aus Unternehmern und Gewerkschaften bestehenden Organisationskomitee am 11. und 14. Jänner 1918 wurden die Grundzüge der neuen Fürsorgeaktion, in die auch die Textilbranche einbezogen wurde, festgelegt.[157] Die Kriegsverbände als Verbindungsglied zwischen

---

153 Vgl. AVA, SM, Z. 21018/1918 (KM, Abt.10 KW, Z. 46594/S/1918).
154 Vgl. KA, MfLV, B.K. Z. 1403/1918 (KM, Abt.10 KW, Z. 49000/S/1918) und AVA, SM, Z. 25125/1918 (KM, Abt.10 KW, Z. 50946/S/1918).
155 Vgl. KA, MfLV, B.K. Z. 1362/ 1917 (KM, Abt.10 KW, Z. 8050/S1/1917); B.K. Z. 429/1918 (KM, Abt.10 KW, Z. 16000/S/1918); B.K. Z. 720/1918 (KM, Abt.10 KW, Z. 28000/S/1918) und B.K. Z. 1045/1918 (KM, Abt.10 KW, Z. 38000/S/1918).
156 AVA, SM, Z. 36/1918, Komiteesitzung 14. 1. 1918 (Domes).
157 Vgl. ebd. und AVA, SM, Z. 1612/1918, Beilagen A und B. Vgl. auch DG 9/1918, S. 37–38. Das Organisationskomitee setzte sich zu zwei Dritteln aus Unternehmern betroffener Branchen: Fürth (Papier), Wassermann (Glas), Hallwich (Baumwolle), Zimmermann (Handels- und Gewerbekammer Reichenberg), zu einem Drittel aus Arbeitervertretern: Domes, Hueber (freie Gewerkschaften), Krikawa (christliche Gewerkschaften) zusammen.

Industrie und staatlicher Bürokratie fungierten als organisatorische Träger der Aktion. Sie hatten Komitees zu errichten, die zu zwei Dritteln mit Unternehmern und einem Drittel mit Arbeitervertretern besetzt waren und die die Abwicklung der Aktion zu überwachen hatten. Wo es keine Kriegsverbände gab, sollte, so wurde von Seiten der Arbeitervertreter vorgeschlagen, die Kontrolle Fabriksausschüssen, die sich schon bei der Durchführung der Approvisionierung von Betrieben sehr bewährt hätten, übertragen werden. Die Anregung erhielt zwar die volle Zustimmung des Vertreters des Sozialministeriums, fand aber keinen Eingang in die Grundzüge. Die Unternehmerverbände, die in einem solchen System die zentralen Funktionen zu übernehmen gehabt hätten, sahen sich dazu außer Stande.[158] Die Aktion blieb also auf jene Branchen beschränkt, für die ein Kriegsverband errichtet worden war. Außerdem erfaßte sie, um die Staatsfinanzen zu schonen, nur Betriebe, die infolge der Kohlenkrise ab 20. November 1917 stillgelegt waren und nicht auch jene, wo die Produktion nur vermindert werden mußte. Das Sozialministerium erwartete sich von einer solchen Regelung eine rationellere Verteilung der vorhandenen Kohlenmengen und setzte sich mit seiner Auffassung gegen den Widerstand sowohl der Unternehmer als auch der Arbeitervertreter durch.

In der Frage der Unterstützungshöhe kam es zu einem Kompromiß, nachdem die Unternehmer einer Gleichbehandlung der Arbeiter in Kriegs- und Privatindustrie nicht zugestimmt hatten. Sie argumentierten, den Kriegleistern müsse die fehlende Bewegungsfreiheit abgegolten werden, während die Arbeitervertreter darauf verwiesen, daß der Nutzen der Freizügigkeit unter den herrschenden wirtschaftlichen Verhältnissen illusorisch sei. Schließlich einigten sich die Parteien auf eine Regelung, die die niedrigen und hohen Lohnkategorien, welche allerdings in der Privatindustrie kaum besetzt gewesen sein dürften, wie in der Kriegsindustrie behandelte, während die Arbeiter mit mittlerem Einkommen etwas schlechter davonkamen. Die Prinzipien der Kostenaufteilung waren dieselben wie in der Kriegsindustrie während der ersten Periode, d. h. der Selbstbehalt des Unternehmens betrug zwischen einem Viertel und einem Achtel der Unterstützungssumme. Den Rest vergütete der Kriegsverband aus staatlichen Mitteln und zwar auch rückwirkend bis 15. Dezember 1917, soferne der Unternehmer in der Zwischenzeit selbständig Beihilfen an die Arbeitslosen in der Höhe von mindestens vier Fünfteln des Lohnes gezahlt hatte.[159]

Die Aktion für die Privatindustrie war vorerst bis Ende Februar befristet, wurde aber dann mit Modifikationen immer wieder verlängert. Das Finanzministerium meinte im April, daß die Aktion in der Privatindustrie mit Beginn der Ernte, Mitte Juli, auslaufen könnte. Es gab aber dann in einer Sitzung des Organisationskomitees doch den Einwänden der Arbeitervertreter nach, daß die Industriearbeiterschaft physisch nicht oder nicht mehr für den Ernteeinsatz geeignet sei, und die Aktion wurde bis Ende August weitergeführt.[160] Schließlich wurde das Unterstützungswesen, da das Finanzressort seinen Aufgaben nicht mehr rechtzeitig nachkommen konnte, durch das Sozialministerium eigenmächtig bis Ende Oktober 1918 aufrechterhalten.[161]

---

158 Vgl. AVA, SM, Z. 1612/1918.
159 Vgl. ebd., Beilage B.
160 Vgl. AVA, SM, Z. 10996/1918.
161 Vgl. AVA, SM, Z. 24912/1918.

Privatbetriebe: Arbeitslosenunterstützungen[162]

Unterstützungs-sätze	15. 12. 1917–30. 4. 1918			1. 5. 1918–31. 5. 1918	
Verdienst pro Tag	bis 4 K	4–8 K	8–17 K	bis 2 K	2–15 K
Satz	100%	85%	75%	100%	75%
Unterstützungs-sätze	1. 6. 1918–30. 6. 1918		1. 7. 1918–31. 7. 1918		1. 8. 1918–31. 10. 1918
Verdienst pro Tag	bis 2 K	2–14 K	bis 2 K	2–13 K	bis 2 K	2–12 K
Satz	100%	70%	100%	65%	100%	60%

Von den Unterstützungsaktionen während des Krieges führt eine direkte Linie zur Einführung einer allgemeinen, staatlichen Arbeitslosenfürsorge am Beginn der ersten Republik. War das Beihilfenwesen zunächst noch auf die Textilindustrie beschränkt und auf halbprivater Basis organisiert – der Staat leistete Beiträge in einen Fonds der Zentralen bzw. Kriegsverbände – so mußte im Zuge der Kohlenkrise staatliche Fürsorge für die verschiedensten Berufsgruppen einsetzen. Auch in diesem Falle gab das Interesse, die Arbeiterschaft für die jeweiligen Industriezweige zu erhalten, den Anstoß, doch hatte sich das Engagement der Staatsverwaltung wohl wegen der Einbeziehung der Kriegsindustrie deutlich verstärkt. Im Zusammenbruch organisierten die Unternehmerverbände gemeinsam mit der Gewerkschaftskommission die Weiterführung der Aktionen.[163] Daneben wurde mit Vollzugsanweisung des Deutschösterreichischen Staatsrates auch formell eine staatliche Arbeitslosenunterstützung eingeführt, die als Fangnetz für die Entlassenen der ehemaligen Kriegsindustrie und die abgerüsteten Soldaten diente.[164]

6.1.1.3. Die Lebensmittelversorgung

Die Ernährungspolitik Österreichs während des Krieges war durch die Einrichtung des Amtes für Volksernährung im Herbst 1916 auf eine neue Grundlage gestellt worden. Mit Allerhöchstem Handschreiben vom 5. Jänner 1917 wurde im Zuge der Regierungsneubildung durch Graf Clam-Martinic ein selbstverantwortlicher Minister ohne Portefeuille mit der Leitung des Amtes betraut, was später in der Regierung Seidler wieder rückgängig gemacht wurde.[165] Die Mittel, die dem neuen Amt zur Bewältigung seiner Aufgaben zur Verfügung standen, waren die alten: Requisitionen bei Produzenten und Händlern, generelle Konsumbeschränkungen durch Rationierung und Rayonierung. Daneben hatte sich für den besonders empfindlichen Sektor der Approvisionierung der

---

162 Vgl. AVA, SM, Z. 1612/1918, Beilage B und Z. 10996/1918.
163 Vgl. DG 51/1918, S. 278–279.
164 Vgl. Vollzugsanweisung des Deutschösterreichischen Staatsrates vom 6. 11. 1918, StGBl. Nr. 20.
165 Vgl. *Höglinger*, Clam-Martinic, 158. Als Minister wurde der Chef der Quartiermeister-Abteilung des Armeeoberkommandos, Generalmajor Anton Höfer, bestellt. Vgl. MdHpK 12. 1. 1917, S. 2.

kriegsindustriellen Arbeiterschaft ein eigenes Versorgungssystem in „auotnomer Selbstverwaltung"¹⁶⁶ durch Unternehmer und Arbeiter entwickelt.

Die Probleme waren damit jedoch nicht gelöst. Erstens konnte zu der Zeit, als die Neuorientierung einsetzte, eine Änderung der Zustände nicht mehr herbeigeführt werden, die durch Benachteiligung der marktabhängigen Bevölkerung, Schwarzhandel und Wucher zu charakterisieren sind. Die Maßnahmen der Regierung fanden nicht die Unterstützung der Konsumenten, die darauf angewiesen waren, Lebensmittel woher immer zu beschaffen, und die Vorschriften ignorierten.¹⁶⁷ Zweitens war die Lebensmittelmisere kein bloßes Verteilungsproblem; das Ausmaß der Verminderung des Angebotes durch Importsperren und heimischen Produktionsrückgang verurteilte alle Verteilungsmaßnahmen zum Scheitern.

Die österreichische Regierung versuchte in den Jahren 1917 und 1918, den Unregelmäßigkeiten in der Lebensmittelversorgung der Bevölkerung durch ein umfangreiches Kontrollsystem beizukommen. Als Vollzugsorgane des Amtes für Volksernährung in den Ländern wurden Ernährungsinspektoren eingesetzt, deren Aufgabe neben der Überwachung vor allem die Informationsbeschaffung über das Ernährungswesen war.¹⁶⁸ Die neuen Organe des Ernährungsdienstes, als deren Träger „Beamte des politischen Verwaltungsdienstes oder sonst hiezu geeignete Personen" bestellt wurden, hatten tatsächlich erst „die Verhältnisse im Lande kennenzulernen",¹⁶⁹ sodaß bis zum Wirksamwerden ihrer Arbeit viel Zeit verging.¹⁷⁰

Neben den Ernährungsinspektoren als Organen der Zentrale sollten auf regionaler und lokaler Ebene „Wirtschaftsämter" errichtet werden. Dabei hatten sich große Schwierigkeiten ergeben,¹⁷¹ und erst im März 1917 entschloß sich das Amt für Volksernährung, die Einrichtung von Wirtschaftsämtern bei den Landes- und Bezirksbehörden anzuordnen. Für die Gemeinden wurden sie nur empfohlen. Die gesamten bisherigen Agenden des Ernährungsdienstes der Behörden auf Landes-, Bezirks- und kommunaler Ebene sollten zusammengefaßt und durch eigene „Geschäftsgruppen" bzw. Ämter in gewisser „Selbständigkeit" erledigt werden.¹⁷² „Wirtschaftsräte" hatten die Wirtschaftsämter in allen einschlägigen Fragen zu beraten. Sie sollten aus vier bis zehn Mitgliedern bestehen, wobei auf die Einbeziehung von Vertretern der Konsumenten sowie der armen und arbeitenden Klassen der Bevölkerung großer Wert gelegt wurde; die Berücksichtigung von Frauen galt als wünschenswert. Die Mitglieder des Gemeindewirtschaftsrates wurden zur Hälfte von der politischen Bezirksbehörde nach Anhörung der Gemeinde, zur Hälfte von der Kommune selbst nominiert, wobei der Bezirksverwaltung ein Einspruchs-

---

166 Vgl. DK 7/1917, S. 80.
167 Vgl. *Heller,* Government Price Fixing, S. 46–47.
168 Vgl. VOen des AfVE vom 28. 2. 1917, RGBl. Nr. 86; vom 15. 3. 1917, RGBl. Nr. 116 und vom 3. 5. 1917, RGBl. Nr. 198. Insgesamt gab es 31 Inspektionsbezirke mit je einem Inspektor.
169 Vgl. VO des AfVE vom 28. 2. 1917, RGBl. Nr. 86, § 9 bzw. § 3, Z. 1.
170 Vgl. DK 24/1917, S. 318.
171 Vgl. ebd., S. 317–318.
172 Vgl. Die österreichischen Ernährungsvorschriften. Im Auftrag des k. k. Amtes für Volksernährung hrsg. von Dr. Kurt *Frieberger* (Wien 1917) 6–7. Vgl. auch VO des AfVE vom 28. 2. 1917, RGBl. Nr. 86, § 4 und Denkschrift IV, S. 82.

recht zustand. Die Bezirkswirtschaftsräte waren einesteils durch die politische Landesbehörde, zum anderen Teil durch die Vorsitzenden der Gemeindewirtschaftsräte des Bezirks zu bestimmen. Der Landesverwaltung stand auch das Recht zur Aufstellung der Hälfte der Mitglieder des Landeswirtschaftsrates zu, die andere Hälfte wurde teils durch den Landesausschuß, teils durch die Handels- und Gewerbekammer(n) nominiert.[173]

Die Zentralregierung hoffte durch die Heranziehung der Interessenten besonders auf lokaler Ebene, eine stärkere Unterstützung für ihre ernährungspolitischen Maßnahmen und eine effizientere Kontrolle der Einhaltung der Vorschriften zu erreichen, nachdem die Verwaltungsbehörden in dieser Hinsicht versagt hatten. Die unklare rechtliche Position der neuen Institutionen erschwerte aber ihre Durchsetzung sehr, und es gab auch im Herbst noch Gemeinden und Bezirke, in denen es weder Wirtschaftsamt noch Wirtschaftsrat gab.[174] Außerdem war das System wenig flexibel. Da Verwaltungseinheiten unterhalb der Gemeinde nicht berücksichtigt wurden, gab es etwa für Wien wie für eine kleine Ortschaft in der Provinz nur einen einzigen Wirtschaftsrat,[175] der die Versorgungsprobleme der Zweimillionenstadt praxisnah nicht behandeln konnte. Der Hauptmangel der neuen Organe des Ernährungswesens lag aber in ihrer Abhängigkeit von den Behörden, denen sie zugeordnet waren und die sie lediglich beraten konnten. Vor allem auf Gemeindeebene standen die Interessen der Verwaltung häufig denen der marktabhängigen Verbraucher diametral entgegen.[176]

Die Konsumenten verfügten auch in der neuen Organisation nur über geringen Einfluß, da sie in den Gremien den Repräsentanten wirtschaftlich potenterer Gruppen gegenüberstanden und die entscheidenden Behörden bloß unverbindlich beraten konnten. Die Wiener Kriegskommission für Konsumenteninteressen entwickelte daher im Frühjahr 1917 den Plan, eine gesamtösterreichische Organisation der Verbraucher aufzubauen, die geschlossen den gegnerischen Interessengruppierungen entgegentreten könnte. Es sollten alle Organisationen der Arbeiter und Angestellten, der Hausfrauen und der freien Berufe in einem „Allgemeinen Konsumentenverband Österreichs" zusammengefaßt und in der Folge ein reiner Verbraucherbeirat beim Volksernährungsamt geschaffen werden.[177] Der Vorschlag scheint einiges Echo gefunden zu haben, denn schon im Juli 1917 verlautete, daß der Ernährungsrat, der sich bloß als politische Redetribüne entpuppt habe, durch eine staatlich organisierte Konsumentenkörperschaft ergänzt werde.[178]

Tatsächlich kam erst im März 1918 eine nach dem Muster der staatlichen Selbstverwaltungskörper im Handel konzipierte Konsumentenorganisation zustande. Sie vertrat alle Erwerbs- und Wirtschaftsgenossenschaften, Vereine mit wirtschaftlichen Zwecken, Anstalten der staatlichen und autonomen Behörden, sowie der Bahnen, die Einkaufs- und Produktionsgesellschaften der vorgenannten Einrichtungen und schließlich die Verbände, zu denen diese zusammengeschlossen waren, sofern sie ausschließlich oder doch vorwiegend den Zweck hatten, dem gemeinsamen Bezug von Lebensmitteln, Kleidungsstük-

---

173 Vgl. Ernährungsvorschriften, S. 21–23, Erlaß des AfVE vom 16. 3. 1917, Z. W.83.
174 Vgl. DK 23/1917, S. 301.
175 Vgl. DK 24/1917, S. 318.
176 Vgl. DK 23/1917, S. 301.
177 Vgl. MdHpK 5. 3. 1917, S. 10–11.
178 Vgl. DK 15/1917, S. 193.

ken und Haushaltungsgegenständen für ihre Mitglieder oder auch für einen weiteren Kreis zu dienen. Der „Konsumgenossenschaftliche Wirtschaftsausschuß" bestand aus höchstens 50 vom Handelsminister ernannten Mitgliedern und wurde durch einen maximal 16-köpfigen Vorstand geleitet.[179] Zum Vorsitzenden wurde Dr. Karl Renner bestellt.[180] Die Einflußmöglichkeiten auch der Verbraucherorganisation beschränkten sich auf unverbindliche Gutachten und Anträge. Die Aufgabe der „Vertretung und Förderung der Interessen der organisierten Verbraucher" wurde nicht praktisch umgesetzt. Die nähere Bestimmung dieser Aufgabe als „die Verbreitung hauswirtschaftlicher Kenntnisse und die Belehrung der Bevölkerung über die Bedeutung und Tragweite von behördlichen Verfügungen, die den öffentlichen Ernährungsdienst betreffen", verstärkt eher den Eindruck einer Konzeption als Instrument zur Durchsetzung der staatlichen Politik.[181] Der Konsumgenossenschaftliche Wirtschaftsausschuß konnte, schon weil er erst in der allerletzten Phase der Kriegswirtschaft entstand, keinen bedeutenden Einfluß auf die Ernährungspolitik mehr gewinnen. Er bildete aber doch ein Forum der Kritik an den herrschenden Zuständen und der Hilflosigkeit der zentralen Behörden.[182]

Die österreichische Regierung versuchte angesichts der katastrophalen Entwicklung der Ernährungsverhältnisse schließlich das Verhältnis zu Ungarn neu zu ordnen. Ende Februar 1917 kam nach langwierigen Verhandlungen eine Informations- und Verbindungsstelle zwischen den beiden Teilstaaten, der „Gemeinsame Ernährungsausschuß" zustande.[183] Die reservierte Haltung Ungarns änderte sich jedoch kaum, und erst in letzter Stunde verfielen die österreichischen Behörden auf die Taktik, Ungarn nur als Gegenleistung für Lebensmittel die nötigen Industrierohstoffe, insbesondere Kohle, zukommen zu lassen.[184]

Die bedrohliche Verschlechterung in der Ernährungssituation zog die Versorgung der militärischen Verbände schwer in Mitleidenschaft. Nach der kurzen, nichtsdestoweniger folgenschweren Phase zu Kriegsbeginn, als die Militärverwaltung selbständig die Verpflegung am Markt aufgekauft hatte, war die Versorgung der Armee 1915 den beiden Teilstaaten nach dem Verhältnis ihrer Produktion an Nahrungsmitteln übertragen worden. Diese Regelung scheiterte am inneren Versorgungsdefizit der österreichischen Reichshälfte, und ab 1916/1917 war Ungarn gezwungen, allein die Verpflegung der Armee zu übernehmen. Da Ungarn dieser Verpflichtung nachzukommen nicht im Stande war, ging ein großer Teil der für Österreich bestimmten Importe aus Rumänien an das Heer.[185] Selbst bei äußerster Beschränkung des Konsums der Zivilbevölkerung war aber die Versorgung der Armee nicht mehr in befriedigendem Maße möglich. Die täglichen Rationen an Mahlprodukten, die für die Soldaten in der Etappe mit 400 g und für die Feldtruppen mit 500 g berechnet worden waren, mußten ab April 1917 immer wieder

---

179 Vgl. VO des HMr vom 14. 3. 1918, RGBl. Nr. 100 (Abkürzung: KOGWA).
180 Vgl. DK 16/1918, S. 152.
181 Vgl. VO des HMr vom 14. 3. 1918, RGBl. Nr. 100, § 2.
182 Vgl. DK 16/1918, S. 152: Konferenz der Lebensmittelverbände der österreichischen Kriegsindustrie am 13. 7. 1918.
183 Vgl. *Pattera*, Ernährungsausschuß, S. 27–39.
184 Vgl. *Homann-Herimberg*, Kohlenversorgung, S. 29 und *Löwenfeld-Russ*, Volksernährung, S. 70.
185 Vgl. *Löwenfeld-Russ*, Volksernährung, S. 63–65.

reduziert werden und erreichten auf dem Höhepunkt der Kriegsernährungskrise vor Einbringung der Ernte 1918 einen Tiefststand von 180 g bzw. 283 g.[186]

In die Ernährungspolitik mußte also auch die Approvisionierung der militärischen Verbände einbezogen werden, nachdem diese bislang gesondert besorgt worden war. Die Koordination zwischen dem zivilen und dem militärischen Bereich sollte auf Vorschlag Ministerpräsidents Seidler im Herbst 1917 durch ein kleines Komitee auf höchster Ebene erreicht werden. Dieser „Oberste Ernährungsrat" bestand auf der einen Seite aus den für die Approvisionierung zuständigen österreichischen Zentralstellen, auf der anderen Seite gehörten ihm der Chef des Generalstabs, der Chef des Ersatzwesens, ein Vertreter des Kriegsministeriums und der Vorsitzende des Gemeinsamen Ernährungsausschusses an.[187]

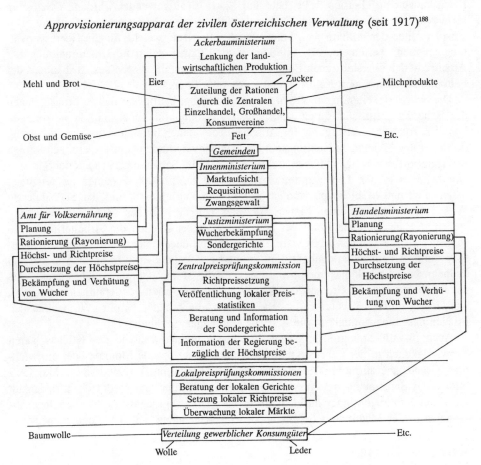

Approvisionierungsapparat der zivilen österreichischen Verwaltung (seit 1917)[188]

---

186 Vgl. *Gratz*, Zusammenbruch, S. 80.
187 Vgl. *Pattera*, Ernährungsausschuß, S. 236–237. Vgl. auch *Löwenfeld-Russ*, Volksernährung, S. 307–308.
188 Vgl. *Heller*, Government Protection, S. 59 (Österreichische Originalbezeichnungen).

Das Ernährungswesen in Österreich verfügte gegen Ende des Krieges über einen riesigen Apparat von Behörden, Ämtern, Kommissionen und Beratungsgremien; die Erfolge des aufgeblähten Systems hingegen waren gering. Die Lage der städtischen Bevölkerung und der Arbeiter verschlechterte sich weiter. Immer mehr Leute waren gezwungen, sich in Kriegsküchen oder bei Ausspeisungen zu verpflegen. Schon im ersten Halbjahr 1917 gaben die Stellen für kostenlose Ausspeisung in Wien pro Tag 85.000 Mahlzeiten aus 0,6 l Gemüse und 140 g Brot gegen Bezugsmarken ab. Die sogenannten Volksküchen verabreichten täglich ca. 75.000 Portionen Suppe, Gemüse und Mehlspeise zu niedrigen Preisen.[189] Der Nährwert dieser Mahlzeiten war allerdings sehr gering. Aus einer Berechnung ergab sich, daß 1917 im Durchschnitt von den Wiener Kriegsküchen pro Portion 1,3 g Fett und $1/_{17000}$ Ei aufgewendet wurden.[190] Selbst in kleineren Industrieorten in ländlichem Umfeld aber spitzte sich die Lage zu. Der „Inspizierende der militärischen Leiter und der Betriebe, welche für die Heeresverwaltung arbeiten" berichtete z.B. im Sommer 1917 über deutliche Unterernährung der Arbeiter in den obersteirischen Berg- und Hüttenwerken, die wegen des Ausbleibens der Fettrationen unter einem Kalorienmanko von 60% litten.[191]

Die Schwierigkeiten in der Versorgung gaben immer häufiger Anlaß zu Streiks, denen die Behörden dann nur durch schleunigen Zuschub von Lebensmitteln beikommen konnten. Auch die Versorgung der Arbeiter über Sondereinrichtungen versagte häufig, da zu geringe Mengen an Nahrungsmitteln zugewiesen wurden oder Lieferungen infolge der Transportkrise hängen blieben. So gab es bereits im September 1916 auf der Südbahn Unruhen, als in den Lebensmittelmagazinen, die ca. 120.000 Personen zu versorgen hatten, Fett und Mehl knapp wurden. Zur Beendigung eines Streiks der Südbahner in Wien mußten die Behörden binnen kürzester Zeit drei Tonnen Mehl zur Verfügung stellen.[192] Eine führende Rolle bei den Hungerstreiks spielten die Arbeiterinnen, die schneller als die Männer bereit waren, ihrem Unmut über Pannen in der Approvisionierung durch Arbeitsniederlegungen Luft zu machen. So brachen z.B. am 3. Mai 1917 in Wilhelmsburg und Göblasbruck Streiks aus, da die Milchversorgung nicht klappte. Als am folgenden Tag ein Großteil der Belegschaften die Arbeit wiederaufnehmen wollte, wurde dies durch 150 streikende Arbeiterinnen, die mit der Parole „Wir wollen den Frieden und Lebensmittel" in die Betriebe eindrangen, verhindert.[193]

Auch für alle drei großen Wiener Streikbewegungen während des Krieges waren Schwierigkeiten in der Lebensmittelversorgung das auslösende Moment oder ein wichtiger Grund. Die auffällige Verschlechterung der Ernährungsverhältnisse im Mai 1917 bildete das Substrat für die Ausweitung eines Streiks, der sich an der Unzufriedenheit vor allem der Arbeiterinnen mit dem am 1. März 1917 abgeschlossenen Lohnzulagenabkommen in der Metallindustrie entzündet hatte. Der letzte Anlaß für den Jännerstreik

---

189 Vgl. Denkschrift IV, S. 273–274.
190 Vgl. DK 12/1918, S. 120.
191 Vgl. AVA, HM, Z. 10925/1917.
192 Vgl. AVA, SdPst Karton 129, Mappe: Eisenbahner 1915/17: Intervention des Rechtsschutzvereins der Eisenbahner (Tomschik) beim KM am 29. 9. 1916. Vgl. auch AVA, MdI, Präs. Z. 24002, Präs. Z. 25343 und Präs. Z. 29474/1916.
193 Vgl. AVA, MdI, Präs. Z. 7907/1917.

1918 war die Kürzung der Mahlproduktenration am 17. Jänner 1918. Dem Junistreik in Wien ging die Reduzierung der Brotquote voraus.

Die Reaktion der Arbeiterschaft auf das Versagen der Lebensmittelversorgung veranlaßte die österreichische Regierung auch, eine politische Lösung der Probleme zu suchen. Die einzige Kraft, die noch Einfluß auf die Arbeiterschaft hatte, war die Sozialdemokratie, und es lag nahe, diese Einflußmöglichkeit für die Staatsverwaltung nutzbar zu machen. Im Zusammenhang mit der Wiedereröffnung des Parlaments bot am 20. Juni 1917 Ministerpräsident Seidler Dr. Karl Renner, der schon zuvor als Direktor des Ernährungsamtes an Konferenzen beim Kaiser teilgenommen hatte, ein Ministerportefeuille an. Der Parteivorstand lehnte jedoch eine Regierungsbeteiligung Renners ab. Ebenso wurde im August 1917 der Vorschlag des Ministerpräsidenten an Dr. Victor Adler, die sozialdemokratische Partei möge sich an einer Koalitionsregierung beteiligen, zurückgewiesen.[194]

6.1.1.3.1. Die Getreidebewirtschaftung

Das System der Getreidebewirtschaftung war Ende 1916 im wesentlichen voll ausgebaut und bestand aus einem staatlichen Handelsmonopol, fixen Großhandels- und Detailhandelspreisen, Verbrauchsbeschränkungen durch Rationierung und außerdem Rayonierung in den Bevölkerungszentren. Es ging in den letzten beiden Kriegsjahren nur mehr darum, dieses System den sich verschlechternden Verhältnissen anzupassen.

Um die Versorgung mit Grundnahrungsmitteln sicherzustellen, die allein mit Getreideprodukten nicht mehr möglich war, wurde der Kriegs-Getreide-Verkehrsanstalt ab 1916 die Bewirtschaftung der Kartoffeln übertragen,[195] was sich jedoch als völliger Fehlschlag erwies. Die Kriegs-Getreide-Verkehrsanstalt selbst versuchte, das System der Aufbringung, ihrer wichtigsten und gleichzeitig heikelsten Aufgabe, effizienter zu gestalten. Die Zahl der Kommissionäre, die für die Anstalt die beschlagnahmten Mengen übernahmen, wurde stark vermehrt. 1915 gab es im großen und ganzen pro Bezirk einen Kommissionär, am 1. Dezember 1916 3249.[196] Der Abschließungstendenz der Länder sollte eine Dezentralisierung der Anstalt entgegenwirken. Die Requisition und Verteilung wurde nun durch die Zweigstellen der Kriegs-Getreide-Verkehrsanstalt in den Ländern besorgt.[197]

Die Verschlechterung der Versorgungslage im Frühjahr 1917 veranlaßte die Regierung erstmals zu einer deutlichen Anstrengung, die Behandlung der Bauern jener der marktabhängigen Bevölkerung zumindest formal anzugleichen. Gleichzeitig wurde das Konsumquantum für die landwirtschaftlichen Schwerarbeiter herabgesetzt. Bezüglich der

---

194 Vgl. AdSP, PrPV 26. 4. 1917; PrPV 21. 6. 1917 und PrPV 8. 8. 1917.
195 Vgl. VO des MrdI vom 4. 8. 1916, RGBl. Nr. 244; VOen des AfVE vom 26. 7. 1917, RGBl. Nr. 311 bzw. vom 22. 6. 1918, RGBl. Nr. 231.
196 Vgl. MdHpK 3. 12. 1917, S. 38: davon 1168 Landwirte, 400 landwirtschaftliche Genossenschaften, 577 Mehl- und Getreidehändler, sowie 500 Angestellte des öffentlichen Dienstes und privater Betriebe.
197 Vgl. Ernährungsvorschriften, S. 211, Statut der KGVA vom 9. 3. 1917.

Rationen der Nichtselbstversorger wurde die Möglichkeit von Kürzungen je nach dem Stand der Vorräte konstituiert. Davon ausgenommen wurde nur eine neu eingeführte Kategorie von Schwerstarbeitern, „die in Bergbau- oder industriellen Betrieben unter besonderen Verhältnissen fortdauernd schwerste körperliche Arbeit verrichten."[198] Die Schwerarbeiterrationen dieser Gruppe sollten unkürzbar sein, unter Umständen auf Kosten der übrigen Arbeiter.[199]

Die Verminderung der Konsumquoten für die agrarische Bevölkerung wurde nach Beginn der Ernte 1917 wieder zurückgenommen, aber die Kürzungsbefugnis des Amtes für Volksernährung auf sie ausgedehnt und dementsprechend die Kategorie der Schwerstarbeit auch auf die Landwirtschaft angewandt. Darunter war nun die Beschäftigung bei der Ernte sowie fortdauernde schwerste physische Arbeit unter besonderen Verhältnissen bei der Eisenbahn, im Bergbau und in der Industrie zu verstehen. Die de facto Kürzungen der Quoten, die die Nichtselbstversorger seit dem Frühjahr 1917 regelmäßig trafen,[200] machten die Einführung von Nährmittelzubußen notwendig. Das Amt für Volksernährung konnte für einzelne Gebiete der Monarchie oder auch überall die Ausgabe von bis zu $^{1}/_{4}$ kg Grieß, Rollgerste, Haferreis oder Teigwaren pro Woche anordnen. In erster Linie waren dabei die Schwerarbeiter und minderbemittelte Bevölkerungskreise zu berücksichtigen. Schwangeren und stillenden Frauen stand für gewisse Zeit $^{1}/_{2}$ kg Nährmittelzubußen obligatorisch zu.[201]

Die Verbrauchsregelung vom August 1917 blieb bis Jänner 1918 in Kraft, obwohl die Ernte bei weitem nicht so gut ausfiel, wie erwartet worden war. Erst als die Vorräte schon stark angegriffen waren und die Importe, die aus Rumänien und vor allem aus Rußland erhofft wurden, auf sich warten ließen, entschloß sich die österreichische Regierung spät zu einer erneuten Drosselung des Verbrauchs.[202] Am 16. Jänner 1918 verordnete das Amt für Volksernährung eine Kürzung sämtlicher Quoten. Die Kategorie der Schwerstarbeiter wurde wieder gestrichen, die Regelung betreffend der Nährmittelzubußen beibehalten. Außerdem bestimmte die Verordnung generell, daß nur $^{1}/_{4}$ kg der Nichtselbstversorgerquoten in Form von Mehl abgegeben werden durfte; der Rest war durch Brot von mittlerweile sehr schlechter Qualität zu bestreiten.[203] Selbst für $^{1}/_{4}$ kg Mehl reichten in Wien die Vorräte nicht aus; die Hälfte wurde Ende Jänner durch Teigwaren und Haferreis ersetzt.[204]

Da die Vorräte zu Ende gingen, mußte Mitte Juni in Wien die Brot- und Mehlration halbiert werden. In Schlesien gab es schon seit April nur mehr die halben Brotquoten. In Böhmen, wo die Mahlproduktenration seit Neujahr 1918 160 g pro Tag betrug, verringerte sich die Menge im März auf 60 g, danach gab es mehrere Wochen gar

---

198 Vgl. VO des AfVE vom 12. 5. 1917, RGBl. Nr. 214 und auch *Löwenfeld-Russ*, Volksernährung, S. 338–339.
199 Vgl. Denkschrift IV, S. 76.
200 Vgl. *Gratz*, Zusammenbruch, S. 80.
201 Vgl. VO des AfVE vom 15. 8. 1917, RGBl. Nr. 339.
202 Vgl. *Löwenfeld-Russ*, Volksernährung, S. 68. Es war nur ca. $^{1}/_{3}$ der erforderlichen Getreidemengen für die Zeit vom 1. 1. bis zum 15. 8. 1918 vorhanden. Vgl. auch DK 3/1918, S. 23–24.
203 Vgl. VO des AfVE vom 16. 1. 1918, RGBl. Nr. 16.
204 Vgl. *Löwenfeld-Russ*, Volksernährung, S. 68.

nichts.[205] Durch die neue Ernte konnte der Zusammenbruch der Ernährung in den Ballungszentren noch einmal kurzfristig hinausgezögert werden. Die Krise aber war in ein Stadium getreten, das das „Durchhalten" unmöglich machte.

Getreiderationen 1917 und 1918[206]

pro Woche	Nichtselbstversorger	Selbst- versorger	Schwerarbeiter Landwirtschaft	Schwer- arbeiter Industrie	Schwerst-/ Ernte- arbeiter
ab Mai 1917	1400 g M/1960 g B	1750 g G	2100 g G	2100 g M	2100 g M
August 1917	1400 g M/1960 g B	2100 g G	2100 g M	2100 g M	2100 g M
Jänner 1918	250 g M+1260 g B/ 1610 g B	1575 g G	2100 g G	250 g M+ 2240 g B/ 2590 g B	–

G: Getreide; M: Mahlprodukte; B: Brot; /: oder; 1 Einheit M = $^7/_5$ B = $^5/_4$ G

Der Stand der Getreideversorgung spiegelte sich in den Preisen wieder. Um die Produktion zu fördern,[207] erhöhte die Kriegs-Getreide-Verkehrsanstalt die Übernahmspreise jedes Jahr. Im Kleinhandel blieben die Mehlpreise 1917 zwar auf dem Niveau von 1916, in der letzten Phase des Krieges konnte dieser Schutz der Konsumenten aber nicht mehr aufrechterhalten werden, und die Preise stiegen drastisch an.

Amtliche Preise für Getreide und Mehl 1916 bis 1918

	Übernahmspreise der KGVA[208] (1 mq) in K		Verkaufspreise der KGVA[209] (100 kg) in K		Kleinverschleißpreise in Niederösterreich[210] (1 kg) in h	
	Weizen	Roggen	Backmehl	Brotmehl	Backmehl	Brotmehl
Ernte 1916						
bis 15. 12.	38	31				
16. 12. 1916	35	29				
Ernte 1917			110	42	120	49
bis 15. 11.	42	42				
16. 11. 1917						
bis Ernte 1918	40	40				

Die Ernährungslage war in der zweiten Kriegshälfte zum Angelpunkt der wirtschaftlichen und sozialen Entwicklung geworden. Die immer schlechter werdende Versorgung untergrub die Leistungsfähigkeit der arbeitenden Bevölkerung, weil sie deren physische

---

205 Vgl. DK 18/1918, S. 177–178.
206 Vgl. VOen des AfVE vom 12. 5. 1917, RGBl. Nr. 214; vom 15. 8. 1917, RGBl. Nr. 339 und vom 16. 1. 1918, RGBl. Nr. 16.
207 Vgl. dazu *Löwenfeld-Russ,* Volksernährung, S. 53.
208 Vgl. VO des MrdI vom 15. 7. 1916, RGBl. Nr. 219 und VO des AfVE vom 31. 7. 1917, RGBl. Nr. 327.
209 Vgl. Handbuch der amtlichen Preisvorschriften (Wien 1917) 7.
210 Vgl. VOen des k.k. Statthalters im Erzherzogtume Österreich unter der Enns vom 9. 1. 1916, LGuVBl. Nr. 4 und vom 4. 6. 1917, LGuVBl. Nr. 93.

Kraft schwächte und die zeitaufwendige, illegale Beschaffung von Lebensmitteln bei den Bauern notwendig machte. Darüber hinaus aber brachte die Ernährungskrise der Arbeiterschaft die politischen Ursachen ihrer katastrophalen Lage deutlich zu Bewußtsein.

6.1.1.4. Die Teuerung

Eine bedeutende Rolle bei den Bemühungen, die Kriegswirtschaft in Gang zu halten, spielte der Kampf gegen die Teuerung. Ende 1915 waren, nachdem die zuvor ergriffenen Maßnahmen großteils wirkungslos geblieben waren, Preisprüfungsstellen als Beratungsorgane für die Behörden eingeführt worden. Im Zusammenhang mit dem Amt für Volksernährung ordnete das Innenministerium im Herbst 1916 die Einrichtung von Kriegswucherämtern bei den Landesbehörden an, die später ein Teil der Landeswirtschaftsämter wurden.[211] Das Instrumentarium der Preiskontrolle umfaßte somit Anfang 1917 die Verordnungen der Behörden, durch die Höchst- oder Fixpreise festgesetzt wurden, dann Sanktionen, die die Gewerbeordnung, andere Gesetze und vor allem die Notverordnung über die Versorgung der Bevölkerung mit Bedarfsgegenständen[212] boten, und schließlich, ansatzweise, Interessentengremien. Doch auch mit diesen Mitteln blieb der Kampf gegen die Teuerung, wie die Preissteigerungen bei Konsumartikeln zeigen, fast gänzlich erfolglos. „Knappheit in vielen Bedarfsgütern, der Mangel an Arbeitskräften und die Transportschwierigkeiten [hatten] im Vereine mit den gewissenlosen Machenschaften der Preistreiber, Spekulanten und Kettenhändler einen Zustand geschaffen, der in gleicher Weise für die Verbraucher wie für die legitime Geschäftswelt unerträglich und unhaltbar wurde und eheste dauernde Abhilfe erheischte."[213]

Zu diesem Zweck wurde die Notverordnung über die Versorgung der Bevölkerung mit Bedarfsgegenständen novelliert und das Vorgehen gegen Preistreiberei wesentlich verschärft.[214] Strafbar war z.B.: 1. Wer „jemanden davon abhält, einen Markt mit Bedarfsgegenständen zu besuchen, um die Beschickung des Marktes zu verringern; 2. der Händler, der jemandem Bedarfsgegenstände, die dieser zum Markte schafft, auf dem Wege zum Markte abkauft; 3. wer auf den Markt gebrachte Bedarfsgegenstände vor Beginn der amtlich bestimmten Marktstunde verkauft oder kauft", und schließlich „4. wer die für den Marktverkehr als zulässig erklärten Verkaufspreise überschreitet." Die wesentliche Neuerung war die Einführung eines Preisprüfungssystems mit amtlichem Charakter, durch das auch die nicht preisgeregelten Waren am Markt einer Kontrolle unterworfen werden sollten. „Diese Einrichtung verfolgte ... den Zweck, die der Versorgung der Bevölkerung dienende Betätigung der legitimen Kreise der Erzeugung und des Handels unter voller Berücksichtigung der Interessen der Verbraucher zu unterstützen. Die amtliche Preisprüfung soll[te] den interessierten Kreisen,

---

211 Vgl. Ernährungsvorschriften, S. 6 (Erlaß des MdI vom 30. 11. 1916, Z. 4282/E).
212 Vgl. KaisVO vom 21. 8. 1916, RGBl. Nr. 261, besonders §§ 11 bis 23.
213 Denkschrift IV, S. 67–68.
214 Vgl. KaisVO vom 24. 3. 1917, RGBl. Nr. 131. Die KaisVO bezog sich nicht mehr auf „unentbehrliche Bedarfsgegenstände" wie ihre Vorgängerinnen, sondern auf „bewegliche Sachen ..., die den Lebensbedürfnissen der Menschen und Haustiere unmittelbar oder mittelbar dienen." (Art. I, § 1).

insoweit dies überhaupt möglich [war], die erforderliche Orientierung in Fragen der Preisbildung und Kalkulation vermitteln, die Betätigung der volkswirtschaftlich nützlichen und unentbehrlichen reellen Unternehmungslust vor ungerechtfertigter Beanstandung schützen und zugleich im Interesse der Verbraucher den stetigen Preissteigerungen Einhalt gebieten. Auch soll[te] sie den notwendigen Abbau der Preise in die Wege leiten."[215] Es wurden lokale Preisprüfungsstellen bzw. beim Amt für Volksernährung eine Zentral-Preisprüfungs-Kommission eingerichtet. Die lokalen Stellen hatten die Verwaltungs- und Justizbehörden zu beraten und bei der Überwachung der Marktverhältnisse zu unterstützen; die Zentral-Preisprüfungs-Kommission war als Koordinations- und Kontrollorgan der Preisprüfungsstellen konzipiert und diente auch als Beratungsgremium der Zentralstellen. Die wichtigste Funktion der neuen Organisation bestand in der Möglichkeit, für Waren, für die keine Maximal- oder Fixpreise existierten, Richtpreise festzusetzen.[216]

Die österreichische Verwaltung versuchte dem Prinzip der „gerechten Preise" zum Durchbruch zu verhelfen, indem die Festsetzung den Interessenten selbst vorbehalten wurde. Die Kaiserliche Verordnung bestimmte nur Leitlinien für die Preisbildung: „Bei Aufstellung der Richtpreise [war] unter Berücksichtigung der durchschnittlich notwendigen, einen entsprechenden Anteil der allgemeinen Regie in sich schließenden Betriebskosten, eines durchschnittlichen bürgerlichen Gewinnes und der lokalen Verhältnisse insbesondere Bedacht zu nehmen A. auf die Transportspesen, B. auf ein entsprechendes Verhältnis der Preise a) für den Rohstoff, das Halbfabrikat und das Endprodukt, b) für die vom Erzeuger, vom Groß- und vom Detailhändler zu veräußernde Ware, c) für jene Waren, die zur Befriedigung der gleichen Bedürfnisse verwendet werden können."[217] Eine Erzwingung der Richtpreise war nicht vorgesehen. „Das Wesen des Richtpreises [besteht] darin, daß seine Einhaltung im allgemeinen gegen Verfolgung nach § 20 der Kaiserlichen Verordnung[218] schützt, während seine Überschreitung an und für sich nicht strafbar ist. Er ist daher geeignet, den interessierten Kreisen eine Richtschnur zu bieten."[219] Der Zentral-Preisprüfungs-Kommission gelang es, eine gewisse Stabilität in die Beurteilung der Angemessenheit der Preise zu bringen und den Behörden eine Handhabe gegen die ärgsten Auswüchse zu bieten.[220]

Preisprüfungsstellen sollten laut Notverordnung vom 24. März 1917 zumindest für jeden Sprengel eines Gerichtshofes erster Instanz errichtet werden; die Anzahl wurde

---

215 Denkschrift IV, S. 68.
216 Vgl. KaisVO vom 24. 3. 1917, RGBl. Nr. 131, besonders Art. I, §§ 26 bis 33. Vgl. auch Kuen des mit der Leitung des AfVE betrauten Ministers vom 1. 5. 1917, RGBl. Nr. 200, A (Statut der Preisprüfungsstellen) und vom 8. 5. 1917, RGBl. Nr. 209, A (Statut der Zentral-Preisprüfungskommission).
217 KaisVO vom 24. 3. 1917, RGBl. Nr. 131, Art. I, § 36, Z. 2.
218 Vgl. ebd., Art. I, § 20: Strafen gegen Preistreiberei: 1) Arrest bis 6 Wochen (plus bis zu 20.000 K); 2) bei Wiederholung oder besonders hohem unrechtmäßigem Gewinn strenger Arrest von 2 Monaten bis zu 2 Jahren (plus bis zu 200.000 K); 3) bei besonderer Gefährdung öffentlichen Interesses schwerer Kerker von 6 Monaten bis zu 3 Jahren (plus bis zu 500.000 K).
219 Kuen des mit der Leitung des AfVE betrauten Ministers vom 1. 5. 1917, RGBl. Nr. 200, A, § 12, Abs. 1, bzw. vom 8. 5. 1917, RGBl. Nr. 209, A, § 10, Abs. 1.
220 Vgl. *Löwenfeld-Russ*, Volksernährung, S. 317.

dann jedoch auf 64 reduziert.[221] Sie bestanden aus einem Vorsitzenden, der ein pensionierter oder aktiver Beamter sein sollte, seinen Stellvertretern und zwölf Mitgliedern, die durch die politische Landesbehörde zu bestellen waren. Ihre Qualifikation war Erfahrung in wirtschaftlichen Angelegenheiten und Fähigkeit zu objektivem Urteil. Die zwölf Mitglieder der Preisprüfungsstellen waren nach einem festen Muster auszuwählen. Je drei Mitglieder waren aufgrund eines Gutachtens der Handelskammer bzw. der landwirtschaftlichen Korporationen zu berufen. Den Konsumenten standen sechs Sitze zu, für die den Organisationen ein Vorschlagsrecht eingeräumt wurde. Darüber hinaus mußte sich, „[w]enn im Sprengel der Preisprüfungsstelle Industrie oder Bergbau in größerem Umfang betrieben [wurden], ... unter den aus den Kreisen der Konsumenten bestellten Mitgliedern zwei Vertrauensmänner der Arbeiterschaft befinden."[222] Die Parität zwischen der Gruppe der Anbieter und der Gruppe der Nachfrager auf den Konsummärkten[223] hatte zwar keinen Einfluß auf die Beschlüsse der Preisprüfungsstellen, da allein der Vorsitzende über Form und Inhalt der Gutachten zu entscheiden hatte. Die Gleichgewichtigkeit der Interessengruppen ermöglichte aber eine ausgewogene Vertretung der gegensätzlichen Meinungen.

Die Zentral-Preisprüfungs-Kommission setzte sich aus dem Vorsitzenden, dessen Stellvertreter und mindestens 60 Mitgliedern zusammen, die der Leiter des Amtes für Volksernährung ohne Rücksicht auf bestimmte Zahlenverhältnisse zu berufen hatte. Erst bei der Aufstellung der 6- bis 18-köpfigen Ausschüsse, in denen die Arbeit der Zentral-Preisprüfungs-Kommission erledigt wurde, war „auf eine möglichst gleichmäßige Berücksichtigung der Erzeuger, der Händler und der Verbraucher" zu achten. Nach dem Statut mußte es mindestens 10 Ausschüsse für bestimmte Themengebiete geben und zusätzlich einen Koordinationsausschuß, der als Beratungsorgan für den Vorsitzenden diente. Die Zentral-Preisprüfungs-Kommission hatte ebensowenig wie die lokalen Stellen ein Entscheidungsrecht; dieses stand auch hier dem Vorsitzenden allein zu.[224]

---

221 Vgl. VO des mit der Leitung den AfVE betrauten Ministers vom 1. 5. 1917, RGBl. Nr. 200, § 11 und Denkschrift IV, S. 69. Salzburg, Kärnten und Schlesien: 1; Krain, Küstenland: 2; Oberösterreich, Steiermark, Tirol mit Vorarlberg: 4; Niederösterreich, Dalmatien: 5; Mähren: 8; Galizien: 12; Böhmen: 15.
222 Vgl. KaisVO vom 24. 3. 1917, RGBl. Nr. 131, Art. I, § 26. In der „Handelskammer-Kurie" mußte mindestens ein Händler vertreten sein, die beiden anderen Unternehmer waren entsprechend der gewerblichen Struktur des Gebietes zu bestellen.
223 Vgl. Handbuch Preisvorschriften, S. 167, sowie Hof- und Staatshandbuch 1918. Besetzung der Preisprüfungsstelle Wien: Vorsitz: Ministerialrat im EM a. D. Miller; Stellvertreter: Ritter von Hentl (Versatzamt) und Eldersch (NÖ. Arbeiter-Konsumverein); Mitglieder: 1) Lemberger (Textilindustrieller), Vinzl jun. (Kaufmann), Pabst (Kaufmann); 2) Genoch (Wirtschaftsbesitzer), Oberleuthner (Gemeinderat, Landwirt und Hausbesitzer), Ing. Steinbach (Landespflanzen-Bauinspektor); 3) Endlicher (Reichsorganisation der Hausfrauen Österreichs), Franke (Consum „Vorwärts"), Maresch (Erster Wiener Konsumverein), Menges (Erster nö. Arbeiterkonsumverein), Schultes (Staatseisenbahnges.), Zehetbauer (Reichswirtschaftsbund der Festangestellten).
224 Vgl. Ku des mit der Leitung des AfVE betrauten Ministers vom 8. 5. 1917, RGBl. Nr. 209, A und B. Die Zentral-Preisprüfungs-Kommission umfaßte 1917 202 Mitglieder; es gab 11 ständige Fachausschüsse. Vgl. Handbuch Preisvorschriften, S. 157ff. und Denkschrift IV, S. 70.

Das neue System der Preiskontrolle krankte am eigenartigen Status seiner Mitglieder. Sie waren einerseits zur Übernahme des Amtes, in dem sie als öffentliche Beamte beeidet wurden, verpflichtet; ihre Artikulations- und Durchsetzungschancen andererseits waren gering. Der Vorsitzende, der in vielen Fällen den Unternehmern und Händlern nahegestanden sein dürfte,[225] verfaßte allein „nach bestem Wissen und Gewissen und Berücksichtigung aller Äußerungen und auf Grund eigener Beurteilung des Sachverhaltes" die Gutachten und Richtpreisentscheidungen, gegen die den Mitgliedern kein Einspruch zustand. Sie konnten nur folgenlose Sondervoten abgeben. Die Mitglieder, auf deren Äußerung sich das Gutachten des Vorsitzenden bezog, durften nicht genannt werden. Von den Verhandlungen der Preisprüfungsstellen war die Öffentlichkeit ausgeschlossen, die Mitglieder waren zur Verschwiegenheit verpflichtet.[226] Diese Konstellation verhinderte einen Einblick in die tatsächliche Arbeit der Preisprüfungsstellen und brachte den Konsumentenvertretern den Vorwurf der Kollaboration mit Preistreibern ein.[227]

6.1.1.4.1. Die Hilfsaktion für die Mindestbemittelten

Die katastrophale Entwicklung der Ernährungsverhältnisse traf in vollem Ausmaß die einkommensschwachen Schichten der städtischen und industriellen Bevölkerung. Diese waren gänzlich auf die rationierten Lebensmittel angewiesen, da die Schwarzmarktpreise für sie unerschwinglich waren. Jede Panne in der Versorgung mit den staatlich bewirtschafteten Nahrungsmitteln verurteilte sie zum Hungern, abgesehen davon, daß auch mit den vollen Rationen eine ausreichende und gesunde Ernährung unmöglich war. 1917 mußte die Regierung eingestehen, daß die ärmsten Bevölkerungsschichten in zunehmendem Elend lebten,[228] das eine Hilfsaktion notwendig machte.

Das Amt für Volksernährung erließ Richtlinien für Maßnahmen der Landesbehörden, um die Lebensumstände der ärmsten Bevölkerungskreise zu verbessern.[229] Die Aktion wurde zentral finanziert. Die sogenannten Mindestbemittelten waren durch die verbilligte oder kostenlose Versorgung mit nicht rationierten Naturalien zu unterstützen; die Regierung subventionierte die Lebensmittel. Außerdem wurde angeordnet, „das Hilfeleistungswerk zunächst auf die Bedürftigsten, namentlich in den Städten und Industriezentren zu beschränken. Die Pflicht eines streng sachlichen, durch keinerlei Rücksichtnahme auf soziale, nationale und politische Unterschiede beirrten Vorgehens wurde den Landesstellen als unerläßliche Grundbedingung der ganzen Aktion mit allem Nachdrucke eingeschärft."[230] Für die Aktion, die im März 1917 von den Zentralstellen unter Zuziehung „wirtschaftlich orientierter Persönlichkeiten aus verschiedenen Kronländern" entworfen

---

225 Vgl. DK 23/1917, S. 302.
226 Vgl. Kuen des mit der Leitung des AfVE betrauten Ministers vom 1. 5. 1917, RGBl. Nr. 200, A und B bzw. vom 8. 5. 1917, RGBl. Nr. 209, A.
227 Vgl. DK 23/1917, S. 303.
228 Vgl. Denkschrift IV, S. 274.
229 Vgl. z. B. Ku des k. k. Statthalters im Erzherzogtume Österreich unter der Enns vom 28. 3. 1917, LGuVBl. Nr. 70.
230 Denkschrift IV, S. 275.

wurde, war ein Aufwand von etwa 300 Mio K vorgesehen.[231] Die Anzahl der Personen, die aufgrund bestimmter Einkommensgrenzen in die Hilfsaktion einzubeziehen waren, wurde auf 6 bis 8 Millionen geschätzt.[232]

Einkommensgrenzen[233]

	pro Kopf und Jahr	pro Haushalt und Jahr
Niederösterreich	720 K	3000 K
Wien 1. Klasse über/unter 14 Jahre	960/600 K	4000 K
2. Klasse über/unter 14 Jahre	600/360 K	2400 K
3. Klasse über/unter 14 Jahre	480/300 K	1600 K
4. Klasse über/unter 14 Jahre	unbestimmt (unter 960/600 K)	unbestimmt (unter 4000 K)
Oberösterreich	800 K	4000 K
Linz	700 K	3200 K
übriges Österreich	600 K	2600 K

Die erste Ausgabe von Mindestbemittelten-Ausweisen erfolgte in Wien am 9. Juli 1917, nachdem sich die Bewerber in der ersten Maiwoche bei den Brot- und Mehlkommissionen angemeldet hatten. Danach gab es in Wien 505.830 mindestbemittelte Personen in 134.994 Haushalten, das waren ca. 26,3% der Bevölkerung und fast 30% der Haushalte in Wien.[234]

An die Mindestbemittelten wurden verbilligte Lebensmittel, zunächst besonders Fleisch, abgegeben. 1 kg „Wohlfahrtsfleisch" wurde um einen Preis zwischen 2 K und 4 K, in Wien um 3,60 K abgegeben,[235] während z. B. hinteres Rindfleisch zur gleichen Zeit 11,80 K und Pferdefleisch zwischen 5 K und 6 K kostete.[236] Allerdings bewirkte die Aktion mit verbilligtem Fleisch „eine nicht unbedenkliche Inanspruchnahme der heimischen Viehbestände", sodaß diese im Sommer 1917 wieder eingeschränkt und nach der neuen Ernte ganz eingestellt werden mußte. Ersatz sollte die Versorgung mit Kartoffeln, Rüben, Sauerkraut, Obst, Marmelade, Hülsenfrüchten und Graupen, sowie die Verpflegung in den Kriegsküchen bieten.[237]

Die Mindestbemittelten wurden in den letzten beiden Kriegsjahren zu einer eigenen Kategorie der Verbraucher in den Bewirtschaftungsmaßnahmen der Regierung. So orientierte sich die Regelung der Versorgung mit Kleidern und Schuhen in erster Linie an der Lage der Mindestbemittelten.[238] Im Sommer 1917 waren bei der Neufestsetzung

---

231 Vgl. ebd., S. 274.
232 Vgl. MdHpK 24. 5. 1917, S. 32.
233 Vgl. *Löwenfeld-Russ,* Volksernährung, S. 356; MdHpK 24. 5. 1917, S. 32 und MdHpK 30. 7. 1917, S. 24.
234 Vgl. MdHpK 24. 5. 1917, S. 32; MdHpK 30. 7. 1917, S. 26 und 64, sowie MdHpK 3. 12. 1917, S. 16.
235 Vgl. Denkschrift IV, S. 276 und MdHpK 30. 7. 1917, S. 90.
236 Vgl. DK 18/1917, S. 246. Die Preise für Fleisch hatten sich nach Angaben der NFP im Juli 1917 gegenüber Juli 1914 ungefähr versechsfacht.
237 Vgl. Denkschrift IV, S. 276.
238 Vgl. VOen des HMr vom 21. 9. 1917, RGBl. Nr. 383, § 29 bzw. vom 13. 12. 1917, RGBl. Nr. 482, § 3, Abs. 2, Z. 1.

der Getreiderationen für die Mindestbemittelten, wie für die Schwerarbeiter, Nährmittelzubußen vorgesehen.[239] Durch diese Ausdehnungen der Hilfsaktion, die durch die unhaltbaren Lebensumstände erzwungen wurden, reichten die präliminierten 300 Mio K nicht aus; das Projekt kostete insgesamt 650 Mio K.

Aufwendungen der Hilfsaktion für die Mindestbemittelten in den verschiedenen Regionen Österreichs:[240]

Kronländer	Mio K	%	Kronen pro Kopf
1) Niederösterreich, Oberösterreich, Salzburg, Tirol, Vorarlberg, Kärnten, Steiermark	199,6	31	26,5
2) Stadt Wien	105,0	16	46,7
3) 1) ohne 2)	94,6	15	17,9
4) Böhmen, Mähren, Schlesien	215,0	33	21,2
5) Galizien, Bukowina	181,5	28	20,6
6) Krain, Küstenland, Dalmatien	53,9	8	26,0
Cisleithanien	650,0	100	22,8

Mit der Aktion für die mindestbemittelte Bevölkerung, die infolge der enormen Teuerung notwendig geworden war, übernahm die Staatsverwaltung einen weiteren Teil der Kriegslasten. Die Lebenshaltung eines nicht unbeträchtlichen Teiles der Bevölkerung wurde nicht länger durch eine Anpassung der Einkommen an die Warenpreise am Existenzminimum gehalten, sondern durch staatliche Subventionen.

6.1.1.4.2. Der Mieterschutz

Die erfolgreichste Maßnahme, die die österreichische Regierung während des Krieges zur Bekämpfung der Teuerung ergriff, war sicherlich die Einführung des Mieterschutzes.[241] Es gelang dadurch, die Inflation wenigstens für einige Monate zu dämpfen.

Der Krieg hatte die Verhältnisse am österreichischen Wohnungsmarkt in spezifischer Form verändert. Erstens kam durch die Konzentration aller Kräfte im militärischen Bereich die private Bauwirtschaft zum Erliegen. Waren 1914 noch 510 Neubauten mit 9648 Wohnungen fertiggestellt worden, so waren es 1915 nur mehr 4794 Wohnungen in 197 neuen Häusern, und in den ersten zehn Monaten 1916 sank die Zahl auf 51 Bauten mit 731 Wohnungen.[242] Für die Zeit nach dem Krieg war mit einem schweren Defizit in der Wohnungsversorgung zu rechnen. Zweitens war es zu einer gewissen Umverteilung der Bevölkerung gekommen. Während in manchen Gebieten wegen der Kämpfe oder

---

239 Vgl. VO des AfVE vom 15. 8. 1917, RGBl. Nr. 339, § 5.
240 Vgl. *Löwenfeld-Russ,* Volksernährung, S. 355, auch Fußnote. Vgl. auch Vorläufige Ergebnisse der Volkszählung vom 31. Dezember 1910 in den im Reichsrate vertretenen Königreichen und Ländern (Brünn 1911) XVI und Mitteilungen der statistischen Abteilung des Wiener Magistrates. Monatsberichte 1917, S. 171.
241 Vgl. *Heller,* Government Price Fixing, S. 23.
242 Vgl. AVA, JM, Z. 1637/17/1917.

wegen lokaler Arbeitslosigkeit die Einwohnerzahl deutlich sank, stieg sie durch den Zuzug von Flüchtlingen und Arbeitern anderswo stark an. Z.B. verdoppelte sich die Bevölkerung Wiener Neustadts während der ersten beiden Kriegsjahre, in Bodenbach hingegen standen viele Wohnungen leer. Probleme gab es vor allem in größeren Städten und in Industriegebieten, wobei lokale Besonderheiten eine wichtige Rolle spielten. So erforderte in erster Linie die Lage in Laibach, St. Pölten und in den steirischen Industriegebieten eine rasche Lösung der Wohnungsfrage.[243] Schließlich wirkte sich die Teuerung auf den Wohnungsmarkt aus. Viele Familien konnten sich die Wohnungen, die sie vor dem Krieg innegehabt hatten, nicht mehr leisten und zogen in kleinere. Dies traf insbesondere auf Angestellte, die in Arbeiterviertel abwanderten,[244] und auf Familien von eingerückten Soldaten zu.

Es lag nahe, eine solche Entwicklung der Wohnungsverhältnisse in besonderem Maß für Wien anzunehmen, wie dies auch die Zentralstellen taten.[245] Statistische Erhebungen ergaben aber ein anderes Bild. In Wien waren am 20. Mai 1914 0,89% der Kleinwohnungen, die höchstens ein Zimmer und ein Kabinett hatten, leer gestanden, am 12. April 1917 waren es 1,6%.[246] Die Zahl der leerstehenden kleinen Wohnungen in den Arbeiterbezirken hatte sich also erhöht. Eine Ausnahme bildete nur der 20. Wiener Gemeindebezirk, wo ein großer Teil der Flüchtlinge logierte.[247] Im Gegensatz dazu nahm während des Krieges die Zahl der freien großen Wohnungen stark ab; in der höchsten Kategorie mit vier und mehr Zimmern von 4,33% 1914 auf 1,07% 1917, weil diese besonders in den inneren Nobelbezirken als Büros Verwendung fanden.[248]

Trotz dieser nicht ungünstigen Bilanz drohte in Wien ein Wohnungsproblem größten Ausmaßes nach dem Krieg. Außerdem spielte hier, unter den äußerst schlechten Versorgungsverhältnissen, die Höhe der Mietzinse eine besondere Rolle. Den Hausbesitzern wurde von der Regierung zwar bescheinigt, sich in den ersten Kriegsjahren „sozial" verhalten zu haben,[249] doch mehrten sich 1916 die Anzeichen für ein Übergreifen der Inflation auf die Mietzinse. Der Wiener Magistrat konstatierte in den letzten Monaten 1916 eine gesteigerte Zahl von Kündigungen seitens der Vermieter.[250]

Der unmittelbare Anlaß für die österreichischen Behörden, sich mit dem Mietenproblem auseinanderzusetzen, war aber nicht die Entwicklung des Wohnungsmarktes. Im April 1916 richteten mehrere Vereine der Hausbesitzer und der Baumeister eine Eingabe an das Justizministerium, in der sie Vorkehrungen zum Schutz der Hypothekarschuldner in Form eines Einigungsamtes für Streitsachen zwischen den Grundbesitzern und ihren

---

243 Vgl. AVA, JM, Z. 1121/24/1917, Ministerialbesprechung 9. 1. 1917.
244 Vgl. AVA, JM, Z. 21146/373/1916.
245 Vgl. AVA, JM, Z. 1415/31/1917.
246 Vgl. Mitteilungen der statistischen Abteilung des Wiener Magistrates, Monatsberichte 1914, S. 134f. und Monatsberichte 1917, S. 185f.
247 Vgl. MdHpK 10. 6. 1918, S. 102–103. Die Mehrzahl der Wohnungen in den Bezirken 10, 11, 12, 14, 16, 17, 20 und 21 waren Kleinwohnungen. Im 10. Bezirk betrug ihr Anteil 92,93%; in ganz Wien 73,21%. 7710 Wohnungen waren von Flüchtlingen belegt (2. und 20. Bezirk).
248 Vgl. ebd., S. 103–104: 1., 3. und 4. Bezirk.
249 Vgl. AVA, JM, Z. 1121/24/1917, Ministerialbesprechung 9. 1. 1917.
250 Vgl. AVA, JM, Z. 180/4/1917 (MföA, Z. 89436/III/1916).

Gläubigern, forderten.²⁵¹ Diese Denkschrift machte den Behörden klar, welche Gefahr für das Mietzinsniveau bestand. „Sicher scheint ..., daß die Erhöhung der Leistungen des Hausbesitzes nicht ohne Rückwirkungen auf die Mietzinse bleiben würde und daß gegenüber Bestrebungen *maßgebender* Kreise, die auf eine Erhöhung des Hypothekarzinsfußes abzielen, ausgedehnten und empfindlichen Mietzinssteigerungen wohl nur durch Beschränkungen des Kündigungsrechtes und des Rechtes aufgrund der Kündigungsandrohung den Hypothekarzinsfuß zu erhöhen, begegnet werden könnte." Dem Justizministerium erschien das schwächste Glied in der Kette der Abhängigkeiten, nämlich die Mieter, schutzwürdiger als die Hausbesitzer, die jede Mehrbelastung leicht auf ihre Schuldner abwälzen konnten.²⁵² Die Vertreter der anderen Ministerien schlossen sich in einer Besprechung am 27. Juni 1916 im wesentlichen diesem Standpunkt an. Die Situation der Hausbesitzer wurde als nicht schwierig angesehen, da die bestehenden Mietdarlehenskassen nur wenig in Anspruch genommen wurden. Hingegen sollten insbesondere die Mieter kleiner Wohnungen vor einer weiteren, „erbitternden" Erschwerung ihrer Lebenshaltung bewahrt werden.²⁵³

Unberechtigte Zinssteigerungen und Kündigungen sollten nach einem ersten Vorschlag durch die Gutachtertätigkeit eines paritätisch besetzten Gremiums verhindert werden.²⁵⁴ Diesen Weg hatten auch die Behörden im Deutschen Reich beschritten, worüber die österreichische Regierung, wie in anderen Fragen der Sozialgesetzgebung, Erkundigungen einholte,²⁵⁵ ehe sie an die Durchführung ihrer eigenen Maßnahmen ging. Trotz der positiven Berichte aus Deutschland vertrat aber das Justizministerium Ende des Sommers 1916 bereits die Ansicht, daß ein nur auf gütlicher Einigung der Parteien aufbauendes System nicht genügen könne.²⁵⁶ Ein mit 27. Oktober 1916 datierter Entwurf einer Kaiserlichen Verordnung über den Mieterschutz²⁵⁷ sah vielmehr Mietzinserhöhungen nur aus normierten Gründen unter der Kontrolle durch Mietämter vor. Der Hypothekarzinsfuß sollte unter ausschließlicher Beachtung der Geldmarktverhältnisse von den politischen Landesbehörden reguliert werden. Auf diesem Stande blieb die Angelegenheit wegen der politischen Umwälzungen, d. h. der Regierungsneubildungen nach dem Tode Graf Stürgkhs, mehr als zwei Monate liegen.²⁵⁸ Die ungarische Regierung erließ im November 1916 eine Verordnung über die Beschränkung der Mietzinse und der Kündigungen.²⁵⁹

Gegen Ende des Jahres 1916 scheint sich die Lage in Österreich verschärft zu haben; das Justizministerium erhielt im Dezember eine Reihe von Denkschriften, die die rasche Einführung des Mieterschutzes forderten. Diese Eingaben stammten zum größten Teil von Or-

---

251 Vgl. AVA, JM, Z. 15087/283/1916, Eingabe 12. 4. 1916.
252 Ebd. (Hervorhebung im Original). Der Referent in der Mieterschutzangelegenheit war der spätere Justizminister Sektionschef Dr. Hugo Ritter von Schauer. (Vgl. auch die handschriftlichen Bemerkungen).
253 Vgl. AVA, JM, Z. 21146/272/1916 (MdI und MföA).
254 Vgl. ebd.
255 Vgl. ebd.; vgl. auch AVA, JM, Z. 22609/396, Z. 28268/468 und Z. 28422/476/1916.
256 Vgl. AVA, JM, Z. 33428/548/1916.
257 Vgl. ebd., Entwurf Schauer.
258 Vgl. AVA, JM, Z. 1121/24/1917, Ministerialbesprechung 9. 1. 1917, Schauer.
259 Vgl. AVA, JM, Z. 33428/548/1916, Pester Lloyd 13. 11. 1916, S. 4: VO vom 12. 11. 1916, Z. 3787/1916 M.E.

ganisationen der Angestellten, die sich in einer gemeinsamen Aktion an die Regierung um Hilfe wandten. Für die Angestellten, die sich zum Teil wenigstens dem Mittelstand zugehörig fühlten, bedeutete eine Wohnungskündigung unter den herrschenden Verhältnissen gesellschaftlichen Abstieg, „einfach Proletarisierung",[260] da sie danach gezwungen waren, mit billigeren Quartieren vorlieb zu nehmen. In ihren gleichlautenden Eingaben beriefen sich der Verein der Versicherungsangestellten, der Verein der Angestellten der sozialen Versicherungsinstitute, der Gehilfenausschuß des Gremiums der Wiener Kaufmannschaft und der Reichsverband der Advokaturs- und Notariatsangestellten auf die Maßnahmen in Ungarn.[261] Der Bund der technischen Angestellten bzw. der Reichsverein der Bank- und Sparkassenbeamten reichten zur gleichen Zeit gesonderte Denkschriften ein, in denen sie auf die Lage ihrer Berufsgruppe eingingen. So verwies die Organisation der technischen Angestellten in der Industrie auf den Lohndruck durch das Kriegsleistungsgesetz, während die Angestellten der Geldinstitute die Gefahr des Verlustes ihres sozialen Status betonten. Beide forderten ein Einfrieren der Mieten und ein Verbot von Kündigungen während des Krieges und einiger Zeit danach.[262] Dazu kam noch eine neue Denkschrift der Kriegskommission für Konsumenteninteressen, die sich ebenfalls auf die ungarische Verordnung berief.[263]

Der letzte Anstoß zur Wiederaufnahme des Mieterschutzprojekts kam aber wiederum aus einer anderen Richtung, nicht von den Betroffenen. Die Zustände in Triest hatten die Statthalterei im Küstenland im Einvernehmen mit dem Militärstationskommando schon bei Kriegsbeginn zur Erlassung eines allgemeinen Umzugsverbotes bewogen. Der Räumungstermin zum 24. August 1914 wurde ebenso wie die späteren immer wieder aufgeschoben, schließlich bis zum 24. Februar 1917. Eine Kündigung durch den Vermieter war nur bei Zahlungsunwilligkeit des Bestandnehmers oder bei Mißbrauch der Wohnung zulässig. Die krainische Landesregierung wollte nun, als Zinserhöhungen und Kündigungen überhandzunehmen drohten, 1916 eine ähnliche Regelung in Laibach einführen und wandte sich mit diesem Anliegen an das Oberlandesgericht in Graz. Dieses sprach sich jedoch gegen Maßnahmen nach dem Triester Muster aus, da das Umzugsverbot dort die Folge hatte, daß einerseits von den Mietern fast keine Mietzinse und von den Hausbesitzern keine Steuern mehr gezahlt wurden. Das Oberlandesgericht Graz befürwortete vielmehr den Vorschlag der Laibacher Stadtverwaltung, die Angelegenheit auf gesetzlichem Wege zu regeln.[264]

Das österreichische Justizministerium nahm Anfang Jänner 1917 seine Arbeit an einer Mieterschutzverordnung wieder auf. Grundlage war der Schauer'sche Entwurf mit einigen Änderungen: statt einer Kaiserlichen Verordnung war der technisch einfachere Weg einer Ministerialverordnung aufgrund der kriegswirtschaftlichen Ermächtigungsverordnung vorgesehen; vor allem wurde wegen der Erfahrungen in Triest eine allgemeine Beschränkung des Kündigungsrechtes in die Verordnung aufgenommen.[265] In einer Ministerialkonferenz erklärte sich das Innenministerium mit dem Entwurf einverstanden, während von Seiten des Arbeits- bzw. Finanzressorts Bedenken vorgebracht wurden. Die Zweckmäßig-

---

260 Vgl. AVA, JM, Z. 39971/680/1916, Reichsverein der Bank- und Sparkassenbeamten.
261 Vgl. AVA, JM, Z. 39693/670, Z. 39770/671, Z. 39842/674 und Z. 39843/675/1916.
262 Vgl. AVA, JM, Z. 39905/676 und Z. 39971/680/1916.
263 Vgl. AVA, JM, Z. 38163/638/1916 (MP, Z. 6058/1916). Vgl. auch MdHpK 28. 9. 1916, S. 116–128.
264 Vgl. AVA, JM, Z. 36556/609 und Z. 38389/656/1916. Vgl. auch DG 9/1916, S. 62.
265 Vgl. AVA, JM, Z. 33428/548/1916, Entwurf Schauer.

keit einer allgemeinen Regelung angesichts der regional unterschiedlichen Verhältnisse wurde in Zweifel gezogen, obwohl Sonderbestimmungen für bestimmte Städte leicht zu weiteren Schwierigkeiten führen konnten. Hauptpunkt der Kritik war aber erwartungsgemäß die Schärfe der geplanten Verordnung zugunsten der Mieter auf Kosten der Hausbesitzer, die zum Teil selbst Opfer der Kriegswirtschaftsverhältnisse zu werden drohten. Diesen Einwand wies das Justizministerium mit einer bemerkenswerten Argumentation zurück. Nach Ansicht Schauers mußte „für die Zukunft verhütet werden, daß die Kriegskonjunktur auf ein Gebiet hinübergreift, daß (sic!) bisher verschont geblieben ist und auf dem der Einzelne völlig schutzlos ist. Das Bedürfnis zu wohnen, sei ein unabweisliches; eher sei es noch möglich, sich in der Ernährung einzuschränken. Der Staat müsse dem Rechnung tragen und dem Schwachen seine starke Hand bieten. Jetzt sei der Stein noch nicht ins Rollen gekommen; . . . Ein ausgedehnter Wohnungsnotstand könnte unabweisbare Folgen und selbst revolutionäre Bewegungen nach sich ziehen. Dann wären die Schwierigkeiten nicht mehr zu besiegen . . . Die Kette der Überwälzung von Preissteigerungen müsse einmal an einem Punkte durchbrochen werden". Das Justizministerium stimmte nur einer Klassifizierung der Gebiete mit unterschiedlicher Teuerung durch abgestufte Obergrenzen für schutzwürdige Objekte analog den Aktivitätszulagen für die Staatsbeamten zu.[266]

In dieser Fassung wurde die Verordnung am 18. Jänner 1917 noch einer Beratung durch Fachleute des Wohnungswesens unterzogen,[267] die sich für die geplante Verordnung aussprachen; insbesondere zeigten sich die Hausbesitzerorganisationen sehr befriedigt über die Regelung bezüglich der Hypotheken.[268] In einer neuerlichen interministeriellen Besprechung am 20. Jänner wurde der Entwurf unter Zuziehung auch des Handelsministeriums und der militärischen Ressorts fertiggestellt. Beispielsweise wurden noch besondere Bestimmungen zum Schutz der Eingerückten eingeschoben. Dem Justizministerium ging es darum, die Angelegenheit möglichst rasch abzuschließen, ehe die Hausbesitzer vom Plan der Regierung erfuhren und unter Umständen noch im letzten Augenblick die Vorkehrungen zunichte machten.[269]

Strittig war nach wie vor der örtliche Anwendungsbereich der zukünftigen Verordnung; es gab drei Positionen. Das Ministerium für öffentliche Arbeiten wollte den Mieterschutz nur auf bereits gefährdete Gebiete anwenden,[270] das Innenministerium sah eine Rahmenverordnung vor, die den Landesbehörden die Möglichkeit zu raschem Eingreifen bot. Das Justizministerium trat für eine generelle Regelung ein und setzte sich damit vorläufig durch. Eine allgemeine Mieterschutzverordnung wurde am 23. Jänner zur Publikation vorbereitet.[271] Die Frage des Anwendungsbereiches wurde jedoch am 26. Jänner im Ministerrat neuerlich aufgerollt, der sich für eine Kompromißvariante, ähnlich der des Innenministeriums, entschied. Die Bestimmung jener Gemeinden, für die

---

266 Vgl. AVA, JM, Z. 1121/24/1917, Ministerialbesprechung 9. 1. 1917.
267 Vgl. ebd.: zwei Vertreter der Banken und Sparkassen, ein Vertreter des Ingenieur- und Architektenwesens, drei von Hausbesitzerorganisationen, einer der Gemeinde Wien und einer der Konsumenten.
268 Vgl. AVA, JM, Z. 1637/17/ und Z. 2637/17/1917.
269 Vgl. AVA, JM, Z. 2637/17/1917.
270 Vgl. AVA, JM, Z. 1512/35/1917 (MföA, Z. 4149/III/1917).
271 Vgl. AVA, JM, Z. 2637/17/1917.

der Mieterschutz gelten sollte, wurde nicht den Landesbehörden, sondern zentral dem Justiz-, Arbeits- und Innenminister übertragen. Schutz vor Mißbrauch dieser Regelung, durch die der Mieterschutz nur allmählich wirksam wurde, sollte die Möglichkeit bieten, das Zinssteigerungsverbot rückwirkend bis 1. Juli 1916 zu erklären.[272] In dieser Fassung wurde die Verordnung am 28. Jänner 1917 kundgemacht.[273]

Welche Wohnungen und Geschäftslokale in den durch die drei Ressorts bestimmten Orten tatsächlich unter Schutz gestellt wurden, ergab sich aus dem Jahreszins plus Nebengebühren, der für den Mietgegenstand zu leisten war. In Wien betrug die Obergrenze für mietengeschützte Wohnungen und Geschäftslokale 3000 bzw. 2000 K im Jahr. Im übrigen Österreich richtete sich das Limit nach den vier Klassen der Aktivitätszulagen für Staatsbedienstete, in welche die Orte eingereiht waren, und lag für Wohnungen zwischen 1000 und 2500 K, für Geschäftsräume zwischen 800 und 1700 K. Für solche „kleinen und mittleren Wohnungen und Geschäftsräumlichkeiten" durfte der Zins nur dann erhöht werden, wenn dies durch eine Verteuerung der Erhaltung, Verwaltung oder des Betriebes seit Kriegsbeginn gerechtfertigt war. Über die Zulässigkeit einer Zinserhöhung hatte auf Antrag ein paritätisch mit Vertretern des Hausbesitzes und der Mieter besetztes Mietamt oder, falls es keines gab, das Bezirksgericht zu entscheiden.[274] Die Mietverträge für die geschützten Objekte durften von den Bestandgebern nur aus wichtigen Gründen, d. h. vor allem wenn der Mieter den Zins nicht bezahlte, die Wohnung oder das Geschäft mißbräuchlich verwendete und wenn der Vermieter die Räumlichkeiten für sich selbst beanspruchte, gekündigt werden.

Große Bedeutung für die zulässige Höhe der Mieten kam den Kosten für bestehende Pfandrechte an der Liegenschaft zu. Eine Steigerung der Hypothekarzinsen verteuerte die Erhaltung eines Hauses und rechtfertigte somit auch unter den Bedingungen des Mieterschutzes eine Erhöhung des Mietzinses. Dieser Teuerungsgrund wurde daher, auch dem Wunsch der Hausbesitzer entsprechend, einer besonderen Regelung unterzogen. Der Hypothekarzinsfuß durfte laut Mieterschutzverordnung nur erhöht werden, „als dies durch allgemeine Änderungen der Zinsfußverhältnisse oder mit Rücksicht auf den Zinsfuß der vor Beginn der Wirksamkeit dieser Verordnung eingegangenen Verpflichtungen des Gläubigers notwendig geworden ist." Eine Beurteilung des Sachverhalts war auf Antrag durch eine Kommission bei der politischen Landesbehörde vorzunehmen.[275] Darüber hinaus wurde die Möglichkeit geschaffen, daß unter bestimmten Umständen die Gerichte durch Hypotheken gesicherte Forderungen bis 31. Dezember 1918 stunden konnten. Mit diesem Datum war auch die Geltung der Mieterschutzverordnung selbst befristet.

Da der staatliche Mieterschutz seine Entstehung konkreten Mißständen verdankte, blieb es nicht bei der Erlassung der Rahmenverordnung, sondern es wurde sofort von der

---

272 Vgl. AVA, JM, Z. 3440/66/1917, Besprechung 27. 1. 1917.
273 Vgl. VO des GesM vom 26. (!) 1. 1917, RGBl. Nr. 34 (XVI. Stück des RGBl. 1917, 28. 1. 1917).
274 Vgl. ebd., Art. I, § 12: Mietämter mußten in Städten mit eigenem Statut und in Gemeinden mit mehr als 20.000 Einwohnern errichtet werden, in kleineren Orten konnte dies vom Gemeindeausschuß bzw. Stadtrat beschlossen werden.
275 Vgl. ebd., Art. I, § 11, Abs. 1: Die Kommission bestand aus dem Chef und einem Beamten der politischen Landesbehörde, einem Finanzbeamten, einem Richter, zwei Fachleuten auf dem Gebiet des Hypothekarkreditwesens und einem sachkundigen Mann, der in der Regel von der Landeshauptstadt zu entsenden war.

Ermächtigung, diese auf bestimmte Gebiete anzuwenden, Gebrauch gemacht. Schom am 1. Februar trat der Mieterschutz in insgesamt 26 Gemeinden in Nieder- und Oberösterreich, in der Steiermark, in Krain und in Böhmen in Kraft. In Wien, Wiener Neustadt, St.Pölten, sowie mehreren Orten in der Umgebung dieser beiden Städte wurden die Mieten rückwirkend ab 1. Jänner 1917 unter Schutz gestellt, in Linz, Urfahr und Steyr ab 1. August 1916. Für Graz, Marburg, die krainische Hauptstadt Laibach, sowie drei Gemeinden in ihrer Umgebung und schließlich für Pilsen wurde der Beginn des Mieterschutzes auf den frühest möglichen Termin, den 1. Juli 1916, rückdatiert.[276] Daß die Anwendung der Mieterschutzverordnung in Wien trotz gegenteiliger Behauptungen der Hausbesitzer[277] und der eher günstigen statistischen Befunde notwendig war, bewies die Tätigkeit der in allen Wiener Gemeindebezirken errichteten Mietämter. Sie hatten vom 27. Februar bis Mitte April 1917 346 Anträge, davon 273 auf Mietzinserhöhungen zu behandeln. 64% der Zinssteigerungsbegehren wurden als unzulässig zurückgewiesen.[278]

Bis Anfang 1918 wurde die Mieterschutzverordnung auf mehr als 320 Gemeinden Österreichs, vor allem in Industriegebieten, angewandt.[279] Bemerkenswert erscheint, daß unter diesen Gemeinden Prag und Triest fehlten. Während es offenbar in der böhmischen Hauptstadt keine Veranlassung gab, den Wohnungsmarkt einer Kontrolle zu unterwerfen, war es unmöglich, die Mieterschutzverordnung auf Triest anzuwenden. Da dort schon seit Kriegsbeginn keine Zinserhöhungen und Wohnungskündigungen mehr vorgenommen worden waren, hätte der Mieterschutz in der geltenden Fassung zu einem sprunghaften Ansteigen des Mietzinses und zu einer Delogierungswelle geführt. Der Statthalterei im Küstenland blieb nichts anderes übrig, als das Umzugsverbot immer weiter zu verlängern; „wer keine genügenden Einkünfte hat, der bezahlt keinen Mietzins."[280] Welche Bedeutung dem Mieterschutz im Kampf gegen die Teuerung zugemessen wurde, zeigen die Ansuchen von Unternehmern, die Verordnung auf ihre Betriebsstandorte anzuwenden, um die Lohnbewegungen einzudämmen.[281]

Die Mieterschutz-Rahmenverordnung selbst wurde auf Begehren des Zentralverbandes der Hausbesitzervereine von Wien und Umgebung im Sommer 1917 abgeändert. Die

---

276 Vgl. VO des JMr, des MrföA und des MrdI vom 31. 1. 1917, RGBl. Nr. 36. Vgl. auch AVA, JM, Z. 3763/71/1917.
277 Vgl. AVA, JM, Z. 1415/31/1917.
278 Vgl. AVA, JM, Z. 14075/270/1917.
279 Vgl. VOen des JMr, des MrföA und des MrdI vom 31. 1. 1917, RGBl. Nr. 36; vom 1. 3. 1917, RGBl. Nr. 83; vom 30. 4. 1917, RGBl. Nr. 191; vom 9. 5. 1917, RGBl. Nr. 207; vom 1. 6. 1917, RGBl. Nr. 249, vom 12. 6. 1917, RGBl. Nr. 255; vom 14. 9. 1917, RGBl. Nr. 377; vom 2. 10. 1917, RGBl. Nr. 395; vom 12. 10. 1917, RGBl. Nr. 407; vom 3. 11. 1917, RGBl. Nr. 433; vom 14. 11. 1917, RGBl. Nr. 447, vom 27. 11. 1917, RGBl. Nr. 459; vom 1. 12. 1917, RGBl. Nr. 464 und vom 31. 12. 1917, RGBl. Nr. 9 ex 1918; VOen des Leiters des JM, des Leiters des MföA und des MrdI vom 5. 7. 1917, RGBl. Nr. 282; vom 19. 7. 1917, RGBl. Nr. 302; vom 28. 7. 1917, RGBl. Nr. 321 und vom 21. 8. 1917, RGBl. Nr. 346; VO des JMr, des SMr und des MrdI vom 4. 1. 1918, RGBl. Nr. 13.
280 Vgl. DG 17/1917, S. 108 und DG 17/1918, S. 104 (Bericht des Landessekretariats der GK im Küstenland für 1917).
281 Vgl. z. B. AVA, JM, Z. 5705/97 und Z. 6428/110/1917, Sektion St. Pölten des Bundes österreichischer Industrieller für Wilhelmsburg und Viehofen. Vgl. AVA, JM, Z. 11955/218/1917, Gußstahlfabrik Kapfenberg der Gebrüder Böhler und Co. A.G.: Kapfenberg, Bruck/Mur und die Gemeinden des unteren Mürztales.

Hausbesitzer setzten durch, daß Mietzinserhöhungen aufgrund einer Hypothekarzinsverteuerung zwischen dem 1. August 1914 und dem 28. Jänner 1917 auch nachträglich zulässig sein sollten, wenn diese noch nicht auf die Mieten überwälzt worden war.[282] Anfang 1918 führte die österreichische Verwaltung dann eine grundlegende Novellierung der Mieterschutzverordnung durch. Es wurde die ein Jahr zuvor im Ministerrat gegen die Absichten des Justizministeriums beschlossene Konstruktion einer Rahmenverordnung beseitigt und ein allgemeiner Schutz der Mieter erlassen.[283] Das Justizministerium war nicht mehr in der Lage gewesen, den Wünschen auf Unterstellung, mit denen es überschüttet wurde, zu entsprechen.[284] Durch besondere Verordnung konnte eine rückwirkende Geltung des neuen Mieterschutzes für einzelne Orte festgelegt werden. Außerdem bot der neue Mieterschutz eine Handhabe auch gegen die Zinssteigerung bei Wohnungen, deren Jahreszins die Obergrenze von 3000 K in Wien, sonst von 1000 bis 2500 K überschritt. Eine Mietzinssteigerung durfte nicht mehr ausmachen, als „nach den Umständen des Falles angemessen ist." Eine Entscheidung über die Zulässigkeit stand den Mietämtern zu. Das Recht zur Kündigung von Mietern wegen Eigenbedarfs des Hausbesitzers wurde eingeschränkt. Der Besitzer konnte in Zukunft einen bestehenden Vertrag nur lösen, „wenn ihm aus der Aufrechterhaltung des Mietvertrages ein unverhältnismäßig größerer Nachteil erwächst als dem Mieter aus der Kündigung."

Die zeitliche Beschränkung des Mieterschutzes mit 31. Dezember 1918 fiel erst, als es wenige Tage vor Kriegsende erneut eine Novelle zum Mieterschutz gab.[285] In dieser Verordnung wurden einige neue Bestimmungen zum Kündigungsrecht aufgenommen. Unternehmer konnten nun Mietern in eigenen Arbeiterwohnhäusern kündigen, wenn die Wohnungen für die Arbeiter und Angestellten ihres Betriebes benötigt wurden. Als neuer Kündigungsgrund wurde die wucherische Untervermietung durch den Hauptmieter eingeführt. Die Verordnung behandelte außerdem erstmals das Problem der Ablösen. „Vereinbarungen, wonach der neue Mieter dafür, daß der frühere Mieter den Mietgegenstand aufgibt, oder sonst ohne gleichwertige Gegenleistung dem früheren Mieter oder einem Dritten etwas zu leisten hat, ferner Vereinbarungen, wonach für die Vermittlung einer Miete ein das Maß der im Verkehr üblichen Vergütung übersteigendes Entgelt zu leisten ist, sind untersagt und ungültig. Das gleiche gilt von Vereinbarungen, wonach der Vermieter oder der frühere Mieter sich oder einem Dritten Leistungen versprechen läßt, die mit dem Mietvertrag in keinem unmittelbaren Zusammenhange stehen."

Mit der Verordnung vom 26. Oktober 1918, die allgemein und für unbestimmte Zeit galt, war der Mieterschutz noch zu Zeiten der Monarchie institutionalisiert worden. Der Gesetzgebung der Ersten Republik auf diesem Gebiet blieb nur ein Ausbau des bereits gegebenen Standes vorbehalten.[286]

---

282 Vgl. AVA, JM, Z. 14435/277, Z. 20357/377, Z. 25058/464 und Z. 25383/473/1917. Vgl. VO des GesM vom 30. 7. 1917, RGBl. Nr. 323.
283 Vgl. VO des JMr und des SMr vom 20. 1. 1918, RGBl. Nr. 21. Vgl. auch AVA, JM, Z. 48211/893/1917.
284 Vgl. AVA, SM, Z. 666/1918.
285 Vgl. VO des JMr und des SMr vom 26. 10. 1918, RGBl. Nr. 381.
286 Vgl. Bundesgesetz vom 7. 12. 1922, BGBl. Nr. 872.

6.1.2. Die Arbeitsverhältnisse in der Kriegsindustrie

In der Kriegsindustrie herrschte im Herbst 1916 akuter Arbeitermangel. Das Hindenburgprogramm erforderte höchste Produktionsanstrengungen, gleichzeitig stieg mit der Verschlechterung der Lebensverhältnisse die Unzufriedenheit in der politisch rechtlosen Arbeiterschaft und äußerte sich immer häufiger in Streiks. Die einzige bestehende Beschwerdestelle mit ihren eingeschränkten Befugnissen mußte unter diesen Umständen als Prellbock gegen den Unwillen der Arbeiterschaft versagen. Die Heeresverwaltung, die im wesentlichen die Arbeitsverhältnisse in der Kriegsindustrie bestimmte, war daher zu Konzessionen gezwungen, die über das bisherige Maß hinausgingen. Es mußte den Arbeitern eine Kompensation für den Verlust der Freizügigkeit, der sie den Unternehmern hilflos auslieferte, geboten werden.

Die österreichische Kriegsverwaltung sah sich zwei Problemen gegenüber: Es mußten erstens genügend Arbeitskräfte für die Industrie gesichert werden. Mit Hilfe von Enthebungen vom Militärdienst war dies unmöglich. Die Zahl der für ihren Zivilberuf freigestellten Soldaten betrug im Jahre 1917 bereits 1,7 Millionen, während die personellen Reserven für die Feldtruppen bedenklich schrumpften.[287] Nach all den Maßnahmen, die von der militärischen wie auch von der zivilen Verwaltung bislang zur Befriedigung der Arbeiternachfrage ergriffen worden war, blieb nur noch die Statuierung eines Arbeitszwanges für die Frauen übrig.

Das zweite Problem war die Beruhigung der Arbeiterschaft, deren Loyalität und Kooperation Voraussetzung für eine Weiterführung des Krieges war. Aus Anlaß von Unruhen in ungarischen Kriegsleistungsbetrieben wurden zunächst im Juli 1916 zwei „Inspizierende der militärischen Leiter und der Betriebe, welche für die Heeresverwaltung arbeiten", je ein General für das Gebiet Ungarns und Bosniens bzw. Österreichs mit Dalmatien und der Hercegovina, installiert, um Konflikte zu vermeiden.[288] Als ein besonders gut geeignetes Mittel, die Arbeiterschaft wieder in die Hand zu bekommen, hatten sich aber in Ungarn wie in anderen kriegführenden Staaten Beschwerdegremien erwiesen. Das Pendant zur Aufhebung der Freizügigkeit sollte eine Institution bilden, die die Berechtigung der Ansprüche der Arbeiter „objektiv" – verbürgt durch eine gleichmäßige Beteiligung der Interessensorganisationen – prüfte. Der österreichischen Regierung gelang es, beide Anliegen mit Hilfe eines legislativen Aktes zu erledigen. Sie nützte die Sogwirkung der Befriedigung über die Erfüllung einer dringenden Forderung, um gleichzeitig die bei der herrschenden Stimmung sehr heikle Ausdehnung der Arbeitspflicht durchzuführen.[289]

---

287 Vgl. *Gratz*, Zusammenbruch, S. 156 und 159.
288 Vgl. Rainer *Egger*, Heeresverwaltung und Rüstungsindustrie in Niederösterreich während des 1. Weltkrieges. In: Wilhelm *Brauneder*, Franz *Baltzarek* (Hrsg.), Modell einer neuen Wirtschaftsordnung. Wirtschaftsverwaltung in Österreich 1914–1918 (= Rechtshistorische Reihe 74, Frankfurt/Bern/New York/Paris 1991) 86.
289 Vgl. KaisVO vom 18. 3. 1917, RGBl. Nr. 122, Titel, §§ 1 bis 4: Zugeständnisse; Arbeitszwang erst im § 5!
290 Vgl. KA, MfLV, Abt. XVIIa, Z. 2784, Zu Z. 3220, Z. 3597/1916 (JM, Z. 36742/1916) und Z. 278/1917 (JM, Z. 716/1917). Klein war JMr in der Regierung Koerber (II) vom 31. 10. bis 20. 12. 1916. Ihm folgte in der Regierung Clam-Martinic Dr. Josef Baron Schenk.

Frauen und Männer, die bis dahin noch keiner Dienstverpflichtung unterlagen, wurden allerdings nicht direkt unter Kriegsleistungsrecht gestellt. Eine solch rigorose Maßnahme war am energischen Widerstand des Handelsministeriums und, solange Dr. Franz Klein als Justizminister fungierte, auch dieses Ressorts gescheitert.[290] Es wurde der Zwang statuiert, an einem einmal angenommenen Arbeitsplatz in einem Kriegsleistungsbetrieb zu bleiben. Die Zufuhr der Arbeitskräfte zur Industrie konnte dem Markt überlassen werden, da die Teuerung die Frauen zwang, sich eine möglichst lukrative Beschäftigung zu suchen. Mit Hilfe der Kaiserlichen Verordnung sollte in erster Linie den von den Unternehmern beklagten Problemen der hohen Fluktuation und der Disziplinlosigkeit der Frauen in der Kriegsindustrie begegnet werden.

Der erweiterten Arbeitspflicht stand die Einführung entscheidungsfähiger Beschwerdekommissionen gegenüber, die erstens „angemessene" Löhne durchsetzen sollten. Zweitens wurde durch die Kompetenz der neuen Beschwerdekommissionen, Arbeitsverhältnisse selbst gegen den Willen eines der Vertragspartner oder des militärischen Leiters zu lösen, die Beschränkung der Freizügigkeit der Arbeiter etwas gemildert. Die paritätisch besetzten Beschwerdekommissionen erfüllten die Funktion eines Artikulationsforums für die Arbeiter, das darüberhinaus auch exekutierbare Entscheidungen zugunsten der Arbeiter fällen konnte.

Mit dieser Neuerung meinte die Heeresverwaltung der Streikneigung in der Arbeiterschaft den Boden entzogen zu haben. Als die Beschwerdekommissionen im Mai 1917 ihre Tätigkeit aufnahmen, ließ die Heeresverwaltung in den Kriegsleistungsbetrieben eine Kundmachung affichieren, in der vor weiteren Arbeiterunruhen gewarnt wurde. In Zukunft würden die Wünsche der Arbeiter von den Beschwerdekommissionen behandelt und geprüft werden, „die bei ihren Entscheidungen sowohl das Wohl der Arbeiterschaft als auch das Interesse des Staates, das in größtmöglichster (sic!) Leistungsfähigkeit der Betriebe gelegen ist, wahren." Die Schwierigkeiten mit der Approvisionierung seien unumgänglich, und die Arbeiter sollten diesbezüglich keine unerfüllbaren Forderungen stellen. Der Krieg sei der Monarchie von ihren Feinden aufgezwungen, und die Arbeiter dürften die kämpfenden Soldaten nicht im Stich lassen. „Arbeiter und Arbeiterinnen! Ihr werdet daher aufgefordert, alle Eure Kräfte unausgesetzt anzubieten!" Gegen „Ehr- und Pflichtvergessene", die dennoch streikten oder Unruhe stifteten, drohte die Heeresverwaltung mit den schärfsten Mitteln vorzugehen.[291]

Die Warnung des Kriegsministeriums blieb jedoch ohne Wirkung. Die Streikbereitschaft unter den Arbeitern hielt auch während der letzten beiden Kriegsjahre unvermindert an, da auch die Beschwerdekommissionen nichts an der verfahrenen wirtschaftlichen und politischen Situation ändern konnten. Lohnerhöhungen, denen die Beschwerdekommissionen eher selten die Zustimmung verweigerten, wurden stets binnen kürzester Zeit durch die Teuerung zunichte gemacht. Die Unternehmerschaft war sogar der Ansicht, daß die Möglichkeit, vor die Beschwerdekommissionen zu gehen, selbst einen Anreiz zu Unruhe und Unzufriedenheit unter den Arbeitern bildete.[292]

---

291 AVA, MdI, Präs. Z. 8696/1917 (KM, Abt.10, Z. 103874 res/1917, Kundmachung „Arbeiter und Arbeiterinnen!" vom 26. 5. 1917).
292 Vgl. z. B. DI 25/1917, S. 1.

6.1. Der Niedergang der Kriegswirtschaft

Im Mai 1917 kam es unter dem Eindruck einer deutlichen Verschlechterung der Lebensumstände in Wien zu einem großen und nur unter vielen Schwierigkeiten wieder beigelegten Streik. Den Hintergrund dieses Ausstandes bildeten politische Motive – die Revolution in Rußland und die heftige Kritik an der Sozialdemokratie durch Friedrich Adler in seinem Prozeß wegen des Mordes an Ministerpräsident Stürgkh.[293] Dazu kamen die äußerst spärlichen Erfolge des Wiener Metallarbeiterverbandes bei der Erneuerung des Kollektivvertrages im März 1917.[294] Auch im Sommer 1917 setzten sich die Arbeiterausstände fort. Es wurde beispielsweise mehrmals im Mai, Juni und im Juli bei Skoda in Pilsen gestreikt,[295] ebenso in den Munitionsfabriken in der Umgebung Wiens,[296] auch Eisenbahner legten wiederholt die Arbeit nieder.[297] Selbst in Witkowitz und Mährisch-Ostrau gab es seit Anfang 1917 ständig Unruhen,[298] Anfang Juli 1917 einen heftigen Arbeitskampf.[299] Die Arbeiter ließen sich nicht mehr durch Konzessionen zur Ruhe bringen. Sie waren sich, wie der militärische Leiter des Eisenwerkes Donawitz beklagte, ihrer Unentbehrlichkeit für die Kriegsführung bewußt geworden. „Die Arbeiterschaft hat es schon längst empfunden, daß sie sehr schonend behandelt wird und fühlt sich bereits als Herrin der Lage."[300] Die Arbeiter streikten bei Versorgungsschwierigkeiten, weil dann schneller Lebensmittel geliefert wurden, bei Differenzen um Lohn- und Arbeitsbedingungen, um eine rasche Entscheidung der Beschwerdekommission herbeizuführen.

Die Heeresverwaltung quittierte die Vergeblichkeit ihres Befriedungsversuches mit einem Abrücken von der relativ konzilianten Politik, die sie gegenüber der Arbeiterschaft seit Herbst 1916 eingeschlagen hatte. Pläne, die Arbeiter durch noch schärfere Disziplinierung zur Raison zu bringen, hatten zwar auch in der konzilianten Phase weiterbestanden.[301] Die gefährliche Stimmung in der Industriebevölkerung hatte die Heeresverwaltung zunächst aber bewogen, zu versuchen, die Ruhe durch kalkulierte Zugeständnisse wieder herzustellen. Als dies kaum Erfolg brachte, wurde dann am 8. Juli 1917 die allgemeine Militarisierung der Industrieunternehmen verfügt.[302] Nach und nach sollten in den kriegswichtigen Betrieben Landsturmarbeiterabteilungen aufgestellt werden. Solche Arbeiterabteilungen umfaßten 1000 bis 10.000 Mann, die in Kriegsleistungsbetrieben den militärischen Leitern, in anderen Unternehmen eigenen Stabskommandanten unterstanden. Zur Aufrechterhaltung von Ruhe und Ordnung als Hauptzweck der Verfügung, waren den Kommandanten Abteilungskader und, falls notwendig, auch Gendarmerieassistenzen zur Seite gestellt.

---

293 Vgl. AdSP, PrPVertr, GK und des Wiener Vorstands 1. 6. 1917.
294 Vgl. ÖMA 12/1917, S. 63 und ÖMA 22/1917, S. 105–106.
295 Vgl. AVA, MdI, Präs. Z. 10394, Präs. Z. 12567 und Präs. Z. 14044/1917.
296 Vgl. z. B. AVA, MdI, Präs. Z. 12121 und Präs. Z. 12396/1917 (Streiks in Hirtenberg und Enzesfeld im Juli).
297 Vgl. AVA, MdI, Präs. Z. 13292 und Präs. Z. 15075/1917 (Marburg bzw. Knittelfeld).
298 Vgl. AVA, MdI, Präs. Z. 11110/1917.
299 Vgl. DG 31/1917, S. 165.
300 AVA, MdI, Präs. Z. 15967/1917.
301 Vgl. KA, MfLV, Abt. XVIIa, Z. 965/1916 (KM, Abt.10, Z. 130135 res/1916).
302 Vgl. AVA, HM, Z. 9393/1917 (KM, Abt.10, Z. 201700 res/1917, Beilage zum Dienstbuch J-36a).

Alle wehrpflichtigen Arbeiter wurden nun, egal ob sie als Kommandierte, als Enthobene oder als gewöhnliche Zivilarbeiter beschäftigt wurden, in diese Landsturmarbeiterabteilungen „eingereiht" und vereidigt. Kriegsleistungs- aber nicht wehrpflichtige Arbeiter wurden persönlich herangezogen und Landsturmarbeiterabteilungen zugeordnet. Der Militarisierung entgingen außer den Frauen nur Arbeiter, die über 50 Jahre alt waren, Kriegsgefangene, Ausländer und „kriegsleistungspflichtige Direktoren, Leiter und nicht im Lohnbezug stehende Beamte". Alle in den Landsturmarbeiterabteilungen eingereihten Arbeiter leisteten als aktive Militärpersonen ihren Dienst in den Industrieunternehmen und unterlagen den besonderen militärischen Disziplinarregeln.

Die Militarisierung sollte nach Absicht der Heeresverwaltung allmählich nach der Bedeutung der Unternehmen erfolgen. Es war aber auch vorgesehen, sie auf Wunsch der lokalen politischen Behörden und vor allem auf Ansuchen der Betriebsleitungen durchzuführen.[303] Tatsächlich war es so, daß oft Streiks durch angedrohte oder tatsächliche Militarisierung gebrochen wurden. In einzelnen Fällen besonders wichtiger Unternehmen war die Aufstellung von Landsturmarbeiterkompanien als letzte Stufe der Militarisierung schon früher angewandt worden. So bestand z.B. bereits vor dem Krieg der Plan, im Ernstfall die Kohlengruben im Ostrau-Karwiner Gebiet und in Westgalizien mit Landsturmarbeitern zu betreiben.[304] Ein großer Streik in Pilsen Ende Juni/Anfang Juli 1917, an dem sich etwa 30.000 Arbeiter von Skoda und der Vereinigten Prager Maschinenfabriken beteiligten, wurde durch Militarisierung beendet. Soldaten drängten von 7000 bis 8000 „oppositionellen" Arbeitern, die auf einem Exerzierplatz demonstrierten, ca. 3000 mit Gewalt in eine Kaserne, wo diese als Landsturmangehörige vereidigt wurden.[305]

Im Herbst 1917 erteilte die Heeresverwaltung den untergeordneten Stellen Anweisungen über die Vorgangsweise bei Streiks. In nicht militarisierten Betrieben, deren Arbeiter sich bisher „klaglos" verhalten hatten, war zunächst auf gütlichem Wege, durch Zureden, eine Beendigung des Streikes zu versuchen. Wenn dies keinen Erfolg hatte, sollten die Militärbehörden zu Druckmitteln je nach dem Rechtsstatus der Arbeiter greifen. In den militarisierten Betrieben war mit aller Strenge, bis zur Verhängung des Standrechts, vorzugehen. Gegen die Aktionen von weder militär- noch kriegsleistungspflichtigen Personen sollten die politischen Behörden, Gendarmerie und Polizei zu Hilfe gerufen werden. Ausdrücklich wurde auf die besonders „unverläßlichen" Frauen hingewiesen, die Gewaltanwendung beispielsweise dadurch zu verhindern wußten, daß sie sich mit ihren Kindern an die Spitze von Demonstrationszügen stellten. Gegen sie sollte mit Anklagen wegen Verbrechens gegen die Kriegsmacht oder wegen Aufwiegelung vorgegangen werden. Bei aller Entschiedenheit, die aus diesen Verfügungen sprach, mußte das Kriegsministerium aber doch davor warnen, wahllos gegen die Arbeiterschaft einzuschreiten. Die Vertrauensleute der Arbeiter sollten in ihrem Wirkungskreis nicht behelligt werden.[306]

---

303 Vgl. ebd.
304 Vgl. *Homann-Herimberg,* Kohlenversorgung, S. 20.
305 Vgl. AVA, MdI, Präs. Z. 12567/1917.
306 Vgl. AVA, HM, Z. 11070/1017 (KM, Abt.10, Z. 215000 res/1917).

6.1. Der Niedergang der Kriegswirtschaft

Die Militarisierung der Betriebe verbitterte die Arbeiter noch mehr, und die Aufhebung aller Disziplinierungs- und Zwangsmaßnahmen gegen die Arbeiter wurde zu einer Forderung im Jännerstreik.[307] Die Abschaffung der Militarisierung und des Kriegsleistungsgesetzes wurde verlangt, und die Regierung war unter den herrschenden Verhältnissen gezwungen, diese Forderungen zumindest formell zu akzeptieren. „Anläßlich der in der Arbeiterschaft entstandenen Bewegung gegen die in verschiedenen für die Kriegsführung wichtigen Betrieben derzeit bestehende sogenannte Militarisierung haben sich die Regierung und die Führer der Arbeiterschaft in der Idee begegnet, diese Frage im Zusammenhange mit der Schaffung eines auch bei uns notwendig gewordenen *Zivildienstpflichtgesetzes* ähnlich dem deutschen Gesetze vom Jahre 1916 über den vaterländischen Hilfsdienst zu lösen."[308] Dem Abgeordnetenhaus lag am 15. März 1918 der Gesetzentwurf „betreffend die allgemeine Arbeitspflicht im Kriege" vor, der aber erst Mitte Juli 1918 nach mehrmaliger Vertagung des Parlamentes in Behandlung genommen wurde.[309]

Die Regierungsvorlage beabsichtigte die öffentlich-rechtliche Verankerung einer allgemeinen Arbeitspflicht für Männer zwischen 17 und 60, für Frauen zwischen 19 und 40 Jahren. Die Regelung der Arbeitsverhältnisse war Aufgabe der „Arbeitskommissionen", die den Beschwerdekommissionen nachgebildet waren. Der Regierung ging es dabei nicht um den Abbau des Arbeitszwanges. „Soll der Volkswirtschaft mit besonderen gesetzlichen Maßnahmen wirklich gedient werden, so wird es bei der gegenwärtigen vorgeschrittenen Auswertung der vorhandenen Arbeitskräfte nicht zu vermeiden sein, wenigstens *innerhalb bestimmter Grenzen auch ein gewisses Disponieren mit bereits gebundenen Arbeitskräften im Interesse eines höheren Zweckes* zu ermöglichen."[310] Der Zorn der Arbeiter sollte durch eine Zurückdrängung des militärischen Einflusses auf die industriellen Beziehungen beschwichtigt werden, und selbst diese Änderung war nur eine oberflächliche. Das neue Gesetz sollte wie das Kriegsleistungsgesetz in die Kompetenz des Landesverteidigungsministeriums fallen.[311] Die Neuerungen reduzierten sich damit auf eine Umbenennung der Institutionen von „militärisch" auf „staatlich". Nach Ansicht des federführenden Ministers, Ivan Ritter von Žolger, Privatdozent für Verwaltungslehre und österreichisches Verwaltungsrecht, aber handelte es sich um eine Annäherung an den „modernen Sozialismus". „Es hätte keinen Wert, sich der Erkenntnis der Tatsache zu verschließen, daß der springende Punkt der sogenannten Militarisierungsfrage ... darin liegt, daß der Arbeiterschaft zum Bewußtsein gelangt ist, daß in dem mit der kapitalistischen Wirtschaftsform notwendigerweise verbundenen unüberbrückbaren Gegensatze zwischen Unternehmer und Arbeiter sich bisher der *Staat mit seinen Machtmitteln auf die Seite des Unternehmers* gestellt hat." Nun gelte es, „*das Arbeitsverhältnis als ein*

---

307 Vgl. AVA, MdI, Präs. Z. 2633/1918, Beilage B: Flugzettel „Das Volk steht auf". Auch abgedruckt in: Die Wage 1/2/1920, S. 6–7. Vgl. auch Mitteilungen an die Arbeiter 19. 1. 1918, S. 1.
308 AVA, MdI, Dep. Ia, Z. 12362/1918 (Erläuterungen zum Gesetzentwurf von Minister Žolger, Z. 67/1918, Hervorhebung im Original).
309 Vgl. 1050 der Beilagen zu den StPrAH XXII, 6. Bd. Vgl. auch StPrAH XXII, 3. Bd., S. 3808 und S. 3823.
310 Zu 1050 der Beilagen zu den StPrAH XXII, 6. Bd., S. 2 (Hervorhebung im Original).
311 Vgl. AVA, MdI, Dep. Ia, Z. 17417/1916 (Beschluß im Ministerrat am 15. 3. 1918).

solches öffentlich rechtlicher Natur" zu konstruieren, *„in welchem der Staat als ausgleichender Faktor zwischen dem Unternehmer und dem Arbeiter* erscheint und dem ersteren die Dienste des letzteren von seiner Seite aber auch unter seinem Schutze zur Verfügung stellt."³¹²

Das geplante Arbeitspflichtgesetz stieß auf schärfste Ablehnung der Arbeiterschaft. „Die Gewerkschaft" schrieb: „Fast wäre man versucht, anzunehmen, die Regierung habe sich einen sehr schlimmen Scherz mit der Arbeiterschaft erlaubt, da sie in derartiger Weise ihre Zusage vom Jänner dieses Jahres einzulösen beabsichtigt."³¹³ Auch von Seiten der Unternehmer gab es Kritik am Entwurf. In einem Schreiben an Sozialminister Mataja vom 21. Jänner 1918 hatten sich die zentralen Unternehmerverbände mit der Abschaffung des Kriegsleistungsgesetzes einverstanden erklärt, da ihrer Meinung nach gleichzeitig mit diesem auch die Beschwerdekommissionen fallen müßten.³¹⁴ Angesichts des Entwurfes des neuen Gesetzes erklärte sich der neugegründete Reichsverband der Industrie jedoch mit dem Kriegsleistungsgesetz zufrieden. Der Haupteinwand der Unternehmerzentrale richtete sich gegen die Beibehaltung des Beschwerdewesens mit paritätischen Gremien. „Die Zusammensetzung der Kommissionen ist für die Arbeitgeberschaft keineswegs günstig, wie dies ja bei allen paritätischen Kommissionen für den „wirtschaftlich Stärkeren" der Fall ist."³¹⁵

Das Arbeitspflichtgesetz wurde am 16. Juli 1918 dem Wehrausschuß des Abgeordnetenhauses zur Beratung zugewiesen³¹⁶ und tauchte danach nicht mehr auf. Trotz ständig wachsender und schließlich im Jännerstreik kulminierender Widerstände gegen das Kriegsleistungsgesetz und gegen die Militarisierung von Belegschaften, die beide den Unternehmern die Unterstützung des Militärapparates bei der Durchsetzung ihrer Interessen gegen die der Arbeiter zur Verfügung stellten, blieben diese Maßnahmen bis Kriegsende bestehen. Der Arbeiterschaft gelang es nicht, die Zugeständnisse der Staatsverwaltung unter dem Druck des politischen Massenstreiks in den folgenden Monaten einzufordern.

Die Heeresverwaltung konnte übrigens auch ihren ursprünglichen Plan nicht realisieren, wonach der Arbeiterschutz durch private Vereinbarungen zwischen der Heeresverwaltung und den Unternehmern ins Kriegsleistungswesen eingebaut werden sollte. Diese Bemühungen wurden auch nach der Errichtung der Beschwerdekommissionen fortgesetzt, und im Herbst 1917 bestand sogar kurzfristig die Absicht, den Inhalt des Übereinkommens in eine Novelle der Ausführungsverordnung zum Kriegsleistungsgesetz aufzunehmen.³¹⁷ Die Überarbeitung des Entwurfes von 1916³¹⁸ dauerte, obwohl die von den beteiligten Ressorts gewünschten Änderungen keine prinzipiellen Fragen betrafen, 1 ¹/₂

---

312 Ebd. (Minister Žolger, Z. 67/1918, Hervorhebung im Original).
313 DG 14/1918, S. 1.
314 Vgl. AVA, SM, Z. 2807/1918.
315 Vgl. AVA, MdI, Dep. Ia, Z. 49106/1918, Memorandum Mai 1918. Vgl. auch SM, Z. 16843/1918 (Niederösterreichische Handels- und Gewerbekammer).
316 Vgl. StPrAH XXII, 3. Bd., S. 3823.
317 Vgl. KA, MfLV, Abt. XVIIa, Z. 4531/1918 (KM, Abt.7, Z. 6714/1918) und Z. 5903/1917 (KM, Abt.7, Z. 36476/1917). Vgl. auch VO des MfLV vom 23. 1. 1918, RGBl. Nr. 23, Zu § 18.
318 Vgl. KA, MfLV, Abt. XVIIa, Z. 1103/1916.

Jahre. Der neue Übereinkommensentwurf vom Juni 1918[319] war der geänderten Gesetzeslage und der fortgeschrittenen Mangelwirtschaft angepaßt. Neu war neben einem Pokkenimpfzwang die Bestimmung, daß betriebliche Konsumanstalten die Waren höchstens zum Selbstkostenpreis an die Arbeiter verkaufen durften. Durch die große Bedeutung, die die Lebensmittellager der Firmen für die Ernährung der Industriearbeiter erlangten, bestand die Gefahr, daß sich längst überwunden geglaubte Verhältnisse des Trucksystems wieder einbürgerten. Zum Teil waren die Arbeiter diesen Einrichtungen gegenüber so verschuldet, daß sie praktisch keinen Lohn mehr ausbezahlt bekamen. Die Angelegenheit beschäftigte sogar die Oberbehörde der Beschwerdekommissionen, die im Mai 1918 prinzipiell entschied, daß die Beschwerdekommissionen unabhängig von der Verschuldung des Arbeiters den bar auszuzahlenden Teil des Lohnes festsetzen konnten.[320]

Aufgrund der neuerlichen Begutachtung in den interessierten Ministerien gab das Landesverteidigungsministerium im September 1918 seine Meinung zum Entwurf des Übereinkommens ab. Außer der Feststellung, daß in Österreich kein Impfzwang bestehe, beschränkte sich die Kritik auf stilistische Mängel der Vorlage.[321] Eine letzte Verzögerung in der Behandlung dieses Übereinkommens ergab sich schließlich aus dem Ersuchen des Handelsministeriums um eine Fristerstreckung für die Abgabe seines Gutachtens, da es den Entwurf dem im März 1917 eingerichteten Generalkommissariat für Kriegs- und Übergangswirtschaft vorlegen wollte.[322] Bei der Verhandlung der Materie in dieser neuen Körperschaft entstand wenige Wochen vor Kriegsende das Projekt, die Regelung der Arbeitsbeziehungen in der Kriegsindustrie einem paritätischen Unternehmer- und Gewerkschafterkomitee zu übertragen, aus dem sich in den Tagen des Umsturzes die paritätische Industriekommission entwickelte.

Das Kriegsleistungsgesetz bildete wie in der ersten Hälfte der Kriegszeit auch in den Jahren 1917 und 1918 die Basis der Arbeitsverhältnisse im wichtigsten Wirtschaftssektor. Die produktionsstörenden Folgen dieses Gesetzes zwangen jedoch die österreichische Regierung nach fast drei Kriegsjahren, den Arbeitern die Möglichkeit zu geben, sich gegen die ihre Existenz bedrohenden Zustände zur Wehr zu setzen. Nach langwierigen Verhandlungen wurden am 18. März 1917 Beschwerdekommissionen eingerichtet, die die kontrollierte Durchsetzung der Forderungen der Arbeiter gegen die übermächtigen Unternehmer ermöglichen sollten. Die Entwicklung der sozialen Verhältnisse unter dem dominanten Einfluß des Militärs hatten, nicht zuletzt vom Standpunkt der längerfristig planenden, zivilen Behörden aus,[323] eine Korrektur notwendig gemacht.

6.1.2.1. Die Beschwerdekommissionen

Die gespannte Lage am Arbeitsmarkt veranlaßte die Heeresverwaltung im Sommer 1916 erneut und energischer als bisher nach Mitteln zu suchen, um vor allem Frauen, dann aber auch Jugendliche und alte Männer in den kriegsindustriellen Arbeitsprozeß einzugliedern. Die triste Situation und die schlechte Stimmung in der Arbeiterschaft machten

---

319 Vgl. KA, MfLV, Abt. XVIIa, Z. 4531/1918 (KM, Abt.7, Z. 6714/1918).
320 Vgl. KA, MfLV, B.K. Z. 763 (Einladung 17. 5. 1918, P.II), Z. 886 und Z. 922/1918 (Protokoll 16. 5. 1918, P.I).

es allerdings unmöglich, den durch das Kriegsleistungsgesetz vorgezeichneten Weg einfach weiterzugehen; eine Erweiterung der Arbeitspflicht ließ sich nur gleichzeitig mit Schutz- und Kompensationsmaßnahmen für die Betroffenen durchführen.

Als eine Kompensation für die Schwächung und Entrechtung der Arbeiterschaft durch das Kriegsleistungsgesetz bot sich die Einführung von durchsetzungsfähigen Schlichtungsgremien an, wie sie in Ungarn seit Anfang 1916 existierten. Dort war mit Erlaß vom 17. Jänner 1916 ein Beschwerdewesen eingerichtet worden, das von vornherein weitere Befugnisse als das österreichische Pendant besaß und in der Folge noch weiter ausgebaut wurde. Die Beschwerdestellen konnten zwar zunächst auch in Ungarn nur gütliche Vereinbarungen zwischen Unternehmern und Arbeitern anstreben. Wenn dies mißlang, bestand aber die Möglichkeit, die Sache dem zuständigen Minister zur Entscheidung vorzulegen. Im Zuge einer Reorganisation im Juli 1916 wurde das Entscheidungsrecht dann auch den Beschwerdestellen selber zugestanden. Das kriegsindustrielle Beschwerdewesen in Ungarn bestand nun aus einer Direktionsabteilung im Honvedministerium, an die sämtliche Beschwerden zu richten waren und die die Angelegenheit, sofern sie sich für eine Behandlung eignete, an die zuständige Beschwerdekommission für die Metall- und Eisenindustrie, für die Holz-, Textil-, Leder- und sonstigen Industrien oder für die Berg- und Hüttenwerke weiterleitete. Die Beschwerdekommissionen-Direktionsabteilung konnte aber auch selbst entscheiden oder die Beschwerden an das kompetente Ministerium übergeben. Die drei eigentlichen Beschwerdekommissionen setzten sich aus einem vom Honvedminister bestimmten Präses, einem Vertreter des Handels- oder des Finanzministeriums, sowie je einem Repräsentanten der Fachvertretungen der Arbeiter bzw. der Unternehmer zusammen. Falls in einer Branche keine Arbeiterorganisation existierte, wurde ein Arbeitskollege des Beschwerdeführers in die Kommission delegiert. Zur Wendung an die Beschwerdekommissionen waren die Zivilarbeiter in den Kriegsleistungsbetrieben, aber auch persönlich verpflichtete Arbeiter und Militärpersonen in Privatbetrieben berechtigt. Zweck des ungarischen Beschwerdewesens war es, Arbeitsniederlegungen wegen Lohndifferenzen oder Mißständen zu verhindern. Gleichzeitig boten sowohl die straff zentralistische Organisation als auch die Einschaltung der militärischen Leiter bzw. der Industrie- und Bergbehörden, die die Beschwerden entgegenzunehmen hatten, die Möglichkeit, die Arbeiterschaft zu kontrollieren.[324]

Die österreichischen Zentralstellen waren schon frühzeitig auf das ungarische Modell des Beschwerdewesens, das effektiver als das österreichische zu sein versprach, aufmerksam geworden. Der freie Metallarbeiterverband hatte bereits in einer Eingabe an das Kriegsministerium vom Februar 1916, die sich mit der Situation der zur Industriearbeit kommandierten Militärpersonen befaßte, darauf hingewiesen und ähnliche Einrichtungen

---

321 Vgl. KA, MfLV, Abt. XVIIa, Z. 4531, Z. 6838 (Antwort JM), Z. 6958 (SM, Z. 22582/1918) und Z. 7260/1918 (Antwort MdI).
322 Vgl. KA, MfLV, Abt. XVIIa, Z. 4531/1918.
323 Vgl. Protokolle des Gemeinsamen Ministerrates, S. 467–468 (Sitzung 24. 2. 1917 in Wien).
324 Vgl. KA, MfLV, Abt. XVIIa, Z. 1423/1916 (KM, Abt.10, Z. 150623 res/1916). Erlässe des k.u. MfLV, Z. 18950/HM Präs. 20/b/1915, Z. 2732/HM Präs. 20/b, Z. 13604/eln 20/b und Z. 13680/4a/1916. Vgl. auch MfLV, Abt. XVIIa, Z. 713/1916 (KM, Abt.10, Zu Z. 130135 res/1916).

für die österreichische Reichshälfte gefordert.³²⁵ Das Handelsministerium hatte im März 1916 sogar schon konkrete Schritte unternommen, um eine Reorganisation des österreichischen Beschwerdewesens analog zum ungarischen zu erreichen, und das angesprochene Landesverteidigungsministerium hatte sich dieser Absicht gegenüber auch aufgeschlossen gezeigt. Die Heeresverwaltung hatte ja bereits die ungarischen Maßnahmen gebilligt und die arbeitsrechtlichen Verhältnisse in den Kriegsleistungsbetrieben, die sich bloß auf die etwas verschwommenen Bestimmungen des § 6 des Kriegsleistungsgesetzes stützten, auch hier für klärungs- und reformbedürftig angesehen. Eine Aufforderung an das Handelsministerium, konkrete Vorschläge zu machen, blieb jedoch ohne Ergebnis.³²⁶

Erst im Zusammenhang mit den Vorbereitungen für die Aufstellung von Landsturmarbeiterkompanien in den Kriegsleistungsbetrieben kam die Organisierung von Beschwerdekommissionen in Österreich tatsächlich in Gang. Die Heeresverwaltung berücksichtigte bei diesen Vorbereitungen die einschlägigen Forderungen des Metallarbeiterverbandes vom Februar und erachtete neben einer großzügigeren Handhabung des Unterhaltsbeitragsgesetzes die Einführung von Lohnkommissionen für die Kriegsleistungsbetriebe als „dringend notwendig".³²⁷ Die Aufforderung, die das Kriegsministerium in den interministeriellen Beratungen am 12. und 13. Juli an das österreichische Verteidigungsressort richtete, im Einvernehmen mit den Fachministerien entsprechende Maßnahmen einzuleiten, setzten einen langwierigen Prozeß in Gang, in dessen Verlauf sich die österreichische Konstruktion des Beschwerdewesens beträchtlich vom ungarischen Modell entfernte. Die Gründe dafür waren in der besonderen legistischen und vor allem sozialen Situation Österreichs zu suchen.

Das Kriegsleistungsgesetz von 1912 samt Novelle von 1916 unterwarf Männer bis zum 55. Lebensjahr dem Arbeitszwang für kriegswirtschaftliche Zwecke. In Österreich gab es im Gegensatz zu Ungarn, wo der Gesetzesartikel L von 1914 diese Lücke füllte, darüberhinaus keine Normen, um andere Personen, vor allem Frauen, zur Arbeit zu verpflichten. Die Einführung der Beschwerdekommissionen stellte daher die österreichischen Behörden vor das Problem, mit einer solchen Institution nur einen Teil der Belegschaften der Kriegsleistungsbetriebe zu erfassen. Die Erweiterung der Kriegsleistungspflicht durch eine Novellierung des Gesetzes oder indirekt durch eine neue Durchführungsverordnung, in der die Zuständigkeit der Beschwerdekommissionen für gesamte Belegschaften statuiert würde, erschien nicht zuletzt aus politischen Gründen inopportun.³²⁸

Eine andere Möglichkeit, Beschwerdekommissionen mit genereller Gültigkeit für die Kriegsleistungsbetriebe zu errichten, war durch die kriegswirtschaftliche Ermächtigung gegeben. Hier bestand die Schwierigkeit, daß das Beschwerdewesen in die Kompetenz eines zivilen Ressorts – Handel bzw. öffentliche Arbeiten – gefallen und damit der Konnex zum Kriegsleistungsgesetz verloren gegangen wäre.³²⁹ Der intendierte Wirkungs-

---

325 Vgl. KA, MfLV, Abt. XVIIa, Z. 713/1916 (KM, Abt.10, Z. 94031/1916) und ÖMA 8/1916, S. 49–50.
326 Vgl. AVA, HM, Z. 4995/1916 und KA, MfLV, Abt. XVII(a), Z. 13200/1916 (HM, Z. 7075/1916).
327 KA, MfLV, Abt. XVIIa, Z. 965/1916 (KM, Abt.10, Z. 130135 res/1916).
328 KA, MfLV, Abt. XVII, Z. 2406 und Z. 2407/1916 (K. u. MfLV, Präs. Z. 1533/20/b/1916).
329 Vgl. v.a. KA, MfLV, Abt. XVIIa, Z. 1149/1916.

bereich der Beschwerdekommissionen, die Streitigkeiten aus dem Arbeitsverhältnis rechtsgültig entscheiden sollten und damit in Konkurrenz zu den Gerichten traten, ließ schließlich den Weg einer kriegswirtschaftlichen Ministerialverordnung auch aus juristischen Gründen als nicht gangbar erscheinen.

Schon in der ersten Beratung über die Einführung der Beschwerdekommissionen am 26. September 1916 stellte sich klar heraus, daß dies nur mit Hilfe einer Notverordnung zu bewerkstelligen war. Eine Kaiserliche Verordnung, die die Regelung der Arbeitsverhältnisse aller Beschäftigten in den Kriegsleistungsbetrieben den Beschwerdekommissionen zuwies, bot gleichzeitig auch die Chance, die seit langem von verschiedenen Stellen verfolgte Erweiterung der Arbeitspflicht wenig auffällig zu erledigen.[330]

Vor allem das Handelsministerium hatte in den Verhandlungen über die personelle Ausdehnung der Arbeitspflicht die Bedingung für seine Zustimmung gestellt, „daß einer derartigen ganz außerordentlichen Erweiterung der von der Arbeiterschaft schon jetzt als äußerst drückend empfundenen, auf dem Kriegsleistungsgesetze beruhenden Verpflichtung eine gewisse Sicherung gegen ungehörige und mißbräuchliche Ausnützung gegenübergestellt werden."[331] Am Beginn der Verhandlungen über die Beschwerdekommissionen bestand somit auf den ersten Blick zwischen allen beteiligten Ressorts Einigkeit über die Vorgangsweise, gleichzeitig mit dem Beschwerdewesen eine Erweiterung der Arbeitspflicht einzuführen. Tatsächlich aber wurde der Entstehungsprozeß der Beschwerdekommissionen von gegensätzlichen Ausgangspunkten der wirtschaftlichen Ministerien einerseits, der militärischen Ressorts andererseits geprägt. Während Kriegs- und Landesverteidigungsministerium in erster Linie den allgemeinen Arbeitszwang anstrebten und die Errichtung von Beschwerdekommissionen als taktisch motivierte Begleitmaßnahme betrachteten, ging das Handelsmimisterium von der Notwendigkeit von Kompensationen für die bisherigen Positionsverluste der Arbeiterschaft aus, die erst eine Erweiterung der Dienstpflicht gestatten würden. Außerdem stellte sich bald heraus, daß die von der Heeresverwaltung intendierte de-facto-Ausdehnung des Kriegsleistungsgesetzes auf Frauen mit „Rücksicht auf die mißliche Lage und die gedrückte Stimmung weiter Bevölkerungsschichten" auf entschiedenen Widerstand des Handelsministeriums stieß. Dieses wollte – im Gegenzug für die Einführung des Beschwerdewesens – nur einer Unterbindung der Fluktuation in der Kriegsindustrie zustimmen. Das Ministerium für öffentliche Arbeiten hielt die Statuierung des Arbeitszwanges für die Frauen im Bergbau zumindest für nicht erforderlich.[332]

Das Handelsministerium vertrat in den Verhandlungen, wie mehrmals ausdrücklich festgestellt wurde, die Wünsche der Arbeiterschaft. Es ging in erster Linie darum, die unter den Verhältnissen des Kriegsleistungsgesetzes weit hinter der Teuerung zurückgebliebenen Löhne in kontrollierter Weise wieder auf ein Niveau zu bringen, das Rebellion und Leistungsverweigerung nicht provozierte. Das Handelsministerium strebte keine prinzipielle Revision des Kriegsleistungswesens an, sondern befürwortete vielmehr im

---

330 Vgl. KA, MfLV, Abt. XVIIa, Z. 2693/1916, Interministerielle Beratungen am 26. 9. 1916.
331 AVA, MdI, Dep. Ia, Z. 52153/1916 (HM, Z. 14125/1916).
332 Vgl. KA, MfLV, Abt. XVIIa, Z. 2693/1916, Referentenbesprechung am 10. 10. 1916. Vgl. auch Z. 1137/1916 (MföA, Präs. Z. 1971/1916).

Einvernehmen mit den Arbeiterorganisationen Beschwerdekommissionen im Kompetenzbereich der militärischen Ressorts. Die Lohnkommissionen sollten ausgestattet mit Sachkenntnis und exekutiver Gewalt und mit der Autorität der Heeresverwaltung im Rücken eine den Ausnahmsverhältnissen entsprechende Revision der Arbeitereinkommen durchführen.[333] Diese staatliche Intervention im gerade auch durch das Kriegsleistungsgesetz nicht angetasteten Bereich des privatrechtlichen Arbeitsvertrages stellte eine Novität in der österreichischen Sozialpolitik dar und war nach Ansicht des Handelsministeriums eng zu begrenzen.

Das Handelsministerium konnte sich dank der gefährlichen Stimmung in der Arbeiterschaft und dank der sich im Herbst 1916 umgestaltenden innenpolitischen Konstellation im wesentlichen durchsetzen. Im Falle des Arbeitszwanges gegen Frauen war ihm ein voller Erfolg beschieden, obwohl sich außer dem Ministerium für öffentliche Arbeiten, das eine weniger scharf ablehnende Haltung einnahm, anfangs alle beteiligten Ressorts dafür ausgesprochen hatten.[334] Der entschiedene Widerstand des Handelsministeriums zwang zunächst die federführende Abteilung XVIIa des Landesverteidigungsministeriums seinen ersten Entwurf für eine „Kaiserliche Verordnung betreffend die Verpflichtung zu Dienst- und Arbeitsleistungen in militärischen Zwecken dienenden Betrieben, die Regelung der Dienst-, Arbeits- und Lohnverhältnisse und die Errichtung von Beschwerdekommissionen für solche Betriebe"[335] in diesem zentralen Punkt abzuändern.[336]

Die Weiterverfolgung einer „Variante",[337] die die Möglichkeit zur zwangsweisen Heranziehung von Frauen zur Arbeit vorsah, mit dem Argument, der Zusammenhang mit den Beschwerdekommissionen biete eine günstige Gelegenheit, „die in Rede stehende, in mancher Beziehung gewiß odiose Vorschrift gleichzeitig zu erlassen",[338] blieb auch nach den Regierungsneubildungen im Herbst 1916 ohne Eindruck auf das Handelsministerium.[339] Seine Einwände gegen den Arbeitszwang für Frauen: „teils wirtschaftliche (– Entziehung übermäßig vieler Arbeitskräfte aus anderen Produktionszweigen –), teils hygienische (– Schädigung der Arbeiterinnen an der Gesundheit und

---

333 Vgl. KA, MfLV, Abt. XVIIa, Z. 2693/1916, Interministerielle Beratung am 26. 9. und Referentenbesprechung am 10. 10. 1916.
334 Vgl. ebd., Referentenbesprechung am 10. 10. 1916 und Z. 3220/1916, Beratungen am 11. und 13. 11. 1916 (JM, MdI, FM).
335 Vgl. KA, MfLV, Abt. XVIIa, Z. 2693/1916, Referentenbesprechung am 10. 10. 1916. Der erste Entwurf für die KaisVO war nicht auffindbar; sein Inhalt kann daher nur aus den Reaktionen der damit befaßten Ressorts rekonstruiert werden. Dieser erste Entwurf entstand nach der interministeriellen Beratung am 26. 9. und wurde in der Referentenbesprechung am 10. 10. 1916 einer Kritik unterzogen. Vgl. Zu Z. 2784/1916 (JM, Z. 31012/1916).
336 Vgl. KA, MfLV, Abt. XVIIa, Zu Z. 2784/1916 und Zu Z. 3220/1916, Entwurf aufgrund der Referentenbesprechung am 10. 10. 1916 bzw. revidiert aufgrund der Beratungen am 11. und 13. 11. 1916.
337 Vgl. KA, MfLV, Abt. XVIIa, Zu Z. 3220/1916, Entwurf-Variante.
338 Vgl. KA, MfLV, Abt. XVIIa, Z. 3440/1916. Vgl. auch ebd. (KM, Abt.10, Z. 203074 res/1916).
339 Die Position des HM dürfte nur einmal kurz ins Wanken gekommen sein: der nachträglich gestrichene, letzte Absatz der Stellungnahme des HM im Ergebnisprotokoll der Beratungen vom 11. und 13. 11. 1916 lautet: „Sollte es doch dazu kommen, daß Frauenspersonen zur Arbeit herangezogen werden, so müßte dies gleichmäßig geschehen, ohne Unterschied des Standes". Vgl. KA, MfLV, Abt. XVIIa, Zu Z. 3220/1916.

dadurch Gefährdung des Nachwuchses –), teils Sittlichkeitsmomente (– mangelnde Unterbringung der Arbeiterinnen –), schließlich auch politische Momente, so die Stimmung der Bevölkerung",[340] fanden vielmehr zunehmend die Unterstützung anderer Ressorts. Zunächst sprach sich der Justizminister der Regierung Koerber, Dr. Franz Klein, aus den genannten Gründen dezidiert gegen den Arbeitszwang für Frauen aus, obwohl er insgesamt der „Variante" den Vorzug gab. Sein Amtsnachfolger in der Regierung Clam-Martinic, Dr. Josef Freiherr von Schenk, lenkte zwar Anfang 1917 wieder ein, nachdem das Verteidigungsministerium dessen „geneigte Aufmerksamkeit" darauf gelenkt hatte, „daß die Heeresverwaltung im Interesse der Versorgung der Armee mit den notwendigen Kriegshilfsmitteln auch eine legislative Vorsorge wegen Ermöglichung der Heranziehung von weiblichen Arbeitskräften in die Betriebe für unumgänglich notwendig erachtet". Das Justizressort versuchte jetzt nur noch, die Altersgrenze für Frauen wegen „der schwächeren Körperbeschaffenheit" und dem „vorzeitigen Altern schwer arbeitender Frauen" auf 45 Jahre herabzudrücken.[341]

Doch das Handelsministerium fand nun trotz des Druckes der Heeresverwaltung die Unterstützung des Ministerpräsidenten,[342] und selbst im Innenministerium, das schon 1915 – gegen interne Widerstände – versucht hatte, Arbeitszwangregelungen für verschiedene Personengruppen zu erreichen, vollzog sich ein Umschwung zugunsten größerer Vorsicht gegenüber solchen Plänen.[343] Die Verschärfung der äußeren Umstände, unter denen der Gesetzgebungsprozeß abgewickelt wurde, spiegelte sich deutlich in der geänderten Haltung des Kriegsministeriums bei den abschließenden Beratungen im Februar 1917. Die Heeresverwaltung wollte zu diesem Zeitpunkt bereits auf jegliche Erweiterung der Arbeitspflicht, auch auf die Stabilisierung der Arbeiterschaft in der Kriegsindustrie verzichten, soferne nur die Errichtung der Beschwerdekommissionen raschest erledigt würde. Andernfalls lehnte sie jede Verantwortung für Zwischenfälle ab.[344]

Der Umschwung zugunsten seiner Position versetzte das Handelsministerium mehr als drei Monate nach Beginn der intensiven Beratungen zum Projekt der Beschwerdekommissionen in die Lage, von sich aus eine ihm akzeptabel erscheinende Fassung der beabsichtigten Maßnahmen vorzulegen, an die sich das Verteidigungsressort bei seinen weiteren Vorbereitungen halten mußte.[345] Der Entwurf des Handelsministeriums für eine „Kaiserliche Verordnung betreffend die Regelung von Lohn- und Arbeitsverhältnissen in militärischen Zwecken dienenden Betrieben" ging dem Standpunkt des Ressorts entsprechend von der gesetzlichen Garantie der Lohnrechte der Arbeiter in der Kriegsindustrie aus, die durch die Beschwerdekommissionen gewahrt werden sollten. Die Verpflichtung zum Verbleiben am Arbeitsplatz in der Kriegsindustrie folgte auch gesetzestechnisch erst aus der Möglichkeit, die besonderen Arbeitsverhältnisse mit staatlicher Hilfe regeln zu lassen. Darüber hinaus wurde den erst durch die Notverordnung verpflichteten Personen unter restriktiven Bedingungen die Möglichkeit der Kündigung zugestanden. Die in den

---

340 Ebd., Beratungen am 11. und 13. 11. 1916.
341 Vgl. KA, MfLV, Abt. XVIIa, Z. 3597/1916 (JM, Z. 36742/1916) und Z. 278/1917 (JM, Z. 716/1917).
342 Vgl. KA, MfLV, Abt. XVIIa, Z. 278/1917, Pro domo Vermerk.
343 Vgl. AVA, MdI, Dep. Ia, Z. 60201/1916. Vgl. auch Z. 53701/1916.
344 Vgl. KA, MfLV, Abt. XVIIa, Z. 278/1917, Besprechung am 5. 2. 1917.
345 Vgl. ebd., Entwürfe A (HM) und B (MfLV).

früheren Entwürfen als Befreiungsgründe angeführten Sachverhalte dienten jetzt als Kündigungsgründe, die von den Beschwerdekommissionen zu beurteilen waren. Das Handelsministerium schwächte mit dieser verfahrens- und kompetenzmäßig anderen Lösung die Verpflichtungsmaßnahme, insbesondere mit Blickrichtung auf die betroffenen Frauen, weiter ab.

Das zweite Anliegen des Handelsministeriums waren die Kompetenzen der Beschwerdekommissionen. Ausgehend von der Aufgabe einer Neuregelung des Lohngefüges in der Kriegsindustrie verfocht das Ressort, in dieser Angelegenheit gemeinsam mit den militärischen Stellen, eine weitherzige Lösung. Die Beschwerdekommissionen sollten einerseits sowohl Einzel- als auch Gruppenanträge behandeln, andererseits sowohl für die Neuregelung von Arbeitsverhältnissen als auch für die Entscheidung von Ansprüchen aus bestehenden Kontrakten zuständig sein. Diese Konstruktion folgte aus dem Kriegsleistungswesen, das nicht nur eine den ökonomischen Bedingungen entsprechende Entwicklung der Löhne verhinderte, sondern durch die disziplinären Regelungen und die Verschiebung der Machtverhältnisse zwischen Unternehmern und Arbeitern auch die Durchsetzung bestehenden Rechts unmöglich machte oder doch sehr erschwerte. Vom juristischen Standpunkt aus betrachtet stellte die geforderte Konstruktion eine Verwischung der Grenzen zwischen exekutiver und richterlicher Gewalt dar und stieß auf große Bedenken des Justizministeriums. Dessen Widerstand konnte schließlich unter Hinweis auf die Notwendigkeit einer umfassenden Kompetenz der Beschwerdekommissionen zur Erfüllung ihrer Befriedungsfunktion durch die Möglichkeit, bei Streitigkeiten aus bestehenden Abmachungen wahlweise das Gericht oder die Beschwerdekommission anzurufen, überwunden werden.[346]

Das Handelsministerium selbst setzte sich allerdings heftig zur Wehr, als das Verteidigungsministerium in seinem letzten Entwurf die Kompetenzen der Kommission über die Löhne hinaus auf andere Aspekte des Arbeitsverhältnisses ausweiten wollte. Es befürchtete vor allem die Beseitigung der bestehenden Sozialgesetzgebung, brachte aber auch eine Überlastung der Beschwerdekommissionen als Gegenargument in Spiel. Schließlich gab es sich mit einer schon im Zusammenhang mit der Wiener Beschwerdestelle diskutierten Lösung, den Beschwerdekommissionen Gestaltungskompetenz im Rahmen der gesetzlichen Bestimmungen zu geben, zufrieden.[347] Tatsächlich wurde die diesbezügliche Stelle „aus technischen Gründen" in einer letzten Revision des Gesetzestextes aus dem § 1 gelöst und im § 3, an weniger auffälliger Stelle und in anderem systematischen Zusammenhang eingefügt: die Anpassung der sonstigen Arbeitsbedingungen war damit wohl eine Möglichkeit der Beschwerdekommissionen, aber es bestand kein Anspruch der kriegsindustriellen Arbeiter darauf.[348]

Mit Ausnahme der beiden behandelten Punkte boten die Beratungen über die Beschwerdekommissionen wenig Konfliktstoff, dennoch ergaben sich wichtige und folgen-

---

346 Vgl. KA, MfLV, Abt. XVIIa, Z. 2784 (JM, Z. 31012/1916) und Zu Z. 3220/1916, Beratungen am 11. und 13. 11. 1916.
347 Vgl. KA, MfLV, Abt. XVIIa, Z. 278/1917, Besprechung am 5. 2. 1917. Stellungnahme des HM zum Entwurf B des MfLV, Abt. XVIIa, § 1!
348 Vgl. KA, MfLV, Abt. XVIIa, Z. 736/1917.

schwere Abweichungen vom Ausgangspunkt der ungarischen Organisation. Die beteiligten österreichischen Zentralstellen einigten sich rasch auf fünfköpfige Beschwerdekommissionen unter militärischem Vorsitz. Während die militärischen Stellen für eine Militärperson an der Spitze der Kommissionen plädierten, um vor allem ihre Kontrolle über die kriegsindustriellen Verhältnisse beizubehalten,[349] sprach sich das Handelsministerium im Anschluß an die Arbeiterorganisationen aus Gründen der Disziplinierung der Unternehmer dafür aus: „Nach Ansicht der Arbeiter würde bei Intervention eines Offiziers in 95% der Fälle eine Einigung zustande kommen können."[350] Nur einmal, in der Anfangsphase der Verhandlungen, war von Seiten des Justizministeriums der Vorschlag gemacht worden, einen Richter an die Spitze der Beschwerdekommissionen zu stellen.[351] Selbst als Vorsitzende der Ortsstellen, die sich im Laufe der Beratungen als Subeinheiten mit dem Zweck der Entlastung der Beschwerdekommissionen herausgebildet hatten, wurden Militärs durchgesetzt; das Handelsministerium hielt die vom Verteidigungsressort vorgeschlagenen Gemeindevertreter in dieser Funktion für völlig ungeeignet, und das Kriegsministerium befürchtete zu zahlreiche Kündigungen durch ein rein ziviles Gremium.[352]

Als fünftes Mitglied der Beschwerdekommissionen wurde aber in Österreich doch ein vom Justizminister zu delegierender Richter bestimmt, wodurch einerseits der Charakter der Institution als eines Schiedsgerichtes unterstrichen, andererseits den Formalerfordernissen als Gerichtskonkurrenz Genüge getan werden sollte. In den österreichischen Beschwerdekommissionen dominierten somit zahlenmäßig die Vertreter der staatlichen Stellen, gleichzeitig schwächte die neue Zusammensetzung den Vorsitzenden, dessen Votum bei Stimmengleichheit den Ausschlag gab.

Wegen der fortgeschrittenen Industrialisierung Österreichs wurde eine größere Zahl von Beschwerdekommissionen als in Ungarn vorgesehen, wenngleich das Kriegsministerium aus Personalmangel ersuchte, die Zahl so gering wie möglich zu halten. Wie in Ungarn wurde auch in Österreich eine Direktion der Beschwerdekommissionen im Landesverteidigungsministerium projektiert, deren Aufgabe aber ausschließlich die Sorge für die Einheitlichkeit der Geschäftsführung der einzelnen Kommissionen war. Da das Verteidigungsministerium eine Überlastung mit Arbeit befürchtete, wurde davon abgesehen, die Direktion als zentrale Informations- und Schaltstelle wie in Ungarn auszubauen.[353] Die dadurch entstehende Konstellation eines dezentral organisierten Beschwerdewesens mit nur schwach und unklar ausgeprägten Kontrollinstanzen ließ Komplikationen erwarten. Insbesondere das Ministerium für öffentliche Arbeiten forderte des öfteren, aber ohne Erfolg, Kautelen gegen ein eigenmächtiges und den Intentionen der Kriegsverwaltung zuwiderlaufendes Vorgehen einzelner Stellen. Es befürchtete die Kontrolle

---

349 Vgl. KA, MfLV, Abt. XVIIa, Z. 1423/1916.
350 KA, MfLV, Abt. XVIIa, Z. 2693/1916, Referentenbesprechung am 10. 10. 1916.
351 Vgl. KA, MfLV, Abt. XVIIa, Z. 1423/1916, handschriftliche Randnotiz.
352 Vgl. KA, MfLV, Abt. XVIIa, Z. 278/1917, Besprechung am 5. 2. 1917.
353 Vgl. KA, MfLV, Abt. XVIIa, Z. 2693/1916, Interministerielle Beratung am 26. 9. und Referentenbesprechung am 10. 10. 1916.

6.1. Der Niedergang der Kriegswirtschaft

über die Kohlenarbeiterlöhne zu verlieren, die ein wesentliches Bestimmungsstück der geregelten Kohlenpreise darstellten.[354]

Der Personenkreis, der sich an die Beschwerdekommissionen wenden konnte, umfaßte alle im Lohnverhältnis beschäftigten Zivil- und Militärpersonen in den Kriegsleistungs- und militärärarischen Betrieben. Das Kriegsministerium hatte seine ursprüngliche Absicht, die in seinem Besitz stehenden Betriebe auszunehmen, noch vor Erstellung des ersten Entwurfes aufgegeben.[355]

Der Entwurf des Handelsministeriums bestimmte im wesentlichen auch die endgültige Kaiserliche Verordnung „betreffend die Regelung von Lohn- und Arbeitsverhältnissen in den militärischen Zwecken dienenden Betrieben".[356] Durch die nochmalige Überarbeitung des Entwurfs durch das Verteidigungsressort ergaben sich – neben der bereits behandelten Kompetenzerweiterung auf alle Aspekte der Arbeitsbedingungen – aber doch weitere bemerkenswerte Modifikationen. Erstens verzichtete der neue Entwurf des militärischen Ressorts und in der Folge die Kaiserliche Verordnung auf einen obligatorischen Schlichtungsversuch, an dem die staatliche Stelle nicht beteiligt war. Die vom Handelsministerium beabsichtigte Tendenz in Richtung privatrechtlicher Regulierung wurde damit wieder eliminiert. Hingegen sah das Verteidigungsressort vor, eine Kündigung der neu zum Verbleiben verpflichteten Personen auch im Einvernehmen zwischen Unternehmer, Arbeiter und militärischem Leiter ohne Dazwischentreten der Beschwerdekommissionen zu gestatten; die Kontrolle der Fluktuation schien durch das militärische Aufsichtsorgan in den Betrieben ausreichend gegeben. Außerdem wurde nun ausdrücklich festgehalten, daß sich die Bestimmungen der Kaiserlichen Verordnung auch auf die Angestellten der Kriegsindustrie bezogen; deren materielle Lage erforderte ebenso wie die der Arbeiter eine Intervention. Im letzten Entwurf des Landesverteidigungsministeriums fehlte schließlich die Zusicherung des Unterhaltsbeitrages für Soldatenfrauen, die in militärischen Zwecken dienende Betriebe eintraten.[357] Diese Maßnahme wurde vor allem vom Kriegsministerium als Anreiz, in der Rüstungsindustrie Beschäftigung zu suchen, propagiert, war aber von Anfang an auf legistische und finanzielle Probleme gestoßen.[358]

Der an der Vorlage des Handelsministeriums orientierte Entwurf des Landesverteidigungsministeriums wurde schließlich am 23. Februar 1917 im Ministerrat genehmigt.[359] Für die Umsetzung der Kaiserlichen Verordnung in die Praxis war eine Durchführungsverordnung notwendig, die in den folgenden Wochen von einem dreiköpfigen Expertenkomitee ausgearbeitet wurde.[360]

---

354 Vgl. KA, MfLV, Abt. XVIIa, Zu Z. 3220/1016, Beratungen am 11. und 13. 11. 1916.
355 Vgl. KA, MfLV, Abt. XVIIa, Z. 2693/1916, Interministerielle Beratungen am 26. 9. 1916 und Präs. Z. 19296/XVIIa/1916 (KM, Abt. 10, Z. 182282/1916).
356 Vgl. KaisVO vom 18. 3. 1917, RGBl. Nr. 122.
357 Vgl. KA, MfLV, Abt. XVIIa, Z. 278/1917, Entwurf B.
358 Vgl. KA, MfLV, Abt. XVIIa, Z. 2693/1916, Interministerielle Beratung am 26. 9. 1916 und Zu Z. 3220/1916, Beratungen am 11. und 13. 11. 1916.
359 Zum Werdegang der KaisVO siehe Tabelle im Anhang, S. 443–447.
360 Vgl. KA, MfLV, Abt. XVIIa, Z. 1163/1917 (Sektionschef Dr. Lehne bzw. Streit für das MfLV, Dr. Lederer für das HM und Dr. Hermann für das JM).

Die Beschwerdekommissionen hatten drei Arten von Aufgaben: erstens die Schlichtung von Streitigkeiten aus bestehenden Verträgen oder früheren Entscheidungen; zweitens die Änderung von Arbeitsbedingungen; bei beiden diesen Aufgaben, die die Beschwerdekommissionen als Einigungsämter ausweisen, spielten die Löhne eine hervorragende Rolle; drittens die Auflösung von Arbeitsverhältnissen in der Kriegsindustrie. In der Durchführungsverordnung wurden die genannten drei Aufgaben erläutert und außerdem Standorte, Organisations- und Verfahrensfragen geklärt.[361]

Da die Kaiserliche Verordnung ein Anrecht der Arbeiter in der Kriegsindustrie auf „angemessene Löhne" schuf, war zunächst dieses inhaltlich zu bestimmen. Die Arbeiter sollten durch ihren besonderen rechtlichen Status nach dem Kriegsleistungsgesetz oder der vorliegenden Kaiserlichen Verordnung keinen finanziellen Nachteil erleiden. Sie waren also unter sonst gleichen Bedingungen nicht niedriger zu bezahlen als Arbeiter in privaten Betrieben. Obwohl dies schon in der Durchführungsverordnung zum Kriegsleistungsgesetz 1914 enthalten war, wurde abermals auf die besondere Vergütung von Überstunden und Sonntagsarbeit verwiesen. Als Überstunden galten die Mehrleistung über die vereinbarte, nicht die gesetzliche Arbeitszeit. Die Aufnahme auch der Nachtarbeit scheiterte am Veto des Arbeitsministeriums, da im Bergbau eine Sondervergütung dafür nicht üblich war. Eine Anpassung der Löhne an die herrschenden Lebensumstände sollte dadurch erreicht werden, daß bei „Gewährung von Teuerungszulagen und Zubußen anderer Art ... auf den Familienstand des Beschäftigten und die Zahl der von ihm zu versorgenden Angehörigen Rücksicht zu nehmen" war.[362] Als Arbeitsbedingungen, die durch Spruch der Beschwerdekommission beurteilt oder abgeändert werden konnten, galten insbesondere „die Arbeitszeit, die Arbeitspausen, die Sonn- und Feiertagsruhe, die Art der zugewiesenen Arbeit, die Vorsorgen zum Schutze der Gesundheit und Sittlichkeit sowie zur Sicherheit der Beschäftigten, ihrer Unterbringung und Verköstigung."[363]

Hingegen hatten die Beschwerdekommissionen entgegen den Wünschen des Justizministeriums keinen Einfluß auf die Ausübung des Straf- und Disziplinarrechts durch den militärischen Leiter.[364]

Die Kompetenz der Beschwerdekommissionen zur Abänderung der Lohn- und Arbeitsbedingungen auf Antrag der Arbeiter oder von Amts wegen, „wenn sie durch eigene Wahrnehmung oder in anderer Weise, z.B. Mitteilung einer Berufsvereinigung, zur Kenntnis von Tatsachen gelangt, die eine solche Regelung als notwendig oder wünschenswert erscheinen lassen",[365] stellte eine rechtliche Neuerung dar. An die Stelle privatautonomer Vereinbarungen traten hoheitliche Akte. Die Wahl zwischen Gericht und Beschwerdekommissionen war den Arbeitern daher nur in jenen Fällen freigestellt, wo es um Streitigkeiten aus bereits bestehenden Regelungen ging. Die neuartige Möglichkeit, etwa eine Erhöhung der Löhne oder die Verkürzung der Arbeitszeit durch behörd-

---

361 Vgl. ebd., Entwurf; KA, MfLV, Abt. XVIIa, Z. 1305/1917, Verhandlungen am 5., 6. 3. 1917 und VO des MfLV vom 19. 3. 1917, RGBl. Nr. 123.
362 VO des MfLV vom 19. 3. 1917, RGBl. Nr. 123, Zu § 1, Abs. 3. Das Alimentationsprinzip wurde damit als verbindliche Grundlage des Entlohnungssystems verankert.
363 Ebd., Zu § 3, Abs. 1.
364 Vgl. ebd., Zu § 3, Abs. 2. Vgl. auch KA, MfLV, Abt. XVIIa, Z. 278/1917, Beratungen am 5. 2. 1917.
365 VO des MfLV vom 19. 3. 1917, RGBl. Nr. 123, Zu § 4, Abs. 1.

liche Entscheidung zu erzwingen, blieb den Beschwerdekommissionen allein vorbehalten. Diese konnten dabei sowohl Einzelanträge behandeln als auch Angelegenheiten regeln, die ganze Gruppen betreffen. Sie ersetzten in dieser Rolle die Tarifpartner und verhalfen dem Kollektivvertrag, der nun erstmals als Spruch der Beschwerdekommissionen exekutierbares Recht darstellte, zu wesentlich größerer Wirkung.

Mit der Entscheidung über die Lösung von Dienst- und Arbeitsverträgen auf Antrag des Unternehmers oder des Arbeiters übernahmen die Beschwerdekommissionen wieder gerichtliche Funktionen, doch setzte bereits die Kaiserliche Verordnung fest, daß in dieser Angelegenheit zunächst die Beschwerdekommission zuständig war. Erst wenn diese keine befriedigende Entscheidung traf, war der Weg zum Gericht frei. Mit dieser Regelung wurde versucht, die Verfügungsgewalt über den Arbeitsmarkt so lange als möglich in der Hand zu behalten. Die Neuregelung milderte einige Härten des Kriegsleistungswesens, da es den Arbeitern jetzt möglich war, die Durchsetzung einer einseitigen Kündigung von den ins Kriegsleistungswesen integrierten Beschwerdekommissionen zu verlangen und nicht von den Gerichten, die keinen Einfluß auf eventuelle Folgen ihres Urteils besaßen. Die Gründe, nach denen die einseitige Auflösung des Arbeitsverhältnisses verlangt werden konnte, blieben allerdings für die Kriegsleister nach wie vor dieselben. Sie durften kündigen, wenn sie nach den Gesetzen zur sofortigen Beendigung des Arbeitsverhältnisses berechtigt waren.[366] Jene Personen, die erst durch die vorliegende Notverordnung in ihrer Freizügigkeit behindert wurden, war die Kündigung „auch aus sonstigen wichtigen Gründen" möglich. Dies waren „bei Frauen insbesondere vorgeschrittene Schwangerschaft, das Selbststillen sowie die Erfüllung von unabweislichen sonstigen mütterlichen oder Familienpflichten."[367] Nach wie vor stellte in Österreich die Unzufriedenheit mit den Arbeitsbedingungen, selbst wenn ihre Berechtigung durch die Beschwerdekommission bestätigt wurde, keinen Austrittsgrund dar. Vielmehr waren in diesem Fall die Lohn- und Arbeitsbedingungen selbst zu ändern. Die Vorgangsweise der österreichischen Regierung war also auch in der Neuregelung der Arbeitsverhältnisse in der Kriegsindustrie sehr dirigistisch.

Die Durchführungsverordnung regelte auch Errichtung, Zusammensetzung und Verfahren der Beschwerdekommissionen. In einer taxativen Aufzählung wurden 19 Beschwerdekommissionen mit insgesamt 53 Abteilungen für diverse Industriegruppen und Bergwerksbetriebe errichtet. Gleichzeitig wurden die militärärarischen Betriebe den einzelnen Kommissionen zugewiesen. Nach Berechnungen des Handelsministeriums hatten diese Kommissionen eine Klientel von ca. 500.000 Personen allein in den nach § 18 Kriegsleistungsgesetz in Anspruch genommenen oder weitergeführten Unternehmen, darunter etwa ein Fünftel Frauen.[368] Beschwerdekommissionen für die Industrie wurden in Wien, Linz, Graz, Klagenfurt, Laibach, Innsbruck, Prag, Brünn und in den Industriezentren Wiener Neustadt, St. Pölten, Leoben, Pilsen, Reichenberg, Königgrätz,

---

366 Vgl. ebd., Zu § 5, Z. 2 und 3. Dort sind als Beispiele §§ 82 und 82a der Gewerbeordnung, §§ 26 und 27 des Handlungsgehilfengesetzes und §§ 202, 203 und 205 des Allgemeinen Berggesetzes angeführt.
367 Ebd., Zu § 5, Z. 2, Abs. 2.
368 Vgl. auch KA, MfLV, Abt. XVIIa, Z. 278/1917, Beratungen am 5. 2. 1917. Vgl. auch Zu Z. 736/1917, Übersichtstabelle des HM.

Olmütz, Mährisch-Ostrau und Krakau errichtet mit einer bis drei nach Branchen unterschiedenen Abteilungen, insgesamt 40, je nach der Industriestruktur des betreffenden Gebietes.[369] Ihre Sprengel umfaßten einen oder mehrere Aufsichtsbezirke des Gewerbeinspektorates. Für die Bergbaubetriebe gab es in Brüx und Drohobycz eigene Beschwerdekommissionen. Dazu kam an Orten, wo es Stellen für die Industrie gab, Abteilungen für den Bergbau; die nicht differenzierten Kommissionen in Klagenfurt und Innsbruck waren auch für die Bergwerke zuständig. Die Sprengel entsprachen in diesen Fällen jenen der Revierbergämter.[370]

Die Beschwerdekommissionen selbst bestanden aus einem General oder Stabsoffizier als Vorsitzenden, einem sachlich zuständigen, d.h. vom Handels- oder Arbeitsministerium berufenen Mitglied, einem Richter und je einem Vertreter der Unternehmer und Arbeitnehmer, die wiederum, je nach dem sachlichen Zuständigkeitsbereich, der Handels- oder Arbeitsminister auf Vorschlag der verschiedenen Organisationen berief.[371] Über die Zusammensetzung der Kommissionen hatte es während der Verhandlungen kaum Differenzen gegeben, nichtsdestoweniger war sie höchst konfliktträchtig. Da der Direktion der Beschwerdekommissionen lediglich ein Aufsichtsrecht eingeräumt worden war, das als Kompetenz, „die Kommissionen ... anzuweisen, in welcher Art sie über ihre Tätigkeit zu berichten haben" und „durch Bekanntgabe grundsätzlich wichtiger Entscheidungen einzelner Kommissionen an andere Kommissionen oder in sonstiger Weise für die Einheitlichkeit und Gesetzlichkeit der Geschäftsführung der Kommissionen ... Sorge zu tragen",[372] konkretisiert wurde, waren die neuen Gremien eigentlich weisungsfrei.

Die beabsichtigte Regelung wichtiger Fragen durch interne, geheime Weisungen an die Ministerialvertreter in den Kommissionen stand auf schwachen Beinen,[373] da die von den Zivilressorts entsandten Mitglieder keine Beamten der Ministerien sein sollten. Tatsächlich weigerten sich das Handelsministerium, ebenso wie das 1918 an seine Stelle tretende Sozialministerium, beharrlich, ihren Vertretern irgendwelche Direktiven zu erteilen.[374] Die richterlichen Mitglieder waren kraft ihres Berufes unabhängig, während die Arbeiter- und Unternehmervertreter als Adressaten nicht in Frage kamen. Es blieben also nur die militärischen Vorsitzenden, über die besonders die Heeresverwaltung Einfluß auf die tatsächlichen Entscheidungen der Beschwerdekommissionen ausüben konnte. Das aber war eine politisch sehr heikle Sache und außerdem, da die Beschwerdekommissionen nach Köpfen abstimmten,[375] für eine Mehrheitsbildung zuwenig.

Die Beschwerdekommissionen waren beschlußfähig, wenn alle Mitglieder oder deren Stellvertreter anwesend waren. Die Verhandlungen waren, soferne sonst den Gerichten zukommende Aufgaben wahrgenommen wurden, öffentlich. Die Öffentlichkeit war in

---

369 Vgl. VO des MfLV vom 19. 3. 1917, RGBl. Nr. 123, Zu § 3, letzter Absatz, Beilage 1 und VO des MfLV vom 11. 5. 1917, RGBl. Nr. 218.
370 Vgl. ebd., Zu § 3, letzter Absatz, Beilage 1.
371 Vgl. ebd., Zu § 6, Z. 1.
372 Ebd., Zu § 8, Abs. 2.
373 Vgl. KA, MfLV, Abt. XVIIa, Z. 1305/1917.
374 Vgl. AVA, HM, Z. 9514/1917 und SM, Z. 1960/1918.
375 Vgl. VO des MfLV vom 19. 3. 1917, RGBl. Nr. 123, Zu § 7, Z. 8, Abs. 1.

diesen Fällen auf übereinstimmenden Antrag des Arbeiters und des Unternehmers, die sich an die Beschwerdekommission gewandt hatten, oder bei Gefahr für staatliche Interessen, für die Sittlichkeit, für Betriebsgeheimnisse und von Ruhestörung auszuschließen.[376] Die Einhaltung des Publizitätsprinzips war in den Verhandlungen über die Durchführung vom Justizministerium gegen den Widerstand aller anderen Ressorts, die darin ein Hindernis für die Kooperation der Unternehmer sahen, durchgesetzt worden.[377] In der Folge durfte von den Beratungen und Beschlüssen über Begehren aus bestehenden Rechtsverhältnissen auch in den Zeitungen berichtet werden.[378] Die Entscheidungen über die Festsetzung neuer Lohn- und Arbeitsbedingungen, allerdings, fielen hinter verschlossenen Türen.

Nachdem die Durchführungsverordnung am 5. und 6. März beraten und bis auf die Frage der Zulassung der Öffentlichkeit Übereinstimmung erzielt worden war, legte das Landesverteidigungsministerium die Kaiserliche Verordnung nochmals dem Ministerrat vor, der sie wieder genehmigte. Am 12. März ersuchte dann der Minister für Landesverteidigung, Georgi, um die Erteilung der Sanktion durch den Kaiser, was am 18. März geschah. Am folgenden Tag beendete das Landesverteidigungsministerium, da keine Äußerungen der übrigen Ressorts mehr eingelangt waren, auch die Arbeit an der Durchführungsverordnung und ließ sie gemeinsam mit der Kaiserlichen Verordnung am 20. März 1917 verlautbaren.[379]

Die Neuregelung der Arbeitsverhältnisse in der österreichischen Kriegsindustrie durch die Kaiserliche Verordnung vom 18. März 1917 erfolgte in sehr eigenwilliger Form. Die Koppelung der beiden Maßnahmen war ein gelungener politischer Schachzug der Behörden nicht nur gegen die Arbeiterschaft, sondern auch gegen die Unternehmer, die ein schärferes Vorgehen gegen Disziplinlosigkeit und Fluktuation forderten,[380] aber nichts für Beschwerdekommissionen übrig hatten, die ihren Dispositionsspielraum einschränkten. In den Begründungen der Kaiserlichen Verordnung wurde auch stets auf die beiden Wurzeln der getroffenen Regelung, die Arbeiterbeschaffung und die Notwendigkeit, die Arbeiter gegen die Unternehmer zu schützen, verwiesen und eine enge Beziehung zwischen ihnen behauptet, welche tatsächlich aber nur in der politischen Zweckmäßigkeit bestand.[381]

Die Einbeziehung von Unternehmer- und Arbeitervertretern in die Beschwerdekommissionen sollte gewährleisten, „daß beide Parteien in den Kommissionen gehört werden und ... eine unparteiische Lösung erfolge",[382] was eine politische Notwendigkeit darstellte. Die absolute Mehrheit in den Beschwerdekommissionen aber hatten die von den Ministerien entsandten Mitglieder. Die Regierungsvertreter konnten also unter sich die

---

376 Vgl. ebd., Zu § 6, Z. 2 und Zu § 7, Z. 5.
377 Vgl. KA, MfLV, Abt. XVIIa, Z. 1305/1917.
378 Vgl. KA, MfLV, B. K. Z. 112/1917.
379 Vgl. KA, MfLV, Abt. XVIIa, Z. 1305, Z. 1341 und Z. 1502/1917.
380 Vgl. KA, MfLV, Abt. XVIIa, Z. 2211/1916 (HM, Z. 16797/1916) Eingabe der Hauptstelle 29. 7. 1916.
381 Vgl. KA, MfLV, Abt. XVIIa, Z. 1341/1917, Alleruntertänigster Vortrag. Vgl. auch 77 der Beilagen zu den StPrAH XXII, 1. Bd., S. 7.
382 77 der Beilagen zu den StPrAH XXII, 1. Bd., S. 8.

Arbeitsverhältnisse der Kriegsindustrie bestimmen. Der Abstimmungsmodus in den Kommissionen, wonach zunächst Unternehmer- und Arbeitervertreter, dann der Richter und das vom Fachressort entsandte Mitglied, zuletzt der Vorsitzende ihr Votum abzugeben hatten,[383] unterstrich diese Absicht. Die Durchführung krankte allerdings an der fehlenden einheitlichen Willensbildung der Regierungsvertreter und einer nur mangelhaften Lenkbarkeit der Beschwerdekommissionen. Insbesondere die zivilen Ressorts fürchteten die Reaktionen der Arbeiterschaft auf eine Demontage des zwar nur angenommenen Gerichtsstatus der Beschwerdekommissionen.

Im Vergleich mit dem deutschen Hilfsdienstgesetz vom 5. Dezember 1916, das ebenfalls die Aufgabe hatte, die bis dahin allerdings keiner kriegsspezifischen Regelung unterliegenden Arbeitsverhältnisse zu stabilisieren, zeigte die österreichische Regelung charakteristische Eigenheiten. Obwohl der Vaterländische Hilfsdienst erst Ende 1916, also auf dem Höhepunkt der Rüstungsanstrengungen neu eingeführt wurde, verzichtete die deutsche Gesetzgebung auf eine Einbeziehung der Frauen. Es waren dort nur die Männer zwischen 17 und 60 Jahren betroffen.[384] Die österreichische Regelung stellte formal eine Angleichung an Ungarn dar, wo die Frauen sogar zur Arbeit herangezogen werden konnten. Tatsächlich aber hatten die Maßnahmen in Österreich weit größere Bedeutung, da „man in Ungarn bei der kleinen Zahl kriegsleistungspflichtiger Betriebe generös sein [konnte]."[385] Das Ausmaß der Integration der Frauenarbeit in das System der Kriegswirtschaft hatte in keinem der am Kriege beteiligten Staaten ein Gegenstück.

Ähnlich wie sich bereits die Funktionen des Kriegsausschusses der Berliner Metallindustrie von jenen der Wiener Beschwerdestelle unterschieden, wichen auch die Aufgaben und Zielsetzungen der neuen Beschwerdekommissionen deutlich von jenen der im Rahmen des Hilfsdienstes errichteten Schlichtungsgremien ab. Wohl standen im Gegensatz zum Berliner Ausschuß von 1915 an der Spitze der nun errichteten Komitees in Deutschland Militärs wie in den österreichischen Beschwerdekommissionen, doch besaßen in den meisten deutschen Gremien die Vertreter der Unternehmer und der Arbeiter die Mehrheit. Die Ausnahme war eine Oberbehörde, die über den Arbeiterbedarf zu entscheiden hatte. Während das Gremium in erster Instanz aus je zwei Unternehmern und Arbeitern, zwei Regierungsvertretern und dem militärischen Vorsitzenden bestand, setzte sich die Berufungsstelle aus zwei Militärs, zwei Repräsentanten der Zivilverwaltung und je einem Unternehmer- und Arbeitervertreter zusammen. In Österreich waren die Arbeitsmarktparteien in der übergeordneten Direktion der Beschwerdekommissionen, die ein rein bürokratisches Organ war, nicht vertreten. Aufgabe der deutschen Komitees war erstens, den Arbeiterbedarf der Kriegsindustrie zu beurteilen, zweitens die individuelle Heranziehung von Hilfsdienstleistern, falls sich nicht genug freiwillig stellten, und drittens über die Berechtigung von Kündigungen durch Hilfsdienstleister zu entscheiden.[386]

---

[383] Vgl. VO des MfLV vom 19. 3. 1917, RGBl. Nr. 123, Zu § 7, Z. 8, Abs. 1.
[384] Vgl. *Feldman*, Armee, S. 424 (Gesetz über den vaterländischen Hilfsdienst § 1).
[385] KA, MfLV, Abt. XVIIa, Zu Z. 3220/1916, Beratungen am 11. und 13. 11. 1916 (HM).
[386] Vgl. Gerald D. *Feldman*, Armee, S. 424–426 (Gesetz über den vaterländischen Hilfsdienst §§ 4 bis 7 und 9).

Die den ersten beiden Aufgaben vergleichbaren Funktionen fielen in Österreich ausschließlich den Militärs zu. Die Lösung des Arbeitsverhältnisses war auch hier eine Kompetenz der Beschwerdekommissionen, in denen Arbeiter- und Unternehmervertreter saßen. Die Ausgangslage war jedoch in Österreich eine ganz andere als in Deutschland. Die Beschwerdekommissionen konnten einer Kündigung nur beipflichten, wenn bei kriegsleistungspflichtigen Arbeitern nach den Gesetzen die Berechtigung zum sofortigen Austritt vorlag und in anderen Fällen darüber hinaus bei wichtigen Gründen, die außerhalb des Arbeitsverhältnisses lagen. Die normalen Arbeitsverhältnisse selbst konnten keinen Kündigungsgrund darstellen. Wenn die Arbeiter damit unzufrieden waren, hatte die Beschwerdekommission vielmehr die Aufgabe, unter Umständen sogar von Amts wegen, diese Arbeitsverhältnisse autoritativ zu regeln. Nach dem deutschen Hilfsdienstgesetz war gerade die Unzufriedenheit mit Lohn- und Arbeitsverhältnissen ein Anlaß, die Erlaubnis zur Lösung eines Arbeitsvertrages zu erteilen.[387] Die Anpassung der Arbeitsverhältnisse an die Wünsche und Bedürfnisse der hilfsdienstpflichtigen Arbeiterschaft erfolgte nicht durch direkte staatliche Intervention, sondern blieb den Unternehmern vorbehalten, die auf Stabilisierung ihres Arbeiterstockes Wert legten. Einer allzu großen Schwächung der Arbeiterseite wurde außer durch die Einbeziehung in die diversen Komitees durch ausdrückliche Bestätigung des Koalitionsrechtes und die Etablierung von Arbeiterausschüssen in den größeren Betrieben vorgebeugt.[388]

Die außerordentlich weitgehenden Einfluß- und Gestaltungsmöglichkeiten der Beschwerdekommissionen in Österreich riefen sofort den Protest der Unternehmer hervor. „Es ist dies der schwerste Eingriff in die Freiheit des Arbeitsvertrages, der mit der Notwendigkeit des Krieges begründet wird." Die Unternehmer beklagten die ungünstige Zusammensetzung der Beschwerdekommissionen, nach der theoretisch die drei von den Behörden delegierten Mitglieder die Mehrheit besaßen. „Nun haben ... der Vorsiotzende (sic!), der Richter und der Vertreter des Fachministeriums keine praktische Kenntnis von den industriellen Betriebsverhältnissen, der Arbeiter mit seinem engeren Gesichtskreis steht auf dem Standpunkt des „Begehrens" und nur der Unternehmer wird über größeres Verständnis, wertvolle Erfahrungen und deshalb über den richtigen Blick verfügen." „Die Industrie" sprach jedem außer den Unternehmern das Recht ab, über Löhne zu bestimmen und verwarf das Alimentationsprinzip. Sie drohte auch offen mit der Überwälzung der Lohnerhöhungen auf die Preise.[389] Obwohl die Kritik an der Kaiserlichen Verordnung, die mit keinem Wort auf die weitere Bindung der Arbeiterschaft einging, bald teilweise zurückgenommen wurde,[390] war klar, daß die Durchsetzung des neuen Arbeitsrechts, das ja lediglich eine aus volkswirtschaftlichen und politischen Erwägungen notwendige Kompensation für die Entmachtung der Arbeiterschaft im Ausnahmezustand war, nicht einfach sein würde.

Die sozialdemokratischen Gewerkschaften sahen in der Kaiserlichen Verordnung vor allem den eigenartigen Zwittercharakter. „Die Regierung hat den Arbeitern Schutz

---

387 Vgl. ebd., S. 538 (Hilfsdienstgesetz, § 9, Abs. 3).
388 Vgl. ebd., S. 538–540 (Hilfsdienstgesetz, §§ 11 und 14).
389 Vgl. DI 12/1917, S. 2–3.
390 Vgl. DI 14/1917, S. 7. Vgl. auch DG 14/1917, S. 88.

angedeihen lassen wollen, dafür hat sie den Unternehmern einen Preis dadurch gezahlt, daß auch die greisen Männer und die Frauen an den Betrieb gebunden werden; oder: die Regierung wollte auch noch diese zwei Gruppen in die Kriegsdienstpflicht nehmen und da mußte sie doch auch den Arbeitern etwas Schutz gewähren. Daß bloß die Sorge für die Arbeiter der Beweggrund für die Verordnung vom 18. März 1917 gewesen ist, läßt sich also nicht sagen."[391] Sie sahen aber doch in der Errichtung der Beschwerdekommissionen eine große Chance. „Da mit diesem Gesetz ein gänzlich neues Gebiet betreten wird, kommt es mehr noch wie (sic!) bei jedem anderen Gesetz in der Hauptsache auf den *Geist seiner Handhabung* an. Es ist klar, daß dieser bis zum letzten Rest ein *wahrhaft sozialer* sein muß, wenn die Härten, die das Gesetz für die ihm unterstellte Arbeiterschaft bringt, ... gemildert werden sollen."[392] Das Hauptaugenmerk der Unternehmer wie der Arbeiterorganisationen gehörte den Repräsentanten der Staatsverwaltung, deren Haltung in den Beschwerdekommissionen entscheidend war.

6.1.2.1.1. Die Tätigkeit der Beschwerdekommissionen in den Jahren 1917 und 1918

Noch ehe die Kaiserliche Verordnung betreffend die Neuregelung der Arbeitsverhältnisse in der Kriegsindustrie publiziert war, begannen in den Ministerien die Vorarbeiten zur Nominierung der Mitglieder. Das Landesverteidigungsministerium berief pro Standort der Beschwerdekommissionen nur je einen Vorsitzenden.[393] Das Justizministerium ernannte sehr rasch die richterlichen Mitglieder für alle Kommissionen.[394] Die Hauptlast der Nominierung lag beim Handelsministerium, das einerseits einen eigenen Vertreter zu entsenden hatte[395] und dem andererseits die heikle Aufgabe der Auswahl der Unternehmer- und Arbeitervertreter für die Industrie zufiel. Für den weniger umfangreichen Bereich der Bergbaubetriebe war das Arbeitsministerium zuständig.

Im Handelsministerium liefen schon Anfang März 1917 Listen der verschiedenen Arbeiterorganisationen ein, die ihre Vertretungswünsche ankündigten.[396] Es war nun eine Aufteilung der vorhandenen Sitze auf die diversen politischen und nationalen Verbände vorzunehmen, was große Sorgfalt erforderte. Die Verhandlungen wurden von Dr. Max Lederer geführt und endeten mit einem Kompromiß. Berücksichtigung fanden nur die zentralistischen und separatistischen sozialdemokratischen und die christlichen Gewerkschaften, sowie die der Zentralkommission angeschlossenen, deutschnationalen Arbeitnehmerverbände.[397] Gegen eine Beteiligung der tschechischen nationalsozialen Arbeiterpartei hatte sich der böhmische Statthalter ausgesprochen, die Heranziehung auch anderer deutschnationaler Organisationen wurde von der Zentralkommission erfolgreich abgewehrt.[398]

---

391 Die Lohn- und Beschwerdekommissionen. Die Rechte der Arbeiter unter den Kriegsgesetzen (= Praktischer Führer durch die österreichische Gesetzgebung VI und VIa, Wien 1917) 29.
392 DG 13/1917, S. 75 (Hervorhebungen im Original).
393 Vgl. KA, MfLV, B. K. Z. 179/1917, Verteiler.
394 Vgl. KA, MfLV, Abt. XVIIa, Z. 1643/1917 (JM, Z. 9882/174/1917).
395 Vgl. AVA, HM, Z. 5879/1917, Dekrete Blatt 6–7.
396 Vgl. AVA, HM, Z. 5430/1917.
397 Vgl. AVA, HM, Z. 5879/1917, Blatt 5. Vgl. auch ebd., Pro domo Vermerk: Dank an Dr. Max Lederer für „eine so aufopfernde Tätigkeit".
398 Vgl. ebd., Blatt 6. Vgl. auch AVA, HM, Z. 5430/1917.

Von den insgesamt 40 Beschwerdekommissionssitzen für die Industrie entfielen 28 auf die zentralistische, freie Gewerkschaftskommission, neun auf die Separatisten, zwei auf christliche und einer auf deutschnationale Verbände. Von den sofort berufenen Stellvertretern wurde nur grob die Hälfte den freien zentralistischen Organisationen, ein Fünftel den Separatisten, ein Sechstel den christlichen und ein gutes Zehntel den deutschnationalen Verbänden zugesprochen.[399] Der als Ersatzmann für die Beschwerdekommission Pilsen I (Metallindustrie) nominierte Franz Domes war für diese Stelle auch von den Separatisten vorgeschlagen worden.[400]

Arbeitervertreter in den Beschwerdekommissionen für die Industrie

Beschwerdekommission	I	II	III	Beschwerdekommission	I	II	III
Wien	z	z	c	Prag	a	a	-
Wiener Neustadt	z	z	z	Pilsen	a	z	a
St. Pölten	z	z	-	Reichenberg	z	d	z
Linz	z	z	-	Brünn	z	a	z
Graz	z	c	-	Königgrätz	a	a	a
Leoben	z	z	-	Olmütz	z	a	z
Klagenfurt	z	-	-	Mährisch-Ostrau	z	z	z
Laibach	z	z	-	Krakau	z	z	-
Innsbruck	z	-	-				

z: zentralistische Sozialdemokraten
a: autonomistische tschechische Sozialdemokraten
c: christliche Gewerkschaften
d: deutschnationale Arbeiterorganisationen

Alle Beschwerdekommissionsmitglieder wurden auf Arbeiterseite von den Arbeitergewerkschaften nominiert; den Angestellten wurden, obwohl sie ebenso dem Kriegsleistungsgesetz und der Kaiserlichen Verordnung unterlagen, keine eigenen Vertreter zugestanden. Das Handelsministerium argumentierte, entgegen dem Wortlaut der Notverordnung, es ginge um den Rechtsschutz nur der Arbeiter.[401] Die Beschwerdekommissionen mußten sich in der Folge dennoch mit den Anliegen von Angestellten befassen.[402] Außerdem wurden ausnahmslos Männer zu Mitgliedern oder Stellvertretern in den Beschwerdekommissionen ernannt, obwohl das Beschwerderecht nicht zuletzt dem Schutz der neuverpflichteten Frauen galt. Die Regierung selbst stand der Vertretung der Arbeiterschaft in den Beschwerdekommissionen durch Frauen nicht ablehnend gegenüber. Auf die Forderung von Frauenvereinen, ein Frauenschutzamt nach deutschem Vorbild einzurichten, antwortete das Landesverteidigungsministerium sogar, die Interessen der Arbeiterinnen sollten durch weibliche Beschwerdekommissionsmitglieder wahrgenommen werden, und das Handelsministerium, dem die Entscheidung überlassen worden war, hatte keine Einwände. In einer verworfenen Fassung wollte das Ressort den

---
399 Vgl. DG 17/1917, zwischen S. 106 und S. 107 (Beilage: Text der KaisVO vom 18. 3. 1917 und Verzeichnis der vom HM ernannten Arbeitervertreter).
400 Vgl. AVA, HM, Z. 5430/1917.
401 Vgl. AVA, HM, Z. 5879/1917.
402 Vgl. z.B. KA, MfLV, B.K. Z. 1069/1917 und Z. 1598/1918.

Vorschlag allerdings ablehnen, da es zwar gegen eine Berufung von weiblichen Beschwerdekommissionsmitgliedern keine rechtlichen Bedenken gebe, weil aber die Frauen keine formal-juristischen Kenntnisse hätten und daher ihre Funktion nicht erfüllen könnten.[403] Die Arbeiterorganisationen machten von dem Recht, Frauen zu berufen, keinen Gebrauch; auch alle nachnominierten Ersatzleute waren Männer.

Die Beschwerdekommissionsmitglieder der Arbeiter waren in den meisten Fällen und insbesondere, was die Repräsentanten der zentralistischen, freien Gewerkschaften betraf, Funktionäre der mittleren Organisationsebene, die einerseits mit den lokalen Verhältnissen gut vertraut waren, andererseits aber auch bereits in engem Kontakt mit der Organisationsspitze standen. Die Unternehmervertreter wurden ebenso wie die Arbeitervertreter auf Vorschlag der diversen Organisationen berufen. Die hohen Funktionäre der Verbände schienen dabei meist unter den Stellvertretern auf.[404] Unter den Regierungsvertretern, die das Handelsministerium zu bestimmen hatte, waren beispielsweise Eugen Schwiedland oder Michael Hainisch.[405]

Die Konstituierung der Beschwerdekommissionen nahm, da die Auswahl der Mitglieder großen Einfluß auf ihr Wirken hatte und daher mit großer Sorgfalt durchgeführt werden mußte, einige Zeit in Anspruch.[406] Erst Anfang Mai 1917 wurde die alte Wiener Beschwerdestelle aufgelöst;[407] etwa seit 10. April 1917 existierte im Landesverteidigungsministerium die Direktionsabteilung der Beschwerdekommissionen, die für die Einheitlichkeit der Geschäftsführung Sorge zu tragen hatte.

Das Beschwerdewesen in der österreichischen Kriegsindustrie hatte in politischer Hinsicht zwei Aufgaben, die erstens wegen der gegebenen sozialen Verhältnisse nur sehr schwer zu bewältigen waren und deren Erfüllung zweitens durch die Konstruktion der Institution nicht gerade erleichtert wurde. Die Beschwerdekommissionen hatten einerseits die „Explosionsgefahr", die durch das Kriegsleistungsgesetz erzeugt wurde,[408] einzudämmen, andererseits die Produktion der Rüstungsgüter zu fördern. Diese zweite Funktion ergab sich nicht automatisch aus der ersten, denn die Einführung des Beschwerderechts brachte einen Fremdkörper in das Kriegsleistungswesen, der nur sehr schwer zu handhaben war.

Die Beschwerdekommissionen sollten den Arbeitern nach fast drei Jahren erstmals die Möglichkeit zur Durchsetzung berechtigter Forderungen geben. Die Berechtigung der Arbeiterwünsche konnte sich in der bestehenden Ordnung lediglich an längerfristigen volkswirtschaftlichen Erwägungen orientieren, wie der Erhaltung der Leistungsfähigkeit, während die Arbeiter selbst ganz andere Vorstellungen davon hatten. Die Beschwerdekommissionen mußten einen äußerst schwierigen Kurs zwischen Konzessionsbereitschaft gegenüber der Arbeiterschaft und Auflösung der durch das Militärregime bestehenden Regle-

---

403 Vgl. AVA, HM, Z. 8309/1917.
404 Vgl. AVA, HM, Z. 5879/1917, Blatt 8–10 und ebd., Blatt 24–27. Als stellvertretendes Beschwerdekommissionsmitglied fungierte auch Hermann Broch. Vgl. ebd., Blatt 25.
405 Vgl. ebd., Blatt 6–8.
406 Vgl. KA, MfLV, B. K. Z. 11/1917 (Urgenz des KM, Abt.10, Z. 105258 res/1917) und DG 20/1917, S. 120, PrGK 4. 5. 1917.
407 Vgl. KA, MfLV, B. K. Z. 68/1917.
408 KA, MfLV, B. K. Z. 367/1917 (KM, Abt.10, Z. 158201/1917).

mentierung steuern. Gleichzeitig traf das Beschwerdewesen auf den dezidierten Widerstand der Unternehmer, deren gewachsene Macht wieder eingeschränkt wurde. Eine Ablehnung der Beschwerdekommissionen überhaupt wurde nur durch die gespannte soziale Lage, die gewisse Zugeständnisse an die Arbeiter zwingend notwendig machte, und den Druck der Militärverwaltung verhindert. Die Unternehmer aber führten ständig Klage gegen die Tätigkeit der Beschwerdekommissionen. Der schärfste Widerstand kam von seiten der Großunternehmer der Grundstoff- und Schwerindustrie, die vielfach noch nie irgendeine direkte Einmischung in die Regelung der Arbeitsverhältnisse in ihren Betrieben hatten dulden müssen und deren Stellung in der Kriegswirtschaft noch mächtiger geworden war.

Schon wenige Wochen, nachdem die Beschwerdekommissionen aktiviert worden waren, lief bei der Direktion im Landesverteidigungsministerium eine Reihe von Protesten gegen Entscheidungen ein. Die Zentral-Direktion der Witkowitzer Bergbau- und Eisenhütten-Gewerkschaft verwahrte sich gegen die Einführung von Familienzulagen und bedauerte die üblen Folgen der Lohnfestsetzungen durch die Beschwerdekommission Mährisch-Ostrau. Die Arbeiter hielten, um höhere Akkordlöhne durchzusetzen, mit der Leistung zurück; das Vorbringen der Beschwerden vor der Kommission entziehe die Arbeiter dem Produktionsprozeß und deren Entscheidung über die Lohnhöhe berücksichtige nicht die großzügigen Wohlfahrtseinrichtungen des Unternehmens.[409] Mehrere Unternehmerverbände beklagten sich darüber, daß bislang zufriedene Arbeiter durch die Tätigkeit der Beschwerdekommissionen unzufrieden gemacht würden.[410] Es kam offenbar vor, daß sich Beschwerdekommissionen, gemäß ihrem Auftrag eventuell auch von Amts wegen die Arbeitsverhältnisse neuzuregeln, die Arbeiter nach ihren Wünschen befragten, um Unruhen zu vermeiden.[411] Im August 1917 erklärte die Hauptstelle industrieller Arbeitgeberorganisationen, die Errichtung der Beschwerdekommissionen habe „in ganz Österreich eine ganz außerordentlich intensive Arbeiterbewegung" ausgelöst.[412] Eine besondere Rolle in den Klagen der Unternehmer spielte die Tatsache, daß der Arbeitsvertrag in der Wiener Metallindustrie, der nach dem großen Streik im Mai 1917 auf privater Basis geschlossen wurde, von den Arbeitern in anderen Gebieten als Grundlage ihrer Forderungen an die Beschwerdekommissionen herangezogen wurde.[413] Dasselbe wiederholte sich Anfang 1918 nach der neuerlichen Lohnrunde in Wien Ende 1917. Angriffspunkt der Unternehmerbeschwerden war vor allem die in Wien erzwungene Einführung von Mindestlöhnen, die sie mit dem Argument zu bekämpfen suchten, die Beschwerdekommissionen seien dafür nicht zuständig, da es sich nicht um eine Regelung der Löhne sondern um eine Änderung des Lohnsystems handle.[414] Mit ähnlichen Einwänden wehrten sich die Unternehmer gegen die Einsetzung von Fabriksausschüssen oder Vertrauensleuten.[415]

---

409 Vgl. KA, MfLV, B.K. Z. 174 und Z. 292/1917 (KM, Abt.10, Z. 157049 res/1917).
410 Vgl. KA, MfLV, B.K. Z. 321/1917.
411 Vgl. KA, MfLV, B.K. Z. 367/1917 (KM, Abt.10, Z. 158201 res/1917, Grundzüge, P. 3).
412 KA, MfLV, B.K. Z. 840/1917, Eingabe 21. 8. 1917.
413 Vgl. KA, MfLV, B.K. Z. 285/1917, Eingabe des Verbandes der Industriellen in den politischen Bezirken Baden, Mödling, Neunkirchen, Wiener Neustadt und Umgebung. Vgl. auch KA, MfLV, B.K. Z. 352/1917.
414 Vgl. KA, MfLV, B.K. Z. 1294/1917, Eingabe der Hauptstelle 21. 11. 1917.
415 Vgl. KA, MfLV, B.K. Z. 1397/1917, Eingabe der Hauptstelle 6. 12. 1917.

Die Bereitschaft der Unternehmer zur Mitarbeit als Mitglieder in den Beschwerdekommissionen war im allgemeinen gering. Das Kriegsministerium mußte schon Ende Juni 1917 feststellen, daß in den neuen Gremien, die die Aufgabe hatten, die Arbeitsverhältnisse in der Kriegsindustrie neu zu regeln, einzig und allein die Vertreter der Arbeiter mit der Materie vertraut waren.[416] Der leitende Beamte der Direktion der Beschwerdekommissionen, Dr. Otto Conrad, hielt den Unternehmern vor, ihre Vertreter verhielten sich im Gegensatz zu den sorgfältig ausgewählten und bemühten Arbeitermitgliedern „gänzlich passiv" und trügen dadurch Mitschuld an manchen Fehlentscheidungen.[417]

Die Regierung, insbesondere die militärischen Ressorts, bedauerten also die mangelnde Kooperationsbereitschaft der Unternehmerseite, waren aber sehr bemüht, keinen Grund für Beschwerden zu bieten. Auf die ersten Klagen reagierte die Direktion sofort mit Weisungen an die Beschwerdekommissionen. Der Wiener Vertrag durfte nicht auf andere Gebiete ausgedehnt werden, weil dies in der Hauptstadt, wo die Preise am höchsten waren, zu neuer Unzufriedenheit führen würde. Die Vorsitzenden wurden angewiesen, „unwichtige" Entscheidungsgründe wegzulassen. Anlaß zu dieser Verfügung war die Begründung von Lohnerhöhungen durch die Beschwerdekommission Leoben mit den enormen Gewinnen der Alpinen-Montan-Gesellschaft. Den Beschwerdekommissionen wurde strengste Zurückhaltung auferlegt, was die Fabriksausschüsse betraf. Die Ablehnung von Mindestlöhnen wurde den Beschwerdekommissionen mit Hinweis auf den Kompetenzmangel dringend empfohlen.[418]

Hinter den Weisungen der Direktion an die Beschwerdekommissionen stand in den meisten Fällen die Heeresverwaltung, die jede Beunruhigung vermeiden wollte, den Ruin der Kriegsproduktion und der Staatsfinanzen befürchtete.[419] Bis zur Errichtung der Beschwerdekommissionen hatte ja das Kriegsministerium in hohem Maße allein die Arbeitsverhältnisse in den Kriegsleistungsunternehmen bestimmt. Sein wichtigstes Werkzeug auf Betriebsebene dabei waren die militärischen Leiter gewesen. Die Möglichkeiten der Heeresverwaltung wurden nun stark beschnitten. Nach übereinstimmender Ansicht der Regierung brauchten sich die Beschwerdekommissionen nicht an die früher vom Kriegsministerium getroffenen Anordnungen betreffend die Arbeitsverhältnisse zu halten.[420] Die Heeresverwaltung versuchte darum umso mehr, ihren Plänen durch Einflußnahme auf die Direktion zum Durchbruch zu verhelfen, und nur in seltenen Fällen entzog sich diese dem Einfluß. So sprach sich zwar das Kriegsministerium vehement gegen die Veröffentlichung von Urteilen aus, da es fürchtete, daß damit immer wieder neue Präzedenzfälle für Begehren geschaffen würden. Mit Rückendeckung der Zivilressorts wehrte die Direktion jedoch ein Verbot der Publizierung der Ergebnisse öffentlicher

---

416 Vgl. KA, MfLV, B.K. Z. 367/1917 (KM, Abt.10, Z. 158201 res/1917).
417 Vgl. KA, MfLV, B.K. Z. 1115/1917 (KM, Abt.23, Z. 2792(EW)/1917), 1. Sitzung Eisenwirtschaftsrat 30. 10. 1917.
418 Vgl. KA, MfLV, B.K. Z. 288, Z. 338, Z. 352, Z. 1262 und Z. 1294/1917.
419 Vgl. KA, MfLV, B.K. Z. 367/1917 (KM, Abt.10, Z. 158201 res/1917) und Z. 515/1918, Ministerialbesprechung 27. 3. 1918.
420 Vgl. KA, MfLV, B.K. Z. 499/1917, Ministerialkonferenz 23. 7. 1917.

Verhandlungen ab.⁴²¹ Wohl aber achtete die Direktion auf strengste Geheimhaltung der Entscheidungen, wenn eine Beschwerdekommission außerordentliche Zugeständnisse an die Arbeiter machte, wie z. B. die Beschwerdekommission Pilsen I, die im Juli 1917 Mindestlöhne für die Skodabelegschaft sanktionierte.⁴²² Die Heeresverwaltung verfügte schließlich auch über ein Mittel, um direkten Einfluß auf die Beschwerdekommissionen auszuüben, und zwar das Dienstverhältnis, in dem die militärischen Vorsitzenden zu ihm standen. So erzwang das Kriegsministerium, das keine Kompetenzen bei Bestellung oder Abberufung der militärischen Vorsitzenden hatte, gegen den Willen der Direktion die Ablöse des Vorsitzenden der Beschwerdekommission Prag, nachdem dieser in einem Urteil Fabriksausschüsse anerkannt hatte.⁴²³

Allgemein bestand das Problem, daß die relativ unabhängigen Beschwerdekommissionen von sich aus häufig einen von den Ansichten der Heeresverwaltung abweichenden Standpunkt einnahmen. Die Personalwahl gab keine Gewähr für Konformität. Es stellte sich also die Frage, wie die Zentralbehörden auf die Tätigkeit der Beschwerdekommissionen Einfluß nehmen konnten. Die Direktion der Beschwerdekommissionen griff wohl den Wunsch nach Interventionsmöglichkeiten bald auf und wies die Vorsitzenden an, bei Lohnentscheidungen mit weitreichenden Folgen dem fachlich zuständigen Regierungsvertreter die Möglichkeit zur Rücksprache mit dem Ministerium zu geben. Die Vorsitzenden sollten dabei mit Hilfe ihres Rechtes zur Vertagung von Sitzungen vorgehen.⁴²⁴ Das Handelsministerium weigerte sich jedoch, seinen Vertretern in den Kommissionen Anordnungen zu erteilen und das Justizministerium wahrte die Unabhängigkeit der Richter. Es ergab sich somit, daß die Mehrzahl der Ministerialvertreter, denen nach Absicht der Regierung der Schutz allgemeiner, volkswirtschaftlicher Interessen zukam, nach eigenem Gutdünken handeln konnten.⁴²⁵ Das Handelsministerium vertrat zwar nicht die Meinung der Arbeiterschaft,⁴²⁶ daß die Beschwerdekommissionen Gerichte und völlig unabhängig seien, sondern stellte sich auf den Standpunkt, die Beschwerdekommissionen seien „mit begrenzten, aber doch bunten *Aufgaben* betraute, in verschiedener (nur einheitlich als „Entscheidung" benannter) *Tätigkeitsform* auftretende, in eigentümlicher Weise *kollegial organisierte Verwaltungsbehörden* sui generis;"⁴²⁷ und als solche prinzipiell weisungsgebunden. Die Frage war nur, wer die Befugnis zur Erteilung von Weisungen hatte. Diese kam nach dem rechtspositivistischen Standpunkt, den das Handelsministerium und später das Sozialministerium einnahmen, einzig der Direktion der Beschwerdekommissionen als Oberbehörde innerhalb der eigenartigen Konstruktion zu. Diese war danach berechtigt, Anordnungen an die Beschwerdekommissionen als

---

421 Vgl. KA, MfLV, B. K. Z. 437 (KM, Abt.10, Z. 202241 res/1917) und Z. 499/1917, Ministerialkonferenz 23. 7. 1917.
422 Vgl. KA, MfLV, B. K. Z. 722/1917.
423 Vgl. KA, MfLV, B. K. Z. 472/1917.
424 Vgl. KA, MfLV, B. K. Z. 141/1917.
425 Vgl. KA, MfLV, B. K. Z. 499/1917, Ministerialkonferenz 23. 7. 1917.
426 Vgl. z. B. KA, MfLV, B. K. Z. 472 und Z. 872/1917.
427 Adolf *Merkl,* Die Stellung der Beschwerdekommissionen im Behördensysteme. Zugleich ein Beitrag über den Unterschied von Justiz und Verwaltung. In: Österreichische Zeitschrift für öffentliches Recht 6 (1918) 675 (Hervorhebung im Original). Merkl war als Vertreter des HM an den Beratungen beteiligt.

Kollegialorgane zu richten, nicht aber an einzelne Mitglieder.[428] Das Arbeitsministerium hingegen erteilte seinen Vertretern Weisungen, wie sie sich bei diversen Abstimmungen zu verhalten hatten,[429] und die Direktion der Beschwerdekommissionen wandte sich aus Opportunitätsgründen nie an eine Beschwerdekommission als Ganzes sondern immer nur an die militärischen Vorsitzenden.

Die Arbeiterschaft hielt die Beschwerdekommissionen für Gerichte. Diese Ansicht wurde auch dadurch nahegelegt, daß die Beschwerdekommissionen in bestimmten Fällen an die Stelle von Gerichten traten. Vor allem aber war nur von einer Institution, die nicht von vornherein an bestimmte Interessen gebunden war, eine unparteiische Überprüfung der Arbeiterwünsche zu erwarten. Es ergab sich also die für die Staatsverwaltung unangenehme Situation, daß die Beschwerdekommissionen von sich aus nicht unbedingt gemäß den Vorstellungen der Regierung vorgingen, während jede Einmischung von oben, um den Ansichten der Zentralstellen zum Durchbruch zu verhelfen, das politisch unverzichtbare Vertrauen der Arbeiterschaft in die Beschwerdekommissionen untergrub. Dazu kamen, bedingt durch die unterschiedlichen Rechtsauffassungen innerhalb der Regierung, technische Schwierigkeiten bei der Übermittlung der Ansichten der Oberbehörde an die Beschwerdekommissionen. Weisungen an die gesamte Kommission waren sinn- und zweckwidrig. Es konnte insbesondere den Unternehmer- und Arbeitervertreten nicht von gesamtwirtschaftlichen Erwägungen getragenes Stimmverhalten vorgeschrieben werden. Die Adressierung der Anordnungen an den vorsitzenden Offizier allein hatte die Nachteile, daß es erstens für diesen fast unmöglich war, die Determiniertheit seiner Handlungen zu verbergen, und daß zweitens die Einflußnahme auf den Vorsitzenden allein für eine gesicherte Mehrheitsbildung nicht ausreichte.

Die Direktion der Beschwerdekommissionen stand anfangs auf dem Standpunkt, die Berechtigung und Verpflichtung zu haben, den Vorsitzenden Weisungen zu erteilen und damit die Interessen der zentralen Verwaltung durchzusetzen. Sie berief sich dabei auf die Zusicherungen, die das Arbeitsministerium seinerzeit in den Verhandlungen der Kaiserlichen Verordnung eingeholt hatte.[430] In diesem Sinne wurde am 15. Juni 1917 in Wien eine Besprechung der Vorsitzenden der Beschwerdekommissionen abgehalten, nachdem schon die ersten Entscheidungen heftige Proteste der Unternehmer hervorgerufen hatten. Die Vorsitzenden wurden angewiesen, alles zu unterlassen, was Anlaß zu Reibereien mit den Industriellen geben könnte.[431] Schon dabei aber zeigte sich die Problematik dieser Vorgangsweise mit aller Deutlichkeit. Das Handelsministerium bezog seinen für die Direktion überraschenden Standpunkt, weigerte sich also, die fachlich zuständigen Ministerialvertreter im Sinne der Regierungspolitik zu instruieren.[432] Die Konferenz erregte außerdem unter den Arbeitern so großes Aufsehen und eine Mißstimmung, daß die Direktion es nicht mehr wagte, noch einmal eine solche Besprechung

---

428 Vgl. ebd., S. 677, 680–681.
429 Vgl. z.B. KA, MfLV, B.K. Z. 117/1918 (MföA, Z. 128020-XVb/1917).
430 Vgl. KA, MfLV, B.K. Z. 141/1917.
431 Vgl. KA, MfLV, B.K. Z. 321/1917.
432 Vgl. KA, MfLV, B.K. Z. 499/1917. Vgl. auch AVA, HM, Z. 9514/1917.

einzuberufen. Das Kriegsministerium konnte sich mit einem diesbezüglichen Wunsch nicht einmal anläßlich des Jännerstreiks 1918 durchsetzen.[433]

Die Weigerung des Handels- und auch des Justizministeriums, an ihre Vertreter Weisungen zu erteilen, machte eine Koordinierung der Interessen auf höchster Ebene notwendig. Die Direktion der Beschwerdekommissionen mußte sich bei den zivilen Ressorts über die Mittel und Ziele der Industrie- und Sozialpolitik informieren, um die Vorsitzenden zu instruieren. Am 23. Juli 1917 fand eine erste Besprechung von Ministerialvertretern statt, um die aufgetretenen Probleme zu diskutieren. Die Konferenz beschloß, daß die Einsetzung von Arbeiterausschüssen nicht in die Kompetenz der Beschwerdekommission fiel, wie es die Heeresverwaltung und die Unternehmer gefordert hatten, oder daß entgegen den Wünschen des Kriegsministeriums die Publikation von Ergebnissen öffentlicher Verhandlungen in den Zeitungen nicht verboten werden könne. Das wichtigste Resultat war der juristisch nur mangelhaft abgesicherte Entschluß, der Direktion die Möglichkeit zu geben, Fehlentscheidungen der Beschwerdekommissionen wieder aufheben zu können.[434] Technisch war dieses politisch sehr gefährliche Unterfangen nur so durchführbar, daß die Vorsitzenden angewiesen wurden, in der Sache, die nach Ansicht der Oberbehörde soeben falsch entschieden worden war, nochmals von Amts wegen einzuschreiten und ein anderes Ergebnis anzustreben.

Tatsächlich wurde dieser Weg nur selten gewählt. Meist nahm die Direktion die „Fehlentscheidungen" einer Kommission zum Anlaß, die Vorsitzenden vor ähnlichen Urteilen zu warnen.[435] In der Lohnrunde des Winters 1917/1918 versuchte die Direktion, ein einheitliches und kontrolliertes Vorgehen der Beschwerdekommissionen dadurch zu erreichen, daß sie alle einschlägigen Entscheidungen aussetzen ließ, bis in Wien eine Vertragserneuerung quasi als Muster gelungen war.[436] Trotz der anhaltenden Gegenwehr der Unternehmerschaft, die sich einer Übertragung des Wiener Vertrages auf die Provinz weiterhin widersetzte, wollte die Direktion der Beschwerdekommissionen das Wiener Abkommen als Präzedenzfall heranziehen und damit eine einheitliche Lohnregelung nach den Prinzipien des Wiener Vertrages, aber angepaßt an die örtlichen Teuerungs- und Lebensverhältnisse erreichen.

Im August 1917 versuchte die Direktion unter dem Eindruck der stürmischen Unternehmerproteste, allgemeine Weisungen für das Verhalten der Kommissionen gegenüber den Wünschen der Arbeiterschaft zu erteilen. Es wurde behauptet, der von den Unternehmern beklagte Produktionsrückgang sei unter anderem auch auf die Tätigkeit der Beschwerdekommissionen zurückzuführen. Sie gäben den Forderungen zu leicht nach; die Tatsache, daß höhere Löhne erst verdient werden müßten, träte in den Hintergrund. Die Beschwerdekommissionen hätten das Vertrauen der Arbeiter errungen und müßten sich nun mehr um die Unternehmer bemühen. Das Handelsmimisterium, dem der Weisungsentwurf vorgelegt wurde, warnte eindringlich vor den Folgen einer solchen Intervention. Die Einstellungsänderung der Vorsitzenden werde von den Arbeitervertre-

---

433 Vgl. KA, MfLV, B.K. Z. 197/1918 (KM, Abt.10 KW, Z. 10039/S/1918).
434 Vgl. KA, MfLV, B.K. Z. 462 und Z. 499/1917.
435 Vgl. besonders KA, MfLV, B.K. Z. 1262 und Z. 1397/1917 (Fabriksausschüsse).
436 Vgl. KA, MfLV, B.K. Z. 1359 und Z. 1382/1917.

tern „zweifellos" registriert und müßte „peinliche Mißstimmung" heraufbeschwören. Der lebhafte Widerspruch des Handelsministeriums, den die anderen Ressorts ablehnten, hatte den Erfolg, daß die Angelegenheit auf höchster Ebene diskutiert wurde. Erst im März 1918 retournierte das Ministerratspräsidium den Weisungsentwurf an die Direktion mit der Bemerkung, daß es der Wunsch des Kaisers sei, zumindest den in Frage stehenden, inhaltlich äußerst wichtigen Erlaß den Vorsitzenden nur mündlich mitzuteilen.[437] Dies war jedoch, da eine Berufung der Vorsitzenden nach Wien zuviel Unruhe verursacht hätte, nicht möglich.

Die offenkundigen Schwierigkeiten in der Führung der Beschwerdekommissionen gaben sehr bald Anlaß zu Plänen für einen Ausbau der Direktion. Das Kriegsministerium schlug im Sommer 1917 vor, die Vorsitzenden immer wieder zu Besprechungen zu laden und sie anzuweisen, keine Entscheidungen zuzulassen, die die Konkurrenzfähigkeit der österreichischen Wirtschaft nach dem Kriege behindern könnten. Darüber hinaus versuchte die Heeresverwaltung die Gefahren dadurch zu verringern, daß die an die Kommission gerichteten Klagen zunächst einem vorbereitenden Ausschuß, bestehend aus einem Unternehmer und einem Arbeiter, vorgelegt werden müßten. Sie hoffte, daß dadurch Vereinbarungen auf privater, statt auf öffentlich-rechtlicher Basis gefördert und Unruhe stiftende Entscheidungen vermieden würden.[438]

Die interessanteren Anregungen zur Regelung der Beziehungen zwischen Beschwerdekommissionen und Zentralverwaltung lieferte das Handelsministerium. Schon Ende Juni 1917 empfahl es, der Direktion einen „Beirat von sachkundigen Sozialpolitikern" anzugliedern.[439] Dem „Anlehnungsbedürfnis" der Direktion, das sich in den Bitten um die Geltendmachung des Einflusses der Zivilressorts auf die Beschwerdekommissionen zeigte, sollte durch die Schaffung eines Beratungsgremiums entsprochen werden, das sich aus Beschwerdekommissionsmitgliedern zusammensetzte. Ein Rechtssenat, der hauptsächlich aus Juristen zu bilden war, sollte die Direktion in Verfahrensfragen informieren. Ein zweiter Senat, dem vor allem Unternehmer- und Arbeitervertreter angehören sollten, hätte die Aufgaben eines Konsultativorgans in wirtschaftspolitischen Fragen zu übernehmen. Das Handelsministerium versuchte also eine Einbindung der Interessensvertreter auch auf zentralstaatlicher Ebene, um damit der Direktion der Beschwerdekommissionen und dem Landesverteidigungsministerium einen Teil seiner politischen Verantwortung abzunehmen.[440]

Die anderen beteiligten Ressorts, einschließlich des Kriegsministeriums, stimmten der Einrichtung eines Beirates vorerst auch zu.[441] Bis zur Ministerialkonferenz am 5. Jänner 1918, in der diese Angelegenheit besprochen wurde, vollzog sich allerdings ein Meinungsumschwung. Nur das Sozialministerium, das in der Zwischenzeit an die Stelle des Handelsministeriums getreten war und auch dessen Standpunkt zur Sache übernommen

---

437 Vgl. AVA, HM, Z. 10498/1917 und KA, MfLV, B.K. Z. 675 und Zu Z. 675/1917 (KM, Abt.10, Z. 257501 res/1917 und MföA, Z. 94905-XVb/1917).
438 Vgl. KA, MfLV, B.K. Z. 367/1917 (KM, Abt.10, Zu Z. 158201 res/1917).
439 Vgl. KA, MfLV, B.K. Z. 383/1917 (HM, Z. 9075/1917).
440 Vgl. AVA, HM, Z. 9514/1917 (MfLV, B.K. Z. 352/1917).
441 Vgl. KA, MfLV, B.K. Z. 500 (MföA, Z. 83760-XVb/1917), Z. 531 (KM, Abt.10, Z. 203446 res/1917) und Z. 1331/1917 (JM, Z. 41673/1917).

hatte, befürwortete die Einrichtung eines Beirates, um eine Verbindung der Direktion zur Praxis herzustellen. Sonst hatte sich die Ansicht durchgesetzt, daß mit einem Beirat eine weitere Institution geschaffen würde, die unter Umständen die Regierungsbehörden bei der Exekution ihrer Pläne behinderte. Die Direktion fürchtete den Zustand, wenn sie aus staatlichen Rücksichten entgegen den Empfehlungen des Beirates agierte und sich damit den Unwillen eines zentralen Gremiums der Interessensvertreter zuzog. Außerdem wurde die angesichts der Entwicklung der sozialen Lage wohl zutreffende Meinung vertreten, daß auch ein Beirat gerade in den wichtigen Fragen keine Kompromißlösungen finden könnte. Ein Beirat, in dem alle verschiedenen Branchen und politischen Richtungen vertreten wären, wurde im übrigen als zu groß und zu schwerfällig eingeschätzt. Schließlich wurde gegen die Stimme des Vertreters des Sozialministeriums beschlossen, auf den Beirat zu verzichten und statt dessen häufiger Ministerialkonferenzen zu veranstalten. In diesem Ergebnis kam die Ansicht der Heeresverwaltung, daß es primär nicht darum ging, die Direktion fachlich besser zu beraten, sondern nur darum, durch eine bessere Koordination innerhalb der zentralen Verwaltung die Durchsetzung der staatlichen Interessen zu garantieren.[442]

Etwa zur gleichen Zeit protestierte die freie Gewerkschaftskommission gemeinsam mit dem Österreichischen Metallarbeiterverband und mehreren sozialdemokratischen Reichsratsabgeordneten massiv gegen die Eingriffe in das freie Entscheidungsrecht der Beschwerdekommissionen. Anlaß war die von der Direktion erzwungene Vertagung von Lohnverhandlungen in Graz und Prag bis zum Abschluß eines neuen Abkommens in Wien im Dezember 1917,[443] die als Anschlag der Direktion auf den Gerichtsstatus und damit die Vertrauenswürdigkeit der Beschwerdekommissionen gewertet wurde; ein solches Vorgehen erinnerte an „allerärgste Akte einer längst vergangenen Kabinetjustiz".[444] Die betroffenen Regierungsstellen reagierten bestürzt. Sie standen angesichts der sehr vehement vorgebrachten Klagen vor den Alternativen, entweder nachzugeben oder es auf eine öffentlich ausgetragene Konfrontation ankommen zu lassen, da die Abgeordneten Seitz und Domes unterschwellig mit einer Interpellation im Abgeordnetenhaus gedroht hatten. Bei einer ausführlichen Erörterung des Beschwerdewesens im Parlament mußte damit gerechnet werden, daß der Regierung die rechtlich nur schlecht abgesicherten Einflußmöglichkeiten auf die Tätigkeit der Kommissionen entzogen würden.[445]

Die Direktion der Beschwerdekommissionen versuchte schließlich, die Situation durch Beschwichtigung zu retten. Sie regelte, um der zu erwartenden regierungsfeindlichen Diskussion im Parlament zu entgehen, die Angelegenheit auf informeller Ebene und zwar mit dem Argument, daß die Weisungen an die Beschwerdekommissionen nicht gegen die Interessen der Arbeiter gerichtet seien.[446] Diese Argumentation war möglich, weil die ausgesetzten Lohnverhandlungen in der Provinz nach der unvorhergesehenen Verzögerung der Kollektivvertragsverhandlungen in Wien wiederaufgenommen worden

---

442 Vgl. KA, MfLV, B.K. Z. 69/1918, Protokoll 5. 1. 1918.
443 Vgl. KA, MfLV, B.K. Z. 70/1918.
444 Vgl. KA, MfLV, B.K. Z. 117/1918, Eingabe.
445 Vgl. KA, MfLV, B.K. Z. 248/1918, Protokoll 9. 2. 1918.
446 Vgl. ebd., Antwort an die GK.

waren und die Direktion die Vorsitzenden angewiesen hatte, rückwirkend gültige Lohnerhöhungen zuzugestehen.[447]

Interessant erscheint, daß die Direktion der Beschwerdekommissionen zunächst beabsichtigt hatte, die Antwort auf die Eingabe privat an Franz Domes zu richten, und es der Vertreter des Landesverteidigungsministeriums für notwendig hielt, zur Untermauerung der arbeiterfreundlichen Tendenz der Oberbehörde, einige der kritisierten Weisungen im Wortlaut dem Gewerkschaftssekretär zu übermitteln.[448] Beide Vorhaben wurden fallengelassen. Die Replik auf den Protest wurde in sehr gemäßigtem Ton ohne Zitierung der Erlässe an die Gewerkschaftskommission adressiert. Auf die Beischließung der Weisungen wurde verzichtet, da in diesem Fall der direkte Einfluß des Kriegsministeriums, dessen Noten an die Direktion des öfteren unverändert als Weisungen weitergegeben wurden, offengelegt worden wäre.[449]

Die Gewerkschaftskommission scheint sich mit der Antwort zufriedengegeben zu haben. Es gab zumindest keine registrierbaren Reaktionen darauf. Die Direktion der Beschwerdekommissionen setzte somit auch die Weisungen an die Vorsitzenden fort: Mit der Erledigung der sozialdemokratischen Eingabe wurde eine Belehrung der Militärs an der Spitze der Beschwerdekommissionen vorbereitet, die an sie gerichteten Anordnungen besser geheimzuhalten.[450] Der Direktion lag besonders an der Verhinderung von Mindestlöhnen. Schon bei der Freigabe der Lohnverhandlungen in der Provinz Anfang Jänner 1918 hatte sie die Vorsitzenden eindringlich zur Ablehnung diesbezüglicher Anträge ermahnt. Sie sollten dabei so vorgehen, als ob diese *„aus eigenem Antrieb* erfolgen würde", und die Vorsitzenden waren *„keinesfalls* berechtigt", sich auf Weisungen der Oberbehörde zu berufen.[451]

Der Erfolg der Beschwerdekommissionen beruhte wesentlich auf dem Fingerspitzengefühl, mit dem die Direktion zwischen dem Protest der Arbeiterschaft und den Interessen des Staates bzw. der Unternehmer manövrierte. Diese war daher gezwungen, die schärfere Gangart, die das Kriegsministerium nach dem Jännerstreik gegenüber der Arbeiterschaft einschlug, zu dämpfen und näherte sich in ihrer Haltung dem Sozialministerium an. So verschloß sich die Direktion im Februar 1918 der Forderung der Heeresverwaltung, die Vorsitzenden zwecks eindringlicher Instruktion nach Wien zu laden, da gefährliche Unruhen befürchtet wurden. Dezidiert wies sie auch die Absicht der Heeresverwaltung zurück, im Februar 1918 mit dem Abbau der „hohen Kriegslöhne" zu beginnen, um der Industrie einen günstigen Start in der Übergangswirtschaft zu sichern. Das Kriegsministerium, das sich hier die Meinung der Wiener Neustädter Unternehmer zueigen gemacht hatte, vertrat die Ansicht, daß es „die gegenwärtigen Bedarfs- und Lieferungsverhältnisse ermöglichten ..., den natürlichen Zwang, daß der Arbeiter zu seinem Unterhalte arbeiten muß, voll zu betätigen." Im Niedergang der Kriegswirtschaft „habe es man nicht notwendig, weiteren Lohnforderungen nachzuge-

---

447 Vgl. KA, MfLV, B.K. Z. 70/1918.
448 Vgl. KA, MfLV, B.K. Z. 248/1918, Entwurf der Antwort an Domes. Vgl. auch Z. 117/1918 und AVA, SM, Z. 4328/1918.
449 Vgl. KA, MfLV, B.K. Z. 248/1918 und ebd., Protokoll 9. 2. 1918.
450 Vgl. KA, MfLV, B.K. Z. 117/1918.
451 Vgl. KA, MfLV, B.K. Z. 70/1918 (Hervorhebungen im Original).

ben." Die Direktion der Beschwerdekommissionen behauptete demgegenüber, die Löhne seien eine Funktion der Preise, nicht umgekehrt, und die Industriellen verminderten die Konkurrenzfähigkeit ihrer Waren daher selbst.[452] Bis zum Kriegsende aber folgte die Direktion in der Abwehr von Mindestlöhnen und achtstündigem Arbeitstag dem Kriegsministerium,[453] während das Sozialministerium eine differenzierte Haltung zu diesen Problemen forderte.[454]

Die Problematik der Einflußnahme auf die Beschwerdekommissionen zeigt das Spannungsfeld der sozialpolitischen Reformen im Kriegsleistungssystem auf. Um ihre Funktion als Instrument zur Befriedung der Arbeiterschaft erfüllen zu können, mußten ihnen weitreichende Kompetenzen zugestanden werden. Eine bloße Regulierung der Löhne war bei den herrschenden Verhältnissen zu wenig. Die Staatsverwaltung versuchte vielmehr, dem Eingriff in die Produktion durch das Kriegsleistungsgesetz, der so nachhaltige Folgen für die industriellen Arbeitsbeziehungen gehabt hatte, ebenso dirigistische Maßnahmen auf sozialpolitischem Gebiet anzugliedern.

Die abweichenden Vorstellungen des Handels- und Sozialministeriums, die offensichtlich einigen Rückhalt sowohl bei den Spitzen der Zivilverwaltung als auch in den Arbeiterorganisationen fanden, propagierten dagegen eine Lösung nach kooperativem Muster. Der Staat sollte sich aus den sozialpolitischen Fragen heraushalten und diese den Arbeitsmarktparteien, die in den Beiräten und ähnlichen Institutionen zu organisieren wären, wenigstens zum Teil überlassen. Deutlich kamen diese Konzeptionen in den Diskussionen um die Sozialpolitik während der Übergangsphase zur Friedenswirtschaft zum Ausdruck.[455] Die Absicht, innerhalb des kriegswirtschaftlichen Systems die politische Verantwortung für die Regelung der sozialen Beziehungen den Unternehmern und Arbeiterorganisationen zu übertragen, mußte jedoch scheitern. Bezeichnenderweise fußten die korporativen Konzeptionen auch stets auf längerfristigen, übergangswirtschaftlichen Überlegungen. Die österreichischen Gewerkschaften gewannen durch ihre Beteiligung an den Beschwerdekommissionen an Bedeutung und Prestige, sie gelangten aber nicht wie die deutschen Organisationen im Rahmen des Vaterländischen Hilfsdienstes in zentrale Lenkungsgremien. Die faktische Patt-Situation in der Einflußnahme auf das Beschwerdewesen zwischen Handels- und Sozialministerium einerseits, Militärverwaltung andererseits besonders ab der Jahreswende 1917/1918 hatte auch ein deutliches Abflauen des Interesses der Arbeiterschaft und ihrer Organisationen an der Institution zur Folge.[456]

Die Erhaltung der Leistungsfähigkeit und der Disziplin der Arbeiterschaft, um die die Heeresverwaltung bei Einführung der Beschwerdekommissionen fürchtete, war nicht nur durch die mangelnde Lenkbarkeit der neuen Institutionen in Frage gestellt. Bei der

---

452 Vgl. KA, MfLV, B. K. Z. 197 (KM, Abt.10 KW, Z. 10039/S/1918) und Z. 515/1918, Protokoll 27. 3. 1918. Vgl. auch AVA, SM, Z. 8698/1918.
453 Vgl. z. B. KA, MfLV, B. K. Z. 1678/1918. Ablehnung von Arbeitszeitverkürzungen Anfang November 1918 auf Anordnung des KM.
454 Vgl. KA, MfLV, B. K. Z. 515/1918, Beilage (Unterscheidung Bergbau/Industrie, arbeitsintensive/kapitalintensive Branchen, Achtstundentag/Achtstundenschicht).
455 Vgl. besonders AVA, HM, Z. 12540/1917, Diskussion um eine Sonderkodifikation des Arbeitsrechts.
456 Vgl. z. B. ÖMA 16/1918, S. 73 (11. Verbandstag, Tagesordnungspunkt 6. d).

großen Anspannung aller Kräfte bedeutete bereits der technische Vorgang des Vorbringens einer Klage, zumindest nach Ansicht vieler Unternehmer und des Kriegsministeriums, eine Störung der Produktion. Besonders zu Beginn der Tätigkeit der Beschwerdekommissionen nahmen viele Arbeiter das ihnen gesetzlich zugestandene Recht in Anspruch, ihre Klagen persönlich und mündlich vorzubringen, was wegen des großen Andranges nicht immer während der arbeitsfreien Zeit bewältigt werden konnte.[457]

Als Gegenmaßnahme forcierte die Direktion zunächst die Errichtung von Ortsstellen mit den Kompetenzen zur Auflösung von Arbeitsverhältnissen und zur gütlichen Beilegung von Differenzen.[458] Darüber hinaus wurde aber versucht, den Vorgang der Antragsstellung unter Kontrolle zu bringen. Eine Möglichkeit hiezu bestand durch die militärischen Leiter, die ja bis zur Errichtung der Beschwerdekommissionen größten Einfluß auf die Arbeitsbeziehungen in der Kriegsindustrie gehabt hatten. Tatsächlich plante das Kriegsministerium eine Meldung der Arbeiter beim militärischen Leiter, bevor sie ihre Klage bei der Beschwerdekommission einbrachten.[459] Die militärischen Leiter konnten aber nur als Kontrollorgane fungieren, ihnen selbst stand kein Einfluß mehr auf die Gestaltung der Lohn- und Arbeitsbedingungen zu.[460]

Das Problem der Produktionsstörungen durch die Einbringung und Verhandlung von Beschwerden erschien in den ersten Monaten so dringlich, daß die Direktion sogar eine Konferenz mit den Arbeiterorganisationen veranstaltete. Diese Besprechung mit Vertretern aller beteiligten Organisationen fand am 16. Juli 1917 statt[461] und stellte klar, daß die Gewerkschaften keine Beschränkung des Beschwerderechts, sei es durch ein Verbot mündlicher Klagen, sei es durch eine Kontrolle durch die militärischen Leiter, dulden würden. Die Arbeitervertreter hielten die von den Unternehmern behaupteten Produktionsstörungen für übertrieben und für eine Anfangsschwierigkeit. Ihr zentrales Argument war, „daß allfällige Mißbräuche lediglich von den unorganisierten Arbeitern ausgehen; da der Anschluß der Arbeiter an die Organisationen sehr rasche Fortschritte mache, verliere diese Sache immer mehr an Bedeutung."[462]

Tatsächlich bewirkte die Notwendigkeit, die Disziplin innerhalb des Beschwerdewesens zu halten, eine Stärkung der Gewerkschaften, und zwar nicht nur durch eine stärkere Organisierung der Arbeiter, sondern auch, weil die Heeresverwaltung den Einfluß der Gewerkschaften zu diesem Zweck bewußt unterstützte. Mit einem Erlaß vom Sommer 1917 anerkannte und förderte das Kriegsministerium die Einrichtung von Vertrauensleuten und Fabriksausschüssen, die „in erster Linie als *Bindeglied* zwischen Arbeitnehmern und Arbeitgeber zu gelten [hatten]."[463]

---

457 Vgl. KA, MfLV, B.K. Z. 292 (KM, Abt.10, Z. 157049 res/1917) und Z. 467/1917, Besprechung 16. 7. 1917.
458 Vgl. z.B. KA, MfLV, B.K. Z. 322, Z. 340, Z. 341 und Z. 457/1917. Ortsstellen der Beschwerdekommission Leoben in Bruck an der Mur, Kapfenberg, Knittelfeld, Judenburg, Mürzzuschlag und Rottenmann.
459 Vgl. KA, MfLV, B.K. Z. 367 (KM, Abt.10, Zu Z. 158201 res/1917) und Z. 467/1917, Besprechung 16. 7. 1917.
460 Vgl. KA, MfLV, B.K. Z. 517/1917 (KM, Abt.10, Z. 154175/1917).
461 Vgl. KA, MfLV, B.K. Z. 292, Z. 414 und Z. 467/1917.
462 KA, MfLV, B.K. Z. 467/1917, Besprechung 16. 7. 1917.
463 KA, MfLV, B.K. Zu Z. 1262/1917 (KM, Abt.10, Z. 206754/1917). (Hervorhebung im Original.)

Die Fabriksausschüsse, die entsprechend der Belegschaftszusammensetzung aus den organisierten, unorganisierten, jugendlichen und weiblichen Arbeiter gewählt werden sollten, hatten die Aufgabe, erstens Forderungen der Arbeiter aufzugreifen und sie an die richtigen Stellen weiterzuleiten und zweitens durch Mitarbeit in den betrieblichen Fürsorgeeinrichtungen das Vertrauen der Arbeiterschaft in diese zu festigen und damit den Erfolg der diversen Aktionen zu fördern.[464] Die Vertrauensleute hatten also in erster Linie Puffer- und Disziplinierungsfunktionen; die Arbeiter sollten sich mit ihren Forderungen und Klagen nicht mehr selbst direkt an die Betriebsleitungen oder an die Beschwerdekommissionen wenden, was mit Unruhe und Arbeitsunterbrechung verbunden war, sondern aus ihrer Mitte gewählte Kollegen mit der Vertretung ihrer Interessen beauftragen.[465]

Die Vertrauensleute sahen sich zum einen dem Druck der Arbeiter ausgesetzt, deren Interessen sie zu vertreten und die sie zu beruhigen hatten, andererseits waren sie in besonderem Ausmaß Repressionen seitens jener militärischen Behörden ausgesetzt, mit denen sie unmittelbar in Kontakt kamen und denen die Vertrauensleute oft als besonders rührige Unruhestifter erschienen. Das Kriegsministerium mußte daher, um seine Ziele zu erreichen, die Vertrauensleute der Arbeiter unter Schutz stellen und forderte die ihm untergeordneten Stellen des öfteren auf, deren Sonderstellung zu beachten. In einem Erlaß vom Herbst 1917, mit dem ansonsten die Vorgangsweise gegen Streikende deutlich verschärft wurde, hieß es: „Es wird ... nochmals auf das strengste verboten, die Vertrauensmänner der Arbeiterschaft *lediglich aus dem Grunde* weil sie Vertrauensmänner sind oder weil sie als solche bei den hiezu berufenen Stellen das Recht der Arbeiter geltend machen, in dieser Weise [wie Arbeitsscheue und Aufwiegler, M.G.] zu maßregeln."[466] Zumindest kurzfristig war aber auch nicht auszuschließen, daß Vertrauensleute oder Ausschüsse ihre geschütze Position nützten, um dem vorhandenen, aber amorphen Unmut der Belegschaft eine bestimmte, den Intentionen der Obrigkeit entgegengesetzte Richtung zu geben. Solche Gefahren wurden, wie das Handelsministerium schon in der Diskussion um die Einführung der Vertrauensleute und Fabriksausschüsse feststellte, durch die Formierung in praktisch freien Wahlen noch verstärkt. Zu Vertrauensleuten gewählte „unliebsame Elemente" waren nur unter Schwierigkeiten aus ihren Positionen wieder zu entfernen.[467]

Im Juni 1918 faßte die Heeresverwaltung dann auch den Plan, die Bildung von Fabriksausschüssen fester in die Hand zu bekommen. Aufgrund einer Interpellation des sozialdemokratischen Abgeordneten Otto Glöckel im Subkomitee des Heeresausschusses im Parlament[468] beabsichtigte sie, das passive Wahlrecht in die Fabriksausschüsse an ein Mindestalter von 24 Jahren zu binden, um damit den Einfluß der meist radikalen Jugendlichen auszuschließen. Außerdem wollte das Kriegsministerium in dem geplanten

---

464 Vgl. ebd. (KM, Abt.10, Z. 206754/1917).
465 KA, MfLV, B.K. Z. 802/1917.
466 AVA, HM, Z. 11070/1917 (KM, Abt.10, Z. 215000 res/1917) (Hervorhebung im Original). Vgl. auch KA, MfLV, B.K. Z. 1396/1918 (KM, Abt.10, Z. 260300 res/1917 und KM, Abt.10, Z. 130000 res/1918).
467 Vgl. AVA, HM, Z. 10077/1917.
468 Vgl. AVA, MdI, Dep.5, Z. 43880/1918.

Erlaß deutlich herausstellen, daß es keine Einwände gegen Kontakte zwischen Unternehmensleitungen und Gewerkschaften hatte; auch die Fühlungnahme militärischer Leiter mit den Arbeiterorganisationen wurde prinzipiell gebilligt.[469] Das Sozialministerium, das diesen Absichten wohlwollend gegenüberstand, riet der Heeresverwaltung zu einer Formulierung, die die Arbeiterorganisation nicht vor den Kopf stieß. Der Erlaß sollte – im Oktober 1918 – nicht als Erklärung der Kooperationsbereitschaft sondern nur als Bekräftigung bereits bisher gepflogener Vorgangsweisen erscheinen, „da die gewerkschaftlichen Organisationen das beste und einzig zuverlässige Organ einer Vermittlung zwischen unruhigen Arbeitern und der Betriebsleitung sind".[470]

6.1.2.1.2. Die Beschwerdekommissionen und die Reform des bürgerlichen Rechts

Die sozialpolitische Diskussion der zweiten Kriegshälfte wurde über weite Strecken von einem auf den ersten Blick zweitrangigen Thema beherrscht: der Lohnfortzahlung bei Krankheit oder Unfall. Die schweren Auseinandersetzungen um diese Frage weisen aber daraufhin, daß es hier – ermöglicht durch die besonderen Umstände – um einen prinzipiellen Kampf der Unternehmer gegen die staatliche Sozialpolitik ging. Wichtigster Austragungsort des Konfliktes waren die Beschwerdekommissionen.

Die österreichische Regierung hatte sich 1916 unter dem Eindruck der sozialen Entwicklung und zur Vorbereitung einer Normalisierung zu einer zwar schon vor dem Krieg ausgearbeiteten, dann aber erst für die Zeit nach Friedensschluß geplanten Novellierung des ABGB entschlossen, die unter anderem ein modernes Arbeitsvertragsrecht einführen sollte.[471] Stein des Anstoßes dabei waren die §§ 1154b und 1155, wonach einem Dienstnehmer der Lohn eine Woche lang weiterzuzahlen war, wenn er unverschuldet durch Krankheit, Verletzung etc. an der Arbeit verhindert war, beziehungsweise wenn er die Leistung durch Verschulden des Unternehmers nicht erbringen konnte. Diese Bestimmungen waren nicht als zwingendes Recht verankert. Die gesetzlich vorgesehene Regelung konnte durch Vereinbarung zwischen Unternehmer und Arbeiter abgeändert oder außer Kraft gesetzt werden.[472] Wenn von den Vertragskontrahenden nichts ausgehandelt wurde, so traten die bürgerlichrechtlichen Klauseln in Kraft. Wollten die Unternehmer also Lohnansprüchen bei Dienstverhinderung entgehen, so mußten sie mit ihren Arbeitern zu entsprechenden Abmachungen kommen. Ihnen stand, da unter anderem die schuldrechtlichen Bestimmungen der Novelle erst am 1. Jänner 1917 in Kraft traten, nach der Verlautbarung im März 1916 genügend Zeit zur Verfügung.

Zunächst allerdings, zur Zeit der Veröffentlichung der Kaiserlichen Verordnung, gab es auch positive Reaktionen auf das neue Dienstvertragsrecht aus den Kreisen der Unternehmer. Das einflußreiche Blatt des Zentralverbandes Österreichischer Industriel-

---

469 Vgl. ebd. (KM, Abt.10, Z. 113250/1918).
470 Vgl. AVA, SM, Z. 27496/1918.
471 Vgl. 59 der Beilagen zu den StPrAH XXII, 1. Bd., S. 55 und KaisVO vom 19. 3. 1916, RGBl. Nr. 69: Dritte Teilnovelle zum ABGB.
472 Vgl. KaisVO vom 19. 3. 1916, RGBl. Nr. 69, § 1164 ABGB. Vgl. dazu Barbara *Dölemeyer*, Die Revision des ABGB durch die drei Teilnovellen von 1914, 1915 und 1916. In: Ius commune 6 (1977) 289–294.

ler hielt die Novelle für eine Modernisierung der „rückständigsten Partien des Gesetzes".[473] Mit dem Herannahen des Wirksamkeitsbeginns aber zeigte sich eine deutliche Änderung der Einschätzung. „Die Industrie" vertrat nun die Meinung, die neue Rechtslage fördere die Simulation von Krankheiten.[474] Dieses Argument stand in der Folge stets im Mittelpunkt des Kampfes der Unternehmer gegen den § 1154b ABGB. Die schroffste Ablehnung kam von Seiten des mächtigen Zentralvereins der Bergwerksbesitzer, der immer wieder versuchte, die gesetzliche Neuregelung wieder zu Fall zu bringen.

Die Bemühungen der Unternehmer, die die Novellierung des ABGB ad absurdum führten und, je nach Widerstandskraft der Arbeiter, in den einzelnen Branchen ganz unterschiedliche Verhältnisse schaffen mußten, veranlaßten die freie Gewerkschaftskommission zu Gegenmaßnahmen.[475] „Diese Ausschaltung des zwingenden Rechtes ... bedeutet eine sehr gefährliche Halbheit, die den Keim ziemlich ernster Konflikte in sich trägt .... Die Arbeiter müssen naturgemäß all ihr Bestreben danach richten die ohnehin bescheidenen Anläufe sozialen Fortschrittes nicht verkümmern zu lassen, sondern, sie so gut als möglich für ihre Interessen und die ihrer Klasse ausnützen. Anderseits ist es bei der allbekannten Gegnerschaft des österreichischen Unternehmertums gegen jede sozialpolitische Entwicklung nur zu begreiflich, daß sie jedes Hintertürchen, welches ihnen das Gesetz offen läßt, mit größtem Eifer benützen, um die Arbeiter um ihr schwer errungenes Recht zu bringen. So schafft die Halbheit der sozialen Gesetzgebung, deren von bürgerlicher Seite ausgesprochene Endzweck eigentlich die Milderung der Klassengegensätze sein soll, nur neue Gegensätzlichkeiten und Konflikte, die im vorliegenden Fall noch verschärft wurden durch die protzigste Betonung des doch schon der Vergangenheit angehörigen Herren-im-Hause-Standpunktes durch die Unternehmerpresse."[476]

Mit dem Hinweis auf den drohenden Konflikt gelang es tatsächlich, die Zentralbehörden zur Einleitung von Vergleichsverhandlungen zwischen Unternehmerverbänden und Arbeiterorganisationen zu veranlassen. Die große Unruhe in der Arbeiterschaft, die durch rücksichtsloses Vorgehen der Unternehmer in der Angelegenheit der Entgeltfortzahlung noch verschärft worden wäre, zwang die Staatsverwaltung zu Zugeständnissen gegenüber den als Ordnungsmacht unverzichtbaren Gewerkschaftsorganisationen. Die Verhandlungen selbst, „unter *der Patronanz der berufenen Behörden*",[477] nämlich des Handels-, Justiz- und des Arbeitsministeriums, gestalteten sich sehr schwierig und konnten nicht rechtzeitig vor dem 1. Jänner 1917 abgeschlossen werden. Die Gewerkschaftskommission mußte Anfang Jänner „den Arbeitern und ihren Organisationen dringend [empfehlen], etwaige Verlangen der Unternehmer, Erklärungen, die mit dem in Verhandlung stehenden Gegenstand in Zusammenhang stehen, zu unterzeichnen, unter Hinweis auf diese Verhandlungen *abzulehnen*."[478]

---

473 DI 14/15/1916, S. 2.
474 Vgl. DI 36/1916, S. 2–3.
475 Vgl. DG 45/1916, S. 252, PrGK 27. 10. 1916.
476 DG 3/1917, S. 10.
477 Ebd., S. 11 (Hervorhebung im Original).
478 DG 1/1917, S. 1 (Hervorhebung im Original).

Erst am 13. Jänner, nach der Verlautbarung einer Novelle zum Krankenversicherungsgesetz, die Vorkehrungen gegen doppelte Bezüge bei Dienstverhinderung enthielt,[479] kam ein Kompromiß zustande. Vertreter der genannten Ministerien, dann der Unternehmerorganisationen Bund, Zentralverband, Hauptstelle, Österreichischer Arbeitgeber-Hauptverband und Reichsverband deutscher Gewerbevereine, sowie schließlich der deutschnationalen, christlichsozialen, tschechischen und zentralistischen sozialdemokratischen Gewerkschaften vereinbarten eine vom Gesetz geringfügig abweichende Fassung des § 1154 b, der für alle Arbeitsordnungen während des Krieges und sechs Monate danach Gültigkeit besitzen sollte. Diese Abweichung betraf eine zweitägige Karenzfrist bei Krankheit, also die Lohnfortzahlung erst ab dem dritten Tag der Dienstverhinderung für höchstens eine Woche.[480] Die zweitägige Karenzzeit war auch durch die Novelle zum Krankenversicherungsgesetz obligatorisch festgesetzt worden.[481] Bei Unfall sollte der Arbeiter, wie im Gesetz vorgesehen, schon ab dem ersten Tag der Dienstunfähigkeit Anspruch auf die Lohnfortzahlung haben. Die Unternehmer konnten ihren Anteil an den Versicherungsbeiträgen in Abzug bringen. Zusätzlich legte der Kompromiß noch die Grundsätze der Lohnberechnung während der Kranheitstage fest.[482]

Noch weit größere Schwierigkeiten als die Erreichung bot die Durchsetzung der Vereinbarungen über den § 1154 b ABGB. Der eigenartige rechtliche Charakter des „Kompromisses", der sich aus der Art seines Zustandekommens ergab, ließ unklar, von wem und wie die getroffenen Vereinbarungen durchzusetzen waren. War der „Kompromiß" eine primär private Vereinbarung zwischen Unternehmer- und Arbeiterorganisationen, so war es die Aufgabe der Verbände, ihn gegenüber ihren Mitgliedern durchzusetzen; war aber der „Kompromiß" in erster Linie ein hoheitlicher Akt, so geriet die staatliche Verwaltung in die seltsame Situation, einer verbindlichen Interpretation einer dispositiven Gesetzesbestimmung zum Durchbruch verhelfen zu müssen.

Der zwiespältigen Rechtsnatur der Vereinbarung entsprechend sollten beide Wege beschritten werden. Die Organisationen der Unternehmer auf der einen Seite versuchten ihre Mitglieder zur Annahme des „Kompromisses" zu bringen, wobei sie allerdings nur sehr geringen Erfolg gehabt haben dürften.[483] Auf der anderen Seite wies das Handelsministerium die Gewerbebehörden, denen die Arbeitsordnungen der Betriebe zur Genehmigung vorgelegt werden mußten, an, diese nur dann zu vidieren, wenn sie hinsichtlich der Lohnfortzahlung dem Gesetz oder dem „Kompromiß" entsprachen. Arbeitsordnungen mit abweichendem Inhalt sollten zunächst zurückgewiesen und die Unternehmer zu entsprechenden Änderungen aufgefordert werden. Für die Arbeiter ungünstigere Regelungen seien schließlich nur dann zu akzeptieren, wenn die Belegschaft des Betriebes ihr Einverständnis damit erklärt hatte.[484] In solchen Fällen blieb es den Gewerkschaften vorbehalten, durch Wahrung der Organisationsdisziplin eine Vidierung der Arbeitsordnung zu vereiteln.

---

479 Vgl. KaisVO vom 4. 1. 1917, RGBl. Nr. 6, Art. I, § 6, Abs. 2, Z. 2 und § 9c, Z. 4.
480 Vgl. AVA, HM, Z. 126/1917. Der Text des Kompromisses ist abgedruckt in: DG 3/1917, S. 10.
481 Vgl. KaisVO vom 4. 1. 1917, RGBl. Nr. 6, Art. I, § 6, Abs. 2, Z. 2. Vgl. auch DG 4/1917, S. 13–14.
482 Vgl. AVA, HM, Zu Z. 126/1917, sowie KA, MfLV, B. K. Z. 541/1917, Protokoll 13. 1. 1917.
483 Vgl. KA, MfLV, Abt. XVIIa, Z. 2736/1917.
484 Vgl. KA, MfLV, B. K. Z. 652/1917 (HM, Z. 820/1917).

Der Erlaß des Handelsministeriums beabsichtigte also eine Durchsetzung des „Kompromisses", der unter seiner Patronanz zustandegekommen war, mit sanftem Zwang[485] und versuchte so dem Dilemma zwischen den rechtlichen Möglichkeiten und der gewünschten sozialpolitischen Entwicklung zu entgehen. Die wütenden Proteste insbesondere der Bergwerksbesitzer, veranlaßten das Handelsministerium jedoch bald zu einem Rückzug. Es änderte im Juni 1917 seine Weisung an die Gewerbebehörden ab und stellte nun mit Nachdruck fest, daß eine Verpflichtung der Unternehmer auf den „Kompromiß" allein durch Überredung, keinesfalls durch Zwangsmaßnahmen anzustreben sei. Außerdem wurde darauf verwiesen, die zahlreichen, inzwischen entstandenen Sonderabkommen in verschiedenen Branchen ohne weiters zu akzeptieren, sofern sie die Arbeiter nicht schlechter stellten als der „Kompromiß".[486] Da die auf höchster Ebene geschlossene Vereinbarung nicht durchgesetzt werden konnte, blieb auch die von der Gewerkschaftskommission gewünschte, einheitliche Regelung der Angelegenheit auf der Strecke. Je nach der Stärke der Berufsorganisationen wurden verschiedene, zum Teil für die Arbeiter auch günstigere Abkommen geschlossen.[487]

Ein Spezialproblem stellte die Anwendung des § 1154 b ABGB im Bereich der Kriegswirtschaft dar. In den militärischen, in den Kriegsleistungs- und in den Betrieben unter staatlichem Schutz war ja die Staatsverwaltung selbst Unternehmer oder gewährte den Privatbesitzern außerordentliche Vorteile. Für diesen Wirtschaftssektor war es zunächst ohne Schwierigkeiten möglich, die Einhaltung des „Kompromisses" zu erzwingen.[488] Dementsprechend griff das Kriegsministerium die Erlässe des Handelsministeriums auf und verpflichtete die militärischen Leiter, die Befolgung des „Kompromisses" in den Kriegsleistungsbetrieben zu überwachen.[489] In auffallendem Gegensatz zu dieser Praxis stand übrigens das Verhalten der Staatsverwaltung als Unternehmer bei den Bahnen. Das Eisenbahnministerium setzte den Forderungen auf Anwendung des § 1154 b ABGB längere Zeit energischen Widerstand entgegen. Erst nach massiven Drohungen der gewerkschaftlichen Organisation kam es im Sommer 1917 zu einem Übereinkommen zwischen den Eisenbahnern und dem Ministerium.[490] Die Errichtung der Beschwerdekommissionen bewirkte nun eine wichtige Änderung der Situation im staatlich kontrollierten Wirtschaftsbereich. Die Regelung der Arbeitsverhältnisse war ausschließlich Sache der neuen Institutionen; das Kriegsministerium konnte die Einhaltung des „Kompromisses" nur mehr in den eigenen, nicht aber in den Kriegsleistungsbetrieben durch-

---

485 Vgl. dazu z. B. DI 10/1917, S. 1–2.
486 Vgl. AVA, HM, Z. 7549 und ad Z. 7232/1917 (Übereinkommen für das Baugewerbe, Wien).
487 Vgl. DG 7/1917, S. 31–32 (Buchdrucker), DG 11/1917, S. 60 (Lithographen, Steindrucker, Wien), DG 19/1917, S. 114–115 (Buchbinder, Ledergalanteriearbeiter, Wien), DG 14/1917, S. 85 (Schneider, Wien), DG 17/1917, S. 107 (Hutarbeiter in Fabriken), DG 15/1917 S. 91–92 (Bauarbeiter, Wien), DG 20/1917, S. 119 (Bauarbeiter, Mähren und Schlesien), DG 29/1917, S. 155 (Tonarbeiter), DG 30/1917, S. 161 (Zimmerer), DG 18/1917, S. 111 (Metallarbeiter, Wien), DG 27/1917, S. 147 (Brauereiarbeiter, Alpenländer).
488 Vgl. KA, MfLV, B. K. Z. 652/1917 (HM, Z. 820/1917).
489 Vgl. KA, MfLV, B. K. Z. 369/1917 (KM, Abt.10, Z. 3758, Zu Z. 3758/I, Z. 52080 und Z. 102817/1917).
490 Vgl. AVA, SdPst Karton 129, Mappe: Eisenbahner 1915/1917: Zirkular des Rechtsschutz- und Gewerkschaftsvereins der Eisenbahner vom 24. 4. 1917; vgl. auch DG 33/1917, S. 173.

setzen.[491] Der Kampf um den § 1154b ABGB konzentrierte sich somit auf die Beschwerdekommissionen.

Die neuerliche Chance, der Lohnfortzahlung bei Krankheit zu entkommen, verstärkte den Widerstand der Unternehmer. Sie versuchten durch Widerstand in den Beschwerdekommissionen, durch Anfechtung bei den Gerichten, aber auch durch diverse Tricks den § 1154b ABGB zu umgehen.[492] Die verschärfte Auseinandersetzung, an der die Unternehmer der Kriegsindustrie maßgeblich beteiligt waren, veranlaßte die freie Gewerkschaftskommission, das Kriegsministerium zu drängen, entsprechende Klauseln in die Lieferverträge aufzunehmen,[493] und dieses kam, wohl unter dem Eindruck der sozialen Verhältnisse im Frühjahr 1917, diesem Wunsche auch nach. Es erließ eigene, auf dem „Kompromiß" aufbauende „Richtlinien" über die Anwendung der §§ 1154b und 1155 ABGB nach dem Muster der kollektivvertraglichen Vereinbarungen in der Wiener Metallindustrie.[494] Diese setzten unter anderem fest, daß das volle Entgelt nur einmal in vier Wochen beansprucht werden könne. Sie bestimmten auch die gültigen Verhinderungsgründe außer Krankheit und Unfall und die Zeitspannen, die in diesen Fällen vergütet wurden. So war der Lohn nach den „Richtlinien" bei Dienstverhinderung wegen Vorladung als Zeuge, wegen Musterung, Waffenübung, amtlich bestätigter Verkehrsstörung, Wahlrechtsausübung bei Wahlzwang, erfolgreich angebrachter Klagen bei Gericht, plötzlicher Erkrankung von Familienangehörigen, Todesfall in der Familie, der eigenen Trauung, bei erzwungenem Aussetzen infolge von Betriebsstörungen und für Frauen auch wegen Abholens der staatlichen Unterhaltsbeiträge, auszuzahlen. Für letzteres wurde eine Dauer von zwei Stunden normiert, für die Musterung z. B. fünf Stunden. Nicht entschädigt hingegen wurde das mit der Dauer des Krieges immer zeitraubendere, aber für das Überleben der Arbeiterfamilien unumgängliche Anstellen um Lebensmittel.

Großen Erfolg allerdings hatte das Zugeständnis des Kriegsministeriums nicht; die Stärke der Unternehmer, die der Heeresverwaltung als Lieferanten gegenüberstanden, vereitelte die Durchsetzung. Formal nahm das Kriegsministerium die Klausel zwar erst im Februar 1918 zurück,[495] als es nach dem Jännerstreik kurzfristig wieder in eine dezidiert arbeiterfeindliche Position verfiel, da es „von seinem Standpunkt aus den Wert einer gesetzlichen Bestimmung lediglich nach dem Maßstabe beurteilen [müsse], welchen Einfluß die Bestimmung auf die Produktivität der Unternehmung habe."[496] Die Vorgänge in den Beschwerdekommissionen in der Zeit davor zeigen aber, daß diese Richtlinien kaum zur Geltung kamen.

---

491 Vgl. KA, MfLV, B. K. Z. 369/1917 (KM, Abt.10, Z. 154575/1917).
492 So wurde versucht, Krankenkassenkontrolleure daran zu hindern, die Arbeiter über ihre Rechte zu informieren. Vgl. DG 35/1917, S. 216. Linzer Bauunternehmer fügten nach der Unterzeichnung dem Arbeitsvertrag eine Klausel an, die die Wirksamkeit des § 1154b ABGB ausschloß. Vgl. DG 36/1917, S. 221.
493 Vgl. KA, MfLV, Abt. XVIIa, Z. 2736/1917, Eingabe der GK 5. 5. 1917.
494 Vgl. KA, MfLV, B. K. Z. 369/1917 (KM, Abt.10, Z. 109754 und Z. 158179/1917, Richtlinien). Vgl. auch DG 39/1917, S. 232–233.
495 Vgl. AVA, SM, Z. 5894/1918 (KM, Abt.10 KW, Z. 6003/S/1918).
496 AVA, SM, Z. 9362/1918 (KM, Abt.10 KW, Z. 17790/S/1918).

6.1. Der Niedergang der Kriegswirtschaft

Anfang Juli 1917 ließ der Zentralverein der Bergwerksbesitzer dem Kriegsministerium und der Direktion der Beschwerdekommissionen eine Eingabe zukommen, in der er sich energisch dagegen verwahrte, daß die Beschwerdekommissionen seinen Mitgliedern die Befolgung des „Kompromisses" bezüglich des § 1154 b ABGB aufzwangen, obwohl der Zentralverband diesen nicht unterzeichnet habe und nicht billige.[497] Obwohl die Angelegenheit durch verschiedene Erlässe, Weisungen und privatrechtliche Abmachungen weitgehend geklärt schien, erklärten sich die meisten militärischen Stellen erneut zu Verhandlungen mit den Unternehmern bereit. Die Verbände der Bergwerksbesitzer, aber auch der Industrie und des Gewerbes, die dem „Kompromiß" beigetreten waren, nicht aber die Arbeitervertreter wurden innerhalb einer Woche zu einer neuerlichen Beratung über den § 1154 b ABGB geladen,[498] in der den Unternehmern bedeutende Konzessionen gemacht wurden. In einer „erläuternden" Weisung wurden die Vorsitzenden der Beschwerdekommissionen aufgefordert, folgende Neuregelung zu beachten: Die auf dem „Kompromiß" fußenden „Richtlinien" des Kriegsministeriums hatten unbedingt nur für die militärärarischen Betriebe zu gelten, für alle anderen Unternehmen sollten diese Regelungen nur wirksam werden, wenn diese sich auf den „Kompromiß" verpflichtet hatten; sonst galt abdingbares bürgerliches Recht.[499] Damit war die Klausel in den Lieferverträgen der Heeresverwaltung bereits im Juli 1917 aufgehoben. Der Streit um die Anwendung des § 1154 b wurde gleichzeitig endgültig auf die Beschwerdekommissionen bzw. auf die Gerichte abgeschoben.

Hauptgegner der Anwendung des § 1154 b ABGB blieben weiterhin die Bergwerksbesitzer; mit immer neuen Argumenten und Taktiken setzten sie den Kampf fort. War es einmal die Abdingbarkeit der neuen Zivilrechtsbestimmungen, mit der sie die Anwendung bestritten, so beriefen sie sich in anderen Fällen auf das Berggesetz, nach dem nur für tatsächlich erbrachte Leistungen Lohnansprüche bestanden.[500] Als die Beschwerdekommissionen generell diesen juristischen Interpretationen nicht folgten und auch die befaßten Gerichte meist abschlägige Urteile fällten,[501] spitzten sich die Auseinandersetzungen gegen Ende des Jahres 1917 drastisch zu. Mit der ständig wiederholten Rechtfertigung, der § 1154 b ABGB fördere die Simulation und habe zu schweren Produktionseinbußen insbesondere bei Kohle und Eisen geführt,[502] griffen die Bergherren zu Tricks, um der Lohnfortzahlung zu entgehen. So mußte sich die Beschwerdekommission Mährisch-Ostrau mit der Weigerung der Hüttenwerksgesellschaft in Trzynietz befassen, die Löhne weiterauszuzahlen, wenn die Arbeiter länger als eine Woche krank waren.[503] Diese absurde Auslegung der Zivilrechtsnovelle fand kein Gehör bei der Beschwerde-

---

497 Vgl. KA, MfLV, B. K. Z. 541/1917. Vgl. auch DG 38/1917, S. 227. Die Verbände der Bergwerksbesitzer hatten an den Verhandlungen wohl teilgenommen, unterzeichneten den „Kompromiß" aber nicht.
498 Vgl. KA, MfLV, B. K. Z. 541/1917.
499 Vgl. KA, MfLV, B. K. Z. 598/1917.
500 Vgl. KA, MfLV, B. K. Z. 708/1918. Vgl. auch DG 38/1917, S. 227–228.
501 Vgl. KA, MfLV, B. K. Z. 692/1917 und z. B. DG 14/1917, S. 81–82 und DG 38/1917, S. 228.
502 Vgl. z. B. KA, MfLV, B. K. Z. 675/1917; AVA, HM, Z. 7549/1917 und besonders Protokoll des Industriellentages 1917, S. 47–50.
503 Vgl. KA, MfLV, B. K. Z. 1068/1917.

kommission – es existierten eindeutige Stellungnahmen zu dieser Frage selbst von Seiten des Kriegsministeriums[504] –, aber ein Richter in Brüx gab den Bergwerksbesitzern tatsächlich recht.[505]

Die Unmöglichkeit, die Beschwerdekommission in Mährisch-Ostrau auf den Kurs der Unternehmer zu bringen, veranlaßte diese schließlich, zu schärfsten Mitteln zu greifen. Um nicht zur Akzeptierung des § 1154 b ABGB oder des „Kompromisses" gezwungen zu werden, boykottierten die Bergwerksunternehmer durch Abwesenheits- oder Krankmeldungen die Arbeit der Kommissionen in Pilsen und Mährisch-Ostrau.[506] Die österreichische Regierung, die mit wachsendem Widerstand der Unternehmer immer mehr von einer Durchsetzung der Vereinbarungen zurückgewichen war, sah sich in diesem Fall doch zu scharfen Maßnahmen gezwungen. Nachgiebigkeit gegenüber den Grubenherren hätte Beispielsfolgen nachsichziehen müssen. Am 22. Jänner 1918 wurde deshalb eine Verordnung des Justizministers „über die Pflichten der Mitglieder der „Beschwerdekommissionen" kundgemacht:[507] „Die Verhandlung der Rechtssache, deren Durchführung durch das Verhalten des Mitgliedes vereitelt wurde, ist neuerlich anzuordnen und zur neuen Verhandlung das säumige Mitglied und ein Stellvertreter zu laden. Entziehen sich das Mitglied und der Stellvertreter ihrer Amtspflichten bei der neuerlichen Verhandlung, so ist sie in ihrer Abwesenheit durchzuführen. Das vom Justizminister bestimmte richterliche Mitglied der Kommission hat in diesem Falle zwei Stimmen."

Die Beschwerdekommissionen konnten somit in Hinkunft auch in Abwesenheit des Arbeiter- oder des Unternehmervertreters gültige und exekutierbare Entscheidungen treffen. Das Justizministerium hatte ursprünglich vorgehabt, bei unentschuldigtem Fernbleiben sofort ohne das fehlende Kommissionsmitglied verhandeln zu lassen. Auf der Korrekturmöglichkeit durch neuerliche Anberaumung und Ladung hatte das Arbeitsressort bestanden, das in der Frage des § 1154 b ABGB fast vorbehaltslos auf der Seite der Gewerken stand.[508] Der Minister für öffentliche Arbeiten, Homann-Herimberg, betrachtete die Lohnfortzahlung im Bergbau offiziell als „Katastrophe".[509] Selbst ein vierzehntägiger Urlaub pro Jahr erschien seinem Ressort weniger gefährlich als der § 1154 b ABGB.[510] Beim Industriellentag im November 1917 mußte Homann-Herimberg jedoch feststellen, daß der Rückgang bei der Kohlenförderung in erster Linie auf die Unterernährung der Kumpel und nicht auf Leistungsverweigerung zurückzuführen war.[511] Auch ein im Herbst 1917 vom Herrenhaus angeforderter Bericht widerlegte die Anschuldigungen der Bergherren.[512]

Die Spannungen um den § 1154 b ABGB zeigten mit aller Deutlichkeit das Dilemma, in dem sich die Direktion der Beschwerdekommissionen und mit ihr das Beschwerde-

---

504 Vgl. KA, MfLV, B. K. Z. 369/1917 (KM, Abt.10, Z. 109754/1917).
505 Vgl. DG 39/1917, S. 231–232.
506 Vgl. KA, MfLV, B. K. Z. 184/1918.
507 Vgl. ebd. (JM, Z. 247/1918) und VO des JM vom 18. 1. 1918, RGBl. Nr. 20.
508 Vgl. KA, MfLV, B. K. Z. 184/1918 (JM, Z. 247/1918; MföA, Z. 861-XVb/1918).
509 Vgl. KA, MfLV, B. K. Z. 708/1918.
510 Vgl. KA, MfLV, B. K. Z. 69/1918, Protokoll 5. 1. 1918.
511 Vgl. Protokoll des Industriellentages 1917, S. 58–62.
512 Vgl. *Adler*, Arbeitsrecht, S. 111 und AVA, HM, Z. 11925/1917. Vgl. auch DG 45/1917, S. 259–260 und DG 12/1918, S. 61–63.

6.1. Der Niedergang der Kriegswirtschaft

wesen insgesamt befand. Das ständige Lavieren zwischen den Interessen der Arbeiterschaft, um Unruhen zu vermeiden, und jenen der Unternehmer, um deren Kooperation in der Kriegswirtschaft zu erhalten, endete mit einem eindeutigen Votum zugunsten letzterer. Mit der mächtigen Lobby der Unternehmer der Grundstoffindustrie stand der Staatsverwaltung eine Gruppe gegenüber, deren Loyalität zumindest ebenso wichtig schien wie die der Arbeiterschaft. Die Direktion der Beschwerdekommissionen, die weder mit der Rückendeckung der Heeresverwaltung noch mit jener der zivilen Ressorts bei der Durchsetzung des neuen Dienstvertragsrechts rechnen konnte, verhielt sich sehr vorsichtig. Dem schrittweisen Zurückweichen der Zentralstellen, von dem sich später lediglich das Sozialministerium, das mit der Gefährdung des Arbeitsfriedens argumentierte, distanzierte,[513] entsprach die Nichteinmischung der Direktion. Sie überließ damit die Entscheidung der Angelegenheit den Machtverhältnissen in den einzelnen Beschwerdekommissionen[514] und der Heeresverwaltung, die sich immer mehr der Position des Arbeitsministeriums annäherte.

Eine kurze Unterbrechung in dieser Entwicklung brachte der Jännerstreik. Das Kriegsministerium wies die Direktion an, den Kommandierten, die an der Arbeit gehindert worden waren, auch für die Streiktage den Lohn auszahlen zu lassen, um ihnen einen Anreiz zu bieten, auch beim nächsten Mal die Arbeit nicht niederzulegen.[515] Nur wenige Wochen später aber, im Februar 1918, machte die Direktion die Wendung der Heeresverwaltung mit und untersagte die Gewährung jeglicher Unterstützung bei Arbeiterausständen.[516] Generell folgte sie in der Frage der Entgeltfortzahlung in der Phase nach dem Jännerstreik den arbeiterfeindlichen Tendenzen des Kriegsministeriums und näherte sich nicht, wie in anderen Belangen, dem Standpunkt des Sozialministeriums an.[517] Als sich im April 1918 die Arbeiter in der Steinkohlenbergbaugenossenschaft des Mährisch-Ostrauer Revierbergamtes an die Direktion um eine Grundsatzentscheidung über die Gültigkeit der Zivilrechtsnovelle im Bergbau wandten, erteilte diese den Antragstellern eine klare Absage. Die Grubenherren hatten inzwischen in ihrem Kampf gegen den § 1154b ABGB in einem Fall eine höchstgerichtliche Entscheidung erreicht,[518] die alle bisherigen Zugeständnisse zunichtezumachen drohte. Die Direktion, die durch entsprechende Erlässe die Folgen des Gerichtsurteiles beseitigen hätte können, lehnte mit dem Argument, das Beschwerdewesen habe gleichermaßen Arbeiter- wie Unternehmerinteressen zu wahren, jede Einmischung ab. Sie fürchtete, sich mit der Unterstützung des Ansuchens „in den schroffsten Gegensatz zum Ministerium für öffentliche Arbeiten, Kriegsministerium und der gesamten Bergwerksindustrie" zu begeben.[519]

---

513 Vgl. AVA, SM, Z. 5894, Z. 6639, Z. 9362/1918.
514 Vgl. KA, MfLV, B.K. Z. 598/1917. Vgl. auch z.B. Z. 692/1917 oder Z. 69/1918, Protokoll 5.1.1918.
515 Vgl. KA, MfLV, B.K. Z. 150/1918 (KM, Abt.10 KW, Z. 7751/S/1918).
516 Vgl. KA, MfLV, B.K. Z. 308/1918 (KM, Abt.10 KW, Z. 7999/S/1918).
517 Vgl. z.B. KA, MfLV, B.K. Z. 922/1918, Protokoll 16.5.1918.
518 Vgl. *Hecker,* Kriegswirtschaft, S. 36, Anm. 6; Urteil des k.k. Obersten Gerichtshofes als Revisionsgericht vom 19.2.1918.
519 Vgl. KA, MfLV, B.K. Z. 663 und Z. 708/1918.

6.1.3. Übergangs- und Friedensvorbereitungen

Die Beschäftigung mit den Folgeproblemen des Krieges erfuhr im dritten Kriegsjahr eine qualitative Änderung. Die Fragen der zukünftigen sozialen, wirtschaftlichen und politischen Ordnung wurden nicht mehr bloß punktuell aufgegriffen, wie dies in der ersten Kriegshälfte der Fall war, sondern wurden immer mehr zu Leitlinien der Politik.[520]

Im Herbst 1916 und in der ersten Hälfte des Jahres 1917 vollzogen sich wesentliche Veränderungen in der österreichischen Innenpolitik. Am 21. Oktober 1916 erschoß Friedrich Adler, einer der Sekretäre der deutschen sozialdemokratischen Arbeiterpartei in Österreich, nach dem Verbot einer Versammlung für die Wiedereinberufung des Parlaments[521] den Ministerpräsidenten Dr. Karl Graf Stürgkh.[522] Damit war einer der wichtigsten, wenn auch nicht unumstrittenen Träger der Kriegspolitik der österreichischen Zivilverwaltung, die Stürgkh seit 1911 geleitet hatte, ausgeschaltet.[523] Auch das strikt antiparlamentarische Regime war damit gefallen. Der neue Ministerpräsident, Dr. Ernst von Koerber, stellte bereits in einer Besprechung mit den Parteiführern am 14. November 1916 die Wiedereröffnung des Abgeordnetenhauses in Aussicht.[524] Nach dem Tode Kaiser Franz Josephs am 22. November 1916 und der Inthronisation Karls war zwar das Kabinett Koerber unter ungarischem Druck gezwungen zu demissionieren,[525] doch hatte der Wechsel an der Spitze der Monarchie weitergehende Umschichtungen in den innenpolitischen Verhältnissen zur Folge. „Die Veränderung, die sich bald nach der Besteigung des Thrones durch Kaiser Karl in dem Personal der Heeresleitung, vor allem durch den Rücktritt des Generalstabschefs Conrad von Hötzendorf sowie dadurch vollzogen, daß mehrere seiner bisherigen Hauptmitarbeiter aus dem operierenden Armeeoberkommando ausschieden, bewirkten, daß der Druck des Armeekommandos auf die österreichische Regierung, wie er seit Kriegsbeginn bestand, und damit die militärische Einwirkung auf die innere Politik wesentlich abgeschwächt wurde und schließlich fast ganz aufhörte."[526]

Damit war in den Fragen der Sozialpolitik wie der Übergangswirtschaft im allgemeinen der Weg frei für eine stärker von längerfristigen Überlegungen ausgehende Politik.[527] In die Regierungszeit des aus Reichsratsmitgliedern gebildeten Kabinetts Clam-Martinic ab Ende Dezember 1916 fiel die Verwirklichung zahlreicher, lange verzögerter Maßnahmen auf diesen Gebieten.[528]

---

520 Vgl. dazu *Hecker*, Kriegswirtschaft, S. 59–63.
521 Vgl. AVA, MdI, Präs. Z. 23762 und Präs. Z. 23861/1916. Der Polizei erschien die Versammlung der Abgeordneten und Parteivertreter zu gefährlich. Die sozialdemokratische Partei hatte die Einladung nur widerstrebend angenommen, da sie „sich nicht gut ausschließen" konnte. Vgl. dazu auch AdSP, PrPV 5. 10. und 19. 10. 1916.
522 Vgl. AVA, SdPst Karton 10: Prozeß Friedrich Adler, Anklageschrift.
523 Vgl. z.B. *Redlich*, Regierung und Verwaltung, S. 127–142 und *Führ*, Armeeoberkommando, S. 160–172.
524 Vgl. AdSP, PrPV 16. 11. 1916.
525 Vgl. *Redlich*, Regierung und Verwaltung, S. 243.
526 Ebd., S. 248.
527 Vgl. auch z.B. *Komjáthy* (Hrsg.), Protokolle des Gemeinsamen Ministerrates, S. 465 und 468 (Sitzung am 24. 2. 1917).
528 Vgl. *Redlich*, Regierung und Verwaltung, S. 243–244 und *Höglinger*, Clam-Martinic, S. 167–170.

6.1. Der Niedergang der Kriegswirtschaft

Die Einberufung des Reichsrates verzögerte sich allerdings. Die seit längerer Zeit gehegte Absicht einer Verfassungsänderung trat im Winter 1917 in ein konkretes Stadium, „aber nach dem mächtigen Eindrucke, den der Sieg der sozialistischen Revolution in Rußland auf die breiten Massen in Österreich ausübte, mußte der den deutschnationalen Kreisen und den politisierenden Generälen so wichtige Plan der Oktroyierung einer neuen österreichischen Verfassung so gut wie vollständig aufgegeben werden."[529] Die Regierung mußte sich im Mai 1917 zur Wiedereröffnung des Parlaments, dem bedeutender Einfluß sowohl auf die Gestaltung der Kriegsverhältnisse als auch auf die Vorbereitung der Übergangszeit zukam, entschließen, obwohl sich dadurch große Schwierigkeiten für sie ergaben. Ein Versuch Clam-Martinics, durch eine Kabinettsumbildung die Mehrheit der Parlamentsparteien, darunter auch die deutschen Sozialdemokraten, für sich zu gewinnen, scheiterte.[530]

Die darauffolgende Regierungskrise wurde im Juli 1917 durch die Bestellung eines Beamtenministeriums unter der Leitung Ernst von Seidlers, eines „deutschnational gesinnten Wiener Bureaukraten alpenländischer Herkunft"[531] beendet. Obwohl die neue Regierung nur als Zwischenlösung konzipiert war, blieb sie ein Jahr lang im Amt, bis sie im Sommer 1918 nach dauernden Differenzen mit dem Parlament, vor allem um das Budget, scheiterte. Die letzte Kriegsregierung bildete der langjährige Unterrichts- und Kultusminister und Gegner eines parlamentarischen Kriegsregimes, Baron Hussarek.[532]

Die österreichischen Regierungen der zweiten Kriegshälfte konnten angesichts der zunehmend kritischen sozialen Lage nicht länger umhin, den wichtigsten Forderungen der Arbeiterschaft Gehör zu schenken. Der auch innenpolitisch einflußreiche Außenminister während dieser Periode, Graf Czernin,[533] brachte diese Erkenntnis mit der Durchsetzung der Teilnahme österreichischer und ungarischer Vertreter an der internationalen Sozialistenkonferenz in Stockholm im Frühjahr 1917 zum Ausdruck. In einem Brief an den ungarischen Ministerpräsidenten Stephan Tisza, der sich dagegen wehrte, schrieb er: „Entweder sie [die Sozialisten, M.G.] bringen den Frieden, dann wird es sicherlich ein „sozialistischer" sein, und der Kaiser wird ihn aus der Tasche bezahlen. Das, lieber Freund, weiß ich auch. Aber wenn der Krieg nicht zu beenden ist, so wird der Kaiser noch viel mehr zahlen – verlasse Dich darauf. ... Du machst, lieber Freund, einen doppelten Fehler. Erstens werden wir nach dem Kriege Sozialpolitik machen müssen, ob es dem einzelnen gefällt oder nicht, und ich halte es für unbedingt wichtig, die Sozialdemokraten dazu heranzuziehen. Die Sozialpolitik ist das Ventil, das wir aufmachen müssen, um den überschüssigen Dampf hinauszulassen – sonst explodiert der Kasten."[534]

Ab Herbst 1916 arbeitete Dr. Joseph Maria Baernreither, der in der Regierung Clam-Martinic das Amt eines Ministers ohne Portefeuille bekleidete, an den Vorbereitungen für

---

529 *Redlich*, Regierung und Verwaltung, S. 259. Vgl. auch ebd., S. 249–253.
530 Vgl. *Deutsch*, Gewerkschaften 2, S. 41–42.
531 *Redlich*, Regierung und Verwaltung, S. 267.
532 Vgl. Helmut *Rumpler*, Max Hussarek. Nationalitäten und Nationalitätenpolitik in Österreich im Sommer des Jahres 1918 (= Studien zur Geschichte der österreichisch-ungarischen Monarchie 4, Wien 1965) 18.
533 Vgl. *Redlich*, Regierung und Verwaltung, S. 267.
534 *Czernin*, Im Weltkriege, S. 229–230.

diverse Fürsorgeinstitutionen, die schließlich Ende 1917 zur Errichtung eines Ministeriums für soziale Fürsorge führten.[535] Dessen Wirkungskreis, der die Fürsorge für Jugendliche, Kriegsbeschädigte und Hinterbliebene, die Sozialversicherung und deren Ausbau, Arbeitsrecht und Arbeiterschutz, dann Arbeitsvermittlung, Arbeitslosenfürsorge und Auswandererschutz, sowie schließlich das Wohnungswesen umfaßte,[536] zeigte, daß die Hauptaufgaben des neuen Ressorts in der Bearbeitung der sozialen Kriegsschäden lagen. Im Sommer 1918 wurde ein eigenes Ministerium für Volksgesundheit geschaffen.[537]

Die österreichische Verwaltung war in der zweiten Kriegshälfte auf die Kooperationsbereitschaft der Sozialdemokratie angewiesen. Dem wachsenden Unmut der Arbeiter bzw. den verschärften gesellschaftlichen Gegensätzen konnte nur durch Einbindung der wichtigsten organisatorischen und politischen Kräfte begegnet werden. Das traf nicht bloß auf die Aufrechterhaltung des kriegswirtschaftlichen Systems durch das Zugeständnis von Kompensationen zu, sondern vielleicht noch in gesteigertem Maß auf die Vorbereitung einer ruhigen Renormalisierung der Verhältnisse nach dem Krieg. Als hervorragendes Mittel dazu bot sich der Ausbau der seit einem Jahrzehnt auf Sparflamme gehaltenen Sozialgesetzgebung an. Bei der Vorbereitung dieser Maßnahmen spielte bezeichnenderweise das Parlament, das weiterhin nur sehr begrenzt funktionstüchtig und außerdem mit der Aufarbeitung der Notverordnungen überlastet war, nur eine geringe Rolle. Große Bedeutung für die künftige Sozialpolitik kam dagegen dem Generalkommissariat für Kriegs- und Übergangswirtschaft zu. Darüber hinaus beachtete die Regierung in der zweiten Kriegshälfte sehr genau die Anregungen und Forderungen der sozialdemokratischen Partei und vor allem der freien Gewerkschaften.

Schon beim Arbeitertag am 5. November 1916 nahmen Vertreter der zentralen Verwaltung als Beobachter teil,[538] während Ministerpräsident Stürgkh noch im Frühjahr desselben Jahres jede Diskussion über die Reichskonferenz der sozialdemokratischen Partei verweigert hatte.[539] Gegen Ende 1917, als sich die Arbeiterschaft „in einem Zustand rasch fortschreitender Gärung" befand, versuchte das Kriegsministerium durch die Einrichtung sozialpolitischer Referenten von Seiten der Unternehmer und der Arbeiter Fehlentscheidungen vorzubeugen.[540] Eingaben der sozialdemokratischen Gewerkschaften, aber auch anderer Gruppierungen trafen bei der Verwaltung auf gesteigertes Interesse;[541] die Pläne für den Ausbau der Sozialpolitik, konnten in der Monarchie aber

---

535 Vgl. *Höglinger,* Clam-Martinic, S. 167–168. Vgl. Gesetz vom 22. 12. 1917, RGBl. Nr. 499; erster Sozialminister wurde Dr. Viktor Mataja.
536 Vgl. Ku des GesM vom 27. 12. 1917, RGBl. Nr. 504, Anlage.
537 Vgl. Gesetz vom 27. 7. 1918, RGBl. Nr. 277 und Ku des GesM vom 8. 8. 1918, RGBl. Nr. 297.
538 Vgl. DG 45/1916, S. 249 und vor allem AdSP, PrPV 28. 9. 1916.
539 Vgl. AdSP, PrPV 6. 4. 1918. Der Bericht der AZ über die Reichskonferenz wies 44 Zensurstellen auf!
540 Vgl. *Egger,* Heeresverwaltung, S. 93, auch Anm. 26; Julius *Deutsch,* Aus Österreichs Revolution. Militärpolitische Erinnerungen (Wien o. J.) 3–4. Die Unternehmer vertrat Dr. Gustav Weiß-Wellenstein, die Arbeiterschaft, auf Vorschlag der freien GK, Dr. Julius Deutsch.
541 Vgl. AVA, HM, Z. 7097/1917, Eingabe 29. 3. 1917 und TadAK, Denkschrift der GK (August 1917); AVA, HM, Z. 8297/1917; SM, Z. 7428, Sozialpolitisches Programm der tschechoslavischen Gewerkschaftskommission 13. 2. 1918; HM, G. K. Z. 173/1917, Denkschrift der Reichsratsabgeordneten des Deutschen Nationalverbandes und der Christlich sozialen Vereinigung 17. 3. 1917; SM, Z. 15076/1918, Denkschrift des Österreichisch-Deutschen Wirtschaftsverbandes 15. 6. 1918.

nicht mehr verwirklicht werden. Ansätze gab es lediglich auf dem Gebiet der Arbeitsvermittlung, die für den Vorgang der Demobilisierung hervorragende Bedeutung hatte. Erst in den beiden Jahren nach dem Umsturz, in der Amtszeit des Gewerkschafters Ferdinand Hanusch als Sozialminister, trugen die Vorbereitungen Früchte.

6.1.3.1. Das Parlament

Mehr als drei Jahre nach seiner Vertagung wurde der österreichische Reichsrat am 30. Mai 1917 wiedereröffnet. „Die große russische Revolution [zwang] in höchster Not die Regierung und die entscheidenden Kreise zur scheinbaren Erneuerung des konstitutionellen Lebens."[542] Im Gefüge des Abgeordnetenhauses hatten sich im Verlauf der drei ereignisreichen Jahre einige Änderungen ergeben. Es fehlte erstens eine ganze Reihe von Mandataren; für die meisten der verstorbenen oder gefallenen Abgeordneten waren noch keine Nachfolger bestimmt worden; einige wie die tschechischen Abgeordneten Kŕamar und Rašin befanden sich wegen staatsgefährlicher Umtriebe in Haft, einige boykottierten den Reichsrat.[543] Von größerer Bedeutung aber war zweitens, daß sich die politischen Lager verschoben hatten. Die kaiserlichen Regierungen konnten insbesondere nicht mehr mit der traditionellen Loyalität des Polenklubs rechnen.[544] Bereitschaft zur Arbeit innerhalb des Parlamentes zeigten nur die deutsche Sozialdemokratie und einige deutsch-demokratische und slawische Abgeordnete.[545] Der Deutsche Nationalverband hingegen unterstützte, wie sich im Sommer 1918 deutlich herausstellte, antiparlamentarische Tendenzen der Verwaltung.[546]

Die Aufgabe des im Mai 1917 wiedereinberufenen Parlaments bestand zunächst in der Aufarbeitung der an die 180 seit seiner Vertagung erlassenen Notverordnungen. Diese mußten laut Staatsgrundgesetz über die Reichsvertretung innerhalb von vier Wochen dem versammelten Reichsrat zur Behandlung vorgelegt werden.[547] Die meisten dieser Vorlagen verschwanden in den Ausschüssen, die ihre Beratungen darüber während der Zeit der Monarchie nicht abschlossen. Darunter befanden sich die Notverordnungen über die Ausdehnung des Kriegsleistungsgesetzes, über die Regelung der Arbeitsverhältnisse in militärischen Zwecken dienenden Betrieben, die Novellen zum ABGB und die Getreidebewirtschaftungsmaßnahmen.[548] Nur 15 Kaiserliche Verordnungen wurden durch Gesetze abgelöst. Das erste und wichtigste war das über die Ermächtigung der Regierung, aus Anlaß der durch den Kriegszustand verursachten außerordentlichen Verhältnisse die notwendigen Verfügungen auf wirtschaftlichem Gebiete zu treffen.[549] Der Aufbau der Kriegswirtschaft sollte darüber hinaus von einer Vereinigten Kommission für Kriegswirt-

---

542 StPrAH XXII, 1. Bd., S. 35: Rede des tschechisch-nationalen Rrabg. Kalina als Vertreter des böhmischen Volkes.
543 Vgl. Index zu den StPrAH XXII, S. 809–813.
544 Vgl. *Redlich*, Regierung und Verwaltung, S. 266.
545 Vgl. ebd., S. 272.
546 Vgl. *Ruzicka*, Klub, S. 150.
547 Vgl. Gesetz vom 21. 12. 1867, RGBl. Nr. 167, § 14, Abs. 2 und StPrAH XXII, 1. Bd., S. 16ff.
548 Vgl. 75, 77, 59 und 136 bis 138 der Beilagen zu den StPrAH XXII, 1. Bd.
549 Vgl. Gesetz vom 24. 7. 1917, RGBl. Nr. 307.

schaft untersucht werden, der je 15 Mitglieder des Ernährungs- und des kriegswirtschaftlichen Ausschusses des Abgeordnetenhauses und der kriegswirtschaftlichen Kommission des Herrenhauses angehörten. Dieser parlamentarischen Sondereinrichtung oblag die Überprüfung der zahlreichen Organisationen, Zentralen, Verbände, die das Rückgrat der Kriegswirtschaftsverwaltung bildeten.[550]

Noch im Juli 1917 setzte das Parlament auch eine Erhöhung der Unterhaltsbeiträge für die Angehörigen der Mobilisierten durch. Die Verhandlungen über die diesbezüglichen Kaiserlichen Verordnungen vom Mai 1916 und März 1917 wurden zu einer grundlegenden Novellierung der Materie benutzt.[551] Die Ziele der Neufassung des Gesetzes waren einerseits Entbureaukratisierung, andererseits eine Anpassung der Unterstützungssätze an die Teuerungsverhältnisse. Gegen den energischen Widerstand der Regierung, die die anfallenden Mehrausgaben von voraussichtlich 1,5 Milliarden pro Jahr ablehnte, wurde der Entwurf im Abgeordnetenhaus mit großer Mehrheit angenommen und auch vom Herrenhaus akzeptiert.[552] Die Parlamentsparteien schlossen sich der Meinung Otto Glöckels an, daß die höheren Unterstützungen zur Aufrechterhaltung der Ruhe notwendig und außerdem „Rüstungskredite für die Zukunft" seien. „Niemand in diesem Staate – an der Front und hinter der Front – würde es begreifen, daß Kriegsgewinner während des Krieges Vermögen ansammeln können, daß Leute im Hinterland Feldzulagen erhalten und daß man kargen sollte bei den Leuten, die den Bestand dieses Staates nach innen und nach außen verteidigen."[553] Im März 1918 wurde das Gesetz noch in einigen Punkten verbessert.[554]

Die übrigen Fälle, in denen Kaiserliche Verordnungen durch Gesetze ersetzt wurden, betrafen wirtschaftliche,[555] vor allem aber sozial- und arbeitsrechtliche Belange. Insbesondere wurden die bereits vor dem Krieg ausgehandelten oder im Krieg notwendig gewordenen Änderungen im Sozialversicherungssystem sanktioniert.[556] Einschneidende

---

550 Vgl. Stenographische Protokolle der Vereinigten Kommission für Kriegswirtschaft. 1. (11. 9. 1917) bis 22. Sitzung (3. 5. 1918); Vorsitzender: Karl Seitz.
551 Vgl. 165, 166 und 459 der Beilagen zu den StPrAH XXII, 1. und 3. Bd. (KaisVOen vom 11. 5. 1916, RGBl. Nr. 135 und vom 30. 3. 1917, RGBl. Nr. 139).
552 Vgl. StPrAH XXII, 1. Bd., S. 1005–1031 und 2. Bd., S. 1169–1170. Vgl. Gesetz vom 27. 7. 1917, RGBl. Nr. 313. Vgl. dazu auch *Popovics,* Geldwesen, S. 154.
553 StPrAH XXII, 1. Bd., S. 1009–1010.
554 Vgl. Gesetz vom 31. 3. 1918, RGBl. Nr. 126.
555 Vgl. Gesetz vom 23. 12. 1917, RGBl. Nr. 501 (Versicherungsvertrag; KaisVO vom 22. 11. 1915, RGBl. Nr. 343); Gesetz vom 23. 1. 1918, RGBl. Nr. 51 (Tabakimport; KaisVO vom 21. 9. 1916, RGBl. Nr. 334); Gesetz vom 30. 1. 1918, RGBl. Nr. 48 (Wechselgebühren; KaisVO vom 30. 8. 1914, RGBl. Nr. 234).
556 Vgl. Gesetz vom 20. 11. 1917, RGBl. Nr. 457 (Krankenversicherung; KaisVO vom 4. 1. 1917, RGBl. Nr. 6); Gesetz vom 3. 12. 1917, RGBl. Nr. 475 (Mutterschutz; KaisVO vom 4. 1. 1917, RGBl. Nr. 7); Gesetz vom 30. 12. 1917, RGBl. Nr. 523 (Unfallversicherung der Bergarbeiter; KaisVO vom 7. 4. 1914, RGBl. Nr. 80); Gesetz vom 30. 12. 1917, RGBl. Nr. 524 (Kriegsvorsorgen der Krankenkassen; KaisVO vom 6. 9. 1914, RGBl. Nr. 238); Gesetz vom 24. 3. 1918, RGBl. Nr. 257 (Geschäftsführung der Bergbaugenossenschaften; KaisVO vom 3. 10. 1915, RGBl. Nr. 312); Gesetze vom 24. 5. 1918, RGBl. Nr. 270 und 271 (Rechte der Bruderladenmitglieder im Krieg; KaisVOen vom 15. 9. 1916, RGBl. Nr. 304 und vom 16. 9. 1915, RGBl. Nr. 281); Gesetz vom 14. 1. 1918, RGBl. Nr. 24 (Lehrzeit; KaisVO vom 17. 5. 1915, RGBl. Nr. 127).

Änderungen wurden nur bei Maßnahmen vorgenommen, die in direktem Zusammenhang mit den Kriegsfolgen standen. Es handelte sich dabei um Fürsorgemaßnahmen für die Flüchtlinge und für die Kriegsopfer.[557] Beide Gesetze hingen sachlich eng mit der bereits beschriebenen Novellierung des Unterhaltsbeitragswesens zusammen und hatten auch eine ähnliche Entstehungsgeschichte.

In drei Fällen lehnte das Abgeordnetenhaus Notverordnungen ab, und die Regierung mußte diese außer Kraft setzen. Einmütig verweigerten die Parlamentsparteien die nachträgliche Genehmigung für die Unterdrückung der Gerichtsbarkeit. Außerdem wurden vom Abgeordnetenhaus die Kaiserlichen Verordnungen über die Einschränkung der freien Wohnsitzwahl für die Advokaten und über die Ermächtigung der Regierung zu Verfügungen bezüglich des Warenverkehrs mit dem Ausland, eine der wichtigsten Wirtschaftsmaßnahmen neben der Ermächtigungsverordnung, abgeschafft.[558]

Bei der Wiedereinberufung des Reichsrates im Mai 1917 mußte mit einer Fortsetzung der Obstruktion gerechnet werden, die 1914 den Vorwand für dessen Vertagung geliefert hatte. Eine Neuorganisation und Straffung der Abläufe innerhalb des Parlamentes war dringend geboten, um solchen Tendenzen möglichst geringe Chancen zur Verwirklichung zu bieten. Der allererste legislative Akt, den der Reichsrat deshalb setzte, war die Verabschiedung einer neuen Geschäftsordnung. Zu den Vorbereitungen der Parlamentsarbeiten gehörte noch die Verlängerung der Wahlperiode der Abgeordneten, da während der Kriegszeit Wahlen nicht durchführbar erschienen. Noch zuvor aber kam das erste vom Parlament genehmigte Budget zustande, was als politische Voraussetzung für den Bestand der gesetzgebenden Körperschaft anzusehen war.[559]

Das Kriegsparlament der Jahre 1917/1918 war nicht nur mit der Aufarbeitung des Notverordnungsregimes der vergangenen drei Jahre beschäftigt, es wurden ihm außerdem eine Flut von Regierungsvorlagen, Gesetzesanträgen, Anfragen und Interpellationen zur Behandlung vorgelegt. Nur der geringste Teil, und zwar in erster Linie Steuerangelegenheiten, Materien der Kriegsfürsorge und der Rechtssanierung, konnten erledigt werden. Die zahlreichen sozialpolitischen Initiativen blieben auf der Strecke. Es gab in der Zeit 1917 und 1918 nur ein einziges neues, noch nicht zuvor als Notverordnung erlassenes Sozialgesetz, nämlich die Anpassung der Arbeiterunfallversicherung an die Inflation.[560] Sofern andere Anliegen überhaupt ernsthaft beraten wurden, ergaben sich so gravierende Differenzen, daß die Beschlußfassung sich bis Kriegsende hinauszögerte. Ein Antrag des Abgeordneten Ofner über das Verbot der Kinderarbeit vom Juni 1917

---

557 Vgl. Gesetz vom 31. 12. 1917, RGBl. Nr. 15 ex 1918 (KaisVO vom 14. 8. 1914, RGBl. Nr. 213); Gesetz vom 28. 3. 1918, RGBl. Nr. 119 (KaisVO vom 12. 6. 1915, RGBl. Nr. 161).

558 Vgl. VO des GesM vom 6. 7. 1917, RGBl. Nr. 284 (KaisVOen vom 7. 7. 1915, RGBl. Nr. 189, vom 2. 1. 1916, RGBl. Nr. 6, vom 27. 12. 1916, RGBl. Nr. 427; vom 25. 7. 1914, RGBl. Nr. 156 und vom 4. 11. 1914, RGBl. Nr. 307). VO des GesM vom 15. 7. 1917, RGBl. Nr. 298 (KaisVO vom 11. 2. 1915, RGBl. Nr. 33). VO des GesM vom 24. 2. 1918, RGBl. Nr. 72 (KaisVO vom 24. 9. 1914, RGBl. Nr. 251).

559 Vgl. Gesetz vom 11. 6. 1917, RGBl. Nr. 253, Gesetz vom 16. 7. 1917, RGBl. Nr. 300 (Verlängerung bis 31. 12. 1918) und Gesetz vom 30. 6. 1917, RGBl. Nr. 278 (Budgetprovisorium 1. 7. bis 31. 10. 1917).

560 Vgl. Gesetz vom 21. 8. 1917, RGBl. Nr. 363. Vgl. auch 308 und 395 der Beilagen zu den StPrAH XXII, 2. und 3. Bd.

wurde z. B. erst im Oktober dem zuständigen sozialpolitischen Ausschuß zugeleitet und dort bis März 1918 beraten. Wegen der erneuten Vertagung des Reichsrates konnte dann der Gesetzesentwurf erst im Juli im Plenum verhandelt und beschlossen werden. Einem Beitritt des Herrenhauses und der Sanktion kam der Zusammenbruch der Monarchie zuvor.[561] Einige andere Entwürfe, wie der Antrag sozialdemokratischer Abgeordneter auf Abschaffung der Arbeitsbücher oder die Regierungsvorlage für ein Heimarbeitsgesetz kamen nicht über das Stadium der Ausschußberatungen hinaus.[562]

Ein Fall besonderer Art war der Kampf um die Beschränkung der Arbeitszeit für Frauen und Jugendliche und der Nachtarbeit der Jugendlichen. Die Regierung Clam-Martinic selbst unterbreitete dem Parlament eine Vorlage über eine Abänderung der Gewerbeordnung, wodurch vor allem der Maximalarbeitstag für Frauen nach dem Krieg auf zehn Stunden herabgesetzt werden sollte. An Samstagen und Tagen vor Feiertagen war darüber hinaus für die Arbeiterinnen „Frühschluß" nach acht Stunden vorgesehen. Die Regierung begründete die Neuregelung mit der enormen Beanspruchung der Frauen und Jugendlichen in der Kriegsindustrie, die nach dem Krieg „Bevölkerungspolitik" erforderte. Außerdem war sie durch die Beschlüsse der internationalen Berner Arbeiterschutzkonferenz von 1913 gegen Konkurrenzargumente der Unternehmerschaft geschützt.[563] Die Beratungen über den Entwurf begannen schon im August 1917, scheiterten aber sofort: Das Abgeordnetenhaus setzte sich nämlich mehrheitlich für eine sofortige Inkraftsetzung der Maßnahmen ein und forderte außerdem den Frühschluß für die Arbeiterinnen an Samstagen bereits nach fünf Arbeitsstunden, „nachdem durch (sic!) das Moment der Verkürzung der Arbeits*zeit* durch das Moment der Steigerung der Arbeits*intensität* vollauf wettgemacht wird." Erst im Juli 1918 konnte der Widerstand der Regierung durch das Zugeständnis außerordentlicher Interventionsmöglichkeiten für das Sozialministerium während der Kriegszeit überwunden werden.[564] Für eine Zustimmung des Herrenhauses blieb nicht mehr genug Zeit. Aus den Erfahrungen mit der Regierungsvorlage zog Sozialminister Mataja den Schluß, in Hinkunft vor der parlamentarischen Beratung sozialpolitischer Materien Abmachungen mit den sozialdemokratischen Organisationen anzustreben, um vor weiteren unliebsamen Überraschungen gefeit zu sein.[565]

Der heikelste Punkt für den Bestand des Parlamentes waren die Auseinandersetzungen um das jeweilige Budget. Im Februar 1918 versuchte das Kabinett Seidler vergeblich, das Finanzgesetz und den Staatsvoranschlag 1917/1918 im Abgeordnetenhaus durchzubringen und reichte daraufhin seine Demission ein, die vom Kaiser jedoch abgewiesen wurde. Nach der Verabschiedung eines weiteren nur provisorischen Budgets unter großen Schwierigkeiten wurde das Parlament für zweieinhalb Monate vertagt. Die Regierung versuchte mit Unterstützung des Deutschen Nationalverbands erneut ein antiparlamenta-

---

561 Vgl. 297 und 1055 der Beilagen zu den StPrAH XXII, 2. und 6. Bd. Vgl. StPrAH XXII, 3. Bd., S. 4220–4223.
562 Vgl. 779 der Beilagen zu den StPrAH XXII, 5. Bd. bzw. 1058 und 1183 der Beilagen zu den StPrAH XXII, 6. und 7. Bd.
563 Vgl. 276 der Beilagen zu den StPrAH XXII, 2. Bd. (samt Anhang).
564 Vgl. 1146 der Beilagen zu den StPrAH XXII, 6. Bd., S. 1–2 (Hervorhebungen im Original) und StPrAH XXII, 3. Bd., S. 4224–4226.
565 Vgl. AVA, HM, Z. 12540/1917.

risches Kriegsregime einzurichten. Sie kam dabei ohne Notverordnungen aus und fand mit den der Verwaltung zugestandenen Kompetenzen das Auslangen. Erst die Notwendigkeit einer Verlängerung des Budgetprovisoriums, die einer Notverordnung bedurft hätte, zwang die Regierung zur Wiedereinberufung des Reichsrates; einige Minister wandten sich vehement gegen die Anwendung des § 14 des Staatsgrundgesetzes über die Reichsvertretung. Nach dem Beschluß des Abgeordnetenhauses über ein Budgetprovisorium im Nachhinein für das zweite Halbjahr 1918, trat die Regierung Seidler endgültig zurück.[566] Eine Anklage tschechischer Abgeordneter gegen Ministerpräsident Seidler und Innenminister Toggenburg blieb mit Hilfe der deutschen Sozialdemokraten in der Minderheit.[567] Die parlamentarische Arbeit, die nach der Sommerpause am 1. Oktober 1918 wieder aufgenommen wurde, hatte die Probleme des Zusammenbruchs der Fronten und der Monarchie zum Gegenstand.[568]

6.1.3.2. Das Generalkommissariat für Kriegs- und Übergangswirtschaft

Konsequenter Ausdruck für die Absicht der österreichischen Regierung, die Renormalisierung nicht dem Zufall zu überlassen, war die Schaffung besonderer, ausschließlich der Planung und Vorbereitung eines geordneten Übergangs von Kriegs- auf Friedensverhältnisse gewidmeter Institutionen.

Zunächst wurde die „Kommission für Kriegs- und Übergangswirtschaft" eingerichtet, um „ein einheitliches Vorgehen der Verwaltung in allen Fragen zu erzielen, welche die Regelung der wirtschaftlichen Tätigkeit im Kriege und die Überleitung in die Friedenswirtschaft betreffen". Diese Kommission war ein Beratungs- und Beschlußforum der Vorstände der mit einschlägigen Fragen befaßten Sektionen der Ministerien und besaß beachtlichen Einfluß. Wenn die Sektionschefs zu einhelligen Beschlüssen kamen, so stellten diese verbindliche Normen für die Verwaltung dar. Falls keine Übereinstimmung erzielt werden konnte, war der vorsitzende Handelsminister verpflichtet, die Angelegenheit vor den Ministerrat oder ein anderes beschlußfähiges Ministerkomitee zu bringen. Obwohl die Sektionschefs auch als Kommissionsmitglieder prinzipiell weisungsgebunden waren, so ergab sich hier doch eine deutliche Verschiebung der Entscheidungsstruktur zugunsten jener Stellen, die mit den Problemen der Kriegswirtschaft befaßt waren.[569]

Von noch größerer Bedeutung erscheint die Schaffung des Generalkommissariats für Kriegs- und Übergangswirtschaft.[570] Diese neue Abteilung des Handelministeriums führte einerseits die Bürogeschäfte der interministeriellen Kommission[571] und war andererseits „mit der Durchführung aller in den Wirkungskreis des Handelsministeriums

---

566 Vgl. *Ruzicka,* Klub, S. 149–150 und StPrAH XXII, 3. Bd.
567 Vgl. StPrAH XXII, 3. Bd., S. 4208 (213 zu 162 Stimmen). Vgl. AdSP, PrKlub 19. 7. 1918.
568 Vgl. StPrAH XXII, 4. Bd.
569 Vgl. Ku des HMr vom 30. 3. 1917, RGBl. Nr. 136, Statut der Kommission für Kriegs- und Übergangswirtschaft. Zu den Mitgliedern vgl. auch z. B. AVA, HM, G. K. Z. 356/1917, 1. Sitzung 23. 5. 1917.
570 Vgl. VO des HMr vom 30. 3.1917, RGBl. Nr. 137. Vgl. auch AVA, HM, Präs. Z. 5234/1917 (Neuorganisation des HM).
571 Vgl. Ku des HMr vom 30. 3. 1917, RGBl. Nr. 136, Statut § 9.

fallenden Verwaltungsaufgaben, welche die Regelung und Förderung der wirtschaftlichen Tätigkeit im Kriege und die Überleitung in die Friedenswirtschaft zum Gegenstand haben", betraut. Sie stand unter der Leitung eines mit den Kompetenzen eines Sektionschefs ausgestatteten Generalkommissärs.

Das Generalkommissariat war als Zentralstelle der zahlreichen existierenden oder noch zu schaffenden Organisationen, die auf dem Gebiet der Kriegswirtschaft tätig waren, konzipiert und sollte diese für eine zentralistisch gelenkte Übergangsphase nutzbar machen. Sein Leiter, Richard Riedl, verfaßte 1917 eine „Denkschrift über die Aufgaben der Übergangswirtschaft", in der er die auf die österreichische Volkswirtschaft zukommenden Probleme auflistete und auf die große Bedeutung der Sozialpolitik in diesem Zusammenhang verwies.[572] Im Rahmen des Generalkommissariats wurde 1918 eine Enquete über Richtlinien und Aufgaben der Übergangswirtschaft vorbereitet.[573]

Der schwierigen Aufgabe des Generalkommissariats entsprach eine besondere Konstruktion. Die Zentralverwaltung bezog von Anfang an verschiedene soziale und politische Interessen aktiv und auf mehreren Ebenen in die Arbeit des Generalkommissariats ein. Davon ausgenommen waren allerdings die Agrarier, deren Standpunkt nur durch die Beteiligung des Ackerbauministeriums an der Kommission für Kriegs- und Übergangswirtschaft vertreten erschien. Die Integration der Interessen, die auf der Seite der Unternehmer staatlich, halbstaatlich oder auch, wie in den Rohstoffzentralen, privat organisiert und auf der Seite der Arbeiter ausdrücklich durch deren Berufsvereinigungen vertreten waren, bezog sich nicht nur auf die Sphäre der Exekution sondern auch auf die Konzeption der Maßnahmen. Als Teil der Bürokratie wurde einmal ein Stab von „fachlichen Mitarbeitern" des Generalkommissariats gebildet,[574] der mit Wirtschaftswissenschaftlern unterschiedlicher Couleur zu besetzen war. So wurde auch die sozialdemokratische Partei aufgefordert, einen Experten ihrer Wahl zu stellen. Diese machte allerdings von dem Angebot Riedls mit der Begründung, sie sei zur Entsendung eines fachlichen Mitarbeiters nicht in der Lage, keinen Gebrauch.[575] Als Experten wurden schließlich die aktiven bzw. ehemaligen Sekretäre der Handels- und Gewerbekammern in Wien, Prag, Lemberg, Reichenberg, Krakau und Troppau, nämlich Tayenthal, Matys, Carus, Stesłowicz, Beres und Freißler, der Sekretär des Zentralverbandes Hermann, der den Bergwerksbesitzern nahestehende Professor an der Wiener Technischen Hochschule Hochenegg, aus dem Bereich des Außenhandels Matheusche und Holsten, für das Gewerbe der Präsident des Reichsverbandes der Buchdruckereibesitzer Reisser bestellt. Dazu kamen die Universitätsprofessoren für politische Ökonomie Schwiedland und Schumpeter, schließlich der Wirtschaftspublizist und Mitherausgeber des „Österreichischen Volkswirts" Stolper.[576]

Die Verwaltung versuchte durch die enge Einbeziehung der Experten – es wurde ihnen zum Teil die Betreuung ganzer Referate übertragen[577] – sich selbst eine direkte

---

572 Vgl. Richard *Riedl*, Denkschrift über die Aufgaben der Übergangswirtschaft (= Veröffentlichungen des Generalkommissariats für Kriegs- und Übergangswirtschaft 1, Wien 1917).
573 Vgl. AVA, HM, G. K. Z. 166/1918.
574 Vgl. VO des HMr vom 30. 3. 1917, RGBl. Nr. 137, § 3.
575 Vgl. AdSP, PrPV 31. 1. 1917.
576 Vgl. Hof- und Staatshandbuch 1918, S. 458.

6.1. Der Niedergang der Kriegswirtschaft

Verbindung zum Wirtschaftsleben und genaueren Einblick in die tatsächlichen Verhältnisse zu verschaffen. Die Mitarbeiter des Generalkommissariats, gegenüber welchen Auskunftpflicht bestand, waren zur Verschwiegenheit über ihre Untersuchungen verpflichtet, mußten aber bei Beendigung ihrer Tätigkeit alle einschlägigen Aufzeichnungen der staatlichen Stelle überlassen. Ähnliche Überlegungen standen auch hinter der Schaffung eines großen Beirates des Generalkommissariats, des „Hauptauschusses für Kriegs- und Übergangswirtschaft". Ähnlich wie die anderen Beiräte, die im Rahmen der Kriegswirtschaftsverwaltung entstanden waren, sollte er Gutachten erstatten und Anträge stellen, sowie Maßnahmen durchführen, wenn das Generalkommissariat ihm den Auftrag dazu gab. Außerdem sollte der Hauptausschuß, der gleichzeitig ein neues Zentralorgan der kriegswirtschaftlichen Organisation darstellte, „– abgesehen von Angelegenheiten besonderer Dringlichkeit – in allen Fällen gehört werden, in denen es sich um die Aufteilung von Bezugsmöglichkeiten auf die verschiedenen Erwerbszweige handelt." Der Hauptausschuß sollte also das Forum für die Erzielung eines Basiskonsenses nicht nur zwischen den sozialen Großgruppen abgeben sondern auch innerhalb dieser Gruppen, wenn es um die für die einzelnen Branchen existentielle Frage der Aufteilung der knappen Rohstoffe ging.[578]

Der Hauptausschuß umfaßte dementsprechend sehr viele Mitglieder. Das Auswahlverfahren ging zunächst von den bestehenden Kriegsverbänden aus, die jeweils zwei Vertreter stellten; einer wurde von der Organisation direkt bestimmt, der zweite aufgrund eines ungereihten Ternavorschlages des Verbandes vom Handelsminister ausgewählt.[579] „Die Vertretung der übrigen für die Zwecke der Kriegs- und Übergangswirtschaft gebildeten oder mit derartigen Aufgaben betrauten Körperschaften wird vom Handelsminister dem jeweiligen Stande entsprechend geregelt."[580] Dies betraf einerseits die zum Teil sehr wichtigen Branchen, wie den Bergbau, die chemische Industrie oder das Buchdruckereigewerbe, sowie die bestehenden gesetzlichen Körperschaften der Unternehmer.[581] Andererseits legitimierte die Bestimmung auch die Berufung von Arbeitervertretern, die explizit nicht genannt wurden.

Es zeigte sich dabei, daß die Kooperation der Arbeiterorganisationen, zumindest was die freien Gewerkschaften betraf, durchaus nicht gesichert war.[582] Die Gründe für das Zögern der Gewerkschaftskommission sind allerdings kaum festzustellen. Am naheliegendsten erscheinen Befürchtungen wegen der Mitarbeit in einer eindeutig von den Unternehmern und der Bürokratie dominierten Institution. Konkreter Kritikpunkt in diesem Sinne war die nur beiläufige Erwähnung der sozialpolitischen Probleme der

---

577 Vgl. AVA, HM, G.K. Z. 88/1917, 2. Besprechung mit den fachlichen Mitarbeitern.
578 Vgl. VO des HMr vom 30. 3. 1917, RGBl. Nr. 137.
579 Vgl. ebd., § 5, Abs. 3. Vgl. auch z.B. AVA, HM, G.K. Z. 66/1918: Vertretung des mit VO des HMr vom 22. 12. 1917, RGBl. Nr. 507 errichteten Wirtschaftsverbandes für die Zementindustrie.
580 VO des HMr vom 30. 3. 1917, RGBl. Nr. 137, § 5, Abs. 4.
581 Vgl. AVA, HM, G.K. Z. 84 und G.K. Z. 193/1917. Vgl. auch Nachnominierungen, z.B. AVA, HM, G.K. Z. 69/1918: Automobilindustrie; G.K. Z. 156/1918: Kleingewerbe (Gewerbeförderungsinstitute).
582 Vgl. AVA, HM, G.K. Z. 84/1917. Im HM wurde noch im April 1917 über die Berufung von Gewerkschaftern im „Falle ihrer Bereitwilligkeit" verhandelt.

Übergangswirtschaft in den offiziellen Verlautbarungen.[583] Schließlich entschloß sich die Gewerkschaftskommission „nach reiflicher Überlegung" doch für eine Beteiligung am Hauptausschuß und nominierte 18 Mitglieder.[584] Davon wurden vom Handelsminister vorerst Personen entsprechend den vertretenen Industriebranchen berufen. Hinzu kam später noch der Bergarbeiter Adolf Pohl.[585] Keine Berücksichtigung fanden die von den sozialdemokratischen Gewerkschaften vorgeschlagenen Vertreter der Eisenbahner, der Bau- und der Holzarbeiter und schließlich Anna Boschek. Offensichtlich wollte die Regierung keine Frauen in den Hauptausschuß berufen; mit der Begründung, diese kümmerten sich nur um die Lebensmittelversorgung, wurden alle Frauenvereine selbst von der Vertretung der Konsumenteninteressen ausgeschlossen![586]

Die Vertretung der Arbeiterinteressen im Hauptausschuß blieb nicht den sozialdemokratischen Organisationen vorbehalten. Die Zentralverwaltung legte Wert auf die Beteiligung auch der nationalen und der Richtungsgewerkschaften, ungefähr im Verhältnis ihrer Stärke.[587] So waren die tschechischen Sozialdemokraten, die christlichen, deutschnationalen und tschechoslawischen Gewerkschaften durch ihre Spitzenfunktionäre und die Vertreter einiger Berufsgruppen repräsentiert. Neben den Gewerkschaften berief der Handelsminister außerdem Krankenkassenfunktionäre zur Vertretung der Arbeiterschaft.[588]

In die Gruppe, die nach Gutdünken der Zentralverwaltung berufen wurde, fielen noch die Konsumenten, die ja während des Krieges als Wirtschaftsfaktor stark an Bedeutung gewonnen hatten. Die Wahrung ihrer Interessen wurde vorerst nicht den bestehenden Verbraucherorganisationen sondern Kommunalpolitikern anvertraut.[589] Erst nach der Errichtung des Konsumgenossenschaftlichen Wirtschaftsausschusses im März 1918 wurden auch Konsumvereine berücksichtigt.[590] Dem Handelsministerium stand schließlich noch die Ernennung von 20 weiteren Hauptausschußmitgliedern zu; mit dieser Bestimmung wurde die Grundlage für die Einbeziehung der politischen Parteien und der großen Unternehmerorganisationen geschaffen.[591]

Der Hauptausschuß für Kriegs- und Übergangswirtschaft umfaßte Anfang November 1917 135 Mitglieder, hatte also noch nicht die als Richtmarke gesetzte Größe von 150 Mitgliedern erreicht.[592] Davon stellten die Arbeiterorganisationen samt Krankenkassen 30, für Konsumenteninteressen gab es sieben Vertreter. Die Unternehmer aus

---

583 Vgl. DG 15/1917, S. 89 und DG 23/1917, S. 131–132.
584 Vgl. AdSP, Protokoll der Vorständekonferenz 5. 4. 1917 und DG 18/1917, S. 112 (PrGK 17. 4. 1917).
585 Vgl. Hof- und Staatshandbuch 1918, S. 458–459 (Stand 1. 11. 1917) und AVA, HM, G.K. Z. 84, G.K. Z. 193 und G.K. Z. 546/1917, G.K. Z. 169 und G.K. Z. 373/1918.
586 Vgl. AVA, HM, G.K. Z. 84/1917.
587 Vgl. AVA, HM, G.K. Z. 517/1917 (HM, ad Z. 10491/1917).
588 Vgl. AVA, HM, G.K. Z. 193, G.K. Z. 203, G.K. Z. 226 und G.K. Z. 546/1917.
589 Vgl. AVA, HM, G.K. Z. 149, G.K. Z. 193 und G.K. Z. 378/1917.
590 Vgl. VO des HMr vom 14. 3. 1918, RGBl. Nr. 100 und AVA, HM, G.K. Z. 177/1918.
591 Vgl. VO des HMr vom 30. 3. 1917, RGBl. Nr. 137, 5, Abs. 5, sowie AVA, HM, G.K. Z. 84 und G.K. Z. 193/1917 und Hof- und Staatshandbuch 1918, S. 458–459.
592 Vgl. Hof- und Staatshandbuch 1918, S. 458–459 und Ku des HMr vom 18. 5. 1917, RGBl. Nr. 223, Statut des Hauptausschusses § 6, Abs. 1.

6.1. Der Niedergang der Kriegswirtschaft

Industrie, Bergbau, Handel und Gewerbe besaßen also eine starke Mehrheit. Dem Hauptausschuß kam allerdings nur auf dem Papier Bedeutung zu. Es war im Statut zwar vorgesehen, daß in diesem Gremium selbst die Verhandlungen über die ihm zukommenden Gegenstände durchgeführt und mit Abstimmungen – in Gruppen je nach der Art der Rekrutierung der Mitglieder – beendet werden sollten.[593] Der Hauptausschuß tagte aber in der Zeit seines Bestehens nur zweimal.[594] Die ihm zugedachten Funktionen gingen, wie für Ausnahmefälle im Statut vorgesehen, auf Untergliederungen über, die wieder ihrerseits häufig zur Behandlung spezieller Fragen fachliche Unterausschüsse einrichteten.[595]

Als Organisations- und Geschäftsführungsorgan des Hauptausschusses wurde vom Handelsminister ein 25-köpfiger Arbeitsausschuß eingesetzt, der ebenso wie der Hauptausschuß von den Unternehmern dominiert wurde. Es gehörten ihm elf Industrielle, drei Bankiers, drei Großhändler, je ein Repräsentant des Versicherungswesens und des Kleingewerbes, vier Fachleute für sozialpolitische Fragen und ein Vertreter der Konsumenteninteressen an.[596] Im Arbeitsausschuß wurde z.B. am 11. Juli 1917 ein auf Antrag des Schwerindustriellen Günther zustandegekommener Bericht eines Subkomitees über die im Parlament gerade behandelte Vorlage über die Kriegsgewinnsteuern beraten. Der Arbeitsausschuß schloß sich dabei den Argumenten der Großunternehmer an und faßte den Beschluß, daß eine zu starke, die Investitionstätigkeit gefährdende Besteuerung der Gewinne und insbesondere die Benachteiligung der Aktiengesellschaften nach dem neuen Gesetzentwurf entschieden abzulehnen seien. Die Gewerkschafter und der Kleingewerbetreibende im Ausschuß enthielten sich bei der Beschlußfassung der Stimme.[597] In einer Art Minderheitsbericht zur Ausschußresolution begründeten die Arbeitervertreter ihr Verhalten mit der bereits abgeschlossenen Meinungsbildung im Parlament, folgten aber im übrigen weitgehend der Argumentation des Berichts.[598] Der Arbeitsausschuß wünschte die Publikation des Beschlusses und der Erklärungen; er hatte damit in jeder Hinsicht die Funktionen des großen und nur beschränkt handlungsfähigen Hauptausschusses übernommen. Auch bei der Festlegung der Prinzipien der Übergangswirtschaft übernahm der Arbeitsausschuß die führende Rolle. Im März 1918 wurde ein „Subkomitee für die Durchführung einer Enquete über Richtlinien und Aufgaben der Übergangswirtschaft" eingesetzt,[599] das einen Fragenkatalog ausarbeitete.[600] Zur Enquete selbst kam es allerdings nicht mehr.

Die Vorbereitung konkreter Maßnahmen der Übergangswirtschaft fiel fachlichen Ausschüssen zu, die der Hauptausschuß in seiner ersten Sitzung am 25. Mai 1917

---

593 Vgl. VO des HMr vom 18. 5. 1917, RGBl. Nr. 223, Statut §§ 7 bis 12.
594 Vgl. AVA, HM, G.K. Z. 212/1917 (25.5. 1917) und G.K. Z. 168/1918 (21. 3. 1918). Vgl. auch G.K. Z. 73/1918.
595 Vgl. Ku des HMr vom 18. 5. 1917, RGBl. Nr. 223, Statut § 14, Abs. 2.
596 Vgl. AVA, HM, G.K. Z. 208, G.K. Z. 217, G.K. Z. 232, G.K. Z. 233, G.K. Z. 519/1917; G.K. Z. 94, G.K. Z. 153, G.K. Z. 205/1918; von Arbeiterseite nur Sozialdemokraten!
597 Vgl. AVA, HM, G.K. Z. 338 und G.K. Z. 346/1917, auch Beilage 2. Subkomitee: Brosche, von Neurath und Hueber (außerdem zugezogen: die Bankiers Hammerschlag und Reisch).
598 AVA, HM, G.K. Z. 346/1917, Beilage 3. Vgl. auch DG 29/1917, S. 153–154.
599 Vgl. AVA, HM, G.K. Z. 166/1918: Brosche, Klein, Kuffler, Landesberger, Reumann.

nominierte. Es waren dies ein Rohstoff-, ein Finanz-, ein Verkehrs- und ein sozialpolitischer Ausschuß.[601] Bis auf das letzte hatten in diesen Gremien die Unternehmer eine starke Majorität.[602]

Im sozialpolitischen Ausschuß herrschte etwa ein Jahr nach seiner Einsetzung und einigen personellen Veränderungen Parität zwischen Gewerkschaftern plus Sozialdemokraten und den anderen Gruppen. Es gehörten ihm zu dieser Zeit 14 Gewerkschafter an, von denen neun zentralistische und zwei tschechische Sozialdemokraten, zwei Deutschnationale und einer christlichsozial waren. Dazu kamen mit Paschinger, Reumann und Dr. Winter drei Krankenkassenfunktionäre. Zu diesen 17 Vertretern aus der Kurie der Arbeiterorganisationen kamen 10 der 20 vom Handelsminister ernannten Persönlichkeiten aus Wirtschaft und Politik zum Zuge. Es waren dies Vertreter der großen Parlamentsparteien, darunter zwei Sozialdemokraten, dann die Präsidenten der zentralen Industriellenorganisationen und die Herrenhausmitglieder Ginzkey und Klein. Die Unternehmerkurie war durch drei Industrielle, einen Bankier, sechs Kleingewerbetreibende und einen Händler vertreten. Schließlich gehörte dem sozialpolitischen Ausschuß noch einer der als Konsumentenvertreter bestellten Kommunalpolitiker an. Zum Vorsitzenden wurde Dr. Franz Klein bestellt, der als sozialpolitisch engagierter Beamter eine Mittlerposition zwischen beiden Seiten einnehmen konnte. Ihm zur Seite standen mit dem Präsidenten des Bundes österreichischer Industrieller, Heinrich Vetter, und dem sozialdemokratischen Reichsratsabgeordneten Dr. Wilhelm Ellenbogen prominente Vertreter der beiden Seiten.[603]

Mit dem sozialpolitischen Ausschuß entstand im Rahmen der Organisierung der Kriegs- und Übergangswirtschaft erstmals eine staatliche Institution mit weiterem Aktionsfeld, die nach dem Grundsatz der Parität zwischen den Arbeitsmarktparteien aufgebaut war. Auch alle Subkomitees, die zur Vorbereitung spezieller Fragen gebildet wurden, folgten streng diesem Prinzip. Dort fehlte sogar der Staatsbeamte als vermittelnder Vorsitzender und auch das politische Element, das im sozialpolitischen Ausschuß doch einige Bedeutung besaß. Die Unterausschüsse waren reine Unternehmer- und Gewerkschaftergremien, die unter Berücksichtigung der zentralen Industriellenverbände und der gewerblichen Organisationen auf der einen Seite, der politischen und nationalen Richtungen auf Seite der Arbeitervertreter besetzt waren.[604]

Die Bemühungen des Staatsapparates, sich der Kooperation aller gesellschaftlichen Kräfte in der Übergangswirtschaft zu versichern, nahm hier noch ungewohnte Formen an. In Fragen der Sozialpolitik, deren Bedeutung angesichts der Schäden des Krieges

---

600 Vgl. AVA, SdKlub Karton 103: Kriegswirtschaftliche Kommission, Beilage zum Protokoll der Sitzung am 5. 6. 1918.
601 Vgl. Ku des HMr vom 18. 5. 1917, RGBl. Nr. 223, Statut § 13, Abs. 2.
602 Vgl. z. B. AVA, HM, G. K. Z. 297/1917.
603 Vgl. AVA, HM, G. K. Z. 176 und G. K. Z. 375/1918.
604 Vgl. AVA, HM, G. K. Z. 483, G. K. Z. 560/1917. Unterausschuß für Heimarbeit: Einspinner, Fink, Ludwig; Gion, Spalowsky, Winter. Unterausschuß für Demobilisierung und Arbeitsvermittlung: Guttmann (Hamburger), Kuffler, Ludwig, Vetter; Hampl, Hanusch, Hueber, Spalowsky. Unterausschuß für Arbeiterschutz in der Übergangszeit: Brosche, Einspinner, Mühlig; Grünwald, Paschinger, Tayerle. Unterausschuß für Notverordnungen: Brosche, Hamburger, Kahlenberg; Domes, Gattermayer, Reumann.

leicht vorhersehbar war, war es notwendig, den Vertretern der Arbeiterschaft mehr Einfluß als bisher zuzugestehen. Einerseits konnte dadurch die wertvolle Mitarbeit der Arbeiterorganisationen erreicht werden, andererseits verschaffte sich die staatliche Verwaltung damit den notwendigen Druck, um die zur Aufrechterhaltung der ökonomischen und sozialen Verhältnisse notwendigen Maßnahmen gegen den Widerstand wichtiger Unternehmergruppen durchzusetzen. Die Konstellation war Ausdruck der Entwicklung zur und gleichzeitig institutionelle Voraussetzung für die Bildung der Industriekommission in den Tagen des Zusammenbruches der Monarchie.

6.1.3.2.1. Die Beratungen über das Heimarbeitsgesetz im Generalkommissariat für Kriegs- und Übergangswirtschaft

In den Beratungsgremien des Generalkommissariats für Kriegs- und Übergangswirtschaft, die sich mit den anstehenden Problemen der Sozialpolitik befaßten, kamen viele Angelegenheiten zur Sprache, um die schon jahre- oder gar jahrzehntelang verhandelt worden war. Die Wiederaufnahme der Diskussion in einer fortgeschrittenen Phase des Krieges führte zwar nur in den seltensten Fällen noch in der Ära der Monarchie zu konkreten Maßnahmen; die Diskussionen stellten aber wichtige Vorarbeiten für die Sozialgesetzgebung in der Zeit nach dem Umsturz dar.

Dies soll an zwei Beispielen, an den Verhandlungen um das Arbeitsvermittlungswesen und um die Regelung der Heimarbeit, für die beide ja eigene Subkomitees des sozialpolitischen Ausschusses bestanden, dargestellt werden. Beide Angelegenheiten waren 1917 schon seit nahezu 20 Jahren in diversen staatlichen Gremien verhandelt worden, ohne jedoch zu wirksamen Ergebnissen zu führen. Die Erfahrungen während des Krieges und mehr noch die Voraussicht auf die Schwierigkeiten der Übergangsperiode zur Friedenswirtschaft verliehen diesen Problemen erhöhte Bedeutung und machten sie zum Gegenstand von Beratungen, die sich von jenen der Vorkriegszeit durch den Grad ihrer Intensität und Konkretheit deutlich abhoben.

Die Heimarbeit war durch besonders triste soziale Verhältnisse gekennzeichnet. Die isoliert in ihren Wohnungen tätigen und deshalb schwer organisierbaren Heimarbeiter waren der Ausbeutung schutzlos ausgesetzt. Arbeitszeit, Arbeitsbedingungen unterlagen keinen gesetzlichen Schutznormen; die Heimarbeiter hatten auch keinen Anteil an der Kranken- und Unfallversicherung wie die Fabriksarbeiter seit Ende der 1880er Jahre. Die Organisationsform der Heimarbeit hatte für die Unternehmer in Branchen mit niedrigem technischen Entwicklungsstand durch die hohe Disponibilität des Arbeitseinsatzes große Vorteile. Auf der anderen Seite bot sich diese oft als einzige Erwerbsmöglichkeit für besonders schwache Anbieter am Arbeitsmarkt an: Frauen, die durch Not und die Versorgung der Kinder zur Erwerbsarbeit zu Hause gezwungen waren, bäuerliche Familien, die von den Einkünften aus der Landwirtschaft nicht leben konnten, arbeitslose Fabriksarbeiter, die auf diesem Wege ihren Lebensunterhalt zu verdienen suchten. Jede Krise wirkte sich in einer Vergrößerung der Zahl der Arbeitssuchenden aus und drückte den Verdienst, während Prosperitätsphasen sich lediglich in besserer Beschäftigung, häufig in krasser Überarbeitung äußerten. Die Durchsetzung höherer Stückpreise in solchen Perioden hätte zumindest einer starken Organisation bedurft. Folgen der Situation in der Heimarbeit waren die Verelendung von Familien trotz angestrengtester Tätigkeit, Kinderarbeit, gesundheitsschädliche Wohnverhältnisse und eine ständige Bedrohung der Lebens- und Arbeitsbedingungen aller Arbeiter – Konsequenzen, die auch den Interessen der Staatsverwaltung an der Erhaltung einer leistungsfähigen Arbeiterschaft zuwiderliefen. Es gab deshalb schon in den Jahren vor dem Krieg Enqueten über die Verhältnisse der Heimarbeit in verschiedenen Branchen und Gesetzentwürfe, die den Betroffenen Minimallöhne und Gesundheitsschutz garantieren sollten.[605]

Die Kriegswirtschaft brachte dann eine weitere Verschärfung der Lage der Heimarbeiter mit sich. Die Konfektion von Textilien und Leder, wo das Verlagssystem stark vertreten war, besaß große Bedeutung für die Heeresausrüstung. Die Heimarbeiter waren also vielfach schwer überlastet. Dennoch blieb ihr Einkommen, auch ohne Anwendung des Kriegsleistungsgesetzes,[606] auf einem sehr niedrigen Niveau. Die Herausbildung eines Netzes von Zwischenhändlern und Vermittlern, die auf diesem wie auch auf anderen Gebieten durch die Einkaufspraxis der Heeresverwaltung begünstigt wurde, verstärkte den Druck auf die Löhne. „Lieferanten, Konfektionäre und zahlreiche Mittelspersonen bereicherten sich an den vom Ärar bezahlten Preisen und Konfektionslöhnen, während die Arbeiter und Arbeiterinnen mit wahren Hungerlöhnen abgespeist wurden."[607] Bei der seit Kriegsbeginn herrschenden Teuerung bedeutete dies eine Beschleunigung der Verelendung der Heimarbeiter. Hinzu kam, daß sich die Zahl der Heimarbeiter in der Kriegszeit tendenziell vergrößerte.[608] Da der Unterhaltsbeitrag für die Angehörigen der Mobilisierten bei den stark steigenden Nahrungsmittelpreisen zum Leben nicht ausreichte, waren viele Frauen gezwungen dazuzuverdienen, was häufig nur in Heimarbeit möglich war. Vorauszusehen war außerdem, daß die Kriegerwitwen aus der Arbeiterschaft, aber auch aus bürgerlichen Kreisen diese Tendenz zur Verstärkung der Heimarbeiterschaft in der kommenden Friedenszeit fortsetzen würden.

Die besonderen Verhältnisse der Kriegswirtschaft führten gleichzeitig zu ersten Schutzmaßnahmen für die Heimarbeiter, welche in der Folge als konkretes Beispiel für die Regulierbarkeit der Materie dienen konnten. In der Textilkonfektion war während des Krieges die Nachfrage nach der Produktion bei der Heeresverwaltung konzentriert, die lange Zeit wegen unbedingten Vorranges der Kriegsführung für die ihr angebotenen Waren jeden Preis zahlte. Der Unternehmer konnte somit sowohl an der verschärften Ausbeutung der Arbeiter als auch an der Bewucherung des Staates verdienen. In dieser Situation lag es für die organisierte Arbeiterschaft nahe, den fehlenden Schutz bei den Interessen des Abnehmers zu suchen. Der Verband der Schneider und Schneiderinnen versuchte deshalb bereits seit den ersten Kriegsmonaten eine autoritative Lohnfestsetzung durch die Heeresverwaltung zu erreichen.[609] Nach deutschem Vorbild wurde gefordert, daß mindestens 75% des vom Käufer gezahlten Konfektionslohnes in der letzten Hand, also bei Gehilfen oder Heimarbeiter bleiben müßten. Beschäftigten- und

---

605 Vgl. 1058 und 1183 der Beilagen zu den StPrAH XXII, 6. und 7. Bd.
606 Vgl. KA, MfLV, Abt. XVIIa, Z. 14009/1915.
607 Vgl. DG 50/1917, S. 279.
608 Vgl. Käthe *Leichter,* Wie leben die Wiener Heimarbeiter? (Wien 1928) 13.
609 Vgl. DG 50/1917, S. 279.

Lohnlisten, sowie Kontrolle durch die Gewerbeinspektion sollten die Einhaltung dieser Bestimmungen garantieren.[610]

Tatsächlich setzte das Kriegsministerium schon Anfang 1916 Mindestlöhne fest, was jedoch nur den Handelskammern kundgemacht und kaum befolgt wurde.[611] Dennoch bewertete das Gewerbeinspektorat das System der Mindestlohnvorschreibung positiv und sprach sich für eine Beibehaltung in Friedenszeiten aus. Die große Schwierigkeit bestand seiner Ansicht nach in der wirksamen Überwachung der Bestimmung.[612] In diesem Punkt forderte Smitka am Arbeitertag am 5. November 1916 die „Einsetzung eines aus Arbeitern, Unternehmern und Vertretern der beteiligten Ministerien einzusetzenden (sic!) Schiedsgerichtes".[613] Als dann der Verband der Kleidermachergehilfen im Frühsommer 1917 Kenntnis vom nicht realisierten Erlaß der Heeresverwaltung erhielt, forderte er in einer erneuten Resolution die Errichtung von „Lohnkommissionen zur Entscheidung über alle aus diesen [die Festsetzung von Mindestlöhnen betreffenden, M.G.] Bestimmungen entstehenden Streitfragen, die auch bei der Festsetzung obgenannter Löhne mitwirkt."[614] Es war dies wohl eine Anleihe bei den Beschwerdekommissionen für die Kriegsleistungsbetriebe, die auch als Lohnkommissionen fungierten, für die Heimarbeiter aber nicht zuständig waren.

Mit Wissen der Arbeiterorganisationen aber war das Handelsministerium schon im Winter 1917 mit den Vorarbeiten zu einer verbindlichen Regelung der Angelegenheit beschäftigt. Es wurde sogar erwogen, Mindestlöhne und Kontrollorgane für die Heereskonfektion gesetzlich zu verankern.[615] Die beteiligten Ministerien entschlossen sich dann wegen der rascheren Durchführbarkeit doch zu einer Verordnung aufgrund des kriegswirtschaftlichen Ermächtigungsgesetzes. Eine Rolle bei dieser Entscheidung dürfte auch die Überlegung gespielt haben, sich die Möglichkeit einer Revision der Maßnahmen bei geänderten Verhältnissen offenzuhalten. Auch die Ministerialverordnung erschien nach Überwindung einiger Schwierigkeiten erst ein halbes Jahr später.[616] Vor allem blieb lange Zeit strittig, ob eine Herabsetzung von Löhnen auf das Niveau der verordneten Mindestsätze zulässig sei. Schließlich setzte sich das Justizministerium durch, das sich von Anfang an gegen eine solche Lesart gewehrt hatte.[617]

Durch die Verordnung wurde festgesetzt, daß die Nählöhne auf Antrag oder von Amts wegen durch eine Kommission bestehend aus je einem Vertreter des Handels-, des Arbeits-, des Kriegs- und des Landesverteidigungsministeriums, des Zentralgewerbein-

---

610 Vgl. AVA, SdPst Karton 130, Denkschrift der Vereinigung der Kleidermachergehilfen Österreichs an das KM 16. 9. 1915.
611 Vgl. DG 50/1917, S. 279 und Fachzeitung der Schneider 7/1917, S. 1.
612 Vgl. AVA, HM, Z. 20611/1916.
613 DG 45/1916, S. 250 (Resolution, P. 4). Vgl. auch AVA, HM, Z. 20611/1916.
614 DG 50/1917, S. 279 (Resolution, P. 3). Vgl. auch Fachzeitung der Schneider 7/1917, S. 1 und 10/1917, S. 2.
615 Vgl. AVA, HM, Z. 7994/1917. Vgl. auch den beiliegenden Brief Johann Smitkas vom 30. 5. 1917.
616 Vgl. AVA, HM, Z. 7994/1917 und KA, MfLV, Abt. XVIIa, Z. 2769/1917. VO des HMr vom 16. 11. 1917, RGBl. Nr. 448.
617 Vgl. AVA, HM, Z. 7994, Z. 11182 und Z. 12350/1917. Vgl. auch KA, MfLV, Abt. XVIIa, Z. 7115/1917.

spektorats und des Gewerbeförderungsamtes in Wien und außerdem je zwei Repräsentanten der Unternehmer und der Arbeiterschaft zu bestimmen waren. Zum Vorsitzenden wurde ein weiterer Beamter des Handelsministeriums bestimmt, der ein Dirimierungsrecht bei Stimmengleichheit in der Kommission besaß.[618] Diese „Nählohnkommission" legte unter Berücksichtigung der Produktionsvoraussetzungen Mindestlöhne für die „mit der eigentlichen Erzeugung und Konfektionierung der Waren unmittelbar beschäftigten Personen („letzte Hand")" fest,[619] die im Reichsgesetzblatt kundzumachen waren. Die Einhaltung der Bestimmungen sollte durch den Aushang der Verordnung und der Mindestlohnsätze in den Arbeits- und Warenübernahmsräumen, sowie durch strenge Strafen für Zuwiderhandelnde erreicht werden.

Nach ihrer Konstituierung[620] setzte die Nählohnkommission erstmals im März 1918 Mindestlöhne für die Konfektionierung von Uniformen und Wäsche für das Militär fest.[621] Im Juni 1918 verlangte der Verband der Schneider eine Erhöhung dieser Mindestsätze, da die Verschlechterung des zu verarbeitenden Materials den Verdienst drückte. Das Sozialministerium wollte zwar wegen der anomalen Lebensverhältnisse kurz vor der Ernte eine Neuregelung prinzipiell erst im Herbst durchführen,[622] doch wurden für die Uniformherstellung bereits im Juli um 10% höhere Löhne gezahlt. Kurz vor Ende des Krieges wurden die Stückpreise noch einmal erhöht, in der Monturerzeugung um weitere 20%, bei der Wäschekonfektion um 30%.[623]

Wenn diese Mindestlohnentwicklung auch nicht mit der Steigerung der Lebenshaltungskosten Schritt hielt, so konnte die staatliche Regelung des Verdienstes in der Textilkonfektion doch als ein Beweis für die Angemessenheit und Durchführbarkeit autoritativer Eingriffe in die Heimarbeitsverhältnisse dienen,[624] die gleichzeitig von den Unternehmern heftig bekämpft wurde.

Das Handelsministerium ließ im Sommer 1917 einen Gesetzentwurf über die Regelung der Heimarbeit ausarbeiten, der auf dem Ergebnis einschlägiger Diskussionen im Arbeitsbeirat vor dem Krieg aufbaute.[625] Neben der autoritativen Lohnfestsetzung sollte Raum für freie Vereinbarungen bleiben, die zu generell gültigen und durchsetzbaren Satzungen erhoben werden konnten. Die entscheidenden Institutionen in diesem Verfahren sollten drittelparitätisch aus Unternehmern, Arbeitern und Fachleuten zusammengesetzte Heimarbeitskommissionen sein, in denen der Expertenkurie ausschlaggebende Bedeutung zukam.[626] Die wichtigste Änderung gegenüber den Vorkriegsplänen war die

---

618 1918 ging die Nählohnkommission in die Kompetenz des SM über, das dann den Vorsitzenden stellte. Vgl. VO des SMr vom 9. 3. 1918, RGBl. Nr. 91.
619 VO des HMr vom 16. 11. 1917, RGBl. Nr. 448, § 4.
620 Vgl. AVA, HM, Z. 12350/1917. Unternehmer: Textilfabrikant Quittner und Konfektionär Steinschauer; Gewerkschafter: Gion (Schneider, sozialdemokratisch), Krikawa (Textilarbeiter, christlich).
621 Vgl. Kuen des SMr vom 9. 3. 1918, RGBl. Nr. 92 und 93.
622 Vgl. Fachzeitung der Schneider 7/1918, S. 1, Eingabe 14. 6. 1918 und AVA, SM, Z. 14943/1918.
623 Vgl. Ku des SMr vom 20. 7. 1918, RGBl. Nr. 262 und Kuen des SMr vom 13. 10. 1918, RGBl. Nr. 363 und 364.
624 1058 der Beilagen StPrAH XXII, 6. Bd., S. 19.
625 Vgl. ebd., S. 15 und AVA, SM, Z. 10887/1918.
626 Vgl. 1058 der Beilagen zu den StPrAH XXII, 6. Bd., Gesetzentwurf.

Regelung der Heimarbeit allgemein und nicht nur in einigen, im Detail erforschten Branchen.[627]

Die Gutachten der Handelskammern, besonders aber der autonomen Unternehmerorganisationen, denen die Vorschläge der Verwaltung unterbreitet wurden, fielen negativ aus.[628] Sie wandten sich in erster Linie gegen die Mindestlohnfestsetzung durch Lohnkommissionen, aber auch gegen viele andere Ansätze, die auf eine Besserstellung der in der Heimarbeit beschäftigten Personen abzielten. Insbesondere die Hauptstelle industrieller Arbeitgeber-Organisationen kämpfte gegen die Institutionalisierung paritätischer Lohnämter, durch die, wie auch das Sozialministerium zugab, „eine wichtige Bresche gelegt wird in die Einrichtungen des freien wirtschaftlichen Verkehrs und die nahezu souveräne Bestimmung der Löhne durch die Unternehmer."[629] Diese wehrten sich gegen den Versuch, die wirtschaftlich begründeten Machtunterschiede mit staatlicher Unterstützung abzuschwächen. Schiedsgerichte brächten Erfolge, „wie es ja selbstverständlich ist, fast durchwegs auf Seite der Arbeitnehmer,"[630] – eine Einsicht, die durch die Entstehungsgeschichte des Heimarbeitsgesetzes selbst bestätigt zu werden schien.

Die Äußerungen der Unternehmer bedeuteten eine Ablehnung eines Gesetzes überhaupt und deuteten auf die Verschärfung des Kampfes gegen „sozialpolitische Versuche" im Winter 1917/1918. Die staatliche Verwaltung war jedoch davon nur wenig beeindruckt. Das in der Angelegenheit nun zuständige Sozialministerium kommentierte die Argumente der Industriellen: „Aus ihnen scheint nur eines hervorzugehen: daß die Unternehmerschaft ernstlich daran denkt, wie vor dem Kriege eine konkurrenzfähige Exportindustrie auf Hungerlöhnen in der Heimarbeit wieder aufzurichten. Und diese Tendenzen müssen mit aller Schärfe bekämpft werden."[631] Die Durchsetzung des so heftig kritisierten Entwurfes wurde auf anderem Wege betrieben.

Unter den geschilderten Umständen kam den Verhandlungen des Heimarbeitsausschusses im Generalkommissariat für Kriegs- und Übergangswirtschaft besondere Bedeutung zu.[632] Zwar zeigte sich dort ebenfalls die ablehnende Haltung der Unternehmerschaft, doch waren diese in dem paritätischen Komitee zu intensiven Diskussionen gezwungen.[633] Den aus dem Gewerbe stammenden Unternehmern August Einspinner und Bernhard Ludwig und dem christlich-sozialen Vorarlberger Reichsratsabgeordneten Jodok Fink standen auf der Arbeiterseite sehr versierte Fachleute gegenüber. Neben dem christlichen Arbeiterfunktionär, Wiener Gemeinde- und Stadtrat Franz Spalowsky und dem tschechischen sozialdemokratischen Reichsratsabgeordneten Dr. Leo Winter war

---

627 Vgl. AVA, SM, Z. 10887/1918. Durch die Verallgemeinerung entfielen unter anderem hygienische und sanitäre Vorschriften, worüber eine Kontroverse mit dem Obersten Sanitätsrat entstand. Der Vertreter der Gesundheitsbehörde vertrat die Ansicht, das Fehlen solcher Schutzbestimmungen habe zur Folge, daß die Heimarbeiter weiterhin „in dieser empörenden Weise geknechtet" werden.
628 Vgl. AVA, HM, Z. 12324/1917 und SM, Z. 35, Z. 3861, Z. 3863 und Z. 5383/1918.
629 Vgl. AVA, SM, Z. 5383/1918, Bemerkung des SM zur Ablehnung durch die Handelskammern.
630 Vgl. AVA, SM, Z. 35/1918, Hauptstelle.
631 AVA, SM, Z. 5383/1918. Vgl. auch Z. 27/1918 und MdI, Dep. 5, Z. 15869/1918.
632 Vgl. HM, G.K. Z. 480 und G.K. Z. 495/1917, Einladung zur 1. Sitzung 30. 10. 1917, auf 7. 11. 1917 verschoben.
633 Vgl. AVA, HM, G.K. Z. 531, G.K. Z. 578 und G.K. Z. 606/1917 (Sitzungen 7. 11., 5. 12. und 10. 12. 1917).

dies vor allem Johann Gion, Mitglied der freien Gewerkschaftskommission und Funktionär des Verbandes der Schneider und Schneiderinnen Österreichs. Ihm fiel dann auch die Erstattung des Berichtes an den übergeordneten sozialpolitischen Ausschuß zu,[634] in dem er die Argumente der Unternehmer vor allem gegen die autoritative Lohnfestsetzung zu entkräften suchte. Gion berief sich dabei bereits auf die Zusammensetzung der Heimarbeitskommissionen aus Unternehmern, Arbeitern und Fachleuten, die der letzten Gruppe und nicht den an den Auseinandersetzungen direkt beteiligten Parteien die Schlüsselposition zuwies.[635] Aufgrund des Berichtes sprach sich der ebenfalls paritätisch besetzte sozialpolitische Ausschuß des Hauptausschusses für Kriegs- und Übergangswirtschaft für die Einbringung der Regierungsvorlage im Abgeordnetenhaus aus,[636] was dann im Sommer 1918 geschah.[637]

Der sozialpolitische Ausschuß des Abgeordnetenhauses, der sich in der Folge mit dem Entwurf befaßte, hatte es also mit einer Materie zu tun, die bereits von einem zur Vertretung der großen wirtschaftlichen Gruppierungen befugten Gremien durchberaten und – aufgrund dessen paritätischer Struktur – akzeptiert worden war. Die Vorlage des Heimarbeitsgesetzes erhielt mit einer Änderung, die ein früheres Inkrafttreten bestimmte, auch die Zustimmung des Parlamentsausschusses. In seinem Bericht an das Abgeordnetenhaus vom 26. September 1918 folgte der sozialdemokratische Abgeordnete Johann Smitka der Argumentation seines Branchen- und Gewerkschaftskollegen Gion.[638] Der Staatssekretär für soziale Fürsorge, Ferdinand Hanusch, brachte in der Umsturzzeit die Vorlage in dieser Form in der Provisorischen Nationalversammlung ein, die das Gesetz dann endlich beschloß.[639]

6.1.3.2.2. Die Diskussion um die Arbeitsvermittlung

Die Frage der Einrichtung eines öffentlichen Arbeitsvermittlungswesens war ebenso wie die Regelung der Verhältnisse in der Heimarbeit bereits seit vielen Jahren Thema von Diskussionen, Vorschlägen und Entwürfen.[640] Zudem hatte es auf diesem Gebiet bedeutende Fortschritte während des Krieges gegeben: einmal war zur Bekämpfung der Arbeitslosigkeit bei Kriegsbeginn auf administrativem Weg ein allgemeines Stellenvermittlungswesen improvisiert worden, und darauf aufbauend versuchte die Verwaltung die Probleme der Invalidenbeschäftigung durch einen speziellen Arbeitsnachweis zu lösen. Die Absicht, den erfolgreichen Versuch eines allgemeinen, zentralisierten Arbeitsvermittlungswesens bei Kriegsbeginn weiterzuführen und zu einer Dauereinrichtung zu machen, wurde vorerst nicht verwirklicht. Die angespannte Arbeitsmarktsituation in der Hochkonjunktur ließ solche Pläne in den Hintergrund treten. Zwangsweise Heranziehung zur

---

634 Vgl. AVA, HM, G.K. Z. 206/1918.
635 Vgl. AVA, MdI, Dep. 5, Z. 14310/1918 (HM, G.K. Z. 170/1918).
636 Vgl. AVA, MdI, Dep. Ia, Z. 18943 und Z. 20070/1918 (HM, G.K. Z. 206/1918).
637 Vgl. StPrAH XXII, 3. Bd., S. 3823.
638 Vgl. 1183 der Beilagen zu den StPrAH XXII, 7. Bd.
639 Vgl. 45 der Beilagen zu den StPr der Provisorischen Nationalversammlung für Deutschösterreich, 1. Bd. und Gesetz vom 19. 12. 1918, StGBl. Nr. 140.
640 Vgl. AVA, MdI, Dep. 5, Z. 24040/1917, Beilage 1, P. I und II.

Arbeit war unter den Umständen ein effektiveres Mittel als die Arbeitskräftebeschaffung über Institutionen eines freien Marktes. Verwaltungsstellen, die an bestimmten Arbeitergruppen interessiert und über die Entwicklung besorgt waren, bestanden auch weiterhin auf dem Ausbau eines zentralen, staatlichen Arbeitsnachweises. So forderte das Ackerbauministerium unter Hinweis auf die Zunahme der Landflucht Maßnahmen der zuständigen Stellen. Das Handelsministerium sprach sich für die Installierung von Facharbeitsnachweisen aus, um dem Mangel an qualifizierten Kräften in der Kriegsindustrie besser begegnen zu können.[641]

Konkrete Schritte wurden aber erst unternommen, als mit den Vorbereitungen der Demobilisierung, die Massenarbeitslosigkeit zur Folge haben würde, begonnen wurde. Es hatte zwar beinahe seit Kriegsbeginn Bestrebungen gegeben, die zu erwartenden Arbeitsmarktprobleme der Übergangszeit in den Griff zu bekommen. So beschloß etwa der Wiener Stadtrat im Juli 1915 eine Eingabe an die Zentralregierung, in der die Organisation eines Arbeitsnachweises für die Zeit der Demobilisierung gefordert wurde.[642] Erst in der Periode, in der infolge der Kriegsschäden die Wiederaufbauphase allgemein großes Interesse gewann, trat die Regierung einer Regelung der Arbeitsvermittlung näher. Das Kriegsministerium zeigte nun 1917 vermehrtes Interesse an einer Organisation der Arbeitsvermittlung, selbst als Alternativlösung zur Regulierung des Arbeitsmarktes durch das Kriegsleistungsgesetz[643] und stellte die Frage, „ob diese Organisation der Arbeitsvermittlung nicht auch eine wirksame Grundlage bilden könnte für die Schaffung *eines staatlichen, zentralorganisierten, durch Reichsgesetz zu normierenden öffentlichen Arbeitsnachweises*, der mit *bindenden* (sic!) *Charakter* sowohl für Arbeitgeber als auch für Arbeitnehmer *auf den Grundprinzipien der Allgemeinheit und Unentgeltlichkeit aufgebaut und mit allen Rechten staatlicher Verwaltungsämter ausgestattet sein würde*."[644]

Das Ministerium des Inneren, das auf die zahlreichen Wünsche und Aufforderungen[645] im Frühjahr 1917 reagierte, befürwortete demgegenüber eine am Vorbild der Invalidenvermittlung orientierte Organisation, eine „Kombination staatlicher Behörden mit mannigfachen in der Bevölkerung wurzelnden Einrichtungen." Staatliche Bezirks-, Landes- und ein Zentralarbeitsnachweis sollten als Koordinationsstellen für die bestehenden Stellenvermittlungen dienen. Ihnen sollte öffentlicher Charakter verliehen werden, „soferne nur die Gemeinnützigkeit und Unparteilichkeit gewährleistet erscheint." In welcher Form diese Bedingungen zu erfüllen wären, stand anfangs noch nicht fest. Das Innenministerium fürchtete den Widerstand der Unternehmer gegen die zwingende Vorschrift

---

641 Vgl. AVA, MdI, Dep.7, Z. 63225/1915 (AM, Z. 2699/1915) und Z. 12251/1916 (HM, Z. 3823/1916).
642 Vgl. AVA, HM, Z. 11904 KP und Z. 12249 KP/1915. Vgl. außerdem Z. 2529 KP/1916 (Handelskammer Prag) und ebd. (MP, Z. 6997/1914 und Z. 808/1915: Klärung der Kompetenz in dieser Angelegenheit bereits um die Jahreswende 1914/1915).
643 Vgl. AVA, MdI, Z. 31171/1916 (KM, Abt.10, Z. 80804 res/1916) und Z. 17908/1917 (KM, Abt.10, Z. 1460 res/1917). Vgl. dazu auch MdI, Dep.5, Z. 22593/1917 (HM, Z. 9960/1917).
644 AVA, MdI, Dep.5, Z. 17908/1917 (KM, Abt.10, Z. 1460 res/1917). (Hervorhebungen im Original).
645 Vgl. AVA, MdI, Dep.5, Z. 24040/1917 (MP, Z. 236/1917; Clam-Martinic ersuchte im Februar 1917 unter Hinweis auf diesbezügliche Wünsche des Armeeoberkommandos „gefälligst ehestens" um Informationen).

paritätischer Verwaltungs- und Überwachungsgremien und erwog deshalb, „ob die Errichtung dieser Ausschüsse zwar gefördert, aber nicht als unbedingtes Erfordernis gemeinnütziger Arbeitsnachweise angesehen werden soll." Außerdem sollte noch die Aufrechterhaltung der Arbeitsvermittlung bei Streik oder Aussperrung Voraussetzung für die Öffentlichkeitserklärung sein. Diese Pläne wurden Ende Juni 1917 den Landesbehörden zur Begutachtung zugeleitet. Deren Berichte trafen im Laufe des Sommers und Frühherbstes 1917 ein und gaben keinen Anlaß zu Änderungen an den skizzierten Vorstellungen des Innenministeriums.[646] Die Zentralverwaltung ging deshalb an die Ausarbeitung eines Verordnungsentwurfes,[647] der am 15. Oktober einer Ministerialkonferenz und dann dem Generalkommissariat für Kriegs- und Übergangswirtschaft vorgelegt wurde. Der Vorschlag, ein Gesetz zu erlassen, war wegen der zu erwartenden Schwierigkeiten verworfen worden.[648]

Dem im Juni 1917 gebildeten Unterausschuß für Demobilisierung und Arbeitsvermittlung des sozialpolitischen Ausschusses im Generalkommissariat lagen einerseits die allgemeinen Pläne des Innenministeriums für die Arbeitsvermittlung, andererseits die besonderen des Kriegsministeriums für die Abrüstung des Heeres vor. Diese Absichten der Heeresverwaltung beruhten auf den Vorarbeiten seines „Wissenschaftlichen Komitees", das sich für eine Demobilisierung der Armee nicht nach Alter oder Dienstzeit sondern nach Berufsgruppen aussprach, um die Arbeitslosigkeit so gering wie möglich zu halten.[649] Die Gewerkschaften stellten sich gegen eine solches System:[650] „Die Angehörigen der wichtigen und unwichtigen Gruppen haben das Vaterland ruhmvoll verteidigt und haben ein menschliches Recht darauf, auch bei der Demobilisierung gleich behandelt zu werden. Es wäre ein sonderbarer Dank des Vaterlandes, wenn man just da entdecken würde, daß kein Geld vorhanden sei, wo es sich um die Unterstützung der zurückgekehrten Krieger handelt."[651]

Die Ablehnung durch die wichtigsten Arbeiterorganisationen gab im Unterausschuß den Ausschlag für eine Änderung der Demobilisierungsordnung. Die Unternehmervertreter und die Gewerkschafter bestanden darauf, die Abrüstung der Soldaten prinzipiell in der Reihenfolge, die durch Alter und Dauer der Kriegsdienstleistung bestimmt war, durchzuführen und nur geringe Ausnahmen zuzulassen. Diese betrafen Personen, die die Voraussetzungen für die Wiederaufrichtung des wirtschaftlichen Lebens schaffen sollten und folglich vor den anderen in ihre bürgerlichen Berufe zurückkehren mußten. Es handelte sich dabei einmal um Arbeiter aus bestimmten Branchen wie Kohlenbergbau oder Eisenbahn, um die Energieversorgung beziehungsweise Transportmöglichkeiten zu sichern. Die Auswahl der Arbeiter und die Kontrolle des Vorgangs sollten auf Verlangen

---

646 Vgl. ebd., I. (An die politischen Landesstellen) und AVA, MdI, Dep. 5, Z. 48621, Z. 57081, Z. 62403 und Z. 71198/1917.
647 Vgl. AVA, MdI, Dep. 5, Z. 57081/1917, Verordnungsentwurf.
648 Vgl. AVA, MdI, Dep. 5, Z. 24040/1917.
649 Vgl. DG 51/1916, S. 269–270.
650 Vgl. AVA, HM, Z. 3714 KP/1917 (Bericht der Polizeidirektion Wien über die Plenarversammlung der freien Gewerkschaften 11. 2. 1917); DG 7/1917, S. 32 (PrGK 9. 2. 1917); Die christlich-soziale Arbeiterschaft und der Krieg, S. 12–13: Beschluß der Reichskonferenz 22. 4. 1917.
651 DG 51/1916, S. 270. Vgl. dazu auch DG 28/1917, S. 152 (PrGK 22. 6. 1917).

der Gewerkschaften paritätischen Berufskommissionen vorbehalten sein. Daneben war noch an die Bevorzugung namentlich anzufordernder Personen gedacht.[652] So ließ das Landesverteidigungsministerium ab September 1917 die Arbeitsvermittlungsbeamten beim Heer ausforschen, um sie bei Kriegsende rechtzeitig zur Verfügung stellen zu können.[653]

In diesem neuen Demobilisierungsplan, der eine möglichst rasche Entlassung aller Soldaten zum Ziel hatte, spielte die Arbeitsvermittlung eine besondere Rolle. Auf der Tagesordnung der Sitzung des Unterausschusses stand deshalb bereits die Diskussion des Ministerialentwurfs für die Neuorganisation der Arbeitsvermittlung.[654] Das Fachkomitee kam zu der Ansicht, daß die strittigen Punkte der Vorlage folgendermaßen zu lösen seien: Unparteilichkeit als Voraussetzung jedes öffentlichen Arbeitsnachweises sei durch Einsetzung einer paritätischen Unternehmer- und Arbeiterkommission unter Vorsitz einer neutralen Person zu gewährleisten. Bei Streik sollte dieses Komitee über Einstellung oder Aufrechterhaltung der Vermittlungstätigkeit entscheiden. Darüber hinaus forderte der Unterausschuß für Demobilisierung die Integration des fachlichen Arbeitsnachweises, der im Anschluß an die Kriegsverbände öffentlich zu organisieren war, in das allgemeine System.[655]

Mit diesen Vorschlägen fand das paritätische Subkomitee nur auf Gewerkschaftsseite Unterstützung. Demobilisierung und Arbeitsvermittlung bildeten den ersten Tagesordnungspunkt der für 23. bis 25. November 1917 einberufenen Reichskonferenz der freien Gewerkschaften.[656] Die Arbeiterorganisationen einigten sich dort auf eine Resolution, die den Leitsätzen des Unterausschusses für Demobilisierung und Arbeitsvermittlung beinahe wörtlich entsprach. Es hatte allerdings von Seiten der Buchdruckerorganisation Widerstand gegen die umstandslose Aufgabe des gewerkschaftlichen Monopols und gegen die Kompromißfassung der Streikklausel gegeben. Hier war vielmehr unbedingt die Einstellung der Vermittlung während der Arbeitskämpfe verlangt worden. „Dem gegenüber hat die Konferenz der geäußerten Meinung beigepflichtet, daß – leider! – nicht in allen Gewerben jene gute Organisation vorhanden ist, wie in den graphischen."[657]

Während also die von den staatlichen Stellen favorisierte paritätische Lösung bei den Arbeiterorganisationen bloß auf leicht zu überwindende Schwierigkeiten stieß, zeigte sich in dieser Frage – noch deutlicher als bei der Regelung der Heimarbeitsverhältnisse – der stärker werdende Widerstand der Unternehmerschaft gegen „sozialpolitische Experimente". Fritz Hamburger, der Präsident der Hauptstelle, legte nämlich, als sich nach der Unterausschußsitzung am 6. November 1917 eine paritätische Arbeitsvermittlung abzeichnete, sein Mandat im Hauptausschuß für Kriegs- und Übergangswirtschaft zurück, da die derzeitigen gesetzlichen und verwaltungsrechtlichen Maßnahmen gegen die

---

652 Vgl. AVA, SM, Z. 954/1918, Bericht Kufflers im sozialpolitischen Ausschuß 13. 11. 1917; die Beratungen des Unterausschusses für Demobilisierung und Arbeitsvermittlung waren bereits am 24. 7. 1917 abgeschlossen. Vgl. AVA, HM, G. K. Z. 354/1917.
653 Vgl. AVA, MdI, Dep. 5, Z. 58730/1917 (MfLV, Abt. XVIIa, Z. 4804/1917).
654 Vgl. AVA, HM, G. K. Z. 535/1917.
655 Vgl. ebd.; vgl. auch AVA, SM, Z. 865/1918 und MdI, Dep. 5, Z. 74540/1917.
656 Vgl. DG 46/1917, S. 263.
657 DG 49/1917, S. 275–276.

„wichtigsten Prinzipien der Arbeitgeber-Organisationen"[658] verstießen. Obwohl es innerhalb der Hauptstelle auch andere Meinungen gab, die die Haltung der Verbandsleitung als von der gesellschaftlichen Entwicklung überholt betrachteten,[659] wurde kein neuer Vertreter der Organisation nominiert.[660]

Die Ablehnung bedeutender Unternehmergruppen richtete sich in erster Linie gegen die Parität der fachlichen Nachweise, die im Falle von Arbeitskämpfen wichtige Instrumente darstellten. Die Zentralverwaltung beschränkte sich deshalb in den weiteren Maßnahmen auf die Regelung der allgemeinen Stellenvermittlung, die nicht so sehr umstritten war, und wollte den Facharbeitsnachweis erst nach abgeschlossener Diskussion im Generalkommissariat einbeziehen.[661]

Mit der Einrichtung eines gemeinnützigen Stellenvermittlungssystems wollte das Innenministerium im Spätherbst 1917 nicht länger zuwarten. Insbesondere die Heeresverwaltung drängte unter Hinweis „auf die gegenwärtige politische und militärische Lage, welche Überraschungen hinsichtlich der Beendigung des Krieges keineswegs ausschließt", auf einen Abschluß in dieser Angelegenheit.[662] Es wurden deshalb zur Endredaktion der Verordnung eine Konferenz der Landesbehörden am 28. November und schließlich eine Besprechung mit den interessierten Ressorts am 12. Dezember 1917 veranstaltet.[663] Die letzte Beratung des Entwurfes fand dann am 13. Dezember im Subkomitee für Demobilisierung und Arbeitsvermittlung des Hauptausschusses für Kriegs- und Übergangswirtschaft statt, wo sich die Unternehmer aufgrund der paritätischen Zusammensetzung jenes Gremiums nicht gegen die Parität in der Arbeitsvermittlung durchsetzen konnten.[664]

Die Verordnung „betreffend die Regelung der Arbeitsvermittlung für die Dauer der durch den Krieg verursachten außerordentlichen Verhältnisse" wurde am 29. Dezember 1917 publiziert[665] und stellte die erste generelle Regelung dieser Materie dar. Durch sie wurde zunächst eine Meldepflicht für alle Vermittlungsstellen statuiert und die Möglichkeit geschaffen, solche „Arbeitsnachweisstellen, welche Arbeit jeglicher Art vermitteln und geeignet sind, besondere Aufgaben beim zwischenörtlichen Ausgleiche zu unternehmen, als öffentliche allgemeine Arbeitsnachweisstellen" zu erklären.[666] Zusätzliche Voraussetzung für die Zuerkennung hoheitlichen Charakters war die Erfüllung von vier Bedingungen, nämlich Bedarf, Unentgeltlichkeit, Unparteilichkeit und eine Vereinbarung über das Verhalten bei Streik.[667]

---

658 Vgl. AVA, HM, G.K. Z. 573/1917. Vgl. auch DI 2/1918, S. 5.
659 Vgl. AVA, HM, G.K. Z. 607/1917. Vgl. auch SM, Z. 865/1918, Protokoll 13. 12. 1917.
660 Vgl. AVA, HM, G.K. Z. 44/1918. Vgl. auch SM, Z. 4726/1918. Auch der am 24. 2. 1918 gegründete Reichsverband der Industrie als neue Dachorganisation aller Unternehmerverbände erhielt kein eigenes Mandat im Hauptausschuß.
661 Vgl. AVA, MdI, Dep. 5, Z. 74540/1917, interministerielle Konferenz 13. 12. 1917. Zur Kompetenzaufteilung vgl. MdI, Dep. 5, Z. 3462/1918; SM, Z. 1057 und Z. 1680/1918.
662 AVA, MdI, Dep. 5, Z. 74540/1918 (KM, Abt. 10, Z. 259730 res/1918).
663 Vgl. AVA, MdI, Dep. 5, Z. 71198, Z. 74540 und Z. 74904/1917.
664 Vgl. AVA, MdI, Dep. 5, Z. 74540/1917, Notiz über die Verhandlungen 13. 12. 1917.
665 Vgl. VO des MrdI vom 24. 12. 1917, RGBl. Nr. 509.
666 Ebd., § 2, Abs. 1. Unter die Meldepflicht fielen auch die Facharbeitsnachweise (§ 1).
667 Vgl. die Amtliche Verlautbarung zur VO, zitiert nach DG 3/1918, S. 9.

Die beiden umstrittenen Punkte wurden dem gegenwärtigen Diskussionsstand entsprechend gefaßt. Die Unparteilichkeit in der Vermittlung der Arbeitsplätze sollte durch einen paritätischen Überwachungsausschuß gewährleistet werden, ohne den die öffentlichen Vermittlungsstellen kaum das Vertrauen der Arbeiter erringen konnten. Die Verordnung folgte aber zumindest nicht ausdrücklich dem Wunsch der Gewerkschaften nach der Institutionalisierung des neutralen Vorsitzenden,[668] der nach der Lage der Dinge nur ein staatliches Organ hätte sein können. An einem solchen Schiedsrichter lag den Arbeiterorganisationen, um die Funktionstüchtigkeit und damit die Stabilität der Komitees zu gewährleisten, während die Unternehmer dieses System, das die Möglichkeiten, ihre Überlegenheit zur Geltung zu bringen, noch weiter als die bloße Parität einschränkte, strikt ablehnten.

Zu einer, nach Meinung der Gewerkschaftskommission „salomonischen Entscheidung"[669] entschloß sich die Regierung im Falle der Streikklausel. Sie stellte die diskutierten Alternativen für das Verhalten der Nachweisstellen bei Arbeitskämpfen: Entscheidung des paritätischen Ausschusses über Weiterführung oder Einstellung der Tätigkeit bzw. obligate Weiterführung bei Information der Beschäftigungssuchenden, auch in der Verordnung zur Auswahl. Bei den Beratungen über die Varianten, die übrigens den ursprünglichen Standpunkt der Arbeiterschaft, die unbedingte Sistierung der Vermittlung während eines Arbeitskampfes,[670] nicht mehr wiedergaben, hatte kein Konsens erzielt werden können, da die Gewerkschafter nur der ersten Fassung, ein Teil der Unternehmer nur der zweiten zuzustimmen vermochten.[671]

Staatlichen Charakter bekam das neue Arbeitsvermittlungssystem, das im wesentlichen auf Stellen beruhte, die von privater Seite oder von autonomen Gemeinden betrieben wurden, durch einen amtlichen Überbau. Die größere Bedeutung fiel dabei den Landesstellen für Arbeitsvermittlung zu, die selbst ausgleichend am Arbeitsmarkt tätig sein sollten und die außerdem den Aufbau des Netzes der öffentlichen Nachweise durchzuführen hatten. Die Landesstellen verfügten auch über Beiräte aus Unternehmer- und Arbeitervertretern. Demgegenüber war die zentrale Reichsstelle ein rein bureaukratischer Apparat zur einheitlichen Leitung und Überwachung.[672]

Durch die Ministerialverordnung vom 24. Dezember 1917 wurde in Österreich erstmals eine gesamtstaatliche Regelung des Arbeitsvermittlungswesens unternommen. Die Gewerkschaften begrüßten diesen Schritt prinzipiell, wenngleich zu verschiedenen Punkten Kritik geäußert wurde. So sprachen die sozialdemokratischen Organisationen bloß von einem „ersten, schüchternen Versuch",[673] den deutschnationalen fehlte das „nationale Element" in der Verordnung, ein Schutz der deutschösterreichischen Arbeiter vor einer Verdrängung durch „fremdvölkische Elemente".[674] Für bedeutende Unternehmerkreise

---

668 Vgl. DG 49/1917, S. 276, Resolution der Reichskonferenz, P. 2b.
669 Vgl. DG 3/1918, S. 10.
670 Vgl. ebd., S. 10.
671 Vgl. AVA, MdI, Dep. 5, Z. 74540/1917, Notiz über die Verhandlungen 13. 12. 1917.
672 Vgl. VO des MrdI vom 24. 12. 1917, RGBl. Nr. 509, § 2. Vgl. auch AVA, SM, Z. 1057/1918: Reichsstelle im SM samt Ministerialkommission.
673 DG 3/1918, S. 9.
674 Vgl. AVA, SM, Z. 9117/1918, Resolution des Vertretertages der deutschnationalen Gewerkschaften 3. 2. 1918.

stellte die Verordnung ein unnötiges und unzeitgemäßes Experiment dar. Der Schwerpunkt des Interesses dieser Industriellen lag aber stets darauf, eine Ausdehnung der allgemeinen Bestimmungen auf die Vermittlung der Fachkräfte zu verhindern, wie sie bereits in der Ministerialverordnung angedeutet wurde.[675] Selbst das Innenministerium, das im Falle des allgemeinen Nachweises auf paritätischen Überwachungskomitees bestanden hatte, beschuldigte unter diesen Voraussetzungen das Handelsressort, die „Einfügung der Facharbeitsnachweise ... mit allzu viel Vorliebe für Parität in Rücksichtnahme auf „Lohnkampfmittel" vereitelt" zu haben.[676]

Der Widerstand der Unternehmer gegen die paritätischen Facharbeitsnachweise erwies sich als unüberwindlich. Auch Ansätze zu einer Regelung im Anschluß an die Kriegsverbände, welche im Herbst 1917 existierten, ließen sich nicht realisieren, da sich im Laufe des Winters 1918 eine ablehnende Mehrheit der Mitglieder herausbildete.[677] Im Falle des Baugewerbes, für das erst im Sommer 1918 ein Wirtschaftsverband eingerichtet wurde, versuchte die Verwaltung allerdings einen Facharbeitsnachweis entsprechend den Normen der allgemeinen Arbeitsvermittlung durch Verordnung einzurichten.[678]

Die Voraussetzungen für die Arbeitsmarktregulierung bei Kriegsende waren damit ungünstig. Sie bestanden in der Einsetzung von Berufskommissionen zur Auswahl der vorrangig zu entlassenden Soldaten und einer allgemeinen Arbeitsvermittlung für die Masse der beschäftigungslosen Heimkehrer bzw. freigesetzten Rüstungsarbeiter. Die für die Ankurbelung der Wirtschaft zentrale Aufgabe der Allokation der qualifizierten Arbeiter blieb den rivalisierenden Bestrebungen von Gewerkschaften und Unternehmerverbänden überlassen. Tatsächlich konnten selbst die Teilpläne zur staatlichen Organisierung nicht realisiert werden. Die Berufskommissionen, über deren grundsätzliche Zusammensetzung und Funktion bereits im Juli 1917 im Unterausschuß für Arbeitsvermittlung und Demobilisierung Einigung erzielt worden war, blieben Gegenstand langwieriger Diskussionen sowohl innerhalb der Bureaukratie als auch Unternehmer,[679] ehe konkrete Maßnahmen ergriffen wurden.[680] In den sich überstürzenden Ereignissen des Kriegsendes waren die Berufskommissionen nicht einsatzfähig; die Regierung verzichtete am 30. Oktober 1918 endgültig auf deren Aufstellung.[681]

Selbst der durch eine Ministerialverordnung eingeführte allgemeine Arbeitsnachweis befand sich bei Kriegsende erst im Aufbaustadium. Das Sozialministerium hatte im März 1918 Schwierigkeiten bei der Einrichtung der Landesstellen konstatiert und daraufhin durch die Erstellung eines genauen Zeitplanes den Vorgang zu beschleunigen versucht; Ende Juni 1918 sollte das Nachweissystem funktionieren.[682] Dieses Ziel war Anfang

---

675 Vgl. VO des MrdI vom 24. 12. 1917, RGBl. Nr. 509, § 2, Abs. 5 und § 9, Abs. 2.
676 Vgl. AVA, MdI, Dep. 5, Z. 3462/1918, handschriftliche Notiz.
677 Vgl. DI 15/1918, S. 7, Fußnote.
678 Vgl VO des HMr vom 1. 8. 1918, RGBl. Nr. 287, § 13.
679 Vgl. z.B. AVA, SM, Z. 13742/1918 und DI 16/1918, S. 2–3.
680 Es scheint Nominierungen für die Berufskommissionen gegeben zu haben. Vgl. Protokoll der XLIV. ordentlichen Generalversammlung des Vereines der Montan-, Eisen- und Maschinen-Industriellen in Österreich vom 20. Dezember 1918 (Wien 1918) 9.
681 Vgl. AVA, SM, Z. 28171/1918.
682 Vgl. AVA, SM, Z. 8232/1918.

Oktober noch nicht erreicht,[683] sodaß die Absichten der Heeresverwaltung, den Abbau der Kriegsindustrie und der Truppen in enger Zusammenarbeit mit den öffentlichen Arbeitsnachweisen durchzuführen,[684] der wichtigsten Voraussetzung entbehrten.

Die Demobilisierung Ende 1918 verursachte enorme ökonomische und soziale Schwierigkeiten, die revolutionäre Bestrebungen verstärkten. Die Aufrechterhaltung von Ruhe und Ordnung war unter diesen Umständen in hohem Maße von der Lösung der Arbeitsmarktprobleme abhängig. Diese Aufgabe wurde daher von der hilflosen Staatsverwaltung der paritätischen Industriekommission abgetreten,[685] die zunächst selbst die Funktion eines zentralen Arbeitsamtes übernahm[686] und die Errichtung eines umfassenden, paritätischen Arbeitsnachweissystemes in ihr Aktionsprogramm aufnahm.[687] Schon am 4. November 1918 wurde dieser Punkt durch die Errichtung der Industriellen Bezirkskommissionen realisiert.[688]

6.2. Die Gewerkschaften zwischen Herbst 1916 und Sommer 1918

6.2.1. Die Lage der Organisationen 1917 und 1918

Die Mitgliederverluste, die die ersten beiden Kriegsjahre gekennzeichnet hatten, kamen in der zweiten Hälfte 1916 zum Stillstand.[689] Die Gründe hiefür liegen in einer regeren Tätigkeit der Gewerkschaften auf organisatorischem, vor allem aber auf dem Gebiet der Lohnbewegungen. Die großen Arbeitskämpfe erfaßten schließlich die neuen Arbeiterschichten der Industrie, die sich bisher einer gewerkschaftlichen Organisierung entzogen hatten. „So wie von jeher der großen Masse der Arbeitenden der Wert der Gewerkschaft am sichtbarsten aus ihrer Tätigkeit auf dem Gebiete der Lohnbewegungen zur Erkenntnis kommt, so sind es auch jetzt während des Krieges die gleichgearteten Bemühungen, welche den in der ersten Kriegszeit wahrnehmbaren Rückgang in den Mitgliederzahlen sehr bald wieder in sein Gegenteil umschlagen lassen."[690]

Als der Wendepunkt in der Gewerkschaftsentwicklung galt nach ersten Ansätzen Ende 1916 die allgemeine und auf mehreren Ebenen ausgetragene Bewegung im Frühjahr

---

683 Vgl. AVA, SM, Z. 26289/1918.
684 Vgl. AVA, SM, Z. 27606 und Z. 27740/1918 (KM, Abt.10, Z. 317120 res/1918).
685 Vgl. AVA, SM, Z. 26953/1918.
686 Vgl. Beschluß der Provisorischen Nationalversammlung vom 30. 10. 1918, StGBl. Nr. 4, besonders Z. 2.
687 Vgl. DI 30/1918, S. 2.
688 Vgl. Vollzugsanweisung des Deutschösterreichischen Staatsrates vom 4. 11. 1918, StGBl. Nr. 18.
689 Vgl. DG 34/1917, DG 30/1918 und DG 31/1919 (Datenmaterial).
690 DG 30/1918, S. 153.

1917,[691] die den Wiener Lohnkampf, die Errichtung der Beschwerdekommissionen, den Prozeß gegen Friedrich Adler, die Arbeitsruhe am 1. Mai, wie auch die Wiedereinführung des Parlamentarismus umfaßte und offensichtlich großen Einfluß auf das politische Bewußtsein ausübte. Die Arbeiterzeitung verzeichnete in fünf Tagen Ende April/Anfang Mai 1917 2000 neue Abonnenten.[692]

Die neugeworbenen Mitglieder rekrutierten sich zum größten Teil aus bislang den Gewerkschaften fernestehenden Arbeiterschichten. Dies ergibt sich schon daraus, daß 1917 noch mehr der alten Gewerkschaftsmitglieder aus der Industrie zum Militär abgezogen wurden.[693] Der Metallarbeiterverband registrierte 1917 ca. 800 mehr Eingerückte als 1916, gleichzeitig nahm er 116.000 neue Mitglieder auf.[694] Deutlichstes Zeichen für das Eindringen in die vor allem aus ungelernten Kräften bestehenden Gruppen der Kriegsarbeiterschaft war der enorme Werbungserfolg bei den Frauen, deren Zahl in den freien Gewerkschaften 1917 um 181% im Vergleich mit dem Vorjahr und um 57% gegenüber dem bisherigen Höchststand 1912 stieg. Die durch die Kriegswirtschaft beschleunigte Umstrukturierung der Gewerkschaften von Facharbeitervereinen zu Massenorganisationen unter Einschluß der unqualifizierten Kräfte wurde von verschiedenen Organisationen mit Argwohn betrachtet. Der Fachverein der Sattler, Taschner und Riemer meinte in seinem Jahresbericht für 1917, die Steigerung der Mitgliederzahl könne „für die erlittenen Verluste nicht voll entschädigen, da die Majorität der Neugewonnenen auf das Konto der weiblichen Mitglieder zu buchen ist. Der Unterschied wird bei näherer Betrachtung der Kassengebarung sogleich sichtbar. ... Dies rührt von den zu niedrig angesetzten Beiträgen der weiblichen Mitglieder her, obwohl gerade die Frauen es sind, die der Organisation ungleich mehr zu schaffen machen als die Männer."[695] Eine ähnliche Einschätzung spricht aus den Äußerungen der Gewerkschaftskommission, die später für 1918 mit Genugtuung einen Trend zur Renormalisierung der geschlechtlichen Zusammensetzung der Verbände feststellte.[696]

Die Mitgliederzahl der der freien Gewerkschaftskommission angeschlossenen Verbände wuchs 1917 insgesamt um 86% auf 311.068. Anders als 1916 betrafen die Zunahmen in diesem Jahr nicht nur die Zahl der Frauen, sondern auch die der Männer, wenn auch mit 67% in einem verhältnismäßig geringeren Ausmaß. Der Anteil der organisierten Arbeiterinnen erhöhte sich sprunghaft von 17 auf 25%. Die Mitgliederzunahme kam fast ausschließlich den Branchenorganisationen der Kriegsindustrie zugute. Auf die Verbände der Metallarbeiter, Eisenbahner, Chemiearbeiter, Bergarbeiter, Textilarbeiter, Holzarbeiter, Handels- und Transportarbeiter, Gießereiarbeiter, Schneider, Schuhmacher, Maschinisten und Heizer sowie der Lederarbeiter entfielen 94% des Zuwachses. Aufgrund der besonderen Entwicklung der Zahl der weiblichen Mitglieder standen in den Branchenorganisationen der Kriegsindustrie einer Frau nunmehr 3,2 Männer gegenüber, während

---

691 Vgl. z.B. DG 9/1918, S. 41 (Metallarbeiter); DG 11/1918, S. 58 (Chemiearbeiter); ÖMA 47/1917, S. 222.
692 Vgl. AdSP, PrPV 3. 5. 1917.
693 Vgl. *Gratz,* Zusammenbruch, S. 151.
694 Vgl. DG 9/1918, S. 41.
695 DG 10/1918, S. 51.
696 Vgl. DG 31/1919, S. 161–162.

es 1916 noch etwa 6,3 und 1912 8,1 waren. Die zweite Gruppe, die besonders stark zum personellen Aufschwung der Gewerkschaften beitrug, waren die Angestelltenorganisationen; insgesamt verdoppelte sich die Mitgliederzahl in diesen Verbänden. Auch hier war die Zunahme bei den Frauen überproportional. Der Verband der Handlungsgehilfen wurde zu einer Organisation mit mehrheitlich weiblicher Mitgliedschaft.

Die während des Krieges besonders schwer in Mitleidenschaft gezogenen Organisationen zeigten eine unterschiedliche Entwicklung. Der Schrumpfungsprozeß des wichtigsten Verbandes der Bauarbeiter kam 1917 bei etwa 3200 Mitgliedern, bei nur knapp 10% seines Höchststandes von 1912 zum Stillstand.[697] Die kleinen Organisationen des Wirtschaftszweiges, wie die der Bildhauer, Zimmerer und Dachdecker und insbesondere auch die Porzellanarbeiter büßten weiterhin Mitglieder ein, die Pflasterer hielten ihren Stand, während die Verbände der Tonwaren- und Steinarbeiter ihren Stand jeweils mehr als verdoppeln konnten.

Insgesamt verzeichneten 34 von 51 Organisationen zum Teil beträchtlichen Mitgliederzuwachs, der die Verluste der restlichen Verbände bei weitem überstieg. Mit Schwierigkeiten zu kämpfen hatten nämlich in erster Linie die kleinen Organisationen, deren Einbußen jedoch nicht einmal 1% der Gewinne der aufstrebenden Verbände ausmachten.

Die außerordentliche Entwicklung des Jahres 1917 brachte eine Veränderung der Größenstruktur innerhalb der österreichischen Gewerkschaftsbewegung mit sich. Es gab nun im Metallarbeiterverband mit 107.018 Mitgliedern eine große Organisation. Im Mittelfeld über 30.000 Organisierten waren nur die Verbände der Textilarbeiter und der Eisenbahner, der wieder sein Vorkriegsniveau erreichte, zu finden. Ihnen folgten drei Fachvereine, die zwischen 10.000 und 20.000, drei, die zwischen 5000 und 10.000 und 18, die zwischen 1000 und 5000 Mitglieder aufwiesen. Neun der Kleinorganisationen brachten es auf mehr als 500 Anhänger, der Rest – 15 Verbände! – blieb weiterhin darunter. Im Vergleich zur Vorkriegszeit und auch zu den vergangenen Kriegsjahren zeichnete sich die Bildung eines Schwerpunktes gewerkschaftlicher Tätigkeit auf dem Sektor der Metallindustrie ab.

Am Mitgliederaufschwung 1917 hatten alle Kronländer teil mit Ausnahme der Bukowina, wo es keine freien Gewerkschaften mehr gab. Die Verteilung der Zunahmen wies allerdings eigenartige Unregelmäßigkeiten auf. Die auffälligste Mitgliedersteigerung betraf nicht Wien sondern das übrige Niederösterreich, hervorgerufen durch eine enorme Stärkung der Metall- und der Chemiearbeiterverbände. Die Gewerkschaftsorganisation wuchs dort um 226%; die Zahl der Frauen sogar um 700%. Im Metallarbeiterverband gab es 1917 13mal so viele Arbeiterinnen wie 1916. Dieser Boom war wohl darauf zurückzuführen, daß es 1917 gelang, in die Betriebe des den Gewerkschaften feindlich gesinnten Unternehmerverbandes für Wiener Neustadt und Umgebung einzudringen.[698] Im Gegensatz dazu blieb die Mitgliederentwicklung im Jahre 1917 in Wien,

---

697 Vgl. DG 25/1913, S. 252–253 (1912: Verband der Bauhilfsarbeiter und Verband der Maurer: 3699 plus 30.580 Mitglieder).
698 Vgl. DG 38/1917, S. 229. Vgl. auch KA, MfLV, B.K. Z.285, B.K. Z.327 und B.K. Z.338/1917. Im Frühjahr 1917 gab es zahlreiche Streiks. Vgl. z.B. AVA, MdI, Präs. Z. 7907 und Z.9238/1917.

dessen Ausgangsposition allerdings eine vergleichsweise günstigere war, hinter dem Durchschnitt zurück, insbesondere auch in den Berufsorganisationen der Rüstungs- und Heeresausstattungsbranchen. Die Textilarbeiterunion mußte Einbußen hinnehmen, mit Verlusten schlossen zum Großteil auch die Verbände des Baugewerbes ab.

Durch die atypische Entwicklung der Wiener Gewerkschaften in der Aufschwungsphase 1917 verringerte sich deren Mitgliederanteil auf 36%, nachdem er 1916 fast 40% erreicht hatte. Die Tendenz zur Konzentration der freien Gewerkschaftsbewegung in den deutschsprachigen Gebieten war allerdings nicht unterbrochen. Die Gewinne des flachen Landes in Niederösterreich, dessen Quote von 1916 auf 1917 von 9 auf 17% stieg, machte die relative Schwächung der Wiener Verbände mehr als wett. Darüber hinaus zeigten die Verbände in Oberösterreich und in der Steiermark mit über 90% starke Steigerungen, Kärnten hielt sich knapp am Reichsdurchschnitt. Die verhältnismäßig sehr geringen Zunahmen in den Kronländern Salzburg, Tirol und Vorarlberg fielen kaum ins Gewicht. Der Anteil der innerösterreichischen Kronländer an der Gesamtzahl der Organisierten erhöhte sich deutlich von 65% 1916 auf 69% 1917.

In Mähren und Schlesien wuchs zwar die zentralistisch freigewerkschaftliche Organisation durch die außerordentliche Verstärkung der Verbände der Kriegswirtschaft stark an. Der schlesische Metallarbeiterverband war Ende 1917 mehr als elfmal so groß wie 1916, der Verein der Gießer war auf mehr als das 24fache angewachsen, jener der Chemiearbeiter auf das 14fache und jener der Maschinisten und Heizer auf das 5½fache. Dieser Aufschwung war das Ergebnis von Lohnbewegungen, durch die die Gewerkschaften erstmals Zutritt zu bestimmten Betrieben fanden.[699] „Unter dem Druck und der Teilnahme der zuständigen behördlichen Zentralen mußten sich die Werksleitungen [in Witkowitz und Mährisch-Ostrau, M. G.] – zum *erstenmal* seit dem Bestand der Werke! – zu Verhandlungen mit den Gewerkschaftsvertretern ... bequemen."[700] Der Metallarbeiterverband erreichte damit in Schlesien einen Stand über jenem der Vorkriegszeit.

Eine Ausnahme hingegen bildete Böhmen, wo die zentralistische Gewerkschaftsorganisation nur um 28% zunahm. Die Ursache dafür dürfte die Vollendung der nationalen Polarisierung gewesen sein.[701] Beachtliche Erfolge auch in Böhmen hatte allerdings der Metallarbeiterverband. Die Verbandsleitung führte diesen Erfolg auf die gelungene Lohnbewegung in den Pilsener Skodawerken zurück, die wie die Hüttenwerke in Witkowitz und Mährisch-Ostrau als gewerkschaftsfeindliches Unternehmen galten.[702] Auch in diesem Fall war der zentralistische Verband gezwungen, gemeinsam mit der tschechischen Organisation vorzugehen.[703] Der relativ schwache Aufschwung der böhmischen Organisationen bewirkte eine Schwächung der Stellung der zentralistischen

---

699 Vgl. DG 9/1918, S. 41. Vgl. auch AVA, MdI, Präs. Z. 6586, Präs. Z. 8180, Präs. Z. 8500, Präs. Z. 9089 und Präs. Z. 10212/1917.
700 DG 31/1917, S. 165 (Hervorhebung im Original). Vgl. auch ÖMA 31/1917, S. 151–152 und ÖMA 32/1917, S. 155.
701 Ab 1917 fehlen Berichte aus diesem Gebiet. Hingegen wurde im April 1918 eine Landesgewerkschaftskommission für Deutschböhmen (Reichenberg) eingerichtet. Vgl. DG 16/1918, S. 99.
702 Vgl. DG 9/1918, S. 41. Vgl. auch AVA, MdI, Präs. Z. 12567/1917.
703 Vgl. ÖMA 15/1918, S. 65.

6.2. Die Gewerkschaften zwischen Herbst 1916 und Sommer 1918

Gewerkschaften in den drei industrialisierten nördlichen Kronländern gegenüber jenen der Alpenländer. Das Verhältnis der Mitglieder stand 1917 27 zu 69%, während es 1916, ähnlich wie in den letzten Friedensjahren, noch 33 zu 65% betragen hatte. Der verbleibende, kleine Rest von Mitgliedern entfiel auf die Gewerkschaftsorganisationen in den nordöstlichen und südlichen Grenzländern, und zwar zu mehr als der Hälfte auf Galizien. Intern konnten auch sie 1917 gegenüber der vorangegangenenen Kriegszeit große Erfolge erzielen. Absolut war jedoch ihr Beitrag zur Gesamtorganisation verschwindend gering.[704]

Im Jahre 1918 hatte die freie Gewerkschaftsbewegung in Österreich einen weiteren Mitgliederzuwachs von 33% zu verzeichnen, wovon ein Teil allerdings auf die Wiederaufnahme der Tabakarbeiterorganisation durch die Gewerkschaftskommission zurückzuführen ist. Tatsächlich zeigen genauere Angaben, die für Oberösterreich vorliegen, daß bis zur Jahresmitte 1918 Verluste hingenommen werden mußten:

Mitgliederbewegung in Oberösterreich 1918:[705]

	Mitgliederzahl	Veränderungen	insgesamt
Ende 4. Quartal 1917	11.385		
Ende 1. Quartal 1918	10.824	-4,93%	
Ende 2. Quartal 1918	9.391	-13,24%	
Ende 3. Quartal 1918	10.605	+12,93%	
Ende 4. Quartal 1918	16.830	+58,70%	+47,83%

In diesen Zahlen spiegelt sich die an den Verhältnissen gemessen sehr zurückhaltende Taktik der Gewerkschaften während der großen Streiks im Jänner und Juni 1918, der erst im Sommer eine deutliche Radikalisierung folgte.

Auch 1918 war die Steigerung bei den weiblichen Mitgliedern relativ noch geringfügig stärker als bei den männlichen, was ausschließlich auf die Tabakarbeiterorganisation zurückging. Mit 26% erreichte der Anteil der weiblichen Mitglieder 1918 seinen Höchststand, der in den späteren Jahren nicht gehalten werden konnte.[706]

Der Mitgliederzuwachs in den Branchenorganisationen der Rüstungsindustrie blieb 1918 unter dem Durchschnitt, vor allem bei den Frauen. Dadurch verschob sich die geschlechtliche Zusammensetzung in den Berufsverbänden der Kriegsindustrie wieder leicht zugunsten der Männer. Einer Frau standen nun 3,5 Männer gegenüber.

Deutlich aufstrebende Tendenz zeigte sich hingegen in der Bauindustrie. Der Bauarbeiterverband verzeichnete eine Verdoppelung seiner Mitgliedschaft. Ebenso günstig entwickelten sich die Organisationen in der Lebensmittelbranche und im Handel. Relativ große Mitgliedergewinne konnten auch viele der Kleinorganisationen verbuchen.

Dadurch gab es 1918 abermals eine Veränderung in der Größenstruktur der freien Verbände. Nur mehr neun Organisationen hatten weniger als 500 und ebensoviele zwischen 500 und 1000 Mitglieder. 21 der Berufsverbände fanden sich in der nächsten

---

704 Vgl. DG 31/1919, S. 162 und 173.
705 Vgl. DG 16/1919, S. 88.
706 Vgl. DG 31/1919, S. 167.

Größenklasse bis 5000 Mitglieder. Vier weitere hatten bis 10.000 und drei weitere bis zu 20.000 Anhhänger. 1918 rückten die Organisationen der Bergarbeiter und der Handlungsgehilfen in das untere Mittelfeld zwischen 20.000 und 30.000 Mitgliedern auf. In der Reihenfolge der drei größten Verbände änderte sich nichts. Der Metallarbeiterverband, dem nun 125.088 Personen angehörten, war fast doppel so groß wie der Rechtsschutzverein der Eisenbahner. Die Textilarbeiterunion wiederum hatte nur knapp mehr als die Hälfte von dessen Mitgliederzahl. Gegenüber der Vorkriegszeit waren damit Verschiebungen festzustellen. 1912 hatte es bei der ungefähr gleichen Gesamtzahl an Organisierten weniger kleine, aber mehr mittelgroße Organisationen gegeben. Am auffälligsten war aber die höhere Dichte unter den stärksten Verbänden und das Fehlen einer großen Berufsgewerkschaft gewesen, wie sie sich im Laufe des Krieges in der Metallbranche entwickeln konnte.

Die regionale Verteilung der Mitgliederzunahmen zeigte 1918 im großen und ganzen das Negativbild des Jahres 1917. Ausnahmen bildeten nur Böhmen und Dalmatien, die in beiden Perioden schlecht abschnitten, sowie Galizien, wo 1918 der rasche Wiederaufbau der Organisationen fortgesetzt wurde. Besonders deutlich bestätigte sich der Trend in den innerösterreichischen Ländern. Die Organisation in Wien machte außerordentliche Fortschritte, während sie in den übrigen Industriegebieten der Alpenländer nur langsam wuchs. Die Organisationen in den vorwiegend agrarischen Gebieten der späteren Republik wiesen dagegen 1918 starke Steigerungen der Mitgliederzahlen auf. Unter diesen Umständen, besonders infolge des Anwachsens der Wiener Organisation um 43%, stieg der Anteil der innerösterreichischen Kronländer an der Gesamtzahl der freigewerkschaftlich organisierten Arbeiterinnen und Arbeiter der Monarchie auf 71%. Im Vergleich zur Vorkriegszeit war hier die Gewerkschaftsorganisation, vor allem dank des Aufschwungs 1917 in Niederösterreich, um 15% gewachsen.

In den Ländern der böhmischen Krone blieb 1918 die Mitgliederzunahme allgemein unter dem Durchschnitt. Ihre Quote an der Gesamtzahl der freigewerkschaftlich Organisierten fiel auf 23%. Die zentralistischen Gewerkschaften dieses Gebietes hatten insgesamt im Krieg knapp ein Drittel ihrer Mitglieder eingebüßt. Der Verlust ging zulasten Böhmens und Mährens, während in Schlesien der Mitgliederstand in dieser Zeitspanne um 14% gestiegen war.

Von den Grenzländern, die der Krieg in besonderem Maß in Mitleidenschaft gezogen hatte, konnte nur Krain durch den Wiederaufschwung 1917 und 1918 einen höheren Organisationsstand als vor dem Krieg erreichen. In Galizien verminderten sich die bis 1916 enormen Verluste 1917/1918 auf knapp ein Viertel der Mitglieder. In Istrien gab es 1918 etwas mehr als die Hälfte der Mitglieder von 1912, in Dalmatien und der Bukowina nicht ganz 10%.

Die freien Gewerkschaften konnten nach den zum Teil existenzbedrohenden Verlusten der ersten zweieinhalb Kriegsjahre 1917 und 1918 beinahe wieder ihren Vorkriegsstand erreichen. Die außerordentlichen Verhältnisse der Kriegswirtschaft bewirkten eine Verstärkung und Beschleunigung von Entwicklungen, die sich bereits in den Jahren vor dem Krieg angebahnt hatten. Diese Tendenzen waren vor allem eine Konzentration in den deutschsprachigen Gebieten der Monarchie und die zunehmende Organisierung der ungelernten Arbeiterschaft, vor allem der Frauen. Darüber hinaus ermöglichte die einseitige Ausrichtung der Kriegswirtschaft das außerordentliche Wachstum der einschlägigen Berufsorganisation der Rüstungsindustrie.

Die finanzielle Situation der sozialdemokratischen Gewerkschaften war bereits Ende 1916 nicht so ungünstig wie die Mitgliederzahlen. Der Zustrom zu den Organisationen ab 1917 ermöglichte eine weitere Konsolidierung. Sowohl die Einnahmen als auch die Ausgaben stiegen 1917 erstmals im Krieg wieder an, mit einem Saldo von einem Achtel der Einnahmen wurde ein Ergebnis ähnlich dem des Aufschwungjahres 1907 erreicht. Die Einkünfte der Gewerkschaften erhöhten sich vor allem infolge der ansteigenden Mitgliedszahlen. Die Summe der ordentlichen Beiträge wuchs 1917 gegenüber dem Vorjahr um beinahe ein Drittel. Großen Anteil an der verbesserten Situation hatte der Metallarbeiterverband, dessen Einnahmen sich binnen eines Jahres um 126% steigerten.

Die geringe Erhöhung der Ausgaben der Gewerkschaften 1917 ging auf das Konto der Organisations- und Verwaltungskosten. Bei den Unterstützungsleistungen hingegen hielt der seit 1915 feststellbare Trend an: Reise-, Arbeitslosen- und auch die Notfallsunterstützung gingen weiter zurück. Sie machten zusammen nur noch 9% der Gesamtausgaben aus. Ein leichtes Ansteigen zeigte sich wie schon 1916 bei den Beihilfeleistungen, die nicht als Kampfmittel betrachtet wurden. Diese machten 1917 71% aller Unterstützungsausgaben aus, kamen absolut aber noch bei weitem nicht an das Vorkriegsniveau heran. Auch das Vermögen wuchs um 1,64 Mio Kronen oder um fast 11% gegenüber 1916 und erreichte mit 16,63 Mio Kronen einen neuen Höchststand.

Etwas anders verlief die finanzielle Entwicklung 1918. In diesem Jahr war eine bedeutende Ausdehnung der Dimensionen festzustellen. Da die Mitgliederzahl schon seit Beginn dieses Jahres hoch war und sich weiter erhöhte, stiegen die Einnahmen der Berufsverbände 1918 um 79% und waren die höchsten, die jemals erreicht wurden.

Die Ausgaben erhöhten sich mit 81% stärker als die Einnahmen. Die auffällige Aufgabensteigerung ging zu vier Fünftel zulasten der Organisations- und Verwaltungskosten. Die Erhöhung der Unterstützungskosten um 54% war auf vermehrte Leistung in allen Sparten bis auf die Notfallsbeihilfe zurückzuführen. Die bei weitem größte Steigerung hatte allerdings die Arbeitslosenunterstützung zu verzeichnen. Der Grund dafür war die schwere Wirtschaftskrise nach Beendigung des Krieges in den letzten beiden Monaten des Jahres. Mitte Dezember 1918 gab es in Wien mehr als 50.000 Arbeitslose, bis zur Jahreswende erhöhte sich deren Zahl sprunghaft weiter.[707] Dennoch lagen die Kosten der Arbeitslosenbeihilfe, da diese nur während eines kleinen Teils der Berichtsperiode stark in Anspruch genommen wurde und es in dieser Zeit außerdem für einen Teil der beschäftigungslosen Arbeiter staatliche Unterstützungen gab,[708] weit unter denen der besten Vorkriegsjahre.

Das Vermögen der freien Berufsverbände wuchs 1918 um 13% auf 18,7 Mio Kronen. Den größten Anteil daran hatte wiederum der Metallarbeiterverband, der Ende 1918

---

707 Vgl. DG 52/1918, S. 281 und DG 1/1919, S. 1.
708 Vgl. Vollzugsanweisung des Deutschösterreichischen Staatsrates vom 6. 11. 1918, StGBl. Nr. 20, § 1: staatliche Unterstützung erhielten in Deutschösterreich heimatberechtigte, krankenversicherungspflichtige Arbeiterinnen und Arbeiter.

Vermögen im Wert von 5,61 Mio Kronen besaß, nominell beinahe dreimal so viel wie vor Kriegsbeginn.

Die Änderung in der Politik der freien Gewerkschaften ab Herbst 1916 schlug sich in einer Intensivierung der Aktivitäten in den letzten beiden Kriegsjahren nieder. Viele der aufgeschobenen Verbands- und Unionstage wurden nun nachgeholt.

Verbandstage, Unionstage, Generalversammlungen in der zweiten Kriegshälfte[709]

Drechsler	1. 4. 1917	Steinarbeiter	8. 4. 1917
Lederarbeiter	27. 5. 1917	Buchdrucker	4.–9. 6. 1917
Bauarbeiter	18.–20. 6. 1917	Zeitungsbeamte	27. 6. 1917 und 27. 6. 1918
Buchdruckereihilfsarbeiter	8.–9. 9. 1917	Gastgewerbe	28. 11. 1917
Eisenbahner	11. 12. 1917	Porzellanarbeiter	30.–31. 12. 1917
Maler	2.–3. 2. 1918	Metallarbeiter	18.–22. 3. 1918
Gießer	18. 3. 1918	Brauereiarbeiter	9.–10. 5. 1918
Handelsarbeiter	9.–11. 5. 1918	Buchbinder	19.–20. 5. 1918
Chemiearbeiter	19.–21. 5. 1918	Bergarbeiter	25.–29. 5. 1918
Maschinisten	29.–30. 6. 1918	Kaufmännische Angestellte	29.–30. 6. 1918
Holzarbeiter	29. 6.–1. 7. 1918	Pflasterer	7. 7. 1918
Textilarbeiter	21.–22. 7. 1918	Handschuhmacher	25. 8. 1918
Zimmerer	13. 10. 1918	Ziegelarbeiter	20. 10. 1918
Schuhmacher	2.–3. 11. 1918		

Thema dieser Veranstaltungen war regelmäßig die Rechtfertigung der Tätigkeit während der vergangenen Kriegsjahre, vor allem aber eine Neuorientierung. Dies bedeutete auf organisatorischer Ebene die Anpassung an die vermehrten Aufgaben insbesonders durch die Erhöhung der Mitgliedsbeiträge.[710] Außerdem wurden die Bemühungen zur Zentralisierung der verschiedenen Berufsvereine mit größtem Nachdruck und Erfolg weitergeführt: 1917 entstand die Industriegruppengewerkschaft der Lebensmittelbranche als Dachorganisation der bestehenden Berufsverbände, die Drechsler vollzogen erste Schritte der Annäherung an den Holzarbeiterverband. 1918 gelang die Verschmelzung der beiden Organisationen der Metallbranche.[711] Die Angestelltenorganisationen wandelten im Frühjahr 1917 die seit 1907 bestehende, nur fallweise aktivierte „Koalition" in eine „Ständige Delegation" um.[712]

Auf höchster Ebene wurde am 3. Oktober 1916 die Schaffung eines Koordinationsgremiums der politischen und wirtschaftlichen Arbeiterorganisationen beschlossen, dem je zwei Vertreter der Partei, der Gewerkschaft, der Genossenschaft, der Frauenorganisation, der Reichsrats- und der Wiener Gemeinderatsfraktion, sowie ein Repräsentant der

---

709 Vgl. DG 16/1917 bis DG 47/1918.
710 Vgl. DG 46/1917, S. 264–265 und DG 18/1918, S. 105–106.
711 Vgl. DG 45/1917, S. 261–262; DG 16/1917, S. 99 und ÖMA 13/1918, S. 53–54.
712 Vgl. DG 21/1917, S. 123 und DG 47/1919, S. 257–258. Von den Mitgliedern der „Ständigen Delegation" waren der Zentralverein der kaufmännischen Angestellten, der Verein der Versicherungsangestellten, der Verein der Angestellten der sozialen Versicherungsinstitute, der Reichsverein der Zeitungsbeamten und der Verein der Handelsagenten der GK angeschlossen. Die Vereine der Bank-, Industrie- und Advokatursangestellten traten ihr erst nach dem Regimewechsel bei.

Arbeiterzeitung angehörten. Die erste Aktion dieser „Vorständekonferenz" war die Einberufung des von Gewerkschaftsseite ausgerufenen „Arbeitertages",[713] durch den die Öffentlichkeit erstmals im Krieg auf die schlechte Lage der Arbeiterschaft aufmerksam gemacht werden sollte.

Am 1. November 1916 fand eine Reichskonferenz der freien Gewerkschaften statt, als Ersatzveranstaltung für den fälligen Kongreß, an der nur die Zentralverbände beteiligt waren. Einziger Tagesordnungspunkt war ein „Situationsbericht".[714] Auch die Reichskonferenz der sozialdemokratischen Partei vom 2. 11. bis 4. 11. 1916 befaßte sich vor allem mit der schwierigen Lage, in der sich die Arbeiter nach zwei Kriegsjahren befanden. Neben der Forderung nach Einberufung des Reichsrates beschlossen die Delegierten Resolutionen, die die Beseitigung der Rechtlosigkeit der Arbeiter und die Ernährungsprobleme zum Inhalt hatten.[715] Diese letzten beiden Punkte bildeten auch das Programm des Arbeitertages; die Forderungen beschränkten sich auf gewerkschaftliche Anliegen – politische Fragen, etwa die des Parlamentarismus, wurden ausgeblendet – und waren an den Staat adressiert.[716] Die Veranstaltungen markierten die Abkehr der Gewerkschaften von der bedingungslosen Loyalität und den Übergang zu einer offensiveren Haltung gegenüber der Verwaltung, ohne jedoch die Grundlage des Burgfriedens, das Einverständnis mit den staatlichen Zielen, aufzugeben. Mit der besorgniserregenden Unzufriedenheit der Arbeiter im Rücken konnten die Gewerkschaften weitreichende Forderungen an die staatlichen Stellen richten.

Die höchsten Gewerkschaftsgremien beschäftigten sich in den letzten beiden Kriegsjahren auch intensiv mit den Fragen der zukünftigen Politik. Der Zustrom neuer Mitglieder erforderte ebenso wie die vorauszusehenden Schwierigkeiten im Wiederaufbau umfassende Vorbereitungen. So legte die Gewerkschaftskommission 1917 zwei Forderungskataloge zur künftigen Sozialpolitik vor und arbeitete in den einschlägigen Gremien, wie Parlament und Generalkommissariat, mit großem Engagement mit. Im März 1918 wurde eine gemeinsame „Kriegswirtschaftliche Kommission" der sozialdemokratischen Organisationen zur Unterstützung der Arbeiterfraktion im Hauptausschuß des Generalkommissariates gebildet.[717]

Die zweite Reichskonferenz der Gewerkschaften während des Krieges, vom 23. bis zum 25. November 1917, beschäftigte sich ausschließlich mit Fragen der Übergangsphase zum Frieden. Auf der Tagung, bei der mehr Delegierte teilnahmeberechtigt und anwesend waren als beim letzten Gewerkschaftskongreß 1913, wurde über Demobilisie-

---

713 Vgl. AdSP, PrPV 15. 9. 1916 und Protokoll der gemeinsamen Sitzung der Präsidien und Delegierten des PV, der GK, des Zentralverbandes der Konsumvereine, des Verbandes der Krankenkassen und des Frauenreichskomitees 3. 10. 1916. Vgl. auch AVA, SdPst Karton 115: Mappe 1916: ohne Datum. Nach Absicht des PV sollte das neue Gremium offenbar eine einflußreiche „Zentralstelle" werden. Dies scheiterte am Widerstand der Gewerkschaften. Vgl. AdSP, PrPV 19. 10. 1916.
714 Vgl. DG 40/1916, S. 232 (PrGK 29. 9. 1916) und DG 44/1916, S. 245–246.
715 Vgl. AVA, SdPst Karton 174: Mappe 1915–1916: Beschlüsse der Reichskonferenz der DSAPÖ 2.–4. 11. 1916.
716 Vgl. DG 45/1916, S. 249–250 und AdSP, PrPV 29. 9. 1916, sowie Auszug aus dem Protokoll des Arbeitertages in Favoriten am 5. 11. 1916.
717 Vgl. AVA, SdKlub Karton 103: Kriegswirtschaftliche Kommission; TadAK, Mappe: Kriegswirtschaftliche Kommission; AdSP, PrPV 21. 3. 1918.

rung und Arbeitsvermittlung und über die Errichtung von Arbeiterkammern verhandelt. Außerdem standen wichtige organisatorische Probleme zur Debatte. Zur finanziellen Stärkung der Dachorganisation wurde der Beitrag, den die einzelnen Verbände pro Mitglied und Woche an die Gewerkschaftskommission abzuliefern hatten, verdoppelt und betrug ab 1918 zwei Heller.[718] Außerdem wurde neben der Reichskommission ein größeres Leitungsgremium konstituiert, in das jeder Verband drei Funktionäre entsandte. Diese gewerkschaftliche „Vorständekonferenz" sollte „von der Kommission zur Beratung besonders wichtiger, das Gesamtinteresse berührenden Angelegenheiten einberufen werden. Insbesondere in der Zeit der Übergangswirtschaft, die in so mancher bedeutungsvollen Frage besonders rasche Entscheidungen verlangen wird, wird sich der Wert dieser neugeschaffenen Institution erweisen, so wie sie sicherlich auch in normalen Zeiten sich als sehr zweckmäßig bewähren wird."[719] Die Vorständekonferenz sollte die Leitungsschwächen der Gewerkschaftskommission, die aus Vertretern nur der Industriegruppenverbände bestehend im Zweifelsfall nur geringe Möglichkeiten hatte, ihre Politik gegenüber allen ihren Mitgliedern durchzusetzen, ausgleichen.

Die freien Gewerkschaften in Österreich hatten Ende 1918 ungefähr den Mitgliederstand der Vorkriegszeit wieder erreicht. Die Einwirkungen des Krieges hatten jedoch große Änderungen bewirkt. In den Gewerkschaften waren 1918 sehr viel mehr unqualifizierte Arbeiter organisiert als 1912, was sich am deutlichsten in der Zunahme der weiblichen Mitglieder um 110% in diesem Zeitraum und in der enormen Entwicklung des Metallarbeiterverbandes zeigte. Die Erfassung der neuen Arbeitergruppen in den verschiedenen Branchen förderte auch die Erneuerung der Diskussion um die Organisationsform. Die existierenden Berufsverbände waren ja Ausdruck der Dominanz der Facharbeiterschaft in den Gewerkschaften; Aufgabe von Industriegruppen war die Zusammenfassung aller Arbeiter des Wirtschaftszweiges.[720]

Anders als in den Jahren vor 1914 waren die Versuche der Arbeiterorganisationen, Hilfe von Seiten der Staatsverwaltung zu erlangen, im Krieg erfolgreich. Unter den anomalen wirtschaftlichen Verhältnissen war die Regierung gezwungen, zumindest ansatzweise Leistungen zu erbringen, die die Gewerkschaften entlasteten, wie die Beihilfen zunächst für die Arbeitslosen der Textilindustrie, später für die in den von der Kohlennot betroffenen Branchen. Der wichtigste und attraktivste Unterstützungszweig der Gewerkschaften, der gleichzeitig – insbesondere im Hinblick auf die von der Arbeitsmarktsituation völlig abhängigen Hilfskräfte – für deren finanzielle Basis die größte Gefahr darstellte, ging damit in den Aufgabenbereich des Staates über. Die Gewerkschaften verloren tendenziell den Charakter von Unterstützungsvereinen, gewannen aber neue Anziehungskraft, indem sie ihrerseits ein wichtiger Faktor in der Sozialpolitik wurden. Ihre Unentbehrlichkeit als Ordnungsmacht in der Arbeiterschaft verlieh ihnen erhöhte Durchsetzungschancen, die durch die Mitarbeit in staatlichen Institutionen realisiert werden konnten.

---

718 Vgl. DG 46/1917, S. 263 und DG 49/1917, S. 275–277.
719 DG 49/1917, S. 277.
720 Vgl. besonders die Begründung zur Schaffung des Zentralverbandes der Lebensmittelarbeiter: DG 45/1917, S. 261–262. Vgl. auch DG 49/1917, S. 277.

Diese Entwicklung machte sich auf organisatorischer Ebene durch eine Veränderung der Ausgabenstruktur bemerkbar. Die Ausgaben für Unterstützungen einschließlich der Aufwendungen für den Rechtsschutz, fielen im Zeitraum 1912–1918 um 37%, während jene für Erhaltung und Ausbau der Organisationen um 32% anstiegen. Die Gewerkschaften waren bei Kriegsende Organisationen, deren Schwerpunkt auf der nach außen gerichteten Tätigkeit lag. Diese Aktivitäten waren in erster Linie auf den Staat gerichtet. Die Interessenvertretung der Arbeiterschaft vollzog sich nicht primär in Auseinandersetzung mit den Unternehmern sondern in der Mitarbeit an der gesamtwirtschaftlichen Regulierung. Den österreichischen Gewerkschaften gelang im Laufe des Krieges die lange vergeblich angestrebte Integration in den Staatsapparat. Die auch für die Organisationen existenzbedrohende Abhängigkeit von den ökonomischen Verhältnissen wurden gegen die Abhängigkeit vom Staat eingetauscht.

6.2.2. Die Gewerkschaften in der Kriegswirtschaft 1917 und 1918

6.2.2.1. Streiks und gewerkschaftliche Lohnpolitik in der Produktionskrise

Die Ausnahmebedingungen hatten den Gewerkschaften die Ausnützung der Hochkonjunktur in den Jahren 1915 und 1916 unmöglich gemacht; die Krise der Kriegswirtschaft infolge des Rohstoffmangels ermöglichte hingegen eine Stärkung ihrer Position. Voraussetzung für eine Weiterführung des Krieges wurde in immer höherem Maße die Bereitschaft der Arbeiter zum „Durchhalten", die nach zwei Jahren der Unterdrückung und der Verelendung in Frage gestellt war. Die Streiks, die ab dem Sommer 1916 immer häufiger ausbrachen, zeigten deutlich, daß Repression allein die Folgebereitschaft der Arbeiter nicht länger gewährleisten konnte. Die staatliche Verwaltung machte in dieser Situation Zugeständnisse und suchte die Kooperation der Gewerkschaften, die einerseits Einfluß auf die Arbeiterschaft besaßen und sich andererseits als loyal erwiesen hatten. Die staatliche Anerkennung der Gewerkschaften als legitime Vertretung der Arbeiterinteressen verlieh wiederum diesen erhöhte Durchsetzungschancen auch gegenüber den Unternehmern. Die Gewerkschaften ihrerseits erfüllten durchaus die in sie gesetzten Erwartungen. Sie beschränkten sich im wesentlichen auf Lohnforderungen, während andere Arbeitsbedingungen, vor allem die Arbeitszeit, deren Revision dem anerkannten Ziel der Produktionssteigerung entgegenstand, nur unter massivem Druck der Basis in Diskussion gezogen wurden.

Mit den Versorgungsschwierigkeiten im Sommer 1916 war die Schwelle erreicht, wo der Unmut der Arbeiter über die sich ständig verschlechternde Einkommenssituation in konkrete Protestaktionen und Streiks umzuschlagen begann. Eine Lohnpolitik, die sich an der „öffentlichen Meinung" orientierte, „die einen zu weitgehenden Widerstand gegen Lohnerhöhungen unter den heutigen Verhältnissen doch nicht so ruhig und selbstverständlich hinnehmen könnte",[721] war in dieser Situation zum Scheitern verurteilt, die auf

---

721 DG 31/1917, S. 163.

diesem Weg erreichten Teuerungszulagen hatten krasse Reallohneinbußen nicht verhindern können. Die Gewerkschaftsführung sah sich vor Probleme wie bei Kriegsanfang gestellt: Einfluß und Anziehungskraft auf die Mitglieder zu verlieren und entschloß sich erneut, ihre Haltung zum „Lohnproblem während des Krieges" zu ändern.

Eine Anpassung der Geldlöhne an die Teuerung war nur gegen den Widerstand der Unternehmer erreichbar. Die einzige Möglichkeit dazu unter den herrschenden Rahmenbedingungen bestand in der Wendung an den Staat: dem „passiven" Interesse der Kriegsverwaltung an der Erhaltung der Arbeiterschaft, wie es sich im Verbot der Lohnreduktion im November 1914 ausgedrückt hatte, sollte jetzt ein „aktives" folgen. „Die Produktion *darf* keine Störung erleiden; auch nicht durch einsichtslose Unternehmer, die nicht einsehen wollen, daß hungernde Arbeiter wirklich nicht die geeignetsten Kräfte sind, die gegenwärtig der Staat benötigt".[722] Sehr deutlich kam die neue Richtung der gewerkschaftlichen Lohnpolitik in den Veranstaltungen Anfang November 1916 zu Tage. Zentrale Forderung der Reichskonferenzen und des Arbeitertages war die Errichtung von „Beschwerde- und Lohnkommissionen" mit der Befugnis, „die den Arbeitern gebührenden Löhne, wenn nötig auch unter Abänderung der Tarif- und Lohnsätze, unter Berücksichtigung der Lebensmittelpreise festzustellen, Lohndifferenzen und Streitigkeiten aus dem Arbeitsverhältnis durch Vermittlung zu schlichten und wenn nötig, durch Entscheidung auszutragen."[723]

Diese Forderung wurde mit der Kaiserlichen Verordnung vom 18. März 1917 erfüllt. Die „Beschwerdekommissionen" waren in erster Linie „Lohnämter", wie das Zentralorgan der Industriellen beklagte.[724] Mit Hilfe der Beschwerdekommissionen gelang es, für die wichtigsten Arbeitergruppen stärkere Lohnerhöhungen und der Ausnahmesituation besser angepaßte Grundlagen der Lohnbemessung durchzusetzen, ohne daß sich die Gewerkschaften in Kämpfen exponieren mußten. Mindestlöhne für die Arbeiter bei Skoda oder in Witkowitz wären für die Arbeiterorganisationen ohne die Autorität der staatlichen Behörden im Rücken kaum zu erringen gewesen.[725] Manchmal genügte bereits die Existenz der Beschwerdekommissionen, um größere Forderungen gegen die Unternehmer, die sich nicht durch einen autoritativen Spruch verpflichten lassen wollten, auf privatrechtlicher Basis durchzusetzen. So wurde der Wiener Vertrag nach dem Streik im Mai 1917 von einem Unternehmer- und Gewerkschafterkomitee ausgehandelt, dem Vertreter der Zentralstellen, unter ihnen der Vorsitzende der zuständigen Beschwerdekommission Wien I, Feldmarschalleutnant von Rebracha, beigezogen wurden.[726]

Gegen die durch die Beschwerdekommissionen ermöglichten Durchsetzungschancen der Arbeiter richtete sich der schärfste Widerstand der Unternehmer. Die Mindestlöhne, insbesondere in den Bergbaubetrieben, waren ständig Gegenstand massiver Proteste.[727] Die Gewährung von Familienzulagen in Wien und dann in Niederösterreich veranlaßte „Die Industrie" zu folgender Äußerung: „Man vergibt die Arbeit im Akkord, um

---

722 Ebd., S. 164 (Hervorhebung im Original). Vgl. auch DG 32/1917, S. 167–168.
723 DG 45/1916, S. 250. P.5 der Resolution des Arbeitertages zur rechtlichen Lage der Arbeiter.
724 Vgl. DI 12/1917, S. 1.
725 Vgl. KA, MfLV, B.K. Z. 722/1917 und ÖMA 29/1917, S. 149.
726 Vgl. DI 19/1917, S. 2. Vgl. auch DI 25/1917, S. 1.
727 Vgl. DG 28/1917, S. 149–150 und DG 20/1918, S. 114–115.

6.2. Die Gewerkschaften zwischen Herbst 1916 und Sommer 1918   345

den (sic!) obersten Grundsatz, den Lohn der Leistung anzupassen, Rechnung zu tragen. Was ist aber die Familienzulage? Ein plus an Lohn, eine *Unterstützung*, ein *Geschenk*, begründet allerdings durch die Notlage, die der Krieg, gewiß nicht der Industrielle hervorgerufen hat. Eigentlich wäre es die Pflicht des Staates. Die Familienzulage ist nichts anderes als ein zweiter Unterhaltsbeitrag, den der Staat unter Mitwirkung der Beschwerdekommissionen auf die Industrie überwälzt, der aber mit der industriellen Erzeugung in gar keinem Zusammenhang steht."[728] Die Alimentation als Entlohnungsform unter den Ausnahmsverhältnissen war ja schon in der ersten Kriegshälfte für die Staatsbediensteten eingeführt worden. Dort wurde dieses System bis zum Kriegsschluß noch erweitert und ausgebaut.[729]

Im privaten Sektor war die Situation ungünstiger. Die Berufsverbände waren hier fast ununterbrochen zu Lohnbewegungen gezwungen, um die Einkommen am Existenzminimum zu halten. Die Normallöhne der Wiener Damenschneider z. B. hatten sich im Frühjahr 1918 im Vergleich zum Vorkriegsstand verdoppelt, die Teuerung seit Kriegsbeginn betrug zu diesem Zeitpunkt 1.100%! Erst im Sommer 1918 konnten die Wiener Schneider Familienzulagen und Anschaffungsbeiträge durchsetzen.

Entwicklung der Kollektivvertragslöhne der Wiener Damenschneider während des Krieges[730]

Kronen pro Woche	Tariflohn 1911	Sep. 1915	März 1916	Dez. 1916	März 1917	Sep. 1917	Apr. 1918	Familienzulage Juli 1918	Einmaliger Anschaffungsbeitrag August 1918
Schneider	45,60	4	6	3	7	15	18,40	10 (1 Kind) 15 (2) 20 (3 u. m.) 10 (arbeitsunfähige Frau)	ledig 50 verheiratet 75
Schneiderin der höchsten Lohnstufe	25,80	2	3	1,50	3	9	10	wenn Alleinversorgerin: Kinderzulagen	30

Der Verband der Buchdrucker forderte ab Anfang 1917 bis Kriegsende achtmal Lohnverbesserungen. Anfangs versuchten die Prinzipale weitgehende Zugeständnisse der Gehilfen als Gegenleistungen für die Teuerungszulagen zu erzwingen. Im Zusammenhang mit der ersten mußte die Buchdruckerorganisation einer Einschränkung der Freizügigkeit der Arbeiter zustimmen. Bei Androhung des Ausschlusses aus der Tarifgemeinschaft war den Arbeitern ein Arbeitsplatzwechsel nur aus zwingenden Gründen und den Unternehmern die Aufnahme nur mit Zustimmung des letzten Arbeitgebers gestattet. In der folgenden Lohnrunde im Sommer 1917 konnte diese Klausel zwar gemildert werden, doch versuchten die Druckereibesitzer diesmal, die traditionellen Sonderrechte der

---

728 DI 25/1917, S. 2 (Hervorhebungen im Original).
729 Vgl. VOen des FM vom 4. 12. 1916, RGBl. Nr. 9 ex 1917; vom 14. 7. 1917, RGBl. Nr. 295; vom 8. 12. 1917, RGBl. Nr. 472; vom 22. 4. 1918, RGBl. Nr. 146; vom 12. 6. 1918, RGBl. Nr. 210 und vom 11. 9. 1918, RGBl. Nr. 333; sowie VO des GesM vom 31. 5. 1917, RGBl. Nr. 241.
730 Vgl. DG 40/1915, S. 249; DG 12/1916, S. 84; DG 48/1916, S. 264; DG 14/1917, S. 83; DG 41/1917, S. 240; DG 14/1918, S. 95 und DG 34/1918, S. 207.

hochqualifizierten Arbeiter zu beschneiden. Sie verlangten die Erweiterung der Lehrlingsskala, die Ausdehnung der Tätigkeit der weiblichen Hilfskräfte im Maschinensaal und gemeinsame Schritte zur Aufhebung der Bleiverordnung zwecks Heranziehung weiblicher Arbeitskräfte in der Setzerei. Die Verhandlungen scheiterten zunächst an diesen Forderungen, die Unternehmer mußten aber zwei Monate später unter dem Eindruck der zugespitzten sozialen Verhältnisse doch Einkommenserhöhungen gewähren. Die nächsten Lohnrunden folgten schon um die Jahreswende und im Frühjahr 1918. Die Unternehmer erklärten sich bereit, beträchtlich erhöhte Zulagen zu zahlen, verlangten aber die Zusage der Arbeiterorganisation, „mit allem Nachdruck dahin zu wirken, daß die Arbeitnehmer, um eine Störung der Kalkulationsbasis zu vermeiden, in Hinkunft keine Wünsche nach anderen Zulagen oder Aushilfen stellen". Die Buchdruckergewerkschaft war jedoch nicht imstande, dieser Verpflichtung nachzukommen; die Zulagen hatten im Sommer 1918 höchstens 76% des Tariflohnes erreicht. Die noch beschleunigten Preissteigerungen in der Zusammenbruchsphase führten im September zu neuen Lohnforderungen, denen sich die Unternehmer nicht verschließen konnten.[731]

Trotz aller Bemühungen sanken die Reallöhne weiter ab; nur das Tempo der Verminderung konnte etwas gedrosselt werden. Im Juli 1918 verdienten die österreichischen Arbeiter nur mehr zwischen einem Fünftel und einem Drittel des Reallohns bei Ausbruch des Krieges.[732] „Die Gewerkschaft" konnte zu diesem Sachverhalt nur resignierend feststellen: „Die Kriegsjahre waren für die Unternehmer Jahre des Segens, *Goldjahre*, in denen sie ihr Vermögen vervielfachten. In eben diesen Jahren aber ist die Lebenshaltung der arbeitenden Massen auf eine entsprechend niedrige Stufe gesunken. Sie sind deshalb zum Kampfe um höhere Löhne *gezwungen*, selbst auf die Gefahr hin, daß die Lohnerhöhungen durch das Steigen der Preise zum Teil wieder ausgeglichen werden. Ohne Lohnerhöhungen würde es dem Proletariat eben *noch schlechter* gehen."[733] Die Teuerung zwang den Gewerkschaften die nahezu ausschließliche Beschäftigung mit den Löhnen auf,[734] die auch dann noch aufrechterhalten wurde, als das Bedürfnis nach Arbeitszeitverkürzung immer stärker wurde. Solche Forderungen wurden von den Organisationen erst aufgegriffen, wenn sie „mit elementarer Kraft" gegen ihren Willen erhoben wurden.[735]

Besonders deutlich zeigte sich diese reservierte Haltung, als im Frühjahr 1918 eine allgemeine Bewegung der Rüstungsarbeiter den Achtstundentag forcierte. Unter Berufung auf die Ergebnisse der internationalen Gewerkschaftskonferenzen während des Krieges in Leeds und Bern wurde nicht nur die Notwendigkeit eines gleichmäßigen Vorgehens in den verschiedenen Staaten bei der Verkürzung der Arbeitszeit in Österreich betont. „Gewiß läßt es die Unerträglichkeit der gegenwärtigen Zustände als sehr begreiflich erscheinen, wenn da und dort zumindest eine teilweise Milderung der allgemeinen

---

731 Vgl. DG 11/1917, S. 59–60; DG 32/1917, S. 169; DG 35/1917, S. 217; DG 42/1917, S. 249; DG 2/1918, S. 7; DG 23/1918, S. 126–127; DG 34/1918, S. 205 und DG 38/1918, S. 224.
732 Vgl. *Winkler,* Einkommensverschiebungen, S. 155–156.
733 DG 35/1918, S. 210 (Hervorhebungen im Original).
734 Vgl. DG 7/1918, S. 21.
735 Vgl. AVA, SM, Z. 15601/1918, 2. Eingabe des Metallarbeiterverbandes während des Junistreiks 1918.

Not im Achtstundentag erblickt wird.... Trotzdem möchten wir es ... nicht unterlassen, darauf zu verweisen, daß, so unerträglich die heutigen Verhältnisse auch sein mögen, so sehr all unser Sinnen und Trachten danach gerichtet sein muß, sie möglichst bald zum Verschwinden zu bringen, ihnen immerhin doch ein bestimmter Ausnahmscharakter anhaftet, der mit der Beendigung des Krieges auch wieder allmählich – hoffentlich recht rasch! – zum Verschwinden kommen wird. Die Bestrebungen, die Not des Tages zu mildern, müssen sich demnach diesem Ausnahmscharakter anpassen und so gestaltet sein, daß sie nach der Wiederkehr normaler Verhältnisse kein Hindernis für die erfolgreiche Fortführung unserer gewerkschaftlichen Kämpfe sein dürfen."[736]

Die Gewerkschaftsführung hütete sich davor, die Möglichkeiten, die sich aus der Mobilisierbarkeit der Arbeitermassen ergab, auszuschöpfen und ihre wohl abgesicherten Positionen zu verlassen. Sie sah ihre Aufgabe in der Behandlung der „außerordentlich wichtigen und dringenden Tagesfragen", von denen der Kampf um die Arbeitszeitverkürzung nicht ablenken durfte.[737] Für zukunftsorientierte Planung, wie sie vor dem Krieg in den Kollektivverträgen auch das Ziel der gewerkschaftlichen Politik gebildet hatte, blieb kein Platz.[738] Die Beschränkung auf die Lohnfrage war Ausdruck einer grundsätzlich defensiven Haltung.

Diese Rückzugsstellung bot jedoch auf längere Dauer keine Sicherheit. Unter dem Druck der Arbeiter mußten die Berufsverbände stets aktions- und kampfbereit sein, ohne daß die Lohnbewegungen die Lage der Arbeiter verbessern oder die Streikbereitschaft vermindern konnten. Die Streiks, für die es durch die miserable Versorgungslage keinen Mangel an Anlässen gab, aber bedeuteten eine ernste Gefahr für die Gewerkschaften; sie waren Ausdruck dafür, daß ihnen die Kontrolle über die Arbeiter entglitt, die nur durch außerordentliche Zugeständnisse wieder zurückgewonnen werden konnte. Die Gewerkschaften waren daher strikte Streikgegner, für die sie die Verantwortung regelmäßig „völlig ferne stehende[n] Elementen"[739] zuschoben.

Die Unmöglichkeit, Streiks zu verhindern, mußte schließlich zur Frage nach der Zweckmäßigkeit der alle Kräfte in Anspruch nehmenden Lohnbewegungen führen. Eine Besserstellung der Arbeiter war damit nicht zu erreichen. „Der Kernpunkt aller Lohnbewegungen der Jetztzeit liegt, mag auch die Lohnfrage der sichtbare Ausdruck dafür sein, *nicht in dieser, sondern im Lebensmittelproblem.* Dies zeigt sich nicht nur in allen den unmittelbaren Anlässen zu den Ausständen, sondern auch in den Bemühungen, die unternommen werden müssen, um sie wieder zu Ende zu bringen.... Auch die Gewährung der höchstmöglichen Löhne wird nicht die Sicherung vor weiteren Arbeitseinstellungen bieten, solange nicht die Arbeiter vor der maßlosesten Auswucherung geschützt sind und solange nicht die Möglichkeit ausgeschaltet ist, daß etwa über Nacht der ohnehin nur allzu knapp bemessene Bissen Brot so gering werde, daß das Auskommen damit zur Unmöglichkeit wird."[740] In diesem Kommentar zum Junistreik 1918 manife-

---

736 DG 24/1918, S. 130. Vgl. auch ebd., S. 129 und AdSP, PrKlub und GK 6. 5. 1918 (Grünwald).
737 Vgl. DG 24/1918, S. 130.
738 Vgl. DG 36/1918, S. 214.
739 Vgl. AdSP, PrPVertr, GK und des Wiener Vorstands 1. 6. 1917 (Domes zum Maistreik 1917). Vgl. auch z.B. DG 4/5/1918, S. 13–14 (Jännerstreik).
740 DG 26/1918, S. 137–138.

stierte sich das Unbehagen der Gewerkschaftsführung an der Situation zwischen Ergebnislosigkeit der Lohnbewegungen und wachsendem Widerstand der Unternehmer, in die sie gedrängt worden war. Die Industriellen klagten nicht ohne Erfolg, „daß die Lohnerhöhungen bei einzelnen Werken mehrere, ja viele Millionen Kronen betragen, sie in mehreren Fällen den Unternehmergewinn erheblich übersteigen und deshalb als ruinös bezeichnet werden müssen.... Die Industrie wird, wenn der Staat sie nicht entschädigt, die erträgnislos oder passiv gewordenen Betriebe schließen oder es wird der Staat selbst sie fortbetreiben müssen."[741]

Unter diesen Eindrücken zeichnete sich neuerlich eine Veränderung der Lohnpolitik der Gewerkschaften ab. Die Gewerkschaftsführung betonte nicht länger die „recht beachtenswerten Erfolge" bei der Verhandlung von Teuerungszulagen, wie dies noch im Jahresbericht für 1917 geschah,[742] sondern rückte die dennoch eingetretenen Reallohnverluste in den Vordergrund.

Die Rechtfertigung der gewerkschaftlichen Lohnpolitik in der Inflation erforderte die Durchsetzung der Unterscheidung von Real- und Nominaleinkommen, die weder den Unternehmern, die von „unerträglich hohen Löhnen" sprachen,[743] noch den Gewerkschaften geläufig waren.[744] Zur offensichtlich notwendigen Klärung der Zusammenhänge publizierte „Die Gewerkschaft" im Sommer 1918 drei Artikel unter dem bezeichnenden Titel „Arbeitslöhne, Warenpreise, Kriegsgewinne", die die veränderte Haltung der Arbeiterorganisationen zur Frage der Lohnentwicklung im Krieg resumierte und anhand zahlreicher Daten zu rechtfertigen suchte.[745] „Daß die Arbeitslöhne im Krieg steigen mußten, ist eine Selbstverständlichkeit. Die *Entwertung des Geldes* bedingte es. Wo alles, jede Ware und jede Leistung, mit einer höheren Geldsumme bewertet wird, muß auch die Arbeitskraft im Preise steigen. Diese Art Lohnerhöhung bedeutet indes keine Erhöhung in landläufigem Sinne, sondern nur eine andere Benennung des Kaufpreises der Arbeitskraft. Im Verhältnis zu den übrigen Waren brauchte sich durch eine im Gefolge der allgemeinen Geldentwertung auftretende Lohnerhöhung für die Ware Arbeitskraft gar nichts zu ändern. Tatsächlich hat sich auch im Kriege, soweit allein die Geldentwertung zu höheren Arbeitslöhnen führte, für die Arbeiterschaft keine Besserung ergeben. Aber selbst dort, wo die Lohnerhöhung größer wurde, als es der Geldentwertung entsprach, trat nicht ohneweiters eine Besserung ein. Der *Mangel an Nahrungsmitteln* hat die Preise der wichtigsten Lebensbedürfnisse auf eine ungeahnte Höhe schnellen lassen, die wieder weit die Geldentwertung überholte. Der Arbeiter muß nicht nur absolut, sondern auch relativ mehr für Lebensmittel ausgeben als in Friedenszeiten. Das Steigen des *Nominallohnes* bedeutete also durchaus keine Erhöhung des *Reallohnes*. Im Gegenteil, die ... Gegenüberstellung der Arbeitslöhne und der Warenpreise zeigt, daß nicht nur der Reallohn nicht gestiegen ist, ja daß er nicht einmal die Höhe der Friedenszeit zu behaupten vermochte, sondern daß er effektiv *gesunken* ist."[746]

---

741 DI 32/1917, S. 2.
742 Vgl. DG 7/1918, S. 21 und besonders S. 22.
743 Vgl. DG 16/1918, S. 94.
744 Vgl. besonders DG 29/1918, S. 150 und DG 16/1918, S. 94.
745 Vgl. DG 31/1918, S. 193–195; DG 34/1918, S. 204–205 und DG 35/1918, S. 209–210.
746 DG 31/1918, S. 193 (Hervorhebungen im Original).

Aufgabe der Gewerkschaften konnte daher nicht länger allein die Erhöhung der Geldbezüge der Arbeiter sein, sie mußten dabei stets auch die Kaufkraft der Löhne in Betracht ziehen. Ihr Interesse verlagerte sich folglich von den Geldlöhnen auf die Preise der Lebensmittel, damit auch von den Unternehmern auf die Staatsverwaltung, der Nachgiebigkeit und Unfähigkeit bei der Bekämpfung des Wuchers vorgeworfen wurde. Das bedeutete nicht die Einstellung der Lohnbewegungen, sondern die Übertragung der Verantwortung für die Lage der Arbeiterschaft auf den Staat. Besonders deutlich kam diese Richtungsänderung im Junistreik 1918 zum Ausdruck, als es dem Wiener Metallarbeiterverband in gemeinsamer Aktion mit den Unternehmern gelang, die Teuerungsabgeltung auf den Staat zu überwälzen. Die Gewerkschaften wandten sich damit von einer Lohnpolitik ab, die darin bestand, mit staatlicher Unterstützung Teuerungszulagen durchzusetzen, und näherten sich dem Standpunkt der Unternehmer an, die Bewältigung der Misere dem Staat zu überlassen. Dies stellte eine wichtige Voraussetzung für die Fähigkeit der Gewerkschaften dar, bei Kriegsende mit den Unternehmern zu kooperieren.

6.2.2.1.1. Die Arbeitskämpfe der Wiener Metallarbeiter 1917 und 1918

Die Entwicklung der Lohnpolitik war, wie schon in den vorangegangenen Jahren am deutlichsten im Kernbereich der Rüstungsindustrie ausgeprägt. Besonders an den Lohnbewegungen der Wiener Metallarbeiter, die zweimal mit Massenstreiks verbunden waren, ist deren Problematik abzulesen.

In den Rüstungsbetrieben Wiens und seiner Umgebung hatten die Gewerkschaften zunehmend Schwierigkeiten, die Arbeiter unter Kontrolle zu halten. Es machte sich hier der Einfluß der Partei-„Linken" und auch linksradikaler Gruppen,[747] die nicht zuletzt an der burgfriedlichen Einstellung der Gewerkschaften Kritik übten, bemerkbar. Im „Österreichischen Metallarbeiter" wurden aus diesem Grund noch Anfang 1917 Artikel publiziert, die an die Stellungnahmen der Gewerkschaftsführung bei Kriegsbeginn erinnerten und sich gegen die neuen Strömungen zu Wehr setzten.[748] In der Lohnpolitik aber erzwang die neue Situation eine verschärfte Vorgangsweise. Die wachsende Unzufriedenheit sollte durch konsequenteres Vorgehen bei den Lohnverhandlungen abgefangen werden.

Die Gültigkeitsdauer des Kollektivvertrages in der Wiener Metallbranche war im März 1916 samt neuen Teuerungszulagen um ein Jahr verlängert worden; Anfang 1917 mußten neue Verhandlungen begonnen werden. Am 15. Jänner 1917 fand zu diesem Zweck eine Versammlung der gewerkschaftlichen Vertrauensmänner statt, bei der die Notwendigkeit größerer Forderungen an die Unternehmer als bisher betont wurde. „Unsere Verbandsvertreter haben aber schon in dieser ersten Vorbesprechung durchleuchten lassen, *daß es ganz ausgeschlossen sei, mit den alten Bestimmungen des Vertrages noch einmal vor unsere Arbeiterschaft zu treten.*"[749] Trotz der katastrophalen Lage und der

---

747 Vgl. dazu *Hautmann*, Anfänge, S. 6–26.
748 Vgl. ÖMA 7/1917, S. 35–37: „Kein Bruderzwist in den Gewerkschaften" und „Die Gewerkschaften und der Krieg".
749 ÖMA 3/1917, S. 16 (Hervorhebung im Original).

Behauptung der Gewerkschaft, eine grundlegende Änderung der Einkommensverhältnisse anzustreben – die konkreten Forderungen des Verbandes wurden allerdings nicht veröffentlicht –, wurden in den Verhandlungen mit den industriellen Unternehmern, die komplikationsfrei verlaufen sein dürften,[750] wieder nur die einjährige Verlängerung des unveränderten Vertrages und neue Teuerungszulagen erreicht. Die beiden neuen Zuschüsse zur Abdeckung der Teuerung anstelle aller bisherigen fielen allerdings deutlich höher aus. Erstens wurde auf die vertraglichen Minimalstundenlöhne der männlichen Arbeiter ein Aufschlag von 5% bis 20% gewährt, der niedrigste Stundenlohn für eine Frau stieg von 26 h auf 32 h. Dies ging in die Richtung der Forderung, die die Berufsorganisation bereits ein Jahr zuvor erhoben hatte; die Lohnerhöhung Anfang 1917 fiel etwas niedriger aus und stellte eine noch stärkere Bevorzugung der unteren Lohnstufen dar. Der Satz von 20% war bei Stundenlöhnen zwischen 40 h und 43 h anzuwenden und sank stufenweise auf 5% bei Verdiensten über 52 h pro Stunde. Zweitens gab es Aufbesserungen der Wochenlöhne, die deutlicher als bisher das Alimentationsprinzip zum Ausdruck brachten. Eine wichtige Verbesserung war außerdem die Fixierung der Bemessungsgrundlage für die Zulagen. Bisher hatte sich deren Höhe nach dem Gesamtverdienst einschließlich aller Überstunden gerichtet, nun wurde der Lohn für die Normalarbeitszeit plus 6½ Überstunden mit 25% Aufschlag als Grundlage herangezogen.

Abschluß März 1917
Basis: Lohn für 60 Stunden

pro Woche	Arbeiter		Jugendliche	Arbeiterin	
Verdienst	bis 40 K	40–80 K	bis 40 K	bis 30 K	30–50 K
Zulagen	11 K	-25 h pro K Verdienst	3 K	5 K	4 K

In den kontinuierlichen Betrieben konnte außerdem ein Bonus von 1,50 K für die Nachtschicht durchgesetzt werden. Als Anhang zum Vertrag wurden die Richtlinien über die Anwendung des § 1154b ABGB beschlossen,[751] die dann der Heeresverwaltung als Muster für die gesamte Kriegsindustrie dienten.

Real bedeuteten die neuen Zulagen nur eine geringe Verbesserung der Lage der Arbeiter. Selbst unter Einrechnung der Überstunden und der neuen Zulagen machten die Mindestlöhne, die am meisten stiegen, nur ein Viertel bis ein Drittel der Vorkriegsverdienste aus und verloren in den folgenden Monaten wiederum an Kaufkraft. Arbeiter, deren Stundenverdienste nicht erhöht wurden, hatten durch die neue Regelung keine Vorteile. Dies betraf etwa Frauen mit längerer Berufspraxis, Jugendliche und auch viele qualifizierte Spitzenverdiener. Insgesamt kam die Lohnerhöhung, da die Mindestlöhne in der Metallindustrie, speziell aber in der herrschenden Hochkonjunktur keine große Bedeutung hatten, nur circa einem Zehntel der Arbeiterschaft zugute; darüber hinaus scheint es auch noch Probleme bei der Durchsetzung der Bestimmungen gegenüber den

---

750 Vgl. ÖMA 8/1917, S. 45.
751 Vgl. ÖMA 12/1917, S. 63–64 und DG 14/1917, S. 83.

einzelnen Unternehmern gegeben zu haben.⁷⁵² Die Verhandlungen mit den gewerblichen Unternehmern kamen vor den Maiereignissen zu keinem Abschluß.⁷⁵³

Die unbefriedigenden Ergebnisse der Lohnrunde waren neben der drastischen Verschlechterung der Ernährungsverhältnisse im Frühjahr 1917 Anlaß für die erste große, spontane Manifestation des Unwillens der Arbeiter über die herrschenden Verhältnisse. Die Mißerfolge bei der Existenzsicherung sowohl von der Seite der Löhne als auch von der Seite der Approvisionierung ließen die „seit langem bemerkbar[e]" Bewegung⁷⁵⁴ zum Ausbruch kommen, die sich von politischen Motiven geleitet gegen die fortgesetzte Ausbeutung, die die Arbeiter an den Rand der Existenz brachte, wandte. Eine zentrale Forderung der Arbeiter selbst war daher die Verkürzung der Arbeitszeit.⁷⁵⁵

Die besonders triste Lage im Frühjahr 1917 führte zu einer Häufung von Ausständen. Ende März streikten z. B. die Arbeiter im Hüttenwerk Donawitz, da sie mit den gewährten Teuerungszulagen unzufrieden und zu geringe Lebensmittelmengen vorhanden waren. Die Knappen am Erzberg verlangten außerdem Arbeitsruhe an jedem zweiten Sonntag und die Abschaffung der 18-Stunden-Wechselschicht.⁷⁵⁶ Das Ausbleiben der Kartoffelration veranlaßte die Belegschaft der Steyrer Waffenwerke am 7. Mai 1917, die Arbeit niederzulegen;⁷⁵⁷ etwa zur selben Zeit streikten und demonstrierten im Traisental hunderte Arbeiterinnen und Arbeiter für „Frieden und Lebensmittel".⁷⁵⁸ In der Torpedofabrik St. Pölten traten die Arbeiter in den Streik, nachdem ihnen in der Werkskantine eine ungenießbare Suppe vorgesetzt worden war.⁷⁵⁹

In Wien begann sich die große Streikbewegung bereits am 12. Mai abzuzeichnen, als Frauen in der Roth'schen Geschützhülsenfabrik, nachdem die Nachtschicht schlechter als erwartet entlohnt worden war, die Arbeit niederlegten und eine wilde Demonstration veranstalteten. Der Metallarbeiterverband, der sofort versuchte, die Angelegenheit in Ruhe durch Verhandlungen mit der Firmenleitung zu regeln, stieß dabei bereits auf große Schwierigkeiten. Er konnte nur schwer Kontrolle über die aufgebrachten Arbeiterinnen gewinnen. Die Gewerkschaftsfunktionäre mußten sie erst in die Restauration Dreher weisen, ehe eine Verhandlungsdelegation aus sechs Männern und sechs Frauen gebildet werden konnte. Der Chef der Firma Roth allerdings anerkannte diese Deputation unter der Leitung des Wiener Metallarbeitersekretärs Hans Drechsler, der nicht im Unternehmen beschäftigt war, nicht. Der Streik dauerte daraufhin noch vier Tage an und wurde erst am 18. Mai durch das Wirken der Vertrauensmänner beigelegt.⁷⁶⁰ An diesem Tag traten 1000 Arbeiter der Südbahnwerkstätten in den Streik, ihnen folgten am 19. Mai Arbeiterinnen der Wienerberger Ziegelwerke, doch konnten diese Ausstände bald beendet werden. Am Vormittag des 22. Mai schließlich legten

---

752 Vgl. ÖMA 22/1917, S. 105–106.
753 Vgl. ÖMA 8/1917, S. 45. Vgl. auch AVA, HM, Z. 8753/1917.
754 ÖMA 22/1917, S. 105.
755 Vgl. ebd., S. 105–106. Vgl. auch AVA, MdI, Präs. Z. 8655/1917.
756 Vgl. AVA, MdI, Präs. Z. 5174/1917.
757 Vgl. AVA, MdI, Präs. Z. 7663/1917.
758 Vgl. AVA, MdI, Präs. Z. 7907/1917.
759 Vgl. AVA, MdI, Präs. Z. 8265/1917.
760 Vgl. AVA, MdI, Präs. Z. 7958, Präs. Z. 8071, Präs. Z. 8072, Präs. Z. 8266 und Präs. Z. 8316/1917.

16.000 Arsenalarbeiter mit den Forderungen nach dem Achtstundentag und höheren Löhnen die Arbeit nieder.[761]

Nach Meinung des Gewerkschaftsfunktionärs Domes waren das auslösende Moment hiezu Flugblätter, von denen zu warnen er die „Arbeiterzeitung" vergeblich aufgefordert hatte. „Jugendliche, Frauen, der Partei vollständig ferne stehende Elemente, so Studenten, die sich als Arbeiter deklarieren, machen für Streiks und die Revolution Propaganda. Man untergräbt planmäßig die Autorität der Vertrauensmänner, der Gewerkschaft und der Parteileitung."[762] Großen Einfluß auf die Stimmung der Arbeiterschaft schrieb der Metallarbeitersekretär weiters den Äußerungen Friedrich Adlers vor dem Ausnahmegericht zu, wo dieser in sehr heftiger Weise die Kriegspolitik der Sozialdemokratie kritisiert hatte.[763] „Akademiker und Fabrikanten haben sich des Prozesses Adler bemächtigt und es soweit gebracht, daß der unerträgliche Zustand eingetreten ist, daß jedes Glied der Organisation reden und handeln kann, wie es will und so jeder organisatorische Zusammenhang gestört wird."[764]

Die „ohne Wissen und Willen der Gewerkschaftskommission"[765] entstandene Bewegung entglitt der Kontrolle der Funktionäre. Franz Domes appellierte am Nachmittag des 22. Mai an die Arsenalbelegschaft, die Arbeit wieder aufzunehmen, doch leisteten die unorganisierten Arbeiter, die die Mehrzahl bildeten, nicht Folge. Sie wollten bis zur vollen Erfüllung ihrer Wünsche betreffend den Achtstundentag, die Kriegsküche, die Lebensmittelversorgung, Lohnerhöhungen und Straflosigkeit für die Streikenden die Arbeit verweigern.[766] Zur selben Zeit brachen bereits weitere Ausstände aus. Am 23. Mai vormittags begann der allgemeine Streik in den großen Maschinen- und Metallfabriken, der am folgenden Tag mit 42.000 Beteiligten seinen Höhepunkt erreichte.[767]

Der Metallarbeiterverband versuchte auch am 23. Mai in mehreren stürmischen Versammlungen, die Streikenden zur Wiederaufnahme der Arbeit zu bewegen. Im Favoritner Arbeiterheim, etwa, wurde ohne Erfolg über die Zugeständnisse der Arsenalleitung diskutiert. Die Heeresverwaltung war bereit, dort probeweise den Frühschluß an Samstagen einzuführen und die anderen Forderungen „tunlichst" zu berücksichtigen, wenn der Streik am nächsten Morgen zu Ende sei. Gleichzeitig beabsichtigte sie jedoch zur Verhinderung weiterer Unruhen, die landsturmpflichtigen Arbeiter auf die Kriegsartikel zu beeiden, d. h. diese zu Militärpersonen zu machen, und den Rest, vor allem die Frauen, so weit als möglich zu entlassen.[768]

---

761 Vgl. AVA, MdI, Präs. Z. 8987/1917.
762 AdSP, PrPVertr, GK und des Wiener Vorstands 1. 6. 1917. Über die Flugblätter scheint wenig bekannt zu sein. Eines, in dem zu Demonstrationen aufgefordert wurde und das mit „Die vereinigten Sozialdemokr. Wiens" gekennzeichnet war, legte Karl Seitz am 29. Mai dem Parlamentsklub vor. Vgl. AdSP, PrKlub 29. 5. 1917.
763 Vgl. AVA, SdPst Karton 10: Dr. Friedrich Adler, Korrespondenz 1911–1927, Mappe: Prozeß F. Adler, Vernehmungsprotokoll. (veröffentlicht als: Friedrich *Adler*, Vor dem Ausnahmegericht. Die Verhandlungen vor dem §-14-Gericht am 18. und 19. Mai 1917 nach dem stenographischen Protokoll [Jena 1923]).
764 AdSP, PrPVertr, GK und des Wiener Vorstands 1. 6. 1917.
765 Vgl. ebd., Äußerung Hanuschs.
766 Vgl. AVA, MdI, Präs. Z. 8655/1917.
767 Vgl. AVA, MdI, Präs. Z. 8983 und Präs. Z. 8987/1917.
768 Vgl. AVA, MdI, Präs. Z. 8987/1917.

Die Verbandsfunktionäre Domes und Sigl waren bei dieser Versammlung Beschimpfungen ausgesetzt;[769] sie hatten insbesondere Schwierigkeiten, die Frauen zu disziplinieren und ließen diese schließlich in einen anderen Saal des Arbeiterheims abführen.[770] Die Gewerkschaft war also nicht imstande, auf jene Gruppe in der Arbeiterschaft Einfluß auszuüben, der auch durch die staatlichen Stellen die Hauptverantwortung für den Streik angelastet wurde. „Die Polizeidirektion nimmt an, daß gerade die in den Fabriken beschäftigten Frauen jeder Führung und somit jeder Disziplin entbehren, für die jeweilige Stimmung ungemein empfänglich sind und die gegenständliche Ausstandsbewegung herbeigeführt haben."[771]

Erst ab 25. Mai begann der Streik abzubröckeln. Es war durch neue Zugeständnisse der Heeresverwaltung gelungen, die Arsenalbelegschaft wieder zur Arbeit zu bringen.[772] Größte Bedeutung aber hatte eine am 25. Mai stattfindende gemeinsame Versammlung der Unternehmer der Wiener Kriegsindustrie mit der Gewerkschaftsleitung und den Fabriksvertrauensmännern. Der Metallarbeiterverband war, nachdem es ihm trotz intensivster Anstrengungen nicht geglückt war, den Streik zu beenden oder auch nur einzudämmen, gezwungen, sich quasi an die Spitze der Bewegung zu stellen und zu versuchen, durch Erfolge, die erst durch den Ausstand in den Bereich der Möglichkeit gerückt waren, die Kontrolle über die Verhältnisse in der Arbeiterschaft wiederzuerlangen. Die Gewerkschaft profitierte von dem ihr selbst bedrohlichen Druck der Basis, der Unternehmer und Kriegsverwaltung noch stärker unter Zugzwang setzte und sie auf die Organisationen verwies, die noch eine Chance zur Einflußnahme auf die ihrer Macht entgleitende Arbeiterschaft besaßen. In der Versammlung am 25. Mai wurde ein „Permanenzkomitee" gewählt, das die Beschwerden der Arbeiter zu untersuchen hatte. Dieses Gremium unter dem Vorsitz des Präsidenten des Wiener Industriellenverbandes, Ludwig Urban jun., bestand aus insgesamt fünf Unternehmern und fünf Gewerkschaftern. Dazu kamen vier Vertreter der militärischen Ressorts, das Amt für Volksernährung wurde zur Teilnahme an den Verhandlungen eingeladen.[773]

Das „Permanenzkomitee" veröffentlichte noch am 25. Mai ein Flugblatt, in dem Verhandlungen mit der Heeeresverwaltung, die vor allem wegen der geforderten Arbeitszeitverkürzung notwendig waren, versprochen und dafür die Wiederaufnahme der Arbeit nach Pfingsten, am 29. Mai verlangt wurden.[774] Gewerkschafter und Unternehmer hatten eingesehen, daß Voraussetzung für eine Beruhigung der Lage die Herabsetzung der Arbeitszeit war. Sie setzten gemeinsam die Wiedereinführung der Normalarbeitszeit von 53 1/2 Stunden gegenüber dem Kriegsministerium durch. Überstunden, durch die bislang die Wochenarbeitszeit allgemein auf 60 bis 70 Stunden, gelegentlich aber auch noch höher angestiegen war, sollten nur mehr in Ausnahmefällen zugelassen sein. Auf alle

---

769 Vgl. *Hautmann*, Anfänge, S. 27 (NÖLA, VIa-2241/1917, Z. 2874/11).
770 Vgl. AVA, MdI, Präs. Z. 8649/1917.
771 AVA, MdI, Präs. Z. 8987/1917 (Pol. Dion Wien, Pr. Z. 44509/8K/1917).
772 Vgl. ebd.
773 Vgl. ÖMA 22/1917, S. 105 und DI 19/1917, S. 2. Unternehmer: Urban jun., Rrabg. Friedmann, Ing. Kurz, Dir. Bretschneider, Dr. Soudek; Gewerkschafter: Rrabg. Domes, Drechsler, Wiedenhofer, Sigl, Hofmann. Unter den Vertretern des KM befand sich der Vorsitzende der BK Wien I.
774 Vgl. AVA, MdI, Präs. Z. 8987/1917.

Fälle mußten die Arbeiter am Samstagnachmittag frei haben. Für die kontinuierlichen Betriebe konnte sogar die Achtstundenschicht erreicht werden.

Größere Schwierigkeiten machten die Lohnforderungen. Die Unternehmervertreter sahen wohl die schwierige finanzielle Lage der Arbeiter ein, erklärten sich aber außerstande, Lohnerhöhungen, die eine Anpassung der Einkommen an das Vorkriegsniveau ermöglichten, zu bezahlen. Diese Voraussetzungen wurden während der Pfingstfeiertage in einer Konferenz der Hauptvertrauensleute der großen Betriebe, dem Zentralvorstand, der Wiener Bezirksleitung und den Bezirksobmännern des Metallarbeiterverbandes beraten und „Richtlinien" als Grundlage der Verhandlungen im „Permanenzkomitee" beschlossen, die abermals nicht bekanntgegeben wurden.[775]

Die eingeschlagene Strategie hatte Erfolg; die Arbeiter ließen sich durch die Aussicht auf Arbeitszeitverkürzung und gewisse Lohnaufbesserungen zur Wiederaufnahme der Arbeit bewegen.[776] Dabei scheint das Arbeitszeitargument Eindruck in erster Linie auf die besser verdienenden Arbeiter gemacht zu haben, während für die Arbeiterinnen, die in der Mehrzahl trotz enormer Leistungen nur knapp das Existenzminimum bezahlt bekamen, die Lohnerhöhung größere Bedeutung gehabt haben dürfte. „[E]ine ganze Reihe von Arbeiterinnen erklärte, sie wollen weiterhin Überstunden machen, ihre Gesundheit sei ihnen gleichgültig, wenn der Mann aus dem Felde komme, dann gehen sie nicht mehr in die Fabrik und dann könnten sie sich erholen."[777]

Die Verhandlungen über die Lohnerhöhungen fanden am 30. Mai statt. Die Unternehmer wehrten sich heftig gegen die gestellten Forderungen. Erst gegen Mitternacht kam es unter dem Druck des Militärs,[778] das ein Wiederaufflammen der Bewegung befürchtete, wenn die Beratungen weiter verzögert wurden oder gar ergebnislos verliefen, zu einem für die Arbeiterschaft recht beachtlichen Abschluß. Schwierigkeiten der Unternehmerorganisation mit ihren Mitgliedern waren nicht unwahrscheinlich. Als letzte Instanz zur Entscheidung von Differenzen aus dem Vertrag wurde die Beschwerdekommission Wien I bestimmt, die Durchsetzung der privatrechtlichen Vereinbarung also gegebenenfalls der staatlichen Autorität überlassen.[779]

Basis des rückwirkend ab 29. Mai und bis zwei Monate nach Friedensschluß gültigen Übereinkommens waren die Vereinbarungen, die anläßlich der Kollektivvertragsverlängerung vom März 1917 getroffen worden waren; der Tarifvertrag von 1913 blieb also in Kraft und zusätzlich wurden Ausnahmebestimmungen eingeführt. Außerdem blieben die erste Teuerungszulage auf die Mindestlöhne, sowie der Bonus für die Nachtschicht aus den Abmachungen vom März weiterhin aufrecht. Die zweite Zulage wurde deutlich angehoben, ihre Bemessungsgrundlage war nun außerdem, entsprechend der allgemeinen Arbeitszeitbeschränkung, die Normalarbeitswoche von 53 1/2 Stunden.

---

775 Vgl. ÖMA 22/1917, S. 105.
776 Vgl. AVA, MdI, Präs. Z. 8987/1917. Hans Hautmann vertritt die Ansicht, die Mehrheit der Arbeiter hätte die Absichten der Linksradikalen, die auf eine Systemänderung hinausliefen, nicht verstanden. Vgl. *Hautmann*, Anfänge, S. 29.
777 *Freundlich*, Arbeit, S. 44–45.
778 Vgl. DI 25/1917, S. 1.
779 Vgl. DI 19/1917, S. 2.

6.2. Die Gewerkschaften zwischen Herbst 1916 und Sommer 1918

Eine wesentliche Neuerung bedeutete die Einführung von Mindestverdiensten in den verschiedenen Lohngruppen, die unter Einrechnung der Teuerungszulagen erreicht werden mußten. Diese Regelung, die in der Folge zum Hauptangriffsziel der Unternehmer werden sollte, diente nach Meinung des Metallarbeiterverbandes als Ersatz für die unter dem Druck der Verhältnisse unmögliche Neuberechnung der Akkordpreise.[780] „Die Industrie" bezeichnete sie stets treffend als die Einführung eines „Existenzminimums".[781]

Abschluß Mai 1917
Basis: Lohn für 53 ½ Stunden[782]

pro Woche	Verdienst	Zulagen	Mindestverdienste	
Arbeiter	bis 50 K	20 K	Professionisten, angel. Arbeiter mit Praxis	65 K
	50–100 K	-25 h pro K Verdienst	angelernte Arbeiter	60 K
			Hilfsarbeiter	50 K
Arbeiterin	bis 50 K	5 K	mit längerer Praxis	35 K
			ohne längere Praxis	30 K
Jugendliche	bis 40 K	3 K	Frauen unter 18 Jahren	24 K
			Männer unter 17 Jahren	30 K

Schließlich konnten neben den Teuerungszulagen und Mindestverdiensten erstmals für eine große Arbeitergruppe zusätzliche Familienzulagen, wie sie die Staatsbeamten bekamen, erreicht werden. Unter dem Druck der Teuerung, die die Reallöhne auf ein kritisches Niveau gesenkt hatte, mußte auf die individuellen Lebensverhältnisse der Arbeiter Rücksicht genommen werden, um die Existenz der Familien zu sichern. Arbeiter, die eine Teuerungszulage bezogen, bekamen zusätzlich für die Frau[783] 3 K, für jedes Kind unter 14 Jahren 2 K bis zur Grenze von insgesamt 13 K Familienzulage pro Woche. Frauen hatten nur dann Anspruch auf maximal 10 K Zuschuß für die Kinder, wenn sie weder die staatlichen Unterhaltsbeiträge erhielten, noch der Mann Familienzulage bezog.[784]

Trotz der im Verhältnis zu den vergangenen Lohnrunden beachtlichen Zugeständnisse der Unternehmer, die selbst nach Meinung der Metallarbeitergewerkschaft das erreichbare Maximum darstellten,[785] war das reale Ergebnis für die Arbeiter recht mager. Die Lohnerhöhungen reichten jedenfalls bei weitem nicht hin, um die Preissteigerungen seit Kriegsbeginn wettzumachen. Die gewerkschaftlichen Vertrauensleute nahmen das Übereinkommen auch erst nach heftigen Debatten mit der Verbandsleitung zur Kenntnis und erlebten ihrerseits „schwere Zeiten" bei der Durchsetzung gegenüber den Belegschaften.[786]

---

780 Vgl. KA, MfLV, B. K. Z. 70/1918 (KM, Abt.10 KW, Z. 5009/S/1918).
781 Vgl. DI 19/1917, S. 2.
782 Vgl. ebd., S. 2 und ÖMA 23/1917, S. 111.
783 Vgl. KA, MfLV, B. K. Z. 636/1917. Dieser Punkt war offensichtlich Anlaß zu Differenzen, die im Sommer geklärt wurden. Die Zulage gebührte nur für die nicht regelmäßig verdienende Ehegattin. Den einzelnen Firmen wurde es freigestellt, Ausnahmen zu machen, „wo Arbeiter infolge Ehehindernissen, seien es staatsrechtlicher oder materieller Natur gezwungen sind, mit ihrer Lebensgefährtin im gemeinsamen Haushalte zu leben."
784 Vgl. ÖMA 23/1917, S. 111.
785 Vgl. AdSP, PrPVertr, GK und des Wiener Vorstands 1. 6. 1917. Franz Domes hielt weitere Lohnerhöhungen für „fast ausgeschlossen".
786 Vgl. ÖMA 23/1917, S. 111 und ÖMA 27/1917, S. 135.

Der „Wiener Vertrag" hatte weitreichende Folgen für die Arbeitsverhältnisse der Kriegsindustrie in ganz Österreich. Zunächst wurde das nur mit der Unternehmerorganisation der Großindustrie geschlossene Abkommen durch die Wiener Beschwerdekommission auch auf das Gewerbe angewandt.[787] Erst nach großen Schwierigkeiten, die sich zu neuen Arbeitskämpfen auszuweiten drohten, kam es Ende August zwischen der Metallarbeitergewerkschaft und dem Metallwarenproduzentenverband zu einem, dem in der Industrie sehr ähnlichen Vertrag.[788]

Von größter Bedeutung war, daß die Bestimmungen des Wiener Vertrages für die Betriebe der Heeresverwaltung übernommen[789] und durch die Beschwerdekommissionen auch auf viele private Kriegsleistungsunternehmen außerhalb Wiens ausgedehnt wurden. Die militärischen Stellen hatten zwar dem Wunsch der Industriellen entsprechend die Anwendung des Wiener Abkommens auf die Provinz untersagt; sie schlossen sich den Argumenten der Wiener Industriellen an, daß die Mindestlöhne Produktionseinbußen zur Folge hätten und nur die außerordentlich tristen Versorgungsverhältnisse in Wien zu den Zugeständnissen geführt hätten.[790] Die einzelnen Beschwerdekommissionen hielten sich aber des öfteren nicht an die Weisungen, sondern führten nach Wiener Muster dem örtlichen Preisniveau angepaßte Teuerungszulagen und manchmal, wie in Witkowitz, Brünn und Pilsen, auch Mindestlöhne ein.[791] Auch im Gebiet von Wiener Neustadt mußten etliche Betriebe aufgrund des Spruches des Beschwerdekommission das Abkommen übernehmen. Obwohl es immer wieder zu wilden Streiks gekommen war, hatte sich der mächtige Verband der Industriellen in den politischen Bezirken Baden, Mödling, Neunkirchen, Wiener Neustadt und Umgebung[792] noch beharrlich geweigert, mit den Gewerkschaften Kontakt aufzunehmen, um auf privater Ebene über die Forderungen der Arbeiter nach Einführung des Wiener Vertrages zu verhandeln.[793]

Die durch den Maistreik in Wien ausgelöste, allgemeine Lohnbewegung bewirkte eine tiefgreifende Veränderung der Struktur des Arbeitsverhältnisses in der Metallindustrie. Nach Schätzung des Metallarbeiterverbandes waren in mindestens zwei Drittel der Betriebe allgemeine Regelungen in Kraft, die sich jedenfalls bei den Teuerungszulagen am System des Wiener Übereinkommens orientierten. Es gelang, „vielfach auf dem Wege über die Beschwerdekommission, in direkte Berührung mit den bisher unzugänglichen Unternehmern zu kommen. Dem Tarifvertragsgedanken ist in diesem Jahr [1917;

---

787 Vgl. AVA, MfLV, B. K. Z. 572/1917.
788 Vgl. AVA, HM, Z. 8753 und Z. 11309/1917. Vgl. KA, MfLV, B. K. Z. 893/1917. Vgl. auch ÖMA 35/1917, S. 173.
789 Vgl. *Meißl,* Wandel, S. 92 (KA, KM, Abt.7, Z. 23767 und Z. 23767/I/1917).
790 Vgl. DI 25/1917, S. 2. Vgl. KA, MfLV, B. K. Z. 352 und Z. 572/1917 (KM, Abt.10, Z. 158201 res/1917).
791 Vgl. z.B. ÖMA 29/1917, S. 149 oder ÖMA 36/1917, S. 176–177. Vgl. auch DI 25/1917, S. 1–2 und DI 32/1917, S. 1–2.
792 Die Gewerkschaftsfeindlichkeit des „Neunkirchner Verbandes" war notorisch. Sein stellvertretender Obmann, Ludwig Urban jun., (Obmann: Arthur Krupp) war gleichzeitig Präsident des durchaus kooperationsbereiten Wiener Industriellenverbandes. Vgl. Compass 1915, III. Bd., S. 600 und 603.
793 Vgl. ÖMA 36/1917, S. 176–177. In der Enzesfelder Munitionsfabrik wurde für 8000 Arbeiter sogar die 48-Stunden-Woche eingeführt!

M. G.] der Weg weit geebnet worden."[794] Der Erfolg der gewerkschaftlichen Strategie, an Hand des Ergebnisses eines lokalen Streiks durch die Beschwerdekommissionen generell eine neue Lohnnorm anzustreben und damit eine neue Legitimationsbasis zu schaffen, verfehlte nicht seine Wirkung auf die staatliche Verwaltung. Obwohl das Kriegsministerium weiterhin nach außen hin auf dem alten Standpunkt beharrte, akzeptierte es in der nächsten Lohnrunde doch die Vorgangsweise, zunächst in Wien einen Mustervertrag abzuschließen und diesen danach den lokalen Gegebenheiten der anderen Regionen anzupassen.

Diese nächste Lohnrunde in der Kriegsindustrie begann bereits im Herbst 1917. Die Metallarbeiterschaft in Wien, Graz und Prag erhob etwa zur gleichen Zeit die Forderung nach einer Neuregelung der Arbeitsverhältnisse. Nach Meinung der Heeresverwaltung, die dabei sogar an einen Zusammenhang der Bewegungen in Österreich und in Deutschland glaubte, geschah dies in der Absicht, wie im Mai ein Präjudiz zu schaffen, dem sich dann die übrigen Gebiete anschließen müßten. Da dies insgesamt nicht zu verhindern war – die Prager und die Grazer Metallarbeiter hatten sofort die Beschwerdekommissionen angerufen –, entschloß sich das Kriegsministerium, den Wiener Verhandlungen den Vorrang einzuräumen, „umsomehr als es noch immer wünschenswerter erscheint, daß Streitigkeiten zwischen Unternehmern und Arbeitern durch diese selbst und nicht erst im Wege der Beschwerdekommissionen ausgetragen sein (sic!) würden."[795] Wenigstens das Präjudiz für die bevorstehende allgemeine Lohnbewegung sollte eine private, nicht von der staatlichen Autorität bewirkte Entscheidung sein. Dieser Entschluß der Heeresverwaltung war der Anlaß zur Weisung der Direktion der Beschwerdekommissionen, bis auf weiteres und solange es zu keinen Unruhen kam, alle Lohnverhandlungen zu vertagen.[796]

Die Wiener Bezirksleitung des Metallarbeiterverbandes verlangte am 17. November in einer Eingabe an die Unternehmer erstens Lohnerhöhungen, zweitens die Gewährung der Familienzulage an alle Arbeiter unabhängig vom Grundlohn, drittens geregelte Nahrungsmittelverteilung, viertens Kontrolle der Approvisionierungsangelegenheiten durch die Vertrauensmänner und fünftens die Beistellung von Schuhen und Arbeitskleidung durch die Unternehmer. Nur die rasche Erledigung dieser Forderungen konnte nach Ansicht der Gewerkschaft, die im übrigen jede Verantwortung ablehnte, die Ruhe sichern.[797] Der Metallarbeiterverband versuchte also, die durch die russische Oktoberrevolution noch gefährlichere Unruhe in der Arbeiterschaft prophylaktisch als Drohung zu instrumentalisieren, um zu akzeptablen Ergebnissen zu gelangen. Die Gewerkschaftsorganisation hatte aus den Ereignissen des Mai gelernt und versuchte, einem Streik, der sie zu desavouieren drohte, zuvorzukommen. Auch die Forderungen hatten sich in charakteristischer Weise verändert. Sie beschränkten sich nicht mehr auf die Löhne, sondern orientierten sich mit dem Aufgreifen der Güterversorgung stärker an den konkreten alltäglichen Sorgen der Arbeiterschaft.

---

794 DG 9/1918, S. 41 (Bericht des Metallarbeiterverbandes für 1917).
795 Vgl. KA, MfLV, B. K. Z. 1359/1917 (KM, Abt.10 KW, Z. 10263/S/1917).
796 Vgl. ebd. und Z. 1382/1917.
797 Vgl. ÖMA 45/1917, S. 219 und ÖMA 49/1917, S. 230.

Die Unternehmer der Industrie und des Gewerbes, die diesmal gemeinsam vorgingen, wiesen am 6. Dezember die Eingabe der Wiener Metallarbeiterorganisation zurück, und es entwickelte sich ein langwieriger Konflikt, der sich an der Bedingung der Industriellen entzündete, für höhere Zulagen das im Mai eingeführte Subsistenzminimum wieder abzuschaffen.[798] Von Anfang an hatten die Unternehmer geklagt, daß dadurch die Leistungen der Arbeiter zurückgegangen seien. „Die Bevorzugung des ungelernten, des jugendlichen, des weiblichen und schließlich des faulen Arbeiters durch einen Mindestverdienst bedeutet die Benachteiligung des gelernten, tüchtigen und fleißigen Arbeiters, der sich zurückgesetzt fühlt, gleichfalls mit seiner Arbeit nachläßt und schließlich auch unzufrieden wird."[799] Tatsächlich dürften sich, da die Akkordsätze den Mindestverdiensten nicht angeglichen wurden, viele Arbeiter geweigert haben, weiterhin im Akkord zu arbeiten, wenn sie auch im Zeitlohn, bei geringerer Anstrengung das gleiche erreichen konnten.[800] Bereits im Sommer 1917 waren deshalb „Ergänzungen zum Arbeitsvertrag vom 29. 5. 1917" zwischen den Organisationen der Arbeiter und der Unternehmer beschlossen worden, „weil die weniger pflichtbewußten Arbeiter auf das Existenzminimum gesündigt haben." Da solches Verhalten auch nicht die Billigung der Gewerkschaftsfunktionäre fand, „welche weit davon entfernt waren, das Existenzminimum als Prämie für lässige Arbeiter zu verlangen", sollte das Mindesteinkommen nur bei entsprechender Leistung gebühren. Als Entscheidungsinstanz fungierte die Beschwerdekommission.

Als Gegenleistung gewährten die Unternehmer Zulagen bis zu einem Wochenverdienst von 126 K. Die willkürliche Grenze von 100 K, wo es noch eine Teuerungszulage von 7,50 K gab, stellte ja auch einen Anreiz dar, mit der Leistung zurückzuhalten und wurde daher trotz der finanziellen Mehrbelastung abgeschafft.[801]

In den Verhandlungen um höhere Teuerungszulagen im Herbst 1917/Winter 1918 wollten die Unternehmer nun die völlige Beseitigung des ihrer Meinung nach produktionsschädigenden Mindesteinkommens. Der Metallarbeiterverband konnte jedoch von dieser Regelung, die „den Unternehmern ein Dorn im Auge ist, bei den Arbeitern natürlich viel Anklang findet,"[802] nicht ohne weiteres abgehen. In den Verhandlungen, die ab 3. Jänner 1918 trotz der ablehnenden Haltung der Unternehmer aufgenommen wurden – die Gewerkschaft hatte mit der Alternative des definitiven Spruches der Beschwerdekommission ein Druckmittel in der Hand – wollte sich der Metallarbeiterverband mit allen Mitteln gegen die bekundeten Absichten der Industriellen zur Wehr setzen.[803] Tatsächlich aber zeigte sich die Arbeiterorganisation kompromißbereit und erklärte in der Sitzung am 7. Jänner, durchaus nicht auf den Mindestverdiensten zu bestehen, soferne nur die Löhne mit der Teuerung schritthielten.[804]

---

798 Vgl. ÖMA 8/1918, S. 30 und ÖMA 5/1918, S. 18.
799 DI 32/1917, S. 1.
800 Vgl. KA, MfLV, B. K. Z. 70/1918 (KM, Abt.10 KW, Z. 5009/S/1918).
801 Vgl. KA, MfLV, B. K. Z. 636/1917 und DI 32/1917, S. 1.
802 DG 9/1918, S. 41.
803 Vgl. ÖMA 5/1918, S. 18.
804 Vgl. KA, MfLV, B. K. Z. 70/1918 (KM, Abt.10 KW, Z. 5009/S/1918).

Die deutliche Verschärfung in der Vorgangsweise der Unternehmer seit Herbst 1917 verhinderte vorerst dennoch eine Einigung, sodaß schließlich die Gefahr ernster Unruhen bestand. „Der Metallarbeiterverband hat aus vielen Berichten die Überzeugung schöpfen müssen, daß die Stimmung der Arbeiter in den Betrieben eine überaus beunruhigende ist. Die Arbeiter erklären bei den derzeitigen Preisverhältnissen absolut das Auslangen nicht mehr finden zu können, wozu noch bittere Klagen über die allgemeinen Ernährungsverhältnisse kommen. Es scheint deshalb möglich, daß die Gegensätze bald eine sehr scharfe Zuspitzung erfahren." Unter diesen Umständen gab das Kriegsministerium die vertagten Lohnverhandlungen vor den Beschwerdekommissionen frei und mußte sogar die rückwirkende Gültigkeit der Entscheidungen bis Mitte Dezember 1917 zugestehen.[805] In Graz wurde aber auf Betreiben der Gewerkschaft das Vorliegen des Wiener Ergebnisses abgewartet, was von der Direktion der Beschwerdekommissionen im Hinblick auf die Stabilität der Vereinbarungen begrüßt wurde.[806]

Das vorläufige Scheitern der Lohnverhandlungen und die starre Haltung der Unternehmer spielten sicherlich eine Rolle beim Ausbruch des Jännerstreiks nur wenige Tage nach dem besorgniserregenden Lagebericht, als die Ernährungsschwierigkeiten durch die Kürzung der Brotquote noch verschärft wurden. Der Ausstand konnte infolge seiner vorwiegend politischen Ausrichtung von der Gewerkschaft jedoch nicht als Druckmittel eingesetzt werden. Es bedurfte noch zäher Verhandlungen, bis am 12. Februar 1918 ein Abschluß der Lohnbewegung zustandekam.[807] Die Unternehmerorganisationen hatten größte Schwierigkeiten, den neuen Vertrag gegenüber ihren Mandatgebern durchzusetzen,[808] obwohl er im Vergleich zu den Regelungen vom Mai 1917 einen großen Schritt zurück zum „Leistungslohn" bedeutete.

In den Berichten des Metallarbeiterverbandes wurde der Wegfall der Mindestwochenverdienste stets stillschweigend übergangen. Statt dessen wurde auf die Erhöhung der Minimalsätze pro Stunde verwiesen, wie sie ja bereits dem Vertrag von 1913 zugrundegelegen hatten und die eindeutig einen Rückschritt gegenüber dem im Mai 1917 eingeführten Prinzip eines Subsistenzminimums bedeuteten. Der Regelung der Akkordarbeit wurde besondere Beachtung geschenkt. Die Stückpreise wurden allgemein dem Verdienstniveau vom Mai 1917 angeglichen: ein Arbeiter mit mittlerer Qualifikation mußte in der Normalarbeitszeit von 53 $\frac{1}{2}$ Stunden den bisherigen Durchschnittsverdienst erreichen können. Dazu kam nun ein neuer Aufschlag von 20% plus die Teuerungszulage vom Mai 1917.[809]

---

805 Vgl. ebd.
806 Vgl. KA, MfLV, B. K. Z. 117/1918, BK Graz I an die Direktion 18. 1. 1918.
807 Vgl. ÖMA 8/1918, S. 30. Der Text des „Arbeitsvertrages vom 12. Februar 1918 (Kriegsübereinkommen)" mit der Industrie wurde gedruckt in einer Broschüre des Metallarbeiterverbandes publiziert (Wien 1918). (Exemplare liegen bei KA, MfLV, B. K. Z. 547 und B. K. Z. 698/1918.) Vgl. auch ÖMA 14/1918, S. 62–64. Mit den gewerblichen Unternehmern wurde gesondert abgeschlossen. Vgl. DG 19/1918, S. 110–111.
808 Vgl. ÖMA 6/1918, S. 22.
809 Vgl. ÖMA 8/1918, S. 30–31.

Abschluß Februar 1918
Basis: Lohn für 53 ½ Stunden)

pro Woche	Verdienst	Zulage A	Zulage B	Mindestsätze	Akkordlohn	Zeitlohn
Arbeiter	bis 50 K	20 K		Professionisten und		
	50–126 K	−25 h pro		angelernte Arbeiter		
		K Verdienst		mit Praxis	110 h	85 h
				angelernte Arbeiter	100 h	75 h
				Hilfsarbeiter	80 h	60 h
	bis 126 K		20 %	Arbeiterin	70 h	56 h
	126–160 K		−1%punkt	Frauen unter		
			pro K Verdienst	18 Jahren	50 h	40 h
Arbeiterin	bis 50 K	5 K	wie oben	Männer unter		
Jugendliche	bis 40 K	3 K	wie oben	17 Jahren	60 h	50 h

Die Unternehmer hatten durchgesetzt, das bisherige System der absolut und relativ höheren Zulagen für die unteren Lohnstufen über Bord zu werfen.[810] Diese Regelung hatte nämlich dazu geführt, daß außerhalb Wiens, wo das Lohnniveau niedriger war, ein sehr großer Teil der Arbeiter die Maximalzulagen erhalten hatte. Darüber hinaus wurde das darin zum Ausdruck kommende Alimentationsprinzip allgemein als leistungshemmend beklagt.[811] Die Unternehmer mußten jedoch weiterhin die noch stärker am Gesichtspunkt der Versorgung orientierten Familienzulagen zugestehen, und zwar, wie die Gewerkschaft gefordert hatte, unabhängig vom Grundverdienst.

Außer den Lohnerhöhungen konnte der Metallarbeiterverband keine seiner Forderungen durchsetzen. Die angestrebten Versorgungsgarantien tauchten überhaupt nicht mehr auf. Die Versorgungsprobleme entsprangen ja dem offensichtlichen Versagen des staatlichen Aufbringungs- und Verteilungsapparates, dessen gefährliches Erbe die Unternehmer wohl unter keinen Umständen angetreten hätten. Hinsichtlich der Vertrauensleute wurde bestimmt, daß sie wenigstens 24 Jahre alt und seit zwei Jahren im Betrieb beschäftigt sein mußten. Sie waren in doppelter Zahl von der Belegschaft zu wählen; aus diesem Doppelvorschlag suchte sich die Unternehmungsleitung dann die Hälfte als Arbeiterdelegierte aus. Der Prozeß zur Bestellung der Vertrauensleute nach dem Wiener Vertrag enthielt also im Vergleich zum einschlägigen Erlaß des Kriegsministeriums einige Kautelen, um sowohl Gewerkschaft als auch die Unternehmer vor unliebsamen Überraschungen zu bewahren. Die Aufgabe der Vertrauensleute war ganz im Sinne der Heeresverwaltung ausschließlich die Vermittlung zwischen Belegschaft und Unternehmer. „Die von der Betriebsleitung anerkannten Vertrauensmänner genießen außer dem Vertrauen der Arbeiterschaft auch das der Betriebsleitung und übernehmen damit die Pflicht, im Sinne des Vertrages und im Interesse beider Teile sachlich und unparteiisch zu handeln." Beschwerden der Arbeiter sollten in Hinkunft durch die Vertrauensleute zuerst dem Meister oder dem Abteilungsleiter, dann erst gegebenenfalls der Unternehmensleitung vorgetragen werden. Kam es auf diesem We-

---

810 Vgl. ebd., S. 30.
811 Vgl. DI 25/1917, S. 1 und DI 32/1917, S. 1. Vgl. auch KA, MfLV, B.K. Z. 1294 und B.K. Z. 1331/1917 (KM, Abt. 10 KW, Z. 8720/S/1917).

ge zu keiner Einigung, sollte – nach Arbeitsschluß – die Organisation eingeschaltet werden. Die Arbeiter waren verpflichtet, während dieser Vorgänge ruhig weiterzuarbeiten.[812]

Das Ergebnis der Lohnbewegung Ende 1917/Anfang 1918 war Ausdruck einer verschärften Politik der österreichischen Unternehmerschaft, die etwa mit der faktischen Realisierung des einheitlichen Reichsverbandes am Industriellentag im November 1917 einsetzte. Die geeinte Unternehmerschaft war nicht bereit, die unter dem Druck des Maistreiks gemachten außerordentlichen, prinzipiellen Zugeständnisse aufrechtzuerhalten, und konnte dies auch durchsetzen, obwohl der in die Zeit der Verhandlungen fallende Jännerstreik als weit gefährlichere Bewegung erschien.

Die Lohnerhöhungen fielen zu gering aus, um die seit Mai 1917 eingetretene Teuerung aufzuholen. Bis zum Jänner 1918 waren die Preissteigerungen zwar verhältnismäßig gering gewesen, doch im Februar setzte eine neue Teuerungswelle ein, die die Verbesserungen bald zunichtemachte. Die Annahme der ausgehandelten Bedingungen erfolgte auch erst nach heftigen Debatten und nicht mit der üblichen Einhelligkeit.[813]

Obwohl also die Lohnforderungen des Metallarbeiterverbandes sich im üblichen Rahmen hielten und außerdem den Unternehmerwünschen nach einer Revision des Entlohnungssystems zugestimmt wurde, war die Industrie von sich aus in den Verhandlungen zu keinem Abschluß mehr bereit gewesen. „[N]ur in der Absicht, die ins Stocken geratenen Verhandlungen mit der Metallarbeiterschaft wieder in Gang zu bringen", hatte sich die Heeresverwaltung einverstanden erklären müssen, den Unternehmern die durch das neue Abkommen entstehenden Mehrausgaben über die Preise zu refundieren, falls die jeweils gültigen Lieferverträge erst nach dem 1. März 1918 ausliefen. Die Unternehmer konnten also die gesamte Mehrbelastung, mit Ausnahme der Kosten der Lohnwoche nach dem Inkrafttreten des Übereinkommens am 23. Februar, auf den Staat überwälzen. Zur Überprüfung diesbezüglicher Ansprüche wurde ein sechsköpfiges Komitee bestehend aus je drei Vertretern des Wiener Industriellenverbands und des Handelsministeriums unter dem Vorsitz des Kriegsministeriums eingesetzt.[814]

Der friedliche Abschluß der Lohnbewegung Anfang 1918 war mit massiver Hilfe der Staatsverwaltung gegen den im Vergleich zum Mai 1917 wesentlich heftigeren Widerstand der Unternehmer möglich. Auch die angestrebte Konstellation, das Wiener Übereinkommen als vorbildliches Maximum für die Lohnabschlüsse in der Provinz, wurde damit hinfällig. Die Heeresverwaltung wollte die Kosten für Lohnerhöhungen durch die Beschwerdekommissionen nicht übernehmen.[815]

Wohl aber versuchten die militärischen Zentralstellen, die in den Wiener Beratungen zum Ausdruck kommende Kräfteverschiebung zugunsten der Unternehmer allgemein zu fördern. Schon bei Beginn der Verhandlungen in Wien hatte die Hauptstelle ein Verbot der Übertragung des Ergebnisses auf andere Gebiete gefordert, und die Direktion der

---

812 ÖMA 17/1918, S. 63.
813 Vgl. ÖMA 8/1918, S. 31.
814 Vgl. KA, MfLV, B.K. Z. 276/1918 (KM, Abt.10 KW, Z. 12700/S/1918). Vgl. auch *Neck*, Arbeiterschaft und Staat A.I.2, S. 385–386 (AVA, MdI, Z. 3501/1918).
815 Vgl. KA, MfLV, B.K. Z. 276/1918 (KM, Abt.10 KW, Z. 13361/S/1918).

Beschwerdekommissionen war diesem Wunsch insofern nachgekommen, als sie die Strategie der Wiener Unternehmer den Vorsitzenden zur Nachahmung empfahl. Höhere Teuerungszulagen sollten von der Abschaffung der Mindestverdienste abhängig gemacht werden; die Zuschüsse sollten keinesfalls in fixen Beträgen, sondern prozentuell zum Grundlohn festgesetzt werden.[816] Nach Abschluß der Bewegung in Wien wurden die Vorsitzenden auf die erfolgreiche Durchsetzung dieser Prinzipien, insbesondere auf die Beseitigung der Mindestwochenlöhne aufmerksam gemacht.[817] Diese Anordnungen dürften von den Beschwerdekommissionen auch befolgt worden sein.[818] Die Heeresverwaltung übernahm damit die durch hartnäckigen Widerstand gegenüber den Arbeiterforderungen gekennzeichnete Haltung der Unternehmer. Sie weigerte sich zuerst sogar, die neue Regelung auf die militärischen Betriebe, insbesondere im Gebiet von Wiener Neustadt anzuwenden. Offensichtlich machte sich hier wieder der Einfluß des Neunkirchner Verbandes bemerkbar, der die Beispielsfolgen einer solchen Übertragung fürchtete.[819] Mit der Begründung, daß auch das Mai-Übereinkommen in diesen Betrieben Geltung erlangt hatte, gab das Kriegsministerium aber schließlich dem Drängen der Arbeiterschaft nach und akzeptierte die Ausdehnung des „Arbeitsvertrages vom 12. Februar 1918 (Kriegsübereinkommen)" auf das Arsenal in Wien, auf die Munitionsfabriken in Wöllersdorf und Blumau, sowie auf das Trainzeugdepot in Klosterneuburg. Der private Kollektivvertrag wurde dabei mit geringen Abänderungen[820] zum Inhalt eines Erlasses der Kriegsverwaltung.[821]

Obwohl der neue Vertrag, wie jener vom Mai 1917, für die Zeit bis zwei Monate nach Kriegsende abgeschlossen wurde,[822] überdauerte er nach der Abschlußredaktion Ende März 1918 nicht einmal ganz drei Monate. Der Lebensstandard der Arbeiter und die politische Entwicklung, wie sie sich im Jännerstreik manifestiert hatte, verurteilten den Versuch, eine Beruhigung durch ein Lohnabkommen zu erreichen, zum Scheitern. Nach der großen Bewegung Anfang des Jahres rissen die Gerüchte über einen bevorstehenden

---

816 Vgl. KA, MfLV, B. K. Z. 1294/1917. Im Erlaß wurde wie in dem Schreiben der Industriellen darauf verwiesen, daß „die besonnenen Führer der Arbeiterschaft keineswegs darauf ausgehen, den pflichtvergessenen Arbeiter zu schonen". Vgl. dazu auch MfLV, B. K. Z. 636/1917 (Schreiben des Wiener Industriellenverbandes). Der Erlaß wurde bis in Einzelheiten vom KM angeregt. Vgl. MfLV, B. K. Z. 1331/1917 (KM, Abt.10 KW, Z. 8720/S/1917).
817 Vgl. KA, MfLV, B. K. Z. 276/1918 (KM, Abt.10 KW, Z. 13361/S/1918).
818 Vgl. *Neck,* Arbeiterschaft und Staat A. I. 2., S. 494–500 (AVA, MdI, 22NÖ, Z. 11313/1918: Lohnbewegung in Ternitz und Verhandlung vor der BK Wiener Neustadt).
819 Vgl. KA, MfLV, B. K. Z. 515 und B. K. Z. 698/1918 (KM, Abt.10 KW, Z. 26294/S/1918).
820 Diese Abänderungen wurden vermutlich mit der Gewerkschaftsführung über Vermittlung Dr. Julius Deutschs, der zu dieser Zeit als „sozialpolitischer Referent" im KM tätig war, abgesprochen. Vgl. AVA, SdPst Karton 19: Brief Deutschs vom 11. 3. 1918 an Domes, und Karton 117: Reichsparteisekretariat 1918, Mappe: März 1918: Brief Domes an Deutsch vom 12. 3. 1918.
821 Vgl. KA, MfLV, B. K. Z. 698/1918 (KM, Abt.10 KW, Z. 25000 res und Z. 26294/S/1918). Für die Nachtschicht wurde keine Extrazulage (Vertrag: 1,50 K) gezahlt und die Teuerungszulage vom Mai 1917 wurde nur bis 106 plus 6 K (Vertrag 126 plus 1 K) geführt; die Bestimmungen über die Meldung an die Organisationen fehlten. Anstelle der Regelungen bezüglich des § 1154 b ABGB und der Vertrauensleute schienen die einschlägigen Erlässe des KM auf.
822 Vgl. ÖMA 14/1918, S. 62 und ÖMA 23/1917, S. 111.

Generalstreik nicht mehr ab.[823] Der sozialdemokratische Parteivorstand und führende Gewerkschaftskreise maßen solchen Ankündigungen zwar nur geringe Bedeutung bei,[824] tatsächlich war ihr Einfluß auf die Geschehnisse in dieser Zeit stark eingeschränkt. Sie waren schärfster Kritik seitens der Vertrauensmänner ausgesetzt, die sich ihrerseits vielfach nicht mehr gegen radikalisierte Belegschaften behaupten konnten.[825] Partei- und Gewerkschaftsführung liefen selbst große Gefahr, von „direkten Aktionen" der Basis überrollt zu werden.

Bereits Anfang Juni machte sich in der Wiener Kriegsindustrie eine neue Bewegung zur Erreichung höherer Löhne bemerkbar, die die Gewerkschaften aufgreifen mußten.[826] Ebenso erzwang die starke Agitation für den Achtstundentag eine Antwort der Organisationen, vor allem als sich die Lage mit dem Ende der Lebensmittelvorräte im Frühjahr 1918 drastisch verschärfte und unkontrollierbare Verzweiflungsakte zu provozieren drohte. Der Metallarbeiterverband richtete am 17. Mai 1918 „[i]n Erfüllung einer doppelten Pflicht, die Arbeiterschaft der in ihm vereinigten Berufe, damit aber gleichzeitig auch die industrielle Leistungsfähigkeit, die in erster Linie von der Leistungsfähigkeit der Arbeiterschaft abhängt, zu schützen", eine nicht veröffentlichte Denkschrift an das Kriegsministerium, die die baldigste Einführung der Achtstundenschicht in allen kontinuierlichen Betrieben der Kriegsindustrie forderte.[827] Motiv für den Vorstoß war eine Bewegung insbesondere unter den Metallarbeitern und Eisenbahnern zur Einführung des Achtstundentages, die den Gewerkschaften über den Kopf zu wachsen drohte. Die gesamte Gewerkschaftsführung vertrat jedoch einhellig die Meinung, „daß jetzt der 8 Stundentag nicht zu machen ist" und war „gegen jede Aktion für den 8 Stundentag."[828] Dennoch mußte etwas zur Beruhigung der Arbeiterschaft geschehen. Ein Rückgriff auf die achtstündige Schicht in kontinuierlichen Betrieben, die ja bereits im Zuge des Wiener Vertrages in zahlreichen Unternehmen hatte durchgesetzt werden können, lag nahe; die Erfolgschancen damit der keimenden Unruhe Herr zu werden, waren äußerst gering.

Das Kriegsministerium lehnte es aber sogar strikt ab, die Achtstundenschicht allgemein einzuführen, weil zu wenig Arbeitskräfte vorhanden seien und dadurch ein bedenkliches Präjudiz für die Friedenszeit geschaffen würde.[829] Es folgte damit den Warnungen der Unternehmer.[830] Außerdem scheinen die militärischen Zentralstellen selbst nicht imstande gewesen zu sein, zwischen Achtstundenschicht und achtstündiger Normalarbeitszeit klar zu unterscheiden, obwohl sie ihrerseits der Arbeiterschaft anlasteten, die

---

823 Vgl. *Neck*, Arbeiterschaft und Staat A. I. 2., S. 318–325 (AVA, MdI, 22ig, Z. 2396/1918). Vgl. auch z. B. AVA, MdI, Präs. Z. 6722, Präs. Z. 7715, Präs. Z. 10431, Präs. Z. 10663, besonders Präs. Z. 10875, Präs. Z. 11007 und Präs. Z. 14137/1918.
824 Vgl. AVA, MdI, Präs. Z. 7715/1918.
825 Vgl. *Neck*, Arbeiterschaft und Staat A. I. 2., S. 346–348 (AVA, MdI, 22NÖ, Z. 3057/1918) und S. 416–417 (AVA, MdI, 22NÖ, Z. 6562/1918).
826 Vgl. DG 25/1918, S. 136 (PrGK 7. 6. 1918). Vgl. auch AdSP, PrPV 12. 6. 1918 und DG 27/1918, S. 141.
827 Vgl. AVA, SM, Z. 12768/1918 (Abschrift).
828 Vgl. AdSP, PrKlub und GK 6. 5. 1918.
829 Vgl. AVA, SM, Z. 8698 und Z. 15601/1918 (KM, Abt.10 KW, Z. 33364/S/1918).
830 Vgl. AVA, SM, Z. 9387/1918 (MP, Z. 3337/1918).

Achtstundenschicht als Sanktion des Achtstundentages mißzuverstehen. Eine differenziertere Haltung, die den Kalkülen der Gewerkschaft nahekam, nahm lediglich das Sozialministerium ein, das sich aber nicht durchsetzen konnte.[831]

Die gesamte Situation veränderte sich schlagartig, als am 17. Juni 1918, provoziert durch die überraschende Halbierung der Brotquote, in Wien und Niederösterreich ein großer Streik ausbrach, in dem die Arbeiter in erster Linie eine Verkürzung der Arbeitszeit forderten. „Um die Bewegung, die gleicherweise unsere als der berufenen Gewerkschaftsorganisation der Metallarbeiterschaft und der gesamten gewerkschaftlichen Bewegung die Aufmerksamkeit der hohen Regierung auf sich lenkt, in ruhige Bahnen zu lenken," griff der Metallarbeiterverband nun in einer neuen Denkschrift die Bewegung um den Achtstundentag auf. Eine sofortige Arbeitszeitverkürzung sei als „ein gutes Stück Rettung des so wertvollen Besitzes der ganzen Volkswirtschaft, der menschlichen Arbeitskraft" notwendig; das Argument der Unternehmer, der Achtstundentag verhindere die Konkurrenzfähigkeit der österreichischen Industrie, sei durch Beispiele widerlegt und im Krieg überdies ein „schlechter Witz". „Eine Ablehnung dieser so berechtigten Forderung würde in der ohnehin aufs Äußerste erregten Arbeiterschaft die nachteiligsten und bedenklichsten Folgen zeitigen. Die Arbeiterschaft hofft aber, daß die Regierung die von uns vorgebrachten Tatsachen eingehend prüfen und untersuchen werde und daß sie raschest *die achtstündige, tägliche Arbeitszeit oder die 50 stündige Arbeitswoche für die gesamte Industrie anordnen werde.*"[832]

Tatsächlich trat die Gewerkschaftsorganisation für die zweite der genannten Alternativen ein und das mit nicht allzu großem Nachdruck. Am 20. Juni berichtete der Präsident des Reichsverbandes der Industrie, Generaldirektor Dr. Georg Günther, „daß R. R. Abg. *Domes* anläßlich einer internen Aussprache selbst den gegenwärtigen Zeitpunkt zur Einführung des 8 Stundentages nicht für angemessen gehalten habe, aber eine Erklärung der Unternehmerschaft des Inhalts begehre, daß gegen diese Reform keine prinzipiellem Einwendungen erhoben würden." Als Mindestforderung stellte Domes in dieser Besprechung die Einführung der 52 Stundenwoche auf.[833] Auch das Kriegsministerium mußte unter dem Eindruck der neuerlichen Ausstandsbewegung seine starre Haltung revidieren und ließ durch eine paritätische Kommission die notwendigen Daten für die Einführung der Achtstundenschicht erheben.[834]

Am 18., 21. und 22. Juni fanden auf Anregung des Sozialministeriums Konferenzen von Vertretern der Zentralstellen, der Unternehmer- und der Arbeiterorganisationen statt, um eine friedliche Lösung der Schwierigkeiten zu suchen, ehe die Bewegung in einen Generalstreik mündete.[835] Von allem Anfang an waren sich die Unternehmer und

---

831 Vgl. AVA, SM, Z. 8698/1918, Besprechung am 27. 3. 1918. Vgl. auch KA, MfLV, B. K. Z. 515/1918, Protokoll.
832 AVA, SM, Z. 15601/1918, 2. Eingabe des Metallarbeiterverbandes (Hervorhebung im Original).
833 Vgl. AVA, SM, Z. 17660/1918.
834 Vgl. AVA, SM, Z. 15601/1918 (KM, Abt.10 KW, Z. 33364/S und Z. 37258/S/1918).
835 Vgl. AVA, SM, Z. 17660/1918. Vorsitz SMr Dr. V. Mataja, Vertreter des SM, des Gewerbeinspektorats, des EM und KM, Abt.10 KW; Unternehmer: Dr. Brosche, Dr. Günther, Hamburger, Kuffler,

Gewerkschafter darin einig, daß die anzustrebende Regelung nur ein kurzfristiges Provisorium sein sollte, um den Arbeitern das Durchhalten bis zur neuen Ernte zur ermöglichen. „Von Seiten der Gewerkschaften [war] nicht beabsichtigt, aus diesem Notstande Kapital zu schlagen."[836] Zur Existenzsicherung waren vor allem höhere Löhne notwendig, damit sich die Arbeiter im Schwarzhandel versorgen könnten, aber auch Arbeitserleichterungen. Die Forderungen wurden schließlich in einem Memorandum zusammengefaßt und betrafen Ernährung, Löhne, Arbeitserleichterungen sowie Sonderregelungen für die Eisenbahnbediensteten und die Staatsarbeiter.[837]

Die Unternehmer anerkannten prinzipiell die Berechtigung der Wünsche der Arbeiter nach höherem Einkommen, weigerten sich aber diese zu bezahlen. „Die Industrie ist nicht Schuld an unseren derouten Ernährungsverhältnissen. Man kann daher auch von ihr billigerweise nicht verlangen, daß sie die Lasten trägt, die durch Mängel unserer Lebensmittelversorgung erwachsen."[838] Die Unternehmer konnten im Juni 1918, als die Nachfrage durch die Heeresverwaltung bereits spürbar nachgelassen hatte, nicht mehr mit einer Überwälzung der Kosten auf die Preise rechnen. Der Präsident des Reichsverbandes der Industrie, Dr. Georg Günther, machte schließlich den auch auf die Zustimmung der Arbeiterfunktionäre stoßenden Vorschlag, die Lohnzuschläge direkt vom Staat zahlen zu lassen, weil dadurch ein Preisauftrieb noch am ehesten verhindert werden könne. Da auf anderer Basis eine Einigung nicht zu erzielen war, mußte die Zivilverwaltung diese Forderung schließlich akzeptieren. In den Verhandlungen am 22. Juni wurde zunächst beschlossen, daß die staatlichen Zahlungen vier Wochen lang geleistet würden, dann sollte die provisorische Regelung durch ein Abkommen zwischen Unternehmern und Arbeitern abgelöst werden.[839]

Über die Höhe der staatlichen Unterstützung gab es noch Differenzen. Das Sozialministerium, das die Leitung der Angelegenheit übernahm, wählte schließlich den Mittelweg, zahlte also mehr als die Industriellen für angemessen hielten.[840] Die Zuschüsse sollten ab 24. Juni bis 20. Juli geleistet werden, vorausgesetzt der Streik war bis längstens 27. Juni beendet und in den folgenden Wochen wurde voll gearbeitet.[841]

Urban, Dr. Weiss; Gewerkschafter: Böhm, Bombeck, Domes, Fischer, Mrkwička, Pech, Dr. Renner, Tomschik, Weigl, Weiss, Wiedenhofer; am 21. 6. auch die christlichen Gewerkschaftsfunktionäre Krikawa und Spalowsky.
836 Ebd., Beratungen am 18. 6. 1918, Wortmeldung Renners.
837 Vgl. ebd. Unterzeichnete Organisationen: Verband der Holzarbeiter, Fachverein der Sattler, Taschner und Riemer, Verband der Zimmerer, Bund der technischen Beamten, Metallarbeiterverband, Gewerkschaft der Lederarbeiter, Verband der Arbeiterschaft der chemischen Industrie, Verband der Handels- und Transportarbeiter, Verband der Maler, Anstreicher und Lackierer, GK.
838 DI 18/1918, S. 1.
839 Vgl. AVA, SM, Z. 17660/1918, Besprechungen am 18., 20. und 22. 6. 1918.
840 Vgl. ebd., Beratungen am 21. und 22. 6. 1918.
841 Vgl. DI 18/1918, S. 1–2 (Erlaß des SM, Z. 15699/1918). Vgl. AVA, SM, Z. 15794/1918, Aufzeichnungen über das Ergebnis der Besprechungen am 18., 21. und 22. 6. 1918.

pro Woche	Forderungen des Reichsverbands der Industrie		Forderungen der Gewerkschaften		Zulagen des Sozialministeriums	
		Zulagen	Verdienst	Zulagen	Verdienst	Zulagen
Arbeiter			bis 100 K	20 K	bis 100 K	16 K
			über 100 K	15 K	über 100 K	14 K
Arbeiterin			wie oben			10 K
Jugendliche			wie oben			10 K
Familienmitglied		10 K		5 K		6 K

Die Arbeitervertreter hatten in den Beratungen vergeblich gefordert, daß die Staatszuschüsse allen Beschäftigten der Kriegsindustrie zugutekämen, einschließlich der vorwiegend für Heeresbedarf arbeitenden Privatbetriebe. Die provisorische Regelung fand Anwendung vorerst nur für die Metallbranche Niederösterreichs, und zwar erstens für die Kriegsleistungsbetriebe im Geltungsbereich des Wiener Vertrages vom 12. Februar 1918, zweitens für nicht kriegsleistungspflichtige Metallbetriebe, die überwiegend für Heeresbedarf arbeiteten. Darunter fielen auch die militärärarischen Betriebe, auf die mit Erlaß des Kriegsministeriums der Wiener Vertrag modifiziert angewandt worden war.[842] Die Berechtigung von Unternehmen, an der Aktion teilzunehmen, war von einer paritätischen Kommission zu prüfen.[843]

Die Beschränkung auf die Metallindustrie konnte, um die Beruhigung der Arbeiter nicht zu gefährden, nicht lange aufrechterhalten werden. In Kommissionssitzungen am 9. und 10. Juli 1918, an denen Unternehmer- und Arbeitervertreter der betroffenen Branchen teilnahmen, wurde die Aktion mit verringerten Unterstützungssätzen auf bestimmte Betriebe der Holzindustrie, der chemisch-metallurgischen Industrie, der Textilindustrie, der Schuherzeugung, der Lederindustrie, des Sattlergewerbes, der Ton-, Schamotte- und Ziegelindustrie, der Papiererzeugung, des Buchdruckergewerbes und schließlich auf die Bauarbeiter in den militärärarischen Betrieben Arsenal und Wöllersdorf ausgedehnt. Schließlich kamen auch die niederösterreichischen Bergarbeiter in den Genuß der Beihilfen.[844]

Zulagen pro Woche	Metall	Holz	Chemie	Textil	Schuhe	Leder	Sattler	Ton	Papier	Druck	Bau
Arbeiter	14–16 K	14–16 K	9 K	7 K	7,50 K	12 K	10,80 K	7,50 K	9 K	10,80 K	9 K
Arbeiterin/ Jugendlicher	10 K	10 K	6 K	4,70 K	5 K	8,70 K	7,20 K	5 K	6 K	7,20 K	6 K
Familienmitglied	6 K	6 K	3,60 K	2,80 K	3 K	5,20 K	4,40 K	3 K	3,60 K	4,40 K	3,60 K

Mit dem Lohnabkommen war die Aktion beendet. Über die Arbeitszeitforderungen war es zu keiner Einigung gekommen. Die Unternehmer gaben wohl, dem Wunsche der

---

842 Vgl. KA, MfLV, B. K. Z. 1039/1918 (KM, Abt.10 KW, Z. 38249/S/1918).
843 Vgl. AVA, SM, Z. 17660/1918, Besprechung am 22. 6. 1918. Vgl. auch Z. 15794/1918, Aufzeichnung. Kommission: Vorsitz: SM; Vertreter des FM und KM; 3 Unternehmer- und 3 Arbeitervertreter.
844 Vgl. AVA, SM, Z. 15823, Z. 15974 und Z. 16534/1918. Vgl. auch KA, MfLV, B. K. Z. 1122, B. K. Z. 1151 und B. K. Z. 1155/1918 (SM, Z. 17897/1918).

Arbeiterfunktionäre entsprechend, am 21. Juni eine Erklärung ab, daß sie nach einer Übergangszeit von etwa drei Jahren und gleichzeitiger Einführung in Deutschland und Ungarn keinen Widerstand gegen die Achtstundenschicht leisten würden. Eine Verkürzung der Arbeitszeit in der Kriegsindustrie kam hingegen ihrer Meinung nach nicht in Frage. Selbst ein sehr zahmer Kompromißvorschlag der Arbeiterseite, für die kurze Übergangsperiode der Ernährungskrise die 51-Stundenwoche festzusetzen und den Samstagnachmittag freizugeben, hatte keine Aussicht auf Erfolg.[845] Der gesamte Komplex der Arbeitszeit wurde einem „Ausschuß der Kommission zur Regelung des Arbeitsverhältnisses während des Kriegsnotstandes" zur weiteren Behandlung übertragen, der die Aufgabe hatte, das endgültige Abkommen zu erstellen.[846] Dieses paritätische Komitee unter dem Vorsitz des Ministers für soziale Fürsorge setzte sich aus dem Präsidenten des Reichsverbands der Industrie, Dr. Georg Günther, dem Präsidenten der Hauptstelle, Fritz Hamburger, dem Präsidenten des Wiener Industriellenverbandes, Ludwig Urban jun. auf Seite der Unternehmer und aus Dr. Karl Renner, Franz Domes, Obmann des österreichischen Metallarbeiterverbandes, und dem Sekretär der Wiener Organisation, Josef Wiedenhofer, zusammen[847] und stellte ein einflußreiches Gremium in eigenartiger Stellung zwischen Staat und Privatautonomie dar.

Der Arbeitsausschuß konnte seine Aufgabe in den vorgegebenen vier Wochen nicht bewältigen. Die Regierung mußte, um Unruhe zu vermeiden, die Gültigkeit des provisorischen Abkommens zweimal um je eine Woche verlängern.[848] Erst am 12. August wurde von den Unternehmer- und Arbeitervertretern der neue Vertrag unterschrieben. Er stand abermals im Zeichen einer äußerst gefährlichen Situation – hervorgerufen durch die eklatante Brotpreiserhöhung Anfang des Monats – und kann als Ergebnis der letzten Verschärfung der gewerkschaftlichen Politik während des Krieges gelten.

Lohnentwicklung in der Wiener Metallindustrie Sommer 1916 bis Sommer 1918[849]

	Juli 1914 (= 1)		März 1917 (= 5,86) (b)					Juni 1917 (= 6,50) (a)			
	(a)	(b)	(d)	(e)	(f)		(g)	(e)	(g)	(f)	(g)
A)	21,40	24,00	24,00 +11	5,97	25	50	+13	7,69	9,69	36	45
B)	27,82	31,20	31,20 +11	7,20	23	65	+13	10,00	12,00	36	43
C)	18,19	20,40	20,40 +5	4,33	21	35	+10	5,38	6,92	30	38
D)	40,00	45,00	67,20 +4	12,15	27	66 +16	+13	12,62	14,62	32	37

	Februar 1918 (= 7,62) (a)						Juni 1918 (= 10,82) (a)				
	(d)	(g)	(e)	(g)	(f)	(g)	(d)	(g)	(e)	(g)	(f)	(g)
A)	32,10 + 20% + 20	+13	7,68	9,39	36	44	58,52 +16	+36	6,89	10,21	32	48
B)	45,48 + 20% + 20	+13	9,79	11,49	35	41	90,57 +16	+36	9,85	13,18	35	47
C)	29,96 + 20% + 5	+10	5,37	6,69	30	37	40,95 +10	+30	4,71	7,48	26	41
D)	70,00 + 20% + 15	+13	12,99	14,70	32	37	102,80 +14	+36	10,79	14,12	27	35

A) ungelernter Hilfsarbeiter B) gelernter Arbeiter ab dem 3. Gehilfenjahr C) angelernte Arbeiterin D) Istlohn eines Drehers. Quelle: *Winkler, Einkommensverschiebungen*, S. 141 und 145, Fn.19. (a) Lohn in 53½ Stunden, (b) Lohn in 60 Stunden, (d) nominell in K, (e) real in K (Basis = Juli 1914), (f) Reallohn in Prozent vom Juli 1914 (g) unter Berücksichtigung der (maximalen) Familienzulagen.

---

845 Vgl. AVA, SM, Z. 17660/1918, Besprechung am 21. 6. 1918.
846 Vgl. ÖMA 26/1918, S. 119 und DI 18/1918, S. 1.
847 Vgl. AVA, SM, Z. 15794/1918, Einladung zur 1. Sitzung des Arbeitsausschusses am 2. 7. 1918.
848 Vgl. AVA, SM, Z. 18341 und Z. 18577/1918.
849 Die Darstellung der Lohnentwicklung stützt sich (außer unter D) auf die jeweils vereinbarten Stunden-Tariflöhne. Die Istlöhne dürften davon z.T. erheblich abgewichen sein; die Tabelle erfaßt den unteren Bereich der Lohnhierarchie.

6.2.2.1.2. Die Aktivitäten der Angestelltengewerkschaften

Die Entwicklung der wirtschaftlichen Verhältnisse im Krieg bewirkte eine Proletarisierung weiter Kreise der österreichischen Angestelltenschaft. Die Krise bei Kriegsbeginn und der anschließende Strukturwandel der Wirtschaft hatten viele Angestellte dauernd um ihre Stellung gebracht. Die Angst vor einer Verelendung der beschäftigungslosen Angestellten hatte bürgerliche Kreise damals zur Einleitung einer großangelegten Fürsorgeaktion veranlaßt, die während der ganzen Kriegszeit weitergeführt wurde. Ähnliche Motive bewirkten auch die große Vorsicht bei Angriffen auf die sozialrechtliche Sonderstellung der Angestellten.

Wie für die Arbeiterschaft waren die Anforderungen an die geschrumpfte Zahl der in ihren Anstellungen verbliebenen Angestellten der Kriegswirtschaft drastisch angestiegen. Viele männliche Angestellte standen unter Kriegsleistungsgesetz, arbeiteten als Enthobene oder als Landsturmmänner. Die Unternehmer strebten bald die Beseitigung oder den Abbau des gesetzlichen Urlaubsanspruches der Angestellten in der Kriegsindustrie an.[850] Auf eine diesbezügliche Anfrage des Bundes österreichischer Industrieller im Jahre 1915, antwortete das Landesverteidigungsministerium aber sehr zurückhaltend und beharrte auf der Geltung des Handlungsgehilfengesetzes. „Es ist selbstverständlich, daß mit Rücksicht auf die Kriegsverhältnisse nur die gesetzlich eingeräumten *Mindest*urlaube erteilt werden dürfen und es werden die militärischen Leiter angewiesen, weitergehenden Urlaubsansprüchen nicht zuzustimmen."[851] In vielen Fällen wurden Übereinkommen zwischen den Unternehmern und den Angestellten „je nach den Bedürfnissen des Betriebes" getroffen, d. h. der Urlaubsanspruch eingeschränkt oder in Geld abgegolten.[852] Die Angestelltengewerkschaften selbst standen einer solchen Regelung nicht ablehnend gegenüber und befürworteten eine Zeit lang sogar eine Novellierung des Handlungsgehilfengesetzes, die die Abgeltbarkeit des Urlaubs, die bisher rechtsunwirksam war, legalisieren sollte. Erst die Verschlechterung der Lebens- und Gesundheitsverhältnisse der Angestellten veranlaßte die Organisationen zur Durchsetzung der bestehenden gesetzlichen Ansprüche.[853]

Ein bedeutendes Vorrecht der Angestellten gegenüber den Arbeitern war der gesetzlich verankerte Kündigungsschutz. Diese Regelung war aber im Krieg wertlos geworden. Die Eingerückten wurden von den Unternehmern gekündigt, und es war zu befürchten, daß diese bei Kriegsende ihre Posten nicht wiedererhalten würden. Ab Herbst 1915 richteten die Angestelltenorganisationen Appelle an die Handelskammern, Unternehmerverbände und an die Behörden, diesem Zustand anzuhelfen,[854] und die Zentralstellen zeigten sich sehr interessiert an der „Erhaltung der Angestellten".[855] Das Justizministerium veranstaltete bereits Ende Jänner 1916 eine Enquete, deren Ergebnis die bereits ein Monat später kundgemachte Kaiserliche Verordnung „über die Aufrechterhaltung von

---

850 Vgl. Georg *Bächer*, 25 Jahre Gewerkschaftsarbeit im Versicherungsberufe (Wien 1926) 114.
851 Vgl. KA, MfLV, Abt. XVII, Z. 15111/1915 (Hervorhebung im Original).
852 Vgl. AVA, HM, Z. 11077/1916.
853 Vgl. *Bächer*, 25 Jahre, S. 115–116. Die Wiener Angestellten-Krankenkasse verzeichnete im 1. Halbjahr 1916 doppelt so viele Krankenstände wie im 1. Halbjahr 1915.
854 Vgl. ÖAZ 1916/3, S. 3. Vgl. auch AVA, HM, Z. 285 KP/1916, Eingabe des Bundes der technischen Privatbeamten an das MdI.
855 Vgl. AVA, HM, Z. 285 KP/1916 (MdI, Z. 53180/1915).

Dienstverhältnissen, die dem Handlungsgehilfengesetz unterliegen, während des Krieges" war.[856] Den Angestellten wurde, soweit der Betrieb noch existierte, der Arbeitsplatz reserviert, sofern sie dann ihre Stellung innerhalb von 14 Tagen nach ihrer Abrüstung antraten. Im Mai 1916 wurde dieser Kündigungsschutz noch weiter ausgebaut, nachdem sich herausgestellt hatte, daß die Arbeitgeber den Bestimmungen der Kaiserlichen Verordnung durch Beendigung des Vertragsverhältnisses vor Musterungsbeginn zu entgehen versuchten. Eine Kündigung wurde rückwirkend ab 1. April 1916 für unwirksam erklärt, „wenn sie in der Zeit zwischen dem Bekanntwerden einer bevorstehenden Musterung und dem Tag erklärt wird, an dem der Dienstnehmer gemustert wird, es sei denn, daß sie offenbar nicht im Hinblick auf die bevorstehende Musterung erklärt worden ist."[857]

Die Rettung dieser rechtlichen Privilegien über die Kriegszeit hinweg stand in krassem Widerspruch zur materiellen Lage der Angestellten. Die Anpassung an die steigenden Preise funktionierte bei den Gehältern schlechter als bei den Arbeiterlöhnen: Erstens standen wichtigen Angestelltengruppen die mächtigsten Unternehmer, die Banken und die Versicherungen gegenüber.[858] Zweitens verlieh das System der fixen Besoldung den Unternehmern ein größeres Beharrungsvermögen gegenüber Forderungen, und es machte außerdem eine Verschärfung der Ausbeutung ohne Abgeltung leicht möglich. Die Bezahlung von Überstunden für Angestellte war noch 1918 ein Problem.[859] Drittens, schließlich, resultierte aus dem gehobenen Status, der sich in einem nur geringen gewerkschaftlichen Organisationsgrad und im Kriege nicht anwendbaren Agitationsmethoden niederschlug, eine besondere Schwächung und Hilflosigkeit der Angestelltenschaft.[860] Die Teuerung und die geringen Durchsetzungschancen gegenüber den Unternehmern führten zu eklatanten Einkommensverlusten, die zum Teil größer waren als bei den Arbeitern. Jedenfalls sanken die Realgehälter sehr rasch auf das Niveau der Vorkriegslöhne, der Lebensstandard der Angestellten wurde stark gedrückt.[861]

	Bankbeamte mit 20 Dienstjahren Realgehälter 1916	Reallohn eines Drehers Juli 1914 (Wochenlohn x 52)
Creditanstalt	2613–2798 K	
Bankverein	2009–2321 K	2080 K
Merkur-Bank	1824–1919 K	

Die Einkommensentwicklung erreichte auch bei den Angestellten bald den Punkt, wo die Gehaltsbildung dem Grundsatz der Lebenssicherung folgen mußte. Schon ab 1915 gab es, zumindest in den unteren Verdienstgruppen, eine Staffelung nach Familienstand.[862] 1917, als die Unruhe in der Arbeiterschaft sowohl die Kriegsverwaltung als auch

---

856 Vgl. ÖAZ 1916/3, S. 3 und KaisVO vom 29. 2. 1916, RGBl. Nr. 58.
857 Vgl. VO des JMr vom 16. 5. 1916, RGBl. Nr. 141, (§ 1).
858 Vgl. z. B. *Bächer*, 25 Jahre, S. 107.
859 Vgl. *Lakenbacher*, Angestelltengewerkschaften, S. 90–91.
860 Vgl. ebd., S. 87.
861 Vgl. *Winkler*, Einkommensverschiebungen, S. 141, 163–164, auch 155–156.
862 Vgl. ebd., S. 150–151.

die Unternehmer der Rüstungsindustrie zu größeren Zugeständnissen zwang, war dann der Punkt erreicht, wo ein beträchtlicher Teil der Angestellten weniger verdiente als die Arbeiter. Während etwa nach dem Maistreik 1917 ein Professionist in der Wiener Metallindustrie Anspruch auf einen Mindestlohn von ca. 282 K, Hilfsarbeiter von ca. 217 K monatlich hatten, verdiente zur gleichen Zeit ein Fünftel der männlichen gremialangehörigen Handlungsgehilfen weniger als 160 K.[863] Ähnlich waren die Verdienste in der Industrie, wo es noch im Frühjahr 1918 Monatseinkommen unter 200 K gab oder der Durchschnittsverdienst eines hochqualifizierten Technikers bei 375 K lag.[864]

Unter solchen Umständen konnte eine Politisierung der Angestellten nicht ausbleiben. Das gemeinsame Interesse an der Existenzsicherung führte zur Übernahme der Aktions- und Kampfformen der Arbeiterschaft. Die freien Angestelltenorganisationen verzeichneten bedeutende Mitgliederzunahmen und waren bei Kriegsende stärker als vor Kriegsbeginn. Den besonderen Bedingungen entsprechend vollzog sich der Wiederaufschwung in einem anderen Rhythmus als bei den Arbeiterorganisationen. Die zahlreichen Frauen, die während des Krieges Angestelltenposten übernahmen und sehr schlecht verdienten,[865] standen der gewerkschaftlichen Organisierung aufgeschlossener gegenüber als die neu in die Industrie gekommenen Arbeiterinnen. 1918 setzte sich auch in den Reihen der männlichen Angestelltenschaft der Organisationsgedanke durch. Während die neuen, von vornherein auf das Einkommensniveau der Arbeiterschaft gedrückten Angestelltenschichten sehr schnell Konsequenzen aus ihrer Situation zogen, verzögerte sich dieser Prozeß bei den bessergestellten Gruppen.

Entwicklung der Zahl der freigewerkschaftlich organisierten (1913 = 100)[866]

	1914	1915	1916	1917	1918
weiblichen Angestellten	94	104	160	314	658
Arbeiterinnen	69	58	61	177	226
männlichen Angestellten	60	28	27	31	68
Arbeiter	56	41	38	64	83
Angestellten insgesamt	63	35	40	57	123
Arbeiter insgesamt	58	43	40	75	99

Entwicklung der Zahl der aktiven Versicherten bei der Allgemeinen Pensionsanstalt für Angestellte (1913 = 100)[867]

	1914	1915	1916	1917
weibliche Angestellte	100	118	148	175
männliche Angestellte	86	74	68	67
Angestellte insgesamt	88	81	82	86

---

863 Vgl. AVA, SM, Z. 7097/1918, Enquete des sozialpolitischen Ausschusses des Abgeordnetenhauses, 3. und 4. 12. 1917, Beilage 9.
864 Vgl. *Lakenbacher,* Angestelltengewerkschaften, S. 91.
865 Vgl. z. B. *Bächer,* 25 Jahre, S. 118–119.
866 Vgl. DG 25/1914, S. 248–249; DG 28/1915, S. 168–169; DG 29/1916, S. 162–163; DG 34/1917, S. 184–185; DG 30/1918, S. 162–163 und DG 31/1919, S. 172–173.
867 Vgl. Bericht der Allgemeinen Pensionsanstalt für Angestellte für die IX. Gebarungsperiode, S. 20.

Die Organisationen der Angestellten selbst gerieten wie die der Arbeiter unter den Druck der Basis. So beteiligten sich die Industrieangestellten ab 1917 an den „wilden Streiks der Arbeiter",[868] die Handlungsgehilfen in Wien setzten erstmals am 1. Mai 1917 eine allgemeine Geschäftssperre durch.[869] Die Angestelltengewerkschaften schlossen sich unter diesen Voraussetzungen enger an die Arbeiterorganisationen an und übernahmen einen „radikalgewerkschaftlichen" Standpunkt.[870] In diesem Zusammenhang ist die Bildung der „Ständigen Delegation der freigewerkschaftlichen Angestelltenorganisationen" am 24. Mai 1917 zu sehen, der nicht nur die fünf der sozialdemokratischen Gewerkschaftskommission angeschlossenen Verbände angehörten, sondern auch die Organisationen der technischen und der kaufmännisch-industriellen Beamten sowie an führender Stelle der Reichsverein der Bank- und Sparkassenbeamten.[871] Bereits am 19. Mai erhielt das Handelsministerium eine Denkschrift der Ständigen Delegation zur Lohnfrage der Privatangestellten, in der in Anknüpfung an die Beschwerdekommissionen die Einführung von Mindestlöhnen und von Einigungs- und Lohnkommissionen zur gesetzlichen Festsetzung von Kollektivverträgen verlangt wurde. Die Kriegssituation beweise, wie notwendig es sei, nicht, wie bisher, bloß den Profit abzusichern sondern auch die Lohnrechte zu schützen.[872] Zur gleichen Zeit richtete die Delegation einen Forderungskatalog an das wiedereröffnete Parlament, der im wesentlichen eine Verschärfung der Notverordnung vom 29. Februar 1916 über die Aufrechterhaltung des Dienstverhältnisses während des Krieges zum Inhalt hatte.[873]

Einige Angestelltenorganisationen strebten eine kollektive Regelung der Gehälter auf privatrechtlicher Basis an. Die ersten Schritte in dieser Richtung machten die Wiener Handlungsgehilfen, die nach § 114 b der Gewerbeordnung die Möglichkeit besaßen, einen auch öffentlich-rechtlich verankerten Kollektivvertrag abzuschließen. Das Gremium der Wiener Kaufmannschaft als die zuständige gesetzliche Unternehmerkorporation stand den Wünschen der Gehilfen durchaus positiv gegenüber, sodaß es schließlich tatsächlich zu einem Abschluß kam.[874] Das Gremium wollte den Genossenschaften in den anderen Gebieten der Monarchie eine ähnliche Vorgangsweise empfehlen.[875] Darüber hinaus wurde im Wirtschaftsausschuß der Kaufmannschaft, der nach dem Modell der Kriegsverbände gebildeten kriegswirtschaftlichen Organisation des Handels, über die Errichtung eines Reichsvertrages verhandelt.[876]

---

868 Vgl. *Lakenbacher,* Angestelltengewerkschaften, S. 91.
869 Vgl. *Bermann,* Angestelltenbewegung, S. 141. Vgl. auch ÖAZ 1917/4/5 (Sonderausgabe), S. 1.
870 Vgl. Sozialpolitische Chronik: Die Angestelltenbewegung und -Sozialpolitik in Österreich. In: Archiv für Sozialwissenschaft und Sozialpolitik 44 (1917/1918) 899.
871 Vgl. *Bermann,* Angestelltenbewegung, S. 141 und Sozialpolitische Chronik: Angestelltenbewegung, S. 900. Vorsitzender der „Ständigen Delegation" war Heinrich Allina (Bankbeamte), Geschäftsführer Ernst Lakenbacher (Versicherungsangestellte). Die „Ständige Delegation" setzte sich aus je 2 Vertretern der assoziierten Verbände zusammen. Vgl. *Lakenbacher,* Angestelltengewerkschaften, S. 65 und 93.
872 Vgl. AVA, HM, Z. 8297/1917. Vgl. auch ÖAZ 1917/6/7, S. 2–3.
873 Vgl. *Bermann,* Angestelltenbewegung, S. 141 und *Lakenbacher,* Angestelltengewerkschaften, S. 93.
874 Vgl. ÖAZ 1917/3, S. 1; ÖAZ 1917/10, S. 1; ÖAZ 1917/11/12, S. 2; ÖAZ 1918/6/7, S. 1 und ÖAZ 1918/9, S. 9.
875 Vgl. AVA, SdKlub Karton 4, Mappe 21: Bericht über die Enquete 3. und 4. 12. 1917.
876 Vgl. ÖAZ 1917/8/9, S. 5 und ÖAZ 1917/11/12, S. 2.

Besondere Veranlassung, eine generelle Revision der Gehälter zu fordern, hatten die Industrieangestellten. Viele waren kriegsleistungspflichtig, ihre Position gegenüber den Unternehmern war also noch durch gesetzliche Maßnahmen verschlechtert. Appelle an die Arbeitgeber um der Teuerung entsprechende Gehälter blieben unter diesen Umständen folgenlos.[877] Die Bünde der technischen und der kaufmännisch-industriellen Beamten riefen deshalb die Beschwerdekommissionen[878] um eine autoritative Gehaltsfestsetzung an. Sie beschränkten sich dabei nicht auf die Vertretung konkreter Anträge gegen bestimmte Firmen, sondern versuchten von Anfang an im Wege über die Direktion der Beschwerdekommissionen einen Rahmenvertrag zu erreichen, der als Muster für Einzelentscheidungen dienen sollte. Im Mittelpunkt des ersten Vorschlags im Oktober 1917 stand eine am Wiener Vertrag der Metallarbeiter vom 29. Mai 1917 orientierte Neuordnung der Gehälter. Neben höheren Ist-Bezügen wurden auch Mindestgehälter verlangt, die mit Hinweisen auf die Minimallöhne der Metallarbeiter gerechtfertigt wurden. Außerdem wurden Familienzulagen und die Überstundenbezahlung wie bei den Arbeitern gefordert. Schließlich enthielt der Entwurf eine Klausel bezüglich der Arbeitszeit, die auf die vor dem Krieg üblichen 44 Stunden pro Woche reduziert werden sollte, da die Unterernährung geistige Arbeit nicht länger zulasse.

Gehaltsforderungen der Industrieangestellten vom Oktober 1917[879]

	Mindestbezug/ Monat	Referenzgröße im Wiener Vertrag
höchstqualifizierte Angestellte (z.B. Ingenieur, Bürovorstand)	600 K	–
selbständig tätige, leitende Angestellte (z.B. Werkmeister, Buchhalter)	500 K	50% über Durchschnittslohn eines Professionisten, ca. 75 K/Woche
ausgebildete Fachkräfte mit Praxis (z.B. Vizemeister, Lagerhalter)	400 K	50% über Mindestlohn eines angelernten Maschinenarbeiters
ausgebildete Hilfskräfte (z.B. Zeichner, Buchhaltungshilfskraft)	300 K	50% über Mindestlohn eines ungelernten Hilfsarbeiters
Hilfskräfte (z.B. Kopist, Schreiber)	250 K	25% über Mindestlohn eines ungelernten Hilfsarbeiters

Familienzulagen/Monat

Gesamtgehalt	Zulage für Erwachsenen	Zulage für 1. Kind	Zulage für jedes weitere Kind
bis 300 K	100 K	50 K	25 K
300–500 K	50 K	25 K	15 K
über 500 K	25 K	-	15 K

---

877 Vgl. z.B. ÖAZ 1915/11/12, S. 1 und *Lakenbacher*, Angestelltengewerkschaften, S. 89–90.
878 Vereinzelt wurden auch Angelegenheiten leitender Angestellter verhandelt; z.B. BK Wien II im Herbst 1917: Rechtmäßigkeit der Entlassung des kommerziellen Direktors der Centra A.G. Vgl. KA, MfLV, B.K. Z. 1275/1917.
879 Vgl. KA, MfLV, B.K. Z. 1069/1917.

Die Direktion der Beschwerdekommissionen wies das Ansinnen der beiden Angestelltenbünde zurück. Sie wollte nur konkrete Einzelbeschwerden behandelt wissen und wandte sich vehement gegen Mindestverdienste. Auch alle anderen Vorstöße auf diesem Gebiet blieben erfolglos. Im Sommer 1918 etwa ersuchte der Zentralverein der kaufmännischen Angestellten das Sozialministerium um Vermittlung in der Angelegenheit der Einführung eines Kollektivvertrages der Fabriksangestellten. Die daraufhin eingeholte Stellungnahme der Industriellen war aber völlig negativ, sodaß keine weiteren Schritte unternommen wurden.[880] Weitere Eingaben des Bundes der Industrieangestellten an die Direktion der Beschwerdekommissionen hatten das gleiche Ergebnis wie die erste bzw. konnten vor Kriegsende nicht mehr abschließend behandelt werden.[881] Trotz dieser negativen Reaktionen setzte sich aber auch im Falle der Angestellten eine gewisse Vereinheitlichung der Lohnverhältnisse mittels der Beschwerdekommissionen von selbst durch. Im Rahmen des wieder vergeblichen Versuches des eben gegründeten Bundes der Industrieangestellten, eine allgemeine Gehaltsrunde durchzuführen, wurde im Frühjahr 1918 in einem speziellen Fall ein richtungsweisendes Urteil gefällt, das Teuerungszulagen und zusätzlich Familienbeihilfe einführte.[882] Knapp vor Kriegsende wurden nach diesem Muster durch die Beschwerdekommission Wien I die Gehälter aller Angestellten der Kriegsleistungsbetriebe generell neu festgesetzt.[883]

Der Trend der Angestelltenorganisationen zur Sozialdemokratie und zur Allianz mit der Arbeiterschaft erregte bald die Besorgnis der Unternehmerschaft[884] und der bürgerlichen Parteien.[885] Klub, Bund, Zentralverband und die Hauptstelle österreichischer Arbeitgeber-Organisationen forderten Ende 1917 ihre Mitglieder auf, berechtigte Wünsche der Angestellten zu erfüllen, um der Forderung nach gesetzlichen Maßnahmen entgegenzuwirken.[886] Außerdem sollte nach Ansicht der Industriellen staatliche Fürsorge die Proletarisierung der Angestellten verhindern.[887]

Im sozialpolitischen Ausschuß des Abgeordnetenhauses wurde auf Antrag des deutschnationalen Abgeordneten Knirsch ein Unterausschuß gebildet, der am 3. und 4. Dezember 1917 eine Enquete zur Lage der Angestellten mit deren Organisationen, mit Vertretern der Unternehmerschaft aus Handel und Industrie, sowie mit Versicherungsexperten veranstaltete.[888] Außerdem wurden Angestellte, denen von den Unternehmern die

---

880 Vgl. AVA, SM, Z. 18010 und Z. 19800/1918.
881 Vgl. KA, MfLV, B. K. Z. 1598 und B. K. Z. 1691/1918.
882 Vgl. *Lakenbacher*, Angestelltengewerkschaften, S. 91.
883 Vgl. DI 28/1918, S. 2–3.
884 Vgl. ÖAZ 1917/11/12, S. 4.
885 Vor allem der Deutsche Nationalverband forcierte das Thema im Parlament. Vgl. z. B. StPrAH XXII, 4. Bd. und WZ 19. 10. 1917, S. 7.
886 Vgl. DI 2/1918, S. 2.
887 Vgl. DI 1/1918, S. 1. In der Zentralverwaltung wurde daraufhin die Errichtung einer „Fürsorgeanstalt für Angestellte" erwogen. Vgl. AVA, HM, Z. 10435/1917 (MdI, Dep. 5, Z. 2809/1917).
888 Vgl. Wiener Abendpost 17. 10. 1917, S. 5. Vorsitz im zwölfgliedrigen Unterausschuß: Dr. Stephan von Licht (Deutscher Nationalverband); Stellvertreter: Ferdinand Hanusch (DSAPÖ). Die Enquete war ursprünglich für den 19. 11. 1917 geplant, wurde dann auf den 3. 12. 1917 verschoben. Vgl. WZ 17. 11. 1917, S. 6.

Zugehörigkeit zu einer Berufsvereinigung verboten wurde, eingeladen.[889] Die Veranstaltung zeigte mit aller Deutlichkeit auf, wie ungünstig sich die Lebenssituation der Angestellten im Krieg entwickelt hatte. Ein Teil der Arbeitgeber, nämlich die Kaufleute, zeigte auch Verständnis für die Wünsche der Angestellten nach einer umfassenden Neuregelung der Gehälter. Die Industriellen hingegen lehnten alle Vorschläge ab, gesetzliche Maßnahmen zum Schutz der Lohnrechte der Angestellten zu ergreifen. Sie konnten ihren Standpunkt allerdings nicht durchsetzen; die drohende Verelendung der Angestellten machte staatliche Eingriffe unumgänglich.[890]

Direkte Folge der Enquete im sozialpolitischen Ausschuß des Abgeordnetenhauses war ein Initiativantrag der deutschen sozialdemokratischen Fraktion auf Abänderung und Ergänzung des Handlungsgehilfengesetzes vom 30. Jänner 1918, womit das Kollektivvertragswesen in diesem Bereich gesetzlich verankert werden sollte.[891] Die Regierung griff diese Anregung auf und wollte sie zunächst gemeinsam mit den erstmals bei Parlamentseröffnung im Mai 1917 vorgelegten und jetzt wiederholten Wünschen der Delegation[892] nach einer Novellierung der Kriegsverordnung zum Handlungsgehilfengesetz behandeln. Bei den ersten Beratungen am 10. Mai 1918 im Justizministerium kristallisierte sich jedoch eine allgemein ablehnende Haltung der Regierungsstellen gegen eine weitere Revision des Handlungsgehilfengesetzes heraus, womit die Anträge auf eine Verschärfung des Kündigungsschutzes während des Krieges und der Demobilisierung zu Fall gebracht wurden.[893]

Hingegen maßen die Ministerien dem im Parlament eingebrachten Antrag, das Kollektivvertragswesen gesetzlich zu fördern und durch Einigungsämter abzusichern, allgemeine, über den Anlaßfall hinausgehende Bedeutung zu. In der Folge wurde im Sozialministerium von Dr. Karl Přibram ein neuer, vom Handlungsgehilfengesetz unabhängiger Entwurf ausgearbeitet. Er sah die Errichtung von paritätisch besetzten Tarifkommissionen vor, die auf privatrechtlicher Basis zustandegekommene Kollektivverträge registrieren, publizieren und als Einigungsamt fungieren sollten. Gegebenenfalls konnte ein Vertrag durch die Tarifkommission zur Satzung erhoben werden, der sich Außenseiter nur durch Abschluß eines Sondervertrages entziehen konnten. Der Status der Kollektivverträge selbst wurde keiner Neuregelung unterzogen; durch die genannten Möglichkeiten sollte sich vielmehr allmählich ein Gewohnheitsrecht auf diesem Gebiet entwickeln. Der Entwurf spiegelte deutlich die Überzeugung seines Verfassers, sozialpolitische Weiterentwicklung sei am ehesten von korporativer Organisierung der Wirtschaft zu erwarten.[894]

---

889 Z.B. mußten die Angestellten bei Skoda im März 1915 eine ehrenwörtliche Erklärung abgeben, keiner Organisation anzugehören. Vgl. *Lakenbacher,* Angestelltengewerkschaften, S. 89.
890 Vgl. WZ 8. 12. 1917, S. 6–7.
891 Vgl. StPrAH XXII, 3. Bd. und 942 der Beilagen zu den StPrAH XXII, 5. Bd.
892 Vgl. AVA, SM, Z. 8689 und Z. 9213/1918.
893 Vgl. AVA, SM, Z. 7097/1918 (JM, Z. 5465/1918). An der Beratung nahmen Vertreter des JM, des HM, des MfLV, des SM und der Vorsitzende der parlamentarischen Enquete, Licht, teil. Licht beharrte auf der Verankerung der Lohnregelung im Handlungsgehilfengesetz und drohte mit einer parlamentarischen Aktion gegen die Regierung.
894 Vgl. ebd., Erläuternde Bemerkungen zum ersten Entwurf vom 26. 4. 1918 und Přibrams Exposé zur zukünftigen Sozialpolitik: HM, Z. 7097/1917.

Die meisten Ressorts brachten nur geringfügige Einwände gegen den Entwurf vor. Nur das Handelsministerium war strikt gegen eine Realisierung des sozialdemokratischen Antrags, insbesondere gegen die Kompetenz der Tarifkommissionen, Mindestlöhne zu verordnen, und setzte die Streichung dieser Kompetenzen durch.[895] Der Entwurf wurde Ende August 1918 an die interessierten Organisationen versandt.[896] Die Angestelltenorganisationen schätzten ihn, weil er das Recht zur Statuierung von Mindestlöhnen nicht enthielt, als „völlig unzulänglich" ein.[897]

Die Bemühungen um die Errichtung von Einigungsämtern zur Beilegung von Streitigkeiten aus bestehenden Verträgen nahmen dann durch das Kriegsende eine unvorhergesehene Wendung. Die soziale Lage zwang die Regierung zu raschem Handeln: Institutionen zur Konfliktschlichtung mußten ihre Tätigkeit sofort und zuständig für alle Arbeiter und Angestellten aufnehmen. Es lag nahe, zu diesem Zweck die funktionstüchtigen Beschwerdekommissionen heranzuziehen. Auch in den Eingaben der Angestelltenorganisationen war auf die Möglichkeit einer Fortführung jener Einrichtung im Frieden verwiesen worden, während der Regierungsentwurf eine solche Kontinuität bewußt umgangen hatte.[898]

Mit Vollzugsanweisung des Deutschösterreichischen Staatsrates vom 4. November 1918 wurden dem Antrag der paritätischen Industriekommission entsprechend[899] den Beschwerdekommissionen die Aufgaben von Einigungsämtern übertragen.[900] Das im Dezember 1919 beschlossene Gesetz über Einigungsämter und Kollektivverträge[901] schloß dann wieder an die Entwürfe während des Krieges an, erstreckte sich aber auf alle Lohnabhängigen in der Privatwirtschaft.

6.2.2.2. Die Gewerkschaften und die drohende Versorgungskatastrophe

Die Erschöpfungserscheinungen der Kriegswirtschaft fanden wenig Widerhall in der Gewerkschaftspresse. Die sporadisch in der „Gewerkschaft" erscheinenden Beiträge zur „Kriegswirtschaft" beschäftigten sich weiterhin fast ausschließlich mit den enormen Gewinnen der Banken und der Industrie.[902] Die Bewirtschaftungsmaßnahmen, die auf die wachsenden Schwierigkeiten hinwiesen und die Lebensumstände der Zivilbevölkerung stark beeinträchtigten, blieben meist unerwähnt. Eine Ausnahme bildete die Be-

---

895 Vgl. AVA, SM, Z. 7097 und Z. 17544/1918.
896 Vgl. AVA, SM, Z. 21038/1918.
897 Vgl. ÖAZ 1918/10, S. 4–6.
898 Vgl. AVA, SM, Z. 7097/1918, Entwurf eines Gesetzes über die Einigungsämter (undatiert; handschriftlich).
899 Vgl. DI 30/1918, S. 2–3. Vgl. auch StPr der 2. Sitzung der Provisorischen Nationalversammlung am 30. 10. 1918, 1. Bd., S. 49–53.
900 Vgl. Vollzugsanweisung des Deutschösterreichischen Staatsrates vom 4. 11. 1918, ohne Nummer (nicht im Staatsgesetzblatt kundgemacht, wohl aber in der WZ 5. 11. 1918, S. 5–6.) Den Verhältnissen entsprechend veränderte sich die Zusammensetzung: der militärische Vorsitzende schied aus und wurde durch das richterliche Mitglied ersetzt. Die Einigungsämter bestanden somit aus vier Personen.
901 Vgl. Gesetz vom 18. 12. 1919, StGBl. Nr. 16 ex 1920.
902 Vgl. DG 15/1917, S. 89–90; DG 29/1917, S. 153–155; DG 40/1917, S. 235–236 und DG 7/1918, S. 26–27.

schäftigung mit dem Gütermangel als Ursache von Arbeitslosigkeit, der auch die Gewerkschaften selbst in Mitleidenschaft zog.

Ein solcher Anlaß war – wie schon 1915/1916 in der Textilbranche – die Arbeitslosigkeit, die infolge der Kohlennot ab November 1917 auftrat. Die Gewerkschaftsführung, die Engpässe in der Versorgung mit industriellen Rohstoffen stets auf die Außenhandelsbeschränkungen zurückführte,[903] wurde von der Krise, da Österreich bei Kohle als weitgehend autark galt, offensichtlich überrascht. Sie machte interessanterweise in erster Linie Transportprobleme für die auftretenden Schwierigkeiten verantwortlich,[904] während etwa zur gleichen Zeit vom Arbeitsminister und von führenden Unternehmern öffentlich zugegeben wurde, daß die Unterernährung der Bergleute die Hauptursache des Produktionsrückganges war.[905]

Die Gewerkschaftskommission hielt den Kohlenmangel für eine kurzfristige Ausnahmeerscheinung, und auch die Hilfsaktion für die freigesetzten Arbeiter galt, im Gegensatz zu der sehr ähnlichen Einrichtung in der Textilindustrie, nicht als „regelrechte Unterstützungseinrichtung ..., die übrigens auch angesichts der eigenartigen Ursache hiezu nur schwer angängig wäre." Konsequent wurde die Bezeichnung „Arbeitslosenunterstützung" vermieden: „Während in der Textilindustrie eine Arbeitslosenunterstützung gewährt wird, die gleich ähnlichen Einrichtungen unabhängig von der Höhe des Lohnes lediglich das „Durchhalten" der erwerbslosen Zeit ermöglichen soll, ist die diesmalige Aktion als Ersatz für den ausfallenden Lohn gedacht. In der Textilindustrie sonach eine Arbeitslosenunterstützung mit feststehenden Sätzen: diesmal eine nach der Höhe des Lohnes schwankende Entschädigung."[906]

Trotz der ins Auge springenden Ähnlichkeit sowohl der Situationen, die einerseits durch den Baumwollmangel, andererseits durch die Schwierigkeiten in der Energieversorgung entstanden waren, als auch der Gegenmaßnahmen, die auf eine Subventionierung bedrohter Wirtschaftszweige hinausliefen, waren die Reaktionen der Arbeiterorganisationen in den zwei Fällen also sehr verschieden. Die staatliche Unterstützung der beschäftigungslosen Textilarbeiter wurde von Anfang an und später im bewußten Kontrast zur Notstandsaktion während des Kohlenmangels als Präjudiz für eine staatliche Arbeitslosenunterstützung gewertet. Die Hilfsaktion galt lange Zeit als nur wenig bedeutendes Provisorium.[907] Erst als sich herausstellte, daß der Kohlenmangel keine vorübergehende Krise darstellte, sondern Zeichen des allgemeinen Niedergangs war, erfuhr diese Haltung eine Änderung, obgleich auch weiterhin der „Arbeitslosenfürsorge in der Kriegsindustrie" nicht der Vorbildcharakter wie jener in der Textilindustrie zugesprochen wurde.[908]

Die unterschiedliche Haltung der Gewerkschaftsführung zu den zwei gleichartigen Problemen kann allein durch den angebotenen Grund verschiedener Krisenursachen nicht

---

903 Vgl. z. B. DG 15/1917, S. 89.
904 Vgl. DG 52/1917, S. 287.
905 Vgl. Protokoll des Industriellentages 1917, S. 58–69. Der GK war dies bekannt. Vgl. DG 1/1918, S. 2.
906 DG 52/1917, S. 287–288.
907 Vgl. ebd., S. 288 und DG 9/1918, S. 39.
908 Vgl. DG 21/1918, S. 118.

geklärt werden. Es scheint vielmehr, daß die durch die sozialen Verhältnisse in der Kriegsindustrie erzwungene Form der Arbeitslosenunterstützung, die die dort gezahlten, relativ hohen Löhne berücksichtigte, das Haupthindernis bildete, die Aktion propagandistisch aufzugreifen. Es mußte außerordentlich gefährlich erscheinen, diese unter normalen Umständen nicht durchsetzbare Art der Arbeitslosenfürsorge als anzustrebendes Ziel vorzugeben.

Die Gewerkschaften versuchten jedoch, möglichst vielen der von der Verknappung der Rohstoffe betroffenen Arbeiter die Teilnahme an der Hilfsaktion zu ermöglichen. Auf ihre Anregung hin wurde diese modifiziert auf die nicht unter Kriegsleistungsgesetz stehende Privatindustrie ausgedehnt.[909] „Die Gewerkschaft" stellte schließlich auch eine direkte Verbindung zur Arbeitslosenfürsorge in der Textilindustrie her, die anfänglich als etwas gänzlich Verschiedenes aufgefaßt worden war.[910] Die Bezeichnung „Arbeitslosenfürsorge" tauchte allerdings erst auf, als die Unterstützungssätze im Frühsommer drastisch gekürzt wurden. Damit wurde, wenn auch weiterhin mit der Lohnhöhe variierend, bei der Teuerung dieser Periode de facto nur mehr das Existenzminimum gezahlt. Die Gewerkschaftsführung bedauerte diese Maßnahme, hatte ihr in den Verhandlungen aber zugestimmt.[911]

Die Arbeitsmarktsituation nach dem Kriegsende erforderte es, die Arbeitslosenunterstützung für die von der Kohlennot betroffenen Unternehmen in der besonderen Form neben der allgemeinen Arbeitslosenfürsorge weiterzuführen.[912] In der Industriekommission wurden Richtlinien ausgehandelt, wonach Unternehmen, die ihre wegen der Energiekrise unter- oder unbeschäftigten Arbeiter nicht entließen, diese mit zwei Dritteln des entgangenen Verdienstes bis zur Obergrenze von 15 K pro Tag zu entschädigen hatten und einen Teil der Kosten vom Staat rückvergütet bekamen. Die Gewerkschaftskommission wertete diese Regelung nun durchaus als ergänzenden Teil der neueingeführten Arbeitslosenunterstützung.[913]

Die Ernährungsfrage hatte sich schon 1916 zu einem zentralen Punkt der Gewerkschaftspolitik entwickelt. Die Approvisionierungsverhältnisse hatten zu dieser Zeit eine Form angenommen, die die Produktion schwer beeinträchtigte, und damit in den Bereich gewerkschaftlicher Aktivität rückten. Ab Herbst 1916 waren gewerkschaftliche Funktionäre auf dem Gebiet der Approvisionierung tätig. Von den Betriebsvertrauensmännern, denen von der Heeresverwaltung auch ausdrücklich diese Aufgabe zugewiesen wurde, bis zu den Spitzen der Berufsvereine, die in den Lebensmittelverbänden für die Kriegsindustrie eine führende Rolle spielten, wurde auf allen Ebenen versucht, Produktionsstörungen infolge von Versorgungspannen zu verhindern. Die Ernährungskrise wurde neben den Folgen des Kriegsleistungsgesetzes als zweites großes Thema des Arbeitertages am 5. November 1916 behandelt.[914]

---

909 Vgl. DG 52/1917, S. 288 und DG 9/1918, S. 37–39.
910 Vgl. DG 9/1918, S. 38–39.
911 Vgl. DG 21/1918, S. 118 und DG 33/1918, S. 202. Vgl. auch AVA, SM, Z. 10996/1918.
912 Vgl. Vollzugsanweisung des Deutschösterreichischen Staatsrates vom 6. 11. 1918, RGBl. Nr. 20, § 1: in der Höhe des Krankengeldes, d.h. 60 h–5 K/Tag. Vgl. Gesetz vom 20. 11. 1917, RGBl. Nr. 457, Art. I, § 6, Z. 2.
913 Vgl. DG 51/1918, S. 277–279.
914 Vgl. DG 45/1916, S. 250–251.

Die „wachsenden Ernährungssorgen" bildeten am Beginn der zweiten Kriegshälfte den Katalysator für die Haltungsänderung der Gewerkschaften in Richtung einer zwar weiterhin loyalen, aber doch konsequenteren Interessenvertretung der Arbeiter. Sie waren immer wieder Anstoß zu Streiks, die die Unzufriedenheit der Arbeiterschaft mit dem Kriegsregime zum Ausdruck brachten. Die Gewerkschaften selbst liefen Gefahr, von solchen Verzweiflungsaktionen desavouiert zu werden und mußten sich folglich neben der Bekämpfung der strukturellen Ursachen der Unzufriedenheit auch mit der Versorgungsmisere als Anlaß für die zahlreichen Streiks befassen. „Mit der Dauer des furchtbaren Krieges steigern sich auch die Ernährungssorgen. In Kriegszeiten ist der Verbrauch erfahrungsgemäß ein größerer wie in Friedenszeiten. Die eigene Erzeugung geht zurück, der Handelsverkehr ist unterbunden und so entsteht eine natürliche Knappheit an Lebensmitteln, die sich mit der Dauer des Krieges steigert. Zu den natürlichen Ernährungssorgen kommen noch künstliche hinzu. Gewissenlose Spekulationen und schmutziger Eigennutz sind allwege eifrig am Werk, die natürlichen Ernährungssorgen künstlich zu steigern. Trotz der Unmasse von Verordnungen, Beschlagnahmen und Höchstpreisen wissen es gerissene Erzeuger und Händler so einzurichten, daß durch Schiebungen bedeutende Mengen von den vorhandenen Nahrungsmitteln verschleppt und verhamstert werden. Und so kommt es, daß, wer genügend Geld und Verbindungen hat, trotz aller Knappheit an nichts Mangel zu leiden braucht. Die zunehmenden Ernährungssorgen sind nicht allein auf die natürliche Knappheit der Lebensmittel zurückzuführen, sondern sie wurzeln zum guten Teil auch in den Mängeln der Organisation des Ernährungsdienstes und im fehlenden Gemeinsinn."[915] Eine Besserung der Lage wurde von der strafferen Organisierung der Mangelwirtschaft, insbesondere von der Neuordnung der Verwaltung im Zuge der Errichtung des Amtes für Volksernährung erwartet.

Die Enttäuschung dieser Erwartungen, die fortschreitende Verschlechterung der Lebensverhältnisse führten zu weiteren Ausständen, die die Arbeiterorganisationen in eine prekäre Situation drängten. Das Fehlschlagen der Bemühungen, das Ernährungswesen durch die Einbeziehung unter anderem auch von Arbeitervertretern in die Planung und Durchführung von Maßnahmen zu reformieren, führte wiederholt zu Überlegungen, die Mitarbeit in den diversen Gremien aufzukündigen.[916] Erfolgreicher Gegner solcher Konsequenzen war der im staatlichen Ernährungswesen besonders stark engagierte Dr. Karl Renner. Auf der „Ersten Reichskonferenz der Arbeiter-Wirtschaftsräte und Preisprüfer" am 25. Oktober 1917 in Wien meinte er: „Das Tätigkeitsfeld, das sich in diesen Ämtern und Räten den Vertretern der arbeitenden Klassen eröffnet, ist steinig, es bietet Schwierigkeiten und fordert Verantwortung. Ich bin mir wohl bewußt, daß die Massen des Volkes es heute vielfach lieber sehen würden, wenn ihr Vertrauensmann sich von der ganzen Sache fernhielte. Aber zu diesem Wunsche im Widerspruch steht doch die Tatsache, daß jeder Einzelne, sobald ihn eine besondere Schwierigkeit oder die ärgste Not trifft, zuallererst zum Vertrauensmann geht und von ihm eine Vorsprache bei den Behörden fordert. Der Vertrauensmann kann sich dem nicht entziehen. Er kann dem

---

915 DG 49/1916, S. 265.
916 Vgl. AdSP, PrPV und der sozialdemokratischen Mitglieder des Ernährungsrates 26. 3. 1917 und PrPV 13. 6. 1918.

Notleidenden nicht sagen, trage nur deine Not ruhig weiter, je schlechter es dir geht, desto besser vielleicht kommt ein Zusammenbruch und damit eine dunkel vorgeahnte Abhilfe auf einmal und im großen."[917] Renner trat aber für die weitere Mitarbeit in den Gremien nicht allein wegen der dringendsten Bedürfnisse der Arbeiterschaft ein, die sonst noch weniger berücksichtigt würden, sondern weil er in der Kooperation auf diesem Gebiet einen wichtigen Schritt zur Integration der Arbeiterbewegung in den Staat erblickte. „Es ist eine glatte Unmöglichkeit, daß der Vertrauensmann seine Beteiligung an den öffentlichen Einrichtungen für die Versorgung ablehnt, und er kann sich darin durch nichts irremachen lassen. Die Kleinarbeit und Mitarbeit erst nähert uns den Staatsgedanken."[918]

Unter dem Eindruck solcher Argumente bemühten sich unter anderen auch sozialdemokratische Funktionäre bis zum Kriegsende mit schwindendem Erfolg um eine Sicherstellung der Versorgung der städtischen und der Arbeiterbevölkerung. Die Erkenntnis eines nicht mehr aufzuhaltenden Zusammenbruchs, die die Arbeiterschaft zu immer heftigerem Widerstand gegen die Kriegsführung veranlaßte, bewirkte aber im Frühjahr 1918 eine neuerliche Wendung der gewerkschaftlichen Politik. Das unbewältigte Versorgungsproblem wurde zum beherrschenden Thema und drängte die Auseinandersetzungen mit den Unternehmern in den Hintergrund. Insbesondere bei den großen Streiks der Jahre 1917 und 1918 erwies sich, wie sehr der Aktionsradius und damit die Bedeutung der Gewerkschaften als Ordnungsmacht durch die katastrophale Approvisionierung eingeschränkt war, die die Arbeiter zu unkontrollierbaren Verzweiflungsausbrüchen trieb. Die Gewerkschaftsführung mußte, wollte sie die Gefahr abwenden, mit immer größerem Nachdruck die Sicherung der Ernährung als Voraussetzung für die Ausübung ihrer Ordnungsfunktionen einfordern und war somit gezwungen, ihre bedingungslose Loyalität gegenüber dem kriegführenden Staat zu revidieren. Anläßlich des Junistreiks war der Zeitpunkt gekommen, wo dieser neue Standpunkt offen ausgedrückt wurde.

6.2.2.3. Die Gewerkschaften und die Arbeitsverhältnisse in der Kriegsindustrie

Die Errichtung der Beschwerdekommissionen bedeutete eine Wende in der Entwicklung der kriegsindustriellen Arbeitsverhältnisse. Für die Gewerkschaften war es die formale Bestätigung als gesellschaftliche Ordnungsmacht durch den Staat. „Es ist unseres Wissens die *erste Anerkennung der Gewerkschaften als rechtliche Vertreter ihrer Mitglieder*, die, wenn die auch nur in einem Gesetz erfolgt, welches mit dem Ende des Krieges wieder außer Wirksamkeit treten wird, doch nicht ohne Bedeutung für die Zukunft ist."[919]

Die staatliche Verwaltung mußte sich, um gegenüber der Arbeiterschaft handlungsfähig zu bleiben, auf deren Organisationen stützen, welche ihrerseits dadurch an Aktionsspielraum gewannen. Die freien Gewerkschaften anerkannten im Gegenzug den Zweck

---

917 Vgl. DK 24/1917, S. 320.
918 DK 25/1917, S. 330.
919 DG 13/1917, S. 74–75 (Hervorhebung im Original).

Kriegsleistungsgesetz, das „zwar hauptsächlich als Waffe gegen störrige und wucherische Unternehmer gedacht" gewesen sei, sei von diesen gegen die Arbeiter mißbraucht und als Schutz das Beschwerderecht eingeführt worden, „denn die Arbeiter sehen ein, daß sie mit dem Streik nicht bloß dem Unternehmer, sondern dem Staat und der Allgemeinheit schaden würden, und deshalb denkt niemand an den Streik."[920] Wie schon anläßlich der Errichtung der niederösterreichischen Beschwerdestelle wurde den Arbeitern empfohlen, Anträge an die Kommissionen zuerst den Berufsverbänden zur Begutachtung vorzulegen.[921]

Die Verbesserung der Position der Gewerkschaften in einer Situation, die durch ein krasses Machtungleichgewicht in den industriellen Beziehungen zugunsten der Unternehmer gekennzeichnet war, provozierte deren Widerstand. Im ersten Kommentar ließ „Die Industrie" kein gutes Haar an der Kaiserlichen Verordnung und mockierte sich sogar über die Taggelder, die den Arbeitervertretern in den Kommissionen gebührten, während die Unternehmer „ihre viel kostbarere Zeit unentgeltlich zur Verfügung stellen müßten". Die führende Unternehmerzeitung knüpfte daran die Spekulation, daß dieser Sachverhalt allein schon zu einem Anschwellen der Fälle führen würde.[922] Ein scharfer Protest der Gewerkschaftskommission in dieser Angelegenheit[923] bewirkte kurzfristig einen Rückzug der Unternehmer. Ziel des Beschwerdewesens war nun „einerseits die Sicherung der ausreichenden Lebenshaltung der Arbeiter, andererseits die Gewährleistung und Förderung der Produktion der Kriegslieferungsbetriebe und dadurch auch der Schlagfertigkeit der Armee."[924]

Bereits in einem Artikel im Herbst 1917, der das für die Gewerkschaften sehr erfolgreiche, erste halbe Jahr der Beschwerdekommissionen resumierte, erschien jedoch das Mißtrauen der Unternehmer gegen den neuen Tätigkeitsbereich der Arbeiterorganisationen noch verhärtet:

„Einige Worte über die Stellung der Vertreter der sozialdemokratischen Gewerkschaften in den Kommissionen. Wir betonen ausdrücklich sozialdemokratische Gewerkschaft, weil zu Kommissionsmitgliedern meist Sozialdemokraten ernannt worden sind und andere Arbeiterorganisationen nur Ersatzmänner, die nichtorganisierten Arbeiter aber überhaupt nicht berücksichtigt worden sind, obwohl letztere noch immer die große Mehrheit der Arbeiterschaft bilden. Trotzdem die Sozialdemokraten in der ausgesprochenen Minderzahl sind und oft nur wenige Prozente der Arbeiterschaft eines Betriebes umfassen, ist ihnen ein Einfluß durch die Regierung eingeräumt worden, der ihnen vermöge ihrer Zahl in keiner Weise zukommt; die Gewerkschaften haben durch die Beschwerdekommissionen ein neues Feld für ihre agitatorische Tätigkeit gewonnen und was sie an Mitgliedern eingebüßt haben, haben die durch Einfluß auf die Vorsitzenden der militärischen Kommissionen ersetzt, die in der Regel weder die Gewerbeordnung kennen, noch weniger die geschickte Taktik der Sozialdemokratie durchschauen.

---

920 Die Lohn- und Beschwerdekommissionen, S. 9. Die Verabschiedung des Kriegsleistungsgesetzes 1912 wurde mit „Man war damals naiv! Die Unternehmer haben aus dem Gesetze etwas ganz anderes gemacht" kommentiert. Vgl. ebd., S. 11.
921 Vgl. ebd., S. 34.
922 Vgl. DI 12/1917, S. 2–3.
923 Vgl. DG 14/1917, S. 88. Vgl. auch DG 16/1917, S. 97–98.
924 DI 14/1917, S. 4. Vgl. auch DG 18/1917, S. 112.

Schon der Name „Beschwerde"=Kommission bedeutet eine Einladung, nicht nur Wünsche und Forderungen geltend zu machen, sondern solche zu suchen, eine Einladung, von der der ausgiebigste Gebrauch gemacht wird. Man begnügt sich nicht nur mit der Vertretung der Forderungen, welche die Arbeiterschaft einzelner Fabriken stellt, sondern überreicht systematisch durch Maschinen vervielfältigte Eingaben in großer Zahl für sämtliche Betriebe desselben Industriezweiges, die in irgend einem Adreßbuche verzeichnet sind, auch wenn die Arbeiter tatsächlich keine Wünsche geäußert haben. Auch für letztere *muß* dann eine Verhandlung eingeleitet werden, die den sozialdemokratischen Arbeiterführern die erwünschte Gelegenheit gibt, auch dort in ein Verhältnis zur Arbeiterschaft zu kommen, wo es ihnen bisher nicht möglich war. So werden die Bestrebungen der Sozialdemokraten mittelbar von der Beschwerdekommission, vielfach ohne ihren Willen unterstützt.

Die äußeren Umstände, unter denen die Verhandlungen vor sich gehen, sind gleichfalls geeignet, das Ansehen und den Einfluß der sozialdemokratischen Führer in den Augen der Arbeiter zu heben. Der Arbeitersekretär fährt mit dem durch die militärische Uniform weithin kenntlichen Oberst oder General, dem Vorsitzenden der Kommission, und den übrigen Kommissionsmitgliedern in einem Wagen oder Automobil bei der Fabrik vor, am Schlusse hält meist der General und der sozialdemokratische Führer an die Arbeiter eine Ansprache.

Im sonstigen Leben wird immer nach der *Legitimation* der Person gefragt. Bei den Beschwerdekommissionen kann der sozialkratische (sic!) Arbeiter in Gegenwart der ganzen Kommission sich zu ihrem Wortführer aufwerfen, ja, er unterzeichnet sogar das Übereinkommen, auch wenn von 1000 Arbeitern nur 20 seiner Organisation angehören.

Es ist vorgekommen, daß der militärische Vorsitzende allein mit dem Arbeitervertreter in die einzelnen Fabriken fuhr und dort die Arbeitsbedingungen vereinbarte, richtiger gesprochen, vorschrieb. Soweit konnte die Parität verletzt werden. Das kommt jetzt, nachdem Einsprache erhoben wurde, nicht mehr vor; aber der Fall zeigt, daß der „Arbeiter- und Militärrat", wie die Kommission nicht unzutreffend auch bezeichnet wird, nach außen hin als militärische Einrichtung erscheint, bei den Entscheidungen und Verhandlungen aber dem Arbeitervertreter eine große, wenn nicht die erste Rolle zukommt. (...)

Die Rolle des Gewerkschaftssekretärs ist eine außerordentlich vielseitige. Er überreicht namens der Arbeiterschaft eines Betriebes Forderungen, die oft weit über den Wiener Arbeitsvertrag hinausgehen. Er unterzeichnet sie eigenhändig, was ihn aber nicht hindert, über die gleiche Angelegenheit als Mitglied der Kommission zu Gericht zu sitzen und zu entscheiden. Er erscheint, wenn es notwendig ist, als *Partei*vertreter und läßt sich in der Kommission durch einen Ersatzmann vertreten. Mancher Gewerkschaftssekretär spielt so eine eigentümliche Doppelrolle, die dem Vorsitzenden nicht immer offenbar wird; er spricht in der Kommission, wo er durch Handschlag zur Unparteilichkeit verpflichtet ist, anders als in den Arbeiterversammlungen, wo der radikale Ton gerne gehört wird und die Entscheidungen der Kommission oft mit Unzufriedenheit aufgenommen werden. Es soll nicht selten sein, daß bereits abgeschlossene Verhandlungen durch den Widerstand der Arbeiter neuerlich eingeleitet werden müssen. Ob dabei der Umstand mitspielte, daß die Gewerkschaftsführer ihren Einfluß auf die Arbeiterschaft zum Teile verloren haben oder ob andere Ursachen dem zugrunde lagen, wollen wir nicht näher untersuchen. Sicher ist, daß in der Person des Arbeiterführers *nicht Richter* und *Partei* vereinigt sein dürfen.

Das Amt eines Kommissionsmitgliedes ist in Bezirken, wo verschiedene Industriezweige ihren Standort haben, wo sie zerstreut liegen und wo kein Arbeitergeberverband besteht, ein mühsames und zeitraubendes. In Wien, wo alle Betriebe eines Zweiges zu einem einheitlichen Arbeitgeberverband vereinigt sind und schon Tarifverträge bestehen, können die Arbeitsbedingungen in einer einzigen, wenn auch längeren, einige Tage dauernden Verhandlungen abgeschlossen werden. In der Provinz dauert es Wochen und Monate, bis die Verhandlungen mit den einzelnen Betrieben erledigt werden können. Die Arbeitersekretäre können sich dieser Aufgabe leicht unterziehen, weil sie sich berufsmäßig damit beschäftigen müssen und dafür bezahlt sind. Außerdem erwachsen den Gewerkschaftskassen keine Kosten; sie werden vielmehr entlastet, nachdem der Staat die Bezahlung des Taggeldes für den Arbeiterbeisitzer (K 12 bis 16) auf sich nimmt."[925]

Diese Darstellung enthielt, wie eine sehr ähnliche Denkschrift der Hauptstelle industrieller Arbeitgeber-Organisationen vom April 1918,[926] in polemischer Form die wichtigsten Punkte, die tatsächlich eine Förderung der sozialdemokratischen Arbeiterorganisationen durch das Beschwerdewesen bedeuteten. Diese konnten sich, dank reger Bemühungen um die Angelegenheiten der Arbeiter gegenüber der Kriegsverwaltung eine dominierende Position als Interessenvertretung aufbauen, auf die schließlich die Regierung selbst angewiesen war. Es ging im Krieg nicht um die Repräsentation unterschiedlicher Standpunkte in der Arbeiterschaft, sondern um die Wahrung ihrer elementaren Lebenschancen gegenüber Unternehmern und Staat, die allein von der sozialdemokratischen Bewegung aufgrund ihrer Stärke und Ideologie wahrgenommen werden konnte.

Zweitens beruhte der Erfolg des Versuches, die Unzufriedenheit durch das Beschwerdewesen zu kanalisieren, weitestgehend auf dem Vertrauen, das die Arbeiterschaft der neuen Institution entgegenbrachte. Es mußte für den militärischen Vorsitzenden auf der Hand liegen, diese Voraussetzung durch enge Kooperation mit der einzigen Person innerhalb der Kommission, die direkte Verbindung zur Arbeiterschaft besaß, zu erfüllen. Vermutlich hatte die Hauptstelle zum Teil recht, wenn sie diesen außergewöhnlichen Prestigezuwachs der Gewerkschaften und ihrer Funktionäre für das Wiedererstarken der Organisationen verantwortlich machte. Die „Vorsitzenden, besonders in den Provinzindustriegebieten, erschienen mit diesem Sekretär bei einlaufenden Beschwerden in den Betrieben, die Arbeiter sahen auf einmal den sozialdemokratischen Gewerkschaftssekretär in Begleitung eines hohen Generals, sahen gewöhnlich, welchen Einfluß dieser Sekretär auf den General hat, und die Folge war, daß sie der Organisation beitraten, die diesen einflußreichen Mann zum Sekretär hat."[927] Gleichzeitig registrierten die Unternehmerfunktionäre den starken Druck der Basis auf die Gewerkschaften. Sie verlangten immer wieder, und besonders nach dem Jännerstreik, Repressionen gegen die Arbeiterorganisationen, da sie ihre Aufgaben nicht mehr erfüllten, ihr Einfluß auf Belegschaften schwinde und eine syndikalistische Strömung die Oberhand bekäme.[928]

Besonders interessant erscheint die Klage der Unternehmer über die „Unparteilichkeit" der Arbeitervertreter, worunter offensichtlich der burgfriedliche Verzicht auf die Vertretung der spezifischen Interessen innerhalb wie auch außerhalb der Kommission verstanden wurde. Diese Auffassung lief aber der Zielsetzung des Beschwerdewesens zuwider, eine Institution zur Artikulation der bislang unterdrückten Bedürfnisse der Arbeiter und zum kontrollierten Ausgleich mit den divergierenden Interessen der Unternehmer zu schaffen. Parteizugehörigkeit und anwaltliche Tätigkeit der Unternehmer- und

---

925 DI 32/1917, S. 2–3 (Hervorhebungen im Original).
926 Vgl. AVA, SM, Z. 11012/1918 (MP, Z. 3977/1918, Eingabe).
927 Ebd.
928 Vgl. ebd. und AVA, SM, Z. 2807/1918 (Bund, Klub, Hauptstelle und Zentralverband an SMr 21. 1. 1918). Vgl. auch DI 32/1917, S. 3 und DI 2/1918, S. 1.

Arbeitervertreter stellten eine Grundvoraussetzung für die Funktionstüchtigkeit des Beschwerdewesens dar.[929] Die Zentralverwaltung wies deshalb auch alle Anschuldigungen gegen die Arbeiterbeisitzer ab. So wurde ausdrücklich gestattet, daß ein Berufsgenosse, meist ein gewerkschaftlicher Vertrauensmann, auch in Anwesenheit der Partei die Klagevertretung übernehmen konnte.[930] Die Einbringung kollektiver Begehren, die den Unternehmern wegen der Beispielswirkung und der Präjudizierung von Tarifverträgen ein Dorn im Auge war, wurde von der Regierung sogar gefördert. Der Gefahr, daß solche Eingaben der Gewerkschaften an die Beschwerdekommissionen unter Umständen ohne Wissen und Billigung der betroffenen Arbeiter erfolgten, sollte mit wohl kaum gründlich durchführbarer Kontrolle seitens des Vorsitzenden begegnet werden.[931] Von Unternehmern oder militärischen Stellen verlangte Absetzungen von Arbeitervertretern wurde durch die zuständigen zivilen Stellen nicht zugestimmt.[932] Wenn ihrer Meinung nach ein Mißbrauch der Position durch einen Funktionär vorlag, so wurde versucht, dies möglichst ohne Aufsehen zu bereinigen. Die Vorsitzenden sollten einfach den Stellvertreter heranziehen; vor allem aber wandte sich das Sozialministerium in solchen Schwierigkeiten an die Gewerkschaftskommission und forderte sie zur Disziplinierung der Funktionäre auf.[933]

Der Zweck der Einführung der Beschwerdekommissionen im Frühjahr 1917 war die Befriedung der Arbeiterschaft nach beinahe dreijähriger Repression, die schließlich zu einer Bedrohung für die Kriegsführung geworden war. Die Bewältigung dieser Aufgabe konnte nur Kräften gelingen, die in den Augen der Arbeiter nicht diskreditiert waren und verschaffte so den Gewerkschaften unerwartet neue Möglichkeiten. Die staatlichen Maßnahmen erschienen sowohl der Arbeiterschaft als auch – in negativer Bewertung – den Unternehmern als Pakt zwischen der Heeresverwaltung, die zur Aufrechterhaltung der Produktion Sozialpolitik betreiben mußte, und den Gewerkschaften, die die Mittel dazu in der Hand hatten. Die Bezeichnung „Arbeiter- und Militärrat" gibt diesen Eindruck treffend wieder. Es ist klar, daß die Unternehmerschaft mit dieser Konstellation nicht einverstanden war und die Beschwerdekommissionen beharrlich bekämpfte. Sie beschränkte sich dabei nicht auf Vorstellungen und Eingaben, sondern setzte auch jenes Mittel ein, das die Kriegsverwaltung schließlich zu einer Beendigung der relativ konzilianten Haltung gegenüber Arbeiterforderungen bewog: die Drohung mit einem Boykott der Kriegswirtschaft – offen oder in Form von Klagen über den Rückgang der Produktion infolge der Tätigkeiten der Beschwerdekommissionen.

Die stärkere Rücksichtnahme auf die Unternehmer machte sich ab Herbst 1917 bemerkbar und rief Proteste seitens der Arbeitgeberorganisationen hervor.[934] In einer gemeinsamen Aktion legten Gewerkschaftskommission und Metallarbeiterverband, unterstützt von einigen sozialdemokratischen Reichsratsabgeordneten, Anfang Jänner 1918

---
929 Vgl. AVA, HM, Z. 11848/1917 und SM, Z. 6182/1918.
930 Vgl. KA, MfLV, B.K. Z. 1110/1917. Vgl. auch AVA, HM, Z. 10945/1917.
931 Vgl. AVA, SM, Z. 6061/1918 (MfLV, B.K. Z. 1488/1917).
932 Vgl. z.B. KA, MfLV, B.K. Z. 656/1918 (und die beiliegenden Akten bezüglich Wokral, Pergl und Teller).
933 Vgl. KA, MfLV, B.K. Z. 886/1918 (Empfehlung des SM) und AVA, SM, Z. 3021 und Z. 6182/1918.
934 Vgl. DG 7/1918, S. 23.

schärfste Verwahrung gegen jede Manipulation der Beschwerdekommissionen ein, drohten mit einer öffentlichen Diskussion des Themas und – wie in dieser Phase üblich – mit der Ablehnung jeder Verantwortung, wenn ihre Forderungen nicht erfüllt würden. „Die Vertrauensmänner haben ... keine Möglichkeit mehr, die Verantwortung für ... Konsequenzen auf sich zu nehmen, falls nicht seitens der Behörden dafür Sorge getragen wird, daß die Lohn- und Beschwerdekommissionen, die lediglich nur zum Schutz der sonst recht- und wehrlosen Arbeiter wider die Angriffe der Unternehmer geschaffen wurden, tatsächlich die Fähigkeit erhalten, dieser Aufgabe auch gerecht zu werden, hauptsächlich dadurch, daß sie jeder Beeinflussung durch die Justizverwaltung, in diesem Falle also durch die geehrte Direktion entzogen werden."[935]

Schon die widerspruchslose Hinnahme aber der unbefriedigenden Antwort der Regierung[936] deutete eine Resignation der Gewerkschaften in dieser Frage an. Der Jännerstreik hatte nicht zuletzt demonstriert, daß die Arbeiterschaft mit Kompensationen nicht mehr zu beruhigen war; sie forderte die Aufhebung der kriegsbedingten Repression überhaupt.[937] Von noch größerer Bedeutung vielleicht war, daß die Versorgungsprobleme, gegen die die Beschwerdekommissionen machtlos waren, immer stärker in den Vordergrund traten. Bereits im Herbst 1917 hatte „Die Industrie" diesen Umstand beklagt: „Daß Ausstände vorkommen, ist kein Geheimnis. Die Arbeiter treten aber nicht in den Ausstand wegen Nichterfüllung von Lohnforderungen durch den Unternehmer, sondern weil die Organisationen für die Verteilung der Lebensmittel versagten, weil die Arbeiter oft tagelang kein Brot erhalten, sie von einem Ausstande aber sofortige Abhilfe erwarten. Sie hoffen, daß die Beschwerdekommissionen ihnen Lebensmittel bringen oder verschaffen werde und sind bitter enttäuscht, daß dies nicht Sache der Kommission ist."[938]

Diese Situation, die sich in der Folge noch verschärfte, führte zu einer Verlagerung des Hauptaugenmerks auch der Gewerkschaftspolitik. Die Frage der Beschwerdekommissionen, die freilich in vieler Hinsicht weiterhin bedeutende Arbeit leisteten, stand ab dem Winter 1918 nicht mehr in deren Mittelpunkt. Sie nahm etwa am Elften Verbandstag der Metallarbeitergewerkschaft im März 1918, der ersten großen Veranstaltung der hauptsächlich betroffenen Organisation im Krieg, nur sehr wenig Raum ein, und auch die Art der Behandlung zeigte das geschwundene Interesse.[939] Mit den Ereignissen des Junistreiks fand das Engagement der Gewerkschaften in der Frage der Beschwerdekommissionen ein Ende. Die massive Bedrohung der physischen Existenz der Arbeiterschaft infolge der katastrophalen Versorgungslage erforderte andere Mittel als die mühsame Rekonstruktion des unter den herrschenden Verhältnissen illusorischen Koalitionsrechts. Franz Domes empfahl in den Streikschlichtungsverhandlungen, „nach Kronländern oder Industriegebieten gesonderte, entsprechend zusammengesetzte Kommissionen zu bilden,

---

[935] KA, MfLV, B.K. Z. 117/1918, Eingabe der Rrabg. Seitz, Domes, Müller und Hanusch, der GK und des Österreichischen Metallarbeiterverbandes 15. 1. 1918.
[936] Vgl. KA, MfLV, B.K. Z. 248/1918.
[937] Vgl. Aufruf „Das Volk steht auf". In: Die Wage 16. 1. 1920, S. 6–7.
[938] DI 32/1917, S. 2.
[939] Vgl. ÖMA 16/1918, S. 73.

die über diese [die Arbeitszeitverkürzung] und andere Arbeiterfragen, insbesondere Fragen des Lohnrechtes zu beraten hätten, da die Beschwerdekommissionen aus Mangel an Einblick in die Verhältnisse dieser Aufgabe nicht gewachsen seien."[940] Es sollten also dem direkten Druck der Arbeiter entzogene Beratungsgremien geschaffen werden, um die Normen für eine notwendige Revision der Arbeitsverhältnisse zu erstellen. Die Beschwerdekommissionen hätten in diesem System als untergeordnete Stellen nur mehr die generellen Richtlinien in konkreten Fällen zu exekutieren gehabt. Domes Vorschlag fiel im Juni 1918 nicht auf fruchtbaren Boden. Er nahm jedoch wesentliche Punkte des in der Zusammenbruchsphase verwirklichten Konzepts des zentralisierten Wirtschaftsmanagements durch ein paritätisches Spitzengremium, das auch Einfluß auf die Approvisionierung beanspruchte und dem die Beschwerdekommissionen unterstellt wurden, vorweg.

6.2.2.4. Die Gewerkschaften und die neuen Arbeiterschichten in der Industrie

Die österreichischen Gewerkschaften wurden während des ersten Weltkrieges mit unerwarteter Vehemenz mit dem Problem der Zerstörung der bisher dominanten Stellung der Facharbeiter, die den Kern ihrer Mitgliedschaft repräsentierten, konfrontiert. Eine Entwicklung in diese Richtung war zwar bereits seit Jahren sichtbar gewesen, doch wurde sie im Kriege wesentlich beschleunigt und verstärkt. Die Rüstungsanstrengungen begünstigten den Konzentrationsprozeß in der Wirtschaft, der Arbeitermangel die Technisierung der Produktion. Die zum Militärdienst eingezogenen Facharbeiter mußten notgedrungen durch Hilfskräfte ersetzt werden.

Den Gewerkschaften gelang es zunächst nicht, die neuen Arbeiterschichten zu rekrutieren. Ihre Politik, die diese neue Schichten, vor allem die Frauen in der Industrie, oft nur widerwillig zur Kenntnis nahm und sie starr den traditionellen Maximen unterwerfen wollte,[941] war wenig erfolgversprechend. In dieser Situation bewirkte jedoch die Entwicklung der sozialen und politischen Verhältnisse in der Kriegsindustrie gleichsam von selbst eine Lösung der Problematik. Die neuen Arbeitergruppen, vor allem auch die Frauen, begannen ab Herbst 1916 in die Organisationen zu strömen, nicht aufgrund verstärkter Bemühungen der Gewerkschaften um sie, sondern weil die Lebensverhältnisse zu einer aggressiveren Lohnpolitik zwangen,[942] die die unteren Einkommensgruppen, um sie am Existenzminimum zu halten, notwendigerweise mehr als üblich berücksichtigen mußte.

Die bisher wenig erfaßten Schichten der unqualifizierten Fabriksarbeiter konnten so organisiert werden, ohne daß die Gewerkschaften ihren Charakter als Interessensvertretung der Facharbeiterschaft verloren. Die Anpassungsversuche erschöpften sich in der organisatorischen Bewältigung der neuen Mitgliedermassen. So tauchte auf der Reichs-

---

940 AVA, SM, Z. 17660/1918, Verhandlungen 18. 6. 1918.
941 Vgl. z. B. noch DG 44/1916, S. 245–246 (Bericht Huebers an die gewerkschaftliche Reichskonferenz 1. 11. 1916).
942 Vgl. dazu DG 34/1917, S. 175; DG 30/1918, S. 153–154 und DG 31/1919, S. 161.

konferenz 1917 wieder die Diskussion um die Industriegruppen auf,[943] eine Form gewerkschaftlicher Organisation, die den Anforderungen einer Massenbewegung eher entsprach als die an der Facharbeit orientierten Berufsverbände.

Aus Anlaß des Aufschwunges empfahl die Gewerkschaftskommission den angeschlossenen Verbänden neue Wege, um die Mitgliederfluktuation einzudämmen. Dies sollte erstens durch forcierte Verwaltungstätigkeit geschehen, um die nicht zu erwartende normative Bindung der neuen Mitglieder an die Organisation auszugleichen: „Vor allem muß es Sorge der Leitung und Verwaltung sein, den Mitgliedern das Ausbleiben so schwer als möglich zu machen. Beschränkt man sich darauf, das Beitragzahlen dem Belieben der Mitglieder zu überlassen, wird der Mitgliederwechsel nicht geringer werden. Die Beiträge sind von den Mitgliedern abzuverlangen, sei es durch Betriebs- oder Hauskassiere.... Das ist gewerkschaftliche Arbeit, während das Warten auf Beiträge im Vereinslokal weiter nichts als Vereinsmeierei ist." Zweitens sollte das gewerkschaftliche Bildungswesen als wichtiges Integrationsinstrument reorganisiert und dadurch in den Gewerkschaften eine stabilisierende Hierarchie aufgebaut werden. „Bildungsgrad und Auffassungsvermögen sind bei den Mitgliedern ungemein verschieden; der Drang nach Wissen ist kein gleichmäßiger. Und gerade diesen Tatsachen sollte nach Möglichkeit Rechnung getragen werden. Aufgabe der Leitung wäre es, die Begabteren und Wissensdurstigeren abzusondern, für sie spezielle Unterrichts- und Bildungskurse zu veranstalten. Darüber müssen wir uns klar sein, daß die Zeiten vorbei sind, wo die Versammlungen Unterrichts- und Bildungsstätten waren. Im modernen Gewerkschaftsleben dienen die Versammlungen mehr geschäftlichen Zwecken: Erstattung von Berichten, Vornahme von Wahlen, Besprechung von Fragen über Lohn- und Tarifangelegenheiten und dergleichen.... Methodisch müssen wir die Ausbildung betreiben. Dazu eignen sich nicht alle Mitglieder, darum die Individualisierung.... Die auf diese Weise herangebildeten Mitglieder werden ihr erworbenes Wissen als Vertrauenspersonen im Betrieb, bei der Aufklärungs- und Werbearbeit von Mann zu Mann zur Geltung bringen. Die Früchte dieser mühevollen Arbeit werden reifen und den Gewerkschaften in Gestalt des gefestigten Mitgliederstandes zugute kommen."[944]

Die leitenden Funktionäre waren sich der im Gang befindlichen Veränderungen in den Produktionsverhältnissen und ihren Folgen für das Gewerkschaftswesen bewußt. So schätzte Anton Hueber im März 1918 die Lage folgendermaßen ein: „Die Unternehmer beginnen mit der Demobilisierung schon jetzt. Vor allem schicken sie sich an, mit der alten Produktionsmethode zu brechen und sich der Spezialisierung zu widmen. Der Arbeiter soll ganz zum Mechanismus werden. Dagegen, gegen diese Ausbeutung brauchen wir noch andere Organisationen, als wir sie jetzt haben."[945] Die Großindustrie, „die infolge der Art der Produktion mehr auf unqualifizierte Arbeitskräfte angewiesen ist," wurde nun deutlicher als besonderer Bereich gefaßt, der andere Probleme aufwies als das Gewerbe.[946] Die Sorge um die Facharbeit nahm aber weiterhin einen wichtigen Platz unter den Themen der

---

943 Vgl. DG 49/1917, S. 277.
944 DG 11/1917, S. 57–58.
945 ÖMA 12/1918, S. 49 (Begrüßungsansprache Huebers an den 11. Verbandstag des Metallarbeiterverbandes).
946 Vgl. DG 17/1918, S. 102 oder DG 20/1918, S. 113–114.

6.2. Die Gewerkschaften zwischen Herbst 1916 und Sommer 1918

Gewerkschaftsarbeit ein. In seltener Übereinstimmung mit den Gewerbetreibenden wurden die negativen Auswirkungen der gestiegenen Hilfsarbeiterlöhne auf die Zahl der Lehrlinge beklagt[947] und immer wieder auf die große Gefahr für die österreichische Wirtschaft verwiesen, die aus der Verminderung der Zahl qualifizierter Arbeiter durch Tod oder Verwundung im Krieg resultierte.[948]

Die neuen Industriearbeiterschichten bereiteten hingegen den Gewerkschaften große Schwierigkeiten. Die organisatorischen Anstrengungen konnten nicht rasch genug wirksam werden, um Reibungen zu verhindern. Wie sich bei vielen Anlässen, besonders bei Streiks zeigte, gelang es nicht, diese Arbeitergruppen der Organisationsdisziplin zu unterwerfen. Die Gewerkschaftsführung beschuldigte sie auch regelmäßig der Urheberschaft der von ihr nie gebilligten Massenausstände.

Neben Intellektuellen waren es nach Meinung der Gewerkschaftsführung Jugendliche und Frauen, die die Arbeitsniederlegung im Mai 1917 provozierten;[949] im Jännerstreik waren diese Gruppen an der Eskalation der Bewegung maßgeblich beteiligt: „Nicht die alterprobte, organisierte, in zahllosen gewerkschaftlichen und politischen Kämpfen bewährte Arbeiterschaft Wiens und Niederösterreichs war es, die am Abschlusse der Bewegung einige Zerfahrenheit hervorrief. Vielmehr waren dies Elemente, die teils erst infolge der Verschiebungen, die der Krieg im Aufbau der arbeitenden Massen hervorgerufen, in die Fabriken gekommen und noch zu kurze Zeit hier tätig sind, um klar und deutlich die Bedeutung sowie auch den Machtbereich der proletarischen Aktionen im öffentlichen Leben erkennen zu können, teils aber jüngere Leute, die, auch wieder infolge des Krieges, in größerer Zahl als gut ist in den Fabriken arbeiten. Wir sind dessen gewiß: Sollten, was nicht zu erwarten ist, die wirtschaftlichen Verhältnisse nach dem Kriege so werden, daß diese gegenwärtig doch nur provisorisch in der Industrie tätigen Bevölkerungsschichten dieser dauernd einverleibt werden, dann werden auch sie, deren meistern (sic!) diesmal einige Schwierigkeiten verursachte, den disziplinierten Kaders der Gewerkschaften und der Sozialdemokratie angehören und gleich ihren alten organisierten Arbeitsgenossen erkennen, wie sehr sie ihre eigenen Interessen und die ihrer ganzen Klasse schädigen, wenn sie dem Rate der berufensten Faktoren im Klassenkampfe entgegenwirken."[950]

Trotz dieser großen, aktuellen Bedeutung der Strukturveränderungen in der Arbeiterschaft lag das Hauptinteresse der Gewerkschaft auf deren Auswirkungen in der Übergangs- und Friedenswirtschaft. Dies dokumentiert ja auch das Zitat aus dem Kommentar zum Jännerstreik. In dieser Hinsicht zeigte sich nun eine sehr eigenartige Entwicklung. Die Gewerkschaften akzeptierten nach den Erfahrungen der Kriegswirtschaft den Vormarsch der Großindustrie und damit der Hilfsarbeit; im Gegensatz dazu beurteilten sie die Frauenarbeit weiterhin skeptisch, ja sogar zunehmend negativ, obwohl die Arbeiterinnen das Gros der neuen Mitglieder bildeten. Der Grund für dieses Verhalten war offensichtlich die Angst vor einer Überfüllung des Arbeitsmarktes nach dem Krieg zuungunsten der heimkehrenden Facharbeiter.

---

947 Vgl. DG 35/1917, S. 215–216.
948 Vgl. besonders DG 17/1918, S. 102.
949 Vgl. AdSP, PrPVertr, GK und des Wiener Vorstands 1. 6. 1917 (Wortmeldung Domes).
950 DG 4/5/1918, S. 14.

Die Beschäftigungsfolgen der Umwälzung der Produktionsverhältnisse wurden so vom Problem der „abnormalen Ausnahmserscheinung", „der treibhausartig raschen Zunahme der Frauenarbeit" zugedeckt.[951] Hilfsarbeit wurde in Hilfsarbeit von Männern und Frauenarbeit aufgespalten und den Frauen die Funktion der industriellen Reservearmee zugewiesen.

„Die schon in Friedenszeiten wahrnehmbare Vordrängung der Frauenarbeit war eine Folge der Industrialisierung des Wirtschaftslebens, vor allem der hiedurch bewirkten und ermöglichten Arbeitsteilung, welche die Verwendung ungelernter Arbeitskräfte und die Spezialisierung des Arbeitsprozesses je nach der körperlichen Kraft, die zu seiner Bewältigung notwendig ist, erleichterte. Dieser normalen Entwicklung entgegenzuwirken, lag für die Arbeiterschaft durchaus kein Anlaß vor, da hiemit zugleich auch eine Vergrößerung der Industrie im allgemienen und somit auch die Mehrbeschäftigung von männlichen Arbeitern verbunden war. Erst die Ausgestaltung des Kleingewerbes zur Großindustrie, die Entwicklung von der Einzel- zur Massenproduktion schuf alle jene Vorbedingungen der Frauenarbeit, die auf diese Art durchaus nicht zu einem beunruhigenden Moment für die Gesamtarbeiterschaft wurde. Ganz anders geartet ist die Entwicklung auf diesem Gebiete, soweit sie durch die Begleiterscheinungen des Krieges gefördert wird. Die Frau hört auf, Verfertigerin bestimmter Teilprodukte zu sein, deren Anfertigung ihrer körperlichen und beruflichen Leistungsfähigkeit angepaßt ist, ihre Arbeit bildet keine Ergänzung der Tätigkeit ihres männlichen Berufsgenossen mehr, sondern sie ist an seine Stelle getreten und hat ihn somit überflüssig gemacht. War früher die Tätigkeit des männlichen Arbeiters die leitende und ausschlaggebende, so wurde sie jetzt, da er statt an der Maschine und an der Werkbank im Schützengraben und in der Etappe tätig sein muß, gänzlich ausgeschaltet und an ihre Stelle ist die Tätigkeit der Frau getreten. (...)

So wird der Krieg... ein Konfliktproblem zu erhöhter Schärfe ausgestalten, welches eigentlich schon vor dem Krieg bestand, zum Ausdruck aber vor allem deshalb nicht kam, weil durch die Mehrverwendung der Frauen eine raschere Entwicklung unserer Industrie ermöglicht wurde, die auch eine Mehrbeschäftigung der Männer zeitigte. Die Rohstoffschwierigkeiten, die Verkehrsschwernisse, unsere valutarischen und sonstigen finanz-politischen Hemmungen werden für längere Zeit nun diese Folge der Mehrverwendung von Frauen behindern. Allerdings ist nach dem Wegfall aller besagten Kriegsfolgen wieder der natürliche Ausgleich zwischen Männer- und Frauenarbeit zu erwarten und erscheint demnach das aufgeworfene Konfliktsproblem in erster Linie als ein solches der Übergangswirtschaft. Gerade während dieser aber wird die Not der Arbeiterklasse am größten sein und werden sich demnach alle hiezu berufenen Faktoren bemühen müssen, sie möglichst zu mildern. Eine der ersten Voraussetzungen dieser Milderung wird in der Möglichkeit der baldmöglichsten Wiederverwendung der aus dem Felde heimkehrenden Arbeiter gegeben sein. Inwieweit dieser die Mehrverwendung der Frauen in der Industrie im Weg steht, ist aus vorstehenden Ausführungen erkennbar."[952]

Das republikanische Staatsamt für soziale Fürsorge versuchte dann in der Übergangsphase die Arbeitsmarktlage auf Kosten der Frauen zu entschärfen. In einer Instruktion an die Arbeitslosenämter vom 14. Februar 1919 hieß es, „daß dahin zu wirken sei, daß von den zahlreichen Frauen, die in der Kriegsindustrie reichlichen Arbeitsverdienst fanden, ein möglichst großer Teil in die Hauswirtschaft zurückkehre."[953]

---

951 Vgl. DG 33/1917, S. 171.
952 DG 20/1918, S. 113–114. Ähnliche Argument schon in: DG 33/1917, S. 171–172.
953 Zitiert nach Käthe *Leichter*, Frauenarbeit und Arbeiterinnenschutz (Wien 1927) 16.

6.2.3. Die Gewerkschaften und die Sozialpolitik der Übergangs- und Friedenszeit

Während sich die freien Gewerkschaften in der ersten Kriegshälfte in mehrfacher Hinsicht mit den Problemen der Nachkriegszeit beschäftigten – so beteiligten sie sich engagiert an der sehr optimistisch gehaltenen Diskussion um ein Wirtschaftsbündnis zwischen Österreich-Ungarn und Deutschland – engte sich ihr Spektrum der Zukunftsfragen in der Folge stark ein. Unangefochten im Mittelpunkt stand nun die Entwicklung der Arbeits- und Lebensverhältnisse der Arbeiterschaft in Österreich. Auch die generell sehr hoch bewerteten Fragen des Organisationswesens traten demgegenüber in den Hintergrund, was auch durch die offensichtlichen Erfolge auf diesem Gebiet begünstigt wurde. In der Gestaltung der zukünftigen Lebensverhältnisse der Arbeiterschaft wollten sich die Gewerkschaften nur zu einem geringen Teil auf die eigene Stärke verlassen, die Hauptlast bei der Bewältigung dieser Aufgaben kam ihrer Meinung nach der staatlichen Sozialpolitik zu. „Der Staat schützt sich und sein Interesse, indem er die Ausbeutungsfreiheit auf engere Grenzen einschränkt."[954]

Das einzige Gebiet, das einer autonomen Regelung durch Arbeiterschaft und Unternehmer vorbehalten bleiben sollte, war die Lohnpolitik. Ziel der Gewerkschaften war die möglichst rasche Wiederherstellung des Reallohnniveaus vor Kriegsbeginn, wobei von vornherein Konflikte in Kauf genommen wurden.[955] Die Wiedergutmachung der eklatanten Einkommensverluste während des Krieges war Voraussetzung für eine dauernde Befriedung. „Man denke nur an den unter der Arbeiterschaft angesammelten, leider nur allzu berechtigten Groll, hervorgerufen mehr durch die traurigen Begleiterscheinungen des Krieges als durch diesen selbst, denke weiters daran, daß sie diesem nicht Luft machen konnte – und man wird zugeben müssen, daß die Arbeiter wahre Engel an Geduld und Demut sein müßten, wenn sie nicht den ersten Moment der wiedergekehrten Möglichkeit, sich wieder etwas mehr rühren zu können, dazu benützen sollten, um sich ihre während der langen und bitteren Kriegsjahre ihnen vorbehaltenen Rechte zu schaffen."[956] Um produktionsschädigende Formen solcher Kompensationsakte zu vermeiden, forderte die Gewerkschaftsführung die Wiederaufrichtung des Anfang 1917 noch gestörten Tarifvertragswesens, also eine korporative Konfliktlösung, die die Arbeiter unter die Kontrolle ihrer Organisation stellte.[957] Die Gewerkschaftsführung verlangte allerdings nicht die gesetzliche Verankerung des Kollektivvertrages, wie sie ja gleichzeitig mit einigem Erfolg von den Handlungsgehilfen angestrebt wurde.

Das Spektrum der geforderten staatlichen Maßnahmen zur Arbeiterpolitik reichte von der Invalidenbeschäftigung, die offensichtlich auf privatrechtlicher Basis nicht durchführbar war,[958] über den großen Komplex der Sozialversicherung[959] bis zu Arbeitsver-

---

954 AVA, HM, Z. 7097/1917, Denkschrift der GK und der Reichskommission der Krankenkassen über die zukünftige Sozialpolitik 29. 3. 1917 (Schlußsatz).
955 Vgl. DG 18/1917, S. 110 und DG 16/1918, S. 94–95.
956 DG 18/1917, S. 110.
957 Vgl. ebd., S. 109–110.
958 Vgl. DG 17/1917, S. 105–106.
959 Vgl. z. B. DG 19/1917, S. 113–114 und DG 17/1918, S. 101–102.

mittlung und Arbeitslosenfürsorge für die Zeit der Demobilisierung und Versuchen, den Gewerkschaftseinfluß auf Betriebsebene durch die rechtliche Absicherung der Vertrauensmänner und auf staatlicher Ebene durch Errichtung von Arbeiterkammern zu institutionalisieren.[960] „Die Gewerkschaft" widmete den sozialpolitischen Forderungen viele Artikel, die gewerkschaftliche Reichskonferenz im November 1917 und der Elfte Verbandstag des Metallarbeiterverbandes im März 1918 beschäftigten sich damit.[961] Im Laufe des Jahres 1917 legte die Gewerkschaftskommission zwei sozialpolitische Denkschriften der staatlichen Verwaltung vor mit der Begründung: *„Das Staatsganze fordert die Weiterbildung der Arbeiterschutzgesetzgebung; die Bevölkerungspolitik muß bei uns wie in jedem modernen Lande zu einer bewußten und systematischen Arbeiterpolitik führen."*[962]

Das erste dieser Memoranden entstand nach einer Einladung der Regierung an die Krankenkassen, ihre sozialpolitischen Vorstellungen darzulegen, was diese gemeinsam mit der Gewerkschaftskommission durchführten.[963] Die Forderungen dieser Denkschrift betrafen zunächst die verschiedenen Arbeitergruppen und je besondere Schutzmaßnahmen, so das Verbot der Nachtarbeit und gewisser gefährlicher Tätigkeiten für die Frauen, die Eindämmung der Kinderarbeit, die Verbesserung der Lehrlingsausbildung und die Regelung der Heimarbeit. Für die männlichen Arbeiter verlangten Gewerkschaften und Krankenkassen wie für die Frauen den Zehnstundentag in Industrie und Gewerbe und den Frühschluß vor Sonn- und Feiertagen, ferner Achtstundenschichten in den kontinuierlichen Betrieben, die Ausschöpfung der bestehenden gesetzlichen Möglichkeiten zur Verkürzung der Arbeitszeit in gesundheitsschädlichen Gewerben und schließlich die Einführung eines Erholungsurlaubes für schwer- und schwerstarbeitende Hilfsarbeiter. Allen Arbeitergruppen gleichermaßen sollte der Ausbau der Sozialversicherung zugutekommen, wobei insbesondere die Invalidenversicherung dringlich erschien. Schließlich wurden in der Denkschrift noch die für die Zeit der Demobilisierung wichtigen Fragen der Arbeitsvermittlung und der Arbeitslosenfürsorge aufgegriffen.[964] Die Denkschrift vom März 1917 enthielt somit keine Forderungen, die nicht bereits vor dem Krieg Gegenstand der Diskussion gewesen wären, und auch die Vorschläge zur Entschärfung der Demobilisierungskrise, die erst während des Krieges aktuell werden konnten, waren nicht neu. Als Reaktion auf die katastrophale Arbeitsmarktlage bei Kriegsbeginn hatte die Gewerkschaftskommission bereits 1915 eine Denkschrift zu diesem Thema vorgelegt.[965]

Im selben Rahmen hielt sich im wesentlichen auch die im August 1917 von der Gewerkschaftskommission allein präsentierte, zweite Denkschrift.[966] Diese wollte damit

---

960 Vgl. z. B. DG 49/1917, S. 275–277; DG 19/1918, S. 109–110 und ÖMA 16/1918, S. 73.
961 Vgl. DG 49/1917, S. 275–277 (Tagesordnungspunkte 1 und 2); ÖMA 12/1918, S. 49 (Tagesordnungspunkt 6. a–c).
962 AVA, HM, Z. 7097/1917, Eingabe (Hervorhebung im Original). Vgl. auch TAdAK, Denkschrift der GK an das HM, August 1917, Schlußbemerkungen.
963 Vgl. AdSP, PrPV 15. 2. 1917; vgl. auch DG 11/1917, S. 64; DG 12/1917, S. 72 (PrGK 9. 3. 1917); DG 14/1917, S. 88 (PrGK 23. 3. 1917) und DG 16/1917, S. 104 (PrGK 6. 4. 1917).
964 Vgl. AVA, HM, Z. 7097/1917, Eingabe, P. I bis VII und auch die Beilagen.
965 Vgl. AVA, SM, Z. 2830/1918 (MdI, Z. 49552/1915, Eingabe September 1915).
966 Vgl. zur Entstehung DG 33/1917, S. 174 (PrGK 26. und 27. 7. 1917) und DG 35/1917, S. 218 (PrGK 17. 8. 1917). Der Verfasser der Denkschrift dürfte Julius Grünwald, der Vertreter der Buch-

auf die geänderten Bedingungen reagieren und legte ein sorgfältig gegliedertes, ausführliches Programm zur künftigen Sozialpolitik vor. Einschlägige Themen bildeten ja gleichzeitig Beratungsgegenstände von Parlament und Generalkommissariat und wurden auf internationaler Ebene wieder diskutiert. So sollte die Internationale Gewerkschaftskonferenz im Juni 1917 in Stockholm über die sozialpolitischen Forderungen zu einem künftigen Friedensvertrag verhandeln.[967]

Die Denkschrift vom August 1917 gliederte die sozialpolitischen Forderungen nach fünf Punkten. Unter dem Titel „Arbeiterrecht" schienen gegenüber dem Memorandum vom März neue, wenn auch nicht unbekannte Anliegen auf. Die Gewerkschaftskommission verlangte die Abschaffung des Arbeitsbuches und des Dienstbuches der Hausgehilfen, die Verbesserung der III. Teilnovelle zum ABGB, unbehindertes Koalitions-, Versammlungs- und Vereinsrecht, eine Regelung bezüglich der Werkswohnungen, die von den Unternehmern leicht als Druckmittel gegen die Arbeiter benutzt werden konnten, und den Ausbau der Gewerbegerichte. Erstmals tauchte in der Denkschrift vom August 1917 die Forderung nach einer Anerkennung der Gewerkschaften und der Vertrauensmänner, als deren Exekutivorgane in den Betrieben, auf. „Die Wahl von Vertrauenspersonen soll dem Zwecke dienen, ausgebrochene Differenzen unter Zuziehung von gewerkschaftlichen Funktionären raschest beilegen zu können und bilden somit ein Bindeglied zwischen Gewerkschaft und Unternehmung." Schließlich äußerte die Gewerkschaftskommission den Wunsch nach einer einheitlichen Zusammenfassung der auf zahlreiche Gesetze verstreuten arbeitsrechtlichen Bestimmungen in einem Arbeiterrechtsbuch.

An erster Stelle der Forderungen zum „Arbeiterschutz" stand die Wiederherstellung des Vorkriegsstandes. Darüber hinaus schienen die diesbezüglichen Wünsche der Märzdenkschrift wieder auf: Arbeitszeitverkürzung, Verwirklichung des sanitären Maximalarbeitstages, Frauen- und Kinderschutz, Regulierung der Heimarbeit, Einführung von Erholungsurlauben. Neu hinzu kam die Forderung nach einem Ausbau der Gewerbeinspektion. Die „Arbeiterversicherung" war nach Meinung der Gewerkschaftsführung in den bereits bestehenden Zweigen der Kranken- und Unfallversicherung durch Erweiterung des Anwendungsbereichs und Zentralisierung zu verbessern. Invaliden-, Alters-, Witwen- und Waisenversicherung sollten ehestens eingeführt werden.

Der vierte Punkt befaßte sich mit dem „Übergang von der Kriegs- zur Friedenswirtschaft", den Veränderungen am Arbeitsmarkt und den wirtschaftlichen Problemen im Gefolge der Demobilisierung. Die freien Gewerkschaften waren keine Anhänger des im Kriegsministerium entwickelten Planes, die Soldaten nach Berufsgruppen, je nach Dringlichkeit und Beschäftigungslage, aus dem Heeresverband zu entlassen. Vielmehr sollte den Heimkehrern, die infolge der Überschwemmung des Arbeitsmarktes keine Beschäftigung finden konnten, eine staatliche Unterstützung gewährt und die Arbeitslosigkeit mit Hilfe einer paritätischen Arbeitsvermittlungsorganisation bekämpft werden. Schließlich hielt die Gewerkschaftskommission es für notwendig, in der ersten Zeit nach

---

binderorganisation in der GK und, neben Ferdinand Hanusch, deren zweiter sozialpolitischer Experte, gewesen sein.
967 Vgl. ÖMA 23/1917, S. 109–110. Vgl. auch DG 27/1917, S. 148 (PrGK 15. 6. 1917).

dem Krieg die Invalidenversorgung in Form einer staatlichen Fürsorgeaktion zu organisieren, da eine entsprechende Versicherung dann noch nicht funktionieren würde.

Diese Zusammenfassung der gewerkschaftlichen Wünsche, die noch durch berufsspezifische Arbeiterschutzforderungen ergänzt wurden, hielt sich im Rahmen der Sozialpolitik der Vorkriegszeit. Zum größten Teil wurde die Sanktion praktisch anerkannter Positionen oder die Beseitigung der ärgsten Schäden, die nicht „minder im Interesse des Staatsganzen, wie in dem speziellen der Arbeiterschaft" lag, angestrebt. In den Programmen fehlte die alte, aber nach wie vor umstrittene Forderung nach dem Achtstundentag oder auch die nach der staatlichen Arbeitslosenfürsorge, bzw. -versicherung.[968]

Trotz dieser Zurückhaltung der Gewerkschaftsführung gab es heftigste Proteste der Unternehmerschaft. Diente die Sozialpolitik nach Ansicht der Gewerkschaften zur Hebung der Volkswirtschaft, so drohte sie nach dem Urteil der wichtigsten Unternehmerorganisationen die Leistungsfähigkeit der Industrie und damit die Arbeiter selbst zu schädigen.[969] Für die Hauptstelle österreichischer Arbeitgeber-Organisationen bedeutete die Erfüllung der Gewerkschaftsforderungen „die Revolution im Wege der Sozialpolitik." „Eine Grundforderung jedes Arbeitgebers muß bleiben, daß er bei aller sozialen Fürsorge die *Leitung und Führung der Arbeit* behält. Die Anträge der sozialdemokratischen Gewerkschaften gehen jedoch nahezu alle, mehr oder weniger verhüllt, in letzter Linie darauf aus, die Führung und Leitung dem Arbeitgeber zu entreißen und auf diesem Wege allmählich die Vergesellschaftlichung der Produktionsmittel zu erreichen. Die Abschaffung des Arbeitsbuches, die Unabdingbarkeit einzelner Bestimmungen der so kläglich mißglückten Teilnovelle des Allgemeinen bürgerlichen Gesetzbuches über den Dienst- und Werkvertrag, die Forderungen nach einem *durch keinerlei Schranken beengten Koalitions-, Vereins- und Versammlungsrecht* auf Seiten der Arbeiter verbunden mit dem Zwang der Arbeitgeber, die *Vertrauensmänner in den Betrieben anzuerkennen*, die Forderungen auf *Unkündbarkeit von Werkswohnungen während Streiks*, wodurch der Arbeitgeber gezwungen wird, den *streikenden* Arbeitern noch Naturallohn zu leisten, und den sowohl den Arbeitgeber, wie auch die arbeitswilligen Arbeiter rücksichtslos zu bekämpfenden, vor keiner Gewalttätigkeit zurückschreckenden Streikenden in seiner unmittelbaren Umgebung zu belassen, die Forderung auf weitgehende Beeinflussung der Gewerbegerichte durch die Arbeiterschaft beinhalten ziemlich unverhüllt das Verlangen auf Untergrabung der Disziplin im Arbeitsverhältnis."[970]

Ganz anders reagierten die staatlichen Stellen auf die gewerkschaftlichen Forderungen zur künftigen Sozialpolitik. Die Denkschrift vom März 1917 veranlaßte Dr. Karl Přibram im Handelsministerium zu einem Expose, in dem er ein alternatives Konzept der Sozialpolitik darlegte. Das gewerkschaftliche Programm verfiel dem Verdikt, „individualistisch-liberalistische Ideengänge" zu reproduzieren, die infolge des Struktur-

---

968 Vgl. TAdAK, Denkschrift. Beide Denkschriften wurden übrigens in der „Gewerkschaft" nicht publiziert, sondern lediglich im Zusammenhang mit einer ausführlichen Beschreibung einer ähnlichen Aktion der deutschen Generalkommission (vgl. DG 8/1918, S. 29–31 und DG 10/1918, S. 47–49) und im Tätigkeitsbericht für 1917 (vgl. DG 7/1918, S. 24; beide Denkschriften) erwähnt.
969 Vgl. z. B. Protokoll des Industrielentages 1917, S. 52 (Hamburger).
970 DG 11/1918, S. 53–54 (Hervorhebungen im Original). Die Hauptstelle versandte die gewerkschaftliche Denkschrift an ihre Mitglieder und versah sie mit einem Vorwort, aus dem die Zitate stammen.

wandels der Wirtschaft überholt erschienen. Přibram ging davon aus, daß die in starken Gewerkschaften organisierten und in der Erhaltung ihrer Organisationen konservativ gewordenen Facharbeiter nun von radikalen Schichten unqualifizierter Kräfte abgelöst würden. Aus dieser Konstellation drohten gefährliche Kämpfe zu entstehen, in denen der Staat mit seinem traditionellen sozialpolitischen Instrumentarium machtlos war. Es war nicht länger möglich, auf „die Einsicht der beiden kämpfenden Parteien in das gegenseitige Kräfteverhältnis, in die Bedingungen und Grenzen des wirtschaftlich Zulässigen" vertrauend passiv zu bleiben, lediglich „die Vermittlerrolle zu übernehmen und sich in der Hauptsache mit der Festlegung dessen zu bescheiden, was die ständige Reibung der beiden Klassen an Ergebnissen brachte." Die neue Sozialpolitik sollte nach Meinung Přibrams vor allem in der Schaffung von Institutionen bestehen, die eine kontrollierte Austragung der Konflikte möglich machten, in der „planmäßige[n] Organisierung jener Kräfte, die im Interesse des ganzen verwendet werden sollen, und zwar unter Leitung der Regierung." Nach Wirtschaftszweigen und Verwaltungsgebieten aufgegliedert sollten zu diesem Zweck paritätische Kommissionen, sogenannte Arbeitsräte, ernannt und eine Zentralkommission an Stelle des reformbedürftigen Arbeitsbeirates errichtet werden. Die Aufgaben dieser Institutionen könnten nach dem Beispiel der Beschwerdekommissionen die ständig tagender Schiedsgerichte oder Einigungsämter sein, die der Fortbildung und Ausgestaltung des Tarifvertragswesens besonderes Gewicht beizumessen hätten. Auf diese Weise wäre es möglich, den Arbeiterschutz in bestmöglicher Anpassung an die jeweiligen örtlichen und Brachenverhältnisse auf Vereinbarungsbasis auszubauen. Darüberhinaus könnte eine solche staatliche Organisation des Interessenausgleichs zwischen Unternehmern und Arbeitern als eine Art Wirtschaftsparlament fungieren, von dem Anregungen zur Wirtschaftspolitik im allgemeinen für die Regierung ausgehen würden. Přibram schloß seine Ausführungen mit dem Vorschlag, sein auf den wirtschaftlichen Bereich abgestimmtes Konzept als Grundlage für eine Neuorientierung der Politik generell heranzuziehen, die die Lebensprobleme des Staates überwinden helfen sollte. „Man könnte geradezu ein Regierungsprogramm dafür formulieren, daß die weitesten Kreise der Bevölkerung nach Möglichkeit in Kommissionen aller Art zur Mitarbeit an den Aufgaben der Staatsverwaltung herangezogen werden, wobei, soweit als möglich, nationale Fragen auszuschalten wären. Eine derartige Auflösung des Parlaments in Sonderparlamente würde überdies der Regierung vielleicht einen besseren Einblick in die Bedürfnisse der Bevölkerung gewähren, als dies leider heute bei unserem Vertretungskörper möglich ist, in dessen Beratungen rein nationale Fragen alle übrigen Gegenstände überwuchern."[971]

Die Vorstellungen Přibrams zur zukünftigen Sozialpolitik fanden innerhalb der Bürokratie zwar einigen Anklang[972] und nahmen in der von mehreren Seiten erhobenen Forderung nach Errichtung von Arbeiterkammern sogar konkrete Formen an.[973] Dennoch

---

971 Vgl. AVA, HM, Z. 7097/1917. Přibram plädierte für die Ernennung der Kommissionsmitglieder aufgrund von Vorschlägen der Unternehmer- und Arbeiterorganisationen; Wahlen würden zuviel Aufregung und Kosten verursachen.
972 Vgl. AVA, HM, Z. 12540/1917, Beratung 1. 12. 1917.
973 Vgl. ebd. und z.B. 492 der Beilagen zu den StPrAH XXII, 3. Bd. (Antrag der tschechischen Sozialdemokraten) und DG 49/1917, S. 276.

konzentrierte sich die Sozialpolitik weiterhin auf die traditionellen Bereiche. Die zweite Denkschrift der Gewerkschaftskommission bildete die Grundlage für Verhandlungen über eine generelle Reform des Arbeitsrechts im eben erst entstehenden Sozialministerium. Der Ressortchef Dr. Viktor Mataja war bereit, einige der in der Eingabe oder in parlamentarischen Initiativanträgen geäußerten Wünsche aufzugreifen und zu realisieren, so die einheitliche Kodifikation des Arbeitsrechts, die Abschaffung der Arbeitsbücher und der Doppelstrafe bei Kontraktbruch, die rechtliche Verankerung der Vertrauensleute oder die Einführung des zehnstündigen Maximalarbeitstages. Ihm ging es um eine Befriedung der Arbeiterschaft durch ein gewisses Entgegenkommen, soweit es die Toleranz der Industriellen erlaubte. „Allein die Kodifikation werde von der Regierung nur unter der Voraussetzung eingeleitet werden, daß sie seitens der Vertreter der Arbeiterschaft die Zusicherung erhalte, daß diese bei den parlamentarischen Verhandlungen über den Gesetzesentwurf nicht über eine bestimmte Linie hinausgehen ... Andrerseits liege eine Vereinbarung dieser Art im Interesse der Arbeiterschaft und ihrer Vertreter selbst, da ohne Mitwirkung der Regierung es kaum gelingen werde, die zahlreichen in Sonderanträgen eingebrachten Forderungen auf Reform des Arbeitsrechtes zu verwirklichen."[974] Dieser Plan des Sozialministers sollte zunächst mit Vertretern der freien Gewerkschaftskommission, dann erst mit den politischen Führern der Sozialdemokratie besprochen werden.

Die Forderungen der Gewerkschaftskommission konnten während der Zeit der Monarchie nicht mehr erfüllt werden. Es wurden jedoch zu mehreren Themen Regierungsentwürfe ausgearbeitet, die in der Ersten Republik als Unterlagen des Gesetzgebungsprozesses dienen konnten. Die Sozialgesetzgebung in den Jahren 1918–1920 ging auch über den Rahmen der Denkschriften und Resolutionen der Gewerkschaftskommission während des Krieges nur an wenigen Punkten hinaus.[975] Solche seltene Fälle waren die Einführung des Achtstundentages und der allgemeinen Arbeitslosenfürsorge, die beide auf die trotz aller Vorbereitungen unerwartet katastrophalen Verhältnisse bei Kriegsende zurückzuführen waren.

6.2.4. Die freien Gewerkschaften zwischen Loyalität und Konflikt

Unter dem wachsenden Druck der Arbeiterschaft mußten die freien Gewerkschaften in der zweiten Hälfte des Jahres 1916 zum zweiten Mal während des Krieges ihre Taktik revidieren. Die Verschlechterung der Lebensverhältnisse der Arbeiterschaft, die durch eine bloß defensive Interessenvertretung und eine durch die Ausnahmsgesetzgebung gefesselte Lohnpolitik nicht zu verhindern gewesen war, drohte schließlich direkte Aktionen zu provozieren. Die Gewerkschaften gerieten durch diese Entwicklung in einen Zwiespalt: bei Fortsetzung der bisherigen Politik liefen sie Gefahr, die Bindung der

---

974 AVA, HM, Z. 12540/1917, Beratung 1. 12. 1917, Wortmeldung Matajas.
975 Unerfüllt blieb vor allem die Forderung nach der Invaliditäts-, Alters- und Hinterbliebenenversicherung.

6.2. Die Gewerkschaften zwischen Herbst 1916 und Sommer 1918

Arbeiterschaft endgültig zu zerstören; folgten sie der Radikalisierung der Basis, so setzten sie die bereits errungene Integration als Ordnungsfaktor und damit die Existenz der Organisationen aufs Spiel.

Die freien Gewerkschaften versuchten diesem Dilemma zu entgehen, indem sie unter Beibehaltung des Postulats der Loyalität eine offensivere Strategie gegenüber dem kriegführenden Staat einschlugen, um ihren Spielraum in der Vertretung der Arbeiterinteressen zu erweitern. Als Gegenleistung für die Erfüllung der dringendsten Forderungen waren sie zur Mitarbeit in den verschiedensten Gremien, die der Aufrechterhaltung einer störungsfreien Produktion dienen sollten, bereit. Ausdruck der geänderten Haltung war die von Funktionären bei Versammlungen immer wieder geäußerte Ablehnung jeder Verantwortung für kommende Ereignisse, falls die Behörden nicht den Wünschen der Arbeiterschaft nachkämen, während sich die Gewerkschaftsführung auf höchster Ebene um friedliche Problemlösungen bemühte.[976] Der Druck der Basis sollte dosiert in Verhandlungsmacht umgemünzt werden.

Die Arbeits- und die Versorgungsverhältnisse waren es, die zur Beruhigung der Arbeiterschaft dringend einer Neuregelung bedurften, und die Gewerkschaften hatten mit der Strategie, dafür die Hilfe der Staatsverwaltung einzufordern, Erfolg. Unter den herrschenden Bedingungen, die eine Konzentration der Kräfte auf außengerichtete Aktivitäten erforderte, war die Regierung auf die Kooperation der Sozialdemokratie bei der Aufrechterhaltung der inneren Ordnung angewiesen. Der staatliche Versorgungsapparat wurde reorganisiert, und die Arbeitervertreter auf allen Ebenen, vom Amt für Volksernährung bis zu den Gemeindewirtschaftsräten einbezogen. Daneben entstanden mit Unterstützung der Militärbehörden Sondereinrichtungen für die Rüstungsindustrie, an denen die Arbeiterorganisationen maßgeblich beteiligt waren. Vom Kriegsministerium wurde auf betrieblicher Ebene die Regelung der Approvisionierung den Vertrauensleuten der Belegschaft anvertraut.[977] Als trotz aller dieser Maßnahmen die Versorgungslage immer bedrohlichere Formen annahm, strebten die kaiserlichen Regierungen sogar die Aufnahme von Sozialdemokraten als Minister an.[978]

Die Arbeits- und Lohnverhältnisse im zentralen Bereich der Kriegsindustrie wurden dem Wunsch der Arbeiterorganisationen gemäß mit der Errichtung der Beschwerdekommissionen auf eine neue Basis gestellt und damit den Gewerkschaften neue Einflußchancen eröffnet. Das Kriegsministerium versuchte daneben auch, Konflikten in den kriegsindustriellen Arbeitsbeziehungen durch Heranziehung von Beratern aus den Unternehmer- und Arbeiterorganisationen vorzubeugen.[979] Kurz vor seinem Rücktritt im Sommer

---

[976] Vgl. z. B. AVA, MdI, Präs. Z. 23074/1916 (Metallarbeiterversammlung 27. 9. 1916; Gründung des Lebensmittelverbandes für die Kriegsleistungsbetriebe Wiens) oder MdI, Dep. 8, Z. 77956/1917 (Metallarbeiterversammlung 26. 11. 1917; Einleitung einer Arbeitslosenunterstützungsaktion).
[977] Vgl. KA, MfLV, B. K. Z. 1262/1917 (KM, Abt. 10, Z. 206754/1917).
[978] Vgl. AdSP, PrPV 21. 6. 1917 und PrPVertr 8. 8. 1917.
[979] Vgl. *Deutsch*, Aus Österreichs Revolution, S. 3–5. Otto Bauer war nach der Rückkehr aus russischer Kriegsgefangenschaft in der Kriegswissenschaftlichen Abteilung des KM tätig. Deutsch wurde 1917 von der GK als „sozialpolitischer Referent" im KM nominiert. Von Unternehmerseite agierte Dr. Gustav Weiß-Wellenstein, Sekretär der Wiener Handelskammer, in dieser Position.

1918 erwog Ministerpräsident Seidler die gesetzliche Einführung von Fabriksausschüssen und Arbeiterkammern.[980]

Diese und zahlreiche andere Maßnahmen der staatlichen Verwaltung entsprachen weitgehend den gewerkschaftlichen Vorstellungen; der Erfolg dieser Strategien zur Befriedung der Arbeiterschaft war dennoch bescheiden. Die Gründe hiefür waren erstens, daß in der zweiten Kriegshälfte alle Vorkehrungen zur Verbesserung der Ernährungssituation keine entscheidenden Änderungen mehr bewirken konnten. Die Gewerkschaftskommission beurteilte die Lage viel zu optimistisch und führte die Schwierigkeiten lange Zeit auf ungerechte Verteilung zurück.[981] Die Errichtung der Beschwerdekommissionen, die in Paraphrase zur eigenen Entwicklung als Übergang von passiver zu aktiver staatlicher Arbeiterpolitik gewertet wurde,[982] konnte das Kriegsleistungswesen lediglich mildern und die Verelendung der Arbeiter etwas bremsen. Gegen die tiefere Ursache der Erfolglosigkeit der gewerkschaftlichen wie der staatlichen Befriedungspolitik, die wachsende Kriegsmüdigkeit breiter Arbeiterschichten, waren solche Maßnahmen machtlos. Die Gewerkschaften konnten so einerseits aufgrund ihrer wachsenden Bedeutung und aufgrund größerer Chancen, sich bei Lohnverhandlungen gegen die Unternehmer zu behaupten, wohl enorme Mitgliedergewinne verbuchen, andererseits aber entglitt ihnen die Kontrolle über die Arbeiteraktionen immer mehr. Die Streiks nahmen an Zahl und Heftigkeit noch zu.

Die Gewerkschaftsführung lehnte Ausstände als Mittel zur Durchsetzung welcher Forderungen auch immer weiterhin strikt ab. Ihr Ziel war es ja gerade, durch eine graduell aggressivere Politik die Unzufriedenheit der Arbeiter einzudämmen und damit die Produktion zu gewährleisten. Wie dominant solche Ordnungsabsichten noch 1917 waren, als in Rußland die erste Revolution bereits den Zaren gestürzt hatte, zeigen die Vorkommnisse um die Maifeier in diesem Jahr. Die Gewerkschaftskommission und der Vorstand der sozialdemokratischen Partei waren zunächst übereingekommen, wie 1915 und 1916 auch diesmal auf Arbeitsruhe und Demonstrationen zu verzichten und nur Versammlungen am Abend des 1. Mai zu veranstalten.[983] „Die Gewerkschaft" veröffentlichte dazu nicht einmal mehr den vollständigen Aufruf der vergangenen beiden Jahre, sondern beschränkte sich ohne Floskeln auf dessen zweiten Teil, der keinen Hinweis auf die Lage der Arbeiterschaft enthielt.[984] Gleichzeitig gab es jedoch innerhalb der sozialdemokratischen Partei Bemühungen, die Maifeier wieder in der traditionellen Form und auch als große Kundgebung für den Frieden zu gestalten.[985] Eine erneute Erörterung der Frage in den Spitzengremien ergab aber keine Änderung der Beschlüsse: die Gewerkschaftskommission weigerte sich davon abzugehen. Diese starre und übervorsichtige Haltung der Gewerkschaftsleitung – die Behörden hatten z.B. nichts gegen eine Diskus-

---

980 Vgl. Karl Přibram, Die Sozialpolitik im neuen Oesterreich. In: Archiv für Sozialpolitik und Sozialwissenschaft 48 (1920/1921) 646.
981 Vgl. z.B. DG 7/1917, S. 27.
982 Vgl. DG 32/1917, S. 168.
983 Vgl. DG 14/1917, S. 88 (PrGK 23. 3. 1917). Vgl. auch AVA, SdPst Karton 116: Mappe April 1917: Aussendung des Parteisekretariats 14. 4. 1917.
984 Vgl. DG 16/1917, S. 97. Vgl. auch DG 15/1916, S. 105 und DG 16/1916, S. 101.
985 Vgl. AdSP, PrPV 8. 3. 1917 und PrPV 19. 4. 1917.

sion bestimmter Aspekte im feindlichen Rußland und der durch die Revolution gestiegenen Friedenschancen einzuwenden[986] – entpuppte sich als Fehlkalkulation. Der Parteivorstand sah sich gezwungen, die Angelegenheit der Wiener Konferenz, einem Vertrauensmännergremium, vozulegen, das sich am 20. April für die Arbeitsruhe am 1. Mai entschied.[987] Die Gewerkschaftsführung unterlag dem Druck der Basis, dem sich die Parteispitze über Drängen ihres linken Flügels besser anzupassen verstanden hatte. „Die Gewerkschaft", das Organ der Reichskommision, erwähnte diese Niederlage mit keinem Wort,[988] es enthielt sich auch nachträglich jedes Kommentars zur Feier des 1. Mai 1917.

Die Strategie der Gewerkschaftsführung, die „ihrer Pflicht bewußt, ohne viel reklamehaftes Geschrei mit Sachkenntnis das Kampfgebiet beschränkend, die Interessen der Arbeiterschaft wahren und in jedem Fall das für sie herausholen [wollte], was unter den gegebenen Verhältnissen herausgeholt werden kann",[989] erwies sich von der Seite der Folgebereitschaft der Arbeiter als gefährdet. Mit dem Ausbruch des ersten großen Metallarbeiterstreiks spitzte sich dieses Problem drastisch zu. Charakteristischerweise schoben Gewerkschaftskommission und Metallarbeiterverband die Schuld für die Vorkommnisse der Partei zu, die es versäumt habe, die linken Strömungen und die Berichterstattung über den Prozeß gegen Friedrich Adler unter Kontrolle zu halten. Sie forderten ein hartes Durchgreifen und schreckten selbst vor Drohungen mit einer Spaltung der sozialdemokratischen Bewegung nicht zurück. Ferdinand Hanusch schloß seinen Bericht über die Streiks, Demonstrationen und den Prozeß Adler anläßlich einer Versammlung der Spitzenfunktionäre des Wiener Gebiets mit den Worten: „Sollte die Partei es ablehnen, zu diesem Zwiespalt [zu den „Radikalen"] Stellung zu nehmen, so müßten die Gewerkschaften, so schwer es ihnen fällt, die Beziehungen zur Partei wesentlich lockern", und Franz Domes meinte: „Sollte der Parteivorstand sich nicht zu einer energischen Abwehr gegen den öden Radikalismus entschließen, werden die Metallarbeiter ihre Vertrauensmänner zusammenberufen und selbst Ordnung machen. Einmal auf diese Bahn getrieben, darf es dann nicht Wunder nehmen, wenn Gewerkschaft und Partei in Konflikt geraten. Wir wollen das vermeiden."[990]

Die Reaktion der Gewerkschaftsführung auf die Kontrollverluste ging am Kern des Problems vorbei: Die Organisationen verloren nicht an Einfluß durch die Agitation radikaler Gruppen, die zu dieser Zeit nur wenig Erfolg hatten,[991] sondern weil die Existenzbedingungen der Arbeiterschaft immer weniger zumutbar wurden.[992] Dafür spricht nicht zuletzt der erstaunliche Mitgliederzuwachs in den Organisationen, der als Ergebnis der eifrigen Aktivitäten der Gewerkschaften zu betrachten ist. Diese Aktivitäten

---

986 Vgl. AVA, SdPst Karton 131, Mappe 1917: Erlaß der Statthalterei Wien, Pr.Z. 2121/I. P. 17. 4. 1917: Richtlinien für die öffentliche Erörterung der Russischen Revolution.
987 Vgl. AdSP, PrPV 19. 4. und 26. 4. 1917.
988 Der Beschluß wurde in der AZ vom 27. 4. 1917 publiziert, ebenso in der Presse einiger Berufsverbände. Vgl. Der Textilarbeiter 18/1917, S. 1–2 oder Der Eisenbahner 11/1917, S. 1.
989 DG 25/1917, S. 137 (Kommentar zum Maistreik).
990 AdSP, PrPVertr, GK und des Wiener Vorstands 1. 6. 1917.
991 Vgl. *Hautmann,* Anfänge, S. 28–29.
992 Auf diese Tatsache ging in der genannten Versammlung nur Friedrich Austerlitz näher ein, der auch Friedrich Adler als eine „der stärksten Werbekräfte für den Sozialismus" nachdrücklich verteidigte. Vgl. AdSP, PrPVertr, GK und des Wiener Vorstands 1. 6. 1917.

konnten aber, wenn überhaupt, nur kurzfristig an der Lage der Arbeiter etwas ändern, wie die Entwicklung der Realeinkommen deutlich zeigt. Solange dieser Zustand nicht beseitigt war, waren spontane Arbeitsniederlegungen unvermeidlich, die die Ohnmacht der Gewerkschaften offenlegten. Sehr klar sah Renner dieses Dilemma: „Es handelt sich um ein rein organisatorisches Problem. Man soll eine Art Arbeiterrat schaffen, der über die Forderungen des Tages zu entscheiden hat, im Gegensatz zu den Gewerkschaften, deren Tätigkeit auf die dauernde Politik gerichtet sein muß." Der vorgeschlagene „Arbeiterrat" als Prellbock zwischen Arbeiterschaft und Gewerkschaft sollte die Unzufriedenheit der Basis in Konfrontationen mit den Unternehmern absorbieren und verhindern, daß die „Kraft der Arbeiterschaft" in dauernden Streiks „verpuffte".[993]

Renners Anregung wurde nicht realisiert, die Situation der Gewerkschaften blieb weiterhin prekär. Es kam zwar zu keiner Distanzierung von der sozialdemokratischen Partei, aber die führenden Funktionäre verharrten in scharfer Opposition zu deren linkem Flügel. Sie vollzogen nicht wie die rechte Parteimehrheit den durch die politische Entwicklung nahegelegten Schwenk auf deren Linie am Parteitag 1917.[994] „Es hat auf dem Parteitag einigermaßen Aufmerksamkeit erregt, daß in dieser so überaus langwierigen Debatte keiner der anwesenden Gewerkschaftsvertreter das Wort ergriffen hat. Abgesehen nun davon, daß die wirkliche Bedeutung der sich selbst als „Linke" bezeichnenden Gruppe eine derartige Mühewaltung nicht lohnte, war diese aber auch deshalb vollkommen überflüssig, weil die erklärten „Prinzipien" für die Tätigkeit der Gewerkschaften ohne jede Wirkung bleiben müssen. Damit soll natürlich nicht gesagt sein, daß in derartig ernsten und erregten Zeiten, wie wir sie jetzt erleben, nicht da und dort auch in irgendeine Gewerkschaft sich einiges von dem erklärten Geiste verirren könnte. ... Trotzdem jedoch ist der prinzipielle Gegensatz zwischen der unausgesetzten und nicht abänderbaren Arbeit der Gewerkschaften und den Anschauungen der besagten Erklärung der „Linken" so klar zutage liegend, daß ein Versuch, ihn zu überbrücken oder auch nur zu erklären, wirklich nicht nötig ist. Die *politische* Betätigung der Arbeiterklasse mag sich vielleicht zeitweilig – auf die Dauer auch nicht, wenn sie nicht die Grundlagen ihres Daseins untergraben will – den erklärten Anschauungen nähern. Für die *Gewerkschaften* ist dies vollkommen unmöglich: Entweder sie dienen, selbst auf die Gefahr hin, auch weiter „Wohltätigkeitsvereine" genannt zu werden, der Emanzipation der Arbeiterklasse durch die eifrigste Betätigung der sozialen Reformarbeit – oder aber sie hören überhaupt auf zu existieren. Da aber das letztere voraussichtlich nicht eintreten wird, die Arbeiter auf die Tätigkeit ihrer Gewerkschaften irgendwelcher angeblich neuer, in Wirklichkeit sehr altbackener „Prinzipien" wegen nicht verzichten werden, liegt für sie auch kein Anlaß vor, sich um den Prinzipienstreit besonders eifrig zu bekümmern."[995]

Die Gewerkschaften blieben bei der prinzipiellen Ablehnung von Streiks, obwohl der Ausstand vom Mai 1917 den Organisationen im Endeffekt große Vorteile brachte. Es

---

993 Ebd. (Renner).
994 Vgl. Protokoll der Verhandlungen des Parteitages der Deutschen sozialdemokratischen Arbeiterpartei in Österreich. Abgehalten in Wien 19. bis 24. Oktober 1917 (Wien 1918). Vgl. auch *Hautmann*, Anfänge, S. 33.
995 DG 44/1917, S. 255–256 (Hervorhebungen im Original).

war ja dem Metallarbeiterverband gelungen, die diffuse Unzufriedenheit der Arbeiter in eine massive Lohnbewegung zu transformieren und mit dieser Strategie, die die volle Unterstützung der Staatsverwaltung fand, den Unternehmern außerordentliche Zugeständnisse abzuringen. Die Organisation wußte diese neueröffneten Möglichkeiten auch durchaus einzusetzen. So kommentierte der Wiener Sekretär Drechsler die Ablehnung von Forderungen der staatlichen Münzarbeiter Ende Juni 1917 mit der Feststellung, daß „er eine Verantwortung nicht übernehmen könne, daß diese Arbeiter es so machen, wie es vor Wochen die 70.000 Munitionsarbeiter und einen verderblichen Schritt tun. ... Den Ausstand der Metallarbeiter vor 3 Wochen habe der Verband auch nicht wollen. Die Bewegung sei aber in erstaunlich kurzer Zeit von Erfolg begleitet und allen Faktoren um die Beilegung bemüht gewesen, weil eben Gefahr vorhanden war."[996] Eine solche Instrumentalisierung von Streiks für die eigene Drohpolitik erfolgte erst im Nachhinein, nach dem günstigen Abschluß der Bewegung. Der Gewerkschaftsführung erschien es in dieser Periode noch zu gefährlich, selbst Streiks als Mittel der Durchsetzung der Arbeiterforderungen in Erwägung zu ziehen.

Zunächst führte die Gewerkschaftskommission eine Kampagne gegen alle Gruppierungen, die ihre Disziplinierungsversuche durchkreuzten. Die Kampagne beruhte auf Verunglimpfung und richtete sich gegen Intellektuelle und den linken Parteiflügel ebenso wie gegen die neuen Industriearbeiterschichten. So schilderte „Die Gewerkschaft" die „Radikalen", die den führenden Funktionären in Wirklichkeit viel ernstere Sorgen machten, in einer Nachlese zum Maistreik folgendermaßen:

„Da wird uns zum Beispiel von einem überspannten Frauenzimmer erzählt, dessen Trick es ist, mit einem ausgeborgten Säugling am Arm „Radikalismus" zu predigen, in der Hoffnung, der Säugling werde sie gegen den gefürchteten, allzu unsanften Griff eines Wachmannes schützen. „Radikal" predigen ist ja recht schön; nur darf man dann nicht etwaige blaue Flecken scheuen. ... Oder wir hören von Leuten, denen man den verbummelten Akademiker aus dem sympathischen Osten Europas auf hundert Schritte ankennt, die als Arbeiter verkleidet, mit einem schwarzen Verband um den Kopf (!) sich unter Arbeiter drängen, um in einem Jargon, der weit mehr an irgendeine östliche Stadt als an den Dialekt aus den Proletarierbezirken Ottakring oder Favoriten oder Floridsdorf erinnert, ihre dummen Phrasen zum Besten geben.

Überhaupt ist diese Faschingsmaskerade das hervorragendste Kennzeichen all dieser Treibereien! Die dunkeln Herrschaften fühlen wohl, daß sie in ihrer gewöhnlichen bürgerlichen Tracht das gesunde Mißtrauen der Proletarier gegen diese ebenso aufdringliche wie verdächtige Freundschaft nicht überwinden könnten, und darum wird zu allerhand Mummenschanz gegriffen. Wir werden uns deshalb auch gar nicht wundern, wenn uns demnächst eine dieser hysterischen Damen auf der Straße in die Arme läuft, die phrygische Mütze auf der sorgfältig vor dem Spiegel arrangierten „radikalen" Frisur ... Oder wenn ein vom Papa, um etwas zu lernen, nach Wien geschickter Jüngling, der hier aber plötzlich sein Talent zum zweiten Lassalle entdeckt hat, uns in ölbeschmutzter blauer Bluse, den roten Schlips um den Hals und den Schlapphut auf dem schwarzgelockten, mit einem geheimnisvollen Verband umbundenen Haupt begegnet, den Proletrarier markierend, trotzdem er in seinem ganzen bisherigen, allerdings noch nicht allzulangen Leben seinen Fuß noch in keine Arbeitsstätte gesetzt hat!

---

996 AVA, MdI, Dep. 8, Z. 36527/1917.

Man sieht: die ganze Heldenaktion entbehrt einer gewissen komischen Note nicht. Nur aber daß die gegenwärtige Zeit leider zu traurig ist, als daß man an gewissen komischen Schaustellungen Geschmack finden könnte; insbesondere dann, wenn der Vorwand hiezu ein so ernster ist, wie im vorliegenden Fall. Und darum werden auch die Arbeiter an all diesem Unfug keinen Geschmack finden. Sie sind durch eine sehr harte Schule gegangen und wissen darum den ungeheuren Wert ihrer Gewerkschaften, mehr noch für die Zukunft als für die Gegenwart, zu schätzen und werden diese und ihre Bestrebungen um die Hebung und Sicherung der Lebenshaltung der Arbeiter nicht von unreifen Damen und Herren für irgendwelche Zwecke mißbrauchen lassen, von denen nur das eine bestimmt ist: daß sie mit den Aufgaben der Gewerkschaften nichts Gemeinsames haben. Um es nochmals zu sagen – wir wollen nicht mißverstanden werden: Wenn die Herrschaften das Bedürfnis fühlen, in den diversen „Salons" zusammenzukommen, um dort bei Kaffee und Kuchen Phrasen zu dreschen, so kümmert das niemand etwas und es wird sie auch niemand in diesem harmlosen Vergnügen stören. *Die Arbeiter* und deren Organisationen sollen sie aber gefälligst mit ihrem Firlefanz in Ruhe lassen. Das ist die Stelle, wo schließlich auch der erprobteste Proletarierlangmut zu Ende geht, und deshalb könnten die Damen und Herren, wenn sie versuchen wollten, in die Gewerkschaftsarbeiten einzugreifen, einen recht derben und unsanften Klapps über die manikürten Fingerchen bekommen. Und da wäre noch schade drum ... Darum also: *Hände weg!"*[997]

Der Kommentar zum Jännerstreik, in dem kurze Zeit linksradikale und anarchosyndikalistische Gruppen tatsächlich maßgeblichen Einfluß gewinnen konnten,[998] war zwar insgesamt etwas zurückhaltender, doch fehlte auch hier nicht der Hinweis auf „das dunkle Treiben von Elementen, die bar jedes proletarischen Empfindens und in offener Gegnerschaft gegen die altbewährte Methode des organisierten Klassenkampfes auch diese Bewegung wieder dazu benutzen wollten, diese Methoden in Mißkredit zu bringen und an ihre Stelle solche zu setzen, die von jeher nicht nur als fruchtlos, sondern auch als verderbenbringend erkannt wurden."[999] Tatsächlich schlugen die Gewerkschaften eine Rückzugstaktik vor einer drohenden Verwicklung in unter Umständen nicht mehr kontrollierbare Bewegungen ein. Sie hielten sich im Hintergrund, als die sozialdemokratische Partei als Antwort auf die Oktoberrevolution und den Waffenstillstand an der russischen Front Friedenskundgebungen veranstaltete. Diese Ereignisse wurden von der „Gewerkschaft" an keiner Stelle erwähnt. Der Jännerstreik wurde als ausschließlich politischer Streik gewertet, an dessen Beilegung die Gewerkschaften nur hinter den Kulissen mitarbeiteten.[1000]

Die Gewerkschaftsführung konnte gerade um die Jahreswende 1917/1918 kein Interesse an einer Massenaktion haben. Sie sah sich wieder wachsendem Einfluß der Unternehmer auf die Heeresverwaltung gegenüber, die größte und wichtigste Organisation befand sich in einer aus diesem Grund äußerst schwierigen Lohnverhandlung. Außerdem verschlechterte sich zu dieser Zeit infolge der Kohlenkrise allgemein die

---

997 DG 25/1917, S. 138 (Hervorhebungen, zweimal drei Punkte und (!) im Original).
998 Vgl. *Hautmann*, Anfänge, S. 42–50. Vgl. auch z.B. AVA, MdI, Präs. Z. 2397 und Präs. Z. 4987/1918.
999 DG 4/5/1918, S. 14.
1000 Vgl. AdSP, PrPV 17. 1. 1918 und Protokoll des Permanenzkomitees 21. 1. 1918. Domes und Hanusch nahmen an den Verhandlungen mit der Regierung teil. Vgl. Mitteilungen an die Arbeiter 19. 1. 1918, S. 1 und ÖMA 4/1918, S. 15.

Marktposition der Arbeiter. Eine Wiederholung des Schachzuges vom Mai 1917 war also praktisch ausgeschlossen, und die Gewerkschaften überließen die Wiederherstellung der Ordnung der sozialdemokratischen Partei. Der Aufruf vom 20. Jänner 1918, den Ausstand zu beenden, war nur vom Parteivorstand unterzeichnet.[1001] Die am 22. Jänner fällige „Gewerkschaft" erschien nicht, da die Buchdrucker streikten,[1002] dem Metallarbeiterverband gelang es zwar noch am 19. Jänner sein Periodikum herauszubringen, aber in dieser Zeitung ist kein Hinweis auf den Massenausstand zu finden.[1003] Die Forderungen, die von der sozialdemokratischen Partei aufgestellt wurden und auch ein für die Gewerkschaftspolitik so zentrales Problem wie die Abschaffung des Kriegsleistungsgesetzes enthielten,[1004] wurden auch nachträglich nicht aufgegriffen. Die Arbeiterräte, die sich auf linksradikale Initiative im Jännerstreik gebildet hatten,[1005] stellten sowohl organisatorisch als auch ideologisch eine ernstzunehmende Bedrohung der etablierten Arbeiterorganisationen dar. Der sozialdemokratischen Partei und der Gewerkschaftskommission, die sich von vornherein den Behörden gegenüber bereiterklärten, mäßigend auf die Arbeiterräte einzuwirken,[1006] gelang es aber bald, diese Basisorganisationen in ihre eigene Politik einzuspannen und sie tatsächlich, wie Renner es Monate zuvor angeregt hatte, als Schutz für die Gewerkschaften zu installieren.

Die staatlichen Behörden unterstützten diese Entwicklung. So verbot das Kriegsministerium den militärischen Leitern, die Räte als Vertretung der Arbeiter anzuerkennen und mit ihnen zu verhandeln. Das Sozialministerium zog den von den großen Unternehmerorganisationen wiederholt geäußerten Vorwurf, die Gewerkschaften hätten die Kontrolle über die Arbeiter verloren und syndikalistische Tendenzen machten sich breit, in Zweifel und begegnete ihm mit der lapidaren Feststellung, gegebenenfalls „müßte es Aufgabe einer auf Aufrechterhaltung von Ruhe und Ordnung und auf Ausgleichung sozialer Gegensätze bedachten Politik sein, die gewerkschaftlichen Organisationen zu stärken und ihnen radikalen und staatsgefährlichen Elementen gegenüber Rückhalt zu gewähren."[1007]

Die Gewerkschaftskommission stand nach außen hin den Arbeiterräten ablehnend gegenüber. So wertete das Organ der Reichskommission die Ablehnung der Vertrauensleute in der Textilarbeiterschaft in Reichenberg und Umgebung, am örtlichen Arbeiterrat mitzuwirken, als „beachtenswerten Beschluß". „Die Entschiedenheit, mit der hier gewissen Tagesströmungen, die mehr von inhaltslosen Schlagworten, als von sachlichen Erwägungen beeinflußt sind, entgegengetreten wurde, ist immerhin recht bemerkenswert."[1008] Dennoch entsandte die Gewerkschaftskommission noch während des Streiks

---

1001 Vgl. Mitteilungen an die Arbeiter 20. 1. 1918, S. 1.
1002 Vgl. DG 4/5/1918, S. 13.
1003 Vgl. ÖMA 3/1918, S. 9–12.
1004 Vgl. Mitteilungen an die Arbeiter 19. 1. 1918, S. 1. Vgl. auch AdSP, PrKlub 21. 1. 1918.
1005 Vgl. *Hautmann,* Anfänge, S. 42.
1006 Vgl. AVA, MdI, Präs. Z. 5787/1918.
1007 AVA, SM, Z. 11012/1918.
1008 DG 16/1918, S. 95. Diese Notiz stellt die einzige Auseinandersetzung mit den Arbeiterräten dar.

Vertreter in die Räte[1009] und beteiligte sich auch nach dem Ende des Streiks daran. Schon am 30. Jänner diskutierte sie eine Reorganisation des Arbeiterrates,[1010] die schließlich gemeinsam mit dem Parteivorstand betrieben wurde und die den etablierten Organisationen der Arbeiterbewegung eine dominante Position innerhalb der Arbeiterräte sichern sollte. Nach den später beschlossenen Statuten hatten neben den Bezirksexekutiven und maximal 20 Vertrauensmännern, die der politischen oder gewerkschaftlichen Organisation angehören mußten, auch „Vertreter der Industriegruppen, als welche die Mitglieder der Gewerkschaftskommission, der Kontrolle und ebensoviele Mitglieder der Vorständekonferenz der Gewerkschaften in einer Versammlung der letzteren delegiert werden", beratende und beschließende Stimme im Zentralarbeiterrat.[1011] Den Bezirksarbeiterräten sollten je zwei Delegierte der Ortsgruppen und Zahlstellen der Gewerkschaften angehören; an der Versammlung des Bezirksarbeiterrates, die die Abgesandten in den Wiener Arbeiterrat zu wählen hatte, durften außerdem generell nur Personen teilnehmen, „die sowohl Mitglieder der politischen als auch der gewerkschaftlichen Organisation und Abonnenten der „Arbeiterzeitung" sind." Diese Bedingung galt folglich auch für den Wiener Arbeiterrat, dem außer den Bezirksvertretern die Leitungsgremien aller örtlichen und zentralen politischen Organisationen, die Abgeordneten zu den Vertretungskörpern, sowie eben die Gewerkschaftskommission und Vertreter der Zentralverbände angehörten. Darüber hinaus war es den Gremien an der Basis, den Bezirksarbeiterräten, verboten, sich mit Angelegenheiten zu befassen, die in das Gebiet der politischen, der gewerkschaftlichen oder der genossenschaftlichen Organisation fielen.[1012]

Noch bevor dieses Statut beschlossen war, versuchten Partei- und Gewerkschaftsführung, wenn auch vergeblich, die Räte für ihre Zwecke zu verwenden. So wurde den Vertrauensleuten in jener Versammlung am 15. März 1918, die die neuen Statuten sanktionieren sollte, ein Manifest zur Unterzeichnung vorgelegt, das die über die Entwicklung der Lage äußerst erregte Arbeiterschaft zur Ruhe ermahnte. „Die Fabriksvertrauensmänner erklärten, sie würden, falls sie diese Schriftstücke unterschrieben, von ihren Arbeitsgenossen gesteinigt werden."[1013] Der Aufruf zu Ruhe und Ordnung blieb der Reichskonferenz der Sozialdemokratie Ende Mai 1918 vorbehalten. „*Die Reichskonferenz fordert ... die Arbeiter auf, im gegenwärtigen Augenblick größere Ausstände zu vermeiden*. Die Arbeiterschaft darf sich von den *Unternehmern*, denen ein Kampf im gegenwärtigen Augenblick sehr erwünscht wäre, nicht provozieren lassen. Sie darf sich die Stunde für den Kampf nicht durch blinde, wenn auch noch so begreifliche *Leidenschaft* diktieren lassen, sondern muß sie in richtiger *Einsicht* in die österreichischen und

---

1009 Vgl. AdSP, PrPV 17. 1. 1918. Die GK delegierte in diesem Stadium 8 Personen in den allgemeinen Arbeiterrat und war auch im Wiener Arbeiterrat vertreten. Diese Zusammensetzung wurde von den Arbeiterräten der Provinz heftig kritisiert. Vgl. *Neck*, Arbeiterschaft und Staat A. I. 2., S. 347–348 (AVA, MdI, 22NÖ, Z. 3057/1918, Landesparteitag der sozialdemokratischen Partei in Niederösterreich, 1. bis 3. 2. 1918).
1010 Vgl. DG 8/1918, S. 36 (PrGK 30. 1. 1918).
1011 Das waren insgesamt 36 Delegierte, die der obersten Funktionärsebene angehörten.
1012 Vgl. *Neck*, Arbeiterschaft und Staat A. I. 2., S. 418–420 (AVA, MdI 22NÖ, Z. 6562/1918; Statuten).
1013 Vgl. ebd., S. 417. Die Resolution war von PVertr, GK und Klub bereits unterzeichnet.

die allgemein europäischen Kampfbedingungen selbst wählen. Die Reichskonferenz fordert daher die Arbeiterschaft auf, *sich für eine günstigere Stunde, die kommen wird, bereitzuhalten.*"[1014]

Die ihm zugedachte Rolle als Prellbock erfüllte der Arbeiterrat in den Ereignissen des Juni 1918. Nachdem der Streik ausgebrochen war und sich erneut zu einer Massenbewegung ausgeweitet hatte, protestierte der Parteivorstand in einer Kundgebung an die Arbeiter gegen den Zusammenbruch des Versorgungswesens und teilte die Aufnahme von Verhandlungen mit der Regierung mit – ohne Erwähnung der Gewerkschaften, die tatsächlich mit den Behörden und den Unternehmern konferierten.[1015] Die heikle Entscheidung, unter welchen Bedingungen der Ausstand zu beenden sei, wurde dem Arbeiterrat zugeschoben: „Der Parteivorstand hat endlich beschlossen, für heute Dienstag [=18. Juni 1918] den *Wiener Arbeiterrat* einzuberufen, ihm über die Lage Bericht zu erstatten und seine Beschlüsse einzuholen. Der Parteivorstand bittet die gesamte Arbeiterschaft, sich zu keinen Unbesonnenheiten hinreißen zu lassen, sondern *in aller Ruhe die Beschlüsse des Wiener Arbeiterrates abzuwarten.*"[1016] Dieser stellte wohl fest, „daß eine wesentliche und dauernde Verbesserung der Ernährungsverhältnisse nicht möglich ist, *solange der Krieg fortdauert*",[1017] beschränkte sich im übrigen aber im Sinne der Partei auf Forderungen, „die das Schwergewicht des Kampfes auf das wirtschaftliche Gebiet, Lohnerhöhung und Arbeitszeitverkürzung lenken",[1018] und überließ die Verhandlungen darüber der Gewerkschaftsführung, die auch erst den konkreten Inhalt der Forderungen bestimmte.[1019] Die Resolution des Arbeiterrates enthielt nicht die Forderung nach dem Achtstundentag, die eine wichtige Rolle in der Streikbewegung spielte. Ebenso war es der Arbeiterrat, der dann nach den Verhandlungen, die ja bloß auf dem Gebiet der Löhne Ergebnisse brachten, am 23. Juni zur Wiederaufnahme der Arbeit aufforderte.[1020] Während die Gewerkschaftsführung ohne direkte Verbindung mit oder Verpflichtung gegenüber der Arbeiterschaft auf höchster Ebene über Forderungen beriet, die in einem nur losen Zusammenhang mit jenen der Basis standen, übernahm es der Arbeiterrat, der zwar de facto unter dem Einfluß von Partei- und Gewerkschaftsführung stand, aber doch als Organ der Arbeiterschaft selbst erscheinen konnte, diese an Beschlüsse der Gewerkschaftsführung zu binden und deren Politik durchzusetzen.

Obwohl es so mittels der Arbeiterräte in einer sehr schwierigen Situation gelungen war, das Dilemma zwischen Basisforderungen und Erwartungen der staatlichen Verwaltung zu mildern, mußte den Gewerkschaften im Laufe des Winters 1918, spätestens aber anläßlich des Junistreiks klarwerden, daß ihre Strategie der Ausschöpfung der Möglichkeiten innerhalb der durch Loyalität gezogenen Grenzen nicht mehr länger durchhaltbar war. Die Gefahr wuchs, daß sich die wilden Streiks nicht mehr bloß gegen Unternehmer

---

1014 ÖMA 24/1918, S. 111 (Hervorhebungen im ÖMA).
1015 Vgl. AVA, SM, Z. 15974/1918.
1016 ÖMA 25/1918, S. 115 (Hervorhebungen im ÖMA).
1017 ÖMA 26/1918, S. 119 (Hervorhebung im ÖMA).
1018 AdSP, PrPV und des Wiener Ausschusses 18. 6. 1918.
1019 Vgl. Resolution des Wiener Arbeiterrates 18. 6. 1918, P.1. In: ÖMA 26/1918, S. 119. Vgl. dazu auch AdSP, PrPV 19. 6. 1918 (Bauer).
1020 Vgl. ÖMA 26/1918, S. 119.

und Staatsverwaltung sondern auch gegen sie selbst richteten. Z. B. gab es Ende Jänner 1918 in Wiener Neustadt das Gerücht, das Ziel eines bevorstehenden Generalstreiks sei der Sturz der Parteispitze, da diese Kriegsanleihe gezeichnet habe.[1021] Gleichzeitig verschärfte sich die Haltung der Unternehmer aus mehreren Gründen gegenüber den Anliegen der Arbeiterschaft, und diese Tendenz begann bereits auf die Heeresverwaltung überzugreifen.

Der wichtigste Schritt zum neuerlichen Kurswechsel war, daß die Gewerkschaften zur Kenntnis nahmen, daß einzig die Beendigung des Krieges eine Änderung der Situation herbeiführen könnte. Am 1. Mai 1918 wurde mit Zustimmung der Gewerkschaftskommission gefeiert. Der gemeinsam mit dem Parteivorstand veröffentlichte Aufruf enthielt dieLosungen „für den Achtstundentag", „Verbrüderung der Arbeiter aller Länder" und „für den allgemeinen Frieden".[1022] Es wurde aber auch jetzt noch in gewohnter Weise vorsichtig vorgegangen, wie eine Stellungnahme des Metallarbeiterverbandes zur sozialdemokratischen Reichskonferenz Ende Mai 1918 beweist. Das Verlangen der Arbeiterschaft nach Friedensbemühungen „kann einzig an die Adresse der politischen Partei gerichtet sein, denn es ist doch klar, daß die Gewerkschaften eine ganz andere Sendung und Bestimmung, auch in Kriegszeiten, haben. Ihnen fällt wohl die Aufgabe zu, „den Guerillakrieg gegen den Kapitalismus" zu führen, sie haben unzweifelhaft *Brennpunkte der Organisation* für die Arbeiterklasse zu sein. Aber der eigentliche Kampf, der jetzt den Arbeitermassen der einzig erwünschte ist, der Kampf um die Beschleunigung des Kriegsendes, gebührt in erster Linie der politischen Vertretung der Arbeiterklasse, der Sozialdemokratie. Damit soll und kann nicht gesagt sein, daß die Gewerkschaften diesen erhabenen, menschlichen Kampf nicht fördern oder nicht mitkämpfen sollten oder wollten, sondern nur, daß die Führung, die Auswahl der anzuwendenden Mittel Aufgabe der Partei ist. Die Gewerkschaften haben da vorerst der Partei aufzuzeigen, wie der sonst in normalen Zeiten schon furchtbare Druck des Kapitalismus in Kriegszeiten zur Unerträglichkeit gesteigert wird." Befunde dieser gewerkschaftlichen Arbeit wären, daß eine Revolution wegen des Versagens der Internationale unmöglich und Streiks, bei denen stets rein gewerkschaftliche Forderungen erhoben würden, unnütz seien.[1023] Die Haltungsänderung hatte also noch keine Auswirkung auf die praktische Politik.

Dieser weitere Schritt deutete sich dann im Junistreik an, als der Gewerkschaftsführung sehr eindringlich die Zwecklosigkeit und Brisanz ihrer Vorgangsweise vor Augen geführt wurde, während sich die Rahmenbedingungen ständig verschlechterten. Im Kommentar zum Junistreik drohte „Die Gewerkschaft" fast unverhüllt mit Streik, sollte die Regierung ihren Teil zur Erhaltung der Arbeiterschaft nicht beisteuern.[1024] Zeichen für den Abschluß dieses Radikalisierungsprozesses der Gewerkschaften und für den Beginn der letzten Phase ihrer Kriegspolitik war die erweiterte Vorständekonferenz am

---

1021 Vgl. AVA, MdI, Präs. Z. 10875/1918. Laut V. Stein hat der Österreichische Metallarbeiterverband Kriegsanleihe gezeichnet. Vgl. Viktor *Stein*, Das Arbeitsverhältnis des osterreichischen (sic!) Metallarbeiters im Kriege 1914–1918 (o. O., o. J.) 28.
1022 Vgl. DG 16/1918, S. 93 und 100 (PrGK 5. 4. 1918).
1023 Vgl. ÖMA 24/1918, S. 111 (Hervorhebung im Original).
1024 Vgl. DG 27/1918, S. 142.

28. und 29. Juli 1918, die die Organisationen schließlich von sich aus zur Anwendung „bewährter gewerkschaftlicher Mittel" aufforderte.[1025]

Die freien Gewerkschaften machten in der Zeit vom Herbst 1916 bis zum Frühsommer 1918 eine Entwicklung durch, die sie zunächst noch stärker als vordem an die staatliche Verwaltung band, dann etwa seit dem Herbst 1917 aber, unter dem Druck der unzufriedenen Basis, dieser wieder entfremdete. Die Gewerkschaften gingen quasi auf den errungenen Positionen in die innere Emigration. Die Bereitschaft zur Kooperation war nie in Frage gestellt, doch erzwangen die tristen Verhältnisse und die Unfähigkeit der unterstützten Behörden, Abhilfe zu schaffen, eine teilweise Rückkehr zu autonomer Interessensvertretung.

Unter den besonderen Bedingungen brachte diese Entwicklung eine gewisse Annäherung an die Position der Unternehmerschaft. „Nicht gegen Unternehmerwillkür, nicht gegen besonderes Unrecht, das an der Arbeiterklasse allein begangen wurde, sondern ein Protest gegen die Gefährdung der Lebenshaltung, gegen die Herabdrückung der Leistungsfähigkeit der Arbeiterschaft", sei der Junistreik gewesen. „Also ein Unternehmen, das letzten Endes im Interesse der allgemeinen Volkswirtschaft, im besonderen des kriegführenden Staates liegt."[1026] Da dieser seiner Pflicht nicht nachkam, wurde das Feld der industriellen Beziehungen wieder den beteiligten Faktoren überlassen. Der zentrale Konflikt in der Kriegswirtschaft, der Machtvorsprung, den die Unternehmer durch das Kriegsleistungsgesetz genossen, war durch die existenzbedrohenden Versorgungsprobleme weitgehend verdrängt worden. Die einmütige Zusammenarbeit zwischen Gewerkschaftsspitze und leitenden Funktionären der Unternehmerverbände bei der Beilegung des Junistreiks, obwohl sich die Auseinandersetzungen in den vorangegangenen Monaten sehr verschärft hatten, ist ein Hinweis auf diese Entwicklung.

1025 Vgl. DG 32/1918, S. 197–199.
1026 ÖMA 26/1918, S. 119.

7. Herbst 1918

7.1. Der Zusammenbruch der Kriegswirtschaft

Im Laufe des Jahres 1918 erreichte die Mangelwirtschaft ein Stadium, in dem die Weiterführung des Krieges nicht mehr möglich war. Das Fehlen von Rohstoffen und die Zermürbung der Arbeitskraft der Bevölkerung führten zum Zusammenbruch der Produktion. Militärische Niederlagen waren unter solchen Bedingungen unvermeidlich und nur der letzte Anlaß zur Kapitulation.

Symptomatisch und von größter Tragweite war das Versagen der Kohleproduktion. Auf dem Industriellentag am 29. September 1918 wurde ein rapides Absinken der Produktion seit August konstatiert. Die Ursache dafür sahen die Unternehmer in Leistungsverweigerung durch die Arbeiter, die statt zu arbeiten, sich Lebensmittel beschaffen mußten.[1] Das Defizit an Kohle, das bereits für das erste Halbjahr 1918 mehr als 20% gegenüber 1913 betragen hatte,[2] vergrößerte sich damit in einem katastrophalen Ausmaß und machte die Fortsetzung der Kriegsproduktion unmöglich.

Der ökonomische Verfall, der sich in der Industrie bereits seit längerem in einer schlechter werdenden Ertragslage äußerte, griff in der letzten Phase auch auf den Finanzsektor über. Kursstürze ab September 1918 begleiteten den Zusammenbruch der Produktion.[3] Die Creditanstalt konnte in der zweiten Hälfte des Geschäftsjahres 1918 nur mehr knapp ein Fünftel des Reingewinns der ersten Hälfte verbuchen und mußte ihre Dividende drastisch von $12\,^3/_{16}$ 1917 auf $6\,^1/_4$ 1918 kürzen.[4] Nach der Kriegskonjunktur, die den Banken hohe Profite ermöglicht und den Umfang ihrer Aktivitäten stark erweitert hatte, setzte nun ein Prozeß der Entwertung von Beteiligungen und Forderungen ein.

Entscheidende Verschlechterungen traten im Sommer 1918 auf dem Gebiet der Lebensmittelversorgung ein. Die neue Ernte rettete zwar im Moment Österreich noch einmal vor dem Zusammenbruch, doch hatte die Zerrüttung der Landwirtschaft nun bereits einen solchen Grad angenommen, daß die neuen Vorräte nicht hinreichten, um längerfristig die Versorgung zu gewährleisten. Die Getreiderationen, die in der ersten Hälfte 1918 auf ein Minimum herabgesunken waren, konnten aus der neuen Ernte wohl erhöht werden, doch erreichten sie nicht mehr das Niveau des Sommers 1917. Für die marktabhängige Bevölkerung blieb die Regelung vom Jänner 1918, die bei ihrer Einführung ein Anlaß für den großen Ausstand gewesen war, nach den formellen oder de facto Kürzungen im Winter und Frühjahr weiter in Geltung. Bei den Selbstversorgern schien die Kategorie der „Schwerarbeiter" nicht mehr auf, sondern es wurden nur die bei der Nahrungsmittelproduktion beschäftigten Personen bevorzugt, wobei das erste und einzige Mal auch eine Differenzierung nach dem Alter vorgenommen wurde.

---

1 Vgl. DI 28/1918, S. 1–2.
2 Vgl. *Homann-Herimberg*, Kohlenversorgung, S. 11.
3 Vgl. DB 12. 10. 1918, S. 6.
4 Vgl. ebd., S. 5 und DB 24. 6. 1919, S. 146.

Getreiderationen 1918[5]

pro Woche	Nicht-selbstversorger	Industrielle Schwerarbeiter	Selbstversorger	Landwirtschaftliche Schwerarbeiter über 15 Jahre	unter 15 Jahre
ab Jänner 1918	250 g M +1260 g B/1610 g B	250 g M +2240 g B/2590 g B	1575 g G	2100 g G	
August 1918	250 g M +1260 g B/1610 g B	250 g M +2240 g B/2590 g B	1553 g G	2532 g G	2071 g G

G: Getreide; M: Mahlprodukte; B: Brot; /: oder; 1 Einheit M = ⁷/₅ B = ⁵/₄ G

Die rigorose Behandlung der agrarischen Selbstversorger im Reglement vom Sommer 1918 deutete schon auf die äußerst gespannte Versorgungssituation, die trotz der Einbringung der neuen Ernte weiterhin bestand. Je geringer die insgesamt zur Verfügung stehenden Mengen waren, desto mehr waren die Städte und Industriezentren dem Hunger ausgeliefert.

Die Behörden versuchten eine Zurückhaltung des Getreides durch eine besonders starke Erhöhung der Preise für vorschriftsmäßig an die Kriegs-Getreide-Verkehrsanstalt abgegebene Kontingente zu verhindern.

Amtliche Preise für Getreide und Mehl Herbst 1918

(1 mq) in K	Übernahmspreise der KGVA[6] (100 kg) in K	Verkaufspreise der KGVA[7] (1 kg) in h		Kleinverschleißpreise in Niederösterreich[8]	
Ernte 1918	Weizen und Roggen	Backmehl	Brotmehl	Backmehl	Brotmehl
bis 15. 7.	80				
16.–31. 7.	75	110	42	120	48
1.–31. 8.	70				
1.–30. 9.	65				
1. 10.–20. 12.	60	150	100	276	116
ab 21. 12. 1918	55		„Verschleißmehl"		

Entsprechend verteuerte sich das Brot.[9]

Die österreichische Bevölkerung mußte so schon im Sommer 1918, als die Situation nach den natürlichen Gegebenheiten relativ noch am günstigsten war, mit großem Mangel kämpfen. Im September 1918 bestand das tägliche Quantum an Nahrungsmitteln in Wien offiziell aus 35,7 g Mahlprodukten, 180 g Brot(ersatz), 71,4 g Kartoffeln, 8,6 g Fett und theoretisch 28,6 g Fleisch, das aber nicht erhältlich war. Von den ungefähr 700 Kalorien, die in dieser Lebensmittelration enthalten waren, konnte ein arbeitender Mensch nicht leben.[10]

---

5 Vgl. VOen des AfVE vom 16. 1. 1918, RGBl. Nr. 16 und vom 22. 7. 1918, RGBl. Nr. 273.
6 Vgl. VO des AfVE vom 27. 6. 1918, RGBl. NR. 235.
7 Vgl. WZ 11. 8. 1918, S. 5.
8 Vgl. Voen des k.k. Statthalters im Erzherzogtume Österreich unter der Enns vom 4. 6. 1917, LGuVBl. Nr. 93 und vom 10. 8. 1918, LGuVBl. Nr. 139.
9 Vgl. DK 17/1918, S. 166.
10 Vgl. DK 19/1918, S. 182. Vgl. auch *Löwenfeld-Russ*, Volksernährung, S. 335.

7.1. Der Zusammenbruch der Kriegswirtschaft

Die Lebenshaltungskosten stiegen trotz der Saison weiter kräftig an und konnten sich durch die notwendigen Schwarzmarktkäufe noch über die berechneten Werte erhöhen.

Preiskennzahlen (Juli 1914 = 1):[11]

	Teuerungsrate	gegenüber Vormonat
Juli 1918	11,62	+7%
August 1918	12,03	+4%
September 1918	12,44	+3%
Oktober 1918	12,85	+3%
November 1918	13,26	+3%

Die Aussichten auf den kommenden Winter waren unter den gegebenen Umständen schlecht. Große Teile der Bevölkerun in Städten und Industriegebieten litten bereits jahrelang an Unterernährung. Die Folge war eine starke Zunahme der Krankheiten, insbesondere der Tuberkulose gewesen. Eine „spanische Grippe" forderte im Sommer und Herbst 1918 allein unter der Bevölkerung der späteren Republik 18.500 Todesopfer, vor allem unter jungen Erwachsenen.[12]

In den bevorstehenden Monaten drohte die Unterschreitung des physischen Existenzminimums und damit eine entscheidende Verschlechterung des Lebenschancen. Unter diesen Umständen setzte der Zerfall der Monarchie ein. Die einzelnen Kronländer schlossen sich ab und weigerten sich, Lebensmittel an andere Gebiete abzugeben. In der Steiermark z.B. bildete sich am 20. Oktober 1918 ein aus Vertretern der Organisationen der Unternehmer, der Arbeiter, der Landwirtschaft und der Gemeinden zusammengesetzter „Wohlfahrtsausschuß", der die Verwaltung im Land übernahm. An die Stelle des Statthalters traten an diesem Tag und am 26. Oktober auch von der Wiener Zentralregierung anerkannt der Sozialdemokrat Dr. Arnold Eisler und der Industrielle Dr. Viktor Wutte als Landesverweser.[13] Steirische Industrieprodukte sollten zur Rettung der Bevölkerung des Landes nur mehr im Tausch gegen Lebensmittel abgegeben werden.[14]

Opfer dieser Abschließungstendenz war vor allem Wien, das völlig von Lebensmittelzuschüben abhängig war. Hier spitzte sich die Situation dramatisch zu. Nach einem Bericht der Zentralbehörden Anfang Oktober waren Mehl und Brot nur mehr bis Ende des Monats vorhanden, und die erwarteten Lieferungen aus Böhmen und Mähren blieben aus. Kartoffeln erreichten wegen der Transportprobleme die Hauptstadt nicht. Fleisch gab es zwar noch in geringen Mengen, aber nur deshalb, weil die Garnison von der Zivilverwaltung nicht mehr versorgt wurde. Fett würde bereits am 20. Oktober zu Ende sein; die Rationen bis dahin betrugen nur noch 40 g pro Woche. Es gab außerdem nur

---

11 Vgl. *Winkler,* Einkommensverschiebungen, S. 41.
12 Vgl. Karl *Helly,* Statistik der Gesundheitsverhältnisse der Bevölkerung der Republik Österreich in und nach dem Kriege. In: Clemens *Pirquet* (Hrsg.), Volksgesundheit im Krieg 1 (Wien 1926) 32 und 35–37. Vgl. Herbert *Elias,* Grippe. In: *Pirquet* (Hrsg.), Volksgesundheit 2, S. 55–65.
13 Vgl. Robert *Hinteregger,* Die Steiermark 1918/19 (Diss. Univ. Graz 1971) 69–71 und 186 (Anhang).
14 Vgl. ebd., S. 66.

mehr ganz wenig Milch, und Zucker fiel wegen des Kohlenmangels während der Kampagne aus.[15]

7.1.1. Das Ende der Kriegsindustrie

Die Einstellung der Kriegsproduktion im Herbst 1918 war ein äußerst heikles Problem. Die Arbeiter waren bis zu vier Jahre lang unter einem militärischen Regime in den Betrieben festgehalten worden und hatten in dieser Zeit große rechtliche und materielle Nachteile hinnehmen müssen. Nun, da die Nachfrage der Heeresverwaltung aufhörte, wurde die durch Kriegsleistungsgesetz und Folgemaßnahmen verfügte Bindung an den Arbeitsplatz aus der Sicht der Unternehmer und der Staatsverwaltung zu einem Hindernis für die Normalisierung der Verhältnisse. Solange die einschlägigen Bestimmungen in Kraft blieben, war eine Kündigung der beschäftigungslosen Arbeiter nur möglich, wenn die Beschwerdekommissionen der Freisetzung zustimmten. Für die Arbeiter bedeutete die Wiedererlangung der Freizügigkeit unter den herrschenden Bedingungen Arbeitslosigkeit.

Das Instrumentarium zur Bewältigung einer solchen Situation, das in den Vorbereitungen für die Übergangswirtschaft erstellt hätte werden sollen, erwies sich nicht als einsetzbar. Trotz der Hilfsaktionen für die Opfer des Rohstoffmangels schon während des Krieges waren keine Maßnahmen zur Unterstützung der arbeitslosen Heimkehrer, wie dies die Gewerkschaftskommission seit 1915 gefordert hatte, geplant. Die Verhandlungen über das Kernstück der Sozialpolitik während der Demobilisierung, die Arbeitsvermittlung, waren durch die Weigerung wichtiger Unternehmergruppen, das Prinzip der Parität anzuerkennen, ins Stocken geraten. Auch gab es keine konkreten Vorstellungen darüber, welche Rolle die Beschwerdekommissionen im Prozeß der Auflösung der Kriegswirtschaft spielen könnten. Die Direktion der Beschwerdekommissionen plante eine Diskussion über diese Frage erst für den 26. Oktober 1918,[16] als die Entwicklung bereits eine andere Richtung genommen hatte. Die kaiserliche Regierung besaß zu diesem Zeitpunkt auch in Deutschösterreich nicht mehr die Autorität, Ruhe und Ordnung aufrechtzuerhalten. Diese Aufgabe hatten in wesentlichen Teilen die Arbeiterorganisationen in Kooperation mit dem Reichsverband der Unternehmer übernommen. Die institutionellen Voraussetzungen dafür hatten sich aus Entwicklungen ergeben, die zunächst mit der Demobilisierung in keinem Zusammenhang standen.

Die Ansätze zur Bildung einer zentralen Institution der Arbeitsmarktparteien bildeten sich in den Verhandlungen über jenes Abkommen heraus, das zwischen Kriegsleistungsunternehmen und Heeresverwaltung abgeschlossen werden sollte. Seit Kriegsbeginn hatten sich die Arbeiten für dieses Übereinkommen dahingeschleppt. Sein letztes Entwicklungsstadium begann, als das Handelsministerium im September 1918 den vorliegenden Entwurf der Heeresverwaltung den Gremien des Generalkommissariats für

---

15 Vgl. *Löwenfeld-Russ,* Volksernährung, S. 71.
16 Vgl. KA, MfLV, B.K. Z. 1680/1918, Einladung 19. 10. 1918. Etwa zur selben Zeit wurde bereits erwogen, den BK-Mitgliedern anläßlich der Beendigung ihrer Tätigkeit Auszeichnungen zu verleihen. Vgl. AVA, SM, Z. 27329/1918.

Kriegs- und Übergangswirtschaft vorlegte. Erstmals wurden damit von der Verwaltung auch die Vertragspartner und die vom abzuschließenden Übereinkommen betroffenen Arbeiter in die Beratungen einbezogen. Der Entwurf des Kriegsministeriums war Gegenstand der 14. Sitzung des Arbeitsausschusses des Hauptauschusses des Generalkommissariats für Kriegs- und Übergangswirtschaft am 26. September 1918.[17]

Schon der erste Punkt der Vorlage, daß mit Ausnahme der Bergwerke Kriegsleistungsbetriebe Privataufträge nur mit Zustimmung des militärischen Leiters ausführen dürften,[18] stieß auf die einmütige Ablehnung durch Unternehmer- wie Arbeiterfunktionäre. Die Diskussion darüber mündete sofort in die Erörterung der Grundsätze „für die bestmögliche Durchführung des Arbeitsprozesses",[19] d. h. über die Verhinderung weiterer volkswirtschaftlicher Schäden, wie sie nach Ansicht der Interessenorganisationen durch die Politik der Heeresverwaltung entstanden waren. Obwohl Ferdinand Hanusch erklärte: „Uns geht die Sache nicht so nahe wie den Unternehmern, aber vom Standpunkt des Staatsbürgers muß man erklären, daß solche Dinge, wie sie bisher gemacht worden sind, in einem geordneten Staatswesen auf die Dauer nicht zu ertragen sind,"[20] waren es in hervorragendem Maße die Arbeitervertreter, die diesen neuen Kurs einschlugen und durchsetzten. Jakob Reumann machte in der Arbeitsausschußsitzung am 26. September den Vorschlag, die Beratungen über das Übereinkommen einem besonderen, kleinen Komitee zu übertragen.[21]

Die Sozialdemokraten verfolgten damit, wie die näheren Erläuterungen Dr. Karl Renners beweisen, zwei Ziele: einmal den von kurzfristigen Kalkülen bestimmten militärischen Einfluß auf die Wirtschaftspolitik auszuschalten und zum anderen, sich Aktionsmöglichkeiten zur Bewältigung der Krise, die in eine revolutionäre Entwicklung zu münden drohte, zu schaffen. Renner legte „die Vorteile dar, die sich aus der Schaffung einer Reichsindustriekommission ergeben müßten. Er erörterte hiebei die von ihm mehrfach literarisch verfochtene Anschauung, daß nur die Selbstverwaltung der Industrie, wobei die Unternehmerschaft und die Arbeiterschaft im Einvernehmen auf die möglichste Förderung des Arbeitsprozesses einzuwirken hätten, geeignet wäre, die industrielle Produktion durch die Krise hindurchzuführen, in der sie sich gegenwärtig befinde. An dieser Bewahrung der industriellen Produktion vor krisenhaften Erschütterungen hätten die Industrie und die Arbeiterschaft ein gemeinsames Interesse und hierüber sollten ihre Prominenten (sic!) Vertreter beraten, aber eben nur die leitenden Köpfe beider Gruppen." Unternehmer und staatliche Verwaltung griffen dieses Angebot der Arbeiterseite zur Kooperation in der Krise freudig auf. Riedl, der Generalkommissär für Kriegs- und Übergangswirtschaft, machte sich die Idee einer Industriekommission,

---

17 Vgl. AVA, HM, G. K. Z. 557/1918.
18 Vgl. KA, MfLV, Abt. XVIIa, Z. 4531/1918 (KM, Abt.7, Z. 6714/1918, Übereinkommen). Die Ausnahme des Bergbaus war eine Forderung des MfLV gewesen. Vgl. KA, MfLV, Abt. XVIIa, Z. 1103/1916.
19 Vgl. AVA, HM, G. K. Z. 557/1918.
20 Vgl. KA, MfLV, Abt. XVIIa, Z. 7870/1918 (HM, Z. 60274/1918, Äußerung Hanuschs vermutlich in der Unterausschußsitzung am 1. oder 2. 10. 1918).
21 Vgl. AVA, HM, G. K. Z. 557/1918, Referentenaufzeichnung 14. Sitzung des Arbeitsausschusses 26. 9. 1918.

"der alle grundsätzlichen Fragen der Aufrechterhaltung und Weiterführung der Wirtschaft zugewiesen werden müßten," sofort zueigen und appellierte nun seinerseits „an die Vertreter der Industrie und der Arbeiterschaft, diese Fragen, die die Gesamtheit und nicht eine bestimmte Klasse betreffen, in harmonischem Zusammenwirken zu lösen." Unter der Voraussetzung der formellen Zustimmung der Organisationen wurde beschlossen, ein vorbereitendes Komitee einzusetzen, das bereits am 1. Oktober zusammentreten und sowohl – nach dem Antrag Reumann – das Übereinkommen zwischen Heeresverwaltung und Industrie, als auch – dem Vorschlag Renners gemäß – über eine Reichsindustriekommission beraten sollte.[22]

Die freie Gewerkschaftskommission nominierte für dieses Gremium Dr. Karl Renner, Anton Hueber und Ferdinand Hanusch,[23] der Reichsverband der Industrie Dr. Signund Brosche, Heinrich Vetter und Dr. Ferdinand von Neureiter;[24] es bestand also ausschließlich aus Sozialdemokraten in Vertretung der Arbeiter und Großindustriellen auf Seite der Unternehmer.

Das vorbereitende Subkommitee des Arbeitsausschusses erfüllte die ihm gestellten Aufgaben in Verhandlungen am 1. und 2. Oktober 1918, denen auch der Textilindustrielle und einer der stellvertretenden Präsidenten des Reichsverbandes der Industrie, Arthur Kuffler, beigezogen wurde.[25] In der Debatte über das Abkommen zwischen Kriegsleistungsunternehmen und Heeresverwaltung stellte sich heraus, daß einerseits die Industriellen einen solchen Pakt als überflüssig ablehnten und daß andererseits die Arbeitervertreter darauf insistierten, die vorgesehenen arbeitsrechtlichen Bestimmungen wegen ihrer weitreichenden Bedeutung durch eine Verordnung zu erlassen. Der Vorsitzende Riedl akzeptierte sofort den Standpunkt der Sozialdemokraten und machte den Vorschlag, im Übereinkommen lediglich die Lieferbedingungen festzuhalten; die geplante Neuregelung der Kompetenz der militärischen Leiter und des Arbeitsschutzes sollte einer Ministerialverordnung aufgrund des kriegswirtschaftlichen Ermächtigungsgesetzes vorbehalten werden. Die einzelnen Punkte des Entwurfes des Kriegsministeriums wurden nur unter dem Gesichtspunkt durchberaten, daß die Verhältnisse eine sofortige Verlautbarung der Maßnahmen erzwingen könnten. Auch in dieser Hinsicht zeigte sich der Verfall der Autorität der Heeresverwaltung. Unternehmer- und Arbeitervertreter setzten z. B. offensichtlich ohne weiteres durch, daß die Ausführung privater Aufträge in Kriegsleistungsbetrieben nicht vom militärischen Leiter sondern durch eine „gemischte Kommission" aus Vertretern der Zentralstellen, der Unternehmer und der Arbeiter zu bewilligen war. Mit dieser prophylaktischen Spezialdebatte fand die Entwicklung des Übereinkommens nach knapp sechs Jahren ein ergebnisloses Ende.

---

22 Vgl. ebd.
23 Vgl. AVA, HM, G.K. Z. 565/1918 und DG 42/1918, S. 240 (PrGK 27. 9. 1918). Hanusch war nicht Mitglied des Arbeitsausschusses, doch wurde auf solche Formalitäten bewußt kein Wert gelegt. Vgl. AVA, HM, G.K. Z. 557/1918, Referentenaufzeichnung 14. Sitzung des Arbeitsausschusses 26. 9. 1918, Äußerung Riedls.
24 Vgl. AVA, HM, G.K. Z. 565/1918. Der Reichsverband stellte auch Ersatzmänner: Dr.Ing. Friedrich Schuster, Emanuel Weissenstein und Theodor Freiherr von Liebieg. Brosche und Vetter waren (neben Dr. Georg Günther) Präsidenten des Reichsverbandes der österreichischen Industrie, Neureiter sowie die Ersatzleute gehörten dessen Leitendem Ausschuß an. Vgl. DI 6/7/1918, S. 5 und DI 13/14/1918, S. 1.
25 Vgl. KA, MfLV, Abt.XVIIa, Z. 7870/1918.

Die Heeresverwaltung war kein bestimmender Faktor im Wirtschaftsgeschehen mehr; die „Verantwortung" ging von ihr auf die Industriekommission über.[26] Deren wichtigste Aufgabe war allerdings nicht die Klärung des Verhältnisses zwischen Heeresverwaltung und Industrie, sondern die Durchführung der industriellen Abrüstung.

Am 14. Oktober 1918 informierte das Kriegsministerium die Zivilverwaltung über die Stornierung seiner Bestellungen.[27] Damit hatte, mit dem Abbau der Kriegsindustrie beginnend, die Phase der Demobilisierung eingesetzt. Zur Sicherung von Ruhe und Ordnung wollte die Heeresverwaltung alle arbeitslosen Wehrpflichtigen und die Landsturmpflichtigen, soweit sie zum Dienst mit der Waffe geeignet waren, einrückend machen, also die Enthebungen vom Wehrdienst zurücknehmen. Die eingezogenen Arbeiter sollten unter militärischem Zwang von der Straße ferngehalten werden und gegebenenfalls als Sammelkader bei der Rübenkampagne, beim Holzfällen, in den Eisenbahnwerkstätten oder bei der Reparatur der U-Boote beschäftigt werden.[28] Dieser Plan wurde am 17. Oktober sozialdemokratischen Funktionären vorgelegt und von diesen trotz Bedenken akzeptiert. Vor allem zweifelten die Arbeitervertreter an der Macht der Militärverwaltung, unter den herrschenden politischen Verhältnissen die Soldaten auszuheben und festzuhalten.[29]

Die Regulierung der Arbeitslosigkeit der Frauen und der nicht wehrpflichtigen Männer blieb dem Sozialministerium vorbehalten. Dieses stellte am 17. Oktober 1918 einen Maßnahmen- und Forderungskatalog auf, mit dessen Hilfe die anstehenden Probleme bewältigt werden sollten. Das Sozialministerium verlangte, daß bei den Entlassungen in der Kriegsindustrie auf die Arbeitsmarkt- und Lebensmittellage Rücksicht zu nehmen sei und gleichzeitig mit dem Arbeiterabbau die Sachdemobilisierung einzusetzen habe, um Material für die zivile Produktion zur Verfügung zu stellen. Außerdem sollten Transportmöglichkeiten für Personen, die einen Arbeitsplatz in Aussicht hatten, und öffentliche Arbeiten für unbeschäftigt bleibende Berufsgruppen organisiert werden.

Ungelöst war das Problem, wer mit welchen Mitteln binnen kürzester Zeit diese Maßnahmen durchführen sollte. Das Sozialministerium sah, wie schon in früheren Demobilisierungsplänen, die Aufstellung von paritätischen Betriebs- und Abrüstungskommissionen mit der Funktion von Arbeitsnachweisen vor. Darüberhinaus sollten die Beschwerdekommissionen die Kündigungsfristen regulieren.[30] Sozialdemokratische Gewerkschafter, die mit diesen Absichten der Regierung am 19. Oktober konfrontiert wurden, erklärten sich abermals damit einverstanden.[31] Das Sozialministerium jedoch

---

26 Vgl. ebd. (HM, Z. 60274/1918, Hanusch).
27 Vgl. AVA, SM, Z. 26953/1918 (KM, Abt.10 KW, Z. 55516/S/1918).
28 Vgl. KA, MfLV, B.K. Z. 1765/1918 (MfLV, Abt.XVIIa, Z. 7778/1918; KM, Abt.10, Z. 315647 res/1918).
29 Vgl. KA, MfLV, Abt.XVIIa, Z. 7778/1918, Bericht über die Vorsprache der Arbeiterführer (Seitz, Domes und Hueber) 17. 10. 1918 in der Abt.10 des KM. Vgl. auch DG 44/1918, S. 248 (PrGK 18. 10. 1918).
30 Vgl. AVA, SM, Z. 26953/1918, Maßnahmen.
31 Vgl. ebd. und AVA, HM, G.K. Z. 594/1918, Resumé der am 19. 10. 1918 im SM in Anwesenheit der Abgeordneten Domes und Hanusch und des Gewerkschaftssekretärs Hueber abgehaltenen Besprechung betreffend den Abbau der Kriegsindustrie.

trat – wohl in der Erkenntnis, der Aufgabe nicht gewachsen zu sein – die Leitung der Angelegenheit an die im Entstehen begriffene Industriekommission ab,[32] die damit noch vor ihrer formellen Gründung aus einem Beratungsgremium der allgemeinen Wirtschaftspolitik in die zentrale Institution des industriellen Abrüstungsprozesses verwandelt wurde.

Das vorbereitende Kommitee hatte zum Vorschlag Renners am 1. und 2. Oktober einen Antrag ausgearbeitet,[33] der in der 15. Sitzung des Arbeitsausschusses am 23. Oktober 1918 eingebracht und beschlossen wurde. Er betraf die Bildung einer zehnköpfigen, paritätischen Industriekommission unter dem Vorsitz des Generalkommissärs, die durch Sachverständige auf beiden Seiten erweitert werden konnte. Der Antrag wurde mit der akuten politischen, wirtschaftlichen und sozialen Krise begründet, welcher durch einen Interessensausgleich auf höchster Ebene begegnet werden sollte. „Dabei werden sich besondere Aufgaben für eine sachverständige und wohlgesinnte Gesamtvertretung der Unternehmer und der Arbeiter ergeben hinsichtlich *allgemeiner Arbeiterbewegungen,* die die Gesamtheit der Industrie berühren, hinsichtlich Maßnahmen, die zur Behebung von *Versorgungsschwierigkeiten* auf Seiten der Arbeiterschaft erforderlich sind, und hinsichtlich solcher *örtlicher* Interessengegensätze, deren Beilegung und (sic!) lokalen Faktoren und Interessenvertretungen mißlingt, so daß das sachprüfende, beratende und vermittelnde Eintreten eines am örtlichen Streite nicht unmittelbar beteiligten Organes erwünscht ist, um die örtlich zuständigen Organisationen zu einer gedeihlichen Austragung der Streitfälle hinzulenken und die entgegenstehenden Schwierigkeiten zu beheben." Wie bereits im Vorschlag Renners wurde die Kooperation der Spitzenfunktionäre unter gesamtwirtschaftlichen Gesichtspunkten gegenüber der Gefährdung des sozialen Friedens durch Einzelinteressen verschiedener Gruppen innerhalb der Arbeiter- oder der Unternehmerschaft betont. Das Generalkommissariat sah „in der Einsetzung einer solchen Kommission den Weg zur Anbahnung *solidarischer Schritte aller Interessenten der heimischen Industrie.*"[34]

Zu Mitgliedern der Industriekommission wurden in der Arbeitsausschußsitzung am 23. Oktober die Unternehmer Dr. Sigmund Brosche, Heinrich Vetter, Arthur Kuffler, Ludwig Urban jun. und Fritz Hamburger und die Arbeitervertreter Dr. Karl Renner, Anton Hueber, Franz Domes, Ferdinand Hanusch und Adolf Pohl gewählt.[35] In dieser Zusammensetzung bestand die Industriekommission aus zwei Präsidenten und zwei Vizepräsidenten des Reichsverbands, die außerdem jeweils wichtige Gruppierungen innerhalb der zentralen Organisation der Industrie vertraten. Brosche, Vetter und Hamburger standen an der Spitze von Zentralverband, Bund und Hauptstelle; Arthur Kuffler, Präsident des Vereins der Baumwollspinner und Vorsitzender des Kriegsverbandes der Baumwollindustrie konnte zudem auf Erfahrung in der Zusammenarbeit mit der Gewerkschaft in der Frage der Arbeitslosenunterstützung in der Textilindustrie während des

---

32 Vgl. AVA, SM, Z. 26953/1918.
33 Vgl. AVA, HM, G.K. Z. 583/1918, Bericht. (Der Antrag dürfte von Sektionschef Krenn, dem Stellvertreter Riedls formuliert worden sein; vgl. Zu G.K. Z. 565/1918, Exposé).
34 AVA, HM, G.K. Z. 583/1918, Bericht (Hervorhebungen im Original).
35 Vgl. AVA, HM, G.K. Z. 594/1918, Referentenaufzeichnung.

7.1. Der Zusammenbruch der Kriegswirtschaft

Krieges verweisen. Hinzu kam in der Person Ludwig Urbans jun. der leitende Unternehmerfunktionär in Wien und im Industriegebiet Wiener Neustadt.

Auf der Seite der Arbeiter waren ausschließlich Sozialdemokraten vertreten. Neben dem Initiator Renner, der außerdem als Vorsitzender des Konsumgenossenschaftlichen Wirtschaftsausschusses als Experte in Approvisionierungsfragen anzusehen ist, waren dies der Sekretär der zentralen Gewerkschaftskommission sowie die führenden Funktionäre des Metallarbeiterverbandes, der Textilarbeiter- und der Bergarbeiterunion.

Die Zahl der Mitglieder der Industriekommission war in den vorbereitenden Verhandlungen bereits umstritten gewesen[36] und hielt sich nur einen Tag lang. In der ersten Sitzung der Industriekommission am 24. Oktober 1918 waren wohl alle genannten Unternehmer anwesend, auf Seite der Arbeiter fanden sich jedoch nur die Gewerkschafter Hueber, Hanusch und Domes ein. Auf der Tagesordnung der Beratung stand die Arbeiterentlassung durch die Kriegsindustrie, also jenes Thema, über das ebenfalls Hueber, Hanusch und Domes am 19. Oktober im Sozialministerium konferiert hatten.[37] Die Gewerkschaftskommission entsandte ab diesem Zeitpunkt stets drei Vertreter und bestimmte damit dessen endgültige Größe.[38]

In der ersten Sitzung der Industriekommission zeigte sich, daß nun aus ordnungspolitischen Gründen, die noch eine Woche zuvor alle Teile bewogen hatten, sich für die Beibehaltung des militärischen Zwanges auszusprechen, sowohl Unternehmer als auch Gewerkschafter scharf dagegen opponierten. „Die von der Heeresverwaltung vorgeschlagene Lösung sei abzulehnen, weil sie den gegenwärtigen polit. Verhältnissen keine Rechnung trage, auf den Arbeiter einen ungebührlichen Zwang ausüben wolle und die Gefahr in sich trage, daß die Sammelkader zur (sic!) Konzentrationspunkten einer Umsturzbewegung gemacht werden."[39] Die Unternehmer stimmten mit dieser von Domes vertretenen Meinung völlig überein; Brosche äußerte die Befürchtung, aus den Sammelkaders könnten Soldatenräte hervorgehen. Die Angst vor den arbeitslosen Massen auf der Straße trat angesichts der Gefahr der Entstehung revolutionärer Organisationen in den Hintergrund.

In den Beratungen vom 24. Oktober 1918 bahnte sich eine neue Entwicklung im Status der Industriekommission an. Zu diesem Zeitpunkt war der Zerfall der Monarchie eine vollzogene Tatsache, und sowohl Gewerkschafts- als auch Unternehmervertreter sprachen sich dafür aus, mit den entstehenden „Nationalräten" in Verbindung zu treten. Zu diesem Zweck sollte ein „Vollzugsausschuß" der Industriekommission aus je zwei Repräsentanten beider Seiten gebildet werden mit dem Auftrag, erstens die Nationalräte zu kontaktieren, zweitens die Verhandlungen mit der Heeresverwaltung fortzuführen und drittens Beschlüsse zum Demobilisierungsplan des Sozialministeriums zu fassen.[40] Das

---

36 Die Zahl schwankte zwischen vier und sechs Personen pro Partei. Vgl. AVA, HM, G.K. Z. 583/1918, Korrekturen im „Bericht". Bei diesem Akt befindet sich auch ein Zettel mit sechs Namen von Arbeitervertretern; der sechste Name neben den fünf erwähnten ist unleserlich.
37 Vgl. AVA, HM, G.K. Z. 594/1918, 1. Sitzung der Industriekommission und ebd., Resumé der Besprechung am 19. 10. 1918 im SM.
38 Vgl. dazu auch DG 46/1918, S. 260 (PrGK 24. 10. 1918).
39 AVA, HM, G.K. Z. 594/1918, 1. Sitzung 24. 10. 1918. (Der Sitzungsbericht findet sich auch bei AVA, SM, Z. 27478/1918).
40 Vgl. ebd., 1. Sitzung 24. 10. 1918.

Subkomitee sollte also der wichtige Entscheidungsträger sein. Es wurde vom Sozialministerium als dessen „Abrüstungskommission" betrachtet, der das Büro und das Personal der Sektion IV zur Verfügung gestellt wurden.[41]

Die Wahl des Vollzugsausschusses erfolgte am 25. Oktober 1918, und dieser trat sofort in Verhandlungen mit dem in Wien konstituierten deutschen Nationalrat ein.[42] Am folgenden Tag berichtete das „Viererkomitee" über die Beratung. Danach sollte ein „Sechserkomitee"[43] unter dem Vorsitz Dr. Karl Urbans, ehemals k. k. Handelsminister, als Delegiertem des Nationalrates gebildet werden, das die Durchführung der Abrüstung zu leiten hätte. Es sollte sich auf die personelle Demobilisierung beschränken, denn die Betrauung der Industriekommission auch mit der Sachdemobilisierung hätte zu Beteiligungswünschen der Agrarier an dieser Institution geführt.[44] Daran bestand offensichtlich kein Interesse; nach den Erfahrungen der industriellen Bevölkerung während des Krieges war eine Zusammenarbeit mit dem „Landvolk", wie sie Generalkommissär Riedl am 26. September im Arbeitsausschuß empfohlen hatte,[45] in einer solchen Intensität nicht möglich. Die Industriekommission stellte eine Koalition der Arbeiter und Industriellen nicht zuletzt gegen die agrarischen Interessen dar.

Die Stellung der Industriekommission in der neuen staatlichen Organisation sollte die eines Beirates des Vollzugsausschusses des deutschen Nationalrates sein, der Anträge stellte und Gutachten abgab. In bestimmten Fällen sollte sie zu direkten Maßnahmen im Namen des Nationalrates autorisiert sein; dies betraf vor allem die dringenden Verhandlungen mit der Heeresverwaltung. Die Industriekommission konnte überdies bei der Ausführung der eigenen Beschlüsse mitwirken und als Hilfsorgan hiezu die altösterreichische Zentralverwaltung heranziehen.[46] Sie besaß somit aufgrund ihrer Kompetenzen großen Einfluß sowohl auf die Legislative als auch Exekutive, der durch die spezifische Zusammensetzung noch vergrößert wurde.

Im Vollzugsausschuß der Nationalversammlung wurde noch am 25. Oktober 1918 der Antrag auf die Installierung der Industriekommission als Beirat gestellt. „Präsident Seitz berichtet über die schwierige Gestaltung der Verhältnisse in der Kriegsindustrie. Arbeiten werden eingestellt, Anordnungen müssen getroffen werden, berufen sind der Reichsverband der Industrie und die Gewerkschaftskommission: Es soll ein Beirat eingesetzt werden von je 3 Personen dieser beiden Organisationen unter Vorsitz eines Mitgliedes

---

41 Vgl. ebd., 1. Sitzung 24. 10. 1918 und AVA, SM, Z. 27478/1918.
42 Vgl. AVA, SM, Z. 27478/1918. Die Mitglieder dieses Vollzugsausschusses dürften Brosche, Kuffler, Hueber und Domes gewesen sein.
43 Zu diesem Zeitpunkt gab es wieder Diskussionen um die Größe der Industriekommission. Es existiert ein Entwurf, nach dem sie abermals 10 Mitglieder haben sollte und zwar auf Arbeiterseite neben den drei freien Gewerkschaftern noch je einen christlichen und deutschnationalen Arbeitervertreter. Vgl. dazu Peter G. *Fischer,* Ansätze zu Sozialpartnerschaft am Beginn der Ersten Republik. Das Paritätische Industriekomitee und die Industriekonferenzen. In: Gerald *Stourzh,* Margarete *Grandner* (Hrsg.), Historische Wurzeln der Sozialpartnerschaft (= Wiener Beiträge zur Geschichte der Neuzeit 12/13, Wien 1986) 234, auch Fußnote 42.
44 Vgl. AVA, HM, G. K. Z. 594/1918 (HM, Z. 74743/1918). Vgl. auch SM, Z. 27478/1918, Vorbereitende Sitzung 26. 10. 1918.
45 Vgl. AVA, HM. G. K. Z. 557/1918.
46 Vgl. AVA, HM, zu G. K. Z. 594/1918 (HM, Z. 74743/1918, Sitzung 26. 10. 1918).

des Vollzugsausschusses." Der Antrag wurde sofort akzeptiert und beschlossen, „einen Beirat einzusetzen, der dem Vollzugsausschuß Anträge über die Arbeitsbeschaffung, Arbeitsvermittlung und Arbeitslosen Unterstützung (sic!) für diejenigen Arbeiter, welche infolge der Einstellung der Kriegsindustrie arbeitslos werden, vorzulegen hat. Die Mitglieder dieses Beirates werden von den Organisationen der Unternehmer und Arbeiter ernannt, u. zw. werden der Reichsverband der österreichischen Industrie und die Gewerkschaftskommission Österreichs ersucht, je 3 Mitglieder zu nennen. Zur Leitung des beirates wird Herr Abg.. . . . berufen."[47]

Die Industriekommission war somit aus einem Subkomitee des Arbeitsausschusses des Hauptausschusses für Kriegs- und Übergangswirtschaft innerhalb der kaiserlich-österreichischen Regierung in einen Beirat der deutschösterreichischen Nationalversammlung mit dem Aufgabengebiet der industriellen Abrüstung transformiert worden. Ihm gehörten auf Seite der Arbeiter die bereits genannten Gewerkschafter Domes, Hanusch und Hueber an; aus der ursprünglich fünfköpfigen Unternehmergruppe blieben Brosche, Hamburger und Ludwig Urban jun. übrig.[48] Die personelle Zusammensetzung wies aber des öfteren Veränderungen auf. So nahm die Industriekommission ihre Tätigkeit mit der Einsetzung eines Spezialkomitees auf, welches das Arbeitsprogramm, das dem Vollzugsausschuß der Nationalversammlung vorzulegen war, erstellen sollte. Dieses Subkomitee bestand aus Franz Domes und Arthur Kuffler, der offiziell kein Mitglied der Industriekommission war.[49] Domes als Obmann des Metallarbeiterverbandes wurde gelegentlich durch den Wiener Sekretär seiner Organisation Josef Wiedenhofer ersetzt;[50] an die Stelle Ferdinand Hanuschs, der als Staatssekretär für soziale Fürsorge seine Funktion in der Industriekommission nicht mehr ausüben konnte, trat später Julius Grünwald.[51]

Das Arbeitsprogramm, das von dem am 26. Oktober eingesetzten, durch Kuffler und Domes gebildeten Spezialkomitee zu verfassen war, umfaßte folgende Fragen: die Sicherung der Ernährung; die Einrichtung einer paritätischen Arbeitsvermittlung; den Abbau des Arbeitszwanges, vor allem die Abschaffung des Kriegsleistungsgesetzes und in der Folge die „Ersetzung der Beschwerdekommissionen durch Lohnämter"; die vom Sozialministerium angeregte Einrichtung von Betriebskommissionen; Materialbeschaffung und Zahlung der Schulden durch die Heeresverwaltung; die Behebung der Kleingeldnot; die energische Abwehr der vom Kriegsministerium geplanten Sammelkader für beschäftigungslose Arbeiter; schließlich die Beeinflussung der Eisenbahn, die Arbeiter rasch und billig an neue Arbeitsplätze zu transportieren und außerdem die Lebensmittelzuschübe besonders aus Ungarn aufrechtzuerhalten.[52] Damit übernahm die Industriekom-

---

47 PA, Protokoll der 7. Sitzung des Vollzusausschusses des Deutschösterreichischen Nationalrates 25. 10. 1918.
48 Vgl. DI 30/1918, S. 2.
49 Vgl. AVA, HM, zu G. K. Z. 594/1918 (HM, Z. 74743/1918).
50 Vgl. z. B. KA, MfLV, B. K. Z. 1738/1918, Protokoll Sitzung des 6-er Komitees 31. 10. 1918.
51 Vgl. Bericht der Gewerkschaftskommission Deutschösterreichs an den ersten deutschösterreichischen Gewerkschaftskongreß in Wien 1919, S. 182. Julius Grünwald war Mitglied der GK, Redakteur der „Gewerkschaft" und Obmann des Vereins der Buchbinder.
52 Vgl. AVA, HM, zu G. K. Z. 594/1918 (HM, Z. 74743/1918).

mission einerseits konkret die früher beim Sozialministerium und der Heeresverwaltung liegenden Aufgaben der personellen Demobilisierung, andererseits traf sie auch die ersten Maßnahmen zur Ankurbelung der Wirtschaft.

Am 27. Oktober 1918 fand die erste Sitzung der Industriekommission in ihrer neuen Funktion statt; sie beschäftigte sich mit der Endredaktion des Arbeitsprogrammes, das schließlich als Antrag dem Vollzugsausschuß der deutschen Nationalversammlung vorgelegt wurde:[53]

„Das auf Beschluß des Vollzugsausschusses der deutschen Nationalversammlung aus je drei Vertretern der industriellen Unternehmer und der Arbeiterschaft eingesetzte Komitee hat unter Vorsitz des Herrn Reichratsabgeordneten Dr. Karl *Urban* als Vertreter des Vollzugsausschusses am heutigen Tage die durch den Abbau der Heereslieferung für die deutschösterreichische Industrie und Arbeiterschaft sich ergebenden Verhältnisse einer Beratung unterzogen.

Mit Rücksicht darauf, daß die deutschösterreichische Industrie durch die in Aussicht genommene Annulierung, bzw. Sistierung der Heeresaufträge am allerschwersten betroffen wird und daß die katastrophalen Ernährungsverhältnisse in Deutsch-Österreich die möglichst rasche und reibungslose Unterbringung der jetzt und gelegentlich der weiteren militärischen Demobilisierung freiwerdenden Arbeitskräfte bedingen, hat das Komitee beschlossen, ein Programm für die mit diesen Angelegenheiten zusammenhängenden Fragen aufzustellen und dem Vollzugsausschuß dieses Programm und die sich daraus ergebenden, nachstehend formulierten Anträge zur Annahme zu empfehlen:

Der Komplex der in diesem Zusammenahng zu behandelnden Fragen wird in zwei Hauptgruppen zerfallen:

I. Weiterbeschäftigung der Arbeiter in der bisherigen Kriegsindustrie für die Herstellung von Friedensartikeln.

II. Vermittlung von Arbeitern an andere Arbeitsstätten.

I. Zur Weiterbeschäftigung der Arbeiter in den bisherigen Betrieben sind geeignete Vorkehrungen in folgenden Punkten erforderlich:

1. Maßnahmen zur Sicherung der Ernährung der Arbeiter in den Fabriksbetrieben:
a) durch Aufrechterhaltung und Ausbau der bisherigen diesbezüglichen Einrichtungen;
b) durch Verwendung der Neuerzeugung dieser Betriebe als Kompensation für Lebensmittelbeschaffung.

2. Beschaffung von Rohmaterial für die Herstellung von Friedensartikeln:
a) durch Freigabe der bei der Annulierung der Heereslieferungen freiwerdenden Rohmaterialien und Halbfabrikate, bzw. sofortige Umänderung des Erzeugungsprogrammes für diese Materialien;
b) Einrichtung einer Austauschstelle der durch die Sistierung der Heeresaufträge freigewordenen Rohmaterialien;
c) sofortige Zuteilung der durch die Sachdemobilisierung der Heeresgüter zur Verfügung stehenden Roh- und Hilfsstoffe sowie Hilfsmaschinen und Transportmittel.

3. Geeignete Einflußnahme auf den Zeitpunkt und die Reihenfolge der Einstellung der Kriegsproduktion in den einzelnen Industriezweigen.

4. Gewährung staatlicher Unterstützung für Arbeitslosigkeit, insoweit eine solche Unterstützung für die Durchführung obiger Maßnahmen erforderlich ist.

5. Abschaffung des kriegswirtschaftlichen Arbeitszwanges und Errichtung von Einigungsämtern in Lohnfragen an Stelle der bei Endigung des Kriegsleistungsverhältnisses außer Kraft tretenden Beschwerdekommissionen.

---

53 DI 30/1918, S. 2–3 (Hervorhebungen im Original). Vgl. auch KA, MfLV, B.K. Z. 1765/1918, Anträge der Industriekommission an den Vollzugsausschuß der deutschen Nationalversammlung.

6. Erteilung von Aufträgen für den öffentlichen Friedensbedarf.

II. Maßnahmen zum Zwecke der Vermittlung von Arbeitern an andere Arbeitsstätten:

1. Errichtung paritätischer Arbeitsnachweise:

a) durch Heranziehung der bestehenden Arbeitsvermittlungsstellen,

b) durch Schaffung von Betriebskommissionen in den großen militärischen und industriellen Betrieben,

c) durch Schaffung von Ortskommissionen in Orten, in welche (sic!) sich eine Reihe kleinerer Kriegsbetriebe befinden,

d) Zusammenfassung aller dieser Arbeitsnachweise in eine (sic!) Zentralorganisation (industrielle Abrüstungsstelle), die berufen sein wird, den Verkehr mit den Arbeitsnachweisen der anderen nationalen Gebiete zu pflegen.

2. Vorkehrungen zur kostenlosen Beförderung der in der Kriegsindustrie beschäftigungslos gewordenen Arbeiter an andere Betriebsstätten, bzw. in ihre Heimatorte.

3. Gewährung einer staatlichen Unterstützung in Form einer Abfertigung an die rücktransportierten Arbeiter für die Dauer der Reise und erste Aufenthaltszeit.

4. Sinngemäße Anwendung des Punktes 1, 2, betreffend Zuweisung von freiwerdenden Rohmaterialien und solchen aus der Sachdemobilisierung an andere Industriezweige zur Ermöglichung der Wiederaufnahme der Friedenstätigkeit.

5. Sicherstellung der Eisenbahnbeförderung dieser Sachgüter und der erforderlichen Lebensmittel an die Friedensindustrie.

6. Staatliche Notstandsarbeiten und Erteilung von Aufträgen für öffentlichen Bedarf.

Zur Durchführung dieses Programmes wird es zunächst erforderlich sein, mit der Heeresverwaltung prinzipiell zu vereinbaren, daß die derzeit zur Kriegsindustrie kommandierten oder für die enthobenen Arbeiter sobatd (sic!), sei es in dieser, sei es in einer anderen Industrie, Beschäftigung finden, aus dem militärischen Dienstverhältnis beurlaubt werden und daß insbesondere die Freizügigkeit nicht nach den gegenwärtigen Intentionen durch Zusammenfassen der freiwerdenden Arbeiter in Sammelkader behindert werde.

Die Arbeitslosenunterstützung und der Arbeitsnachweis müssen in einen organischen Zusammenhang gebracht werden. Insoweit in den einzelnen Industrien kriegswirtschaftliche Verbände und bei diesen Unterstützungseinrichtungen bestehen, wären sie bei der Durchführung des Arbeitsnachweises und der Arbeitslosenfürsorge heranzuziehen. Trotz den von beiden Interessentengruppen gegen die Tätigkeit der Beschwerdekommissionen vielfach erhobenen Klagen erscheint es doch notwendig, in dem Augenblicke, in welchem durch Fortfall der Kriegsleistung die Kompetenz dieser Kommissionen in Fragen der Löhne und Arbeitsbedingungen aufhört, Einrichtungen zu schaffen, um für eine geregelte Behandlung von Lohndifferenzen zu sorgen. Die Tätigkeit des Komitees in allen hier behandelten Fragen hätte eine beratende zu sein. Insolange nicht die Vollzugsgewalt in Deutsch-Österreich von der Nationalversammlung, bzw. deren Organen ausgeübt wird, müßte daher die Antragstellung an die gemeinsamen und österreichischen Behörden nach eingeholter Zustimmung des Vollzugsausschusses erfolgen.

Das Komitee beehrt sich sohin den Antrag zu stellen, der Vollzugsausschuß der deutschen Nationalversammlung wolle beschließen:

1. Zur Durchführung aller mit der Überführung der durch das Aufhören des Kriegsbedarfes und durch die Demobilisierung freiwerdenden Arbeitskräfte in die Friedensbeschäftigung zusammenhängenden Maßnahmen wird ein Arbeitsamt errichtet, zu dessen Leitung ein paritätisch aus Vertretern der Unternehmer und der Arbeitgeber zusammengesetztes Direktorium gebildet wird.

2. Bis zur Errichtung eines solchen Arbeitsamtes wird die bestehende, paritätisch zusammengesetzte, eventuell entsprechend zu ergänzende Industriekommission unter Vorsitz eines Delegierten des Vollzugsausschusses ermächtigt, im Rahmen des vorgelegten Programmes und nach jeweiliger Ermächtigung durch den Vollzugsausschuß in dessen Namen die zur Durchführung

dieses Programmes erforderlichen Anträge an die Militärverwaltung und die österreichischen Behörden zu stellen und die Durchführung dieser Maßnahmen zu überwachen."

Diese Anträge wurden vom Vollzugsausschuß[54] und am 30. Oktober auch von der Provisorischen Nationalversammlung angenommen,[55] der letzte Teil außerdem sofort als „Beschluß der Provisorischen Nationalversammlung" publiziert.[56] Die „meritorische" Arbeit der Industriekommission konnte somit am 31. Oktober 1918 beginnen.[57]

Tatsächlich wurde die Tätigkeit bereits in einer Sitzung am 29. Oktober aufgenommen. Es wurde beschlossen, „alle Ministerien von der Konstituierung des Industriekomitees zu verständigen und ihnen mitzuteilen, daß, wenn dies nötig erscheint, Vertreter der Ministerien zur Mitarbeit herangezogen werden." Die am dringlichsten erscheinenden Probleme, Arbeitsvermittlung, Unterstützungswesen, Entmilitarisierung, Einigungsämter und schließlich die Kohlennot, wurden sofort in Angriff genommen. Abordnungen der Industriekommission wurden in Fachressorts entsandt, um vorhandene Unterlagen zu studieren und am 31. Oktober entsprechende Vorschläge einzubringen.[58] Der Reichsverband der Industrie wurde aufgefordert, in allen deutschösterreichischen Betrieben die Beschäftigungslage zu erheben und die Unternehmer von der Existenz der Industriekommission zu verständigen. Allgemeine Informationen über das Programm in der Presse wurde auf Wunsch der Gewerkschaftsvertreter noch einige Tage zurückgehalten.[59]

Die Sitzung am 31. Oktober stand dann zunächst unter dem Eindruck, daß das Landesverteidigungsministerium mit der Entmilitarisierung begonnen hatte und die Landsturmarbeiterabteilungen von ca. 200.000 Mann auflöste. Das Verteidigungsressort hatte damit die Industriekommission, aber auch den inzwischen gebildeten Staatsrat übergangen. Gleichzeitig hatte es aber einem dringenden Wunsch der Gewerkschaften entsprochen, die nun in der Industriekommission die sofortige Freisetzung aller Arbeiter forderten und durchsetzten. Dazu wurde nun, zum Teil nachträglich, die formelle Bestätigung des Staatsrates eingeholt.[60] „Nach Mitteilung des Staatssekretärs für Handel und Übergangswirtschaft Dr. Urban über die Umgestaltung der Kriegsindustrien und die Notwendigkeit von Verhandlungen wirtschaftlicher Art mit den Nationalstaaten wird beschlossen: Es ist ein Beirat der Industriellen und der Gewerkschaften zu bestellen, der kriegswirtschaftliche Arbeitszwang wird aufgehoben, und die Tätigkeit der militärischen Leiter damit eingestellt."[61]

Im Zusammenhang mit der Aufhebung des Arbeitszwanges stand für die Industriekommission auch die künftige Funktion der Beschwerdekommissionen zur Diskussion.

---

54 Vgl. KA, MfLV, B. K. Z. 1765/1918, Schreiben des Industriellen paritätischen Komitees des Vollzugsausschusses der deutschen Nationalversammlung an das MfLV 29. 10. 1918.
55 Vgl. StPr der 2. Sitzung der Provisorischen Nationalversammlung am 30. 10. 1918, 1. Bd., S. 49–53.
56 Vgl. Beschluß der Provisorischen Nationalversammlung vom 30. 10. 1918, StGBl. Nr. 4.
57 Vgl. DI 30/1918, S. 3.
58 Vgl. KA, MfLV, B. K. Z. 1738/1918, Protokoll 29. 10. 1918. Den Vorsitz in dieser Sitzung führte Hanusch. Urban und Domes wurden ins SM (Arbeitsvermittlung, Einigungsämter), Domes und Hamburger ins MföA und ins EM (Kohlenfrage) entsandt.
59 Vgl. ebd., Protokoll 29. 10. 1918. Das Programm wurde in DI 30/1918, S. 2–3 abgedruckt. DG 45/1918, S. 249–250 brachte eine gekürzte Fassung.
60 Vgl. KA, MfLV, B. K. Z. 1738/1918, Protokoll 31. 10. 1918.
61 PA, Protokoll der 13. Sitzung des Staatsrates 31. 10. 1918. Daraufhin reagierte auch das KM. Vgl. KA, MfLV, B. K. Z. 1748/1918 (KM, Abt.10, Z. 351000 res vom 1. 11. 1918).

Wie im „Programm" deutlich zum Ausdruck kam, waren weder Unternehmer- noch Arbeitervertreter an einer Erhaltung der Kriegsinstitution mit ihren weitreichenden Kompetenzen interessiert. Diese Einstellung zeigte sich auch in der Debatte des Themas wieder. Industrielle und Gewerkschafter waren sich einig, daß die neuen, als „Einigungsämter" bezeichneten Einrichtungen keine exekutive Gewalt haben sollten. „Die Hauptaufgabe der Einigungsämter sei, Streiks in der jetzigen Zeit zu verhüten." Darüberhinaus sollten sie die für die Zeit der Demobilisierung vorgesehenen Unterstützungen und Reisegelder unter Beachtung restriktiver Bedingungen verwalten. So meinte Gewerkschaftssekretär Hueber lapidar: Wenn „ein Arbeiter die ihm angebotene Arbeit nicht annimmmt, so entfällt die Unterstützung." Offenbar hielt die Gewerkschaftsspitze eine Normalisierung der Verhältnisse nur durch erhöhte Mobilität der Arbeiter, die durch die Beschwerdekommissionen alten Stils behindert worden wäre, für erreichbar. Im übrigen machte sich die Industriekommission selbst zur Oberbehörde der Einigungsämter. „Die Agenden der Direktion der Beschwerdekommissionen übernimmt das Industriekomité."[62]

Über die endgültige Form der Einigungsämter wurde noch keine Entscheidung gefällt, sondern das Sozialministerium, an dessen Spitze mit Hanusch ein Mitglied der Industriekommission stand, zur Vorlage eines entsprechenden Entwurfes aufgefordert. Dies geschah bereits in den folgenden Tagen, und die Industriekommission beriet in ihrer Sitzung vom 3. November darüber.[63] Ebenso verhandelte sie an diesem Tag über die Ausgestaltung der Arbeitsvermittlung und die Einführung einer Arbeitslosenunterstützung.[64] Diese drei Maßnahmen waren die ersten Schritte der Sozialpolitik der Ersten Republik.[65] Die Konzeption dieser Sozialpolitik in den Umsturztagen, aber auch noch 1919,[66] erfolgte also in Abstimmung mit den Interessen der führenden Unternehmerorganisationen, wenn auch die Initiative auf der Seite der sozialdemokratischen Gewerkschaft lag.

7.2. Die freien Gewerkschaften bei Kriegsende

7.2.1. Die Lage der Organisationen

Sicherlich mußten die freien Gewerkschaften infolge der Inflation in den Jahren 1914 bis 1918 eine finanzielle Schwächung hinnehmen. Die Steigerung des Vermögens von 1913 bis 1918 um 27% hielt mit der Entwertung des Geldes nicht mit. Deutlicher noch wird die eher ungünstige Entwicklung auf diesem Gebiet unter Berücksichtigung des

---

62 Vgl. KA, MfLV, B.K. Z. 1738/1918, Protokoll 31. 10. 1918. Vgl. auch Vollzugsanweisung des Deutschösterreichischen Staatsrates vom 4. 11. 1918, ohne Nummer, besonders § 6.
63 Vgl. ebd., Einladung zur Sitzung des paritätischen Komitees des Vollzugsausschusses der deutschen Nationalversammlung am 3. 11. 1918.
64 Vgl. DG 48/1918, S. 265 und AVA, SM, Z. 28527/1918.
65 Vgl. Vollzugsanweisungen des Deutschösterreichischen Staatsrates vom 4. 11. 1918, StGBl. Nr. 18; vom 6. 11. 1918, StGBl. Nr. 20 und vom 4. 11. 1918, ohne Nummer.
66 Vgl. *Fischer*, Ansätze, S. 235–240.

Sonderfalls Metallarbeiterverband. Wenn man diese Organisation mit ihren außerordentlichen Gewinnen während des Krieges ausklammert, so vermehrte sich das Durchschnittsvermögen der Gewerkschaften zwischen 1913 und 1918 um knapp 3%. Die Folgen dieser finanziellen Schwächung waren allerdings nicht besorgniserregend, da es den Gewerkschaften gelang, ihre kostenintensiven Unterstützungsfunktionen an den Staat abzugeben. Besonders die staatliche Arbeitslosenunterstützung, die sich in wichtigen Fällen bereits während des Krieges angebahnt hatte, stellte eine nicht zu unterschätzende Entlastung der Gewerkschaftsbudgets dar.

Große Erfolge konnten die Gewerkschaften während der zweiten Kriegshälfte in der Mitgliederrekrutierung verzeichnen. Eine große Zahl bisher unorganisierter Hilfsarbeiter und Hilfsarbeiterinnen trat den Verbänden bei und verbreiterte die gewerkschaftliche Basis in beträchtlichem Ausmaß. Erst mit der Rückkehr der Soldaten an ihre Arbeitsplätze zeigte sich die neue Reichweite der sozialdemokratischen Verbände. Außerdem schlossen sich zahlreiche Organisationen nach dem Krieg der freien Gewerkschaftskommission an. Die Mitgliederzahlen der Gewerkschaften auf dem Gebiet der Republik erhöhten sich im ersten Halbjahr 1918 um 125%, wobei dann die Zunahme bei den Männern mit 133% deutlich über jener bei den Frauen mit 103% lag.[67]

Die Position der freien Gewerkschaften im Verhältnis zu den Konkurrenten hatte sich verbessert. Die christlichen Verbände, die hier in Frage kommen, überwanden den Kriegsschock langsamer und hatten am Aufschwung 1917 nur in abgeschwächtem Maße teil. In den der Zentralkommission christlicher Gewerkschaften angeschlossenen Berufsverbänden waren 1917 18.607 Personen und Ende 1918, auf dem Gebiet der Republik, 20.556 Personen organisiert.[68] Der relative Vormarsch der freien Gewrkschaften kam vor allem in den Einflußmöglichkeiten, die sich diesen Organisationen im Laufe des Krieges eröffneten, zum Ausdruck. Je länger der Krieg andauerte und sich damit die Probleme zuspitzten, desto mehr suchten Zivil- und Heeresverwaltung die Mitarbeit der Sozialdemokratie. Bei der Besetzung z.B. der Beschwerdekommissionen und des Hauptausschusses für Kriegs- und Übergangswirtschaft wurde zwar streng auf Proporz zwischen den diversen Arbeiterorganisationen geachtet; von Bedeutung für die Regierung war jedoch lediglich die Kooperationsbereitschaft der großen sozialdemokratischen Organisationen. Deren Unentbehrlichkeit erwies sich immer wieder und vor allem bei den Massenstreiks der letzten beiden Kriegsjahre. Im Zusammenbruch der Monarchie schließlich wurden in den deutschsprachigen Gebieten die sozialdemokratischen Organisationen kurzfristig zur alleinigen Vertretung der Arbeiterschaft. Die Industriekommission bestand auf Arbeiterseite nach mehreren Umbildungen ausschließlich aus freien Gewerkschaftern. Bei drei Mandataren war eine ihrer Größe entsprechende Vertretung der christlichen oder deutschnationalen Organisationen nicht möglich.

Die Konkurrenzorganisationen beklagten sich bereits im August 1918 beim Kriegsministerium über die Bevorzugung der Sozialdemokratie durch die Bureaukratie, die das Ansehen dieser, ihrer Ansicht nach immer stärker bolschewistisch bestimmten Partei bei den Arbeitern stärke. Die christlichsozialen und deutschnationalen Arbeiterorganisatio-

---

67 Vgl. DG 31/1919, S. 169–181 und DG 36/1919, S. 214.
68 Vgl. *Hemala,* Gewerkschaften, S. 104 und 141–142.

nen forderten die Heeresverwaltung auf, die militärischen Leiter anzuweisen, auch mit ihren Vertrauensmännern zusammenzuarbeiten. In seiner Antwort wenige Tage vor Kriegsende versuchte das Kriegsministerium gar nicht, die Bevorzugung der Sozialdemokratie abzustreiten. Dieser wurden die tüchtigeren Führer und die besseren Methoden attestiert; die christlichen Gewerkschafter spielten im Urteil der Heeresverwaltung durch Unverständnis für Arbeiterfragen eine traurige Rolle im Hauptausschuß für Kriegs- und Übergangswirtschaft. Den Sozialdemokraten kam zugute, daß sie immer wieder bei den Zentralstellen interveniert und dadurch enge Kontakte geknüpft hatten. Vor allem aber, daß sie stets und mit Erfolg bemüht waren, die Ruhe in den Betrieben aufrechtzuerhalten; die Einflußmöglichkeiten der anderen Organisationen auf die Arbeiterschaft wurden hingegen als fragwürdig eingeschätzt.[69]

Das Problem der nationalen Spaltung der Sozialdemokratie in deutschdominierte Zentralisten und tschechoslawische Separatisten löste sich durch den Zerfall des Vielvölkerstaates von selbst. Die beiden verfeindeten Gewerkschaftsorganisationen hatten während des Krieges des öfteren zusammengearbeitet, und es gab Anzeichen für eine Annäherung. Schon für den Parteitag der deutschen Sozialdemokratie in Österreich 1917 war eine Diskussion über die Beziehungen zu den Organisationen der anderen Nationen in der Monarchie vorgesehen gewesen, wurde dann aber ohne Angabe von Gründen wieder abgesetzt.[70] Erst der Verbandstag der Metallarbeiter im März 1918 beschäftigte sich ausführlich mit diesem Problem. „Als stärkste und älteste Organisation in der Metallindustrie Österreich-Ungarns, als wärmster und überzeugtester Vorkämpfer der proletarischen Einheit erachtet es der Österreichische Metallarbeiterverband für seine Pflicht und für sein Recht, das erste Wort zugunsten einer Annäherung zu sprechen einzig aus Rücksicht auf die proletarischen Bedürfnisse, aus Rücksicht auf die schwierigen Zeiten, denen wir entgegengehen. Davon ausgehend, heißt der Verbandstag jedes Unternehmen des Vorstandes gut, das geeignet ist, in Österreich den tschechoslawischen Verband von der Notwendigkeit zu überzeugen, *seine Grundsätze und Anschauungen nochmals zu revidieren,* damit er sich den Notwendigkeiten der Gegenwart anpasse, die ein geschlossenes Vorgehen und entschiedenen Kampf um Sicherung und Hebung der Lebenslage der Metallarbeiter, welche die Anspannung aller Kräfte zur Festigung der Position der Arbeiter heischt."[71]

Tatsächlich dürfte die Verständigungsbereitschaft bei den zentralen Gewerkschaften allerdings gering gewesen sein, geringer als in der politischen Organisation. Als in der Partei im Sommer 1918 Schritte in dieser Richtung unternommen wurden, verwahrte sich die Gewerkschaftskommission in ungewöhnlicher Schärfe dagegen. „Durch die österreichische Arbeiterpresse geht eine Mitteilung über Verhandlungen, die in der letzten Zeit zwischen den Exekutiven der beiden tschechischen sozialdemokratischen Parteien (Zentralisten und Separatisten) zum Zwecke der Beilegung der bestehenden Streitfragen stattgefunden haben. Zur Ergänzung dieser Mitteilung stellen wir fest, daß diese Verhandlungen *ohne Auftrag* und *ohne Zustimmung der Gewerkschaftskommission*

---

69 Vgl. KA, KM, Abt.10, Z. 35783/1918. In: *Neck,* Arbeiterschaft und Staat A.I.2., S. 716–719.
70 Vgl. AdSP, PrPVertr 9. 8. 1917 und PrPV 21. 9. 1917 (Antrag Austerlitz).
71 ÖMA 15/1918, S. 65 (Hervorhebung im Original).

Österreichs eingeleitet und von der Exekutive der zentralistischen Partei unter eigener Verantwortung geführt wurden."[72]

Erst nach der Trennung der Staatsgebiete ergab sich eine Klärung. So beschlossen der zentralistische und der tschechische Metallarbeiterverband in einer gemeinsamen Konferenz am 24. November 1918 die Aufteilung der Mitglieder und des Vermögens sowie die neuen Zuständigkeitsbereiche.[73] Ab 1. Jänner 1919 wurde das Erscheinen des „Odborové Sdružení", der tschechischen Ausgabe der „Gewerkschaft", eingestellt.[74] Das Faktum der Bildung von Nationalstaaten mit Hilfe der jeweiligen Arbeiterbewegung wurde von der zentralistischen Gewerkschaftskommission allerdings als „nationalistischer Wahnsinn" qualifiziert, der mit wenigen Ausnahmen „alle proletarischen Gefühle unterjocht hat".[75]

Den freien Gewerkschaften Deutschösterreichs, die gestärkt und von einigen organisatorischen Problemen befreit aus dem Krieg hervorgingen, standen in der Umsturzphase auf Unternehmerseite keine vergleichbaren Kräfte gegenüber. Abgesehen von der politischen und wirtschaftlichen Schwächung des bürgerlichen Lagers durch die Niederlage zerbrach der organisatorische Zusammenhalt des erst im Februar 1918 gegründeten Reichsverbandes der österreichischen Industrie, dessen Schwerpunkt nicht wie bei den freien Gewerkschaften auf dem Gebiet der späteren Republik gelegen hatte. Erst Anfang Herbst 1919 wurde eine zentrale Unternehmerorganisation für Deutschösterreich, der „Hauptverband der österreichischen Industrie" gegründet.[76]

7.2.2. Die freien Gewerkschaften im Zusammenbruch der Kriegswirtschaft

Am 16. Juli 1918 veröffentlichte „Die Gewerkschaft" die Einladung zu einer erweiterten Vorständekonferenz am 28. Juli, die sich mit der Lebensmittelnot und den Forderungen der Gewerkschaften an die Regierung in diesem Zusammenhang befassen sollte. Außerdem war die Wahl einer Deputation vorgesehen, die das Thema mit den zuständigen Ministern erörtern sollte.[77] Diese als „Kongreßersatz", aber auch als „schriller Alarmruf" und „Mobilmachung der österreichischen Proletarier"[78] bezeichnete Konferenz stellte klar, daß die Gewerkschaften nicht länger bereit waren, als Vermittler zwischen den staatlichen und den Arbeiterinteressen zu fungieren. „Es geht nicht weiter an ..., die Arbeiter Österreichs und deren Familien im wahrsten Sinne des Wortes dem schrecklich-

---

72 DG 34/1918, S. 207 (Hervorhebungen im Original).
73 Vgl. DG 51/1918, S. 279–280. Vgl. auch z.B. DG 1/1919, S. 2 (Union der Textilarbeiter).
74 Vgl. DG 52/1918, S. 284. Vgl. auch ebd. (PrGK 13. 12. 1918).
75 DG 53/1918, S. 285.
76 Vgl. DG 37/1919, S. 217–218.
77 Die 1917 eingesetzte „Vorständekonferenz" wurde um Vertreter der Landesgewerkschaftskommissionen und weitere Vertreter der Verbände erweitert. Anwesend waren ca. 200 Gewerkschafter als Vertretung von 340.000 Arbeiterinnen und Arbeitern. Vgl. DG 32/1918, S. 197 und DG 29/1918, S. 152.
78 Vgl. ÖMA 31/1918, S. 140.

sten Hunger mit all seinen heute kaum noch absehbaren Wirkungen für die Volksgesundheit und für die Kraft des Volkes zu überantworten und andererseits in den heute maßgebendsten und für die Fortführung des Krieges wichtigsten Industrien von ihnen Arbeitsleistungen zu verlangen, die selbst jene des Friedens mit seinen auskömmlicheren und weitaus befriedigenderen Ernährungsverhältnissen vielfach übertreffen." Die Konferenz verfaßte eine Resolution, in der anknüpfend an die nicht erfüllten Forderungen des Junistreiks die dringendsten Anliegen der Arbeiter formuliert wurden. Um die Reallöhne auf einem erträglichen Niveau zu halten, wurde ein Preisstop bzw. ein Preisabbau bei Lebensmitteln gefordert. Die geplante Mehl- und Brotverteuerung wurde strikt zurückgewiesen; das Defizit der Kriegs-Getreide-Verkehrsanstalt der Staatskasse anheimgestellt. Die Versorgung der bäuerlichen Bevölkerung mit Getreideprodukten sollte auf ein Minimum reduziert, die Lebensmittelration für Arbeiter und Angestellte dagegen erhöht werden. Schließlich wurden noch, wie im Junistreik, Kleider, Schuhe und Wäsche für die industrielle Bevölkerung verlangt.[79]

Die Resolution der erweiterten Vorständekonferenz wurde von einer vierzehnköpfigen Deputation, der unter der Leitung Renners die Vertrauensmänner und die führenden Funktionäre einiger größerer Organisationen angehörten, dem Ministerpräsidenten Seidler, sowie den Ressortchefs für Volksernährung, soziale Fürsorge und Inneres vorgelegt. Der Appell an die Regierung blieb ohne Erfolg; die Minister erklärten, daß die Preissteigerungen unvermeidlich, Preisstützungen aus der Staatskassa unmöglich seien, und wiesen auch die anderen Forderungen ab.[80]

Als Antwort auf die Haltung der Regierung faßte die Konferenz am 29. Juli drei weitere Beschlüsse, die den Gipfel der gewerkschaftlichen Radikalisierung während des Krieges darstellen. Es waren dies eine der ganz seltenen gewerkschaftlichen Friedensresolutionen und die Wiederaufnahme der Forderung aus dem Jännerstreik nach Abbau der Militarisierung und Beseitigung des Kriegsleistungsgesetzes; Kernstück war die Aufforderung an die Organisationen, die Existenz der Arbeiter durch Lohnkämpfe, auch durch Streiks, zu sichern. „Insolange eine erträgliche Ernährung der Arbeiter nicht eintritt, wird den einzelnen Gewerkschaftsorganisationen empfohlen, je nach Sachlage in ihrem Berufszweige von den bewährten gewerkschaftlichen Mitteln Gebrauch zu machen, um die unerträglich gewordene Teuerung durch Lohnerhöhungen zu mildern."[81]

Die erweiterte Vorständekonferenz fand vor dem Hintergrund der noch immer nicht beendeten Lohnbewegung statt, in die der Junistreik gemündet war. Der Massenausstand war durch die Gewährung von provisorischen Staatszuschüssen zu den Löhnen beendet worden; eine endgültige Regelung zwischen Gewerkschaften und Unternehmern konnte jedoch auch nach einmonatigen Verhandlungen, als die Regierung nicht mehr zahlen wollte, nicht erreicht werden. Den kriegsleistungspflichtigen Arbeitern in Wien und Niederösterreich, die die staatlichen Zuschüsse erhalten hatten, drohten Einkommensver-

---

79 Vgl. DG 32/1918, S. 197–198. Ein Bericht über die erweiterte Vorständekonferenz findet sich auch in AVA, MdI, 22NÖ, Z. 17999/1918. In: *Neck*, Arbeiterschaft und Staat A. I. 2., S. 652–654.
80 Vgl. ÖMA 31/1918, S. 140 und DG 32/1918, S. 197.
81 Vgl. ebd., S. 198–199.

luste von 10 bis 50 K pro Woche. Dazu kam die starke Preiserhöhung bei Brot und Mehl im August 1918.[82]

Die Unternehmer hatten bereits im Junistreik die Berechtigung der Forderungen der Arbeiter anerkannt, sich aber außerstande erklärt, die Lohnwünsche zu befriedigen. Diese Einstellung behielten sie auch in den späteren Verhandlungen bei. In dieser Situation war es für den Wiener Metallarbeiterverband „Sache der Regierung ... den Herren Ausnützern der menschlichen Arbeitskraft ernstliche Vorstellungen darüber zu machen, daß sie für die aus ihrem geringen Entgegenkommen entstehenden Differenzen und Konflikte in den Werkstätten und Fabriken verantwortlich gemacht werden müssen".[83] Den Ausschlag für das Nachgeben der Unternehmer dürfte dann die eklatante Preiserhöhung bei Getreideprodukten am 10. August in Niederösterreich gewesen sein. Dieses Faktum veranlaßte selbst den Verein der Montan-, Eisen- und Maschinen-Industriellen seine Mitglieder aufzufordern, die Preissteigerungen durch entsprechende höhere Löhne abzufangen.[84]

Der Vertrag zwischen dem Wiener Industriellenverband und der Wiener Organisation des Metallarbeiterverbandes kam am 12. August zustande[85] und trat ab 17. August in Kraft. Bis zu diesem Tag mußte sich die Regierung bereiterklären, die Zuschüsse weiterauszuzahlen.[86] Mit dem Vertragsabschluß wollten die Industriellen einen ihrer Ansicht nach bevorstehenden Generalstreik verhindern.[87]

Wichtigster Punkt des neuen Kriegsübereinkommens in der Wiener Metallindustrie war die bereits im Zentrum der Forderungen des Junistreiks stehende Verkürzung der Arbeitszeit. In den Betrieben gab es seit Monaten eine starke Bewegung für den Achtstundentag, die Gewerkschaftsführung war zunächst für die 50 Stundenwoche eingetreten. Dann aber war sie noch während der Verhandlungen zur Beilegung des Junistreiks den Vorstellungen der Unternehmer weiter entgegengekommen. Trotz der demonstrierten Kampfbereitschaft setzte der Metallarbeiterverband nur die Mindestforderung der Verkürzung der Wochenarbeitszeit auf 52 Wochenstunden durch.[88]

Die Mindeststundenlöhne wurden um 20 bis 30 h angehoben, die Istlöhne und die Akkordsätze dem neuen Niveau angeglichen. Die Teuerungszulage aus dem Februarvertrag auf den Grundlohn wurde auf 45% erhöht. Damit konnten nicht, wie behauptet wurde, der Wegfall des Staatszuschusses und die Teuerung kompensiert werden. Nur Arbeiter, die einschließlich der vertraglichen Zulagen schon vor der Neuregelung mindestens 100 K verdient hatten, schnitten positiv ab.

---

82 Vgl. ÖMA 32/1918, S. 144.
83 ÖMA 31/1918, S. 141.
84 Vgl. Protokoll der XLIV. Ordentlichen General-Versammlung des Vereines der Montan-, Eisen- und Maschinen-Industriellen in Österreich vom 20. Dez. 1918 (Wien 1918) 9.
85 Vgl. KA, MfLV, B. K. Z. 1323/1918, Exemplar des „Arbeitsvertrages vom 12. 8. 1918 (Kriegsübereinkommen)" (Wien 1918). Der Vertragstext erschien im Verlag des Wiener Industriellenverbandes, gedruckt wurde die Broschüre im „Vorwärts".
86 Vgl. KA, MfLV, B. K. Z. 1289/1918 (KM, Abt.10 KW, Z. 45495/S/1918).
87 Vgl. AVA, SM, Z. 20398/1918 (MP, Z. 8364/1918).
88 Vgl. ÖMA 32/1918, S. 144 und ÖMA 33/1918, S. 148.

7.2. Die freien Gewerkschaften bei Kriegsende

Abschluß August 1918
Basis: Lohn für 52 Stunden

pro Woche	Verdienst	Mai 1917 Zulage A	Verdienst	Zulage B
Arbeiter	bis 50 K	20 K	bis 126 K	+45%
	50 bis 126 K	−25 h pro K Verdienst	über 126 K	−1%punkt pro 2 K Verdienst
Arbeiterin	bis 50 K	5 K		
Jugendliche	bis 40 K	3 K		

Gegenüber Februar waren allgemein Reallohnverluste zu verzeichnen. Ein günstigeres Bild ergab sich erst, wenn die im August verdreifachten Familienzulagen in die Betrachtung miteinbezogen werden. Mit diesen Sätzen wurde die Familienzulage zu einem beträchtlichen Teil des Lohnes. Gerade darin kam die Notwendigkeit des neuen Abschlusses zum Ausdruck. Die eingetretene Verschärfung der Situation erforderte in noch viel deutlicherem Maß als bisher die Anwendung des die bloße Existenz sichernden Alimentationsprinzips.

Lohnentwicklung in der Wiener Metallindustrie im Sommer 1918[89]

	Juli 1914 (= 1) (c)	(d)	(g)	August 1918 (= 12,03) (c) (e)	(g)	(f)	(g)
A)	20,80	44,72+45%+20	+49	7,05	11,13	34	54
B)	27,04	63,44+45%+16,50	+49	9,02	13,09	33	48
C)	17,68	41,60+45%+5	+40	5,43	8,75	31	49
D)	39,00	74,00+45%+14	+49	10,08	14,16	26	36

A) ungelernter Hilfsarbeiter B) gelernter Arbeiter ab dem 3. Gehilfenjahr C) angelernte Arbeiterin D) Istlohn eines Drehers, Quelle: *Winkler*, Einkommensverschiebungen, S. 141 und 145, Fn.19. (c) Lohn in 52 Stunden (d) nominell in K (e) real in K (Basis = Juli 1914) (f) Reallohn in Prozent vom Juli 1914 (g) unter Berücksichtigung der (maximalen) Familienzulagen.

Ein zweiter Schwerpunkt der Organisationsaktivitäten in diesem Zeitraum neben den Lohnbewegungen war die Sozialversicherung. Die Regierung hatte dieses Thema, nachdem ein entsprechender Gesetzentwurf bereits 1914 vom Ausschuß des Abgeordnetenhauses verabschiedet worden war, nun erneut zur Diskussion gestellt. Die Gewerkschaftsführung stand dieser Vorgangsweise sehr mißtrauisch gegenüber, da sie eine weitere Verschleppung der Angelegenheit befürchtete. „Die Reform der österreichischen Arbeiterversicherung, *vor allem die Alters- und Invalidenversicherung* sind zum dringlichsten Gebot unserer gesamten innerstaatlichen Politik geworden; sie dürfen weder gehindert werden durch die den ehrlichsten Absichten entspringenden Bemühungen,

---

89 Die Darstellung der Lohnentwicklung stützt sich (außer unter D) auf die jeweils vereinbarten Stunden-Tariflöhne. Die Istlöhne dürften davon z.T. erheblich abgewichen sein; die Tabelle erfaßt den unteren Bereich der Lohnhierarchie.

durch eine möglichst eingehende Vorberatung der Fachinteressenten das Bestmögliche vorzubereiten, noch weniger aber durch die gerade in Österreich sehr zahlreichen „guten Freunde" der Arbeiterversicherung, die etwa unter dem Deckmantel ihres Förderns sie in Wahrheit durch die weitestgehende Besprechung am liebsten bis auf den Sankt Nimmerleinstag verschieben möchten."[90] Die Gewerkschaftsleitung selbst beteiligte sich äußerst eifrig an der durch die „Leitsätze für den Ausbau der Sozialversicherung" der Regierung initiierten Diskussion. Das Thema stand auf der Tagesordnung mehrerer Kommissionssitzungen im August und im September 1918,[91] in der „Gewerkschaft" waren ihm ausführliche Artikel gewidmet.[92] Am 5. Oktober 1918 wurde eine Reichskonferenz der Krankenkassen gemeinsam mit den Gewerkschaften ausschließlich zur Beratung der Sozialversicherung abgehalten. „Angesichts der welthistorischen und staatenumwälzenden Ereignisse, die in diesen Tagen vor sich gehen, mag es einigermaßen befremdlich erscheinen, einem Gesetz Aufmerksamkeit und arbeitssamen Eifer zu widmen, dessen Entstehen zur Gänze von der Gestaltung jener Dinge abhängt, die heute vollständig ins Dunkel der Zukunft gehüllt sind. Trotz dieser Bedenken jedoch halten wir die fortgesetzte Behandlung der von der Regierung vorgelegten „Leitsätze" nicht für vergebliche Mühe. Mag aus dem Hexenkessel, zu dem der nun zu Ende gehende Krieg die Welt gestaltet und dessen Brodeln in den heutigen Tagen am lautesten zu vernehmen ist, was immer erstehen, eines ist sicher: Die Leiden der Arbeiter werden nach wie vor anhalten und darum wird es auch weiter die Pflicht ihrer Organisationen sein, alles zu fördern, was geeignet ist, diese Leiden zu mildern, alles zu bekämpfen, was zu ihrer Erhöhung berufen ist."[93] Sozialpolitik in traditionellem Sinn war noch in der Phase des Umsturzes eines der zentralen Objekte der Gewerkschaftspolitik. Die auf der Reichskonferenz beschlossenen „Leitsätze für den Ausbau der Sozialversicherung" wiesen keine besonderen Neuerungen auf, und es wurde an nur einem Vorschlag der Regierung Kritik geübt.[94] Diese betraf die Absicht, einen staatlichen Zuschuß nur zu den Altersrenten, nicht aber zu den Invaliditätsrenten zu zahlen. Eine solche Regelung hätte, wie „Die Gewerkschaft" anhand statistischen Materials nachwies, zu schweren Nachteilen für die im Altersaufbau junge und im Arbeitsprozeß früh verschlissene Arbeiterschaft geführt.[95]

Die „Friedensvorbereitungen" der Gewerkschaftsführung begannen, nach außen hin sichtbar, am 22. Oktober mit dem Start einer Artikelserie, sie sich mit der anbahnenden Lösung des nationalen Problems in den Arbeiterorganisationen befaßte.[96] Erst in der Ausgabe der „Gewerkschaft" vom 29. Oktober folgte der erste Hinweis auf die beginnen-

---

90 DG 39/1918, S. 225–226 (Hervorhebung im Original).
91 Vgl. DG 37/1918, S. 220 (PrGK 23. 8. 1918); DG 38/1918, S. 224 (PrGK 6. 9. 1918; außerdem waren Vertreter der PVertr und des Vorstandes der niederösterreichischen Arbeiter-Unfallversicherungsanstalt anwesend); DG 43/1918, S. 244 (PrGK 13. 9. 1918); DG 40/1918, S. 232 (PrGK 17. 9. 1918; außerdem waren Vertreter des PV, der Reichskommission der Krankenkassen und des Vorstandes der niederösterreichischen Arbeiter-Unfallversicherungsanstalt anwesend).
92 Vgl. DG 39/1918, S. 225–226; DG 40/1918, S. 229–230; DG 41/1918, S. 233–234 und DG 42/1918, S. 237–239.
93 DG 42/1918, S. 237–238.
94 Vgl. ebd., S. 238, Leitsätze, besonders P. IV/2.
95 Vgl. DG 40/1918, S. 229–230 und DG 41/1918, S. 233–234.
96 Vgl. DG 43/1918, S. 242.

de Demobilisierung.[97] Die Industriekommission als zentrale Institution in diesem Prozeß, an dem die freien Gewerkschaften wesentlichen Anteil hatten, wurde erst am 5. November erwähnt, als sie die formale Anerkennung der Provisorischen Nationalversammlung erlangt und ihre Tätigkeit bereits zu konkreten Ergebnissen geführt hatte.[98] Die Gewerkschaftsführung war sehr vorsichtig, was die Publizität ihrer Aktivitäten in der Zusammenbruchsphase betraf. Ihre führende Rolle beim Zustandekommen der paritätischen Industriekommission und ihre Initiativen in diesem Gremium wurden verschwiegen. Die Stellungnahmen zu den konkreten Problemen der Abrüstung beschränkten sich auf die Betonung der Notwendigkeit, diese „in zweckdienlicher Weise ohne weitgehende Erschütterung und Benachteiligung des Wirtschaftslebens"[99] durchzuführen, was nur durch bereits eingelebte Einrichtungen des Arbeitsmarktes gewährleistet werden könne. „Arbeitsnachweise und Unterstützungsorganisationen sind schon in normalen Zeiten für normale Bedürfnisse nicht über Nacht in Funktion zu setzen, um so weniger ist dies angesichts der voraussichtlichen Massenanforderungen, welche in der Zeit der Demobilisierung an sie gestellt werden und der mangelnden verfügbaren Kräfte möglich. Soll nicht der ganze aufgestellte Plan versagen und hieraus sich eine Gefahrenquelle schlimmster Art entwickeln, so wird es nicht anders gehen, als daß Einrichtungen den Bedürfnissen der Allgemeinheit dienstbar gemacht werden, die sich bereits bewährt haben."[100] Dies war ein weiteres Angebot zur Zusammenarbeit; die Gewerkschaften waren bereit, ihre fachlichen Arbeitsnachweise anstelle der von den Ministerien geplanten, aber nicht aktivierten Berufs- oder Betriebskommissionen zur Verfügung zu stellen.[101]

Die späteren Berichte über die Tätigkeit der Industriekommission ließen den Parteistandpunkt der Arbeiterseite, wenn überhaupt, nur schwer erkennen. „Die Gewerkschaft" veröffentlichte amtliche Verlautbarungen[102] und versah sie dann mit distanzierten Kommentaren. So hieß es, beispielsweise, über den „unstreitig wichtigsten Teil" der Aufgaben der Industriekommission, nämlich die Regelung des Arbeitsmarktes während der Zeit der Demobilisierung: „Die Schaffung der Einigungsämter, die versuchte Regelung der Arbeitsvermittlung und im Zusammenhange damit die Festsetzung der staatlichen Arbeitslosenunterstützung sind sehr beachtenswerte Fortschritte auf dem Gebiete der sozialen Fürsorge. Unstreitig kommt diesen Aktionen angesichts der Tatsache, daß sie ein Produkt unserer von Ausnahmeereignissen erfüllten Zeit sind, nur ein ausnahmsartiger Charakter zu und darf deshalb ihre Bedeutung für die Entwicklung in der Zukunft nicht überschätzt werden. Trotzdem ist jedoch ihre prinzipielle Bedeutung nicht zu verkennen, die in der Anerkennung der Pflichten des Staates liegt, in bestimmten Fällen sich um die Regelung von Problemen zu bekümmern, die man bisher gewohnt war, als außerhalb des Aufgabenkreises des Staates liegend zu betrachten."[103]

---

97 Vgl. DG 44/1918, S. 246–247.
98 Vgl. DG 45/1918, S. 249–250.
99 DG 44/1918, S. 247.
100 DG 45/1918, S. 250.
101 Vgl. dazu auch DI 31/1918, S. 3, Errichtung einer gemeinsamen paritätischen Arbeitsvermittlung durch den Wiener Industriellenverband und den Österreichischen Metallarbeiterverband.
102 Vgl. DG 45/1918, S. 249–250 und DG 48/1918, S. 265.
103 DG 48/1918, S. 266.

Der Zusammenbruch der Kriegswirtschaft stellte die Gewrkschaften vor neue Probleme: Es war unmöglich geworden, irgendwelche Verbesserungen der Lage der Arbeiter durchzusetzen. In dieser Situation versuchte die Gewerkschaftsspitze durch Kooperation mit führenden Unternehmern unter Ausschaltung der versagenden Staatsverwaltung die Krise zu bewältigen. Durch das Kriegsende bedingt lag der Schwerpunkt dieser Zusammenarbeit dann auf dem Gebiet der Abrüstung. Die neue Strategie, die eine Entscheidung der Spitzenfunktionäre darstellte, war gegenüber der Arbeiterschaft nur schwer vertretbar. Erst als konkrete Erfolge der Aktivitäten vorlagen, im Sinn sowohl einer Erfüllung alter Forderungen als auch einer Befriedigung dringendster Existenzerfordernisse, wurde die Industriekommission auch publizistisch aufgegriffen. Selbst dann aber legte die Gewerkschaftsführung Wert darauf, das paritätische Spitzengremium als von sich unabhängig, zum staatlichen Bereich gehörig darzustellen und die Ergebnisse seiner Tätigkeit mit Zurückhaltung zu behandeln. Dahinter ist die bereits früher, besonders an der Frage der Arbeitszeit beobachtbare Angst zu vermuten, unter den Ausnahmsverhältnissen Errungenschaften zu machen, welche durch ihre Unhaltbarkeit in normalen Zeiten den Organisationen Schaden zufügen könnten.

7.2.3. Die freien Gewerkschaften zwischen Konfrontation und Mitverantwortung

Die sich ständig verschlechternden Verhältnisse während des Krieges zerstörten die Loyalität der Arbeiterschaft zum kriegführenden Staat. Die Gewerkschaften mußten ihre Politik dieser Entwicklung immer wieder anpassen, um ihren von der Regierung benötigten Einfluß auf die Arbeiter nicht zu verlieren. War es in der ersten Kriegshälfte vor allem die Entrechtung der Arbeiterschaft durch die Ausnahmsgesetzgebung, die Widerstand provozierte und somit gewerkschaftliche Aktivitäten erforderlich machte, so schoben sich später die Versorgungsprobleme als Angelpunkt in den Vordergrund. Im Wesen dieser Probleme aber lag es, daß sie offensichtlich unlösbar waren, solange der Krieg andauerte. Die Fragen der Ernährung und der Inflation wurden somit im Laufe des Jahres 1918, nachdem sich alle Versuche einer burgfriedlichen Lösung der Konflikte als vergeblich erwiesen hatten, zu den Entscheidungskriterien der Gewerkschaftspolitik.

Den ersten Niederschlag fand die Erkenntnis der neuen Situation in einer Verschiebung des Problems in den politischen Bereich. Die von den Streiks bedrohten Organisationen wollten sich nicht auf dieses Terrain begeben und konnten es mit den ihnen legitim erscheinenden Mitteln auch nicht. Dies war die Situation noch im Junistreik. In diesem Massenausstand begann aber bereits klarzuwerden, daß diese Position der Gewerkschaften nicht durchhaltbar war; sie verurteilte sie gerade in der entscheidenden Frage zu Untätigkeit.

Unter dem Druck der Basis, die auf Aktionen drängte,[104] entschloß sich die Gewerkschaftsführung zu einem nicht ungefährlichen Manöver. Mit der Einberufung der erweiterten Vorständekonferenz und den dort verabschiedeten Resolutionen vom 28. und

---

104 Vgl. *Deutsch*, Gewerkschaftsbewegung 2, S. 64.

29. Juli setzte sie ein Zeichen, die bislang geübte Selbstbeschränkung der Arbeiterbewegung gegenüber der Staatsverwaltung und ihren Kriegszielen aufgeben zu wollen. In der aussichtslosen Situation des Sommers 1918 konnte die Regierung keinen Gegenwert mehr für die Kooperation der Gewerkschaften anbieten. Die Konferenz „hat erkannt, daß das Elend der Arbeiterschaft, unter dem sie seit Beginn des Krieges von Tag zu Tag mehr zu leiden hat, keine Milderung erfahren kann durch die Hoffnung auf Hilfe von oben, sondern daß es nur zum Stillstand gebracht, bestenfalls gemildert werden könne durch die Aufwendung der eigenen Kraft, ohne Berücksichtigung irgendwelcher anderer Umstände, deren Bedeutung in der gegenwärtigen Zeit sie zwar nicht verkennt und die sie deshalb auch nicht ohne Beachtung lassen könnte, wenn nicht anderseits die Sorge um die eigene Existenz sie dazu zwingen würde, sich um nichts anderes, als um diese zu kümmern."[105]

Der Beschluß zur Selbsthilfe unter Einsatz von Streiks bedeutete die wesentliche Veränderung in der offiziellen Haltung der freien Gewerkschaften, die seit Kriegsbeginn ihre Aufgabe in der Vermittlung zwischen Arbeiter- und Staatsinteresse gesehen hatten und dezidierte Gegner jeglicher direkter Aktionen der Arbeiter gewesen waren. Nicht zu übersehen aber ist gleichzeitig, daß die „gewerkschaftlichen Mittel" nur in defensiver Absicht für das Ziel von Lohnerhöhungen und außerdem im vollen Bewußtsein der Aussichtslosigkeit dieses Ziels eingesetzt werden sollte. Die Vorständekonferenz erklärte, daß „in der Zeit des vorherrschenden Schleichhandels und des Zurückweichens der Saatsgewalt (sic!) vor den österreichischen und ungarischen Agrariern, die erreichten Lohnerhöhungen durch wucherische Preistreibereien illusorisch werden und immer wieder zu weiteren Lohnkämpfen und Lohnerhöhungen und schließlich zum vollständigen Zusammenbruch unserer Volkswirtschaft führen müssen."[106] Diese Perspektive eröffnete gleichzeitig den Blick auf den Ruin der Gewerkschaften, die sich einerseits in den dauernden Kämpfen aufreiben müßten, ohne andererseits durch reale Erfolge die Arbeiter an sich binden zu können.

Der Verfall der staatlichen und wirtschaftlichen Ordnung ließ die Gewerkschaften zu einem außerordentlichen Mittel greifen, um die Basis ihrer Aktivitäten zu retten. Dieses Mittel war die Zusammenarbeit mit den Unternehmern auf höchster Ebene. Abgeschirmt und geschützt vor dem Druck der jeweiligen Mitglieder sollten „die berufenen Vertreter der Unternehmer- mit denen der Arbeiterklasse zusammenfinden, um die diesen beiden Bevölkerungsgruppen gemeinsamen Fragen einverständlich zu regeln".[107] Auf den ersten Blick erstaunlich wirkt der Vertrauensvorschuß, den die Arbeiterfunktionäre den Unternehmerorganisationen entgegenbrachten. Seit dem Herbst 1917 war ja eine merkliche Verhärtung der Fronten eingetreten, ablesbar etwa an der Auseinandersetzung um das gewerkschaftliche Sozialprogramm oder den schwieriger werdenden Lohnverhandlungen. Noch im Sommer 1918 führte das Organ der Gewerkschaftskommission heftig Klage über die Unbelehrbarkeit der österreichischen Unternehmer,[108] und selbst bei der

---

105 DG 32/1918, S. 197.
106 Ebd., S. 198.
107 DG 48/1918, S. 266.
108 Vgl. DG 28/1918, S. 145.

erweiterten Vorständekonferenz, die als Warnung an die Regierung konzipiert war, gab es implizit Angriffe auf die Unternehmer. So meinte der Sekretär der Gewerkschaftskommission, Anton Hueber, in seinem Lagebericht an die Delegierten: „Wenn die Beschwerdekommissionen jetzt den Einflüsterungen der Unternehmer ihr Ohr leihen und dadurch zu einem unbrauchbaren Instrument werden, so begibt sich die Staatsgewalt damit auf einen gefährlichen Weg, denn es ist mehr in ihrem Interesse als in dem der Arbeiter, daß dieses Ventil nicht verstopft wird."[109] Die Unternehmerschaft mußte ja in einer Situation forcierter Lohnkämpfe und des Wegfalls der staatlichen Mittlerrolle zum Hauptgegner der Gewerkschaften werden. Tatsächlich aber lag keiner der beiden Seiten an einer ernstlichen Konfrontation, die nach Meinung der Unternehmer in den Generalstreik der Arbeiter führen mußte. Es ging vielmehr darum, die Austragung der systembedrohenden Konflikte „in urbane Formen zu lenken".[110]

Die Möglichkeit zu einer Initiative in dieser Richtung besaßen nur die Arbeiterorganisationen. Die Unternehmer und auch die Staatsverwaltung, soweit sie noch aktionsfähig war, konnten nur den Forderungen der Arbeiterorganisationen nachkommen, um die befürchteten Folgen zu vermeiden; der Einsatz physischer Gewalt hätte den Aufstand provoziert. Die Gewerkschaften gewannen durch die bedrohliche Disposition der Arbeiterschaft an Verhandlungsmacht, wenn auch diese Bedrohung zumindest tendenziell sie selbst traf. Die sozialdemokratischen Organisationen hatten es während der Kriegszeit immer verstanden, ihre Politik und Taktik der radikaler werdenden Stimmung der Arbeiterschaft anzupassen, diese zur Erkämpfung systemkonformer Erfolge einzusetzen und damit sowohl ihren Einfluß auf die Arbeiter zu erhalten oder sogar auszubauen als auch revolutionäre Entwicklungen zu verhindern.

Diese Strategie wurde auch jetzt eingeschlagen. Es konnte jedoch nicht in aller Öffentlichkeit mit den Unternehmern über einen Ausweg verhandelt werden, da konkrete Ergebnisse solcher Kooperation nicht zu erwarten waren. In diesem Zusammenhang ist darauf hinzuweisen, daß es zur Zeit, als über die Einsetzung der Industriekommission beraten wurde, mehrere Koalitionsangebote an sozialdemokratische Partei und Gewerkschaft gab, die stets strikt abgelehnt wurden. Unter anderen stand auch ein Ministerium unter der Leitung des Präsidenten des Reichsverbands der Industrie, Georg Günther, das „sich in erster Reihe wirtschaftlichen Zwecken widmet", zur Debatte.[111]

Die Führung der freien Gewerkschaften hielt eine grundlegende Änderung des Wirtschaftssystems selbst nach dem Umsturz noch für unmöglich. „Trotz aller Änderungen, die in letzter Zeit auf politischem Gebiete vor sich gegangen sind, wird das Verhältnis zwischen Unternehmern und Arbeitern noch lange kein reibungsloses sein. So lange wir in der kapitalistischen Welt leben – und von ihrer Ablösung durch die sozialistische in der nächsten Zeit ist trotz allem noch immer nicht allzuviel zu sehen –, werden die Klassengegensätze zwischen Kapital und Arbeit fortbestehen. Sie mögen zu

---

109 ÖMA 31/1918, S. 140.
110 Vgl. 48/1918, S. 266. In späteren Kommentaren zum oben besprochenen Verhalten „der Unternehmer" war dann z.B. von „gewissen kurzsichtigen Unternehmerkreisen" die Rede. Vgl. DG 45/1918, S. 250.
111 Vgl. AdSP, PrPV 18. 10. 1918. Vgl. auch PrPV 28. 9. 1918, 11. 10. 1918 und 17. 10. 1918.

manchen Zeiten, so wie jetzt zum Beispiel, durch irgendwelche Ausnahmsereignisse eine Milderung erfahren; ganz verschwinden werden sie in der gegenwärtigen Gesellschaftsform nicht, und darum sind immerhin Einrichtungen nötig, die Klassenkämpfe in urbane Formen zu lenken."[112] Die konkreten Maßnahmen, mit denen die Gewerkschafter gemeinsam mit den Unternehmern einen Ausweg aus der kriegsbedingten Wirtschaftskrise hätten finden wollen, blieben allerdings im Dunkel, denn noch ehe die Industriekommission die Tätigkeit in ihrem ursprünglichen Aufgabenbereich aufnehmen konnte, ging der Krieg zu Ende.

Die Gewerkschaften wurden vom Kriegsende und noch mehr durch den Zerfall der Monarchie überrascht.[113] Noch am 11. Oktober wies Hueber die Forderung Bauers, endlich eine klare Stellungnahme der sozialdemokratischen Partei zur Frage der staatlichen Neuordnung zu veröffentlichen, mit dem Hinweis auf die Spaltungsgefahr für die Gewerkschaften zurück. „Derartige weittragende Beschlüsse sollen nicht ohne Zustimmung der Vertretung der anderen proletarischen Organisationen insbesondere der Gewerkschaftskommission gefaßt werden."[114] Erst im Lauf der folgenden beiden Wochen akzeptierte diese die neue Situation.

Die projektierte Industriekommission machte unter den Bedingungen des Kriegsendes einen entscheidenden Funktionswandel durch. Aus einer Planungsstelle der Wirtschaftspolitik wurde die zentrale Agentur der personellen Demobilisierung in Deutschösterreich. Dieser neue Aufgabenbereich, der sich schon Mitte Oktober abzeichnete, verlangte sofortige Maßnahmen und die Übernahme öffentlicher Verantwortung durch die Entscheidungsträger. Voraussetzung dieser Mitverantwortung am Aufbau des neuen Staates durch die Industriekommission war die Anerkennung durch die Provisorische Nationalversammlung, ihre Institutionalisierung als Beirat des Staatsrates bzw. der Staatsämter. Erst als diese formalen Erfordernisse erfüllt waren, wurde die Zusammenarbeit zwischen Gewerkschaftskommission und Reichsverband der Industrie publik gemacht und konnten die meritorischen Arbeiten der Industriekommission beginnen.

Als zentrale Stelle der Demobilisierung und der Überleitung von der Kriegs- zur Friedenswirtschaft hatte die Industriekommission vor allem ordnungspolitische Aufgaben. Realistische Vorstellungen über die Bewältigung der Probleme hatte nur die Gewerkschaftskommission; für die Unternehmerschaft war immer der Abbau der kriegswirtschaftlichen Zwangsorganisation im Vordergrund gestanden, während die Folgen eines ökonomischen Zusammenbruchs bei Kriegsende, verursacht durch das Auslaufen der Rüstungsproduktion, den Rohstoffmangel und fortwirkende Handelsbeschränkungen kaum kalkuliert worden waren. Für die Gewerkschaften war nach den Erfahrungen bei Kriegsanfang klar, daß diese Umstände zu einer nachhaltigen Lähmung der wirtschaftlichen Aktivitäten und zu massenhafter Arbeitslosigkeit führen könnten. Um diese Arbeitslosigkeit nicht zum Nährboden sozialer Unruhen werden zu lassen, schlug die Gewerkschaftsführung 1918, wie bereits in einem Memorandum 1915, Fürsorgeeinrich-

---

112 DG 48/1918, S. 266.
113 Vgl. Fritz *Klenner,* Der Zusammenbruch der Monarchie und die Gewerkschaften. In: Die Zukunft 17/1968, S. 12.
114 Vgl. AdSP, PrPV 11. 10. 1918.

tungen vor. Sie nützte ihre wesentlich machtvoller gewordene Position nicht dazu, um weitergehende Ansprüche der Arbeiter zu stellen.

Die vorgeschlagene Sozialpolitik hatte den Zweck, die gespannte Situation zu entschärfen und die Voraussetzungen zum raschen Wiederaufbau der Friedenswirtschaft zu schaffen. So gingen die Gewerkschaftsführer durchaus mit den Unternehmern konform, wenn es darum ging, die Arbeitslosenunterstützung mit einer Pflicht zur Arbeitsannahme ohne Rücksicht auf die Qualifikation zu verknüpfen. Wie sehr es das Ziel der Gewerkschaftsführung war, die „normalen" Verhältnisse wiederherzustellen, zeigte sich am Beispiel der Umwandlung der Beschwerdekommissionen. Sie selbst trat – im Gegensatz zu den dazu veröffentlichten kritischen Äußerungen[115] – für die Abschaffung der Exekutivgewalt dieser Institution ein, um die Konkurrenz um die Tarifvertragskompetenz aus dem Weg zu räumen. „Das Kriegsdienstleistungsgesetz hat seine Wirksamkeit verloren; das Kriegsende hat die Notwendigkeit, die Arbeiter an die Betriebe zu fesseln, aus der Welt geschafft; damit sind auch die Vorbedingungen für die Wiederherstellung der Freizügigkeit, so wie sie vor dem Kriege bestanden, gegeben und damit auch die alte Plattform für die Führung der Lohnkämpfe hergestellt."[116] Die Gewerkschaftsführung schöpfte bei weitem nicht die ihr unter den herrschenden Verhältnissen gegebenen Möglichkeiten aus, sondern verzichtete sogar auf bereits errungene Positionen. Von besonderer Tragweite scheint der Verzicht der Industriekommission, also auch der Arbeitervertreter in ihr, auf die Kompetenz als Leitungsstelle der Sachdemobilisierung, der eine entscheidende Rolle für den Wiederaufbau zukommen mußte. Die Industriekommission verlor damit zumindest ein wertvolles Tauschobjekt gegenüber den Agrariern.[117]

Die große Bereitwilligkeit zur Rettung des Wirtschaftssystemes aus einer lebensbedrohenden Krise zeigt die Überzeugung der Gewerkschaftsführung von der Unmöglichkeit einer sozialen Revolution. Sie zeigte sich zufrieden damit, daß in Deutschösterreich, einem Staat mit „republikanischem" und „starkem sozialen Einschlag",[118] „ehrliche Sozialpolitik und Menschenschutz" „Militarismus und Massenmord"[119] abgelöst hatten. Sie konnte durch ihre Aktivitäten in der Zeit des Umsturzes und ihre Fähigkeit, die notwendigen sozialpolitischen Maßnahmen zu setzen, verhindern, daß die Verbitterung der Arbeiter über Unterdrückung, Ausbeutung und Not in Aktionen umschlug.

---

115 Vgl. DG 46/1918, S. 258. Dort heißt es, die Ergebnisse der Tätigkeit dieser Einigungsämter „werden erst zu erweisen haben, ob nicht eine Erweiterung dieser Tätigkeit in der Richtung wie sie die Beschwerdekommissionen ausübten, notwendig und zweckmäßig sein wird".
116 Ebd., S. 258.
117 Die Überwachung der Deutschösterreichischen Hauptanstalt für Sachdemobilisierung erfolgte durch einen „Administrationsrat", der neben Unternehmer- und Arbeitervertretern auch Agrarier und zwei Delegierte des Soldatenrates umfaßte. Vgl. Mitteilungen der Deutschösterreichischen Hauptanstalt für Sachdemobilisierung 25. 1. 1919, S. 2.
118 Vgl. DG 46/1918, S. 253–254.
119 Vgl. Bericht der Gewerkschaftskommission .... Protokoll des ersten deutschösterreichischen Kongresses der Gewerkschaftskommission Deutschösterreichs 1919, S. 330 (Grünwald über „Sozialpolitik und Sozialversicherung").

8. Zusammenfassung und Ausblick

Gegenstand der vorliegenden Arbeit ist die Sozialpolitik Cisleithaniens während des ersten Weltkrieges unter dem Aspekt, welche Rolle die Gewerkschaften darin spielten und wie diese auf die sich ihnen stellenden Probleme reagierten; die Arbeit versteht sich als Beitrag sowohl zur Institutionengeschichte der Sozialpolitik als auch zur Organisationsgeschichte der Arbeiterbewegung am Ende der Österreichisch-Ungarischen Monarchie.

Die Ergebnisse der Untersuchung zeigen, daß einerseits die wachsenden ökonomischen und sozialen Probleme die Staatsführung im Laufe des Krieges in immer stärkerem Maße zwangen, entgegen ihren auf Repression gerichteten Plänen die Kooperation mit den einflußreichen Arbeiterorganisationen zu suchen; andererseits war die Gewerkschaftsführung trotz der widrigen Umstände zur Zusammenarbeit bereit. Die Verhältnisse während des Krieges ermöglichten wider Erwarten aller Beteiligten die Einbindung der Arbeiterbewegung in den Staat und schufen damit die – prekären – Voraussetzungen für den temporären Übergang der politischen Macht auf die Sozialdemokratie in der Anfangsphase der ersten österreichischen Republik.

Die Grundlage der Sozialpolitik und der Rahmen für die Aktivitäten der Gewerkschaften in Österreich während des ersten Weltkrieges war ein autoritäres Regime. Dieses Regime entwickelte sich nicht erst in der Zwangslage des Krieges, sondern war, verstärkt seit der Annexionskrise 1908, auf Drängen der militärischen Führung vorbereitet worden. Der Hintergrund waren neben der Erwartung eines großen Krieges instabile politische Verhältnisse, an denen auch das 1906/07 eingeführte gleiche Männerwahlrecht nichts änderte. Die Regierung Stürgkh, seit 1911 im Amt, vollzog schließlich die autoritäre Wendung[1] durch die Vorbereitung einer ganzen Reihe von Ausnahmsverfügungen, die Realisierung zahlreicher militärischer Gesetzesvorlagen und durch die Ausschaltung des Parlaments im Frühjahr 1914.

Von besonderer Bedeutung für die wirtschafts- und sozialpolitische Situation im Krieg war das Kriegsleistungsgesetz, das Ende 1912 nach vierzigjähriger Vorbereitungszeit und gegen massive Widerstände auf parlamentarischem Weg zustandekam.[2] Mit diesem Requisitionsgesetz erhielt die Militärverwaltung umfassende Zugriffsmöglichkeiten nicht nur auf kriegswichtige Güter sondern auch auf Produktion und Arbeitskräfte. Das Kriegsleistungsgesetz statuierte einen Arbeitszwang für alle Männer unter 50 Jahren und bot darüber hinaus die Möglichkeit, ganze Betriebe unter den Schutz der Militärverwaltung zu stellen. Das Kriegsleistungsgesetz implizierte damit eine entscheidende Macht-

---

1 Daß autoritäre Tendenzen ein Charakteristikum der Vorkriegspolitik in Europa generell waren, zeigt Norman *Stone,* Europe Transformed 1878-1919 (o. O. 1983) 143–153.
2 Vgl. Margarete *Grandner,* Das österreichische und ungarische Kriegsleistungsgesetz von 1912 und die kriegsindustriellen Arbeitsverhältnisse (unpubl. Manuskript 1987). Kurzfassung in: Bericht über den 17. österreichischen Historikertag in Eisenstadt (Wien 1989) 165-167. Vgl. Walter *Wagner,* Die k. (u.) k. Armee. Gliederung und Aufgabenstellung. In: Adam *Wandruszka,* Peter *Urbanitsch* (Hrsg.), Die bewaffnete Macht (= Die Habsburgermonarchie 1848–1918, Bd. V, Wien 1987) 359 und 581–587.

verschiebung zugunsten der Unternehmer, da es einerseits das Koalitionsrecht der Arbeiter beseitigte, die Mobilität der Verpflichteten unterband und diese militärischer Disziplin unterwarf, andererseits aber die privatrechtlichen Beziehungen zwischen den Arbeitsvertragsparteien nicht antastete.

Die Organisationen der österreichischen Arbeiterschaft, unter welchen neben christlichen und national orientierten die sozialdemokratischen die bei weitem größten und einflußreichsten waren, konnten den autoritären Bestrebungen der Vorkriegszeit keinen effizienten Widerstand entgegensetzen. Nach circa 20 Jahren, in denen der Aufbau und die Konsolidierung der Organisationen gelungen war, geriet die Arbeiterbewegung in den letzten Jahren vor dem Krieg in Schwierigkeiten. Zum einen war auch sie von den nationalen Spannungen, die die österreichischen Verhältnisse insgesamt prägten, voll erfaßt worden; zum anderen verlor das eben erst entwickelte Instrumentarium autonomer Gewerkschaftspolitik, vor allem das Kollektivvertragswesen, angesichts wachsender Macht der Unternehmerorganisationen an Wirksamkeit, was die Arbeitskämpfe der Jahre 1912 und 1913 deutlich vor Augen führten.

Die großen Hoffnungen, die die Arbeiterschaft in das Parlament des gleichen Wahlrechts gesetzt hatte, erfüllten sich nicht. Trotz der starken sozialdemokratischen Präsenz im österreichischen Abgeordnetenhaus nach 1907 stagnierte die sozialpolitische Gesetzgebung, und die Versuche der Gewerkschaften, durch Kooperation auf Verwaltungsebene, wie z.B. seit der Jahrhundertwende im Arbeitsbeirat, ihren Einfluß geltend zu machen, besaßen gerade wegen der autoritären Ausrichtung der Regierung immer geringere Chancen. Die Möglichkeiten, sich den Einschränkungen des Aktionsspielraumes wie den Kriegsvorbereitungen zu widersetzen, waren unter diesen Voraussetzungen sehr gering und machen die beinahe widerspruchslose Hinnahme des Krieges 1914 durch die österreichische Sozialdemokratie verständlicher.[3]

Die Kriegsvorbereitungen der militärischen Führung waren von der allgemein geteilten Annahme[4] ausgegangen, daß der erwartete Krieg ein Feldzug von kurzer Dauer sein werde, in dem das Zivilleben durch die Suspendierung bürgerlicher Rechte und Interventionen auf wirtschaftlichem Gebiet nur eine vorübergehende Unterbrechung erfahren würde.[5]

Eine bedeutende Rolle in der Sozialpolitik während des Krieges spielten die Organisationen der Arbeiterschaft, denen es gelang, sich als Vermittlungsinstanzen zwischen der Arbeiterschaft und der Staatsverwaltung zu etablieren. Die Spannung zwischen Rechtlosigkeit und Ausbeutung einerseits und den Demonstrationen und Streiks provozierenden, katastrophalen Lebensumständen andererseits wurde auch zum Anstoß für gewerkschaftliche Aktivität. Von der schon vor dem Krieg bezogenen Defensivposition aus, die unter Kriegsbedingungen auf strengste Selbstbeschränkung noch weiter zurück-

---

[3] Vgl. Rudolf *Ardelt*, Die Krise des Reformismus unter den Regierungen Bienerth und Stürgkh. In: Helmut *Konrad* (Hrsg.), Imperialismus und Arbeiterbewegung in Deutschland und Österreich (= Materialien zur Arbeiterbewegung 41, Wien 1985) 65–87.

[4] Vgl. Johann Christoph *Allmayer-Beck*, Die bewaffnete Macht in Staat und Gesellschaft. In: Adam *Wandruszka*, Peter *Urbanitsch* (Hrsg.), Die bewaffnete Macht (= Die Habsburgermonarchie 1848–1918, Bd. V, Wien 1987) 123.

[5] Vgl. *Führ*, Armeeoberkommando, S. 17.

8. Zusammenfassung und Ausblick

genommen wurde, war eine Verteidigung selbst elementarer Interessen der Arbeiterschaft nicht möglich; die Proteste der Arbeiterschaft hatten so auch eine Spitze gegen die eigenen Organisationen. Die leitenden Funktionäre der Gewerkschaften waren jedoch flexibel genug, auf die sinkende Stimmung der Arbeiterschaft rechtzeitig zu reagieren und ihre Haltung entsprechend zu ändern. Mit dieser Disposition konnten die Gewerkschaften den bedrohlichen Protest der Arbeiter als Verhandlungsmacht gegenüber der Staats- und Militärverwaltung nützen, die wegen ihres zunehmenden Legitimationsverlustes auf die Kooperation mit den Gewerkschaften und deren Kontrollmöglichkeiten über die Arbeiterschaft nicht länger verzichten konnten.

In dieser Entwicklung sind vier Phasen auszumachen; die Stadien der Kriegswirtschaft – von anfänglichen Umstellungsproblemen über das Anlaufen der Rüstungsproduktion und den Höhepunkt der Kriegskonjunktur bis zum schließlichen ökonomischen Zusammenbruch – hatten in mehrfacher Hinsicht unmittelbare Auswirkungen auf die Lage der Arbeiterschaft und übten auf diese Weise einen bestimmenden Einfluß auf die Sozialpolitik und die Entwicklung der Gewerkschaften aus. Die staatliche Sozialpolitik während des Krieges war also im wesentlichen, ebenso wie die Politik der Gewerkschaften selbst, Reaktion auf Verhältnisse, die sich – solange der Krieg fortgeführt wurde – nicht entscheidend verändern ließen.

Die erste Phase umfaßte die Monate unmittelbar nach dem Kriegsausbruch, als die Mobilisierung der Armee zu einer Stockung des Wirtschaftslebens führte. Das große Ausmaß der Arbeitslosigkeit infolge von Umstellungsschwierigkeiten und risikoscheuem Unternehmerverhalten veranlaßte die Regierung zwar kurzfristig sogar, eine Regelung des Arbeitsmarktes unter Zuziehung der Gewerkschaften zu versuchen. Insgesamt aber standen in dieser Periode militärische Kalküle und damit autoritäre Ordnungsvorstellungen unangefochten im Vordergrund, denen sich die Gewerkschaften beinahe widerspruchslos fügten. Ihre Strategie war es, die Ausnahmssituation organisatorisch unbeschädigt zu überdauern und keinen Anlaß für behördliche Repressionen zu bieten. Die schon wenige Wochen nach Kriegsbeginn auftretende Teuerung bei Lebensmitteln konnte so voll auf die Arbeitereinkommen durchschlagen, und der massive Unmut der Arbeiterschaft über die Einkommensverluste in Verbindung mit den durch das Kriegsleistungsgesetz gedeckten Übergriffen von Unternehmern und Militärorganen waren auch der Anlaß für eine erste Revision der gewerkschaftlichen Haltung.

Eine Beschwerdeschrift des Metallarbeiterverbandes gegen die Entrechtung der Arbeiter und die erste Lohnbewegung im Frühjahr 1915 in der Wiener Metallindustrie, der andere Branchen bald folgten, markieren den Beginn der zweiten Phase. Allerdings konnten die Gewerkschaften, obwohl die finanzielle Situation der Unternehmen sehr günstig war, bei den gegebenen Machtverhältnissen lediglich sogenannte Teuerungszulagen zu den Vorkriegslöhnen erreichen, die die Inflationsverluste jeweils nachträglich und nur unzureichend abdeckten. Die Klagen gegen die Durchführung des Kriegsleistungsgesetzes, die die produktionsschädigenden Folgen der Unterdrückung der Arbeiterschaft in den Vordergrund stellten, veranlaßten die Militärverwaltung nach langem Zögern, eine „Beschwerdestelle für die Kriegsleistungsbetriebe Niederösterreichs" zu installieren, in der Gewerkschafter und Unternehmer gleichgewichtig vertreten waren. Die Beschwerdestelle ergänzte den Zwangsapparat des Kriegsleistungswesens durch ein

Schlichtungsgremium, in dem jedoch nur der militärische Vorsitzende entscheidungsbefugt war und dem vor allem die Möglichkeit zur Durchsetzung seiner Entscheidungen gegenüber den durch das Kriegsleistungsgesetz abgeschirmten Unternehmern fehlte.

Durch Lohnbewegungen auf autonomer Basis und der sachlich wie räumlich nur sehr begrenzt aktionsfähigen Beschwerdestelle konnte keine Verbesserung der Lage der Arbeiter erreicht werden. Im Verein mit der fortdauernden Verschlechterung der Versorgungslage führte dies immer häufiger zu Streiks, deren die Behörden nur mehr mit Mühe Herr wurden. Die Gewerkschaften reagierten auf den Mißerfolg ihrer bisherigen Strategie, der sich auch in einem andauernden und über den durch die militärischen Aushebungen weit hinausgehenden Mitgliederverlust niederschlug, mit einer dosierten Radikalisierung. Der „Arbeitertag" Anfang November 1916 markiert die Wende zu nachdrücklichen Forderungen nach staatlicher Absicherung der Arbeiterinteressen.

Die der Ermordung des Ministerpräsidenten Stürgkh im Oktober 1916 folgenden Regierungen Koerber und Clam-Martinic versuchten in stärkerer Opposition zum Militärapparat der drohenden gesellschaftlichen Desintegration mit der Einbeziehung der verschiedenen Bevölkerungsgruppen in die Entscheidungsprozesse zu begegnen.[6] Im Mai 1917 wurde der Reichsrat wiedereröffnet, die Beteiligung der interessierten Gruppierungen in neugeschaffenen Gremien, wie dem Ernährungsbeirat oder dem Hauptausschuß für Kriegs- und Übergangswirtschaft, sollte die Reibungen im Approvisionierungswesen verringern bzw. den nach den Kriegserfahrungen vorhersehbaren Konflikten in der Umstellungsphase von der Kriegs- zur Friedenswirtschaft vorbeugen. Im März 1917 wurden – gleichzeitig allerdings mit der Bindung auch der Frauen an die Kriegsleistungsbetriebe – Beschwerdekommissionen für alle militärischen Zwecken dienenden Betriebe eingerichtet, die mit weitreichenden Kompetenzen und Exekutivgewalt ausgestattet für ruhige Arbeitsverhältnisse sorgen sollten. In allen diesen Gremien kam den Vertretern der Arbeiterschaft ein sehr großes Gewicht zu, da deren Einflußnahme auf die Arbeiterschaft für die staatliche Verwaltung unverzichtbar geworden war. In der dritten Phase, deren Beginn mit Herbst 1916 anzusetzen ist, gelang es den Gewerkschaften somit, ihre Positionen zu festigen, ja sogar in neue Tätigkeitsbereiche vorzustoßen. Die paritätische Zusammensetzung mancher Gremien, vor allem der Beschwerdekommissionen und der mit Arbeitsmarktfragen befaßten Untergliederungen des Hauptausschusses für Kriegs- und Übergangswirtschaft, stellte sie den Unternehmern gleichberechtigt gegenüber. Die staatliche Sanktionsmacht, die das Kriegsleistungsgesetz einseitig den Unternehmern vorbehalten hatte, stand nun in gewissem Ausmaß auch den Gewerkschaften zur Verfügung, etwa in der Durchsetzung kollektivvertragsähnlicher Abmachungen für große Bereiche der Metallindustrie auf Druck der Beschwerdekommissionen.

Diese Entwicklung in Österreich ist in mancher Hinsicht mit jener in den anderen kriegführenden Staaten vergleichbar. In den meisten dieser Staaten entstanden im Rahmen der Kriegswirtschaft Gremien, in denen sich die Staats- und Militärverwaltung die Kooperation der Arbeiterorganisationen sicherte. Der Anlaß für diese Entwicklung in Großbritannien, in Frankreich, in Italien oder auch im Deutschen Reich war der Arbeitskräftemangel, dem durch umfassende Mobilisierung des Arbeitskräftepotentials

---

6 Vgl. ebd. S. 174–175 und 181.

und Dirigierung des Arbeitsmarktes beizukommen versucht wurde. Im Unterschied zur österreichischen Situation jedoch standen diese Entwicklungen in den anderen Staaten nicht oder in einem bei weitem nicht so ausgeprägt autoritären Rahmen,[7] die Arbeiterschaft befand sich also in einer vergleichsweise stärkeren Ausgangsposition. Den Gewerkschaften mußte dort als Kompensation für die freiwillige temporäre Aufgabe mancher ihrer Errungenschaften die Mitwirkung und Einflußnahme auf die zu treffenden Maßnahmen geboten werden.

Deutlich werden diese unterschiedlichen Voraussetzungen etwa in einem Vergleich zwischen dem Gesetz über den Vaterländischen Hilfsdienst, der erst Ende 1916 eingeführten Arbeitspflicht im Deutschen Reich, und seinen Ausschüssen mit dem Kriegsleistungsgesetz von 1912 und den 1917 realisierten Beschwerdekommissionen. Während die Wirtschafts- und Sozialpolitik gerade des Deutschen Reiches während des Krieges von österreichischer Seite genau verfolgt und in manchen Fällen adaptiert wurde, verlief im Falle der kriegsindustriellen Arbeitsverhältnisse die Entwicklung wegen der unterschiedlichen Ausgangsbasis deutlich anders. Innerhalb der autoritären Strukturen, die die Arbeiterschaft entmachtet hatten, mußten die österreichischen Beschwerdekommissionen autoritäre Befugnisse haben, um ihre Funktion erfüllen zu können. Das einzige „Vorbild", auf das die österreichischen Behörden in diesem Zusammenhang zurückgreifen konnten, war Ungarn, wo ebenfalls das Kriegsleistungsgesetz in Geltung stand.[8]

Die entschiedenere Politik der Gewerkschaften als Antwort auf den Arbeiterprotest war auch im Hinblick auf die Mitgliederrekrutierung erfolgreich. Seit Ende 1916 wuchsen die Verbände der kriegsindustriellen Branchen durch den Zustrom der erst im Laufe des Krieges aus den anderen Wirtschaftssektoren in die Industrie abgewanderten Arbeiter, vor allem auch der Arbeiterinnen. Die großen Streiks im Mai 1917, Jänner und Juni 1918, die das Scheitern der staatlichen Bemühungen um erträgliche Verhältnisse signalisieren, taten dem Aufschwung der Gewerkschaften keinen Abbruch mehr. Ihre eigene, aufgrund der Kriegserfahrungen gebildete Disposition versetzte die Arbeiterorganisationen in die Lage, die Basisbewegungen, selbst wenn diese politische Ziele verfolgten, in den Griff zu bekommen und in relativ erfolgreiche Lohnkämpfe zu transformieren.

Erst im Sommer 1918, dem Beginn der vierten und letzten Phase der sozialpolitischen Kriegsentwicklung, entschloß sich die Gewerkschaftsführung, selbst die Streikdrohung als Mittel ihrer Politik einzusetzen. Der Grund für diese neuerliche Haltungsänderung war, daß die Aussichtslosigkeit der Anstrengungen gegen die ständige Verschlechterung der Lebensumstände immer offenkundiger wurde und dies die Kooperation mit der staatlichen Verwaltung diskreditierte. Der ökonomische Zusammenbruch, der sich nicht zuletzt im produktionshemmenden Mangel an Rohstoffen, vor allem an Kohle, ankündigte, brachte die Gewerkschaften auf die autonome Ebene, zur direkten Auseinandersetzung mit den

---

7 Britta *Skottsberg*, Der österreichische Parlamentarismus (Göteborg 1940) 117 spricht an Joseph Redlichs Einschätzung anschließend davon, daß die „Militärdiktatur" in Österreich „... in keiner (sic!) der kriegführenden Staaten des Kontinents ihresgleichen hatte...".

8 Vgl. Margarete *Grandner*, Die Beschwerdekommissionen für die Rüstungsindustrie Österreichs während des ersten Weltkrieges – der Versuch einer „sozialpartnerschaftlichen" Institution in der Kriegswirtschaft? In: Gerald *Stourzh*, Margarete *Grandner* (Hrsg.), Historische Wurzeln der Sozialpartnerschaft (= Wiener Beiträge zur Geschichte der Neuzeit 12/13, Wien 1986) S. 191–224.

Unternehmern, die die Sicherung des Existenzminimums zum Inhalt hatte, zurück. Im Herbst 1918 übernahm ein organisatorisch noch im Hauptausschuß für Kriegs- und Übergangswirtschaft wurzelndes paritätisches Industriekomite, abgekoppelt von der sich auflösenden staatlichen Verwaltung, die Kontrolle über den Arbeitsmarkt bei Kriegsende.

In dieser bereits in die Entstehungsphase der ersten österreichischen Republik hinüberreichenden Entwicklung wurde die kurzfristige Verschiebung des Machtgefüges zugunsten der Arbeiterschaft und ihrer Organisationen manifest. Die Untersuchung des Charakters und des Ausmaßes dieser manchmal als „Revolution" titulierten Verschiebung zeigt jedoch deren sehr enge Grenzen; die Ereignisse und Maßnahmen, die nach dem verlorenen Krieg getroffen wurden, oder auch die Kritik an und der Widerstand gegen diese Maßnahmen, zeigen vielmehr eine Situation auf, in der die Politik zwischen den Zwängen einer als katastrophal erlebten wirtschaftlichen und politischen Situation und der Befriedung unzufriedener Arbeitergruppen gefangen war. Weitere Perspektiven waren verstellt und wurden den Machthabern durch die „Basis" auch nicht aufgedrängt.

Die hier vorliegende Studie entstand im Anschluß an ein Seminar, das sich mit dem auch im internationalen Vergleich außerordentlichen Ausbau der Sozialpolitik in Österreich nach dem ersten Weltkrieg[9] befaßte und in dem an vielen Punkten die starke Kontinuität der sozialpolitischen Konzepte der Nachkriegszeit zu jenen der Vorkriegs-, besonders aber der Kriegszeit ebenso auffiel wie der Umstand, daß der politische Spielraum der Arbeiterschaft in der Nachkriegszeit gering war und nicht ernsthaft zu erweitern versucht wurde. Vor allem aber wurde die entscheidende Rolle der sozialdemokratischen Gewerkschaften sowohl bei der Nutzung als auch bei der Einhaltung der Grenzen des vorgegebenen Aktionsfeldes deutlich. Die Ergebnisse des Seminars warfen die Frage nach der Vorgeschichte, der vorbereitenden Entwicklung der Gewerkschaften während des ersten Weltkrieges und ihrer Politik unter Ausnahmebedingungen auf, die – wie sich herausstellte – in Österreich wenig erforscht ist.[10]

---

9 Vgl. Max *Lederer*, Die Entwicklung der sozialen Gesetzgebung im Kaisertum und in der Republik Österreich. In: Max *Lederer*, Viktor *Suchanek*(Hrsg.), Arbeitsrecht, Arbeitsschutz und Arbeitslosenfürsorge (= Handausgabe österreichischer Gesetze und Verordnungen 220, Wien 1927) 1, 19–22.

10 Neben den einschlägigen Bänden der „Wirtschafts- und Sozialgeschichte des Weltkrieges", die in den 1920er und 1930er Jahren durch die „Carnegie-Stiftung für internationalen Frieden" (vgl. auch Othmar *Spann*, Bibliographie der Wirtschafts- und Sozialgeschichte des Weltkrieges [Wien 1923]) initiiert worden war, existieren Diplomarbeiten und Dissertationen zu einigen Teilaspekten, deren Brauchbarkeit allerdings beschränkt ist. Die wirtschaftshistorischen Detailstudien von Heinrich *Mejzlik*, Die Eisenbewirtschaftung im Ersten Weltkrieg. Die Planwirtschaft des k.u.k. Kriegsministeriums (Wien 1977) bzw. Robert J. *Wegs*, Die österreichische Kriegswirtschaft 1914–1918 (Wien 1979) [„Austrian Mobilization during World War I with Particular Emphasis on Heavy Industry" (Diss. Urbana 1970)] gehen auf die hier interessierenden Fragestellungen praktisch nicht ein. Nicht einmal die verdienstvolle, leider wohl nicht abgeschlossene Aktenedition „Arbeiterschaft und Staat im ersten Weltkrieg" durch Rudolf *Neck* Ende der 1960er Jahre konnte eine stärkere Beschäftigung mit dem Fragenkomplex herbeiführen. Die Arbeitsverhältnisse und die Lage der Arbeiterschaft im ersten Weltkrieg stehen lediglich in Gerhard *Meißl*s Fallstudie über die Munitionsfabrik in Wöllersdorf im Mittelpunkt des Interesses, und erst in jüngster Zeit scheint das international große Interesse auf sich ziehende Thema auch in Österreich mehr Anklang zu finden; vgl. vor allem Sigrid *Augeneder*, Arbeiterinnen im Ersten Weltkrieg. Lebens- und Arbeitsbedingungen proletarischer Frauen in Österreich (= Materialien zur Arbeiterbewegung 46, Wien 1987).

Der Grund für die geringe Beschäftigung mit der sozialpolitischen Kriegsentwicklung dürfte nicht zuletzt in der Attraktion der Nachkriegs-„Revolution" für die Forschung zu suchen sein. Die vorliegende Arbeit, die an der Herausbildung der gewerkschaftlichen Position, wie sie sich bei Kriegsende präsentierte, interessiert ist, legt den Schluß nahe, daß es in Österreich 1918/19 keine „Revolution" gegeben hat. Unbestreitbar ist die völkerrechtliche Stellung der Republik Österreich seit November 1918 eine radikal andere als die des entsprechenden Territoriums im Verband der Österreichisch-Ungarischen Monarchie. Will man den Begriff der Revolution jedoch nicht auf die Tatsache des Zerfalls der Habsburgermonarchie, den die deutschsprachigen Staatsteile noch dazu überwiegend passiv hinzunehmen gezwungen waren, einschränken, so wird die Suche nach radikalen Veränderungen bereits schwierig. Doch bedeuteten sicherlich selbst die keineswegs schnelle Entscheidung für die republikanische Staatsform sowie für die Anschluß-Option eine gravierendere Veränderung als die mit dem Kriegsende eingeschlagene innen- und gesellschaftspolitische Linie. In keiner Phase des Zerfalls der Monarchie und der Entstehung der neuen Republik stand eine grundlegende Veränderung der sozialen Position der Arbeiterschaft zur Debatte; den führenden – sozialdemokratischen – Politikern schien eine solche Entwicklung einfach nicht möglich, und es gelang ihnen auch, entsprechende Versuche, die relativ schwach und bezeichnenderweise auslandsabhängig waren, zu kanalisieren.[11] Die Niederlage „revolutionärer" Bestrebungen, die sich gegen die Sozialdemokratie richteten und richten mußten, führten spät und zu nur geringfügigen Abspaltungen am Rande der Arbeiterbewegung.

Angesichts dieser Tatsachen stellt sich die Frage, wie die „österreichische Revolution" ihren Platz in der Interpretation der Geschichte der Republik Österreich gefunden hat. Und es zeigt sich, daß sowohl für die „Revolutionäre", wie für die den kurzfristigen Machtverschiebungen unterliegenden Gesellschaftsgruppen das Datum der „Revolution" im Laufe der ersten Republik sehr gelegen kam und deshalb tradiert wurde. Otto Bauer schrieb die „Österreichische Revolution" 1923,[12] als die Art, wie die Genfer Sanierung durchgeführt werden sollte, endgültig klarstellte, daß die Sozialdemokratie ihren Machtvorsprung der unmittelbaren Nachkriegszeit schon wieder verloren hatte. Die eigene „revolutionäre" Geschichte stärkte das Selbstbewußtsein des Austromarxismus in der Defensive. Zweifel meldeten sich nach der Vernichtung der organisierten Arbeiterbewegung durch den Austrofaschismus an; so hieß es in einem Flugzettel der illegalen Revolutionären Sozialisten nach dem Februar 1934: „Wir kommen wieder! Aber anders wie (sic!) 1918."[13]

Für jene Gruppen und politischen Parteien, die in der Zeit nach dem Ende des ersten Weltkrieges an Einfluß und Macht zugunsten der Sozialdemokratie verloren hatten, stellte sich die Erklärung jener Periode zur „Revolution" als ein ähnlich strukturiertes

---

11 Vgl. z. B. Erwin *Weissel,* Die Ohnmacht des Sieges (Wien 1976); Hans *Hautmann,* Die verlorene Räterepublik. Am Beispiel der Kommunistischen Partei Deutschösterreichs (Wien 1971).
12 Otto *Bauer,* Die österreichische Revolution (Wien 1923); wiederabgedruckt in: Otto *Bauer,* Werkausgabe, Bd. 2 (Wien 1976) 489–866.
13 Dokumentationsarchiv des Österreichischen Widerstands, Z. 4028b/194. (Streuzettel der Revolutionären Sozialisten 1935 in Liesing).

und nur mit entgegengesetztem Vorzeichen versehenes Vehikel, vor allem der Propaganda, dar. Die Jahre 1918/1919 konnten als Ausnahmezeit stilisiert und deren politischen Resultaten im Nachhinein die Legitimation abgesprochen werden. Die Forderung Seipels nach der „Beseitigung des revolutionären Schuttes", der „zufälligen ‚Errungenschaften' einer revolutionären Zeit",[14] womit nur die Rücknahme der Sozialgesetze, der Demokratisierung der politischen Strukturen und des institutionalisierten Einflusses der Arbeiterorganisationen gemeint sein konnte, zeigt dies deutlich. Wie sehr übrigens die Sozialpolitik des Krieges als Urheberin der „Revolution" im Bewußtsein verankert war, zeigt eine Stellungnahme von Unternehmerseite zu Grundsätzen der Sozialpolitik, die noch 1936 umstandslos die Tätigkeit der Beschwerdekommissionen für die Entwicklung der Jahre 1918/1919 verantwortlich machte.[15]

Durch die Auseinandersetzung mit der Führung der Arbeiterbewegung, deren nichtrevolutionäre Haltung allerdings nirgends in Zweifel gezogen wird, soll mit dieser Arbeit nicht in Abrede gestellt werden, daß sich in Teilen der Arbeiterschaft Österreichs während des ersten Weltkrieges bei manchen Anlässen Widerstände gegen die Führung der Sozialdemokratie oder auch revolutionäre Absichten geregt hätten. Die Untersuchung der Unruhen, der Massenstreiks und auch der Legitimationsprobleme der Partei- und Gewerkschaftsführung während des Krieges und danach zeigt aber, daß es in erster Linie die Führung war, die den Gang der Ereignisse zu steuern imstande war, ohne in eklatanten Gegensatz zur überwiegenden Majorität der Arbeiterschaft zu geraten.

---

14 Stenographisches Protokoll der 69. Sitzung des Bundesrates am 29. 2. 1924, S. 926. Zitiert nach *Talos*, Staatliche Sozialpolitik, S. 160.
15 Vgl. AVA, Bundesministerium für soziale Verwaltung, GZ. 20338-5/1936 (Kammer für Handel, Gewerbe und Industrie in Innsbruck vom 15. 2. 1936).

Anhang

Übersicht zum Werdegang der Kaiserlichen Verordnung vom 18. März 1917 *

Spalte 1

Rekonstruktion des ursprünglichen Entwurfes des Dep. XVIIa des MfLV für eine KaisVO „betreffend die Verpflichtung zu Dienst- oder Arbeitsleistungen in militärischen Zwecken dienenden Betrieben, die Regelung der Dienst-, Arbeits- und Lohnverhältnisse und die Errichtung von Beschwerdekommissionen für solche Betriebe":

§ 1: *Möglichkeit zur Heranziehung* arbeitsfähiger Männer und Frauen bis 60 zur Dienst- und Arbeitsleistung in mZdB auf Kriegsdauer. MZdB sind 1) Betriebe im Besitz der Heeresververwaltung 2) aufgrund § 18 KLG von der Heeresverwaltung übernommene Betriebe 3) aufgrund § 18 KLG für die Heeresverwaltung durch den Unternehmer weitergeführte Unternehmen.

§ 2: *Befreiungsgründe:* §§ 4/1 und 5/1,2 KLG, d.h. Bedarfsdeckung durch freiwillige Arbeiter, Landsturm- und Wehrpflichtige möglich; mangelnde geistige und körperliche Eignung, berufliche Tätigkeit als Beamter, Gemeindevorsteher und Seelsorger, Enthebungsgründe von Wehr- und Landsturmdienst, sowie nach internationalem und Völkerrecht; selbständige Landwirte, Fabriks- und Gewerbsinhaber; besonders rücksichtswürdige Verhältnisse, die bei Fortdauer der Verpflichtung die Existenz der Familie in Frage stellen.

§ 3: *Verpflichtung zum Verbleiben* für in mZdB beschäftigte Männer und Frauen bis 60 in ihrem Dienst- oder Arbeitsverhältnis auf Kriegsdauer.

§ 4: *Errichtung von BKen:* Zuständigkeit für Ansprüche der verpflichteten Personen (§§ 1,3) auf Änderung der Arbeitsbedingungen. Für Ansprüche aus bestehenden Verträgen und aufgrund von BKentscheidungen sind die Gerichte zuständig. Ansprüche, für die die Gerichte nicht zuständig sind, sind an die Dion (§ 6) abzutreten. Sachlicher und örtlicher Zuständigkeitsbereich der BKen durch VO.

§ 5: *Kompetenzen der BKen:* gütliche Vermittlung und vollstreckbare Entscheidungen der Ansprüche (§ 4) einzelner und mehrerer Personen. Die BKen können aus diesem Anlaß auch die Verhältnisse für ganze Gruppen regeln.

Spalte 2

Entwurf des Dep. XVIIa des MfLV aufgrund der Referentenbesprechung am 10.10.1916 für eine KaisVO „betreffend die Verpflichtung zu Dienst- oder Arbeitsleistungen in militärischen Zwecken dienenden Betrieben, die Regelung der Dienst-, Arbeits- und Lohnverhältnisse und die Errichtung von Beschwerdekommissionen für solche Betriebe":

§ 1: *Verpflichtung zum Verbleiben* für in mZdB beschäftigte Männer und Frauen bis 60 in ihrem Arbeitsverhältnis auf Kriegsdauer. MZdB sind: 1) Betriebe im Besitz der Heeresverwaltung 2) aufgrund § 18 KLG von der Heeresverwaltung übernommene Betriebe 3) aufgrund § 18 KLG für die Heeresverwaltung durch den Unternehmer weitergeführten Unternehmen.

§ 2: *Befreiungsgründe:* mangelnde geistige und körperliche Eignung; besonders rücksichtswürdige Verhältnisse, die bei Fortdauer der Verpflichtung die Existenz der Familie in Frage stellen; bei Frauen unabweisliche mütterliche Pflichten.

§ 3: *Generelle Regelung* der Dienst-, Lohn- und Arbeitsverhältnisse der verpflichteten Personen (§ 1) durch VO möglich.

§ 4: *Errichtung von BKen:* Zuständigkeit für Ansprüche der verpflichteten Zivilpersonen (§ 1) und Landsturmpflichtige in Landsturmarbeiterkompanien auf Änderung der Arbeitsbedingungen. Für Ansprüche aus bestehenden Verträgen und aufgrund BKentscheidungen sind die Gerichte zuständig. Ansprüche, für die die Gerichte nicht zuständig sind, sind an die Dion (§ 6) abzutreten. Sachlicher und örtlicher Wirkungsbereich der BKen durch VO.

§ 5: *Kompetenzen der BKen:* gütliche Vermittlung und vollstreckbare Entscheidungen der Ansprüche (§ 4) einzelner und mehrerer Personen. Die BKen können aus solchem Anlaß auch die Verhältnisse für ganze Gruppen regeln.

Spalte 3

Entwurf des Dep. XVIIa des MfLV aufgrund der Beratungen am 11. und 13.11.1916 für eine KaisVO „betreffend die Verpflichtung zu Dienst- oder Arbeitsleistungen in militärischen Zwecken dienenden Betrieben, die Regelung der Dienst-, Arbeits- und Lohnverhältnisse und die Errichtung von Beschwerdekommissionen für solche Betriebe", Variante:

§ 1: *Möglichkeit zur Heranziehung* arbeitsfähiger Männer und Frauen bis 60 zur Dienst- oder Arbeitsleistung in mZdB auf Kriegsdauer. MZdB sind: 1) Betriebe im Besitz der Heeresverwaltung 2) aufgrund § 18 KLG von der Heeresverwaltung übernommene Betriebe 3) aufgrund § 18 KLG für die Heeresverwaltung durch den Unternehmer weitergeführte Betriebe.

§ 2: *Verpflichtung zum Verbleiben* für in mZdB beschäftigte Männer und Frauen bis 60 in ihrem Dienst- oder Arbeitsverhältnis auf Kriegsdauer.

§ 3: *Befreiungsgründe:* §§ 4/1 und 5/1,2 KLG, d.h. Bedarfsdeckung durch freiwillige Arbeiter, Landsturm- und Wehrpflichtige möglich; mangelnde geistige und körperliche Eignung, berufliche Tätigkeit als Beamter, Gemeindevorsteher, Seelsorger, Enthebungsgründe von Wehr- und Landsturmdienst, sowie nach internationalem und Völkerrecht; selbständige Landwirte, Fabriks- und Gewerbsinhaber; besonders rücksichtswürdige Verhältnisse, die bei Fortdauer der Verpflichtung die Existenz der Familie in Frage stellen; bei Frauen Rücksichten auf Familie, Mutterpflichten.

§ 4: *Generelle Regelung* der Dienst-, Lohn- und Arbeitsverhältnisse durch VO möglich.

§ 5: *Errichtung von BKen:* Zuständigkeit für Ansprüche der verpflichteten Zivilpersonen (§§ 1,2) auf Änderung der Arbeitsbedingungen. Zuständigkeit für Militärpersonen im Lohnverhältnis nur bei Ansprüchen aus dem Lohn- und Arbeitsverhältnis. Für nicht im Lohnverhältnis stehende Militärpersonen nicht zuständig. Für Ansprüche aus bestehenden Verträgen und aufgrund BKentscheidungen sind BKen oder Gerichte zuständig nach Wahl. Örtlicher und sachlicher Wirkungskreis der BKen durch VO.

§ 6: *Kompetenzen der BKen:* gütliche Vermittlung und vollstreckbare Entscheidungen der Ansprüche (§ 5) einzelner und mehrerer Personen. Die BKen können aus solchem Anlaß auch die Verhältnisse für ganze Gruppen regeln.

Spalte 4

Entwurf des Dep. XVIIa des MfLV aufgrund der Beratungen am 11. und 13.11.1916 für eine KaisVO „betreffend die Verpflichtung zu Dienst- oder Arbeitsleistungen in militärischen Zw ken dienenden Betrieben, die Regelung der Dienst-, Arbeits- und Lohnverhältnisse und Errichtung von Beschwerdekommissionen für solche Betriebe:

§ 1: *Verpflichtung zum Verbleiben* für in m rem Dienst- oder Arbeitsverhältnis auf Krie dauer. MZdB sind: 1) Betriebe im Besitz Heeresverwaltung 2) aufgrund § 18 KLG der Heeresverwaltung übernommene Betri 3) aufgrund § 18 KLG für die Heeresverwalt durch den Unternehmer weitergeführte Be be.

§ 2: *Befreiungsgründe:* mangelnde geis oder körperliche Eignung; besonders rü sichtswürdige Verhältnisse, die bei Fortda der Verpflichtung die Existenz der Famili Frage stellen; bei Frauen unabweisliche mü liche Pflichten.

§ 3: *Generelle Regelung* der Dienst-, Lohn- Arbeitsverhältnisse der verpflichteten Perso (§ 1) durch VO möglich, in der auf die geän ten Lebensbedingungen und die Teueru Rücksicht zu nehmen ist.

§ 4: *Errichtung von BKen:* Zuständigkeit Ansprüche der verpflichteten Zivilpersor (§ 1) auf Änderung der Arbeitsbedingungen. ständigkeit für Militärpersonen im Lohnverh nis nur bei Ansprüchen aus dem Lohn- u Arbeitsverhältnis. Für nicht im Lohnverhält stehende Militärpersonen nicht zuständig. Ansprüche aus bestehenden Verträgen o aufgrund von BKentscheidungen sind B oder die Gerichte zuständig nach Wahl. Ö cher und sachlicher Wirkungskreis der BK durch VO.

§ 5: *Kompetenzen der BKen:* gütliche Verm lung und vollstreckbare Entscheidungen Ansprüche (§ 4) einzelner oder mehrerer P sonen. Die BKen können aus solchem Anl auch die Verhältnisse für ganze Gruppen geln.

Vgl. KA, MfLV, Abt. XVIIa, Z. 2693, Zu Z. 2784, Zu Z. 3220/1916, Z. 278/1917 und KaisVO vom 18.3.1917, RGBl. Nr. 122. Abkürzungen in der Übersicht: BK(en): Beschwerdekommission(en), Dion: Direktion, KLG: Kriegsleistungsgesetz, mZdB bzw. MZdB: m(M)ilitärischen Zwecken dienende Betriebe.

Anhang

twurf A des Dep. 7 des HM aufgrund der ferentenbesprechung im Ministerratspräsidi- am 12. 1. 1917 für eine KaisVO „betreffend Regelung von Lohn- und Arbeitsverhältnis- n in militärischen Zwecken dienenden Betrie- n":	Entwurf B des Dep. XVIIa des MfLV aufgrund des Entwurfes A des HM für eine KaisVO „betreffend die Regelung von Lohn- und Arbeitsverhältnissen in militärischen Zwecken dienenden Betrieben":	Endfassung nach Ministerialkonferenz am 5. 2. 1917 und dem Ministerrat am 23. 2. 1917 der KaisVO vom 18. 3. 1917, RGBl. Nr.122 "betreffend die Regelung von Lohn- und Arbeitsverhältnissen in den militärischen Zwecken dienenden Betrieben":
: Regelung der Arbeitsbedingungen: in ZdB beschäftigten Personen gebührt ihrer sbildung und Leistung entsprechender Lohn, r wenigstens den Unterhalt der Familie ge- ährleistet. **2: MZdB sind:** 1) Betriebe im Besitz der Hee- verwaltung 2) aufgrund § 18 KLG von der eresverwaltung übernommene Betriebe aufgrund § 18 KLG für die Heeresverwaltung rch den Unternehmer weitergeführte Betrie- .	**§ 1: Regelung der Arbeitsbedingungen:** in mZdB beschäftigten Personen gebührt ihrer Ausbildung und Leistung entsprechender Lohn, der wenigstens den Unterhalt der Familie gewährleistet. Nach Tunlichkeit ist Sorge zu tragen für die sonstigen, insbesondere die sanitären Arbeitsverhältnisse. **§ 2: MZdB sind:** 1) Betriebe im Besitz der Heeresverwaltung 2) aufgrund § 18 KLG von der Heeresverwaltung übernommene Betriebe 3) aufgrund § 18 KLG für die Heeresverwaltung durch den Unternehmer weitergeführte Betriebe.	**§ 1: Regelung der Arbeitsbedingungen:** in mZdB beschäftigten Personen gebührt ihrer Ausbildung und Leistung entsprechender, durch die Lebens- und Arbeitsbedingungen bedingter Lohn. **§ 2: MZdB sind:** 1) Betriebe im Besitz der Heeresverwaltung 2) aufgrund § 18 KLG von der Heeresverwaltung übernommene Betriebe 3) aufgrund § 18 KLG für die Heeresverwaltung durch den Unternehmer weitergeführte Betriebe.
Errichtung und Kompetenzen der BKen: tendmachung von Ansprüchen (§ 1) bei Be- sleitung. Wenn binnen 8 Tagen keine Ver- arung dann für beide Teile unanfechtbare, streckbare Entscheidung der BK. Ansprü- von im Lohnverhältnis beschäftigten Zivil- Militärpersonen. BKen können auch Löhne) von amtswegen regeln und über Auflö- g des Arbeitsverhältnisses entscheiden). Für Ansprüche aus bestehenden Verträ- oder aufgrund BKentscheidungen sind en oder Gerichte zuständig nach Wahl, für tärpersonen nur BKen. : Örtlicher und sachlicher Wirkungskreis der en durch VO.	**§ 3: Errichtung von BKen:** Zuständigkeit für Ansprüche (§ 1) von im Lohnverhältnis beschäftigten Zivilpersonen, Zuständigkeit für Militärpersonen im Lohnverhältnis nur bei Ansprüchen aus dem Lohn- und Arbeitsverhältnis. Nicht zuständig für nicht im Lohnverhältnis stehende Militärpersonen. Für Ansprüche aus bestehenden Verträgen oder aufgrund BKentscheidungen und auf Auflösung des Arbeitsverhältnisses sind BKen oder Gerichte zuständig nach Wahl. Ansprüche, für die die Gerichte nicht zuständig sind, sind an die BKen abzutreten. Sachlicher und örtlicher Wirkungskreis der BKen durch VO. **§ 4: Kompetenzen der BKen:** gütliche Vermittlung und vollstreckbare Entscheidung der Ansprüche (§§ 1,8) einzelner oder mehrerer Personen. Die BKen können aus solchem Anlaß von amtswegen auch die Verhältnisse für ganze Gruppen regeln.	**§ 3: Errichtung von BKen:** Zuständigkeit für Ansprüche (§ 1) und für Änderung der sonstigen Arbeitsbedingungen sowie für Begehren um Auflösung des Arbeitsverhältnisses. Berechtigt sind im Lohnverhältnis beschäftigte Personen, bei Auflösungsbegehren auch die Arbeitgeber. Für Ansprüche aus bestehenden Verträgen oder aufgrund BKentscheidungen sind BKen oder Gerichte zuständig nach Wahl; Begehren um Auflösung der Arbeitsverhältnisse sind zuerst an die BKen zu richten. Ansprüche, für die die Gerichte nicht zuständig sind, sind an die BKen abzutreten. Sachlicher und örtlicher Wirkungskreis der BKen durch VO. **§ 4: Kompetenzen der BKen:** sofern nicht Auflösungsbegehren Versuch der gütlichen Vermittlung; dann für beide Teile unanfechtbare, vollstreckbare Entscheidung der Ansprüche (§§ 1,5) einzelner und mehrerer Personen; BKen können auch von amtswegen tätig werden. **§ 5: Verpflichtung zum Verbleiben** für in mZdB beschäftigte Personen in ihrem Dienst- und Arbeitsverhältnis. Auflösung nur aus wichtigen Gründen und mit Zustimmung der BK bzw. Ortsstelle. Zustimmung kann bei Vorliegen der Gründe für vorzeitige Vertragslösung nicht verweigert werden; in diesem Fall Rekurs an das Gericht möglich. Zustimmung nicht erforderlich, wenn Auflösung einvernehmlich zwischen Arbeitgeber und Arbeitnehmer und mit Zustimmung des militärischen Leiters erfolgt.

§ 6: *Zusammensetzung der BKen:* 1) Vorsitzender durch MrfLV ernannt 2) Mitglied vom fachlich zuständigen Mr entsandt 3) ein Vertreter der Fachorganisation der Arbeitgeber 4) ein Vertreter der Fachorganisation der Arbeitnehmer; 3) und 4) vom fachlich zuständigen Mr ernannt. *Dion der BKen* direkt dem MrfLV unterstellt; Funktion: einheitliches Vorgehen der BKen, Entgegennahme aller Begehren (§ 4), bei Eignung Weiterleitung an die zuständige BK.	§ 6: *Zusammensetzung der BKen:* 1) Vorsitzender durch MrfLV ernannt 2) Mitglied vom fachlich zuständigen Mr entsandt 3) vom JM bestimmtes richterliches Mitglied 4) ein Vertreter der Fachorganisation der Arbeitgeber 5) ein Vertreter der Fachorganisation der Arbeitnehmer; 4) und 5) vom fachlich zuständigen Mr ernannt. *Dion der BKen* direkt dem MrfLV unterstellt; Funktion: einheitliches Vorgehen der BKen, Entgegennahme aller Begehren (§ 4), bei Eignung Weiterleitung an die zuständige BK. *Subeinheiten der BKen:* die BKen können kleinere Ansprüche durch Entsendung eines oder mehrerer ihrer Mitglieder gütlich vermitteln.	§ 7: *Zusammensetzung der BKen:* 1) Vorsitzender durch MrfLV ernannt 2) Mitglied vom fachlich zuständigen Mr entsandt 3) Richter vom JM entsandt 4) ein Vertreter der Arbeitgeber 5) ein Vertreter der Arbeitnehmer; 4) und 5) vom fachlich zuständigen Mr berufen. *Dion der BKen* direkt dem MrfLV unterstellt; Funktion: einheitliches Vorgehen der BKen, Entgegennahme aller Begehren (§ 5), bei Eignung Weiterleitung an die zuständige BK. *Subeinheiten der BKen:* die BKen können Ansprüche durch Entsendung eines oder mehrerer ihrer Mitglieder gütlich vermitteln.	§ 6: *Zusammensetzung der BKen:* 1) Vorsitzender durch MrfLV ernannt 2) Mitglied vom fachlich zuständigen Mr entsandt 3) Richter vom JM entsandt 4) ein Vertreter der Arbeitgeber 5) ein Vertreter der Arbeitnehmer; 4) und 5) vom fachlich zuständigen Mr berufen. *Dion der BKen* direkt dem MrfLV unterstellt; Funktion: einheitliches Vorgehen der BKen, Entgegennahme aller Begehren (§ 5), bei Eignung Weiterleitung an die zuständige BK. *Subeinheiten der BKen:* die BKen können Ansprüche durch Entsendung eines oder mehrerer ihrer Mitglieder gütlich vermitteln.
§ 7: *Ende* der Verpflichtungen und der BKen durch VO. § 8: *Behörden:* Heranziehung (§ 1) auf Weisung des MrfLV durch die politischen Behörden; Beschwerden (§§ 1,3) ohne aufschiebende Wirkung an die politischen Behörden, Letztinstanz MrfLV. § 9: *Sanktionen:* gegen Arbeiter (§§ 1,3) zwangsweise Rückführung und bis zu 3 Monate Arrest oder 1000 K; gegen Unternehmer oder deren Bedienstete (§ 5) bis zu 3 Monate Arrest oder 50000 K; bei Wiederholung kumulativ. § 10: *Unterhaltsbeitrag* bei Gefährdung des Unterhalts (RGBl. Nr. 237/1912); Versorgung der Verpflichteten und ihrer Hinterbliebenen, wenn Erwerbsfähigkeit oder Tod nachweislich infolge der Verpflichtung eingetreten ist und keine Versorgung aufgrund bestehender Gesetze oder Vereinbarung vorhanden. Regelung durch VO.	§ 7: *Ende* der Verpflichtung und der BKen durch VO.	§ 8: *Ende* der Verpflichtungen und der BKen durch VO. § 9: *Behörden:* Heranziehung (§ 1) auf Weisung des MrfLV durch die politischen Behörden; Beschwerden (§§ 1,2) ohne aufschiebende Wirkung an die politischen Behörden, Letztinstanz MrfLV. § 8: *Sanktionen:* gegen Arbeiter (§ 1) zwangsweise Rückführung und bis zu 3 Monate Arrest und 1000 K; gegen Unternehmer oder deren Bedienstete (§ 5) bis 3 Monate Arrest oder 20000 K; bei Wiederholung kumulativ. *Behörden:* politische Behörden 1. Instanz, Letztinstanz MrfLV. § 11: *Unterhaltsbeitrag* bei Gefährdung des Unterhalts (RGBl. Nr. 237/1912); Versorgung der Verpflichteten und ihrer Hinterbliebenen, wenn Erwerbsunfähigkeit oder Tod nachweislich infolge der Verpflichtung eingetreten ist und keine Versorgung aufgrund bestehender Gesetze oder Vereinbarungen vorhanden. Regelung durch VO.	§ 7: *Ende* der Verpflichtung und der BKen durch VO. § 8: *Behörden:* Beschwerden ohne aufschiebende Wirkung (§ 1) an die politischen Behörden, Letztinstanz MrfLV. § 9: *Sanktionen:* gegen Arbeiter (§ 1) zwangsweise Rückführung und bis 3 Monate Arrest oder 1000 K; gegen Unternehmer oder deren Bedienstete (§ 5) bis 3 Monate Arrest oder 20000 K; bei Wiederholung kumulativ. § 10: *Unterhaltsbeitrag* bei Gefährdung des Unterhalts (RGBl.Nr. 237/1912); Versorgung der Verpflichteten und ihrer Hinterbliebenen, wenn Erwerbsunfähigkeit oder Tod nachweislich infolge der Verpflichtung eingetreten ist und keine Versorgung aufgrund bestehender Gesetze oder Vereinbarungen vorhanden. Regelung durch VO.
§ 11: in Kraft am Tag der Kundmachung; Vollzug (MfLV).	§ 9: in Kraft am Tag der Kundmachung; Vollzug (MfLV).	§ 12: Mitwirkung der Gemeinden. § 13: in Kraft am Tag der Kundmachung; Vollzug (MfLV).	§ 11: Mitwirkung der Gemeinden. § 12: in Kraft am Tag der Kundmachung; Vollzug (MfLV).

| *Zusammensetzung der BKen:* 1) Vorsitzender durch MrfLV ernannt 2) Mitglied vom ~~lich~~ zuständigen Mr entsandt 3) Richter ~~vom~~ JM entsandt 4) ein Vertreter der Arbeitgeber 5) ein Vertreter der Arbeitnehmer; 4) und 5) ~~durch~~ fachlich zuständigen Mr berufen. | § 5: *Zusammensetzung der BKen:* 1) Vorsitzender durch MrfLV ernannt 2) Mitglied vom fachlich zuständigen Mr entsandt 3) Richter vom JM entsandt 4) ein Vertreter der Arbeitgeber 5) ein Vertreter der Arbeitnehmer; 4) und 5) durch fachlich zuständigen Mr berufen. | § 6: *Zusammensetzung der BKen:* 1) Vorsitzender durch MrfLV ernannt 2) Mitglied vom fachlich zuständigen Mr entsandt 3) vom JMr bestimmter Richter 4) ein Vertreter der Arbeitgeber 5) ein Vertreter der Arbeitnehmer; 4) und 5) durch fachlich zuständigen Mr berufen.*Subeinheiten der BKen:* Ortsstellen können gütlich vermitteln und über Auflösung des Arbeitsverhältnisses (§ 5) entscheiden. Zusammensetzung: 1) ein Militär als Vorsitzender 2) ein Vertreter der Arbeitgeber 3) ein Vertreter der Arbeitnehmer. Der Vorsitzende der BK kann Entscheidungen der Ortsstelle aussetzen und vor der BK neu verhandeln lassen. |

~~Sub~~einheiten der BKen: Ortsstellen können ~~gütl~~ich vermitteln und über Auflösung des Ar~~beits~~verhältnisses (§ 8) entscheiden.

Verfahren vor BKen: Vertretung der Parteien ~~d~~urch Berufsgenossen oder -vereinigungen, ~~Ges~~chäftsführer oder Angestellte. Verfahren ~~dur~~ch MfLV geregelt.

~~Dir~~ektion der BKen: im MfLV; Funktion: Aufsicht, ~~einh~~eitliches Vorgehen der BKen.

Subeinheiten der BKen: Ortsstellen können gütlich vermitteln und über Auflösung des Arbeitsverhältnisses (§ 8) entscheiden. Zusammensetzung: 1) Vorsitzender aus Gemeindevertretung oder sonst beruflich in Betracht kommend 2) ein Vertreter der Arbeitgeber 3) ein Vertreter der Arbeitnehmer.

§ 6: *Verfahren vor BKen:* Vertretung der Parteien durch Berufsgenossen oder -vereinigungen, Geschäftsführer oder Angestellte. Verfahren durch MfLV geregelt.

§ 7: *Dion der BKen:* im MfLV; Funktion: einheitliches Vorgehen, Aufsicht.

§ 7: *Verfahren vor BKen:* Vertretung der Parteien durch Berufsgenossen oder -vereinigungen, Geschäftsführer und Angestellte. Verfahren wird durch MfLV näher geregelt.

§ 8: *Dion der BKen:* im MfLV dem Mr direkt unterstellt; Funktion: einheitliches Vorgehen der BKen, Aufsicht.

Verpflichtung zum Verbleiben für in mZdB ~~bes~~chäftigte Personen in ihrem Dienst- oder ~~Arb~~eitsverhältnis. Auflösung nur aus wichtigen ~~Grü~~nden und mit Zustimmung der BK.

§ 8: *Verpflichtung zum Verbleiben* für in mZdB beschäftigte Personen in ihrem Dienst- oder Arbeitsverhältnis. Auflösung nur aus wichtigen Gründen und mit Zustimmung der BK. Zustimmung nicht erforderlich, wenn Auflösung einvernehmlich zwischen Arbeitgeber und Arbeitnehmer und mit Zustimmung des militärischen Leiters erfolgt.

Sanktionen: gegen Unternehmer (§ 3) bis ~~M~~onate Arrest oder 20000 K; gegen Arbeiter ~~(§)~~ zwangsweise Rückführung und bis 3 Monate Arrest oder 1000 K; bei Wiederholung kumulativ.

§ 9: *Sanktionen:* gegen Unternehmer (§ 4) bis 3 Monate Arrest oder 20000 K; gegen Arbeiter (§ 8) zwangsweise Rückführung und bis 3 Monate Arrest oder 1000 K; bei Wiederholung kumulativ.

§ 9: *Sanktionen:* gegen Unternehmer oder seinen Vertreter (§§ 4,5) bis 3 Monate Arrest oder 20000 K; für Geldstrafen gegen Angestellte haftet der Unternehmer; gegen Arbeitnehmer (§ 5) zwangsweise Rückführung und bis 3 Monate Arrest oder 1000 K; bei Wiederholung kumulativ.

~~§~~: *Unterhaltsbeitrag:* geht durch Beschäfti~~gun~~g in mZdB nicht verloren.

§ 10: *Angestellte:* KaisVO bezieht sich auch auf Personen, die in mZdB höher qualifizierte Tätigkeit ausüben.

§ 10: *Angestellte:* KaisVO bezieht sich auch auf Personen,die in mZdB höher qualifizierte Tätigkeit ausüben.

§ 11: *Militärpersonen:* KaisVO findet keine Anwendung auf Militärpersonen, die nicht im Lohnverhältnis stehen.

~~§~~: Mitwirkung der Gemeinden.
~~§~~: in Kraft am Tag der Kundmachung; Erlö~~sch~~en durch VO; Vollzug (MfLV).

§ 11: Mitwirkung der Gemeinden.
§ 12: in Kraft am Tag der Kundmachung; Erlöschen durch VO; Vollzug (MfLV).

§ 12: Mitwirkung der Gemeinden.
§ 13: in Kraft am Tag der Kundmachung; Erlöschen durch VO; Vollzug (MfLV).

Bibliographie

1. Archivmaterialien

Österreichisches Staatsarchiv, Allgemeines Verwaltungsarchiv
Aus den Beständen
   des Ministeriums des Innern
   des Handelsministeriums
   des Ministeriums für soziale Fürsorge bzw. soziale Verwaltung
   des Justizministeriums
   des Ackerbauministeriums
   des Ministeriums für öffentliche Arbeiten
Aus den Beständen des Sozialdemokratischen Parteiarchivs

Österreichisches Staatsarchiv, Kriegsarchiv
Aus den Beständen
   des Ministeriums für Landesverteidigung
   des Kriegsministeriums
   der Militärkanzlei Seiner Majestät

Österreichisches Staatsarchiv, Finanzarchiv
Aus den Beständen des k. k. Finanzministeriums

Niederösterreichisches Landesarchiv
Aus den Beständen des Statthalterei-Präsidiums

Archiv der Sozialdemokratischen Arbeiterpartei Österreichs
   Sitzungsprotokolle des Parteivorstands
   Sitzungsprotokolle des Klubs
   Aus den Beständen des Adler Archivs

Parlamentsarchiv
   Ausschußprotokolle (Justizausschuß 1912)
   Karton Staatsrat 1918/1919

Tagblattarchiv der Kammer für Arbeiter und Angestellte für Wien

Dokumentationsarchiv des Österreichischen Widerstands

2. Periodika, Berichte, Protokolle

Österreichische Angestellten-Zeitung. Organ der österreichischen Angestellten im Handel, in der Industrie und in der Spedition. 1914–1918.
Die Arbeit. Politische Zeitschrift. Zentralorgan der österreichischen Arbeitgeber. 1914–1916.
Österreichischer Arbeiter-Kalender für das Jahr ... Herausgegeben im Auftrage der Parteivertretung der deutschen Sozialdemokratie in Österreich. 1914–1918.

Arbeiterzeitung. 1912, 1914, 1916.
Der Arbeitgeber. Organ der Hauptstelle Industrieller Arbeitgeber-Organisationen. Beilage zur Zeitschrift „Die Industrie". 1914.
Österreichische gewerbliche Arbeitgeber-Zeitung. 1914–1918.
Die Arbeitseinstellungen und Aussperrungen in Österreich während des Jahres 1914. Hrsg. k.k. Arbeitsstatistisches Amt im Handelsministerium (Wien 1916).
Der Arbeitsnachweis. Zeitschrift für Arbeitslosigkeit, Arbeitsvermittlung, Auswanderung und innere Kolonisation. Organ des Reichsverbandes der allgemeinen Arbeitsvermittlungsanstalten Österreichs und der österr. Vereinigung zur Bekämpfung der Arbeitslosigkeit. 1914–1918.
Österreichischer Arbeitsnachweis für Kriegsinvalide. Organ der k.k. Arbeitsvermittlung an Kriegsinvalide. Hrsg. Landesstelle Wien. 1915–1918.
Die collectiven Arbeits- und Lohnverträge in Österreich. Abschlüsse, Erneuerungen und Verlängerungen in den Jahren 1914, 1915 und 1916. Hrsg. k.k. Arbeitsstatistisches Amt im Handelsministerium (Wien 1917).
Arbeitszeitverlängerungen (Überstunden) im Jahre 1914 in fabriksmäßigen Betrieben Österreichs (Wien 1916).
Arbeitszeitverlängerungen (Überstunden) im Jahre 1915 in fabriksmäßigen Betrieben Österreichs (Wien 1917).
Archiv für Sozialwissenschaft und Sozialpolitik. Bde. 39–44.
Der Bauarbeiter. Organ des Zentralverbandes der Bauarbeiter Österreichs. 1914–1918.
Bericht der Allgemeinen Pensionsanstalt für Angestellte über die IX. Gebarungsperiode, das ist die Zeit vom 1. Jänner bis 31. Dezember 1917, erstattet der X. ordentlichen Generalversammlung zufolge Vorstandsbeschlusses vom 5. Oktober 1918.
Bericht der k.k. Gewerbe-Inspektoren über ihre Amtstätigkeit im Jahre 1914, 1915, 1916, 1917 und 1918 (Wien 1915/1916/1919/1921/1921).
Bericht der Gewerkschaftskommission Deutschösterreichs an den ersten deutschösterreichischen (achten österr.) Gewerkschaftskongreß in Wien 1919. Protokoll des ersten deutschösterreichischen (achten österr.) Kongresses der Gewerkschaftskommission Deutschösterreichs. Abgehalten vom 30. November bis zum 4. Dezember 1919 in Wien (Wien o.J.).
Bericht der Reichskommission der Gewerkschaften Österreichs an den Siebenten ordentlichen Kongreß der Gewerkschaften in Österreich und Beiträge zu der Geschichte der österreichischen Gewerkschaftsbewegung vom Jahre 1890 bis zum Jahre 1912 (Wien 1913).
Bericht des Vereines der Wollindustriellen Mährens in Brünn, erstattet in der XXXI. ordentlichen Generalversammlung vom 23. 5. 1914 (Brünn 1914).
Bericht des Verbandes der Krankenkassen Wiens und Niederösterreichs für das Jahr 1915, 1917 und 1919 (Wien 1916/1918/o.O. o.J.).
Bericht des Vorstandes [des Verbandes der Holzarbeiter] an den Verbandstag (Wien 1918).
Bericht über die wirtschaftliche Lage Österreichs in den Jahren 1912/13 (= Mitteilungen der Handelspolitischen Zentralstelle und des Zentralverbandes der Industriellen Österreichs 27, Wien 1914).
Bericht über die Tätigkeit [der Union der Textilarbeiter] in der siebenten Verwaltungsperiode in den Jahren 1913–1917 (Wien 1918).
Bericht über die Tätigkeit der Union der Textilarbeiter Österreichs in den Jahren 1918 bis 1920 (o.O. o.J.).
Bericht über die Tätigkeit des Verbandes [des Österreichischen Metallarbeiterverbandes] in den Verwaltungsjahren 1914–1920 (Wien 1921).
Bericht über die Tätigkeit des Verbandes [des Österreichischen Metallarbeiterverbandes] in den Verwaltungsjahren 1904 und 1905 (Wien 1906).

Die Bilanzen. Beilage zu „Der österreichische Volkswirt". 1913/1914-1918/1919.
Bulletin der Studiengesellschaft für soziale Folgen des Krieges, Nr.2, 5 (Kopenhagen 1916/1919).
Compass. Finanzielles Jahrbuch für Österreich-Ungarn. 1915 und 1918, jeweils III. Bd.
Denkschrift über die von der k.k.Regierung aus Anlaß des Krieges getrofffenen Maßnahmen. 4 Teile (Wien 1915/1916/1917/1918).
Der Eisenbahner. Zentralorgan des Österreichischen Eisenbahn-Personals. 1914-1918.
Der christliche Eisenbahner. Organ des Reichsverbandes der christlichen Eisenbahner Österreichs. 1915-1917.
Der deutsche Eisenbahner. Fachblatt des Reichsbundes deutscher Eisenbahner Österreichs. 1914-1918.
Der österreichische Eisenbahner. Organ des Reichsverbandes der christlichen Eisenbahner Österreichs. 1917-1918.
Ergebnisse der von dem Gewerbeausschusse des österreichischen Abgeordnetenhauses veranstalteten mündlichen und schriftlichen Enquete über den Gesetzentwurf, betreffend die Einführung von Einrichtungen zur Förderung des Einvernehmens zwischen den Gewerbsunternehmern und ihren Arbeitern. Zusammengestellt vom Berichterstatter Dr. *Baernreither* (Wien 1893).
Vorläufige Ergebnisse der Volkszählung vom 31. Dezember 1910 in dem im Reichsrate vertretenen Königreichen und Ländern. Hrsg. k.k. Statistische Zentralkommission (Brünn 1911).
Fachzeitung der Schneider. Organ des Verbandes der Schneider und Schneiderinnen Österreichs. 1914-1918.
Die Gewerkschaft. Organ der Gewerkschaftskommission Österreichs. 1912-1922.
Die deutsche Gewerkschaft. Organ des Allgemeinen Deutschen Gewerkvereines für Österreich. (Ab Oktober 1917: Amtliches Organ der Zentralkommission der deutschen Arbeitnehmerverbände Österreichs.) 1914, 1915, 1917 und 1918.
Der christliche Gewerkschafter. Organ der christlichen Gewerkschaften Österreichs. 1914.
Glück auf! Zentralorgan der Berg- und Hüttenarbeiter Österreichs. 1914-1918.
Österreichisches Statistisches Handbuch für die im Reichsrate vertretenen Königreiche und Länder nebst einem Anhange für die gemeinsamen Angelegenheiten der österreichisch-ungarischen Monarchie. Hrsg. k.k. Statistische Zentralkommission. 1912.
Hof- und Staatshandbuch der österreichisch-ungarischen Monarchie für das Jahr 1912, 1918 (Wien 1912/1918).
Die Industrie. Zeitschrift für die Interessen der österreichischen Industrie. Ausschließliches Organ des Zentralverbandes der Industriellen Österreichs. 1914-1918.
75 Jahre Angestelltengewerkschaft. Stenographisches Protokoll. 6. Gewerkschaftstag. Gewerkschaft der Privatangestellten. 13.- 16. 2. 1967.
Der Kampf. Sozialdemokratische Monatsschrift. 1909/1910, 1913/1914, 1915-1918.
Der Konsumverein. Organ des Zentralverbandes und der Großeinkaufsgesellschaft österr. Konsumvereine. 1914-1918.
Die Kriegs-Getreide-Verkehrsanstalt, ihr Aufbau und ihr Wirken. Ein Bericht erstattet vom Präsidium (= Abhandlungen aus dem Gebiete der Kriegswirtschaft 2, Hrsg. Wissenschaftliche Abteilung der Kriegs-Getreide-Verkehrsanstalt, Wien/Leipzig 1918).
Landesgesetz- und Verordnungsblatt für das Erzherzogtum Österreich unter der Enns. 1914-1918.
Landesgesetz- und Verordnungsblatt für das Erzherzogtum Österreich ob der Enns. 1914.
Der deutsche Metallarbeiter. Organ des deutschen Metallarbeiter-Verbandes für Österreich. 1918.
Österreichischer Metallarbeiter. Verbandsorgan aller in der Eisen-, Metall- und Edelmetallindustrie beschäftigten Arbeiter und Arbeiterinnen Österreichs. 1913-1918.
Metallarbeiter-Zeitung. Zentralorgan des Verbandes christlicher Metallarbeiter Österreichs. 1914-1918.

Mitteilungen an die Arbeiter. Nr.1, 2 (19./20. 1. 1918).
Mitteilungen der Statistischen Abteilung des Wiener Magistrates. Monatsberichte für das Jahr 1914, 1915, 1916 und 1917.
Mitteilungen der Deutschösterreichischen Hauptanstalt für Sachdemobilisierung. 1919.
Mitteilungen der Handelspolitischen Kommission der k.k. Reichshaupt- und Residenzstadt Wien. 1913/1914, 1915–1918.
Mitteilungen des Kriegsverbandes der Baumwollindustrie. Nr.1– 4.
Mitteilungen des Kriegsverbandes der Leinenindustrie. Nr.1–5.
Neue Freie Presse. 1912.
Protokoll der Delegierten-Versammlung des Zentralverbandes der Industriellen Österreichs in Wien, am 15. Mai 1916; 19. Dezember 1916 (Wien 1916).
Protokoll der XL., XLI., XLII. und XLIV. ordentlichen Generalversammlung des Vereines der Montan-, Eisen- und Maschinen-Industriellen in Österreich vom 19. Dezember 1914 (Wien 1915); vom 18. Dezember 1915 (Wien 1915); vom 15. Dezember 1917 (Wien 1917); vom 20. Dezember 1918 (Wien 1918).
Protokoll der siebenten ordentlichen Generalversammlung der Hauptstelle industrieller Arbeitgeber-Organisationen. Wien, am 23. Februar 1914 (Wien 1914).
Protokoll des Siebenten ordentlichen Kongresses der Gewerkschaften Oesterreichs. Abgehalten vom 6. bis zum 10. Oktober 1913 in Wien (Wien 1913).
Protokoll der Verhandlungen des Parteitages der deutschen sozialdemokratischen Arbeiterpartei in Österreich. Abgehalten in Wien vom 31. Oktober bis zum 4. November 1912 (Wien 1912); Abgehalten vom 19. bis 24. Oktober 1917 (Wien 1918).
Protokoll des Industriellentages, veranstaltet von den drei zentralen industriellen Verbänden: Bund Österreichischer Industrieller, Industrieller Klub, Zentralverband der Industriellen Österreichs in Wien, am 11. November 1917. Sonderabdruck aus der Zeitschrift „Die Industrie" (o.O. o.J.).
Protokoll der Tagungen des Ernährungsrates (Wien 1917/1918).
Stenographisches Protokoll der Gewerbeenquete im österreichischen Abgeordnetenhause sammt geschichtlicher Einleitung und Anhang. Zusammengestellt von den Referenten Abgeordneten Dr. Alfred *Ebenhoch* und Abgeordneten Engelbert *Pernerstorfer* (Wien 1893).
Protokolle des Gemeinsamen Ministerrates der Österreichisch-Ungarischen Monarchie (1914– 1918). Eingeleitet und zusammengestellt von Miklos *Komjáthy* (= Publikationen des Ungarischen Staatsarchivs II/10, Budapest 1966).
Stenographische Protokolle der Vereinigten Kommission für Kriegswirtschaft. 1. (11. 9. 1917) bis 22. Sitzung (3. 5. 1918).
Stenographische Protokolle der Provisorischen Nationalversammlung für Deutschösterreich.
Stenographische Protokolle über die Sitzungen des Hauses der Abgeordneten des österreichischen Reichsrates im Jahre 1912– 1914, 1917–1918.
Stenographische Protokolle über die Sitzungen des Herrenhauses des Reichsrates 1911 bis 1914.
Reichsgesetzblatt für die im Reichsrate vertretenen Königreiche und Länder.
Reichspost. 1914.
Soziale Rundschau. Hrsg. k.k. Arbeitsstatistisches Amt im Handelsministerium. 1914–1917.
Stenographische Sitzungs-Protokolle der Delegation des Reichsrates. 46. Session (Wien 1911/1912) und 47. Session (Budapest 1912).
Österreichische Statistik. Hrsg. k.k. Statistische Zentralkommission. Bd. 66 (Wien 1904) und N.F., Bd. 3 (Wien 1916).
Die Tätigkeit der deutschen sozialdemokratischen Abgeordneten im österreichischen Reichsrat, 3. Heft (24. 9. 1912 bis 20. 6. 1913). XII. Legislaturperiode (Wien 1913).

Der Textilarbeiter. Organ der Union der Textilarbeiter Österreichs. 1914–1918.
Verbandszeitung. Organ der Arbeiterschaft der chemischen Industrie und der verwandten Berufe Österreichs. 1914–1918.
Verhandlungen des Achten Verbandstages der Metallarbeiter Österreichs. Abgehalten vom 11. bis einschließlich 17. November 1906 zu Wien im Festsaale des Arbeiterheim (sic!), X. Bezirk, Laxenburgerstraße 8 (Wien 1907).
Verhandlungen der Handels- und Gewerbekammer in Brünn. Protokolle und Geschäftsberichte. 1914–1918.
Verordnungsblatt des k. k. Ministeriums des Innern. 1914–1916.
Der österreichische Volkswirt. 1913/1914–1918/1919.
Vorwärts! Zeitschrift für Buchdrucker und verwandte Interessen. Organ sämtlicher Buchdrucker-Gehilfenvereine Österreichs. 1914– 1918.
Die Wage. Eine Wiener Wochenschrift. 1920.
Wiener Zeitung. 1912, 1916–1918.
Zeitrad. Verbandsorgan aller im Handels-, Transport- und Verkehrsgewerbe beschäftigten Arbeiter und Arbeiterinnen Österreichs. 1914–1918.

3. Monographien und Zeitschriftenartikel

N. N., Die Entwicklung des österreichischen Gewerkschaftskonflikts bis zum Internationalen Sozialistenkongreß 1910 in Kopenhagen. In: *Konrad,* Helmut, Nationalismus und Internationalismus. Die österreichische Arbeiterbewegung vor dem Ersten Weltkrieg (= Materialien zur Arbeiterbewegung 4, Wien 1976).
Adler, Friedrich, Vor dem Ausnahmegericht. Die Verhandlungen vor dem §-14-Gericht am 18. und 19. Mai 1917 nach dem stenographischen Protokoll (Jena 1923).
Adler, Viktor, Aufsätze, Reden und Briefe, 11 Bde. (Wien 1922-1929).
Allmayer-Beck, Johann Christoph, Die bewaffnete Macht in Staat und Gesellschaft. In: *Wandruszka,* Adam und *Urbanitsch,* Peter (Hrsg.), Die bewaffnete Macht (= Die Habsburgermonarchie 1848–1918, Bd. V, Wien 1987) 1–141.
Ardelt, Rudolf, Die Krise des Reformismus unter den Regierungen Bienerth und Stürgkh. In: *Konrad,* Helmut (Hrsg.), Imperialismus und Arbeiterbewegung in Deutschland und Österreich (= Materialien zur Arbeiterbewegung 41, Wien 1985) 65–87.
Augeneder, Sigrid, Arbeiterinnen im Ersten Weltkrieg. Lebens- und Arbeitsbedingungen proletarischer Frauen in Österreich (= Materialien zur Arbeiterbewegung 46, Wien 1987).
Die christlich-soziale Arbeiterschaft und der Krieg. Forderungen und Vorschläge zu den wirtschaftlichen u. politischen Fragen (Wien 1918).
Der Aufstieg. 75 Jahre Gewerkschaft der Metall- und Bergarbeiter Österreichs (Wien 1965).
Bächer, Georg, 25 Jahre Gewerkschaftsarbeit im Versicherungsberufe (Wien 1926).
Bauer, Otto, Der Weg zum Sozialismus (Wien 1919).
Bauer, Otto, Die österreichische Revolution (Wien 1923); wiederabgedruckt in: Otto *Bauer,* Werkausgabe, Bd. 2 (Wien 1976) 489–866.
Baumann, Wilhelm, Krieg und Proletariat (Wien 1924).
Bermann, Julius, Die freigewerkschaftliche Angestelltenbewegung in Österreich. Gründung, Entwicklung und Erfolge des Zentralvereines der Kaufmännischen Angestellten Österreichs. 1892–1932 (o. O., o. J.).

Böhm, Johann, Erinnerungen aus meinem Leben. Mit einem Vorwort von Fritz *Klenner* (Wien/Köln/Stuttgart/Zürich 1964).

Brandl, Franz, Kaiser, Politiker und Menschen. Erinnerungen eines Wiener Polizeipräsidenten (Leipzig/Wien 1936).

Brauneder Wilhelm und *Lachmayer*, Friedrich, Österreichische Verfassungsgeschichte. Einführung in Entwicklung und Strukturen (Wien 1976).

Braunias, Karl, Das parlamentarische Wahlrecht. Ein Handbuch über die Bildung der gesetzgebenden Körperschaften in Europa, Bd. 1 (Berlin/Leipzig 1932).

Breitenstein, Max und *Koropatnicki*, Demeter, Die Kriegsgesetze Österreichs 6 Bde. (Wien 1916-1918).

Brezigar, Emil, Die wirtschaftlichen Konjunktur- und Depressionswellen in Österreich seit dem Jahre 1896. In: Zeitschrift für Volkswirtschaft, Sozialpolitik und Verwaltung 23 (1914) 1-39.

Brügel, Ludwig, Geschichte der österreichischen Sozialdemokratie, Bde. 4 und 5 (Wien 1923/1925).

Czedik, Alois, Zur Geschichte der k.k. österreichischen Ministerien 1861–1916, Bd. 4 (Teschen/Wien/Leipzig 1920).

Czernin, Ottokar, Im Weltkriege (Berlin/Wien 1919).

Denkschrift über die Rechts- und Arbeitsverhältnisse in den österreichischen Kriegsleistungsbetrieben (Wien 1916).

de Stefani, Alberto, La legislazione economica della guerra (Bari 1926).

Deutsch, Julius, Aus Österreichs Revolution. Militärpolitische Erinnerungen (Wien o.J.).

Deutsch, Julius, Geschichte der österreichischen Gewerkschaftsbewegung, Bd. 1 (Wien 1929).

Dölemeyer, Barbara, Die Revision des ABGB durch die drei Teilnovellen von 1914, 1915 und 1916. In: Ius commune 6 (1977) 274-303.

Dölter, Herbert, Das österreichische und ungarische Kriegsleistungsgesetz samt Nebengesetzen und Durchführungsverordnungen (Graz 1918).

Ebert, Kurt, Die Anfänge der modernen Sozialpolitik in Österreich. Die Taaffesche Sozialgesetzgebung für die Arbeiter im Rahmen der Gewerbeordnungsreform (1879–1885) (Wien 1975).

Egger, Rainer, Heeresverwaltung und Rüstungsindustrie in Niederösterreich während des 1. Weltkrieges. In: *Brauneder*, Wilhelm und *Baltzarek*, Franz (Hrsg.), Modell einer neuen Wirtschaftsordnung. Wirtschaftsverwaltung in Österreich 1914–1918 (= Rechtshistorische Reihe 74, Frankfurt/Bern/New York/Paris 1991) 81–104.

Enderes Bruno u.a., Das Verkehrswesen im Kriege (Wien 1931).

Die österreichischen Ernährungsvorschriften. Im Auftrag des k.k. Amtes für Volksernährung hrsg. von Dr. Kurt *Frieberger* (Wien 1917).

Exner, Franz, Krieg und Kriminalität in Österreich (Wien 1927).

Faulhaber, Theodor, Die Vereinigung österreichischer Industrieller (Wien 1980).

Feldman, Gerald D., Armee, Industrie und Arbeiterschaft in Deutschland 1914 bis 1918 (Berlin/Bonn 1985).

Fiedler, Johann, Die Konzentrationsbewegung der Gewerkschaften (Wien/Leipzig 1924).

Fischer, Peter G., Ansätze zu Sozialpartnerschaft am Beginn der Ersten Republik. Das Paritätische Industriekomitee und die Industriekonferenzen. In: *Stourzh*, Gerald und *Grandner*, Margarete (Hrsg.), Historische Wurzeln der Sozialpartnerschaft (= Wiener Beiträge zur Geschichte der Neuzeit 12/13, Wien 1986) 225–242.

Fischer, Peter G., Freie und genossenschaftliche Interessenvertretungen der gewerblichen Wirtschaft in Österreich vom Vormärz bis zum „Ständestaat". In: Zur Geschichte der Handelskammerorganisation (= Schriften der Bundeskammer der gewerblichen Wirtschaft 37, Wien 1978) 7–29.

Franta, Karl, 50 Jahre Gewerkschaft der Bediensteten im Handel, Transport und Verkehr (Wien 1954).

Frauenarbeit und Gewerkschaften. Rede und Diskussion zur Rede Anna Boscheks auf dem österreichischen Gewerkschafts-Kongress (Juni 1928). Mit einem Anhang: Die Entwicklung der Frauenarbeit in Österreich von Wilhelmine *Moik* (Wien 1929).

Freundlich, Emmy, Die industrielle Arbeit der Frau im Kriege (= Veröffentlichungen des Vereines „Die Bereitschaft" 4, Wien/Leipzig 1918).

Frieberger, Kurt, Die deutschösterreichischen Ernährungsvorschriften (Wien 1919).

Führ, Christoph, Das k. u. k. Armeeoberkommando und die Innenpolitik in Österreich 1914–1917 (= Studien zur Geschichte der österreichisch-ungarischen Monarchie 8, Graz/Wien/Köln 1968).

Gindl, Michaela, Der Kampf der österreichischen Bergarbeiter um den gesetzlichen Achtstundentag 1900 bis 1919 (Diss. Univ. Wien 1982).

Grandner, Margarete, Die Beschwerdekommissionen für die Rüstungsindustrie Österreichs während des ersten Weltkrieges – der Versuch einer „sozialpartnerschaftlichen" Institution in der Kriegswirtschaft? In: *Stourzh*, Gerald und *Grandner*, Margarete (Hrsg.), Historische Wurzeln der Sozialpartnerschaft (= Wiener Beiträge zur Geschichte der Neuzeit 12/13, Wien 1986) 191–224.

Grandner, Margarete, Das österreichische und ungarische Kriegsleistungsgesetz von 1912 und die kriegsindustriellen Arbeitsverhältnisse (unpubl. Manuskript 1987). Kurzfassung in: Bericht über den 17. österreichischen Historikertag in Eisenstadt (Wien 1989) 165-167.

Gratz, Gustav und *Schüller*, Richard, Der wirtschaftliche Zusammenbruch Österreich-Ungarns. Die Tragödie der Erschöpfung (Wien 1930).

Hammond, Matthew Brown, British Labor Conditions and Legislation during the War (London 1919).

Handbuch der amtlichen Preisvorschriften. Hrsg. Handels- und Gewerbekammer für das Erzherzogtum Österreich unter der Enns (Wien 1917).

Hanusch, Ferdinand, *Adler*, Emanuel u.a., Die Regelung der Arbeitsverhältnisse im Kriege (Wien 1927).

Haubenberger, Leo, Der Werdegang der nationalen Gewerkschaften (= Gewerkschaftliche Bildungsschriften 7 bzw. Arbeit und Volk. Zeitschrift für die Bestrebungen der nationalen Gewerkschaftsbewegung, Folge 1/2, Februar 1932).

Haupt, Georges, Der Kongreß fand nicht statt. Die Sozialistische Internationale 1914 (Wien/Frankfurt/Zürich 1967).

Hautmann, Hans, Die Anfänge der linksradikalen Bewegung und der kommunistischen Partei Deutschösterreichs 1916–1919 (Diss. Univ. Wien 1968).

Hautmann, Hans, Die verlorene Räterepublik. Am Beispiel der Kommunistischen Partei Deutschösterreichs (Wien 1971).

Hautmann, Hans, Hunger ist ein schlechter Koch. Die Ernährungslage der österreichischen Arbeiter im Ersten Weltkrieg. In: Gerhard *Botz*, Hans *Hautmann*, Helmut *Konrad*, Josef *Weidenholzer* (Hrsg.), Bewegung und Klasse. Studien zur österreichischen Arbeitergeschichte (Wien/München/Zürich 1978).

Hautmann Hans und *Kropf*, Rudolf, Die österreichische Arbeiterbewegung vom Vormärz bis 1945. Sozialökonomische Ursprünge ihrer Ideologie und Politik (Wien 1974).

Hecker, Peter, Kriegswirtschaft – Modell einer neuen Wirtschaftsverfassung? Pläne und Ziele der österreichischen Regierungen während des 1. Weltkrieges. In: *Brauneder*, Wilhelm und *Baltzarek*, Franz (Hrsg.), Modell einer neuen Wirtschaftsordnung. Wirtschaftsverwaltung in Österreich 1914–1918 (= Rechtshistorische Reihe 74, Frankfurt/Bern/New York/Paris 1991) 33–63.

Heller, Victor, Government Price Fixing and Rationing in Austria during the War of 1914–18. A Preliminary Report Prepared for the Conference on Price Research (New York o. J.).

Heller, Victor, Government Protection of the Consumer in Austria 1914–1918 (= Supplement to the Report on Government Price Fixing in Austria during the War of 1914–1918, New York o. J.).

Hemala, Franz, Geschichte der Gewerkschaften (Wien 1922).

Hertz, Friedrich, Die Produktionsgrundlagen der österreichischen Industrie vor und nach dem Kriege insbesondere im Vergleich mit Deutschland (Wien/Berlin o. J.).

Hillbrand, Erich, Der Brückenkopf Wien im Ersten Weltkrieg (= Mitteilungen des österreichischen Staatsarchivs 14, Wien 1961) 138-144.

Hinteregger, Robert, Die Steiermark 1918/19 (Diss. Univ. Graz 1971).

Höglinger, Felix, Ministerpräsident Heinrich Clam-Martinic (= Studien zur Geschichte der österreichisch-ungarischen Monarchie 2, Graz/Köln/Wien 1964).

Holtmann, Everhard, Arbeiterbewegung, Staat und Sozialpolitik in der Spätzeit der Habsburgermonarchie. Strukturelle Bedingungen österreichischer Sozialgesetzgebung zwischen 1890 und 1914. In: Politik und Gesellschaft im alten und neuen Österreich. Festschrift für Rudolf Neck zum 60. Geburtstag. Hrsg. Isabella *Ackerl*, Walter *Hummelberger* und Hans *Mommsen*, 1. Bd. (Wien 1981) 239-254.

Homann-Herimberg, Emil, Die Kohlenversorgung in Österreich während des Krieges (Wien 1925).

Horn, Otto, 60 Jahre österreichische Gewerkschaftsbewegung (Wien 1953).

Hubinek, Margarete, Die sozialdemokratische Organisation der österreichischen Eisenbahnbediensteten (Diss. Univ. Wien 1949).

80 Jahre Gewerkschaft der Eisenbahner. Hrsg. ÖGB (Wien 1972).

30 Jahre Wiener Industriellen-Verband. 1906–1936 (Wien o. J.).

100 Jahre Geschichte der Bau- und Holzarbeiter Österreichs (Wien 1967).

Kautsky, Benedikt, Der Funktionswandel der Gewerkschaften. Vortrag gehalten am 3. Gewerkschaftstag der Gewerkschaft der Gemeindebediensteten am 7. Februar 1955 (o. O. o. J.).

Keil, Erika, Das Bewirtschaftungssystem im ersten und zweiten Weltkrieg (Diss. WH Wien 1948).

Kisslinger, Gabriele, Frauenarbeit im Ersten Weltkrieg (Diplomarbeit Univ. Wien 1973).

Klenner, Fritz, Funktionswandel der Gewerkschaften. In: Die Zukunft 6/1951, S.161-162.

Klenner, Fritz, Die österreichischen Gewerkschaften. Vergangenheit und Gegenwartsprobleme, Bd. 1 (Wien 1951).

Klenner, Fritz, Anton Hueber. In: Karl *Ziak*, Von unten auf. Der Aufstieg vom Sklaven zum freien Arbeiter (Wien o. J.).

Klenner, Fritz, Der Zusammenbruch der Monarchie und die Gewerkschaften. In: Die Zukunft 17/1968, S.11-13.

Koller, Alexander, Ausnahmegesetze und Verordnungen für den Kriegsfall in der österreichisch-ungarischen Monarchie (Wien 1914).

Kosian, Wilhelm, Das Realeinkommen verschiedener Berufsgruppen des Arbeiterstandes und das der öffentlichen Beamten in Österreich in der Epoche 1910–1949 (Diss. Univ. Wien 1950).

Krebs, Hans, Katechismus der deutschen Arbeiterbewegung Österreichs (Leipzig 1917).

Kriegsfürsorge (Wien ²1914).

Kührer, Karl, Die Wandlung des gewerkschaftlichen Charakters in Österreich und Deutschland unter Berücksichtigung der gewerkschaftlichen und außergewerkschaftlichen Theorie (Diss. Univ. Graz 1965).

Lakenbacher, Ernst, Die österreichischen Angestelltengewerkschaften. Geschichte und Gegenwart (Wien 1964).

Lebič, Erwin, Die Veränderungen der Berufsstruktur aufgrund der Volkszählungen von 1910, 1923 und 1934 (Diplomarbeit WU Wien 1976).

Lederer, Max, Grundriß des österreichischen Sozialrechts (Wien ²1932).

Lederer, Max und *Suchanek*, Viktor (Hrsg.), Arbeitsrecht, Arbeiterschutz und Arbeitslosenfürsorge (= Handausgabe österreichischer Gesetze und Verordnungen 220, Wien 1927).

Lehmann, Arnold, Kriegswirtschaftliche Verordnungen betreffend den Wirkungskreis des k. k. Handelsministeriums (Wien 1917). 1. Nachtrag (Wien 1918).

Leichter, Käthe, Frauenarbeit und Arbeiterinnenschutz in Österreich (Wien 1927).

Leichter, Käthe, Wie leben die Wiener Heimarbeiter? (Wien 1928).

Liszt, Eduard, Der Einfluß des Krieges auf die soziale Schichtung der Wiener Bevölkerung (Wien/Leipzig 1919).

Löw, Raimund, Der Zerfall der „Kleinen Internationale". Nationalitätenkonflikt in der Arbeiterbewegung des alten Österreich (1889–1914) (= Materialien zur Arbeiterbewegung 34, Wien 1984).

Löwenfeld-Russ, Hans, Die Regelung der Volksernährung im Kriege (Wien 1926).

Die Lohn- und Beschwerdekommissionen. Die Rechte der Arbeiter unter den Kriegsgesetzen (= Praktischer Führer durch die österreichische Gesetzgebung VI und VIa, Wien 1917).

Matis, Herbert, Österreichs Wirtschaft 1848–1913. Konjunkturelle Dynamik und gesellschaftlicher Wandel im Zeitalter Franz Josephs I. (Berlin 1972).

Mayer, Evelies, Theorien zum Funktionswandel der Gewerkschaften (Frankfurt am Main 1973).

Meißl, Gerhard, Der Wandel der sozialen Beziehungen in der österreichischen Kriegsindustrie am Beispiel der k. u. k. Munitionsfabrik Wöllersdorf (Diss. Univ. Wien 1974).

Meißner, Theodor, Geschichte der österreichischen Bauarbeiter (o. O. o. J.).

Mejzlik, Heinrich, Die Eisenbewirtschaftung im Ersten Weltkrieg. Die Planwirtschaft des k. u. k. Kriegsministeriums (Wien 1977).

Merkl, Adolf, Die Stellung der Beschwerdekommissionen im Behördensysteme. Zugleich ein Beitrag über den Unterschied von Justiz und Verwaltung. In: Österreichische Zeitschrift für öffentliches Recht 6 (1918) 656-681.

Mesch, Michael, Arbeiterexistenz in der Spätgründerzeit. Gewerkschaften und Lohnentwicklung in Österreich 1890–1914 (= Materialien zur Arbeiterbewegung 33, Wien 1984).

Mises, Ludwig von, Die Störungen im Wirtschaftsleben der österreichisch-ungarischen Monarchie während der Jahre 1912/13. In: Archiv für Sozialwissenschaft und Sozialpolitik 39 (1915).

Narozny, Eduard, Die Geschichte der Gewerkschaft Druck und Papier von der Gründung im Jahre 1842 bis zum Jubiläum des einhundertfünfundzwanzigjährigen Bestandes im Jahre 1967 (Wien 1967).

Naumann, Friedrich, Mitteleuropa (Berlin 1915).

Neck, Rudolf, Arbeiterschaft und Staat im Ersten Weltkrieg 1914–1918, 2 Bde. (Wien 1964).

Neck, Rudolf (Hrsg.), Österreich im Jahre 1918. Berichte und Dokumente (Wien 1968).

Österreichs Arbeiter-Sozialpolitik während des Krieges (= Vaterländische Vorträge für Soldaten 11, Wien o. J.).

Oualid, William und *Picquenard*, Charles, Salaires et tarifs, conventions collectives et grèves. La politique du Ministère de l'Armement et du Ministère du Travail (Paris/New Haven o. J.).

Pattera, Johanna E., Der Gemeinsame Ernährungsausschuß 1917–1918 (Diss. Univ. Wien 1971).

Pellar, Brigitte, Staatliche Institutionen und gesellschaftliche Interessensgruppen in der Auseinandersetzung um den Stellenwert der Sozialpolitik und um ihre Gestaltung. Das k. k. arbeitsstatistische Amt im Handelsministerium und sein ständiger Arbeitsbeirat 1898–1917 (Diss. Univ. Wien 1982).

Pfatschbacher, Dagmar, Die Gewerkschaften in der österreichischen Wirtschaft (Diss. Univ. Graz 1972).
Picard, Roger, Le mouvement syndical durant la guerre (Paris/New Haven o.J.).
Pirquet, Clemens (Hrsg.), Volksgesundheit im Kriege, 2 Bde. (Wien 1926).
Plaut, Theodor, Entstehung, Wesen und Bedeutung des Whitleyism, des englischen Typs der Betriebsräte (Jena 1922).
Popovics, Alexander, Das Geldwesen im Kriege (Wien 1925).
Přibram, Karl, Zur Entwicklung der Lebensmittelpreise in der Kriegszeit. In: Archiv für Sozialpolitik und Sozialwissenschaft 43 (1916/17) 773–807.
Přibram, Karl, Die Sozialpolitik im neuen Oesterreich. In: Archiv für Sozialpolitik und Sozialwissenschaft 48 (1920/1921) 615–680.
Rappel, Heinz, Anton Hueber (1861–1935). Leben und Werk (Diss. Univ. Wien 1975).
Redlich, Josef, Österreichische Regierung und Verwaltung im Weltkriege (Wien 1925).
Renner, Heinz, Die Reichsgewerkschaftskommission der freien Gewerkschaften (1893–1913) – ein zentralistisches Machtinstrument? In: Politik und Gesellschaft im alten und neuen Österreich. Festschrift für Rudolf Neck zum 60. Geburtstag. Hrsg. Isabella *Ackerl,* Walter *Hummelberger* und Hans *Mommsen,* 1. Bd. (Wien 1981) 255-263.
Riedl, Richard, Denkschrift über die Aufgaben der Übergangswirtschaft (= Veröffentlichungen des Generalkommissariats für Kriegs- und Übergangswirtschaft 1, Wien 1917).
Riedl, Richard, Die Industrie Österreichs während des Krieges (Wien 1932).
Röhl, John C.G., Die Generalprobe. Zur Geschichte und Bedeutung des „Kriegsrates" vom 8. Dezember 1912. In: Dirk *Stegmann,* Bernd-Jürgen *Wendt,* Peter-Christian *Witt* (Hrsg.), Industrielle Gesellschaft und politisches System. Beiträge zur politischen Sozialgeschichte. Festschrift für Fritz Fischer zum 70. Geburtstag (= Schriftenreihe des Forschungsinstituts der Friedrich-Ebert-Stiftung 137, Bonn 1978) 357-374.
Rumpler, Helmut, Max Hussarek. Nationalitäten und Nationalitätenpolitik in Österreich im Sommer des Jahres 1918 (= Studien zur Geschichte der österreichisch-ungarischen Monarchie 4, Wien 1965).
Rusicka, Karl August, Geschichte des Klubs der sozialdemokratischen Reichsratsabgeordneten von 1897–1918 (Diss. Univ. Wien 1953).
Rusinek, Karl, 125 Jahre Gewerkschaft Druck und Papier. 100 Jahre „Vorwärts". Ein Bericht über das Jubiläum der Gewerkschaftsorganisation und des Gewerkschaftsblattes (Wien 1967).
Schicksalsjahre Österreichs 1908–1919. Das politische Tagebuch Josef *Redlich*s, bearbeitet von Fritz *Fellner,* 2 Bde. (= Veröffentlichungen der Kommission für Neuere Geschichte Österreichs 39 und 40, Graz/Köln 1953).
Skottsberg, Britta, Der österreichische Parlamentarismus (Göteborg 1940).
Söhner, Paul A., Die Anbauflächen und Erntestatistik in Österreich in den Jahren 1916 und 1917 (Wien/Leipzig 1917).
Somary, Felix, Währungsprobleme Österreich-Ungarns (= Jahrbuch der Gesellschaft Österreichischer Volkswirte, Separatabdruck, Wien/Leipzig 1917).
Sohrer, Richard, Einige Indexzahlen zur wirtschaftlichen Entwicklung Österreichs. Ein Beitrag zur Lehre ökonomischer Symptome. In: Bulletin de l'institut international de statistique XX/2 (1915) 772-796.
Spann, Othmar, Bibliographie der Wirtschafts- und Sozialgeschichte des Weltkrieges. Umfassend die Erscheinungen in deutscher Sprache über die gemeinsame Kriegswirtschaft der Österreichisch-Ungarischen Monarchie, die besondere Kriegswirtschaft Österreichs 1914–1918 und die Nachkriegswirtschaft der Republik Österreich 1918–1920 (Wien 1923).

Stein, Viktor, Das Arbeitsverhältnis des osterreichischen (sic!) Metallarbeiters im Kriege 1914–1918. Eine Studie von Viktor Stein (o. O. o. J.)

Stone, Norman, Europe Transformed 1878-1919 (o. O. 1983).

Talos, Emmerich, Staatliche Sozialpolitik in Österreich. Rekonstruktion und Analyse (= Österreichische Texte zur Gesellschaftskritik 5, Wien 1981).

Traxler, Franz, Funktion und Organisationsstruktur der österreichischen Gewerkschaften. Entwicklung und Determinanten (Diss. WU Wien 1978).

Ungersböck, Gerhard, Vom „freien" zum kollektiven Arbeitsvertrag. Die Entwicklung des Arbeitsvertragsrechts und der Kollektivverträge in Österreich bis 1919 (Diss. Univ. Wien 1982).

Wagner, Walter, Die k. (u.) k. Armee. Gliederung und Aufgabenstellung. In: *Wandruszka*, Adam und *Urbanitsch*, Peter (Hrsg.), Die bewaffnete Macht (= Die Habsburgermonarchie 1848–1918, Bd. V, Wien 1987).

Wegs, J. Robert, Transportation: The Achilles Heel of the Habsburg War Effort. In: *Kann*, Robert A., *Király*, Béla K. and *Fichtner*, Paula S. (eds.), The Habsburg Empire in World War I. Essays on the Intellectual, Military, Political and Economic Aspects of the Habsburg War Effort (New York 1977) 121–134.

Wegs, Robert J., Die österreichische Kriegswirtschaft 1914–1918 (Wien 1979).

Weissel, Erwin, Die Ohnmacht des Sieges. Arbeiterschaft und Sozialisierung nach dem Ersten Weltkrieg in Österreich (Wien 1976).

Winkler, Wilhelm, Die Einkommensverschiebungen in Österreich während des Weltkrieges (Wien 1930).

Wirtschaftsrechnungen und Lebensverhältnisse von Wiener Arbeiterfamilien in den Jahren 1912 bis 1914. Erhebungen des k. k. Arbeitsstatistischen Amtes im Handelsministerium (= Sonderheft zur „Sozialen Rundschau", Wien 1916).

Ziak, Karl, Von unten auf. Der Aufstieg vom Sklaven zum freien Arbeiter. Mit einer Würdigung der Persönlichkeit Anton Huebers (Wien o. J.).

Abkürzungsverzeichnis

ABGB	Allgemeines bürgerliches Gesetzbuch
Abs.	Absatz
Abt.	Abteilung
AdSP	Archiv der Sozialdemokratischen Arbeiterpartei Österreichs
AfVe	Amt für Volksernährung
AM(r)	Ackerbauministerium (Ackerbauminister)
AVA	Allgemeines Verwaltungsarchiv
AZ	Arbeiterzeitung
Bd.	Band
bzw.	beziehungsweise
ca.	circa
DB	Die Bilanzen [Zeitschrift]
Dep.	Department
DG	Die Gewerkschaft [Zeitschrift]
DI	Die Industrie [Zeitschrift]
Diss.	Dissertation
DK	Der Konsumverein [Zeitschrift]
DÖV	Der österreichische Volkswirt [Zeitschrift]
ebd.	ebenda
EM(r)	Eisenbahnministerium (Eisenbahnminister)
FA	Finanzarchiv
FM(r)	Finanzministerium (Finanzminister)
g	Gramm
GesM	Gesamtministerium
GK	Gewerkschaftskommission
h	Heller
HM(r)	Handelsministerium (Handelsminister)
Hrsg.	Herausgeber
J	Jahre
JM(r)	Justizministerium (Justizminister)
K	Krone(n)
KA	Kriegsarchiv
KaisVO(en)	Kaiserliche Verordnung(en)
kg	Kilogramm
KGVA	Kriegs-Getreide-Verkehrsanstalt
KM(r)	Kriegsministerium (Kriegsminister)
KOGWA	Konsumgenossenschaftlicher Wirtschaftsausschuß
Ku(en)	Kundmachung(en)
LGBl.	Landesgesetzblatt
LGuVBl.	Landesgesetz- und Verordnungsblatt

MA	Magistrats-Abteilung
MdHpK	Mitteilungen der Handelspolitischen Kommission [Zeitschrift]
M(r)dI	Ministerium (Minister) des Innern
M(r)fLV	Ministerium (Minister) für Landesverteidigung
M(r)föA	Ministerium (Minister) für öffentliche Arbeiten
Mio K	Millionen Kronen
MKSM	Militärkanzlei Seiner Majestät
MP	Ministerpräsident
mq	Meterzentner
N.F.	Neue Folge
NFP	Neue Freie Presse
NÖLA	Niederösterreichisches Landesarchiv
Nr.	Nummer
o.J.	ohne Jahr
o.O.	ohne Ort
ÖAN	Österreichischer Arbeitsnachweis für Kriegsinvalide [Zeitschrift]
ÖAZ	Österreichische Angestellten-Zeitung [Zeitschrift]
ÖMA	Österreichischer Metallarbeiter [Zeitschrift]
PA	Parlamentsarchiv
Pkt.	Punkt
PrGK	Protokoll der Sitzung der Gewerkschaftskommission
PrJA	Protokoll des Justizausschusses
PrKlub	Protokoll des Klubs
PrPV	Protokoll des Parteivorstandes
PrPvertr	Protokoll der Parteivertretung
RGBl.	Reichsgesetzblatt
RKM	Reichskriegsministerium
RP	Reichspost
S.	Seite
SdKlub	Sozialdemokratischer Klub
SdPst	Sozialdemokratische Parteistellen
SM(r)	Ministerium (Minister) für soziale Fürsorge
StGBl.	Staatsgesetzblatt
StPrAH	Stenographische Protokolle über die Sitzungen des Hauses der Abgeordneten des österreichischen Reichsrates
StPrHH	Stenographische Protokolle über die Sitzungen des Herrenhauses des Reichsrates
TadAK	Tagblattarchiv des Kammer für Arbeiter und Angestellte für Wien
u.a.	und andere
Univ.	Universität
v.a.	vor allem
vgl.	vergleiche
VO(en)	Verordnung(en)
WH	Hochschule für Welthandel (Wien)
WU	Wirtschaftsuniversität (Wien)
WZ	Wiener Zeitung
Z.	Zahl
z.B.	zum Beispiel

Personenindex

Adler, Friedrich 76, 267, 308, 334, 352, 397
Adler, Max 76, 109, 110
Adler, Victor 12, 47, 58, 75, 106, 109, 110, 216, 249
Allina, Heinrich 371
Auffenberg, Moriz Ritter von 50
Austerlitz, Friedrich 397, 423

Baernreither, Josef Maria 174, 309
Bahr, Hermann 72
Bauer, Otto 13, 15, 34, 75, 395, 403, 433, 441
Baumgärtl 129
Bebel, August 47
Beer, Heinrich 11, 43, 111, 174
Beres, Rudolf 316
Böhm, Johann 365
Bombeck, Josef 365
Boschek, Anna 318
Braun, Adolf 190
Bretschneider, Paul 353
Broch, Hermann 288
Brosche, Siegmund 141, 319, 320, 364, 412, 414–417
Brunner, Armin 129
Bukvaj, Josef 49

Carus, Friedrich 316
Chizzola, Cäsar von 168, 169
Cichorius, Theodor 129
Clam-Martinic, Heinrich Graf 243, 266, 276, 308-310, 314, 327, 438
Conrad, Otto 290
Conrad von Hötzendorf, Franz Freiherr von 50, 308
Czernin, Ottokar von 223, 309

Deutsch, Julius 11, 190, 310, 362, 395
Dnistrianskyj, Stanislaus 49
Domes, Franz 34, 108, 143, 155, 166, 168, 173, 196, 200, 231, 241, 287, 295, 296, 320, 347, 352, 353, 355, 362, 364, 365, 367, 384, 385, 387, 397, 400, 413–417, 420
Drechsler, Hans 166, 168, 169, 171, 351, 353, 399

Ebert, Kurt 7
Einspinner, August 320, 325
Eisler, Arnold 409
Eldersch, Matthias 254
Ellenbogen, Wilhelm 174, 200, 227, 320
Endlicher, Stephanie 254
Exner, Karel 125, 129
Exner, Wilhelm 176

Farber, 129
Federn, Walter 174
Fink, Jodok 134, 320, 325
Fischer, Christian 365
Franke, Josef 254
Freier, Robert 134, 316
Friedmann, Max 353
Fürth, Bernard 241

Gattermayer, Walter 320
Genoch, Johann 254
Georgi, Friedrich Freiherr von 42, 142, 283
Gerényi, Fedor 178
Gion, Johann 155, 320, 324, 326
Glöckel, Otto 166, 216, 299
Grtz, Victor 155
Grünwald, Julius 173, 190, 191, 320, 346, 390, 417, 434
Günther, Georg 319, 364, 365, 367, 412, 432
Guttmann, Max Ritter von 320

Hainisch, Michael 174, 288
Hallwich, Hermann 241
Hamburger, Fritz 320, 329, 364, 367, 392, 414, 417, 420
Hämmerle, Theodor 129
Hammerschlag, Paul 319
Hampl, Anton 320
Hanusch, Ferdinand 11, 50, 51, 93, 125, 127, 129, 173, 174, 234, 311, 320, 326, 352, 373, 384, 390, 397, 400, 411-415, 417, 420, 421
Hautmann, Hans 354
Hentl, Friedrich Ritter von 254
Hermann, Karl 316

Hermann, Rudolf 279
Hochenegg, Julius von 316
Höfer, Anton Ritter von 243
Hoffmann, Friedrich 166, 353
Höger, Karl 9, 11
Hohenlohe-Schillingfürst, Konrad Prinz zu 200

Holsten, Hugo 316
Homann von Herimberg, Emil Ritter von 113, 219, 246, 268, 306, 407
Hotowetz, Rudolf 134
Hübel, Ernst 129
Hueber, Anton 8, 11, 12, 21, 58, 143, 155, 216, 241, 319, 320, 386
Huppert, Stephan 210
Hussarek von Heinlein, Max Freiherr von 309

Hybeš, Josef 125, 129

Isopescul-Grecul, Konstantin Ritter von 50

Jehnicka, 129

Kahlenberg, Hermann 320
Kaiser Franz Joseph I. 42, 51, 86, 308
Kaiser Karl 223, 249, 283, 294, 308, 309, 314
Kaiser, Max 168
Kalina, Anton 311
Karpeles, Benno 90, 174
Keir-Hardie, James 58
Klein, Franz 16, 92, 114, 124, 174, 266, 276, 319, 320
Knirsch, Hans 235, 373
Koerber, Ernst von 266, 276, 308, 438
Kokrda, Quirin 143
Kokstein, Oskar 134
Kramař, Karel 311
Krenn, Friedrich 414
Krikawa, Franz 129, 155, 241, 324, 364
Krobatin, Alexander Freiherr von 50
Krupp, Artur 113, 356
Kuffler, Artur 125-127, 234, 319, 320, 364, 412, 414, 416, 417
Kuryłowicz, Wladimir 46, 49
Kurz 90, 143, 353
Lakenbacher, Ernst 91, 212, 369–374

Lammasch, Heinrich 47
Landesberger, Julius Edler von Antburg 319
Landwehr von Pragenau, Otto 223
Latour, Vinzenz Graf 47

Lederer, Max 33, 279, 286, 440
Lehne, Friedrich Freiherr von Lehnsheim 279
Lemberger, Artur 126
Licht, Stephan von 373, 374
Liebermann, Leo 45, 46, 49
Liebieg, Alfred Freiherr von 412
Ludwig, Bernhard 155, 320, 325

Mandler, Rudolf 129
Maresch, Alois 254
Mataja, Victor 33, 155, 270, 310, 314, 364, 394
Matheusche, Hermann 316
Matys, Johann 316
Menges, Franz 254
Merkl, Adolph 291
Miller, Ladislaus 254
Mrkwička, Thomas 364
Muchitsch, Vinzenz 90
Mühlig, Josef Max 320
Müller, Rudolf 11, 173, 384

Nemec, Anton 125
Neumann, Adolf Edler von Ditterswaldt 129
Neurath, Ludwig von 319
Neureiter, Ferdinand 412

Oberleuthner, Johann 254
Ofenböck, Anton 176
Ofner, Julius 46, 49, 313
Okunewskyj, Theophil 49
Oppenheimer, Felix Freiherr von 72

Příbram, Karl 72, 234, 374, 392, 393
Pabst, Johann 254
Paschinger, Adolf 320
Pech, Adolf 365
Penzig-Franz, Edgar Ritter von 134
Pergl, Josef 383
Pohl, Adolf 318, 414
Pollak 129
Popp, Adelheid 205
Putz, Franz 202

Quittner, Theodor 324

Rašin, Alois 311
Raczynski, Alexander Ritter von 134
Rebracha, Karl 344
Redlich, Joseph 38, 39, 48, 56, 308, 309, 311
Reisch, Richard 319
Reisser, Viktor 316

Renner, Karl 9, 38, 45, 46, 48-50, 76, 90, 105, 134, 143, 155, 173, 174, 206, 246, 249, 364, 367, 378, 379, 398, 401, 411, 412, 414, 415
Reumann, Jakob 9, 28, 319, 320, 411, 412
Reuter, Otto 41, 50, 52
Rhomberg, Artur 129
Riedl, Richard 316, 411, 412, 414, 416

Schauer, Hugo Ritter von 259, 260
Schemua, Blasius 50
Schenk, Josef Baron 266
Schicht, Georg 363
Schiff, Walter 72
Schlesinger, Paul 166
Schnofl, Hubert 166
Schonka, Franz Ritter von 90
Schraffl, Josef 90
Schrammel, Anton 11
Schultes, Julius 254
Schumpeter, Josef 316
Schwiedland, Eugen 288, 316
Seidler, Ernst von 243, 247, 249, 314, 315, 396, 425
Seipel, Ignaz 442
Seitz, Karl 44, 155, 166, 200, 231, 295, 312, 352, 384, 413, 416
Seliger, Josef 105
Sigl, August 353
Singer, Salomon Manfred 126, 155
Skaret, Ferdinand 93
Smitka, Johann 11, 323, 326
Soudek, Richard 143, 169, 171
Spalowsky, Franz 174, 320, 325, 364
Spitzmüller, Alexander von 174
Stein, Victor 148, 157, 261, 300, 404
Steinbach, Richard 254
Steiner (Major) 238
Steinschauer 324
Stesłowicz, Ladislaus 316
Stolper, Gustav 101, 173, 316
Stölzel, Artur 46, 48
Strakosch von Feldringen, Siegfried 134
Streit, Moritz Freiherr von 279

Stürgkh, Karl Ritter von 44, 45, 47, 48, 56, 267, 308, 310, 435, 436, 438

Taaffe, Eduard Graf 7
Tauss, Hans 180
Tayenthal, Max von 316
Tayerle, Rudolf 320
Teller, Andreas 383
Tisza, Istvan 115, 309
Toggenburg, Heinrich Graf von 315
Tomschik, Josef 11, 248, 364

Umbreit, Paul 213
Urban, Karl 416, 418, 420
Urban, Ludwig jun. 168, 169, 353, 356, 364, 367, 414, 415, 417, 420

Vaillant, Edouard 57, 58
Verkauf, Leo 115, 176, 208, 229
Vetter, Adolf 178
Vetter, Heinrich 83, 168, 320, 412, 414
Viškovský, Karel 90
Vinzl, Josef 254

Waldsam, Hans 168
Wallerstorfer, Norbert 134
Wassermann, 241
Weigl, Karl 365
Weil, Jonas 90
Weiss, (Weiß-Wellenstein?) 364
Weiss, Julius 364
Weiß-Wellenstein, Gustav 395
Weissenstein, Emanuel 412
Widholz, Laurenz 174, 176
Wiedenhofer, Josef 166, 353, 365, 367, 417, 201, 200, 143
Winarsky, Leopold 215
Winter, Fritz 320
Winter, Leo 325
Witt, Siegmund J. 42, 46, 47, 49
Wokral, 383
Wutte, Victor 409

Zehetbauer, 254
Zimmermann, Karl Edler von Neissenau 241
Živanský, Karel 134
Žolger, Ivan Ritter von 269, 270

Ortsindex

Atzgersdorf 28
Baden 289, 356
Basel 57
Belgien 110
Berlin 160, 173
Bern 346
Berndorf 113
Biala 181
Bielitz 144, 166
Blumau 362
Bodenbach 258
Böhmen 14, 16, 21, 52, 61, 72, 83, 100, 126, 128, 138, 139, 144, 146, 183, 185, 232, 250, 254, 257, 263, 336, 338, 409
Bosnien 56, 265
Bregenz 181
Brest-Litowsk 222
Bruck/Mur 263, 298
Brünn 8, 28, 126, 129, 166, 181, 281, 287, 356
Brüx 282, 306
Budapest 40-42, 238
Bukowina 99, 100, 138, 148, 257, 335, 338

Dalmatien 99, 100, 254, 257, 265, 338
Deutsches Reich 63, 160, 206, 207, 209, 231, 259, 310, 438, 439
Deutschland 23, 87, 88, 106, 109, 110, 155, 160, 173, 213, 219, 222, 223, 259, 284, 285, 357, 367, 389, 436
Deutschösterreich 326, 339, 410, 424, 433, 434
Donawitz 15, 61, 153, 267, 351
Drohobycz 282

Eisenstadt 39, 435
England 118
Enzesfeld 267
Erzberg 351

Favoriten 341, 399
Floridsdorf 97, 399
Frankreich 172, 438

Galizien 72, 81, 99, 138, 148, 150, 254, 257, 337, 338

Göblasbruck 248
Graz 13, 23, 28, 48, 134, 162, 166, 171, 181, 260, 263, 281, 287, 295, 357, 359, 409
Großbritannien 172, 197, 438
Györ 238

Hainfeld 7
Hercegovina, 265
Hirtenberg 113, 267
Innsbruck 166, 171, 181, 281, 282, 287, 442
Italien 81, 118, 172, 438

Judenburg 298

Kapfenberg 263, 298
Kärnten 72, 139, 171, 183, 254, 257, 336
Klagenfurt 166, 181, 281, 282, 287
Klosterneuburg 362
Knittelfeld 298
Königgrätz 281, 287
Korneuburg 7
Krain 138, 144, 176, 254, 257, 263, 338
Krakau 166, 282, 287, 316
Krems 67, 68
Küstenland 138, 254, 257, 260, 263
Laibach 28, 181, 258, 260, 263, 281, 287

Leeds 346
Lemberg 316
Leoben 206, 281, 287, 290, 298
Liesing 28
Linz 82, 166, 171, 181, 256, 263, 281, 287

Mähren 14, 21, 61, 74, 83, 88, 126, 128, 138, 139, 144, 183, 185, 232, 254, 257, 303, 336, 338, 409
Mährisch-Ostrau 166, 267, 282, 287, 289, 305, 306, 336
Marburg 263
Mödling 289, 356
Montenegro 150
Mürztal 263
Mürzzuschlag 298

Neunkirchen 289, 356

Niederösterreich 14, 16, 61, 67, 68, 70–73, 88, 89, 91, 92, 100, 107, 115, 116, 126, 137–139, 144, 166-168, 176–178, 181–183, 185, 222, 233, 251, 254, 256, 257, 265, 335, 336, 338, 344, 364, 402, 408, 425, 426
Nordböhmen 84, 157
Nordmähren 14
Nordtirol 61
Oberösterreich 88, 115, 139, 144, 171, 183, 254, 256, 257, 263, 336, 337
Oberschlesien 219
Obersteiermark 132
Oderberg 144
Olmütz 282, 287
Ostböhmen 84
Ottakring 399
Pilsen 113, 148, 166, 182, 238, 263, 267, 268, 281, 287, 291, 306, 356
Polen 150
Prag 21, 82, 128, 146, 166, 181, 232, 263, 281, 287, 291, 295, 316, 327, 357
Proßnitz 28
Reichenberg 126, 166, 232, 241, 281, 287, 316, 336, 401
Rottenmann 298
Rumänien 81, 222, 246, 250
Rußland 250, 267, 309, 396, 397
Salzburg 144, 171, 181, 183, 254, 257, 336
Schlesien 14, 21, 61, 126, 138, 139, 144, 232, 250, 254, 257, 303, 336, 338
Serbien 58, 75, 99
St. Pölten 263, 281, 287, 351
Steiermark 33, 138, 139, 144, 171, 183, 185, 254, 257, 263, 336, 409

Steyr 93, 108, 114, 221, 222, 233, 263
Südtirol 185
Teplitz-Schönau 106, 126, 166
Ternitz 362
Traisental 351
Triest 61, 76, 215, 260, 263
Troppau 181, 316
Trzynietz 305
Tulln 67, 68
Ukraine 223
Ungarn 18, 39, 52, 56, 59, 75, 81, 86, 88, 89, 102, 115, 131, 142, 153, 154, 173, 206–208, 219, 222, 223, 237, 238, 246, 260, 265, 272, 273, 278, 284, 367, 389, 417, 439
Urfahr 263
Vorarlberg 126, 128, 176, 183, 254, 257, 336
Westgalizien 268
Wien 7, 10, 14–16, 20, 21, 30, 32, 33–35, 51, 57, 59, 61, 62, 66–68, 70–72, 75, 77, 81–83, 89, 91, 92, 95, 100, 102, 107, 113, 116, 136, 137, 139, 142–144, 148, 156, 157, 159, 160, 166–171, 173, 176–178, 180–185, 192, 196, 199, 200, 203, 209, 222–224, 236, 245, 248–250, 254, 256–258, 261–264, 267, 271, 281, 287, 289, 292–296, 303, 316, 324, 328, 335, 338, 339, 344, 349, 351–353, 354, 356, 357, 360–362, 364, 371–373, 378, 381, 387, 395, 397, 399, 408, 409, 415, 416, 425
Wiener Neustadt 7, 176, 258, 263, 281, 286, 287, 289, 335, 356, 362, 404, 415
Wilhelmsburg 248, 263
Witkowitz 182, 267, 336, 344, 356
Wöllersdorf 98, 362, 366, 440

Veröffentlichungen der Kommission für Neuere Geschichte Österreichs
Herausgegeben von Gerald Stourzh

Eine Auswahl:

48: Heinrich Benedikt: Die Friedensaktion der Meinl-Gruppe 1917/18. Die Bemühungen um einen Verständigungsfrieden nach Dokumenten, Aktenstücken und Briefen. 1962. Br. ISBN 3-205-08557-4

57: Helmut Rumpler: Die deutsche Politik des Freiherrn von Beust 1848 bis 1850. Zur Problematik mittelstaatlicher Reformpolitik im Zeitalter der Paulskirche. 1972. 367 S. Br. ISBN 3-205-08561-2

61: Wolfdieter Bihl: Die Kaukasus-Politik der Mittelmächte. Ihre Basis in der Orient-Politik und ihre Aktionen 1914 - 1917. Tl.1. 1975. II, 402 S. Br. ISBN 3-205-08564-7

66: Stefan Malfèr: Wien und Rom nach dem Ersten Weltkrieg. Österreichisch-italienische Beziehungen 1919-1923. 1978. 186 S. Br. ISBN 3-205-08568-X

67, 70, 76: Ein General im Zwielicht. Die Erinnerungen Edmund Glaises von Horstenau. 3 Bände. Hrsg. v. Peter Broucek. ISBN 3-205-05256-0

Band 1: K.u.K. Generalstabsoffizier und Historiker. 1980. 565 S., 1 Abb. Br. ISBN 3-205-08740-2

Band 2: Minister im Ständestaat und General im OKW. 1983. 712 S., 25 SW-Abb. im Text. Br. ISBN 3-205-08743-7

Band 3: Deutscher Bevollmächtigter General in Kroatien und Zeuge des Untergangs des „Tausendjährigen Reiches". 1988. 600 S., 26 Abb. Br. ISBN 3-205-08749-6

68: Helmut Reinalter: Aufgeklärter Absolutismus und Revolution. Zur Geschichte des Jakobinertums und der frühdemokratischen Bestrebungen in der Habsburgermonarchie. 1980. 560 S. Ln. ISBN 3-205-08741-0

69: Peter Eppel: Zwischen Kreuz und Hakenkreuz. Die Haltung der Zeitschrift „Schönere Zukunft" zum Nationalsozialismus in Deutschland 1934-1938. 1980. 407 S. 1 Abb. Br. ISBN 3-205-08742-9

72: Emil Brix: Die Umgangssprache in Altösterreich zwischen Agitation und Assimilation. Die Sprachenstatistik in den zisleithanischen Volkszählungen 1880 bis 1910. Hrsg. v. Erich Zöllner. 1982. 537 S., zahlr. Tab. u. Graf. Br. ISBN 3-205-08745-3

74: Ernst Schwager: Die österreichische Emigration in Frankreich. 1938-1945. 1984. 192 S. Br. ISBN 3-205-08747-X

75: Siegfried Beer: Der „unmoralische" Anschluß. Britische Österreichpolitik zwischen Containment und Appeasement 1931-1934. 1988. 540 S. Br. ISBN 3-205-08748-8

77: Joseph II und die Freimaurerei im Lichte zeitgenössischer Broschüren. Hrsg. v. Helmut Reinalter. 1987. 170 S. Br. ISBN 3-205-08871-9

78: Adolf Gaisbauer: Davidstern und Doppeladler. Zionismus und jüdischer Nationalismus in Österreich 1882-1918. 556 S. 8 Abb. auf Taf. Br. ISBN 3-205-08872-7

79: Adolf Gaisbauer: Friedrich Heer. Eine Bibliographie. 1989. 348 S. Br. ISBN 3-205-05223-4

BÖHLAU

Veröffentlichungen der Kommission für
Neuere Geschichte Österreichs
Band 83

Josef Schöner

Wiener Tagebuch 1944/1945

Herausgegeben von Eva-Marie Csáky,
Franz Matscher und Gerald Stourzh,
bearbeitet von Eva-Marie Csáky

1992. Ca. 532 S., ca. 64 Abb. auf 32 S. Br. ISBN 3-205-05531-4

Josef Schöner (1904-1978), dessen diplomatische Karriere, kaum daß sie 1934 begonnen hatte, 1938/39 aus politischen Gründen wieder beendet schien, gehörte nach 1945 zu den Spitzendiplomaten Österreichs. Sein „Hang zur dokumentarischen Festlegung der Begebnisse unserer Zeit" (Selbstaussage) schlug sich in einzigartiger Weise in seinen Tagebuchaufzeichnungen - und in seiner photographischen Dokumentation - in einem der dramatischsten Momente der jüngeren Geschichte Österreichs nieder: jenen fast fünfzehn Monaten zwischen dem 10. September 1944, an dem die unmittelbare Kriegswirklichkeit auch über Wien hereinbrach, und dem 3. Dezember 1945, an dem Leopold Figl zum ersten Bundeskanzler der Zweiten Republik bestellt wurde. Umfang und Qualität, die thematische Vielfalt und die atmosphärische Dichte machen das Tagebuch Josef Schöners, eines „unbedingten Österreichers und jungen Aktivisten" (Selbstbezeichnung), zu einer Quelle ersten Ranges; es ist eine Fundgrube für die Geschichte (im weitesten Sinne) und die Geschicke Wiens und Österreichs während der letzten Monate des NS-Regimes und des Krieges sowie in der ersten Phase des wiedererstandenen, demokratischen Staatswesens mit seinen zahllosen inneren und äußeren Schwierigkeiten und Differenzen und unter den Bedingungen der vierfachen Teilung und alliierten Besetzung.

BÖHLAU